NOBILIAIRE

DU DIOCÈSE ET DE LA GÉNÉRALITÉ

DE LIMOGES

PAR L'ABBÉ JOSEPH NADAUD

CURÉ DE TEYJAC

PUBLIÉ

SOUS LES AUSPICES DE LA SOCIÉTÉ ARCHÉOLOGIQUE
ET HISTORIQUE DU LIMOUSIN

PAR

L'ABBÉ A. LECLER

Ne turbata volent rapidis ludibria ventis.
VIRGILE.

TOME III

LIMOGES

Vᵉ H. DUCOURTIEUX, LIBRAIRE-ÉDITEUR

5, RUE DES ARÈNES, 5

1878

NOBILIAIRE

DU DIOCÈSE ET DE LA GÉNÉRALITÉ

DE LIMOGES

NOBILIAIRE

DE LA GÉNÉRALITÉ DE LIMOGES.

L.

LABADIE, sieur d'Aulnay, paroisse de Lignières (1), élection de Coignac, porte : *D'azur, à une croix patriarchale d'argent, deux étoiles de même en chef et un croissant en pointe.*

I. — Guilhem de Labadie épousa Jacquette de Roudinaud.

II. — Jean de Labadie épousa, le 5 juillet 1497, Catherine de Beaucour.

III. — Jean de Labadie épousa, le 12 mars 1523, Marie de Begoles.

IV. — Bernard de Labadie fit, le 7 janvier 1595, une transaction avec sa seconde femme et Pierre, son fils du premier lit; il épousa : 1° Marguerite Tessier; 2°, le 9 décembre 1570, Marie Pepin, dont Paul, qui suit.

V. — Paul de Labadie épousa, le 3 septembre 1620, Marguerite de Lastre.

VI. — François de Labadie épousa, le 22 juillet 1647, Jeanne Bernard.

Notes isolées.

Jacques de Labadie, écuyer, sieur de Boisrobinet, de la ville de Marthon (2), en Angoumois, épousa Débora, dont : Marie, baptisée le 15 février 1661.

Marguerite de Labadie, mourut à soixante dix-huit ans, le 4 janvier 1694, et fut inhumée à Marthon.

(1) Lignières, canton de Segonzac, arrondissement de Cognac (Charente).
(2) Marthon, canton de Montbrun, arrondissement d'Angoulême (Charente).

LA BESSE (1). — Armand de la Besse de Lusson, écuyer, mourut à 21 ans, le 20 octobre 1705. (Registres de Saint-Maurice-de-Limoges.)

N....., sa sœur, mourut à 20 ans, le 28 septembre 1710.

LABEYDA. — Bernard Labeyda, damoiseau, paroisse de Saint-Pardoux, épousa Denise, dont : Marie, qui se fit religieuse aux Allois, en 1343.

LA BICHE. — Pierre de la Biche de Marsat, trésorier de France, mourut à soixante-dix ans, le 3 septembre 1723. Il avait épousé Catherine de Verthamon. Elle mourut veuve (registre de Saint-Michel-de-Pistorie) le 7 décembre 1742.

Jean-Baptiste de la Biche, écuyer, Sgr de Regnefort (2), mourut, à soixante-quatre ans, le 29 mai 1747. Il avait épousé Anne Benoit, qui mourut, à soixante-onze ans, le 28 novembre 1765, dont : 1° Jean-Baptiste-Joseph, qui suit ; 2° Catherine, morte le 11 avril 1749.

Jean-Baptiste-Joseph de la Biche, Sgr de Reignefort, paroisse d'Isle, habitant Limoges, épousa (registre d'Isle), avec dispense, dans la chapelle du château de Reignefort, le 24 octobre 1747, Camille-Rose de la Biche, sa cousine germaine, fille de feu N..... de la Biche, écuyer, lieutenant du roi dans l'Isle-à-Vaches, et de feue Anne de Courrueil de Mareuil, dont : Valeric-Marcel, tonsuré en 1769.

N....., la Biche de Rilhac, exempt du grand-prévôt, épousa Susanne Mosnier, morte à 38 ans, le 13 janvier 1704, enterrée à Saint-Maurice de Limoges.

Jacques de la Biche, écuyer, Sgr de Marsat et de Reignefort, avocat du roi au bureau des finances, mourut à cinquante ans, le 1er mai 1716. Il avait épousé Marie de Maledent, morte à quarante-cinq ans, le 6 mai 1710.

LA BOISSIÈRE. — Maître Pierre de la Boizière, sieur des Planches, Rochebrune, Marafi, paroisse de Saint-Victurnien (3), épousa N....., dont : Jean, qui suit.

Jean de la Boissière, écuyer, sieur de Rochefault, de la ville de Chabanais, épousa, par contrat (signé Codet) du 27 novembre 1541, Marie Courraudin, fille de feu Antoine, écuyer, sieur de la Vornhe.

LABOLERIIS. — V. LESBOULIÈRE.

LA BONNETIE. — V. DES POUSSES, sieur de Bonnetie.

---

(1) Nous plaçons ici cette note du manuscrit de Nadaud page 2472 ; elle aurait dû figurer dans le 1er volume, page 207, ou au moins page 321. — Nous en ferons de même pour plusieurs autres noms qui n'ont pas été classés par ordre alphabétique.

(2) Reignefort, paroisse d'Isle, canton et arrondissement de Limoges (Haute-Vienne).

(3) Saint-Victurnien, canton de Saint-Junien, arrondissement de Rochechouart (Haute-Vienne).

LABORDE, sieur dudit lieu, paroisse d'Ussel (1), élection de Tulle, porte : *De sable, à un lion rampant d'or, armé, couronné et lampassé de même.*

I. — Jean de la Borde, sieur de Bar, épousa Marguerite des Abbés, dont : Albert, qui suit.

II. — Noble Albert de la Borde fit une vente sous l'autorité de ladite des Abbés, sa mère, veuve dudit Jean, le 27 juin 1519, paroisse d'Ussel. Il épousa : 1º le 12 décembre 1528, Cécile des Autels, dont : 1º Louis ; 2º François, qui transigèrent sur la succession d'Albert, leur père, le 12 décembre 1566. Il épousa : 2º Marguerite Andrieu, dont : Antoine, tonsuré en 1544, prêtre en 1554.

III. — Noble François I de la Borde, sieur du Breuil, près Ventadour, épousa Marie des Courcilles ou d'Escourailles, dont : 1º Louis ; 2º Gilbert ; 3º autre Louis, qui transigèrent sur la succession de François et de ladite des Courcilles, leurs père et mère, le 1er février 1595 ; 4º Léger, tonsuré en 1579.

IV. — Louis I de la Borde épousa, par contrat sans filiation, le 4 juillet 1620, Diane de la Selle.

V. — Louis II de la Borde, fils d'autre Louis, fit une rente le 27 mars 1654, son testament le 4 septembre 1659. Dans ce dernier, il est fait mention des enfants de Louis. Il épousa Catherine de Rodarel, dont : 1º François II, qui suit ; 2º Annet, d'autres disent Anne ; 3º Marie ; 4º Susanne ; 5º Antoinette.

[VI. — François II de la Borde, sieur de Bar (*mss., apud me*).]

Notes isolées.

Louis-Claude de la Borde, écuyer, paroisse d'Ussel, épousa Marguerite Dallet, dont : Pierre-Ignace, tonsuré en 1724.

Pierre-Léger de la Borde, écuyer, paroisse d'Ussel, épousa, en 1764, Anne-Elisabeth de Machoüic, paroisse d'Aubreton, en Berri.

François de la Roche, écuyer, sieur de Rouzet, épousa, le 28 janvier 1619, Marguerite de la Borde, qu'il nomma tutrice de ses enfants. Elle était fille de noble Gilbert, écuyer, sieur de Belline, et de Michelle de Veini. Elle épousa, en secondes noces, le 12 février 1628, Guillaume d'Ossandon, sieur de la Forest, et fit son testament le 23 avril 1643.

[LABOREIX. — Honorable M. Antoine Laboreix, comme ayant droit acquis des seigneurs de la Chezotte, près Ahun (2) en Marche, est nommé dans un acte du 17 avril 1561, reçu Thibord, notaire royal. (*Inv tit. celest. des Tern.*, p. 176, 177.)]

LABREUILLE. — *V.* LARON.

---

(1) Ussel, chef-lieu d'arrondissement (Corrèze).
(2) Ahun, arrondissement de Guéret (Creuse).

[LA BRIDERIE. — Fief sur la paroisse de ......, appartenant à MM. Romanet, de Limoges.

N..... de la Briderie était assesseur en l'élection de Limoges, en 1713. (Rolle des tailles de 1713.)]

LA BROSSE. — Hugue de Brosse, chevalier de Chalucet (1), mentionné dans les actes de l'abbaye de Solignac.

Jean de la Brosse, damoiseau, de la ville de Pierrebuffière, épousa ...., dont : Mariette, mariée, avant 1417, à Martial Bermondet, fils de Pierre, notaire public à Limoges. Elle porta 100 deniers d'or appelés écus, 20 septiers de froment et 6 livres de rente annuelle.

Noble Guillaume de la Brosse, S^{gr} de Saint-Pardoux-le-Neuf (2), voulant aller au siège d'Orléans, fit son testament (signé Esperverii, à Meymac), le 6 décembre 1428. Il épousa N....., dont : 1º Perceval, qui suit; 2º Antoine.

Perceval de la Brosse, 1428, épousa N....., dont : 1º Antoine; 2º Jacques.

François de la Brosse, Sr de la Mothe, paroisse de la Tourette (3), fut trouvé gentilhomme en 1598.

LA BROUE. — Noble Salomon de la Brouë, écuyer de la grande-écurie, chez le roi, et du duc d'Epernon, Sr de Roulot et de Rocheraut, épousa Jeanne Guy, dont : 1º Henri, baptisé le 30 juillet 1600; 2º Bernard, baptisé le 26 août 1601; 3º Louise, baptisée le 30 janvier 1603. (Registres de Saint-Martial d'Angoulême.)

LA BROUSSE d'Atis, porte : *d'....... à un chêne de .... chargé de 12 glands d'or* (4).

I. — Thibaud de la Brosse, S^{gr} d'Atis, chevalier de l'ordre du roi, et conseiller en ses conseils d'Etat, fonda, en 1631, deux régents, un de philosophie, l'autre de grammaire, pour les cordeliers de Nontron (5), ville de sa naissance, pour y instruire la jeunesse, et donna pour cet effet 200 livres de rente. En 1654, il augmenta cette rente de 50 livres, et changea la fondation en une messe quotidienne. (*Histoire des hommes illustres du règne de Louis XIV.*) Il fut gouverneur de Saumur, eut divers commandements en Guyenne, et fut conseiller d'Etat. Il épousa N....., dont : 1º Thibaud, qui suit; 2º N....., comtesse de Salanhac-Rochefort; elle mourut sans hoirs; étant veuve, elle fonda,

---

(1) Chalucet, château en ruine, au confluent de la Briance et de la Ligoure, à l'extrémité de la paroisse de Saint-Jean-Ligoure, canton de Pierrebuffière, arrondissement de Limoges.

(2) Saint-Pardoux-le-Neuf, canton et arrondissement d'Aubusson (Creuse).

(3) La Tourette, canton et arrondissement d'Ussel (Corrèze).

(4) Les armes que Nadaud a dessinées représentent de plus : *au chef de ..... chargé de 3 étoiles de .....*

(5) Nontron, chef-lieu d'arrondissement (Dordogne).

au bourg de Verteilhac, en Périgord (1), un monastère de religieux hospitaliers de Sainte-Croix.

II. — Thibaud de la Brousse, écuyer, S^{gr} d'Atis-sur-Orge (2), capitaine-lieutenant de cent Suisses de la garde du roi. Il fonda, dans l'église de Nontron, une vicairie en 1675; en mourant, il donna, pour les seuls pauvres d'Atis, 2,000 livres, faisant 100 livres de rente. (LE BEUF, *Histoire de Paris*, T. XII, p. 119.) En 1699, il eut la permission de faire célébrer en sa maison d'Atis. Dans le chœur de l'église d'Athis ou Athies, diocèse de Paris, est attachée à la muraille l'inscription suivante sur le marbre :

> Hic in choro prope aram jacent reliquiæ inclyti ac potentis Domi i Theobaldi de la Brousse, equitis, pagi de Atis castellani, centum Helvetiorum qui custodiæ regiæ incumbunt propræfecti, qui prosapiâ illustri clarus, humilitate christianâ clarior, dignitatibus pollens, opes pariter et honores contempsit, regem fidelitate, aulam modestiâ, suos necessitudine, omnes morum suavitate sibi devinxit. Vitam tandem virtutibus ornatam pietate sincerâ, oratione frequenti, eximioque Dei cultu communivit. Sic plenus dierum obiit anno ætatis LXXVIII, XVII cal. octob, et reparatæ salutis 1703,
>
> Hoc amoris et doloris monumentum posuit Catharina Tuffet, dulcissima et amantissima conjux.
>
> (LE BEUF, *Histoire de Paris*, T. XII, p. 112.)

Il avait épousé Catherine Tuffet; elle vivait encore en 1717 (3).

La Brousse des Chapoulies.

Jean de la Brousse, écuyer, sieur des Chapoulies, de la ville de Nontron, demeurant à Bordeaux, 1650, épousa : 1º Marie de Pressac, dont : Antoinette, mariée, en 1650, à Blaise d'Aidie; 2º Marie de la Lance, veuve de N..... Goufreteau. Par son testament (signé Veillemar), du 8 novembre 1650, elle veut être inhumée chez les cordeliers de Nontron. De ce mariage : 1º N....., mariée à N..... Pastoureau, sieur du Coutiran; 2º N....., mariée à N..... du Noble de Gulpisse.

La Brousse de Panivol.

Pierre de la Brousse, écuyer, sieur de Panivol, gendarme de la garde du roi, fils d'Hélie, sieur de Chabans, paroisse de Bussière-Badil (4), et d'Elisabeth Giraudon, mourut, à trente-sept ans, le 29 septembre 1727, fut inhumé audit Bussière. Il avait épousé : 1º le 24 avril 1714, Marguerite Martin, fille de Charles, sieur des Chaufies, avocat en parlement,

---

(1) Verteillac, arrondissement de Ribérac (Dordogne).

(2) Athis-sur-Marne, ou Athis-Mons, canton de Longjumeau, arrondissement de Corbeil (Seine-et-Oise).

(3) Les pages 1067, 1068, 1069 et 1070, qui font suite à ces notes, sont déchirées dans le manuscrit de Nadaud; nous continuons à la page 1071.

(4) Bussière-Badil, arrondissement de Nontron (Dordogne).

intendant des maisons et affaires de M. le comte de la Vauguyon, et de Marguerite Beynaud, du bourg de Busserolles (1). Elle mourut à trente-cinq ans, le 11 février 1716, au village de Chez-Levraud, paroisse de Roussines (2), fut inhumée le lendemain à Busserolles. De ce mariage : Jeanne, mariée, le 3 septembre 1735, à Jean Gautier, sieur de la Boissière, fils d'autre Jean et d'Anne de Montsalard, du bourg de Busserolles ; elle mourut à 25 ans, le 1er octobre 1739 ; elle était née au village de Chez-Levraud, paroisse de Roussines, le 1er mars 1715.

Il épousa : 2° Thérèse de Sousdane, dont : 1° Marie, née au village de Chez-Levraud, et baptisée le 11 juin 1720 ; 2° Marie, baptisée le 1er octobre 1721 ; 3° Jeanne, baptisée le 7 décembre 1725 ; 4°, 5° et 6° Catherine, Jean et Charles, morts en bas-âge.

La Brousse de Belleville.

I. — François de la Brousse, sieur des Granges, de Belleville, du bourg de Bussière-Badil, l'un des gendarmes de la garde du roi, fils d'Hélie et d'Elisabeth Giraudon, eut des lettres de noblesse, la croix de chevalier de Saint-Louis, mourut le 7 juin 1760, inhumé audit Bussière. Il épousa, par contrat du 6 février 1710 (signé de Jalanihac), et le 24, dans l'église de Bussière-Badil, Marie de Marendat, fille d'Estienne, sieur de Bellevue et du Cousset, et de Marie Eyriaud ; elle étoit veuve de Jean de Pindray, sieur de la Grange. De ce mariage : 1° Hélie, baptisé le 17 février 1711 ; 2° Anne, baptisée le 19 août 1712 ; 3° Jean, baptisé le 4 mars 1714 ; 4° Marie, baptisée le 20 janvier 1717 ; 5° Charles, baptisé le 26 octobre 1719 ; 6° autre Hélie, baptisé le 12 février 1721 ; 7° Jean-Joseph, baptisé le 20 avril 1723 ; 8° Jean-François, baptisé le 24 novembre 1724.

II. — N..... de la Brousse, écuyer, sieur de Belleville, épousa Catherine Guyton de la Malinie.

La Brousse de Boffran.

Isaac de la Brousse, sieur du Boffran, avocat et juge de Nontron, et du marquisat du Bourgdeix (3), épousa Nicole Jacob, fille du fameux acteur ; elle mourut à Nontron, à soixante ans, le 14 janvier 1701, dont : Antoine de la Brousse, sieur du Boffran, avocat, marié, par contrat (signé de la Ponsge), du 10 juillet 1698, à Jeanne Couvert, fille de Mathurin, marchand tanneur, et de Marguerite Arbonneau, de la ville de Nontron.

I. — François de la Brousse, sieur de Fontenelles et du Boffran, avocat, épousa Marie Cholet, dont : Jean, qui suit.

II. — Jean de la Brousse, sieur du Boffran, de Puyrigard et le Peyrat, avocat, juge de Nontron, du Bourgdeix, subdélégué de l'intendant de

---

(1) Bresserolles, arrondissement de Nontron (Dordogne).
(2) Roussines, canton de Montembœuf, arrondissement de Confolens (Charente).
(3) Bourdeix, arrondissement de Nontron (Dordogne).

Bordeaux, acheta une charge de trésorier au bureau des finances de Guyenne, qu'il revendit; en 1763, il en acheta une de secrétaire du roi. Il épousa : 1º N..... Pastoureau, dont : Pierre, qui suit, fils unique après la mort de ses frères. Il épousa : 2º N..... du Rousseau, vieille fille; 3º Anne d'Abjac de Fougeras, l'an 1740, veuve de N..... Basset, avocat à Nontron, et son héritière. Il n'eut point d'enfants des deux dernières femmes.

III. — Pierre de la Brousse, sieur du Boffran, avocat, juge de Nontron, épousa, dans l'église de Cers, en Angoumois (1), le 10 février 1750, Françoise de Reix, fille de Pierre de Reix, sieur des Fosses, maître de la forge de Planche-Mesnier et fournisseur de canons pour le roi, et de Marie du Riou.

LA BUSSIÈRE. — [Bussière, châtellenie mouvante de la baronnie de Nontron, diocèse de Limoges (2).

Bussière-Poitevine (3), fief de la sénéchaussée du Dorat, élection de Limoges.]

Jean de la Bussière, écuyer, paroisse de Saint-Sornin-Magnazeix (4), épousa, en 1764, Marie-Anne des Forges, de la ville de Montmorillon, veuve.

[N..... de Buxerolles était seigneur de Bussière-Poitevine vers 1698.]

[LA CAUSSE.]

LA CHAMBRE. — Joachim de la Chambre, écuyer, sieur de Tenot, en Saintonge, épousa, le 14 février 1684, à Bunzac (5), Hélène de la Roussic; il mourut le 19 janvier 1722, laissant : 1º Marguerite, née le 20 septembre 1685; 2º Marie, née le 11 janvier 1687, morte sans alliance le 28 octobre 1721.

[LA CHAPELLE SAINT-GÉRAUD ou SAINT-GÉRAND (6), terre qui avait son seigneur particulier en 1698.]

LA CHAPELLE, sieur de Sevignac, paroisse de Villard (7), élection de Saintes, porte : *d'or, à 2 faces de gueules, 3 tourteaux de même en chef et 1 en pointe.*

I. — Raoul de la Chapelle fit une transaction le 21 juin 1554, avec le seigneur de Pons. Il épousa Marie Savary.

(1) Cers ou Sers, canton de la Valette, arrondissement d'Angoulême (Charente).
(2) Bussière ou Bussière-Badil, arrondissement de Nontron (Dordgne).
(3) Bussière-Poitevine, canton de Mézières, arrondissement de Bellac (Haute-Vienne).
(4) Saint-Sornin-Magnazeix, aujourd'hui Saint-Sornin-Leulac, canton de Châteauponsac, arrondissement de Bellac (Haute-Vienne).
(5) Bunzac, canton de La Rochefoucauld, arrondissement d'Angoulême (Charente).
(6) La Chapelle-Saint-Géraud, canton de Mercœur, arrondissement de Tulle (Corrèze).
(7) Villard, canton de la Valette, arrondissement d'Angoulême (Charente).

II. — Antoine de la Chapelle épousa, le 10 juin 1603, Anne Disant.

III. — Antoine de la Chapelle épousa, le 17 mai 1632, Jeanne de la Cour.

[LA CHAPELLE-TAILLEFER (1). — Pierre de la Chapelle-Taillefer, cardinal (Voyez mon *Dict. mss. gr. hom. Lim.*, p. 44, et MORERI, 1759, art. PIERRE.)

Pierre de la Chapelle-Taillefer, écuyer, S^{gr} du Terreil, acensa, le lundi après Pâques 1380, l'héritage appelé de la Simone, situé à Mazeyrat, en faveur de Pierre Mercier, de Mazeyrat, pour 6 livres de rente et 20 livres d'*entrage*. (*Inv. tit. celest. des Tern.*, p. 525-526, au secrét. de l'évêché de Limoges.)]

LA CHARLONIE, sieur d'Antroche, conseiller au présidial d'Angoulême, porte : *D'azur, fuscé d'or à un chevron, accompagné de trois étoiles aussi d'or, et de même en pointe.*

François de la Charlonie fut promu à la charge de conseiller à l'échevinage de la maison de ville d'Angoulême, vacante par la promotion de Samuel Brian à celle d'échevin, le 20 mars 1654. Fit déclaration au greffe de l'élection de vouloir vivre noblement, le 21 suivant. Jean du Tiers, vice-sénéchal d'Angoumois, est pourvu de la même charge par la mort dudit de la Charlonie, le 7 juin 1662. Il avait épousé Jacquette Ferrand, dont : 1° Annet ; 2° Pierre, qui partagèrent les successions de leurs père et mère, le 1er juillet 1662.

Hélie de la Charlonie, écuyer, sieur du Maine-Gaignaud, épousa, à Saint-Martial d'Angoulême, le 6 février 1692, Marie Salmon, dont : Marie, née le 8 octobre 1693.

LA CHARLONYE. — Honorable Guillaume de Charlonya, mort le 12 mars 1551. (Voyez le nécrologe de la Courtine.)

Annet de la Charlonie, écuyer, sieur de la maison noble de Reillac (2), dans le bourg de Grenor, mourut le 14 février 1658 ; était fils de Pierre, sieur de Bort, de la ville de Chabanais, et de Marie Dupont. Pour les services rendus au roi dans les armées pendant vingt-cinq à trente ans, il eut des lettres de noblesse au mois de juin 1646, enregistrées à la Chambre des comptes et Cour des aides, le 20 mai 1647 et le 17 mai 1651. Il épousa : Marguerite de la Ramière, fille de Jean ; elle se remaria à Pierre Chasaud. Ses enfants furent : 1° François, né le 30 janvier 1651, qui se fit jésuite à Bordeaux, en 1668 ; 2° Jean, né le 12 avril 1652, qui suit ; 3° autre Jean, sieur de Marreaux, né le 17 mars 1660, fut tué à Chabanais, le 18 janvier 1677, et enterré à Grenor ; 4° Jeanne, née le 17 septembre 1653 ; 5° Marie, née le 16 avril 1656.

II. — Jean de la Charlonye, né le 12 avril 1652, écuyer, sieur de Reillat,

---

(1) La Chapelle-Taillefer, canton et arrondissement de Guéret (Creuse).

(2) Reillac-et-Champniers, canton de Bussière-Badil, arrondissement de Nontron (Dordogne).

du bourg de Grenor, un des 200 chevau-légers de la garde du roi, épousa Jacquette Bernard, fille de Louis, écuyer, sieur de la Font, lieutenant particulier au présidial d'Angoulême, et de Françoise Aigron, par contrat du 12 février 1679 (signé Silhan); elle mourut veuve, à soixante-dix ans, le 23 avril 1722, dont : 1º Louis, sieur de Reilhac, mort à trente ans, clerc tonsuré, le 23 mars 1709, était né, à Angoulême, le 6 février 1680; 2º Marie, née le 23 octobre 1681, fit profession à l'Union chrétienne d'Angoulême le 23 novembre 1710; 3º autre Marie, baptisée le 7 octobre 1682, qui fit profession à ladite Union chrétienne en 1700; 4º Clément, qui suit, né le 20 juillet 1684; 5º Françoise, née le 19 août 1685; 6º Marie-Jeanne, baptisée le 9 août 1686; 7º Nicolas, baptisé le 20 octobre 1687, jésuite; 8º Jean, né le 4 septembre 1692. Une Marie épousa, en 1720, Jean de Livron.

III. — Clément de la Charlonie, sieur de Reilhac, l'un des 200 chevau-légers de la garde du roi, né en 1684, mourut sans hoirs, le 14 septembre 1718, épousa N..... de la Couture-Renom ; elle se remaria en Auvergne.

LA CHASSAGNE, sieur de Montjoan, paroisse de Magnac (1), porte : *d'azur, fascé d'or, à 3 étoiles de même en chef, 2 et 1, et 2 en pointe;* ou, d'après le *Dictionnaire généalogique : d'azur, à 2 fasces d'or, accompagnées de 5 étoiles de même, 2 en chef, 2 entre les deux fasces, et 1 en pointe* (2).

Cette famille est originaire du Berri (*Dictionn. généal.*). Constantin de la Chassanhe, chevalier, 1274. (BALUZE, *Hist. de la maison d'Auv.*, T. II, p. 123.)

Jean de la Chassagne, Sr de Champagnac, épousa N......, dont : 1º Charles ; 2º Galharde, mariée à Jacques de la Joumont.

N...... de la Chassagne fut enterré dans l'église de Saint-Remi, près la Courtine (3); il avait épousé Antoinette de Saint-Irier, *alias* de Favars, dont : 1º Jean, chevalier; 2º Simon, tous deux Sgrs de Mirambel, paroisse de Saint-Remi, où, en 1425, ils augmentèrent une vicairie.

I. — Antoine de la Chassaigne rendit deux hommages au seigneur de Magnac, le 28 décembre 1490 et le 20 août 1510.

II. — Rollan de la Chassaigne épousa, par contrat du 14 avril 1529, Catherine de Boisse.

III. — Léger de la Chassaigne épousa, par contrat du 7 septembre 1574, Françoise de Savignac.

IV. — Honoré de la Chassaigne, écuyer, paroisse de Maignac, épousa, par contrat du 12 février 1602, Jeanne Brujas, dont : Jacques, qui suit.

V. — Jacques de la Chassaigne, baptisé dans l'église de Maignac le 6 novembre 1605, épousa, par contrat du 30 novembre 1626, Marie

---

(1) Magnac-Laval, arrondissement de Bellac (Haute-Vienne).

(2) La disposition des étoiles sur le dessin de Nadaud diffère encore : *6 étoiles, 3 en chef et 3 en pointe, ces dernières posées 2 et 1.*

(3) Probablement Saint-Remy, canton de Sornac, arrondissement d'Ussel (Corrèze), ou Saint-Remy, canton et arrondissement de Montmorillon (Vienne).

Pouthe, dont : 1º Honoré, qui suit ; 2º peut-être Marguerite, qui mourut à Maignac le 31 mars 1644, après avoir épousé N..... de Chardebœuf.

VI. — **Honoré de la Chassaigne**, chevalier, Sr de Montjouan, la Chassaigne, Lèguesalomon, mort à trente-huit ans, le 30 avril 1666. Voici son épitaphe :

> Icy repose le corps de feu messire Honoré de la Chassaigne, seigneur de Montjouant, la Chassaigne et autres places, lequel décéda dans cette ville du Dorat le xxx d'avril M. DCLXVI, aagé de xxxviii ans, après avoir donné des témoignages d'une singulière piété envers Dieu, et d'une patience exemplaire dans sa longue maladie, et d'une charité parfaite envers le prochain. Il laissa dame Louise Pouthe, du chasteau de Dompierre, son épouse, qui l'a fait inhumer dans l'église de ce monastère de la Trinité de la même ville, où il avoit eslu sa sépulture et fondé un service à perpétuité. Elle a fait poser ce tombeau.
>
> Passant, prie Dieu pour le repos de son âme (1).

Il avait épousé, par contrat du 21 mars 1659, Louise Pouthe. Etant veuve, le 31 décembre 1685, elle fit un partage (signé Texier) entre ses enfants. De ce mariage : 1º Jacques, baptisé le 24 novembre 1665 ; 2º Madeleine, née le 22 juillet 1662, dont la mère ne parle pas dans le partage ; 3º Thérèse ; 4º Marie, religieuse.

Notes isolées.

Jacques de la Chassagne, écuyer, paroisse de Bellac, épousa Jeanne de Jouvion de Drouilles, dont : 1º N.....; 2º Pierre, tonsuré en 1725.

Jacques de la Chassaigne, écuyer, chevalier, Sr dudit lieu, Drouilles, paroisse de Blom (2), épousa, dans l'église d'Oradour-sur-Glane (3), le 21 janvier 1727, Jeanne-Louise de Lescours, fille de François-Louis, marquis de Paransay, et d'Elisabeth Grain de Saint-Marsaud ; elle mourut à l'âge de vingt-six ans, et fut inhumée, le 26 décembre 1733, dans l'église de Saint-Brice (4).

[*La Chassagne en Bas-Limousin.*

Fief du Bas-Limousin, dans l'élection de Tulle, et de la paroisse de Bugeac (5), qui était possédé, dans le dernier siècle, par un seigneur particulier du nom de Jacques. Il portait pour armes : *d'azur, à deux étoiles d'or en chef, et un croissant en pointe.*

---

(1) L'église du monastère de la Trinité, au Dorat, est aujourd'hui celle du petit-séminaire ; mais cette épitaphe ne s'y retrouve pas.

(2) Blond, canton et arrondissement de Bellac (Haute-Vienne).

(3) Oradour-sur-Glane, canton de Saint-Junien, arrondissement de Rochechouart (Haute-Vienne).

(4) Saint-Brice, canton de Saint-Junien, arrondissement de Rochechouart (Haute-Vienne).

(5) Bugeat, arrondissement d'Ussel (Corrèze).

Aymeric de la Chassaigne, damoiseau, engagea, au mois d'avril 1231, à P. Prieur et au couvent de Brive, tout ce qu'il avait au village de Lentilhac, et dans le mas ou bois de Mazau, pour 300 sols, monnaie de la Marche; et Raymond, vicomte de Turenne, fut sa caution (JUSTEL, *Hist. de Turenne, preuv.*, p. 49.)

On trouve dans les registres de Roherii, notaire à Limoges, p. 20, n° 18, *apud* D. COL., Guillaume la Chassanha.

Aymar Jacques testa le 4 août 1523 en faveur de son fils. Il avait épousé Marguerite Pérette, le 15 novembre 1497, dont :

Jean Jacques, qui testa, le 23 septembre 1553, en faveur de son fils. Il avait épousé Claude de la Roche, dont :

Jacques de Jacques I, qui épousa, le 15 avril 1563, Françoise d'Apchier, laquelle, étant veuve, donna quittance, dont :

Jacques de Jacques II, qui épousa, le 4 janvier 1605, Catherine du Bouchet, dont :

Jacques de Jacques III, qui épousa, le 20 février 1650, Léonne Baudoux, dont ....].

[LA CHASTANÈDE. — Guillaume de la Chastanède, chevalier, était mort en 1313 (*Mém. mss., Abb. du Lim.*, p. 528). Sa femme, Elide, était veuve en 1298.

Jeanne de la Chastanède, leur fille, vivait en 1313.]

LA CHATRE. — Jean-Baptiste de la Chatre, écuyer, paroisse de Roussac (1), épousa, en 1763, Marie-Emerentiane de Français, paroisse de ...., en Berri.

Léonard de la Chatre, écuyer, paroisse de Roussac, épousa, en 1768, Marie Laurent de Crosmas, de la ville du Dorat.

[LA CHAUFIE ou CHAUFFIE. — Fief mouvant de la principauté de Chabanais, en Angoumois, diocèse et généralité de Limoges. Il appartenait, en 1750, à la maison de Saint-Auvent.]

LA CHETARDIE. — Charlotte de la Chetardie épousa, en novembre 1648, Rolland de Lubersac, Sr de l'Aumonerie, paroisse d'Aixe (2).

LA CHEZOTTE. — *V.* LABOREIX.

[LA COLIE. — On trouve Pierre de la Colie dans les registres de Borsandi, notaire à Limoges, p. 83, n° 131, *apud* D. COL.]

---

(1) Roussac. — La Chatre habitait Leyraud, paroisse de Roussac, canton de Nantiat, arrondissement de Bellac (Haute-Vienne).

(2) Nadaud avait la généalogie de cette famille à la page 354, qui a été déchirée ; la note ci-dessus, prise à la page 76, en fait mention. — Aixe, arrondissement de Limoges (Haute-Vienne).

[LA COMBE.]

Noble François de la Combe, Sr d'Eysseau, paroisse de Saint-Jean-Ligoure (1), épousa, par contrat du 27 décembre 1596 (reçu Lansade), Philippe de Risan, fille de feu noble Jean.

[LA COSTE.]

LA COUR, Sr de Sussac, la Cour, Bonnefond, Fontimbert, Sainte-Hermine, paroisse de Sales et de Marignat, élection de Saintes, porte : *pallé de gueules et d'argent à six pilles* (2).

I. — Charles de la Cour fit une transaction, le 8 avril 1543, avec François de Montbron.

II. — Jacques de la Cour épousa Marguerite de Pont, dont : 1º André, qui suit; 2º Jean, qui se maria aussi.

III. — André de la Cour, conseiller à Saintes, rendit un hommage le 10 janvier 1568. Il épousa : 1º, le 3 janvier 1558, Marie Pastoureau; 2º, le 18 février 1571, Perrine Blouin, dont Josué, qui suit.

IV. — Josué de la Cour épousa, le 22 septembre 1595, Lodie du Chambon.

V. — Pons de la Cour fit, le 9 septembre 1652, son testament, par lequel il laissa l'usufruit de ses biens à sa seconde femme. Il épousa : 1º, le 2 novembre 1634, Marguerite Grain de Saint-Marsaud, dont : 1º André, qui suit. Il épousa : 2º, le 14 mars 1641, Louise d'Espagne, dont : 2º Hector; 3º Daniel; 4º Théophile; 5º Auguste.

VI. — André de la Cour, Sr d'Espernay, épousa, le 25 mai 1663, Jeanne Jousselin.

III bis. — Jean de la Cour partagea, le 6 février 1567, la succession de ses père et mère avec André et ses autres frères. Il épousa, le 19 janvier 1589, Marie Audebert, dont : 1º André, qui suit; 2º Gabriel, qui se maria aussi.

IV. — André de la Cour épousa, le 10 juin 1618, Marthe Desmier.

V. — Gabriel de la Cour, Sr de Bonnefont, épousa, le 16 septembre 1642, Gabrielle Vigier.

IV bis. — Gabriel de la Cour épousa : 1º, le 13 septembre 1620, Judith Vigier, dont : 1º Ozet, qui suit; 2º Théophile, qui se maria aussi. Il épousa : 2º, le 10 janvier 1636, Françoise Rougeau, dont : Henry, qui se maria.

V. — Ozet de la Cour épousa, le 5 janvier 1658, Marguerite Buisson.

V bis. — Théophile de la Cour, Sr de Sussac, épousa, le 18 février 1647, Jeanne Buisson.

---

(1) Saint-Jean-Ligoure, canton de Pierrebuffière, arrondissement de Limoges (Haute-Vienne).

(2) Cette description est conforme à celle de la table de Des Coutures; mais dans son registre il a représenté ces armes : *d'azur, à un perroquet d'or, perché sur un bâton en fasce de même.* — Marignat, canton et arrondissement de Pons (Charente-Inférieure).

V ter. — Henri Vigier de la Cour, Sr de Fontimbert, épousa, le 5 juin 1658, Henriette Vigier.

Note isolée.

Léon de la Cour, écuyer, Sr de la Motte, qui se retira en Angoumois, épousa, dans l'église de Saint-Sébastien de Chabanais, le 13 septembre 1691, Marie Roziers, sa cousine au 3e degré.

LA COUR ou LA COURT.

N..... de la Cour épousa Marguerite Courtoise, dont : Jacques, qui suit.

Jacques de la Cour épousa Olive Blanchet, fille de sage homme Jacques, Sr du Queyrois, paroisse de Saint-Maurice, près la Souterraine (1). Par son testament du 29 mai 1483, elle augmente une fondation de Marguerite de Ribeyreix, mère de son père, fait un légat à la recluse de la Souterraine, et mourut sans hoirs.

Noble Hugue de la Court, damoiseau, habitant le bourg de Poulhac (2), 1493, épousa N......, dont : noble Jacques de la Court, *alias* Pinoti, damoiseau, 1477.

Pierre de la Court, Sr du Peschier, des Portes et du Bouchatet, comparut à Guéret, le 27 avril 1521, à la réformation des coutumes de la Marche.

Jean de la Cour, écuyer, Sr de Pezard, paroisse de Compreignac (3), épousa N......, dont : Gabriel, qui suit.

Gabriel de la Cour, écuyer, auquel son père fit donation (reçu Faulcounier), le 16 août 1585.

Noble Simon de la Cour, Sr du Pezard, épousa Anne de Chabannes, dont : 1o Laurent, qui suit ; 2o Léonard, qui a fait la branche de Ventilhac ; 3o Jean.

Laurent de la Cour, sieur du Pezard et de Forestvieille en partie, paroisse d'Ambazac (4), fit un testament (signé Alafort) le 29 mars 1627, par lequel il veut être enseveli à Razès (5), dans les tombeaux de ses prédécesseurs ; fit héritiers noble Simon de la Cour et Anne de Chabannes, ses père et mère ; n'avait point alors d'enfants. Il mourut le 29 novembre 1631, et fut inhumé à Saint-Sylvestre (6). Il avait épousé, par contrat (signé Lafont) du 31 octobre 1625, Marie de Forestvieille ; elle porta 2,200 livres, se remaria à noble Clément de Mayres ; elle mourut, au bourg de la Jonchère (7), le 18 août 1643, et fut enterrée à Saint-Sylvestre, dont : 1o Simon, qui suit ; 2o .....

---

(1) Saint-Maurice, canton de la Souterraine, arrondissement de Guéret (Creuse).

(2) Paulhac, paroisse faisant partie de la commune de Saint-Etienne-de-Fursac, canton du Grand-Bourg, arrondissement de Guéret (Creuse).

(3) Il n'existe pas dans la paroisse de Compreignac de lieu ayant porté le nom de Pezard, mais il y a un village de ce nom au Dorat, où l'on trouve également celui du Pescher.

(4) Ambazac, arrondissement de Limoges (Haute-Vienne).

(5) Razès, canton de Bessines, arrondissement de Bellac (Haute-Vienne).

(6) Saint-Sylvestre, canton de Laurière, arrondissement de Limoges (Haute-Vienne).

(7) La Jonchère, canton de Laurière, arrondissement de Limoges (Haute-Vienne).

Simon de la Cour, fils de Laurent, du village de la Forest, paroisse des Eglises-le-Doignon (1), épousa, en 1651, Marie Vidaud, fille d'Estienne, du village de Lavaud, paroisse d'Ambazac, dont : 1º Antoine, né le 10 juillet 1672; 2º Jean, mort en bas-âge.

Noble Léonard de la Cour, écuyer, Sr du Pezard et de Ventilhac, paroisse de Saint-Sylvestre, fils de Simon et d'Anne de Chabannes, épousa : 1º Jeanne de Forestvieille, par contrat du ......; elle testa le 6 juin 1631; 2º Marie Gormand ou German; 3º, le 30 avril 1646, Isabeau Barny, du lieu de Grandmont, fille de Léonard et de Marie ....; elle mourut, veuve, le 5 mars 1687, et fut inhumée à Razès, dont : 1º Simon, qui suit; 2º Léonard, mort à vingt-sept ans, en 1690, et inhumé à Razès; 3º Marie, mariée, le 29 février 1688, à Jean Faure, Sr de la Maison-Rouge, maître de poste, paroisse de Bonnac (2).

Simon de la Cour, Sr de Ventilhac, paroisse de Saint-Sylvestre, mourut à soixante-cinq ans, le 15 septembre 1704, fut inhumé à Bersac (3), épousa Claudine de la Chapelle; elle mourut, à cinquante-huit ans, le 4 novembre 1719, fut enterrée à Razès, dont : 1º François de la Cour, du Pezard, écuyer, Sr de Ventilhac, mort à soixante-dix ans, le 21 mai 1750; il avait épousé, dans l'église de Châteauponsac, le 27 février 1713, Elisabeth du Fénieu, dont il n'eut point d'enfants; 2º autre François, qui suit; 3º N...., mariée à N..... Berry, notaire royal, du bourg de Razès, dont elle n'eut point d'enfants.

François de la Cour, mourut le 4 février 1750, âgé de quarante-cinq ans. Il épousa, le 14 avril 1746, Marie-Elisabeth Mosneron, fille de Jean; elle mourut au village du Couret, paroisse des Eglises-en-Doignon, à l'âge de vingt-huit ans, le 17 février 1749; fut inhumée à Saint-Sylvestre, dont : 1º Françoise, née le 10 avril 1747; 2º François, né le 24 avril 1748.

Gui de la Cour, écuyer, Sr de Saint-Léon, épousa, par contrat passé au lieu du Pescher, châtellenie du Crozant (4), en la Marche, le 28 juin 1564, Marie Pot, dame de Changeron. (LERVIN, *Plaidoy.*, T. I, p. 1081.)

Noble Gui de la Court, paroisse de Fresselines (5), épousa N....., dont : Jacques, tonsuré en 1612, prieur d'Orivaut, 1613.

Noble Antoine de la Court, écuyer, sieur de Saint-Léon et de Berthodière, paroisse de Fresselines, épousa Silvine de Saint-Maur, dont : 1º François, tonsuré en 1640; 2º Gilberte, baptisée le 25 mai 1635.

Jean de la Cour, écuyer, Sr de Saint-Léon et de la Berthodière, paroisse de Fresselines, épousa Gabrielle de Vignolle, dont : 1º Marguerite, née le 23 octobre 1676; 2º André, né le 1er février 1678; 3º Louis, mort au berceau.

Henri de la Cour, écuyer, S^r des Sozettes, paroisse de Fresselines, épousa Gabrielle d'Assi, dont : 1º Jean, né le 26 janvier 1661; 2º Mar-

---

(1) Les Eglises-en-Dognon, maintenant Saint-Laurent-les-Eglises, canton d'Ambazac, arrondissement de Limoges (Haute-Vienne).

(2) Bonnac, canton d'Ambazac, arrondissement de Limoges (Haute-Vienne).

(3) Bersac, canton de Laurière, arrondissmeent de Limoges (Haute-Vienne).

(4) Crozant, canton de Dun-le-Palleteau, arrondissement de Guéret (Creuse).

(5) Fresselines, canton de Dun-le-Palleteau, arrondissement de Guéret (Creuse).

guerite, née le 14 mai 1663; 3° François, né le 8 mars 1665; 4°, 5°, et 6°, Gabriel, Marie et Claudine, morts en bas-âge.

[LA COURÉ.
Bérard et Abon de la Couré, chevaliers. (Voyez mes *Mém. mss, Abb. du Lim.*, p. 513.)
Dame Abba de la Couré vivait en 1233. (*Idem, ibid.*, p. 502.)]

[LA COURTAUDIE.]

LA COUTURE-RENOM, Sr dudit lieu, paroisse de Blom, de Lavaud et de Monsac, paroisse de Sieulx, porte : *lozangé d'or et de gueules* (1).

Guillaume de la Couture, damoiseau, 1429, épousa Jeanne Apurailh.

Pierre de la Couture, damoiseau, de la paroissse de Blom, épousa Marguerite Bonelle, fille de Guillaume Bonelli, chevalier, dont : 1° Jean, qui suit; 2° Guïot.

Jean de la Couture, 1355, épousa Marguerite de Prunh, fille de Jean, chevalier.

I. — Louis de la Couture-Renom.

II. — Joseph de la Couture-Renom obtint, le 3 février 1500, des lettres royaux pour être restitué contre un contrat fait par Louis, son père. Il épousa Jeanne de Clerc.

III. — François de la Couture-Renom, écuyer, paroisse de Blom, homme d'armes de 30 lances des ordonnances du roi, sous la charge de M. de Mortemart, en 1574, au camp devant Lusignan, le 19 octobre; il avait rendu un aveu au roi le 13 octobre 1560; épousa, par contrat du 4 avril 1555, Marie du Queyroix de Villechampaigne, dont : 1° autre François, qui suit; 2° Baptiste, tonsuré en 1574, chanoine du Dorat en 1575.

IV. — François de la Couture-Renom, écuyer, Sr dudit lieu, de Richemont et des Roches, épousa, par contrat ratifié par sa mère, du 31 mars 1581, Christine de Menesteau, dont : 1° Gaspard, 2° François, qui a fait une branche.

V. — Gaspard de la Couture-Renom, écuyer, Sr dudit lieu et des Roches, capitaine des gardes du comte de Schomberg, gouverneur d'Angoumois et du Limousin, épousa, par contrat du 22 novembre (ou du 30 octobre) 1623 (reçu Laurent et Bastier, insinué à Limoges), Marguerite Chauvet, dont : 1° Charles, qui suit; 2° Anne ou Jeanne, mariée : 1° à Gaspard de Brossequin, écuyer, Sr de la Forêt, paroisse de Nouic (2); 2°, le 5 février 1685, à Antoine de Perefix, écuyer, Sr de la Breti, paroisse de Fléré-la-Rivière, en Touraine, diocèse de Bourges (3);

---

(1) Blond, canton et arrondissement de Bellac (Haute-Vienne). — Cieux, canton de Nantiat, arrondissement de Bellac (Haute-Vienne).

(2) Nouic, canton de Mézières, arrondissement de Bellac (Haute-Vienne).

(3) Fléré-la-Rivière, canton de Châtillon-sur-Indre, arrondissement de Châteauroux (Indre).

elle mourut, à l'âge de soixante ans, le 25 novembre 1705, fut inhumée dans la chapelle du cimetière de Nouic. (Registres de Nouic.)

VI. — Charles de la Couture-Renom, chevalier, épousa, par contrat du 2 septembre 1654, Elisabeth Vidard de Saint-Clair, dont : Antoine, qui suit.

VII. — Antoine de la Couture-Renom, écuyer, Sr dudit lieu, Richemont, paroisse de Blom, épousa, par contrat du 21 janvier 1686 (reçu par de Gude), et le lendemain, dans l'église de Lussac-les-Eglises (1), Louise Lignaud, fille de feu Maximilien, chevalier, Sgr de l'Age-Bernard, Lussac-les-Eglises, etc., et d'Anne Barbensois.

V bis. — François de la Couture-Renom, fils d'autre François et de Christine de Menesteau, épousa, par contrat du 27 ..... 1622, Jacquette de Monsac, dant : 1o Gui, qui suit; 2o Léonard, Sr de Monsac. Le 27 janvier 1654, on leur donna un tuteur.

VI. — Gui de la Couture-Renom, Sr de Monsac, épousa Marie Richard, dont : 1o François (registre de Sieulx), né le 11 février 1671 .....

Notes isolées.

Pierre de Renom, écuyer, Sr de la Couture, de Louvigné, épousa Marie Coutauchaud, dont : Marie-Catherine, mariée, le 21 septembre 1711, avec François de Tudert, Sr de la Bournailière, paroisse de Cuon, en Mirebalais, diocèse de Poitiers (2), lieutenant-colonel du régiment de Lestrange-infanterie, fils de Nicolas, écuyer, et d'Anne-Julia Fumée. (HOZIER, *Arm. génér.*, Ier registre, p. 578.)

Anne de la Couture-Renom, 1750, épousa Pierre Rayet, Sr du Mas, paroisse de Chaillac (3).

François de la Couture-Renom, écuyer, Sr de Moussac, paroisse de Sieulx, épousa, le ... janvier 1656, Catherine de Chouppes.

[LA COUTURE-RIGNOUX, paroisse de Blom (4).

Noble homme Louis de la Couture, Sgr de la Couture-Rignoux, paroisse de Blom, est témoin au contrat de mariage de noble François ou Foucaud de la Lande, avec noble Louis de Royère, du 26 juillet 1500. (Titre communiqué par M. Samson de Royère.)]

[LA CROIX D'ANGLARS.

N..... de la Croix, Sr d'Anglars (5), avait épousé Jeanne de Monfaucon, dont :

Henri de la Croix, qui fit une donation à sa mère, le 13 novembre

---

(1) Lussac-les-Eglises, canton de Saint-Sulpice-les-Feuilles, arrondissement de Bellac (Haute-Vienne).

(2) Cuon ou Cuhon, canton de Mirabeau, arrondissement de Poitiers (Vienne).

(3) Chaillac, canton de Saint-Junien, arrondissement de Rochechouart (Haute-Vienne).

(4) Blom, canton et arrondissement de Bellac (Haute-Vienne). — C'est la même famille qu'à l'article précédent.

(5) Anglars, paroisse de Sainte-Marie-la-Panouse, canton de Neuvic, arrondissement d'Ussel (Corrèze).

1538. Il fit ensuite un testament (sans doute après la mort de sa mère), le 14 mai 1547, en faveur de ses enfants. Il épousa Marguerite Guilhem, le 16 décembre 1534, dont : 1° Jacques, mort sans doute sans postérité, et probablement avant le père ; 2° Jean, qui suit.

Jean de la Coix, allié, le 6 juillet 1562, avec Jeanne de Claviers, dont :

Gilbert de la Croix, marié avec Maurelie de Foulages ou Courages, le 19 février 1619, dont :

Jacques de la Croix, qui testa le 2 juin 1664, et fit mention de ses enfants, qui suivent. Il épousa Anne Quintin le 11 juin 1649, dont : 1° Claude, qui suit ; 2° Gilbert.

Claude de la Croix.]

LA CROIX, Sr d'Anglars, paroisse de Sainte-Marie-la-Panouze (1), élection de Tulle, porte : *d'azur, à une croix d'argent, chargée en cœur d'un croissant de gueules.*

[Maison du Bas-Limousin, qui possédait autrefois le fief d'Anglars, paroisse de Sainte-Marie.

I. — N..... de la Croix épousa Jeanne de Monfaucon, dont : Henri, qui suit.]

II. — Henri de la Croix, dit Ussel, baron de Castries, en Languedoc (MORERI, 1759), [fit donation à Jeanne, sa mère, le 13 novembre 1538]; fit son testament le 14 mai 1547; sa mère lui fit une donation le 17 novembre 1538; fut tué fort jeune en Allemagne, étant guidon des gendarmes du comte de Sancerre ; il faisait la 7e filiation. Il épousa Marguerite [Guilhem] ou de Guilhon, le 16 décembre 1535, dont : 1° Jacques, à qui on donna, ainsi qu'à son frère, un tuteur le 13 mai 1558 ; ils transigèrent sur la succession de leur père, le 11 juillet 1574; il continua la descendance de la branche aînée; 2° Jean, qui suit.

III. — Jean de la Croix, qui a fait la branche des seigneurs d'Anglars, en Limousin, épousa, par contrat sans filiation du 6 juillet 1562, Jeanne de Claviers.

IV. — Gilbert de la Croix, Sr d'Anglards, paroisse de Sainte-Marie-la-Panouze, épousa, le 19 février 1619, Morelie, ou Maureille, ou Maurelie de Fontanges, dont : 1° Jacques, qui suit; 2° autre Jacques, tonsuré en 1629, prieur de Saint-Etienne-la-Geneste en 1631 (2).

VI. — Jacques de la Croix de Castres, écuyer, Sgr et baron d'Anglards, coseigneur de la ville d'Ussel, fit son testament le 2 juin 1664, épousa, le 11 juin 1649, Anne Quintin, dont : 1° Claude; 2° Gilbert, nommés tous deux dans le testament de Jacques, leur père, du 2 juin 1664 ; 3° Marie-Françoise, mariée, le 9 février 1671, avec Claude de Sartiges, écuyer, Sr de Lavandes et de la Chaize. (HOZIER, *Arm. génér.*, regist. 1, p. 503.)

---

(1) Sainte-Marie-la-Panouse, canton de Neuvic, arrondissement d'Ussel (Corrèze).
2) Saint-Etienne-la-Geneste, canton de Neuvic, arrondissement d'Ussel (Corrèze).

Notes isolées.

Jeanne de la Croix d'Anglards, épousa dans l'église de Serendon (1), le 3 août 1684, Charles-Louis de Loupiac, écuyer, Sʳ de la Devèze.

Anne de la Croix de Castries, paroisse de la Tourette (2), épousa, en 1769, Jean Redon, de la ville d'Ussel.

Estienne de la Croix, écuyer, Sʳ d'Anglards, paroisse de la Tourette, épousa, en 1760, Marie-Angélique Massinot.

LA CROIX (3).

Léon de la Croix, écuyer, Sʳ de Chez-Lilaud, paroisse de Montberon (4), épousa, à Grassat (5), le 7 septembre 1716, Françoise de Maumont, née le 13 février 1698, morte le 8 avril 1748, dont : 1º François, né le 10 novembre 1719 ; 2º Jeanne-Thérèse, née le 13 septembre 1721 ; 3º Raymond, baptisé le 28 avril 1723 ; 4º Léon, né le 1ᵉʳ décembre 1727 ; 5º Susanne, née le 31 mars 1729 ; 6º Jean, né le 23 mars 1731 ; 7º autre Jean, né le 18 juin 1733 ; 8º Philippette, née le 22 septembre 1736 ; 9º François, né le 24 octobre 1741 ; 10º, 11º, 12, Anne, François et Gabriel, morts en bas-âge.

Jean-François de la Croix, de la paroisse de Vouton (6), épousa Françoise-Marie-Anne Pindray, dont : Louis-René, né le 6 octobre 1763. (Voyez Pindray.)

LA CROIX, Sʳ de Jouvelle, la Chapelle, Hautefaye, paroisse de Cercleix, élection d'Angoulême, porte : *d'argent, à un lion rampant de gueules, armé et lampassé de même, avec une croix tourtelée d'azur à droite de la pointe.*

I. — Pierre de la Croix fit son testament le 11 mai 1514, épousa Marguerite Picon, dont : Michel, qui suit.

II. — Michel de la Croix épousa Louise Martin ; elle fit son testament étant veuve, institua Armand, son fils, et donna l'administration à ladite Picon, sa belle-mère, le 15 juillet 1530.

III. — Armand de la Croix, Sʳ de Jouvelle, épousa Claire Mercier, dont : 1º Pierre, qui suit ; 2º Jean, qui fit une branche.

IV. — Pierre de la Croix épousa, le 20 juillet 1572, Marguerite Sonnier.

V. — Pierre de la Croix épousa, le 24 décembre 1601, Anne de Cadoüin.

(1) Serendon, canton de Neuvic, arrondissement d'Ussel (Corrèze).
(2) La Tourette, canton et arrondissement d'Ussel (Corrèze).
(3) Nadaud avait une généalogie de cette famille à la page 910, qui a été déchirée ; c'est à la page 649 et 904, que nous trouvons ces notes.
(4) Montberon, probablement Montbron, arrondissement d'Angoulême (Charente). Il faut probablement lire Chez-Linlaud.
(5) Grassac, canton de Montbron, arrondissement d'Angoulême (Charente).
(6) Vouthon, canton de Montbron, arrondissement d'Angoulême (Charente).

VI. — Jacques de la Croix fit son testament le 31 décembre 1661, par lequel il institua ses enfants; il épousa, le 30 novembre 1623, Marguerite le Long, dont : 1º Odet, Sr de Jouvelle; 2º Jean, sieur de la Chapelle; 3º Hélie, Sr d'Hautefaye.

Notes isolées.

Jean de la Croix, écuyer, sieur de Jouvelle, paroisse de Bunzac, en Angoumois (1), épousa Marguerite de la Chambre, dont : 1º Andrée, baptisée le 13 février 1721; 2º Marie, née le 4 mai 1722.

Louis de la Croix-Reynard, écuyer, capitaine dans les mineurs et ingénieurs du roi, épousa Thérèse Coudart; elle mourut le 15 janvier 1738, fut inhumée au cimetière d'Egleton (2).

François de la Croix, écuyer, lieutenant d'une compagnie détachée d'invalides, mourut à l'âge de trente-huit ans, le 13 juillet 1723, fut inhumé à Dournazac (3).

Philibert de la Croix, écuyer, Sr de Fayolles, paroisse de Goust, (4) en Périgord, épousa, dans l'église de Dournazac, le 17 janvier 1711, Marie de Laumonerie, du village de Lasterie, dont : 1º Jean, qui suit, né le 24 juin 1714; 2º Pierre, né le 11 mai 1718; 3º Marie, née le 20 juin 1723.

Jean de la Croix de Fayolles, écuyer, Sr de Vitrac, de la paroisse de Maraval (5), se noya, le 8 janvier 1761, âgé de quarante-trois ans. Il avait épousé, à Maraval, le 10 juin 1748, Madeleine de Châteauneuf, fille d'Emmanuel, dont : 1º Jean-Louis, né le 20 décembre 1750; 2º Marguerite, née le 22 avril 1761, morte en bas-âge; 3º Marie, morte en bas-âge; 4º Madeleine, née en décembre 1754.

[LA CROISILLE. — Terre et seigneurie qui appartenait, en 1698, à un seigneur particulier. Elle est maintenant possédée par la maison des Ardent de Limoges, qui l'ont acquise depuis quelques années, et unie à leur marquisat de Meillars. (*V.* MEILLARS.)]

LADENZ. — Hugo Ladenz, homme d'un ordre militaire, témoin dans un acte entre les années 1073 et 1086. (*Cartular. Vosiense.*)

[LADIGNAC. — Terre et seigneurie qui appartenait, en 1698, à un seigneur particulier (6).

N......, Sr de Ladignac, mort en 176..., avait épousé N..... de Montautre, dont : 1º N......, qui suit; 2º N..... de Ladignac, vivante en 1778; 3º N..... de Ladignac, vivante en 1778; quelques autres enfants.

N......, Sr de Ladignac, vivant en 1790.]

---

(1) Bunsac, canton de la Rochefoucauld, arrondissement d'Angoulême (Charente).
(2) Egleton, arrondissement de Tulle (Corrèze).
(3) Dournazac, canton de Saint-Mathieu, arrondissement de Rochechouart (Haute-Vienne).
(4) Goust, canton de Verteillac, arrondissement de Ribérac (Dordogne).
(5) Marval, canton de Saint-Mathieu, arrondissement de Rochechouart (Haute-Vienne).
(6) Ladignac, canton et arrondissement de Saint-Yrieix (Haute-Vienne).

LA FARGE. — *V.* Farge, T. II, p. 108.

LA FAURIE. — *V.* Faurie, T. II, p. 114, 632.

LA FAUX. — *V.* Faux, T. II, p. 115, 167.

LA FAYE. — *V.* Faye, T. II, p. 115, 116, 168.

LA FENESTRE. — Giles ou Guillem du Poyrre ou du Poirrier, ou du Pommier, écuyer, Sr de la Fenestre, en Angoumois (1), châtellenie de Villebois, épousa, le 20 juin 1622, Esther de Livron ; elle testa le 7 novembre 1660 (signé Graffin). En 1627, elle plaidait contre son mari, dont : 1º Martial, écuyer, sieur de Rodas ; 2º Marc.

Gabriel de la Fenestre, écuyer, Sr de la Fenestre épousa, Radegonde Mayan ; elle mourut à quarante ans, le 7 février 1676 ; enterrée chez les Carmes de la Rochefoucauld.

LA FEUILLADE. — *V.* Feuillade, T. II, p. 126.

LA FILLOLIE. — *V.* Fillolie, T. II, p. 129, 179.

LA FOLHA. — *V.* Folha, T. II, p. 132.

LA FORESTIE. — *V.* Forestie, T. II, p. 136.

LA FOUCAUDIE. — *V.* Foucaudie, T. II, p. 152, 188.

LAGALLEMACHE. — *V.* Gallemache, T. II, p. 198.

LAGANE. — *V.* Gane, T. II, p. 199.

LAGARD ou LAGEARD. — *V.* Jeard, T. II, p. 448, 562.

LAGARDE. — *V.* Garde, T. II, p. 200, 264, 634.

LAGARIGUE. — *V.* Garigue, T. II, p. 201, 275.

LAGAUNE. — *V.* Gaune, T. II, p. 207.

DE LAGE, Sr de la Grange, paroisse de Brossat, élection de Saintes,

---

(1) La Fenestre, paroisse de Saint-Sornin, canton de Montbron, arrondissement d'Angoulême (Charente).

porte : *d'argent, à un épervier au demi-vol d'azur, perché sur un poisson de même*.

I. — Joachim de Lage.

II. — André de Lage épousa Laurence Offray.

III. — Louis de Lage épousa : 1º Françoise Bruneteau ; 2º Marguerite Vigier.

IV. — Jean de Lage épousa Marguerite Roullin.

V. — Jean de Lage épousa Elisabeth Vigier.

DE LAGE. — *V.* DE L'AGE, T. I, p. 13.)

LAGE-AU-CHAT. (*V.* T. I, p. 443.)

Pierre de Lage-au-Chat, damoiseau, épousa, peu avant 1493, Marie-Marguerite de Rosiers, fille de noble Gaufridus, damoiseau, Sr de Chambary, paroisse de Saint-Brice (1).

LAGEBASTON (2),

DE LAGE, Sr des Allards, paroisse de Paisainoudoin, élection d'Angoulême (3), porte : *d'argent, à une aigle de sable en vol, couronnée d'or, aux serres d'argent, tenant dans sa dextre un poisson d'azur*.

Guïot de Lage, *de Agia*, damoiseau, fit son testament dans le couvent des frères prêcheurs de Limoges, le 12 août 1412.

René de Lage, écuyer, Sr de Puylaurent, paroisse de Saint-Georges-les-Landes, épousa Gilberte Savary, veuve en 1544 (4).

I. — André de Lage donna quittance de la dot de sa femme le 6 juin 1548 ; lui et sa femme firent cession en faveur de Louis, leur fils. Il avait épousé Laurence Affroy, dont : 1º Grégoire, qui suit ; 2º René ; 3º Bonaventure ; 4º Pierre, lesquels firent un partage avec Pierre, leur neveu, fils d'Antoine, le 16 novembre 1581 ; 5º Louis.

II. — Grégoire de Lage épousa Marguerite de la Tour.

III. — Isaac de Lage épousa, le 4 décembre 1605, Susanne Ague.

IV. — Daniel de Lage épousa, le 21 août 1621, Jacqueline de Gamache.

V. — Jacques de Lage épousa, le 2 octobre 1659, Marguerite Dexmier.

Notes isolées.

Gui de Laage, écuyer, Sr de la Palisse, épousa, peu avant 1594, Gabrielle, fille de feu François Faulcon, écuyer, Sr de Saint-Pardoux (5), et de Jeanne de Montrocher, dont : Anne.

---

(1) Saint-Brice, canton de Saint-Junien, arrondissement de Rochechouart (Haute-Vienne).
(2) Nadaud avait des notes sur la famille Lagebaston à la page 840, qui a été déchirée.
(3) Paizay-Naudouin, canton de Villefagnan, arrondissement de Ruffec (Charente).
(4) Cette note de Nadaud n'est pas à sa place : il s'agit ici de René de l'Age, dont il est parlé T. I, p. 14, nº VII.
(5) Saint-Pardoux-Rancon, canton de Bessines, arrondissement de Bellac (Haute-Vienne).

Philippe de Lage, écuyer, Sr de Tissières, paroisse d'Oradour-Fanais (1), épousa Jeanne Pastoureau, dont : 1º Catherine, née le 5 avril 1658; 2º Anne, née le 23 mai 1659; 3º Jeanne, née le 2 novembre 1660, mariée, le 30 mai 1685, à Joseph du Teil, écuyer, Sr de Varneuil.

André de Laige, écuyer, Sr de Puyrageat, paroisse de Saint-Sulpice-le-Dunois (2), épousa Anne de Sainte-Fère, dont : Gabrielle, mariée, par contrat (reçu Guégnier) du 8 novembre 1604, à Pierre Tessereau, écuyer, fils de Louis, écuyer, Sr de Givardin, et de fcue Jeanne Sivaud, paroisse de Meillac-près-l'Isle-Jourdain, diocèse de Poitiers (3).

Henri de Lage, écuyer, paroisse de Lostanges, épousa, en 1767, Françoise-Susanne de Lavaud, de la ville d'Argentat, diocèse de Tulle (4).

DE LAGE, Sr d'Asnières et du Beaulieu, paroisse de Boys, élection de Saintes, porte : *d'or, à une aigle éployée de gueules, pattée et becquée de même.*

I. — René de Lage épousa Françoise Chapperon.

II. — Léon de Lage partagea avec son frère Pierre la succession de leurs père et mère, le 6 juin 1547. Il épousa, le 13 janvier 1531, Jeanne Joubert, dont : 1º Clément, qui suit; 2º Pierre, qui se maria.

III. — Clément de Lage partagea avec ses frères et sœurs la succession de leurs père et mère, le 22 septembre 1579; il épousa Hilaire Nicolas.

IV. — Paul de Lage épousa, le 2 juin 1610, Jacquette d'Asnières.

V. — Paul de Lage, Sr d'Asnières, épousa, le 2 juin 1646, Isabeau Jourdain.

III bis. — Pierre de Lage épousa, le 3 mars 1572, Françoise Gua.

IV. — Léon de Lage épousa, par articles du 4 février 1609, Anne d'Asnières.

V. — Gabriel de Lage, Sr de Bonlieu, épousa, le 6 août 1640, Eléonor du Gravier.

[LAGE-BERTRAND. — Fief considérable de 6,000 livres de revenu, qui appartenait autrefois aux barons de Confolens.

N..... Reynauld, d'une des plus anciennes familles d'Auvergne, était Sgr de l'Age-Bertrand en 1698. Cette terre était entrée dans sa famille par une fille de celle de Confolens, qui l'y avait portée en dot.]

LAGE-DU-MONT ou L'AGE-AU-MONT. — *V.* LA JOUMOND, T. II. p. 436, 671.

LAGELIE ou LAGELLIE. — *V.* GELIE, T. II, p. 208, 285.

---

(1) Oradour-Fanais, arrondissement et canton de Confolens (Charente).

(2) Saint-Sulpice le-Dunois, canton de Dun-le-Palleteau, arrondissement de Guéret (Creuse).

(3) Millac, canton de l'Isle-Jourdain, arrondissement de Montmorillon (Vienne).

(4) Argentat, arrondissement de Tulle (Corrèze).

LAGORCE ou LAGORSE. — *V.* Gorse, T. II, p. 218, 329, 330.

LAGANGE. — *V.* Layard.

LAGRANGE. — *V.* Grange, T. II, p. 227, 372.

LAGRELIÈRE. — *V.* Grelière, T. II, p. 228, 377.

LAGRENERIE. — *V.* Grenerie, T. II, p. 229.

LAGREZE. — *V.* Greze, T. II, p. 229.

LAGROSLIÈRE. — *V.* Groslière, T. II, p. 231, 386.

LAGUERCHE. — *V.* Guerche, T. II, p. 232.

LAGUIGNARDIÈRE. — *V.* Julien, Sr de Laguignardière, T. II, p. 469.

LAGUYONIE. — *V.* Guyonnie, T. II, p. 233, 243, 393.

LAIGLE. — *V.* Aigle, T. I, p. 32.

[LAILLO, paroisse d'Ambazac (1).
Aimeric ou Aymeric de Laillo, paroisse d'Ambazac, vivait en 1208. (Voyez mes *Mém. mss. sur les abb. du Lim.*, p. 528.)]

LAISNÉ, Sr de la Barde, de Francherville et de Nanclars, paroisse de ....., élection d'Angoulême, porte : *d'argent, à une fasce de sable, accompagnée de trois molettes d'éperon de même, 2 et 1.*
Guillaume Laisné, juge-prévôt de Coignac et de Merpins, épousa Sibille Boutaud, dont : 1° Jean, juge-prévôt d'Angoulême, anobli avec : 2° Jacques, son frère, qui suit ; 3° François, prieur de Saint-Eugène, diocèse de Saintes.

I. — Jacques Laisné, juge-prévôt royal de Coignac (2) et Merpins, produisit une copie de lettres de noblesse accordées, en novembre 1491, à Jean et Jacques Laisné, enregistrées à la Chambre des comptes le 31 janvier 1492. Il épousa Anne Odeau, fille du Sr de la Dourville et de Couzac, dont : 1° Jacques, qui suit ; 2° Philippe, bachelier en droit, marié, le 1er avril 1524, avec Marguerite de Riveron.

II. — Noble Jacques Laisné, écuyer, Sr de Fayolles, épousa, suivant la copie du contrat du 10 avril 1502, collationné en septembre 1623, Fran-

---

(1) Ambazac, arrondissement de Limoges (Haute-Vienne).
(2) Cognac, chef-lieu d'arrondissement (Charente).

çoise de Bardet; étant veuve, elle fit un partage avec ses enfants, en 1554. De ce mariage naquirent : 1º Clément, qui se maria ; 2º Hélie, avocat; 3º Jean, qui suit; 4º Jacques; 5º Jeanne ; 6º Sibille; 7º Marguerite; 8º Marie, mariée, par contrat du 16 mai 1568 (signé Riffoul), avec Jean Mazotin, fils de Héliot et de Lozotte Bellon, de la ville de Jarnac (3); 9º Catherine, mariée avec Barthélemi Boquet, procureur en la prévôté de Jarnac ; 10º Julienne.

III. — Noble Jean Laisné, écuyer, Sr de la Jasson, paroisse des Trois-Pallis (1), juge-sénéchal de Jarnac, fit un codicille le 4 juin 1595, épousa, suivant la copie du contrat du 4 juin 1524, collationné en septembre 1623, Marie de la Borie, fille de François, Sr de Lunesse, et de Françoise Normand, dont : 1º Léonard, qui suit; 2º Clément, écuyer, Sr de Rochecouraud, procureur du roi au présidial d'Angoulême, qui épousa Elisabeth Taboys, fille d'André, Sr de Pailleron, dont : Léonarde, mariée, par contrat du 20 avril 1614 (reçu Guyot), avec Roch Frotier; 3º François; 4º Jean; 5º Mathurine, mariée avec noble Jean Moussier, avocat; 6º Louise.

IV. — Noble Léonard Laisné, procureur au présidial d'Angoulême, écuyer, Sr de la Jasson, épousa : 1º Philippe de Marsillac; elle fit un testament mutuel avec son mari (reçu des Brandes), le 2 octobre 1609. De ce mariage : 1º Jean, Sr des Englades, avocat et juge-sénéchal de Jarnac-Charente, marié en 1598; 2º Jacques, Sr de la Jasson, lieutenant du juge-prévôt royal de la ville d'Angoulême, qui se maria, par contrat (signé de la Prade) du 11 janvier 1600, avec Anne de la Quintinie, fille de feu Jean, receveur du comté de la Vauguyon, et de Marguerite de Chièvres ; 3º Pierre, qui suit; 4º Guillaume, qui se maria le 8 novembre 1612; il obtint, le 21 août 1642, des lettres de relief de noblesse; 5º Marie, mariée; 6º Marguerite, mariée. Léonard épousa : 2º, par contrat (signé Barbier) du 21 juin 1614, Jeanne Charreyron, veuve de Jean de Rougnat, de la ville de Confolens.

V. — Pierre Laisné, procureur au présidial d'Angoulême, écuyer, Sr de la Barde, obtint des lettres de relief de noblesse le 16 juillet 1613 (Des Coutures dit du 28 février 1623), enregistrées à la Cour des aides de Paris, le 18 mars (mai) 1624; lorsqu'il mourut, il était juge-sénéchal de la ville de Jarnac; il épousa : 1º, le 24 novembre 1603, Elisabeth Gabard, dont : 1º Philippe, qui suit; 2º Hélie, Sr de Francherville, qui se maria, le 15 avril 1640, avec Susanne Horric. Pierre épousa : 2º, par contrat du 25 juin 1620 (signé Merlin), Jeanne Bernard, fille de noble Pierre, Sr de Javerzac, Montranson et les Vauzelles, secrétaire du roi, maison et couronne de France, et de Jeanne Roux, de la ville de Jarnac, veuve de N....., Sr des Pellelons, dont : 3º François, marié, le 13 octobre 1644, avec Jeanne Forestier.

VI. — Philippe Laisné, Sr de la Barde, écuyer, épousa, le 29 octobre 1628, Jeanne Cousin, dont : Pierre, écuyer, Sr de Gonderville, 1666.

---

(1) Jarnac, canton dans l'arrondissement de Cognac (Charente).
(2) Trois-Palis, canton d'Hiersac, arrondissement d'Angoulême (Charente).

VI bis. — Hélie Laisné, Sr de Francherville, écuyer, épousa, le 15 avril 1649 (alias 1640), Susanne Horrie.

VI ter. — François Laisné, écuyer, Sr de Nanclars et de la Nérolle, 1669, épousa, le 13 octobre 1640 (alias 1644), Jeanne Forestier.

V bis. — Guillaume Laisné, Sr de Cherdonneau, paroisse de Chebrac (1), obtint des lettres de relief de noblesse le 31 août 1642; il s'était appauvri par infortune, et fut obligé par ce moyen de déroger, et faire profession de procureur postulant au présidial d'Angoulême. Il épousa, par contrat (signé Rousseaud), du 8 novembre 1612, Anne de Reignat, fille de feu Jean, Sr de Malabour, et de Jeanne Charron; ils firent un testament mutuel (signé Jullard) le 18 février 1653, où Guillaume se dit écuyer, et veut être inhumé à Saint-Paul-d'Angoulême. De ce mariage : 1º Jean, qui suit; 2º Jean-Louis, qui se maria en 1650 ; 3º Jacques, avocat à Coignac, lieutenant du juge-prévôt d'Angoulême; 4º Clément, prêtre, aumônier chez le roi, curé d'Eycuras (2), mort doyen du chapitre de la Rochefoucaud (3); 5º Claude, étudiant en philosophie, curé d'Eycuras, 1664; 6º Yolande; 7º Marie, mariée avec Grimon Gran, Sr de la Guérenne, avocat au présidial d'Angoulême; 8º Etienne, tué au service du roi devant le Catelet; 9º Françoise, religieuse ursuline.

VI. — Jean Laisné, écuyer, Sr de la Trimouille, juge-sénéchal du duché de la Rochefoucaud, épousa, par contrat (signé Peraud) du 18 avril 1640, Anne Mares (des Coutures dit Maren), fille d'Ephrem, notaire royal, et d'Anne Cherbonier, du Bourgneuf de Montauzier, paroisse de Sainte-Radegonde (4), dont : François, fils unique, qui, après avoir servi dans plusieurs compagnies, fut exempt des gardes du corps du roi.

VI bis. — Jean-Louis Laisné, écuyer, Sr du Portail, paroisse de Vars (5), de Chardonneau, de la Trimouille, juge-sénéchal du duché de la Rochefoucaud, fit son testament (signé de Lage), le 17 août 1683; il épousa, par contrat (reçu du Fouilloux), du 27 février 1650, Anne Mares, fille d'Ephrem, notaire royal, et d'Anne Cherbonier, du village de Beigne, en Saintonge, dont : 1º Claude, qui suit, écuyer, Sr des Deffens; 2º Jacques, écuyer, Sr du Portail, lieutenant au régiment d'Anguyen, marié, avec Marie du Souchet, par contrat (signé Gouvry) du 17 juin 1684; 3º Jeanne, mariée avec Antoine de Gorces, Sr du Mas; 4º Anne, mariée avec Jean Mondot, écuyer, Sr de Lalu; 5º Marie-Gabrielle, visitandine; 6º Renée, née le 5 septembre 1654 (6).

LAJANTE. — *V.* Germain, Sr de la Jante, T. II, p. 213.

LAJARROSSE. — *V.* Jarosse, T. II, p. 444.

---

(1) Chebrac, canton de Saint-Amand-de-Boisse, arrondissement d'Angoulême (Charente).
(2) Eycuras, canton de Montbron, arrondissement d'Angoulême (Charente).
(3) La Rochefoucaud, arrondissement d'Angoulême (Charente).
(4) Baignes-Sainte-Radegonde, arrondissement de Barbezieux (Charente).
(5) Vars, canton de Saint-Amand-de-Boisse, arrondissement d'Angoulême (Charente).
(6) Nadaud indique d'autres notes à la page 838, qui est déchirée.

LAJEARD. — *V.* Jeard, T. II, p. 448, 562.

LAJONCHÈRE. — *V.* Jonchère, T. II, p. 449.

LAJOUMONT. — *V.* Joumont, T. II, p. 436, 671.

LAJOUSSE. — *V.* Jousse, T. II, p. 459.

LAJUDIE. — *V.* Judie, T. II, p. 467.

LAJUGIE. — *V.* Puy-de-Val.

LALANDE ou LA LANDE, Sr de Lage-Cantaud et des Brousses, paroisse d'Oradour-Saint-Genest (1), porte : *écartelé d'argent et d'azur*.

I. — Jean de la Lande, peut-être le même qui servait, en 1485, sous Pierre, comte de Clermont, Sgr de Beaujeu (Laboureur, *Add. à Casteln.*, T. III, *p.* 91), épousa N....., dont : Peyrot, qui suit.

II. — Noble homme Peyrot ou Parrot de la Lande, de la paroisse de Saint-Sornin-la-Marche, diocèse de Limoges (2), fils de Jean, fit un bail à ferme le 3 mai 1464, et une vente le 23 décembre 1473 (acte signé P. de Malevergne jeune, not.; chez M. Sanson de Royère). Il épousa noble demoiselle Marguerite Bonne de Massignac ou Massinhac; ils vivaient tous deux le 26 juillet 1500; ils eurent plusieurs enfants, entre autres : 1° Foucaud, qui suit; 2° Pierre.

III. — Noble homme Foucaud ou François de la Lande, écuyer, fils de Perrot, Sgr de l'Aige-Cantaud, du Mas de la Jernaudière et de la Court (acte signé P. de Malevergne, *ut supra*), épousa : 1° le 20 juin 1488, Marguerite de la Porte ; 2°, par contrat du 26 juillet 1500 (signé *ut supra*), noble demoiselle Louise de Royère, alors âgée d'environ dix-huit ans, fille de feu noble homme Pierre de Royère, en son vivant, Sgr de Royère, près la Roche-l'Abeille (3), à laquelle noble Jean de Royère, écuyer, fils et héritier universel dudit feu Pierre, frère germain de Louise, et comme elle fils de Jacquette Germaine, et petit-fils de feu noble homme Jean de Royère, lui constitua une dot sur la somme de 2,000 livres tournois, qui lui avaient été adjugées par arrêt du parlement de Bordeaux, rendu à l'encontre de M. Jean-Hélie de Colonges, abbé de Dalon (4), celle de 1,030 livres tournois, avec renonciation de la part de ladite Louise à toutes prétentions ultérieures sur les biens de sa maison, et ledit Parrot, en léguant ses autres enfants, fait ledit François son héritier universel; ce qui est ratifié par noble demoiselle

---

(1) Oradour-Saint-Genest, canton du Dorat, arrondissement de Bellac (Haute-Vienne).
(2) Saint-Sornin-la-Marche, canton du Dorat, arrondissement de Bellac (Haute-Vienne).
(3) La Roche-l'Abeille, canton de Nexon, arrondissement de Saint-Yrieix (Haute-Vienne).
(4) Dalon, commune de Saint-Trie, canton d'Excideuil, arrondissement de Périgueux (Dordogne).

Marguerite de Massinhac, sa femme, mère dudit François, A ce contrat est présent noble homme François-Louis de Massinhac. De ce mariage : Jean, qui suit.

IV. — Jean de la Lande vendit avec sa mère Louise de Royère, le 6 décembre 1522. Il épousa Dauphine Raymond; elle fit son testament en faveur de Jean, son mari, à la charge de remettre à Pierre, leur fils, le 3 octobre 1550.

Noble N..... de la Lande fut tué le 23 novembre 1578, dans le bourg de la Croix, et enterré au Dorat (1).

V. — Pierre de la Lande épousa : 1°, par contrat du 16 décembre 1584, Françoise de la Tousche, dont : Antoine, qui suit. Il épousa : 2° Catherine Marsillac, dont : Pierre, qui a fait une branche.

VI. — Antoine de la Lande épousa, par contrat du 15 janvier 1610, Catherine Dupin, dont : François, qui suit.

VII. — François de la Lande, S^r de l'Age-Cantaud, épousa, par contrat du 13 août 1647, Gabrielle de Conniac.

VI bis. — Pierre de la Lande, écuyer, Sr du Tillet, épousa, par contrat du 29 octobre 1620 (reçu Savignac et Noureau), Marie Bellac, dont : René, qui suit.

VII. — René de la Lande fit son testament le 11 mai 1650; il épousa, par contrat du 15 novembre 1643, Martialle Badou, dont : 1° François, S^r des Brousses; 2° Pierre.

LA LANDE, Sr de Saint-Etienne et de Lavaud, paroisse de Bussière-Poitevine (2), porte : *écartelé d'argent et d'azur.*

I. — François de la Lande partagea, avec son frère Jacques, les successions de leurs père et mère, le 23 octobre 1505. François fit son testament le 12 juillet 1585; il avait épousé N....., dont : Melchior, qui suit.

II. — Melchior de la Lande épousa, par contrat du 31 janvier 1599, Antoinette de Lezay, dont : Robert, qui suit.

III. — Robert de la Lande, gouverneur de la personne du roi Louis XIV, le 9 mars 1655, épousa, par contrat du 20 février 1628, Renée Frottier, dont : 1° Jean, qui suit, Sr de Saint-Etienne; 2° Gaspard, Sr de Lavaud, qui a fait une branche.

IV. — Jean de la Lande, Sr de Saint-Etienne, épousa, par contrat du 12 avril 1655, Françoise Filleau.

IV bis. — Gaspard de la Lande, Sr de Lavaud, épousa, par contrat du 20 février 1661, Gabrielle Girardon.

LA LAURENCIE (3).

Jérôme de la Laurencie, écuyer, Sr de Plaigne, mourut le 28 octobre

---

(1) La Croix, canton du Dorat, arrondissement de Bellac (Haute-Vienne).
(2) Bussière-Poitevine, canton de Mézières, arrondissement de Bellac (Haute-Vienne).
(3) La maintenue de la noblesse de cette famille, en l'année 1666, était à la page 945 du manuscrit de Nadaud, qui est déchirée; c'est à la page 668 que se trouvent les notes qui en sont la suite et que nous reproduisons. On trouve encore, page 914, que « Catherine Laurence de la Laurentie avait épousé Louis de Sescaud vers 1500. »

1653 (Regist. de Charras). Il avait épousé Marguerite de Verlaine; elle mourut le 2 février 1639, dont : Henri et Léonard, morts jeunes.

N..... de la Laurencie, chevalier, Sr du Mas-Milhaguet (1), mourut le 25 avril 1662.

Marguerite de la Laurentie épousa, le 2 novembre 1642, Jean de James, écuyer, Sr de la Tour; veuf de Jeanne de Poivre (HOZIER, *Arm. gén.*, I part., p. 303).

Gabriel de Leyle, Sr de Laurencieux, paroisse de Cers-Campagne, diocèse de Saintes (2), épousa, à Charras, le 5 août 1658, Anne de Congnac.

Armand de la Laurentie, chevalier, Sr de Maugillas, épousa Marie Cladier; elle mourut à soixante-dix-huit ans, le 23 octobre 1720, dont : 1° Bertrand, baptisé le 22 septembre 1669; 2° Jean, né à Grassat, le 1er décembre 1671; 3° Louise, baptisée le 27 février 1673.

Charles de la Lorencie (SIMPLIC., T. VII, p. 28), Sgr de Villeneuve-la-Comtesse, diocèse de Saintes (3), 1665, épousa Luce de Montberon, fille de Michel, écuyer, et de Françoise Faucueur.

Bertrand de la Laurencie, écuyer, Sgr de Charras (4), mourut à soixante-dix-huit ans, le 6 juin 1675.

Haut et puissant seigneur Jean de la Laurencie, Sr de Jumilhac, paroisse de Charras, mourut à soixante-quinze ans, le 22 avril 1699; il avait épousé, le 2 juillet 1673, Louise des Doucet, mariage qu'il fallut réhabiliter le 9 avril 1668; elle mourut, à soixante ans, le 28 novembre 1693.

Bertrand de la Laurencie, marquis de Charras, Sgr de Neuvic, des Seures (5), chevalier de Saint-Louis, lieutenant des maréchaux de France dans les provinces d'Angoumois et de Saintonge, mourut, à quatre-vingt-six ans, le 23 septembre 1755. Il avait épousé : 1° Anne Arnaud; elle mourut, à trente-trois ans, le 27 novembre 1718; 2° Marie .....; elle mourut, à quatre-vingt-dix ans, le 15 mars 1772, dont : 1° Noël-Bertrand, qui suit; 2° François, chevalier de l'ordre de Saint-Jean-de-Jérusalem, commandeur de Saint-Remi.

Noël-Bertrand de la Laurencie, chevalier, marquis de Neuvic, Charras, lieutenant des maréchaux de France en la province d'Angoumois, épousa Marie Paulte, dont : 1° Marie, mariée à Noël-Nicolas Arnaud, chevalier, Sr de Vouzan, la Bergerie, le Chatelar; elle mourut à vingt-huit ans, et fut enterrée à Charras, le lendemain, 12 juillet 1763; 2° François, né le 22 février 1741, baron de Seure; 3° Jean-Baptiste, capitaine au régiment du roi-infanterie; 4° Charles-César, né le 26 août 1745; 5° Marie-Anne, née le 24 janvier 1747, mariée, le 9 février 1768, avec Jean-Marie-Joseph, vicomte de Puymontbrun, chevalier, Sr de Moissey, officier au régiment du roi-infanterie, fils de feu Alexandre,

---

(1) Milhaguet, canton de Saint-Mathieu, arrondissement de Rochechouart (Haute-Vienne).

(2) Cers ou Sers, canton de la Valette, arrondissement d'Angoulême (Charente).

(3) Villeneuve-la-Comtesse, canton de Loulay, arrondissement de Saint-Jean-d'Angély (Charente).

(4) Charras, canton de Montbron, arrondissement d'Angoulême (Charente).

(5) Les Seurres ou Le Seure, canton de Burie, arrondissement de Saintes (Charente-Inférieure).

chevalier de Saint-Louis, capitaine au régiment d'Egmont-dragons, et de Catherine-Gabrielle-Nicolas de Montréal, de la ville de Dôle, en Franche-Comté; 6° Noël-François, né le 5 juillet 1749 ; 7° Marie, née le 19 juillet 1750 ; 8° Bertrand, né le 3 septembre 1751 ; 9° autre Marie, née le 11 août 1754.

François de la Laurencie, chevalier, Sr de Chadurie, des Tibandières, de la paroisse de Chadurie (1), épousa Catherine des Forges, dont : Bertrand, qui suit.

Bertrand de la Laurencie, écuyer, âgé de vingt-quatre ans, épousa, à Saint-Martial d'Angoulême, le 23 mars 1734, Marie-Madeleine Challière, âgée de quinze ans, fille de Jean-Jacques, écuyer, Sr de Vouillac, le Frèse, et de Benigne-Henriette Lainée, de la paroisse de Champnier (2).

LALEU. — [Aymeric de Laleu, écuyer, et Marie, sa femme, vivaient en 1247. (Voyez mes *Mém. mss.* : *Abb. du Lim.*, p. 538.)]

Jean de Laleu, écuyer, capitaine-exempt des gardes du roi, mourut à Uzerche, à soixante ans, le 6 mai 1673. Il avait épousé Marie de Chouvat ou Choviat, dont : 1° Geofroi, baptisé le 28 février 1669 ; 2° Jeanne, baptisée le 30 mai 1671 ; 3° Jean-Victor, baptisé le 8 mars 1673.

LALIER. — Antoine de Lalier, écuyer, Sr de Sizies, paroisse de Magnac-Ville, 1531, avait épousé Marguerite de Guappier.

LALOUBIÈRE, Sr du Claud et de Bernac (*alias* Vernac), paroisse de Ronsenac (3), élection d'Angoulême, porte : *d'argent, à un loup d'azur.*

I. — Jeannot de la Loubière transigea, tant pour lui que pour sa femme, avec Benoit Forron, le 19 avril 1484, fit avec sa femme un arrentement, le 26 décembre 1489. Il avait épousé Agnez de Fayolles.

II. — Pierre de la Loubière reçut, comme fils de Jeannot, un hommage le 7 novembre 1524 ; il est qualifié fils dudit Jeannot dans une transaction du 1er octobre 1537. Il épousa Marie des Champs, dont : 1° Pierre, qui suit ; 2° Huguette, laquelle transigea avec Julie Barbotin, femme de Pierre, son frère, le 8 novembre 1574.

III. — Pierre de la Loubière épousa Julie Barbotin.

IV. — Hélie de la Loubière Sr de Bernat, paroisse de Ronsenac, épousa, le 6 novembre 1606, Marie Chataigner, dont : 1° Hélie, qui suit ; 2° François, qui se maria le 6 juillet 1656.

V. — Hélie de la Loubière, écuyer, Sr de Bernat, épousa, le 15 octobre 1628, Antoinette Rousseau, dont : Hélie, qui suit.

VI. — Hélie de la Loubière, écuyer, Sr de Bernat, paroisse de Ronsenac, en Angoumois, épousa, par contrat du 2 novembre 1660 (signé Joly), Marguerite de Pindray.

---

(1) Chadurie, canton de Blanzac, arrondissement d'Angoulême (Charente).
(2) Champnier, canton et arrondissement d'Angoulême (Charente).
(3) Ronsenac, canton de la Valette, arrondissement d'Angoulême (Charente).

V bis. — François de la Loubière, écuyer, Sr du Claud, épousa, par contrat du 6 juillet 1656 (signé de la Mareuilhe), Penelle de Verlène ; elle avait été de la religion prétendue réformée ; mais à sa mort, arrivée le 3 juillet 1671, elle reçut les sacrements de l'Église catholique romaine, et fut enterrée dans l'église de Ronsenac.

LA LOUE, Sr de la Lande, paroisse de Marenes (1), élection de Saintes, porte : *d'azur, à 3 alouettes pattées et becquées d'argent*, 2 et 1.
I. — Pierre de la Loüé épousa Charlotte Moysan.
II. — Benoit de la Loüé épousa Catherine Grenon.
III. — Armand de la Loüé épousa Elisabeth Bruneau.
IV. — Armand de la Loüé épousa Marie Martin.

LA LOUE, Sr de Masgilier et de la Villatte, paroisse du Bourg de Salaignac (2), porte : *d'argent, à 3 têtes de more*, 2 et 1.
I. — Hubert de la Loüé épousa, par contrat du 8 mai 1520, Catherine de la Garenière, dont : Louis, qui suit.
II. — Louis de la Loüé, de la religion prétendue réformée (Dupleix), fut fait prisonnier à la bataille de Jarnac, 1569 ; honnête et vaillant gentilhomme, se trouva à la bataille de Dreux, le 19 décembre 1562 (*Hist. de Fr.*, Liv. IX) ; épousa, par contrat sans filiation du 20 janvier 1551, Charlotte de Maumechon, dont : Louis, qui suit.
III. — Louis de la Loüé, écuyer, Sr de la Bosse et de la Derlandière, paroisse d'Azat-le-Ferron (3), fit donation à Louis, son fils, du tiers de tous ses biens, le 31 août 1619 ; épousa, par contrat du 16 mars 1579, Madeleine du Genest, dont : 1º Louis, qui suit ; 2º Charlotte, mariée, en 1605, à Jacques du Vignaud.
IV. — Louis de la Loüé épousa, par contrat du 19 novembre 1628, Isabeau de la Salle, dont : 1º Daniel, qui suit ; 2º Gabriel, Sr de la Villatte.
V. — Honorable homme Daniel de la Loüé, écuyer, Sr du Masgilier, paroisse du bourg de Salagnac, épousa, par contrat du 30 novembre 1655, Joseph-Françoise de la Tour de Neufvillars, dont : 1º Jeanne, baptisée le 8 mai 1664 ; 2º Marie, baptisée le 10 avril 1665, mariée le 19 mai 1684, à Robert Doyron, chevalier, Sgr de Charnac.

Notes isolées.

Philippe de la Loüé, écuyer, Sr du Masgilier, épousa Marie Roux du Masbatin, près Limoges, sœur et héritière de François Roux, Sr dudit Masbatin, dont : 1º Marc-Antoine, qui suit ; 2º Mathieu, marié, le 24 septembre 1727, à Jeanne de la Tuille. Il eut en partage le fief de Baignoux, paroisse de Saint-Michel-Laurière (4), où il mourut sans hoirs. Jeanne

---

(1) Marènes, chef-lieu d'arrondissement (Charente-Inférieure).
(2) Grand-Bourg, arrondissement de Guéret (Creuse).
(3) Azat-le-Ferron, canton de Mézière, arrondissement de Blanc (Indre).
(4) Saint-Michel-de-Laurière, aujourd'hui paroisse de Laurière, arrondissement de Limoges (Haute-Vienne).

de la Tuille, sa femme, se remaria à Mathurin de Savignac, écuyer, Sr de Vaux; elle mourut sans hoirs.

Marc-Antoine de la Louë, écuyer, Sr du Masgilier, épousa N..... du Pouget, dont : Marie-Paule, née le 28 janvier 1731.

Gabriel de la Louë épousa Marguerite Filip de Saint-Viance, dont : 1º Philibert; 2º Jean; 3º Léonard; 4º Charlotte.

Branche de Souffransour, paroisse de Marsac (1).

Léonard de la Louë, écuyer, Sr du Mont, paroisse de Poulhac (2), et de Souffransour, paroisse de Marsac, épousa Marguerite Choppi, dont : 1º Pierre, qui suit; Marguerite, mariée, en 1723, à Antoine de Rameru.

Pierre de la Louë, écuyer, épousa, dans l'église de Beaune (3), le 6 septembre 1729, Henriette-Rose Romanet du Mazeau, fille de feu Pierre, Sgr de Saint-Priest-Taurion, et de Léonarde Rameru.

Jeanne-Françoise de la Louë, paroisse de Bona, en Marche (4), épousa, en 1761, Silvain de Magnac, écuyer, Sr de Sori, paroisse de Clais, diocèse de Bourges.

Joseph de la Louë, chevalier, Sr de Puyleger et de la Chassagne, paroisse de Bona, en Marche, épousa N....., dont : 1º Léonard-Augustin, Sr de la Chassagne; 2º Mathieu-Alexis, ecclésiastique, 1761.

Branche de Malleval, paroisse de Marsac.

Philibert de la Louë de Malleval.

LAMAJORIE. — *V.* Majorie.

LAMARCHE. — *V.* Marche.

LAMAURELIE. — *V.* Maurelie.

LAMBERT (5). — Louise Lambert épousa Pierre Grenier, écuyer, Sr de la Forest, paroisse de Montberon, en Angoumois, dont : Marguerite, baptisée le 22 mars 1728.

LAMBERT, procureur du roi au présidial, et président en l'élection d'Angoulême.

I. — François-Lambert, avocat du roi au présidial d'Angoulême; y fut reçu échevin le 19 novembre 1614. Clément Laisné, Sr de Rochecoral, maire, est reçu à la mort dudit Lambert, le 12 janvier 1620. Il avait

---

(1) Marsac, canton de Bénevent, arrondissement de Bourganeuf (Creuse).

(2) Paulhac, paroisse de Saint-Etienne-de-Fursac, canton du Grand-Bourg, arrondissement de Guéret (Creuse).

(3) Beaune, canton d'Ambazac, arrondissement de Limoges (Haute-Vienne).

(4) Bona ou Bonnat, arrondissement de Guéret (Creuse).

(5) Les pages 834, 838, indiquées pour cette famille sont déchirées.

épousé Catherine Meusnier, dont : 1° Jean, qui suit ; 2° Guillaume, qui se maria.

II. — Jean Lambert, procureur du roi, est reçu maire le 29 mars 1648, reçu échevin par la mort de François des Rivaux. Il épousa, le 30 janvier 1628, Catherine Dangeau.

III. — François Lambert, Sr des Andraux, épousa, le 10 février 1659, Marguerite Coustin.

II bis. — Guillaume Lambert, président en l'élection, épousa, le 8 novembre 1633, Jeanne Daigneau.

III. — Jean Lambert, écuyer, Sr de Rochefort, épousa, le 15 décembre 1659, Susanne de Chillioux (Registres de Saint-Martial-d'Angoulême), dont : 1° Guillaume, baptisé le 29 mai 1664 ; 2° Jeanne, née le 17 janvier 1666 ; 3° Catherine, née le 27 mars 1671.

Antoine Lambert, écuyer, Sr de la Vouture, ancien président et commissaire examinateur à l'élection d'Angoulême, épousa, le 27 juin 1666, Jeanne Couturier (Registre de Saint-Martial d'Angoulême), dont : 1° Guillaume, né le 4 juin 1667 ; 2° Léonard, 8 juillet 1668 ; 3° Catherine, 6 novembre 1674 ; 4° et 5° Antoine-Guillaume et Marie-Thérèse, jumeaux, 2 septembre 1678 ; 6° Jeanne, 5 novembre 1680, 7° Marguerite, 19 avril 1684.

François Lambert, écuyer, Sr du Roc et de Cesseau, lieutenant en la maréchaussée d'Angoulême, paroisse de Saint-Martial, épousa Louise de la Couture, dont : 1° Jean, baptisé le 3 juillet 1651 ; 2° Marguerite, 21 juillet 1652 ; 3° Marthe, 11 janvier 1656 ; 4° Louise, 21 mars 1657 ; 5° Jacques, 30 mars 1660 ; 6° Marie, 26 avril 1663 ; 7° Anne, 8 mars 1666 ; 8° François, 18 juin 1667.

LAMBERTIE (1).

Catherine Lambertie épousa, par contrat du 28 février 1643, Gaspard Gentil.

Jeanne Lambertie, demoiselle de la Borie, fille de Gabriel de Lambertie, écuyer, Sr de Chambouraud, la Sallemonie et la Borie, et de Charlotte Vigier, épousa, par contrat du 24 novembre 1637, Pierre de Sauzillon, Sr de Pouzol (V. FOUCAUDIE).

Gabriel de Lambertie, épousa, en 1630, Claude du Laux, fille de Henri du Laux, Sgr de Champnier-aux-Boux, Chambon, etc., et de Henriette de Pons ; elle se remaria avec Desse d'Aubusson.

Jacques Gourdin épousa, le 9 octobre 1662, Marie-Catherine du Lau, veuve de Joseph Lambertie.

Christine de Lambertie épousa, par contrat passé à Montbron, le 18 mars 1570, François de Barbières, écuyer, Sr de Lasterie, paroisse de Dournazac (2).

Léonard de Lambertie épousa, en 1648, Marie de Fontlebon, fille de Charles, écuyer, Sgr de la Chapelle-Saint-Robert, et de Marie Moreau.

---

(1) La généalogie de cette famille était aux pages 181, 182, 183, 184 du manuscrit de Nadaud, qui est déchirée en cet endroit. Nous recueillons les notes suivantes à d'autres pages.

(2) Dournazac, canton de Saint-Mathieu, arrondissement de Rochechouart (Haute-Vienne).

Jeanne de Lambertie épousa, vers 1630, Charles Joubert de la Bastide, chevalier, Sgr de Châteaumorand, Fressinet, Coignac.

Gabriel de Lambertie épousa, en 1605, Isabeau de Rochechouart, fille de Louis et de Madeleine de Bouille.

Jeanne de Lambertie épousa, en juillet 1608, noble Gui Roux, écuyer, Sr de Lusson et de la Salle.

LAMBERTERIE, Sr de la Chapelle-Montmoreau, paroisse de ...., élection d'Angoulême, porte : *D'azur, à un lion rampant d'argent, armé et lampassé de gueules.* Supports : *Deux sauvages.*

I. — Bertrand de Lamberterie épousa N....., dont : 1º Jean ; 2º autre Jean ; 3º Nicolas, qui suit. Ces trois frères partagèrent la succession de leur père, le 24 avril 1545.

II. — Nicolas de Lamberterie épousa N....., dont : Jean, qui suit.

III. — Jean de Lamberterie fit son testament le 17 novembre 1586, épousa, le 7 août 1573, Marie de Maraval (1), dont : Nicolas, qui suit.

IV. — Nicolas de Lamberterie fit son testament le 27 janvier 1630, épousa Marie Porten, dont : 1º Charles, qui suit, 2º Ganthonet, Sr de Lamberterie, qui se maria, le 21 octobre 1637, à Jeanne de Chevreuse.

V. — Charles de Lamberterie fit son testament le 27 janvier 1665, épousa : 1º, le 5 septembre 1632, Esther de Fournel, dont : Raphaël de Lamberterie, baptisé le 14 février 1638 ; 2º, par contrat du 29 septembre 1650, Madeleine de Montaigne, dont : Jean-Jacques, qui suit.

VI. — Jean-Jacques de Lamberterie épousa, par le même contrat que son père, du 29 septembre 1650, Claude de Barlière, dont : Charles.

V bis. — Ganthonet, Sr de Lamberterie, épousa, le 21 octobre 1637, Marie Chevreuse, dont : Charles, baptisé le 29 décembre 1664.

LA MORELIE. — *V.* Maurelie.

LAMOTTE. — *V.* Motte.

LAMOUNOÏE. — *V.* Moneta.

LAMOURINIE. — *V.* Mourinie.

LAMY.

Jean Lamy, Sr de Croix-de-Verd, paroisse de Saint-Cire, élection de Saintes, fut trouvé gentilhomme en 1598.

Gabriel Lamy de Montvallier, Sr de Mazures, paroisse de la ville de Saint-Junien (2), archer en la compagnie de 30 lances du duc de Mortemart, dans la monstre faite, le 19 octobre 1574, devant le camp de Lusignan.

---

(1) Maraval, aujourd'hui Marval, canton de Saint-Mathieu, arrondissement de Rochechouart (Haute-Vienne).

(2) Saint-Junien, arrondissement de Rochechouart (Haute-Vienne).

Bonaventure Lamy, Sʳ de Loury, épousa Louise de la Marche, dont : Gabrielle, mariée à Baptiste de la Chatre, Sʳ de Bruillebant, maître d'hôtel de la reine Marguerite de Valois (Simplic., T. VII, p. 374).

LANDAROT (1).

LANET. — Charles de Lanet, écuyer, Sʳ de Boisset, paroisse de Brigeuil-le-Chantre (2) (ses descendants demeurèrent à Chaliat, diocèse de Bourges), épousa Claire Gesrier, dont : Mathurin, né le 8 avril 1613.

LANGLADE.
Jean de Langlade, Sʳ de Crouze, paroisse de Saint-Julien-près-Bort (3), avocat au parlement en 1649, est dit noble, et mort en 1660. Il épousa noble Anne de Fenis, dont : 1º Pierre, qui suit ; 2º Marguerite, baptisée le 18 août 1644 ; 3º Antoine, baptisé le 26 août 1645 ; 4º Jean-Joseph, baptisé le 7 mars 1648 ; 5º Marie, née en 1648, baptisée le 22 août 1649 ; 6º Gabrielle, née en mars 1650, baptisée le 21 février 1652 ; 7º Anne, baptisée le 28 avril 1653 ; 8º Marguerite, née le 19 septembre 1658 ; 9º Catherine, baptisée le 29 avril 1660.
Noble Pierre de Langlade, Sʳ de Vaux, paroisse de Saint-Julien-près-Bort, épousa : 1º noble Catherine de Boisse, dont : 1º Anne, née le 19 février 1662. Il épousa apparemment : 2º, en février 1667, Jeanne de Lespinasse, de la ville de Tulle, dont : 2º Antoine, né le 20 février 1668 ; 3º Jean-Baptiste, né le 15 septembre 1670 ; 4º Jean-Joseph, né le 20 juillet 1675 ; 3º Martial-François, baptisé le 28 août 1676 ; 5º autre Antoine, mort en bas-âge.

LANGON. — *V.* Estève de Langon, T. II, p. 93.

LANOUAILLE. — *V.* Noaille.

LANSADE. — Hélie Lansade, damoiseau, de la ville de Nontron, 1257. Dominique Lansade, écuyer, de la ville de Brive, épousa, en 1764, Marie-Anne de Lansade.

LANTEILH. — *V.* Lenteulh.

LANTHONIE, Sʳ dudit lieu, paroisse de Sainte-Fortunade (4), élection de Tulle, porte : *de gueules, à trois étoiles d'or, 2 et 1, écartelé de sinople à deux roseaux de sable en sautoir.* Supports : *deux griffons.*

---

(1) Cette famille était à la page 2448, qui est déchirée.
(2) Brigueil-le-Chantre, canton de la Trimouille, arrondissement de Montmorillon (Vienne).
(3) Saint-Julien, canton de Bort, arrondissement d'Ussel (Corrèze).
(4) Sainte-Fortunade, canton et arrondissement de Tulle (Corrèze).

I. — Philippe de Lanthonie fut déchargé du rôle des tailles par arrêt de 1476. Il épousa N....., dont : Gérand, qui suit.

II. — Gérand de Lanthonie, auquel Philippe, son père, fit donation en 1471, épousa, le 6 février 1478, Annette de Bariac.

III. — Gilbert de Lanthonie épousa, le 6 juin 1504, Clémence Rossy de Campagnac.

IV. — Jean de Lanthonie épousa, le 15 mai 1582, Françoise de Bar.

V. — Charles de Lanthonie fit son testament le 30 avril 1619; il épousa, le 13 septembre 1609, Jeanne de la Majorie, dont : Pierre, qui suit.

VI. — Pierre de Lantonie épousa, le 29 janvier 1634, Catherine de Meynard.

LANTILHAC. — *V.* LENTILHAC.

LA PALISSE. — *V.* CHABANNES, T. I, p. 385.

[LA PENCHENARIE.]

LAPERSONNE. — *V.* PERSONNE.

LAPISSE. — *V.* PISSE.

LAPLACE. — *V.* PLACE.

LAS PLANCHAS. — *V.* PLANCHAS.

LA POMMELIE. — POMMELIE.

LAPORCHERIE. — *V.* PORCHERIE.

LAPORTE. — *V.* PORTE.

LAQUEILLE. — *V.* QUEILLE.

LAQUINTAINE. — *V.* QUINTAINE.

LARCHE. — *V.* ARCHE, T. I, p. 46.

LARAMIÈRE. — *V.* RAMIÈRE.

LARATERIE. — *V.* RATERIE.

LAREBEYRIE. — *V.* REBEYRIE.

LAREBOUFFIE. — *V.* REBOUFFIE.

LAREYNIA. — *V.* REYNIA.

LARIE. — *V.* RIE.

LAROCHE. —. *V.* ROCHE.

LARON [et LA BREUILLE DE LARON]. — Les armes, suivant d'anciens sceaux, étaient : *un escarboucle à huit raittées pommettées.* (SIMPLIC., T. VII, p. 325.)

[Laron ou Leron est un fief situé dans la paroisse de Saint-Amand, et dans l'élection de Bourganeuf. Il a eu de tout temps ses seigneurs particuliers; mais, après le milieu du dernier siècle, il était possédé par une maison du nom de Labreuille.]

Gérard de Laron épousa Odolgarde, dont : 1º Adémar, qui suit; 2º Jourdain, évêque de Limoges, mort en 1051.

Adémar de Laron (*Larondensis*), signa l'élection d'Itier, évêque de Limoges, en 1052, chevalier. [Est témoin, avec Pierre de Donzenac, dans l'acte d'une donation faite à Uzerche, par Gui, vicomte de Limoges, et Geoffroi, son frère, fils d'Adémar, vicomte, et de Senegunde, vers l'an 1064.] (*Concil.*, T. IX, p. 1069. — JUSTEL, *Hist. de Turr.*, preuv., p. 33.) Il épousa Vierne, dont : Wido, évêque de Limoges, mort en 1086.

Roger de Laron, épousa N....., dont : Adémar, qui suit (GAUFRED., *Chron.*, p. 281).

Adémar de Contors de Laron épousa : 1º Aolaars de Las Tours; elle mourut le 13 juillet, et fut enterrée à Arnac-Pompadour (1), près de sa mère. De ce mariage sortit un fils nommé Gui, qui prit le nom de Las Tours. Il épousa : 2º la sœur de l'évêque Ithier, dont vient la race des Laron. (GAUFRED. VOSIENS., *mss.*).

Gui de Laron, chevalier, mourut le 13 janvier, suivant le nécrologe de Glandiers; il avait épousé N....., dont : Roger, qui suit.

Rotger, Sgr de Laron, damoiseau, épousa Jordane, fille de Raymond de la Chièze, par son testament, fait avant 1257, elle veut être enterrée aux Allois.

Noble Roger de Laron mourut le 27 mars, fut inhumé chez les frères prêcheurs de Limoges, avant 1328.

Noble Roger de Laron, chevalier, Sgr en partie de Laron, 1266, bienfaiteur avec sa femme, des religieux de l'Artige, épousa Athelis, sœur de Gaucelin de Châteauneuf.

Marguerite de Laron, femme, en 1332, de Jean le Groing, Sgr de Villebouche (SIMPLIC., T. VIII, p. 144).

LAROSSE. — *V.* ROSSE.

---

(1) Arnac-Pompadour, canton de Lubersac, arrondissement de Brive. (Corrèze)

LAROUSSIE. — *V.* Roussie.

TAROUTE. — *V.* Route.

LASAIGNE. — *V.* Saigne.

LASALLE. — *V.* Salle.

[LASCORS. — On trouve Guillaume Lascors dans les registres de Borsandi, notaire à Limoges, p. 144, n° 223, *apud*, D. Col. et Gaufridus Lascors, *idem, ibid.*, p. 146, n° 227.]

LASCOTS [ou LASCOUX.
Lascoux est un fief dans la sénéchaussée d'Uzerche, dont le seigneur, qui en a porté le nom, est d'une famille ancienne.]
Pierre Lascots, chevalier, du diocèse de Limoges, 1384 (BALUZE, *Mais. d'Auv.*, T. II, p. 210].

LASESCHA. — *V.* Sescha, Seschaud.

LASNIER. — Nicolas-Pierre-Joseph Lasnier, écuyer, Sr de la Valette, de la ville de Brive, épousa, en 1766, Marie-Angélique Ervault de Bruti.

LASOUMAIGNE. — *V.* Soumaigne.

LASPLANCHAS. — *V.* Planchas.

LASTERIE. — *V.* Du Saillant de Lasterie.

LASTIC, Sr de Saint-Jal, paroisse dudit lieu (1), élection de Brive, porte : *de gueules à une fasce d'argent.* Supports : *deux lions.*
[Saint-Jal et Chamboulive, deux terres de la sénéchaussée d'Uzerche, qui appartenaient, en 1698, au marquis de Saint-Jal, dont le nom de famille était Lastic. On le regardait alors comme un des bons gentilshommes du Limousin. Il y a une cure à Chamboulive qui passe pour être la plus riche du diocèse de Limoges : elle vaut, dit-on de 10 à 12,000 livres.
La maison de Lastic est originaire d'Auvergne, près les confins du Limousin.
Pierre de Lastic était chanoine de Brioude en 1254. (BALUZE, *Hist. de la maison d'Auv.*, T. II, p. 267.)

---

(1) Saint-Jal, canton de Seilhac, arrondissement de Tulle (Corrèze).

Jean de Lastic, chevalier, maréchal de Rodes, commandeur de Bourganeuf, de l'ordre de Saint-Jean-de-Jérusalem, vivait le 27 mai 1423.

Messire Draguinet, S^gr de Lastic et de Vazeilhes, vivait en 1436. (BALUZE, *ibidem.*, p. 422.)]

I. — Claude de Lastic fit son testament le 11 mars 1545; épousa, le 15 janvier 1537, Marguerite des Farges, dont : 1º Jean, qui suit; 2º Antoine.

II. — Jean de Lastic fit son testament le 23 janvier 1620, avait une compagnie de chevau-légers en Languedoc, au mois de février 1575. Dans un détachement, il remporta quelque avantage sur des confédérés, au mois d'avril. (VAISSETTE, *Hist. Langued.*, T. V. p. 341.) En septembre, il servit au siége de Sommières. Le 4 octobre 1577, le roi ordonna de congédier les gendarmes et les chevau-légers, excepté la compagnie de Saint-Jal, qui serait entretenue jusqu'à ce qu'il en fût ordonné autrement. (*Idem.*, p. 344, 366.) Il épousa, par contrat sans filiation, le 18 août 1568, Gabriel Heral, dont : 1º Thibaud, qui transigea avec Antoine, son frère, sur la succession de Claude, leur aïeul, le 23 mars 1636; 2º Antoine.

III. — Antoine de Lastic fit son testament le 16 août 1652, épousa, par contrat sans filiation du 12 avril 1627, Antoinette des Tresses, dont : 1º Jean-Jacques, qui suit; 2º François; 3º Jean; 4º autre Jean-Jacques de Lastic de Saint-Jal, écuyer, Sr de Montbon, paroisse de Saint-Jal, qui épousa, le ..... janvier 1674, Jeanne Boyer, fille de Guillaume et de Susanne Gautier, de la ville d'Uzerche; 5º Charles.

IV. — Jean-Jacques de Lastic épousa, le 26 janvier 1654, Claudine de Busséjol de Roquelaure.

Notes isolées.

Lucrèce Lastic de Saint-Jal épousa Jean-François d'Albignac, écuyer, S^gr de Saint-Gervais et du Triadou. (D'HOZIER, *Arm. gén.*, I. part., p.42.)

Claude-Marie, comte de Lastic de Saint-Jal, paroisse de Pierrefitte, épousa, en 1767, Henrie de la Chapelle-Cas, de la ville de Saint-Antonin, diocèse de Rodez.

François-Antoine de Lastic, chevalier, vicomte de Saint-Jal, Chamboulive (1), Pierrefitte (3), Saint-Salvadour (3), colonel d'un régiment d'infanterie, épousa, par contrat du 19 mars 1686, Louise Blondeau, dont : 1º François; 2º Marie, mariée, le 11 septembre 1693 (*sic*), à Gilbert Barton.

[N....., marquis de Saint-Jal, vivait en 1698. Il avait commandé avec honneur, quelques années auparavant, le régiment de milice de la généralité de Limoges.]

Jean-Jacques de Lastic de Saint-Jal, écuyer, Sr de Montbrun, paroisse

---

(1) Chamboulive, **canton de Seilhac**, arrondissement de Tulle (Corrèze).
(2) Pierrefitte, canton de Seilhac, arrondissement de Tulle (Corrèze).
(3) Saint-Salvadour, canton de Seilhac, arrondissement de Tulle (Corrèze).

de Pierrefitte, épousa Marie Chauveau, de Rochefort, dont : Jacques-Marie, tonsuré en 1738.

Jean-Jacques de Lastic de Saint-Jal, Sr de Montbru, paroisse de Saint-Jal, épousa, le ..... janvier 1674, Jeanne Boyer, fille de Guillaume et de Susanne Gautier, de la ville d'Uzerche, où elle mourut veuve le 13 septembre 1678, fut portée ensevelir avec son mari dans l'église de Chamboulive.

Jean-Claude de Lastic, marquis de Saint-Jal, vicomte de Beaumont, mestre-de-camp de cavalerie, épousa Marie-Marguerite Bazin de Bezons, née le 2 novembre 1696, morte le 22 mai 1722, fille de Jacques, maréchal de France, et de Marie-Marguerite le Menestrel de Hauguel, dont : N...., mariée à N..... Amauzé de la Queille, comte d'Amauzé, fils de Anne Gilbert. (MORERI, 1759.)

Jean-Claude de Lastic de Saint-Jal, vicomte de Beaumonr, Sgr de Chamboulive, lieutenant géréral des armées du roi, gouverneur des ville et château de Mézières et de Charlaville, ci-devant lieutenant des gardes-du-corps, mourut à soixante-onze ans, le 17 novembre 1753. Il avait épousé Marie-Marguerite Bazin de Bezons, fille de Jacques, maréchal de France, et de Marie-Marguerite le Menestrel; elle mourut à vingt-trois ans, le 22 mars 1722. (SIMP., T. VII, p. 683. — *Tabl. hist.*, IVe partie, 343.) De ce mariage : Louise-Jacqueline, mariée, le ..... août 1741, à Louis-Gilbert-Gaspard de la Queille (ou la Quille) de Châteaugai, comte d'Amonzé, etc. (*Dict. généal.*, 1757.)

Françoise de Lastic de Saint-Jal, épouse de Raymond de la Garde, écuyer, mourut à Uzerche, à soixante-dix ans, le 22 octobre 1749.

[François de Lastic, marquis de Lastic, qualifié très-haut et très-puissant seigneur, lieutenant général des armées du roi et commandeur de l'ordre royal et militaire de Saint-Louis, était mort en janvier 1779. Epousa N......, dont : 1º François, qui suit, 2º Charles-Antoine, vicomte de Lastic, brigadier des armées du roi et gouverneur de Carcassonne, épousa dame Françoise-Pauline-Jeanne-Renée le Prêtre, vicomtesse de Lastic. Ils vivaient tous deux en janvier 1779 ; 3º Dominique de Lastic, prêtre, vicaire général de Rouen, archidiacre du Vexin-Français, official à Pontoise, vivait en janvier 1779 ; 4º Antoinette de Lastic, veuve d'Antoine de Montagnac, vivante en janvier 1779. Tous les précédents sont nommés au contrat de mariage d'Anne-Françoise de Lastic, dont il sera parlé plus bas. (*Généal. de la mais. de Montesquiou-Fézenzac* : Paris, Valade, 1784, aux preuv., p. 205 et suiv. — DE COMBLES, *Tabl. hist. de la nobl.*, 1786, IIe part., p. 251, 270, 271.)

François, marquis de Lastic de Saint-Jal, épousa Marie-Marguerite Bazin de Bezons, dont un fils, qui suit. (*Idem, ibid.*)

François, comte de Lastic, qualifié très-haut et très-puissant seigneur, Monseigneur François de Lastic, chevalier, comte de Lastic et d'Aleuze, vicomte de Murat, baron de Buisson, Sgr de Sieujac, Neuve-Eglise, Lastic, Cisternes, Runies-Corbières, Tanavelle-Latga, la Tremalière, Valres, Saint-Georges, Vavillettes, Laval en Haute-Auvergne ; baron de Pertus, la Fouillouse, le Broc, Bergoure, Gignac et Saint-Yvoine, Sgr de Parantignac en Basse-Auvergne, de Belcourt au pays Chartrain, et autres lieux, créé maréchal des camps et armées du roi le 3 janvier

1770, colonel des grenadiers de France. Il épousa, le 28 ou 30 avril 1755, très-haute et très-puissante dame Madame Anne Charron de Ménars, née le 26 juin 1733, comtesse de Lastic, dame de Madame Sophie (de France); et ce, dans le contrat de mariage de leur fils, alors mineur, dont : Anne-François, qui suit. (*Idem, ibid.*)

Anne-François de Lastic, marquis de Lastic, capitaine au régiment de Beaujolais-infanterie, épousa, le 31 janvier 1779, Anne-Louise-Hyacinthe-Augustine de Montesquiou-Fézenzac, fille d'Anne-Pierre de Fézenzac, marquis de Montesquiou, etc., et de Jeanne-Marie Hocquart de Montfermeil, marquise de Montesquiou. (*Idem, ibid.*)

N....., chevalier de Lastic, créé brigadier de cavalerie le 10 mai 1748, vivait encore en 1775.

N....., marquis de Lastic, mort en 1778 ou 1779. (*Fastes milit.*, 1779, T. II, p. 688.)]

LASTOUR ou LAS TOURS (1), première baronnie du Limousin (*Dict. généal.*, 1757, T. II, p. 29), seconde baronnie du Limousin, selon LESTANG, *Hist. des Gaul.*, p. 189.

Dans le sanctuaire des frères prêcheurs de Limoges : *d'azur à 3 tours d'argent, 2 et 1, cantonnées de cinq (sic) fleurs de lis d'or, 3, 2 et 1.* D'après le *Dict. généal.*, 1757, T. III, p. XCIII : *d'argent, à 3 tours de sable, accompagnées de 6 fleurs de lis de même, 3 en chef, 2 en fasce et 1 en pointe.*

On ne sait pas quand les anciens seigneurs de Las Tours transportèrent les reliques de saint Ferréol à Nexon.

I. — Gulferius de Las Tours, *de Turribus*, qu'on appelait Archambaud, était avec Archambaud, vicomte de Comborn, dans le combat où celui-ci vengea l'honneur de la reine, vers 987. (GAUFRED., *Chron.*, p. 290.)

Du temps du roi Robert (GAUFRED., p. 280, 281), vers l'an 1000, Gui Las Tours, surnommé *le Noir*, brillait sur tous les seigneurs du Limousin par sa bravoure : *Inter principes Lemovicini climatis probitatis titulo clarebat, et super castrum de Las Tours, de Terrasson et de Altefort, principatum habuisse narratur.* On entendait par princes (*Dict. généal.*, 1757, art. *Lastours*) ces anciens seigneurs qui tenaient leurs terres en franc-aleu, et n'en rendaient au souverain qu'un hommage de simple formalité. La terre de Hautefort (2), diocèse de Périgueux, en est une des plus belles, tant par son étendue que par le nombre des vassaux qui en relèvent, et par une ancienne forteresse qui y a. longtemps existé.

Gui, avec le secours du comte de Périgord (GAUFRED., p. 281), bâtit la ville de Pompadour contre le vicomte de Ségur, mit le feu au château de Jarduna, en Périgord, parce que le maître, en riant à gorge déployée, avait dit qu'il ressemblait à un forgeron. Outre les châteaux de Las Tours, Terrasson, Hautefort, il possédait encore différentes églises et seigneuries. Bâtit le monastère d'Arnac (*Acta Sanct. Bened.*, IIIe part.,

---

(1) Lastours, paroisse de Rilhac-Lastours, canton de Nexon, arrondissement de Saint-Yrieix (Haute-Vienne).

(2) Hautefors, chef-lieu de canton, arrondissement de Périgueux (Dordogne).

p. 581), et y mit les reliques de saint Pardoux. On dit qu'il mourut dans une guerre, le 1er août, à Limoges, où il fut enterré près la porte méridionale du monastère de Saint-Martial. Il était marié (GAUFRED., p. 280) à Engalcias, d'une naissance égale à la sienne, fille du seigneur du château de Malemort, et petite-nièce de Géraud d'Aurillac. Elle se rendit moniale à Arnac, où elle mourut fort vieille, le 27 août. Elle voulut y être enterrée hors de la porte qui va du cloître au monastère, afin que les fidèles qui entreraient recommandassent plus dévotement son âme à Dieu.

De leur mariage ne vint qu'une fille, nommée Aolaars ou Aalair, d'une santé fort faible, mariée à Adémar le Contors de Laron, qui suit.

Adémar le Contors de Laron épousa : 1º Aolaars de Las Tours, dont : Gui, qui succéda à tous les biens de sa mère, et prit le nom de Las Tours, qui suit; épousa : 2º la sœur d'Ithier, évêque de Limoges, dont la maison de Laron hérita de tous les biens, et dont il eut : Gérald, qui se maria.

I. — Gui de Laron, qui prit le nom de Las Tours, fut enterré à Arnac (1); il vivait en 1063 (BALUZE, *Mais. d'Auv.*, T. I, p. 78); il épousa Agnès, sœur du Sgr de Chambon-Sainte-Valerie; il en eut : 1º Gui, qui suit; 2º Gérald, dont il sera parlé après son frère; 3º Gulpherius ou Goulfier, Sgr d'Hautefort, qui continua la descendance.

II. — Gui de Las Tours, fils d'autre Gui et d'Agnès de Chambon, mourut à Jérusalem. Il épousa N......, dont : Oliverius, tué le 24 novembre à Ayent, près du château d'Issandon, enterré à Arnac.

II. — Gérald de Las Tours, fils de Gui et de Mathilde, épousa Elisabeth, fille de Gui Flamenc, dit *le Vieux*, dont : 1º Gulferius; 2º Mathilde.

II. — Gulferius de Las Tours, fils de Gui et de Agnez, Sgr d'Hautefort, dont il est parlé avec tant d'honneur dans l'histoire de la première croisade. Les historiens l'ont appelé homme digne de mémoire (GAUFRED., p. 293), d'une naissance des plus illustres, du diocèse de Limoges, et un chevalier d'une intrépidité admirable. (ORDERIC VITAL, *apud* DUCHESNE, *Hist. Norman. Scrip.*, p. 748; — BALDRIC, *apud Gesta Dei per Francos*, p, 125; — ROBERT, *ibid.*, p. 69; — RAYMOND DE AGILAS, *ibid.*, p. 160; — GUILL. TYR., liv. VII, ch. 9.) Il se croisa en 1096, fit plusieurs courses sur les ennemis, et leur portait tous les jours de nouveaux dommages. (GAUFRID., p. 273.) Le 13 décembre 1098, il monta le premier à l'assaut de la ville de ...., et parvint jusqu'à la muraille; il la défendit vigoureusement, en chassa les paysans, anima ses camarades par ses signes et par ses cris (ORDERIC VITAL, *ibid.*)

Parmi les chevaliers qui composaient l'armée du comte de Saint-Giles (*Chron.*, *apud* LABBE, T. II, *Nov. Bibl.*, p. 329) pour la conquête de Jérusalem, on trouve Robert, mieux Raymond de Tourina (de Turenne), Girard Malafalda et Galferius de Lasturs ou Dasturs (plutôt de Las' Tours), l'an 1099, avant le mois de juin.

Après la prise d'Antioche (Anonym., *apud* MABILL., *Iter italic.*, T. I,

---

(1) **Arnac**, canton de Lubersac, arrondissement de Brive (Corrèze).

pars 2ª, p. 173, 196), et au combat donné le 28 juin, même année, Raymond Pilet, qui était de l'armée du comte de Saint-Giles, Raymond, vicomte de Taurina, et Golferius Dasturs, avec leurs gens, entrèrent avec beaucoup de prudence et de courage dans le pays des Sarrasins, allèrent au-delà de deux villes, et entrèrent à une appelée Talamanis, que les habitants leur rendirent sur le champ et eux aussi. Les guerriers y avaient demeuré neuf jours, lorsque des messagers vinrent leur dire qu'il y avait tout près, dans un château de Sarrasins, une troupe de gens. Les croisés y allèrent, l'investirent et le prirent sur le champ; ils tuèrent tous ceux qui ne voulurent pas se faire chrétiens, donnèrent la vie aux autres, et s'en retournèrent à leur ancienne ville.

Trois jours après ils allèrent à celle de Marra, place importante, près d'Antioche. Il y avait plusieurs Turcs, Sarrasins et Arabes, venus d'Alep et de toutes les ville voisines. Ces barbares firent une sortie, et les nôtres comptaient déjà sur la victoire; mais les ennemis prirent d'abord la fuite. Ils firent pourtant la petite guerre, se chamaillant les uns les autres pendant un jour jusqu'au soir. Mais la chaleur étant excessive, les nôtres ne pouvant plus endurer la soif, parce qu'ils ne trouvaient point d'eau pour se rafraîchir, ils voulurent se retirer dans leur ville. Alors les Suriens et le même peuple prirent sur le champ la fuite par derrière, n'ayant aucun chef pour les conduire. Les Turcs les poursuivirent et en tuèrent plusieurs, le 5 juillet. Las Tours se fit un honneur infini dans la ville de Marra par ses actions héroïques. (GAUFRED., p. 296.)

Le 15 août (MABILL., *ibid.*, p. 197), les deux Raymond, apparemment Pilet et Turenne, étant tranquilles dans cette ville, avec leurs soldats, plusieurs Turcs, Arabes et Sarrasins d'Alep et autres châteaux de la montagne, y vinrent en cachette et firent une irruption. Les deux Raymond, s'étant munis du signe de la croix et ayant invoqué le nom du Seigneur, se jetèrent sur eux. Ceux-ci, entendant nommer le Christ, prirent la fuite, y perdirent sept hommes et dix bons chevaux.

En novembre (*idem, ibid.*, p. 200) même année 1099, on assiégea la ville de Marra. Golferius de Lastours monta le premier à l'assaut, mit le pied sur le rempart; quelques-uns le suivirent, mais en petit nombre, parce que l'échelle cassa. Il défendit cependant courageusement le mur, exhortant ses camarades par ses gestes et par sa voix. Il s'accrocha à une tour : on le repoussa vivement, mais presque sans faveurs; il soutint le choc des ennemis, qui se ruèrent sur lui et sur sa troupe, sans pouvoir en venir à bout : chacun d'eux craignait au contraire d'éprouver une épée qui n'avait épargné aucun des leurs. Ils lui jetèrent des traits, des flèches, des pieux, des pierres, et son bouclier en était si chargé qu'un homme ne pouvait le lever. Il en était si fatigué, que la sueur découlait de tout son corps, et qu'il avait besoin d'un prompt secours; heureusement ceux des nôtres qui avaient sapé le mur entrèrent dans ce moment, et firent main-basse sur tout ce qui se montra. Goulfier reprit ses forces, laissa son bouclier et son casque, prit son épée, toute rouge apparemment du sang des ennemis qu'il venait de tuer, poursuivit les autres, et en fit plus mourir par la peur que par le glaive. Ce fut le samedi 11 décembre 1098.

Au mois de février (*idem*, p. 203; — GESTA, *ibid.*, p. 72 et 128) de l'an 1099, c'est-à-dire 1100, Raymond de Turenne (mal de *Teutoria*, de *Taurina*), Pierre de Stillone, Bego della Rivera, Amaneus de Lubens, Guillaume Buti et Sicard, allant contre la ville de Tripoli, trouvèrent soixante Turcs, Sarrasins, Arabes, et Curtes, qui avaient devant eux plus de 1500 hommes ou chevaux : munis du signe de la croix, ils les investirent, les battirent, en tuèrent six, et prirent six chevaux.

Au même mois de février ou de mars, Raymond Pilet et le vicomte de Turenne se détachèrent de l'armée du comte de Saint-Giles, et vinrent attaquer la ville de Tortose. Ils ne firent rien ce jour-là, parce qu'on les repoussa vivement : la garnison était trop forte. Sur le soir, ou la nuit suivante, ils se retirèrent dans un coin, et firent allumer de grands buchers, comme si toute l'armée des chrétiens avait été campée dans cet endroit. Les assiégés en furent si effrayés qu'ils abandonnèrent la ville pendant la nuit, et y laissèrent de grandes richesses; elle avait un bon port. Les nôtres vinrent la prendre le lendemain, ils y demeurèrent jusqu'au siége de l'Arche.

Le 9 juin suivant (*Gesta*, *ibid.*, p. 26, 74, 131), pendant qu'on faisait le siége de Jérusalem, Raymond de Turenne avec plusieurs autres sortirent de leur camp pour examiner ou piller le pays voisin. Ils trouvèrent deux ou trois cents Arabes, qu'ils poursuivirent vivement, en tuèrent plusieurs, et leur prirent trente chevaux. Le lendemain il alla, avec cent chevaliers, au port de Joppé, où étaient arrivés, fort à propos, des vaisseaux chargés de vivres, et il les escorta. C'est tout ce que les historiens des temps nous apprennent des exploits de ces deux seigneurs. Un plus récent chroniqueur de Flandre (GAUFRED. VOSIENS.) ajoute un trait intéressant sur le compte de Goulfier de Las Tours : quelque singulier qu'il paraisse, le P. Louis de Grenade l'a cité, le croyant vraisemblable, et Mainbourg (*Hist. Croisad.*, liv. 2) l'a raconté au long. « Ce seigneur, dit-il, qui s'était acquis dans toute l'armée des Croisés la réputation d'un des plus intrépides et des plus vaillants hommes de la terre, comme il l'avait fait voir en cent belles occasions, se distingua précisément dans une que l'histoire ne peut omettre sans faire injustice au mérite d'un si brave homme, et sans se priver elle-même d'un de ses plus beaux ornements. Un jour qu'il était allé en parti, selon sa coutume (LABBE, T. II, *Nova Bibl.*, p. 293), il ouït l'effroyable rugissement d'un lion, qui semblait néanmoins plutôt se plaindre de quelque mal qu'il souffrait que suivre sa proie pour la dévorer. L'intrépide Goulfier (Mainbourg l'appelle Geofroi), qui, par un mouvement de sa générosité naturelle, allait toujours, sans délibérer un moment, droit au péril, s'enfonça aussitôt dans le bois prochain, malgré toute la résistance de ses compagnons qui voulaient l'arrêter, et, courant vers l'endroit où il entendait le rugissement, il vit qu'un horrible serpent d'une prodigieuse grandeur, ayant entortillé les jambes et le corps du lion, l'avait mis hors d'état de se défendre, et lui dardait, à grands coups redoublés, sa langue pour le tuer de son venin. Il fut touché du danger du lion, et, sans songer qu'en le délivrant il lui laissait la liberté de se jeter sur lui, il donna de son épée si à propos sur le serpent, qu'il le tua; et, sans blesser le lion, il coupa les liens dont il était embarrassé. Alors ce pauvre animal, se voyant libre, et reconnaissant l'auteur de sa liberté, lui en vint rendre grâces de la manière la plus expressive et la plus soumise qu'il put, en le flattant et lui léchant les pieds. Et depuis ce temps, s'attachant à lui comme à son généreux défenseur, auquel il devait la vie, il ne le voulut plus jamais abandonner, et le suivit partout comme un chien fidèle à son maître, sans offenser personne que les ennemis sur lesquels il lui faisait signe de se jeter; car ce lion allait toujours avec lui au combat et à la chasse, et il ne manquait pas de le pourvoir abondamment de venaison. Mais ce qu'il y a de plus admirable est que le maître du vaisseau sur lequel Goulfier retourna en France après la croisade, n'ayant jamais voulu souffrir, non plus que tous ceux de l'équipage, que le lion, qui suivait son maître, y entrât, cette pauvre bête, désespérée de se voir séparée de son bienfaiteur, se jeta dans la mer, nageant toujours après le vaisseau, jusqu'à ce que, les forces lui manquant, elle se noya, l'an 1097, peut-être 1107. »

Gulferius acheta dans ce pays un anneau de grand prix, qu'Adémar, vicomte de Limoges, lui eut par finesse. (GAUFRED., p. 307.)

Il mourut à Vigeois (*idem*, p. 280), le 9 avril, un lundi, à six heures, neuf jours après la fête de Pâques, âgé de trente-trois ans. Il avait donc été chevalier à vingt-et-un ans, suivant l'usage ordinaire (SAINTE-PALAYE, *Mém. acad. Bell.-Lett.*, T. XX, p. 795), qui était d'exprimer les années de la chevalerie avec l'âge auquel un chevalier avait terminé sa carrière. M. de Sainte-Palaye traduit *Gulferium* par *Angolfier de La Tour*, nous prononçons *Las Tours*. Ce ne peut être ce Gulferius, qui ne mourut qu'en 1179. (*V.* GAUFRED. VOSIENS., *mss.*)

Gulferius avait épousé Alpaïs, fille de Gaucelin de Pierrebuffière, enterrée à Arnac, dans le chapitre, dont : 1º Gui; 2º Ramnulphe, clerc, puis évêque de Périgueux, en 1209.

I. — Gérald de Lastours, de la branche de Laron, fils de Gui et d'Agnès de Chambon-Sainte-Valerie, fit des dons au monastère de Vigeois, du temps du roi Philippe. Il épousa Humberge, fille de Seguin, chevalier, dont : 1º Gui, qui suit; 2º Seguin, qui se maria.

II. — Gui de Las Tours (GAUFRED., p. 306), surnommé *le Gros*, fils de Gérald et de Humberge, mourut, à Jérusalem, lorsque le roi Louis y alla, l'an 1147. Un Gui de Las Tours est dit prince du château de Terrasson, l'an 1101. Il épousa Mathilde ou Mahaut, fille de Geofroi, comte du Perche, et de Béatrix de Roucy (SIMPLIC., T. III, p. 308), veuve de Raymond de Turenne, morte le 28 mai 1143, enterrée à Arnac. On raconte qu'elle avait dit en songe à Bernard de la Marche, père d'Aldebert, de ne point laisser aller à la guerre pendant quelque temps son fils Bozon de Turenne. Elle l'aimait si tendrement et avait si grand soin de sa personne que, durant plusieurs années, elle fit chanter la messe du Saint-Esprit, après la fête ou la férie. Cependant il fut tué un mois après la mort de sa mère. De ce mariage : 1º Gui, qui suit; 2º Gulferius, qui se maria.

III. — Gui de Las Tours épousa Elisabeth, fille de Gui Flamenc *le Vieux*, dont : Gulferius.

II. — Seguin de Las Tours, fils de Gérald et de Humberge, épousa

Brunicende, fille d'Aimeric d'Aixe, dont : 1º Gérald; 2º Seguin, qui suit;

III. — Seguin de Las Tours, fils de Seguin et de Brunicende, en 1167 (*V.* Gaufred., *Chron.*, p. 340, 341), épousa Aimeline, fille de Bertrand de Born, dont : 1º Gérald; 2º Ranulphe, qui apparemment se maria.

II. — Gulferius de Las Tours, fils d'Agnez du Chambon, eut en partage la châtellenie d'Hautefort, qu'il possédait en 1126 et vers 1140. Sa race (Gaufred., p. 341) et celle de son fils Olivier devait avoir à perpétuité l'hommage de tous les chevaliers de Las Tours. Il passa un accord (Simplic., T. VII, p. 326) avec Eustorge, évêque de Limoges, touchant l'église d'Objac, en 1126. Il épousa (Gaufred., p. 281) Agnez d'Aubusson : elle lui porta la moitié du château de Gimel. Il fit une donation conjointement avec Agnez d'Aubusson, sa femme, dame de la moitié du château de Gimel, et avec Gui et Olivier de Las Tours, leurs fils, et Roger, abbé de Dalon, entre les années 1120 et 1159. Leurs enfants furent : 1º Olivier, qui suit; 2º Gui (*Idem.*, p. 306), qui mourut à Jérusalem quand le roi y alla, l'an 1147.

III. — Olivier de Las Tours, fils de Gulferius et d'Agnez d'Aubusson, mourut vers l'an 1160; épousa Almodis de Comborn; elle fut enterrée à Arnac, le 29 août 1163, en présence des abbés de Vigeois, Dalon et de huit autres. Du grand nombre d'enfants qu'elle eut il ne lui resta que : 1º Gulferius, qui suit; 2º Agnez, mariée à Constantin de Born.

IV. — Gulferius de Las Tours, fils d'Olivier et d'Almodis. Sa mort ou d'autre du même nom est marquée au 9 avril (*Nécrolog. Solemniac.*), l'an 1197 (Gaufred., *mss.*). Il avait épousé Géralde, fille de Gérald de Mirabel, dont il n'eut point d'enfants.

IV. — Ramnulphe de Las Tours (Gaufred., p. 341) possédait plusieurs terres; mais, comme tous les autres barons de ce château, il relevait du roi. On ne sait pas quel mauvais traitement lui fit un de ses enfants, ni s'il le garrotta : la chronique met *junxit*, on croit qu'il faut *vinxit*. Il épousa : N....., dont : 1º Ramnulphe, qui suit; 2º Archambaud, qui continua la postérité; 3º Gui, qui se maria aussi; 4º Seguin, qui fut, dit-on, abbé de Saint-Yrieix, et qui fit héritier son frère aîné.

Ithier de Las Tours et Hélie de Bourdeille fondèrent, l'an 1114, le monastère de filles de Ligueux, ordre de Saint-Benoit, diocèse de Perigueux.

V. — Ramnulphe de Las Tours, fils d'autre Ramnulphe, épousa une des deux filles uniques de Gérald de Pierrebuffière, à qui appartenait la moitié du château et seigneurie de Bernarde, sieur de Bernard de Bru, mieux peut-être de Bré. Il en eut : 1º Seguin, qui suit; 2º Raymond, qui ne laissa point de postérité.

VI. — Seguin de Las Tours, fils de Ramnulphe et de N..... de Pierrebuffière, épousa N....., dont une fille unique nommée Umberge, que Gérald, son cousin, épousa à cause de ses grands biens.

V. — Archambaud de Las Tours, fils de Ramnulphe, épousa Feloc ou Felet; en eut : 1º Gui, qui suit; 2º autre fils, qu'on ne nomme point.

VI. — Gui de Las Tours, fils d'Archambaud, est enterré avec sa femme à Arnac. Il épousa Jordane, fille d'Agnez de Bru (peut-être de Bré), sœur de Bernard, vicomte de Comborn, dont : 1º Adémar, qui suit; 2º Archambaud, qui se maria; 3º Gui; 4º Pierre.

VII. — Adémar de Las Tours, fils de Gui et de Jordane de Bru, épousa N....., dont : Adémar, abbé de Solignac.

Archambauld de Las Tours, fils de Gui et de Jordane Bru, épousa N....., dont un fils, qui tua Guimon de Chastelnou.

V. — Gui de Las Tours, fils de Ramnulphe, épousa la fille d'Aymeric d'Argenton, dont : 1º Gérald, qui suit, 2º Ramnulphe, doyen de Saint-Yrieix, qui donna au monastère de Saint Martial le village des Cars, et est enterré à Limoges, auprès du château de l'abbé.

VI. — Gérald de Las Tours, fils de Gui et de N..... d'Argenton, se fit appeler le premier .... Il épousa la sœur de Gérald de Tremoil; en eut : Gui, qui suit.

VII. — Gui de Lastours, fils de Gérald et de ..... de Tremoil, épousa Almodis, dont : 1º Gui, qui suit; 2º Gérald, dont il sera parlé après son frère ; 3º Aymeric, qui se retira à Grandmont; 4º Raymond, chanoine de Saint-Irier; 5º Pierre, moine de Saint-Martial, et plusieurs autres; 6º Archambauld (Gaufred., p. 322); 7º Ebolus.

VIII. — Gui de Lastours, fils d'autre Gui et d'Almodis, étant en otage à Poitiers (Gaufred., p. 322), l'an 1174, dit au comte, en raillant : « Pierre de Pierrebuffière, Archambaud et Ebolus, mes frères, ravageront demain publiquement la terre de leur oncle Bernard : ne lui donnerez-vous aucun secours? » Gui ne fit semblant de rien, s'en alla à son logis, et ordonna de dire à ceux qui le demanderaient qu'il était malade. Il sortit de la ville déguisé en écuyer ou soldat, courant à toute bride la nuit et le jour. Il arriva au château de Las Tours au chant du coq, changea de chevaux, prit avec lui un petit nombre de chevaliers, et arriva à l'aurore à Pompadour. Il chercha promptement, et, par sa présence, le tranquillisa (sic). Archambaud, accompagné de plusieurs, ravageait cependant les terres de son oncle : il s'avança en furie à Saint-Jal; mais, tout à coup, Gui de Las Tours et Bernard fondirent sur eux, à sept heures, avec un petit peloton de gens, au lieu appelé *las Fourchas soubre Erillat*. Les chevaliers s'enfuirent; mais on fit plusieurs prisonniers, et on les dépouilla de toute leur proie : on prit le mulet de Pierre de Pierrebuffière. Après cette expédition, Gui s'en retourna au plus vite à Poitiers.

Ce Gui de Las Tours, qui était Sgr de Saint-Brice, dit une fois à Pierre de Pierrebuffière : « Bernard a donné la fuite à Archambaud de telle et telle façon : j'y étais, et j'ai le palefroi, *palefredum*, que je vous y pris. » Pierre fut étonné et confus au-delà de ce qu'on peut croire; il en fit même un crime devant le prince; mais Gui, étant devant, lui dit : « Il est vrai que j'ai été le plus tôt qu'il m'a été possible porter du secours à Monseigneur, de qui je tiens un grand fief; j'ai passé par mes terres en courant, sans manger à table, sans coucher dans de lit, sans saluer mes amis qu'à mon retour. Le duc ne blâma point Gui pour cela, mais l'en loua.

Il épousa Guicharde, dont : 1º Ithier; 2º Aymeric, prévôt de Chambon; 3º Joseph, moine de Saint-Martial, et plusieurs autres.

VIII. — Gérald de Las Tours, fils de Gui et d'Almodis, épousa sa cousine Umberge, dont : Seguin, qui suit.

IX. — Seguin de Las Tours, fils de Gérald et Umberge, fit hommage à Goufier, son oncle, et à Olivier, son fils. Il épousa ...., dont : Seguin, qui suit.

X. — Seguin de Las Tours, fils d'autre Seguin, fit hommage à Olivier, son cousin.

Adémar de Las Tours, damoiseau, 1245.

Radulphe de Las Tours, évêque de Périgueux, 1231.

Gulpherius de Las Tors, chevalier, S^{gr} dudit lieu, de Bessos et de Linards, testa le jeudi après l'Annonciation, 1354. Il était neveu de feu Guy de Las Tours, grand-chantre de la cathédrale de Limoges, 1341, et frère de Ramnulphe, chanoine de la même église, 1350.

Ramnulphe de Las Tours, chevalier, S^{gr} de Nexon, épousa ....., dont : Gouffier, qui suit.

Gouffier de Lastours, chevalier, S^{gr} de Las Tours et de Nexon, épousa Eustace Chenine, dont : 1º Golfier, mort sans hoirs, en 1254 ou 1354; 2º Agnez, qui épousa Gui de Champaigne, fils de Geofroi, chevalier.

Gui de Champaigne épousa Agnez de Las Tours, dont : 1º Geofroi, qui suit; 2º Golfier, mort sans enfants.

Geofroi de Champagne épousa Marie Roberte, dame de Saint-Jal, dont : 1º Guillaume; 2º Geofroi, qui suit.

Geofroi de Champaigne, dit de Las Tours, écuyer, étudia à Paris, épousa ......, dont : Jean de Las Tours, écuyer, Sr de Las Tours et de Nexon (1).

Guillaume de Las Tours, damoiseau, S^{gr} de Saint-Pardoux (près Razès), 1337.

Au chapitre provincial des frères prêcheurs, tenu à Limoges, l'an 1337, dans les suffrages pour les morts, une messe pour Goulfier de Las Tours; dans les suffrages pour les vivants, une messe pour un Gui de Las Tours, Goulfier, son neveu, Superane et Germaine, dame de la Roche, et leurs enfants.

Noble Golferius de Las Tours, chevalier, S^{gr} de Las Tours, de Linars et de Bessous, fit son testament, signé Raymondi, le jeudi après l'Annonciation. Il mourut le 3 juillet 1364 (Nécrologe des frères prêcheurs de Limoges); légua à son neveu, messire Geofroi de Compans, toute la terre et seigneurie de Las Tours et de Bessous, à la charge de porter son nom et armes.

......, dame de Las Tours était extrêmement pauvre: en 1376, l'évêque de Limoges lui faisait la charité.

Année de Las Tours (DUCHESNE, *Hist. mais. Béthune*, p. 300), épousa : 1º Mondot Flamenc, en 1452; 2º, en 1483, Michel de Peyroneuc, S^{gr} de Montreuil, dont naquit Anne de Peyroneuc, femme du seigneur de Pontbriant.

Gaufridius de Las Tours, S^{gr} dudit lieu, 1425.

Gaufridius ou Geofroy de Las Tours et de Compaigne, fit donation entre vifs, le 13 octobre 1428 (DUCHESNE, *Hist. mais. Bethune*, p. 300, preuv.), à Gui et Thomas de Campaigne, du Repaire, des Pousses, paroisse de Nexon. Il fit son testament en 1439, mourut en 1440, âgé

---

(1) *Voir* T. I, p. 354, art. CAMPANIS.

de cent ans, après avoir demeuré longtemps malade, décrépit et dans l'enfance, suivant une enquête signée de Faye. Il épousa : 1° Agnète de Montbrun, dont : 1° Jean, qui eut la baronnie de Las Tours, et fut substitué à son frère; 2° Aguete. Il épousa : 2° Catherine de Lascouts, dont : autre Jean, qui eut la terre de Champagne, et fut substitué à son frère.

Jean de Las Tours (Duchesne, *ibid.*), conseiller et chambellan du roi en 1485, fit son testament en 1505; épousa, en 1461, Marguerite de Peyrusse. Gauthier de Peyrusse donna quittance de ce qu'il pouvait prétendre à Las Tours, moyennant que ledit Jean lui quittât l'hommage qu'il avait sur les Cars.

Goulfier de Las Tours (Baluze, *Mais. d'Auver.*, T. I, p. 385), gentilhomme limousin de grande qualité, laissa nombre d'enfants qu'il partagea inégalement, ce qui occasionna un arrêt du parlement de Paris, du 14 août 1487, entre ces enfants. Il est dit, pour répondre à la plainte qu'on en faisait, que, dans le pays du Limousin, l'usage, surtout entre les nobles, est d'ancienneté que, si un noble a plusieurs enfants d'un mariage légitime, il donne à l'un de grandes portions, et aux autres de moindres, et par forme de prévision ordinaire; et souvent il a coutume d'en placer plusieurs en religion, c'est-à-dire, selon M. Baluze, dans la cléricature, dans quelque ordre religieux, ou chevalier de l'ordre de Saint-Jean-de-Jérusalem.

Gaufridus de Turribus (Vaissette, *Hist. Langued.*, T. V, p. 99), bachelier ès-lois, doyen de l'église du Puy-en-Vellai en 1501, curé de Bussière-Galand et de Rilhac-Las-Tours en 1511, de Nexon en 1518 (*Gall. christ. nov.*, T. II, col. 745), renouvela les terriers en 1526; vicaire de l'évêque du Puy, présida d'abord, par l'absence des évêques, à l'assemblée des États du Languedoc, tenue à Nîmes, le 22 novembre 1505, et ceux tenus au Puy, le 13 janvier 1508 (1509) (*ibid.*, p. 103).

Jean, S$^\text{gr}$ de Las Tours (Duchesne, *Hist. mais. Béthune*, p. 400), 1497, 1520, de l'ancienne maison de ce nom, en Limousin, fils d'autre Jean, et ce Jean, fils de Gaufridus, épousa, en 1510, Marguerite de Béthune, dame de Chapelaines-le-Chastel, veuve d'Alexandre de Criston, baron de Chapelaines, et fille de Jean de Béthune, S$^\text{gr}$ de Mareuil, et de Jeanne d'Anglure, dont : 1° Galiot, 1520, qui suit; 2° Louise, mariée, par contrat du 2 mai 1525, à Aubert de Bony.

Galiot de Las Tours, chevalier, S$^\text{gr}$ dudit lieu, gouverneur, sénéchal du Limousin (*Regist. du parlem.*, et Boucher, *Annal. d'Aquit.*, IV$^\text{e}$ part.), fut fait prisonnier à la bataille de Pavie, 1525; gentilhomme ordinaire de la chambre du roi, assista, en 1527, le 24 et 26 juillet, au lit de justice, au parquet du parlement, assis sur une petite chaise (Tillet.); était marié, en 1511, à Françoise de Pompadour.

Galiot de Las Tours, chevalier, gouverneur et sénéchal du Limousin, baron de Las Tours, Nexon, Champagne et Bessous, épousa Françoise du Montal, dont : Jeanne de Lastours, dame de Bussière-Galand et de Saint-Hilaire-Las-Tours, laquelle rendit à François, comte des Cars, la terre de Bussière-Galand, l'an 1566.

François de Las Tours, protonotaire, abbé de Dalon, prévôt de Saint-Vaulry, curé de Nexon, 1537, mourut en juillet 1543. Un autre manuscrit met sa mort en juin 1546; il était doyen du Puy.

Jean de Las Tours, premier baron du Limousin, [baron de Las Tours, Sgr de Saint-Hilaire-Lastours], épousa Françoise Gentil; elle était douairiaire de Las Tours en 1591, dont : Jeanne, mariée à Jean Chapt, comte de Rastignac, veuf de Jacquette de Genouillac. (MORERI, 1759.)

Jean de Las Tours [qualifié noble et puissant Seigneur, baron de Lastours et de Campagne, de Nexon, Bessoulx et de Saint-Michel-Lastours, etc., chevalier de l'ordre du roi, est aussi nommé dans un titre du 28 août 1562], fit son testament le 14 août 1576, et mourut peu après. On lui trouva des pierres aux poumons (GUYON, *Miroir de beauté*, T. I, p. 702.) Il épousa, par contrat du 25 juillet 1570, Madeleine de Pierrebuffière, dame de Murat et de Fleurac, qui porta 23,500 livres, dont : Jeanne, fille unique, qui suit.

Jeanne de Las Tours, dont Antoine de Lestang a dit (*Hist. des Gaules*, p. 188) : « De la générosité des femmes des Goths restent encore (1618) des marques en Aquitaine, où les Wisigoths ont commandé plusieurs siècles; et cette générosité de courage paraît et vient parfois comme à revivre et se rallumer aux familles nobles et illustres des provinces de Limousin, etc. Est encore vivante en Limosin la sœur de mère de la dame héritière de la maison de Murat, en Auvergne; dame héritière de la maison de Las Tours, épouse du Sr de la Douze, en Périgord, qui est aujourd'hui au meilleur et plus grand vigueur de son âge : laquelle ne céda à chevalier adroit qu'il soit à monter à cheval, les manier, dresser, tirer de toute sorte d'armes, de pistolets, d'arquebuses, présenter les duels et dresser les cartels, et faire tout ce qui appartient à la dignité d'un brave et généreux chevalier, avec une grâce vénérable et admirable qui l'accompagne : soit-elle en habit de chevalier où de femme, qui la fait juger capable d'un empire d'amazones; et pourtant elle se peut attribuer cette gloire d'être descendue des Wisigoths. » Lestang ajoute qu'il est parlé de la maison de Las Tours dans les lettres de saint-Martial.

A l'âge de seize ans, et par contrat du 9 mai 1591 (reçu des Maisons), elle épousa Gabriel de la Douze, en Périgord, écuyer, fils aîné d'autre Gabriel, chevalier de l'ordre du roi, etc., et de feue Antoinette de Bernard, dame de Vielheville et de Peyramont, au diocèse de Limoges. En 1622, elle se remaria à Henri de Bonneval.

..... d'Abzac de la Douze épousa ..... demoiselle de Peyramont, riche héritière en Limousin. (BRANTOME, T. XIII, p. 135.)

LASTRE, Sr du Bouchereau, paroisse de Macqueville (1), élection de Saint-Jean-d'Angély, porte : *d'azur, à 3 tours d'argent maçonnées de sable*, 2 et 1.

I. — Louis de Lastre épousa Marie Turpin.

II. — Antoine de Lastre, écuyer, Sr du Bourchereau, épousa, le 5 octobre 1528, Catherine de Livennes, dont : 1o Jean, qui suit; 2o Jeanne, mariée, en 1561, avec Jacques Valentin.

---

(1) Macqueville, canton de Matha, arrondissement de Saint-Jean-d'Angély (Charente-Inférieure).

III. — Jean de Lastre épousa, le 4 mai 1574, Louise de Saint-Amand.

IV. — Jacques de Lastre épousa, le 31 (ou le 1er) mai 1618, Jeanne Mongin.

V. — Jean de Lastre épousa, le 30 mai 1660, Louise des Moulins.

[LATERIE. — Fief du Limousin, paroisse de Dournazac (1), élection de Limoges, dont le seigneur portait, en 1666, le nom de Maumont. Il possédait aussi le fief du Chadeau, paroisse de Grassat, en Angoumois (2), élection d'Angoulême, généralité de Limoges.]

LATHOUE. — *V.* Thoue.

LATOUR. — *V.* Tour.

LATOUCHE. — *V.* Touche.

LATREMOILLE. — *V.* Tremoille.

LATUILLE. — *V.* Tuille.

LAU (DU). — *V.* Laux.

LAUBANIE (3).

[LAUMONERIE. — *V.* Aumonerie, T. I, p. 104.]

LAUGON (4).

LAURENCIE. — *V.* La Laurencie.

DU LAURENS. — *V.* Veyrières, Sr dudit lieu et du Laurens.

LAURENT (5).
Jeanne du Laurent épousa, le 18 août 1641, Jacques de la Gorse, Sr de la Borie.
Marie Laurent épousa, le 27 août 1645, Charles le Hardy.

SAINT-LAURENT, Sr de la Salle, Saint-Priest, Estampe, du Chalard et du Cluzeau, paroisse de Rivières, élection d'Angoulême (6), porte :

---

(1) Dournazac, canton de Saint-Mathieu, arrondissement de Rochechouart (Haute-Vienne).
(2) Grassat, canton de Montbron, arrondissement d'Angoulême (Charente).
(3) A l'article Masgontier, p. 2119, Nadaud envoie à l'article Laubanie, p. 2077. Cette page est déchirée.
(4) Il faut lire Langon. — *V.* Estève de Langon, T. II, p. 93.
(5) Nadaud indique cette famille à la page 2078, qui est déchirée. Les notes ci-dessus sont prises aux pages 533, 938 de son manuscrit.
(6) Rivière, canton de la Rochefoucaud, arrondissement d'Angoulême (Charente).

d'azur, semé de fleurs de lys d'or, à un lion rampant de gueules, couronné, armé de même, lampassé d'or.

[Saint-Laurent est un fief mouvant de la baronnie de Blanzac.]

Gérald de Saint-Laurent, chevalier, épousa ..... dont : Audebert, qui suit.

Audebert de Saint-Laurent-sur-Gorre (1) vendit ses biens situés sur la paroisse de Gorre (2), en 1282, épousa ....., dont : Marguerite, femme, en 1299, d'Aymèric de Fontléon.

[Aymeric de Sainte-Laurenti vivait entre 1332 et 1388. (Regist. Borsandi, not. à Limoges, p. 135, n° 213, *apud* D. Col.)]

Audebert de Saint-Laurent, chevalier, du diocèse de Limoges; noble Marguerite Costa, sa femme, 1369.

Audebert de Saint-Laurent, Sgr de Gorre, épousa Arsesie de Coux.

I. — Guillaume de Saint-Laurent épousa Marguerite de Roziers.

II. — François de Saint-Laurent, écuyer, épousa, le 14 décembre 1549, Jeanne de Beauvigier ou Bosvigier; étant veuve, elle fit son testament, le 5 mai 1576, dont : 1° François, qui suit; 2° Etienne.

III. — François de Saint-Laurent, Sgr de la Feuillade (3), diocèse d'Angoulême, épousa Gabrielle du Theil; étant veuve, elle transigea, le 30 juin 1616, avec François, Henri, Jacques et Etienne, ses enfants, dont : 1° Etienne, qui suit; 2° Henri, marié en 1619; 3° François; 4° Claude; 5° autre Etienne, Sr de la Coste; 6° autre François; 7° Jacques; 8° Françoise.

IV. — Etienne de Saint-Laurent épousa, le 22 février 1605, Marie de Livron, dont : 1° Jean, qui suit; 2° François, Sr de la Salle, marié en 1664; 3° Pierre, Sr de Saint-Priest, marié en 1648.

V. — Jean de Saint-Laurent épousa, le 21 janvier 1638, Jeanne Toscana; dont : Henri, Sr d'Estampes, baptisé le 3 mai 1640.

François de Saint-Laurent, écuyer, Sr des Arsis, de Fayolle, paroisse de Cussac (4), du lieu de Feuillade, paroisse de Saint-Laurent-sur-Gorre, épousa Anne de Cherredan, dont : Charlotte, mariée à Pierre de Pindrey, Sr des Granges et de Lascoux, paroisse de Cussac, par contrat du 28 août 1647, reçu Chèze-Martin.

V. — Pierre de Saint-Laurent, Sr de Saint-Priest, épousa, le 14 mars 1648, Anne Préverand.

V. — François de Saint-Laurent, Sr de la Salle, épousa, le 3 février 1664, Susanne de Mascureau.

IV. — Henri de Saint-Laurent, écuyer, Sr du Chalard, du village de Peymie, paroisse de Pressignac (5), épousa, le 2 décembre 1619, Marie de Saint-Laurent; elle transigea, avec ses deux fils, étant veuve, le

---

(1) Saint-Laurent-sur-Gorre, chef-lieu de canton de l'arrondissement de Rochechouart (Haute-Vienne).

(2) Gorre, canton de Saint-Laurent-sur-Gorre, arrondissement de Rochechouart (Haute-Vienne).

(3) Feuillade, canton de Montbron, arrondisssement d'Angoulême (Charente).

(4) Cussac, canton d'Oradour-sur-Vayres, arrondissement de Rochechouart (Hte-Vienne).

(5) Peymie ou Puymy, paroisse de Pressignac, canton de Chabanais, arrondissement de Confolens (Charente).

29 mai 1658, dont : 1º Jeanne, baptisée le 31 octobre 1621 (regist. de Grassat); 2º François, Sr du Cluzeau, baptisé le 10 décembre 1623; 3º Hiérome, Sr du Chalard, qui suit ; 4º Françoise, baptisée, le 6 août 1624, ou à douze ans, le 21 mars 1645, mariée, dans l'église de Pressignac, le 28 septembre 1678, à Jean de la Faye, écuyer, Sr de la Borde, fils de Gabriel et de Susanne de la Faye, du village de Soumagnac, paroisse de Saint-Auvent (1) : 5º autre Françoise, demoiselle de Puymie, paroisse dudit Pressignac, mourut le 29 mars 1700, baptisée à huit ans, le 28 février 1650 ; 6º Claude, Sr de Lignat et de Puymie, baptisé à quatorze ans, le 28 février 1650, marié à Françoise Barbarin ; par son testament du 1er mars 1657 (signé Pailhot), elle veut être inhumée dans le tombeau de son mari, en l'église de Pressignac ; ne laissa point d'hoirs ; 7º Catherine, mariée, le 7 janvier 1658, avec Jacques de la Peyre, Sr des Forest : elle mourut le 3 mars 1693 ; 8º ....., mariée, dans l'église de Pressignac, le 17 janvier 1668, à Jean Périgord, Sr de Masrocher, de la ville de Rochechouart.

V. — Jérôme de Saint-Laurent, écuyer, Sr du Chalard, du village de Puemy ou Peymie, paroisse de Pressignac, baptisé, à treize ans, le 28 février 1650, mourut le 24 juin 1677. Il avait épousé Susanne Barbarin, de la paroisse de Saint-Maurice-des-Lions (2), le 14 juillet 1668, dont : 1º Françoise, baptisée, à Grassat, le 17 mai 1670; 2º Jérôme, baptisé le 9 janvier 1873 ; 3º François, né le 15 mai 1675.

I. — Jean de Saint-Laurent, écuyer, Sr de Feuillade, épousa Marguerite Guymadeau, dont : François, qui suit.

II. — François de Saint-Laurent, écuyer, Sr de Maynegay, paroisse de Varaigne (3) et en partie de Feuillade, épousa, par contrat du 22 août 1589 (reçu Fontaneau), Marthe de Chevreuse, fille de feu François, écuyer, Sr de Montizon, et de feue Françoise de Lavan : elle était remariée, en 1601, à Simonet de Lavaud, son valet, cordonnier, dont elle eut aussi des enfants. Les enfants de François furent : 1º Jean, né au village du Chatelard, paroisse de Teyjac (4), baptisé à Marton (5), en Angoumois, le 2 février 1591, qui suit; 2º Catherine, mariée, par contrat du 18 février 1610 (signé Dayres), à Antoine Barbarou, écuyer, Sr de Villevialle, paroisse de Quinsac (6), en Périgord ; 3º Françoise, femme, en 1614, de Jean de Lavau, fils de feu Etienne, lieutenant de la châtellenie de Varaigne; 4º Madeleine, mariée, par contrat du 26 mai 1624, à Henri de la Vergne, écuyer, Sr des Courrasses, du bourg d'Yvrac (7), en Angoumois.

III. — Jean de Saint-Laurent, écuyer du Mainegay, du village de Chez-Bestounes, paroisse de Varaigne, épousa Isabeau Bertrand, dont :

---

(1) Saint-Auvent, canton de Saint-Laurent-sur-Gorre. arrondissement de Rochechouart (Haute-Vienne).

(2) Saint-Maurice, canton et arrondissement de Confolens (Charente).

(3) Varaignes, canton de Bussière-Badil, arrondissement de Nontron (Dordogne).

(4) Teyjat, canton et arrondissement de Nontron (Dordogne).

(5) Marton, canton de Montbron, arrondissement d'Angoulême (Charente).

(6) Quinsac, canton de Champagnac, arrondissement de Nontron (Dordogne).

(7) Yvrac-et-Malléron, canton de la Rochefoucaud, arrondissement d'Angoulême (Charente).

1° François, baptisé le 6 avril 1629; 2° Isabeau, baptisée le 30 mai 1629; 3° Louise, baptisée le 26 mai 1630; 4° Charles, baptisé le 23 mai 1632; 5° Henri, baptisé le 21 octobre 1635.

François de Saint-Laurent, écuyer, fils de François, écuyer, Sr de la Feuillade, et de feue Jeanne Devezeau, mourut, à Nontron, le 28 juin 1655, épousa, le 27 octobre 1644, Jacquette Vigier, dont : 1° François, écuyer, Sr de Saint-Laurent; 2° autre François, écuyer, Sr de Lessart, baptisé, à cinq mois, le 24 février 1647, testa (signé Gignac) au Châtaigner, paroisse de Vilhonneur, en Angoumois (1), veut être enterré dans l'église de Feuillade; 3° Charlotte, baptisée le 31 mai 1648; 4° Marie, baptisée le 3 septembre 1651.

Annet de Saint-Laurent, écuyer, Sr du Petit-Maine, du bourg de Feuillade, mourut le 17 février 1671, épousa, dans l'église de Saint-Germain, près Marton, en Angoumois (2), le 23 février 1659, Henriette Béchade, du village de Rochepine.

Henri de Saint-Laurent, Sr de Mainegay, épousa, le 9 juillet 1695, avec dispense du Pape, Marthe Rabit, sa parente.

Anne de Saint-Laurent fut enterrée dans l'église de Saint-Germain, près Marton, à soixante ans, le 28 mars 1694, femme de Béchade, Sr de ....

IV. — Etienne de Saint-Laurent, écuyer, Sr de la Cote, paroisse de Saint-Laurent-sur-Gorre, fit son testament (signé Macary), au château du Bourgdeix (3), le 29 décembre 1616, étant veuf. Il avait épousé Louise du Vigier; elle fit son testament (reçu Chièze-Martin), le 20 mai 1605, veut-être inhumée audit Saint-Laurent, dont : 1° Baptiste, qui suit; 2° Charles, écuyer, Sr de Fressignac, qui se maria; 3° Susanne, mariée, du vivant de ses père et mère, à Olivier de Rouziers, Sr de Bacheyrac, auquel elle porta 4,000 livres; 4° Jacquette, mariée : 1° à Léonard Frugier, marchand, paroisse de Flavignac (4), par contrat du 23 mai 1624; 2° à Jean Jaboüin, Sr de las Rochas, du lieu noble de Soumaignac, paroisse de Gorre; 5° Gabrielle, demoiselle de la Cote, qui fit un testament olographe (signé de Chevreuse), le 21 janvier 1658, au château du Bourgdeix, fut inhumée, suivant sa volonté, dans l'église dudit lieu, à l'âge de soixante-quinze ans, le 9 septembre 1659, fit un légat à Christine, sa sœur, et héritier Etienne de la Foucaudie, écuyer; 6° Catherine, peut-être femme, en 1661, de ..... la Pierre, Sr des Forges; 7° Christine, veuve, en 1630, du Sr des Champs; 8° Françoise; 9° Léonarde, mariée à Louis Gondenet, Sr de la Vergne, de la ville de Saint-Yrieix : elle fit son testament le 14 janvier 1626; 10° autre Jacquette.

V. — Baptiste de Saint-Laurent, écuyer, Sr de la Coste, paroisse de Saint-Cyr-sur-Gorre (5), fit son testament (reçu Chièze-Martin), le

---

(1) Vilhonneur, canton de la Rochefoucaud, arrondissement d'Angoulême (Charente).
(2) Saint-Germain, canton de Montbron, arrondissement d'Angoulême (Charente).
(3) Bourdeix, canton et arrondissement de Nontron (Dordogne).
(4) Flavignac, canton de Châlus, arrondissement de Saint-Yrieix (Haute-Vienne).
(5) Saint-Cyr, canton de Saint-Laurent-sur-Gorre, arrondissement de Rochechouart (Haute-Vienne).

3 février 1624, veut-être inhumé dans l'église de Saint-Laurent. Il épousa, par contrat (reçu Challard), du 11 février 1621, Henrie de la Mourinie, fille de feu Jean, écuyer, S⁻ dudit lieu, paroisse de Saint-Barthélemi (1), dont : Charles.

François de Saint-Laurent, écuyer, S⁻ʳ de la Feuillade, mourut, à quarante ans, le 19 mai 1689.

François de Saint-Laurent, écuyer, S⁻ du Mayne-Gay, mourut à quarante-deux ans, le 27 mai 1671, fut enterré à Feuillade.

Marie de Saint-Laurent épousa, à Feuillade, avec dispense, le 28 mai 1673, Jean Dussert, chevalier, S⁻ de Vilhonneur, son parent; elle mourut, le 3 mai 1674, à la Couronne, près Marton, fut enterrée à Feuillade, était fille de Jacquette Vigier.

Charles de Saint-Laurent, écuyer, S⁻ de Fressinhac, paroisse d'Oradour-sur-Vayres (2) et de Soumaigne, fit son testament (reçu Rousselle), le 8 janvier 1635, veut-être inhumé dans l'église de Saint-Laurent-sur-Gorre. Il épousa Diane des Poussès.

Françoise de Saint-Laurent, paroisse de Chabrac (3), épousa, dans l'église de Rochechouart, le 10 juillet 1697, Alexandre Beaucin, de la paroisse de Villelongue, diocèse de Bayonne, S⁻ du Chesne, desservant dans les parties (?) pour le roi dans le bailliage de Rochechouart.

François de Saint-Laurent, écuyer, S⁻ʳ de Feuillade, épousa Jeanne Etourneau, dont : Nicolas, baptisé le 7 juin 1669.

Charlotte de Saint-Laurent, veuve de Jean Guéri, S⁻ de Fontfroide, paroisse de Montberon, en Angoumois, mourut, à cinquante-huit ans, au village de Chez-Lislaud, le 23 décembre 1725.

François de Saint-Laurent (Registres de Sers), écuyer, S⁻ du Cluzeau, paroisse de Grassat, en Angoumois, épousa, le 5 novembre 1654, Marie Hastellet, de la paroisse de Sers, en Angoumois; elle mourut le 2 mars 1674, fut inhumé à Sers (4).

François de Saint-Laurent, chevalier, S⁻ʳ de la Motte de Feuillade, diocèse d'Angoulême, mourut, en 1655, le 28 juin. Il avait épousé Marie-Jacquette Vigier, dont : 1º François, qui suit; 2º Jeanne Vigier, mariée à Simon de Lavaud, S⁻ de Bruzac; 3º François, S⁻ de Lassertat, mort en 1679; 4º Catherine, aveugle; 5º Charlotte de Saint-Laurent, demoiselle de la Motte, mariée, le 10 octobre 1666, à Louis de Pindray, écuyer, S⁻ des Granges et de Fontanille.

François de Saint-Laurent, S⁻ʳ de Feuillade, du château de la Motte, épousa, dans l'église de Javerlhac, le 22 février 1694, Marie-Henriette de Javerlhac (5).

Pierre de Saint-Laurent, écuyer, S⁻ʳ de Feuthade, diocèse d'Angoulême (6), était mort en 1606. Il avait épousé Catherine de Lambertie, du

---

(1) Saint-Barthélemy, canton de Bussière-Badil, arrondissement de Nontron (Dordogne).
(2) Oradour-sur-Vayres, chef-lieu de canton de l'arrondissement de Rochechouart (Haute-Vienne).
(3) Chabrat, canton de Chabanais, arrondissement de Confolens (Charente).
(4) Sers, canton de la Valette, arrondissement d'Angoulême (Charente).
(5) Javerlhac, canton et arrondissement de Nontron (Dordogne).
(6) Il faut probablement lire Feuillade.

lieu de Montecaille, paroisse d'Eycuras, en Angoumois (1), dont : Louise, mariée, par contrat (signé Sarlande) passé au château de Maraval, en Poitou (2), le 25 juillet 1606, à Léonard de Lavau, fille de feu Etienne : lieutenant en la juridiction de Varaigne.

LAURIÈRE. — *V*. Hélie de Pompadour, et en particulier la branche de Laurière, T. II, p. 409, 423, 490.

[LAUTHONIE porte : *de gueules, à trois étoiles d'or,* 2 *et* 1 : *écartelé de sinople, à deux roseaux de sable en sautoir.*

Terre du Bas-Limousin, dans l'élection de Tulle et la paroisse de Sainte-Fortunade (3), laquelle a donné son nom à une maison de cette province, qui la possédait encore vers la fin du XVIIᵉ siècle. On trouve les seigneurs suivants :

I. — Philippe de Lauthonie, Sʳ dudit lieu, qui fut déchargé du rôle des tailles en 1476, et fit donation, en 1471, à son fils.

II. — Giraud de Lauthonie, marié avec Anne de Buriac, le 6 février 1478.

III. — Gilbert de Lauthonie, allié avec Clémence Rossi de Campagnac ou Champagnac, le 16 juin 1504.

IV. — Jean de Lauthonie épousa Françoise de Bar, le 5 août 1582.

V. — Charles de Lauthonie marié avec Jeanne de la Majorie, le 13 septembre 1609 ; il testa en 1619.

VI. — Pierre de Lauthonie, allié avec Catherine de Maynard, le 29 janvier 1634. (*Mss., apud me.*)]

DU LAUX, Sʳ de Boüez (4), du Breuil, Sallette, élection d'Angoulême, de Garde et Mouton (5), élection de Coignac, porte : *d'or, à un arbre tigé et feuillé de sinople, à un lion passant de gueules, à l'orle d'argent, chargé de* 18 *tourteaux d'azur.*

I. — Armand du Laux épousa Marguerite de Livenne.

II. — François du Laux épousa, le 29 janvier 1510, Jeanne Prévost, dont : 1º François, qui suit ; 2º Bernard, qui se maria le 18 mai 1557.

III. — François du Laux fit son testament le 2 janvier 1562, épousa Marthe de Filonlie, dont : 1º Gaston, institué héritier de son père, qui fit partage avec Jean, son frère, le 11 juillet 1567 ; 2º Jean, qui suit.

IV. — Jean du Laux épousa, par contrat sans filiation du 5 octobre 1579, Marie de La Rochefoucaud, dont : 1º Jean, qui suit ; 2º François, qui se maria en 1634.

V. — Jean du Laux épousa, le 7 décembre 1625, Jeanne Rousseau.

---

(1) Eycuras, canton de Montbron, arrondissement d'Angoulême (Charente).
(2) Marval, canton de Saint-Mathieu, arrondissement de Rochechouart (Haute-Vienne).
(3) Sainte-Fortunade, canton et arrondissement de Tulle (Corrèze).
(4) Bouex, canton et arrondissement d'Angoulême (Charente).
(5) Mouton, canton de Mansle, arrondissement de Ruffec (Charente).

V bis. — François du Laux, Sr du Bouez, épousa, le 23 avril 1634, Claire du Haumont.

III bis. — Bernard du Laux partagea, avec François, son frère, la succession de François et de ladite Prévost, leurs père et mère, le 28 juin 1556. Il épousa, le 18 mai 1557, Anne de Brizeur, dont : Josias, qui suit.

IV. — Josias du Laux, écuyer, Sr de la Cote, épousa, le 7 août 1588, Esther Goumard, dont : 1° Henri, qui suit; 2° Isaac, qui se maria en 1614; 3° peut-être Marthe, mariée à François Saunier, Sr de Montplaisir.

V. — Henri du Laux, Sgr de Champnier-aux-Boux, Chambon, paroisse de Moutier-Ferrier (1), la Coste, Sallette, 1637, 1647, était calviniste; épousa, le 20 février 1612, Henriette de Pons, dont : 1° Isaac, qui suit; 2° Claude, mariée : 1°, en 1630, à Gabriel de Lambertie; 2° ......; 3° Armand, qui suit; 4° peut-être Philippe, qui fit la branche de Chambon.

VI. — Isaac du Laux, Sr de Salette, épousa, le 23 ..... 1659, Sarah Sallebert.

VI bis. — Armand du Laux, chevalier, Sgr de Champnier, Cellette, fils de feu Henri et de Henriette de Pons, fit un testament olographe le 7 septembre 1675, un codicille le 20 août 1684, épousa, par contrat du 30 mai 1655 (signé la Sarre), Marie-Sibille Jobert de Saint-Gelais, fille de François et de Susanne Raymond, dont : 1° Susanne, mariée, en 1675, à Armand du Lau; 2° Jeanne, mariée, par contrat (signé Gandois) du 29 août 1685, et le lendemain dans l'église de Champnier, à Pierre-Henri de la Laurencie, chevalier, Sgr de Villeneuve-la-Comtesse, en Poitou (2), etc., fils de feu Henri et de feue Renée de Castellaux.

Louis de Laux, chevalier, épousa Marie de Montalembert, dont : Louis, qui suit.

Louis du Lau, chevalier, Sgr de l'Agebaston, enseigne des vaisseaux du roi, major des troupes d'infanterie, épousa Françoise-Jeanne Garnier, née le 16 mars 1743, fille de Jean, écuyer, Sr de la Davinière, et de Susanne Thomas de Montgoumar, paroisse de Bunzas, en Angoumois (3), dont : 1° Jean-Baptiste, né le 31 décembre 1767; 2° Marie-Agathe, née le 13 avril 1772.

Isaac du Laux, chevalier, Sgr d'Allemans, Montardit, paroisse de Brassac, diocèse de Périgueux (4), Champnier, mourut le ..... janvier 1677, fut inhumé dans l'église de Saint-Pierre-d'Allamans, épousa Gabrielle Jaubert de Saint-Gelais, dont : 1° Armand, qui suit; et qui, le 16 mars

---

(1) Moutier-Ferrier, aujourd'hui Eymoutiers, canton de Montbron, arrondissement d'Angoulême (Charente).

(2) Villeneuve-la-Comtesse, canton de Loulay, arrondissement de Saint-Jean-d'Angély (Charente-Inférieure).

(3) Bunzac, canton de la Rochefoucaud, arrondissement d'Angoulême (Charente).

(4) Brassac, canton de Montagrier, arrondissement de Ribérac (Dordogne).

1690, fit un partage (signé Gandois) avec son frère Gabriel ; 2° Gabriel, Sr de Saviniac, qui se maria ; 3° ....., mariée à ....., Sr de Narbonne ; 4° ....., mariée à ....., Sr du Maine ; 5° ....., religieuse à Fontaines, diocèse de Périgueux.

Armand du Lau, chevalier, marquis d'Allaman, Sgr de Champnier, Montardi, écuyer de la reine, mourut à Champnier, le 16 janvier 1726, épousa Susanne du Lau, sa cousine germaine, par contrat du 19 janvier 1675 (signé Gandois); elle mourut à soixante-dix-huit ans, à Champnier, le 2 novembre 1733, dont vinrent dix ou onze enfants, dont un fils et trois filles muets : 1° Sibille-Marie, baptisée à Champnier, le 2 septembre 1677 ; 2° Jean-Armand qui suit ; 3° ....., né en 1680 ; 4° Marie, baptisée, à Champnier, le 20 mai 1685 ; 5° Marie-Catherine, dite Thérèse, née en 1687 ; 6° ....., né en 1689 ; 7° ....., né en 1690 ; 8° ....., né en 1693 ; 9° ....., muet, né en 1675, mort en bas-âge ; 10° ....., né en 1676, mort en bas-âge.

Marie Poupart (*Causes célèbres*, T. II, p. 259), fille publique, prétendue muette et mariée soi-disant à .... Lafond de Montfort, écuyer, officier de cavalerie, dans la chapelle du couvent des Fontaines, entreprit, en 1700, de se dire fille du marquis d'Alleman ; elle le soutint pendant trois années entières contre le père et le mère. Le marquis d'Alleman et la dame son épouse, très-estimés dans leur province, eurent la douleur de voir le peuple soulevé contre eux. Il leur en coûta plus de 100,000 livres, et enfin, après un arrêt qui déclara qu'elle était une supposée, et que son procès lui serait fait pour crime d'imposture, ses émissaires la firent disparaître.

Jean-Armand du Lau, né le 8 septembre 1679, lieutenant au régiment du roi, chevalier, comte d'Alleman, baron de Champnier, marquis de Coutures, Celles, Bertrie, Montardi, mourut à Champnier, à soixante-douze ans, le 9 septembre 1746, épousa Julie-Antoinette de Beaupoil de Sainte-Aulaire, dont : 1° Jean-Louis-Antoine, qui suit ; 2° Henri-Louis, lieutenant-colonel de cavalerie, chevalier de Saint-Louis ; 3° Susanne-Anne, mariée, par contrat du 27 mars, et dans l'église de Champnier, le 6 avril 1734, à Pierre-Louis Chapt de Rastignac, chevalier, comte de Puyguilhem, Villars, Miliac, l'Encontrade, de la paroisse de Villars, diocèse de Périgueux (1), fils de feu Jacques-François et de Farnçoise Chapt de Rastignac, dame de Firbeix (2), la Glaudie ; elle mourut le ... septembre 1750.

Jean-Louis-Antoine du Lau, marquis d'Allemans, baron de Milly, Sgr de Champnier-aux-Boux, Montardi, la Rivière, épousa : 1° Marie-Madelaine le Coigneux ; elle mourut à trente-cinq ans, le 15 mai 1752, fut inhumée à Champnier ; fille de Jacques, marquis de Belabre en Berri, mestre de camp du régiment de dragons de son nom et de Madeleine Neyret de la Ravoye, dont : 1° ..... ; 2° Pierre-Marie, né à Champnier le 25 mars 1752 ; 3° Madeleine-Antoinette, mariée, en 1763, à Louis-Gabriel de la Ramière ; 4° Louise-Victoire, morte au berceau.

---

(1) Villars, canton de Champagnac-de-Belair, arrondissement de Nontron (Dordogne).
(2) Firbeix, canton Saint-Pardoux, arrondissement de Nontron (Dordogne).

V bis. — Isaac du Laux épousa, le 21 décembre 1614, Esther de Livenne, dont : François, Sr du Breuil, à qui on donna un tuteur, le 14 mai 1622.

François du Lau, écuyer, Sr du Breuil, paroisse de Marthon, en Angoumois (1), fils de feu Jean et de Marie de la Rochefoucaud, épousa, par contrat du 18 octobre 1648 (signé Desemaulx), Jeanne Thomas, fille de noble Michel Thomas, Sr de Puyriau, et de Jeanne Chapiteau, paroisse de Grassat (2); elle mourut à trente-quatre ans, le 29 mai 1653, dont : 1º Jeanne, baptisée le 1er janvier 1640, mariée, en 1665, à François du Reclus; 2º Marie, baptisée le 15 février 1643; 3º Laurent, baptisé le 21 mai 1645; 4º Michel, baptisé le 6 février 1648.

..... du Lau de Lagebaston, demoiselle du Breuil, mourut à Ludieras, paroisse de Busserolles (3), dans la religion prétendue réformée, le 15 août 1748, fut inhumée dans son jardin.

Gabriel du Lau, chevalier, Sr de Savignac, fils d'Isaac et de Gabrielle de Saint-Gelais, épousa, en 1688, Sibille du Mas, fille de François, Sr de Châteaurocher.

Philippe du Lau, écuyer, Sgr de Châteaurocher, épousa Elisabeth d'Hautefort, dont : Susanne, née à Champnier le 19 juillet 1719.

Guyon du Laux, écuyer, Sr de Vergnas, épousa, par contrat passé à Trasugères, près Sussac (4), le 11 juin 1609, Marguerite de Beauvais, veuve de noble Charles de Cadenet.

Hélie du Lau, écuyer, 1665, épousa Marie-Anne Tessier, fille de François, Sr de Bareyrat, du bourg de Javerlhac (5), et de Bernarde de Coulanges.

Anne du Lau de la Brangelie, paroisse de Saint-Projet, en Angoumois (6), fit, à l'âge de dix-huit ans, abjuration de l'hérésie de Calvin dans l'église de Champnier, le 18 avril 1723.

Jean du Laud, écuyer, Sr du Buis, paroisse de Feuillade, diocèse d'Angoulême (7), épousa, dans l'église de Minsac (8), le 24 septembre 1674, Elisabeth Chauvet, veuve.

Catherine du Lau, veuve, âgée de quarante-cinq ans, mourut à Nanteuil, paroisse de Busserolles, le 1er décembre 1712; enterrée au cimetière.

Louis du Lau, écuyer, mourut à soixante-six ans, le 8 avril 1759 (Registres de Saint-Martial d'Angoulême), épousa ....., femme fort pieuse; elle mourut à soixante ans, le 11 avril 1739.

---

(1) Marthon, canton de Montbron, arrondissement d'Angoulême (Charente).
(2) Grassat, canton de Montbron, arrondissement d'Angoulême (Charente).
(3) Busserolles, canton de Bussière-Badil, arrondissement de Nontron (Dordogne).
(4) Sussac, canton de Châteauneuf-la-Forêt, arrondissement de Limoges (Haute-Vienne).
(5) Javerlhac, canton et arrondissement de Nontron (Dordogne).
(6) Saint-Projet-Saint-Constant, canton de la Rochefoucaud, arrondissement d'Angoulême (Charente).
(7) Feuillade, canton de Montbron, arrondissement d'Angoulême (Charente).
(8) Minzac, canton de Villefranche-de-Lonchapt, arrondissement de Bergerac (Dordogne).

Branche du Chambon, paroisse de Moutier-Ferrier (1).

Philippe du Lau, écuyer, Sr du Chambon, épousa Marie de Seaux, dont : 1º Marie, baptisée le 22 décembre 1664 ; 2º Gabrielle, baptisée le 4 juillet 1666..

Armand du Lau, écuyer, Sr de Saint-Junien et du Chambon, mourut à cinquante-huit ans, le 12 septembre 1713 ; inhumé à Moutier-Ferrier ; épousa Thérèse de Lage, du village de Mandeuil, paroisse dudit Moutier, dont : 1º Henri, qui suit ; 2º Gabrielle, née le 23 janvier 1683, 3º Susanne, née le 26 février 1689, mariée, dans l'église dudit Moutier, le 23 mai 1728, à François de Maumont, écuyer, Sr des Grandilles ; 4º Térèse, née le 26 novembre 1694 ; 5º Marie-Rose, baptisée le 25 septembre 1697 ; 6º Elisabeth, née le 26 août 1701 ; 7º Philippe, née le 20 août 1704 ; 8º Jean, né le 3 mars 1707 ; Philippe, Françoise, Marie, Jean-Joseph, Marthe-Gabrielle, Henri, autre Marie, morts en bas-âge ou sans alliance.

Henri du Laux, né le 25 décembre 1698, écuyer, Sr du Chambon, y mourut le 16 juin 1757 ; il avait épousé Anne de Ribeyreix, fille de Charles-Guillaume. Cette dame mourut à quarante-trois ans, le 16 mai 1745, et son père, Charles-Guillame, à quatre-vingts ans, le 16 mars 1751 ; ils furent inhumés audit Moutier. De ce mariage : 1º Thérèse, née le 15 décembre 1727, morte sans alliance, le 27 mai 1767 ; 2º Armand, qui suit ; 3º Marie-Anne, baptisée le 10 décembre 1734 ; 4º Anne, née le 27 avril 1737 ; 5º Henriette, baptisée le 14 août 1739 ; Fabienne, Pierre, Jeanne et Jean, morts en bas-âge ou sans alliance.

Armand-Joseph du Laux, ondoyé à Boursac, paroisse de Nauteuil (2), le 22 juillet 1733, reçut les cérémonies dans l'église dudit Moutier, le 12 avril 1735 ; écuyer, Sr du Chambon, Boursac et Sintrac, lieutenant, puis capitaine au régiment de Normandie, chevalier de Saint-Louis, épousa, le ..... décembre 1754, dans l'église de Cellette, diocèse d'Angoulême, Marie-Madeleine-Marguerite-Susanne-Charlotte de Laimerie, fille de Jean-Jacques, comte Deschoisy, lieutenant pour le roi de la province d'Angoumois, et de feue Marie-Françoise-Susanne de Vandé ; elle mourut le 7 avril 1767. De ce mariage : 1º Jean-Jacques, né le 26 août 1755 ; 2º Claudine-Césarine, née le 28 septembre 1756 ; 3º Jean-Joseph-Philippe-Jacques, né le 11 septembre 1757, mort en bas-âge ; 4º François-Armand, né le 22 juillet 1758 ; 5º Jean-Armand-François, né le 31 août 1759, 6º Jean, né le 6 février 1762 ; 7º Henri-Gaston, né le 17 juillet 1764 ; 8º Jean-Gaston-Joseph, né le 29 juin 1766, mort le 6 juillet suivant.

Jean du Lau, écuyer, Sr du Buis, paroisse de Feuillade, mourut à quatre-vingt-trois ans, le 30 septembre 1725, frère de ..... du Lau, Sr du Breuil, grand-chantre de la cathédrale d'Angoulême.

---

(1) Moutier-Ferrier, aujourd'hui Eymoutiers, canton de Montbron, arrondissement d'Angoulême (Charente).

(2) Nanteuil, canton de Thiviers, arrondissement de Nontron (Dordogne).

Louis du Lau, écuyer, Sʳ de Solignogne, paroisse d'Yurac, en Angoumois (1), fit abjuration à soixante ans dans l'église de Marillac-le-Franc (2), le 5 septembre 1759. Un du même nom et seigneurie fit abjuration, le 19 juin 1721, à Rancogne. Il épousa, le 15 septembre 1759, avec dispense, Jeanne-Marie de Fornel.

LAVAL.

XII. — Pierre de Laval, IIIᵉ du nom, marquis de Laval-Lezay et de Magnac (3), comte de la Bigeotière et de Fontaine-Chalandrai, prêta serment entre les mains de Sa Majesté, pour la lieutenance (*Gazette*); il était lieutenant du roi dans la haute et basse Marche, fonction qu'avait son feu beau-père. Il mourut le 10 juillet 1687, âgé de trente ans et quatre mois. Il était fils de Gui de Laval, marquis de la Plesse, et de Françoise de Sesmaisons. (Simplic., T. III, p. 642; L. IV, p. 455.) Il avait épousé, l'an 1681, Marie-Thérèse-Françoise de Salignac, fille unique d'Antoine, marquis de la Motte-Fénelon, marquise de Magnac, dame de Fontaine-Chalandrai. Elle se remaria à l'âge de quarante-deux ans, le 23 février 1694, avec Henri-Joseph de Salignac de Fénelon, Sgʳ de Beauséjour et de Saint-Arbre, son cousin, exempt des gardes du corps, mort en 1735 sans postérité, frère de l'archevêque de Cambrai. Elle mourut en 1726. Elle eut de son premier mariage : 1º Gui-André, comte de Laval, qui suit; 2º Françoise, morte en bas-âge.

XIII. — Gui-André de Laval, appelé le *comte de Laval*, marquis de Lezay, de Magnac, de Trèves, et de la Motte-Fénelon, comte de la Bigeotière et de Fontaine-Chalandrai, baron de la Plesse, premier baron de la Marche, colonel d'un régiment d'infanterie, né, le 21 octobre 1686, à Paris, où il mourut le 7 mars 1745, chef des noms et armes des Laval-Montmorenci. Il avait épousé, en 1722, Marie-Anne de Turmeneys, fille de Jean, Sgʳ de Nointet et de Presle, conseiller d'Etat et garde du trésor royal, et de Marie-Anne Le Bel; elle était veuve de Mathieu de la Rochefoucaud, marquis de Bayers, né en 1684. De ce mariage naquit un fils, qui suit.

XIV. — Gui-André-Pierre de Laval, marquis de Magnac, premier baron de la Marche, etc., chevalier de Saint-Louis, né le 21 septembre 1723, était maréchal-de-camp. Il épousa, le 28 décembre 1740, Marie-Hortense de Bullion, fille de feu Anne-Jacques, Sgʳ, marquis de Fervagues, chevalier des ordres, etc., dont : 1º Gui-André-Marie-Joseph, né le 27 septembre 1744; 2º Anne-Alexandre-Sulpice-Joseph, né le 21 janvier 1747; 3º Mathieu-Paul-Louis, né le 5 août 1748; 4º Gui-Marie-Joseph, né le 18 janvier 1750; 5º Anne-Sylvain, né le 22 novembre 1752; 6º Guyonne-Hortense, née le 22 septembre 1751 (4).

LA VALADE, Sʳ de Saint-Georges, paroisse de ..., élection de Saintes,

---

(1) Yurac et Mallérau, canton de la Rochefoucaud, arrondissement d'Angoulême (Charente).
(2) Marillac, canton de La Rochefoucaud, arrondissement d'Angoulême (Charente).
(3) Magnac-Laval, chef-lieu de canton arrondissement de Bellac (Haute-Vienne).
(4) Les pages 2077 et 2078, qui faisaient suite, sont déchirées.

porte : *d'azur, à un chevron d'or, accompagné de 3 croissants d'argent, 2 et 1.*

I. — Gilles de la Valade, nommé dans une sentence du 2 mai 1497, prononcée entre lui et Guy, Sgr de Pons, épousa Catherine Arnaud.

II. — Jean de la Valade épousa, le 7 janvier 1506, Françoise Robert. Ladite Robert, étant veuve, fit, le 2 septembre 1546, son testament, par lequel elle fait des legs à Etienne, qui suit, et à Gilles, son autre fils.

III. — Etienne de la Valade, épousa Anne des Lauriers.

IV. — Jacques de la Valade épousa, le 23 janvier 1584, Anne de las Tours, dont : 1° Comte, qui suit; 2° Charles, qui se maria; 3° autre Charles, qui se maria aussi.

V. — Comte de la Valade épousa, le 18 septembre 1629, Louise de Beaumont.

VI. — Arthur de la Valade épousa, le 23 janvier 1761, Madelaine Desmier.

V *bis*. — Charles de la Valade épousa, le 24 janvier 1630, Esther Moreau.

V *ter*. — Charles de la Valade épousa, le 16 février 1635, Esther de Brun (1).

[LA VALETTE, ville de l'Angoumois, qui a donné son nom à une terre érigée en duché en 1622, dont la justice s'étendait sur 13 paroisses. Il y a plus 40 fiefs qui en relèvent (2).

Bernard de Nogaret, Sr de La Valette, créé chevalier du Saint-Esprit le 31 décembre 1583, fut tué en 1592.

Jean-Louis de Nogaret, duc d'Epernon, créé chevalier du Saint-Esprit le 31 décembre 1582, mourut le 13 janvier 1642. C'est sans doute en sa faveur que la terre de La Valette fut érigée en duché en 1622. Il était gouverneur de l'Angoumois.

N....., maréchal de Noailles, jouissait de la terre de La Valette en 1698.

N...., chevalier de la Valette, lieutenant-colonel du régiment d'infanterie de Saintonge et chevalier de Saint-Louis, vivait en 1778. (*Fast. milit.*, T. II. p. 141.)]

LAVAUD (3).

Simon de Lavaud, Sr de Bruzac, épousa Jeanne Vigier (*sic*), fille de François de Saint-Laurent, Sgr de la Motte de Feuillade, diocèse d'Angoulême, mort en 1655, et de Marie-Jacquette Vigier.

Françoise de Lavaud, morte avant 1589, avait épousé François de Chevreuse, écuyer, Sr de Montizon, dont :

---

(1) Nadaud avait d'autres notes sur la famille La Valède ou Valade à la page 2442, qui est déchirée.

(2) La Valette ou La Vallette-Villebois, chef-lieu de canton de l'arrondissement d'Angoulême (Charente).

(3) La généalogie de la maison de Lavaud était à la page 2414; elle a été déchirée. On ne retrouve plus que les notes suivantes à différentes pages.

Marthe de Chevreuse, qui épousa : 1°, en 1589, François de Saint-Laurent, écuyer, S*r* du Magnegay, paroisse de Varaigne (1), et en partie de la Feuillade (2); 2°, en 1601, Simonet de Lavaud, son valet, cordonnier, dont elle eut aussi des enfants.

Louise de Lavaud, écuyer, du bourg de Varaigne, et de Louise de Saint-Laurent, épousa, par contrat (signé Dayres) du 6 juin 1632, François Guillot ou Gillot du Dousset, S*r* du Puy de Cussac, de Grafeuille, où il demeurait paroisse de Cussac (3). Elle se remaria, par contrat (reçu Merlin) à Saint-Victurnien, à Martial de Voizin, S*r* du Desliat, son valet, du village du Repaire (4).

Marie de Lavau, fille de feu Simon, S*r* de Bruzac, et de feue Jeanne Vigier, du lieu de Bicé, paroisse de Souffrignac, diocèse d'Angoulême, épousa, par contrat (reçu Bounython) le 20 avril 1672, et le 13 février 1673, dans l'église de Souffrignac (5), François Guillemin, S*r* de la Chapellenie, Chomont et Piégut, demeurant Chez-Pourret, paroisse de Varaigne. Ils firent un testament mutuel le 15 novembre 1703.

LAVAUD. — *V*. Souries, S*r* de Lavaud. — Moras, S*r* de Lavaud.

LA VAUPOT. — ....., D*lle* de la Vaupot épousa, le 25 octobre 1651, suivant les cérémonies de l'église prétendue réformée, le comte de Carlus. Le mariage fut ensuite béni au château de la Vaupot.

LAVAUGUYON. — *V*. T. I, p. 373.
René Le Petit, S*gr* de Lavauguyon (6) en 1505, épousa Louise Haussard. (Simplic., T. VI, p. 193.)

[LAVEAUX.
I. — N..... Laveaux, marié avec N....., fut père de : 1° N....., qui suit; 2° Thomas Laveaux, chanoine du Dorat; 2° Geoffroi Laveaux, écuyer : ces deux frères vivaient, ainsi que Audebert, leur neveu, nommé plus bas, en 1224 et 1252.

II. — N..... Laveaux, marié avec N...., fut père d'Audebert, qui suit.

III. — Audebert Laveaux, dit le jeune, lequel vivait, ainsi que ses oncles, en 1224 et 1252.

Hugues Laveaux, chevalier.

Etienne Laveaux, écuyer, vivait en 1237.

Sources : Voyez mes *Mém. mss. Abb. du Lim.*, p. 299, 513.]

---

(1) Varaigne, canton de Bussière-Badil, arrondissement de Nontron (Dordogne).
(2) Feuillade, canton de Montbron, arrondissement d'Angoulême (Charente).
(3) Le Puy et Grafeuil sont paroisse de Cussac, canton d'Oradour-sur-Vayres, arrondissement de Rochechouart (Haute-Vienne).
(4) Voyez Guillot.
(5) Souffrignac, canton de Montbron, arrondissement d'Angoulême (Charente).
(6) La Vauguyon, château du XIII*e* siècle, dont on voit les ruines sur la rive droite de la Tardoire, à l'extrémité sud-est de la commune des Salles-Lavauguyon, canton et arrondissement de Rochechouart (Haute-Vienne).

LAVEDAN (1).

LA VERGNE, Sʳ de Marginier (2); la Bourderie, le Pescher, Lavau (3), paroisse de Château-Chervix, porte : *d'azur, à 3 cygnes d'argent, 2 et 1.* Les armes de La Vergne de Tressan sont différentes.

Noble Jean de la Vergne, 6 avril ..... (*Necrolog. Solemniac.*)

Raynauld de La Vernha, chevalier, 1270. (BALUZE, *Hist. de la maison d'Auv..* T. II, p. 523.)

Noble Hugon de la Vernie, chevalier, un des exécuteurs du testament de Bernard de la Tour, VIᵉ du nom, vers 1250.

R..... de La Vernia, archidiacre de Clermont, témoin, et Hugue de La Vernia, Sᵍʳ de Saint-Exuperi. Hugue fut aussi témoin dans un acte de 1256. (*Ibidem*, p. 498, 502, 509.)

[Perre de La Vernha vivait en 1332 et 1388. (Regist. Borsandi, not. à Limoges, p. 154, n° 240, *apud* D. COL.)]

Noble Hymbert de la Vernhe, damoiseau, paroisse de Saint-Priest-Ligoure (4), donna procuration (signée Buguleau), à Solignac (5), en présence de l'abbé Jean Raymondi, le 25 octobre 1434, à noble Aimeric Dumas, damoiseau, paroisse de Saint-Eloi, près Ségur (6), pour épouser Jeanne de Cramaud, fille de noble Jean de Cramaud, et de Catherine de Sardène; elle vivait en 1472.

Noble Aymeric de La Vernhe assensa des villages de la paroisse de Saint-Martin-le-Peint (7), 1451, appartenant à sa femme, noble Pétronille de La Vernhe.

I. — Noble Raymond de La Vergne fit son testament le 10 juin 1529, donna procuration pour gérer ses affaires, entre autres à R. P. en J.-C. et Sᵍʳ frère Jean Bony, prieur de l'Artige (8), par acte du 9 avril 1498 (Papiers dom. de M. Sanson de Royère). Il épousa, par article du 30 novembre 1433, Antoinette d'Abzac, dont : 1° Jacques, qui suit; 2° Henri, qui a continué la descendance; 3° Jean; 4° autre Jean.

Noble Albert de la Vergne, paroisse de Saint-Priest-Ligoure, épousa ....., dont : Germain, tonsuré en 1543, prieur de l'Artige en 1558.

II. — Jacques de La Vergne fit son testament portant substitution en

---

(1) La page 908, où était la généalogie de cette famille a été déchirée dans le manuscrit de Nadaud.

(2) Marginier est commune de Janailhac, canton de Nexon, arrondissement de Saint-Yrieix (Haute-Vienne).

(3) Lavaud, commune de Chervix, canton de Saint-Germain, arrondissement de Saint-Yrieix (Haute-Vienne),

(4) Saint-Priest-Ligoure, paroisse où se trouve le château de la Vergne, appartenant à la maison de Bony, canton de Nexon, arrondissement de Saint-Yrieix (Haute-Vienne).

(5) Solignac, canton et arrondissement de Limoges (Haute-Vienne).

(6) Saint-Eloi, canton de Lubersac, arrondissement de Brive (Corrèze).

(7) Saint-Martin-le-Peint, arrondissement de Nontron (Dordogne).

(8) L'Artige, abbaye en ruine près Saint-Léonard, arrondissement de Limoges (Haute-Vienne.

faveur d'Imbert, son fils puîné, le 4 septembre 1551; il épousa Marguerite de Coignac, dont : Imbert, qui suit.

III. — Noble Albert ou Joubert, ou Imbert de la Vergne, écuyer, Sr de Champaignac, fit son testament (reçu par Sibillaud), le 23 décembre 1582, paroisse de Château-Chervix; il épousa, par contrat du 30 décembre 1571, Jeanne Bazin de Puyfaulcon, fille de Jean Bazin, écuyer, Sr de Puyfaulcon, et de Jeanne de Puyfaulcon, dont : 1º Pierre; 2º Gaucher; 3º Jean, écuyer, Sr de Champaignac, à qui sa mère fit donation (reçue par Boutot) le 23 décembre 1598; il épousa, par contrat du 29 décembre 1598, Anne de Marra, fille de César, écuyer, Sr de Chamborant, et de Gabrielle Faulcon; 4º Marguerite, mariée à Jean de la Place.

IV. — Gaucher de La Vergne épousa, par contrat (reçu de Verneilh), du 14 février 1611, Marguerite des Pousses, fille de Jean, écuyer, et de feue Léonarde de la Bonnetie : elle porta 3,000 livres, deux robes et deux cotillons, dont l'un de tafetas, l'autre de serge; elle ne savait pas signer, non plus que sa belle-mère, Jeanne Bazin. De ce mariage naquirent : 1º Jean, qui suit; 2º François, Sr du Pescher, qui a fait une branche; 3º autre Jean, Sr de la Borderie, qui se maria.

V. — Jean de La Vergne fit son testament, le 13 janvier 1647, en faveur de Gaucher, son fils; il épousa, le 19 novembre 1644, Catherine d'Aubusson, dont : Gaucher, qui suit.

VI. — Gaucher de La Vergne, Sr de Marginier.

Gautier de La Vergne, Sr de Marginier, épousa Anne de La Vergne, dont : Anne, mariée dans l'église de Saint-Michel-de-Pistorie, le 17 avril 1723, à François-Xavier de Chaumeix, Sr de Pontvieux, lieutenant au régiment de Condé-infanterie, fils de Martial et de Catherine Gérald, de la paroisse de Tarn (1).

V bis. — François de La Vergne, Sr du Pescher, mourut le 25 avril 1652, fut inhumé à Saint-Maurice-de-Limoges. Il avait épousé, le 24 novembre 1648, Marguerite Loubetil.

V ter. — Jean de la Vergne, Sr de la Bordèrie, épousa, le 15 novembre 1660, Françoise d'Aubusson.

Jean de La Vergne épousa Isabeau d'Andelay, dont Léonarde, mariée, en 1652, avec Jean Romanet, fils de feu Antoine, lieutenant particulier au présidial Limoges, et de Quitterie Petiot, paroisse de Saint-Maurice de Limoges.

Deuxième branche.

II. — Henri de La Vergne fit un acquet en 1557, un bail à métairie en 1560, son testament en faveur de Gabriel, son fils, le 12 juin 1567; il épousa Antoinette d'Eschizadour.

III. — Gabriel de la Vergne, écuyer, Sr de Lavaud-Bousquet, paroisse de Chervix, épousa, par contrat sans filiation (reçu par du Burguet) le 17 juin 1587, Françoise Autier, fille de noble Jean Autier et de Antoinette Perri; dont : 1º Jean, qui suit; 2º Antoinette, mariée, par contrat

---

(1) Tarn, réunie aujourd'hui à Aixe-sur-Vienne, arrondissement de Limoges (Haute Vienne).

(reçu par Roy) du 7 février 1610, à Henri Roy, fils de feu Yrier et de Françoise du Fraisseix; elle porta 3,000 livres.

IV. — Jean de la Vergne épousa, le 3 février 1635, Louise Berry.

V. — Louis de la Vergne, écuyer, Sr de Lavau-Bousquet, paroisse de Château-Chervix, épousa, le 5 septembre 1661, Marie de Fontlebon. Elle testa (signé Breuil) le 20 octobre 1716. De ce mariage : 1º Gauthier; 2º René; 3º Anne, mariée; 4º Jeanne, mariée, par contrat (signé Breuil) du 15 novembre 1723, à Henri Jaunier, chevalier, Sr de Bellouë, paroisse d'Ardein, fils de François, chevalier, Sr de la Boubelinie, et de Marie-Louise Pallardy.

Pierre de La Vergne, Sr de Chaufour, élection de Tulle (1), fut maintenue par M. Fortis, intendant.

Notes isolées.

..... de la Vergne, épousa ....., dont : 1º Raymond, qui suit; 2º noble maître Jean de La Vergne, curé de Vicq en 1533.

Noble Raymond de la Vergne, Sr d'Estivaux, paroisse de Vic (2), épousa ....., dont : Jacques, qui suit.

Jacques de la Vergne, Sr d'Estivaux, héritier de Raymond, son père.

Noble Jean de la Vergne d'Estivaux, Sr de Saint-Martin, épousa, par contrat (reçu la Treille) du 17 juin 1582, Jacquette Goumy, fille de Pierre, Sr de Chabrand, et de Hélène Journet.

Noble Jean de la Vergne, Sr d'Estivaux, épousa Marguerite Joussineau, dont : Françoise, mariée à Jacques de la Rocheaymon, Sr de Perilhac, par contrat (signé Foulchier) du 11 novembre 1584.

Jean de la Vergne, écuyer, Sr dudit lieu et de Saint-Priest, épousa Jeanne de Montaignac, sœur, en 1603, de Jean, Sr de Trenchelion.

Jeanne de la Vergne, dame de Tourdonnet, Château-Chervix, fille de Jean, écuyer, Sr de Saint-Priest-Ligoure, *infra*, épousa : 1º Gaston de la Marthonie, chevalier, Sr de Combas et de Tranchelion; 2º, par contrat du 21 juillet 1633, Jean-François de Gain, marquis de Linards (3).

Jean de la Vergne fit un codicille le 16 septembre 1588. Il épousa ....., dont : 1º Rolland, écuyer, Sr d'Estivaux, paroisse de Vic, marié à Catherine de Lambertie; il fit son testament le 8 février 1596; était mort sans hoirs le 20 mars suivant; 2º Hélène, héritière de Rolland, son frère, femme, en 1596, de François de Jumilhac.

Geofroi de la Vergne, écuyer, mourut sur la paroisse de Libersac (4), le 25 novembre 1672, fut inhumé dans l'église de Benayes (5); il s'était marié et avait eu plusieurs enfants.

Jacques de la Vergne, écuyer, Sr d'Yurat, du village de Biée,

---

(1) Chauffour, canton de Meyssac, arrondissement de Brive (Corrèze).
(2) Vicq, canton de Saint-Germain-les-Belles, arrondissement de Saint-Yrieix (Haute-Vienne).
(3) Linards, canton de Châteauneuf-la-Forêt, arrondissement de Limoges (Haute-Vienne).
(4) Lubersac, chef-lieu de canton, arrondissement de Brive (Corrèze).
(5) Benayes, canton de Lubersac.

paroisse de Souffrignac, diocèse d'Angoulême (1), fut inhumé au cimetière de Varaigne (2), le 10 décembre 1643.

Gabriel de la Vergne, Sr de la Rivière, et autre Gabriel, Sr de Coux, paroisse de Nouic (3), prenaient, en 1663 et 1680, la qualité d'écuyers sans l'être.

Dlle Anne de la Vergne, femme de Gérald de Bernoulhe, du bourg de Vic, mourut, à quarante ans, le 13 juin 1703.

Jean de la Vergne, écuyer, Sr dudit lieu, Saint-Priest-Ligoure, fit son testament (signé Sibillaud, insinué à Limoges), le 26 juin 1621; il épousa : 1o ....., dont : Jeanne, mariée avec Gaston de la Marthonie, *supra*; 2o Anne de Salagnac, dont : 1o Olympe de la Vergne, de la paroisse de Château-Chervix. Elle était mariée, en 1648, à Antoine Bardon, Sr de Surrettes, du village de Gioux, paroisse de Royère, hors La Roche-l'Abeille (4). Elle épousa, le 4 mars 1658, François Texier, Sr du Claud, archer du grand-prévôt de Limoges, du même village de Gioux, et après avoir eu deux enfants de ce second mari avant ses noces; 2o Antoinette; 3o Charles, héritier de son père; 4o Julie; 5o Louise.

Gaucher de la Vergne, écuyer, paroisse d'Aixe, épousa Elisabeth de la Biche, dont Jean-Baptiste-Charles, tonsuré en 1773.

LA VERGNE, Sr de Juillac, des Paillus et de Pibiers, paroisse de Seilhac (5), vicomte du Turenne, élection de Brive, porte, *d'or, à une rose de gueules*. Les armes de la Vergne de Tessan sont différentes.

Pierre de la Vergne, cardinal, 1398. Son testament est au château de Juliac.

I. — Pierre de la Vergne fit son testament en faveur de Jean, son fils, le 24 septembre 1485; il épousa, le 21 janvier 1452, Jeanne de Clermont.

II. — Jean de la Vergne fit son testament en faveur de Bertrand, son fils, le 6 juin 1508; il épousa, par contrat sans filiatian du 21 juin 1499, Catherine de Fauché.

III. — Bertrand de la Vergne fit son testament en faveur de Jean, son fils, le 3 novembre 1563; il épousa, par contrat sans filiation du 23 juillet 1532, Souveraine de Meillars.

IV. — Jean de la Vergne fit son testament en faveur de François, son fils, le 22 mai 1611; il épousa, le 3 décembre 1570, Catherine de Cardaillac, dont : 1o François, qui fit son testament en faveur de Jacques, son frère, le 25 avril 1613; 2o Jacques, qui suit.

V. — Jacques de la Vergne, Sr de Juliac, paroisse de Seilhac-les-Mongeas, coseigneur de Meyssac, fit son testament le 12 avril 1655, en faveur de Françoise de Cosnac, sa femme, à la charge de remettre son hérédité à tel de ses enfants que bon lui semblera. Il épousa, le 15 jan-

---

(1) Souffrignac, canton de Marthon, arrondissement d'Angoulême (Charente).
(2) Varaigne, canton de Bussière-Badil, arrondissement de Nontron (Dordogne).
(3) Nouic, canton de Mézières, arrondissement de Bellac (Haute-Vienne).
(4) La Roche-l'Abeille, canton de Nexon, arrondissement de Saint-Yrieix (Haute-Vienne).
(5) Seilhac, chef-lieu de canton, arrondissement de Tulle (Corrèze).

vier 1618, Françoise de Cosnac, dont : 1º Clément, Sʳ de Juliac, qui suit ; 2º Jean, Sʳ de Pailles ; 3º Jean, Sʳ de Gibier, tonsuré en 1648, chanoine de Brive en 1667, puis archiprêtre de Brive ; 4º Anne, mariée, dans l'église de Cosnac (1), le 30 juin 1648, à Pierre de Rousset, Sʳ de Queynot, paroisse de Saint-Martin, en Périgord (2).

VI. — Clément de la Vergne, écuyer, Sʳ de Juliac, paroisse de Scilhac, épousa Susanne de Sahuguet, dont : Daniel, né à Brive le 10 décembre 1664, baptisé à Cosnac le 23 décembre 1667, qui eut pour parrain Daniel de Cosnac, évêque de Valence.

Notes isolées.

Antoine de la Vergne, chevalier, Sʳ de Julhiac, épousa, en 1722, Marie-Susanne de Cosnac, dont.......

Noble Jean Lavernh, Sʳ de Marsac, épousa : 1º, dans l'église de Meissac (3), le 4 février 1606, Louise de Termes, fille de Pierre, Sʳ de Chisain, paroisse de Meissac, dont : Louise, Dˡˡᵉ de Marsac, mariée, dans ladite église de Meissac, le 16 février 1638, à noble Aymeric de Veyrac, Sʳ de Quinson, paroisse de Molceau. Il eut, de Françoise d'Antenac, François, fils naturel, mort à Meissac, le 19 octobre 1627.

..... de La Vergne, Sʳ de Marsac, épousa ....., dont : 1º Pierre, qui était au service du roi en 1636 ; 2º Paul, mort au service du roi en juin 1636.

LAVERGNOLLE. — *V.* Lᴀ Tᴏᴜʀ.

LA VEYRINE. — *V.* Mɪᴄʜᴇʟ, Sʳ de La Veyrine.

[LAVICLA. — Pierre la Vicla est coté dans les registres de Borsandi, notaire à Limoges, p. 20, nº 33, *apud* D. Cᴏʟ.]

LAVIGNAC. — Aymeric de Lavignaco est cité dans les registres de Roherii, notaire à Limoges, p. 87, nº 75, *apud* D. Cᴏʟ. (4).]

LAVILLOTTE (5).

LAYERD (6).

LE BETZ. — Noble Antoine du Betz, écuyer, Sᵍʳ de Couteyn, habitant

---

(1) Cosnac, canton et arrondissement de Brive (Corrèze).
(2) Saint-Martin, probablement Lamonzie-Saint-Martin, canton de Sigoulès, arrondissement de Bergerac (Dordogne).
(3) Meyssac, chef-lieu de canton, arrondissement de Brive (Corrèze).
(4) Lavignac, canton de Châlus, arrondissement de Saint-Yrieix (Haute-Vienne).
(5) La page 2432, qui est déchirée, avait des notes sur cette famille.
(6) Les notes que Legros a recueillies sous ce nom sont à l'article Lᴀ Jᴇᴀʀᴅ. T. II, p. 448 et 562.

de Coulaureix, en Périgord (1), fut chargé de procuration de noble Jean de Royère, écuyer, Sgr dudit Royère, pour l'aliénation d'une rente appartenant à ce dernier, par acte du 15 mai 1535, signé J. de Mallevergne, not.

[LE BOURDEIX. — Châtellenie mouvante de la baronnie de Nontron, et qui s'étend sur les paroisses ou lieux d'Etouars et de Saint-Estèphe, au diocèse de Limoges. (Voyez mes *Mél. mss.*, T. I, p. 353 *bis*) (2).]

LE BRET. — Pierre le Bret, écuyer, Sr de Vallanie, épousa Marie Dardonneau, dont : 1° Jean, qui suit.

Jean de Bret, écuyer, Sr de Puycheni, demeurant à Menajeix, paroisse d'Etagnac (3), épousa, dans l'église d'Etagnac, le 6 novembre 1687, Susanne de Béon. Elle mourut à soixante-treize ans, le 30 novembre 1721, dont : 1° Jean-François, né le 25 novembre 1688 ; 2° Jeanne, née le 19 août 1692 ; 3° François, né le 23 novembre 1694 ; 4° Jean, mort en bas-âge.

[Bertrand de Bret ou Le Bret vivait le 26 février 1362 ; il avait épousé Blanche de Maulmont, dame de Breviges.

N..... du Bret, habitant du lieu de Puycheni, paroisse de Saint-Hilaire-Lastours (4), avait épousé Marie Dardonnaud, qu'il laissa veuve ; elle mourut le 1er ou le 2 mai 1698. (Registre de Saint-Hilaire-Lastours.)

Marie-Bonne-Henriette le Bret, épousa, en 1732, Joseph-Edouard de Coriolis, marquis d'Espinousse. (*Tabl. hist.*, etc., IVe part., p. 106.)]

LE BRETON, Sr des Marais et de Rausanes, paroisse de Solignones, élection de Saintes (5), porte : *d'argent, à un roseau de sinople tigé en pal, une étoile de sable en chef, et un lion de gueules rampant contre le roseau.*

I. — François le Brethon, avocat du roi à Saintes, mentionné dans une sentence des élus de Saintes, dont la copie est du 2 octobre 1523 ; il rendit aussi un hommage, comme le constate une copie du 23 mai 1539. Il épousa Olive Guichard.

II. — Nicolas le Brethon épousa, le 1er juillet 1551, Marie de Gourson.

III. — Louis le Brethon épousa, le 6 mai 1579, Renée Mage.

IV. — François le Brethon fit son testament le 28 juillet 1663, par lequel il donne à son fils la terre de Rasannis. Il épousa Isabeau Genouillé, dont : Pierre.

LE BRETHON, Sr d'Aumont, paroisse de Grezat (6), élection de

---

(1) Coulaures, canton de Savignac, arrondissement de Périgueux (Dordogne).

(2) Bourdeix, Saint-Estèphe, canton et arrondissement de Nontron. — Etouars, canton de Bussière-Badil, arrondissement de Nontron (Dordogne).

(3) Etagnac, canton de Chabanais, arrondissement de Confolens (Charente).

(4) Saint-Hilaire-Lastours, canton de Nexon, arrondissement de Saint-Yrieix (Haute-Vienne).

(5) Soulignones, canton de Saint-Porchaire, arrondissement de Saintes (Charente-Inférieure).

(6) Grezac, canton de Cozes, arrondissement de Saintes (Charente-Inférieure).

Saintes, porte : *d'azur, à un roseau d'or supporté par un ..... d'or à dextre et par un renard d'argent à senestre, une étoile d'or en chef.*

I. — François le Brethon obtint, en février 1573, des lettres de confirmation de noblesse, et, en tant que besoin, d'anoblissement, vérifiées à la Chambre des comptes le 1er septembre 1587, au parlement de Bordeaux le 5 janvier 1595, et à la Cour des aides de Paris le 23 octobre 1597. Il épousa Madeleine Fourestier

II. — François le Brethon fit son testament le 12 décembre 1585, donnant à François, son aîné, la terre de Faye, et à Thomas, son puîné, celle d'Aumont. Ce testament fut confirmé par codicile du 10 octobre 1594.

III. — Thomas le Brethon fit son testament, le 28 août 1643, en faveur d'autre Thomas, son fils, faisant mention de François, Sr de Faye, son aîné, dont la veuve, Marie du Bourg, obtint décharge par devant M. Guérin, subdélégué de M. Pellot, intendant en Guyenne. Il épousa, par contrat du 26 septembre 1643, Françoise Jalayas.

IV. — Thomas le Brethon épousa Anne Horric.

LE BRIEUDET (1).

[LE BROUILLET. — Pierre Hélie de Brolheto est cité dans les registres de Roherii, not. à Limoges, p. 65, n° 55, *apud* D. COL.]

LE CHADA (2)

[LE CHAMBEAU.]

LECHAMBON. — *V.* CHAMBON, T. I, p. 415 et 550.

[LE CHATELARD.

LE CHASLARD.]

LECLERC. — Estienne Leclerc, écuyer, Sr de la Tourailhe, épousa Aimée Simon. Etant veuve, elle fit son testament au village de La Jarroudie, paroisse de Brigueil (3), le 3 février 1634. Elle laissa Etienne, Sr de Monbatet (4).

LE COCQ, Sr de Torsac, paroisse d'Anais, élection de Cognac (5), porte : *d'azur, à un chevron d'or, accompagné de deux feuilles de laurier de*

---

(1) La page 2555, où était cette famille, est déchirée.
(2) La page 2555, où était cette famille, est déchirée.
(3) Brigueil, canton et arrondissement de Confolens (Charente), ou peut-être Brigueil-le-Chantre, canton de la Trémouille, arrondissement de Montmorillon (Vienne).
(4) *V.* FERRÉ, T. II, p. 122.
(5) Anais, canton de Saint-Amant-de-Boisse, arrondissement d'Angoulême (Charente).

même et d'un croissant d'argent en chef, et d'une étoile d'argent en pointe, surmontée d'un coq de même.

I. — Aymard Le Cocq fit quatre contrats d'acquisition ou transactions, les 30 novembre 1549, 2 mars, 16 avril 1550, et 19 novembre 1553. Il épousa Isabeau Aubin.

II. — Guillaume Le Cocq épousa, le 18 février 1557, Marie Fillou.

III. — Jean Le Cocq épousa, le 27 avril 1611, Anne de Robillard.

IV. — Pierre Le Cocq épousa, le 28 novembre 1658, Marie Viette.

LE COCQ, Sr du Theil-Rabier, paroisse de ....., élection d'Angoulême, porte : *d'azur, à un coq cresté et patté de gueules.*

I. — Jacques Le Cocq, étant maire de Saint-Jean-d'Angély, est nommé à la première place d'échevin d'Angoulême, le 26 mars 1621. Par lettres-patentes du 14 juin 1624, dûment vérifiées, Sa Majesté voulut qu'il jouît des mêmes honneurs et priviléges attribués aux maires et échevins de Saint-Jean-d'Angely, et dont ils ont joui avant la suppression de leur maison de ville. Il épousa Louise Blanchard.

II. — Pierre Le Cocq épousa, le 4 juin 1647, Jeanne Solières.

[LE COUDRAY. — N..... Dupuy, chevalier, Sgr du Coudray, Bellefaye et la Tour-Saint-Austrille (1), vivait avant le 26 janvier 1458. (*Invent. tit. Célest. des Tern.*, p. 671.)

LE COUSLET ou COUSSET. — Terre située en partie dans les paroisses de Teyjac et de Bruxerolles ou de Varaigne, en Périgord, diocèse de Limoges, et dans celle de Bussière-Badil, au même diocèse, généralité de Limoges, élection d'Angoulême (2). Le seigneur en porte le nom ; il a sa chapelle avec sa litre et ses tombeaux dans l'église de Bussière-Badil, et il jouit d'environ 5,000 livres de rente.

N..... du Couslet fut père de : 1° N..... du Couslet, qui suit ; 2° N...., du Couslet.

N..... du Couslet, marié avec N....., dont :

N..... du Couslet, qui vivait le 28 avril 1763, et fut père de :

N..... du Couslet, mort à Varaigne sur la fin de 1762, fils unique, âgé de vingt-et-un ans, après la mort duquel le père se remaria au bout d'un mois.

LE CROS DE CIEUX (3).

LE DEFFENS. — Terre dans la sénéchaussée de Bellac, qu'il ne faut pas

---

(1) Saint-Dizier et la Tour-Saint-Austrille, canton de Chénerailles, arrondissement d'Aubusson (Creuse).

(2) Ces paroisses sont situées canton de Bussière-Badil et de Nontron (Dordogne).

(3) Cieux, canton de Nantiat, arrondissement de Bellac (Haute-Vienne). — Le Cros appartenait à la famille de Brettes, voir T. I, p. 259 et 340.

2°, le 22 mai 1573, Françoise d'Anjou ; 3°, le 9 janvier 1577, Catherine de Pigemont.

IV. — René Lemousin épousa, le 17 mai 1607, Marie de Buteaud.

V. — François Lemousin épousa, le 23 février 1637, Jacqueline Chastaigner.

LE MUSNIER. — *V.* RAIX.

LE NOBLE. — *V.* NOBLE.

LENTEULH. — Noble Guillaume de Lenteulh, paroisse de Lenteulh, épousa ....., dont : François, tonsuré en 1532, moine à Beaulieu en 1539 (1).

Jacques de Lenteilh, écuyer, S^{gr} de la Farge, épousa Marguerite de Boisse.

LENTILHAC (2). — [Maison fort ancienne du Bas-Limousin.]
Le bâtard de Lentilhac était à la revue faite à Dinan, le 12 mars 1489, en qualité d'homme d'armes. [MORERI, *Hist. Bretag.*. T. III, preuv., col. 636.)

Noble François de Lentilhac, baron de Gimel (3), y mourut le 2 mars 1663, âgé de cinquante-un ans, fut enseveli dans l'église de Saint-Etienne de Gimel. Il avait épousé Matheline de Gimel-Lavaur. Elle mourut à quarante-huit ans, le 10 décembre 1659, fut enterrée dans la même chapelle de son mari. De ce mariage : 1° François, né le 15 mars 1642, qui reçut les cérémonies du baptême le 12 mai 1659 ; 2° Antonie, baptisée le 7 février 1649, mariée, par contrat (reçu Bordas et Bachelerie), et bénédiction donnée à Gimel, le 21 janvier 1672, à Laurent du Boix, écuyer, Sr de Rignac, fille de feu Pierre, écuyer, Sr de Rignac, et de feue Antoinette de Beaumont, en Querci ; 3° Martial-Joseph, tonsuré en 1654 ; 4° autre François, né le 1er juin 1653, qui reçut les cérémonies du baptême le 12 mai 1659 ; 5° Antoine, Sr de Lunau, né le 20 juillet 1654, tué à une bataille du 4 octobre 1674 ; 6° Jean-François, qui suit ; 7° un enfant mort en nourrice, âgé de cinq mois, le 22 décembre 1639.

Noble Jean-François de Lentilhac, écuyer, Sr de Chanac, du village du Breuil, paroisse de Saint-Pardoux-de-Gimel, mourut à soixante-dix ans, le 23 juillet 1716, fut enterré dans la chapelle de Notre-Dame de l'église de Saint-Etienne-de-Gimel. Il épousa, par contrat (reçu Cassaignes) et bénédiction donnée à Rignac, en Querci, le 7 janvier 1672, Victoire Duboix, fille de feu Pierre, écuyer, Sr de Rignac, et d'Antoinette de Beaumont ; elle mourut à trente-huit ans, le 10 janvier 1692, fut enterrée à Saint-Etienne-de-Gimel. De ce mariage : 1° François, né le

---

(1) Beaulieu, chef-lieu de canton, arrondissement de Brive (Corrèze).

(2) Nadaud indique pour cette maison la page 80 de son manuscrit, qui est déchirée. Nous reproduisons ici des notes isolées qu'il a renvoyées à la page 2080.

(3) Gimel, canton et arrondissement de Tulle (Corrèze).

confondre avec la maison du Defant, en Nivernais. (*Tabl. hist.*, v^e part., p. 277 (1).)

Pierre Barthon, comte de Montbas, Sr du Deffens, vivait en 1698. Il était alors brigadier des armées du roi.]

LEFFE. — Louis de Leffe écuyer, Sr de Noué et de la Bernardière, paroisse de Chaliat, diocèse de Bourges, épousa Marie de Laborie, dont Joseph, baptisé à Saint-Jean-de-Limoges, le 20 mai 1687.

Marie de Leffe, femme de Jean de Fénieu, Sr de la Marronière, mourut à cinquante-cinq ans, à Châteauponsac, le 15 juin 1697.

LEFORESTIER. — *V.* Forestier, T. II, p. 137.

SAINT-LÉGER (2).

[SAINT-LÉGER-LA-MONTAGNE].

LEGRAND. — *V.* Grand et Noblac.

LEHARDI. — *V.* Hardi.

[LE LIEUTREC.]

LEMAISTRE. — *V.* Maistre.

LEMAS. — *V.* Mas.

LEMERCIER (3).

LEMEUNIER. — *V.* Meunier.

LEMOUSIN, Sr de la Mechelière, paroisse de Nieuil (4), élection de Saintes, porte : *d'azur, à un croissant d'argent en pointe, et deux étoiles de même en chef.*

I. — Antoine Lemousin fit deux échanges les 23 juin et 5 octobre 1506 ; il épousa Jeanne de Montournois, dont il eut : 1° Pierre, qui suit ; 2° Marguerite, qui partagèrent certains biens de leur père, les 10 mars 1547 et 13 août 1554.

II. — Pierre Lemousin épousa Jacquette le Lardeux.

III. — Jean Lemousin épousa : 1°, le 12 octobre 1560, Marie de Villates ;

---

(1) Le Deffant, commune de Bussière-Poitevine, canton de Mézières, arrondissement de Bellac (Haute-Vienne). On trouve aussi la forêt de Deffant.

(2) La page 975, où était la famille de Saint-Léger, est déchirée.

(3) La page 837 est déchirée. *V.* Mercier.

(4) Nieuil, canton de Saint-Claud, arrondissement de Confolens (Charente).

8 mars 1676, 2° Marc-Antoine, né le 19 juin 1677; 3° autre François, né le 8 mars 1683; 4° Bertrand, né le 1er juin 1687; 5° Victoire, née le 23 juillet 1688; 6° Jean-Gabriel, né le 2 mars 1690; 7° Alexis, baptisé le 6 janvier 1692; 8° Antoinette; 9° autre François; 10° autre François. Ces trois derniers enfants sont morts en bas-âge.

Gabriel de Lantilhac, baron de Gimel, épousa Claude Bureau de Bar, dont : 1° Louis, né le 23 février 1674; 2° Victoire.

Joseph de Lantilhac, dit le comte de Cléguenec, épousa, vers 1715, Charlotte-Elisabeth de Coëtlogon, fille de Philippe-Guy, marquis de Coëtlogon, et de Suzanne-Guionne de Coëtlogon. (SIMPLIC., T. VII, p. 726).

François-Mathurin de Lantilhac, baron de Gimel, vicomte de Sediére, paroisse de ....., de Brignac, paroisse de Saint-Irier, mourut à Sediére, âgé de soixante-huit ans, le 5 mai 1722, fut enterré dans la chapelle du château. Il avait épousé Charlotte-Marie de Coustin du Masnadau, dont : 1° Marie-Charlotte, née le 18 mai 1681; 2° Antoine, né le 10 octobre 1686; 3° François-Annet, né au château de Brignac, le 29 juin 1688, qui reçut les cérémonies du baptême à Gimel, le 22 février suivant.

Jacques, marquis de Lentilhac, paroisse de Saint-Priest, épousa, en 1761, Susanne-Louise-Victoire de Giverville, paroisse de Saint-Maclou-la-Champagne, diocèse de Lisieux.

François de Lantilhac, Sr du Baut, paroisse de Chenailler (1), épousa, en 1769, Marie-Claire d'Estaal, de la ville de Belfort.

Jean-François de Lentilhac, écuyer Sr de Palies, épousa ....., dont : Jeanne, morte le 13 février 1722, enterrée dans la chapelle de la Sainte-Vierge de l'église de Saint-Etienne-de-Gimel.

Bertrand de Lantilhac mourut à soixante-et-un an, le 13 avril 1704; fut enterré dans l'église de Sarran (2). Il avait épousé, dans l'église de Sarran, le 28 juin 1701, Gabrielle Delmas (de Maruc); elle mourut à quatre-vingts ans, à Sarran, le 17 mai 1716, fut transportée à Tulle pour y être enterrée.

François de Lantilhac épousa Susanne de la Crotte; elle se remaria, en 1715, à Jean-Louis de Gain de Montaignac; elle mourut à soixante-douze ans, le 2 mars 1737, fut enterrée dans l'église de Sarran. De ce mariage : Bertrand, qui suit.

Bertrand de Lantilhac, Sr de Sarran, épousa, dans l'église de Sarran, le 1er mai 1715, Marie de Gain, fille de Jean-Louis ......, de la ville d'Aubusson.

Claude-François de Lantilhac, écuyer, paroisse de Saint-Amand-près-Aubusson, épousa Geneviève de Saint-Julien, dont : 1° ....., dame de Préaux; 2° Marie-Madeleine, abbesse des Allois; 3° Marie-Anne, élevée à Saint-Cyr, qui fit profession à la Règle de Limoges, le 22 novembre 1744, nommée en octobre 1760, à l'abbaye de Préaux, ordre de Saint-Benoît, diocèse de Lisieux.

---

(1) Chenaillers-Mascheix, canton de Beaulieu, arrondissement de Brive (Corrèze).
(2) Sarran, canton de Corrèze, arrondissement de Tulle (Corrèze).

Louis-Marie-Joseph de Lentilhac, écuyer, comte de Sedières, paroisse de Champagnac, épousa, en 1769, Charlotte-Cécile Cassaynies de la Nusse.

[LÉONARD DE FRESSANGES.

Fressanges, fief du Limousin, dans la paroisse de Vicq, à cinq ou six lieues de Limoges (1).

Jean Audoin, auquel Jean de Bretagne, Sr de l'Aigle et vicomte de Limoges, assensa le lieu ou mas de Fressanges, en 1436.]

Pierre Léonard, avocat à Limoges, épousa Jeanne Gadault, dont : Jean, qui suit.

Jean Léonard, trésorier de France en 1678, chevalier, Sgr de Freyssanges, paroisse de Vic, épousa Anne ou Catherine Decubes, fille de feu François, Sr du Ferrant, docteur en médecine de l'aggrégation de Limoges, et de Valerie Barbarin, 1690, dont : Pierre-Joseph, baptisé le jour de sa naissance, à Saint-Jean-de-Limoges, le 10 avril 1694.

Pierre-Joseph Léonard de Freyssanges, trésorier de France en la généralité de Limoges [mort fort vieux en 1777], épousa Anne Benoît [de Ventaux], dont : 1° Grégoire, mort en bas-âge, en 1724 ; 2° N....., prêtre, docteur, chanoine théologal de Saint-Martial, puis curé de Saint-Michel-des-Lions de Limoges, mort en janvier 1772 ; il était aussi vice-gérant de l'official général du diocèse ; 3° N..... Léonard de Fressanges, qui suit ; 4° N..... Léonard de Fressanges, chartreux ; 5° N..... Léonard, mariée avec N..... Baillot du Queyroix, trésorier de France ; et peut-être d'autres enfants.

N..... Léonard de Fressanges, écuyer, épousa N..... Texandier de l'Aumônerie, dame de Nieuil, dont elle lui porta la terre en dot. De ce mariage : 1° N....., mariée à N..... Lacoste, officier de dragons au régiment d'Artois ; 2° N....., mariée avec Siméon Sanson de Royère, écuyer, gendarme de la garde ou mousquetaire, dont deux enfants ; 3° N....., dite Mlle de .....]

Joseph Léonard de Saint-Cyr, écuyer, épousa, en 1766, Marie-Thérèse de Saint-Pierre, de la ville de Stenay, diocèse de Clermont, [dont : N....., fille unique, mariée avec Claude-Annet des Roys, chevalier, etc., reçu grand-sénéchal du Haut-Limousin en 1789, dont plusieurs enfants.]

LÉONARD, Sr de Villefeix.

Charles Léonard, Sr de Villefeix, paroisse de Pluviers (2), a, dans trois actes de baptême de ses enfants, faits sur la paroisse de Busserolles (3), en 1662, la qualité d'écuyer. Il avait épousé Charlotte de la Serre.

---

(1) Vicq canton de Saint-Germain-les-Belles, arrondissement de Saint-Yrieix (Haute-Vienne).

(2) Pluviers, canton de Bussière-Badil, arrondissement de Nontron (Dordogne).

(3) Busserolles, canton de Bussière-Badil, arrondissement de Nontron (Dordogne).

LEONARD, Sr de Noisières.

Pierre de Léonard, écuyer, Sr de Noisières, chevalier de Saint-Louis, capitaine de grenadiers au régiment de Touraine, épousa Marie de Fieux, dont : Claude-Antoine, qui suit.

Claude-Antoine de Léonard, écuyer, Sr de Noisières, de la ville de Brive, épousa, dans l'église de Cosnac, le 14 juillet 1739, Jeanne Chamaillart, fille de feu Pierre, avocat, et de feue Antoinette Jouvenal, de la même ville de Brive, sa parente au 3e degré d'affinité.

[LÉPAUD] ou LESPAUD.

LÉPINE.

Estienne de Lépine, natif du diocèse de Chartres, receveur des décimes à Limoges en 1710, acheta une charge de secrétaire du roi, écuyer, maître particulier des eaux et forêts de Châteauneuf en Thimerais, [et mourut vers 1740, d'après l'extrait suivant : « J'ai appris aujourd'hui le décès de la quatrième des sœurs que j'ai perdues; il m'en reste trois, dont deux religieuses; il ne me reste qu'un des trois frères que j'avais. Voilà ce qui reste de 11 enfants laissés par mon père il y a cinquante-trois ans. (Lettre de M. Martial de l'Epine à moi, du 28 février 1793.) ».] Il épousa : 1º, en 1714, Valerie Dupin, dont : 1º Martial, qui suit ; 2º ...... religieuse de Sainte-Ursule de Limoges. Il épousa : 2º, le 26 mai 1722, Anne Romanet, morte à soixante-quatre ans, le 26 mai 1768, dont : 1º Estienne, né le 7 janvier 1723, religieux Feuillant; 2º Marie-Anne, née le 25 février 1724, mariée, le 25 août 1755, avec Alexis Boyer, Sr des Vergnes, fils de Pierre, Sr de la Borderie, avocat et de Marie de la Brousse, de la ville de Nontron, dont elle n'eut point d'enfants; 3º Françoise-Thérèse, née le 11 avril 1727; 4º Charles-Guillaume, né le 5 juillet 1729, [peut-être celui qui était recollet, frère laïc], 5º Jeanne, mariée, à Saint-Jean de Limoges, à l'âge de quarante-quatre ans, avec Isaac Chorlon de Saint-Léger, âgé de quarante ans, lieutenant des eaux et forêts de la Haute et Basse-Marche, fils de noble Alexis et de Marie Tourniol, de la ville de Guéret, baptisé le 21 mai 1725; 6º ....., [religieuse à la Règle de Limoges, vivant en février 1793; 7º ....., religieuse à Sainte-Ursule de Limoges, vivant en février 1793; 8º N......, dite Mlle de Lépine; 9º un garçon.]

Martial de Lépine, Sgr du Masneuf, paroisse de Châtelac (1) [né en 17....., vivait en février 1793, épousa ..... la Fosse, [vivante aussi en février 1793, dont : 1º N......, garde du corps du roi; 2º N......, garde du corps du roi, retiré après la mort de son frère, vivait en 1793.]

[LE PUY-CHEVALIER. (2).

---

(1) Chaptelat, canton de Nieul, arrondissement de Limoges (Haute-Vienne).
(2) Puy-Chevalier, paroisse de Marval, canton de Saint-Mathieu, arrondissement de Rochechouart (Haute-Vienne). — On trouve N..... Berny, écuyer, seigneur de Puy-Chevalier, T. II, p. 10.

LE PUY-DU-FONS] (1).

LE REPAIRE. — *V.* Repaire.

DU LERIS, Sr de Peyramont, paroisse de Condat, près Uzerche (2), porte : *d'azur, à 3 monts d'or*, et pour supports : *deux léopards d'argent*.

Pierre deu Leyris, chevalier, neveu de Jean, prieur de Saint-Léonard de Noblac, épousa Ahalide Marches, dont : Guy, 1372.

I. — Antoine du Leris épousa, le 14 novembre 1548, Catherine Roger.

II. — Noble Pierre du Leris ou Leyris fit son testament le 30 avril 1624; il était écuyer, Sr de Peyramont, paroisse du Chatenet (3), épousa : 1º, le 3 septembre 1587, Judith de Montchapeau, dont : Jean, qui suit; 2º, par contrat du 2 avril 1602, Jeanne Simonet de Montlebeau, paroisse de Vareille (4), fille d'André, dont : 1º Jean, Sr de Peyramont; 2º N....., Sr de Peyramont.

III. — Jean du Leris épousa, le 14 janvier 1647, Gabrielle Sourdaud.

IV. — Dece du Leris fut maintenu par arrêt du conseil du 2 septembre 1669; il épousa Peyronne Roger.

Louis du Leris, chevalier, écuyer, S^r de l'Age-Peyramont, près Sauviat (5), épousa dans l'église de Sainte-Félicité de Limoges, le 14 octobre 1681, Léonarde Fauvaud de Trenchecerf, paroisse de Saint-Sulpice-Laurière (6). Elle mourut veuve le 17 mars 1720 (Regist. de Saint-Michel-de-Pistorie). De ce mariage : 1º Marc-Antoine, né le 3 novembre 1684 (Regist. de Saint-Maurice de Limoges); 2º Louis, né le 17 février 1686; 3º Charles-Joseph, qui suit.

Charles-Joseph du Leris, écuyer, Sr de Peyramont, fils de Louis et de Léonarde Fauvaud, épousa : 1º, à Saint-Maurice de Limoges, le 4 septembre 1703, Valerie Vidaud; 2º, audit Saint-Maurice, le 17 mai 1707, Marie-Anne Dumas, fille de Charles, juge du chapitre de la Cathédrale, et de Madeleine Dubois, dont : Marguerite-Thomas, née le 18 mai 1708.

Marc-Antoine du Lery, chevalier, Sr de Peyramont, mourut au château de la Rivière-Perceval, *alias* Trenchecerf, le 4 juillet 1741, fut inhumé à Saint-Sulpice-Laurière. Il avait épousé Jeanne du Lery, veuve de ..... Elle mourut audit château de la Rivière, sans hoirs, le 5 avril 1740, fut inhumée audit Saint-Sulpice.

Joseph-Charles du Leris de Peyramont, écuyer, épousa Antoinette-Thive Rameru, dont : 1º Hyacinthe, baptisé à Saint-Michel-de-Pistorie, le 19 juin 1717; 2º Mative-Anne, baptisée à Saint-Jean, le 10 juin 1715; 3º Jeanne, née le 30 juillet 1719.

---

(1) La page 2556, que Legros indique pour ce nom, est déchirée.
(2) Condat, canton d'Uzerche, arrondissement de Tulle (Corrèze).
(3) Chatenet-en-Doignon, canton de Saint-Léonard, arrondissement de Limoges (Haute-Vienne).
(4) Vareilles, canton de la Souterraine, arrondissement de Guéret (Creuse).
(5) Sauviat, canton de Saint-Léonard, arrondissement de Limoges (Creuse).
(6) Saint-Sulpice-Laurière, canton de Laurière, arrondissement de Limoges (Haute-Vienne).

Jean du Lery, chevalier, Sr de Sauviac, épousa Charlotte de Rouffignac, dont : Susanne, morte pensionnaire à la Règle de Limoges, à quinze ans, le 6 septembre 1731.

Marc-Antoine du Leris, écuyer, Sr de Sauviac, épousa, en 1767, Catherine Doyron, paroisse de Charnhac (1).

Marguerite du Leris mourut à Lubersac (2), à trente-cinq ans, le 2 mars 1701.

Louis du Leri, écuyer, Sr de Peyramont, du lieu de Landeric, paroisse de Lubersac, épousa, à Lubersac, le 28 juillet 1721, Isabeau de Beaune. Elle mourut à quarante-cinq ans, le 9 décembre 1754, dont : 1° Jean, baptisé le 6 novembre 1725 ; 2° René, né le 31 octobre 1730 ; 3° Elisabeth, née le 26 octobre 1731 ; 4° autre Elisabeth, née le 5 février 1733 ; 5° Marie, née le 16 septembre 1734 ; 6° Louis, né le 19 janvier 1736 ; 7° Anne, née le 1er octobre 1738 ; 8° Joseph, né le 24 octobre 1740 ; 9° Gui-René, né le 3 août 1742 ; 10° Etienne, né le 21 février 1744 ; 11° Françoise, née le 29 mars 1746 ; 12° Léonard, né le 13 janvier 1748.

Joseph du Lery de Peyramont, Sr de Landerie, paroisse de Lubersac, épousa : 1° Marguerite de la Brousse ; elle mourut à Uzerche, le 26 avril 1764 ; 2° ....., paroisse de Chamberet (3)

Roland du Leris, écuyer, S^r des Farges, S^gr de Sauviac, épousa, par contrat du 13 septembre 1671, Antoinette des Maisons. Elle fit deux testaments mutuels avec son mari, le 8 avril 1687 et le 3 février 1692.

Michel du Leris, écuyer, Sr de Peyramont, épousa Peyronne Bouyer, dont : 1° Léonard, qui suit ; 2° François, écuyer, Sr du Chatenet, du bourg de Condat, près Uzerche, qui, voulant aller au service du roi dans le régiment de Senneterre-dragons, fit son testament (signé Beneyton) le 30 mars 1703 ; 3° Joseph, chevalier, Sr du Châtenet, 4° Isabeau.

Léonard du Leris, chevalier de Peyramont, testa (reçu Laval) le 11 février 1707. Il épousa, à Saint-Ybard (4), le 24 février 1695, Susanne de Fayolle, fille de feu Jean, écuyer, premier lieutenant en la grande prévoté de Limoges, et de Julie de Maumont ; elle mourut veuve, à soixante-trois ans, le 2 mai 1737, dont : 1° Louis ; 2° Isabeau, née le 6 mai 1697, mariée, le 24 février 1716, à Gervais Laforêt, Sr de la Guerenne ; elle mourut à Saint-Ibard, le 12 janvier 1755 ; 3° Marthe, née le 20 juillet 1701, mariée, le 13 octobre 1719, à Jean Houpin, bourgeois d'Uzerche, mourut veuve, le 22 mars 1731 ; 4° Marie, née le 20 septembre 1702 ; 5° Joseph, né le 11 mai 1706 ; 6° Martiale, morte en bas-âge ; 7° René, qui suit.

René du Leris, écuyer, Sr de Peyramont, épousa, à Saint-Ibard, le 12 avril 1741, Catherine Liliaud, fille de feu Gabriel et de Jeanne Chouriat, du village de Noux, paroisse de Saint Hilaire-les-Courbes (5),

---

(1) Charnac, aujourd'hui Saint-Pierre-de-Chérignac, canton et arrondissement de Bourganeuf (Creuse).

(2) Lubersac, chef-lieu de canton, arrondissement de Brive (Corrèze).

(3) Chamberet, canton de Treignac, arrondissement de Tulle (Corrèze).

(4) Saint-Ybard, canton d'Uzerche, arrondissement de Tulle (Corrèze).

(5) Saint-Hilaire-les-Courbes, canton de Treignac, arrondissement de Tulle (Corrèze).

dont : Susanne, mariée, à Saint-Jean de Limoges, le 26 octobre 1769, avec Jean Sirieix, du village de Magniaval, paroisse de Saint-Hilaire-les-Courbes, fils de feu Georges et de feue .....; ils présentèrent au mariage une fille appelée Gertrude, âgée de quatre mois, qu'ils dirent leur appartenir.

LERIZ. — *V.* RIZ.

LERON. — *V.* LARON.

LEROY. — *V.* ROY.

[LES ARTIGES.]

LESBOULIÈRE.
Noble Pierre de Laboleriis, damoiseau, de Masseré (1), épousa, par contrat (signé Tarnelli) du 10 août 1428, Marguerite de la Tour, fille de Bernard, écuyer, Sgr de Claravaux (2), et de Jacquette du Puy.
Noble Gui de Lesboulière, chevalier (mal Nebolieras), Sr de Sontour, la Grenerie, paroisse de Salon (3) et Montegoux, paroisse de Condat, près Uzerche (4), 1509, épousa ....., dont : Noble Jean de Lesboulière, 1522.
Noble François de Lesbolière, écuyer, Sr de Montegoux, épousa ....., dont : 1º François; 2º Marc, Sr de la Vergne; 3º Françoise; 3º Marguerite, mariée, par contrat (signé Tahias) du 14 février 1580, à Mariol de Beauvais, fils de Raymond, Sgr de Boussac, paroisse de d'Orliac, diocèse de Tulle (5).
François de Lesboulière, écuyer, Sr de Montegoux [ou Martegoux, épousa Dlle Susanne de la Tour, qui était veuve le 12 mars 1627 (Papiers domestiques de M. de Daignac).] De ce mariage : 1º Anne, qui fit une donation à Jacques de Lesboulière, écuyer, Sr de Bechans ou Bochens, son neveu, le 8 septembre 1607; en 1608, il était homme d'armes des ordonnances du roi sous la charge du comte de Mayenne; 2º Susanne, mariée : 1º, à Salon, le 8 février 1627, à Isaac de Beausoleil, Sr du Breuil; [2º avec noble Cristophe de Goudard, Sr de la Garigue (*Ibidem*). Voyez son article.]
Noble Louis de Lesboulière, Sr du Chalard, était au service du roi en 1600.

LESCOURS (1).
Françoise de Lescours épousa, par contrat (reçu Duplebis) du 27 août

---

(1) Masseret, canton d'Uzerche, arrondissement de Tulle (Corrèze).
(2) Clairavaux, canton de la Courtine, arrondissement d'Aubusson (Creuse).
(3) Salon, canton d'Uzerche, arrondissement de Tulle (Corrèze).
(4) Condat, canton d'Uzerche, arrondissement de Tulle (Corrèze).
(5) Orliac-de-Bar, canton de Corrèze, arrondissement de Tulle (Corrèze).
(6) Le manuscrit de Nadaud est déchiré de la page 189 à la page 192 inclusivement. C'est à ces deux pages qu'il avait placé la famille Lestours. La note ci-dessus est à la page 2365.

1646, Annet de Soulière, Sr du Mas de Lester (1), fils de Jean de Soulière, écuyer, Sr de Bretiniolle (2). Elle fit son testament (signé Montazean) le 1ᵉʳ octobre 1647, et mourut sans hoirs.

LESMERIE, Sr de la Grave, paroisse de Sellette, élection de Cognac (3), porte : *d'azur, à 3 feuilles de chesne de sinople, 2 et 1.*

I. — Heustechon de Lesmerie, écossais, acquit la seigneurie du Breuil le 28 mai 1458, et rendit, le même jour, hommage pour ladite seigneurie.

II. — Jacques de Lesmerie rendit un hommage le 2 juillet 1482, épousa Marguerite Petilonne. Etant veuve et tutrice de ses enfants, elle rendit hommage le 20 juin 1495.

III. — Jacques de Lesmerie, écuyer, Sr du Breuil-aux-Vignes, receveur des aides des tailles en Angoumois, rendit hommage le 14 juin 1511 ; il épousa Anne Pastoureau, dont : 1º Joseph, qui suit ; 2º Marie, mariée, en 1568, à Jean Hastelet, écuyer, Sr de Jomelières, fils d'Etienne et de Marie Cescaud.

IV. — Joseph de Lesmerie épousa, le 29 février 1583, Catherine de Jousseran.

V. — Philippe de Lémerie, Sr du Breuil-aux-Vignes, épousa, par contrat du 11 septembre 1622, Jeanne Raymond de Dignac, dont : 1º Jean, qui suit ; 2º Madeleine, mariée, en 1645, avec Louis de Hauteclaire.

VI. — Jean de Lesmerie épousa, le 10 avril 1652, Catherine-Sylvestre de Clisson.

Jean de Lesmerie, écuyer, Sr du Breuil, paroisse de Touvre (4), épousa, à Rancogne (5), le 3 novembre 1706, Marie-Susanne de Saulnière.

LESPERUC. — *V.* Pareil Desperuc.

LESPICIER. — *V.* Espicier. T. II, p. 93.

LESPINATS [ou LESPINAS] Sgr dudit lieu, paroisse de Treignac, [élection de Tulle] (6), porte : *d'azur, fascé d'or, à deux étoiles en chef et un croissant de même en pointe.*

Ademar Lespinats, chevalier, paroisse de Château-Chervix (7), épousa Falca, dont : Bernard, qui, pour racheter le vœu de prendre la croix

---

(1) Mas-de-Leter, paroisse de Cieux, arrondissement de Bellac (Haute-Vienne).

(2) Bretignolle, manoir situé dans la paroisse de Vaulry, canton de Nantiat, arrondissement de Bellac (Haute-Vienne).

(3) Celette, canton de Mansle, arrondissement de Ruffec (Charente).

(4) Touvres, canton et arrondissement d'Angoulême (Charente).

(5) Rancogne, canton de la Rochefoucaud, arrondissement d'Angoulême (Charente).

(6) Treignac, chef-lieu de canton, arrondissement de Tulle (Corrèze).

(7) Château-Chervix, canton de Saint-Germain, arrondissement de Saint-Yrieix (Haute-Vienne).

fait par son père, fit un legs pieux aux religieuses des Allois, en 1249 (1).

Guillaume de Lespinats, damoiseau, Sr dudit lieu, 1444.

I. — Jacques de Lespinats épousa Louise de Moureaux, dont : 1º Pierre, qui suit ; 2º Jeanne, laquelle transigea avec Pierre, son frère, sur les successions desdits Jacques et de Moureaux, leurs père et mère, le 23 décembre 1496.

II. — Pierre de Lespinats épousa ....., dont : Jean, qui suit.

III. — Jean de Lespinats, faisant pour Pierre, son frère, transigea avec Pierre Pouroy [ou Ponroy] le 2 avril 1531 ; il épousa ....., dont : 1º Antoine, qui suit ; 2º Renée, mariée, le 23 novembre 1560 ; 3º Isabeau, mariée le 2 avril 1561.

IV. — Antoine de Lespinats est mentionné fils de Jean, dans les deux contrats de mariage de ses sœurs ci-dessus. Jean, son père, fit des échanges en présence d'Antoine, son fils, le 1er avril 1560, le 3 février 1561, le 29 septembre 1562. Antoine fit son testament le 12 février 1584 ; il épousa Léonarde de Laporte. Etant veuve, elle transigea pour Jacques, son fils, avec Léonard de Forges [ou Léonarde de Forge], le 3 juillet 1590.

V. — Jacques de Lespinats épousa, suivant la copie de mariage du 27 mars 1594, Louise de la Fourestille [ou Forestille].

Louise de Lespinats, Dlle de la Faucherie, paroisse de Libersac (2), y fut inhumée le 3 février 1640.

VI. — Jean-Charles de Lespinats fit un testament le 24 août 1691, fit sa femme héritière, et légua son fils. Il avait épousé, le 22 mars 1620, Anne de Viers [ou Deviers], dont : Jean-Baptiste, qui suit.

VII. — Jean-Baptiste de Lespinats épousa, le 14 février 1651, Françoise Montroux.

Louis de Lespinats, écuyer, Sr d'Ouliat, du bourg de Salon (3), épousa : 1º Josephte du Garreau de Bort ; elle mourut, à quarante ans, le 26 septembre 1695, dont : 1º Lucrèce, née le 28 septembre 1692 ; 2º Marie, morte en bas-âge. Il épousa : 2º Marie de Croiat, près Maimac (4), dont : 3º Philippe, né le 1er décembre 1696.

LESTANGS, Sr dudit lieu, paroisse de Nabinaux (5), élection d'Angoulême, du Vivier, paroisse de Longré (6), même élection, de Rulles, paroisse de Cigoigne (7), élection de Cognac, porte : *d'argent, à 7 losanges de gueules, 4 et 3*.

Jean de Lestang, damoiseau, paroisse de Saint-Hilaire-la-Treille (8)

---

(1) Les Allois, paroisse de la Geneytouse, canton de Saint-Léonard, arrondissement de Limoges (Haute-Vienne).

(2) Lubersac, chef-lieu de canton, arrondissement de Brive (Corrèze).

(3) Salon, canton d'Uzerche, arrondissement de Tulle (Corrèze).

(4) Meimac, chef-lieu de canton, arrondissement d'Ussel (Corrèze).

(5) Nabineau, canton d'Aubeterre, arrondissement de Barbezieux (Charente).

(6) Longré, canton de Villefagnan, arrondissement de Ruffec (Charente).

(7) Cigogne, canton de Jarnac, arrondissement de Cognac (Charente).

(8) Saint-Hilaire-la Treille, canton de Magnac-Laval, arrondissement de Bellac (Haute-Vienne).

(archives des frères prêcheurs de Limoges, signé Barbarossa), épousa, en 1362, Katherine Chaorilio, nièce d'Aymeric de Frigida Valle, chanoine du Dorat, qui lui donna en dot, l'an 1362, cent florins d'or et cent setiers de blé. De ce mariage : 1º Simon de Lestang, damoiseau, de Saint-Hilaire-la-Treille, qui fit son testament (signé de Agia Brandi, *ibidem*) le samedi après la fête de saint Grégoire 1392, veut être inhumé, dans le tombeau de son père, par le curé dudit Saint-Hilaire; 2º Jean de Nayda, frère et héritier dudit Simon.

I. — Guillaume de Lestang, varlet, fit donation à Jean de Seignac, le 1er février 1396, rendit hommage le 8 novembre 1412, épousa Marguerite Nabinaux.

II. — Fouquet de Lestang rendit hommage comme héritier de Guillaume Nabinaud, son aïeul maternel, le 11 septembre 1473; fit donation à Jean, son fils, le 31 août 1473; il épousa, par contrat sans filiation du 2 juin 1458, Marie de Montour, dont : Jean, qui suit.

III. — Jean de Lestang épousa, par contrat sans filiation du 10 août 1525, Françoise Esthève; procédure en la juridiction d'Aubeterre, sur la transaction passée entre Gui des Portes et ladite Françoise Esthève, et Merlin, son fils, le 2 novembre 1550. De ce mariage : Merlin, qui suit.

IV. — Merlin de Lestang épousa, le 19 novembre 1553, Ozanne (Arzene) Saulière.

V. — François de Lestang fit son testament le 4 mai 1604; il épousa, le 3 juin 1578, Catherite de la Porte, dont : Hélie, qui suit.

VI. — Hélie de Lestang épousa Marie des Granges.

VII. — René de Lestang épousa, le 11 octobre 1636, Isabeau de la Porte.

VIII. — Louis de Lestang épousa, le 29 mai 1663, Susanne de Saunierre.

Branche du Vivier.

I. — Henri de Lestang rendit hommage pour les biens de sa femme, le 13 juin 1493; il épousa Perette Corgnol.

II. — Antoine de Lestang épousa : 1º Marie de Saint-Martin; 2º, en présence de ladite Corgnol, sa mère, le 17 janvier 1527, Perette de Poids, dont : Jacques, qui suit.

III. — Jacques de Lestang épousa, par le même contrat du 17 janvier 1527, Madeleine de Saint-Martin.

IV. — Martial de Lestang épousa, le 4 mars 1562, Jeanne Girard.

V. — Jacques de Lestang épousa, le 10 août 1610, Isabeau d'Alloüe.

VI. — François de Lestang épousa, le 26 juillet 1632, Anne de Beauchamps.

VII — René de Lestang épousa, le 7 mai 1661, Anne de Beauchamps.

Branche des Rulles.

I. — Jean de Lestang épousa, le 13 janvier 1510, Marguerite de la Madeleine.

II. — Jean de Lestang épousa, le 23 décembre 1539, Catherine de Barbezières.

III. — Jean de Lestang épousa, le 8 avril 1582, Fœlix de Volvire.

IV. — César de Lestang épousa, le 12 septembre 1607, Claude d'Alloüe.

V. — François de Lestang épousa, le 24 avril 1635, Marguerite de Paris.

VI. — François de Lestang épousa, le 14 décembre 1666, Anne de Couvidou.

Notes isolées.

René de Lestang (*Plaidoyer de Servin*, T. II), écuyer, Sr des Rulles, sous la supposition de deux enfants de Jean de Montalembert, Sr de Vaux, Saint-Simon et Gensac, lieutenant de la compagnie du Sr de Bellegarde, voulut s'emparer des biens délaissés par ledit de Vaux, décédé à la bataille de Coutras, en 1587. Il supposait qu'Anne de Lestang, sa sœur, avait été mariée, le 1er août 1581, avec ledit Sr de Vaux, et que de cedit mariage vinrent deux enfants, sous le nom desquels il voulait usurper tous les biens dudit de Vaux.

Cette Anne de Lestang fut mariée avec Nicolas de Livanne; femme grandement diffamée d'impudicité du vivant de son mari et encore après. Elle avait en dot 7,000 livres, fit son testament en 1585, mourut environ l'an 1587; demeurait à Coignac.

Noble André de Lestang, Sr de Mandrezat, épousa, par contrat (reçu Chevrier) du 4 février 1592, Léonarde Martin, fille de feu Léonard.

Gilbert de Lestang, écuyer, Sr de Regnemore, fut inhumé au bourg de Salanhac (1), le 22 avril 1637; avait épousé ……, fille de noble Antoine de Montmeynard.

Gaspard de Lestang, écuyer, Sr de Courtioux, 1664, épousa Nicole de la Forest.

Jean de Lestang, écuyer, Sr du Boueix, lieutenant dans le régiment de Champagne, du Puy-la-Savie, paroisse de Vernège (2), fit son testament le 3 mai 1690, mourut le 4 mars 1708.

Martial Destang de Saint-Hippolyte, paroisse de Saint-Hippolyte (3), épousa, le ….. février 1663, Pierre Dodet, Sr de Coux, avocat et juge général du duché de Ventadour, de la ville d'Egletons.

V. l'article *Guillon*, T. II, p. 238.

LESTENDE (4).

LESTOILE porte : *d'azur, à une branche de laurier d'or et une palme de même, sortant d'un croissant d'argent, surmonté d'une étoile de même en chef.*

---

(1) Grand-Bourg-de-Salagnac, chef-lieu de canton, arrondissement de Guéret (Creuse).
(2) Verneige, canton de Chambon, arrondissement de Boussac (Creuse).
(3) Saint-Hippolyte, canton d'Egletons, arrondissement de Tulle (Corrèze).
(4) Le manuscrit est lacéré à la page 366, qui contenait des notes sur cette famille.

Jean de Lestoile, sénéchal de Blanzac (1), demeurant à Angoulême, y est élu maire le 30 mars 1664, continué le 20 mars 1665, et encore le 11 avril 1666; est reçu conseiller à l'échevinage de la maison de ville, par la démission d'Etienne Chillou, le 11 mars 1667; fait la déclaration de vouloir vivre noblement, le 24 mars 1667.

LESTRADE (2).
Annet de Lestrade, fils de noble François, paroisse d'Ars (3), fut tonsuré en 1599.

François Philibert de Lestrade, Sr de la Causse et de Colaures, du village des Leiges, paroisse de la Roche-l'Abeille (4), épousa Marguerite Boni, dont : Charles, baptisé le 8 février 1701.

LESTRANGE, vicomté en Périgord, que Marie de Lestrange, vicomtesse de Lestrange, porta avec d'autres terres à son mari, René de Hautefort, second fils de Gilbert, Sgr de Hautefort, et de Louise Bonneval. (*Dict. généal.* de 1757, T. II, p. 407.)

Roger de Lestrange, chevalier, fut envoyé par Edouard, roi d'Angleterre, avec des lettres de créance, l'an 1292, vers le pape, pour lui demander les décimes. (FLEURY, *Hist. ecclés.*, liv. 89, n° 20.)

Bernard de Lestrange, abbé de Saint-Benoît-sur-Loire 1374. (Voyez mes *Mém.*, T. I, p. 3.)

Guillaume de Lestrange, archevêque de Rouen, 1378.

Noble Radulphe [ou Raoul] de Lestrange, Sgr de Bologne [vivait en] 1387 (BALUZE, *Hist. de la Mais. d'Auv.*, T. II, p. 612). [Etait écuyer du pape Grégoire XI, et son parent. Il vivait entre 1370 et 1378. (JUSTEL, *Hist. de Turen.*, preuv., p. 100).]

Gui, Sgr de Lestrange, chevalier, 1456, épousa Jeanne de Joyeuse, fille de Louis et de Jeanne Loubette. (BALUZE, *Mais. d'Auv.*, T. II, p. 431, 422).

Guillaume de Lestrange, chevalier, mourut vers 1457, et laissa 1500 livres de rente en Vivarez et en Limousin. Il épousa ....., dont : 1° Gui de Lestrange, chevalier ; 2° Raymond, chevalier ; Sgr de Davignac et de Durac, qui servit le roi pendant longtemps; plus quatre filles, dont une, Marguerite, épousa, en 1420, Bec ou Begon d'Estaing, gouverneur de la ville et château de Pezenas, fils de Jean, vicomte d'Estaing, et d'Elie de Pierrefort. (MORERI, 1759).

Louis, Sgr de Lestranges, épousa Jeanne de Joyeuse, fille de Louis, vicomte de Joyeuse, et de Jeanne Louvet. (SIMPLIC., T. III, p. 837).

Le sire Jean de Lestrange servait le roi en la conquête de la Guyenne, sur l'Anglais, en 1451; fut fait chevalier le 24 juin de la même année. (MONSTRELET.)

Dans le testament de Charles, comte de Provence, le roi légua au

---

(1) Blanzac, chef-lieu de canton, arrondissement d'Angoulême (Charente).
(2) La page 366, qui est déchirée, contenait la généalogie de la famille de Lestrade.
(3) Ars, canton de Saint-Sulpice-les-Champs, arrondissement d'Aubusson (Creuse).
(4) La Roche-l'Abeille, canton de Nexon, arrondissement de Saint-Yrieix (Haute-Vienne).

Sgr de Lestrange, en 1481, un vaisseau appelé *Sainte-Marthe*, avec ses fournimens, etc. (CARPENTIER, *Glos. lat.*, art. *Furnimentum*.)

François de Lestranges, prieur de Saint-Nicolas-d'Acy, mort en 1525. (Voyez mes *Mém.*, T. I, p. 73).

François de Lestranges, évêque d'Alet en 1564. (Voyez mes *Mém.*, T. I, p. 17).

Louis de Lestranges, baron de Boulogne, chevalier de l'ordre du roi, épousa Marie de Langeac [ou Langheac], dont : Susanne, mariée : 1º, à Antoine de Vogué, Sgr de Sainte-Colombe; 2º, [avant 1628] à Jean de Montcalm, baron de Montclus, [juge-mage de Nîmes, en Languedoc], vers 1560. Elle vivait encore en 1714. (MORÉRI, 1759, [et de COMBES, *Tabl. de la nobl.*, 1786, 2º part., p. 258, 259].)

Le prince de Condé pensa, en juin 1563, attaquer M. de Lestranges, touchant certaines lettres qu'il avait écrites à sa femme, qui parlaient de ce prince et de l'état présent des affaires. (*Mém. de Condé*, T. II, p. 158.)

Lestrange fut député, en 1569, par les princes du sang pour présenter une requête de la part de tous les huguenots de France : il fut trouver le duc d'Anjou (depuis le roi Henri III) de la part des princes, pour avoir son passeport ; mais il ne put tirer autre réponse, sinon qu'il en donnerait avis à Sa Majesté. (CASTELNAU, *Mém.*, liv. VII, chap. VI; THOU, liv. XLIII.)

Anne de Lestrange, dame de Saint-Privat, épousa, en 1584, Jean d'Apchier, vicomte de Vareilles (1), dont elle n'eut point d'enfants. (SIMPLIC., T. III, p. 821.)

Noble François de Lestrange, Sgr de Magnac-Lestrange (2), épousa ....., dont : Antoine, tonsuré en 1599, commandeur de Saint-Antoine de la Chassagne en 1603.

Marie de Lestranges, vicomtesse de Lestranges, Cheylane, Bologne et Saint-Massal (*Dict. généalog.*, 1759, T. II, p. 276), épousa René d'Hautefort, chevalier, Sgr de Teil, vicomte de Cheylone, gentilhomme de la chambre du roi, 1583, depuis gouverneur de Puy-en-Velai, et conseiller du roi en ses conseils d'Etat et privé, 1614. Il ne vivait plus en 1622 ; était second fils de Gilbert, Sgr d'Hautefort, chevalier de l'ordre du roi, et de Louise de Bonneval, dont : 1º Claude, qui suit ; 2º Gabriel, qui suit après son frère.

Claude d'Hautefort, chevalier, vicomte de Lestranges et gouverneur du Puy-en-Velai sur la démisssion de son père en 1620, fut décapité à Toulouse, au mois de septembre 1632, lui et les officiers de son régiment, pour avoir pris les armes en faveur du parti de M. le duc d'Orléans contre Sa Majesté. Il avait épousé Marie de Chambaud, vicomtesse de Privas, en Vivarez, dame de Coulange et de Vacherolle (SIMPLIC., T. VII p. 342), dont deux filles : 1º Marie de Hautefort (*Idem*, T. IV, 893), fille ainée, mariée avec Charles de Saint-Nectaire, marquis de Châteauneuf, mort le 24 avril 1667, âgé de plus de soixante ans. Elle se remaria à

---

(1) Vareilles, canton de la Souterraine, arrondissement de Guéret (Creuse).
(2) Magnac-Lestrange, canton de la Courtine, arrondissement d'Aubusson (Creuse).

Guillaume de Maupeau, président à mortier au parlement de Metz, et fut soupçonnée d'avoir eu part à l'assassinat de son fils aîné; dont : (sic) 1° Henri de Saint-Nectaire, qui suit; 2° Jean-Gabriel, chevalier de Malte, dit le comte de Lestranges, mort en 1710; 3° Henri, comte de Lestranges, mort en 1713.

Henri de Saint-Nectaire, vicomte de Lestrange, fut assassiné à l'occasion d'un différend qu'il eut avec sa mère, et mourut, à Privas, le 13 octobre 1671, à l'âge de vingt-sept ans, ne laissant que des filles d'Anne de Longueval.

Gabriel de Hautefort, chevalier, dit le baron de Lestranges, Sgr de Montréal, de Jonnas, etc., fait capitaine d'infanterie dans le régiment d'Annonay le 22 janvier 1625, capitaine dans le régiment de Lestrange le 18 août 1628, dans celui de Castrevieille le 8 juillet 1635, fut maintenu dans sa noblesse par jugement de M. Bezons, intendant en Languedoc, du 2 septembre 1669. Il avait épousé, le 3 novembre 1638, Marie de Balazuc, dame de Montréal, de Sévillac, en Vivarez, etc., dont : 1° Louis-Jacques, mort sans alliance; 2° Henri, dit le Chevalier; 3° François, qui suit, et plusieurs autres enfants.

François de Hautefort de Lestranges, Sgr de Montréal, de Jonnas, etc., épousa, le 3 février 1693, Catherine de Chanancilles, fille de François, Sgr du Buisson, Chais, etc., et de Gabrielle de Tissier de Salvas, dont : Jean-Baptiste.

Annet-Marie de Lestranges, baron de Magnac, épousa Anne d'Arfeuille, dont : 1° Henri, tonsuré en 1658; 2° Jean-Louis, tonsuré en 1667.

Joseph, marquis de Lestranges, paroisse de Magnac, épousa Anne-Catherine de Soudeilles, dont : Michel, tonsuré en 1724.

Alexandre-Charles, comte de Lestranges, paroisse de Magnac-Lestranges, épousa, en 1770, Alberte-Gabrielle de Montaignac, paroisse de Ayeidin, diocèse de Bourges.

Voir *Favars*, T. II, p. 115.

LE TEMPLE. — V. TEMPLE.

LEVEQUOT, Sr des Nobles, des Chariers et de Peytouret, paroisse de Vars (1), élection d'Angoulême, porte : *d'azur, à un rocher d'argent, surmonté d'un coq de même, cresté et gorgetté de gueules.*

I. — Hélie Levequot est reçu conseiller à l'échevinage de la maison de ville d'Angoulême, par la mort de Pierre de la Combe, lieutenant-général de Coignac, le 18 septembre 1627; puis échevin par la mort de Abraham Jameux, le 20 novembre 1638; Jean Boisson, maire, est reçu par la mort dudit Levequot, le 24 mai 1642.

II. — Michel Levequot épousa, le 19 décembre 1616, Anne Romanet, dont : 1° Pierre, Sr des Nobles; 2° Hélie, qui se maria; 3° autre Hélie, Sr des Chariers; 4° Christophe, qui se maria; ces quatre frères partagèrent la succession de leurs père et mère, le 17 mars 1661.

(1) Vars, canton de Saint-Amand-de-Boixe, arrondissement d'Angoulême (Charente).

III. — Hélie Levequot épousa, le 11 juillet 1661, Catherine Nadaud.

III bis. — Christophe Levequot, Sr de Peytouret, épousa, le 1er mai 1663, Anne Croizat.

LEVESQUE de la Cassière, en la Marche, porte : *d'azur, à un lion de gueules.* (LABBE, *Blason royal*, p. 76).

LEVI. — *V.* VENTADOUR.

LEVIGEAN. — *V.* VIGEAN.

LEVISTE ou LE VISTE.
Jean Leviste, écuyer, Sr des Barrières, paroisse de Saint-Jean d'Angoulême, épousa, à Saint-Martial d'Angoulême, le 8 janvier 1686, Marie Chevrau.

LEVIVIER. — *V.* VIVIER.

LEVOYER. — *V.* VOYER.

LEYCHOISIER (1).

LEYMARIE.
Guillaume de Leymarie, bachelier, chanoine de Saint-Yrieix, conseiller au conseil privé, 1489.

[**LEYRAUD.**
Noble homme Jean des Pousses, damoiseau, Sgr de Leyraud, vivait le 4 octobre 1508 et le 16 juillet 1511. (Terrier de Parroti, aux archives des prêtres de la comm. de Saint-Pierre de Limoges, fol. 266.)
N..... Royer des Essards, Sgr de Leyraud, le Buisson, etc., conseiller du roi, lieutenant général de la cour sénéchale à Limoges (Papiers domestiques de M. de Beaupré). Les Essards, paroisse de Beaune, près Limoges (2).]

LEYRISSE.
Noble Jean Leyrisse, damoiseau, habitant de Bourganeuf, épousa, par contrat (signé Aubusso) du 11 juin 1436, Marie, âgée de vingt-deux ans, fille de noble Seguin Aymeric, Sr de la Croisille. Elle porta huit-vingts écus ou roiaux d'or, chacun du poids de trois deniers d'or, les 64 faisant le marc d'or, plus 10 livres de rente censive, une coitte de plume, coussin, draps, etc.

---

(1) Ce nom est indiqué à la page 2688, qui est déchirée. Le château de Leychoisier, qui a appartenu à la famille des Flottes, est situé commune de Bonnac, canton d'Ambazac, arrondissement de Limoges (Haute-Vienne).

(2) Beaune, canton d'Ambazac, arrondissement de Limoges (Haute-Vienne).

Noble Seguin de Leyrisse, écuyer, Sr de Lascoux, épousa ..... Dassier, dont : noble Louis de Leyrisse, damoiseau, Sr de Lascoux, âgé de trente ans en 1515.

Jean de Leyrisse, écuyer, Sr de la Motte, paroisse de Saint-Cyr-sur-Gorre (1), épousa Bonaventure de Saint-Fiel, fille de François, Sr d'Eyssenac, et de Renée du Breuil, dame de Royère. De ce mariage : 1º Annet, qui suit; 2º Claude, qui suit; 3º Renée, mariée, en 1577, à Jean de Maumont, fils de Geofre, et d'Isabeau de Montfrebeuf.

Claude de Leyrisse, écuyer, Sr de la Motte-de-Saint-Cyr, près de Rochechouart, épousa, par contrat (signé Fricaud, au château de Montbrun) du 26 juillet 1579, Anne du Theil, fille de François, écuyer, du lieu noble de Saint-Christophe, juridiction de Confolens, en Angoumois (2), et de Marie de Livenne. Ils se firent un testament mutuel à Saint-Christophe, le 3 juin 1580, et n'avaient point d'enfants.

Annet de Leyrisse, écuyer, Sr de la Motte-de-Saint-Cyr et de la Côte, paroisse de Saint-Martin-de-Jussac (3), épousa Françoise de Trion; étant veuve, elle fit son testament le 13 mars 1635 (signé Barrier, vicaire de Saint-Martin-de-Jussac), et mourut deux jours après, laissant : 1º Antoinette; 2º François, qui suit.

François de Leyrisse, écuyer, Sr de la Côte, paroisse de Saint-Martin-de-Jussac, y mourut le 9 juin 1650; épousa ....., dont : 1º Léonarde, mariée audit Saint-Martin, le 11 juillet 1640, à noble Jean Chantois, Sr de Laubinerie; 2º Françoise, mariée audit Saint-Martin, en 1645, à Charles-Benjamin de Julien, du Meynieu, paroisse de Saint-Eytour ou Adjutori, diocèse d'Angoulême (4).

LEZAY, Sr de Vanneau, paroisse dudit lieu (5), élection de Saint-Jean-d'Angély, porte : *d'argent, à 3 fasces de gueules, accompagnées de 7 merlettes de sable, ni pattées, ni becquées, 2, 2, 2, 1.*

I. — Gui de Lezay vendit une rente le 12 janvier 1514; il épousa Françoise Poussard.

II. — François de Lezay épousa Françoise de Gascoignolles. Elle et son mari transigèrent avec Jean de Gascoignolles et ladite Poussard, le 9 juin 1543, dont : 1º Ambroise; 2º Louis, qui suit. Ces deux frères transigèrent sur la donation faite par ladite Poussard, leur aïeule, à Ambroise, le 23 août 1566.

Ambroise de Lezay, baron de Surineau (MORERI, 1759), épousa Renée Vivonne, dont : Susanne, leur héritière, mariée à Théodore-Agrippa d'Aubigné.

III. — Louis de Lezay épousa, le 12 février 1572, Claude d'Achury.

---

(1) Saint-Cyr, canton de Saint-Laurent-sur-Gorre, arrondissement de Rochechouart (Haute-Vienne).

(2) Saint-Christophe-de-Confolens, canton et arrondissement de Confolens (Charente).

(3) Saint-Martin-de-Jussac, canton de Saint-Junien, arrondissement de Rochechouart (Haute-Vienne).

(4) Saint-Adjutori, canton de Montemboeuf, arrondissement de Confolens (Charente).

(4) Vanneau, canton de Fontenay-Rohan-Rohan, arrondissement de Niort (Deux-Sèvres).

IV. — Daniel de Lezay épousa, le 24 février 1634, Marie Martin, dont :
Louis, baptisé le 8 juillet 1637.

LHERMITE. — *V.* HERMITE, T. II, p. 432, 512.

LIBERSAC. — *V.* LUBERSAC.

LIBERT. — *V.* LOUBERT.

[LIEUTREC.]

LIGNAC.
Guillaume de Lignac, chevalier, de Berri ou de Limousin, homme d'armes expert et vaillant, dont Froissard décrit les prouesses aux années 1377, 1380, 1382, 1384, 1384, 1384, 1387, 1387, 1388, 1389, 1390, 1390, 1390, 1391, 1391,

LIGNAREIS.
Jean-Etienne Lignareix, écuyer, Sr de Bonnefont, paroisse d'Ussel, épousa, en 1760, Marie Royez Dumont, paroisse de Neuvic (1).

LIGNERAC. — *V.* ROBERT DE LIGNERAC.

LIGNAUD (2).
René Lignaud épousa, en 1605, Esther de Rabayne, fille de Jean, Sgr d'Usson, la Touche, Brillac, chevalier de l'ordre du roi, et de Louise de Pons.
Louise de Lignaud, fille de feu Maximilien, chevalier, Sgr de l'Age-Bernard, Lussac-les-Eglises (3), etc., et de Anne de Barbansois, épousa, par contrat (reçu par de Gude) du 21 janvier 1686, et le lendemain, dans l'église de Lussac-les-Eglises, Antoine de la Couture-Renom, écuyer, Sr dudit lieu, Richemont, paroisse de Blom (4), fils de Charles, chevalier, et d'Elisabeth Vidard de Saint-Clair.

LIGONAC ou LIGONAT.
Pierre de Ligonat, damoiseau, dit de Valeychieras et de Neziera, fonda, dans l'église de Neuvic, à l'autel de la Sainte-Vierge, une vicairie pour un prêtre ou clerc, qui doit se faire promouvoir dans l'an, et résider à Neuvic ou dans la paroisse, le 19 mai 1427 (signé de Campis.)]

---

(1) Neuvic, chef-lieu de canton, arrondissement d'Ussel (Corrèze).
(2) Le manuscrit de Nadaud est lacéré à la page 1133, où était la généalogie de la maison Lignaud.
(3) Lussac-les-Eglises, canton de Saint-Sulpice-les-Feuilles, arrondissement de Bellac (Haute-Vienne).
(4) Blond, canton et arrondissement de Bellac (Haute-Vienne).

LIGONDAIS ou LIGONDES porte : *d'azur, semé d'étoiles d'or, au lion de même, brochant sur le tout, accompagné de 3 étoiles de même.*

Jacques, S^{gr} de Ligondés en Combraille, et de Châteaubodeau, épousa, le ..... juin 1593, Anne de Rochefort, veuve de Joseph de Saint-Julien.

Jean de Ligondés (SIMPLIC., T. VII, p. 714), comte de Rochefort, près Riom, épousa ..... Chartier de Roucignac, dont : Marie, mariée, par contrat du 31 août 1654, à Claude Alègre, marquis de Beauvoir.

Jean de Ligondais, écuyer, S^r en partie de Genouilhac, en Haute-Marche (1), et du Chanon, mourut le 11 février 1654. Il avait épousé Gabrielle ou Isabeau de la Chapelle ; elle fut enterrée à Genouilhac, le 31 août 1638, dont : 1º Anne, née le 9 mars 1631, mariée, le 5 octobre 1651, à Pierre Doyron, écuyer, de la paroisse de Saint-Denis-de-Joué (2) ; 2º François, qui suit ; 3º Louis, né le 18 octobre 1633 ; 4º Claire, née le 24 décembre 1634 ; 5º Gabrielle, née le 4 juillet 1636 ; 6º Gabriel, né le 24 juillet 1637 ; 7º Léon, né le 25 août 1638.

François du Ligondais, né le 4 août 1632, écuyer, S^{gr} de Genouilhac et de Champmartin, fut tué à Paris, le 17 janvier 1667, et, quelques jours, après le chevalier de Genouilhac, apparemment son frère. Il avait épousé Antoinette de Cluys, dont : 1º Marie, née le 18 décembre 1658 ; 2º Madeleine, née le 9 août 1660, mariée, le 21 février 1678, à Silvain de Marquets, chevalier, S^{gr} de Serray, dont vint Catherine, née le 4 mars 1679 ; 3º Anne, née le 5 décembre 1663 ; 4º Henri, né le 23 janvier 1666 ; 5º autre Henri, né posthume le 31 juillet 1667.

LIGOURE, Sr de Luret, paroisse de Tonnay-Charente (3), élection de Saint-Jean-d'Angély, porte : *de sinople, à une tige d'or, ayant 3 branches de lis de même.*

I. — Isaac de Ligoure est reçu échevin à Saint-Jean-d'Angély, par la résignation de Jean Gilbert, le 28 janvier 1604. Jean Texier est reçu par la mort dudit Ligoure, le 14 février 1618. Il avait épousé Marie d'Abillon.

II. — Jean de Ligoure épousa, le 23 juillet 1619, Elisabeth Rideau, dont : 1º Simon, qui suit ; 2º Jean, Sr de Mornay.

III. — Simon de Ligoure, Sr de Luret, épousa, le 8 juillet 1663, Esther de Meschinet.

DE LIMOGES. — *V.* LAGORCE.

LIMOGES (Vicomtes de) portent : *d'or, à 3 lionceaux d'azur, armés et lampassés de gueules.* (LABOUR, JUSTEL, *Hist. Turen.;* — LABBE, *Blason royal,* p. 92.)

---

(1) Genouilhac, canton de Châtelus, arrondissement de Boussac (Creuse).
(2) Saint-Denis-de-Jouhet, canton d'Aigurande, arrondissement de la Châtre (Indre).
(3) Tonnay-Charente, chef-lieu de canton, arrondissement de Rochefort (Charente-Inférieure).

La ville de Limoges a eu des vicomtes héréditaires, qui l'étaient aussi du Limousin, et qui sont les plus anciens du royaume ; mais il est assez malaisé de prouver que ces premiers vicomtes de Limoges aient été les ancêtres de ceux qui leur ont succédé en leur dignité, parce qu'elle n'était pas héréditaire de droit, quoiqu'elle ait pu l'être en effet par la raison des désordres qui firent perdre l'autorité aux descendants de Charlemagne, sous lesquels, en suite des longues guerres, tant civiles qu'étrangères, qui affligèrent ce royaume, chacun des grands fit son héritage de ce qu'il tenait en gouvernement.

Quelques-uns prétendent que Guillaume le Dévot, comte d'Auvergne, donna la vicomté de Limoges à Ebles II, duc d'Aquitaine, et que celui-ci y mit des vicomtes qui s'en rendirent maîtres.

Quoi qu'il en soit, le premier vicomte que je connaisse est :

I. — 888. — **Fulchérius Eudes**, duc d'Aquitaine, fils de Robert le Fort (mal appelé Raymond par Adémar, ou plutôt par son copiste), ayant été couronné roi de France l'an 888, donna origine à autant de vicomtés qu'il possédait de comtés, comme Paris, Orléans et Limoges, afin que les vicomtes n'eussent que le gouvernement et l'administration des armes et de la justice, et qu'ils lui conservassent les revenus du territoire dépendant des villes. Cela se prouve par le passage d'Adémar, moine de Saint-Cibar d'Angoulême, qui dit en termes exprès dudit Eudes : « *Constituit in ea urbe* (c'est Limoges) *vicecomitem Fulcherium, industrium fabrum in lignis* », c'est-à-dire grand inventeur de machines de guerre ; pour la même raison que Guillaume, vicomte de Melun, l'un des chefs de l'armée chrétienne qui conquit Jérusalem avec Godefroi de Bouillon, fut appelé Guillaume le Charpentier. Adémar ajoute : « *Et Lemovicinum per vicecomites ordinavit* », etc., ce qui a fait dire à M. Baluze que le roi Eudes ne mit Fulchérius, qu'il surnomme de Ségur, *Securiensis*, que pour le Haut-Limousin ; Adémar des Echelles dans le Bas-Limousin, et Raynald, ou plutôt son père Rannulphe d'Aubusson, dans cette partie de la province qu'on appelle la Marche ; ce qui est si vrai, continue ce savant, qu'on peut assurer avec certitude que les vicomtes de Limoges successeurs de Fulchérius n'eurent aucun pouvoir ni juridiction dans le Bas-Limousin.

Gaufridius, prieur de Vigeois, qui, le premier, a donné une suite de nos vicomtes, dit que Gérald succéda à Fulchérius, sans ajouter s'il était son fils ou son parent, s'il lui succéda d'abord ou après quelque autre. Mais l'ordre des temps et la nature s'opposent à cette succession immédiate.

On ignore le nom de la femme de Fulchérius ; mais on sait qu'il laissa : 1° Adalbert, qui suit ; 2° Adémar, qui fut vicomte de Ségur (1).

II. — 909. — **Adelbert**, ou Adalbert, ou Edelbert, vicomte de Limoges, est mentionné avec sa femme, Alatrude, ou Adaltrude, dans la dévotion du lieu de Cavaillac ou Cavillac, en la vicomté de Limoges, par le vicomte Hildegarius, leur fils, pour le salut de leurs âmes. Turpio,

---

(1) **Ségur**, canton de Lubersac, arrondissement de Brive (Corrèze).

évêque de Limoges, qui y est nommé, tint le siége depuis 905, au moins, jusqu'en 944.

III. — 936. — Eldegarius, ou Hildegarius, vicomte de Limoges depuis cinq ans, l'an 914, indiction 2, fit quelques dons à la cathédrale de Limoges. Il est encore nommé dans un autre titre du même évêque Turpio, qui est sans date, selon la coutume du temps, pour la donation que ce prélat fait à son église du lieu nommé la Bachelerie : *Consentientibus*, dit-il, *nostris consanguineis seu optimatibus Lemovicensi pago degentibus, Domino scilicet Aimerico abbate, Petro preposito, Bosone archiclaro, Arnulfo archidiacono, Hemone portario de laicis vero, Hildegario vicecomite, Rainaldo vicecomite, Archamboldo et Ademaro.*

La vingt-cinquième année du règne de Charles le Simple, c'est-à-dire en 918, au mois de novembre, Landri et Ildia, sa femme, donnèrent à la même église un mas dans l'étendue de la vicomté de Limoges, du consentement du vicomte Hildegaire.

Il vivait encore l'an 936, au mois d'août, l'année douzième du règne de Raoul, qu'il souscrivit à la donation faite au chapitre de Limoges par une dame nommée Blactide ou Blitide.

(On ne sait point le nom de sa femme : on croit qu'il en eut Adémar, qui suit.) Sa femme Tetberge, suivant une donation faite à l'église de Saint-Martial dans les *Preuves du Pouillé*, p. LXXVII, où il est dit avoir pour fils Girald et Eldebert : il faudra donc effacer Adémar qui suit.

Il eut constamment pour fille Altrudis, qui épousa Eble, vicomte de Thouars, fils de Guillaume, comte de Poitou et duc d'Aquitaine, et de la fille de Rollus, duc de Normandie. Elle faisait la guerre à Ademar, en Limousin, après la mort du vicomte Hildegarius, et les Limousins en auraient essuyé toutes les horreurs et tous les dommages, si le duc d'Aquitaine n'avait fait la paix, en faisant rendre à chacun ce qui lui appartenait.

IV. — L'ordre des temps et de la généalogie m'oblige, dit M. Le Laboureur, de donner pour successeur à Hildegaire Aimar ou Adémar, aussi vicomte de Limoges, et lequel j'estime certainement avoir été son fils, tant parce qu'alors la vicomté de Limoges était héréditaire en sa maison, que parce que nous verrons que les noms de Fulchérius et d'Hildegaire, portés par ses prédécesseurs, ont été continués dans sa postérité. Lui et sa femme Milisendis firent plusieurs biens au monastère d'Uzerche à la prière d'Ebolus, évêque de Limoges, qui siégea entre les années 944 et 961. Il aura épousé une seconde femme nommée Emme, avec laquelle il donna à l'église d'Uzerche la moitié de l'église de Saint-Cibor, avec la moitié de la cour d'Alairac, en présence et du consentement de ses enfants, dont je vais parler. Adalbaldus, abbé de Saint-Martial, qui y est mentionné, siégeait en 998 et 1007. Ce qui prouve encore qu'il était vicomte de Limoges, c'est qu'Archambauld de Barhiac, se faisant religieux à Uzerche, y porta l'autre moitié des choses données par le vicomte Adémar et Emme, sa femme, l'an 1088, qu'il avoua tenir en fief d'Aymar, vicomte de Limoges, qui y consentit, comme descendant de cet autre Aymar et son représentant.

Ses enfants furent : 1° Aymar, mentionné au titre précédent, qui doit être mort sans postérité; 2° Giraud, vicomte de Limoges, qui suit;

3º Pierre; 4º Fulcherius, autrement Faucher, qui semble avoir été seigneur de Pierrebuffière (1) et père de Pierre et de Gaucelin de Pierrebuffière, vivants l'an 1037; et ainsi, dit M. Le Laboureur, la maison de Pierrebuffière, l'une des plus illustres du Limousin, serait issue par mâles des vicomtes de Limoges; 5º Adalbaldus, abbé de Saint-Martial de Limoges.

V. — 987. — Gérald ou Giraud, vicomte de Limoges, fut aussi seigneur de Brosse. Du temps du roi Lothaire, vers l'an 974, les grands d'Aquitaine se faisaient de cruelles guerres : Gérald, avoué du monastère de Saint-Benoît-du-Sault, en Berri (2), vicomte de Limoges, et Boson, qui possédait la Marche de ce pays, vivant dans une haine mortelle, Hélie, fils de Boson, attira à son parti, par prières et par présents, son seigneur Guillaume, comte de Poitou, et l'engagea à faire le siége de Brosse, qui appartenait à Gérald. Celui-ci y envoya son fils, avec des troupes d'élite, pour faire lever le siége, avec le secours des habitants d'Argenton. Ceux-ci allèrent faire leurs prières à Saint-Benoît-du-Sault, et reçurent des moines les *Eulogies* du pain et du vin, dans la confiance où ils étaient que saint Benoît leur obtiendrait une victoire entière. Ils ne furent pas trompés; car, dans la mêlée, ils firent un tel carnage des soldats de Boson, que les moines ne pouvaient trouver assez de place pour les enterrer (3). Il ne périt aucun de ceux d'Argenton, qui avaient reçu l'*Eulogie;* mais ils s'en retournèrent victorieux chacun dans leurs maisons.

Gérald emporta de force le château de Chambouchard (4), près Chambon-Sainte-Valérie, et le fit détruire, parce qu'il inquiétait les moines.

Hélie, fils de Boson, comte de la Marche, ayant donné la bataille à Gérald, vicomte de Limoges, et à Wido, son fils, remporta la victoire. Mais Wido le prit dans une embuscade avec son frère Adalbert, et le mit prisonnier au château de Montignac. Guillaume, comte de Poitou, voulut qu'on lui arrachât les yeux, ainsi que le prisonnier l'avait fait au chorévêque de Limoges; mais Hélie s'évada. Adalbert fut gardé longtemps dans la tour de Limoges, et on le fit sortir pour le marier à la sœur du vicomte Wido.

On place la mort de Gérald en 987.

Il épousa Rothilde ou Adaltrude, que M. Le Laboureur estime avoir été fille et héritière du vicomte de Brosse et d'une dame nommée Tatberga, qualifiée aïeule du vicomte Gui dans un titre de l'abbaye d'Uzerche. Elle se remaria en secondes noces à Archambaud, aussi qualifié vicomte, que quelques modernes lui donnent pour premier mari; mais cela résiste au temps et à la chronologie, car ils vivaient ensemble la quatrième année du règne de Lothaire, qui se rapporte à l'an 958, auquel Hildegaire, son fils, et de Gérald ou Giraud, son premier mari, succéda à l'évêché de Limoges. Cela se justifie par une charte de ladite année quatrième du règne de Lothaire, par laquelle il vendit à

---

(1) Pierrebuffière, chef-lieu de canton, arrondissement de Limoges (Haute-Vienne).
(2) Saint-Benoît-du-Sault, chef-lieu de canton, arrondissement du Blanc (Indre).
(3) AIMOIN, *apud l'Art de vérifier les dates*, T. III.
(4) Chambouchard, canton d'Evaux, arrondissement d'Aubusson (Creuse).

Doctricus pour 140 sols de biens. Elle lui survécut, et, l'an 988, premier du règne de Hugues-Capet, elle fit donation au monastère d'Uzerche, pour l'âme de ses deux maris, en présence de Hildegaire, évêque de Limoges, de Gui, vicomte, de Girauld et d'Alduin, abbé de Saint-Martial, ses enfants. Elle vivait encore en 995. Cet Archambaud, son second mari, fut seigneur de Bourbon.

Ils laissèrent : 1º Gui, vicomte de Limoges, qui suit; 2º Hildegarius, qui fut évêque de Limoges; 3º Hilduin, qui fut aussi évêque de Limoges et succéda à son frère; 4º Gaufridus de Limoges, abbé de Saint-Martial, que d'autres font fils de Gui; 5º Aimeric de Limoges, surnommé Ostrofrancus, qui a fait la tige des vicomtes de Rochechouart; 6º Giraud de Limoges, Sgr d'Argenton, duquel sont issus les vicomtes de Brosse; 7º Tisalga, autrement appelé Thetsalga; 8º Aldearde, surnommée Chauve dans un titre d'Uzerche, avec sa sœur Tisalga; 9º Adelmodis ou Almodie, mariée : 1º à Audebert, comte de Périgord et de la Marche; 2º à Guillaume IVe du nom, comte de Poitou et de Guyenne.

VI. — 1025. — Gui Wido Ier du nom, vicomte de Limoges, ne fut pas moins ambitieux et moins entreprenant que le comte Aldebert de la Marche, son beau-frère, et auparavant son ennemi, avec lequel, ayant fait alliance de sang et d'amitié, ils méprisèrent le duc de Guyenne, lui firent la guerre, et ne craignirent pas même le secours du roi Robert en propre personne. Gui est dit père d'Adémar et aïeul d'autre Adémar.

Vers l'an 998 ou 1000, le duc Guillaume, accompagné des comtes Arnaud, Elie, Audebert et Boson, et suivi d'une grande et nombreuse armée, assiégea le château de Brosse, en Berri, qui appartenait à notre vicomte : celui-ci, avec les Limousins, vint au secours, livra bataille, fit un grand carnage des ennemis et les chassa avec honte. On verra avec plus de détail ce fait d'histoire dans le vicomte suivant.

Odo, Sgr du Bourgdieu, en Berri, prit d'adresse et de force le château d'Argenton, et en chassa notre vicomte.

Gui, célèbre vicomte de Limoges, et ses fils, signèrent une donation faite par Guillaume, duc d'Aquitaine, au monastère de Maillezais, sans date; Gislebert, évêque de Poitiers en 975 et 1011, la signa aussi.......
.... (1)
de Saint-Simphorien du Pont, aujourd'hui Sainte-Félicité, et quelques autres églises, et, suivant l'expression de Geofroy de Vigeois, ils eussent rasé la barbe de Saint-Augustin, comme ils avaient fait à Saint-Martin, si les ennemis du roi Henri le Jeune n'eussent été déjà dans ce monastère.

La crainte des habitants de Limoges n'était pas sans fondement : tout à coup, la province fut inondée de troupes cruelles, qui, après avoir passé le pont de Terrasson, vinrent à Eissandon, non comme des hôtes, mais en ennemis. Leurs chefs étaient Santius de Sarannas et Curban ou Curbaran, qu'Adémar de Limoges avait engagés à force de présents, et Raymond de Turenne par ses prières.

Le samedi de la Septuagésime, ils assiégèrent Pierrebuffière, prirent

---

(1) Le manuscrit de Nadaud offre ici une regrettable lacune : les pages 2097, 2098, 2099, 2100, ont été enlevées.

le bourg trois jours après, et le vicomte Adémar affermit la convention avec Pierre de Pierrebuffière. Le vicomte, ayant reçu la tour, fit planter son étendard avec celui du roi et de Curboran sur les fortifications, et il eut soin de faire publier à son de trompe, le jour et la nuit, le triomphe de sa victoire. Le lendemain, ainsi qu'on en était convenu, il rendit la tour à Pierre.

Curboran, Santius et leurs troupes vinrent de Pierrebuffière au bourg de La Meyze (1), où l'on trouvait alors du marbre. Le vendredi, de grand matin, ils assiégèrent tout à coup la ville de Brive, et tuèrent un bourgeois, Pierre Delque, qui dînait. Après huit jours de siége, ils furent obligés de quitter la partie, et se retirèrent du côté d'Eissandon. Ils emmenèrent avec eux deux moines, que Santius avait arrachés à demi-nus à Pierrebuffière, en présence du vicomte Adémar, et qu'il traînait jusqu'à ce qu'ils se rachetassent. Un des valets de l'armée, qui les avait vendus 18 sols, tomba, trois mois après, entre les mains de Pierre de Pierrebuffière, qui le fit pendre.

En 1183, après les fêtes de la Pentecôte, Henri le Vieux, roi d'Angleterre, voulut aller voir Henri le Jeune, son fils, malade à Martel, en Quercy (2); mais quelques-uns le trompèrent en assurant sa convalescence, et même le vicomte Adémar, agissant inconsidérément, craignit de lui fournir les frais du voyage, *conductum*. Ce jeune prince, à l'article de la mort, scella de son sceau et de son anneau une lettre, où, entre autres choses, il priait son père de donner la paix à tous ses ennemis, surtout à Adémar et au peuple Limousin. Il mourut le 11 juin, jour de saint Barthélemy, à Martel. Le lendemain, on porta son corps à Brive, et le convoi coucha à Uzerche. Là, le vicomte Adémar, Eschivat, et quelques chevaliers vinrent pleurer le mort. Bernard, abbé d'Uzerche, fournit au luminaire et à la *procuration*, c'est-à-dire au repas. A la pointe du jour, on dit la messe pour le défunt, et à peine y eut-il 12 deniers d'offrande, que son chapelain prit. La famine rongeait toute la maison du jeune roi : un d'entre eux n'eut pas honte de donner ses culottes pour un repas. On fut obligé de laisser en gage le cheval du prince, qui était de prix, pour les fournitures faites dans sa maladie. Ils partirent de grand matin d'Uzerche, et arrivèrent le lundi à Grandmont (3), où le vicomte les quitta.

Henri le Vieux assiégea une seconde fois le château de Limoges le jour de l'Invitation de saint Martial, 16 juin (3). On parla de paix, et le vicomte Adémar lui rendit le château, le 24, jour de saint Jean. Le vicomte se sépara de ses frères utérins, les comtes d'Angoulême, jusqu'à ce qu'ils eussent mérité les bonnes grâces du roi et du duc.

Merchaders avec les siens, à l'ombre du duc d'Aquitaine, attaqua la province d'Adémar, vicomte de Limoges, l'an 1184 : il ravagea cruel-

---

(1) La Meyze, canton de Nexon, arrondissement de Saint-Yrieix (Haute-Vienne).

(2) Martel, chef-lieu de canton, arrondissement de Gourdon (Lot).

(3) Grandmont, ancienne abbaye, paroisse de Saint-Sylvestre, canton de Laurière, arrondissement de Limoges (Haute-Vienne).

(4) C'est le jour où Notre-Seigneur apparut à saint Martial, et lui révéla le moment de sa mort; c'est une *Invitation* qu'il lui fit pour le ciel.

lement, le lundi de la première semaine de carême, le bourg d'Excideuil (1), avec les faubourgs; il mourut le lendemain. La même année, Guy, fils du vicomte Adémar, fit, en sa présence, au château de Ségur, un don au monastère de Dalon. Dans une bulle de l'an 1187, indiction VI, le 22 septembre, la seconde année du pontificat d'Urbain III, il est dit que le vicomte de Limoges tient un fief de l'évêque de Périgueux. Au mois de juillet 1199, Robert, évêque de Clermont, et Gui, comte d'Auvergne, son frère, prirent le vicomte de Limoges pour une des cautions de l'accord qu'ils firent ensemble. Trésor trouvé à Châlus, ou Richard, roi d'Angleterre, fut tué. Voyez p. 1199 (2).

Adémar mourut la même année.

Henri, roi d'Angleterre, lui donna en mariage Sarra, sa cousine, fille de Robert, comte de Glocester, ou, selon d'autres, de Raynaud, comte de Cornouaille, mais toujours fils naturel de Henri, roi d'Angleterre, et frère de l'impératrice Mathilde. Elle mourut en 1216, et fut ensevelie à Saint-Irier, le 21 novembre. Adémar en eut: 1º Gui, qui suit; 2º Adémar de Limoges, mort en 1195; 3º Guillaume, surnommé le Pèlerin, parce qu'il naquit le jour même que son père partit pour Jérusalem; il mourut sans enfants en 1223; 4º Marie, mariée à Ebolus, surnommé Archambaud de Comborn, vicomte de Ventadour, fils de Ebles, IIIe du nom; 5º Aquilie ou Aquiline, ou Aigline, mariée au fils de Guillaume de Gourdon; 6º Humberge, mariée à Geofroi de Lusignan IIe du nom, Ser de Vauvaut, surnommé *A la grand'dent*, dont il ne reste point de postérité; il était fils de Geofroi, qui porta quelque temps le titre de comte de la Marche, et qui le fut aussi de Japhé en Levant.

XIII. — 1230. — Gui Ve du nom, vicomte de Limoges. En 1200, Jean, roi d'Angleterre, s'engagea de recevoir pour homme le vicomte de Limoges (apparemment son hommage), et de lui remettre les droits qui appartenaient à la vicomté.

Il fut fait prisonnier du roi d'Angleterre au siége du château d'Arche, l'an 1201. A la fin de juillet ou au commencement d'août, le roi l'emmena avec lui. Le vicomte était un homme-lige; mais, parce que le roi avait enlevé à Hugue le Brun sa femme, fille du comte d'Angoulême, et avait fait plusieurs maux aux seigneurs poitevins, ils avaient secoué sa domination et s'étaient alliés par serment au roi de France, lui donnant même des ôtages. L'hiver suivant, sans avoir fait ni paix ni trève, mais ayant muni leurs forteresses, ils cessèrent de faire la guerre.

En 1202, Philippe, roi de France, prit le château de Chinon en Poitou, d'où il délivra notre vicomte.

Dans les registres de la Chambre des comptes de la même année 1202, il est dit que les receveurs du roi ont payée *de vadiis hominum vicecomitis Limogiarum* 30 (?).

La même année, les bourgeois de Limoges lui firent une grande guerre, et il fut fait prisonnier par Jean, roi d'Angleterre. Gui était aussi en guerre contre l'évêque de Limoges. En 1205, le roi de France le délivra une seconde fois de la captivité où le retenait le roi d'Angleterre.

---

(1) Excideuil, canton de Chabanais, arrondissement de Confolens (Charente).
(2) Cette page est déchirée.

Le 25 d'octobre 1206, dans la trève entre le roi de France et le roi d'Angleterre, le roi de France donna pour caution le vicomte de Limoges. En décembre 1208, il fut aussi pris pour caution d'un accord fait entre Gui, comte d'Auvergne, et l'évêque de Clermont, son frère, dans la ville de Martel. Dans le même mois, la même année et au même endroit, il fut témoin du contrat de mariage de Raymond, fils d'autre Raymond, comte de Toulouse avec Hélix, fille de Gui, comte d'Auvergne, et pour arbitre de la dot.

En 1211 il fit faire à Aixe (1) de nouveaux barbarins, espèce de monnaie.

Par trève accordée entre le roi de France et le duc de Bretagne, le jeudi après l'Exaltation de la sainte Croix 1214, pour vider les différends du Limousin et comté de la Marche, les conservateurs de la trève devaient s'assembler entre Aigurande (2) et Cuson (peut-être Crosant) (3), château du comte de la Marche, sur le diocèse de Bourges.

En 1224, le roi Louis VIII mit en déroute les capitaines du roi d'Angleterre : alors les Limousins et tous les seigneurs d'Aquitaine lui promirent la fidélité, et le vicomte de Limoges lui en prêta le serment.

Gui, appelé le Vieux, vicomte de Limoges, mourut le 1er avril 1230 ; il fut enterré dans la chapelle de Saint-Martial de Limoges. Il avait épousé Ermengarde, qui vivait encore en 1258 ; sa mort est marquée au 18 août dans le nécrologe de Solignac, où elle est dite vicomtesse de Limoges. De ce mariage naquirent : 1º Gui, qui suit ; 2º Adémar, mort l'an 1223 ; 3º Marguerite, mariée : 1º à Aymeric, vicomte de Rochechouard VIIIe du nom ; 2º à Archambaud, comte de Périgord. Geofroy de Vigeois s'est trompé de la donner pour fille aînée du vicomte Adémar V ; car, par un titre de l'an 1244, le vicomte Gui V appelle Aymeric, vicomte de Rochechouard, son beau-frère, outre que le temps y résiste. C'était une dame d'un mérite singulier, qui mourut en 1259, le 9 septembre. MM. de Sainte-Marthe donnent à Gui un fils aîné nommé Omer (qui est apparemment Adémar), qu'ils disent avoir été dernier comte d'Angoulême ; ce qui n'est pas.

XIV. — 1263. — Gui VIe du nom, vicomte de Limoges, surnommé le Prudent et le Bon, fut aussi vicomte d'Ancenis, d'Avesne en Hainaut, de l'Aigle et de Noyon en Tiérache. Étant à Melun en décembre 1230, il ratifia le renvoi des Juifs fait par saint Louis : il y est mal appelé Guillaume, comte de Limoges.

On conserve à la Bibliothèque de Saint-Germain-des-Prés (*mss.*, nº1724), les lettres par lesquelles les habitants de Limoges, de leur bon gré, donnèrent secours en armes à ce vicomte contre ses ennemis en 1245.

Il est nommé dans un privilége donné par Alphonse, roi de Castille, à la ville de Mont-Dragon, dans la province de Guipuscoa. En revenant d'outre-mer, il fut pris par les Sarrazins, et perdit tout ce qu'il avait ; à son retour, les chevaliers et seigneurs du château de Mareuil en Péri-

---

(1) Aixe-sur-Vienne, chef-lieu de canton, arrondissement de Limoges (Haute-Vienne).
(2) Aigurande, chef-lieu de canton, arrondissement de La Châtre (Indre).
(3) Crozant, canton de Dun-le-Palleteau, arrondissement de Guéret (Creuse).

gord (1) lui donnèrent *Boagium* de leurs terres; il reconnut, en 1250, que ce don ne devait tirer à aucune conséquence pour l'avenir. En 1259, il fit une ligue avec Hélie de Bourdeille.

Il mourut en 1263, à Brantôme (2), où sa mort est marquée au 13 août. Il revenait de Bourdeille (3), où il avait mis le siége, fut fort regretté des siens, et fut enterré à Saint-Martial de Limoges le 15. En lui finit la seconde race des vicomtes de Limoges.

Il fut marié : 1º à la fille de Thibaud, seigneur de Blazon, sénéchal du Poitou, que la chronique de Saint-Martial de Limoges, sous l'an 1243, qualifie cousine de Marguerite de Provence, femme de saint Louis; il n'en eut point d'enfants. Il épousa : 2º Marguerite de Bourgogne, fille de Hugue IV, duc de Bourgogne (sœur d'Odon, comte de Nevers) et de Yolande de Dreux, sa première femme. Marguerite, était veuve de Guillaume, seigneur de Mont-Saint-Jean. Dans le nécrologe de Solignac, elle est dite veuve de Gui, vicomte. Elle mourut le vendredi après la fête de saint Barthélemy; peut-être ensevelie chez les frères mineurs d'Excideuil en Périgord. M. de Mantour met la mort de Marguerite en 1263. Le nécrologe de Solignac marque sa mort au 27 août.

De ce mariage ne vint qu'une fille, Marie, qui suit.

En 1263, les bourgeois du château de Limoges firent une convention avec la vicomtesse Marguerite, alors veuve, que la monnaie appelée *Lemona* ou *Lemocia*, qui avait le nom du vicomte, serait entièrement supprimée quoiqu'elle fût de poids.

En 1629, Nicolas de Chaalons et Thomas de Paris, clercs, c'est-à-dire secrétaires du roi saint Louis, furent commis pour enquérir sur le différend qui était entre Sa Majesté, d'une part, et Marguerite de Bourgogne, vicomtesse de Limoges, ayant le bail de Marie, sa fille, pour le serment des hommes du château de Limoges.

Cette vicomtesse reconnut, pour Marie, sa fille, dont elle était la tutrice, avoir reçu d'Aimeric, vicomte de Rochechouart, la somme de 1,000 livres tournois, pour final paiement de 3,000 livres qu'il lui devait; l'acte est du dimanche avant la fête de saint Georges 1274.

Dès le mercredi après l'octave de Pâques 1265, la vicomtesse Marguerite avait acquis de Raymond de Saint-Martin, chevalier, des rentes sur les paroisses de Saint-Martin-le-Peint (4), Saint-Etienne-le-Dros (5), Pleviers, autrement Pluviers (6). Son exécuteur testamentaire, maître Gérald de Maumont, damoiseau, S^{gr} de Montfort, clerc ou secrétaire du roi de France, employa ces rentes et les vignes situées vers Châlus-Chabrol, à fonder, suivant son intention, un monastère de filles en l'honneur de sainte Catherine, vierge et martyre, près du bourg de

---

(1) Mareuil, chef-lieu de canton, arrondissement de Nontron (Dordogne).
(2) Brantôme, chef lieu de canton, arrondissement de Périgueux (Dordogne).
(3) Bourdeilles, canton de Brantôme, arrondissement de Périgueux (Dordogne).
(4) Saint-Martin-le-Peint, canton et arrondissement de Nontron (Dordogne).
(5) Saint-Étienne-le-Dros, ou Saint-Estèphe-le-Droux, canton et arrondissement de Nontron (Dordogne).
(6) Pluviers, canton de Bussière-Badil, arrondissement de Nontron (Dordogne).

Saint-Pardoux-la-Rivière, diocèse de Périgueux (1) : ce fut vers l'an 1292, et il mourut le 30 juin. Dans l'acte, il donne aux frères mineurs de Nontron 12 livres de rente annuelle, que les sœurs amortirent en 1310. Il veut qu'elles suivent l'institut de Prouille, qui est de l'ordre de Saint-Dominique, et que, à chaque mutation de seigneur de Châlus-Chabrol, elles reçoivent pour sœur, à sa nomination, une femme honnête et capable. Six religieuses de Prouille prirent possession de ce monastère le jour de la Trinité 1293. Ces religieuses font des services pour la vicomtesse, leur fondatrice, les 27 janvier, 27 avril, 19 juillet et 19 octobre.

Un Gui, vicomte de Limoges, mourut le 25 octobre, dit le nécrologe de Brantôme, et un autre le 24 septembre, d'après le nécrologe de l'Artige.

Troisème race des vicomtes de Limoges.

XV. — 1290, 1312. — Marie ou Alicie, vicomtesse de Limoges, mourut l'an 1291 ; elle était née en 1260. Le roi saint Louis l'avait accordée en mariage, le 17 mars 1268, à son fils Robert, comte de Clermont, en Beauvoisis, ce qui ne fut pas exécuté. Elle était parente, au quatrième degré, du prince Arthur, qu'elle épousa : Marguerite de Bourgogne, sa mère, était fille d'Yoland de Dreux, fils de Robert IIIe du nom, comte de Dreux, frère de Pierre Mauclerc, duc de Bretagne. Cette parenté n'empêcha pas que le mariage ne fût célébré à Tours, avec les dispenses nécessaires en pareil cas.

Il donna en son vivant, à son aîné Monsieur Simon de Montbuerchier, perpétuellement à lui et à ses hoirs, en rémunération de ses services, 200 livres de rente au vicomté de Limoges ou terrouer de Badesoul et de Naillac, en la châtellenie de Hans et en la châtellenie de Haint. N'ayant plus la vicomté, il assigna ailleurs cette rente en 1319.

Le 23 juillet 1275 ou 1274, au mois de mars, elle épousa, à Tours, Arthur IIe du nom, héritier du duché de Bretagne, fils de Jean IIe du nom, et de Béatrix d'Angleterre, sœur du roi d'Angleterre. Les articles de cette alliance, passés au mois de mars 1274, vieux style, portent que, aussitôt que le mariage aura été célébré, Marguerite de Bourgogne rendra à sa fille la vicomté de Limoges, excepté la portion de cette terre qui lui a été assignée pour son douaire. (Le duc Arthur confirmera les donations faites à sage homme M. Gérard de Meimont (Maumont), chanoine de Lyon, clerc du roi de France, et à M. Hélie, son frère, et à leurs neveux : le duc de Bretagne et Arthur, son petit-fils, défendront la vicomté de Limoges, et ne la soumettront point au roi d'Angleterre.) Marguerite de Bourgogne se réserve la ville et la terre de Saint-Pardoux-la-Rivière en Périgord, la terre qu'elle a acquise de Resmont de Saint-Martin, chevalier. Enfin, pour acquitter les dettes que la vicomtesse douairière a contractées depuis la mort de son mari, le duc lui paiera la somme de 15,000 livres tournois, dont il ne pourra demander la restitution si Arthur, son petit-fils, a des enfants. Pour

---

(1) Saint-Pardoux-la-Rivière, chef-lieu de canton, arrondissement de Nontron (Dordogne).

satisfaire à ce dernier article, le duc déclarera, par acte passé le lundi après la saint Barnabé, qu'il devait à la vicomtesse de Limoges la somme de 1,500 livres, qu'il était obligé de payer en trois termes.

Le lundi après l'octave de Pâques 1276, les consuls de Limoges interjetèrent appel de la sentence arbitrale donnée, entre eux et la vicomtesse, par Géraud de Maumont et son frère (*Mss.* 1724, de Saint-Germain-des-Prés ; Réquisitoire, par les vigiers de Limoges, à Arthur, mari de Marie, vicomtesse de Limoges, de leur rendre leur justice, le dimanche, veille de Noël 1279... *Ibid.*) Pierre Arloin, procureur des habitants de Limoges, ratifia et approuva la sentence arbitrale donnée par Géraud de Maumont et son frère, arbitres élus tant par le vicomte de Limoges que par les consuls. Quant à la justice haute, moyenne et basse, aux murailles, tours, tourelles, portes, portaux, prisons, clefs et garde des clefs, fossés, chemins et places publiques, fleuves et rivières, aux certaines protestations des habitants de la ville, qu'ils firent le jour suivant : le jeudi après l'octave de saint Michel 127...., confirmation et homologation faite par le roi Philippe de la sentence arbitrale donnée par Géraud de Maumont et son frère en 1277.

Philippe, roi de France, déclare nul le serment de fidélité fait au roi d'Angleterre par les habitants de Limoges, au préjudice de leur vicomte, en 1273.

Sentence arbitrale, donnée par Géraud de Maumont, conseiller du roi, et Hélie, doyen de Saint-Irier, son frère, entre la vicomtesse et les consuls, en avril 1275.

Quittance de Jean de Bretagne, vicomte de Limoges, de 1,000 livres reçues des habitants pour la nouvelle chevalerie, les nones de septembre 1308. Ces habitants n'étaient tenus qu'à cette somme pour chacun des quatre cas de la taille qu'ils devaient au vicomte.

La vicomtesse Marie donna les châtellenies de Chalucet et de Corbefi, etc., à M. Géraud de Maumont, pour les bons services qu'il lui avait faits et à son père, et pour le récompenser des dommages par lui soufferts à cette occasion, le lundi avant la fête de sainte Madeleine 1280.

Artur était né le 25 juillet 1263, et n'avait que treize ans, lorsque le duc Jean, son aïeul, se maria. Cet Artur, vicomte de Limoges, rendit hommage à l'évêque de Périgueux, pour le château et la châtellenie d'Auberoche en Périgord, le jeudi après la fête de l'Assomption.

En 1294, il épousa, en secondes noces, Yolande de Dreux, veuve d'Alexandre, roi d'Ecosse. Il mourut à l'âge de cinquante ans, le 27 août 1312, au château de l'Isle, sur la rivière de Vilaine, près la Roche-Bernard, et fut inhumé dans l'église des Carmes de Ploërmel, ou chez les Cordeliers de Vannes.

De ce premier mariage vinrent : 1º Jean, qui suit ; 2º Gui, dont il sera parlé après son frère ; 3º Pierre, né en 1289, mort sans lignée. Du second mariage vint : Jean de Bretagne, comte de Montfort, vicomte de Limoges, né en 1293, mais qu'il ne posséda pas.

XVI. — 1341. — Jean de Bretagne IIIe du nom, dit le Bon duc de Bretagne, comte de Richemont et vicomte de Limoges, naquit en mars 1285 (1286), au château de Chanteceaux, diocèse de Nantes, et fut baptisé à Saint-Flavent-le-Vieux.

Le 17 juillet 1302, il rendit hommage à l'évêque de Périgueux pour le château d'Auberoche, et dès lors il est dit vicomte de Limoges. Il ne prit possession de cette vicomté qu'en 1307. Gui de Bretagne, son frère, prétendait quelques droits sur cette seigneurie : quand Jean fut duc de Bretagne, il lui donna en dédommagement le comté de Penthièvre. Nonobstant les services qu'il rendait à la France, les officiers de la monnaie du roi firent saisir, en 1339, les coins qu'il avait à Limoges et à Nantes, sous prétexte que ses monnaies étaient si semblables à celles du roi qu'on les confondait. Mais, si cette monnaie était la même que celle qui se trouve encore dans les cabinets des curieux, on peut dire que la démarche des commissaires du roi n'avait d'autre fondement que la bévue du monétaire du roi, qui prenait les hermines pour les fleurs de lis ; car, du reste, l'écu de Bretagne était couché, couvert d'un casque, et surmonté d'une rencontre de bœuf, ayant un lionceau entre les deux cornes. Tous ces caractères distinguent si bien la monnaie de Bretagne d'avec celle de France, qu'il faut être ignorant ou de mauvaise foi pour s'y méprendre.

En épousant Isabelle de Valois, sœur du roi de France, Artur, son père, lui donna, pour son entretenement, la vicomté de Limoges et la seigneurie d'Avesnes en Hainaut. Cette princesse étant morte sans enfants, Jean de Bretagne se remaria à Isabelle de Castille, fille de feu Sance, premier du nom, roi de Castille et de Léon, et de Marie Moline, sa femme, par acte passé à Vienne, au mois de mars de l'an 1313. Il lui assigna pour douaire, ou pour son présent de noces et seulement pendant sa vie, la vicomté de Limoges avec ses appartenances, soit dans le diocèse de Limoges, soit dans celui de Périgueux. C'était l'apanage de son frère Gui : aussi la donation fut faite sous son bon plaisir ; mais, bien loin d'agréer cette démarche, il demanda Limoges. Le duc fut très-mortifié du peu de complaisance de son frère et de la nécessité où il le mettait de manquer à sa parole. Il fit tous ses efforts pour l'engager à céder ses droits sur Limoges à la duchesse ; mais il ne fut point écouté. Gui persista dans sa résolution, porta ses plaintes au roi Philippe le Bel, et fut assez heureux pour le mettre dans son parti. Le duc, malgré ses engagements avec le roi de Castille, fut donc contraint d'accorder, peu de jours après, Limoges à son fils ; car l'acte est daté de Paris, au mois de mars 1313, mais à la charge qu'il paierait 2,000 livres par an à Yolande de Dreux, duchesse de Bretagne, sa marâtre, pour sa dot. Il prit possession de la vicomté de Limoges, en recueillit les fruits pendant trois ans, et fit battre monnaie à Limoges, comme avaient fait ses prédécesseurs.

Cependant la comtesse Isabeau de Castille, soit de concert avec son mari, soit de son propre mouvement, se plaignit hautement de ce qu'on lui avait manqué de parole, et du tort qu'on lui faisait. Le roi de Castille, en ayant été informé, envoya l'évêque de Burgos vers le roi Philippe le Long, pour le prier de rendre justice à sa sœur. Philippe, du consentement des parties intéressées, chargea les évêques de Laon et de Mende (Guillaume et Durand) de travailler à un accomodement. Après plusieurs conférences, il fut réglé par les arbitres, au mois d'avril 1317, que Gui de Bretagne renoncerait à toutes ses prétentions sur Limoges, qu'il remettrait son désistement par écrit entre les mains de l'évêque de Burgos, et qu'on ne pourrait exiger de lui aucun dédommagement pour les fruits qu'il avait perçus, et qu'on lui assignerait 8,000 livres de rente en Bretagne. Tout cela fut exécuté et confirmé par lettres du roi données à Paris, au mois de .... 1314 (?), peut-être 1317.

Gui de Bretagne, frère de Jean, avait eu en partage la vicomté de Limoges; le samedi après la fête de saint Mathias 1314, il rendit hommage à l'évêque de Périgueux pour le château et châtellenie d'Auberoche. Dans l'acte, il est dit chevalier et vicomte de Limoges.

Isabelle de Castille, en qualité d'usufruitière de cette vicomté, manda aux gentilshommes et autres ses sujets de cette vicomté de tenir bon pour elle contre Gui de Bretagne, qui injustement occupait la vicomté, le samedi après la fête de saint Jacques 1315. Elle rendit hommage à l'évêque de Périgueux, pour le château et la châtellenie d'Auberoche, le lundi après la fête de saint Mathias 1318.

Philippe, roi de France, déclara, le 20 octobre 1319, les habitants de Limoges n'être contribuables à lui payer aucun subside à cause de l'armée qu'il avait envoyée en Flandre.

Cette princesse mourut le 24 juillet 1328, et fut ensevelie dans le chœur de l'abbaye des Prières. Le duc, n'ayant eu d'elle aucun enfant, et voulant assurer sa succession, pensa à un troisième mariage. Il le contracta, dans l'église de Chartres, le 21 mars 1329, avec Jeanne, fille unique d'Edouard, comte de Savoie, et de Blanche de Bourgogne, sœur de Suzanne, reine de France. Le duc de Bourgogne et le comte de Blois se rendirent caution des articles arrêtés pour ce mariage. Jean III, assigna à la princesse de Savoie le vicomté de Limoges pour son douaire, en cas qu'elle lui survécût. Elle mourut au bois de Vincennes, le 29 juin, et fut inhumée à Dijon, dans l'église des Cordeliers.

Il mourut à Caen, en Normandie, le 30 avril 1341. Son corps fut porté en Bretagne, et enterré chez les Carmes de Ploërmel. Il ne laissa qu'une fille, qui ne lui succéda pas dans la vicomté de Limoges.

Le 15 juin suivant, dans l'inventaire des monnaies, au trésor de l'église de Nantes, il y eut de la recette du vicomté de Limoges, faite par Payen de Tusche, vallet, 240 livres de Limoges, plus 660 livres de la même monnaie, plus en doubles 873, en oboles blancs, chacun pour dix deniers, 1020 livres.

XVII. — 1331. — Gui de Bretagne, comte de Penthièvre, damoiseau, fils d'Artur II, duc de Bretagne, et de Marie, vicomtesse de Limoges. Dans les monnaies qu'il fit fabriquer, il portait *au 1er de Bretagne, au 2e de Dreux*.

Il mourut à Nigeon, près de Paris, le 26 mars 1331. Son corps fut apporté aux Cordeliers de Guingamp, et y fut enterré devant le grand-autel.

Il changea les armes de la vicomté de Limoges, qui portait : *bandé d'or et de gueules*, en celles de Bretagne : *brisées d'une bordure de gueules*.

Il avait épousé, en 1318, Jeanne, héritière de la maison d'Avaugour, fille unique d'Henri, seigneur d'Avaugour et de Goelle, et de Jeanne de Harcourt. Elle mourut en 1327, et fut inhumée aux Cordeliers de Guingamp. Elle ne laissa qu'une fille, nommée Jeanne, qui suit.

XVIII. — 1364-1384. — Jeanne de Bretagne surnommée la *Boiteuse*, ce qui a donné sujet d'erreur à ceux qui l'ont appelée *Claude*, lui formant un nom propre de son défaut corporel. Elle fut accordée à Charles de Navarre, fils aîné de Philippe, roi de Navarre, comte d'Evreux; mais elle fut mariée, par acte du 4 juin 1337, par Jean III° du nom, duc de Bretagne, son oncle paternel, et par le roi Philippe de Valois, à Charles de Blois, fils puîné de Gui de Châtillon, comte de Blois, et de Marguerite de Valois, sœur du roi, né en 1319. Par le contrat, il était porté que, ce duc Jean venant à mourir sans enfants, Charles de Blois serait duc de Bretagne au titre de sa femme, et que leur postérité prendrait les noms, cri et armes de Bretagne.

Jean de Bretagne, comte de Montfort, demi-frère puîné de Jean et de Gui, fut présent au traité, auquel il consentit; et néanmoins, dès qu'il eut appris la mort du duc Jean, son frère aîné, en 1341, il ne laissa pas de prétendre la duché, comme plus proche parent d'un degré du défunt duc que Jeanne, sa nièce. Sans différer, il courut en poste, l'an 1341, avec beaucoup de gens de guerre, à Limoges, où étaient les trésors du feu duc, pour se faire seigneur et entrer en possession de la vicomté; quoiqu'il ne fût pas fils de Marie de Limoges, il s'en empara comme d'un bien qu'il prétendait lui appartenir. Il entra dans la cité *en moult grand bobant;* on lui fit grand honneur, et il fut noblement reçu des bourgeois, du clergé et de la communauté de la cité; tous lui firent hommage comme à leur vrai seigneur. On lui laissa prendre ce grand trésor, à cause des politesses, des présents et des promesses qu'il fit aux seigneurs et aux bourgeois; et, quand il eut tant festoyé et séjourné qu'il voulut, il partit avec ce grand trésor qu'il avait trouvé dans le château, et s'en revint droit à Nantes, s'empara de plusieurs villes de Bretagne, et s'allia avec Édouard, roi d'Angleterre, auquel il fit hommage du duché.

Charles de Blois, légitime héritier du défunt à cause de sa femme, prit aussitôt les armes, et s'assura de quelques places qu'il prit en Bretagne. Le duc de Normandie lui emmena à cet effet tant de barons et de chevaliers du Limousin, que, selon Froissart, il faudrait trop de temps pour les nommer tous.

Pendant cette guerre, la duchesse Jeanne fit don à son mari de la vicomté de Limoges, des châtellenies de Ségur, de Saint-Yrey ou Irier, par le Digeste et le Code, par lettres du mois de février 1343. Le comte de Montfort, en ayant eu avis, s'y opposa, et intenta procès au parlement pour être maintenu en la possession de cette vicomté; car il prétendait qu'elle lui appartenait comme plus proche héritier du défunt duc Jean, son frère; mais enfin, après de longues procédures, la propriété en fut adjugée au duc Charles, par arrêt prononcé le 10 janvier 1344, vieux style. Il est dit que Jean, duc de Bretagne, mort depuis peu, avait possédé la vicomté de Limoges et les châtellenies de Segus (mieux Ségur) et de Saint-Yrey (mieux Irier), et leurs appartenances. La duchesse Jeanne de Savoie, qui en jouissait par constitution de douaire, étant décédée l'année suivante, l'usufruit lui en retourna pareillement. Charles de Blois fit hommage de Limoges au roi.

Le comte de Montfort, son ennemi, mourut au mois de septembre 1345 (peut-être mieux 1365), et laissa pour héritier de sa querelle un fils nommé Jean, qui fit la guerre. Le duc Charles de Blois fut fait prisonnier le 20 juin 1347, et demeura dans cet état près de neuf ans. Cependant, par arrêt de l'an 1360, le comte fut débouté de sa prétention, et Gui, fils de Charles de Blois, confirmé en la propriété de la vicomté, comme son propre héritage maternel.

Le 28 septembre 1342, ordre du roi Jean, par lequel la vicomtesse de Limoges sera requise de permettre aux consuls de réparer les murs de leur ville.

Appel des consuls de Limoges contre les officiers vicomtaux, qui voulaient contraindre tous les habitants de prêter serment de fidélité, chaque année, non contents du serment que les chefs de maison faisaient le lundi lendemain de la fête de Pentecôte 1348.

Réquisitions faites par les consuls aux officiers vicomtaux, touchant le droit de panaige, qui est le même que celui de barraige, le samedi 23 juin 1358.

Procuration de Charles, duc de Bourgogne, vicomte de Limoges, pour recevoir des bourgeois, manants et habitants de la ville, les aides à lui appartenant, tant à cause de sa chevalerie, que du mariage de Marie, sa fille, et pour sa rançon, le 29 décembre 1357.

Charles, roi de France, rendit à Jeanne de Bretagne, vicomtesse de Limoges, la ville de Limoges, qu'elle lui avait donnée le même jour 9 juillet 1369, ce qui fut ratifié par le roi Charles, le 4 janvier 1380 (1381).

Charles de Blois fut tué à la bataille donnée à Aurai, le jour de Saint-Michel, 29 septembre 1364, entre lui et le comte de Montfort. On porta le corps de Charles aux pieds de ce comte, qui le pleura en ennemi généreux, et le fit porter à Guincamp, où il fut enterré chez les Cordeliers.

C'était un seigneur d'une rare vertu et d'une piété extrordinaire, et qui, au milieu des camps et des armées, où il passa presque toute sa vie, depuis qu'il eut épousé l'héritière de Bretagne, mena toujours une vie exemplaire. On le trouva revêtu d'une haire sous ses armes, ce qui ne contribua pas peu à lui faire donner le nom de saint. On prétend même que par la suite il fit des miracles, et on travailla depuis au procès de sa canonisation. Urbain V, par lettre du 17 août 1368, commit à cet effet Gérard Dupuy, abbé de Marmoutier, et deux autres prélats; à quoi le comte de Montfort s'opposa, à cause du préjugé odieux que cela aurait formé contre lui. Mais, les appellations ayant été jugées frivoles, le pape réitéra son mandement aux mêmes commissaires, par lettres du 22 octobre 1369. Grégoire XI reprit cette affaire, et manda aux mêmes commissaires, le 16 janvier 1370, de procéder à l'exécution du décret de son prédécesseur. L'abbé et les moines du Mont-Saint-Michel écrivirent au même pape, le 9 février 1372, pour déposer sur la sainteté de Charles de Blois, et l'on assure qu'il fut canonisé par le Saint-Siége. Mais cela n'est pas, et Urbain V défendit très-expressément de lui rendre aucun culte.

Par le traité passé à Guerrande, diocèse de Nantes, le 12 avril 1365, entre le comte de Montfort, Jean de Bretagne, et Jeanne de Bretagne, comtesse de Penthièvre, elle aura la vicomté de Limoges telle que l'avait le feu duc, et le comte de Montfort emploiera son crédit, ses prières et toutes les voies amiables pour la faire jouir de cette terre, en cas que le prince de Galles veuille y mettre quelque opposition. Pour entretenir la paix dans les deux maisons, et en ôter tout sujet de division, Jean de Bretagne, fils aîné de Madame de Penthièvre, épousera Jeanne de Bretagne, sœur du comte de Montfort, après que l'on aura obtenu du Saint-Siége les dispenses nécessaires pour ce mariage. Madame de Penthièvre, en considération de cette alliance, donnera à son fils la vicomté de Limoges, toutes ses dépendances en *avancement d'hoirie;* que si Jean de Bretagne meurt avant la sœur du comte de Montfort, elle aura pour son douaire la vicomté de Limoges et ses dépendances. L'article qui concernait le prince de Galles n'avait point été exécuté, soit que ce prince n'eût pas voulu se désister de ses prétentions, ou que les habitants de Limoges eussent refusé de changer de maître. Ils étaient en propos d'accomodements avec le roi, depuis quelques mois, comme il paraît par un acte du 25 mars 1370, dans lequel la comtesse leur remet toutes leurs forfaitures à son égard. Enfin, le projet d'accommodement n'ayant pas eu lieu, la comtesse céda la vicomté de Limoges au roi Charles V, par donation entre vifs, le 9 juillet 1369. Le 16 mai 1375, le roi lui restitua le lieu de Château-Chervix (1). Elle mourut âgée de cinquante-quatre ans, le 10 septembre 1384, et fut ensevelie dans le chœur de l'église des Frères mineurs de Guincamp.

Elle laisssa : 1º Jean de Bretagne, qui suit; 2º Gui, mort sans hoirs; 3º Henri, marié à ..... Cajetan, fille du comte de Fundi. En 1399, il revint en Bretagne pour avoir sa part de la succession de sa mère, et pour ce, intenta un procès à son frère Jean. Par arrêt du parlement de Paris du 14 février 1399, il obtint par provision la quatrième partie de la vicomté de Limoges, et de chaque portion qu'il demandait; ce qui fut confirmé par autre arrêt du 3 juillet 1400. Mais depuis il mourut sans hoirs, et laissa son frère héritier de tout; 4º Marguerite, mal appelée Jeanne, dame de l'Aigle, mariée, en 1351, à Charles d'Espagne, dit de La Cerde, comte d'Angoulême, connétable de France, tué en 1353; 5º Marie, mariée, en 1360, à Louis de France, duc d'Anjou et de Touraine, comte du Maine, fils du roi Charles V, mort roi de Sicile en 1384. Marie mourut en 1404.

XIV. — 1403, 1441. — Bretagne-Penthièvre porte : *d'hermines, à la bordure de gueules,* ou *parti au 1er de Bretagne, écartelé de Limoges, au 2e de Dreux.* (LABBE, *Blason royal,* p. 19.)

Jean de Blois dit de Bretagne, Ier du nom, comte de Penthièvre et de Goello, vicomte de Limoges, Sgr d'Avaugour, de l'Aigle, d'Avesne, de Landrecies et de Neuvion, né le 5 février 1344 (1345), à Jugon, fut un grand homme de bien. Par le traité d'Enguerrande, dont j'ai parlé, il devait épouser Jeanne de Bretagne, sœur aînée de Jean, comte de

---

(1) Château-Chervix, canton de St-Germain, arrondissement de St-Yrieix (Hte-Vienne)

Montfort; mais, ce comte étant demeuré duc de Bretagne par ce même traité, et en ayant fait hommage au roi Charles V, il ne se soucia point d'accomplir ses promesses.

Ce qui fit que notre jeune prince, qui, du vivant de sa mère, ne prit que la qualité de vicomte de Limoges, se vit forcé de languir pendant trente-six ans dans la dure captivité où il était détenu en Angleterre, pour otage de la rançon de son père, qui n'était pas encore payée. Olivier de Clisson paya cette somme, qui se monta six-vingt mille francs, à deux paiements, en ce que Jean de Bretagne épouserait sa seconde fille Marguerite de Clisson, fille dudit Olivier, connétable de France, et de Béatrix ou Catherine de Laval, sa première femme. Les noces furent célébrées à Moncontour, le 20 janvier 1387.

Pendant les guerres des Anglais, Marguerite de Clisson fut obligée de se retirer avec une partie de ses enfants, les uns en Hainaut, les autres en Limousin, et ils n'osaient demeurer que dans cette dernière province. Mais les terres qu'elle y avait furent détruites et abandonnées, les villes et les châteaux démolis par les Anglais; les étrangers s'en emparèrent et s'en dirent les seigneurs. Jean, comte de Penthièvre, et ladite Marguerite fournirent grand nombre de gentilshommes, de gendarmes et autres troupes du pays, pour chasser les Anglais; ils en délivrèrent le Limousin. Elle renversa entièrement la fortune de ses enfants.

Elle mourut en 1441 : on verra plus bas qu'elle fut enterrée dans l'église de Saint-Irier-la-Perche.

Jean de Bretagne mourut à Lamballe, le 16 janvier 1403, et fut enseveli dans l'église des Frères mineurs de Guingam. Il laissa : 1º Olivier de Bretagne, qui suit; 2º Jean de Bretagne, qui suit aussi; 3º Charles de Bretagne, S^{gr} d'Avaugour, marié à Isabeau de Vivonne, chevalier, S^{gr} de Thors, et de Jeanne d'Aspremont, dame de Regnac, Rié et Poiroux; Charles mourut avant l'an 1434; sa fille, Nicole de Bretagne, fut vicomtesse de Limoges, ainsi que je le dirai plus bas; 4º Guillaume, qui suit; 5º Marguerite de Bretagne, mariée à Jacques de Bourbon, comte de la Marche, fils de Jean Ier du nom; elle mourut sans hoirs; 6º Jeanne de Bretagne, mariée : 1º, en 1407, à Robert de Dinan, baron de Châteaubriand, et de Jeanne de Beaumanoir. Marguerite de Clisson, mère de Jeanne, fit appel de l'archevêque de Tours et de son official, juges-délégués par le Pape, pour connaître de ce mariage qu'ils traitaient de prétendu. Robert mourut en 1429, sans hoirs. Elle se maria : 2º, en 1448, avec Jean de Belleville, chevalier, S^{gr} de Belleville et de Montagu, fils aîné de Jean Harpedene, chevalier, S^{gr} de Belleville, de Montagu et de Mervent, sénéchal de Saintonge, et de Jonyne de Mussidan. Jeanne de Bretagne mourut sans lignée en 1459.

XX. — 1433. — Olivier de Blois, dit de Bretagne, comte de Penthièvre, vicomte de Limoges, S^{gr} d'Avesnes, Landrecies et autres terres, épousa, à Arras, en 1406, Isabeau de Bourgogne, quatrième fille de Jean de Bourgogne, comte d'Artois, de Flandres et de Bourgogne, et de Marguerite de Bavière, dont il n'eut point d'enfants.

Lettres du roi Charles, le 10 juin 1410, contenant privilége aux habitants de Nontron, de n'être taillés qu'une fois l'an, pour le nombre des feux qu'ils ont à Paris.

Par lettres du parlement de Paris du 31 mars 1415 avant Pâques, Olivier, vicomte de Limoges, contre le procureur général du roi et les consuls et habitants de la ville et château de Limoges, défendeurs, à raison de ladite ville, château et châtellenie de Limoges, des châteaux et châtellenies et appartenances de Ségur, Aisse, Aubepierre (*Albapetra*) (1), les défendeurs, excepté le procureur général, ont jour *garendi* le lendemain de la prochaine fête de Saint-Jean-Baptiste.

Il fut en guerre contre le duc de Bretagne, qui confisqua toutes ses terres; dépouillé de la meilleure partie de ses biens et sans aucun appui, ne sachant où mettre sa personne en sûreté, il se retira d'abord, en 1420 ou 1421, dans la vicomté de Limoges, qui lui appartenait, où il délibéra de ses affaires avec ses frères, puis s'en alla par l'Auvergne à Lyon, et de là en sa terre d'Avesne en Hainaut.

Il épousa, en secondes noces, Jeanne de Labain, fille aînée de Simon Labain IVe du nom, baron de Quieurain, et de Jeanne de Barbançon. Il mourut au château d'Avesne, l'an 1433, et fut enterré dans la chapelle de Notre-Dame. Il laissa : 1°..... de Bretagne, comte de Penthièvre et vicomte de Limoges, S^{gr} d'Avesnes et de Landrecies, qui demeura fort jeune sous la tutelle de sa mère, et survécut à son père quelques années; mais enfin il mourut avant d'avoir atteint un grand âge. Ainsi ses terres et seigneuries retournèrent à Jean de Bretagne, S^{gr} de l'Aigle, son oncle. Olivier laissa encore : 2° une fille, qui mourut aussi fort jeune; 3°....., S^{gr} de Legle, second fils d'Olivier, comte de Penthièvre, qui était en Limousin l'an 1419; ils y avaient plusieurs belles terres et seigneuries. Il apprit la prise de Jean V, duc de Bourgogne; ce qui lui déplut fort, et retourna en son pays.

XXI. — **Jean de Bretagne IIe du nom**, comte de Penthièvre et de Périgord, vicomte de Limoges, S^{gr} de l'Aigle, Avesnes, Landrecies, Ségur en Limousin, lieutenant du roi Charles VII en Guyenne.

Le 10 février 1417 (1418), il déchargea noble Jacques Béchade, Sr de la Seynie, de la garde du château et forteresse d'Aixe, qui en était lieutenant; le Sr de Bourdeille, qui en était capitaine, fit promettre à Béchade, en 1422, de ne rendre le château que par son commandement et entre ses mains ou d'un de ses fils.

Après l'éloignement d'Olivier, son frère aîné, il s'intitula son lieutenant au comté de Penthièvre et vicomté de Limoges, comme il paraît par un arrêt du 8 juillet 1432, entre le doyen et chapitre de l'église de Saint-Germain en Limousin, demandeurs, d'une part, et M. Pierre, comte de Beaufort, vicomte de Turenne, et Messire Jean de Bretagne, S^{gr} de l'Aigle, lieutenant du comte de Penthièvre et vicomte de Limoges. Mais il ne garda pas longtemps cette qualité, parce que les comté, vicomté et autres seigneuries lui échurent en propriété par la mort des enfants mineurs de son frère Olivier.

---

(1) Aubepierre, paroisse de Nouzerolles, canton de Bonnat, arrondissement de Guéret (Creuse).

Le 31 mai 1447, étant à Ségur, Jean d'Autefort et Antoine, son frère, obtinrent de lui des lettres portant mandement aux officiers de son vicomté de Limoges de remédier aux usurpations que des personnes voulaient faire sur les biens et droits à eux appartenants. Ils transigèrent avec lui dans le même château, le 10 avril 1448, pour les limites de leurs juridictions.

En 1437, il acheta le comté de Périgord de Jean, bâtard d'Orléans, comte de Dunois; et le 8 juin 1442, la terre de l'Arche, du Sr de Pons.

En 1450, le roi le fit son lieutenant pour le siége de la ville de Bergerac, qui fut prise. Le vicomte avait alors 54 châtellenies et juridictions.

Le 1er octobre 1452, il vendit la seigneurie de Château-Chervix à noble Golphier de Larmite pour 1200 livres (1).

Le vicomte Jean confirma la justice aux religieuses de Saint-Pardoux-la-Rivière, diocèse de Périgueux, dans la châtellenie de Nontron. L'acte fut passé à Ségur, le 17 décembre 1444.

Il acheta, avant 1445, la seigneurie et terre de Nexon en Limousin (2), pour 1100 livres, de Jacques Aubert, fils de dame Catherine de Chateron. Il eut pour procureur Gautier de Péruce, S^r des Cars, Jean Fournier et Olivier de Bron, auxquels Pierre, duc de Bretagne, fit baillée des ports et havres d'entre Couvesnon et Arguenon, et Sécherie de Cornouaille, le 21 décembre 1450. Il acquit les terres et seigneuries d'Expeluche, l'Arche, etc.

Il mourut sans hoirs en 1452, vers la fin de novembre.

(En 1465, il vendit les château et châtellenie de Chastel-Nouvel à Jean de Beaupoil.)

Il avait épousé, en 1426, Marguerite de Chauvigni, dame de Saint-Chartier, fille de Gui de Chauvigni, S^{gr} de Châteauroux, vicomte de Brosse, et d'Antoinette de Causan, sa troisième femme. Marguerite était veuve de Beraud, dernier du nom, dauphin d'Auvergne, comte de Clermont et de Sancerre, qui mourut le 28 juillet 1426, et non pas 1473.

Par transaction du 27 avril 1464 entre cette vicomtesse, dame de Ségur, et les doyen et chapitre de Saint-Irier, cette dame et ses successeurs présentent à l'église de Notre-Dame, du château de Ségur. En 1468, elle donne la capitainerie de l'Arche à Pierre de Saint-Julien, Sr de Vesiners, son maître d'hôtel.

Marguerite mourut le 23 juillet 1473, suivant les obituaires de Saint-André, de Saint-Allyre de Clermont en Auvergne, du Glandiers, sans laisser d'enfants d'aucun de ses maris.

XXII. — Guillaume Monsieur de Bretagne, comte de Penthièvre et de Périgord, vicomte de Limoges, S^{gr} d'Avesnes, Nouvion, Nontron, etc., demeura prisonnier vingt-huit ans au château d'Auray, pour n'avoir pas comparu au parlement du duc de Bretagne, assigné en 1420; il n'en fut délivré qu'en 1448, mais après avoir perdu la vue. M. Baluze

---

(1) Il est probable que c'est Gautier de l'Hermite du Souliers, T. II, p. 520.
(2) Nexon, chef-lieu de canton, arrondissement de Saint-Yrieix (Haute-Vienne).

dit qu'il fut si malheureux que, ayant été en otage en prison en Bretagne pour Marguerite de Clisson et Olivier, et Charles de Bretagne, ses enfants, eut si grandes afflictions et misères, que, à force de pleurer la faute qu'il n'avait pas commise, il en perdit la vue.

Tout aveugle qu'il était, il ne laissa pas de se marier, par contrat passé à Monferrand, le 20 juin 1450, ou le 8 suivant Baluze, avec Ysabeau de la Tour, seconde fille de Bertrand de la Tour, comte de Bologne et d'Auvergne, etc., et de Jacquette du Peschin. Jean de Bretagne, son frère ci-dessous, qui y était présent, lui donna la vicomté de Limoges, si lui, Jean, décédait sans enfants et autres hoirs. Témoins : Jean de Péruce, évêque de Séez, Gautier de Péruce, S^{gr} des Cars, Léonard de Bonneval, chevalier, S^{gr} dudit lieu. On a vu que Jean de Bretagne mourut quatre ans après, sans hoirs, pour quoi Guillaume, son frère, lui succéda au vicomté de Limoges, etc.

Guillaume donna, en 1453, à perpétuité, sur sa recette, 20 livres au curé du Moutier de la ville de Saint-Irier pour faire une absolution sur le tombeau de sa feue mère. Le 23 mai 1454, dans le château de Ségur, en présence de noble Bertrand de Lur, chevalier, Bertrand Cotet et Charles Rosselli, damoiseau, il déclara que son cher et féal seigneur Antoine-Hélie de Collonges, comme procureur de noble, féale et aimée, *fidelis et dilecta*, Isabelle de Coublaye, sa femme, par acte *procuratura*, du 21 du même mois, passé à Eschalrouhac, par devant Jean Sutoris, notaire public, lui a fait et prêté le serment de fidélité que ladite Ysabelle lui doit à raison du château et justice haute, moyenne et basse du Bourgdeix, dans le ressort de sa châtellenie de Nontron (1).

Il fit son testament le 24 août 1454; un codicille du 29 suivant, au château de Ségur, par lequel il veut-être enterré, en habit de frère mineur, dans le couvent d'Excideuil en Perigord, où est enterré son frère Jean de Bretagne. S'il meurt ailleurs, il choisit sa sépulture dans le couvent des frères mineurs de Guingand où ses parents sont enterrés; fait des légats aux églises des environs de Ségur; exhorte ses hoirs et successeurs que, de tout leur cœur et force, ils vaquent à parfaire le procès et canonisation de feu, de bonne mémoire, son aïeul le bon Charles de Blois, duc de Bretagne; donne à sa femme et compagne Ysabeau de la Tour, la vie durant, son château et châtellenie de Masseré; fait héritier son fils posthume si c'est un mâle, sinon son aînée Françoise; donne à Jeanne et à Charlotte, ses autres filles, à chacune dix mille écus, autant à celle qui naîtra, les institue, etc.

Il mourut le 30 août 1455.

Sa veuve était à Ségur en mai, puis le 16 août et le 22 octobre de la même année, les 9 avril et 9 juin 1456. Elle s'y remaria, le 25 novembre 1458, à Armand Amenion de Lebret.

De son premier mariage avec Guillaume de Bretagne vinrent : 1º François, qui suit; 2º Jeanne, mariée, en 1475, à Jean de Surgères, S^{gr} de Balon, fils de Jean de Surgères, S^{gr} de la Flocelière, et de Renée de Maillé; 3º Charlotte, mariée à Antoine de Villequier de Monthrésor, fils

---

(1) Bourdeix, canton et arrondissement de Nontron (Dordogne).

puîné d'André de Villequier, Sgr de Villequier, Monthrésor, Lubignac, etc., gouverneur de la Rochelle, premier chambellan du roi Charles VII, et d'Antoinette, dame de Maignelais en Vermandois. Charlotte de Bretagne était veuve en 1490.

La ville de Nontron et les paroisses qui en ont été distraites relevaient de la vicomté de Limoges en 1447, et apparemment des appeaux de Ségur.

Quatrième race des vicomtes de Limoges.

XXIII. — Françoise de Bretagne, comtesse de Penthièvre et de Périgord, vicomtesse de Limoges, dame d'Avesne, Nouvion et autres seigneuries, fut instituée héritière universelle de tous les biens de son père ; il lui nomma pour tuteurs : Jean, vicomte de Comborn, Sgr de Treignhac, Jean de Pierrebufflière, Gautier de Pérusse, Sgr des Cars, Bernard de Bonneval et Bertrand de Lur, chevaliers du Limousin. Sous ce nom ils plaidèrent longtemps contre Jean de Brosse et Nicole de Bretagne, sa femme, pour le comté de Périgord, terres du Limousin, etc. Françoise était, en 1454, sous la tutelle d'Ysabeau de la Tour, sa mère, à Ségur en 1454 et 1456.

Françoise fut mariée, par bulles de dispense fulminées par l'évêque de Limoges, le 8 mars 1462 (d'autres mettent son mariage en 1496), à Alain, sire de Lebret ou d'Albret, surnommé le Grand, fils de Jean d'Albret, vicomte de Tartas, et de Catherine de Rohan.

Le 10 mars 1463, à Châlus, il fut délibéré, en présence de plusieurs seigneurs, que désormais noble Alain de Lebret, fils de Jean, mari de Françoise de Bretagne, serait nommé comte de Penthièvre et de Périgord, vicomte de Limoges et Sgr d'Avesnes. On prouva en même temps que Françoise était entrée dans les treize ans depuis le 4 novembre dernier.

Le 6 avril 1470, il donna l'administration des écoles de la ville d'Aixe à un maître ès-arts.

Le 12 septembre 1473, il amortit, en faveur des vicaires de Ségur, les seigneuries du Châtenet, Bellayart et Massignac, données par Marguerite de Chauvigni.

Le 15 mars 1483, tant en son nom que comme ayant l'administration de Jean d'Albret, son fils aîné, et de feu Françoise de Bretagne, il vendit à Pierre, duc de Bourbon, et à Anne de France, sa femme, les châtellenies d'Aixe et d'Ayen (1), situées en la sénéchaussée du Limousin et vicomté de Limoges, pour quinze mille écus d'or, avec pacte de rachat pour deux ans. Le manuscrit de 1724 de Saint-Germain-des-Prés dit au contraire qu'Alain acheta ces terres.

Le 10 février 1485, il se ligua contre le roi de France.

En 1487, il assembla environ trois à quatre mille combattants, avec lesquels il prétendait venir joindre les princes mécontents en Bretagne ; mais le Sgr de Candale, lieutenant du roi en Guyenne, l'investit dans

---

(1) Ayen-Noailles, chef-lieu de canton, arrondissement de Brive (Corrèze).

son château de Montron (mieux Nontron), sur la frontière du Limousin et de l'Angoumois, et l'enveloppa de telle manière, qu'il n'eut point d'autre parti à prendre que celui de la soumission; obligé de venir à composition, de retourner dans ses terres de Gascogne et de licencier son armée.

Le 8 novembre de la même année 1487, faisant pour lui et son fils aîné le roi de Navarre, il vendit la terre de Château-Chervix (1) à Jean de Coignac, chevalier, S#r de Saint-Jean-Ligoure (2), et à Antoine de Coignac, son fils.

Le 24 septembre 1501, comme fondé de la procuration de Jean, son fils, il vendit à Dauphin Pastoureau, S#r de Javerlhac (3), habitant de Nontron, élu à Périgueux, les paroisses de Saint-Martin-le-Peint (4) et de Savignac, en la baronnie de Nontron, et ce qu'il avait dans celle de Javerlhac.

Le 12 avril 1505, d'Albret, vicomte de Limoges, comte de Dreux, etc., fit hommage à l'évêque d'Angoulême pour quelques seigneuries qu'il avait en Limousin et en Angoumois.

Il fit son testament au château de Castel-Jaloux le 1er octobre 1522. Il vivait en 1527.

Françoise de Blois fit son testament l'an 1481. Duchesne ne met la mort de Françoise de Bretagne qu'en 1488; elle laissa : 1º Jean, qui suit; 2º Gabriel; 3º Pierre; 4º Amenion; 5º Louise d'Albret, vicomtesse de Limoges, mariée, en 1495, avec Charles de Croy, mort le 21 septembre 1527, et enterré à Chimay, dont il était prince; elle fonda une église collégiale à Avesnes, où elle fut enterrée dans le chœur, et mourut le 21 septembre 1531; 6º Ysabeau; 7º Charlotte, dame de Châlus, morte en 1514; 8º Anne.

XXIV. — 1507. — Jean d'Albret, comte de Penthièvre et de Périgord, vicomte de Limoges, mourut en Béarn, le 17 juin 1516, ou au Mont-de-Marsan, à l'âge de quarante-sept ans, de tristesse de la perte de son royaume, le 12 février 1517.

Le 3 septembre 1486, il aliéna à pacte de rachat pour dix ans, et pour la somme de 4,000 livres, la paroisse de Cossac et la châtellenie de Ségur, à Antoine de Bonneval; revendit, le 8 novembre 1487, Château-Chervix à Jean de Coignac. Le 1er octobre 1504, il aliéna, avec retification d'Alain, son père, à Dauphin Pastoureau, plusieurs terres et paroisses en la châtellenie de Nontron, pour la somme de 1140 livres. Il donna la terre de Genis à Etienne, bâtard d'Albret, Sr de Miocens, pour 6,000 livres, le 5 juillet 1506. Vendit, le 15 février 1514 (1515), la seigneurie et justice de Sarazac (5) à François de Coignac. Jean Guitard, son procureur, forma opposition devant M. le chancelier pour

---

(1) Château-Chervix, canton de Saint-Germain, arrondissement de Saint-Yrieix (Haute-Vienne).

(2) Saint-Jean-Ligoure, canton de Pierrebuffière, arrondissement de Saint-Yrieix (Haute-Vienne).

(3) Javerlhac, canton et arrondissement de Nontron (Dordogne).

(4) Saint-Martin-le-Peint, canton et arrondissement de Nontron (Dordogne).

(5) Sarrazac, canton de Lanouaille, arrondissement de Nontron (Dordogne).

empêcher la confirmation des priviléges des habitants de Limoges demandés au roi. Il y eut ordonnance de M. le chancelier, du 17 mars 1514.

Il épousa, en 1484, Catherine de Foix, sœur et héritière de François-Phœbus, roi de Navarre, prince de Béarn et comte de Foix ; elle mourut huit mois après son mari, en 1517, au Mont-de-Marsan; enterrée à Lescar; dont : 1º Henri, qui suit ; 2º Charles, décédé jeune en voyage de Naples en 1527; 3º Anne, morte étant fiancée à Frédéric de Foix, comte d'Estrac ; 4º Ysabeau, femme de René, vicomte de Rohan.

XXV. — 1555. — Henri d'Albret, roi de Navarre, duc d'Albret, prince de Béarn, comte de Foix, Armagnac, Bigorre et Périgord, vicomte de Limoges, S^{gr} d'Avesnes, naquit en 1503, et mourut en Béarn, le 5 mai 1555.

Il échangea, en 1535, la seigneurie de Châlus (1) avec dame et S^{gr} de Bourbon-Busset.

Il aliéna à Dauphin Pastoureau, de Nontron, les paroisses d'Abjac (2), Savignac (3), Auginhac (4), Saint-Martin-le-Peint (5), Nontronneau (6), Bondazeau (7), le Repaire du Brieudet, paroisse de Saint-Estèphe (8), diocèse de Limoges, Saint-Angel (9) et Saint-Front de Champnier (10), diocèse de Périgueux, le tout dépendant de la baronnie de Nontron, pour le prix de 12,420 livres.

Il mourut à Hagetmar en Béarn, âgé de cinquante-deux ans, le 25 mai 1555.

Il avait épousé, le 24 janvier 1527, Marguerite d'Orléans, communément dite de Valois, sœur unique de François 1er, roi de France, veuve de Charles d'Alençon. Elle mourut catholique, au château d'Andoz en Béarn, le 21 décembre 1549; fut inhumée à Pau. De leur mariage ne vint qu'une fille unique, Jeanne, qui suit.

Cinquième race des vicomtes de Limoges.

XXVI. — Jeanne d'Albret, héritière du royaume de Navarre, des vicomtes de Béarn et de Limoges, du comté de Périgord, vendit, le 5 juin 1566, à Charles de Peyruse dit des Cars, évêque de Poitiers, les terres et seigneuries de Peyzat (11), et paroisse de Mellet (12), Fir-

---

(1) Châlus, chef-lieu de canton, arrondisssement de Saint-Yrieix (Haute-Vienne).
(2) Abjac, canton et arrondissement de Nontron (Dordogne).
(3) Savignac, canton et arrondissement de Nontron (Dordogne).
(4) Auginiac, canton et arrondissement de Nontron (Dordogne).
(5) Saint-Martin-le-Peint, canton et arrondissement de Nontron (Dordogne).
(6) Nontronneau n'est plus qu'un village à 5 kilomètres ouest de Nontron (Dordogne).
(7) Bondazeau est aussi un village à 7 kilomètres ouest de Nontron (Dordogne).
(8) Saint-Estèphe, canton et arrondissement de Nontron (Dordogne).
(9) Saint-Angel, canton de Champagnac, arrondissement de Nontron (Dordogne).
(10) Saint-Front-de-Champmiers, canton et arrondissement de Nontron (Dordogne).
(11) Peyzac, canton de Montignac, arrondissement de Sarlat (Dordogne).
(12) Mallet ou Millat, canton de Saint-Pardoux, arrondissement de Nontron (Dordogne).

beix (1), Sainte-Marie (2), et Saint-Priest-las-Fougeras (3), sénéchaussée de Périgord, Courbaffin (4), et paroisse de Ladignac (5), Saint-Nicolas (6), et enclave de Bussière-Galand (7), pour 60,000 livres, dont l'acquéreur paya 50,000, et les 10,000 restant le 1er février 1587.

Le 10 septembre suivant 1567, elle vendit à Jean Rougier, marchand de Limoges, des cens et rentes foncières dépendantes et mouvantes du repaire noble de la Tour de Périgueux, autrement de Peyzac, de la châtellenie de Chalucet (8), tenus à foi et hommage de ladite dame.

Elle mourut à Paris, le 9 juin 1572; son corps fut porté à Lescar en Béarn; elle était de la religion prétendue réformée.

Elle avait épousé, en 1548, Antoine de Bourbon, duc de Vendôme.

Il fut blessé à Rouen d'un coup de plomb, le 17 novembre 1562, dont il mourut, en arrivant à Andely, dans la religion protestante. De leur mariage vinrent : 1º Henri le Grand, qui suit; 2º Catherine, sœur unique de Henri, princesse de Navarre, duchesse d'Albret, comtesse d'Armagnac, de Rodez, vicomtesse de Limoges, 1596, née le 7 février 1558, et élevée dans la religion protestante.

Par contrat passé, en 1584, avec le roi son frère, ce prince lui donna en apanage les terres et seigneuries qui étaient au comté de Périgord et vicomté de Limoges, entre autres la terre de Peyzac, de laquelle elle ne tirait de revenu que 1,200 livres.

Philippe de Marnix, ministre protestant, lui dédia un Traité du Sacrement de la Sainte-Cène, impimé à Saumur en 1601.

Elle fut mariée, le 30 janvier 1599, à Henri de Lorraine, duc de Bar, marquis de Pont et prince de Lorraine, aux conditions que, au cas qu'elle eut des enfants, ils porteraient les mêmes titres et en seraient pourvus, et qu'elle aurait pour son apanage cent mille écus, outre 60,000 livres de rente par an. Voyez plus bas : *lods et rentes*.

Elle mourut sans hoirs le 13 février 1604, à Nancy, et fut ensevelie à Vendôme, sans avoir voulu changer de religion.

XXVII. — Pour les droits du roi sur la vicomté de Limoges, voyez le Traité de M. Dupuy, édition de 1670, p. 557.

Le roi Henri IV, dans une lettre du 12 mai 1580, dit qu'on a pris sur lui son château de Montignac-le-Comte en Périgord, où sont tous ses titres et papiers qui concernent son comté de Périgord et vicomté de Limoges, son château de Nontron, qui sont détenus depuis plusieurs années.

---

(1) Firbeix, canton de Saint-Pardoux, arrondissement de Nontron (Dordogne).

(2) Sainte-Marie, peut-être Sainte-Marie-de-Chignac, canton de Saint-Pierre-de-Chignac, arrondissement de Périgueux (Dordogne).

(3) Saint-Priest-les-Fougères, canton de Jumilhac-le-Grand, arrondissement de Nontron (Dordogne).

(4) Courbefy, aujourd'hui réuni à Saint-Nicolas.

(5) Ladignac, canton et arrondissement de Saint-Yrieix (Haute-Vienne).

(6) Saint-Nicolas, canton de Chalus et arrondissement de Saint-Yrieix (Haute-Vienne).

(7) Bussière-Galand, canton de Chalus, arrondissement de Saint-Yrieix (Haute-Vienne).

(8) Château en ruines, commune de Saint-Jean-Ligoure, canton de Pierrebuffière, arrondissement de Limoges.

Le roi Henri IV jouissait, en 1585, en Limousin : de Châlucet à 820 livres; Génis, à .....; Masseré (1), à 1,305 livres; le S^{gr} de la Porcherie (3) acheta depuis les rentes et justice de la Porcherie; celui de Sainte-Aulaire, les rentes et justice de six villages : le Greffe, Amendes, etc., des appeaux de Ségur, à 355 livres; Courbaffi, à .....; justice de Solignac (3), à .....; vicomté de Limoges, à ..... par an. Tout fut saisi en 1586, par ordre du roi de France, pour cause de la religion protestante.

Le 26 juin 1590, lettres-patentes, enregistrées le 16 novembre 1591, en la Chambre des comptes, portant réglement pour les priviléges et exemption des habitants de la ville de Limoges. Arrêt du 18 mars 1595, registré en la Chambre des comptes le 23 octobre suivant.

Lods et ventes sont dus en conséquence du cens seigneurial : aussi, quand même le seigneur n'en aurait jamais été payé, il serait en droit de les prétendre. Arrêt solennel pour le roi de Navarre contre les habitants de Limoges, qui soutenaient être en possession de n'en point payer. Depuis, les comtés de Limoges et de Périgueux ayant été donnés en apanage à la duchesse de Bar, ceux qui étaient préposés pour chercher ce droit depuis vingt-neuf ans obtinrent arrêt le 13 septembre 1601.

Le roi ne jouit d'aucun domaine en fonds de terre dans la vicomté de Limoges, parce que tout ce qui appartenait aux vicomtes a été aliéné par Henri IV, soit avant ou après son avènement à la couronne, et ce prince déclara expressément, le 27 juillet 1602, que ces aliénations étaient incommutables, parce qu'il avait voulu tenir ce domaine et les autres de son domaine séparément de celui de la couronne. Mais on n'a eu aucun égard à cet édit ni à cette déclaration, parce que le patrimoine de nos rois est tellement uni de fait au domaine de la couronne lors de leur avènement au trône, qu'il ne leur est pas permis d'en disposer autrement que suivant la loi du domaine, c'est-à-dire avec la faculté de rachat perpétuel.

Par édit du mois de juillet 1607, vérifié par les cours du parlement, ce prince unit et rejoignit à la couronne la vicomté de Limoges pour être à jamais inaliénable, sous quelque occasion ou prétexte que ce soit, et sans que le roi puisse aucunement en disposer à l'avenir au préjudice de l'ancien domaine public et royal.

Le maréchal de Guébriant se disait vicomte de Limoges : il fut tué en novembre 1643.

Le marquis de Wardes, capitaine des gardes-du-corps, commença à porter la qualité de vicomte de Limoges, parce qu'il était héritier de la maréchale de Guébriant, à qui la vicomté de Limoges fut donnée en engagement.

Sources : Duchesne, *Hist. Chastill.*, p. 206, 207; *Hist. Franc. Script.*,

---

(1) Masseret, canton d'Uzerches, arrondissement de Tulle (Corrèze).

(2) La Porcherie, canton de Saint-Germain-les-Belles, arrondissement de Saint-Yrieix (Haute-Vienne).

(3) Solignac, canton et arrondissement de Limoges (Haute-Vienne).

III, 453; IV, 81; V, 45, 422, 774. — *Hist. Norm.*, *Script.*, 1056, 1061, 1065. *Hist. maison Chastaing*, preuves, p. 68. — *Hist. maison de Dreux*, p. 215. — Adémar, *Chron.*, 166, 167, 170, 176. — Mabillon, *Annal.*, III. 633. — Moréri, 1759. — Olhagar, *Hist. de Foix*, in-8º, p. 407, nº 18, 20. — Labour, *Add. à Casteln.*, I, 711, 861; II, 759; III, 211, 212, 213, 214, 220, 221, 300. — Baluze, *Hist. Tutel.*, 18, 59, 62, 63, 852. — *Hist. maison d'Auverg.*, I, 334; II, 78, 85, 414. — Martène, *Ampliss. coll.*, V, 1148. — Cartular. Sancti Stephani Lemov. — Cartular. Solemniac. — Cartular. Episc. Petrog. — Necrolog. monast. Brantolm. — Aimon, liv. I, *Mirac. Sti Benedict.*, col 16; *apud Acta Sanctor. Benedic.* — Bonavent. — Besly, *Hist. des comtes du Poit.*, 52. — Estiennot, *Antiq. Benedict. Pictav.*, part. IVᵉ, p. 397. — Gaufred., 291, 300, 310, 331, 337, 339. — Justel, *Hist. Turen.*; *Hist. de la maison d'Auv.*, liv. II. — Simplic., III, 67, 72, 545; V, 654; VI, 214; 215, 216; VII, 328. — Dupuy, *Etat du Périgord*, 67. — Brussel, *Exam. des fiefs*, 1, 580; II, CLVI. — Tillet, *Traités entre les rois de France et d'Angl.*, p. 15. — Nangis, *Spicileg.*, II, 514, 903; VI, 474. — Chron. mss. et Nécrolog. de Saint-Martial. — Necrolog. Artigia. — Manuscrits du château de Rochechouart. — Manuscrits des relig. de Saint-Pardoux-la-Rivière. — Manuscrit 1724 de la bibliothèque de Saint-Germain-des-Prés. — Sainte-Marthe, *Généal. maison de France*, liv. XV, nº 15, 22; liv. XVIII, nº 13, 14. — Turquet, *Hist. générale d'Espagne*, liv. XII, 25. — Charlonie, *Annot. sur l'hist. de l'Auv.*, 68. — Chard., *Script., f. f. p. p.*, 1, 5. — Labbe, *Mélanges*, 660; *Blason royal*, 92. — Morice, *Hist. de Bretag.*, preuves, 1, 41, 153, 205, 213, 229, 242, 244, 233, 316, 434, 1034, 1243, 1286, 1447, 1591. — Argentré, *Hist. de Bret.*, liv. IV., ch. CLXXIX, CLXXXVI; liv. V., ch. CXCIX; liv. VII, ch. CCCXL; liv. XII, ch. CDXLII. — *Gall. Chris. Nov.*, I, 96, II, 1019. — Briauville, *Jeu d'armoiries*. — Froissard, I, 81, 98, 165. — Rymer, *Acta public.*, II, par. 1. — Daniel, *Hist. de France*. — Monstrel., I, ch. CCXXXVI. — Juvénal des Ursins, *Hist. de Charles VI.* — Savar., *Origine de Clermont*, 95. — Chopin, *Sur la comté d'Anjou*, 300. — Lancelot, *Mém. Acad. des Belles-Lettres*, VIII, 585. — *Mém. de Condé*, IV, 119, 597. — Jaille, *Vie de Louis de Bourbon*, 229. — Maldamnat, *Remarq.*, 64, 103.

LIMOSIN ou LIMOUSIN.

Guichard du Lymousin, autrement Levemesoun, Sgr de Molyns, (*Monastic. Anglic.*, T. IV, p. 869), poursuivit les grands, qui faisaient la guerre dans la Normandie au roi Henri 1ᵉʳ, la douzième année de son règne, et de Notre-Seigneur 1100. Ce prince, étant venu dans la province, lui donna des châteaux et des terres, et l'emmena en Angleterre. Il le fit marier à la fille de Jacques de Longval, riche héritière. Il fut un insigne bienfaiteur de l'abbaye de Ramsey, et laissa des enfants. (*Collectanea Roberti Glover. Miscell.*, liv. I.)

Joseph Limousin, élu à l'élection de Limoges, épousa Peyrone Texandier, dont : 1º .....; 2º Joseph Limosin, marchand, Sr de Fougeras, puis trésorier de France, ..., mort sans enfants. Il avait épousé, à Saint-Maurice de Limoges, le 11 novembre 1704, Marguerite Michelon, fille de feu Jean, élu à l'élection de Limoges, et de Anne-Scholastique Decordes.

Léonard Limousin, S^{gr} de Neuvic-près-Châteauneuf (1), Masléon (2), greffier en chef du bureau des finances de la généralité de Limoges, épousa Marie-Anne Blondeau, dont : 1° Joseph, qui suit ; 2° Catherine, mariée, en 1753, à Jean de Pradel, écuyer, Sr de la Maze, lieutenant général au sénéchal d'Uzerche, fils de Charles et de Suzanne de Maumont. Ce mariage eut lieu le 22 mars, dans l'église de Neuvic près Châteauneuf. Elle était morte en 1762.

Joseph Limousin, chevalier, S^{gr} de Neuvic et Masléon, mourut à Limoges en 1762. Il avait épousé Madeleine Reynaudin, dont une fille unique, Valérie Limousin, mariée, par contrat (reçu Montet) du 11 mars 1765, à Jean-Baptiste-Joseph du Garreau, chevalier, S^{gr} de la Seynie, capitaine au régiment, mestre-de-camp général de cavalerie, dont : [1° N....., mariée avec N..... Ebrard ou Hébrard de Veyrinas ; 2° ......]

[LINARDS (3), terre et seigneurie qui appartenaient, en 1698, à un gentilhomme d'anciennne noblesse, qui en portait le nom. Son chef-lieu est un gros bourg situé dans le diocèse et l'élection de Limoges. Cette terre appartenait dans le XIVe siècle aux S^{grs} de Las Tours. Elle a été vendue de nos jours à M. Bourdeau de la Judie, écuyer, secrétaire du roi à Limoges.]

V. GAIN DE LINARDS, T. II, p. 196 et 251.

LINDOIS (4),

LISLE.

LIVENNE, Sr de Laumont, la Motte, Grosbos, paroisses de Saint-Ouen (5) et de Saint-Genis, élections de Saint-Jean-d'Angély et de Coignac, porte : *d'argent, à une fasce frettée de sable et d'or, deux étoiles de sable en chef et une en pointe.*

I. — Perrot de Livenne passa un contrat, conjointement avec son fils Pierre et avec Jean de la Rochefoucaud, le 15 novembre 1457.

II. — Pierre de Livenne épousa Isabeau de Chenets, dont : Louis, qui suit.

III. — Louis de Livenne, auquel ses père et mère firent donation le 21 février 1481, épousa, par contrat sans filiation du 2 septembre 1488, Catherine Prévost.

IV. — Lien de Livenne épousa, le 14 mai 1520, Renée Vigier.

V. — Geoffroi de Livenne épousa, le 9 octobre 1564, Marie Chastaigner.

---

(1) Neuvic-Entier, canton de Châteauneuf-la-Forêt, arrondissement de Limoges (Haute-Vienne).
(2) Masléon, canton de Châteauneuf-la-Forêt, arrondissement de Limoges (Haute-Vienne).
(3) Linards, canton de Châteauneuf-la-Forêt, arrondissement de Limoges (Haute-Vienne).
(4) La généalogie de cette famille était aux pages 2452, 2454, qui sont déchirées.
(5) Saint-Ouen, canton de Matha, arrondissement de Saint-Jean-d'Angely (Charente-Inférieure).

VI. — Jean de Livenne, chevalier, S^{gr} de Laumont-les-Rivières, épousa Marie de la Faye, dont : 1° Jean, qui suit; 2° Marie, mariée, par contrat du 22 avril 1648, à Gabriel de Pons, chevalier, Sr de la Motte, paroisse de Loubigné, élection de Niort en Poitou. (MORÉRI, 1759).

VII. — Jean de Livenne épousa, le 29 mai 1629, Charlotte Bresmond.

VIII. — Henri de Livenne, Sr de Laumont, épousa : 1°, le 7 août 1650, Marie du Fossé; 2°, le 14 juillet 1663, Marie de Livenne.

Notes isolées.

Seguin de Livenne, écuyer, S^{gr} de Vouzan (1), fit son testament (reçu Hélébus) le 13 juin 1553, par lequel il veut être inhumé dans l'église dudit Saint-Etienne de Vouzan, diocèse d'Angoulême, et dans le tombeau de son aïeul. Il épousa Jeanne de Combes, fille de ..... et de Isabeau de Pont, dont : 1° Etienne, qui suit; 2° Pierre; 3° Isabeau, religieuse à Tusson, ordre de Fontevrault; 4° Catherine, religieuse à Tusson, ordre de Fontevrault; 5° Jeanne, mariée à Jean de Saint-Amand, écuyer, Sr du Chatellard, par contrat du 11 août 1540; 6° ....., mariée à Louis de Rouziers, Sr de Chéronnac.

Etienne Livenne, écuyer, Sr de Vouzan, épousa Marie de Livenne (par contrat reçu Platignon), dont : 1° Jacquette, mariée, par contrat du 28 juillet 1570, à Pierre de la Porte, écuyer, Sr de Chastillon, fils de Jean, écuyer, Sr de la Valade, et de Marguerite de Polignac ; 2° Anne, mariée à Hilaret de Cumon, écuyer, Sr de Chantemerlan.

Marie de Livenne, fille de Isaac, écuyer, S^r des Brosses, de Mérignac, et de Françoise de Sainte-Hermine, épousa, le 15 août 1661, Louis de Sainte-Hermine, écuyer, Sr de Chenon et de la Foucherolle.

Branche de la Motte, paroisse de Saint-Genis, élection de Cognac.
(Mêmes armes).

I. — Pierre de Livenne.

II. — Jean de Livenne, qui, le dernier avril 1531, fit des donations à ses enfants : René, François, Jean et Charles. Il avait épousé, le 20 août 1481, Marie de Saint-Gelais.

III. — Charles de Livenne épousa Renée de la Faye, qui, veuve de Charles, obtint, le 9 novembre 1566, une sentence au présidial d'Angoulême, comme mère de François, qui suit, et de Marguerite.

IV. — François de Livenne épousa Joel de la Roche.

V. — Charles de Livenne épousa Anne de Bourgoin, le 17 juin 1644.

VI. — René de Livenne épousa, le 4 mai 1664, Marie-Anne de Livenne.

Branche de Grosbos, paroisse de Saint-Genis, élection de Cognac.
(Mêmes armes).

I. — Louis de Livenne épousa Jacquette Alidacs.

---

(1) Vouzan, canton de La Valette, arrondissement d'Angoulême (Charente).

II. — François de Livenne, écuyer, Sr de Verdille, du Breuil-au-Loup, de la Court, de Villejesus, Romazieras, la Ronde et d'Aubérac, épousa, le 19 juin 1547, Marguerite de la Roche-Andry, dont : 1º Jacques, qui suit ; 2º Anne, mariée, par contrat du 12 janvier 1567 (reçu Joubert), à François Gellinar, écuyer, Sr de Maleville et de Sainte-Hermine en Angoumois, fils de Guillaume et de Marguerite Ponthenier. Elle mourut en décembre 1589.

III. — Jacques de Livenne épousa, le 24 décembre 1581, Marguerite de Barbezières.

IV. — Pierre de Livenne épousa, le 4 octobre 1623, Renée de Montier.

V. — Charles de Livenne épousa, le 28 décembre 1653, Madeleine de la Porte.

Note isolée.

Louise de Livenne épousa, le 12 mai 1641, Christophe Giraud, Sr du Bois-Charente, paroisse de Grave, élection de Cognac, fils de Charles et de Jeanne Amand.

LIVRON (1), Sr de Puyvidal, paroisse de Saint-Constant, élection d'Angoulême, généralité de Limoges, de Vuart, paroisse de ....., de Maine-Gruyer et de Beaumont, paroisse de Dizac (2) et de Clermont-Jullaguet, élection de Coignac, porte : *d'argent, à 3 fasces de gueules, et un franc quartier d'argent, chargé d'un roi d'échiquier de gueules.* (HOZIER, *Arm, général,* I part., p. 342.

Bertrand de Livron, chevalier, S^{gr} de la Rivière et de Vars en Limousin, écuyer d'écurie du roi, capitaine du château de Coiffy, en 1477, épousa Françoise de Beaufremont, dame de Chesaulx, de Parnoux et de Bourbonne en Champagne, dont : Madeleine, mariée, le 10 février 1517, avec François de Choiseuil, baron de Clermont : elle mourut le 6 décembre 1528. (SIMPLIC., T. IV, p. 825.)

Antoine de Livron, chevalier, Sr de la Suderie et de la Vacherie, paroisse de Vignols (3), épousa ......, dont : 1º Jacques, vivant en 1489 ; 2º Bertrand, vivant aussi en 1489.

Jacques de Livron, damoiseau, S^{gr} d'Objac (4), de Polverel et de Lavau en 1430, épousa ......, dont : 1º frère Jean, moine et prévôt de Saint-Ibard ; 2º Antoine, damoiseau.

Antoine de Livron, Sr de Vart, d'Objat et de la Rivière, épousa, le 4 janvier 1430, Marguerite de Noailles, fille de Jean Ier du nom, et de Marguerite de Lestairie du Saillant, dont sont issus les marquis de Bourbonne.

I. — Foucaud de Livron [Sr de Puyvidal] épousa Robine Renouart, dont : 1º François, qui suit ; 2º Charles, qui a fait la branche de Maine-

---

(1) Nadaud indique d'autres notes sur cette famille, aux pages 358, 993, qui sont déchirées.
(2) Dirac, canton et arrondissement d'Angoulême (Charente).
(3) Vignols, canton de Juillac, arrondissement de Brive (Corrèze).
(4) Objat, canton d'Ayen, arrondissement de Brive (Corrèze).

Gruyer. Ces deux frères partagèrent les successions de leurs père et mère le 13 juillet 1539.

II. — François de Livron épousa, le 17 octobre 1507, Pérette Desprez.

III. — Geoffroy de Livron stipula pour François, son père, dans le partage ci-dessus pour certains domaines réservés, le 16 décembre 1544 ; il épousa Marie Vigier.

IV. — Jean de Livron épousa, le 6 janvier 1578, Antoinette d'Authon.

V. — Pierre de Livron, écuyer, Sr de Puyvidal, paroisse de Saint-Constantin en Angoumois, épousa, le 20 octobre 1625, Anne de Lesmerie, dont : 1º Jean, qui suit ; 2º Lucrèce, mariée, en 1653, à Pierre de Pindray.

VI. — Jean de Livron épousa, le 14 février 1653, Marguerite de la Croix.

Jean de Livron épousa Marie-Esther de Livron, dont : 1º Marie, baptisée le 2 novembre 1751 ; 2º Catherine, baptisée le 13 novembre 1752 ; 3º Anne-Catherine, baptisée le 26 décembre 1753 ; 4º Jacques, baptisé le 22 mai 1755, mort en bas-âge ; 5º Pierre, baptisé le 11 janvier 1757, mort en bas-âge ; 6º Marguerite, baptisée le 28 septembre 1758 ; 7º Françoise, baptisée le 4 mai 1760, morte en bas-âge ; 8º Jacques, baptisé le 14 septembre 1763 ; 9º Jean-Jacques-Abraham, baptisé le 27 avril 1766 ; 10º Jean, mort en bas-âge.

Charles de Livron, marquis de Bourbonne, chevalier des ordres du roi et son lieutenant au gouvernement de Champagne, fils d'Erard et de Gabrielle de Bassompierre, épousa, en 1623, Anne, fille de Charles dit Saladin d'Anglure de Savigni, et de Marie Babou. (SIMPLIC., T. IX, p. 168.)

François de Livron, Sgr de Bourbonne, épousa, en 1541, Bonne du Chatelet, fille d'Erard, chevalier, souverain de Vauvillars, et de Nicole de Lenoncourt. Elle mourut après lui, le 20 juillet 1573, et fut inhumée dans l'église paroissiale de Bourbonne. (SIMPLIC., T. VI, p. 416.) De ce mariage vint : Françoise, mariée, le 16 novembre 1573, avec Joachim de Rochefort.

François de Livron, écuyer, Sr du Breuil, mourut à soixante-huit ans, le 21 octobre 1724, enterré à Grenor.

Jacques de Livron, Sr de Puivrdal, épousa Marie de Mainvielle, dont : Jean, qui suit.

Jean de Livron, Sr de Puivrdal, paroisse de Saint-Constant en Angoumois, épousa, à Grenor, le 15 avril 1720, Marie de la Charlonie.

..... de Livron, paroisse de Beauregard, diocèse de Périgueux, épousa Jeanne du Mas ; elle décéda le 26 mai 1764.

Branche de Mayne-Gruyer. (Mêmes armes.)

II. — Charles de Livron partagea avec son frère François, le 13 juillet 1536, la succession de leurs père et mère ; il épousa, le 7 octobre 1528, Catherine Chaperon ; elle obtint, le 18 mars 1556, une sentence entre elle et son fils, et Michel Goget.

III. — Adrien de Livron épousa Charlotte Herme.

IV. — Josias de Livron partagea, le 1er août 1594, avec son frère

Adrien, la succession de leurs père et mère; il épousa Esther Pastoureau, dont : 1º Isaac, qui suit ; 2º Pierre, qui se maria.

V. — Isaac de Livron, Sr du Maine-Gruyer, épousa, le 11 octobre 1630, Esther Fort.

V *bis*. — Pierre de Livron, Sr de Beaumont, épousa, le 13 mai 1654, Fleurance Guy.

Jaubert ou Lambert de Livron, limousin, abbé de Montmajour, mort le 13 juin 1360 ou 1361.

Jacques de Livron, abbé de Morimond, mort en 1491.

Abraham de Livron, paroisse de Rancogne (1), épousa ....., dont : Anne, morte à dix ans, en 1650.

..... de Livron épousa Antoinette Audier, dont : Hélie de Livron, écuyer, Sr de Borillaud, du lieu noble du Masneuf, paroisse de Chavanac en Angoumois, 1625.

François de Livron, écuyer, Sr du Breuil, paroisse de Saint-Florent de la Rochefoucaud, épousa, dans l'église d'Etagnac (2), Désirée de Rosier, veuve de ..... de la Rapidie, Sr du Mas du Puy. Elle mourut à soixante-cinq ans, le 12 septembre 1710; fut inhumée à Etagnac.

Scholastique-Gabrielle de Livron, abbesse de Juvigny. (*Voyage littér.*, T. I, part. 2e, p. 148.)

Esther de Livron épousa, le 20 juin 1622, Gilles ou Guillem du Poyrre, écuyer, Sr de la Fenestre en Angoumois (3), châtellenie de Villebois : elle testa le 7 novembre 1660 (signé Groffin). En 1627, elle plaidait contre son mari.

LOBERTON (mieux LOBESTON).
Aymeric de Lobeston, chevalier, du diocèse de Limoges, dont : 1º Aymeric de Loberton, *valetus;* 2º Pétronille, femme, en 1276, de Gérald de Dompnio, chevalier de Rofiac, diocèse d'Angoulême, *valetus*.

LOBOEZ.
Raymond Loboez, écuyer, vivait en 1248. (Voyez mes *Mém. mss. sur les Abb. du Lim.*, p. 501.)

LODIIS (4).

DE LOIN. — Jeanne de Loin, d'une ancienne maison de Limousin, qui est éteinte, épousa Eble-Antoine de Saint-Chamans, fils de Bertrand de Saint-Chamans et de Marguerite d'Apchier, vers 1496.

LOMÉNIE, porte : *d'or, à l'orme de sinople, aux racines de même,*

---

(1) Rancogne, canton de la Rochefoucaud, arrondissement d'Angoulême (Charente).
(2) Etagnac, canton de Chabanais, arrondissement de Confolens (Charente).
(3) La Fenestre, commune de Saint-Sornin, canton de Montbron, arrondissement d'Angoulême (Charente).
(4) La page 2561, où ce nom est indiqué, est déchirée.

chargées d'un tourteau de sable; au chef d'azur, aussi chargé de 3 lozanges d'argent. (LABBE, *Blason royal.*)

Jean de Loménie, secrétaire d'Etat, périt dans l'horrible boucherie de la Saint-Barthélemy en 1572. (LOBINEAU, *Hist. de la ville de Paris*, T. II, p. 121.)

Martial de Loménie, S^{gr} de Versailles, greffier du conseil, fut tué à la Saint-Barthélemy, à Paris, l'an 1572. Le roi de Navarre, qui fut depuis Henri IV, avait toujours estimé son zèle et sa fidélité. (MORÉRI, 1759.) Il avait épousé Jacqueline Penault, dont : Antoine, qui suit.

Antoine de Loménie, S^{gr} de la Ville-aux-Clers, secrétaire d'Etat, mort à Paris le 17 janvier 1638, âgé de soixante-dix-huit ans; a un article très-honorable dans Moréri; — âgé de quatre-vingt-deux ans (*Gazette*), dont il avait employé plus de soixante au service de la couronne avec grande intégrité et suffisance. Il avait épousé, en 1562, Anne d'Aubourg, fille de Charles, Sr de Porcheux, morte le 8 avril 1608, dont, entre autres enfants, Henri, qui suit.

Henri-Auguste de Loménie, comte de Brienne et de Montberon en Angoumois (1), secrétaire d'Etat et des finances, mort en 1666, baron de Pougy et de Boussac, chevalier, conseiller du roi en ses conseils ; lui et sa femme donnèrent une rente de 200 livres à l'hôpital des incurables en 1643. (LOBINEAU, *Hist. de la ville de Paris*, T. IV, p. 111.) Il avait épousé, en 1623, Louise de Beon de Masses, fille de Bernard, S^{gr} et baron de Boutheville, et de Louise de Luxembourg. Elle mourut le 2 septembre 1665, âgée de soixante-trois ans. Oihenart lui dédia, en 1638, *Notitia utriusque Vasconia*. Il fut enterré aux Carmélites de Saint-Denis en France, dont il était fondateur. De ce mariage vint, entre autres enfants, Henri-Louis, qui suit.

Henri-Louis de Loménie, comte de Brienne, ci-devant secrétaire d'Etat, mort en 1698, le 14 avril, âgé de plus de soixante ans, à l'abbaye de Château-Landon, où il s'était retiré depuis plus de trente-quatre ans, dans des sentiments de grande piété (*Gazette*). Il avait épousé Henriette Bouthillier de Chauvigni, dont : Louis-Henri, qui suit.

Louis-Henri de Loménie, comte de Brienne, mort à quatre-vingt-cinq ans, en 1743. Il avait épousé Jacqueline-Charlotte Brulart, morte à quatre-vingt-trois ans, en 1743.

Guillaume de Loménie, écuyer, Sr de Faye, Lembodie, la Rivière de Flavignac (2), épousa Simone de Loménie, dont : Pierre, qui suit.

Pierre de Loménie, écuyer, Sr de Faye, Lembodie, la Rivière de Flavignac, épousa, dans l'église de Cussac (3), le 22 mai 1679, Gabrielle du Rousseau (4).

---

(1) Montbron, chef-lieu de canton, arrondissement d'Angoulême (Charente).
(2) Flavignac, canton de Châlus, arrondissement de Saint-Yrieix (Haute-Vienne).
(3) Cussac, canton d'Oradour-sur-Vayres, arrondissement de Rochechouart (Haute-Vienne).
(4) Il y avait encore des notes à la page suivante 9109, sur la famille de Loménie : cette page ne se retrouve plus dans le manuscrit de Nadaud.

LONDEIX (1).

Pierre et Jean de Londeix partagèrent le fief de Brie, près Aixe (2), par acte du 11 juin 1676, avec Paignon, gendarme de la garde du roi.

Madeleine du Londeix épousa noble Gabriel Roux, écuyer, Sr de la Salle, paroisse de Saint-Front-la-Rivière (3), et de la Fôret, paroisse de Saint-Gervais (4), qui mourut le 30 avril 1716.

[LONDRET.

Raymond-Guillaume de Londret est cité dans les registres de Roherii, not. à Limoges, p. 3, n° 4, *apud* D. COL.]

LONGBOST.

Balthazar de Longbost, Sgr de Couts et de Saint-Martin-le-Mau en Poitou (5), épousa Hélène Tiercelin, dont Sylvie, mariée, le 23 février 1615, avec René de la Châtre de Bruillebault. (SIMPLIC. T. VII, p. 374.)

LONGUEVAL-SAINT-CHAMAND, Sr de Jugarde et de Mouquant, paroisse d'Altilhac, élection de Brive (6), porte : *d'azur, à trois roses d'or, écartelé d'argent, à trois fasces de sinople.*

Bertrand de Saint-Chamans servit, en 1461, sous Poton de Xaintrailles, maréchal de France ; il n'est dit qu'écuyer, parce qu'il était jeune et qu'il voulait commencer le métier des armes sous ce grand capitaine. (LABOUREUR, *Addit. à Casteln.*, T. III, p. 91.)

V. SAINT-CHAMANS.

I. — Gui de Saint-Chamand, *alias* de Longueval, fit un testament avac sa femme le 27 novembre 1479 ; il avait épousé Dauphine de Veyrat, dont : Pierre, qui suit.

II. — Pierre de Saint-Chamand, *alias* de Longueval, épousa Marie de Ruffignac, dont : Gui, qui suit.

III — Gui de Saint-Chamand, *alias* de Longueval, auquel son père et sa mère firent donation le 17 mars 1485, épousa Marguerite de Rochefort. Etant veuve, elle fit un partage avec ses enfants, le 12 mars 1559, dont : 1° Jean, qui suit ; 2° François.

IV. — Jean de Saint-Chamant épousa, par contrat sans filiation du 11 juin 1553, Anne de Montal.

V. — Noble Jean Longueval de Saint-Chamand, paroisse d'Altilhac, fit son testament le 7 janvier 1622 ; il épousa, le 5 mai 1577, Louise de Combarel, dont : 1° Antoine, qui suit ; 2° Jean, marié à Louise de

---

(1) La généalogie de cette famille était à la page 2110, qui est déchirée.
(2) Aixe-sur-Vienne, chef-lieu de canton, arrondissement de Limoges (Haute-Vienne).
(3) Saint-Front-la-Rivière, canton de Saint-Pardoux-la-Rivière, arrondissement de Nontron (Dordogne).
(4) Saint-Gervais, canton et arrondissement de Rochechouart (Haute-Vienne).
(5) Saint-Martin-le-Mault, canton de Saint-Sulpice-les-Feuilles, arrondissement de Bellac (Haute-Vienne).
(6) Altillac, canton de Mercœur, arrondissement de Tulle (Corrèze).

Rouffignac ; 3º Gaspard, marié en 1634 ; 4º Jacques, tonsuré en 1597, sacristain à l'abbaye de Beaulieu (1) en 1598 ; 5º Jeanne (Moréri 1759), mariée, en 1602, à François, S⁸ʳ de Scoraille, morte en 1628.

VI. — Antoine de Longueval épousa, par contrat sans filiation du 30 décembre 1627, Marguerite de Bar, dont : 1º Léonard, qui suit ; 2º Armand, tonsuré en 1651.

VII. — Léonard de Longueval, Sʳ de la Jugardie, tonsuré en 1640, épousa, par contrat sans filiation du 24 mai 1661, Marguerite de Grenier.

VI bis. — Jean Longueval épousa Louise de Rouffignat.

VII. — Jean de Longueval, auquel son père, du consentement d'autre Jean, son aïeul, fit donation, à cause de mort, le 7 mars 1618 ; eut les brevets de maréchal-de-camp le 18 avril 1653, de lieutenant dans la citadelle d'Amiens le 14 novembre 1664.

VI ter. — Gaspard, Sʳ de Mouquant, épousa, le 20 juillet 1634, Marguerite de Trappes.

LONS. — V. Royère, S⁸ʳ de Lons.

LOPBARTEIS (2).

LOSTANGES, porte : *d'argent, au lion de gueules, armé, lampassé, couronné d'azur, à l'orle de 5 étoiles de gueules.*

Lostanges (3), château dans le Bas-Limousin, a donné son nom à une maison qui était considérable dès le xɪɪᵉ siècle. Cette terre entra dans la maison des Pierrebuffière.

Pierre de Lostanges, S⁸ʳ de Deinat et de Castonot, co-seigneur de Saint-Bonnet-Alvert (4), diocèse de Tulle en 1517, épousa Jeanne de la Motte.

I. — Jean-Aimar de Lostange, chevalier, puîné de cette maison, épousa, le 27 septembre 1446, Antoinette de Vayrines, dite de Limeuil, dame de Saint-Alvare en Périgord (5), où il alla demeurer. De ce mariage : 1º Gui, mort sans postérité. Il avait probablement épousé, en 1478, Jeanne de Beaupoil, fille de Jean, S⁸ʳ de Castel-Nouvel, et de Marie Prévost ; 2º Jean dit Janicot de Lostanges, qui suit.

II. — Jean dit Janicot de Lostanges, chevalier, S⁸ʳ de Sainte-Alvère, épousa, le 13 janvier 1508, Marie de Salagnac de la Motte-Fénelon, fille de Jean, S⁸ʳ de la Motte-Fénelon, maître-d'hôtel ordinaire du roi, et de Catherine de Laurières-Themines, dont, entre autres enfants : 1º Bertrand, qui suit ; 2º François de Lostanges, qui a fait la branche des S⁸ʳˢ de Palhier en Saintonge.

III. — Bertrand de Lostanges, chevalier de l'ordre du roi, S⁸ʳ de

---

(1) Beaulieu, chef-lieu de canton, arrondissement de Brive (Corrèze).
(2) Nadaud avait des notes sur cette famille à la page 2112, qui est déchirée.
(3) Lostanges, canton de Meyssac, arrondissement de Brive (Corrèze).
(4) Saint-Bonnet-Alvert, *alias* Elvert, canton d'Argentat, arrondissement de Brive (Corrèze).
(5) Sainte-Alvère, chef-lieu de canton, arrondissement de Bergerac (Dordogne).

Sainte-Alvère, épousa Marie de Montberon, fille d'Antoine. S^{gr} de Beaulieu, et de Pérette le Ferron, qui lui porta la seigneurie de Paillé, dont : Hugue, qui suit.

Louis de Lostanges de Sainte-Alvère, baron de Paileliez en Saintonge, épousa Charlotte des Granges, veuve de Jean de la Tour d'Aisenai, S^{gr} de Gorce et de Monferrant, et fille de Gabriel des Granges de Surgères et de Marguerite des Francs.

IV. — Hugue de Lostanges, chevalier, S^{gr} de Sainte-Alvère, chevalier de l'ordre du roi, gentilhomme de sa chambre, capitaine de 50 hommes d'armes et de ses ordonnances, servit les rois Charles IX et Henri III. Il épousa Galiote de Gourdon de Genouillac, fille de Jean, baron de Vaillac (1), chevalier de l'ordre du roi, gouverneur du Château-Trompette, etc., et de Jeanne de Brun, dame de Boisset, dont : 1° Jean-Louis, qui suit; 2° François, qui a fait la branche des marquis de Beduer en Querci (2), dont la fille Elisabeth fut religieuse à la Règle de Limoges : c'est de lui que descendent les seigneurs de Felzins (2) et de Cusac en Rouergue.

V. — Jean-Louis de Lostanges, chevalier, baron de Sainte-Alvère, etc., épousa Elisabeth de Crussol, fille de Jacques, duc d'Uzez, pair de France, chevalier des ordres du roi, et de Françoise de Clermont-Tonnerre, née à Paris, le 14 décembre 1579, dont : 1° Emmanuel-Galiot, qui suit; 2° Hugue, abbé de la Nouvelle-lez-Gourdon; 3° Françoise-Galiote, mariée à Jean de Gontaut, S^{gr} de Lansac, le 26 avril 1628; 4° Marie-Henriette, alliée à Jean Phelip, S^{gr} de Saint-Viance (4), fils de Jean et d'Isabeau de Lubersac; 5° Susanne, prieure perpétuelle da Lissac; 6° Jeanne de Lostanges, religieuse au même monastère; 7° Marie-Galiote, mariée avec Louis Molion, Sr de la Vernède en Poitou, et de Rochebrune en Auvergne.

VI. — Emmanuel-Galliot de Lostanges, chevalier, marquis de Sainte-Alvère, etc., sénéchal et gouverneur du Querci, fit abjuration avec sa dame en 1685; il épousa Claude-Simone Eberard de Saint-Sulpice, dame de Vigan (5), etc., veuve de Guyon de Touchebœuf, comte de Clermont-Vertillac, dont : 1° Louis, qui suit; 2° Christophe, archidiacre de Cahors; 3° Emmanuel, comte de Sainte-Alvère, gouverneur et sénéchal de Querci, ci-devant capitaine au régiment de la marine; 4° Louis, S^{gr} d'Ussel; 5° François dit le chevalier de Sainte-Alvère; 6° Marie-Anne, mariée, le 4 janvier 1699, à François de Beaumont, comte de la Roque, fils de Barthélemy et de Louise de Beynac : elle mourut à quatre-vingts ans, le 17 mars 1747, dans une communauté de religieuses à Sarlat (6).

VII. — Louis de Lostanges, chevalier, marquis de Sainte-Alvère, baron du Vigan, sénéchal et gouverneur du Querci, chevalier de l'ordre de

---

(1) Vaillac, canton de la Bastide, arrondissement de Gourdon (Lot).
(2) Beduer, canton et arrondissement de Figeac (Lot).
(3) Felzins, canton et arrondissement de Figeac (Lot).
(4) Saint-Viance, canton de Donzenac, arrondissement de Brive (Corrèze).
(5) Vigean, canton et arrondissement de Gourdon (Lot).
(6) Sarlat, chef-lieu d'arrondissement (Dordogne).

Saint-Louis, perdit un œil à la bataille de Senef, et fut noyé dans la rivière de la Dordogne, en décembre 1705. Il avait épousé Rose de Cadrieu, fille de Louis, marquis de Cadrieu, et de Marie de Saint-Nectaire de Veyrières, dont il eut : 1º Louis-Emmannel, qui suit ; 2º Claude de Lostanges, demoiselle de Sainte-Alvère.

Louis, comte de Lostanges, épousa, le 2 avril 1729, Marie-Charlotte du Maine, fille de Claude, brigadier des armées du roi, et de Marie-Joseph de Rébé.

VIII. — Louis-Emmanuel de Lostanges, marquis de Sainte-Alvère, etc., sénéchal et gouverneur de Querci, épousa, en 1719, Marie de Larmandie de Longua, dont : 1º Armand-Louis-Marie, qui suit ; 2º Alexandre-Rose de Lostanges, marquis de Cadrieu, né le 18 octobre 1723, capitaine de dragons ; 3º ..... de Lostange, né en 1723, chanoine de l'église de Paris en 1757 ; 4º Marie-Julie, mariée à François-Saturnin de Gallard, marquis de Terraube ; 5º Marie-Anne, mariée à Daniel-Joseph, marquis de Cosnac (1), fils de Gabriel-Honoré ; 6º ....., demoiselle de Cadrieu.

IX. — Armand-Louis-Marie, marquis de Lostanges, mestre-de-camp du régiment des cuirassiers du roi, premier écuyer de Madame Adélaïde de France, né le 3 septembre 1722, épousa, le 8 mai 1754, Marie-Elisabeth-Charlotte-Pauline de Gallucio de l'Hopital, née le 14 août 1737, fille de Paul Gallucio, marquis de l'Hopital, chevalier des ordres du roi et de celui de Saint-Janvier, ambassadeur extraordinaire en Russie, et d'Elisabeth-Louise de Boulogne, dont : 1º Henri, tenu sur les fonts de baptême, le 23 juin 1756, par le Dauphin et Madame Adélaïde ; 2º ....., né en 1757, etc.

LOUAUD, Sr des Vergnes, paroisse de Saint-Barbant, diocèse de Poitiers (2), élection de Limoges, porte : *d'azur, à 3 fasces d'or*.

I. — Pierre de Louaud passa une obligation pour des droits successifs de sa femme, le 15 octobre 1555 ; il épousa Marie du Croizet.

II. — Jacques Louaud, auquel son père et sa mère firent donation le 9 février 1589, épousa, le 6 octobre 1591, Aimée du Genest.

III. — Louis de Louaud épousa, le 9 septembre 1621, Marguerite de Boussagny, dont : Jean, qui suit.

IV. — Jean de Louaud : ladite Boussagny, sa mère, étant veuve, passa procuration pour consentir au mariage dudit Jean, le 21 mai 1658.

Pierre Louault, écuyer, du village de la Valade, paroisse de Seuris (3), y mourut à cinquante ans, le 1er avril 1719 ; il avait épousé Françoise-Thérèse de Chazaud, dont : 1º Anne, née le 4 mars 1703, mariée, à Seuris, le 24 janvier 1725, à Jean Roche, écuyer, Sr de la Brossardie, paroisse de Saint-Claud, diocèse d'Angoulême (4) ; 2º Marie, baptisée

---

(1) Cosnac, canton et arrondissement de Brive (Corrèze).
(2) Saint-Barbant, canton de Mézières, arrondissement de Bellac (Haute-Vienne).
(3) Seuris ou Suris, canton de Chabanais, arrondissement de Confolens (Charente).
(4) Saint-Claud, chef-lieu de canton, arrondissement de Confolens (Charente).

le 1er mai 1714; 3º Jean, né le 27 septembre 1715; 3º autre Marie; 5º Françoise; 6º Louis; ces trois derniers morts au berceau.

LOUBENS.
Louis Loubens de Verdalle, écuyer, Sr de Thaury, paroisse de Saint-Sornin près Chambon (1), épousa Antoinette Forgeron, dont : Jean-Gilbert-Baptiste, sous-diacre en 1771.

Françoise Loubens de Verdalle, paroisse de Chambon en Combraille (2), épousa, en 1773, François-Augustin Pichard, écuyer, Sr de Saint-Julien-le-Chatel, veuf de Marthe de Breton du Mas.

LOUBÈRE. — *V.* Bertrand de Salignac, Sgr de la Motte-Fénelon, baron de Loubère.

LOUBERT. — *V.* Noble François de Salignac, Sgr de Maignart, baron de Loubert, etc.

LOUBERT. — [Baronnie dont la justice s'étend sur quatre paroisses, et qui valait, en 1698, environ 3,000 livres de revenu.]

Jourdain Loubert ou Libert, chevalier, avait rendu au roi Charles IV des services signalés, dont il n'avait reçu aucune récompense : ce prince, par reconnaissance, lui accorda et à ses hoirs, en 1326, la seigneurie de Laurière en Limousin (3), qu'il avait fait saisir. Loubert épousa, en 1352, Marguerite de la Celle, dont une fille unique, Blanche, mariée, avant 1381, à Alain de Montandre en Angoumois, auquel elle porta la terre de Laurière. (Mss. du château de Laurière.)

[N...., marquis de Fénelon, neveu de l'archevêque de Cambrai, était Sgr de Loubert en 1698.]

LOUBERT, Sr de Marchis, paroisse de Saint-Georges d'Oleron (4), élection de Saintes, porte : *d'azur, à cinq épis d'orge d'or, posés 3 et 2.* (HOZIER, *Arm. gén.*, Ire partie, p. 353.)

I. — Blaise Loubert, Sr de Neuilli, Martinville, Longuehaie, qualifié du titre de noble par lettres du 16 du mois de juin 1544, épousa Adrienne de Moyne, dont : Jean, qui suit, qui a fait la branche des Martinville.

II. — Jean Loubert épousa, en septembre 1544, Anne Grenet.

III. — Nicolas Loubert épousa, le 29 octobre 1577, Marguerite Carradas.

IV. — Jean de Loubert épousa, le 24 novembre 1619, Marguerite Faure.

V. — Louis de Loubert épousa, le 24 juin 1647, Marie d'Orgis.

(1) Saint-Sornin-près-Chambon, ancienne paroisse réunie à Chambon.
(2) Chambon, chef-lieu de canton, arrondissement de Boussac (Creuse).
(3) Laurière, chef-lieu de canton, arrondissement de Limoges (Haute-Vienne).
(4) Saint-Georges-d'Oleron, canton de Saint-Pierre-d'Oleron, arrondissement de Marennes (Charente-Inférieure).

LOUBIÈRE. — *V.* LA LOUBIÈRE, p. 29.

LOUBRARIE [ou LOUBRAYRIE], Sr de Gombas, paroisse de Saint-Remi [élection de Tulle] (1), porte : *d'azur, à 3 rochers d'argent mis en fasce, celui du milieu surmonté d'un arbre tigé et feuillé d'or.*

I. — Antoine de Loubrarie [ou Loubrayrie, Sr de Combas], fit son testament le [21 ou] le 25 août 1522 [en faveur de son fils]. Il épousa Jeanne de Cornilh, dont : Alexandre, qui suit.

II. — Alexandre de Loubrarie [ou Loubrayrie] eut des lettres-royaux portant qu'il avait été laissé en bas-âge sous la tutelle de ladite Cornilh, sa mère, le 29 octobre 1543; fit son testament le 15 août 1574 [en faveur de son fils]. Il épousa ....., dont : Hercule, qui suit.

III. — Hercule de Loubrarie [ou Loubrayrie], auquel Alexandre, son père, fit donation, le 20 février 1574, épousa, par contrat sans filiation du 10 septembre 1593, Marguerite de la Gasne. Etant veuve, elle fit son testament le 27 mars 1622 [en faveur de son fils]. De ce mariage : Jean-Louis, qui suit.

IV. — Jean-Louis de la Loubrarie [ou Loubrayrie] épousa, par contrat sans filiation du 24 août 1636, Marguerite du Creuset.

V. — Jean de Loubrarie [ou Loubrayrie] épousa, le 25 juillet 1662, Anne Vexierres.

LOUDEIX. — *V.* LONDEIX, p. 121.

LOUE. — *V.* LA LOUE, p. 30.

LOURDOUÉ. — *V.* ORADOUR.

LUBERSAC [ou LIBERSAC], Sr du Verdier, du Leris, l'Aumônerie, la Boulesie, Chabrignac, la Foucaudie, paroisse de Libersac (2), Genis, Meulzac (3), Chabrignac (4), Nersac (5), élection d'Angoulême, porte : *de gueules, à un loup passant d'or.*

Estienne de Loberciaco, chevalier, épousa ...., dont : 1º Bernard, chevalier; 2º Almodie, femme, en 1359, de Gaucelin deu Châtaigner, paroisse de Lageyrac (6).

I. — Bernard de Lubersac, damoiseau, fit son testament le ..... décembre 1377, en faveur de Geofroi, son fils. Il épousa, par contrat du ..... novembre 1345, Gabrielle de Saint-Julien, dont : Geofroi, qui suit.

---

(1) Saint-Remy, canton de Sornac, arrondissement d'Ussel (Corrèze).
(2) Lubersac, chef-lieu de canton, arrondissement de Brive (Corrèze).
(3) Meuzac, canton de Saint-Germain-les-Belles, arrondissement de Saint-Yrieix (Haute-Vienne).
(4) Chabrignac, canton de Juillac, arrondissement de Brive (Corrèze).
(5) Nersac, canton et arrondissement d'Angoulême (Charente).
(6) Lageyrac, paroisse réunie à Châlus, arrondissement de Saint-Yrieix (Haute-Vienne).

II. — Geofroi de Lubersac, épousa, par contrat sans filiation du 2 juillet 1367, Jeanne de la Fond, dont : 1º Jean, qui suit; 2º Geofroi, qui transigea avec son frère sur la succession de leur père, le 4 juin 1457.

III. — Noble Jean de Lubersac, S^{gr} du Verdier, près Libersac, en 1479, épousa Condon de Leris, dont : Jean, qui suit.

IV. — [Noble homme] Jean de Lubersac, [écuyer], reçut des reconnaissances en 1490 et 1500, où il est dit fils d'autre Jean. [Il en fit faire une autre, signée « A. Dardonnaco recepit », d'une rente sur une maison du bourg de Lubersac et sur divers autres fonds, le 2 septembre 1501. Il vivait le 26 mai 1505.] Il épousa Marguerite de Saint-Chamant, dont : 1º François, qui suit; 2º ....., auquel on donna un tuteur le 13 mars 1510; 3º ....., auquel on donna un tuteur le même jour que son frère. [Noble et vénérable Gui de Lubersac, curé de Saint-Avit, habitait au lieu du Verdier, et fut témoin dans des actes des 2 et 3 octobre 1535, avec François, qui suit. Peut-être était-il son frère.

V. — François de Lubersac, [écuyer, S^{gr} du Verdier] (*V. T.* II, p. 248, Jean de Guitard), Sr du Verdier, le Leris et la Renic, fit son testament le 15 janvier 1571; épousa Françoise Chat de Rastignac, fille de Jean et de Françoise de Serval, dont : 1º Gui, qui suit; 2º Jacques, écuyer, Sr du Verdier en 1571; 3º François, qui a fait la branche de Chabrignac; 4º Léonard; 5º Catherine, mariée, par contrat (reçu par Berthon) du 1er octobre 1581, à Charles du Cheylard, écuyer, Sr du Bertas en Querci.

VI. — Gui de Lubersac, écuyer, Sr du Verdier, de la Reynie et du Leyris, fit son testament (reçu par La Bonne) le 2 avril 1595; il avait servi le roi toute sa vie, lorsque, le 29 novembre 1585, il déclara que, pour obéir aux déclarations de Sa Majesté, il voulait vivre suivant la religion romaine. Il fit un codicille (reçu par La Bonne), le 15 mai 1598. Il épousa Gabrielle de Collonges, fille de Poncet-Hélie de Collonges, S^{gr} de Piégut (1), etc., et de Philippe de Pellegrue, dont : Jean, qui suit.

VII. — Jean de Lubersac, écuyer, Sr du Verdier, la Reynie, du Leris et de Laumonerie (2), mourut le 17 octobre 1630, fut inhumé dans l'église de Libersac; il avait fait son testament le 11 avril 1628. Il épousa, par contrat du 25 juillet, Charlotte Chantoys, fille de Jean Chantoys, Sr de Laumonerie près la ville d'Aixe. Elle mourut le 29 octobre 1654, fut inhumée à Libersac. De ce mariage : 1º Jean; 2º Philibert, qui suit; 3º Rolland, Sr de Laumonerie, qui fit une branche; 4º Pierre, qui a fait la branche du Leris; 5º Isabeau, qui se fit religieuse à Sainte-Claire de Nontron, 1633; 6º Jean, baptisé le 17 février 1628.

VIII. — Philibert de Lubersac, écuyer, [chevalier, S^{gr} dudit lieu], Sr du Verdier et de Laumonerie, paroisse d'Aixe, mourut à Limoges, et fut inhumé à Libersac, le 19 juin 1665. Il fit son testament le 4 septembre

---

(1) Piégut, réuni à Pluviers, canton de Bussière-Badil, arrondissement de Nontron (Dordogne).

(2) L'Osmonerie, paroisse d'Aixe-sur-Vienne, arrondissement de Limoges (Haute-Vienne).

1659; il avait épousé, par contrat du 12 avril 1640, Luce de Réal, [dame du Verdier et de Laumonerie, qui, comme mère et administreresse de ses enfants et dudit feu, demeurant en son château du Verdier, près le bourg et paroisse de Lubersac, fit un acte le 26 avril 1678.] De ce mariage : 1° François, né le 16 novembre 1649, baptisé à Saint-Maurice de Limoges, où il eut pour parrain Mgr l'Evêque; 2° Pierre, Sr du Verdier; 3° Charlotte, mariée, le 20 mai 1656, à François Devezeau, écuyer, Sr de Lage, etc., dans la chapelle de l'Aumosnerie près d'Aixe. Elle mourut à Rancogne (1), âgée de cent ans, le 1er août 1740.

IX. — ..... de Lubersac épousa ....., dont : François, Sr du Verdier, mort de la petite-vérole à Angoulême, à l'âge de huit ans, au mois d'octobre 1671.

Pierre de Libersac, Sgr du Verdier, y mourut le 18 mai 1721.

Dame Charlotte de Libersac, douairière du Verdier, mourut à quatre-vingts ans, le 16 avril 1724.

Madeleine de Lubersac, femme, en 1653, de Jacques Beaune, Sr du Repaire.

Branche de l'Aumosnerie.

VIII. — Rolland de Lubersac, écuyer, Sr de l'Aumosnerie, paroisse d'Aixe, fils de feu Jean, Sr du Verdier, épousa, à la Péruse, au mois de novembre 1648, Charlotte de la Chetardie.

IX. — François de Lubersac, écuyer, Sr de l'Aumosnerie et du Verdier, mourut à Angoulême, le 5 octobre 1671.

Branche du Leris.

VIII. — Pierre de Lubersac, Sr du Leris, épousa, par contrat sans filiation du dernier février 1656, Françoise Pasquet de Savignac.

Branche de Chabrignac.

VI. — François de Lubersac, Sr de la Chabroulhe, de Saint-Julien, épousa, par contrat du 24 avril 1573, Jeanne-Hélie de Colonges, dame de Chabrignac. Etant veuve, elle fit son testament le 19 janvier 1584, dont : 1° Charles, Sr de la Boulesie; 2° François, qui suit; 3° autre Charles, qui a fait une branche.

VII. — François de Lubersac, chevalier, Sr de la Chabroulhe, épousa, par contrat (signé Lansade) du 23 octobre 1611, Isabeau de Jousselin, fille de feu noble Pierre, Sr de la Bouleyssie, et de Julhette de Saint-Fiel.

VII bis. — Noble Charles de Lubersac, de Chabrignhac, paroisse de Juliac, épousa, par contrat du 28 octobre 1630 (fausse date), Jeanne du Saillant, dont : 1° Charles, tonsuré en 1629; qui suit; 2° Antoine, tonsuré en 1629; 3° Philibert, tonsuré en 1629; 4° Marie, mariée,

---

(1) Rancogne, canton de La Rochefoucaud, arrondissement d'Angoulême (Charente).

en février 1647, à Jean de Joyet, lieutenant criminel au siége d'Uzerche.

VIII. — Charles de Lubersac, Sr de Chabrignac, fit son testament le 13 décembre 1685; il épousa, par contrat sans filiation du 27 mai 1648, Jeanne de Barlanois.

François de Lubersac, Sr de Livron et de Chabrignac, épousa, dans l'église de Lubersac, le 23 février 1694, Denise Estourneau, Dlle du Ris, de la Peyrière, paroisse d'Oradour-Saint-Genest (1).

Pierre de Lubersac, Sgr de Savignac, épousa Jeanne de Hautefort, fille d'Antoine dit le comte de Vandre, et de Jeanne de Hautefort-Bruzac.

Jean-Baptiste de Lubersac, écuyer, vicomte de Lubersac, paroisse de Chabrinhac, épousa, en 1770, Claire-Oportune de Beaupré, paroisse de Saint-Roch, à Paris.

[N...... de Lubersac est entré dans le régiment des gardes-françaises du roi en 1742, a été reçu premier lieutenant en 1762, chevalier de Saint-Louis en 17..., et capitaine en second des grenadiers de la compagnie de Dunedo en 1775; résidait à Paris, rue Traversière, en 1778.]

Branche de la Foucaudie, paroisse de Nersac, élection d'Angoulême.

I. — Lionnet [ou Léonet] de Lubersac, [Sr de la Foucaudie], épousa ....., dont : Foulques, qui suit.

II. — Foulques de Lubersac, fils et héritier de Lionnet, rendit trois hommages au seigneur de la Rochefoucaud, les 22 mars 1505, 16 avril 1520, 21 novembre 1560. Il épousa Madeleine Tizon, dont : 1º Antoine, qui suit; 2º .....

III. — Antoine de Lubersac épousa : 1º, par contrat du 2 avril 1536, Jeanne de la Place [ou de la Plasse, dont il n'eut point d'enfants]; 2º, par contrat du 8 novembre 1541, Françoise Dubois, dont : 1º Lionnet [ou Léonet], qui suit; 2º Jeanne; ces deux frères partagèrent les successions de leurs père et mère et de Foulques, leur aïeul, le 6 avril 1573.

IV. — Lionnet [ou Léonet], de Lubersac, écuyer, Sr de la Chandellerie, épousa : 1º Jeanne de Saint-Amand; 2º, par contrat du 3 février 1573, Anne Paulthe [ou Paultes], dame de la Bresse, paroisse de Chassenon (2), fille de Pierre et de Jeanne Danché. Etant veuve, elle fit son testament (signé Goursaud), le 16 novembre 1625, par lequel elle veut être inhumée dans l'église de Chassenon, ez les tombeaux de ses père et mère; qu'à son enterrement 13 pauvres femmes veuves portent des torches, et qu'il leur soit recommandé de dire leur chapelet durant les services. De ce mariage, François, qui suit.

V. — François de Lubersac, Sr de Bacheret, épousa, par contrat du 5 septembre 1610, Susanne de Saint-Laurent, dont : Etienne, qui suit.

VI. — Etienne de Lubersac, écuyer : voulant aller à Paris, à l'Académie, fit son testament (signé Goursaud) à la Foucaudie, le 30 juin 1632; il épousa, par contrat du 19 janvier 1633, Marie Chevalier.

---

(1) Oradour-Saint-Genest, canton du Dorat, arrondissement de Bellac (Haute-Vienne).
(2) Chassenon, canton de Chabanais, arrondissement de Confolens (Charente).

Françoise de Lubersac épousa, dans l'église de Chassenon, le 6 août 1662, Jean de Volvyre, écuyer, Sgr de Brassac.

Jean-Louis de Lubersac, écuyer, Sr de la Foucaudie, épousa ......, dont : François, qui suit.

François de Lubersac, écuyer, Sr du Lerce, épousa Susanne Nermond, fille de ....., Sr de la Trenchade.

Léonard de Lubersac, écuyer, Sr du Montison, paroisse de Roussine (1), épousa Susanne de Chevreuse, dont : Charles, Sr du Fraud, 1618.

Pierre de Lubersac, écuyer, Sr du Montison, épousa, en 1680, Jeanne de Chierres.

SOURCES : Papiers de M. de Brie de Soumagnac. — Papiers de M. Sanson de Royère. — Registres de Lubersac ; Aixe. — Simplic., T. VII, p. 348. — *Fast. milit.*, T. II, p. 158.

LUC.

Michelle de Luco (peut-être de Luro) était femme de Guillaume d'Hautefort en 1330. (SIMPLIC., T. IX, p. 385.)

Noble François du Luc, du village de Meirignac, paroisse de Saint-Augustin, épousa Jeanne de Ceaux ; elle mourut veuve, le 30 décembre 1647, dont : Léonarde, baptisée le 7 juillet 1619.

Noble Pierre du Luc, Sr de Mansac, paroisse de Saint-Augustin, mourut, à soixante ans, le 21 mars 1665, fut inhumé dans l'église dudit Saint-Augustin. Il avait épousé Françoise Materre ; elle mourut à quarante-cinq ans, le 3 avril 1653, et fut ensevelie dans la même église, dont : 1º Françoise, née le 13 janvier 1636 ; 2º Martial ; 3º autre Martial, baptisé le 16 août 1647 ; 4º Jeanne, née le 9 novembre 1659.

LUCHAT.

Noble Antoine de Luchat, paroisse de Saint-Sornin près Chambon (2), épousa ....., dont : 1º Gilibert, moine à Chambon, tonsuré en 1553 ; 2º Antoine de Luchat, Sr de Lavaud de Pougnat, paroisse du Bourg-de-Salanhac (3), y fut enterré le 12 novembre 1664.

[Jean de Lupchaco est cité dans les registres de Borsandi, not. à Limoges, p. 93, nº 148, *apud* D. COL.]

Antoine de Luchat, écuyer, Sr de la Villatte, dudit lieu de Lavau-de-Pouynac, épousa Gabrielle de Lestang, dont : 1º Anne, baptisée le 1er février 1662 ; 2º Charles, baptisé le 10 décembre 1663 ; 3º autre Anne, baptisée le 30 mars 1665.

[Jacques de Luchat, écuyer, Sgr d'Orgnac, paroisse de Saint-Dizier (4), en la châtellenie d'Ahun, reconnut, par acte du 26 janvier 1610 (reçu Dumas, not.), que son fief et lieu noble d'Orgnac relevait directement

---

(1) Roussines, canton de Montembœuf, arrondissement de Confolens (Charente).
(2) Saint-Sornin est réuni à Chambon, arrondissement de Boussac (Creuse).
(3) Le Grand-Bourg, chef-lieu de canton, arrondissement de Guéret (Creuse).
(4) Saint-Dizier-la-Tour, canton de Chénerailles, arrondissement d'Aubusson (Creuse).

du roi, à cause de sa châtellenie d'Ahun, et il en fit le dénombrement. (*Inv. tit. Célest. des Tern.*, p. 377.)]

V. ARNAUD, Sr de Luchat, T. I, p. 54.

LUCHET, Sr de la Motte et de la Rivière, paroisse de Mediel, élection de Saintes, porte : *d'argent, à un lion rampant de gueules, armé, lampassé et couronné de même.*

I. — Eymery de Luchet épousa Jeanne Joubert.

II. — François de Luchet épousa, le 9 juillet 1547, Marguerite du Gua.

III. — François de Luchet épousa, le 19 novembre 1582, Marie Grignon.

IV. — François de Luchet épousa, le 7 juillet 1602, Claude Duboys, dont : 1º François, qui suit ; 2º Jean, Sr de la Rivière ; 3º Adrien, Sr de la Rivière.

V. — François de Luchet, Sr de la Motte, partagea, avec ses deux frères, le 19 novembre 1665, la succession de leurs père et mère. Il épousa, le 30 septembre 1659, Aymée Levesque.

Jean de Luchet, écuyer, Sr de la Motte-Saint-André, paroisse de Saint-André-Ledou, épousa Bénigne de Rabaine, dont : Bénigne, mariée, en 1697, avec Claude Laisné.

LUR.

Boson de Lur, chevalier, enterré à Solignac (1).

..... de Lur épousa ......, dont : 1º P..... de Lur, damoiseau, qui suit ; 2º Géraud, moine à Saint-Martin de Limoges.

P..... de Lur, damoiseau, devait épouser, en 1286, la fille unique d'Adémar de Chambo.

Michelle de Luco, peut-être mieux de Luro, était femme de Guillaume d'Hautefort en 1330. (SIMPLIC., T. IX, p. 385.)

Gui de Lur, damoiseau, clerc, Sr de Chambouraud, paroisse de Samathie (2), épousa Agnès de Balangis, dont : 1º Gaucelin, qui suit ; 2º Guillaume, abbé de Saint-Florent de Saumur en 1393 ; 3º Bozon ; 4º Gui.

Arnaud de Lur, clerc de la Porcherie en 1326 (3).

Gaucelin de Lur, damoiseau, de la paroisse de Samathie, en 1337, épousa, par contrat passé au château de Montbrun (4), (signé Asqusagau), du samedi avant la fête de saint Luc 1326, Dulcie Sulpitie, sœur de Joubert Sulpitius, damoiseau, de Châlus-Chabrol (5), et veuve de

---

(1) Solignac, canton et arrondissement de Limoges (Haute-Vienne).

(2) Samathie est une corruption patoise pour Saint-Mathieu. C'est en effet dans cette paroisse, chef-lieu de canton de l'arrondissement de Rochechouart (Haute-Vienne) que se trouve Chambouraud.

(3) La Porcherie, canton de Saint-Germain-les-Belles, arrondissement de Saint-Yrieix (Haute-Vienne).

(4) Montbrun, château en ruine, paroisse de Dournazac, canton de Saint-Mathieu, arrondissement de Rochechouart (Haute-Vienne).

(5) Chalus, chef-lieu de canton, arrondissement de Saint-Yrieix (Haute-Vienne).

Guillaume de Brussia, damoiseau, fille de Gui et de Himberge, dont : 1º Marguerite ; 2º Agnès.

Noble Pierre de Lur de la Porcherie épousa ....., dont : Arnaud, damoiseau, émancipé par son père à Avignon. le 26 décembre 1346.

Gaucelin de Lur, damoiseau, 1367, épousa Marie de Via, demoiselle.

Gérard de Lur, chevalier, S⁀ʳ de Fressinet, 1364 (1).

Gui de Lur, de la maison noble de Fressinet, abbé de Saint-Serge d'Angers, mort en 1426.

Noble Bertrand de Lur, Sᵍʳ en partie de Fressinet en 1455, damoiseau, chevalier quand il assista, à Ségur (2), le 25 novembre 1456, au contrat de mariage d'Isabeau de la Tour-d'Auvergne avec Arnaud-Aménion de Lebret ; il est mal appelé de Luc (BALUZE, *Maison d'Auverg.*, II, 658). Il épousa ....., dont : 1º .....; 2º Ysabelle, mariée à Mathelin de Coignac, damoiseau, Sʳ dudit lieu, par contrat (signé Tornelli) du 9 janvier 1482 (*vieux style*).

Bertrand de Lur, Sʳ de Longa, près Mucidan en Périgord (3), épousa, le 4 septembre 1484, Catherine de Gontault, fille de Gaston, Vᵉ du nom, Sᵍʳ de Biron, et de Catherine de Salignac. (SIMPLIC., T. IV, p. 124, et T. VII, p. 303.)

Michel de Lur, Sᵍʳ de Longa (LABOUR., T. I, p. 773, et T. II. p. 561), épousa Marie Raguier, fille de Jean, baron d'Esternay, et de Marie de Béthune, dont : Henrie, mariée, en 1613, à Charles Chabot, Sᵍʳ de Sainte-Aulaye, fils de Léonard, baron de Jarnac, et de Marguerite de Durfort. (SIMPLIC., T. IV, p. 568.)

Bonaventure de Lur épousa, vers 1560, Gaston de l'Isle, Sʳ de la Rivière et de la Lande de l'Isle. (SIMPLIC., T. V, p. 742.)

Louis de Lur, Sᵍʳ d'Uza, baron de Fargues, épousa, le 13 mars 1627, Marie de Camaches, fille de Georges, nommé à l'ordre du Saint-Esprit, et de Anne des Guerres. (SIMPLIC., T. VIII, p. 693.)

LURAT.

Pierre de Lurat, écuyer, élu à l'élection d'Angoulême, Sʳ de Boisrenaud ou Arnaud, mourut à soixante-huit ans, le 7 juin 1675. Il avait épousé Marie Saucy ; elle mourut le 26 juin 1690, dont : 1º Philippe, baptisé le 8 juin 1651 ; 2º autre Philippe, baptisé le 2 février 1656 ; 3º Pierre, baptisé le 1ᵉʳ décembre 1659. (Registr. de Saint-Martial d'Angoulême.)

Catherine Lurat épousa André Orson ou Horson, écuyer, Sʳ de Moulède ; elle mourut le 14 juillet 1660, et fut enterrée à Saint-Martial d'Angoulême.

LUSSAC.

---

(1) Probablement Fressinet, paroisse réunie à celle de Saint-Priest-Ligoure, canton de Nexon, arrondissement de Saint-Yrieix (Haute-Vienne).

(2) Ségur, canton de Lubersac, arrondissement de Brive (Corrèze).

(3) Mucidan ou Mussidan, chef-lieu de canton, arrondissement de Ribérac (Dordogne).

Guillaume de Lussac se trouva au siége de Castillon en Périgord, en 1453. (MONSTRELET.)

LUSSAC-LES-EGLISES (1).
V. LA TRÉMOUILLE, S͡gr de Lussac-les-Eglises. — LIGNAUD, marquis de Lussac-les-Eglises.

LUSSAS (2).

LUSSON. — *V.* ROUX, Sr de Lusson.

LUZIGNAN. — *V.* COMTES DE LA MARCHE, et SAINT-GELAIS de Luzignan.

LUZOT (3).

LYAIGE.
Noble Jacques de Lyaige, paroisse de Saint-Hilaire-Château (4), épousa ......, dont : Jean, tonsuré en 1546, profès de Cormeri en 1551, prévôt de Rilhac-en-Rancon en 1579 (5).

LYOURON.
Jacques de Lyouron, damoiseau, S͡gr d'Objat et de Pulverel en 1470 (6).

M.

MACEDE, Sr de Roqueville, paroisse de Tonnay-Charente (7), élection de Saint-Jean-d'Angély, porte : *de gueules, à 3 fasces ondées d'argent, surmontées de 3 bezans d'or en chef.*

I. — Vasco-Martin de Macede, portugais, chevalier de l'Habit-du-Christ, épousa David de Guyerre.

II. — Bechol-Orangel de Macede épousa Antoinette Fonseca.

III. — Mathias-Antonio de Macede, chevalier de l'Habit-du-Christ, épousa Isabelle de Comans.

IV. — François de Macede obtint des lettres de naturalité en mars

---

(1) Lussac-les-Eglises, canton de Saint-Sulpice-les-Feuilles, arrondissement de Bellac (Haute-Vienne).
(2) Lussas est indiqué à la page 2559, qui est déchirée.
(3) Luzot est indiqué à la page 2559, qui est déchirée.
(4) Saint-Hilaire-le-Château, canton de Pontarion, arrondissement de Bourganeuf (Creuse).
(5) Rilhac-Rancon, canton d'Ambazac, arrondissement de Limoges (Haute-Vienne).
(6) *V.* LIVRON, qui est le nom qu'il faut lire ici.
(7) Tonnay-Charente, chef-lieu de canton, arrondissement de Rochefort (Charente-Inférieure).

1648, fit faire une procédure par le juge civil de Lisbonne pour la justification de la noblesse de sa famille, le 20 février 1650, eut un certificat du secrétaire d'Etat du royaume du Portugal sur la noblesse, généalogie et chevalerie de ladite famille, le 5 février 1660; procédure faite à Lisbonne par le juge commis par le roi de Portugal, pour la vérification de la noblesse dudit royaume, contenant une enquête concernant la noblesse de cette famille, le 25 juin 1665. Il épousa Susanne Jarrousey.

MACÉ, Sr de Montaigu, paroisse de Sarrou (1), élection de Tulle, porte : *d'or, à un arbre sec de sinople, surmonté de 3 croissants d'azur en chef.* (Au lieu des croissants dont il est parlé, Des Coutures peint des étoiles.)

I. — Pierre de Macé épousa, le 25 janvier 1536, Antoinette le Bel. Etant veuve, elle fit une acquisition le 5 octobre 1564. De ce mariage : 1° Raoul, qui suit; 2° Jean; 3° Mathieu. (*Mss. apud me.*)

II. — Raoul de Macé épousa, par contrat sans filiation du 9 février 1585, Françoise Doyron.

III. — René de Macé épousa, le 8 septembre 1610, Gabrielle de Bonneval.

IV. — Annet de Macé épousa, le 8 novembre 1642, Marguerite de la Gasne.

MACHAT. — *V.* MASCHAT.

MADICH.
Pierre Madich, vaillant écuyer du Limousin, dont parle Froissard à l'an 1390.

MADOT.
Louis-Antoine de Madot, écuyer, Sr du Soulier, de la ville de Guéret, épousa, en 1767, Marguerite Prunier, de la ville d'Aubusson.

MAGNAC. — Baronie en Basse-Marche, possédée par Antoine de Neuville; par Horace de Bonneval en 1582; par François de Salignac en 1599; par Pierre de Laval-Lezai en 1681 (2).

En 1440, Pierre de Magnac, damoiseau, avait pour épouse Catherine Hugon, fille de ..... Hugon et de Catherine Desprez.

Anne de Magnat, fille de Jean et de Hélie Monestais, épousa, le 18 février 1572, Fiacre du Vignaud, fils de Gui, écuyer, Sgr des Egaux, etc., et de Jacquette Couraud de la Rochevreux.

---

(1) Sarroux, canton de Bort, arrondissement d'Ussel (Corrèze).

(2) Nadaud indique au nom de Magnac les pages 2267, 2446, 2447, 2448; mais il y a dans son manuscrit une lacune depuis la page 2422, jusqu'à la page 2457. Les notes ci-dessus sont prises à d'autres pages. Voyez aussi Salagnat. — Magnac, canton de la Courtine, arrondissement d'Aubusson (Creuse).

MAGNET.

Noble François Magnet, écuyer, Sʳ de Leyssard, paroisse du Chalard, épousa Louise Deschirat; elle mourut le 4 novembre 1662, fut inhumée au Chalard, dont : 1º Jacques, baptisé le 5 janvier 1642; 2º Aubine, baptisée le 26 juillet 1645.

Jean Magnet, écuyer, Sʳ du Tendeix, paroisse de Jumilhac (1) en Périgord, mourut à soixante ans, le 18 novembre 1688, inhumé au Chalard; il épousa Marie Garreau; elle mourut à soixante ans, fut inhumée au Chalard, le 1ᵉʳ mai 1690, dont : 1º Anne, baptisée le 7 javier 1653; 2º Jean, baptisé le 22 février 1654; 3º Marie, baptisée le 8 août 1655; 4º et 5º Jean et Aubine, baptisés le 11 avril 1661.

François Magnet, écuyer, Sʳ de l'Ille, de las Vigeras, épousa, avec dispense, Frontone Tenand des Champs, sa parente du second au troisième degré; elle mourut, à cinquante ans, le 6 février 1685, fut inhumée au Chalard; dont : 1º Françoise, baptisée le 20 octobre 1669; 2º Marie, baptisée le 9 février 1670, peut-être mariée, le 23 avril 1690, à Pierre Maboucher, Sʳ de Margontie, du village de Mondi, paroisse de Saint-Martin-des-Combes en Périgord (2); 3º Jean, baptisé le 24 juillet 1671; 4º Gabrielle, baptisée le 17 août 1672; 5º François, né le 5 août 1678; 6º autre Marie, morte en bas-âge.

François Mannet, écuyer, Sʳ du Puys et du Tendeix, paroisse de Jumilhac, épousa Marie Expert; elle mourut, à trente ans, le 21 décembre 1697, inhumée au Chalard, dont : 1º Albine, baptisée le 14 septembre 1685; 2º Marie, baptisée le 28 janvier 1687; 3º Antoine, baptisé le 28 février 1689; 4º Jean, né le 20 septembre 1691; 5º Pierre, baptisé le 3 mars 1693.

Pierre Mannet épousa Florence de ....., dont : Jea , baptisé le 16 février 1710.

MAI. — *V.* MAY.

MAIGNAC. — *V.* MAGNAC.

MAIGRET, Sʳ de Villebon, paroisse d'Espenède (3), élection d'Angoulême, porte : *d'azur, à 3 fleurs de lys d'or, 2 et 1, à une bande percée de gueules.*

I. — Jean Maigret épousa Marie de Marayat.

II. — Pierre Maigret épousa, le 28 novembre 1500, Catherine Morin. Etant veuve et tutrice de ses enfants, elle transigea avec Jean le Veyrier, le 22 juin 1520, dont : 1º Mathurin, qui suit; 2º .....

III. — Mathurin Maigret épousa Anne de Nouzières, dont : 1º Fran-

---

(1) Jumilhac, chef-lieu de canton, arrondissement de Nontron (Dordogne).

(2) Saint-Martin-des-Combes, canton de Villamblard, arrondissement de Bergerac (Dordogne).

(3) Epenède, canton et arrondissement de Confolens (Charente).

çois; 2° Michel; 3° Jean ou Jeannet, qui suit; ces trois frères partagèrent sur la succession de leurs père et mère le 18 avril 1559.

IV. — Jeannet Maigret épousa Madeleine Maigret.

V. — Samuel Maigret épousa, le 7 décembre 1608, Marie de Lage.

V. — Paul Maigret épousa, le 5 mars 1654, Jeanne Constant.

Jean Maigret, écuyer, Sr de la Billetière, avait épousé Marguerite Préveraud; elle se remaria, le 25 juin 1655, avec Daniel de la Rochebeaucour, chevalier, S^{gr} de Saint-Chomond, paroisse d'Oradour-Fanais (1).

MAILLARD.

Jean-Baptiste Maillard, Sr de la Couture, paroisse de ....., trésorier et garde-sceau des finances, fut enseveli le 1er juin 1722; il avait épousé Valerie de la Biche; elle mourut à soixante-dix-huit ans, le 13 juin 1732, dont : Joseph, baptisé à Saint-Jean de Limoges, le 7 avril 1692.

Guillaume Maillard, écuyer, Sr de la Couture, mourut à trente-trois ans en 1715; il avait épousé Jeanne le Comte, dont : Jean-Baptiste, qui suit, baptisé le 10 juin 1713.

Jean-Baptiste Maillard, écuyer, Sr de la Couture, trésorier de France, mourut à trente-quatre ans, le 11 juillet 1748; il avait épousé, en juin 1741, Marguerite Guinguand du Vignaud, fille de Martial Guinguand, écuyer, Sr de Saint-Mathieu, trésorier de France, et de Catherine Limosin, dont : 1° Martial, né le 26 février 1742; 2° Catherine, née le 6 juillet 1743; 3° Léonard-Louis, né le 16 janvier 1745, qui suit; 4° Marthe-Thérèse, née le 16 décembre 1745, mariée, 1769, à Joseph Durand; 5° Charles, né le 21 juillet 1747.

Léonard [Louis] Maillard de la Couture, [écuyer, trésorier de France, etc.,] épousa, en 1766, Marie Ardant, [dont : 1° N..... dit M. Chéri.]

Marie-Madeleine de Maillard épousa Nicolas Hastelet, écuyer, Sr de Puygombert, né vers 1726, de Thibaud et de Louise Arbonneau, son épouse.

MAILLÉ.

Hardouin de Maillé, dit de la Tour-Landry, épousa Antoinette de Chauvigny, dame de Châteauroux; elle mourut le 20 février 1473, dont : Françoise, mariée en 1480 (dame en partie de Dun-le-Palleteau (2)), avec Jean V^e du nom, sire d'Aumont; repose chez les Frères mineurs de Châteauroux. (SIMPLIC., T. IV, p. 874, et T. VII, p. 501 et 502.)

XII. — Hardouin de Maillé X^e du nom, troisième fils de Hardouin, baron de Maillé, et d'Antoinette de Chauvigni (vicomtesse de Brosse, fille de Gui, baron de Châteauroux, vicomte de Brosse, et de Catherine de Laval, mariée, le 26 novembre 1458, morte le 20 février 1473), eut pour sa part les baronnies de Saint-Chartier, Châteauroux et La Chatre,

---

(1) Oradour-Fanais, canton et arrondissement de Confolens (Charente).

(2) Dun-le-Palleteau, chef-lieu de canton, arrondissement de Guéret (Creuse).

avec les seigneuries de Dun-le-Palleteau et de Murat en la Marche (1), par la transaction qu'il passa, l'an 1510, avec Louis de Bourbon, prince de la Roche-sur-Yon, et sa femme, de la succession de son oncle, André de Chauvigni, qui avait fait sa femme son héritière, laquelle fut depuis remariée à ce prince. Hardouin mourut le 25 janvier de l'an 1524. Il épousa, le 30 juillet 1494, Françoise de la Tour, fille et principale héritière de Louis, S^{gr} de la Tour-Landri, etc., et de Catherine Gaudin, dont : 1º Jean, qui suit; 2º .....

XIII. — Jean de Maillé de la Tour, comte de Châteauroux, etc., mourut l'an 1563; il avait épousé Anne Chabot, dame de Brion, fille de Robert, baron d'Aspremont, et d'Antoinette d'Illiers, dont : François, qui suit.

XIV. — François de Maillé de la Tour, comte de Châteauroux, mourut en 1598; il avait épousé, en 1564, Diane de Rohan, fille de François, S^{gr} de Gié, etc., et de Catherine de Silly, dont : 1º Jean, qui, en 1613, vendit le comté de Châteauroux au prince Condé; 2º Françoise, mariée à François Brachet.

MAILLER (2).

MAILLERET.

Raymond de Mailleret, Sr de Montoumard, paroisse de Saint-Hilaire-Château (3), fut maintenu par M. d'Herbigny, intendant.

[MAILLON, terre et petite paroisse.]

N..... de Maillon, frère aîné du marquis de Nesmont, lieutenant général des armées navales du roi, était S^{gr} de Saint-Saturnin en 1698.]

MAILLOT.

François Maillot, contrôleur, épousa Jeanne Malignaud, dont : Grégoire, baptisé à Saint-Jean, le 21 mai 1657.

MAINARD.

François Mainard, président au présidial du Bas-Limousin, épousa Jeanne de Guillon, dite de Lestang, fille d'Etienne et de Louise de Juyé. Leurs descendants ont joint le nom de Lestang à celui de Mainard (4).

MAINE (DU), porte : *de gueules, à la fleur de lis d'or*.

III. — Jean du Mayne, chevalier, baron du Bourg (5), quatrième fils

---

(1) Murat, probablement celui qui est canton de Montmarault, arrondissement de Montluçon (Allier).
(2) Il y avait des notes sur ce nom à la page 2424, qui est enlevée.
(3) Saint-Hilaire-Château, canton de Pontarion, arrondissement de Bourganeuf (Creuse).
(4) *V.* aussi MAYNARD.
(5) Bourg, canton de la Capelle-Marival, arrondissement de Figeac (Lot).

de Jean, S^{gr} d'Escandillac, et d'Antoinette de Durfort, testa le 16 septembre 1542. Il épousa, par contrat du 10 août 1515, Marguerite de Monceaux, transigea, en 1546, avec François, baron de Beauville. De ce mariage naquit Bertrand, qui suit.

IV. — Bertrand du Mayne, chevalier, Sr du Palant (1), paroisse de Moissannes, Lasvaud, paroisse de Salon (2), 1567, chevalier de l'ordre du roi, testa le 28 octobre 1567, et mourut la même année. Il avait épousé Jeanne de Fayolle de Mellet, fille de Jean, S^{gr} de Neuvic, Saint-Pardoux, Saint-Martial, et de Jeanne Flamench, par contrat du 25 juillet 1557, dont : 1° Jean, qui suit; 2° Antoine du Meyne, baron de Lespinasse, gentilhomme ordinaire de la chambre du roi, mestre-de-camp d'un régiment français entretenu pour le service de Sa Majesté, 1606, curateur d'Isaac, qui suit, et lequel fit la branche de Lespinasse.

V. — Jean du Maine, baron du Bourg, S^{gr} du Palan et de Lavau, testa le 16 mai 1587, épousa Marguerite Gallard de Bressac, fille de Jean et de Jacquette de la Roche-Andry, dont : Isaac, qui suit.

VI. — Isaac du Mayne, Sr du Bourg en Querci, le Pin en Limousin, le Fraisse, Salon, Lavau en Limousin, gentilhomme ordinaire de la chambre du roi, gouverneur de Moissac, et lieutenant de roi des ville et château d'Antibes ; il épousa : 1° Marie de Durfort, dame des Forges, veuve de Claude Pouthe, S^{gr} du château de Dompierre en la Marche, fille de Jean, S^{gr} de Born, chevalier des ordres du roi, et de Louise de Polignac-Escoyeur ; 2°, par contrat (reçu Philippi) passé à Saint-Antoine en Rouergue, le 26 novembre, Françoise de la Fontjohan de Saint-Projets, dame de Fenarest, mineure, sœur de Philippe de la Font ; elle porta 30,000 livres. Il en eut Françoise, et, pour la marier à Jean de Carbonnières, il vendit le fief du Palen 28,000 livres, à Louis de la Bussière, avocat au parlement de Bordeaux, demeurant à Saint-Léonard. Elle mourut sans enfants.

MAINGAIGNARD (3).

MAINVILLE. — *V.* MINVILLE.

MAISONNEIX (4).

Bertrand de Maisonneix, mort archevêque de Naples en 1362.

Jean de Maisonneix, damoiseau, S^{gr} de la Motte-d'Oradour et de Grave 1441, épousa Françoise de Beauvallay.

Noble Jean de Maisonneix épousa ....., dont : 1° Abel, qui suit; 2° Anne, femme, en 1477, de noble maître Pierre Lamoureux, de la ville de Rochechouart.

---

(1) [Himbert du Palant est cité dans les registres de Roherii, not. à Limoges, p. 78, n° 58, *apud* D. Col.] — Moissannes, canton de Saint-Léonard, arrondissement de Limoges (Haute-Vienne).

(2) Salons, canton d'Uzerche, arrondissement de Tulle (Corrèze).

(3) La généalogie de cette famille était à la page 951, qui est déchirée.

(4) Maisonnais, canton de Saint-Mathieu, arrondissement de Rochechouart (Haute-Vienne).

Abel de Maisonneix, écuyer, Sr de Grane, 1476, épousa Jeanne Martine.

Simon de Maisonneix, conseiller du roi, frère de noble Jacques, chanoine de Saint-Junien, 1501.

Robert de Maisonneix, chevalier, Sr de la Chapelle, Graine, la Motte, épousa Marie Barbesière. Etant veuve et âgée de quatre-vingt-un ans, elle fut enterrée dans la chapelle du cimetière de Biennac, le 1er janvier 1694 (1).

MAISONNEUVE.

François de Maisonneuve, écuyer, Sr de Chambon, épousa Marie de Puyregnier. Etant veuve, au lieu de Lage, paroisse d'Hautefaye en Périgord (2), elle épousa, par contrat (signé de Jalanihac) du 21 juillet 1715, Jean de la Treille, marchand de la ville d'Angoulême, fils de feu Jean, huissier, et de Marie Penot.

MAISONS (DES), Sr de Bonnefont, paroisse de Saint-Just (3), porte : *d'argent, à un chesne de sinople, accosté de deux maisons de gueules, surmonté de deux étoiles de sinople en chef.*

Des Maisons épousa Marguerite Nicolas dite la Cicarde. Elle mourut à Limoges, le 19 mai 1594, dans la religion prétendue réformée ; cependant, par permission de l'official, elle fut portée dans l'église de Saint-Michel-des-Lions, de là aux frères mineurs, puis à Pierrebuffière, sa patrie (4), où elle fut inhumée. De ce mariage naquit Jean, qui suit. (Registres de Pierrebuffière.)

Jean Maisons étudiait en droit, lorsque Martial Monier lui écrivit sa 189e épigramme, imprimée en 1573, où il l'appelle Maisonius. Il était avocat au moins dès 1578. Dès sa jeunesse, il s'appliqua à l'étude, puis très-assidûment au droit civil, plaida avec beaucoup de réputation, consulta dans le cabinet. Il sortit de Pierrebuffière, et vint s'établir à Limoges, où il mourut fort vieux, le dimanche 16 mars 1614, et fut inhumé le lendemain à Saint-Michel-des-Lions (COLLIN, *Lemov. erudit. illustr.*; — et NADAUD, *Mell. mss.*). Il épousa Marguerite de Recules de Nanthiat ; elle mourut à Limoges, au mois d'octobre 1595, dont : 1° Jean, procureur du roi ; 2° Louis, qui suit ; 3° Doulcette, mariée, par contrat (signé Dupin) du 18 janvier 1592, à Bernard Bardon de Brun, avocat en la cour de parlement de Bordeaux, fils de feu Antoine, avocat du roi au présidial de Limoges, et de Marie Lascure. Elle porta 1,400 écus sol, valant 4,200 livres. Elle mourut, et Bernard Bardon se fit prêtre, et mourut en odeur de sainteté en 1625.

I. — Louis Des Maisons, Sr de Bonnefont, lieutenant des chevau-légers que Louis XIII envoya à l'île de Ré contre les Anglais, où il se distingua si fort qu'il eut des lettres d'anoblissement au mois de

---

(1) Biennac, canton et arrondissement de Rochechouart (Haute-Vienne).
(2) Hautefaye, canton et arrondissement de Nontron (Dordogne).
(3) Saint-Just, canton et arrondissement de Limoges (Haute-Vienne).
(4) Pierrebuffière, chef-lieu de canton, arrondissement de Limoges (Haute-Vienne).

juillet 1628 dûment vérifiées; il mourut, âgé de plus de soixante-dix ans, à Bonnefont, où il avait choisi sa demeure, en septembre 1656. Il avait épousé Anne de Malledent; elle fit son testament (reçu Rougier) à Limoges, le 18 octobre 1636. De ce mariage naquirent : 1º Jean, qui suit; 2º Jean-Philippe, chanoine de l'église de Saint-Martial, [mort fort vieux en 17....., auteur d'un registre d'actes capitulaires, ou journal de ce qui s'est passé de plus remarquable dans l'église de Saint-Martial depuis 16..... jusqu'en 17....., et qui était en manuscrit entre les mains de M. Tuilier, aussi chanoine de la même église en 1783]; 3º Françoise, mariée, en 1643, à François Bony de la Vergne, fils de Jean et d'Ysabeau d'Andelay.

II. — Jean Des Maisons eut, le 14 mai 1667, un arrêt du Conseil, portant confirmation desdites lettres d'anoblissement en sa faveur, fut conseiller à Limoges, fort savant et fort intègre, écuyer, Sʳ de Bonnefont. Il épousa Gabrielle de Royère de Brugnac, dont : 1º Jean; 2º Catherine, mariée à Paul Chapellas, Sʳ de la Chapelle, à qui elle porta 3,000 livres; elle fit son testament (reçu par Pigné) le 12 août 1682; 3º Isabeau.

III. — Jean, *alias* Henri Des Maisons, écuyer, Sʳ de Bonnefont, épousa Marie-Françoise de Carbonnières. Elle mourut le 12 janvier 1713, enterrée aux Carmes déchaussés de Limoges, dont : 1º Louise-Antoinette, née le 25 mars 1696 (Registres de Saint-Maurice); 2º Gabrielle, mariée avec Pierre Romanet, Sgʳ de Saint-Priest-Taurion (1); elle mourut à soixante-six ans, le 15 mai 1753. (*Ibidem*.)

IV. — Jean Des Maisons, Sʳ de Bonnefont, épousa Catherine Varacheau, dont : 1º Jean, né le 1ᵉʳ juillet 1716; 2º Charles, baptisé le 23 avril 1721.

V. — Jean Des Maisons, chevalier, Sʳ de Bonnefond et des Villettes, fils de Catherine Varacheau, épousa Madeleine Tessandier de Laumonerie, fille de Jean-Baptiste, baron de Nieul (2), Sgʳ de Laumonerie, chevalier d'honneur au bureau des finances, dont : 1º Catherine, née le 22 novembre 1747; 2º Marguerite, née le 18 avril 1749; 3º Catherine-Thérèse, née le 24 novembre 1750; 4º Jean-François, né le 6 juin 1752; 5º autre Marguerite, née le 11 décembre 1754; 6º Thérèse, née le 18 juin 1756; 7º un fils mort d'abord après sa naissance; 8º Joseph, né le 29 juin 1761.

Jean Des Maisons, écuyer, Sʳ de Bonnefont, fut pourvu, le 6 octobre 1607, de l'état et office de vice-sénachal du Haut et Bas-Limousin, vacant par la résignation de Mathieu de Champaignac, écuyer : celui-ci avait été interdit par arrêt du conseil privé du 3 mai 1602.

Guillaume Des Maisons, écuyer, Sʳ du Vigenal, vice-sénéchal du Limousin, épousa Catherine de Mousnier, fille d'Anne Garnier; elle fit son testament le 22 février, et un codicille le 24 mars 1689.

Mathieu Des Maisons, vice-sénéchal du Limousin, épousa Marie Rogier, dont : Barbe, baptisée à Saint-Jean-de-Limoges, le 24 mai 1684.

Guillaume-Joseph Des Maisons, écuyer, Sʳ du Palen, paroisse de

---

(1) Saint-Priest-Taurion, canton d'Ambazac, arrondissement de Limoges (Haute-Vienne).
(2) Nieul, chef-lieu de canton, arrondissement de Limoges (Haute-Vienne).

Moissanes (1), épousa, en 1765, Marie-Anne Phelip de Saint-Viance, paroisse d'Arenes (2). (C'est une erreur pour la date.)

Antoinette Des Maisons épousa, le 13 septembre 1671, Roland du Leris, écuyer, Sr des Farges et de Sauviat; elle fit deux testaments mutuels avec son mari, les 8 avril 1687 et 3 février 1692.

Marie-Anne-Geneviève Des Maisons, de la ville de Peyrat, épousa Jean-François de Brugière, écuyer, Sr de Farsat, paroisse de Saint-Pierre de Limoges.

Marie Des Maisons de Bonnefont épousa Léonard de Gentils, écuyer, Sr de la Jouchat, paroisse de Saint-Pierre de la ville de Saint-Yrieix, dont : Léonard, tonsuré en 1714.

Gabrielle Des Maisons de Bonnefont épousa Philippe Grain de Saint-Marsaut, chevalier, Sgr de Peyrissat, dont : Jean, mort à sept ans, en 1750. (Regist. de Saint-Maurice de Limoges.)

Joseph-Augustin Des Maisons, écuyer, Sr du Palan, baron de Peyrat, épousa, en 1772, Marguerite-Louise Barbançois, paroisse de Saint-Eustache, à Paris.

LE MAISTRE.

Pierre le Maistre, écuyer, Sr de la Couldre, paroisse de Cussac (3), épousa Gabrielle de Saint-Laurent; elle mourut, à quarante-cinq ans, au château de Rochefort, paroisse de Séreilhac (4), le 19 octobre 1670, fut portée inhumer à Cussac, dont : 1º Anne, née le 18 juin 1651, mariée à Jean Faure, Sr de Fromental; 2º Marie, née le 22 mai 1658, Dlle des Arsis, mariée à François Boyer, maître fondeur de cloches; 3º Charlotte, née le 8 avril 1664, mariée à Pierre Voysin, Sr de Puymouroux, morte à vingt-cinq ans.

LA MAJORIE. — [Terre dont le château est situé sur les confins du diocèse de Limoges et de Cahors, mais sur le territoire du premier, paroisse d'Altillac, et sur le sommet d'une petite montagne qui domine la ville de Beaulieu (5) en Bas-Limousin, de l'autre côté de la Dordogne. Il appartenait, en 1788, à M. de Pestelh, ancien lieutenant-colonel du régiment de la Marche-cavalerie, qui y faisait alors sa résidence avec sa famille. (*V.* PESTELH.)]

François de la Majorie, Sr de Pebeyre, paroisse de Saint-Pardoux-la-Croisille (6), fut trouvé gentilhomme en 1598.

Léonard de la Majorie, Sr de Foursac, paroisse dudit lieu, fut maintenu par M. Fortis, intendant.

Catherine de la Majorie de Foursac avait épousé Pierre de Sargueil,

---

(1) Moissannes, canton de Saint-Léonard, arrondissement de Limoges (Haute-Vienne).
(2) Arrênes, canton de Bénévent, arrondissement de Bourganeuf (Creuse).
(3) Cussac, canton d'Oradour-sur-Vayres, arrondissement de Rochechouart (Haute-Vienne).
(4) Séreilhac, canton d'Aixe-sur-Vienne, arrondissement de Limoges (Haute-Vienne).
(5) Beaulieu, chef-lieu de canton, arrondissement de Brive (Corrèze).
(6) Saint-Pardoux-la-Croisille, canton de la Roche-Canillac, arrondissement de Tulle (Corrèze).

Sr de Delmas. Ils étaient morts l'un et l'autre le **16 février 1724**, lorsque leur fils Léonard se maria avec Marie-Valérie Romanet.

MALAFAYDA. — *V.* MALEFAYDE.

[MALAUSE.

Vers l'an 1400, Pierre de Raffin, damoiseau, Sgr de Perciar en Agenois, possédait les terres et fiefs de Malause ou Malarose, et de Buffo ou Beauffo, dans les diocèses de Limoges et de Bourges : *Lemovicensi* et *Bituricensi*. On voudrait découvrir laquelle des deux est dans le diocèse de Limoges et dans quelle partie (1); si elle contient dans sa juridiction encore quelques paroisses, et, si c'est un fief, dans quelle juridiction il est situé; l'on demande aussi le nom du seigneur actuel. (Acte communiqué par M. de l'Epine.)]

MALAVAL. — *V.* MALVAL.

MALBERNATI. — *V.* MAUBERNARD.

MALCAP.

Antoine de Malcap, écuyer, Sr de Leyssales, du lieu de la Faurie, paroisse de Saint-Paulin, diocèse de Cahors, épousa Antoinette de la Personne, du lieu du Claux, paroisse de Cublac (2), dont : Claude, né le 14 avril 1669.

MALEDEN.

[Pierre Maleden est cité dans les registres de Roherii, notaire à Limoges, p. 49, n° 45, *apud* D. COL.]

..... Maleden épousa ....., dont : 1° ....., qui suit; 2° Martial, fondateur de la Mission de Limoges, mort en 1670.

..... de Maleden, conseiller au parlement de Bordeaux, [Sgr de Meilhac (3), épousa Marie de Goy de la Boynet (*Eloge de la Mère du Calvaire*, p. 4)], dont trois filles : 1° Anne-Marie, fondatrice du petit-couvent de Sainte-Claire à Limoges; 2° .....; 3° .....

Antoine de Maledent, écuyer, Sr de la Rivière, de la ville de Brive, épousa Marie de Beynette, dont : Jean-Joseph, tonsuré en 1763.

MALEFAYDE (4)

MALEFAYE (5).

---

(1) C'est peut-être Malauze, paroisse de la Souterraine, arrondissement de Guéret (Creuse), où l'on trouve un ancien camp.

(2) Cublac, canton de Larche, arrondissement de Brive (Corrèze).

(3) Meilhac, canton de Nexon, arrondissement de Saint-Yrieix (Haute-Vienne).

(4 et 5) Nadaud indique la page 2124 pour les familles Malefayde et Malefaye. Cette page est déchirée.

MALEMORT. — Ces anciens seigneurs se trouvent qualifiés princes dans la chronique de Gaufridus; il portent : *fascé d'argent et de gueules de 6 pièces.* (LABBE, *Blason royal*, p. 94.)

Hugues de Malemort épousa ....., dont : Engalcias, sa fille, en 1070.

Gui de Malemort, neveu d'Aimar IIe du nom, vicomte de Limoges en 1080.

Hélie de Malemort (JUSTEL, *Hist. Tur.*); Amauri de Beauchâteau, son père, fut tué dans un combat par Archambaud, vicomte de Comborn, avant l'an 1121.

..... de Malemort épousa ....., dont : 1° Gilbert, du bourg de la Graulière, vers 1174 (*V.* GAUFRED., *Chron.*, p. 323, et *supra*, généal. *Comborn*); 2° Adémar; 3° Pierre Calaseus.

Gaubert de Malemort épousa ....., dont : ....., qui suit.

..... de Malemort épousa, vers 1174, Péronnelle de Comborn, fille de Archambaud, vicomte de Comborn, et Jordane ou Jourdaine, fille de Boson IIIe du nom, comte de Périgord.

Géraud de Malemort épousa ....., dont : Bernard, qui suit.

Bernard de Malemort épousa Garcile de Comborn vers 1174, fille de Archambaud, vicomte de Comborn, et Jordane ou Jourdaine, fille de Boson IIIe du nom, comte de Périgord.

Hélie de Malemort, de l'illustre famille de ce nom en Limousin, mort archevêque de Bordeaux en 1206.

Pierre et Gui de Malemort, 1211.

G. de Malemort prêta le serment de fidélité au roi, à la reine, à ses frères et à leurs héritiers, sauf le droit des évêques de Limoges et des autres seigneurs, le lendemain de la fête de l'Annonciation, 26 mars 1229. Gérard de Malemort, chevalier, baron de Donzenac (1), fit un legs au monastère de Vigeois 1231. (*Mss. de la Chambre des comptes.*)

Pierre, S^{gr} de Malemort, 1235, frère de Gui en 1211, épousa ....., dont : 1° G. de Malefort, que Raymond, vicomte de Turenne, fit exécuteur de son testament, 1245; 2° Hélie de Malemort, 1235; 3° Alemande Malemort, 1245, mariée à Raymond V^e du nom, vicomte de Limoges.

I. — Gérald de Malemort, sénéchal de Périgord en 1244 et de Querci (MARTÈNE, *Ampliss. coll.*, T. I, col. 1280), prêta hommage et fit le serment de fidélité à l'évêque de Limoges en 1258, sénéchal pour le roi à Saint-Antoine en Rouergue en 1251 (VAISSETTE, *Hist. de Langued.*, T. III., p. 381). Par son testament du mardi avant la fête de saint Jacques et saint Philippe 1270, il institua deux héritiers par égales portions, savoir : Gerauld de Malemort, son fils, à qui il donna la ville de Donzenac et généralement la moitié de toutes ses terres, et Aymeric de Malemort, son petit-fils, qui eut en partage les terres de Saint-Hilaire, Ussac, etc.

Bernard de Malemort, abbé de Montauban, dont la mort est marquée au 6 des calendes de juin (27 mai), dans un nécrologe du monastère de Cornillon près Grenoble. (ESTIENNOT, *Fragm. hist.*, T. VI, p. 3.)

---

(1) Donzenac, chef-lieu de canton, arrondissement de Brive (Corrèze).

Aimeric de Malemort, sénéchal général du roi de France dans les diocèses de Limoges, Périgueux et Cahors, en juin 1254. (JUSTEL, *Hist. Tur.*)

II. — Gérald de Malemort IIe du nom, chevalier; étant très-malade, fit son testament à Montlhéry, le mardi avant la fête de saint Jacques et de saint Philippe 1259, en présence de Bertrand, prévôt de l'église de Toulouse; fait un don aux Frères mineurs de Donzenac, dans l'église desquels il veut être inhumé; ne parle point de sa femme (Archives des Cordeliers de Donzenac). Il rendit hommage à l'évêque de Limoges en 1260 (1261). Il eut : 1º Aymeric, qui suit; 2º Gérald, clerc, depuis clerc du roi (LA CROIX, *Episc. Cadurc.*, p. 136) et chanoine de Lyon, qui termina un différend entre le chapitre de l'église de Cahors et Simon Gaubert, serviteur du sénéchal de Périgord, l'an 1275, à Paris; 3º Bertrand, aussi clerc, puis dominicain, qui demeurait au couvent d'Avignon en 1258. (MAHUET, *Prædicat. Avenion.*, p. 20); 4º Gilbert, alors archidiacre, puis évêque de Limoges, mort en 1294; 5º Gualiane, veuve de P..... de Maulmont, et mariée à Aoustorge d'Aorlhac, à laquelle il donna le fief de Faugeras : peut-être se remaria-t-elle, en troisièmes noces, à Eble, vicomte de Ventadour.

III. — Aymeric, qui fut père d'Aymeric, qui suit.

Hugue de Malemort fonda le couvent des Frères prêcheurs de Brive en 1261.

Noble P..... de Malemort (S[gr]) épousa ....., dont : Bertrand de Malemort, S[gr] de Rosiers, damoiseau, fit, à Malemort, son testament le 26 mars 1272, par lequel il institue ses héritiers Raymond et Boson de Turenne, ses neveux. Il vivait en 1276.

Pierre de Malemort, 1285, S[gr] de Brive et de Malemort, rendit une sentence arbitrale en 1281. (SIMPLIC., T. VII, p. 350.)

IV. — Aimeric de Malemort, chevalier, neveu de Gilbert, évêque de Limoges 1294, petit-fils de Gérauld, rendit hommage à l'évêque de Limoges en 1310. Il épousa ....., dont : 1º Geraut ou Guiraud de Malemort, qui avait imposé, apparemment par ordre du roi, un subside sur les sujets du comté de Rodez en 1298; il eut la terre de Saint-Hilaire (VAISSETTE, *Hist. Langued.*, T. IV, p. 94); 2º Gilebert, qui suit.

V. — Gilebert de Malemort eut la terre d'Ussac (1) et de Vergy; il épousa ....., dont : Gui de Malemort, S[gr] d'Ussac et de Saint-Hilaire, qui vendit ces terres le 28 février 1372.

Gaufride de Malemort, abbesse de Lamanare, ordre de Citeaux, diocèse de Toulon; mourut le 24 novembre 1335 (*Gall. Christ. nov.*, T. I, col. 764).

Pierre de Malemort, S[gr] de Breviges, rendit hommage à l'évêque de Limoges, le 10 novembre 1310; il épousa ....., dont : Joubert, qui suit.

Joubert de Malemort mourut au mois d'août 1361; il épousa Anne de Ventadour, fille de Ebles VIIIe du nom, vicomte de Ventadour, et de Marguerite de Beaujeu, dont deux filles : 1º Blanche, mariée à Bertrand de Lebret, seigneur anglais; 2º Galiene, mariée : 1º .....; 2º à Jean de

---

(1) Ussac, canton et arrondissement de Brive (Corrèze).

Volsey, dont : Jeanne, mariée à Jean Montal, S^{gr} de la Roquebrou.

Le prieur de Brive transigea, en mars 1337, avec les co-seigneurs de Malemort, qui étaient : 1º Jean, comte de Cominge et vicomte de Turenne, co-seigneur de Brive; 2º Gérald de Malemort, S^{gr} de Saint-Hilaire; 3º Gérald de Malemort le Jeune, S^{gr} de Vergine; 4º Joubert de Malemort, damoiseau, S^{gr} en partie de Brive, époux d'Anne de Ventadour; 5º Gui de Saint-Michel, écuyer.

Marie de Malemort mourut le 6 mars, fut enterrée dans le cloître des Frères mineurs de Limoges. (*Calender. FF. PP. Lemovic.*)

V. EBLE DE VENTADOUR, branche de Donzenac.

Reginald de Malemort épousa, avant 1443, Simone Tisone, fille de Pierre Tison.

Marques d'Escouraille, S^{gr} de Malemort, témoin dans le contrat de mariage de Bertrand de la Tour-d'Auvergne avec Louise de la Trémouille, le 30 janvier 1454 (*vieux style*). (BALUZE, *Mais. d'Auv.*, T. II, p. 662.)

Bernard d'Abret, fils naturel de Guitard, fut S^{gr} de Malemort et de Brier, 1365. (SIMPLIC., T. VI, p. 208.)

Jean de Nozières, baron de Malemort, 1474.

Gui, baron de Malemort, 1518.

[La quatrième et la plus considérable portion de la baronnie de Malemort était connue sous le nom de Breviges, et comprenait la ville de Brive-la-Gaillarde (*V.* BRIVE, T. I, p. 263 et 343). Cette portion avait été subdivisée, l'an 1230, à l'occasion du mariage de

Allemande de Malemort, qui apporta à son époux, Raymond de Servières, depuis vicomte de Turenne, une partie de la seigneurie de la ville de Brive. Une autre partie était possédée par

Pierre de Malemort, qui eut son fils pour héritier; il épousa ......, dont : Joubert, qui suit.

Joubert de Malemort, marié avec Anne de Ventadour, mort en 1361, laissa de ce mariage deux filles : 1º Blanche, qui épousa Bertrand de le Bret, lequel vivait le 26 février 1362; 2º Galiene, qui eut trois maris, et qui, de Jean de Volsey, le second, eut une fille nommée

Jeanne, qui épousa Jean de Montal, S^{gr} de Roquebrou.

Ordo de Montal, baron de Malemort et S^{gr} de Breviges, rendit hommage à l'évêque de Limoges en 1540, pour Breviges et Malemort.

MALEVERGNE (1).

MALHIAC.

Jacques de Malhiac, écuyer, Sr de la Chassagne, paroisse de Saint-Trié (2), épousa Jeanne de Montferrand, dont : Antoine, qui suit.

Antoine de Malhiac, écuyer, Sr de la Salle, paroisse de Saint-Trié,

---

(1) Pour ce nom, Legros envoie à Mouriteau, à la page 2560, qui est déchirée.
(2) Saint-Trié, canton d'Excideuil, arrondissement de Périgueux (Dordogne).

épousa, par contrat (signé La Jamme) du 9 janvier 1652, Catherine de Bruhet de la Garde, fille de feu Marc-Antoine, écuyer, S de la Garde, et de Françoise de Lermite de la Rivière, du lieu de la Forge de Busserolles, dont : Louise, née à Busserolles (1) le 13 décembre 1656.

MALLAFERT (2).

MALLERET (3).

MALLESSEC porte : *d'argent, au lion de gueules, au chef d'azur, chargé de 3 étoiles d'or. (Dict. généal.)*

[Mallesse, terre qui a eu autrefois ses seigneurs particuliers, et qui, en 1698, appartenait au maréchal de Noailles.]

Frère Guillaume de Malessec, fondateur du monastère de Chancelade en Périgord, l'an 1128. (Dupuy, *Etat du Périgord*.)

Guillaume de Mallessec, clerc de la chambre apostolique, qui acheta de Jeanne, reine de Naples, la ville d'Avignon, au nom de l'Eglise romaine, l'an 1348 ; paraît avoir été oncle du cardinal. (Baluze, *Vit. Pap. Aven.*, col 1154.)

Gui de Mallessec, S^{gr} dudit lieu et de Châtelus-Mallevaleix (4), cardinal, mort en 1412.

Pierre de Mallessec, S^{gr} de Châtelus-Mallevaleix, comparut à la réformation de la coutume de la Marche, 1521.

Marc de Mallessec, vicomte de la Motte-au-Groin, épousa Catherine de Gazette, veuve en 1551.

Toussaint de Mallessec, abbé de la Roche, 1551.

Avoise de Malesec de Châtelus épousa, vers 1615, Olivier du Bouex, S^{gr} de Richemont, chevalier de l'ordre du roi. (Hozier, *Arm. général*, Ire partie, p. 87.)

Noble Jean de Mallessec, S^{gr} de Châtelus en la Marche, épousa Gabrielle Ajasson, dont : 1° Gabriel, qui suit ; 2° Jean, tonsuré en 1599, prieur d'Anzème (5) en 1612.

Toussaint de Châtelus de Mallessec, protonotaire du Saint-Siége, abbé de la Roche, neveu de Marc le Groin, chevalier, S^{gr} de la Motte-au-Groin et prévôt de l'hôtel du roi, eut, pendant six mois, pour secrétaire, François-Hubert Berruyer, poète assez connu. (Gonjet, *Biblioth. Franc.*, T. XIII, p. 12.)

Noble Jeanne de Mallessec, dame de Vieillevigne, mourut à Châtelus-Mallevaleix le 29 novembre 1666.

Gabriel de Malezai, baron de Châtelus-Mallevaleix, Roche, Courgeat, la Prugne, Rebouyer, Saint-Dizier, la Villette, chevalier de l'ordre du roi, conseiller d'Etat, vicomte de la Motte-au-Groin, capitaine de

---

(1) Busserolles, canton de Bussière-Badil, arrondissement de Nontron (Dordogne).
(2) On a déchiré la page 2560, où était ce nom.
(3) On a lacéré le manuscrit à la page 2687, où était Malleret.
(4) Chatelus-Malvalleix, chef-lieu de canton, arrondissement de Boussac (Creuse).
(5) Anzème, canton de Saint-Vaulry, arrondissement de Guéret (Creuse).

50 hommes d'armes, gentilhomme ordinaire de la chambre du roi, épousa Agnès ou Aimée de Gaucour, fille de Louis, chevalier de l'ordre du roi, etc., et de Jeanne d'Escoubleau de Sourdis, veuve en 1624, dont : 1º Charles, tonsuré en 1617 ; 2º Claude ; 3º François, abbé de Prébenoit (1), mort en 1691 ; 4º autre François ; 5º Jacques ; 6º Gilbert ; 7º Françoise. (SIMPLIC., T. VIII, p. 373.)

Charles de Mallessec, comte de Châtelus-Malvaleix, officier distingué au service du roi, mourut, à soixante-quatorze ans, le 25 avril 1676 ; il avait épousé Claude de Salzevois ; elle mourut le 13 juin 1667, dont : 1º Madeleine, baptisée le 6 juin 1632, mariée, en 1665, à Henri d'Escoubleau, marquis du Coudrai, Montpensier ; 2º Gilberte, baptisée le 24 juillet 1634 ; 3º Gabrielle, née le 3 juillet 1648 ; 4º Françoise, vivante en 1689. (COUTURIER, Cout. de la Marche, p. 13.)

Gilles de Mallesecq, Sgr de Châtelus en la Marche, épousa Isabeau le Groing la jeune, fille de Relyon, maître de l'artillerie de France, et de Catherine de Vouhet, morte audit Châtelus en 1501. Isabeau porta la vicomté de la Motte-au-Groing, dont deux fils et deux filles. (SIMPLIC., T. XIII, p. 143.)

MALLET.

François de Mallet, écuyer, Sr de la Ferrière, paroisse de Turgon en Angoumois (2), épousa, le 23 octobre 1651, Jacquette Jammet, du bourg d'Oradour-Fanais (3), dont : 1º Françoise, née le 1er octobre 1652 ; 2º Anne, née le 30 mars 1654 ; 3º Susanne, née le 25 août 1655 ; 4º Jean, né le 29 octobre 1657 ; 5º René, né le 26 avril 1659 ; Pierrette, née le 14 septembre 1660 ; 7º Antoinette, née le 10 décembre 1663 ; 8º Marie, née le 9 avril 1665 ; 9º Martial, né le 17 février 1667 ; 10º Anne, née le 25 juillet 1669.

Léon Mallet de Letanche, écuyer, garde du corps du roi, chevalier de Saint-Louis, prévôt de la maréchaussée, mourut, à quarante-deux ans, le 2 août 1752, fut enterré à Saint-Martial d'Angoulême.

Jean Mallet, Sr de Letanche, lieutenant de prévôt de la maréchaussée d'Angoumois, mourut, à quatre-vingt-trois ans, le 12 juillet 1754, fut enterré à Saint-Martial d'Angoulême. Il avait épousé Jeanne Nadaud.

Noble Guillaume Malet, Sr de Mcirignac (4), de la ville d'Aimoutier, épousa Jeanne Gautier, dont : 1º Jeanne, baptisée le 26 mars 1699 ; 2º Pierre, mort à Neuvic près d'Aimoutier, à l'âge de vingt-cinq ans, le 13 février 1720.

Pierre Malet, écuyer, Sr de la Vigerie, du bourg de Julhac (5),

---

(1) Prébenoit, abbaye située dans la paroisse de Bétête, canton de Châtelus, arrondissement de Boussac (Creuse).

(2) Turgon, canton de Champagne-Mouton, arrondissement de Confolens (Charente).

(3) Oradour-Fanais, canton et arrondissement de Confolens (Charente).

(4) Mérignac, ancienne paroisse qui se trouve aujourd'hui dans celle Bourganeuf, chef-lieu d'arrondissement (Creuse).

(5) Juillac, chef-lieu de canton, arrondissement de Brive (Corrèze).

épousa Susanne Géraud, dont : Adrienne, morte le 9 mars 1692, inhumée dans la chapelle du Baillhargeau de Ségur, alors sur la paroisse de Saint-Julien-le-Verdonneix (1).

Jean Mallet épousa ....., dont : 1º Antoine, écuyer, Sr de la Borie, paroisse de Juilhac; 2º ....., ecclésiastique en 1765.

MALLEVAUX, *alias* de BAR.

François-Antoine Mallevau, écuyer, Sr de Merigni, de la ville du Dorat (2), épousa : 1º .....; 2º, en 1768, Charlotte-Marguerite du Peyron, paroisse de Saint-Germain-l'Auxerrois, à Paris.

Jean Mallevaux, *alias* de Bar, fut trouvé gentilhomme en 1598.

François-Henri de Mallevau, écuyer, de la ville du Dorat, épousa, en 1771, Marie-Elisabeth de Riencourt, paroisse de Saint-Ours, de la ville de Loches, diocèse de Tours.

Florence de Mallevaud épousa, le 1er janvier 1605, Pierre Jay, fils de François et de Jeanne de Saint-Amand.

MALONIE, paroisse de Saint-Pardoux en Bas-Limousin. (*V.* CORBIER, T. I, p. 495, 599.)

MALVAL [ou MALAVALLE].

Philippe de Malval, Sgr de Châtelus-Mallevaleix (3), y est enterré avec ce reste d'inscription.

    Anno : C : trino : X : m (4) : q : secundo
    Phelip : castri : lucii : malavalle :
    tunc : obiit : dominus : veneris : post : epiphaniam :
        requiescat : in : pace.

Sur une autre tombe dans la même église :

    m : ter : C : trina : X : V : (5) fuit : mors : peregrina :
    Tunc : obiit : recte : Delphina : de : Malomonte :
    Castri : tunc : domina : Lucii :

Dauphine de Maumont est dite veuve dudit Philippe dans un acte de l'an 1334. Ils laissèrent : 1º Dauphin, qui suit, 2º Philippe, chevalier, Sgr de Janailhac (6), 1334.

Dauphin de Maleval épousa Alix d'Aubusson, fille de Gui, baron de Borne (7), et de Marguerite de Ventadour.

---

(1) Saint-Julien-le-Vendômois, canton de Lubersac, arrondissement de Brive (Corrèze).
(2) Le Dorat, chef-lieu de canton, arrondissement de Bellac (Haute-Vienne).
(3) Châtelus-Malvaleix, chef-lieu de canton, arrondissement de Boussac (Creuse).
(4) Millenoque. — 1332 (*vieux style*).
(5) 1335.
(6) Janailhac, canton de Pontarion, arrondissement de Bourganeuf (Creuse).
(7) La Borne, ancienne paroisse dont le territoire a été uni à celui de la commune de Blessac, canton et arrondissement d'Aubusson (Creuse), par ordonnance du 11 juin 1842

[Louis de Malavalle ou Mallevalle est cité dans les registres de Borsandi, not. à Limoges, p. 74 ; n° 121, et p. 118, n° 148, *apud* D. Col.]

MANCEAU, demeurant à Saint-Jean-d'Angély, porte : *d'argent, à un pin tigé et feuillé de sinople, chargé de 7 pommes d'or, 3 et 4, surmonté d'un croissant d'azur, et accosté de deux étoiles de même.*

I. — Guillaume Manceau épousa Anne Bertrand.

II. — Jean Manceau est élu maire de Niort en 1598 ; est échevin, à Saint-Jean-d'Angély, par le décès de Jean Méglier, le 3 juillet 1599. Jacques de Nicars est pourvu par la mort dudit Manceau, le 21 février 1606. Il épousa, le 31 juillet 1578, Marie Thoreau.

III. — Daniel Manceau épousa, le 12 janvier 1614, Marie Duison (1).

MANDAT, porte : [*d'azur, au lion d'or, au chef d'argent, chargé d'une hure de sanglier de sable, accostée de 2 roses de gueules.* Supports : *deux lions.* Cimier : *un lion d'or.* Devise : ...... (DE COMBLES, *Traité des devises hérald.*, 1784, p. 158.)]

Mandat, conseiller du roi, et trésorier de France à Bourges, a loué, dans un sonnet, les tragédies de Roland Brisset, de Tours, imprimées en 1590. (GONJ., *Bibl. Franc.*, T. XIII, p. 375.)

Jean Mandat, lieutenant général à Limoges, Sr du Puy-de-Nuz et de la Périère, épousa Catherine Sabourin, dont : Catherine, baptisée à Saint-Jean de Limoges, le 2 juin 1686.

Nicolas Mandat, maître des comptes à Paris, épousa Françoise Petit, dont : Marguerite, mariée, par contrat du 27 août 1653, avec Ferry Mallet de Granville, chevalier, dit le marquis de Valsemé : elle mourut aux Feuillantines, où elle s'était retirée, l'an 171... (SIMPLIC., T. VII, p. 873.)

Marie-Françoise de Mandat épousa, en 1707, Jérôme du Faur, comte de Pibrac, capitaine dans le régiment du Roi-infanterie. (*Dict. généal.*, 1757, T. II, p. 95.)

MANENT.

Jean Manent, marié, à Coutezon, à dame Hélène Divre Melens, fut anobli, en 1604, pour s'être porté vaillamment au combat de Salbertrand, en 1593.

Jean de Manent fils épousa dame Paule Rogier (des Essards).

Pierre de Manent, un de leurs enfants, épousa, en 1646, Dlle Anne Grégoire de Roulhac.

Leur postérité subsiste encore en la personne de M. Pierre-Paul Manent, médecin (2).

MANNET. — *V.* MAGNET.

---

(1) Nadaud avait d'autres notes sur cette famille à la page 2160, qui est enlevée.

(2) Cet article est d'une plume que nous ne connaissons pas ; ce n'est ni Nadaud ni Legros qui l'ont écrit.

[MANSAC.]

MANSERII.

Noble Jacques Manserii, Sr de Puyrobin, épousa ....,., dont : 1° Jean, Sr de Puyrobin, 1474; 2° Olive, mariée à Bernard Joubert, fils de Jean, S^{gr} d'Arfeuille, paroisse de Champnesterie (1).

[MANZAT ou MAUZAT. — Une des quatre anciennes châtellenies qui composent aujourd'hui le duché-pairie de Noailles; elle joint celle de Larche, et la sépare de celle d'Ayen (2).]

DES MARAIS.

Pierre des Marais, chevalier, S^{gr} de la Renaudière, diocèse de ....., gentilhomme et surintendant de la maison de feu Son Altesse Sérénissime Henri-Jules de Bourbon, grand-maître de France, et premier prince du sang, mourut au Noyer, paroisse de Bersac (3), âgé de soixante-dix-huit ans, le 5 septembre 1722.

Marie des Marais de la Renaudie, sa sœur ou sa femme, mourut au même lieu, à quatre-vingts ans, le 30 janvier 1728. Pierre avait épousé ....., dont : Louis-Jean, qui suit.

Louis-Jean des Marais, gentilhomme de la chambre et capitaine aux gardes de Son Altesse Royale le duc de Lorraine, mourut, au château du Chambon, paroisse de Bersac, le 9 janvier 1750; il était S^{gr} de l'Age-Ponet, le Noyer, le Chambon, Solignac; il avait épousé Marie-Françoise Deaulx : elle mourut, à trente-huit ans, le 22 mai 1731, dont : 1° Marie-Anne-Françoise, née le 27 janvier 1719, mariée, en 1740, à Joseph-Clément des Flottes, S^{gr} de Leychoisier, paroisse de Bonnac (4), fils de Jean et de Thérèse Hugon; 2° Marie-Renée, née le 20 décembre 1720, mariée, le 6 février 1742, à Jean de Rieu, Sr du Villepreaux et du Dognon, qui mourut aux bains de ....., au mois de juin 1753; 3° François-Louis, qui suit; 4° Joseph, né le 27 octobre 1723, docteur de Sorbonne, grand-vicaire de Troyes, [puis de Poitiers,] abbé de Bonlieu (5), diocèse de Limoges, mort en cette ville; a laissé une bibliothèque choisie pour les éditions et les reliures, et un cabinet précieux d'histoire naturelle]; 5° Bernard-François, né le 22 janvier 1726, au service du roi; 6° Pierre-Jérôme, né le 10 février 1731.

François-Louis des Marais, mousquetaire du roi, Sr du Chambon, le Noyer, Lage-Paulnet, paroisse de Bersac, Solignac, [était poète et littérateur]. Il épousa, en 1742, Jeanne-Marie du Sauzet. [Il mourut

---

(1) Champnétery, canton de Saint-Léonard, arrondissement de Limoges (Haute-Vienne).
(2) Mansac, canton de Larche, arrondissement de Brive (Corrèze).
(3) Bersac, canton de Laurière, arrondissement de Limoges (Haute-Vienne).
(4) Bonnac, canton d'Ambazac, arrondissement de Limoges (Haute-Vienne).
(5) Bonlieu, ancienne abbaye située dans la paroisse de Peyrat-la-Nonière, canton de Chénerailles, arrondissement d'Aubusson (Creuse).

à Limoges, sur la paroisse de Saint-Michel-des-Lions], dont : 1º Léonard-Jérôme, né le 26 juin 1746, tonsuré en 1762; [2º Joseph-Louis, qui suit; 3º N....., officier au régiment de .....-infanterie, mort à Limoges; 4º N....., dite Mlle des Marais, héritière de Joseph, abbé de Bonlieu, et de son oncle].

Jean-Louis des Marais du Chambon épousa, en 1773, Silvie du Lignaud, de Lussac-les-Eglises (1). [De ce mariage naquirent plusieurs enfants.]

V. aussi MARETZ.

DES MARANS. — *V.* GADOUIN.

MARBŒUF, Sr du Masmeau, paroisse d'Arnac-la-Poste (2), porte : *d'azur, à 2 chevrons d'or, soutenus par deux épées d'argent en sautoir.*

I. — Julien Marbœuf reçut un hommage le 16 juillet 1504; il épousa Maguerite du Chatain : étant veuve, elle fit une vente avec François, son fils, le .. janvier 1550.

II. — François Marbœuf fit quelques acquets en 1549; il épousa Marguerite Bravèze, dont : Charles, qui suit.

III. — Charles de Marbœuf épousa, par contrat du 8 février 1564, Brunissande de Rouffignac, dont : Jacques, qui suit.

IV. — Jacques de Marbœuf épousa, par contrat du 28 janvier 1598, Claude de Savignac, dont : Jean, qui suit.

En 1598, les commissaires du Gouvernement trouvèrent bonnes les preuves de noblesse que cette maison leur présenta.

V. — Jean de Marbœuf, écuyer, Sr de Masmeau, épousa, par contrat du 24 décembre 1628, Bonaventure de Montostre; elle mourut à Saint-Maurice près la Souterraine (3), en 1680; dont : 1º Robert, baptisé le 27 avril 1639; 2º Jean, baptisé le 6 décembre 1631, écuyer, Sr de Masmeau, épousa Elisabeth Blactor; étant veuve, elle fit rendre un arrêt, le 19 février 1695, pour son douaire. (BOUCHEUL, *Cout. Poit.*, tit. IV, art. 259, nº 3.)

SAINT-MARC.

Albert ou Arbert de Saint-Marc, damoiseau, 1333; Athelide de la Marche, sa femme, 1329, dont : Ancelet de Saint-Marc, damoiseau.

Louis de Saint-Marc, chanoine de Limoges, doyen de la Chapelle-Taillefer (4). [Voyez mes *Mém. mss. Evêq. de Limoges,* p. 395.]

Mathurin de Saint-Mars, chevalier, vicomte de Bresteau, S^{gr} de

---

(1) Lussac-les-Eglises, chef-lieu de canton ecclésiastique (Saint-Sulpice-les-Feuilles est le canton civil), arrondissement de Bellac (Haute-Vienne).

(2) Arnac-la-Poste, canton de Saint-Sulpice-les-Feuilles, arrondissement de Bellac (Haute-Vienne).

(3) Saint-Maurice, canton de la Souterraine, arrondissement de Guéret (Creuse). C'est à la limite sud de cette paroisse, dans celle de Fromental (Haute-Vienne), que se trouve le château de Montestre.

(4) La Chapelle-Taillefer, canton et arrondissement de Guéret (Creuse).

Saint-Mars, la Mousse, Rouperreux, Saint-Georges, du Rosay et de Mangasteau, épousa Jeanne de Brisay, dont : Renée, fille unique et héritière, mariée à Jean de Laval, Sr de Boisdauphin, etc.; elle mourut en 1533, après avoir fait son testament. (SIMPLIC., T. III, p. 650.)

MARCEL.

Aymerigot Marcel, écuyer limousin, dont Froissard parle aux années 1379, 1383, 1388, 1390.

MARCHAND. — *V.* MOTTE-CRETEUIL.

MARCHANDON.

Jacques-Joseph Marchandon, écuyer, Sr de Naujac (1), épousa : 1o ..... Beaubreuil, [morte sans enfants]; 2o, en 1768, Marie-Anne Londeix de Puytignon, paroisse de Saint-Martin-le-Vieux (2), [dont : 1o ..... Marchandon, qui suit; 2o .....

N..... Marchandon de Naujac, écuyer.

LA MARCHE.

La branche de Parnat est près Saint-Benoît-le-Sault en Poitou (3).

[Henri de la Marche de Parnat, élu, le 9 septembre 1687, abbé général régulier de l'ordre de Grandmont, dont il avait pris l'habit en 1661. Il était fils de Claude de la Marche, Sgr de Parnac, baron de Fins et de Dun-le-Poislier (4), gentilhomme, et de Françoise de Chamborand. Cet abbé mourut, à la Drouille-Blanche, le 17 décembre 1715, et fut enterré le lendemain à Grandmont. (Voyez mes *Mém. mss. Abb. Lim.*, p. 490.)

Marie-Jeanne-Gabrielle de la Marche, fille de François de la Marche et de Marie de Maussabré, de la paroisse de Fresselines (5), épousa, en 1769, Philippe-François du Breuil de Souvolles, de la paroisse de Saint-Sulpice-le-Dunois (6), fils de François du Breuil, chevalier, Sgr de Souvolle, et de Catherine de Villiers.]

Renaud de la Marche, chevalier de la cour de Gui, comte de Nevers, souscrivit à une charte de 1171. (PERARD, *Hist. de la Bourgog.*, p. 247. — SIMPLIC., T. III, p. 200.)

[Constance de la Marche, mariée, en 1364, avec Ramnulphe de Pompadour], fils de Geofroi, veuf de Galiene de Chanac. Elle était fille de Guillaume de la Marche et de Jeanne de la Motte; elle vivait encore en 1399.

[Noble homme Godefroi de la Marche avait épousé Heliette de la Celle, dont : 1o Philippe, nommé dans l'acte d'un acensement fait le 4 juin 1401, reçu par Laboreix, notaire; 2o Elion, nommé dans le même acte que son frère. (*Inv. tit. Celest. des Tern.*, q. 515, 518.)]

---

(1) Naugeat, commune de Limoges.
(2) Saint-Martin-le-Vieux, canton d'Aixe, arrondissement de Limoges (Haute-Vienne).
(3) Saint-Benoît-du-Sault, chef-lieu de canton, arrondissement de Blanc (Indre).
(4) Dun-le-Poëlier, canton de Saint-Christophe, arrondissement d'Issoudun (Cher).
(5) Fresselines, canton de Dun-le-Palleteau, arrondissement de Guéret (Creuse).
(6) Saint-Sulpice-le-Dunois, canton de Dun-le-Palleteau, arrondissement de Guéret (Creuse).

François de la Marche, S^{gr} de Verny (1), épousa Marguerite d'Archiac, dont : Anne, mariée le 20 mai 1515 avec François de la Grange, S^{gr} de Montigny. (Simplic., T. VII, p. 425.)

Antoine de la Marche, écuyer, Sr de Puygillon et du Fé (2), paroisse de Fresselines, épousa Anne Dassy, dont : 1º Honorate, baptisée le 11 juin 1628; 2º Silvine, baptisée le 13 mai 1629.

Silvain de la Marche, écuyer, Sr de Puygillon, paroisse de Fresselines, épousa Marguerite Darnat, dont : 1º Gabrielle, baptisée le 1er juin 1651; 2º Estienne, baptisé le 10 juillet 1652; 3º Marie, née le 23 novembre 1653; 4º Léonarde, née le 20 mars 1655, mariée, le 27 décembre 1676, à Robert de Saint-Mort ou Maur, écuyer, Sr de Lourdoüe-Saint-Pierre (3) et de Vervy; 5º Marguerite, née le 3 juin 1656; 4º François, né le 1er juillet 1657; 7º Catherine, née le 23 juillet 1658; 8º Gabrielle, née le 22 décembre 1659; 9º Jean, né le 5 novembre 1661; 10º Barthélemy, né le 19 janvier 1663; 11º autre Gabrielle, née après la mort de son père le 23 octobre 1664.

MARCHE (comtes de la).

[Sur le nom et l'origine de la Marche et des marquis, v. De Combles, *Tabl. de la noblesse*, 1786, IIe part., p. 8 et suiv.]

V. *Notice du diocèse*, p. 3.

Semé de France à la cottice de gueules chargée de trois lionceaux d'argent. (*Dict. généal.*, 1757, T. III, p. cIII.)

[La Marche limousine est un des grands fiefs mouvants de la couronne de France. Dès l'origine de ces fiefs, les marquis de la Marche, qui n'étaient que bénéficiaires, trouvèrent moyen de s'approprier ce marquisat, et de se le rendre héréditaire. Ils le firent alors ériger en comté. Or, comme ces marquis descendaient des comtes d'Angoulême, il faut savoir que Turpion, comte d'Angoulême, ayant été tué en octobre 863 par Maur, roi ou capitaine des Normands, Charles le Chauve donna le comté d'Angoulême à Vulgrin, son parent. Ce Vulgrin eut deux enfants, dont le cadet devint, dans la suite, la souche des comtes de la Marche. V. là-dessus le P. Bonaventure, *Annal. du Limousin*, T. III, p. 341, 342, etc.

Comtes de la Marche, de la maison d'Angoulême.

I. — Vulgrin, comte d'Angoulême, fils de Roricon, avait épousé, le 3 mai 866, Rogelindes, fille de Guillaume II, comte de Toulouse, qui vivait sous Charles le Chauve. Elle eut pour dot le comté de Périgueux. Vulgrin en eut :

II. — Alduin, mort le 25 mars 916, qui fut père de :

III. — Guillaume I, dit Taillefer, surnom qui demeura à tous ses des-

---

(1) C'est Vervy.
(2) Le Fé n'est pas de Fresselines : il est en Berry.
(3) Lourdoueix-Saint-Pierre, canton de Bonnac, arrondissement de Guéret (Creuse).

cendants, fils du précédent, comte de Périgueux, marié avec N....., fut père de : 1° Bernard, qui suit; 2° Emme; 3° Saucie.

IV. — Bernard I, fils du précédent, comte de Périgueux, eut quatre fils et deux filles, savoir: 1° Guillaume, dit Talerand; 2° N.....; 3° N.....; 4° N.....; tous morts sans postérité; 5° Emme ou Anne, qui suit; 6° N.....

V. — Emme ou Anne, fille, ou, selon d'autres, sœur de Bernard I, épousa Bozon I, comte de la Marche, dont on parlera plus bas.]

On ne sait point l'époque où les marquis de la Marche prirent le titre de comtes, ni quand ils s'appropriérent cette province, ni quand elle fut démembrée du Limousin.

Il est certain que Lantarius, comte de Limoges, bâtit à Guéret, qui était alors du domaine de sa comté, un monastère, où saint Pardoux mourut l'an 737.

Ces premiers comtes n'avaient que la garde et la défense des confins et limites de la province. Hélie, fils de Bozon, comte de la Marche, appelle Guillaume, comte de Poitiers, son seigneur; Bozon lui-même ne signa, en 958, qu'après Rainald, vicomte d'Aubusson.

Le cartulaire de Champagne intitulé : *Liber principum,* à la Chambre des comptes, a des chartes des comtes de la Marche.

Un anonyme composa vers 1670 l'histoire que j'écris; il y dit avoir fait un commentaire sur la coutume de la Marche.

Robert ou Rubert, comte de la Marche, qui alla contre les Normands en 867, était comte de cette Marche appelée depuis le duché de France. La comté de la Marche, telle qu'on l'appelle aujourd'hui, n'a été établie que longtemps après.

Un Robert, comte de la Marche, fit bâtir, dit-on, un hôpital à Moulins.

[*Comtes de la Marche.* — 1re *race, issue des comtes de Charroux.*]

I. — Sulpice ou Sulpic, fils de Geofroi, *Goffredi,* comte et seigneur de Charroux, est le premier comte de la Marche que l'on connaisse; il eut pour fils : Bozon, qui suit.

II. — Bozon le Vieil ou le Vieux (968, 987, 993).

Bozon, surnommé le Vieux pour le distinguer d'un autre du même nom qui ne fut comte de la Marche qu'après lui [mourut vers l'an 968). Ce n'est qu'à lui que remonte la chronique du Maillezais, *apud Labbe,* T. II, p. 207. Il y manque quelque chose (RECT., *Hist. Fr.,* T. II, p. 218). Il fut comte de la Marche et du Périgord. Il fit bâtir le château de Rancon (1). Aimoin (L. I. *de Mirac. Sti Bened.,* c. 16) fait mention de Bozon, *Markam possidens.*

En 987, il fit aussi bâtir l'église de Saint-Pierre *Doracensis,* apparemment mieux du Dorat (2). Le P. Simplicien dit qu'il la fonda en 944, du consentement de sa femme et de ses enfants; qu'il eut de grands démêlés

---

(1) Rancon, canton de Châteauponsac, arrondissement de Bellac (Haute-Vienne).

(2) Le Dorat, chef-lieu de canton, arrondissement de Bellac (Haute-Vienne) : ancienne capitale de la Basse-Marche.

avec Giraud, vicomte de Limoges, et assiégea le château de Brosse, qui était un domaine du vicomte, et fut secondé dans cette entreprise par Guillaume IV, duc de Guyenne; mais Gui, fils du vicomte, ayant assemblé ses amis et ses alliés, l'obligea de lever le siége. Un écrivain le fait mourir en 993. Il épousa Emme ou Ayna [ou Eyna], mieux Agine, fille de Guillaume Ier du nom, comte de Périgord, et fit par là la tige des deux maisons de Périgueux et de la Marche. Elle était sœur et héritière de Bernard, comte de Périgord, selon la chronique de Maillezais. (SIMPLIC., T. III, p. 60.) Il laissa cinq enfants : 1º Elie, comte de Périgord, qui appelle Guillaume, comte de Poitou, son seigneur; [n'eut pas de postérité, fut privé de ses états pour avoir fait crever les yeux à Benoît, chorévêque de Limoges, mort vers l'an 978 ou 979]; 2º Audebert, qui suit; 3º Bozon II, dont je parlerai; 4º Gauzbert, clerc, qui fut pris dans un choc par Arnaud, fils du vicomte d'Angoulême : Arnaud le donna à Guillaume, comte de Poitou, et consentit que, pour venger l'outrage fait à Benoît, chorévêque de Limoges, on le privât de la vue; [d'autres (*Tablett. Hist.*, p. 272) disent que ce fut Elie qui eut les yeux crevés]; Gauzbert signa l'acte de fondation du monastère d'Ahun (1) l'an 997; 5º Martin, qui fut évêque de Périgueux en 992, mourut l'an 1000, enterré à Saint-Front dans la même ville; 6º Almodis, mariée d'abord à Hugue le Pieux de Lezignan, qui la quitta à raison de parenté; elle épousa depuis Ponce, comte de Toulouse. Vaissette (*Hist. du Langued.*, T. II) dit Almodis fille de Bernard, comte de la Marche en Limousin, et seconde femme de Pons, comte de Toulouse.

III. — Audebert I (997).

Adalbert ou Audebert Ier du nom, comte de la Marche et du Périgord, fut un des plus ambitieux et des plus emportés seigneurs de son temps. Se voyant soutenu des forces de Fouques Nerra, comte d'Anjou, il fit une entreprise sur la ville de Poitiers. Comme le même comte d'Anjou avait quelques prétentions sur la ville de Tours, Audebert fut l'assiéger. Robert, roi de France, mal satisfait de sa conduite, et ne voulant point cependant le pousser à bout, se contenta de lui envoyer demander *qui l'avait fait comte*. A quoi il répondit avec hauteur et insolence : « *Ceux-là mêmes qui vous ont fait roi* »; puis continua son dessein, prit la ville l'an 992, la mit entre les mains de Fouques, qui ne la garda pas longtemps. Pendant la minorité de Guillaume IVe du nom, duc de Guyenne, Audebert, qui était un prince d'un grand et généreux courage, tout en faisant la guerre au duc de Guyenne, se jeta aux champs, et prit d'emblée le château de Gençay en Poitou, et le démantela, parce qu'il se vit faible pour le garder. Le duc, l'ayant fait rebâtir à neuf, y mit des gens pour conserver la place. Cela n'empêcha pas le comte Audebert d'y mettre une seconde fois le siége. Et, comme il croyait en être déjà le maître, se promenant un jour tout autour à cheval, par trop de présomption, il fut tué sur la place d'un coup de flèche, détaché par ceux de dedans, et fut enterré à Charroux (2).

(1) Ahun, chef-lieu de canton, arrondissement de Guéret (Creuse).
(2) Charroux, chef-lieu de canton, arrondissement de Civray (Vienne).

Audebert était défenseur séculier, ou avoué, *advocatus*, du monastère de Charroux, où est sa sépulture.

Il avait épousé Almodie, fille de Gérald, vicomte de Limoges, et de Rothilde, et non pas du vicomte Gui et de sa femme Aimée, comme l'a dit Besly. Almodis ou Almodie était extrêmement superstitieuse, ayant recours aux *caraios* et maléfices ; elle se vantait que le démon lui avait prophétisé qu'elle serait bientôt comtesse de Poitiers. Le hasard avait fait réussir plusieurs de ses prédictions. Son premier mari pensa donc qu'elle ne pouvait sans lui monter à cette qualité ; il fut réjoui de cette nouvelle, et dès ce moment il devint ennemi du comte de Poitou, assiégea son château de Gençay, espérant que, s'il le prenait, tout le reste se rendrait. On a vu la finale.

Almodie se remaria à Guillaume IV, surnommé le Grand, depuis élu roi d'Italie.

Audebert laissa : 1º Bernard, qui suit ; 2º Gauzbert, dont on ne trouve que le nom ; on lui donne Almodie, femme de Guillaume VII, duc de Guyenne, qu'il répudia l'an 1058 à cause de parenté.

IV. — Bozon IIᵉ du nom (997-1010).

Bozon IIᵉ du nom, prit la tutelle de Bernard, son neveu, et le nom de comte de Périgord et de la Marche. En 997, il fonda le monastère d'Ahun. La même année, il donna une église au monastère d'Uzerche. Il mit le siége devant le château de Bellac. En 1001, le duc Guillaume, comte de Poitou, assiégea le château de Rochemeaux, près Charroux, qui appartenait à Bozon : le duc l'emporta, et fit Bozon son prisonnier, ainsi que sa femme Almodie, qui s'y trouva, et qu'il fit garder exactement. Les jeunes seigneurs qui accompagnaient le duc voulaient abuser de la beauté de cette dame ; mais ce prince eut égard à sa noblesse : il la fit garder par des gens choisis, et la fit conduire honorablement chez sa mère, appelée Candide ou Blanche. Peu de jours après, Bozon fut saisi d'une grosse maladie, qui l'enleva de ce monde. Il avait été empoisonné par sa femme, et fut enterré à Périgueux, l'an 1010. [Il fut père de :

Hélie Rudel, comte de Périgord.]

V. — Bernard Iᵉʳ du nom (1019-1039).

Guillaume, duc d'Aquitaine, fut tuteur du fils de Bozon II. Il donna à Elie, fils de Bozon, la ville de Périgueux, et il rendit la Marche à Bernard, fils d'Aldebert. Jusqu'à ce que ce dernier eut l'âge, le duc fit gouverner cette province par deux frères, seigneurs très-puissants, savoir : par Pierre, abbé des chanoines de Scotoire, c'est-à-dire du Dorat, et par Umbert Drut, dont le père, Abbon Drut, avait vaillamment défendu le château de Bellac contre le roi Robert.

Cet Abbon, du consentement du comte Aldebert, fit bâtir dans son propre fonds le château de Mortemar (1).

Ces deux frères défendirent très-bien la province de la Marche jusqu'à la mort de Umbert. L'abbé Pierre, qui depuis la gouverna seul, prit pour collègue Ainard, prévôt du monastère de Saint-Pierre de

---

(1) Mortemart, chef-lieu de canton ecclésiastique (le canton civil est à Mézières), arrondissement de Bellac (Haute-Vienne).

Scotoire, homme fort attaché au seigneur suzerain, et de très-bon conseil. Du vivant d'Ainard, l'abbé Pierre gouverna très-bien, et réprima les envieux de sa gloire; mais, Ainard étant mort à Rome, et son frère Raymond à Jérusalem, Abbon étant malade, le célèbre Pierre n'eut aucun conseil de confiance; il fit tout à sa guise, et se rendit parmi les siens terrible comme un lion; il fit brûler le château de Mortemar, que son père avait fait bâtir, et cela malgré l'avis de ses parents. Ils en furent si outrés que les marquis, le comte Bernard et le duc Guillaume s'élevèrent contre lui, le regardant comme un tyran, et peu à peu il fut déchu des pouvoirs des marquis.

V. le P. BONAVENTURE, *Annal. de Limog.*, p. 385.

Bernard signa une charte de l'an 1028 ou 1029; une autre de 1031.

Il mourut à Constantinople le 24 juin, on ne dit pas l'année, 1047 suivant la chronique de Maillezais, chez le *P. Simplic.*, T. III, p. 70.

Il avait épousé Amélie, qu'on dit, je ne sais sur quel fondement, héritière du comté de la Marche. Dont: 1º Audebert, qui suit; 2º Odon, témoin dans des chartes de 1068 et 1079, où il est dit père d'Audebert; 3º Almodis ou Adalmodie, mariée 1º à Hugue V du nom, dit le Pieux, seigneur de Luzignan, dit aussi le Débonnaire, dont elle fut séparée à cause de parenté après avoir eu deux enfants; mariée 2º à Ponce, comte de Toulouse, entre les années 1040 et 1045: Pons en eut trois fils et une fille, et la répudia aussi; 4º Rangardis, femme de Pierre Raymond, comte de Baziers; 5º Luce, comtesse de Paillas.

VI. — Audebert IIe du nom (1039-1088).

Audebert ou Hildebert IIe du nom assista à un acte d'environ l'an 1040 et à la dédicace du monastère de Charroux l'an 1049. Il assista aussi au sacre du roi Philippe le 23 mai 1059, et à un acte passé à Loroir, sur les confins de la Touraine et du Poitou, le mardi de la semaine de Pâques 1068. Il signa l'acte de fondation du monastère de Saint-Etienne-de-Vaux en 1075, ainsi qu'une charte pour le monastère de Moûtier-Neuf, à Poitiers, aux ides d'octobre 1076, et une autre en 1077. Pris pour arbitre, il décida un procès entre Gui, comte de Poitou, et le monastère de Saint-Cyprien de Poitiers, du temps de l'abbé Raynald, qui siégeait en 1088; il fit aussi des dons à ce monastère. Il signa encore une charte à Saint-Maixent, en Poitou, le 6 février 1080, vieux style, et une autre en 1083.

Ce comte et Etienne de Magnac (1) étant en querelle, les soldats de ce dernier ravagèrent la ville du Dorat, brûlèrent l'église, où il ne resta rien que le crucifix dont parle le P. Bonaventure, T. III, p. 385.

Audebert pilla aussi le monastère de Lesterp (2), ce qui le fit excommunier: il alla à Rome où il fut absous, et à son retour il rebâtit l'église, dont il ne restait que le clocher; il donna de grands revenus, entre autres la seigneurie de Bonnefont.

Il mourut en 1088.

Il avait épousé Mahaut ou Mathilde. (Le P. Simplicien lui donne pour

---

(1) Magnac-Laval, chef-lieu de canton, arrondissement de Bellac (Haute-Vienne).
(2) Lesterp, canton et arrondissement de Confolens (Charente).

1re femme Aina, fille de Gérard de Montagnac, dont il eut Eudes et Audebert, morts sans postérité, et une fille religieuse; pour 2e femme, Ponce, qui vivait en 1076.) Dont : 1° Bozon, qui suit ; 2° Adelmodie, qui fut aussi comtesse de la Marche ; 3° une fille, d'une belle figure et d'un excellent caractère, qui, en 1076, fut fiancée avec Simon, comte de Crépi·dans le Vexin français, fils de Rodulphe et de la comtesse Adela de Bar-sur-Aube. Il l'aimait, et avait souvent avec elle des entretiens particuliers, mais qui ne roulaient que sur l'amour de Dieu et sur le mépris des biens de la terre. Il l'exhortait à se faire religieuse, lui promettant aussi d'embrasser l'état monastique pour assurer leur salut. Cependant on préparait tout pour la noce, et le jour était pris lorsque la généreuse fille s'enfuit de la maison paternelle. Elle se retira d'abord à Saint-André de Cumes, appelé depuis *Valle Dei*, la Vau-Dieu, à présent sur le diocèse de Saint-Flour, monastère de filles dépendant de la Cheize-Dieu, en Auvergne ; puis, la nuit suivante, et en cachette, accompagnée de deux de ses parents, dont l'un, Aldebert, fut depuis archevêque de Bourges, elle se jeta dans le monastère de la Cheize-Dieu en 1075 (mieux 1076). On croit qu'elle fut transférée à Larey, près du château de Dijon, ou à Saint-André de Cumes. Elle persévéra jusqu'à la fin dans l'humilité et l'état monastique.

Simon, qui se croyait libre, ne songeait qu'à l'imiter; mais on lui préparait d'autres combats. Guillaume, roi d'Angleterre, qui l'avait élevé, ayant appris que son mariage était rompu, voulut lui faire épouser la princesse Adèle, sa fille. Simon, qui ne pouvait refuser l'honneur d'une si glorieuse alliance sans irriter un prince auquel il avait les plus grandes obligations, prétexta la parenté pour s'en défendre, et, feignant d'aller à Rome consulter le Pape, il entra, l'an 1077, avec quelques seigneurs qu'il avait gagnés à Dieu au monastère de Saint-Eugend, c'est-à-dire de Saint-Claude, soumis alors à la congrégation de Cluny. Il se retira depuis dans une solitude voisine, et mourut à Rome, le 30 septembre 1082, à la fleur de son âge. On lui donne la qualité de bienheureux.

Un manuscrit de sa vie appelle le père de sa fiancée Hildebert, consul, et le fait un des plus grands seigneurs de l'Auvergne, ce qui ne paraîtrait guère convenir à notre comte de la Marche. Aussi M. Baluze, qui appelle cette fille Judith, lui donne pour parents Robert IIe du nom, comte d'Auvergne, et Judith Melgueil sa femme. Ce savant prétend que le P. Chifflet s'est trompé en ce qu'il a cru que la demoiselle était fille *Heldeberti, Marchia Arvernica comitis*. Cependant le moine Albéric, qu'il cite, la dit fille du comte Hildebert, et non pas Robert. Il ajoute que Simon de Crépi la prit en mariage en Auvergne, *dum filiam comitis Hildeberti de Arvernia sortiretur in conjugium*; ce qui pourrait s'entendre qu'elle demeurait alors sur cette province, mais non que le comte Robert fût son père.

VII. — Bozon III (1088-1091).

Bozon IIIe du nom, fut tué, en 1091, devant le château de Confolens (1),

---

(1) Confolens, chef-lieu d'arrondissement (Charente).

qu'il avait assiégé, et ne laissa point d'enfants. Après sa mort, Hugues VI⁰ du nom, sire de Luzignan, son cousin, prétendit la comté de la Marche.

VIII. — Eudes (1091-1134).

Odon ou Eudes, oncle de Bozon et son successeur dans la comté de la Marche, donna une terre aux moines d'Uzerche; à ceux de Tulle, du consentement du comte Aldebert, son frère, un village et une forêt; quelques biens dans la paroisse de Saint-Hilaire-de-las-Corbas (1) aux moines de Vigeois (2); aux mêmes, l'église de Riom en 1116; à l'église de Notre-Dame de Rocamadour en Querci, une forêt, l'an 1119, du consentement de son frère Aldebert, consentement que celui-ci devait avoir donné auparavant, puisqu'il mourut dès 1088.

Eudes ou Hugue, étant élu archevêque de Tours l'an 1134, remit la comté de la Marche à Adelmodie sa nièce. Il mourut en 1149.

IX. — Adelmodie (1134).

Adelmodie, sœur de Bozon, lui succéda dans la comté de la Marche: ainsi cette maison fondit en quenouille, et passa dans peu de temps à celle de Luzignan; car cette dame épousa Roger de Montgommeri, comte de Lancastre, qui s'intitula comte de la Marche, à cause de sa femme. Mais Hugue VI⁰ du nom, sire de Lezignan, surnommé le Diable, fils d'une tante de la comtesse, leur disputa ce comté. Ils moururent tous deux avant la fin de cette guerre, qui fut continuée par leurs enfants.

Il est fait mention d'elle dans une charte de l'hôpital de Montmorillon. Elle eut : 1º Audebert, qui suit; 2º Odon ou Eudes, nommé dans un titre de 1119; 3º Bozon, nommé dans deux titres de 1115 et 1135; 4º Ponce, première femme de Vulgrin II⁰ du nom, comte d'Angoulême.

X. — Audebert III⁰ du nom (1150).

Audebert III⁰ du nom, comte de la Marche, se trouve nommé en plusieurs titres des années 1115, 1135 et 1145; il continua contre Hugues de Lusignan VII⁰ du nom, dit le Brun, la guerre commencée par son père pour la comté de la Marche.

Il épousa Orengarde, ainsi nommée dans un titre de 1145, dont : 1º Audebert, qui suit; 2º Bozon, dont on ne trouve que le nom; 3º Gerald, doyen du chapitre de Saint-Iriez (3) en 1183, omis par le P. Simplicien; 4º Marguerite, mariée à Gui, vicomte de Limoges, qui mourut à Antioche, sans enfants, au rapport de la chronique de Geoffroi. C'est ce qu'assure le P. Simplicien.

Geofroi de Luzignan, fils de Hugues VIII dit le Brun, seigneur de Lezignan, mort depuis l'an 1165, et de Bourgogne de Rancon, avait porté quelque temps le titre de comte de la Marche; il le fut aussi de Japhé, en Levant.

XI. — Audebert IV⁰ du nom (1150-1177).

---

(1) Saint-Hilaire-les-Courbes, canton de Treignac, arrondissement de Tulle (Corrèze).
(2) Vigeois, chef-lieu de canton, arrondissement de Brive (Corrèze).
(3) Saint-Yrieix, chef-lieu d'arrondissement (Haute-Vienne).

Audebert IVe du nom, dernier comte de la Marche de la souche de Bozon, se souleva contre le roi d'Angleterre en 1167; ne voulant pas le reconnaître pour son souverain, en qualité de duc d'Aquitaine, il fit hommage de sa comté au roi de France.

Il confirma les coutumes manuscrites de la ville de Bellac. Un article porte qu'on doit couper les oreilles à ceux qui arracheront les vignes ou qui y porteront quelque dommage; il y est parlé d'une église de Saint-Germain.

Aldebert, avec Mirabilis, sa femme, Marquis, leur fils, avec Geniosa sa femme, fondèrent une chapelle dans leur château près la ville du Dorat, l'an 1174. (ESTIENNOT, *Antiq. Benedict. Lemov.*, part. I.)

Audebert, privé du seul fils qu'il avait, tomba dans une grande tristesse; car, outre sa fille Marquise, qui était stérile, il n'avait ni frères, ni sœurs, ni neveux, ni nièces. Il avait répudié sa femme, que Chalo de Pons épousa ensuite. Le sujet de cette répudiation venait de ce que Bernard Dauric, garde du comte, ayant vu, à Guéret, Geofroi Panet, chevalier, qui parlait trop secrètement à la comtesse, le tua. Le corps de Panet fut porté à Saint-Vaulri (1); mais, dans la suite, Guillaume Panet, son oncle, vint avec des lettres du pape Alexandre, pour le chercher, et le fit emporter dans son pays.

Le comte Audebert, désespérant de conserver ce qui lui restait du comté de la Marche contre le sire de Luzignan, le vendit à Henri, roi d'Angleterre, quinze livres, monnaie d'Angers, vingt mulets et vingt palefrois; d'autres disent cinq mille marcs d'argent, d'autres six mille, et ajoutent qu'elle en valait vingt mille, de l'aveu même du roi. L'acte fut passé à Grandmont (2) le...... après la fête de Saint-Martin, l'an 1177.

Audebert s'en alla à Jérusalem, et mourut à Constantinople le 29 août 1180.

XII. — Gaufredus de Luzignan (1177).

Gaufredus de Luzignan et ses frères s'opposèrent à la vente de la comté de la Marche : Gaufredius disait qu'il lui appartenait en qualité d'héritier, et il l'obtint.

Aymar Taillefer, comte d'Angoulême, mort en 1218, avait quelques prétentions sur le comté de la Marche : le roi lui promit de lui faire rendre justice en la cour de France.

XIII. — Hugue de Luzignan (1185-1215).

Luzignan porte : *bureté d'argent et d'azur* (*Dict. général.*, 1757) *à 6 lions de...... brochant sur le tout, posés* 3, 2 *et* 1. — *Burelé d'argent et d'azur de* 10 *pièces.* (LABBE, *Blason royal*, p. 94 et 95.)

En 1199, Hugue IXe du nom, sire de Lezignan, usurpa le comté de la Marche sur Aliénor, duchesse de Guyenne. (ALBÉRIC., *Chronic.*)

Hugue dit le Brun et le Vieux, IXe du nom, prince de Luzignan, seigneur de Fougières, était comte de la Marche l'an 1185, et un des

---

(1) Saint-Vaulry, chef-lieu de canton, arrondissement de Guéret (Creuse).

(2) Grandmont, célèbre abbaye, qui était paroisse de Saint-Sylvestre, canton de Laurière, arrondissement de Limoges (Haute-Vienne).

chevaliers qui portaient bannière du temps du roi Philippe-Auguste.

Le dimanche avant l'Ascension 1200, ce comte avec plusieurs autres seigneurs pillèrent la ville de Tours.

En 1201, il fut fait prisonnier par le roi Jean, à Mirabeau ; après quelque temps, il fut mis en liberté.

En 1207, il détruisit les murs de la ville de la Souterraine (1), posséda depuis cette ville avec la justice, et exigea des habitants chaque année 80 livres de taille. Mais Raymond Gaucelin, abbé de Saint-Martial, obtint, en 1226, du roi saint Louis, contre cette usurpation, et fit ainsi entrer la ville dans le domaine de son monastère.

En 1211, il avait fait fondre une nouvelle monnaie appelée marquis, *marchiones*, *marcs*, *marchenses*.

Il alla avec plusieurs autres seigneurs dans la Terre-Sainte, y fut fait prisonnier, conduit en Egypte, où il demeura longtemps dans les fers ; mourut à Damiette en 1218. [D'autres mettent sa mort en 1208, en 1220 ou 1228.]

Il avait épousé Mahaut, fille unique de Vulgrin IIIe du nom, comte d'Angoulême, aux droits de laquelle il prétendit les comtés de la Marche et d'Angoulême, dont : 1° Hugue, qui suit ; 2° Aimeric, qui paraît être la souche des Bruni de Montbrun (T. I. p. 273) : on dit en effet que la maison de Montbrun était issue de la maison royale de Lusignan ; 3° peut-être une fille promise au roi d'Arragon. — *V.* l'article de saint Dominique.

XIV. — Hugue Xe du nom (1218-1249).

Hugue Xe du nom, dit le Brun, sire de Luzignan (mal Levignon) et comte de la Marche, fut accordé en 1200 avec Isabeau d'Angoulême, fille et héritière d'Aymar, comte d'Angoulême, et d'Alix de Courtenay, princesse du sang, dame d'une rare beauté et d'une humeur altière. Elle lui avait été fiancée, et il devait l'élever, suivant l'usage du temps ; mais Jean dit Sans-Terre, roi d'Angleterre, la lui enleva en 1202, et l'épousa, ce qui causa la guerre entre ces deux princes.

En 1217, après la mort de Jean-Sans-Terre, il épousa ladite Isabeau d'Angoulême, âgée de 32 ans ; elle prenait la qualité de reine d'Angleterre, et non pas de comtesse de la Marche ; femme impérieuse, qui porta aux Luzignan plus d'orgueil encore que de grandeur et de bien.

En 1222, il fit proposer au roi quelque accord, où il n'y a rien pour le diocèse de Limoges.

En 1223, il donna des trèves au roi depuis le mois de septembre jusqu'à l'octave de Pâques prochaine ; il alla à la croisade de la Terre-Sainte la même année 1223.

Vers ce temps-là, le roi d'Angleterre se soumit toute l'Aquitaine, et passa un accord avec notre comte.

Au mois de mai 1224, dans la ville de Bourges, il fit hommage lige au roi de France de toutes les terres et forteresses qu'il avait dans le comté de la Marche, excepté des fiefs qu'il tenait des églises. La comtesse sa femme lui en fit reproche comme d'une lâcheté.

---

(1) La Souterraine, chef-lieu de canton, arrondissement de Guéret (Creuse).

Au mois d'août suivant, étant à la Rochelle, il reconnut que le roi pour le dédommager des droits qu'il avait sur Mauziac, lui avait donné les fruits et revenus de l'évêché de Limoges. Mais il n'en devait plus jouir au mois de janvier 1225, vieux style. Jusqu'à ce terme, il donna quittance au roi de tous les droits qu'il avait sur Mauziac. Il était à Guéret en 1225.

En 1226, il se joignit aux comtes de Bretagne et de Champagne, et conspira contre Louis, roi de France. Ce prince le cita au Parlement : le comte s'en moqua d'abord, mais depuis il se soumit. Quoique invité au couronnement de Louis, son fils, qui fut la veille de saint André, il ne voulut point y paraître, et ne donna pour excuse que des paroles outrageantes. Il ne tramait rien moins que la destruction du royaume.

Cependant, par conventions faites avec Louis, roi de France, en 1227, Hugue, fils aîné du comte, devait épouser Elisabeth, sœur du roi, et Elisabeth, fille du comte, épouserait Alphonse, comte de Poitou, frère du roi. Pour plus grande sûreté, le comte de la Marche fit hommage-lige au roi de toutes les terres qu'il possédait dans cette province.

Il se trouva avec ce prince à Loudun, en Poitou, le 21 février 1227, vieux style. Voyant enfin que les autres seigneurs l'avaient abandonné, il rendit au roi l'hommage à Vendôme, le 16 mars suivant, et, par traité passé entre le roi et lui, le comte remit entièrement et quitta le roi de la dot de sa femme, jadis reine d'Angleterre, et des conventions faites avec le roi Louis, son père ; le roi lui donna une grande somme d'argent.

En mai 1230, il fit hommage-lige au roi saint Louis des terres qu'il tenait en Poitou, la Marche, etc.

Au mois de décembre de la même année 1230, il signa à Melun un statut du roi saint Louis, touchant les Juifs.

Au mois de septembre ou de décembre 1235, au colloque tenu à Saint-Denis, il souscrivit à la plainte des princes et barons du royaume, portée au Pape contre les ecclésiastiques.

En 1240, saint Louis voulut que ce comte fît hommage à son frère Alphonse, comte de Poitou, pour la terre qu'il avait dans cette province, ce que Hugue refusa opiniâtrement. Il se fiait sur un roseau cassé, c'est-à-dire Henri, roi d'Angleterre, dont Hugue avait épousé la mère, et prétendait se servir de lui pour se révolter contre saint Louis.

Dans une charte de 1241, il dit : « Pour la mangerie ou repas que nous avions de reste et de droit, sur la ville et les hommes de Magnac (apparemment en Angoumois), le prince de Botteville donnera à nous et à nos successeurs cent sols de rente ».

Au commencement de 1242, saint Louis mit sur pied toutes ses troupes, et cette armée, nombreuse comme des sauterelles, fondit sur les terres du comte de la Marche, lui prit des places dans le Poitou et la Saintonge. Hugue, chevalier, fils du comte, vint se soumettre au nom de son père : on donna pour ôtages trois châteaux très-forts, *Melpinum*, Crozant (1) et Château-Achard, où le roi mit garnison aux

---

(1) Crozant, canton de Dun-le-Palleteau, arrondissement de Guéret (Creuse).

dépens du comte, au mois de mars 1242 (1243); il partagea, du consentement de sa femme, ses biens entre ses enfants : il donna à Guillaume (mieux Gui) dit de Valence, Bellac (1), Champagnac (2).

On fit un accord près la ville de Pons, au mois d'août 1243 ; Hugue s'y dit comte de la Marche et d'Angoulême, et sa femme Ysabelle, par la grâce de Dieu, reine d'Angleterre, comtesse desdits lieux : il y est encore porté que Monsterol et le fief de Gaufridus de Rancon, ou Rancogne, *de Ranconio* (mal Rancon), conquis par le roi, demeurera à son frère le comte de Poitou. Le comte de la Marche fit hommage au roi de tout ce qu'il possédait dans cette comté.

La comtesse Ysabelle fut enterrée dans le monastère de la Couronne, près d'Angoulême, en 1245.

Le comte se croisa la même année 1245. Ses actions ne permettent pas de lui supposer une grande dévotion ; il fit un testament où il ordonna que, s'il retient injustement le bien d'autrui, on le restitue après sa mort, pourvu que la chose soit bien prouvée en présence des exécuteurs testamentaires.

Il fut tué au siège de Damiette en 1249, heureux, s'il eut en vue de donner son sang pour la foi, d'avoir effacé aux yeux de Dieu des fautes que la postérité, qui ne sait point pardonner, reprochera éternellement à sa mémoire.

La mort de Hugue, comte de la Marche et d'Angoulême, est le 25 mai dans le nécrologe de Glandiers.

Guillaume le Breton lui rend témoignage qu'il gouvernait très-bien sa comté :

Hugonis Bruni, comitatu Marchia cujus
Rite regebatur, sponsam rapit, etc.

Dès 1230, il avait fondé l'abbaye de Valence en Poitou, ordre de Cîteaux.

Il fit aussi beaucoup de présents au monastère de Grandmont, où il voulut être enterré. On voyait autrefois, dans le cimetière, du côté du nord, une pierre élévée, sur laquelle était gravée l'inscription suivante. Le vers *Marchia me facili moderamine sensit*, ajusté avec l'expression de Guillaume le Breton, *Comitatu Marchia cujus rite regebatur*, m'a fait croire qu'il s'agit de Hugue X^e du nom, et non pas de son père, ainsi que l'ont annoncé les annalistes de Grandmont. Les testaments des comtes d'Angoulême et de la Marche, depuis 1238 jusqu'en 1289, dans les manuscrits de M. de Brienne, n° 308 et 312, éclairciront ce fait.

Voici l'inscription de Grandmont telle qu'on la lit dans les manuscrits, et que MM. de Sainte-Marthe l'ont donnée :

EPITAPHIUM

D. d Hugonis principis de Lezignaco et Marchie Comitis tandem religiosi.

Disce hospes contemnere opes, et te quoque dignum
Junge Deo, quisquis nostra sepulchra vides?

---

(1) Bellac, chef-lieu d'arrondissement (Haute-Vienne).
(2) Champagnac, paroisse de Bussière-Poitevine, canton de Mézières (Haute-Vienne).

Marchia me facili comitem moderamine sensit,
 Hugonem, antiquâ nobilitate virum.
Contempsi tandem fastus, et inania mundi
 Gaudia, convertens membra animumque Deo.
Hic inter reliquos spatioso tempore vixi,
 Moribus, ac victu, verte animoque pari.
Huic ego sponte loco comitatus jura ferebam,
 Sed prior et fratres hoc renuere pii.
Nos vitream dedimus, quæ constat in œde, fenestram,
 Letaque cum fructu prœdia multiplici,
Nos inter scopulos et alba fluenta Vigennœ
 Christifere matri struximus ecclesiam.
Jamdudum cinis, ossa sumus, quicomque legetis,
 Dicite : Sint animœ regna beata meœ.
  Anima ejus in æterna pace
   Requiescat. Amen.

Sur la fenêtre qui était derrière l'autel de Grandmont, on voyait sur le verre son portrait, ses armes, et ces mots en gros caractère : *Hugo Comes Marchie (hanc) fenestram vitream dedit beate Marie.*

Son contre-scel lui donne pour armes : *burelé d'argent et de gueules de quatorze pièces, à six lions posés 3, 2 et 1, brochants sur le tout.* (D. MORICE, *Hist. de Bretag.*, T. I, preuv. n° 78.) Celui d'Yoland de Bretagne, en 1247, est le même. (*Ibidem*, n° 79.)

On pense à Grandmont que l'église qu'il fit bâtir est Saint-Marc-de-l'Ecluse, sur la paroisse des Eglises-en-Doignon (1), et aujourd'hui en ruine; mais elle est sur la rivière de Taurion. Il est vrai qu'à Limoges, le peuple est dans l'usage d'appeler *Vignane* presque toutes les rivières, parce que celle-ci est la plus considérable; mais l'église bâtie par ce comte sur la Vienne, entre des rochers, paraît être plutôt Etricor, *de Stricto cornu*, sur la paroisse d'Etagnac (2), près de Chabanais, et dans la province d'Angoumois.

Au reste, le comte Hugue était un des bons poètes. Voyez le *Cahier des écrivains*. Voulant faire le voyage d'outre-mer, il fit un testament le samedi après la fête de saint Sixte 1248; était veuf d'Isabelle; fait des légats à l'abbaye de la Règle, sur le marché de Saint-Yrieix, à l'abbaye du Palais (3), sur la prévôté de Muret, à celle d'Aubepierre (4), sur la prévôté de Guéret, aux moniales de Blessac (5).

---

(1) Les Eglises-en-Dognon, aujourd'hui Saint-Laurent-les-Eglises, canton d'Ambazac, arrondissement de Limoges (Haute-Vienne).

(2) Etagnac, canton de Chabanais, arrondissement de Confolens (Charente).

(3) Le Palais, abbaye située paroisse de Thoron, canton de Pontarion, arrondissement de Bourganeuf (Creuse).

(4) Aubepierre, abbaye située paroisse de Nouzerolles, canton de Bonnat, arrondissement de Guéret (Creuse).

(5) Blessac, canton et arrondissement d'Aubusson (Creuse).

Il laissa : 1° Hugue XI, qui suit ; 2° Gui de Luzignan, Sgr de Coignac, Archiac et Merpins, mort sans postérité ; 3° Gaufridus, Sgr de Jarnac, Châteauneuf, Châtel-Archer et Bois-Poirreau, qui se disait comte de la Marche, et mourut à Damiette en 1249 : on dit qu'il avait épousé Clémence de la Rochefoucaud, vicomtesse de Châtelleraud ; il laissa un fils nommé Geofroi en 1297 (*Mss.* 6010. *Bibl. roy.*) ; 4° Gui de Valence, parce qu'il naquit dans cette petite ville du Poitou, ou à cause qu'elle lui fut donnée en apanage avec Montignac, Bellac, Rancon et Champagnac en la Marche. Duchesne (*Hist. Castill.*, p. 284) l'appelle mal Guillaume ; il est dit Gui de Valence dans le testament de son père, et chevalier ainsi que ses aînés. Henri III, son frère utérin, roi d'Angleterre, l'attira près de lui en 1247 (MATHIEU PARIS. *Vie de Henri III*), le créa chevalier, et lui donna la seigneurie de Wœshford. Depuis il lui fit épouser Jeanne de Montchausey, fille de Guérin, très-noble et très-sage baron anglais, et de l'une des filles de Guillaume, maréchal, comte de Pembroc, à cause duquel mariage il fut aussi institué comte de Pembroc, et assista le roi dans la guerre qu'il eut contre les seigneurs de son royaume. Quelque temps après, il repassa en Poitou, où il était en 1280. Mais enfin, étant retourné en Angleterre, il y mourut en 1304, et fut inhumé dans l'église de Westminster à Londres. (*V.* Guillaume CAMBDEN, *Description d'Angleterre*). Il eut : *A.* Guillaume de Valence, Sgr de Bellac et de Rancon en 1295 ; *B.* Aymar, qui suit ; *C.* Jean, mort jeune et enterré à Westminster ; *D.* Marguerite, morte aussi en bas-âge ; *E.* Elisabeth, mariée à Jean, Sgr de Hastings, chevalier anglais ; *F.* Agnez, mariée à Jean d'Avesner, fils de Beaudoin, Sgr de Beaumont en Hainaut, et de Félicité de Coucy.

Valence de Luzignan porte : *burelé de dix pièces d'argent et d'azur, les burelles d'azur chargées de dix merlettes de gueules*, 3, 2, 2, 2, 1.

Aymar de Valence, successeur de Guillaume (ou Gui) de Luzignan aux terres de Valence, Montignac, Rancon, Bellac, Champagnac, etc., vice-roi en Ecosse sous Edouard I, roi d'Angleterre.

Après la mort de Gui de Luzignan, dernier comte de la Marche et d'Angoulême, arrivée en 1307, il prétendit lesdites comtés comme plus proche héritier mâle, nonobstant le don que Gui en avait fait au roi Philippe. Mais depuis, il s'accorda avec ce prince touchant ses prétentions, ainsi que portent ses lettres du 24 novembre 1308.

Il épousa, en premières noces, Béatrix dite Jeanne, fille de Raoul de Clermont, Sgr de Nesle, connétable de France, et d'Alix de Dreux, vicomtesse de Châteaudun ; elle mourut sans enfants.

Il épousa, en secondes noces, l'an 1320, Marie, fille de Gui de Chatillon, comte de Saint-Paul, et de Marie de Bretagne ; mais il n'eut point d'enfants de l'une ni de l'autre, et fut enterré dans l'église de Westminster. Sa femme, Marie de Chastillon de Saint-Paul, comtesse de Pembroc, possédait les terres de Bellac, Rancon et Champagnac ; 5° Adémar, clerc en 1248, puis évêque de Westminster en Angleterre. Les filles qui suivent ne sont point mentionnées dans le testament de leur père en 1248 : 6° Marguerite, que le comte de Toulouse fiança à Angoulême solennellement en 1243 ; mais, comme ils étaient parents du 3e au 4e degré, ce fut sous condition qu'ils obtiendraient dans un an la dispense du Pape. Raymond nomma ensuite ses ambassadeurs à Rome, mais la dispense ne vint point. Un cardinal commis par le Pape donna la sentence de dissolution de ce mariage, le 3 des nones d'août 1345, à raison de la parenté, et permit aux parties de convoler en d'autres noces. Il paraît que Marguerite de la Marche consentit volontiers à la dissolution de son mariage, qui, à ce qu'il paraît, n'avait pas été consommé. Le P. Vaissette cite ainsi la parenté.

Philippe de France, dont :

I. — Pierre de Courtenay, marié à ....., dont :

II. — Adalmuel, mariée à ...., comte de la Marche, dont :

III. — Ysabelle, reine d'Angleterre, enterrée à Fontevrault, où elle se fit religieuse, après avoir été mariée à Hugue, comte de la Marche, dont :

IV. — Marguerite de la Marche.

I. — Constance, mariée à ......, dont :

II. — Raymond, comte de Toulouse, marié à ....., dont :

III. — Raymond, comte de Toulouse.

Marguerite épousa bientôt après Aimeric VIIIe du nom, vicomte de Thouars, et ensuite, en troisièmes noces, Geofroi, S^{gr} de Châteaubriant. — 7° Agathe, mariée à Guillaume de Chauvigny IIe du nom, S^{gr} de Châteauroux; 8° Alfais, mariée, l'an 1247, à Jean Ier du nom, comte de Varennes, morte le 9 février 1290; 9° Isabeau, alliée : 1° à Geofroi de Rancon, S^{gr} de Taillebourg; 2° à Maurice IVe du nom, S^{gr} de Craon, sénéchal d'Anjou.

XV. — Hugue de Luzignan, XIe du nom (1249-1260).

Hugue le Brun XIe du nom, sire de Luzignan, comte de la Marche et d'Angoulême, S^{gr} de Chaillac et de Longjumeau en 1258. Il fut fiancé avec Elisabeth, fille de Louis VIII, roi de France, et de Blanche de Castille, née au mois de mars 1225; mais le mariage ne se fit pas à cause des guerres de saint Louis avec le comte de la Marche. Elle fonda le monastère de Longchamp, mourut le 31 août 1270, et est reconnue pour sainte.

Il mourut en 1260, et fut enterré dans l'abbaye de Valence, diocèse de Poitiers.

Il avait épousé, en 1235, Yolande de Bretagne, qui avait été promise à Richard d'Angleterre, comte de Cornouaille; elle était fille de Pierre de Braine-Dreux, surnommé Mauclerc, et d'Alix, comtesse de Bretagne. Elle lui porta en dot le comté de Penthièvre. Elle mourut au château de Bouteville en Angoumois, le dimanche après la fête de saint Denis, 16 octobre 1272, et fut portée inhumer dans l'abbaye de Villeneuve-lez-Nantes, ordre de Citeaux. Dans son épitaphe, on exalte ses vertus : *Marchensis flore, comitatus floruit ora*, etc.

De leur mariage vinrent : 1° Hugue XII, qui suit; 2° Gui de Compnhac, mort sans enfants, qui testa le jour de saint Luc 1281; veut être inhumé dans l'abbaye de Valence, près de son père; fait héritier son neveu Hugue le Brun, comte de la Marche et d'Angoulême; fit un second testament le mardi après l'Assomption de la sainte Vierge 1288, par lequel il choisit sa sépulture dans l'église des Frères mineurs de

Compnhac : il était mort en 1297; 3º Gui de la Marche, de l'ordre des Frères mineurs, mentionné dans les testaments de Gui, son frère, de 1281 et 1288; comme il était très-savant et de très-bonnes mœurs, à la demande du général de l'ordre, le pape Nicolas IV lui accorda quelques faveurs l'an 1291; 4º Iolande, mariée : 1º au comte de Glocester; 2º à Pierre, Sgr de Preaux, 5º Marie, femme de Robert de Ferrières, comte de Nothingam; 6º Isabelle, mariée au seigneur de Belleville et de Beauvoir.

XVI. — Hugue de Luzignan XIIe du nom (1260-1282).

Hugue li Bruns XIIe du nom, comte de la Marche et d'Angoulême, sire de Fougères en Bretagne par sa femme. Pour obliger à venir habiter le lieu d'Aubusson (1), où il avait un fort château, il donna quelques petits privilèges en 1262.

Ses tantes, filles de Hugue et d'Isabeau de Taillefer, furent déboutées du partage qu'elles prétendaient ez comtés de la Marche et d'Angoulême, par deux arrêts de 1267 et 1269, en jugeant que ces sortes de dignités et fiefs sont indivisibles et non sujets à partage.

La veille de l'Ascension 1268, il déclara que les bourgeois du château d'Ahun (1) sont libres et francs, et que leurs héritages, qui étaient mouvants en servitude, ont été affranchis. Il fit un testament la veille de la Purification 1269 (1270); donna à sa femme le château d'Ahun avec ses appartenances.

Dans le dénombrement des pairs de France en 1275, le comte de la Marche est le 8e des laïques.

La même année, Renaud de Montrocher et Pierre de Saint-Martin, chevaliers, firent un duel en sa présence dans la ville du Dorat.

En 1280, il fit battre une nouvelle monnaie, fit construire un couvent de Frères mineurs à Cognac, diocèse de Saintes, où il est enterré devant le grand-autel du chœur (WADINGH, *Annal. FF. min.*, an 1288). Il mourut en 1282, et est enterré dans l'église de la Couronne. Une chronique de Limoges met sa mort en 1272. (LABBE, *Alliance chronolog.*, T. II, p. 211.)

Dès le 29 janvier 1253 (*vieux style*), il avait épousé, dans le château de Fougères, Jeanne, fille unique de Raoul, baron dudit lieu, et d'Isabeau de Craon. Par son testament du lundi après le 20e de la Pentecôte, au mois de mai 1269, elle institua héritier son fils Hugue, et veut être enterrée dans l'abbaye de Savigny, diocèse d'Avranches; donne cent sols aux nonains de Bobon (3). Il eut pour enfants : 1º Hugue XIIIe du nom, qui suit; 2º Gui, dont il sera parlé après son frère, car il n'est pas mentionné dans le testament de sa mère; mais elle était enceinte, et son père en fait mention en 1269; 3º Yolent ou Iolande de Lezignan, qui prit la qualité de comtesse de la Marche et d'Angoulême, dame de Fougères, née le 24 mars 1257 (*vieux style*). Dans son

---

(1) Aubusson, chef-lieu d'arrondissement (Creuse).

(2) Ahun : chef-lieu de canton de l'arrondissement de Guéret (Creuse).

(3) Bobon : il faut apparemment lire Boubon, monastère de l'ordre de Fontevrault fondé en 1119, dans la paroisse de Cussac, canton d'Oradour-sur-Vayres, arrondissement de Rochechouart (Haute-Vienne).

testament fait le lundi avant la fête de l'Assomption 1314, institue héritier Hélie Rudellus, Sgr du Pont et de Bragerac, marié à sa nièce Marthe, et lui substitue Jeanne, sa sœur ; lègue Robert de Mastas, son neveu ; était veuve de Hélie Rudelli ; choisit sa sépulture chez les Frères mineurs de Pons. Yolande était morte depuis peu, le 12 octobre de la même année 1314 ; 4° Jeanne, mariée : 1° à Pierre de Joinville-Vaucouleur ; 2° à Bernard Ezi, Ier du nom, sire d'Albret, qui vivait en 1289, époque à laquelle elle fit son testament ; 5° Marie, mariée, en 1288, à Etienne IIe du nom, comte de Sancerre, Sgr de Charenton, mort sans enfants ; 6° Isabelle, religieuse à Fontevrault, 1314.

XVII. — Hugue de Luzignan, XIIIe du nom (1282-1303).

Hugue li Bruns, né le 25 juin 1259, XIIIe du nom, comte de la Marche et d'Angoulême, sire de Fougères dès 1266 ; le lundi avant l'Ascension 1283, il fit un testament à Tours ; s'il n'a point d'enfants, il institue héritier son frère Gui de Luzignan ; lui substitue son oncle Gui de Luzignan, Sgr de Compnhac ; veut être enterré dans l'abbaye de Valence, son cœur aux Frères mineurs d'Angoulême ; donne 10 livres à l'abbaye d'Ahun pour son anniversaire : autre testament le mercredi après saint Barnabé, apôtre, 1297 ; il institue héritier son cousin Geofroi de Luzignan ; déshérite, pour ses mauvais emportements, Guïard de Luzignan ; veut être enterré dans l'abbaye de Valence, et son cœur dans l'église des Frères prêcheurs d'Angoulême ; lègue 20 livres aux nonains de Blessac près d'Aubusson ; enfin un codicille le jeudi avant la huitaine de Notre-Dame d'août 1302, substitue à Geofroi de Lezignan Renaud de Pons, son neveu, et à celui-ci Aymar de Valence, son cousin ; fonde une chapellenie au Dorat, Guéret, Ahun, Aubusson.

Permit, en 1286, à ceux d'Oleron (peut-être Ahun), de se marier sans le consentement du seigneur.

Le 10 avril 1302, il signa la lettre que tous les barons du royaume envoyèrent au collège des cardinaux, quand le roi Philippe le Bel fit appel contre le pape Boniface.

Il mourut en novembre 1303, et fut enterré dans l'église de Valence en Poitou.

Dès le 8 juillet 1276, il avait épousé à Paris Béatrix de Bourgogne, fille de Hugon IVe du nom, duc de Bourgogne, et de Béatrix de Champagne, sa seconde femme, et lui donna pour son douaire le châtel du Dorat avec la châtellenie. Il n'en eut point d'enfants : elle mourut à Coignac, en 1298, et fut inhumée chez les Cordeliers d'Angoulême.

XVII bis. — Gui de Luzignan (1303).

Gui ou Guïart de Luzignan, ou Giraud, Sgr du Couhé ou Cohyec, de Peyrat (ou Peyrat-le-Château (1)), et de Frontanay, frère du précédent, lui succéda aux comtés d'Angoulême et de la Marche en 1301. Il engagea au roi le comté de la Marche pour de grosses sommes d'argent, et remit, en 1302 (son frère ne mourut qu'en 1303), ses terres au roi Philippe le Bel, qui réunit le comté de la Marche à la couronne.

Dans son testament du lundi après l'octave de la fête de saint André

---

(1) Peyrat-le-Château, canton d'Eymoutiers, arrondissement de Limoges (Haute-Vienne).

1303, fait à Angoulême, il se dit comte de la Marche et d'Angoulême; que son frère Hugue Bruni, comte de ces comtés, était mort depuis peu, et l'avait deshérité. Il en fit un second le mardi avant la fête de saint Michel, au camp devant Lille en Flandre, en 1304, et prend les mêmes qualités, avec celle de S^{gr} de Fougères; institue Iolande, sa sœur aînée, mère de Renaud du Pont, S^{gr} dudit lieu; veut être enterré dans l'église de Valence. Il porta l'évêque de Poitiers à son entrée, le 3 mai 1307. Il ne mourut pas la même année, puisqu'il fit un troisième testament, le mardi 4 juin 1309, au château de Coyec; fait des légats au prieur de Sainte-Marie de Soubrebost, *de Superbosco* (1), sur les fiefs de Peyrat et de Saint-Hilaire (2); nomme exécutrice sa sœur, dame de Belnio-sur-Mer et de Quennequient. Il mourut à Poitiers, ne laissant pas d'enfants, et fut enterré, suivant sa volonté, avec une tombe comme celle qui avait été faite pour son frère dans l'abbaye de Valence, chez les Jacobins de cette ville, où l'on voyait sa riche sépulture. Il n'avait point été marié.

XIX. — Charles de France (1316-1321).

Par lettres du 7 mars 1315 (1316) du roi Jean Hutin, qui déclare que, quoiqu'il ait octroyé à son frère Charles, comte de la Marche, que toutes les terres qu'il avait eues en apanage soient du ressort du Parlement de Paris sa vie durant, il n'a pas entendu que cette grâce s'étende aux cas esquels les pairs de France ont à ressortir devant les sénéchaux et baillifs. Lettres du roi Philippe le Long, par lesquelles il érige le comté de la Marche en titre de pairie, en faveur de son frère Charles, comte de la Marche et de Bigorre, à lui donné, en accroissement d'apanage, les bois de Lecon, Roncon, les bois de la terre de Courton, etc., à Paris, au mois de mars 1316.

Le roi Philippe le Long érigea donc le comté de la Marche en duché-pairie au mois de mars 1316, en faveur de Charles de France, son frère, en ce qu'elle retournerait à la couronne, défaillant les hoirs masles.

En 1318, les Artésiens s'étant révoltés contre la comtesse Mahaut, elle appela à son secours les comtes de Valois et de la Marche, etc.

Dans des actes du 21 février et du mois de mai 1319, il se qualifie comte de la Marche et de Bigorre, sire de Crécy et de Fougères.

Le procureur général du roi *fit certaines demandes contre ses amés et féaux le comte de la Marche, son cher frère, etc.*, pour raisons de leurs monnaies qu'il voulait retirer à soi, comme une marque de souveraineté.

Le 13 juin 1320, *les procureurs desdits comtes se submirent sur ce, de haut et de bas, à toute la volonté du roi.*

En 1321, accord entre le comte de la Marche et les chanoines du Dorat.

Le roi Philippe le Long étant décédé le 1er janvier 1321 (*vieux style*).

---

(1) Soubrebost, canton et arrondissement de Bourganeuf (Creuse).
(2) Saint-Hilaire-Château, canton de Pontarion, arrondissement de Bourganeuf (Creuse).

le comte de la Marche lui succéda sous le nom de Charles le Bel : ainsi la pairie fut éteinte. Il mourut le 1er février 1327 (1328).

XX. — Louis de Bourbon (1327-1342).

Le roi Charles le Bel donna, en 1327, la comté de la Marche en échange à Louis de Bourbon, surnommé le Boîteux et le Grand, au lieu de la comté de Clermont en Beauvoisis : ainsi celle de la Marche fut érigée de nouveau en duché-pairie au mois de décembre de la même année. Il est réuni à la couronne.

Louis, comte de Clermont et de la Marche, premier duc de Bourbon, pair et grand-chambrier de France, était fils de Robert de France, cinquième fils de saint Louis et de Béatrix de Bourgogne, morte le 1er octobre 1310.

En 1328, Philippe de Valois, pour dédommager Philippe, comte d'Evreux, et Jeanne, sa femme, de la comté de Champagne, sur laquelle ils avaient des prétentions, et qu'il venait d'unir à la couronne, leur assigna des revenus dans la comté de la Marche auprès d'Angoulême. Mézeray dit même qu'il leur donna la comté de la Marche.

En 1331, il confirma les petits priviléges d'Aubusson, fit une grande donation au monastère de Bonlieu. La même année, il passa une transaction avec l'abbé et les chanoines du Dorat.

Il mourut le 22 janvier 1341, et est inhumé dans l'église des Dominicains de Paris, dans la rue Saint-Jacques, où est cette épitaphe : *Messire Loys, duc de Bourbon, comte de Clermont et de la Marche, qui fut fils dudit Robert, lequel trépassa le vingt-deuxième jour de janvier, l'an mille trois cent quarante et un.* D'après le P. Simplicien, son testament serait daté du 27 janvier.

En 1311, il avait épousé Marie Hainaud, morte au mois d'août 1354, dont : 1o Pierre, qui suit ; 2o Jacques, dont il sera parlé après son frère.

XXI. — Pierre de Bourbon (1342-1356).

Pierre de Bourbon fut inhumé au même endroit que son père, avec cette inscription : *Lieutenant et capitaine souverain de la Marche, messire Pierre, duc de Bourbon, comte de Clermont et de la Marche, pair et chambrier de France, lequel fut fils dudit Louis, et trépassa le 19 septembre 1356. Dieu ayt son âme !*

Un chroniqueur dit que Sancie, fille d'une femme de Catane nommée Philippe, épousa, vers l'an 1348, Charles, comte de la Marche. Selon lui, cette Philippe, quoique lavandière dans son jeune âge, avait su si bien s'insinuer dans les bonnes grâces de Robert, roi de Sicile et de Jérusalem, qu'on l'appelait la nourrice et même la mère de la reine. Il y avait dans l'imprimé : *Carolo, comiti Marconis. conjugio juncta* ; l'errata rétablit *comiti Marchiæ*. Mais ce Charles, fils dudit Robert, doit avoir été comte d'ailleurs que de la Marche du Limousin.

On fait tuer, à la bataille de Mauron en Bretagne, en 1352, un comte de la Marche.

XXII. — Jacques de Bourbon (1356-1361).

Bourbon-la-Marche et Ponthieu porte : *de Bourbon, la bande ou cotice de gueules, chargée de trois lionceaux d'argent.* (LABBE, *Blason royal*, p. 14).

Jacques de Bourbon Ier du nom, comte de la Marche, Ponthieu et

Charolais, Sgr de Montaigut en Combraille (1), Condé, Carenci, connétable de France, eut différend avec Pierre de Bourbon, son frère aîné, pour la succession de leur père; mais, par accord entre eux, Pierre donna à son frère 4,000 livres de rente, dont la moitié fut assignée sur la ville et seigneurie du Dorat.

Il fut nommé, en 1349, souverain et général capitaine pour le roi en toutes les parties du Languedoc.

Il chassa les Anglais de la Chapelle-Taillefer (2) et des autres endroits de la Marche; fut fait prisonnier à la bataille de Poitiers, le 19 septembre 1356.

Par une lettre du 4 janvier 1356, le duc Louis de Bourbon promet faire assiette de 4,000 livres de rente à Jacques de Bourbon, comte de Ponthieu, à cause de son partage, savoir, 2,000 livres de rente assises par coutume du pays, et les autres 2,000, évaluées selon la coutume du pays où elles seront assises. L'assiette devait commencer en la comté de la Marche par prud'hommes, et, au cas où elle ne s'y pourrait asseoir, le reste sur les châtellenies et seigneuries de Montaigu en Combraille. Le 1er décembre 1357, le duc Louis de Bourbon bailla ses lettres de commission à Mre Jean Griveau, chevalier, sénéchal de la Marche, contenant que, du consentement et volonté du duc de Normandie, il baille à son oncle Jacques de Bourbon, comte de Ponthieu, et ez siens, la comté de la Marche, avec tous les droits, châteaux, châtel et châtellenie de Montaigu en Combraille, pour raison de droit d'apanage dont il dit lui être tenu, et mande au sénéchal de lui en bailler la jouissance et faire obéir les vassaux et sujets. Le lundi après la fête de saint André 1357, Jean Griveau, chevalier, fit délivrer aux gens de Jacques de Bourbon la comté de la Marche, suivant le contenu des lettres de sa commission.

Je rapporterai l'épitaphe de Jacques de Bourbon à l'article de son fils. Ils moururent de leurs blessures le 6 avril 1362.

En 1335, il avait épousé Jeanne de Saint-Paul, fille de Hugue de Chatillon, Sgr de Leuses, Condé, Aubigni, Carenci, Buguoi, etc., et de Jeanne, comtesse de Soissons. Elle mourut en 1371, dont : 1º Pierre, qui suit ; 2º Jean, qui succéda à son frère, etc.

XXIII. — Pierre de Bourbon (1361).

Pierre de Bourbon, comte de la Marche, est enterré avec son père, dans le sanctuaire des Jacobins de Lyon, où on voit leur épitaphe à main droite du grand-autel, en ces termes :

Cy gist messire Jacques de Bourbon, comte de la Marche, qui mourut à Lyon, de la bataille de Brignais, qui fut l'an mil trois cent soixante-deux, le mercredi devant les rampos (3).

Item, cy gist messire Pierre de Bourbon, comte de la Marche, son fils, qui mourut à Lyon, de cette même bataille, l'an dessus dit.

XXIV. — Jean de Bourbon (1361-1397).

Jean de Bourbon, Ier du nom, comte de la Marche, Vendosmes,

---

(1) Montégut-en-Combraille, chef-lieu de canton, arrondissement de Riom (Puy-de-Dôme).
(2) La Chapelle-Taillefer, canton et arrondissement de Guéret (Creuse).
(3) Le mercredi avant les Rameaux.

Castres, Sr de Condé, de Montaigut en Combraille, etc., lieutenant général pour le roi en Limousin, connétable de France, confirma l'affranchissement de la ville d'Ahun, le vendredi 10 décembre 1362.

En 1366, fut nommé capitaine de l'armée française qui alla en Castille; se trouva au siége de Sancerre en Berri.

Le 15 janvier 1372 (*vieux style*), le roi donna les terres de Bellac, Rancon et Champagnac au duc de Bourbon, et en reçut les foi et hommage.

Pour les années 1384 et 1385, voyez Froissard.

En 1389, il était à la première table à laquelle le roi Charles VI festoya Gaston-Phœbus, comte de Foix.

Le 19 juin 1394, jugé en pairie que, si en pairie a reversion de fief, on ne plaide qu'en parlement en la cause du comte de la Marche.

Le 15 septembre 1396, ... et sa femme firent un partage de leurs biens : Jacques, l'aîné, eut la vicomté de la Marche avec les châtellenies de Montaigut et la terre de Bellac, etc.

Il mourut le 11 juin 1393, et est enterré dans la chapelle du château de Vendosme, où l'on voit son tombeau et son épitaphe.

Il avait épousé, le 28 septembre 1364, Catherine, comtesse de Vendosme, fille de Jean, comte de Vendosme, et de Jeanne de Ponthieu, laquelle mourut le 1er avril 1412 ou 1411, et fut enterrée avec son mari. Il en eut : 1° Jacques, qui suit; 2° Louis, tige de la branche de Vendosme; 3° Jean, tige de la branche de Carency en Artois, qui mourut en 1458; 4° Charlotte, mariée, à Melun, l'an 1409, à Jean de Luzignan, roi de de Chypre : c'était une des plus belles princesses de son temps; elle mourut en 1434; il laissa un fils naturel nommé Jean, bâtard de la Marche.

XXV. — Jacques de Bourbon (1397-1436). (*V.* Saint-Antonin, IIIe partie, § 6.)

Jacques de Bourbon IIe du nom, comte de la Marche, Charolais, Castres, Sr de Montagut et de Bellac, grand-chambellan, obtint, le 19 juin ....., arrêt, par lequel le privilége de la comté-pairie de la Marche, de ne plaider qu'au parlement, fut déclaré avoir lieu pour les terres retournées et réunies par reversion de fief.

Il alla en Hongrie, à l'armée que le roi de France envoya contre le Turc, et fut fait prisonnier dans une bataille donnée en septembre 1396. A son retour, il fut gratifié par le roi de l'office de grand-chambellan en 1397.

En 1403, il conduisit un secours envoyé de France à ceux de Galles révoltés contre Henri, roi d'Angleterre; il avait avec lui Louis et Jean de Bourbon, ses frères. Ayant reçu des sommes considérables du roi pour les frais d'une descente en Angleterre, il consuma les fonds, et fut obligé de revenir sur ses pas : « Il avoit dépensé tout ce que reçu avoit en fols usages, tant entour les dames comme au jeu de dez ». Il passa à Orléans au retour de cette belle expédition ; les écoliers s'attroupèrent sur son passage, chantant autour de lui : « *Mare vidit, et fugit* : Il a vu la mer et il a pris la fuite ».

En 1404, il nettoya le Limousin de quantités de châteaux par le moyen desquels les Anglais tiraient de grosses contributions.

Il assista, le 22 janvier 1407, dans le monastère de Saint-Julien de Tours, à l'élévation des reliques de saint Laure, prêtre et abbé.

[Il fut un des témoins présents à la paix qui se fit entre les maisons d'Orléans et de Bourgogne, et qui fut jurée, le 9 mars 1408, dans l'église cathédrale de Chartres. Il aida aussi, en 1409, au duc de Bourbon, à chasser les bandits qui ravageaient ses terres.]

Le 17 avril et le 9 juin 1410, il était du conseil du roi.

En 1411, il alla avec le duc de Bourgogne assiéger Etampes. Après la prise de cette ville, il se jeta dans le duché d'Orléans et dans la Sologne; mais il fut défait et pris prisonnier près la ville de Tours, et mené à Orléans, et jura la paix en 1415.

Dès 1414, il poursuivait la canonisation de dame Marie de Mailly, sa proche parente.

Il épousa : 1º, le 15 août 1405, ou à Pampelune le 14 septembre 1406, Béatrix de Navarre, quatrième fille de Charles IIIe du nom, roi de Navarre, et d'Eléonor de Castille, dont : 1º Eléonor, qui suit; 2º une autre fille nommée Marie de Bourbon, qui se mit sous la conduite de sainte Colette, imita ses vertus, et mourut à Amiens l'an 1455. On la regarde comme une sainte dans l'ordre de Saint-François, le 7 septembre.

Il épousa : 2º, le 5 novembre 1412, Marguerite de Bretagne, fille de feu Jean, comte de Penthièvre, vicomte de Limoges, et de Marguerite de Clisson, morte sans hoirs.

Il épousa : 3º, en 1415, la reine Jeanne de Naples, seconde du nom, fille de Charles de Duras, roi de Naples et de Hongrie, et de Marguerite de Sicile, et veuve de Guillaume dit l'Ambitieux, duc d'Autriche. Par cette alliance, il prit le titre de roi de Hongrie, de Jérusalem et de Sicile. Il n'eut point d'enfants de ce mariage. La reine mourut le 2 février 1435. En Angleterre, on conspira, en 1415, de le mettre sur le trône; mais il révéla le complot au roi, quand il vit l'impossibilité de l'exécution.

Après de facheux accidents qui lui arrivèrent, ne pouvant plus souffrir ni les mépris ni les débauches de sa femme, il fut chassé de Naples, et, s'étant réfugié dans l'état de Venise, il donna procuration à Trévise, le 16 de mai de l'an 1421, à Tassin Gaudin, chevalier, de vendre une partie de ses domaines des comtés de la Marche et de Castres, pour le soutenir sur le trône. Il fut contraint de s'en retourner en France, où il abandonna le monde, soit par dévotion, soit par chagrin et par dépit d'en avoir été maltraité. Il alla se rendre frère mineur. Dans ce voyage, on lui fit une entrée singulière, l'an 1465, dans la ville de Pontarlier.

L'année suivante, il fit héritier Jacques, son petit-fils, fils aîné de la même Eléonor, à la charge de porter son nom et armes, et les titres de comte de la Marche et de Castres; se réserve la somme de deux mille écus d'or chancun an, sa vie durant. Il prit l'habit de franciscain à Besançon, où il est enterré chez les sœurs de Sainte-Claire, avec cette épitaphe :

Cy gist Jacques de Bourbon, tres-haut prince et excellent de Hongrie, Hié-rusalem et Sicile, roy tres-puissant, comte de la Marche et de Castres et, seigneur d'autres pays, qui, pour l'amour de Dieu, laissa freres, parents et amis, et, par dévotion, entra en l'ordre de Saint-François ; lequel trépassa le 23 jour de ..... l'an 1438. Priez Dieu pour son âme dévotement.

Taveau dit qu'il avait été chanoine et archidiacre de l'église de Sens.

Il avait eu un bâtard appelé Claude d'Aix, qui mourut novice chez les Cordeliers de Dôle en Franche-Comté.

Après le trépas de Jacques de Bourbon, comte de la Marche, sans laisser d'hoirs mâles, Louis de Bourbon, son frère, comte de Vendosme, poursuivit en parlement de Paris Bernard d'Armagnac et Aliénor, sa femme, fille unique dudit feu Jacques de Bourbon ; soutenant que ces terres, baillées par apanage au fils aîné de la maison de France, ou descendu de cette maison, les filles ne succèdent point, mais que ces terres viennent aux mâles plus prochains. Il disait pour raisons : 1° que saint Louis eut deux fils : Philippe, l'aîné, qui fut roi après lui, et Robert ; 2° que Robert, pour partie de son apanage, eut la comté de Clermont en Beauvoisis ; 3° que de Robert vint Louis, depuis duc de Bourbon et de Clermont ; 4° que le pays de Bourbonnais lui fut érigé en duché, relevant de la couronne de France, et que, entre autres seigneuries du Bourbonnais dont fut faite la duché, était la châtellenie de Montaigut en Combraille, tenue et possédée par longtemps par les ducs, comme membre et partie de leur duché de Bourbonnais. Pour ces raisons, le comte Louis de Bourbon, requit que le comte de Perdriac et sa femme fussent condamnés à se départir de la comté de la Marche, à lui en rendre les fruits depuis le trépas dudit Jacques de Bourbon. Le comte de Perdriac et sa femme répondirent que : 1° par les partages faits par Jean de Bourbon, comte de la Marche, et Catherine, comtesse de Vendosme, sa femme, fut baillée à Louis de Bourbon la comté de Vendosme, pour tous droits échus et à échoir. Le comte de Vendosme répliqua que jamais le comte Louis ne renonça aux successions qui pourraient advenir par le décès de ses père et mère, et même à la comté de la Marche, qui est apanage de France. Le procureur du roi, dans ses conclusions par écrit, dit aussi que le comté de la Marche est domaine de France, et que, après le trépas du roi Jacques, décédé sans hoirs mâles, le retour en était au roi, et non à son frère, qui n'est que collatéral. Le comte Jean répondit que les frères, en tel cas, succèdent l'un à l'autre ; qu'il s'est ainsi pratiqué en la duché d'Anjou, comté du Maine et plusieurs autres. Cependant Léonor de Bourbon fut comtesse de la Marche.

Sous Charles VII, entre 1422 et 1461, le dauphin possédait la Haute et Basse-Marche, le Limosin, etc.; il prenait, en 1415, les titre et qualité de régent du royaume. C'était Charles, troisième dauphin.

XXVI. — **Léonor de Bourbon (1436-1471), femme de Bernard d'Armamagnac (1436-1462).**

Léonor ou Eléonor de Bourbon, comtesse de la Marche et de Castres, duchesse de Nemours, querella les royaumes de Naples, de Sicile et de Navarre, et 4,000 livres sur le comté de la Marche.

Elle vivait encore en 1471.

Elle fut mariée, au château de Roquecourbe, diocèse de Castres, le 27 juillet 1424, et non le 25 juillet 1429, à Bernard d'Armagnac, comte de Perdriac, vicomte de Sarlat et de Murat, second fils de Bernard, comte d'Armagnac, connétable de France, et de Bonne de Berri. Depuis cette alliance, on l'appelait monseigneur de la Marche. Elle vivait encore en 1464.

Son beau-père l'établit son lieutenant général en son comté de la Marche, et, en cette qualité, il donna quittance, le 24 avril 1426, de 500 livres tournois, à lui accordées par les Etats de la Marche et châtellenie de Montaigut en Combraille, en récompense des dépenses qu'il avait faites. Son beau-père lui donna plein pouvoir, le 17 juillet 1432, dans toutes les terres et seigneuries qu'il avait en France. Les Etats du pays de la Marche et châtellenie de Montaigut lui accordèrent 1,780 livres pour pareille somme qu'il avait employée à les défendre contre les gens de guerre qui avaient voulu les endommager, et il en donna quittance le 12 mai 1435, se qualifiant de comte de la Marche, gouverneur pour le roi du Haut et Bas-Limousin ; il donna diverses autres quittances pour différentes sommes à lui accordées par les Etats de ce pays et par le roi en 1440, 1441, 1442, 1443, 1444.

Le vendredi 16 novembre ....., il confirma l'affranchissement de la ville d'Ahun.

En 1438, il assista à l'assemblée de Bourges, où fut établie la pragmatique sanction.

En 1440, il accompagna le roi Charles VII à Poitiers, la Souterraine, Guéret, Chambon, Evaux, Montaigut en Combraille ; il passa au Dorat. En 1442, il était à Limoges avec le même prince aux fêtes de la Pentecôte.

Le 19 janvier 1442 (1443), il traita de la terre de Donzenac (1) avec le Sr de Fimarcon.

Le 7 août 1456, il était à Bellac.

Il quitta, le 3 septembre 1457, la justice de Pérouse et de Beauvoir au Sr de Beauvoir, à condition du ressort au château de Mardoigne en Combraille.

Ce Bernard d'Armagnac, qualifié très-noble et très-puissant, avait un respect particulier pour sainte Colette, réformatrice de l'ordre de Sainte-Claire à Gand, et morte l'an 1447. Elle le fit avertir par son aumônier, nommé Jean de Molis, de mettre ordre à son âme à cause du danger qu'il allait courir. En effet, trois ou quatre jours après, le comte fut blessé à mort à une lieue et demie de la ville d'Auxerre, par des gens d'armes, et il ne fut guéri que cinquante jours après, par l'intercession de la sainte. Après sa mort, elle préserva aussi le prêtre Jean Moulines de se noyer à Moneton, sur le Cher.

Le comte était mort en 1462 ; mais le P. Vaissette dit qu'il était mort le 4 mai 1456. Sa femme était vivante le 18 mai 1462. Il laissa : 1º Jacques, qui suit ; 2º Jean, évêque de Castres, abbé d'Ahun et de Lesterpt ; 3º un bâtard nommé Jérôme, auquel Jean d'Armagnac, duc de Nemours, son neveu, légua, par son testament du 23 novembre 1500, 10,000

---

(1) Douzenac, chef-lieu de canton, arrondissement de Brive (Corrèze).

livres et la jouissance des terres d'Aixe (1) et d'Ayen (2) en Limousin (peut-être mieux en Marche), jusqu'à ce qu'on en eut été payé.

XXVII. — Jacques d'Armagnac (1471-1477).

Jacques d'Armagnac, duc de Nemours, comte de la Marche et de Castres, fut payé, de la part du roi, en 1451, de certaines sommes, pour ce qu'il avait distribué aux gens d'église, nobles et autres du pays du Limosin et de la Marche, qui étaient venus à Tours, au mois de février de la même année, trouver le roi. Le 14 mars 1456, il s'accorda avec le duc de Bourbon, touchant les limites de la seigneurie de Montaigu en Combraille.

Il était à Bellac le 7 août 1456.

La comtesse sa mère lui fit don de tous les droits qu'elle avait au comté de la Marche. Le 5 novembre 1465, il eut procès, conjointement avec la comtesse, sa mère, contre Jean de Bourbon, comte de Vendosme, pour le comté de la Marche, que le roi lui adjugea le 21 janvier suivant.

Le 20 juin 1470 (MORICE, *Hist. de Bretagne*, T. III, preuv., col., 192), il est appelé Sgr de Montaigu en Combraille.

Il acquit, par acte du 15 janvier 1459, de Marie de Bourbon, dame de Croye, tous les droits qu'elle avait sur les comtés de la Marche, Vendosme, Castres, etc.

Il fit plusieurs dons et concessions aux habitants de la ville de Guéret et autres villes et lieux de sa dépendance.

Il fut accusé d'avoir promis au duc de Bourgogne de faire prendre prisonnier le roi Louis XI et le Dauphin. Le roi lui avait pardonné par deux fois ; mais, par arrêt du 4 septembre 1470, il avait été condamné par contumace à avoir la tête tranchée. Le roi le fit prendre au château de Carlut en Auvergne, puis conduire à celui de Pierre-Encise à Lyon, et de là à la Bastille, comme criminel de lèze-majesté. Il fut décapité aux halles de Paris le 1er ou le 3, ou le 4 août 1477, enterré chez les Cordeliers, et ses terres confisquées au roi. Il fut fort plaint du peuple.

Le 11 août 1477, déclaration du roi Louis XI pour l'exemption de la comté et pairie de la Marche, du ressort du Parlement, transféré de Bordeaux à Poitiers, encore qu'il fût spécialement compris sous l'attribution donnée audit parlement de Poitiers, le tout en faveur du duc de Nemours, comte de la Marche, et de ses sujets en ladite comté, pour ne déroger en la pairie. Le duc Nemours avait demandé cette déclaration. Louis XI voulait donc qu'on ignorât qu'il avait été décapité depuis peu.

Ce prince donna, au mois de septembre même année 1477, au sire de Beaujeu, qui avait instruit le procès du défunt duc, les comtés et seigneuries de la Haute et Basse-Marche et de Montagut en Combraille, sauf l'opposition du duc de Bourbon et du comte de Vendosme.

Pierre de Bourbon, gendre du roi, eut depuis la Marche.

Jacques d'Armagnac avait épousé, le 12 juin 1452, Louise d'Anjou,

---

(1) Aixe-sur-Vienne, chef-lieu de canton, arrondissement de Limoges (Haute-Vienne).
(2) Ayen, chef-lieu de canton, arrondissement de Brive (Corrèze).

fille de Charles, comte du Maine, et d'Isabelle de Luxembourg. En faveur de ce mariage, Léonor de Bourbon, sa mère, lui fit don du droit par elle prétendu au comté de la Marche. Louise mourut à Carlat, du chagrin qu'elle eut de la poursuite qu'on faisait contre le duc son mari.

De ce mariage vinrent deux fils morts sans lignée : 1º Jean, duc de Nemours, qui mourut à la bataille de Perpignan ; 2º Louis, qui fut comte du Maine, et mourut à la guerre de Naples, l'an 1503.

XXVIII. — Pierre de Bourbon (1477-1503), mari de Anne de France (1503-1522).

Pierre IIe du nom, duc de Bourbonnais et d'Auvergne, comte de Clermont, Forez et la Marche, vicomte de Carlat et Murat, S^{gr} de Beaujeu, pair, grand-chambrier et régent de France, naquit, en novembre 1439, de Charles, duc de Bourbon, et d'Agnez de Bourgogne.

Le 3 novembre 1374, il épousa Anne de France, fille aînée du roi Louis XI, à cause de la proximité du lignage. Le roi, pour l'amour qu'il portait à sa fille, par lettres datées d'Arras en septembre 1477, pour reconnaître les grands services que Pierre de Bourbon a rendus à la couronne, lui donne, à sa femme et à leurs successeurs, tant mâles que femelles, nés de leur chair et loyal mariage, les comtés, terres et seigneuries de la Haute et Basse-Marche, et de Montagut en Combraille, qui avaient appartenu à Jacques d'Armagnac, criminel de lèse-majesté. Le roi ne se réserve que les foi et hommage, la souveraineté, avec la garde des églises qui sont de fondation royale.

Il était au Dorat le 23 décembre 1478 ; assista au sacre de Charles VIII, où il représenta le comte de Flandre.

Par lettres du mois d'avril 1485, le roi donna au S^{gr} de Beaujeu le comté de la Marche : ce seigneur y unit les seigneuries de Charroux, Doyac, Saint-Germain et Calais.

En 1484, la comtesse de Beaujeu, sœur aînée du roi Charles VIII, et qui voulait avoir l'administration du royaume, leva deux corps considérables, l'un sous la charge de Graville, pour occuper le duc de Bourbon, son beau-frère, dans ses provinces du Bourbonnais et de la Marche, où il était alors, de sorte qu'il ne les osât perdre de vue, de crainte qu'elles ne lui fussent enlevées.

Le 12 mai 1489, Pierre, duc de Bourbon, et la duchesse Anne, sa femme, achetèrent de Jean d'Armagnac, fils de Jacques et de Louise d'Anjou, les vicomtés de Carlat et de Murat, et lui donnèrent en paiement les terres d'Aixe et d'Ayen en Limousin. Charlotte d'Armagnac, sa sœur, donna, par son testament du 12 août 1504, à Charles de Rohan, S^{gr} de Gia, son mari, les seigneuries d'Aixe et d'Ayen en Limosin.

Il mourut, le 8 octobre 1503, à Moulins, où son cœur fut enterré dans l'église de Notre-Dame. On mit son corps dans la chapelle neuve du prieuré de Souvigny.

Il ne laissa qu'une fille nommée Susanne, dont je parlerai.

Les châtellenies de Bellac, Rancon et Champaignac furent distraites du comté de la Marche par le partage des biens de Jean de Bourbon, entre Jacques IIe du nom de Bourbon et Louis de Bourbon, auquel elles furent délaissées ; elles furent réunies au vicomté de Châtellerault, et le tout érigé en pairie, par lettres-patentes du 15 février 1514, enregistrées au parlement le 4 avril 1515, en faveur de François de Bourbon, à la charge que, à défaut d'hoirs mâles, la dignité de pairie demeurerait éteinte.

Anne de France, fille et sœur du roi, posséda la comté de la Marche en 1497, après la mort de son mari. Elle la donna à son gendre et à ses hoirs, avec le pays de Combraille, par son testament cité ci-dessous.

Le 6 avril 1520, elle donna aux prêtres de Guéret des lettres de sauvegarde et de protection.

Le 27 avril 1521, à Guéret, furent publiées les nouvelles coutumes de la Marche ; l'article 2e porte : « S'il est débat d'aucune chose entre Madame et son sujet, etc, » ; ce qui fait voir qu'Anne de France possédait le comté de la Marche en propriété.

Elle fit son testament à Chantelle, le 1er juillet 1521, et un codicille le 12 novembre 1522, qui porte institution d'héritier universel au profit de Charles de Bourbon, son gendre, et confirmation de tous les avantages qui lui avaient été faits. Elle mourut le surlendemain.

XXIX. — Susanne de Bourbon, morte avant sa mère : Charles de Bourbon, son mari (1522-1527).

Susanne de Bourbon, comtesse de la Marche, n'étant âgée que de dix ans, fut, du vivant de son père, fiancée à Charles, dernier duc d'Alençon ; mais elle épousa, le 10 mai 1505, au Parc-lez-Moulins, Charles de Bourbon, né le 27 janvier 1489, duc de Bourbonnais, d'Auvergne, Anguyen, Châtelleraud, etc., fils de Gilbert de Bourbon, comte de Montpensier, et de Claire Gonzague. Le contrat de mariage contenait une donation réciproque de tous biens : ainsi il devint comte de Clermont en Beauvoisis, Montpensier, Forez, la Marche, Gien et Clermont en Auvergne, dauphin de la même province, vicomte de Carlat et de Murat, baron de Mercœur, Sgr de Beaujolais, Combraille, Annonay, Roche-en-Regnier et de Bourbon-Lanci ; il fut aussi premier prince du sang, pair, grand-chambrier et connétable de France, gouverneur de Languedoc et de Milan. Par le moyen de cette alliance, tous ces grands biens furent conservés ou retenus en la même famille.

Par transaction du jeudi 29 février 1513, Marie de Luxembourg, comtesse de Vendosme et de Saint-Paul, Charles de Bourbon, comte de Vendosme, François, comte de Saint-Paul, et Louis de Bourbon, prince de la Roche-sur-Yon, cèdent à Anne de France, duchesse de Bourbonnais et d'Auvergne, pour elle et pour Susanne de Bourbon, sa fille, femme de Charles, duc et duchesse dudit duché, et pour Charles de Bourbon, leur fils, tout leur droit sur la comté de la Marche et seigneurie de Montaigut, pour 4,000 livres de terre et 1,750 livres de revenu annuel, dont sera faite assiette dans un an.

A la bataille de Marignan, 1515, le connétable eut infailliblement perdu la vie sans dix ou douze cavaliers du Bourbonnais et de la Marche qui se serrèrent autour de lui, et reçurent la plupart des coups qu'on lui portait.

Susanne de Bourbon mourut sans hoirs le 28 avril 1521, avant sa mère, à Châtellerault, et fut enterrée à Souvigny.

Trois fils qu'elle avait eus de ce mariage étaient morts en enfance.

Charles de Bourbon, par son testament du 1er juillet 1521, institue héritiers ses enfants, leur substitue Anne de France; veut être enterré au prieuré de Souvigni en Bourbonnais. On trouve son épitaphe dans l'église des Cordeliers de Vichy en Bourbonnais.

*Cy gist haut et puissant seigneur M*re *Charles de Bourbon, comte de la Marche, prince de Carenci, d'Aubigny, l'Ecluse de Bucon, Beauvigny, Essangonelle, Combs, Puiseux, Annale, Abret, Vandat, Rochefort, Cirat, Banis, Saint-Georges-le-Beage et Tarnat, qui décéda en son château d'Abret.*

Mre Bertrand de Bourbon, chevalier, son fils, qui hérita desdits biens, et mourut à la bataille de Marignan sans hoirs (1515).

Pour l'année 1523, *V.* le P. Bonaventure, T. III, p. 758.

Tous les biens du comté de la Marche furent séquestrés par arrêt du Parlement du mois d'août 1523, à la poursuite de Louise de Savoie, mère du roi François Ier, fille de Marguerite de Bourbon, sœur de Pierre, duc de Bourbon et comte de la Marche, et alors régente du royaume. Elle prétendait que toute la succession de Bourbon lui appartenait *ab intestat*, par le décès de ladite Susanne, sa cousine germaine. Le connétable allégua inutilement la donation par son contrat de mariage, et le testament de Susanne, sa femme, fait à Montluçon en 1519.

Dès lors il chercha l'occasion de se venger, et commença ses pratiques avec les ennemis de l'Etat. Ils conclurent, à Montbrison en Auvergne, un traité de révolte, par lequel le connétable devait être créé roi de Bourgogne, en joignant au duché et comté de ce nom les provinces de la Marche, Beaujolais, etc. Mais le tout fut découvert.

Le 6 septembre 1523, le roi donna commission à M. Brinon, premier-président du parlement de Rouen, d'aller à Tarare, en compagnie du maréchal de Chabannes, etc., pour interroger Antoine de Chabannes, évêque du Puy et partisan du connétable. Par la déposition de cet évêque, on eut quelques lumières. François des Cars, Sgr de la Vauguyon (T. I, p. 374), qu'on avait arrêté parce qu'on le soupçonnait d'être dans la même trame, fut interrogé, le 9, par M. de la Trémouille, en présence de trois hommes de sa compagnie, par ordre du roi et de Madame la régente. Des Cars savait peu de chose, et, sur ce qui lui fut demandé pourquoi il n'avertissait pas le roi de ce qu'il savait, il dit qu'il ne savait rien au vrai, et que, comme le connétable ne lui avait rien déclaré, il croirait faire une grande méchanceté de donner avis d'une chose qu'il ignorait. Ce qui se passa sur la fin du procès du connétable témoigne assez l'innocence de des Cars, et le rude traitement qu'il reçut, soit en justice, soit en prison, est une preuve certaine que le connétable était mal informé de l'accuser de l'avoir trahi.

Le roi renvoya l'instruction de ce procès à Jean de Salve, premier-président du parlement de Paris, par lettres du 2 septembre, avec charge expresse de faire le procès extraordinaire au connétable, à l'évêque du Puy et aux autres de la conspiration. Les commissaires se transportèrent à Loches, où avaient été conduits les prisonniers. Des Cars, l'évêque du Puy, etc., furent de nouveau interrogés, et le roi, par ses lettres-patentes du 20 septembre, renvoya au parlement pour faire et juger le procès, sans plus parler de l'évêque du Puy. Des Cars eut arrêt d'élargissement; mais il devait demeurer dans une ville du royaume telle qu'il plairait au roi. Son arrêt est du 7 juillet 1524, prononcé seulement le 24 mars suivant. La ville d'Orléans lui fut donnée pour y être deux ans. Mais il fut fort maltraité à la question, où il témoigna de grandes faiblesses. Depuis, et en juillet 1525, il eut permission d'aller en une de ses maisons, où il fut déclaré non coupable du cas à lui imposé, en juillet 1526.

La procédure contre le connétable fut suspendue par la prise du roi François Ier. Dans le traité de Madrid de 1526, il est dit : « *Item*, parce que haut et puissant prince Mr Charles, duc de Bourbonnais et d'Auvergne, avec autres ses amis, alliés ou serviteurs, pour aucunes causes et raisons, s'étoient absentés du royaume de France, du service du roi très-chrétien, à l'occasion de laquelle absence, et durant icelle, ont été pris, saisis et occupés les comtés de la Marche, etc., et généralement tous et chacuns ses biens, terres et seigneuries, a été traité et accordé que ledit roi très-chrétien fera, incontinent après la publication de ce traité, rendre et restituer audit Sgr de Bourbon, ou à ses députés, toutes lesdites comtés, etc., et sera réintégré en la possession et jouissance de ses biens ».

Varillas prétend que ce comte Charles de Bourbon s'était opposé pour les cinq provinces de son patrimoine, la Marche, etc., lorsque le roi François Ier voulut les soumettre à prendre le sel au même prix que les étrangers le payaient.

Il fut tué en montant des premiers à l'assaut de Rome, le 6 mai 1527, et est enseveli à Cajette, au royaume de Naples, dans la chapelle de la Roque. Il était passé en Allemagne, au service de l'empereur, qui le fit général de ses armées en Italie.

Par arrêt du 27 juillet 1527, trois mois après sa mort, il fut déclaré criminel de lèse-majesté, et tous ses biens réunis à la couronne, par le roi, tenant son lit de justice en la cour du parlement de Paris. Néanmoins, lorsque son cousin Charles de Bourbon, premier duc de Vendomois, assista à ce jugement, rendu par les princes et les pairs, le roi lui donna lettres-patentes, par lesquelles il déclara que l'assistance qu'il rendait à ce jugement ne pourrait nuire ni préjudicier aux prétentions qu'il avait sur les comtés de Clermont et de la Marche, et la seigneurie de Montagut en Combraille.

XXX. — Louise de Savoie (1527-1531).

La postérité de Pierre de Bourbon étant éteinte, le comté de la Marche revint à la couronne.

Par transaction du 25 août 1527, Louise de Savoie, mère du roi François Ier, fut duchesse d'Angoumois, Anjou, Bourbonnais, Nemours, Châtelleraud, comtesse du Maine, Gien, Civrai, Clermont en Beauvoisis, Clermont d'Auvergne, la Marche, Forez, Montpensier, et dauphine d'Auvergne, vicomtesse d'Aulnay, Carlat, Murat, dame de Beaujolais et de Mercœur, pays de Combraille, sans qu'elle puisse en rien démembrer.

Par autre transaction du 27 août 1527, entre François Ier et Louise de Savoie, sa mère, le comté de la Haute et Basse-Marche et autres terres qui ont appartenu à Charles, duc de Bourbonnais, sont destinés pour l'apanage de Charles de France, duc d'Angoulême.

Elle mourut, âgée de cinquante-cinq ans, le 22 septembre 1531, à Gretz en Gatinois.

Par lettres du mois de janvier 1531 (*vieux style*), données à Dieppe, le roi unit à la couronne les comtés de la Marche, etc.

Par une ordonnance de la cour de parlement de Paris, publiée en 1534, il y a six semaines pour les assignations venant de la Marche.

XXXI. — Charles de France, duc d'Orléans (1540-1545).

Charles de France, fils du roi François Ier et de Claude de France, duc d'Orléans, de Bourbon, Angoulême et Châtelleraud, comte de Clermont en Beauvoisis, la Marche et de Mesle, vicomte d'Aulnay, baron de Civray, Chizay, Usson et Saint-Maixent, eut toutes ces seigneuries pour les tenir en pairie, par lettres-patentes du 12 juin 1540. Il fut pair et grand-chambrier de France, gouverneur de Champagne et de Brie.

Il mourut sans alliance le 9 septembre 1545. Son corps fut porté à Saint-Denis avec celui du roi son père en 1547.

François Hubert, poète d'Issoudun en Berri, dans ses poésies imprimées en 1541, a des « Etrennes aux demoiselles circonvoisines au pays de la Marche ».

En 1553, la Marche et le Limousin achetèrent du roi le droit de gabelle.

XXXII. — Louis-Charles de Bourbon.

Louis-Charles de Bourbon, fils d'Antoine de Bourbon, duc de Vendosme, et de Jeanne d'Albret, reine de Navarre, comte de la Marche, né le 15 février 1554, mourut de la chute qu'il fit d'une fenêtre, par l'imprudence de sa nourrice.

Après de grandes procédures avec le duc de Montpensier, il fut dit, par avis des commissaires de la cour, le 9 septembre 1560, que les comtés de la Haute et Basse-Marche sont du vrai domaine de la couronne de France, réunis et consolidés par la mort de Charles de Bourbon sans hoirs males.

Statut et édit donné à Saint-Germain-en-Laye, en janvier 1561 (*vieux style*), vérifié en parlement le 16 avril 1562, par lequel le roi ordonne que le siége de la sénéchaussée de la Basse-Marche, qui était ambulatoire, demeurera dorénavant assis et stable en la ville du Dorat.

En 1562 et 1564, M. Charles du Moulin vint à Guéret, et y visita lui-même le livre en forme de la coutume de la Marche, qui y était conservé; il en a donné une édition imprimée dans le Coutumier général de 1604, et à Moulins, 1618.

Par ordonnance donnée à Compiègne le 5 août 1567, le roi ordonne la cour des grands jours à être tenue cette année à Poitiers, depuis le

9 septembre jusqu'au 9 novembre, pour expédier les procès de toutes les sénéchaussées de la Haute et Basse-Marche, etc.

XXXIII. — Jean, duc d'Anjou (1572-1574).

Jean, fils et frère du roi, duc d'Anjou, de Bourbonnais et d'Auvergne, comte de Forez, la Marche, etc., apanage qui lui fut laissé, les possédait en 1572. Il le céda à la reine Elisabeth, sa belle-sœur, pour partie de son douaire, lorsque, en 1574, il monta sur le trône, sous le nom de Henri III.

En 1572, deux siéges royaux établis au Dorat et à Bellac.

XXXIV. — Elisabeth d'Autriche (1574-1592).

Par lettres-patentes du 21 novembre 1575, le roi abandonne le comté de la Haute et Basse-Marche à Elisabeth d'Autriche, reine de France, pour son douaire.

Elisabeth ou Isabelle d'Autriche, fille de l'empereur Maximilien II et de Marie d'Autriche, née le 5 juin 1554, épousa, le 26 novembre 1571, Charles IX, roi de France. Après la mort de ce prince, arrivée le 30 mai 1574, on lui donna pour douaire la Haute et Basse-Marche, etc.

Déclaration donnée à Paris, le 7 avril 1578, vérifiée en la Chambre des comptes le 30, par laquelle le roi n'entend comprendre les élections en Montluçon et Bellac, ez-lettres de suspension et réduction des élections ci-devant faites.

En 1586, les revenus englobés dans les châtellenies de Bellac, Rancon et Champagnac, furent enchéris, exempts de toutes charges, 1150 livres.

La reine Elisabeth d'Autriche ne voulut jamais permettre qu'on vendit les offices de judicature qui étaient à sa disposition.

Elle refusa de se marier à Philippe II, roi d'Espagne, puis à Sébastien, roi de Portugal, quoique l'un et l'autre l'eussent recherchée avec de grands empressements. Elle se retira auprès de son père, passa le reste de sa vie à prier Dieu nuit et jour, jusqu'à sa mort, arrivée à Vienne, le 22 janvier 1592. Elle fut regrettée de tous les gens de bien, particulièrement des pauvres. On l'enterra dans le chœur du monastère de Sainte-Claire, qu'elle avait fondé, et où elle assistait à tous les offices. On lui grava cette épitaphe si simple :

Cy gist, sœur Elisabeth, reine de France.

XXXV. — Louise de Lorraine (1592-1601),

Louise de Lorraine de Vaudemont, après la mort de Henri III, roi de France, son mari, arrivée le 2 août 1589, se retira à Moulins, où elle fit son testament le 28 janvier 1601. Elle y prend la qualité de reine douairière de France et de Pologne, duchesse de Bourbonnais, Berri et Auvergne, comtesse de Forez, Haute et Basse-Marche, et dame de Montmorantin. Elle mourut le lendemain 29 janvier, et fut enterrée dans l'église des Capucines de Paris, qu'elle avait fondées au faubourg Saint-Honoré, et qui, depuis, a été transportée près la place Louis-le-Grand.

XXXVI. — Marie de Médicis (1610-1642).

Lettres-patentes du 25 juillet 1611, portant don à Marie de Médicis, reine de France, du comté de la Marche pour son douaire.

Marie de Médicis, seconde femme du roi Henri IV, assassiné le 14 mai 1610, et mère de Louis XIII, posséda la comté de la Marche, et mourut, le 3 juillet 1642, à Cologne, dans la dernière misère, âgée de soixante-huit ans.

XXXVII. — Anne d'Autriche (1643-1666).

Lettres-patentes du 12 octobre 1643, portant don à Anne d'Autriche, reine de France, du comté de la Haute et Basse-Marche pour son douaire.

Anne d'Autriche, femme de Louis XIII, mort le 14 mai 1643, et mère de Louis XIV, posséda le comté de la Marche, et mourut le 20 janvier 1666, âgée de soixante-quatre ans.

XXXVIII. — Henri de Bourbon (1675).

Henri de Bourbon, comte de Clermont, fils de Henri-Jules de Bourbon, prince de Condé, et d'Anne de Bavière, né le 3 juillet 1672, fut comte de la Marche, puis de Clermont.

Il obtint du Pape, le 11 août 1673, la faculté de percevoir les revenus, toute sorte de bénéfices, même monastiques, jusqu'à ce qu'il eût la tonsure. Il fut nommé, le 9 septembre 1673, à l'abbaye de Bonport, diocèse d'Evreux, et à celle de *Ursi Campi*, à l'âge de trois ans.

Il mourut le 6 juin 1675, eut pour successeur son frère, qui suit.

XXXIX. — Louis-Henri de Bourbon (1675-1677).

Louis-Henri de Bourbon, né le 9 novembre 1673, fut comte de la Marche, puis de Clermont après son frère, en 1675. Il mourut, le 21 février 1677, à Paris, trois mois après qu'il avait été nommé à l'abbaye de la Victoire, diocèse de Senlis, et à celle de Bonport après son frère.

Le comté de la Marche est devenu le titre des fils aînés des princes de Conti.

XL. — François-Louis de Bourbon.

François-Louis de Bourbon, né en 1664, eut d'abord le titre de comte de la Marche, puis celui de comte de Clermont, ensuite de prince de la Roche-sur-Yon, et enfin la qualité de prince de Conti après la mort de son frère aîné. Il était fils d'Armand de Bourbon, prince de Condé, et d'Anne Martinozi.

Il mourut à Paris, le 22 février 1709, et eut de Marie-Thérèse de Bourbon, dite Mademoiselle de Bourbon, Louis-Armand, qui suit.

XLI. — Louis-Armand de Bourbon (1695-1709).

Louis-Armand de Bourbon, né à Paris le 10 novembre 1695, a porté le titre de comte de la Marche jusqu'à la mort de son père, qu'il prit la qualité de prince de Conti.

Ce prince mourut le 4 mai 1727. De son mariage avec Louise-Elisabeth de Bourbon-Condé, il eut : 1°..... de Bourbon, comte de la Marche, né la nuit du 17 au 18 mars 1715, mort le 1ᵉʳ août 1717; 2° Louis-François, qui suit.

Les seigneurs de fief dans la Marche qui relèvent du roi ont obtenu arrêt du conseil du mois de septembre 1724, par lequel, sur la représentation faite que, devant faire la foi-hommage au bureau des trésoreries de France à Moulins, éloigné d'une grande distance de la Marche, les frais de voyage étaient considérables, etc., Sa Majesté a eu la bonté d'admettre lesdits vassaux à faire leur foi-hommage par procureur.

XLIII. — Louis-François-Joseph de Bourbon.

Louis-François-Joseph de Bourbon, comte de la Marche, né le 1ᵉʳ septembre 1734.

SOURCES : Labbe, *Blason royal*, p. 92, 95. — *Alliance chronolog.*, T. II, p. 211. — *Chronic. Lemov.*, apud Labbe, *Tabl. généal. de la maison de France*, p. 128. — *Dict. généal.*, 1757, T. III, p. 103. — Des Combles, *Tabl. de la noblesse*, 1786, IIᵉ partie, p. 8 et suiv. — *Tablettes Hist. généal.*, IIᵉ part., p. 12, 272, 273, 276. — Baluze, *Hist. Tutel.*, p. 64, 65, 454, 455; *Maison d'Auverg.*, T. I, p. 41, 56; T. II, p. 56, 113, 204, 208, 748; *Miscell.*, T. VI, p. 414, 486; T. II, p. 320, 321. — Besly, *Hist. du Poit.*, p. 20, 97, 108, 281, 282, 295, 296, 301, 302, 319, 343, 346, 347, 352, 366, 388, 392. — Pigan., *Descript. Fr.*, T. V, p. 390. — Simplic., T. I, p. 131, 141, 288, 297, 299, 320; III, p. 68, 59, 70, 76, 78, 136, 139, 140, 141, 143, 183, 214, 288, 428, 429, 431; IV, p. 65, 66, 67, 80, 81, 87, 175; VI, p. 28, 48, 108, 208, 697. — Adémar, *Chron.*, 167, 174. — *Gall. christ. nova*, T. I, introduct. col. 191., *Archiep. Burdig.*, T. II, introduc., 190, 333, 333, 474. 512, col. 77, 549, 671, 1189, 1359; T. IV, 498; T. VII, 864, 1507. — Moreri, 1757, T. II, p. 106; T. VI, p. 526; T. IX, p. 26, au mot *France*. — *Etat de la France en* 1712. — Vaissette, *Hist. du Langued.*, T. II; T. III, preuv. col. 270, 448, 452; T. IV, 491. — Laboureur, T. III, p. 212, T. II, p. 562. — Rect., *Hist. de Franc.*, T. II, p. 320. — Duchesne, *Hist. Franc. script.*, T. IV, p. 162; T. V, p. 159, 264, 327, 701; *Hist. de Castill.*, p. 90, 139, 284, preuv. 169. — Mabillon, *Annal.*, liv. IV, nᵒ 116; liv. LXIV, nᵒ 98. — Longueval, *Hist. de l'Eglise gall.*, T. VI, p. 452. — *Acta sanctorum*, T. I *Martii*, 568, 569, 572, 583, juin, 647; T. II, 370; T. III *Martii*, 737, 747, septembre, p. 4; T.V, 787; T. VIII, septembre, 735. — Albéric, *in Chron.*, 1076. — Martène, *Ampliss col.*, T. I, 1162, 1179, 1185, 1195, 1215, 1200, 1272, 1297; T. V, col. 252, 1015, 1038, 1039, 1069. — Du Cange, aux mots : *Auditor, Auris, Baro, Barbarini, Muta, Muritagium, Plassagium, Questa.* — *Observations sur saint Louis*, p. 48, 52, 167. — Gaufed., *Chronic.*, p. 318, 324, 325, 326. — Jacob de Vitr., *Hist. orient.*, liv. III. — Bonaventure, T. III, p. 537. — Velly, *Hist. de France*, T. IV, p. 251, 372, 425. — Long., *Biblioth. franc.*, nᵒ 11,753. — Manuscrits de Grandmont. — Manuscrits Bibilioth. roy., nᵒ 6010. — Manuscrits de Saint-Germain-des-Prés, 927. — Manuscrits de Brienne, nᵒ 1313. — Astruc., *Hist. nat. du Langued.*, p. 116. — Morice, *Hist. de Bretagne*, T. I, p. 145, 150, 278, preuv. 1251. — *Spicileg.*, T. VIII, p. 600. — Chopin., *De doman. Franc.*, liv II, tit. 2ᵉ, nᵒ 6; tit. 4ᵉ, nᵒ 8. — Wadingh, *Annal. FF. min.*, 1280, nᵒ 40; 1291, nᵒ 95; 1435, nᵒ 17. — *Mém. Acad. Bell.-Lett.*, V, p. 345; IX, p. 225; XVII, p. 312. — Vigor., *Hist. du diff. du pape Boniface*, preuv., p. 62, 616. — Perard., p. 513. — Henaud, *Hist. de France*. — Boucher, *Ann. d'Aquit.* IVᵉ part., chap. II. — Sainte-Marthe, *Hist. de la maison de France*, liv. XI, nᵒ 14, 16, 17, 18, 19, 20. — Correzet et Dubreuil, *Antiq. de Paris*, p. 508. — Bœuf, *Dissert. sur l'hist. de Paris*, III, p. 197. — Sauvage, *Annot. 89 sur Froissard.* — Froissard, années 1384, 1385, T. I, ch. XXIII. — Villaret, *Hist. de France*, T. XII, 343; XIII, 201, 343, 344. — Mathieu, *Hist. de Louis XI*, liv X. — *Nouv. ceremon. Franc.* — Tareau, *Hist. arch. de Sens.* — Pasquier, *Recherch. de la France*, liv. VI, ch. IV. — Godefroi, *Hist de Charles VII*, p. 408; *Sur Commines*, p. 478. — Couturier,

Cout. de la Marche, T. V, p. 122, 130. — *Chronic. apud* Monstrelet. — Registres du Parlement. — Varill., *Hist. de Charles VIII*, liv. I; *Hist. de Henri II*, liv. I; *Hist. de Franc.*, liv. I, IV. — Mercaille, *Hist. prieuré Souvigni*, p. 368. — Dupuy, *Trait. concern. l'Hist. de France.* — Boucheul, *Cout. du Poitou*, T. I, p. 27. — *Corps du droit français*, 1600; *Chronolog*: liv. III, tit 4, § 5.; liv. I, tit. 14, § 53. — Goujet, *Bibl. Franc.*, T. XIII, p. 17. — Brianville, *Hist. de France.* — Jaille, *Vie de Louis de Bourbon*, p. 157. — Pelcus, *Quest. illustr.*, ch. 126.

MARCHES.

[N..... Marches épousa ......, dont : 1° P....., qui suit; 2° N....., père de quelques enfants qui sont appelés neveux de P..... Marches.

P..... Marchez, du château de Noblac (1), écuyer, vivait en 1233. (*Mém. mss. Abb. Lim.*, p. 502.)

Constantin Marchès est cité dans les registres de Roherii, notaire à Limoges, p. 157, n° 115, *apud* D. Col.)] Il était chevalier, et épousa Dauphine, dont : 1° ...... 2° Galharde, mariée, en premières noces, avec Jean de Martello, bourgeois de Limoges, en secondes noces, le 13 mai 1374, par contrat signé Bordas, au collège de Limoges, à Raymond de *Mixto joco*, Mesclajeu, damoiseau; 3° Marie, mariée : 1° à Aymeric Marches, chevalier; 2°, le 13 mai 1374, par contrat signé Bordas, à Gui de *Mixto joco*, damoiseau.

[Aymeric Marches est cité dans les registres de Roherii, p. 20, n° 16; p. 51, n° 47, et de Borsandi, p. 48, n° 70; p. 157, n° 255, tous notaires à Limoges, *apud* D. Col.]

Audoyn Marches, chevalier, épousa ......, dont : Guillaume Marches, chevalier, 1305.

Bernard Marches, chevalier, épousa ......, dont : Aymeric, 1315, chevalier, neveu d'Audouin, chanoine de Limoges en 1282 et 1339. *Cum Aymericus Marches intendat.... quoddam stagnum ædificare et ab hinc mutari facere iter super chaussatam sive chaussada dicti stagni*, etc. Acte de 1339, au trésor des chartes du roi, n° 71 : Charta 413. (CARPENTIER, *Gloss. nom., Chaussada*.)

[Aymeri ou Emery Marches, S^{gr} en partie de Châlus (peut-être mieux Chastelus), Marchez et de Noblac, nommé dans des lettres-royaux de 1389, était mort alors. Il avait épousé, à ce que l'on croit, une Marguerite d'Ussel, dont : 1° Aymerigot, qui suit; 2° quelques autres enfants.

Aymerigot Marches, dit Tête-Noire, vivait en 1382. (BALUZE, *Hist. mais. d'Auverg.*, T. I, p. 201).]

Pierre Marches, chanoine de Limoges, capitaine de la tour du château de Noblac, 1371.

MARCILLAC (2).

---

(1) Noblac, Saint-Léonard-de-Noblac, chef-lieu de canton, arrondissement de Limoges (Haute-Vienne).

(2) Voyez aussi Marsillac.

Daniel de Marcillac était pair de l'échevinage de la maison de ville d'Angoulême; Guillaume de Cillon fut reçu à sa place le 17 novembre 1614.

MARCOSSAINES, Sr du Puyromain, paroisse de Saint-Cibardeau (1), élection de Coignac, porte : *d'argent, à trois hermines de sable*, 2 et 1.

I. — François de Marcossaines épousa, le 27 juillet 1522, Marie de Rochefort.

II. — Germain de Marcossaines épousa, le 27 août 1555, Marie de Milly.

III. — Louis de Marcossaines épousa, le 11 janvier 1598, Angélique Jay.

IV. — Pierre de Marcossaines épousa, le 16 mars 1642, Valérie de Couvidou.

MARCOTI.

Guiot de Marcoti, damoiseau, de Laurière (2), épousa : 1º ....., dont : Jean, qui suit; 2º, par contrat du 6 août 1386 (signé Bermondeti), Marguerite, fille de feu Bernard de la Tour, damoiseau, de la paroisse de Saint-Georges-Roziers (3), et de Catherine de las Molieyras : elle porta 200 deniers d'or, appelés francs : il lui en promit 80 pour son droit d'oscle, *osculi* ; elle était veuve.

Jean Marcoti, fils dudit Guyot, épousa, par le même contrat de 1386, Agnez, fille de ladite Marguerite de la Tour et de feu Bernard Rachel, *alias* de la Tour; elle porta six-vingts francs d'or, et son beau-père lui en donna 40 pour le droit d'oscle, *osculi*.

[MARDALOUX. — Fief situé sur la paroisse de Saint-Martin-le-Vieux (4), diocèse et sénéchaussée de Limoges, maintenant possédé par un gentilhomme dont le nom de famille est Albiac.]

MARENDAT (5).

Jean-Baptiste de Marendat, écuyer, Sr du Cousset, épousa, en 1747, Marie-Marguerite-Ursule de Masvaleix, fille de Jean, écuyer, Sr dudit lieu et de l'Isle, paroisse de Busserolles (6), et de Françoise de Mailhac.

Marie de Marendat, fille d'Etienne, Sr de Bellevue et du Cousset, et de Marie Eyriaud, épousa : 1º Jean de Pindray, Sr de la Grange; 2º, par contrat du 6 février 1710 (signé de Jalanihac), et le 24 dans l'église de Bussière-Badil (7), François de la Brousse, Sr des Granges, de Belle-

---

(1) Saint-Cybardeaux, canton de Rouillac, arrondissement d'Angoulême (Charente).

(2) Laurière, chef-lieu de canton, arrrondissement de Limoges (Haute-Vienne).

(3) Rozier-Saint-Georges, canton de Châteauneuf-la-Forêt, arrondissement de Limoges (Haute-Vienne).

(4) Saint-Martin-le-Vieux, canton d'Aixe-sur-Vienne, arrondissement de Limoges (Haute-Vienne).

(5) La page 2449, que Nadaud indique pour cette famille, est déchirée; il renvoie aussi à d'autres pages, où nous trouvons les notes suivantes.

(6) Busserolles, canton de Bussière-Badil, arrondissement de Nontron (Dordogne).

(7) Bussière-Badil, chef-lieu de canton, arrondissement de Nontron (Dordogne).

ville, du bourg de Bussière-Badil, l'un des gendarmes de la garde du roi, chevalier de Saint-Louis, fils d'Hélie, Sr de Chabans, et d'Elisabeth Giraudon. Elle mourut en février 1764.

MARETS.

Côme des Marets, paroisse d'Orignoles (1), élection de Saintes, fut trouvé gentilhomme en 1698.

MAREUIL, Sr de Segonzat, paroisse de Saint-Georges, élection de Saintes, porte : *de gueules, à un lion rampant d'azur, armé, lampassé et couronné d'or, au chef d'argent*. Le P. Labbe (*Blason royal*) dit : *Au lion d'azur, brochant sur le tout.*

[Jean de Mareuil et Guillaume de Mareuil, abbé de Saint-Martial, sont cités dans les registres de Roherii, notaire à Limoges, page 70, n° 57, *apud* D. Col.]

Gui de Mareuil, Sgr de Mareuil, Boussac, Villebois, Angeac et Vibrac. mourut en 1519; il avait épousé : 1° Philippe Pesnel, dont : 1° Marguerite, mariée à ...., Bouchard d'Aubeterre; 2° Françoise; 3° Jeanne. Il épousa : 2° Catherine de Clermont, dont : 4° François, mort en 1533; 5° Gabrielle. (VIGIER, *Cout. d'Angoumois*, p. 325.)

I. — Jean de Mareuil épousa Jacquette Fresneau : ces deux époux firent, le 2 avril 1550, leur testament, par lequel ils instituent leurs enfants Jean et Jacques.

II. — Jean de Mareuil épousa Antoinette Alphery.

III. — Bernard de Mareuil épousa, le 18 octobre 1587, Gabrielle de Vaux.

IV. — Job de Mareuil épousa, le 30 décembre 1634, Marie Courtambeau : ces époux testèrent le 1er octobre 1652. Leurs enfants furent : 1° Jean; 2° Philippe.

[MARGERIDE. — Fief du Bas-Limousin, élection de Tulle, paroisse de ..... Il appartenait, sur la fin du dernier siècle, à un seigneur du nom de Dubois.

Dubois de Margeride porte : *d'argent, au lion rampant de gueules, armé, lampassé de même, tenant entre ses griffes une croix anchrée de même; au chef de gueules, chargé de trois étoiles d'argent.*]

SAINTE-MARIE, Sr du Bort et de Laval, paroisse de Château-Neuf (2) et de Brivezac (3), porte : *d'argent, à cinq merlettes de sable, ni pattées, ni becquées, 2 à dextre et 3 à senestre, au franc quartier de gueules.*

[Gérald de Sainte-Marie se trouve dans les registres de Borsandi, notaire à Limoges, p. 134, n° 209, *apud* D. Col.]

---

(1) Orignolles, canton de Montlieu, arrondissement de Jonzac (Charente-Inférieure).
(2) Châteauneuf-la-Forêt, chef-lieu de canton, arrondissement de Limoges (Haute-Vienne)
(3) Brivezac, canton de Beaulieu, arrondissement de Brive (Corrèze).

I. — Giles de Sainte-Marie, damoiseau, fit des acquisitions en 1494 et 1502.

II. — Pierre de Sainte-Marie, fils de Giles, fit une vente en 1506, et son testament le 7 avril 1527. Il épousa Isabeau du Bois, dont : 1° Jean ; 2° Louis, qui suit.

III. — Noble Louis de Sainte-Marie, Sr de Bort, paroisse de Châteauneuf, fit son testament le 21 mai 1569 ; il épousa, par contrat du 27 octobre 1533, Isabeau de Cornilh, dont : 1° Louis, qui suit ; 2° autre Louis, tonsuré en 1572, chanoine à Saint-Yrieix, et sacristain en 1573.]

[Léonard de Sainte-Marie, écuyer, Sgr de Bort, nomma à la vicairie de Ligonat, dans l'église de Neuvic près Châteauneuf, en 1573.]

IV. — Louis de Sainte-Marie épousa, par contrat du 25 juillet 1583, Susanne de Beauvais, dont : 1° Charles ; 2° François ; 3° Gabriel, qui suit ; 4° autre François.

V. — Gabriel de Sainte-Marie, écuyer, Sr de Bort, paroisse de Châteauneuf, fit son testament le 11 mai 1628, mourut le 26 septembre 1631, à Neuvic-près-Châteauneuf, épousa, par contrat sans filiation du 6 janvier 1610, Isabeau Geneste, fille d'Antoine Geneste, écuyer, Sr d'Aigueperce et du Repaire de Noalhas, et d'Anne Chauvet ; elle porta 4,000 livres, dont : 1° Gabriel, qui suit ; 2° François, qui a fait la branche de Laval.

VI. — Gabriel de Sainte-Marie épousa, par contrat du 19 janvier 1653, Anne de la Grange.

Notes isolées.

..... de Sainte-Marie épousa ....., dont : 1° Guichard, qui suit ; 2° Isabeau, mariée à Guilhem la Vergne de Villevaleix.

Guichard de Sainte-Marie, de la ville d'Aimoutiers (1), épousa Marie Boyer, dont : Isabelle, baptisée le 14 septembre 1653.

Gabriel de Sainte-Marie, écuyer, Sr de Bort, de la paroisse de Sainte-Marie-la-Claire de Châteauneuf, épousa Anne la Grange, dont : Antoine, mort à vingt ans, le 24 mai 1674, à Royère-hors-la-Roche-l'Abeille.

François de Sainte-Marie, écuyer, Sr du Bosgeraud, paroisse de Neuvic près Châteauneuf, épousa Marie de Guitard, dont : 1° Léonard, écuyer, Sr de Bosgeraud, 1661 ; 2° Isabeau, mariée à ..... Pont ; 3° Madeleine, mariée à noble Pierre de Jousselin, écuyer, Sr de Sauvaignac, fils de Henri et de Susanne la Pomélie ; 4° Marguerite.

Branche de Laval.

VI. — François de Sainte-Marie, Sr de Laval, épousa Martiale de la Grèze.

---

(1) Eymoutiers, chef-lieu de canton, arrondissement de Limoges (Haute-Vienne).

Notes isolées.

François de l'Isle de Sainte-Marie, paroisse de Brivezac, épousa Gasparde des Rieux, dont Raymond, tonsuré en 1732.

Jean-François de Sainte-Marie, paroisse de Brivezac, épousa, en 1767, Françoise du Change, paroisse de Sainte-Catherine, de la ville de Lille en Flandre.

MARILLAC.

MARIN, Sr de Saint-Palays-sur-la-Mer, paroisse dudit lieu, élection de Saintes, porte : *de gueules, à un lion rampant d'argent, contourné, armé et lampassé de sable.*

I. — Jean Marin testa le 6 juillet 1501 ; il avait épousé, le 11 novembre 1496, Louise Guignaudelle.

II. — Nicolas Marin épousa Marquise de Fremary.

III. — Claude Marin partagea avec Jean, son frère, le 11 octobre 1571, la succession de leurs père et mère ; il avait épousé Françoise Vidaud.

IV. — François Marin partagea avec sa sœur Marie, femme de François de Raymond, conseiller au parlement de Bordeaux, la succession de leurs père et mère. Il avait épousé Jacquette des Moutiers.

V. — Alexandre Marin épousa, le 23 janvier 1647, Marie Maron.

En 1598, les commissaires du gouvernement trouvèrent bonnes les preuves de noblesse faites par cette famille.

[MARLAURENT.

M. le marquis de Marlaurent était lieutenant général au gouvernement de la Haute et Basse-Marche depuis 1711. Ce gouvernement comprenait : 25 gardes à cheval, capitaine, lieutenant et cornette.]

MARNEIL.

Raymond de Marneil, gentilhomme limousin, dont Froissard parle aux années 1369, 1370, 1272.

MAROIX.

Antoine-François Maroix, écuyer, Sr de Mortagne, mourut à quatre-vingt-douze ans, le 6 mai 1737. (Registres de Saint-Martial d'Angoulême.)

MARON.

Nicolas Maron, Sr de la Chapelle, paroisse de Chumillon, élection de Coignac, fut trouvé gentilhomme en 1663.

Jacques Maron, Sr de la Croix, paroisse de Segonzac (1), élection de Cognac, fut trouvé gentilhomme en 1598.

MAROUGNE (2).

Pierre Marougne est reçu échevin par la mort de Paul Thoumas, le 22 avril 1652.

Par la mort de ..... Marougne, Pierre des Brandes est reçu conseiller à l'échevinage de la ville d'Angoulême, le 22 avril 1652 (sic).

MARRE.

Noble René de la Marre, conseiller du roi, receveur général des finances en Haut-Limousin, épousa, par contrat (reçu de la Joumard) du 15 octobre 1588, Marie Marchaud, veuve de François de Laval.

Louis de la Marre, écuyer, Sr du Couderc, paroisse de la Dapeyre (3), épousa ....., dont : Antoine, tonsuré en 1560, sacristain à Chambon-Sainte-Valérie en 1568.

MARS.

Noble Loys Mars, écuyer, sergent du roi, 1470.

Joachim Mars, écuyer, du bourg de Salaignac (4), testa le 71 janvier 1545 (*vieux style*). Il épousa Nicole ....., dont : 1º Philippe ou Philippine, 2º Françoise; 3º Mathurin.

Noble René Mars, Sr de Compourro et de Lage-au-Seigneur, paroisse du bourg de Salaignac, épousa Hélène de Chabannes.

MARSANGES (5).

Paul de Marsanges, chevalier, Sgr de Vauri (6), épousa Anne de Brette du Cros (7), dont : François, qui suit.

François de Marsanges, chevalier, Sr de la Courre (8), de Vauri, épousa : 1º, par contrat (reçu par de Gude) du 7 février 1702, Marie-Elisabeth Chesneau, Dlle de Champellières, fille de Mathieu, écuyer, Sr de Champellières, paroisse d'Asnières, premier capitaine au régiment de Normandie, et de Jeanne Turpin de Jouhet. Il épousa : 2º, dans l'église d'Etagnac, le 17 février 1716, Anne Marie Desmoutiers, veuve

---

(1) Segonzac, chef-lieu de canton, arrondissement de Cognac (Charente).

(2) La page 828, que Nadaud indique pour ce nom, est déchirée : les notes suivantes se trouvent aux pages 841 et 829.

(3) La Dapeyre, canton et arrondissement de Guéret (Creuse).

(4) Le Grand-Bourg (de Salagnac), chef-lieu de canton, arrondissement de Guéret (Creuse).

(5) La généalogie de cette maison occupait les pages 199, 200, 201 ; il ne reste plus que quelques lignes de cette dernière; nous les faisons suivre de quelques notes prises à différentes pages.

(6) Vaulry, canton de Nantiat, arrondissement de Bellac (Haute-Vienne).

(7) Cros, château situé dans la paroisse de Cieux, canton de Nantiat, arrondissement de Bellac (Haute-Vienne).

(8) La Courre, paroisse de Bellac, chef-lieu d'arrondissement (Haute-Vienne).

de Jacques de Julien, écuyer, Sr de la Coste (1), de Saint-Martin-de-Jussac (2) et du Mesnieu.

Jean de Mersanges, écuyer, Sr de Vaulris, épousa, le 22 septembre 1744, Thérèse-Gabrielle de Beaupoil de Sainte-Aulaire, fille de Louis et de Françoise Guingand, dont : Charles-Jacques, tonsuré en 1767.

Marguerite de Marsanges épousa, en 1661, Pierre Dupin, écuyer, Sr de la Maison-Neuve, lequel mourut au Mas-de-Lesterp, paroisse de Cieux, à l'âge de quatre-vingt-trois ans, le 26 avril 1719.

Jacquette de Marsanges, fille de Pierre, épousa, en 1656, Jean Charron, écuyer, Sr de Beaulieu et de Blom en partie, paroisse de Blom (3).

Marie de Marsanges épousa, en 1662, Gaspard de Brossequin, écuyer, Sr de la Forêt ; elle mourut en 1671.

Jacques de Marsange épousa Marie de Boilève, fille de Hector, Sgr de Saint-Sornin-la-Marche (4), qui mourut capitaine d'infanterie au bourg de Saint-Martin, dans l'île de Ré, au mois de mai 1651, et de Renée d'Arsemal.

DE MARSAT. — *V.* DE SEILLAT.

MARSAUT. — *V.* GRAIN DE SAINT-MARSAUT, T. II, p. 222, 224, 368.

MARSILLAT (5).
Robert de Marsillac, écuyer, Sr dudit lieu, 1591, épousa ......; dont : 1º : Marc de Marsillac, écuyer, Sr en partie de Brillac, paroisse d'Azac, 1601 ; 2º Jeanne, 1601.

MATELLI ou DES MARTEAUX (6).

[MARTHON. — Petite ville de l'Angoumois et chef-lieu de la baronnie de ce nom, qui a environ 30 vasssaux ; sa justice s'étend sur 13 paroisses (7).

SAINT-MARTIAL.
Noble Pierre de Saint-Martial, chevalier, vivait les 7 et 24 juillet 1353. (BALUZE, *Hist. de la mais. d'Auv.*, T. I, p. 609, 615.)

---

(1) La Côte, château, paroisse de Mézières, chef-lieu de canton, arrondissement de Bellac (Haute-Vienne).
(2) Saint-Martin-de-Jussac, canton de Saint-Junien, arrondissement de Rochechouart (Haute-Vienne).
(3) Blond, canton et arrondissement de Bellac (Haute-Vienne).
(4) Saint-Sornin-la-Marche, canton du Dorat, arrondissement de Bellac (Haute-Vienne).
(5) Voyez aussi Marcillac.
(6) Ce nom était à la page 2562, qui est déchirée.
(7) Il y avait d'autres notes à la page 2470, qui ne se retrouve plus. Marthon, canton de Montbron, arrondissement d'Angoulême (Charente).

Jeanne d'Aigua de Saint-Martial épousa, le 7 septembre 1625, Louis de Peichepeyrou de Cominges, Sʳ de Guitaud, mort fort jeune. (*Tabl. hist.*, Vᵉ part., p. 268.)]

[MARTIN.]

MARTIN DE LA BASTIDE.

Jean-François Martin, chevalier, Sgʳ de la Bastide près Limoges, trésorier de France et conseiller au présidial, en mourut doyen; son père et son aïeul sont pareillement morts doyens du présidial. Sous Henri III, un de ses ancêtres était président du même siège. (COCHIN, *Plaid.*, T. I, p. 142.) Il épousa Marie Descubes, fille de feu François, Sʳ de Ferrand, docteur en médecine, et de Valérie Barbarin.

Antoine-Joseph Martin, Sʳ de la Bastide, trésorier de France, épousa Marie-Anne Constant de Verthamon, dont : Guillaume-Pascal, baptisé à Saint-Jean de Limoges, le 30 mars 1717.

Guillaume-Pascal Martin, chevalier, Sʳ de la Bastide, ancien capitaine d'infanterie, chevalier de Saint-Louis, épousa Françoise de Razès d'Auzance, fille de Marie-Thérèse Morel de Chabannes, dont : Marie-Thérèse-Guillaume, baptisée à Saint-Jean, le 5 juin 1756.

Martial Martin de la Bastide, Sʳ de Trenchelion, chevalier de Saint-Louis, major d'infanterie, mourut à Paris, le 29 juin 1724, fut enterré dans l'église des Pères de l'Oratoire de la rue Saint-Honoré.

Léonard de Martin, écuyer, Sʳ de Villechenoux, paroisse de Nantiat (1), épousa, en 1766, Marie Londeix, de la ville de Paris.

Simon Martin, écuyer, fils de François Martin, Sʳ de Beaumoulin, de Limoges, épousa Thérèse Roulhac, dont : Pierre, né le 19 novembre 1742, chanoine de la cathédrale de Limoges.

François Martin, écuyer, fils de ......, Sʳ de Beaumoulin, de Limoges, épousa, en 1760, Madeleine Deschamps, fille de ....., marchand, et de ..... Navières.

Pierre-Charles-Jacques Martin, baron de Nantiac, épousa, en 1770, Marie-Armande le Vasseur, de la ville de Pois, diocèse d'Amiens.

MARTIN DE BIECOURT en Marche. — *V.* BIECOURT, T. I, p. 208 et 324.

[MARTIN DE CHATEAUROY. — Châteauroy est un fief de l'Angoumois dans la paroisse d'Orivaux, élection d'Angoulême, généralité de Limoges, qui appartenait, en 1666, à un seigneur qui portait le nom de Martin. Dans la nouvelle carte du diocèse de Limoges, par M. Cornuaud, il n'y a pas de paroisse d'Orivaux dans l'élection d'Angoulême.

I. — Jacques Martin, Sʳ de Châteauroy, obtint des lettres de noblesse en décembre 1601, vérifiées à la Cour des aides de Paris. Il épousa, le 18 janvier 1600, Charlotte Geraud, dont peut-être : 1⁰ Gabriel, qui suit;

---

(1) Nantiat, chef-lieu de canton, arrondissement de Bellac (Haute-Vienne).

2º Jean Martin, marié avec Jeanne de Rousseignier, le 2 février 1640.

II. — Gabriel Martin eut un brevet d'aide de camp le 30 octobre 1639, fut lieutenant-colonel du régiment de Montpouillan en juillet 1649, maître d'hôtel du roi en la même année. Il obtint un brevet de sergent de bataille le 2 janvier 1651, puis il fut lieutenant du roi au gouvernement de Leucate le 13 juin 1653. Il épousa, le 16 mars 1631, Martialle de Villoutreix, dont : ..... (1).]

MARTIN DE LA GOUTTE-BERNARD.

Noble Jean Martin, Sr de la Goutte-Bernard, paroisse des Chézeaux (2), 1520, épousa Catherine Faulcon, dont : René, tonsuré en 1543, Sr de la Goutte-Bernard, 1554.

Jean Martin, Sgr de la Goutte-Bernard, vivait en 1598; il épousa Françoise d'Aubusson, fille de Pierre, chevalier, Sgr de la Villeneuve, et d'Anne de la Gorce.

Annet Martin de la Goutte-Bernard, écuyer, Sr de Chassenon et de Sales, paroisse dudit Chassenon (3), 1625, 1647.

Noble Louis Martin, Sr de la Goutte-Bernard, 1635, épousa Silvie Benoit.

Louis Martin, écuyer, Sr de la Goutte-Bernard, était mort en 1683. Il avait épousé Gabrielle de la Gastine, dont : 1º Jacques; 2º François; 3º André; 4º Souveraine; 5º Marie.

Marie-Anne Martin de la Goutte-Bernard, paroisse des Chézeaux, épousa : 1º .....; 2º, en 1768, Silvain Péricaut de Souches, paroisse de Dun (4).

Jean Martin, écuyer, Sr de la Goutte-Bernard, de la Roche de Moit, des Tizons, de Sales en partie, paroisse de Chassenon, était mort en 1683. Il avait épousé Anne Couraud de la Roche-Chevreux, paroisse de Pressac en Poitou, dont : 1º François, né le 20 avril 1655; 2º Françoise, née le 15 juillet 1656.

Jean Martin, écuyer, Sr de la Goutte-Bernard, paroisse des Chézeaux, épousa Marie de la Rie, dont : François, tonsuré en 1760.

MARTIN, Sr de la Pile, paroisse de Valence (5), élection d'Angoulême, porte : *d'azur, à un pal d'argent, chargé de trois hermines de sable.*

I. — Jean Martin, conseiller au présidial d'Angoulême : François du Fossé, Sr de la Fosse, maire d'Angoulême, y est élu échevin en la place vacante par la mort dudit Martin, le 14 novembre 1614. Il épousa Marie Préveraud.

II. — Jean Martin, écuyer, Sr de la Pile, épousa, le 18 février 1651, Françoise Normand; elle mourut, à cinquante ans, le 22 avril 1674,

---

(1) Nadaud avait des notes sur cette famille à la page 976, qui est déchirée.

(2) Les Chezeaux, canton de Saint-Sulpice-les-Feuilles, arrondissement de Bellac (Haute-Vienne).

(3) Chassenon, canton de Chabanais, arrondissement de Confolens (Charente).

(4) Dun, chef-lieu de canton, arrondissement de Guéret (Creuse).

(5) Valence, canton de Mansle, arrondissement de Ruffec (Charente).

dont : 1° Françoise, baptisée le 14 janvier 1652; 2° Anne, baptisée le 11 juin 1653; 3° Jean, baptisé le 1er octobre 1654 ; 4° Marguerite, baptisée le 17 mai 1656. (Registr. de Saint-Martial d'Angoulême.)

MARTIN, Sr du Poret.

Jean Martin de Saint-Martial, Sr du Poret, paroisse dudit lieu, fut maintenu par M. de Fortis, intendant.

MARTIN DE PUYVINAUD.

Noble Jean Martin, Sr de Puyvinaud, paroisse de Versillac (1), était mort en 1633. Il épousa, par contrat (reçu Jameton et Moreau) du 11 février 1591, Philippe Prévost, dont : 1° Jacquette, mariée : 1° à noble Pardoux Robin, Sr du Mazet; 2°, en 1629, à noble Charles Baud, Sr dudit Mazet ; sa mère Philippe Prévost lui fit une donation (reçue Villette), le 24 octobre 1633; 2° Quitterie.

Pierre Martin, Sr de Puyvinaud, écuyer, Sr des Bordes, de Clarebize, paroisse de Vercillas, mourut, à soixante ans, le 25 octobre 1670 ; il avait épousé Marie Mingaud, dont : 1° Louis, baptisé le 22 juin 1643; 2° Françoise, baptisée le 4 novembre 1646; 3° Claudine, mariée, à vingt-cinq ans, le 29 août 1672, à Pierre Chapput, notaire du bourg d'Azerable en Berri (2); 4° Marie, baptisée le 29 mai 1648; 5° Jeanne, baptisée le 10 décembre 1651; 6° Louise, baptisée le 2 février 1653; 7° Joseph, baptisé le 18 octobre 1654; 8° Claude, baptisé le 18 avril 1656.

MARTIN DU TIRAC.

Bernard Martin, chevalier, Sr du Haut-Tyrac, épousa Jeanne Fouque, dont : Marguerite, morte, à vingt-quatre ans, le 18 septembre 1764. (Regist. de Saint-Maurice de Limoges.)

MARTIN DES TIZONS.

Noble Jacques Martin, Sr des Tizons, mourut, âgé de quarante-cinq ans, le 22 septembre 1693, fut enterré à Saint-Sulpice-les-Feuilles (3). Il avait épousé Renée de Saint-Aignan de la Gastine, de Puypiton, paroisse dudit Saint-Sulpice, dont : 1° Gabrielle, née le 20 août 1674; 2° Elisabeth, née le 13 juillet 1677, mariée, le 23 novembre 1717, à François Périsse, Sr de la Bussière, lieutenant au régiment du Perche, fils de feu Claude et de Marie Rasse, de la paroisse de Saint-Cyr d'Issoudun, diocèse de Bourges; 3° Renée, né le 28 février 1680; 4° Louis, né le 22 juillet 1683; 5° Jean, né le 5 septembre 1685; 6° Anne, née le 3 août 1690.

---

(1) Versillac ou Saint-Aignan-de-Versillac, canton de la Souterraine, arrondissement de Guéret (Creuse).

(2) Azerables, canton de la Souterraine, arrondissement de Guéret (Creuse).

(3) Saint-Sulpice-les-Feuilles, chef-lieu de canton, arrondissement de Bellac (Haute-Vienne).

[SAINT-MARTIN.]

SAINT-MARTIN, Sr de la Garde, paroisse de Rainville, élection de Saintes (Des Coutures le marque dans sa table de l'élection de Saintes; mais, dans son texte, il le place parmi les gentilshommes de l'élection de Cognac), porte : *d'azur, à 3 roses d'argent, 2 et 1.*

I. — Joachim de Saint-Martin, étant époux d'Andrée, rendit un hommage le 15 août 1539. Il épousa Andrée de Longlée ; elle fut chargée, le 7 juillet 1558, de la tutelle des enfants d'André de Saint-Martin, ses petits-fils, et, comme tutrice de ces enfants, elle rendit un hommage le 22 juin 1560.

II. — André de Saint-Martin épousa Barbe de Roussillon (ou Boussilon).

III. — Jérémie de Saint-Martin épousa, le 6 mai 1567, Antoinette de Milly.

IV. — Jean de Saint-Martin épousa, le 15 mai 1587, Marguerite de la Charlonie.

V. — Antoine de Saint-Martin épousa, le 10 décembre 1623, Claude Valentin.

VI. — Foucaud de Saint-Martin épousa, le 7 août 1655, Anne Vigier.

SAINT-MARTIN, Sr du Parc, paroisse de Gay (1), élection de Saintes, et de Puycerteau, paroisse de Neuvic (2), élection de Saint-Jean-d'Angély, porte : *d'azur, à 3 roses d'argent, 2 et 1.*

I. — Rolland de Saint-Martin interdit certains héritages. Le 12 juin 1505, il épousa Marguerite Vigier.

II. — Louis de Saint-Martin partagea la succession de ses père et mère ; le 3 janvier 1545, il épousa Jacquette Brochard.

III. — Jacques de Saint-Martin épousa, le 11 février 1585, Jeanne Cassé.

IV. — François de Saint-Martin, Sr du Parc, fut trouvé gentilhomme en 1598 ; il épousa, le 27 octobre 1638, Jeanne de Cumont.

V. — François-Charles de Saint-Martin, Sr de Puycerteau, épousa, le 9 juin 1662, Susanne de La Tour.

SAINT-MARTIN, Sr de la Vineterie, paroisse de la Chapelle, élection de Saintes, porte : *d'azur, à une croix d'argent, et un lambel à deux pilles en chaque canton de même.*

I. — Antoine de Saint-Martin épousa Marguerite de Lestang.

II. — Louis de Saint-Martin épousa, le 1er juin 1542, Marie de Saint-Gelays.

---

(1) Gay, canton de Saint-Porchaire, arrondissement de Saintes (Charente-Inférieure).
(2) Neuvicq, canton de Matha, arrondissement de Saint-Jean-d'Angély (Charente-Inférieure).

III. — François de Saint-Martin, qui, le 4 août 1576, partagea, avec Aubert, les successions de leurs père et mère, épousa Marguerite de Poix.

IV. — Daniel de Saint-Martin épousa, le 11 juillet 1598, Christine de la Faye, dont : 1º Jean, qui suit; 2º Jacques; 3º Susanne. Jacques et Susanne consentirent une vente le 25 juin 1632.

V. — Jean de Saint-Martin épousa, le 28 septembre 1646, Hélène de Nourigier.

MARTINEAU (1).

Anne Martineau épousa noble Abraham Jameux, écuyer, S^r de ......, demeurant à Angoulême, receveur des aides et tailles, lequel mourut le 18 novembre 1638.

MARTON. — *V.* MARTHON.

LA MARTONIE.

L'auteur du Dictionnaire généalogique, imprimé en 1757, avait mis cette maison en Saintonge : dans l'*errata*, il la met en Limousin. Elle n'est dans aucune de ces provinces, mais à Saint-Jean-de-Côle en Périgord (2).

Estienne de la Marthonie, conseiller au parlement de Bordeaux, épousa, le 11 septembre 1465, Isabelle de Pompadour, fille d'Elie, S^{gr} de Pompadour, dont : Jean (T. II, p. 428), mort en 1519. (*Gall. christ. nov.*, T. I, col. 1056; HOZIER, *Arm. génér.*, Ire part., p. 371.)

Isabeau de la Martonie épousa, vers 1660, Jean du Repaire, écuyer, S^r dudit lieu du Repaire, de Moissanes et de Saint-Christophe.

..... de la Marthonie épousa Antoine de Gentil, Sr de Roziers.

MARTRET, Sr de Betut, paroisse de Chenailler (3)

(Des Coutures dit paroisse de Chavailles, élection de Brive), porte : *d'or, à une croix d'argent, écartelé d'azur à un chevron d'argent, chargé d'hermines sans nombre, accompagné de 3 étoiles, 2 et 1.* (Des Coutures, qui décrit ainsi ces armoiries dans sa table, les a cependant peintes dans son registre : *de gueules, à un chevron d'argent, accompagné de deux cœurs, et en pointe d'un croissant aussi d'argent.* Ce sont ces dernières que donne Lainé, *Nobil. du Lim.*)

I. — Jean de Martret rendit hommage le 20 mai 1527, passa une vente en février 1539.

II. — Fabien de Martret, secrétaire des commandements du roi de Navarre, fit son testament le 26 septembre 1579, épousa, le 5 février 1551, Françoise de Prouhet, dont: 1º Pierre, qui suit; 2º Jacques; 3º Isabeau; 4º Jeanne; 5º Madelaine.

---

(1) La généalogie de cette famille était à la page 837, qui est déchirée.
(2) Saint-Jean-de-Côle, canton de Thiviers, arrondissement de Nontron (Dordogne).
(3) Chenaillers-Mascheix, canton de Beaulieu, arrondissement de Brive (Corrèze).

III. — Pierre de Martret (*V. infra* Alexandre) épousa, le 11 août 1595, Marthe de Venthas; elle fit son testament en faveur de Pierre, son mari, le 24 septembre 1607, dont : 1° Bertrand, qui suit; 2° Alexandre; 3° Françoise; 4° Antoinette.

IV. — Bertrand de Martret épousa, le 6 février 1630, Judith de Verthamond; elle fit son testament en faveur de son mari le 11 janvier 1659, dont : 1° Alexandre; 2° Pierre.

V. — Alexandre de Martret, S^{gr} de Bethut, qui était de la religion prétendue réformée, avait été touché d'un sermon que l'évêque de Tulle fit à Argentat (1), dans le cours de sa visite, et depuis, instruit des vérités catholiques par un Père jésuite, fit abjuration à Mercœur (2), le 3 septembre 1672, entre les mains de ce prélat, en présence de plusieurs personnes de qualité.

La joie en fut d'autant plus grande, que le bisaïeul de ce gentilhomme avait porté dans la province l'hérésie de la cour de la reine Jeanne de Navarre, où il avait exercé les premières charges. (*Gazette.*)

MARUC ou MARUT.

Noble Annet de Maruc, paroisse de Saint-Julien, de la ville de Tulle, épousa Gabrielle de Gibanel, dont : Jean, tonsuré en 1646.

Noble Jean-Baptiste de Maruc, S^{gr} de ..... et de Germain, fut enterré à Cornil (3), le 20 septembre 1653.

Noble Jean de Marut, Sr du Chats, du village de Sezac, paroisse de Lenteuil, épousa Jeanne de Vergne, dont : Etienne, baptisé, à Prugne, le 30 septemlre 1662.

LE MAS en Marche. — *V.* MASSON.

DU MAS DE PUYDEBRUZ.

DU MAS, Sr de Peyrac (4) [ou Peyzat] et de la Fère, paroisse de Peyzac, porte : *de gueules, coupé à une tour d'argent, maçonnée de sable au 1er, et une croix aussi d'argent, cantonnée de 4 fleurs de lys de même au 2e*.

[Du Mas de Peyzac, en Limousin, porte (pour devise) : *In hoc signo vinces*, et pour armes : *de gueules à la tour d'argent, ouverte et crénelée de sable; écartelé de gueules, à la croix d'argent, cantonnée de 4 fleurs de lys d'or*. Supports : *deux griffons*. Cimier : *un griffon d'or*. (DE COMBLES, *Trait. des devises hérald.*, 1784, p. 63.)

Peyrat ou Peyzac, terre et seigneurie en Limousin, qui appartenait, en 1698, à un gentilhomme d'ancienne noblesse, qui en portait le nom, ou plutôt celui de Dumas. Cette terre a le titre de marquisat, comme

---

(1) Argentat, chef-lieu de canton, arrondissement de Tulle (Corrèze).
(2) Mercœur, chef-lieu de canton, arrondissement de Tulle (Corrèze).
(3) Cornil, canton et arrondissement de Tulle (Corrèze).
(4) Peyzac, canton de la Nouaille, arrondissement de Nontron (Dordogne).

il appert par arrêt de la cour du parlement de Bordeaux du 18 juillet 1685, et pour un autre du même parlement, des 4 et 11 avril 1772. (DE COMBLES, *Tabl. de la noblesse*, IIe partie, p. 285.)

Noble Annet de Peyzac, mort avant le 14 novembre 1496, avait pour frère ou proche parent vénérable et religieux homme frère Gaultier de Peysac, prieur d'Asnœde, ordre de Saint-Benoît. (Voyez mes *Mell. mss.*, T, I, p. 505.)]

Aymeric *de Manso*, damoiseau, capitaine de Sadran en 1470; [il en est fait mention dans les registres de Borsandi, notaire à Limoges, p. 130, n° 903, *apud* D. COL.] Autre, chevalier en 1307.

Jean Dumas était à la revue faite à Dinan, le 12 mars 1489, en qualité d'homme d'armes. (MORICE, *Hist. de Bretag.*, T. III, preuv., col. 636.)

Noble Jean, *alias* Johannet du Mas, était marié, en 1487, à Comtesse des Roberts, dame du fief des Roberts, paroisse de Maraval (1) et de Saint-Privat (2).

I. — Jacques du Mas, écuyer, Sr du Mas de Ségur, paroisse de Saint-Eloi, épousa .,...., dont : Antoine, qui suit.

II. — Antoine du Mas, écuyer, épousa, par contrat du 11 novembre 1594, Anne Dubois, fille de feu noble Pierre Dubois, Sr de Bridoyre en Périgord; elle porta 5,300 livres : étant veuve, elle fit, le 1er mai 1587, donation (reçue par de Vaux) à Gabrielle de Bouchiat, dame de Preyssac, Laborie et Tournerie.

III. — Pierre du Mas de la Serre et de la Roche épousa, par contrat du 5 février 1575, Léonarde de Sainte-Aulaire, fille de François de Beaupoil, S^{gr} de Sainte-Aulaire, et de Françoise de Volvire de Ruffec, dont : Peyrot, qui suit.

En 1597, les commissaires du Gouvernement trouvèrent bonnes les preuves de noblesse de cette famille.

IV. — Perrot du Mas, écuyer, Sr du Mas, de Lasses et de Roche, épouse, par contrat (reçu par Fauveau) du 27 février 1609, Gabrielle de Hauteclaire, fille de François de Hauteclaire, écuyer, Sr de Mainegaignard, Fissac en Angoumois, gentilhomme ordinaire de la chambre du roi, et de Susanne de Saint-Gelais : elle porta 21,000 livres, et mourut veuve le 16 octobre 1678, dont : 1° Gabriel, qui suit; 2° François, Sr de la Serre : ces deux frères transigèrent sur la succession de leurs père et mère le 4 décembre 1647; 3° Catherine, baptisée, à Peyzac, le 15 décembre 1628; 4° Ursule, baptisée le 22 mai 1629; 5° François, baptisé le 3 janvier 1631.

V. — Gabriel du Mas, Sr de Peyzac, le Mas, Laborie, chevalier. mourut le 3 janvier 1670, fut inhumé dans l'église de Peyzac. Il épousa, par contrat du 29 décembre 1643, Jeanne de Meillars, fille de Philippe et de Julie de Salagnac; elle mourut à Bordeaux, et fut inhumée à Peyzac, six jours après sa mort, le 22 décembre 1673, dont : 1° Phi-

---

(1) Maraval ou Marval, canton de Saint-Mathieu, arrondissement de Rochechouart (Haute-Vienne).

(2) Saint-Privat, canton de Saint-Aulaye, arrondissement de Ribérac (Dordogne), ou canton de Servières, arrondissement de Tulle (Corrèze).

lippe, qui suit; 2° François, né le 1er janvier 1662, baptisé le 8 mars 1670; 3° Pierre, baptisé le 5 août 1668; 4° Jean, dit le Chevalier, mousquetaire en 1685, capitaine de dragons au régiment de Gramont en 1689.

VI. — Philippe du Mas, Sr de Peyzac, la Serre, lieutenant-colonel de la milice du Limousin, vivait le 18 juillet 1685 (DE COMBLES, *Tabl. de la noblesse*, 1786, IIe part., p. 285). Il épousa Susanne de Pommiers, fille de François, receveur des consignations au parlement de Bordeaux, et de Jeanne Masliver, dont : 1° François, baptisé le 7 décembre 1684; 2° ....., née le 25 décembre 1685; 3° Jeanne, baptisée le 11 septembre 1687; 4° Jacques, baptisé le 31 août 1688; 5° Pierre-Julien, né le 16 juillet 1690, baptisé le 27 février suivant; 6° Thérèse, née le 1er décembre 1691; 7° François; baptisé le 24 septembre 1693; 8° Jean-Léonard, né le 4 octobre 1695, baptisé le 28 octobre 1696; 9° Julie, baptisée le 4 mars 1695; 10° François, né le 14 novembre 1697; 11° Jacques, né le 30 novembre 1698, tonsuré en 1716, mort chambrier du monastère du Vigeois, le 3 mars 1752.

VII. — François du Mas, écuyer, marquis de Peyzac, le Mas, Laborie, la Serre, brigadier des armées du roi, épousa [en 17..] Marie-Thérèse-Paule [ou Marie-Paule-Thérèse] de Boisse (DE COMBLES, *Trait. des devises hérald.*, 1784, p. 63; et *Tabl. de la noblesse*, 1785, IIe part., p. 285), fille de Joseph et de Marie de Féline de la Renaudie, dont : 1° Joseph-François, qui suit ; 2° Charles, tonsuré en 1733.

VIII. — Joseph-François du Mas [chevalier], Sgr et marquis de Peyzac [vidame de Limoges], ci-devant sous-lieutenant au régiment des gardes-françaises, épousa, le 24 juillet 1746 [ou en 1748], Gabrielle du Chapt de Rastignac, fille de Charles de Chapt, Sgr de Laxion, et de Marie-Jacqueline-Eléonor d'Aidie de Ribérac, dont : 1° [Charles-Antoine-Armand-Odet, qui suit]; 2° Marie-Victoire, mariée, en 1764, à Louis de Pindray, écuyer, Sr de la Valade, paroisse de Rougnac en Périgord; 3° Marie-Paule-Thérèse-Gabrielle [née le 17 juin 1747], mariée, en 1767, à Antoine [de Vins ou] de Vinse, comte de Masnègre [ou Manesgre], paroisse de Valanjoux, diocèse de Sarlat; 4° Gabrielle [née le 1er ou le 17 septembre 1751], mariée, en 1770, à Antoine-Joseph de Fars [ou de Far], écuyer, Sr [ou vicomte de Fausse-Landri] ou Fosse-Landri [ou Landy], paroisse de Coulaureis, diocèse de Périgueux. [(DE COMBLES, *Ibid.*)]

IX. — Charles-Antoine-Armand-Odet Dumas, dit le comte de Peyzac, né au château de Peyzac, le 18 ou le 28 avril 1750, capitaine-commandant au régiment de Conti-dragons en 1784, vivait, ainsi que tous les précédents, depuis François, son aïeul, en 1784, fut allié, par contrat (signé par le roi), le 21 novembre 1784, à N..... de Burman de Valeyre.

Branche de Château-Rocher.

V bis. — François du Mas, chevalier, Sr de la Serre et de Peyzat, de Château-Rocher, paroisse de Maisonneix (1), épousa : 1° Honorée de

---

(1) Maisonnais, canton de Saint-Mathieu, arrondissement de Rochechouart (Haute-Vienne).

Langlade, dont : 1° Sibille, mariée, en 1688, à Gabriel du Lau, chevalier, Sr de Savignac, fils d'Isaac et de Gabrielle de Saint-Gelais; 2° Susanne, baptisé, à Maisonneix, le 15 mai 1661; 3° Paul, baptisé le 23 avril 1663; 4° Raymond, né le 21 septembre 1665; 5° Philippette, baptisée le 9 novembre 1668; 6° Léon, baptisé le 17 juillet 1669; 7° Gabriel, baptisé le 16 octobre 1768 : le nom de sa mère est omis. Marie du Mas, D^lle de Château-Rocher, mariée, à Maisonnais, le 18 janvier 1695, à Jean d'Amelin, chevalier, S^r d'Estourneau, paroisse de Bourdeille (1) en Périgord. Il épousa : 2°, le 1er avril 1676, Thérèse Roux, fille de feu Jean, chevalier, Sr de Lusson, et de feue Jacquette de Pressac.

Noble Rigald du Mas, S^gr de Peyzac, 1597, épousa Jeanne Boschiac.

Rigald du Mas, écuyer, Sr de Laborderie, la Bonne, la Tournerie, 1598, épousa Gabrielle de Bouschiac.

Pierre-Julien du Mas de Peyzat, Sr de Laborie, paroisse de Peyzac, puis de Ladignac, épousa Françoise de la Jarrige de la Maurelhie, dont : 1° Marie-Marguerite, née le 9 avril 1694; 2° Jean-Julien, né le 27 août 1697; 3° Claude-Julien, baptisé le 14 novembre 1697; 4° Jean-Marie, tonsuré en 1722.

Laurent du Mas épousa Pétronille de Bonneval, dont : Charles, baptisé, à Saint-Jean de Limoges, le 26 avril 1658.

DU MAS, Sr de Neufville (2), porte : *de gueules, à un chevron d'argent, accompagné de deux cœurs de même en chef et d'un croissant en pointe.*

I. — François du Mas, lieutenant général au présidial de Brive, fit une mort chrétienne et pleine d'une bonne vie : c'était le génie le plus fort, le cerveau le plus rassis et le conseil le plus solide de son temps; arbitre général de toutes les plus importantes affaires de la Guyenne, et un des plus illustres officiers de son siècle, sa science, sa probité, sa fermeté et son zèle, faisaient qu'il se dérobait à lui-même pour se donner tout au prochain. Ce fut aussi cette judicieuse résolution qui fit que le roi ne voulut jamais toucher de son temps au démembrement du présidial de Brive. Cette haute et si grande réputation le fit appeler dans les derniers Etats tenus à Paris, et l'y fit admirer. Sa capacité et son mérite firent souhaiter à toutes les cours souveraines qu'il en fût le chef. Le roi lui témoigna sa reconnaissance pour les services qu'il avait rendus sous Louis XIII (DE ROFFIGNAC, *Extrait des principaux articles de foi*). Il épousa Anne de Lesliau. Elle fut inhumée dans l'église de Marsillac-la-Croisille, le 9 janvier 1610. De ce mariage : 1° François, qui suit; 2° Guillaume, Sr de la Gatterie, qui a composé; 5° le P. Martial de Brive, capucin, qui a aussi composé.

II. — François du Mas, Sr de Neuville, président au présidial de Brive, eut des lettres d'anoblissement au mois d'août 1661, enregistrées à la chambre des comptes de Paris le 7 juin 1663; un brevet de retenue du mois d'octobre 1667. Il était S^gr du Mas, le Pradel, la

---

(1) Bourdeille, canton de Brantôme, arrondissement de Périgueux (Dordogne).
(2) Neuville, canton d'Argentat, arrondissement de Tulle (Corrèze).

Gotterie, la Gaune, baron de Neufville, maître des requêtes de la reine-mère, conseiller du roi en ses conseils d'Etat et privé, et de ses finances, premier et second président en la cour présidiale du Bas-Limousin, à Brive.

M. de Roffignac lui dédia, en 1662, *Extrait des principaux articles de foi*, où il dit que son conseil est toujours conforme aux desseins de Dieu, comme il l'a expérimenté dans toutes les occasions. On voyait en lui une majesté qui le faisait craindre, et une affabilité qui le faisait aimer : science consommée, profonde humilité ; il se portait fréquemment dans les hôpitaux et dans les prisons, où sa bourse était plus souvent que sa personne ; les pauvres remplissaient tous les jours sa cour, et donnaient à juger qu'on y faisait par intelligence toutes les aumônes de la ville, les plus spirituels faisaient gloire de recevoir ses conseils si pleins de piété.

Les princes, les maréchaux de France, les gouverneurs de province, les ducs et pairs, et les intendants prenaient sa maison à Brive, non parce qu'elle était la plus belle de la ville, mais pour avoir plus de facilité de jouir de lui et de profiter de ses conseils ; il n'y eut point d'affaires importantes dans les provinces voisines où il ne fût appelé. Le parlement de Bordeaux le consulta souvent, et plusieurs de ses membres auraient souhaité le voir parmi eux dans les plus éminentes charges. M. de Pontac, y ayant été nommé premier-président, ne trouva point d'asile plus assuré que la maison de M. du Mas, au milieu d'une infinité de dangers qu'une guerre intestine rendait inévitable.

Il n'est point d'artifices que les ennemis de l'Etat ne missent en usage pour corrompre M. du Mas, et se servir de son ascendant sur les esprits pour inspirer une révolte générale. Mais il ne fut point ébranlé par les promesses, ni intimidé par les cruelles et fréquentes attaques des ennemis jusqu'à ses portes. Son zèle porta les habitants de Brive à appeler, pour la conservation des intérêts du roi, le régiment de Lorraine, se privant eux et leurs enfants d'une partie de leur nourriture, pour faire subsister ces troupes. De plus, il mit une forte garnison dans son château de Neufville, pour conserver au roi cette place très-importante, et repousser les ennemis de l'Etat. Louis XIV lui donna des témoignages de gratitude de la plus avantageuse façon et la plus obligeante.

Il épousa Isabeau de Saint-Martin, dont : 1° ....., baron de Neufville, qui suit ; 2° Isabeau-Ursule, mariée, dans l'église de Marcilhac-la-Croisille (1), le 28 octobre 1652, à Jean Combret, Sr de la Bayssarie, fils de Jacques, Sr du Villars, juge particulier de la ville d'Egleton (2), et de Geneviève de Geofre.

III. — ....., baron de Neufville, alla, à la tête de toute la jeunesse de Brive, offrir à M. de Pontac, premier président au parlement de Bordeaux, jusqu'aux faibles efforts des enfants de son âge. La harangue qu'il prononça avec tant d'esprit fit juger à M. de Pontac que cet

---

(1) Marcillac-la-Croisille, canton de la Roche-Canillac, arrondissement de Tulle (Corrèze).
(2) Egletons, chef-lieu de canton, arrondissement de Tulle (Corrèze).

MASCHAT, Sr de la Meschaussée, paroisse de Turenne (1), élection de Brive, porte : *d'or, à une main tournée de gueules, écartelé de gueules, à une bande d'or, et sur le tout, d'azur, à trois tours maçonnées de sable, 2 et 1.* (Des Coutures peint les trois tours d'argent.)

Noble Antoine Maschac, Sr de la Meschaussée, maître d'hôtel d'Agnet de la Tour et d'Annete de Beaufort, vicomte et vicomtesse de Turenne, témoin de leur testament le 4 mars 1479. (BALUZE, *Mais. d'Auv.*, T. II, p. 740.)

Dans la cathédrale d'Angers, en la chapelle appelée des Chevaliers, entre la porte du chapitre et celle du cloître, est l'épitaphe suivante :

  Hic Petrum geminâ patruumque Jocobum in urnâ,
   Elatos varia funere, terra tegit.
  Ambo Symmiste, Maschat cognomen utrique :
   Ex Lemovicorum nobilitate fuit.
  Ambo profusis exhausta ..... nummis
   Muneribus crebro restituere suis.
  Unde chorum et pueros anno vertente videres,
   Mystica solemni sacra referre die.
  Integritas morum, et vitæ purissimus ordo,
   Clarum virtutis nomen utrique dedit.
  Concessit fato patruus prior, inde nepotem
   Jamque senem superis Parca severa dedit.
  Quid mirum ! Sic lex nascendi tradita nobis
   Ut vitam liceat vivere, deinde mori.

Obiit patruus die 12 augusti 1514, nepos vero 20 junii 1537.

I. — François de Maschat épousa, le 8 août 1526, Françoise de Pompadour.

II. — François de Maschat épousa, le 22 janvier 1550, Françoise de Vichy.

III. — Noble Jacques de Maschat épousa, le 16 février 1577, Balthazare de Cheylat, dont : 1° Jacques, qui suit ; 2° Pierre, tonsuré en 1594.

IV. — Jacques de Maschat, auquel Jacques, son père, fit donation le 8 décembre 1619, épousa, par contrat sans filiation du 15 mai 1625, Diane Sourouette du Haldo.

Nicolas Maschet de la Mechaussée de la Coste de Pompadour, d'une très-noble famille du Querci, succéda à Marguerite de Pompadour, son aïeule, morte en 1625, seule du nom, et héritière des biens de cette

---

(1) Turenne, canton de Meyssac, arrondissement de Brive (Corrèze).

maison en Périgord; chanoine de Champeaux et curé de Gugy en Brie, nommé, le 3 juin 1669, à l'abbaye de Fontdouce. (*Gall. christ. nov.*, T. III, addit. — DUTOUR, *Clergé de France*, T. II, p. 278 (1).)

MASCHEREAUX.

Jean-Baptiste Maschereaux, chevalier dans la mestre-de-camp au régiment de Beringhen, épousa Françoise Bardaux, dont : Elisabeth, née à Saint-Junien (2), le 5 octobre 1721.

MASCUREAU (3).

MASFRANC (4).

MASGOUTIER ou MASGONTIER. (5).

MASGOUBAUD.

Aymeric de Masgoubaud, de la Chapelle-Montbrandeix (6), 1259.
Gérald de Masgoubaud, damoiseau en 1301, paroisse de la Chapelle-Montbrandeix, épousa ......, dont : Bernard de Masgoubaud, damoiseau, 1322. (DU CANGE, au mot *Reparium*.)

[MASLÉON.]

MASLUSSEN (7).

MASNADAUD [ou MASNEDAUD].

V. GUIDONIS.
[Dans les registres de Roherii, notaire à Limoges, p. 79, n° 66, *apud* D. COL, on trouve Aymeric de Manso-Natalis (8).]

MASSAC.

Pierre-Louis-Raymond de Massac, écuyer de la ville de Brive, épousa, en 1767, Marie-Louise-Catherine Le Fillastre de Morcanville, paroisse de Saint-Eustache à Paris.

---

(1) Nadaud avait encore des notes sur cette famille à la page 2378; mais son manuscrit est lacéré en cet endroit.
(2) Saint-Junien, chef-lieu de canton, arrondissement de Rochechouart (Haute-Vienne).
(3) La généalogie de la famille de Mascureau était aux pages 382 et 383, qui sont déchirées.
(4) La page 2443, indiquée pour cette famille, est déchirée.
(5) La page 2077, où il était parlé de la famille Magontier, n'est pas dans le manuscrit de Nadaud.
(6) La Chapelle-Montbrandeix, canton de Saint-Mathieu, arrondissement de Rochechouart (Haute-Vienne).
(7) Nadaud indique la page 2166 pour Maslussen; cette page est déchirée.
(8) Voyez aussi COUSTIN DU MAS-NADAUD, T. I, p. 517, 614.

MASSACRÉ, Sr de Labregemont, paroisse de ....., élection d'Angoulême, la Salle, paroisse de Saint-Estienne, élection de Coignac, porte : *d'argent, à 3 écurieux de gueules, tenant une pomme entre leurs pattes, 2 et 1.*

I. — Gui de Massacré donna procuration pour consentir au mariage de François, son fils, le 2 février 1539 ; il épousa ....., dont : François, qui suit.

II. — François Massacré épousa Françoise de Saint-Laurent, le 14 février 1539.

III. — Guillaume Massacré, écuyer, Sgr de Lagebremont, épousa, le 18 août 1576, Anne de Volvire, dont : 1° Guillaume, qui suit ; 2° Pierre, qui se maria en 1646 ; 3° Anne, mariée, le 25 mars 1608, à Claude Dauphin ; 4° Eymerie, mariée, le 11 février 1624, à Antoine Martin ; 5° Gabrielle, mariée, le 9 mars 1642, à Jacques Gui. Guillaume constitua dot à Anne, Eymerie et Gabrielle.

IV. — Guillaume Massacré, écuyer, Sr de Lagebremont, épousa Catherine Guy, dont : Angélique, mariée à Jacques de la Croix.

V. — François de Massacré, Sr de Labregemont, épousa, le 8 février 1656, Marie de Beaumont.

IV bis. — Pierre de Massacré, Sr de la Salle, épousa, le 8 mai 1646, Marie Valbré.

Notes isolées.

Gabrielle de Massacré [ou Maussacre] épousa, le 9 mars 1642, Jacques Gui, fils de noble François, écuyer, Sr du Genet, près la ville de Saint-Irier, et de Marguerite de Croizant.

Marie de Massacré épousa, par contrat du 8 décembre 1556, Jean de la Grelière, écuyer, veuf d'Isabeau de Cheyroux, fille de Léonard et de Péronnelle Sarrasine.

MASSEBEUF.

Charles de Massebeuf, écuyer, Sr de Baignoux, paroisse Saint-Michel-Laurière (1), de Cazeré, de Selve, enterré à Saint-Sulpice-Laurière (2), avait épousé Anne de Trenchecerf, dont : 1° Louise, né le 24 décembre 1652 ; 2° Philibert, né le 19 décembre 1655 ; 3° Louise, mariée à Louis de la Tuille, écuyer, Sr de Clavière.

Louise de Massebeuf, femme de ....., Sr de Mombel, mourut à Baignoux, paroisse de Saint-Michel-Laurière, le 24 février 1717, fut enterrée à Saint-Sulpice-Laurière.

[MASSERÉ, terre et seigneurie qui avait son seigneur particulier en 1698.]

---

(1) Saint-Michel-Laurière, aujourd'hui Laurière, chef-lieu de canton, arrondissement de Limoges (Haute-Vienne).

(2) Saint-Sulpice-Laurière, canton de Laurière, arrondissement de Limoges (Haute-Vienne).

MASSES-D'AGE (1).

MASSIOT.

..... de Massiot, élu en Haut-Limousin, épousa Jeanne de Assenaud, dont : Léonard, qui suit.

Léonard de Massiot, écuyer, Sʳ du Muraud, paroisse de Saint-Denis-les-Murs (2), épousa, par contrat (signé Chicquet), du 13 juin 1606, Madelaine de Jumilhac, fille d'Antoine, écuyer, Sʳ de Jumilhac en Périgord, et de Marguerite de Vars, de Saint-Jean-Ligoure (3); elle porta 15,000 livres.

MASSOGNES ou MASSOUGUES (4).

[DU MASSON.
Noble homme Pierre du Masson, écuyer, Sgʳ du Mas, acquit, par contrat du 6 mars 1560 (signé Quinque, notaire) de Mᵉ Jean du Mas de Parsac (5), en Marche, plusieurs héritages situés au territoire du Mas. (*Inv. tit. Célest. des Tern.*, p. 719.)]

MASVAILLER [ou MASVALLIER], Sʳ du Chatenet, paroisse de Peyrilhac (6) et de Chamberet (7), qui est de l'élection de Tulle, porte : *d'argent, à une croix de gueules.*

[La Valade est un fief mouvant de la baronnie de Chamberet, dans la sénéchaussée d'Uzerche et dans l'élection de Tulle, paroisse de Chamberet. Il était possédé, sur la fin du dernier siècle, par un seigneur du nom de Masvalier.]

I. — ..... de Masvailler [se trouve dans les registres de Borsandi, not. à Limoges, p. 78, n° 127, *apud* D. COL]; il épousa ....., dont : 1° François, qui suit ; 2° Souveraine, qui transigea avec François, son frère, le 14 mars 1506.

II. — François de Masvailler.

III. — Jean de Masvailler afferma une métairie en 1543; il épousa Marie de Flayet.

IV. — François de Masvailler épousa, par contrat du 30 janvier 1576, Louise Vérinaud.

V. — Eusèbe de Masvailler épousa, par contrat du 15 mars 1604, Catherine Prinsaud.

VI. — Pierre de Masvailler ou Mavalier, écuyer, Sʳ du Châtenet,

---

(1) Legros envoie pour cette famille à la page 2562, qui est déchirée.
(2) Saint-Denis-des-Murs, canton de Saint-Léonard, arrondissement de Limoges (Haute-Vienne).
(3) Saint-Jean-Ligoure, canton de Pierrebuffière, arrondissement de Limoges (Haute-Vienne).
(4) La généalogie de la famille Massougues était à la page 956, déchirée.
(5) Parsac, canton de Jarnages, arrondissement de Boussac (Creuse).
(6) Le Châtenet est aujourd'hui paroisse de Veyrac et non de Peyrilhac, canton de Nieul, arrondissement de Limoges (Haute-Vienne).
(7) Chamberet, canton de Treignac, arrondissement de Tulle (Corrèze).

paroisse de Veirac (1), épousa, par contrat du 22 novembre 1634, et dans l'église de Brigueuil-l'Aîné (2), le ....., Marie Le Clerc, fille de feu ....., Sr de la Tourailhe, paroisse d'Ambazac (3). Elle se remaria à René Alaneau, Sr de la Rivière, du bourg de Piansou en Anjou, dont elle était veuve 1655.

Note isolée.

Jean de Masvaleix, écuyer, Sr dudit lieu et de l'Isle, paroisse de Busserolles (4), épousa Françoise de Mailhat, dont : 1° Hyacinthe, né le 6 décembre 1681; 2° Marie, née le 9 février 1683; 3° Alexandre, né le 9 novembre 1784; 4° Anne, baptisée le 7 janvier 1691; 5° Marie-Marguerite-Ursule, mariée, en 1743, à Jean-Baptiste de Marendat, Sr du Cousset.

Branche de la Valade.

En 1598, les commissaires du Gouvernement trouvèrent bonnes les preuves de noblesse de cette famille.

I. — François du Masvailler, Sr de la Valade, épousa, par contrat du 29 janvier 1541, Madelaine [ou Marguerite] de Chalus. Etant veuve, elle fit une donation à Emanion, son fils, le 7 mars 1573.

II. — Emanion [ou Amanion] de Masvailler épousa, par contrat sans filiation du 1er novembre 1573, Charlotte du Chastellet, dont : 1° Antoine, émancipé par son père le 14 août 1606, fit son tesment en faveur de Michel, son frere, le 5 août 1621; 2° Michel, qui fit son testament en faveur de Louis, son frère, le 26 mars 1651; [3° Louis, qui suit]..

III. — Louis de Masvailler [troisième fils d'Amanion, devenu chef de sa maison par la mort de ses frères] fit son testament le 12 novembre 1653 [en faveur de son fils]. Il épousa, par contrat sans filiation du 19 mars 1622, Anne de Masvailler [sans doute sa parente].

IV. — Noble Léonard de Masvailler, écuyer, Sr de la Valade, paroisse de Chamberet, épousa, dans l'église de Vic (5), le 28 novembre 1675, Anne de Suduiraud, Dlle des Farges.

Eusèbe de Masvaillier, écuyer, Sr de Valade, paroisse de Champeau (6), épousa : 1° Catherine de Lubersac, dont : Anne, mariée, en 1694, à Léonard de Maumont; 2°, à Grassat (7), le 15 février 1695, à Marguerite Thomas, veuve de Gabriel de Maumont.

---

(1) Veyrac, canton de Nieul, arrondissement de Limoges (Haute-Vienne).
(2) Brigueil-l'Aîné, canton et arrondissement de Confolens (Charente).
(3) Ambazac, chef-lieu de canton, arrondissement de Limoges (Haute-Vienne).
(4) Busserolles, canton de Bussière-Badil, arrondissement de Nontron (Dordogne).
(5) Vicq, canton de Saint-Germain-les-Belles, arrondissement de Saint-Yrieix (Haute-Vienne).
(6) Champeau, canton de Mareuil, arrondissiment de Nontron (Dordogne).
(7) Grassat, canton de Montbron, arrondissement d'Angoulême (Charente).

[MATAS.

On trouve dans les registres de Borsandi, notaire à Limoges, p. 109, n° 169, *apud* D. COL, Robert de Matas.]

MATHIEU DE JAGONNAS, Sr de Beaulieu, paroisse de Tain, election de Saintes, porte : *d'azur, à 3 poissons vifs d'argent*.

I. — Jean Mathieu, qui, le 17 août 1500, rendit deux hommages au doyen du chapitre de Saintes, comme époux de Léone Simoquin.

II. — Michel Mathieu épousa, le 9 janvier 1535, Geneviève Dessens.

III. — Pierre Mathieu épousa, le 7 juillet 1578, Hélène Legier.

IV. — Louis Mathieu épousa, le dernier avril 1606, Anne Joubert.

V. — Antoine Mathieu de Jagonnas fut institué héritier de Estienne Jagonnas, Sr de Montravail, à la charge de prendre son nom; il épousa, le 15 avril 1640, Marie Badisse (1).

SAINT-MATHIEU, Sr des Touches, paroisse de ....., élection de Saintes, porte : *d'azur, à un lion rampant d'or, lampassé de même, onglé de sable, cantonné d'une fleur de lys à chaque canton*.

I. — Odet de Saint-Mathieu, procureur général au parlement de Bordeaux, obtint, le 2 novembre 1556, des lettres d'anoblissement dûment vérifiées. Il épousa Denise Billet, dont il eut : 1° Jean, qui suit; 2° Guillaume; 3° Anne. Jean, Guillaume et Odet, leur père, d'une part, et Mathurin Gelibert, conseiller au parlement de Bordeaux, et Anne de Saint-Mathieu, sa femme, d'autre part, firent une transaction sur la succession de Denise Billet, le 13 octobre 1564.

II. — Jean de Saint-Mathieu épousa Marie Guichard.

III. — Paul de Saint-Mathieu épousa, le 9 décembre 1593, Marie de la Boucherie.

IV. — Sidrac de Saint-Mathieu épousa, le 4 août 1624, Marguerite Goyon.

V. — Charles de Saint-Mathieu épousa, le 15 octobre 1653, Marie de Butet.

Cette famille fit ses preuves de noblesse en 1598, et les commissaires du gouvernement les trouvèrent bonnes.

SAINT-MATHIEU, Sr de Birat, paroisse de Gua (2), élection de Saintes, porte : *d'azur, à un lion rampant d'or, lampassé de même, cantonné de 4 fleurs de lys d'or*.

I. — Odet Mathieu, conseiller au parlement de Bordeaux, obtint d'être anobli et de changer de nom en novembre 1556. Avec Guillaume et Jean, ses enfants, d'une part, et Gelibert, conseiller au parlement de Bordeaux, mari d'Anne de Saint-Mathieu, fille dudit Odet, celui-ci fit une transaction le 15 octobre 1564.

---

(1) *V.* aussi JAGONNAS. T. II, p. 442.
(2) Gua, canton et arrondissement de Marennes (Charente-Inférieure).

II. — Guillaume de Saint-Mathieu épousa Michele Gelibert.

III. — Jean de Saint-Mathieu épousa, le 7 novembre 1588, Marie Houe.

IV. — Hélie de Saint-Mathieu épousa, le 15 mars 1617, Judith Colardeau.

V. — Hélie de Saint-Mathieu épousa, le 17 janvier 1655, Marion Baran.

Les preuves de noblesse de cette famille furent trouvées bonnes par les commissaires du gouvernement en 1598.

SAINT-MATHIEU. — *V.* Guinguan de Saint-Mathieu, T. II, p. 241, 399.

MATREUIL (1).

LE MAU. — *V.* Longbost, S^{gr} de Saint-Martin-le-Mau, T. III.

MAUBERNARD.

Hélie Malbernati, chevalier de Comborn, mourut le 3 décembre. (*Nécrolog. Glander.*)

MAUFRAS. — *V.* Dauphin de Maufras, T. II, p. 6.

MAULEVRIER. — *V.* Guyton de Maulevrier, T. II, p. 250, 400.

MAUMONT, Sr de Chadaud, Lasterie, paroisse de Dournazac (2). [*V.* Nadaud, *Mém. mss. Lim.*, T. III, p. 303], porte : *d'azur, à la croix d'or*. (Des Coutures dit : *d'azur, à la croix bezanteé d'or*.)

[Maumont, terre qui avait son seigneur particulier en 1698.

Lasterie, mieux Laterie, fief du Limousin dans la paroisse de Dournazac, élection de Limoges, dont le seigneur portait, en 1666, le nom de Maumont. Il possédait aussi le fief de Chadeau, paroisse de Grassat (3), en Angoumois, élection d'Angoulême, généralité de Limoges.

Gérard de Maumont, clerc, c'est-à-dire conseiller du roi, fut tuteur des enfants de Gui VIII, vicomte de Thiern en Auvergne, vers 1280. (Baluze, *Hist. de la mais, d'Auv.*, T. I, p. 32.)

Pierre de Maumont, chevalier, Sr de Châteauneuf et de Tournoille. (*Idem, ibid.*, p. 218, et T. II, p. 453.)

..... de Maumont, *de Malemonte*, épousa ....., dont : 1° maître Gérald de Maumont, qui fonda le monastère des religieuses dominicaines de

---

(1) La page 6428, où ce nom était, est déchirée.
(2) Dournazac, canton de Saint-Mathieu, arrondissement de Rochechouart (Haute-Vienne).
(3) Grassat, canton de Montbron, arrondissement d'Angoulême (Charente).
(4) Saint-Pardoux-la-Rivière, chef-lieu de canton, arrondissement de Nontron (Dordogne).

Saint-Pardoux-la-Rivière (1), où il choisit sa sépulture (V. Martène, Ampliss., coll., T. VI); clerc du roi de France, 1292; Sgr en partie de Bourdeille (2) en Périgord, et chapelain du pape, 1294, testa en septembre 1299; 2° maître Hélie, chapelain du pape, 1294; 3° Bernard, abbé de Brantôme, en 1292 et 1299.

M*re* Guéraut de Maumont, conseiller-clerc au parlement, 1294. (*Mém. acad. Bel. Lett.*, T. XXX, p. 629), écrivit à l'abbé de Moissac. (Marca, *Hisp.*, p. 593.)

Jean de Maulmont, chevalier, fut tué à la bataille de Poitiers, le 19 septembre 1356. (Bouchet, *Annal. d'Aquit.*, ive part., ch. iv.)

..... de Maumont épousa ....., dont : 1° Hélie, doyen de Saint-Yrieix; 2° Guillaume, évêque d'Angoulême.

..... de Maumont épousa ....., dont : 1° Pierre de Maumont, chevalier; 2° Agnez, mariée à Guillaume de Tarnac; 3° Cantor, mariée avec R. de Montberon.

Guillaume de Maumont, curé de Rosier et de Glouton; P., son neveu, damoiseau, Sr de Maumont, 1275.

Pierre de Maumont, chevalier, 1307. (*Cathédr. de Limoges.*)

Guillaume de Maumont, archidiacre de Limoges, inhumé le 12 avril 1247, chez le FF. PP. de ladite ville. (*Necrolog. FF. PP. Lem.*)

S..... de Maumont, chanoine de Lyon, 1285. (V. Baluze, T. IV, *Miscell.*, p. 299 et 302.)

Jean de Maumont, chevalier, Sgr de Javerlhac (3), 1467.

Agnez de Maumont épousa : 1° [après ou vers 1301]. Guillaume IVe du nom, vicomte de Thiern en Auvergne [mort en 1311, et sa veuve épousa] : 2° Guillaume Guenand, Sr des Bordes et du Blanc en Berri. (Baluze, *Hist. mais. d'Auv.*, T. I, p. 33 et 34.)

I. — Hélie de Maumont, chevalier, avait des rentes à Dornazat, à présent Dournazac, en 1262, et à Pensol (4) en 1268. Il épousa ..... dont : 1° Jordain, qui suit; 2° .....

Hélie de Maumont, doyen de Saint-Yrieix, mourut à Paris entre le lundi et le mardi de la semaine de la Passion 1294; était frère d'Hélie, qui le fit enterrer chez les frères prêcheurs, puis transporter chez les religieuses de Saint-Pardoux-la-Rivière. Leurs armes sont : *deux lions passans*. (*Mss. FF. PP. Lemovic.*)

Hélie de Maumont, damoiseau, Sgr de Conneza (5), diocèse de Périgueux, 1340.

Bernard de Maumont, chevalier, Sr de Liboureau, Javerlhac, épousa, en 1430, Agnez de Rochechouart, dont : Jean.

Noble Antoine de Maumont, damoiseau, panetier du roi, avait pour frères, en 1480, Pierre et Guyot.

II. — Jordain de Maumont, damoiseau, paroisse de Darnazat, 1316,

---

(1) Saint-Pardoux-la-Rivière, chef-lieu de canton, arrondissement de Nontron (Dordogne).
(2) Bourdeilles, canton de Brantôme, arrondissement de Périgueux (Dordogne).
(3) Javerlhac, canton et arrondissement de Nontron (Dordogne).
(4) Pensol, canton de Saint-Mathieu, arrondissement de Rochechouart (Haute-Vienne).
(5) Conneza, canton et arrondissement de Nontron (Dordogne).

rendit hommage au vicomte de Rochechouart en 1284; il en rendit un autre le 29 septembre 1327 (archives de M. de Compniac, Sgr de Montbrun); il épousa Pétronille, fille de Gérald de la Brousse, *de Brucia, serviers* (écuyer), de la paroisse d'Abjac (1). Elle était morte en 1330, dont : Hélie.

III. — Hélie de Maumont, damoiseau, 1304, 1338, fils de Jourdain, rendit hommage le 11 novembre 1334; il épousa Comptor ou Compterie [ou Domperic] de Brun, fille d'Aymeric, des Sgrs de Champnier-aux-Boux (2), dont : Jean, qui suit.

[Marguerite de Maumont épousa, le 7 juillet 1349, Hélie II, Sgr de Noailles. (*V.* Noailles.)

Pierre de Maumont, chevalier, Sgr de Châteauneuf et de Tournoille, avait épousé, avant 1352, Louise Dauphine, fils de Robert Dauphin, Sgr de Saint-Ilpise, etc. Après sa mort, elle se remaria à Robert de Chaslus, Sgr d'Entragues. (Baluze, *Hist. mais. d'Auv.*, T. I, p. 218, et T. II, p. 453.)]

IV. — Noble Jean de Maumont, damoiseau, est dit fils de Hélie et de ladite Brun dans une transaction (signée Aymericus Bucheta), du 17 mai 1381, avec Philippe de Brun, son oncle ou son cousin. Il vivait en 1409 et 1415, et était Sgr de Maumont et de Milhaguet (3). Bernarde de *Casalibus*, de Caseaud ou du Chadaud était sa femme en 1417, dont : 1º Pierre, qui suit; 2º Aymar; 3º Jean, prieur de Cyreuil; 4º Louise, mariée à ..... d'Escudier, écuyer, du bourg de Charvat, près la Tour-Blanche, en Périgord.

[Guillaume de Maumont, Sgr de Chausat, damoiseau, est témoin dans un acte du 13 juin 1439, signé : « G. Duudinoti, presb., recepit ».

Jean de Maumont, licencié ès-lois, est témoin dans un acte du 21 octobre 1445. (Baluze, *Mais. d'Auv.*, T. II, p. 736.)]

V. — Pierre de Maumont était fils desdits Jean et Bertrande, comme on le dit dans un hommage de 1447. Il rendit hommage le 15 mai 1473, et le 24 décembre 1507. Il était damoiseau et Sgr de Milhaguet en 1470. Catherine Jouberte de la Bastide était sa femme en 1435 (4), dont : 1º Jean, marié à Agnez Quentini, fille de feu noble Jean, damoiseau, de la ville d'Aimoutiers, et de feue Marguerite de La Jomont, et sœur de Jean, aussi damoiseau, Sr du Mazeau, de la même ville, par conventions du 28 septembre 1456, signées Deuxquots; 2º Robert, appelé Vénérable 1501 : le père, dans ce contrat du 28 septembre 1456, veut qu'il soit homme d'église, ainsi qu'Adémar, qui suit; 3º Adémar, bachelier en décrets, curé de Saint-Fort-sur-Lesne, diocèse de Saintes,

---

(1) Abjat, canton et arrondissement de Nontron (Dordogne).

(2) A l'article Bruni, T. I, p. 284, Nadaud la dit femme de Jean de Maumont : c'est probablement par erreur. — Reilhac-et-Champnier, canton de Bussière-Badil, arrondissement de Nontron (Dordogne).

(3) Milhaguet, canton de Saint-Mathieu, arrondissement de Rochechouart (Haute-Vienne).

(4) Nadaud a changé Des Coutures en plusieurs endroits. Ainsi ce dernier constate que, par contrat sans filiation du 27 décembre 1504, il épousa Lionne de Rouffignat, et c'est de son petit-fils que Nadaud la dit femme.

1478, qui eut le fief d'Aulbanie, paroisse de la Chapelle-Montbrandeix (1).

VI. — Jean de Maumont, damoiseau, Sr de Milhaguet et du Chadaud, paroisse de Dournazac, 1463, et d'Aubanie 1490, fit son testament le 3 décembre 1501, par lequel il veut être inhumé dans le petit cimetière de Dournazac, 80 messes à son enterrement, et autant à son service. Jean de Maumont, fils d'autre Jean, épousa, par contrat du 11 février 1465 (*vieux style*) (signé Motgonis), Hélis du Mosnard, fille d'Antoine; il est dit fils de Jean, écuyer. [Il était gentilhomme de la maison du roi, et fut un des témoins du contrat de mariage du roi François Ier avec Eléonor d'Autriche, le 20 mars 1530. (JUSTEL, *Hist. mais. d'Auv.*, preuv., p. 254. — BALUZE, *Mais. d'Auv.*, T. II, p. 754.)] Il laissa Marguerite, mariée à noble Louis Roche, Sr de Beyrieyo. — 2º Isabelle, mariée à à noble ....., Sr de la Queyrette, de la ville de Bellac; 3º La Mota; 4º Jeanne; 5º Adémar; 6º Pierre, qui suit; 7º Jean, qui eut le Chadaud et la Vie, prêtre, curé de Savignac, qui fit donation à Pierre, son frère, en 1504.

Un Aymeric de Maumont, écuyer, Sr du Cerisier, paroisse de Cussac (2) et de Pélegrin, épousa, par convention du 15 février 1515, passée au prieuré de Saint-Nicolas, près Saint-Romain en Périgord, et contrat (signé Galhaci) du 22 juillet 1516, Jacquette de Sandalesses, sœur de Gabriel, Sr du Grand-Crosent, diocèse de Bourges, dont j'ignore la postérité.

VII. — Noble Pierre de Maumont, Sr du Chadaud, Aulbanie, paroisse de Champagnac-sur-Gorre (3), la Vie, Salamont, eut en partage le repaire de Maumont à Dournazac, Pelgris, paroisse de Cussac; vivait en 1512, 1521 [fit des hommages le 15 mai 1476, et le 24 décembre 1507.] Il épousa, par contrat du 27 décembre 1504 (signé de Mastribut et de Plaziat), Liene [ou Lionne], ou Hélène de Roffinhac, fille de noble et puissant Jean, Sgr de Cousaiges, de Chevaignac et de Peyres, et de Jeanne de Compnhac, dont : 1º Annet, reçu bachelier à Poitiers en 1529, qui, en 1535, est dit écuyer, Sr de Maumont et du Chassau, de Milhaguet, d'Aulbanye, paroisse de Champagnac-sur-Gorre, dont il rendit l'hommage en 1539; 2º Geofroi, qui suit; 3º Gaufridus, qui mourut le 29 septembre 1539, à Saint-Victurnien (4), où il fut inhumé; 4º Jean, tonsuré à Châlus (5), le 10 juin 1522; curé de Séreilhac (6); 5º Hugue, tonsuré audit Châlus, le 28 janvier 1525; 6º Hélie, qui voulut être inhumé dans l'église de Dournazac, par son testament (reçu par Redon) du 14 avril 1547; une bâtarde appelée La Mine.

---

(1) La Chapelle-Montbrandeix, canton de Saint-Mathieu, arrondissement de Rochechouart (Haute-Vienne).
(2) Cussac, canton d'Oradour-sur-Vayres, arrondissement de Rochechouart (Haute-Vienne).
(3) Champagnac-sur-Gorre, canton d'Oradour-sur-Vayres, arrondissement de Rochechouart (Haute-Vienne).
(4) Saint-Victurnien, canton de Saint-Junien, arrondissement de Rochechouart (Haute-Vienne).
(5) Châlus, chef-lieu de canton, arrondissement de Saint-Yrieix (Haute-Vienne).
(6) Séreilhac, canton d'Aixe-sur-Vienne, arrondissement de Limoges (Haute-Vienne).

VIII. — Geofroi de Maumont, écuyer, Sr du Chadaud, Milhaguet, la Vie, Aulbanie, mourut peu avant le 12 février 1540 (*vieux style*). Il servit sous la charge de M. de la Vauguyon. Il épousa, par contrat sans filiation (signé Marcilhaud et Thomas) du 10 juin 1539, Isabeau [ou Isabelle] de Montfrebeuf, fille de Jean, écuyer, et de Marguerite de Trion, de la paroisse de Marval (1). [Elle était veuve, et fit une transaction, en qualité de tutrice de Jean, son fils, avec Emeric de Barbières, le 5 juin 1545.] De ce mariage vinrent : 1º Jean, qui suit; 2º Marguerite, mariée à Aymeric de Barbières, écuyer (2); 3º Hélie, ou Cécile, qui testa (signé de Laige) le 14 avril 1549, mais elle n'avait eu que dix ans; 4º Gabrielle, mariée, le 20 mars 1546, à maître Jean Bourgeois, de la cité de Châlus, fils d'autre Jean, Sr de Joffrenie, paroisse de Bussière-Galand (3), et d'Antoinette de la Morinie; 5º Isabeau, mariée à maître Guynot Allegraud, de la ville de Saint-Chartier, en Périgord.

IX. — Noble Jean de Maumont, écuyer, Sr dudit lieu, le Chadaud, Milhaguet, fut taxé pour le ban et arrière-ban, 1598. Il fit son testament (signé Garreau) le jeudi 15 avril 1601, par lequel il veut être inhumé dans l'église de Dournazac. Il était mort le 10 décembre suivant. Il avait servi sous la charge du comte des Cars. Il épousa : 1º, le 14 décembre 1563 (par contrat signé de Laiges et Baylle), Marie de Lambertie de Manet, fille de François, écuyer, Sr de Manet, et de Jeanne de la Faye en Angoumois, dont : 1º François, qui, en 1584, à l'âge de quinze ou seize ans, étant baptisé dans l'église de Dournazac, fournit ses preuves pour être reçu chevalier de Malte. Il épousa : 2º, par contrat sans filiation (signé Filhol) du 30 août 1573, Jacquette de la Porte, fille de feu Julien, chevalier, Sr du Puy-Saint-Astier près Périgueux, dont : 2º Bertrand, qui testa (signé de Laumosnerie) le 9 janvier 1617, et n'avait point d'enfants. Il épousa : 3º Renée de Leyrisse [ou Périsse (peut-être de Peyrusse)], fille de feu Jean, écuyer, Sr de la Motte, et de Bonaventure de Saint-Fiel, paroisse de Saint-Cyr-sur-Gorre. (4), par contrat du 7 octobre 1577 (signé Mourellon). Il y eut, [le 2 juin ou] le 7 octobre 1602, transaction pour les preuves de ce mariage, dont : 3º Jean, qui suit; 4º Barbe, mariée à Pierre des Pousses, écuyer, Sr de la Chappelle, paroisse de Saint-Hilaire-Lastours (5), par contrat du ..... 1608 : elle était veuve en 1618; 5º Jeanne, mariée à noble Guyon de Combrouze, Sr du Couder; 6º Diane, mariée à Jacques Aidemar, écuyer, Sr de la Courtine, paroisse de Duchat en Périgord, par contrat du 14 avril 1614; 7º Christine, 1582.

X. — Jean de Maumont, écuyer, Sr dudit lieu, le Chadaud, la Vie, Lasteric [mieux Laterie], paroisse de Dournazac, fils de Jean et de

---

(1) Marval ou Maraval, canton de Saint-Mathieu, arrondissement de Rochechouart (Haute-Vienne).

(2) A l'article BARBIÈRES (T. I, p. 135), Nadaud l'appelle Marie.

(3) Bussière-Galand, canton de Châlus, arrondissement de Saint-Yrieix (Haute-Vienne).

(4) Saint-Cyr, canton de Saint-Laurent-sur-Gorre, arrondissement de Rochechouart (Haute-Vienne).

(5) Nadaud dit ailleurs (p. 263) paroisse de Nexon.

Renée Leyrisse, épousa, par contrat (signé du Faure, reçu par Sarlande et Saint-Freau) du 24 février 1618, Henriette de Lambertie, sa cousine au 3e degré [fille de Jean, écuyer, Sgr de Maraval et de feue Catherine de Montfrebœuf], dont : 1o Jean, qui suit; 2o Gabriel, écuyer, Sr du Chadaud, qui a fait la branche des Grosilhas.

XI. — Jean de Maumont, écuyer, Sr de Lasterie [mieux Laterie], Maumont, le Chadaud, la Vie, fit son testament (signé Giry) le 12 novembre ou décembre 1658, par lequel il veut être inhumé dans l'église de Dournazac; il mourut le 15 décembre suivant au Chadaud.

Il eut commission pour lever une compagnie d'infanterie le 6 février 1632, une autre de capitaine en 1645.

Il épousa : 1o, par contrat du 6 ou du 10 janvier 1634 (signé Sarlande et Vallejas) Catherine Decubes, fille de François Decubes, Sr du Breuil, et de feue Louise Guillot du Dousset : elle fit son testament (signé de Fayolles) le 12 juin 1641, par lequel elle veut être inhumée dans le chœur de l'église de Dournazac; mourut peu de jours après [dans le même mois], dont : 1o François, qui suit, Sr de la Renaudie.

Il épousa : 2o par contrat du 12 février 1643 (signé de Fayolles), Marguerite du Garreau, Dlle de Puyrambert, fille de Jean, écuyer, Sr de la Bussière ou la Boissière, paroisse de Dournazac, et de Françoise de Chouly. Elle se remaria, par contrat (signé des Vergnes) du 13 août 1659, à Pierre Grellier, Sr de Saint-Amand, fils de feu autre Pierre et de Jeanne Denis, du bourg des Sales (1); elle fit son testament (signé Périgord) le 22 mai 1660, à Rochechouart, où elle mourut le lendemain. Par son mariage avec elle, Jean de Maumont devint père de : 2o Françoise, Dlle du Chadaud, mariée : 1o par contrat (signé Lathière) du 3 septembre 1659, à Jean de Laumonerie, Sr de la Goudonie, fils de Martial, écuyer, Sr de la Pousge, et de feue Anne de Puiffe; 2o par contrat (signé Lathère avec Bureau) du 29 avril 1668, à Guilhem de la Brousse, Sr de Leyssard et de Puycerveau, paroisse de Moutier-Ferrier (2), fils de feu Annet et de ..... Elle mourut étant veuve du Sr de la Pousge; 3o Suzanne, qui fit son testament (signé de Fayolles) le 18 juillet 1671; 4o Jeanne, Dlle de la Vie, mariée, par contrat (signé Collier) du 7 février 1679, et le ..... des mêmes mois et an, dans l'église de Saint-Michel-de-Pistorie de Limoges, à Hélie de Fagnoa, Sr de Laborie, juge de la Roche-l'Abeille (3); elle fit son testament (reçu par Rouffie) le 29 novembre suivant, et mourut sans hoirs le 18 décembre 1679, à trente ans, à la Roche-l'Abeille; 5o autre Françoise [Dlle de Bort], qui se fit religieuse au couvent de Sainte-Claire à Nontron, 1681; 6o Françoise, Dlle de Bort, mariée, par contrat (signé Lathière) du 22 octobre, et le lendemain dans l'église de Dournazac, 1681, à Jacques de Combrouze, son cousin au 3e degré, écuyer, Sr du Brouillet, paroisse de Nexon (4). Etant veuve, elle mourut le 23 juillet 1714, fut

---

(1) Les Salles-Lavauguyon, canton et arrondissement de Rochechouart (Haute-Vienne).

(2) Moutier-Ferrier, aujourd'hui Eymoutiers, canton de Montbron, arrondissement d'Angoulême (Charente).

(3) La Roche-l'Abeille, canton de Nexon, arrondissement de Saint-Yrieix (Haute-Vienne).

(4) Nexon, chef-lieu de canton, arrondissement de Saint-Yrieix (Haute-Vienne).

inhumée à Dournazac ; 7° autre Françoise de Maumont, D^{lle} de la Pousge.

Marguerite-Hélène [baptisée le 6 janvier, morte le 20 août 1653], Jean [Sr de la Vie], etc., sont morts en bas-âge.

Marie de Maumont, D^{lle} de Lussart, mourut audit Puycerveau, âgée de soixante-quinze ans, le 4 février 1718.

XII. — François de Maumont, [écuyer et] chevalier, Sr de Lasterie [ou Laterie], le Chadaud, la Vie, Lamidet, Balengeas [fils de Jean et de Catherine Decubes], fit un testament olographe le 11 février 1670, par lequel il veut être inhumé dans l'église de Dournazac ; il mourut le 21 janvier 1696. Il eut une commission de capitaine en 1690. Il épousa : 1°, par contrat du 5 janvier 1663 (signé Vielhemart), et dans l'église de Nontron, le 14 (Registres de Nontron), Suzanne d'Eyquen, fille de Louis, conseiller à la cour des aides de Guyenne, et de Marguerite de la Brousse, et veuve d'Irier du Garreau, Sr de la Bussière, élu ; elle fit son testament (signé Marthonneaud) le 4 août 1664, par lequel elle veut être inhumée dans l'église de Dournazac. Ne laissa qu'une fille, Marie de Maumont. Il épousa : 2° par contrat du 4 février 1665 (reçu par Mallet), Marie de Lambertie, née le 26 juin 1647, baptisée le 7 juillet, dans la chapelle de Girac en Angoumois, fille de feu Jean-François, comte de Lambertie [S^{gr} de Montbrun, Pensol, Miallet (1) et d'Aymerie de Nesmond]. Elle se remaria, par contrat du 20 juin 1702, à Jean Roux, écuyer, Sr de Pombos, paroisse de Saint-Front-la-Rivière (2), diocèse de Périgueux, Aixe et Vigneras ; elle fit son testament à Pombos, le 20 octobre 1710, mourut le 30 novembre 1720, et fut inhumée à Dournazac, dont plusieurs filles : 1° Emerie, mariée, par contrat du 6 janvier 1692 (signé Marthonneaud), et bénédiction nuptiale le lendemain, dans la chapelle de Lasterie, par M. l'abbé Dupuy de Cussac du Doücet, depuis évêque de Bellai, à Joseph de Maumont, chevalier, S^{gr} de Saint-Victe [ou Vite] (3). Elle mourut sans hoirs...............
.... (4).

Jean de Maumont, d'une maison très-bonne et ancienne du Haut-Limousin, épousa Anne de Bourdeille ; outre les enfants mâles, car il y en eut un, jamais marié, qui fut un des savants hommes de France, duquel parle Ronsard, sortirent deux filles : l'une, la belle et gentille Maumont, nourrie à la cour (avant 1536), de laquelle fut faite la chanson : *Brunette suis, jamais ne seray blanche*; elle fut mariée avec M. de Pennacor ; l'autre fille de Maumont fut mariée dans la maison de Montaignac, dont ne vint qu'une fille, belle et riche héritière, mariée

---

(1) Miallet, canton de de Saint-Pardoux, arrondissement de Nontron (Dordogne).

(2) Saint-Front-la-Rivière, canton de Saint-Pardoux, arrondissement de Nontron (Dordogne).

(3) Saint-Victe ou Saint-Vitte, canton de Saint-Germain-les-Belles, arrondissement de Saint-Yrieix (Haute-Vienne).

(4) La suite ne se trouve plus dans le manuscrit, les pages 217 et 218 ayant été déchirées. Après avoir placé ici quelques notes qui se rapportaient à ces deux pages, comme l'indique quelques renvois de Nadaud, nous continuerons avec la page 219, où commence la branche du Chatenet.

avec le fils de Montbas. (BRANTOME, T. VI, p. 400, et T. XIII, p. 138, 139.)

Gabriel de Maumont, écuyer, Sr du Chadaud, fils de Jean et de Henriette Lambertie, qui fit la branche des Grasilhas.

Alexandre de Maumont, dont, entre autres enfants : 1° Marguerite, qui épousa, par contrat du 14 févrrer 1450 (signé Tornelli), à Vicq (1), François de Combarel, chevalier, Sr de la Chieysa près Bellac (2) et du Gibanel, fils de noble Pierre, un des premiers de la ville de Tulle ; 2° Gilles de Maumont, Sr de Saint-Victe, Gimel (3) et Bauvois, qui vendit à son beau-frère, François de Combarel, en 1466, le château supérieur, châtellenie, seigneurie et terre de Gimel.

Louis de Maumont épousa, en 1492, Françoise de Noailles, fille de Jean IIe du nom, et de Gasparde, dame de Merle.

Léonard de Maumont épousa, en 1694, Anne du Masvaillier, fille d'Eusèbe, écuyer, Sr de la Vallade, paroisse de Champeau et de Catherine de Lubersac.

Branche du Châtenet.

V. — Isaac de Maumont, Sr du Châtenet, de Saint-Victe, du bourg de Montgibaud (4), épousa, par contrat sans filiation du 2 décembre 1662, Susanne Bigorie, dont : 1° Melchior, baptisé le 6 juillet 1663 ; 2° Jean, né le 24 février 1665 ; 3° Antoinette, morte en bas-âge.

Noble François de Maumont épousa, dans l'église de Montgibaud, en février 1688, Pierre Burguet, Sr de la Pouïe.

Noble Antoinette de Maumont, femme de Jean Saignias : ils moururent tous deux le jour de la Pentecôte, à Uzerche, 24 mai, vers 1670.

Antoine de Maumont, Sr de la Ribeyrie, paroisse de Saint-Giles-la-Forêt (5), épousa Louise de la Pomélie, dont : Ignace, tonsuré en 1749.

Louis de Maumont, écuyer, Sr de la Brocherie ou Crocherie, paroisse de Montgibaud, mourut à Uzerche, à soixante-six ans, le 26 janvier 1732, épousa Marie d'Argenteau ; elle mourut le 18 octobre 1695, dont une fille morte d'abord après le baptême, le 19 mai 1695.

Branche du Chaslard.

Les preuves de noblesse fournies par cette famille furent trouvées bonnes, en 1598, par les commissaires du gouvernement.

I. — Charles de Maumont épousa, par contrat du 13 avril 1553, Catherine de la Tour, dont : 1° Jean, qui suit ; 2° autre Jean, qui a fait la branche de la Ribeyrie, Sr de Pontfeuille ; 3° Susanne, mariée, par

---

(1) Vicq, canton de Saint-Germain-les-Belles, arrondissement de Saint-Yrieix (Haute-Vienne).

(2) La Cheise, château sur la rive gauche de la Gartempe, dans la paroisse de Peyrat-la-Marche, canton et arrondissement de Bellac (Haute-Vienne).

(3) Gimel, canton et arrondissement de Tulle (Corrèze).

(4) Montgibaud, canton de Lubersac, arrondissement de Brive (Corrèze).

(5) Saint-Giles-la-Forêt, canton de Châteauneuf-la-Forêt, arrondissement de Limoges (Haute-Vienne).

contrat du 6 juillet 1599, à Hugue d'Eschizadour, à laquelle Jean, son frère, constitue dot.

II. — Jean de Maumont, écuyer, Sr de la Forêt, épousa, par contrat sans filiation du 15 septembre 1601, Isabeau de Royère, dont : 1º Jean, qui suit; 2º autre Jean, Sr de Briaussole, qui a fait une branche.

III. — Jean de Maumont, écuyer, Sr de la Rebeyrie, épousa, par contrat (reçu par Auxeymeris) du 8 août 1623, Susanne Hugon, Dlle du Couderd, fille de feu ..... Hugon, écuyer, Sr de la Gardelle, et de défunte ..... Elle porta 7,000 livres, une robe de soie, une autre d'étamine, deux cotillons de soie et deux d'autre étoffe; dont : 1º Charles, qui suit; 2º Gabrielle, mariée à Marc-Antoine de Villegouleix, Sr de Breix, près la ville d'Aimoutiers; elle mourut veuve à l'âge de quarante-huit ans, le 23 mars 1672, dans la communauté de la Providence, à Limoges, où elle fut inhumée (Registr. de Saint-Maurice de Limoges); 3º Marie-Marthe, mariée à honorable Guillaume Bourdicaud, Sr de Frugeoles.

IV. — Charles de Maumont, Sr du Chaslard, épousa, par contrat du 16 octobre 1646, Josephte de la Rigaudie.

Annet-Joseph de Maumont, écuyer, paroisse de Lupersac (1), épousa, en 1770, ... d'Arfeuille, paroisse de Beaumont de Felletin (2).

Charles ..... du Chaslard, écuyer, épousa ..... Poillevé, dent : 1º Ursule, reçue religieuse à Sainte-Ursule de Limoges, le 24 avril 1723; 2º Gabrielle, reçue dans le même monastère, le 13 mai 1725.

Louis de Maumont mourut curé d'Issandon, le 25 février 1746.

Branche de la Ribeyrie.

II. — Jean de Maumont.

Antoine de Maumont, Sr de la Ribeyrie (à la page précédente), Jean de Maumont (ci-dessus) et Jean de Maumont (ci-après).

Branche de Briaussolle.

III. — Jean de Maumont, Sr de Briaussolle, épousa Gabrielle de Chizadour, dont : Jean, qui suit.

IV. — Jean de Maumont, Sr de la Ribeyrie, épousa Marie de Marans.

Notes isolées.

Esther de Maumont épousa François Formasseys, du village de Vielcros, paroisse de Lubersac; elle mourut veuve le 11 janvier 1674.

Dlle Jeanne de Maumont mourut à soixante-cinq ans, le 9 octobre 1714, femme de Léonard Frégefont, procureur d'office de Masseré, paroisse de Salon.

---

(1) Lupersac, canton de Bellegarde, arrondissement d'Aubusson (Creuse).
(2) Felletin, chef-lieu de canton, arrondissement d'Aubusson (Creuse).

DU LIMOUSIN.

D^{lle} Françoise de Maumont, veuve de ..... Beausoleil, mourut à soixante ans, le 19 novembre 1681.

François de Maumont, écuyer, Sr de Saint-Martial, de la Mottecaille, paroisse d'Eycuras, en Angoumois (1), épousa Marie de Boisse, veuve en 1644.

Jean de Maumont, S^{gr} dudit lieu et de Châteaufort, épousa Madelaine de Coulonges, dont : Jeanne, mariée, en 1559, à Claude de Levis, baron de Charlus.

....., baron de Maumont en Limousin, épousa Catherine Dupuy, fille de Geofroi, chambellan du roi Charles V, etc., mort en 1421, et de Jeanne de Pierrebuffière. (SIMPLIC., T. VIII, p. 902.)

Le capitaine Maumont, simple capitaine picton, eut l'audace de défier M. d'Epernon, colonel; mais il le paya comme il méritait. (BRANTÔME, T. II, p. 283.)

Gilles de Maumont, S^{gr} de Villars, épousa, en 1492, Françoise de Culant, fille de Louis et de Michelle de Chauvigny.

..... Maumont, officier français d'expérience et de valeur, suivit en Irlande Jacques II, roi d'Angleterre, auquel Louis XIV l'avait donné; il fut tué au siége de Londondéry, 1689. (DORLÉANS, *Révolut. d'Anglet..* liv. II.)

Noble François de Maumont, paroisse de Saint-Maurice, épousa Léonarde Lambert, dont : 1° Daniel, écuyer, Sr de Guichas; 2° Maureille, qui était à Bordeaux auprès de la présidente Dassis, en 1625; 3° Jeanne, mariée, par contrat (signé de Poumaret) du 11 décembre 1611, à noble Hugue de Bonnetie, écuyer, S^r dudit lieu, de Champaignac, paroisse de Nexon.

Noble Charles de Maumont, paroisse de Saint-Giles-la-Forêt, épousa ....., dont : Jean, tonsuré en 1612, prévot de Saint-Giles-la-Forêt.

Noble Fabien de Maumont, paroisse de la Fa, épousa ....., dont : Fabien, tonsuré en 1546, chanoine régulier à Bénévent.

Jean de Maumont, baron de la Roche, S^{gr} de Maumont et de Saint-Quentin, épousa ....., dont : Jeanne, qui se fit religieuse à la Règle de Limoges en 1554.

..... de Maumont, épousa ....., dont : 1° Jacques, qui fit son testament (reçu par Bousgier) le 28 février 1578, écuyer, Sr de Chassaignes; 2° Pierre, écuyer, Sr de la Vialle.

Noble André de Maumont, Sr de la Vialle, était âgé de quatre-vingts ans, lorsque, le 15 novembre, il déclara que, pour obéir aux ordres du roi, il voulait se régir, vivre et mourir dans la religion romaine.

Marie de Maumont épousa, par contrat du 5 juillet 1587 (reçu par Tayen), Geoffroi de Cussi, Sr du Rieu.

Agnet de Maumont, écuyer, Sr de la Jobert, 1598, épousa Gabrielle Jabaud.

..... de Maumont épousa Marie de Jousselin, D^{lle} de Leygontarie, dont : Jeanne, mariée, par contrat (reçu par du Bourg) passé au

---

(1) Ecuras, canton de Montbron, arrondissement d'Angoulême (Charente).

lieu de la Vieille, paroisse de la Croisille, le 8 juillet 1600, à Pierre Legros, Sr de la Porte, natif de la ville de Saint-Yrieix.

Noble Jean de Maumont, 1590, épousa ....., dont : Bertrand, héritier de son père.

MAUPLE (Voyez leurs armes dans le *Pouillé*, p. 47), famille éteinte [NADAUD, *Mém. mss. Lim.*, T. III, p. 233].

Me Jean de Mauple [Sr de Plenevayre (voir ce mot)], trésorier général de France au bureau de Limoges, acquit, par décret et arrêt du parlement de Bordeaux de 1594, le fief de Laborie près Limoges, paroisse de Saint-Michel-des-Lions, appartenant ci-devant à Anne Audier [qui vivait le 2 janvier 1607]; il le donna à son petit-neveu en 1611, testa le 4 février 1615 (reçu par Raymond) : (Pap. dom. de M. Constant, chirurg. de Limoges). Il épousa : 1° Maureille Descordes, [qui était morte en 1609]. Par son testament du 4 septembre 1608, elle veut être enterrée dans les tombeaux des auteurs de son mari, au cimetière de Saint-Pierre-du-Queyroix; elle ne laissa point d'enfants. Il épousa : 2° Jeanne de Chastenet, veuve de François d'Aubusson, Sr du Verger et de Masneuf, de la ville de Bourganeuf, dont : Jean, Sr de Penavaire. Ledit Jean de Mauple, Sr de Laborie et général en la généralité de Limoges, fut enseveli le mercredi 11 février 1615, non beaucoup regretté de personne; ses principaux neveux et parents étaient absents et plaidaient à Paris. (Mss. de Guy, procureur à Limoges.)

Pierre de Mauple, receveur des tailles en l'élection du Haut-Limousin, était mort en 1611. Il avait épousé Catherine Descordes.

Jean de Mauple est enterré dans l'église des Frères prêcheurs de Toulouse, près la chapelle de Saint-Raymond, avec cette épitaphe [sur un grand pilier de cette église, proche ladite chapelle, et sur une plaque de cuivre, où sont aussi les armes de Mauple, qui sont un *aigle volant, au chef d'une étoile cantonnée de deux croissans*] :

Cy gist Monsieur Jean Mauple, natif de Limoges, en son vivant Sr de la Roue et de Pennavayre, conseiller du roi et thrésorier général de France, qui décéda en cette ville le 15 janvier 1622. [V. NADAUD, *Mém. mss. Lim.*, T. I, p. 43.] (PERCIN, *Mon. convent. Tolos. FF. PP.*, p. 268.)

Jean de Mauple, Sr de Plenevayre, neveu d'autre Jean, trésorier de France, fut contrôleur provincial des guerres, mourut le 22 septembre 1610. Il avait épousé Anne de Gay, dont : 1° Jean, qui suit; 2° Pierre, secrétaire de la maison et couronne de Navarre, 1608, greffier au bureau des finances, 1614 [est dit ailleurs neveu de Jean.]

Jean de Mauple, Sr de Laborie et de Penavayres, épousa, par contrat du 17 avril 1611 (reçu Guitard), Marie Aubusson, fille de feu François, Sr du Verger et de Masneuf, de la ville de Bourganeuf, et d'Anne de Chastenet [ou Chastanet] : elle porta 7,000 livres, une robe de tafetas et un cotillon de damas. [Voyez ci-dessus, à Jean I.]

N..... Mauple, Sr de Pleineveyre, etc., était mort le 18 novembre 1720, (Pap. domest. du Sr Constant, chirurg. à Limoges.)

Me Guillaume Mauple, écuyer, Sgr de Plaineveyre et de Laborie, vivait le 18 novembre 1720. (*Ibidem.*)

Dlle Catherine Mauple, héritière de Guillaume, vivait le 23 janvier et le 23 février 1755 ; demeurait à Limoges, près Saint-Michel-des-Lions. (*Ibidem*.)]

MAUPRAS et mieux MAUFRAT. — *V.* Dauphin de Maufras, T. II, p. 6.

SAINT-MAUR ou MORT.

Gabriel de Saint-Mort, écuyer, Sr du Verny (1), paroisse de Fresselines, mourut, à cinquante-huit ans, le 24 novembre 1675. Il avait épousé Françoise Dassy, dont : 1° Jacques, baptisé le 14 décembre 1637 ; 2° Françoise, baptisée le 26 novembre 1640 ; 3° Marie, morte en bas-âge.

Marie de Saint-Maur, du château de Verny, épousa, à Fresselines, le le 21 février 1678, Pierre Audoin, marchand, du bourg de Villars.

Robert de Saint-Mort, écuyer, Sr de Lourdoueix-Saint-Pierre (2) et de Verny, épousa, à Fresselines, le 27 décembre 1676, Léonarde de la Marche, née le 22 mars 1655, fille de Silvain, écuyer, Sr de Puygillon, paroisse de Fresselines, et de Marguerite Darnat, dont : 1° Marie, née le 24 février 1678 ; 2° Claude, né le 27 septembre 1679 ; 3° Louis, né le 13 septembre 1680 ; 4° Marguerite, née le 3 décembre 1681 ; 5° Silvie, née le 29 novembre 1682 ; 6° Charles, né le 8 novembre 1683 ; 7° Catherine, née le 29 avril 1685 ; 8° Léonarde, née le 21 mars 1686 ; 9° Marie, née le 10 juillet 1687 ; 10° Louis, né le 3 août 1688.

Dlle Catherine de Sainte-Maure, mourut à Limoges, le 22 décembre 1706. (Regist. de Saint-Michel-de-Pistorie.)

Joseph-Gabriel de Saint-Maur, écuyer, Sr de Sainte-Hore (3), paroisse de Fresselines, épousa, en 1767, Catherine d'Estival, de la ville d'Ahun, veuve.

Charlotte de Sainte-Maure épousa, le 13 février 1541, Sébastien Guyton, fils d'Eymery et de Isabeau Bouchard.

MAURASAIGNES. — *V.* Gadouin, Sr de Maurasaignes, T. II, p. 195.

MAURELIE ou MOURELIE, ou MORELIE.
V. Jarrige de la Morelie, T. II, p. 443, 517.

La Maurelie des Biars. [Les Biars, fief situé dans la sénéchaussée de Saint-Yrieix (4), dont les Sgrs de la Morelie jouissent maintenant.

N..... de la Morelie des Biars fut père, entre autres enfants, de : 1° ....., qui suit ; 2° ..... de la Morelie des Biars, chanoine de l'église de Limoges, puis curé de Saint-Julien-le-Vendomois, près Ségur, qui vit en 1793.

---

(1) Lisez Vervy. Le château existe ; les tours sont démentelées.— Fresselines, canton de Dun-le-Palleteau, arrondissement de Guéret (Creuse).
(2) Lourdoueix-Saint-Pierre, canton de Bonnat, arrondissement de Guéret (Creuse).
(3) A Fresselines, il n'y a pas de village de Sainte-Hore.
(4) Saint-Yrieix, chef-lieu d'arrondissement (Haute-Vienne).

N..... de la Morelie des Biars, marié avec ..... Ardant de la Grenerie, fille de Pierre Ardant, chevalier de l'ordre du roi, et de ..... Romanet du Caillaud ; elle mourut en 17...

Charles de la Maurelie, écuyer, S^{gr}, prévôt de Saint-Laurent, vivait le 29 février 1676. (Papiers domestiq. de M. de Daignac, signé de Leymarie, not.)]

Louise-Marie de la Morelie de Puyredon, de la ville de Saint-Yrieix, épousa, en 1767, Pierre de Gentil de la Cour.

[SAINT-MAURICE-LES-BROUSSES (1).]

MAUROGNE (2).

MAUSSAC,
[I. — N..... de Maussac, écuyer, S^{gr} dudit lieu, auprès de la ville de Collonges en Bas-Limousin (3), épousa N..... de Michel, dont : 1° Charles-Antoine, écuyer, dit le comte de Maussac, garde-du-corps du roi, etc., mort en 178... sans postérité ; il avait épousé, en 1771, Catherine-Françoise-Charlotte de Pons, dame de Saint-Chéron en Champagne, où elle réside actuellement en mars 1793 ; 2° Jean de Maussac, prieur commendataire de Senlis, vicaire général de Limoges, puis grand-chantre, et ensuite abbé (en janvier 1785) de Saint-Martial de Limoges, vivant en mars 1793 ; 3° Henri de Maussac, prêtre, vicaire général, archidiacre et chanoine de Beauvais, en Picardie, vivant en mars 1793 ; 4° Jean de Maussac, qui suit ; 5° N....., dite Mlle de Salvaniac ; 6° N....., mariée avec N..... Vézy du Pouget, juge de Collonges ; 7° N....., dite Mlle de Laborie ; 8° N....., mariée avec N..... Dumas, Sr de Pommiers, etc., près l'Arche en Bas-Limousin (4), dont : N....., dite Mlle de Daignac, et peut-être d'autres enfants.

II. — Jean de Maussac.]

MAUZAT. — *V.* MANZAT, T. II, p. 150.

MAY ou MAI, porte : *d'azur, à une fasce d'or, accompagnée de 3 roses d'argent, posées 2 en chef et 1 en pointe.* (HOZIER, *Arm. génér.*, Ire part., p. 364.)

[Dans les registres de Borsandi, notaire à Limoges, p. 18, n° 32, *apud* D. Col., on trouve Néron de May.]

I. — Antoine de Mai, écuyer, Sr de Salvert, paroisse de Montluçon, demeurant dans la ville d'Evaux en Combraille (5), épousa Marguerite de Souslebost, dont : 1° Gilbert, qui suit ; 2° .....

---

(1) Saint-Maurice-les-Brousses, canton de Pierrebuffière, arrondissement de Limoges (Haute-Vienne).
(2) La page 888 est déchirée ; Nadaud y avait placé des notes sur ce nom.
(3) Collonges, canton de Meyssac, arrondissement de Brive (Corrèze).
(4) Larche, chef-lieu de canton, arrondissement de Brive (Corrèze).
(5) Evaux, chef-lieu de canton, arrondissement d'Aubusson (Creuse).

II. — Gilbert de Mai, pricipal héritier de son père, écuyer, Sr de la Vedellerie, épousa, le 29 avril 1536, Marguerite Pelin, fille de noble Gabriel, Sr de Châteauvieux, avocat en Parlement, et de Catherine Graillot, dont : Jean, qui suit.

III. — Jean de Mai, Ier du nom, écuyer, Sr de la Vedellerie, épousa : 1o, le 1er août 1574, Gilberte de Chaussecourte, fille de Jacques, écuyer, Sr de la Lande-Chevrier, et de Anne de Moussi (HOZIER, *Arm. génér.*, Ire part., p. 363); 2o Louise de la Maisonneuve, laquelle, après la mort son mari, le 14 janvier 1594, s'obligea d'exécuter la fondation qu'il avait faite, par augmentation de celle de ses prédécesseurs, dans l'église de Saint-Pierre d'Evaux. Du premier mariage de Jean de Mai et de Gilberte de Chaussecourte, vinrent : 1o Blaise, qui suit; 2o Gilbert; 3o Louis; 4o Jean.

IV. — Blaise de Mai, écuyer, Sr de la Vedellerie, homme d'armes de la compagnie du maréchal de Cadenet, et l'un des cent gentilshommes de l'ancienne bande, en 1617, épousa, le 5 juin 1620, Anne le Groing, fille de Jean, écuyer, Sr de Villebouche, et d'Anne Coiffier, dont : Jean, qui suit.

V. — Jean de Mai IIe du nom, écuyer, Sr de Vedellerie, épousa, le 12 octobre 1676, Marie Lotz, fille de Gilbert, écuyer, Sr de Palière, et de Catherine d'Assi, dont : 1o Gaspard, qui suit; 2o Hugues, écuyer, Sr de Marmagne et de Boucheroux en Berri; 3o Gilberte, mariée à Antoine-Joseph de la Chapelle, Sr de Lavau en Bourbonnais, sous-brigadier des gardes-du-corps du roi Ils furent maintenus dans leur noblesse, comme issus de noble race, depuis l'an 1508, par ordonnance de l'intendant de Bourges, du 9 janvier 1715.

VI. — Gaspard de May, écuyer, Sr de Termont, paroisse d'Evaux, chevalier de l'ordre de Saint-Louis, premier capitaine de grenadiers dans le régiment de la Marche, épousa, le 16 avril 1710, Marguerite-Susanne de la Rocheaymon; elle mourut au château de la ville de Né en Bourbonnais, à quatre-vingt-un ans, au mois d'avril 1762. De ce mariage : 1o Gilbert; 2o Paul-Antoine, tonsuré en 1726; 3o Antoine; 4o Hugue; 5o Hélie; 6o Marie-Susanne, née le 6 avril 1713; 7o Gilbert, né en 1707, tonsuré en 1726, bachelier de Sorbonne en 1739, évêque de Blois, sacré le 30 décembre 1753.

MAYNARD de Chaussenejoux, paroisse de Donzenac (1), élection de Brive, porte : *d'azur, à une main apaumé d'or; écartelé de gueules, à 3 bandes d'argent.*

Etienne Maynard, damoiseau, du diocèse de Limoges, 1384. (BALUZE, *Mais. d'Avverg.*, T. II, p. 210.)

I. — Antoine Maynard, Sr de Chaussenejoux, épousa, le 4 février 1448, Jeanne Chalon.

II. — Jean Maynard épousa le 2 juillet 1486, Marguerite Verneil.

III. — Pierre Maynard épousa, le 22 février 1517, Françoise de Souilhac.

IV. — Jean Maynard passa une vente le 6 octobre 1556; il épousa

---

(1) Donzenac, chef-lieu de canton, arrondissement de Brive (Corrèze).

Louise de Castel : étant femme dudit Jean, elle donna procuration le 25 septembre 1557, dont : 1° Joseph; 2° Gui, qui suit.

V. — Guy Maynard accorda quittance à Joseph, son frère, des droits qui lui appartenaient à la succession de Jean, leur père, le 18 février 1595; il épousa Jeanne de Parel.

VI. — Martial Maynard épousa, le 17 février 1626, Anne Vincent.

Joseph de Maynard, Sr de Clarefage, de la maison des S^{grs} de Chassenejoux en Limousin, épousa Antoinette de Beaumont, fille de Laurent, Sr de Nabirac, et de Françoise de Chaunac-le-Lanzac. (MORÉRI, 1759, art. *Beaumont*.)

VII. — Guillaume de Chaussenejoux, fils de Martial, à qui on donna un tuteur le 24 mai 1628, passa transaction avec Jean Dumas, touchant certains biens de Guy, aïeul dudit Guillaume, le 4 novembre 1666. Il épousa, par contrat sans filiation du 14 février 1664, Marie Dodonet.

[MAYNARD, ou MEYNARD, ou MESNARD, ou MENARD, S^{gr} de Cassenejouls, paroisse de Cressensac en Quercy, vicomte de Turenne, diocèse de Cahors (1).

Quoique cette famille paraisse ne pas intéresser le Limousin, elle y tient pourtant en ce que sa terre était mouvante de la vicomté de Turenne, et à cause de ses alliances avec plusieurs maisons nobles du Limousin, etc.

Ce qui suit est pris de la *Feuille hebdomadaire* de Limoges, le 4 octobre 1786, n° 40, p. 158, col. 2 et suivantes.

I. — Noble Antoine Maynard, S^{gr} de Chassenejouls, épousa, par contrat du 30 décembre 1444 (reçu Bernard Guilhoty, notaire à Tulle), D^{lle} Jeanne de Chalon, fille de noble Pierre, licencié ès-lois, dont :

II. — Noble Jean Maynard, S^{gr} de Chassenejouls, paroisse de Cressensac, qui épousa, par contrat du 8 décembre 1484 (reçu Joubert, not. royal à Favars), noble Marguerite Duvernet, fille de noble Guillaume Duvernet, S^{gr} de Beaulieu en Combraille, dont :

III. — Pierre Meynard, écuyer, S^{gr} de Chassenejouls, qui épousa, par contrat du 2 février 1512 (reçu Martres, notaire du lieu de Nadaillac), noble D^{lle} Françoise de Saillat, dont :

IV. — Noble Jean Maynard, S^{gr} de Chassenejouls, à qui sa femme donna une procuration par acte du 29 septembre 1557 (reçue Michel Crozac, notaire royal en Quercy), ratifié par un autre acte du même jour (reçu Jacques Albarail). Il épousa noble D^{lle} Louise du Castel, dont : 1° Antoine, qui suit ; 2° Catherine, mariée, par contrat du 17 juillet 1564 (reçu Plavault, notaire royal à Chassenejouls), à noble Jean de Flaugeac, S^{gr} dudit lieu ; 3° noble Joseph Meynard, écuyer, S^{gr} de Chassenejouls, qui épousa, le 9 décembre 1566, par contrat (reçu Vedrenne, notaire royal à Sainte-Aulaire), Marie de Sainte-Aulaire, sixième fille de feu Mre François de Sainte-Aulaire, chevalier, et de dame Françoise de Ruffec. (*V*. BONAVENTURE, *Annales du Limousin*, T. III, p. 655).

---

(1) Cressensac, canton de Martel, arrondissement de Gourdon (Lot).

V. — Noble Antoine de Meynard, écuyer, S^{gr} de Clerfage, fils de Jean et de Louise du Castel, épousa, par contrat du 10 novembre 1575 (reçu Pons, notaire royal à Tulle), D^{lle} Jeanne de Juzer, fille de noble Bernard, S^{gr} de Seilhac (1), et de Marie de Louyat, dont :

VI. — Noble Jean de Meynard, écuyer, S^{gr} de la Queilhe, qui épousa, par contrat des 15 janvier et 9 février 1608 (reçu Jubert, notaire royal à Tulle), Jeanne de Calvimont, fille de noble Jean, écuyer, S^{gr} de Saint-Martial, et de Madelaine de Montagnac, laquelle testa le 22 mai 1640; et, dans son testament, elle nomme ses enfants, qui sont : 1° Jean Maynard, écuyer, S^{gr} de la Borderie; 2° Jacques, S^{gr} d'Aurelle; 3° Martin, qui suit, 4° Gabrielle Meynard de Rochemaur.

VII. — Noble Martin Meynard, S^{gr} d'Elpy, troisième fils de Jean et de Jeanne de Calvimont, épousa : 1° Jeanne de Miramont, fille de noble Henri, S^{gr} de Cladebec; 2°, par contrat (reçu Porch, notaire royal à Tulle) du 18 février 1651, D^{lle} Jeanne d'Areilh, fille de Jean, S^{gr} de la Garenne, avocat en parlement, et de Marie de la Veyre, dont :

VIII. — Jean-Joseph de Meynard, écuyer, S^{gr} de Saint-Michel, baptisé paroisse de Beaulieu (2), le 17 juin 1663, et qui épousa, par contrat du 4 avril 1703 (reçu Brillon, notaire à la Rochelle), D^{lle} Angélique Regnier, fille de Pierre Regnier, écuyer, conseiller-secrétaire du roi, et de D^{lle} Jeanne Pages, dont postérité.]

MAYNARD DE LESTANG.

François de Maynard, lieutenant général au présidial de Brive, d'une ancienne famille originaire du Limousin, épousa Jeanne de Lestang, sœur d'Antoine, président au parlement de Toulouse, dont : 1° Christophe, qui suit; 2° Antoine, nommé à l'évêché de Lodève.

Christophe de Mainard, héritier d'Antoine de Lestang, à condition de porter son nom et ses armes, épousa Marguerite de Pins, sortie d'une maison qui a donné deux grands-maîtres à l'ordre de Rhodes, dont : Jean-Baptiste, qui suit.

Jean-Baptiste de Mainard de Lestang, conseiller au parlement de Toulouse, épousa Thérèse de Garaud de Donneville, dont : Daniel-Joseph de Mainard de Lestang, S^{gr} de Lestang, etc., lieutenant du roi dans la province du Languedoc. (MORÉRI, 1759, art. *Lestang* (3).)

MAYNE. — *V.* MAINE.

DE MAYRES.

Bernard de Mairas, chevalier. (*Necrolog. Solemniac.*)

I. — Noble Pierre de Mayres, Sr de la Hugonie, du lieu de Creve, diocèse de Rhodes, Sr de Forestvieille, paroisse d'Ambazac (4), épousa Guillemette de Giscard, dont : 1° Clément, qui suit; 2° Marie, mariée,

---

(1) Seilhac, chef-lieu de canton, arrondissement de Tulle (Corrèze).
(2) Beaulieu, chef-lieu de canton, arrondissement de Brive (Corrèze).
(3) Voyez aussi MEYNARD.
(4) Ambazac, chef-lieu de canton, arrondissement de Limoges (Haute-Vienne).

par contrat (signé de la Font) du 10 mai 1639, à Estienne Vidaud, du lieu de Lavau, paroisse dudit Ambazac, fils de feu Jean et de Marie Coulomb; elle porta 2,400 livres.

II. — Noble Clément de Mayres, Sr de la Berte, de Sirieix et du Couret, paroisse des Eglises-en-Doignon (1), mourut le 26 avril 1663, et fut enterré à Ambazac. Il avait épousé, par contrat du 3 décembre 1631 (signé Raby), Marie de Forestvielle. Elle fit un testament (reçu, ainsi que les suivants, par Lafond) le 14 juillet 1634, par lequel elle veut être enterrée dans l'église de Saint-Sylvestre (2); un second, le 28 janvier 1641; un troisième, le 20 octobre 1642, étant alors malade de couches d'une fille, dont : 1° Pierre; 2° Jean, qui suit; 3° Léonard; 4° autre Pierre; 5° Jacquette; 6° Léonarde; 7° une autre fille, dont la mère venait d'accoucher, peut-être Marie, mariée, par contrat du 18 février 1659, à Jean de Moras, écuyer, Sr de Beauclair et de Forestvielle, paroisse d'Ambazac. Elle mourut le 8 janvier 1666, et fut enterrée à Ambazac.

Jean de Mayres, écuyer, Sr de Sirieix, paroisse des Eglises et de la Grande-Bussière, mourut, à trente-cinq ans, le 19 juin 1672; fut enterré aux Eglises. Il avait épousé Louise de Jumilhac, dont : 1° Pierre, né le 11 septembre 1672; 2° Jeanne, morte en bas-âge.

MAZE. — *V.* PRADEL, Sr de la Maze.

MAZEAU.

Marguerite Mazeau épousa, en 1643, Jean Igonin, écuyer, Sr de Monthaurond, paroisse de Thouron (3).

Anne Mazeau épousa Jean Igonin, écuyer, Sr de Ribaignac (4), maison qu'il fit bâtir en 1556. Il mourut le 13 juin 1674, et fut inhumé dans l'église d'Ambazac (5), où sont les tombeaux de sa famille. Anne Mazeau était fille de Martial, juge de Montcocu, Razès, Bessines et Compreignac. Elle mourut, le 24 mai 1652, à Limoges, où elle était allée gagner le jubilé universel, avec la procession de la paroisse d'Ambazac, qui était au nombre de plus de 1,200 personnes.

Anne Mazeau épousa Jean de Gentil, Sr de Lavau, paroisse du Chatenet (6), dont le fils, Pierre, se maria dans l'église de Saint-Michel-de-Pistorie, à Limoges, le 12 avril 1717.

MAZET. — *V.* CORAL ou CORALI, Sr du Mazet, T. I, p. 492, 599.

---

(1) Aujourd'hui Saint-Laurent-les-Eglises, canton d'Ambazac, arrondissement de Limoges (Haute-Vienne).

(2) Saint-Sylvestre, canton de Laurière, arrondissement de Limoges (Haute-Vienne).

(3) Thouron, canton de Nantiat, arrondissement de Bellac (Haute-Vienne). Monthaurand est paroisse de Nantiat.

(4) Ribagnac, château sur la rive droite du Taurion, paroisse de Saint-Martin-Terressus, canton de Saint-Léonard, arrondissement de Limoges (Haute-Vienne).

(5) Ambazac, chef-lieu de canton, arrondissement de Limoges (Haute-Vienne).

(6) Le Châtenet, canton de Saint-Léonard, arrondissement de Limoges (Haute-Vienne).

MAZURES.

Guillaume des Mazures, écuyer, licencié ès-droits, du bourg de Brigueil-le-Chantre (1), épousa Jeanne de Ligaud, dont : Catherine, née le 18 avril 1607.

DE MEAUX, Sr de Ru, de Fontaine et de l'Isle, paroisse d'Arvert (2), élection de Saintes, porte : *d'argent, à 5 couronnes d'épines de sable,* 2, 2 *et* 1.

I. — Pierre de Meaux épousa Jeanne Chevrier, dont : 1° Charles, qui suit; 2° Marguerite, qui, le 17 avril 1517, renonça à la succession de sa mère, en faveur de ses neveux Jean, Claude, Louis et Henri.

II. — Charles de Meaux; comme procureur de son père, il fit un bail-rente le 4 juin 1478. Il épousa Jeanne de Meaux.

III. — Jean de Meaux.

IV. — Aymeric de Meaux épousa, le 29 juin 1597, Marguerite de Vassault, dont : Paul, qui suit; 2° Charles, qui se maria.

V. — Paul de Meaux épousa, le 1er septembre 1624, Catherine de Ravat.

VI. — Charles de Meaux épousa, le 31 mars 1653, Marguerite Michel.

V *bis*. — Charles de Meaux épousa, le 30 juillet 1629, Madelaine de Lezignac.

MÉCHÉE, Sr de la Ferrière, paroisse de Vibrat (3), élection de Cognac, et des Taules, paroisse de Saint-Surin, élection de Saintes, porte : *de sable, à 3 aigles éployées d'argent,* 2 *et* 1.

I. — Pierre Méchée fit un partage avec autre Pierre, le 10 juillet 1508; il épousa Renée Relle.

II. — François Méchée épousa, par contrat du 10 juillet 1512, jour où son père se maria en secondes noces, Claire de la Guirande.

III. — Didier Méchée épousa, le 3 mai 1556, Marguerite de Mandosse. Ces époux testèrent en faveur de David, Jeanne, Josias, Salomon, Anne, Marthe et Elisabeth, leurs enfants.

IV. — David Méchée épousa, le 31 mai 1581, Jacquette de Sousmoulin, dont : 1° Josias, qui suit; 2° Benjamin, qui se maria; 3° Gédéon; 4° Henri; 5° Salomon; 6° Anne, qui furent mis en tutelle; 7° René. Un arrêt du parlement du 7 septembre 1647 intervint entre ledit René et Josias, son frère, à raison du partage des biens de leurs père et mère.

V. — Josias Méchée, Sr de la Ferrière, fit une transaction avec son frère Benjamin Méchée, le 7 octobre 1665; il épousa Marie de Lestang.

V *bis*. — Benjamin Méchée, Sr des Taules, épousa Elisabeth Daloux.

VI. — Isaïe Méchée épousa, le 28 décembre 1655, Hélène Gombaud.

---

(1) Brigueil-le-Chantre, canton de la Trémouille, arrondissement de Montmorillon (Vienne).
(2) Arvert, canton de la Tremblade, arrondissement de Marennes (Charente-Inférieure).
(3) Vibrat, canton et arrondissement de Jonzac (Charente-Inférieure).

Gédéon Méchée, Sr de Lestang, paroisse de …,., élection de Saintes, fut trouvé gentilhomme en 1598.

MEILLARS, Sr dudit lieu, paroisse de Meillars (1), porte : *d'or, à 3 pals de gueules, chargés chacun de 3 étoiles d'argent.*

[Meilhars, terre et seigneurie considérable, qui appartenait, en 1698, à un gentilhomme d'ancienne noblesse qui en portait le nom. Elle a été vendue de nos jours à M. François Ardant, de Limoges, écuyer, et depuis chevalier de l'ordre du roi, qu'on dit l'avoir fait ériger en marquisat, pour lui et ses descendants.]

Jean de Meillars, *alias* Vigier, chevalier, Sr de Saint-Christophe et de Flomont, épousa, [par contrat du 7 juillet 1349], Guischarde de Noailles, fille de Hélie II, chevalier, Sgr de Noailles, et de Marguerite de Maumont. (BONAVENT, T. III, p. 444.)

I. — Bernard de Meillars épousa ……, dont : 1º Julien, qui suit ; 2º Antoine, qui, en se faisant moine à Saint-Martial, fit une donation à Julien, son frère, en 1491.

II. — Noble Julien de Meillars, chevalier, fit son testament, le 12 avril 1525, en faveur de Jean, son fils ; il épousa Antoinette de la Cassaigne, dont : 1º Jean, qui suit ; 2º Jacques, tonsuré en 1512, acolyte, sous-diacre, diacre et prêtre, 1553, conseiller au grand-conseil, 1565, docteur ès-droits, chanoine de Saint-Germain de Masseré (2), résigna sous pension la cure de Meillars en 1566 ; nommé à la prévôté de la Valette, paroisse de Lonzac (3), 1556, curé de Soudenne (4) en 1556.

III. — Jean de Meillars, chevalier, fit son testament en faveur de François, son fils, le 22 mars 1551 ; épousa, par contrat sans filiation du 9 juillet 1536, Marguerite du Saillant, dont : 1º François, qui suit ; 2º Jacques, Sr de la Vallette et de Lonzac, qui fit la branche de la Vallette ; 3º Gabrielle, mariée, en 1550, à Nicolas de Turenne (de Souillac), Sgr de Montmége, fils de Jean IIIe du nom et de Catherine de Livron.

IV. — François de Meillars, Sgr dudit lieu et de Curzat [en Limousin], Floumont [ou Flammont, en la vicomté de Turenne, Saint-Rebier ou Rabier en Périgord (5), Brie en Poitou et Brie en Limousin], chevalier de l'ordre du roi [vivait en 1567], avait été tué en 1578. En 1577, le château de Meillars fut pris, volé et saccagé par les ennemis du roi. François de Meillars épousa, par articles de mariage du 4 juin 1564, Catherine de Brie ; étant veuve, elle fit son testament, le 17 octobre 1580, faisant mention de Jean, son fils. De ce mariage : 1º Jean, qui suit ; 2º Marguerite, mariée, par contrat (reçu par Geraud) du 22 février 1588, à noble François de la Motte, Sgr dudit lieu, près Ventadour, et de Saint-Pardoux en Bas-Limousin. Elle porta 6,000 écus sol, c'est-à-

---

(1) Meilhars, canton d'Uzerche, arrondissement de Tulle (Crrrèze).
(2) Masseret, canton d'Uzerche, arrondissement de Tulle (Corrèze).
(3) Lonzac, canton de Treignac, arrondissement de Tulle (Corrèze).
(4) Soudene, peut-être Soudeille, canton de Meymac, arrondissement d'Ussel (Corrèze).
(5) Saint-Rabier, canton de Terrasson, arrondissement de Sarlat (Dordogne).

dire 18,000 livres, et 660 écus deux tiers, valant 1,982 livres, pour les habillements et joyaux.

V. — Jean de Meillars, chevalier, Sgr dudit lieu, Clurzat [vivait en 1598 et 1626]. Il épousa, par contrat sans filiation (reçu par Montenton) du 5 juillet 1592, Jeanne de Pierrebuffière, fille de feu François, vicomte de Comborn, baron de Châteauneuf, dont : Philippe, qui suit.

[Anne de Meillards, demoiselle, veuve de noble Simon de Croizant, écuyer, Sr du Genest et de Brie en Limousin, vivait vers 1604 et 1605. (Voir ci-après aux notes isolées.)]

VI. — Philippe de Meillars, marquis dudit lieu, conseiller d'Etat, Sgr de Cruzac, Brie, la Croisille, fut fait maréchal-de-camp, par brevet du 23 novembre 1651, pour commander l'armée de M. le comte d'Harcourt. Il fit son testament le 22 décembre 1653, et mourut le lendemain, dans son château de Meillars; eut le brevet de chevalier du Saint-Esprit; la noblesse du Limousin l'élut deux fois pour assister aux Etats généraux. N..... Ceyrac, archiprêtre de Vigeois et curé de Lonzac, fit imprimer à Tulle, par Etienne Viallanes, 1654, son oraison funèbre, composée par le P. Leau, de la Compagnie de Jésus, in 8°, qu'il divise : 1° ses beaux faits comme capitaine; 2° ses vertus comme catholique; 3° sa gloire comme bienheureux. Il employa plus de trente années au service du roi, commandant dans les armées avec des dépenses extraordinaires, sans rien demander, et ne se souciant que de servir son roi. Louis XIV l'estimait un des plus vaillants de toutes ses armées. Il se jeta dans l'eau pour attaquer l'Anglais dans l'île de Ré, où il fit des exploits dignes de l'admiration du maréchal de Schomberg, général de l'armée. Sa valeur lui fit prendre la poste pour se trouver au siége de Suze en Piémont, où le roi lui donna la commission de lever un régiment de 1,000 hommes : il le fit de 1,800; et Sa Majesté, étant à Lyon, le trouva le plus beau de toute son armée. Il se distingua si fort au siége de Montmeillan en Savoie, que, après la prise de la ville, il mérita de commander l'armée. Le roi l'envoya en Bourgogne, et, à son retour, le remercia de sa fidélité et de ses services. Devant Trèves, il commanda les enfants perdus avec le comte de Charop, ouvrit la tranchée avec son régiment, soutint les sorties de 4,000 Allemands, et fondit si vaillamment sur eux, qu'il les défit et les poussa jusqu'aux portes de la ville. Attaqué par une puissante armée, à quatre reprises, dans un poste où il commandait 300 hommes, hors la ville de Guise en Flandre, il leur résista si vigoureusement, qu'il fit l'admiration de tous ceux qui étaient sur les murailles. Même valeur au passage de Bret, au siége de Rouay en Picardie, de Corbie, en 1636, à Saint-Omer, où il dégagea, à la vue de toute l'armée, le comte de Saint-Paul, pris prisonnier par les ennemis au pont du fort de la ville de Renti, 1638; força des premiers le Catelet; fit des actions plus hardies à Yvai, Montmédi, Tiers en Piémont. Au pont de la route allant à Carignan, le prince Thomas l'attaqua de tous côtés avec 10,000 hommes : Meillars, à la tête seulement de 500, se lança sur l'armée de ce prince avec tant d'intrépidité, qu'il en défit une partie, et poussa le reste jusque dans Montcalier; le lendemain il conduisit l'arrière-garde contre le marquis de Leganez, qui n'osa l'attaquer, sachant ce qu'il tenait. Le comte d'Harcourt, commandant en

Italie, dit que la moindre des actions de Meillars mériterait un livre tout entier. Mgr l'archevêque de Bourges, gouverneur du Limousin, ayant assiégé Blanchefort, les plus grands seigneurs furent députés pour supplier Meillars de commander l'armée. Après la prise de Sarlat, toutes les villes du voisinage eurent recours à lui par des députés des plus honorables camps. Brive députa un consul et un gentilhomme pour réclamer son aide : il marcha toute la nuit, suivi de quatre-vingts chevaux, et, par sa seule présence, épouvanta si fort l'ennemi, qu'il prit une autre route.

Il sut se vaincre soi-même du côté de l'amour, qui l'attaqua très-souvent ; de l'avarice, sans avoir jamais rien pris, quoiqu'il se trouvât dans des nécessités extrêmes. Quoiqu'il fût calviniste, il ne voulut jamais prendre, chez les Chartreux de Trèves, un butin de farine, estimé plus de 50,000 livres ; les églises, les monastères, étaient sous sa protection. Il ne voulut jamais qu'on le publiât dans les gazettes. Le prince de Condé lui écrivit de sa main pour l'attirer dans son parti, avec des assurances qu'il le ferait lieutenant général de son armée en Guyenne, qu'il lui donnerait un régiment de cavalerie et un d'infanterie ; mais il disait qu'un homme de bien ne doit jamais manquer ni à Dieu, ni à son roi, ni à sa religion. Louis XIII voulut souvent le retirer de celle-ci, le mettant entre les mains des docteurs et des plus grands prélats de France, pour l'instruire à la foi, et lui disant qu'il serait capable des plus grandes charges du royaume s'il était catholique ; mais son obstination était encore trop endurcie : sa dame, convertie, le pressa aussi vivement. Il jeûna 22 jours, ne mangeant que toutes les 24 heures ; il assista à une dispute des ministres Huron et Boutin avec le P. Léau ; enfin une nuit, la plus brillante, la foudre tomba sur la tour qui répondait à la chambre où il était couché, et sortit derrière le chevet de son lit. La grâce le gagna alors : il se fit instruire pendant onze jours par ce jésuite, et fit son abjuration entre les mains de Monseigneur de Limoges. Il vécut depuis en très-bon catholique, et mourut avec de grandes marques de piété et de dévotion.

Il avait épousé, par contrat du 11 mai 1621, Julie de Salagnac, qui porta 40,000 livres ; elle était fille de Isaac, Sgr de Rochefort et des Etangs, vicomte de Rochemeaux, paroisse de Séreilhac, et de Olympe Grain de Saint-Marsaut. On vante la bonté de son esprit, la beauté de son corps, ses nobles et grandes qualités : elle était huguenote ; mais, ayant été instruite à Limoges, pendant quinze jours, par le P. Léau, elle fut si ferme dans la foi catholique, qu'elle protesta à son mari de consentir à être réduite à ne vivre que de pain de blé noir, le mendiant de porte en porte, pourvu qu'elle eût la liberté de vivre catholique. Elle fit son testament à Limoges, le 27 septembre 1691, veut être inhumée à Meillars, dans le tombeau de son mari. (LEAU, *Orais. funèbr.*) De ce mariage vinrent : 1º Jacques, comte de Meillars, qui fit son testament (signé Boudet) ; à Limoges, où il était malade, le 1er août 1686 ; 2º Jean-Marie de Meillars, chevalier, Sgr dudit-lieu et la Croisille, 1688 ; 3º François, tonsuré en 1652 ; 4º Jeanne, religieuse aux Filles-de-Notre-Dame à Limoges, en 1653 ; 5º autre Jeanne, mariée à Gabriel du Mas, chevalier, Sr de Peyzat, fils de Perrot et de Gabrielle de Hauteclaire.

Notes isolées.

Antoinette de Meillars épousa noble Geofroi de la Bachellerie, S^r d'Eyjau (1); elle était veuve en 1566.

Jeanne de Meillars épousa Gabriel de Beaufort-Canillac, originaire de Montboissier, paroisse de Lussac en Auvergne, dont le fils, Gabriel, fut baptisé, dans l'église de Peyzac, le 8 décembre 1668. (Probablement fille de Philippe et de Julie de Salagnac.) Elle était morte en 1688.

Hugues de Meillars, licencié ès-lois, jadis archidiacre de Leytoure, curé de Varaigne (2) et de Saint-Victe (3), fit son testament le 10 mars 1549. Louis de Meillars, son frère, prévôt de Paunac, sacristain de Sarlat. Jeanne de Meillars, leur sœur, femme de ..... Chaussecourte.

Jean de Meillars, écuyer, paroisse de Saint-Victe, épousa ....., dont : Jacques, tonsuré en 1560, prévôt de la Valette, 1568.

Anne de Meillars, mariée : 1°, en 1595, à Simon du Croizant ou Crozant, Sr du Genest, paroisse de Ladignac (4); 2°, à l'âge de trente-deux ans, par contrat du 20 janvier 1610, à Jean de Rouziers, écuyer, S^r dudit lieu, au bourg de Saint-Brice (5).

Branche de la Valette.

IV. — Jean de Meillars, écuyer, Sr de la Valette et de Lonzac, épousa, par contrat du 1er février 1594 (reçu par Montenton et des Gerauds), Isabeau du Mureaud, fille de feu Nicolas, Sr de Chargnac, dont : Jeanne dame du Saillant, mariée : 1° avec Geofroi du Saillant, baron du Vergy, dont elle fut douairière; 2° à Jacques des Cars, S^{gr} de Saint-Bonnet-la-Rivière (6), etc., le 11 mars 1624, suivant le rit de l'église prétendue réformée. Elle mourut le 14 janvier 1750; avait testé le 23 avril 1642; fut inhumée à Saint-Ibard (7), où elle avait fait faire une chapelle dans le château.

Jean de Meillars, écuyer, Sr de la Vergniole, paroisse de Lonzac, 1631, épousa Françoise de Barbières, fille de François, écuyer, Sr de Lasterie, paroisse de Dournazac (8), et de Christine Lambertie.

MEISONNEIX. — *V.* MAISONNEIX.

---

(1) Eyjeaux, canton de Pierrebuffière, arrondissement de Limoges (Haute-Vienne).
(2) Varaigne, canton de Bussière-Badil, arrondissement de Nontron (Dordogne).
(3) Saint-Victe, canton de Saint-Germain-les-Belles, arrondissement de Saint-Yrieix (Haute-Vienne).
(4) Ladignac, canton et arrondissement de Saint-Yrieix (Haute-Vienne).
(5) Saint-Brice, canton de Saint-Junien, arrondissement de Rochechouart (Haute-Vienne).
(6) Saint-Bonnet-la-Rivière, canton de Pierrebuffière, arrondissement de Limoges (Haute-Vienne).
(7) Saint-Ibard ou Ybard, canton d'Uzerche, arrondissement de Tulle (Corrèze).
(8) Dournazac, canton de Saint-Mathieu, arrondissement de Rochechouart (Haute-Vienne).

MELET.

Jean de Melet, *alias* de la Sale, écuyer, Sr de Baignac, 1501, épousa Jacquette de la Tousche.

MELHAC (1).

..... de Melhat épousa Agnez de Aysenat, dont : Jaucelin de Melhat, 1296.

Guillaume de Melhac, chevalier, épousa ....., dont : Gaucelin, qui suit.

Gaucelin de Melhac [de Melhaco], héritier de son père, fit, en 1352, hommage à Jean de Rochechouart, pour ce qu'il tenait dans la paroisse de Saint-Laurent. [(Regist. de Borsandi, not. à Limoges, p. 136, n° 214, et p. 160, n° 250, *apud* D. Col.)]

MELLE.

Guillaume de Melle, écuyer, était mort en 1470; il avait épousé ....., dont : 1° Bernard, damoiseau; 2° Jean; 3° Louis. Jean et Louis étaient Srs de Considas, paroisse de Saint-Sulpice-Laurière (2).

MERCIER D'ANTEFAYE, Sr de Jouvella, paroisse de Chantillac (3), élection de Saintes, du Vinet, paroisse de Samblanceau, élection de Saintes, portent : *d'azur, à un lion contourné d'or, couronné de même, armé et lampassé de gueules.*

I. — Guyot Mercier passa une obligation le 16 juin 1499.

II. — François Mercier épousa Marguerite Giraud.

III. — Giles Mercier épousa Marguerite Giraud, qui, représentant son mari, fit, le 13 décembre 1546, un partage avec Jean Guybour.

IV. — Mathurin Mercier d'Antefaye épousa : 1°, le 13 novembre 1570, Jeanne Garnier, dont : René, qui suit; 2°, le 7 février 1574, Isabeau de l'Aigle, dont : Jean, qui se maria.

V. — René Mercier épousa, le 12 février 1692, Marguerite de Lezay, dont : 1° Jacques, qui suit; 2° Jean, qui se maria.

VI. — Jean Mercier épousa, le 12 janvier 1623, Françoise Gaillard, dont : 1° René, qui suit; 2° Henri et autres, en faveur desquels Jacques, leur père, testa le 23 août 1636.

VII. — René Mercier épousa, le 20 janvier 1652, Marie Poitevin.

VI *bis*. — Jean Mercier épousa, le 11 décembre 1627, Marguerite de l'Aigle.

VII. — Jacques Mercier épousa, le 4 juillet 1659, Barbe-Marie Gaillard. (Des Coutures dit Juillard.)

V *bis*. — Jean Mercier épousa, le 2 août 1609, Marie de Meschey.

---

(1) Meilhac, canton de Nexon, arrondissement de Saint-Yrieix (Haute-Vienne).
(2) Saint-Sulpice-Laurière, canton de Laurière, arrondissement de Limoges (Haute-Vienne).
(3) Chantillac, canton de Baignes, arrondissement de Barbezieux (Charente).

VI. — Jacques Mercier épousa, le 2 juillet 1657, Catherine Badisse (1).

MERCY.

Etienne de Mercy, écuyer, Sr dudit lieu, paroisse de Genouillac en Haute-Marche (2), épousa Gabrielle Gastet, dont : 1º Antoinette, née le 5 février 1617; 2º Gabriel, né le 2 juillet 1618.

DU MERGEY, Sr du Chatellard, paroisse de la Rochefoucaud (3), élection d'Angoulême, porte : *d'azur, à une croix potencée d'or, accompagnée d'une croix bezantée de même à chaque cartier.*

I. — Nicolas du Mergey épousa, le 12 juillet 1512, Catherine Interville.

II. — Jean du Mergey, épousa : 1º, le 14 mai 1564, Anne de Courcilles, dont : Jean, qui suit ; il épousa : 2º, le 12 juin 1595, Françoise de la Porte.

III. — Jean de Mergey épousa, le 12 juin 1595, Catherine de Raymond.

IV. — Jacques du Mergey, écuyer, Sr de Montgoumar, paroisse de Bunzac (4), près la Rochefoucaud, épousa, le 1er décembre 1646, Marie Pacquet, dont : Marie-Anne, baptisée le 20 août 1651.

Jacques du Mergey, écuyer, Sr du Montgoumar et du Chatelar, mourut le 20 avril 1652; il avait épousé Marie Fayrein, dont : 1º Louise, baptisée le 22 août 1633; 2º Jeanne, baptisée le 4 novembre 1635; 3º Marguerite, baptisée le 4 mars 1646, peut-être la même, mariée, le 6 mai 1683, avec Louis de Baluë, écuyer, Sr du Nondier, paroisse de Saint-Quentin en Périgord, où celle mariée, le 19 mars 1659, à François Courraudin, écuyer, Sr du Vignaud et de Montgoumar. (Registres de Bunzac.)

Pierre de Mergey, écuyer, Sr du Chatelar, paroisse de Bunzac, mort, à quatre-vingts ans, le 15 mars 1728, capitaine au régiment de Navarre, épousa Henriette Bechade, fille de Anne de Saint-Laurent, le 21 janvier 1674. Elle mourut, à quatre-vingts ans, le 15 décembre 1732, dont : 1º Anne-Thérèse, baptisée le 26 décembre 1674; mariée, le 19 juin 1703, à François Boutinon, Sr de Beauséjour, conseiller du roi et maire perpétuel de Nontron, de la paroisse de Varaigne; 2º Pierre, baptisé le 11 février 1676; 3º Jacques, baptisé le 17 août 1681; 4º René, baptisé le 14 mars 1683; 5º Marie, née le 30 juillet 1684; 6º Jean, né le 17 juin 1686; 7º Pierre-Nicolas, baptisé le 10 août 1687; 8º autre Pierre, baptisé le 15 mars 1689; 9º Guillaume, né le 27 avril 1692, baptisé à Saint-Martial d'Angoulême. (Registres de Saint-Germain, près Nontron en Angoumois, et de Marton.)

Jean-Hélie de Mergey, écuyer, Sr de Rochepine, paroisse de Marton (5),

---

(1) Nadaud avait encore la généalogie de deux familles du nom de Mercier aux pages 833, 837, qui sont déchirées.

(2) Genouillac, canton de Châtelus, arrondissement de Boussac (Creuse).

(3) La Rochefoucaud, chef-lieu de canton, arrondissement d'Angoulême (Charente).

(4) Bunzac, canton de La Rochefoucaud, arrondissement d'Angoulême (Charente).

(5) Marthon, canton de Montbron, arrondissement d'Angoulême (Charente).

épousa : 1º Louise Basile, dont : 1º Pierre, enterré à huit mois, le 28 octobre 1716. Il épousa : 2º Marie-Madelaine de Montalembert ; elle mourut veuve, à cinquante-quatre ans, le 27 décembre 1751, dont : 2º Pierre-Philippe, né le 24 décembre 1719 ; 3º Henriette, baptisée le 6 novembre 1720 ; 4º autre Pierre, mort à douze ans en 1741 ; 5º Jacques, baptisé le 21 avril 1725 (?) ; 6º Jean-Charles, né à Grassat, le 15 avril 1726 ; 7º autre Pierre-Philippe, baptisé le 11 juillet 1728 ; Pierre-Prosper, né le 28 février 1734 ; 9º Jacques, né le 12 septembre 1736.

MERGONTIER (1).

[MÉRIGNAC.
Jean de Chastenet, écuyer, Sʳ de Mérignac, conseiller du roi et son sénéchal de robe longue à Montmorillon, vivait le 11 janvier 1647.] — *V.* T. I, p. 442.

MERIGOT. — *V.* Sainte-Fère, T. II, p. 120.

MÉRINVILLE. — *V.* Des Monstiers.

MERLE. — *V.* Gaubert, T. II, p. 206.

MESCHAIN, lieutenant particulier à Saint-Jean-d'Angély, porte : *d'azur, à deux fasces d'or, chargées de 5 roses de gueules 3 et 2, accompagnées de 5 coquilles de Saint-Jacques, aussi 3 et 2, et un croissant de même en pointe.* Cimier : *une aigle.* Supports : *deux enfants.*

(Des Coutures donne les coquilles et le croissant d'argent.)

I. — Daniel Meschain est reçu pair à la maison de ville de Saint-Jean-d'Angély, le 2 mai 1608, conseiller le 4 août 1612, et maire le 1ᵉʳ avril 1618. Il était échevin au temps de la réduction de la ville sous l'obéissance du roi, et de la révocation des privilèges. Il épousa Anne de Masdrounes, dont : 1º Armand, qui suit ; 2º Benjamin, médecin, qui se maria.

II. — Armand Meschain, lieutenant particulier à Saint-Jean-d'Angely, eut des lettres-patentes de Sa Majesté, le 26 mai 1662, le 15 mai 1664, le 15 juin et le 18 novembre 1666 ; un brevet de retenue le 12 septembre 1665. Il épousa, le 14 novembre 1639, Anne le Gendre.

II *bis*. — Benjamin Meschain, médecin, épousa, le 12 mai 1644, ...

Note isolée.

Jeanne Meschin épousa Ithier Jay, Sʳ de Montouneau, paroisse de Montouneau, élection d'Angoulême ; ils firent leur testament en 1321.

MESCHINET, Sʳ du Bugnon et de Boisseguin, père et fils, demeurant

---

(1) Nadaud envoie à l'article Laubanie, p. 2077, qui est déchirée.

à Saint-Jean-d'Angély, porte : *d'or, à un chesne de sinople, chargé de feuilles d'or, et un lion de gueules rampant contre le pied du chesne.*

I. — Jacques de Meschinet est reçu pair à la maison de ville de Saint-Jean-d'Angély, le 29 octobre 1611, puis conseiller le 18 mars 1616; il se retira lors de la rebellion de Saint-Jean-d'Angely, en haine de quoi on mit le feu à sa maison, comme il appert par un procès-verbal du 5 mars 1622. Il eut des lettres pour sa noblesse, nonobstant la révocation des priviléges dudit Saint-Jean-d'Angély et suppression du corps de ville, du 29 août 1625, enregistrées à la Cour des aides de Paris le 28 suivant. Il épousa Jeanne du Vigier.

II. — Jean de Meschinet épousa, le 10 décembre 1633, Judith de Robillard.

MESCLAJEU (*de Mixto joco*), ou MESCLAIRE.

Noble homme Blaise de Mesclaiot, Sʳ d'Eschizadour, épousa Marie Joussineau, par contrat du 14 juin 1495, fille de Hugues, chevalier, Sʳ de Fressinet.

Raymond de Mixto Joco, damoiseau, épousa, le 13 mai 1374, Galharde Marches, fille de Constantin Marches, chevalier, et de Dauphine.

Gui de Mixto Joco, damoiseau, épousa, le 13 mai 1374, Marie Marches, veuve de Aymeric Marches, fille de Constantin Marches, chevalier, et de Dauphine.

Jean et Pierre de Mesclaire, Sʳˢ d'Eschizadour, 1442.

MESNAGES (1).

MESNARD.

Jean Mesnard, écuyer, Sʳ de Laumont, lieutenant de la prévôté de la ville d'Angoulême, maire et capitaine, puis premier échevin du corps de la ville, mourut, à quatre-vingt-onze ans, le 28 mars 1741. Il avait épousé Catherine Maurogne; elle mourut le 9 décembre 1733. (Registres de Saint-Martial d'Angoulême.)

Michel Mesnard, écuyer, président à l'élection d'Angoulême, épousa Françoise Saunier de Pierrelevée, dont : 1º Marie-Françoise, née le 14 juin 1737; 2º Jean, né le 22 novembre 1738; 3º Catherine, née le 12 avril 1740; 4º Léonarde-Françoise, née le 8 juin 1746.

MESNEAU (2).

Léonard Mesneau est pourvu d'une place d'échevin à Angoulême, par le décès de Philippe Arnaud, le 28 mars 1659.

MESRIE (3).

---

(1) La généalogie de la famille Mesnages était à la page 755, qui est déchirée.
(2) Les pages 832 et 837, où Nadaud avait quelques notes sur cette famille, sont déchirées.
(3) La page 2453, où était cette famille, est déchirée.

LE MEUSNIER, Sr de Lartige.

François Le Meusnier, Sr de Lartige, était conseiller à la maison de ville d'Angoulême ; à sa mort, Charles Raoul fut reçu à sa place, le 13 octobre 1605.

François Guinot, Sr de Rieux, épousa Claude Le Meusnier, par contrat du 10 janvier 1632 (1).

MEYNARD, Sr de la Tascherie, Suchet, Besse, Boisboucaud, paroisse de Mons (2), élection de Coignac, porte : *d'azur, à une croix d'or, chargée d'une coquille de Saint-Jacques de gueules en chaque extrémité, cantonnée de 4 lions rampans d'or, lampassés de même.*

I. — Isaac Meynard obtint, au mois de mai 1607, des lettres d'anoblissement, vérifiées en la chambre des comptes et cour des aides de Paris, les 12 janvier et 3 mars 1608. Il épousa Marthe Prévost, dont : 1º Jacques, qui suit ; 2º Samuel, qui se maria ; 3º Isaac, qui se maria ; 4º Jean, qui se maria.

II. — Jacques Meynard, Sr de la Tascherie, épousa, le 14 octobre 1646, Catherine Geofroy.

II *bis*. — Samuel Meynard, Sr du Suchet, épousa, le 24 février 1647, Jeanne Guinot.

II *ter*. — Isaac Meynard, Sr de Besse, épousa, le 13 février 1649, Blanche Raizin.

II *quater*. — Jean Meynard, Sr de Boisboucaud, épousa, le 8 juillet, Louise de Greaume (3).

MEYVIÈRES ou MEYNIÈRES, Sr de [Porteau ou] Portereau et d'Artois, paroisse de Saint-Nicolas d'Uzerche, élection de Brive, porte : *d'argent, à un chevron de gueules, accompagné de trois étoiles de sable, 2 et 1.*

(Dans le registre de Des Couture, il est inscrit dans l'élection de Tulle ; mais, à côté des armes, on a écrit Brive. En effet, Uzerche était de Brive). [La famille de Meyvières est connue depuis le XVe siècle.]

I. — Mador de Meyvières épousa Guillelmine Bonsil, dont : 1º Guillaume, qui suit ; 2º Pierre, qui partagea avec Guillaume, son frère, les successions desdits Mador et Bonsil, leurs père et mère, le 7 septembre 1525 ; 3º Jean, qui transigea avec Jean, son neveu, pour les mêmes successions, le 3 mai 1551.

II. — Guillaume Meyvières épousa Catherine Rochereau, dont : 1º Jean, qui suit ; 2º Françoise, qui transigea avec Le Bastard, sa belle-sœur [veuve de son frère Jean], au sujet de la succession desdits Guillaume et Rochereau, le 17 septembre 1562.

III. — Jean Meyvières [transigea, comme on a dit ci-dessus, avec son oncle Jean] ; il épousa, par contrat sans filiation du 21 juin 1551, Catherine Bastard [ou Batard].

---

(1) Les pages 828 et 838, qui sont déchirées, avaient des notes de Nadaud sur cette famille.
(2) Mons, canton de Bouillac, arrondissement d'Angoulême (Charente).
(3) Voir aussi MAYNARD.

IV. — René Ier de Meyvières épousa Isabeau Goujon [ou Gouion], dont : 1e Claude ; 2o Réné, qui suit.

V. — Noble René IIe de Meyvières, Sr du Portereau, ratifia l'accord fait par ladite Goujon, veuve, sa mère, avec Claude, son frère aîné, le 27 avril 1626. Il mourut, à soixante-douze ans, le 4 août 1672, fut inhumé dans l'église du monastère d'Uzerche. Il avait épousé : 1o, le 17 mai 1626, Marie de Joyet, dont : 1o Jean-Claude, qui suit ; 2o René, 3o Guillaume, qui se maria en 1650 ; 4o Michelle, mariée à Uzerche, le 4 juillet 1655, à Jean Besse, fils de Pierre Besse, procureur d'office de ladite ville, et de Anne Fayolle : elle mourut le 8 mai 1700. Il épousa : 2o, au mois d'avril ou de mai 1659, Isabeau Boyer, veuve de Jacques Bardon, écuyer, Sr du Repaire, paroisse de Beissenac.

VI. — Jean-Claude de Meyvières, écuyer, Sr d'Artois et du Repaire, épousa, le 7 mai 1663, Françoise de Ceyrat ou de Ceyru, dont : 1o Anne-Marie, baptisée le 12 février 1664, morte en 1688 ; 2o Marie, baptisée le 18 février 1665 ; 3o Anne, baptisée le 13 juin 1668 ; 4o Françoise, baptisée le 10 avril 1671 ; 5o Jean-Jacques, né le 12 juin 1673, qui reçut à Vigeois les cérémonies du baptême, le 3 novembre 1674, qui suit ; 6o Marie, née le 31 octobre 1674 à Vigeois.

Marie-Françoise de Mesvières épousa, à Vigeois, le 10 février 1695, François de Nauche, conseiller honoraire au présidial de Brive.

VI bis. — Noble Guillaume de Meyvières, écuyer, Sr du Repaire, de la ville d'Uzerche, épousa, au mois d'avril 1650, Michelle de Noaille, fille de Jacques, procureur du roi à Uzerche, et de Michelle de Guyon ; elle se remaria, en 1661, à Léonard du Garreau, écuyer, Sr de Leyssard, dont : 1o Jeanne, baptisée le 6 novembre 1653 ; 2o autre Jeanne, morte en bas-âge.

VII. — Jacques de Mesvières, écuyer, Sr du Repaire, mourut à la Chartreuse de Glandiers, le 16 décembre 1726 ; il avait épousé, à Uzerche, le 14 décembre 1694, Marguerite Pradel de la Maze ; elle mourut, à soixante-six ans, le 16 septembre 1732, dont : 1o Marie-Jeanne, née le 30 mai 1696 ; 2o Jean-Claude, qui suit ; 3o Marie-Anne, baptisée le 12 mars 1700. (Regist. de Vigeois.)

VIII. — Jean-Claude de Meyvières, écuyer, Sr d'Artois, né le 17 septembre 1698, mourut le 2 novembre 1740. Il épousa, à Vigeois, le 9 septembre 1733, Marie Nauche, fille d'Antoine, Sr de la Côte, procureur d'office dudit Vigeois, et de Anne des Assis, dont : 1o Marie, née le 10 juillet 1734, mariée, en 1753, à Pierre Durand, Sr de la Faucherie ; 2o Jean, né le 8 juillet 1735 ; 3o Etienne, né le 16 novembre 1736, qui suit ; 4o Françoise, née le 14 septembre 1739 ; 5o Simon, né le 11 janvier 1741, qui suit ; 6o Charles, mort en bas-âge.

IX. — Etienne de Mevières, écuyer, Sr du Repaire, paroisse de Vigeois(1), épousa, en 1765, Marguerite Chastaignac de Ligoure, paroisse du Vigen.

IX bis. — Simon de Meyvières épousa, en 1770, Catherine Allouveau, paroisse de Montgibaud, veuve.

---

(1) Vigois, chef-lieu de canton, arrondissement de Brive (Corrèze).

[MÉZIÈRES, fief mouvant du comté de Montbron en Angoumois.
Louis d'Anjou, bâtard du Maine, baron de Mézières, avait épousé Anne de la Trimouille, dont il eut, vers la fin du XVe siècle, Renée d'Anjou, qui épousa François de Pontville, vicomte de Rochechouart. (*V.* ROCHECHOUART.)]

MICHEL.

Noble Jean Michel, Sr de la Veyrine, épousa Léonarde Michel. Ils firent une donation (reçue de la Chaussade), le 21 janvier 1585, à noble Etienne Michel, fils de feu noble François Michel.

Philippe Michel, Sr de la Veyrine, paroisse de Saint-Jean-Ligoure (1), fut trouvé gentilhomme en 1598.

[SAINT-MICHEL.

Cette terre est la troisième partie de la baronnie de Malemort, qui était possédée, au XIIIe siècle, par des seigneurs du nom de Saint-Michel, comme on le voit par les hommages rendus à l'évêque de Limoges dans ce temps-là. (*V.* MALEMORT.)]

MILY.

Noble Charles Mily, paroisse de Videix (2), épousa ....., dont : Pierre, tonsuré en 1527.

Anne de Milly épousa, le 14 janvier 1527, Martial Guyot, fils de Jean, Sr de Mirande, et de Marguerite Chauvin ou Chamin.

MINGAUD (3).

Anne Mingaud, de la paroisse de Chassenon (4), épousa, à Grenor, le 11 novembre 1709, et par contrat du 28 octobre précédent (signé Goursaud), François Tibaud, écuyer, Sr de Letang, paroisse d'Iurac en Angoumois.

MINVILLE, S^r d'Escurat, paroisse de Saint-Disant-du-Gua (5), élection de Saintes, porte : *d'argent, à 3 merlettes de sable en pal, ni pattées ni becquées.*

I. — Antoine de Minville passa une vente le 5 décembre 1532.

II. — Robert de Minville épousa, le 25 août 1555, Marie de la Rose.

III. — Guillaume de Minville épousa, le 26 janvier 1636, Renée Arnaud.

---

(1) Saint-Jean-Ligoure, canton de Pierrebuffière, arrondissement de Limoges, (Haute-Vienne).

(2) Videix, canton et arrondissement de Rochechouart (Haute-Vienne).

(3) La page 384, où était la généalogie Mingaud, est déchirée.

(4) Chassenon, canton de Chabanais, arrondissement de Confolens (Charente).

(5) Saint-Dizant-du-Gua, canton de Saint-Genis, arrondissement de Jonzac (Charente-Inférieure).

IV. — Jean de Minville épousa, le 17 janvier 1659, Marie-Claude de Lenchore.

MIOMANDRE.

Noble Antoine de Miomandre, Sr de Louber (ou Loubar) 1607, épousa Catherine de Monamy.

Françoise de Miomandre épousa noble Pierre de Douhet, S^{gr} de Saint-Pardoux (1) et de Puymoulinier; elle fit son testament et codicille les 12 et 13 mai 1649; veut être enterrée dans l'église de Saint-Martial de Limoges.

Marie-Anne de Miomandre, paroisse de Sainte-Marie de Châteauneuf (2), épousa, en 1768, Martial de la Bachelerie, écuyer, de la ville d'Aimoutiers.

MIRABEAU. — *V.* RIQUETI, marquis de Mirabeau.

MIRABEL (3).

MIRAMBEL, Sr de Champagnac (4) et de la Combe, paroisse de Champagnac-la-Noaille et de Saint-Hilaire (5), élection de Tulle, porte : *d'azur, à 3 miroirs en ovale d'argent*, 2 et 1.

[Mirambel, terre du Bas-Limousin, élection de Tulle, paroisse de ......, appartenait, vers la fin du dernier siècle, à un seigneur du nom de Dupuy, qualifié Sr de Mirambel et de Saint-Remi. (*V.* DU PUY.)]

Pierre de Mirabello, du diocèse de Limoges, notaire apostolique, 1315. (BALUZE, *Hist. mais. d'Auv.*, T. II, p. 537.)

I. — Noble ..... de Mirambel, paroisse de Saint-Remi, près la Courtine, épousa ....., dont : 1° Bernard, qui suit; 2° Antoine; peut-être Jean de Mirabel, abbé de Maures. diocèse de Saint-Flour, 1470, 1474; peut-être Pierre de Mirabel, abbé dudit lieu, 1492.

II. — Bertrand de Mirabel [ou Beraud de Mirambel], chevalier, épousa, par contrat (signé Planeti, à Meymac), du 9 mars 1476, Loise Folcoade, fille de noble Jean Folcoal, *alias* de Lanteuilh, damoiseau, coseigneur de Lanteuilh, d'Alboy et du Castel, paroisse d'Hautefaye, et de noble Bonne de Rilhac.

III. — François I de Mirambel, chevalier, fit une vente et revente le 2 février 1501 et le 2 octobre 1521. Il épousa, par articles du 3 octobre 1488, Gasparde de Mirambel de la Chassaigne.

IV. — Guillaume de Mirambel, héritier de sa mère, fit donation, le 18 septembre 1569, à son fils François II. Il épousa Marie Gourdon,

---

(1) Saint-Pardoux-Rancon, canton de Bessines, arrondissement de Bellac (Haute-Vienne).

(2) Châteauneuf-la-Forêt, chef-lieu de canton, arrondissement de Limoges (Haute-Vienne).

(3) Mirabel était à la page 2450, qui est déchirée. Voir aussi l'article suivant.

(4) Champagnac-la-Nouaille, canton d'Egletons, arrondissement de Tulle (Corrèze).

(5) Saint-Hilaire, probablement Saint-Hilaire-les-Courbes, canton de Treignac, arrondissement de Tulle (Corrèze).

dont : 1° François, qui suit ; 2° René, qui transigea avec François, son frère, sur les successions desdits Guillaume et Gourdon, leurs père et mère, le 18 juin 1572.

En 1598, cette maison fit ses preuves de noblesse, qui furent trouvées bonnes par les commissaires du gouvernement.

V. — François II de Mirambel épousa Jeanne de Salays [ou de Saloin], dont : 1° François, qui suit ; 2° Joseph, marié en 1624.

VI. — François III de Mirambel épousa, le 11 septembre 1598, Hélène du Saix ou de Faix ; elle fit son testament, le 22 mars 1608, en faveur de son fils François IV, qui suit.

VII. — François IV de Mirambel, Sr de Champaignac, épousa, le 10 août ....., Marie-Charlotte de Rillac [ou de Villac].

..... de Saint-Remi de Mirambel épousa Jeanne d'Hautefort, fille de Paul, chevalier, Sr de Gabillon, et de Marguerite du Saillant de Pompadour. (SIMPLIC., T. VIII, p. 348.)

VI bis. — Joseph de Mirambel épousa, le 11 juin 1624, Françoise de Brigalanges [ou Briqualange].

VII. — Jean de Mirambel, Sr de la Combe, épousa, le 23 février 1647, Marguerite Dumas.

MIRAMONT, S^r de ....., paroisse de Saint-Germain, élection de Brive, porte : *d'azur, à un lion rampant de gueules, armé et lampassé de même, surmonté de 6 besans d'argent à dextre, 1, 2 et 3, et à senestre trois bandes d'or.* Labbe (*Blazon royal*, p. 98) dit Miramont-Saint-Exuperi, *d'or, au lion de gueules.*

I. — Jean de Miramont eut des lettres de légitimation en 1612, vérifiées à la chambre des comptes de Paris, le 24 août 1614, fit son testament le 20 juillet 1630.

II. — Henri de Miramont épousa Marguerite de Courcilles.

III. — Louis de Miramont épousa, le 10 avril 1654, Honorée de Meynard, dont : 1° Henri : 2° François ; on donna un tuteur à ces deux frères le 4 novembre 1658.

Gui de Miramont, S^{gr} de Saint-Exuperi (1), épousa, le 29 mai 1548, Madelaine de Saint-Nectaire, fille de Nectaire, S^{gr} de Saint-Nectaire, gentilhomme de la chambre du roi, bailli de la Marche, et de Marguerite d'Estampes. Elle se distingua par sa valeur dans les guerres des huguenots, dont elle soutenait le parti. Voyez ce qu'en dit Mézeray dans la Vie d'Henri III, sous l'an 1575. Cet auteur en parle comme d'une amazone, dit qu'elle servit utilement le roi contre les différents partis opposés à son service ; qu'elle marchait ordinairement à la tête de 60 gentilshommes ; qu'elle battit souvent les partis du S^{gr} de Montal en Auvergne ; défit ses troupes, en 1574, qui venaient l'assiéger dans son château, et tua ce seigneur de sa main. (SIMPLIC., T. IV, p. 890.)

Godefroi de Miramont, chevalier, Sr de Chadebec et de la Goutte, paroisse d'Ussac (2), épousa, le 13 février 1714, Marie-Félicie de Cosnac,

---

(1) Saint-Exuperi, canton et arrondissement d'Ussel (Corrèze).
(2) Ussac, canton et arrondissement de Brive (Corrèze).

née le 11 juillet 1692, fille de Jean et de Gabrielle-Thérèse de la Jugie-Faucon.

Anne de Miramont épousa François de Sarrazin, écuyer, Sr de Saint-Denis et de la Fosse, fils de Jean et de Marie de Boisredon ; elle fut inhumée dans l'église de Saint-Denis, près la Courtine, le 16 avril 1659.

MIRAUD.
Maurice Miraud est reçu échevin à Saint-Jean-d'Angély, par la mort de Jacques Thibaud, le 26 décembre 1551.

MIXTO JOCO. — *V.* MESCLAJEU, p. 233.

[MOLE ou DE MOLIO.
On trouve dans les registres de Borsandi, notaire à Limoges, p. 122, nº 189, *apud* D. COL, Adémar de Molio.

Antoine Mole, licencié ès-lois, était procureur pour le roi en la châtellenie d'Ahun, le 11 mars 1575. (*Inv. tit. Célest. des Tern.*, p. 557, au secrét. de l'évêché de Lim.)]

MOLIERAS (1).

MONAMY (2).
Nicolas de Monamy, Sgr de la Courtine (3), épousa Louise Sarrazin, fille de François de Sarrazin, écuyer, Sr de Saint-Denis et de la Fosse, et de Jeanne Mérigot de Sainte-Ferre, sa seconde femme.

MONCEAU, Sgr de Bar. — *V.* BAR, T. I, p. 131.

MONCEAU (4).
Superane *de Mulceone*, Monceaux, dite dame de Pompadour, épousa Ramulph Hélie, Sgr de Pompadour ; elle mourut le 9 septembre, suivant le nécrologe des Frères prêcheurs de Limoges.

Bernard de Monceau, damoiseau, épousa, en 1360, Philippe Jaubert, fille de Jean, chevalier, de la ville de Saint-Léonard (5).

Marguerite de Monceau épousa, par contrat du 10 août 1515, Jean Moyne, chevalier, baron du Bourg, fils de Jean, Sgr d'Escaudillac, et d'Antoinette de Durfort.

MONDIN (6).

---

(1) Molhiéras était à la page 2161, qui est déchirée.
(2) Nadaud avait des notes sur cette famille à la page 2159, qui ne se retrouve plus dans son manuscrit.
(3) La Courtine, chef-lieu de canton, arrondissement d'Aubusson (Creuse).
(4) La généalogie Monceaux était aux pages 2160, 2161, qui sont déchirées ; quelques renvois nous fournissent les notes suivantes.
(5) Saint-Léonard, chef-lieu de canton, arrondissement de Limoges (Haute-Vienne).
(6) La page 2161, où il était parlé de cette famille, est déchirée.

MONESTAIS (1).

MONETA ou MOUNEDE, [ou LA MONNOIE].
Ymbert de Moneta est enterré dans l'église de Saint-Sébastien de Chabanais (2), avec cette inscription :

Decimo Kal..... obiit Ymbertus de Moneta Mil.....

[Audebert de Moneta, écuyer, fut père de :
Boson de Moneta, damoiseau, de Chabanais, qui vivait en 1257. (Voir mes *Mém. mss. abb. Lim.*, p. 501.)]

MONGIN.
Geofroi Mongin, écuyer, Sr de la Busenie, épousa Juliene de la Boixière, dont : Jeanne, baptisée, à Saint-Martial d'Angoulême, le 12 novembre 1662.

MONISME. — *V.* RAZÈS, branche de Monisme.

MONNAC (3).

MONNEIX.
Françoise de Monneix épousa, par contrat sans filiation du 26 septembre 1559, Jacques de Gentil, fils de Hélie, S^{gr} de l'Angallerie.

MONNOIE. — *V.* MONETA.

MONSANSON. — *V.* VALLÉE, Sr de Monsanson.

DU MONT (4).
[Hugues du Mont (*de Monte*) se trouve dans les registres de Borsandi, notaire à Limoges, p. 79, n° 128, *apud* D. COL.]

MONTAIGNAC.
Noble Hugue de Montaignac, prévôt de Brivezac, 1550.
Hugue de Montaignac, écuyer, Sr de la Puychardie, paroisse de Brivezac (5), fit son testament le 3 avril 1555. Il épousa ....., dont : 1° Balthazar, tonsuré, moine à Beaulieu ; 2° Marie, qui fit profession à la Règle en 1555.
Noble Balthazar de Montaignac, Sr de Trenchelion, près de Pierrebuf-

---

(1) La page 2448, que Nadaud indique pour la famille Monestais, est déchirée.
(2) Chabanais, chef-lieu de canton, arrondissement de Confolens (Charente).
(3) On a déchiré la page 422, où était cette famille.
(4) Voir T. II, p. 27, 62.
(5) Brivezac, canton de Beaulieu, arrondissement de Brive (Corrèze).

fière (1), et frère de Jean, épousa, par contrat du 21 mars 1580 (reçu des Maisons), Isabeau de Montroux, qui mourut à Brivezac, et fut portée inhumer à Pierrebuffière, où l'on fit son service le 8 septembre 1591. De ce mariage : 1º Jean, qui suit ; 2º Edmond ; 3º autre Edmond, baptisé dans la chapelle du château de Tourdonnet, le 8 septembre 1687 (registres de Pierrebuffière) ; 4º Adrienne, baptisée, dans la chapelle du château de Trenchelion, à l'âge de deux mois et demi, le 13 août 1589.

[Anne de Montaignac épousa, le 23 mai 1581, François Hugon, Sr du Prat de Magoutières.]

Noble Jean de Montaignac, Sgr de Trenchelion, Tourdonnet, mourut le ... octobre 1603, à Tourdonnet ; fut enterré à Pierrebuffière, avec ses auteurs ; ne fit pas de testament. Il avait épousé Madelaine Joubert de Barraud, sœur de l'abbé de Solignac, dont : Marie, mariée, en 1606, à Charles de Gaing.

Catherine de Montagnac épousa Jean de Luchat, écuyer, Sr des Landes, dont la fille, Françoise de Luchat, épousa Jean de Durat, le 13 mai 1637.

Noble Gaspard de Montaignac, paroisse d'Evaux, épousa Diane de Bernet, dont : François, tonsuré en 1628, qui fit profession, le 1er janvier 1632, à Chambon-Sainte-Valérie, dont il fut prévôt.

Godefroi-César de Montaignac d'Estansanes, paroisse de Saint-Chabrais (2), épousa Marie-Renée le Bigot de Gastine, dont : Nicolas, tonsuré en 1665.

Louis de Montaignac, écuyer, Sr de Goubie, paroisse de Saint-Silvain-Ballerot (3), épousa : 1º Silvaine d'Arnac, dont : 1º Sébastien, né le 27 décembre 1716, baptisé le surlendemain à Boussac-le-Château ; 2º Jean-Baptiste, qui suit. Il épousa : 2º Marguerite de Bize ; elle fut enterrée, à l'âge de soixante-douze ans, dans l'église de Boussac, le 18 juillet 1745.

Jean-Baptiste de Montaignac, chevalier, Sr de la Vierge, épousa, à Boussac, le 9 septembre 1749, Françoise Tacquenet, fille de Jacques, chevalier, Sr de Rilly et Chanon, et de Marguerite de Bize.

MONTAIGNE.

Annet de Montaigne, paroisse de Saint-Germain-de-Seuldre (4), élection de Saintes, fut trouvé gentilhomme en 1598.

MONTAIGU ou MONTAGU. — V. AYCELLIN DE MONTAIGU, T. I, p. 116.

MONTAIGU-SUR-CHAMPEIX. — V. CHAMPEIX, T. I, p. 419.

---

(1) Pierrebuffière, chef-lieu de canton, arrondissement de Limoges (Haute-Vienne).
(2) Saint-Chabrais, canton de Chénerailles, arrondissement d'Aubusson (Creuse).
(3) Saint-Silvain-Bas-le-Roc, canton et arrondissement de Boussac (Creuse).
(4) Saint-Germain-de-Seudre, canton de Saint-Genis, arrondissement de Jonzac (Charente-Inférieure).

[MONTAL, fief de la mouvance de la vicomté de Turenne, et dans la sénéchaussée de Tulle.

Orde de Montal, baron de Malemort et S^{gr} de Breviges, rendit hommage à l'évêque de Limoges, en 1540, pour Breviges et Malemort.]

MONTALEMBERT (1).

[N..... de Montalembert, ancien officier, chevalier de Saint-Louis, mort vers 1760, vendit à Raymont Garat, en 1750, la terre de Nedde (2) près Aimoutiers, et celle de Villeneuve (3).]

Marie de Montalembert épousa Louis du Lau, chevalier, dont le fils Louis, S^r de l'Agebaston, épousa, vers 1763, Françoise-Jeanne Garnier.

Joelle de Montalembert épousa, le 22 février 1664, Jacob de Gueux, Sr de Saint-Hilaire, paroisse de Soubise (4), élection de Saint-Jean-d'Angély, fils de Paul et de Judith de Villedon.

Marie de Montalembert épousa, le 16 avril 1611, Charles de Saint-Gelais, fils de Jean et de Jacquette Bouchard d'Aubeterre.

Jeanne de Montalembert épousa Jacques Goulard, Sr du Breuil-Goulard, paroisse de Landini, élection d'Angoulême. Elle était morte le 20 mai 1497.

Jean de Montalembert, Sr de Vaux, Saint-Simon et Gensac, lieutenant de la compagnie du Sr de Bellegarde, 1581. (SERVIN, *Plaidoy.*, T. II.)

[DE MONTANIBUS.

Dans les registres de Borsandi, notaire à Limoges, p. 65, n° 101, *apud* D. COL., on trouve Hugues do Montanibus.]

MONTANT.

Jean de Montant, dit le capitaine Castelnaud, paroisse de ....., élection de Saintes, fut trouvé gentilhomme en 1598.

MONTARGIS porte : *d'azur, à un chevron d'or, accompagné de deux roses d'argent, tigées et feuillées de même en chef, et d'un lys de même, feuillé d'or en pointe.*

Léonard de Montargis, Sr de la Jasson, demeurant à Angoulême, y est reçu pair à l'échevinage de la maison de ville, sur la démission de Denis, son père, le 31 juillet 1632, puis conseiller, par la mort de Guilhem Saunier, Sr de Pierrelevée, le 3 août 1658 (5).

---

(1) La page 744, où était la maison de Montalembert, est déchirée ; quelques renvois nous fournissent les notes suivantes.

(2) Nedde, canton d'Eymoutiers, arrondissement de Limoges (Haute-Vienne).

(3) La Villeneuve, canton d'Eymoutiers, arrondissement de Limoges (Haute-Vienne).

(4) Soubise, canton de Saint-Aignant, arrondissement de Marennes (Charente-Inférieure).

(5) Nadaud indique aussi Montargis à la page 838, qui est déchirée. Voyez aussi l'article SAULNIER.

[MONTAUDET.

MONTAUZIER.
Duché dont le chef-lieu est à huit lieues d'Angoulême. Sa justice s'étend sur sept paroisses.
N....., duc de Montauzier, fut père de N..... de Montauzier, qui épousa N....., duc d'Uzès, dont sortit :
N....., duc d'Uzès et de Montauzier, comme héritier du duc de Montauzier, du chef de sa mère. Il vivait en 1698.
N..... de Montauzier, marquis de Sainte-Maure, était S^{gr} de Chaux en 1698. Chaux est une seigneurie de l'Angoumois, qui, en 1698, valait environ 5,000 livres de revenu.]

MONTBAS (1). — *V.* BARTHON DE MONTBAS, T. I, p. 141, 296.

MONTBEL.
..... Montbel, écuyer, Sr de la Tache (2), 1643, épousa Isabelle Guillot, dont : André.
Jean de Montbel.
Guillaume de Montbel, écuyer, Sr de la Tache, épousa Gilon Pot, dont : Léonarde, femme, en 1596, de Léonard de Cressac, procureur fiscal de la baronnie de la ville de Magnac (3).
Robert de Montbel, Sr de Champeron, eut un brevet de gentilhomme ordinaire de la chambre du roi, le 16 janvier 1597.
Guillaume de Montbel, S^r d'Entremonts, épousa Aynarde de la Chambre, dont : Jacques, qui suit. (SIMPLIC., T. V, p. 12.)
Jacques de Montbel, chevalier, S^{gr} d'Entremonts et de Lépine, testa le 6 mai 1513. Il épousa : 1°, en 1486, Jeanne de Sainte-Maure, fille de Charles, comte de Nesle, chambellan du roi, et de Catherine d'Estouville. Il épousa : 2° Philippe-Hélène de Sassenage, fille de Jacques, baron de Sassenage.
René de Montbel, S^{gr} d'Iscura et de Champeron, épousa, vers 1610, Marie Fumée, fille de Martin, maître des requêtes, et de Madelaine de Crevant. (SIMPLIC., T. VI, p. 423.)
Humbert de Montbel, chevalier, épousa Marguerite de Clermont en Trièves, dont : Guillaume, S^{gr} de Montbel et d'Entremonts, marié, vers 1320, avec Marguerite de Joinville, fille de Guillaume, premier baron de Champagne, et de Jeanne de Savoie. (SIMPLIC., T. VI, p. 699.)
Jean de Montbel, écuyer, Sr de la Tache, était probablement le père de Marie de Montbel, qui épousa François Igonin, S^{gr} de la Gorse et de Montaurand, paroisse de Nantiat, et qui fut parrain de son fils, le 22 juin 1663.

---

(1) La page 804, qui est déchirée, avait des notes sur ce nom.
(2) La Tache, paroisse de Mailhac, canton de Saint-Sulpice-les-Feuilles, arrondissement de Bellac (Haute-Vienne).
(3) Magnac-Laval, chef-lieu de canton, arrondissement de Bellac (Haute-Vienne).

MONTBRON (1).

MONTBRUN. — *V.* Bruni de Montbrun, T. I, p. 273.

MONTCHENU.
Noble et puissant seigneur Marin de Montchenu, Sgr de Chaumont, Guercheville, etc., conseiller du roi, son premier maître d'hôtel, gouverneur et sénéchal du Limousin en 1539, baron de Nieuil (2) par sa femme, favori de François Ier, était âgé de quarante-deux ans. (Bouchet, *Hist. mais. Coligny*, p. 1160.)

Il fut un des trois favoris du comte d'Angoulême, depuis le roi François Ier, qui l'aimait fort. Un jour, étant dans leurs goguettes, ils demandèrent au comte ce qu'il leur donnerait quand il serait sur le trône. Ce prince les mit à leurs souhaits. Montchenu dit qu'il voudrait fort être premier maître d'hôtel de sa maison, et en cela il fut le plus mal de tous ; mais le roi le servit selon son souhait. (Brantôme, T. VI, p. 428, 429.)

Au retour d'un voyage de Gênes, il fut homme d'armes de la compagnie de M. de Montezon, son oncle, ayant charge d'homme d'armes.

Il se trouva à la journée des Vénitiens en 1509 ; emmena, avec Chantemerle, un petit renfort au siége de la Mirandole, 1510. (Garnier, *Hist. de France*, T. XXI, p. 296.) Il se trouva aussi à l'entrée de la reine à Paris.

Il épousa Antoinette de Pontbriant, fille de François, Sgr de Nieuil près Limoges ; elle vivait en 1523, 1544. De ce mariage, vinrent : 1° Marie de Montchenu, dame de Guercheville, mariée : 1° avec Claude, Sgr de Châteauvieux ; 2° avec Louis d'Harcourt, baron de Macy en 1538 ; 3°, en 1557, avec Antoine, Sgr de Pons, comte de Marennes, etc., chevalier des ordres du roi : elle mourut au mois de mars 1560 ; 2° ..... (Simplic., T. V, p. 148.)

[MONTCHEUIL, châtellenie du diocèse de Limoges, mouvante de la baronnie de Nontron, et d'où la terre de Saint-Martial de la Valette a été démembrée.]

V. Audier, Sr de Montcheuil, T. I, p. 102. — Moreau, Sr de Montcheuil.

MONTCOCU (3).
Aymeric de Montcocu, chevalier, épousa Agnete de Comborn, fille d'Archambaud VIIIe du nom, et de Marguerite du Pont ou de Pons, vers 1275.

---

(1) La page 765, où était ce nom, est déchirée. Montbron est un chef-lieu de canton arrondissement d'Angoulême (Charente).

(2) Nieul, chef-lieu de canton, arrondissement de Limoges (Haute-Vienne).

(3) La page 2165, où Nadaud avait des notes sur cette maison, est déchirée. — Le village de Montcocu est paroisse d'Ambazac, arrondissement de Limoges (Haute-Vienne).

DU LIMOUSIN.

Meilhot de Montcocu épousa Galiene de Maraval, veuve de Gui de Razès ; elle testa en 1387.

[MONTEGENI.
Aymeric de Monte-Geni est dans les registres de Borsandi, notaire à Limoges, p. 52, n° 540, *apud* D. COL.]

MONTÉGUT (1).
Philippe de Montégut épousa, le 10 février 1664, Gabrielle de Vars, fils d'autre Gabriel, Sr du Cluzeau, paroisse de Saint-Hilaire-des-Coux, élection de Saintes, et de Ozanne de Bourgneuf.

MONTEIL (1).

MUNTERMY.
Jean de Montermy, Sr de la Garde, paroisse de Saint-André-de-Lidon (2), élection de Saintes, fut trouvé gentilhomme en 1598.

MONTERUC (3).
Catherine de Monteruc, *alias* Montruc, fille d'Etienne, chevalier, et de Marguerite de Meaulce, veuve de Raymond Aubert, épousa, par contrat du 18 avril 1696 (signé de Barda), noble homme Mgr Regnault de Roffignac, chevalier, coseigneur de Saint-Germain-les-Vergnes (4), veuf de ..... de Cramaud. Elle porta la terre de Meaulce, diocèse de Nevers. Le 12 février 1401 (*vieux style*), elle ratifia le mariage de sa sœur Louise de Monteruc, avec Jean de Roffignac, qui suit. Etant *ancienne*, n'ayant point d'hoirs, et voyant que sa sœur Louise était chargée de plusieurs enfants, elle lui fit une donation de tous ses droits sur cette terre de Meaulce.
Par le même contrat du 18 avril 1696, Louise de Monteruc, sœur de Catherine ci-dessus, Jean ou Johannot de Roffignac, chevalier, S^{gr} de Richemont, paroisse de Blom (5), la Motte, Saint-Germain-les-Vergnes, et en partie de la ville d'Alassac (6), en Bas-Limousin, fils de Regnault ci-dessus, et neveu de Mgr de Poitiers, Simon de Cramaud.
Guyonnette de Monteruc, fils d'Etienne, chevalier, du diocèse de Limoges, épousa, par contrat du 4 octobre 1378, noble et puissant Jean d'Aubusson, chevalier, S^{gr} de la Borne, du Monteil-au-Vicomte et de la Feuillade.

---

(1) Montégut et Monteil étaient à la page 2166, déchirée. La page 2166 renfermait aussi des notes sur la maison de Monteruc.
(2) Saint-André-de-Lidon, canton de Gémonac, arrondissement de Saintes (Charente-Inférieure).
(3) Monteruc ou Montruc, paroisse de Rancon, canton de Châteauponsac, arrondissement de Bellac (Haute-Vienne).
(4) Saint-Germain-les-Vergnes, canton et arrondissement de Tulle (Corrèze).
(5) Blond, canton et arrondissement de Bellac (Haute-Vienne).
(6) Allassac, canton de Donzenac, arrondissement de Brive (Corrèze).

Marie de Monteruc, fille unique de Pierre, épousa, en 1416, François Guillerius, communément Guillon. (BALUZE, *Vit. pap. Aven.*, T. I, col. 935.)

MONTESPAN (1).

[MONTESIGONIS.
On trouve dans les registres de Roherii, notaire à Limoges, p. 88, n° 76, *apud* D. COL., Jean de Monte-Sigonis.]

MONTENTEN.

Jean Montenten, écuyer, Sr de Chavagnac, de la ville de Saint-Germain (2), près Masseré, épousa, en 1766, Marie Espinet, veuve.

MONTFERMY, Sr de la Barre et de la Motte-Touvre, paroisse de Saint-André-de-Lidon (3), élection de Saintes, porte : *d'azur, à un lion rampant d'or, armé de sable, à 3 étoiles d'argent en chef.*

I. — Etienne de Montfermy épousa, le 12 juin 1523, Madelaine Guyton.

II. — François de Montfermy épousa, le 26 mars 1550, Marie Guyton.

III. — François de Montfermy épousa, le 3 août 1591, Elisabeth de Massougnes.

IV. — René de Montfermy épousa, le 27 février 1617, Antoinette Courault, dont 1° François, qui suit ; 2° Jean, qui se maria.

V. — François de Montfermy, Sr de la Barre, épousa, le 11 janvier 1661, Jeanne des Mouttiers.

V *bis*. — Jean de Montferny, Sr de la Motte-Touvre, épousa, le 29 juin 1662, Anne Pousteau.

MONTFERRAND, Sr de Lussand et de Gouvelet, paroisse de Champaigne, élection d'Angoulême, porte : *d'azur, à 2 chevrons d'or.*

I. — Clément de Montferrand épousa, le 27 juin 1507, Clémence du Mosnard.

II. — Jacques de Montferrand épousa, le 7 avril 1545, Antoinette de Livenne.

III. — François de Montferrand épousa, le 7 mai 1579, Madelaine de Fontlebon.

IV. — Louis de Montferrand épousa, le 10 mai 1610, Susanne de Corlieu, dont : 1° François, qui suit ; 2° Jean, Sr de Gravelat ; ils partagèrent tous deux la succession de leur père, le 3 février 1661.

V. — François de Montferrand, Sr de Lussand, épousa, le 5 juillet 1655, Honorette Grand.

---

(1) Nadaud avait des notes sur cette famille à la page 2467, qui est déchirée.

(2) Saint-Germain, chef-lieu de canton, arrondissement de Saint-Yrieix (Haute-Vienne).

(8) Saint-André-de-Lidon, canton de Gémonac, arrondissement de Saintes (Charente-Inférieure).

[MONTFORT.
Dans les registres de Roherii, notaire à Limoges, p. 3, n° 4, *apud* D. Col., on trouve Bernard de Montfort.]

MONTFREBEUF, Sr de Razat (1).
Pierre de Montfrebeuf épousa, en 1560, Françoise du Muraud, fille de Jacques, Sr de la Pouge.
Marguerite de Montfrebeuf de Razat, du bourg d'Ayen, fille de feu Pierre, épousa, par contrat (reçu par Berthon) du 19 septembre 1585, Pierre Guitard, écuyer, Sr de la Borie et de Villejoubert, qui fit la branche de Montjoffre.

MONTFREBEUF, Sr de la Chabroulie, paroisse d'Ayen (2), élection de Brive : mêmes armes que les Montfrebeuf de Razat, *deux griffons* pour supports.

I. — Guillaume de Montfrebeuf, fit son testament le 28 juillet 1520. Le roi de Navarre lui accorda le droit de sépulture dans l'église d'Ayen, le 30 avril 1528; à Antoine, son fils, le 6 juin 1531; à Jean, son petit-fils, le 29 décembre 1556. Il épousa Raimonde Bouïer.

II. — Antoine de Montfrebeuf épousa Léonarde de Fialeix.

III. — Jean de Montfrebeuf fit son testament le 9 juin 1560, autre le 21 avril 1573; il épousa Jacquette de la Vauguyon.

IV. — Pierre de Montfrebeuf fit son testament le 6 février 1614, épousa, le 7 janvier 1599, Françoise de Lubersac, dont : Charles, qui suit.

V. — Charles de Montfrebeuf épousa, le 17 mai 1642, Marguerite Emoin.

Notes isolées.

Jean de Montfrebeuf, écuyer, Sr de la Nadalie, paroisse de Maraval, épousa Marguerite de Laimere, dont : Jean, qui suit.

Jean de Montfrebeuf, écuyer, Sr de la Nadalie, épousa, par contrat du 15 novembre 1604 (signé Bonneton) Madelaine Chataigner.

Jeanne de Montfrebeuf épousa, en 1591, à l'âge de vingt-cinq ans, Charles de la Mourinie (3), écuyer, Sr du Repaire, paroisse de Saint-Barthélemy-de-Villechalane; était veuve en 1612.

Catherine de Montfrebeuf épousa Jean de Lambertie, écuyer, S^{gr} de Maraval, qui était veuf en 1618.

---

(1) La généalogie de la maison Montfrebœuf de Razat était à la page 475, qui est déchirée. Lainé (*Nobiliaire du Limousin*) nous apprend qu'elle a prouvé depuis 1509, et que ses armes sont : *d'azur, au lion couronné d'or*. — Ce lieu de Montfrebœuf est paroisse de Marval, canton de Saint-Mathieu, arrondissement de Rochechouart (Haute-Vienne).

(2) Ayen, chef-lieu de canton, arrondissement de Brive (Corrèze).

(3) Le lieu de la Morinie est situé paroisse de Saint-Barthélemy, canton de Bussière-Badil, arrondissement de Nontron (Dordogne).

François de Montfrebeuf, écuyer, Sr de Prun, épousa Marguerite des Pousses, dont : Catherine, mariée à

Jean de Montfrebeuf, écuyer, Sr de la Nadalie, épousa Marie Pastoureaud, dont : Jean, qui suit.

Jean de Montfrebeuf, écuyer, Sr du Couvé, paroisse du Benay, diocèse de Poitiers, épousa, dans l'église de Champagnac-sur-Gorre (1), le 19 mars 1683, Susanne Virethon, veuve de Jean Judde, Sr des Noches.

Isaac de Montfrebeuf, écuyer, Sr de la Lande, paroisse de Cussac (2), épousa Anne de la Mosnerie, dont : 1o et 2o Jeanne et Marie, nées le 13 août 1647; 3o Henriette, née le 16 février 1649.

Antoine de Montfrebeuf, écuyer, Sr de la Chassagne, du village du Mas, paroisse d'Ayen, avait pour frère Gabriel de Montfrebeuf, ecclésiastique en 1764.

Marguerite de Montfrebeuf épousa noble Godefroi de Griffoules, Sr de Saint-Pantaléon, dont le fils Joseph fut tonsuré en 1714.

MONTFREBEUF. — *V.* GLENEST, Sr de la Morinie et de Montfrebeuf, T. III, p. 216.

MONTGAILLARD.

Antoine, Jean, Joseph et Simon de Montgaillard, paroisse de Villars, Tesson, Mensat et d'Olhac, dans l'île d'Oleron, furent trouvés gentilshommes en 1598.

François de Montgaillard épousa, le 12 juillet 1557, François Gua, Sr de la Rochebreuillet, paroisse de Breuillet (3), élection de Saintes, fils de Jean et de Isabeau Joubert de Barraud.

Marie de Montgaillard épousa, par contrat du dernier mars 1560, François Gombaud, Sr du Court, paroisse de Villars, élection de Saintes, fils de René et de Jeanne Guyneaudeau.

MONTGIBAUD, Sr du Vieux-Chatenet et de la Joubertie, paroisse de Salon (4) et de Montgibaud (5), porte : *d'argent, à un laurier de sinople, sortant d'un croissant de sable.*

I. — Antoine de Montgibaud fit son testament en faveur d'Antoine, son fils, le 25 juillet 1532.

II. — Noble Antoine de Montgibaud épousa, par contrat du 26 août 1537, Françoise Gentil; elle fit son testament le 16 avril 1578, dont : 1o Hélie, qui suit; 2o Paul, qui a fait la branche de la Joubertie; 3o Marguerite, qui fit donation (reçue par des Garauds) à Hélie, son frère, le 23 février 1590; 4o François; 5o Madeleine.

---

(1) Champagnac, canton d'Oradour-sur-Vayres, arrondissement de Rochechouart (Haute-Vienne).

(2) Cussac, canton d'Oradour-sur-Vayres, arrondissement de Rochechouart (Haute-Vienne).

(3) Breuillet, canton de Royan, arrondissement de Marennes (Charente-Inférieure).

(4) Salon, canton d'Uzerche, arrondissement de Tulle (Corrèze).

(5) Montgibaud, canton de Lubersac, arrondissement de Brive (Corrèze).

III. — Hélie de Montgibaud épousa, par contrat du 14 octobre 1571, Elisabeth de Hugon, dont : 1° Antoine, qui suit; 2° …..

IV. — Noble Antoine de Montgibaud, fils d'Hélie, de la paroisse de Masseré (1), épousa, par contrat (reçu par des Gerauds) du 27 août 1595, Jeanne de Vincent, fille de noble Bertrand de Vincent, Sr du Breuil de Coussac (2), dont : 1° Hélie, qui suit; 2° François, tonsuré en 1560, chanoine de Saint-Germain (3) en 1565.

Les preuves de noblesse de cette famille furent trouvées bonnes en 1598.

V. — Noble Hélie de Montgibaud, S^r dudit lieu et du Vieux-Chatenet, paroisse de Libersac, épousa, par contrat du 19 février, et le lendemain, dans l'église de Libersac, 1623, Léonarde de la Fraigne, fille de Bertrand de la Fraigne, juge de Bré, dont : 1° Bertrand, qui suit ; 2° François, qui transigea avec Bertrand, sur les successions de leurs père et mère, le 6 avril 1666.

VI. — Bertrand de Monbgibaud, Sr du Vieux-Chatenet, épousa, par contrat sans filiation du dernier février 1652, Madelaine de la Vauonie.

Isabeau de Montgibaud épousa, le 4 février 1618, François Desperut, fils d'autre François et d'Antoinette de Bertrand, de Lubersac, veuf de Françoise du Garraud.

Branche de la Joubertie.

III bis. — Pauli de Montgibaud, écuyer, Sr de la Joubertie, fit son testament le 23 juillet 1619, et, le 21 juillet 1624 (reçu Brachet, insinué à Limoges), veut être enterré dans l'église de Montgibaud. Il épousa, par contrat du 5 juillet 1592 (reçu par de Thouron), Renée de Hugon, ou Reyne de Gui, dont : 1° Antoine, qui suit; 2° Isabeau, mariée avec ….., lieutenant de Bré ; 3° Marguerite.

IV. — Antoine de Montgibaud, Sr de la Joubertie, épousa, par contrat du 30 septembre 1622, Françoise de Fraisseys Gentil du Breuil.

V. — François de Montgibaud, Sr de la Joubertie, mourut, à soixante-cinq ans, le 7 juillet 1698, inhumé à Montgibaud.

Notes isolées.

Isabeau de Montgibaud de la Jobertie, paroisse de Meulzac (4), épousa, dans l'église de Montgibaud, le 14 février 1696, Jean Burguet, Sr du Cherchaud.

François de Montgibaud, mourut le 12 février 1698, fut inhumé à Montgibaud.

Noble Charles de Mongibaud, paroisse de Masseré, écuyer, S^r de la

---

(1) Masseré. canton d'Uzerche, arrondissement de Tulle (Corrèze).
(2) Coussac, chef-lieu de canton, arrondissement de Saint-Yrieix (Haute-Vienne).
(3) Saint-Germain, chef-lieu de canton, arrondissement de Saint-Yrieix (Haute-Vienne)
(4) Meuzac, canton de Saint-Germain, arrondissement de Saint-Yrieix (Haute-Vienne).

Vernine, épousa, dans l'église de Libersac, le 30 octobre 1690, Marguerite Besse, du bourg de Troche (1), veuve, 1718.

Noble Charles de Montgibaud, Sr de la Salle, du bourg de Saint-Ibard, épousa Catherine Tautilhon ; elle mourut, à quatre-vingts ans, veuve, le 7 février 1714, fut inhumée à Saint-Ibard (2), dont : 1° un garçon, né le 28 novembre 1676, mort le même jour ; 2° Jeanne, née lesdits jour et an.

Isabeau de Montgibeau, femme de Jean Chabrol, mourut, à quarante ans, le 8 décembre 1707, fut enterrée à Corbier.

Marguerite de Montgibaud mourut, à cinquante-cinq ans, à la Gaudie, paroisse de Lubersac, le 8 octobre 1694.

Marguerite de Montgibaud, femme, en 1629, de Léonard Gros, fils de Jacques, notaire royal.

Hélie du Vieux-Chatenet, Sr de las Bardourias, mourut, au château de la Grenerie, paroisse de Salon, le 11 septembre 1731, fut enterré à Masseré.

……, religieuse à Saint-Pardoux-la-Rivière, mourut en 1747.

Bertrand de Montgibaud, écuyer, Sr du Vieux-Chatenet, mourut le 25 mars 1727, fut enterré dans l'église de Masseré, paroisse de Salon. Il avait épousé Philippe de Boisseuil ; elle mourut, à soixante-sept ans, le 15 octobre 1707.

[Bertrand de Montgibaud, lieutenant général des armées du roi, et ci-devant lieutenant des gardes du corps du roi, mourut, à Saint-Germain-en-Laye, le 29 janvier 1763, âgé de quatre-vingt-quatre ans.]

Anne de Montgibaud épousa, par contrat du 3 février 1628, Paul de Saint-Marsaud, Sr de Chalais, paroisse de Condat (3) près Uzerche, fils de Jean et de Flavienne de Toscane.

MONTGRAND, Sr de Montsorand, paroisse de Condion, élection de Saintes, porte : *de gueules, à un monde d'or en abime, accompagné de 4 étoiles aux quatre coins.*

I. — Jean de Montgrand, en faveur duquel Gaillard des Montaignes fit une donation le 17 novembre 1524, épousa Jacquette Disant.

II. — René de Montgrand épousa Catherine Duval, par contrat du 6 janvier 1552, portant pacte de rachat, en faveur dudit René, de Jean de Montgrand, son père, et de Pierre, frère de René.

III. — Pierre de Montgrand épousa, par contrat du 14 décembre 1594, Marie de Vraine. (Des Coutures dit de Vienne.)

IV. — Geofroy de Montgrand épousa, par contrat du dernier novembre 1634, Marthe Affaneur.

V. — Pierre de Montgrand épousa, par contrat du 26 février 1659, Jeanne Beaujardin.

Cette maison fit ses preuves en 1598, et elles furent trouvées bonnes par les commissaires du gouvernement.

---

(1) Troche, canton de Vigeois, arrondissement de Brive (Corrèze).
(2) Saint-Ybard, canton d'Uzerche, arrondissement de Tulle (Corrèze).
(3) Condat, canton d'Uzerche, arrondissement de Tulle (Corrèze).

DE MONTIBUS. — *V.* Des Monts, p. 256.

DES MONTIERS (1).
XII. — François des Montiers, né le 29 avril 1706, chevalier, Sr d'Aubi et de la Valette (2), cornette au régiment de Condé, épousa, par contrat du 23 janvier 1739, Catherine-Charlotte de Jousserand de Lairé, fille de feu Charles, Sr de Lairé, et de feue Catherine de Rechignevoisin de Guron, du lieu noble de Cannay, du diocèse de Poitiers; dont : 1° Renée, Dlle des Montiers, née le 14 décembre 1739, élevée à Saint-Cyr; 2° François-Joseph, Sr de la Valette, née le 10 janvier 1741, garde-marine, 1757; 3° René, né le 1er juillet 1742, prieur d'Aubi; 4° Catherine, née le 9 février 1747, morte à Saint-Cyr; 5° et 6° François-Célestin et Madelaine-Eléonor, morts en bas-âge.

Notes isolées.

Marie des Montiers épousa, en 1721, Charles de Chardebeuf, écuyer, Sr de la Grandroche.

Elisabeth des Montiers épousa, en 1736, Etienne Ferré, écuyer, Sr de la Jarroudie, paroisse de Brigueil-l'Aîné (3).

Anne-Marie des Montiers d'Aubi épousa : 1°, en 1705, Jacques de Julien, écuyer, Sr de la Côte, paroisse de Saint-Martin-de-Jussac (4), et du Mesnieu; 2°, dans l'église d'Etagnac, le 17 février 1716, François de Marsanges, chevalier, Sr de la Cour de Vauri (5), fils de Paul et de Anne de Brettes du Cros.

Jacquette des Montiers épousa noble Jacques Périer, paroisse de Nouic, écuyer, Sr de la Motte de Gain, dont le fils Pierre fut tonsuré en 1630.

MONTIGNAC, fief de l'Angoumois, hors la généralité de Limoges, et qui appartenait à la maison de la Rochefoucaud. — *V.* La Rochefoucaud. Nous n'en dirons plus rien ici.

MONTIGNAC, fief sur la paroisse des Allois (6) ou de Feytiat (7).

---

(1) Nadaud avait établi la généalogie de la maison des Monstiers de Mérinville aux pages 2167, 2168, 2169, 2170, 2171, 2172, qui, toutes, sont déchirées. C'est à la page 2173 que nous trouvons le XIIe et dernier degré de cette généalogie que nous donnons ici. Nous glanons, à différentes pages de son manuscrit, les notes qui font suite.

(2) Aubi et la Valette sont paroisse de Nouic, canton de Mézières, arrondissement de Bellac (Haute-Vienne).

(3) Brigueil-l'Aîné, canton et arrondissement de Confolens (Charente).

(4) Saint-Martin-de-Jussac, canton de Saint-Junien, arrondissement de Rochechouart (Haute-Vienne).

(5) Vaulry, canton de Nantiat, arrondissement de Bellac (Haute-Vienne).

(6) La paroisse des Allois est réunie à celle de la Geneytouse, canton de Saint-Léonard arrondissement de Limoges (Haute-Vienne).

(7) Feytiat, canton et arrondissement de Limoges (Haute-Vienne).

MONTILS.

Louis et Charles des Montils, S^rs de ....., paroisse de ....., élection de Saintes, furent trouvés gentilshommes en 1598.

Claude des Montis épousa Renée du Bois, dame de Migronneau, paroisse de Saint-Sulpice en Angoumois ; elle se remaria, par contrat du 25 décembre 1584, à Balthazar d'Anjac, écuyer, Sr de Corbenit.

Antoinette des Montils épousa, le 1er janvier 1578, Daniel Moreau, fils de Louis et de Marguerite Brun, paroisse de Saint-Sornin (1), élection de Saintes.

[MONTJALOT ou MONJALOT.]

MONTJON.

Jean Montjon, Sr de la Vergne, de la ville de Saint-Junien, épousa Catherine Dupont, dont : Marguerite, mariée, par contrat du 21 décembre 1593 (signé Codet), Joseph de Petiot, juge ordinaire de la ville de Limoges : elle porta 300 écus, revenant à 9,000 livres.

François Montjon, écuyer, Sr de la Grange, paroisse de Chassenon (2), fit son testament le 28 novembre 1594, et un codicille le 15 mars 1601 ; il épousa Catherine Cousturier, dont : 1° Marie, mariée, en 1595, à Jean de Nesmond ; 2° Marguerite, mariée, par contrat du 17 janvier 1629 (signé Goursaud), à Joseph Robert, notaire, fils de feu Alain, procureur fiscal de l'abbaye de Saint-Cibar près d'Angoulême, et de Georgette Bertheau.

Jean, Catherine et Marguerite, enfants naturels.

[Jean-Baptiste Montgeon, écuyer, Sr de la Vergne. — *V.* p. 2112, art. V, Joseph LONDEIX (3).]

Antoine Montjon, Sr de Châteaugaillard, près de la ville de Saint-Junien, ancien conseiller au parlement de Bordeaux, fut enterré dans l'église collégiale dudit Saint-Junien, le 21 janvier 1726.

MONTLEBEAU. — *V.* SIMONNET, Sr de Montlebeau.

MONTLEUX.

Noble Guillaume de Montleux, héritier de noble Denis Joubert, damoiseau, de la ville de Saint-Léonard de Noblac, épousa ....., dont : Léonet, qui suit.

Noble Léonet de Montleux, S^r dudit lieu et du Palam, paroisse de Moissannes (4), rendit hommage-lige au S^gr du Doignon en 1462.

---

(1) Saint-Sornin, canton et arrondissement de Marennes (Charente-Inférieure).
(2) Chassenon, canton de Chabanais, arrondissement de Confolens (Charente).
(3) Cette page est déchirée.
(4) Moissannes, canton de Saint-Léonard, arrondissement de Limoges (Haute-Vienne).

MONTLOUIS.
Pierre de Montlouis, écuyer, paroisse de Lussac-les-Eglises (1), épousa : 1º .....; 2º, en 1769, Marie Naude, de la paroisse de Verneuil (2).

[MONTMEA.
Noble Hélie de Montmea est témoin dans un acte du 22 avril 1458. (Registres de Fagia, notaire, chez M. Ardant, notaire à Limoges, fol. 83.)]

MONTMÉGE. — *V.* Souillac, marquis de Montmége.

MONTMEYNARD.
Hélie de Montmeynard, damoiseau, paroisse de Salagnac (3), 1311, épousa Colombe, fille de Hugue de Laval, dit autrement de la Barde, chevalier.
Noble Antoine de Montmeynard, Sr de Lavau de Pougniat, paroisse du bourg de Salanhac, épousa Marie le Dreu, dont : Jeanne, baptisée le 29 novembre 1615, mariée à Gilbert de Lestang, écuyer, Sr de Regnemere.

[MONTMOREAU, baronnie de l'Angoumois, dont la justice s'étend sur quatre paroisses; elle valait, en 1598, environ 5,000 livres de revenu.
N..... de la Rochefoucaud-Pontville, marquis de Montmoreau, vivait en 1698.

MONTOLION.
Audier de Montolion, chevalier. (Voyez mes *Mém. mss. abb. Lim.*, p. 513.)

MONTROCHE (4).

MONTROCHIER (5).
François de Montrochier était mort avant 1563 ; il avait épousé ....., dont : Jeanne, mariée à noble Pierre de Razès, écuyer, Sr de Monisme et d'Ablon, par contrat passé au château d'Oradour-sur-Glane, le 23 novembre 1565.

---

(1) Lussac-les-Eglises, chef-lieu de canton ecclésiastique, arrondissement de Bellac (Haute-Vienne).
(2) Verneuil-Moutiers, canton du Dorat, arrondissement de Bellac (Haute-Vienne).
(3) Le Grand-Bourg-de-Salagnac, chef-lieu de canton, arrondissement de Guéret (Creuse).
(4) Nadaud indique la page 586 pour Montroche, mais elle est déchirée. Voir aussi Corbier, Sr de Montroche, T. I, p. 493 et 599.
(5) La généalogie de la maison Montrochier était à la page 586, déchirée.

MONTROUX, Sr de Rignac, paroisse de Grandsaigne (1), élection de Tulle, porte : *d'azur, à un cor de chasse d'or, accompagné d'un soleil de même à dextre, et d'une lune d'argent à senestre, surmonté d'une étoile aussi d'argent.*

I. — Jacques-Jean de la Villate, *alias* de Montroux, obtint des lettres de grâce à Bordeaux, le ... juin 1543, fit son testament le 14 septembre 1551, épousa ....., dont : 1º Antoine, qui suit ; 2º Pierre, moine à Meymac, tonsuré en 1536, prêtre en 1548.

II. — Antoine de Montroux épousa Gabrielle de Mirambel ; étant veuve, elle fit donation à Rodolphe, son fils, le 15 juin 1590 ; elle fit un testament en faveur de Jean, son petit-fils, fils de Rodolphe, le 13 décembre 1599, dont : Rodolphe, qui suit.

Cette maison fit ses preuves de noblesse en 1598, et les commissaires du gouvernement les trouvèrent bonnes.

III. — Rodolphe de Montroux fit son testament le 7 mars 1622, épousa Gabrielle Philip de Saint-Vience ; elle fit son testament le 16 mai 1629, dont : Jean, qui suit.

IV. — Jean de Montroux épousa, par contrat sans filiation du 21 décembre 1631, Marguerite de Lentilhac.

V. — Charles de Montroux épousa, le 26 février 1664, Marguerite de Ferrières de Sauvebeuf (2).

MONTROUX de la Villatte, Sr de Peyrissac (3), paroisse dudit lieu, élection de Tulle, porte : *d'azur, à une bande de sable, chargée de 3 étoiles d'argent.*

P..... La Vilata, chevalier, épousa ....., dont : Agnez, veuve de Jean Germain. (*Nécrolog. Solemniac.*)

I. — Frenol de la Villatte, damoiseau, donne, avec sa femme, une procuration, le 5 octobre 1478. Il épousa Isabeau de la Villattière, dont : 1º Antoine, qui suit ; 2º Agnez, mariée à Jean Moreant, lequel accorda quittance à Antoine, son beau-frère, le 27 mai 1496 ; 3º Antoine, tuteur des enfants d'Antoine, son frère, lequel Jacques eut quittance des legs faits par Frenol, le 23 février 1505. Ledit Jacques fit son testament le 12 juillet 1517.

II. — Noble Antoine de la Villatte, Sr de Montroux, épousa Jacquette de Gravierres, dont : 1º Jean, qui suit ; 2º François, écuyer, Sr de Trenchelion près Pierrebuffière, Tourdonnet, l'un des 100 gentilshommes de la chambre du roi, fit son testament le 7 décembre 1586 (reçu Bessoule), puis une donation, le 25 juillet 1593, à Marguerite, sa sœur ; fut enterré, le 16 mai 1603, dans l'église du monastère de Sainte-Croix de Pierrebuffière (4), aux tombeaux de la maison de Trenchelion. Il était

---

(1) Grandsaigne, canton de Bugeat, arrondissement d'Ussel (Corrèze).
(2) Voir ci-après Moreau, Sr de Rignac.
(3) Peyrissac, canton de Treignac, arrondissement de Tulle (Corrèze).
(4) Pierrebuffière, chef-lieu de canton, arrondissement de Limoges (Haute-Vienne).

accompagé de plusieurs gentilshommes, des prêtres de Coussac, Chervix, Vic, Saint-Priest-Ligoure, la Roche-l'Abeille et autres paroisses y assistèrent : on leur donna à dîner et à chacun un teston. Les prêtres de Pierrebuffière allèrent à Tourdonnet, où il avait rendu l'esprit la veille, y dirent trois messes en notes dans la chapelle, et y déjeunèrent, et, le service fait à Pierrebuffière, dînèrent à Trenchelion; et leur fut baillé un teston par homme, et au curé de Pierrebuffière, qui avait dit la messe des morts et fait l'oraison funèbre, deux testons. On donna l'aumône à un nombre infini de pauvres. Il avait épousé Jeanne de la Guarde, veuve d'Antoine de la Guarde (registres de Pierrebuffière); elle fit un testament (signé des Maisons) le 21 mars 1578, et un autre (reçu Vermeilh) le 13 novembre 1585; elle mourut à Ussel. De ce mariage naquirent : *A* N..., S^{gr} de Trenchelion, Tourdonnet, Montroux et la Garde, fut inhumé, le 25 octobre 1603, dans l'église de Sainte-Croix de Pierrebuffière, èz tombeaux de ses prédécesseurs; fut grandement regretté, non-seulement des siens, mais de ceux qui l'avaient connu, car il était homme de bien, opulent et riche (registres de Pierrebuffière). Il épousa ....., fille de N..... de Barrand, gentilhomme de Gascogne; elle n'habita que quinze jours avec son mari; elle et sa mère arrivèrent au château de Tourdonnet sept jours avant sa mort. Il donna à sa femme les clefs de son cabinet, où elle trouva un grand trésor avec des pierreries inestimables. — *B*. Isabeau, dame de Trenchelion, qui mourut à Brivezac, et fut portée inhumer à Pierrebuffière, où l'on fit le service, le 8 septembre 1591; elle avait épousé Balthazard de Montaignac, écuyer, Sr de Trenchelion, par contrat (reçu des Maisons) du 21 mars 1581 (registres de Pierrebuffière); *C*. Jeanne, mariée à Robert le Loup, écuyer, Sr de Pichonnas en Auvergne, paroisse de Bourgey, fils de Péronnette de Blanzac, dame de Montfay, par contrat (signé Constant), passé au château de Tourdonnet, le 20 décembre 1589; 3º Autre Jean, abbé de Bonnaigue, 1564, mort en 1603; 4º Marguerite, mariée, le 16 janvier, avec Jean de Sartiges, damoiseau, Sr de Lavandés. (HOZIER, *Arm. génér.*, Ier registr., p. 503.)

III. — Jean de la Villatte, *alias* de Montroux, Sr de Montroux, écuyer, Sr de Peyrissac, paroisse de Mestes, héritier de Jacques, son oncle, d'Antoine, son père, donna procuration le 31 août 1538. Il épousa Isabeau de Cavagnac, dont : 1º Jean, qui suit; 2º Jean, tonsuré en 1546, profès à Maimac, 1553, prévôt de la Faye, dépendant de Solignac, 1564; 3º autre Jean, abbé de Bonnaigue, 1602, mort en 1622.

IV. — Jean de la Villatte, Sr de Montroux, épousa, par articles du 23 juillet 1564, Marguerite du Breuil, dont : 1º Antoine, qui suit; 2º Jean, abbé de Bonnaigue, 1624.

V. — Antoine de Montroux fit son testament le 3 janvier 1617, et le 19 juin 1621. Il épousa, par articles du 10 juillet 1594, Judith de Lubersac, dont : 1º Jean, qui suit; 2º .....

VI. — Jean de Montroux, Sr de Peyrissac, paroisse dudit lieu, fit son testament le 6 septembre 1645; il épousa Marguerite de Nadaillac, dont : 1º Jean, qui suit; 2º Marc-Philippe, abbé de Bonnaigue, 1661, mort en 1714; 3º François, tonsuré en 1651.

VII. — Jean de Montroux épousa, le 22 juillet 1656, Marguerite de Lescot.

François-Philippe de Montroux, Sʳ de Peyrissac, épousa, le 21 mars 1686, Madelaine Pradel, veuve, fille de Daniel Pradel, Sʳ de la Maze, et de Marion de Roffignac.

[N..... de la Villatte, chevalier de Malte, commandeur de la Ville-Dieu, depuis 1750, par grâce magistrale, et de Montbrison depuis 1770, vivait en 1778. (*Fast. milit.*, 1779, T. II, p. 618.)]

[DES MONTS ou DE MONTIBUS.

Gui des Monts se trouve fréquemment dans les registres de Borsandi et de Roherii, notaires à Limoges, *apud* D. COL.

Boson de Montibus. (Regist. de Roherii, p. 66, nº 56, *ibidem*.)

Guitard de Montibus, *alias* de las Lebros. (*Ibidem*, p. 77, nº 57.)

Guitard de Montibus de Leporibus. (*Idem*, p. 9, nº 8, *ibidem*.)

MONTVOLLIER (1).]

MORAS, Sʳ de Lavau, de Blanzac (2) et de Beauclerc, paroisses de Blanzac et d'Ambazac, porte : *de gueules, à deux épées d'argent en sautoir, la pointe en haut, accompagnées de 4 molettes d'éperon de même.*

I. — Jean-Michel de Moras, commissaire établi au régime et gouvernement des fruits de l'abbaye de Bénévent, 1552, fait diverses procédures en conséquence de cet établissement en 1553, baron de Favars au royaume de Naples, fit son testament le 13 avril 1555. Il épousa ......, dont : 1º César, qui suit ; 2º Fabien, qui obtint des lettres de naturalité, le 20 juillet 1565 ; 3º Camille.

II. — César de Moras obtint des lettres de naturalité, le 20 juillet 1565 ; était écuyer, Sgʳ de Chamborant ; tenait en confidence l'abbaye de Bénévent en 1597. Il épousa, par contrat sans filiation du 5 novembre 1566, Gabrielle Faulcon, dont : 1º Antoine, qui fit peut-être la branche de Chamborant ; 2º Gaspard, Sʳ de la Geaubert, fut inhumé au bourg de Salagnac (3), le 1ᵉʳ février 1617, fit une branche ; 3º Horace ou Heram, qui suit ; 4º Charles ; 5º Anne, mariée, le 29 décembre 1598, à Jean de la Vergne, écuyer, Sʳ de Champaignac, fils de noble Albert ou Imbert et de Jeanne Bazin de Puyfaulcon.

III. — Horace de Moras, tonsuré en 1592, épousa, par contrat du 13 avril 1618, Gabrielle Père, dont : 1º Charles, Sʳ de Lavaud, qui suit ; 2º Jean, Sʳ de Beauclerc, qui a fait une branche.

IV. — Charles de Moras, Sʳ de Lavaud, épousa, par contrat du 8 juillet 1647, Marie de Villelume.

---

(1) Montvollier était à la page 2446, qui est déchirée. La famille Lamy a possédé longtemps le fief de Montvallier, à Saint-Junten, arrondissement de Rochechouart (Haute-Vienne).

(2) Blanzac, canton et arrondissement de Bellac (Haute-Vienne). Ambazac, arrondissement de Limoges (Haute-Vienne). Lainé, dans son *Nobiliaire du Limousin*, indique le champ de l'écu *d'azur*, et dit que Jean-Michel de Moras était baron de Fanal, au royaume de Naples.

(3) Le Grand-Bourg de Salagnac, chef-lieu de canton, arrondissement de Guéret (Creuse).

Jacques de Moras, écuyer, Sr de Lavaud, de Blanzac, épousa Françoise Dupin de Beyssac (1), dont : Léonard-Charles, né à Montcocu, paroisse d'Ambazac, le 24 mai 1695.

IV bis. — Jean de Moras, écuyer, Sr de Beauclerc et de Forestvieilles, paroisse d'Ambazac, où il mourut le 21 mars 1678. Il avait épousé, par contrat du 18 février 1659, Marie de Mayres, peut-être fille de noble Clément et de Marie de Forestvieilles : elle mourut le 8 janvier 1666, fut enterrée à Ambazac. De ce mariage : Louise, morte à l'âge de sept ans, et inhumée dans l'église d'Ambazac, le 11 novembre 1669.

Notes isolées.

Antoine de Marra, écuyer, Sr de Chamborant, 1629, épousa Honorée de Chasteau.

Gabriel de Mara, écuyer, Sr de le Faye-Chamborant, paroisse de Saint-Etienne de Fursac (2), épousa Léonarde, dont : Jean, né le 17 juin 1636; 2° Susanne, née le 7 février 1642.

Marc de Marras, écuyer, de la branche de ceux de Chamborant, Sr de la Bussière, paroisse de Saint-Etienne de Fursac, épousa Madelaine Rouhard, dont : Léonard, né le 1er avril 1657.

René de Moras, écuyer, Sr de Chamborant, épousa Marie Sornin, fille de Guillaume, Sr de Milhat, et de Susanne du Vignaud. Elle se remaria, par contrat du 19 décembre 1684, à Pierre la Fleur, Sr du Bouchaud, avocat et procureur du roi au siége de Bellac.

Louis de Maras, écuyer, Sr de Chamborant, épousa, en 1689, Anne Mondin de Montrostre de la Maison-Rouge.

Léonard de Moras, Sgr de Chamborant, 1720.

Jean de Mourra, Sr de la Josbert, fut tué à Chamborant, le 3 septembre 1631, inhumé le 4 au bourg de Salanhac.

Marie-Françoise de Moras de Lavau de Blanzac, paroisse de Bellac, épousa, en 1765, François Boisleau de la Tour de la Borderie, paroisse de Benet, diocèse de Poitiers.

Nicolas de Mauras, écuyer, Sr de Tauveirat, du bourg de Brigueil-l'Aîné, épousa Marguerite Roudareix. Elle se remaria, à l'âge de trente-deux ans, dans l'église de Nouic (3), le 1er juin 1756, à Jean Mallebay, notaire royal.

Jean de Moras, Sgr de Chamborand, épousa Catherine de Montmorenci, veuve de André de Bridiers. (MORERI, 1759.)

Jean de Mora, écuyer, Sr de Chamborant, épousa Marguerite du Breuil, dont : Françoise, mariée, en 1682, avec Mathieu Moulinier, Sr d'Auriéras, bourgeois.

Jacques de Marra, écuyer, paroisse de Chamborant, épousa, en 1769, Gabrielle Gallichier de Vaugoulour, paroisse de Peyrilhac (4).

---

(1) Probablement il faut lire du Pont de Beyssac, village de Peyrat près Blanzac.
(2) Saint-Etienne de Fursac, canton du Grand-Bourg, arrondissement de Guéret (Creuse).
(3) Nouic, canton de Mézières, arrondissement de Bellac (Haute-Vienne).
(4) Peyrilhac, canton de Nieul, arrondissement de Limoges (Haute-Vienne).

MORCELLI. — V. MORSELLI.

[MORCEU.
Guillaume Morceu, chevalier. (Voyez mes *Mém. mss. abb. Lim.*, p. 513.)

MOREAU.
Noble Jean Moreau, conseiller du roi en la sénéchaussée de Guéret, est nommé dans un contrat du 26 novembre 1668 (reçu Sudre, notaire), avec sa femme, Marie Perperot. (*Inv. tit. Celest. des Tern.*, p. 629.)]

MOREAU, Sr de Panloy et de la Tour, paroisse de Saint-Sornin (1), élection de Saintes, porte : *d'or, à un lion rampant de sable, armé, lampassé et couronné de gueules.* Supports : 2 *lions de sable.*

I. — Pierre Moreau épousa, le 16 janvier 1499, Marie Germain.

II. — Antoine Moreau épousa, le 16 octobre 1526, Anne Vigier, dont : 1° Louis ; 2° Claire ; 3° Claude ; 4° Charlotte, qui partagèrent la succession de leurs père et mère, le 31 janvier 1563.

III. — Louis Moreau épousa Marguerite Brun.

IV. — Daniel Moreau épousa, le 1er janvier 1578, Antoinette des Montils.

Cette famille fit ses preuves de noblesse en 1598, et elles furent trouvées bonnes par les commissaires du gouvernement.

V. — David Moreau épousa, le 11 décembre 1613, Marie Greslaud. Le 16 janvier 1647, elle fit son testament, par lequel elle fait ses legs à Jacob et à Jean, ses fils. De ce mariage : 1° Jacob, qui suit ; 2° Jean.

VI. — Jacob Moreau épousa, le 16 juin 1653, Elisabeth Guyton de Maulevrier.

MOREAU ou MOURAUD, Sr de la Tibarderie, paroisse de Maignac (2), porte : *de sable et d'argent, à 7 pilles, au chef contrepaillé de même, d'argent et de sable.*

I. — Gui Moreau ou Moureau, écuyer, Sr de la Tibardière, paroisse de Maignac, épousa, par contrat du 4 juin 1536, Françoise de Bans, au château d'Aguzon, châtellenie de Dun.

II. — Noble François du Mouraud, de la paroisse de Maignac, épousa : 1°, par contrat du 19 janvier 1573, Marguerite de Mosnard, dont : 1° Lucrèce, baptisée le 19 mai 1578 ; 2° Melchior, baptisé le 9 septembre 1584 ; 3° Anne, mariée, par contrat du 13 novembre 1602, à Hélie de Chardebeuf, écuyer, Sr d'Etruchat, fils de Claude, du lieu noble d'Etruchat ; 4° Jean, qui suit. Il épousa : 2° Françoise de Foureau, par contrat du 11 juin 1589, dont : 5° Marguerite, baptisée le 15 octbre 1595 ; 6° Mathurine, baptisée le 8 septembre 1597 ; 7° Noël, baptisé le 8 août 1599.

(1) Saint-Sornin, canton et arrondissement de Marennes (Charente-Inférieure).
(2) Magnac-Laval, chef-lieu de canton, arrondissement de Bellac (Haute-Vienne).

III. — Noble Jean du Mouraud, de la paroisse de Maignac, épousa, par contrat du 11 juin 1589, Françoise de la Rie; elle mourut le 2 septembre 1643, dont : 1º Jean, qui suit; 2º Charles, baptisé le 5 octobre 1610, tonsuré en 1633, prieur-curé de Nantiac en 1635; 3º François, qui a fait une branche; 2º Gaspard, Sr de Commargnac, baptisé le 18 mai 1618, marié, le 8 novembre 1637, à Antoinette Badou, fille de ....., juge châtelain de Champaignac.

IV. — Jean du Mouraud le Jeune, écuyer, Sr de la Tibarderie, épousa, par contrat du 19 septembre 1638, Françoise de Chambouraud, dont : 1º Henri, baptisé le 14 avril 1643; 2º Charles, baptisé le 5 avril 1644, 3º Susanne, baptisée le 24 novembre 1648.

Jean du Mouraud, écuyer, Sr de la Tibarderie et de la Faye, épousa Françoise du Mouraud, dont : 1º Françoise, née le 1er novembre 1670; 2º Pierre-Placide.; 3º Jean, né le 7 décembre 1677; 4º Marie-Mathée, née le 23 mars 1686.

IV bis. — François Moreau, peut-être de Moureau, écuyer, Sr de Leyraud, paroisse de Roussac (1), qui fut inhumé dans la chapelle de Notre-Dame à Châteauponsac (2), le 6 mars 1677, fit son testament le 2 septembre 1665. Il avait épousé, par contrat du 6 mars 1639, Françoise Combaud, dont : 1º Jean, 2º .....

Cette famille fit ses preuves de noblesse en 1598, et elles furent trouvées bonnes par les commissaires du gouvernement.

[MOREAUX, Sr de Rignac.

Rignac est une terre du Bas-Limousin, dans la sénéchaussée d'Uzerche. Son seigneur est d'une ancienne famille. Il portait autrefois le nom de Moreaux de Rignac. Cette terre est située dans l'élection de Tulle, et dans la paroisse de Grandsaigne (3).

I. — Jacques Moreaux, Sr de Rignac, obtint des lettres de grâce en juin 1543, testa, le 14 septembre 1551, en faveur de son fils. Il épousa ....., dont : Antoine, qui suit.

II. — Antoine Moreaux épousa Gabrielle de Mirambel, laquelle, étant veuve, fit donation, le 15 juin 1590, à son fils; puis un testament, du 13 décembre 1599, en faveur de son petit-fils. De ce mariage vint, entre autres, Rodolphe, qui suit.

III. — Rodolphe de Moreaux, qui fit son testament le 16 mai 1625. Il y fait mention de sa femme et de son fils, qu'il institue héritier. Il épousa Gabrielle Philip de Saint-Viance, dont : Jean, qui suit.

IV. — Jean de Moureaux épousa, le 21 décembre 1631, Marguerite de Lentillac, dont : Charles, qui suit.

V. — Charles de Moureaux épousa, le 26 février 1664, Marguerite de Ferrières de Sauvebeuf, sans doute celle qui, en 1698, est dite douairière de Rignac; elle était alors dame de Chamberet, dont : ......

---

(1) Roussac, canton de Nantiat, arrondissement de Bellac (Haute-Vienne).
(2) Châteauponsac, chef-lieu de canton, arrondissement de Bellac (Haute-Vienne).
(3) Grandsaigne, canton de Bugeat, arrondissement d'Ussel (Corrèze).

N..... de Rignac était commandeur du fort Saint-Vincent et vallée de Barcelonnette en 1778. (*Fast. milit.*, 1779, T. II, p. 656 (1).)]

MOREAU.

Jean-Nicolas-Thibaud Moreau, Sr de Villejalets, paroisse de Nontronneau (2) et de Montcheuil, paroisse et seigneurie de Saint-Martial de Valette (3), fils de Jean, Sr de Villejalets, avocat en parlement et juge de Nontron, et de Marie Forien. Il acheta une charge de trésorier de France à Poitiers, mourut subitement à Bordeaux, au mois de juillet 1772; il avait épousé Marie de Marcillac, dont : 1° Jean-Baptiste, tonsuré en 1763; 2° Nicolas-Marie, qui suit; 3° Henri-Radegonde, mariée, en 1771, à Pierre de la Combe-Maillard.

Nicolas-Marie Moreau de Montcheuil, écuyer, épousa, en 1770, Anne-Alexis Loret, paroisse de Saint-Projet, de la ville de Bordeaux.

MOREL. — *V.* FROMENTAL, T. II, p. 161.

MOREL, Sr de Lamaud et de Thiat, paroisse de Sainte-Anne, élection de Saintes, de la Palurie et des Marais, paroisse de Palluau (4), élection d'Angoulême, porte : *d'argent, à une aigle de sable en bande; écartelé d'or, à 3 fleurs de lys de sable, 2 et 1.*

I. — Ithier de Morel reçut une quittance le 17 septembre 1365.

II. — Pierre de Morel est dit fils d'Ithier dans une sentence du 25 janvier 1454, entre son fils Raymond et Jean de Saint-Galais. Il épousa Marthe Vigier.

III. — Raymond de Morel, auquel son père fit une donation le 4 décembre 1456.

IV. — Guillaume de Morel exécuta un retrait lignager, le 23 juin 1491, sur certains biens vendus par son père. Il épousa Marguerite de Brie.

V. — Joachim de Morel épousa ....., le 10 juillet 1508; il rendit hommage au Sr de Villebois le 19 septembee 1508.

VI. — Pierre de Morel, écuyer, viguier du bourg des Salles en Angoumois, épousa, le 4 mars 1537, Françoise de la Place, dont : 1° Raymond, qui suit; 2° Théophile, qui se maria en 1571; 3° Liette, mariée, le 2 août 1563, avec Pierre de Testard, écuyer, Sr du But. (HOZIER, *Arm. génér.*, Ier regist., p. 539.)

VII. — Raymond de Morel épousa : 1° le 30 juin 1578, Louise de Culand; 2°, le 1er novembre 1597, Jacquette Raymond, dont : 1° Pierre, qui suit; 2° Jean, qui se maria.

VIII. — Pierre de Morel épousa : 1°, le 17 avril 1694, Elisabeth de la Porte, dont : 1° René. Il épousa : 2° Marguerite de la Cour. Ses enfants firent un partage avec René, du premier lit, le 19 mars 1666. De ce

---

(1) Legros donne ici une généalogie que Nadaud a déjà donnée ci-devant, art. MONTROUX, Sr de Rignac.

(2) Lussac et Nontronneau, canton et arrondissement de Nontron (Dordogne).

(3) Saint-Martial-de-Valette, canton et arrondissement de Nontron (Dordogne).

(4) Palluau, canton de Montmoreau, arrondissement de Barbezieux (Charente).

second mariage naquirent : 2° Josué; 3° Charles; 4° André; 5° Moïse.

VIII bis. — Jean de Morel, fils de Raymond et de ladite Raymond, épousa, le 27 février 1630, Madelaine de la Porte, dont : 1° Jean, qui suit; 2° Jacques, qui se maria.

IX. — Jean de Morel épousa, le 17 février 1655, Silvie Saulnier.

IX bis. — Jacques de Morel épousa, le 7 avril 1655, Esther Vigier.

VII bis. — Théophile Morel épousa, le 21 mai 1571, Marie Raynaud, dont : 1° Hélie, qui suit; 2° Jean, qui se maria en 1613.

VIII. — Hélie de Morel épousa, le 30 juin 1621, Anne de la Porte; étant veuve, elle passa un bail au nom de Jean, son fils, le 26 avril 1656.

IX. — Jean de Morel, Sr de la Pallurie.

VIII ter. — Jean de Morel épousa, le 13 juin 1613, Marie de Sescaud.

IX. — René de Morel, Sr des Marais, épousa, le 12 juillet 1640, Jacquette de la Porte.

MORELIE. — V. MAURELIE.

[MORELL.
Raymond Morell, damoiseau, vivait en 1240. (Voyez mes *Mém. mss. abb. du Lim.*, p. 502.)]

MORENIE (1).
Suzanne de la Morenie épousa, par contrat du 30 mai 1629, Romain d'Olezon, écuyer, Sr de la Chablanchie et de Chez-Manzat, paroisse d'Auginhac (2). Elle testa le 10 décembre 1650; n'ayant aucun enfant, elle institue son mari.

MORICEL (3).

MORIN (4).
Favienne Morin, fille de feu Jean, écuyer, Sr de Signac, et de Marguerite-Hélie de Collonges, du lieu du Mas, paroisse de Vouthon (5) en Angoumois, épousa, par contrat du 14 mars 1631, Gaspard de Roffignac, de la branche de Belleville, veuf en secondes noces. Elle vivait en 1679.

MORINIE (6).

---

(1) Nadaud envoie à la page 2176 pour la famille Morenie; cette page est déchirée. Morenie est paroisse de Saint Barthélemy, canton de Bussière-Badil, arrondissement de Nontron (Dordogne).

(2) Auginhac, canton et arrondissement de Nontron (Dordogne).

(3) La généalogie de cette famille était aux pages 838 et 839; la page 833 avait encore quelques notes. Ces trois pages sont déchirées.

(4) La page 2241, qui est déchirée, avait les notes de Nadaud sur la maison Morin. Voir aussi ARFEUILLE, T. I, p. 50 et 120.

(5) Vonthon, canton de Montbron, arrondissement d'Angoulême (Charente).

(6) Cette famille était à la page 2176, qui est déchirée. Voyez aussi MOURINIE et MORENIE, ci-dessus.

MORNAIS.

François de Mornais, écuyer, Sʳ en partie de Bonnac (1) en Haute-Marche, épousa, Marie-Silvie Ajasson, dont : 1o Anne, née le 5 février 1701 ; 2o Claude, né le 5 mars 1702; 3o Marie, née le 14 juin 1703; 4o Jeanne, née le 31 juillet 1704; 5o autre Marie, née le 11 juillet 1705; 6o Léonarde, baptisée le 6 avril 1707; 7o Catherine, née le 11 novembre 1708; 8o Barbe, baptisée le 23 janvier 1710; 9o Madelaine, née le 25 février 1711; 10o Gabrielle, baptisée le 19 mai 1712; 11o autre Marie, née le 25 février 1715; 12o Louis, née le 31 août 1716.

MORSELLI.

Ademar Morselli, chevalier, paroisse de Champagnac-sur-Gorre (2), 1358, épousa Jeanne Guilherine.

..... Morcelle épousa ....., dont : 1o Marguerite, femme, en 1365, de noble Bertrand de Crassalvas; 2o Gohferie, femme, en 1365, de Pierre de Peyrat, damoiseau.

MORT. — *V.* MAUR.

MORTEMART. — *V.* ROCHECHOUART, branche de Mortemart.

MOSNARD, écuyer, Sʳ du Vignaud (3).

François du Mosnard, écuyer, Sʳ du Vignaud, épousa Esther Boyol, fille de Pierre, écuyer, Sgʳ de Montcocu, paroisse d'Ambazac (4), de Royère, paroisse de Bonnac (5), du Batiment, paroisse de Chamboret (6), et de Cieulx (7), et de Marie Rougier, vers 1585.

Marguerite du Mosnard épousa, par contrat du 19 janvier 1573, noble François du Mouraud ou Moreau, de la paroisse de Maignac (8); il se remaria le 11 juin 1589.

Gilbert du Mosnard, écuyer, Sʳ de Beaulieu, épousa Marie Sauzet, fille de Balthazar, paroisse de Saint-Martial (9) près Saint-Barbant, et de Charlotte Dupin, vers 1660.

Charles du Mosnard avait épousé Hippolyte Pasquet; elle se remaria, le 18 juin 1722, à Jean Preveraud.

Clémence du Mosnard épousa, le 27 juin 1607, Clément de Montfer-

---

(1) Bonnat, chef-lieu de canton, arrondissement de Guéret (Creuse).

(2) Champagnac, canton d'Oradour-sur-Vayres, arrondissement de Rochechouart (Haute-Vienne).

(3) Les pages 227 et 228, qui n'existent plus, contenaient la généalogie de cette maison. Les notes suivantes sont prises à différentes pages.

(4) Ambazac, chef-lieu de canton, arrondissement de Limoges (Haute-Vienne).

(5) Bonnat, canton d'Ambazac, arrondissement de Limoges (Haute-Vienne).

(6) Chamborêt, canton de Nantiat, arrondissement de Bellac (Haute-Vienne).

(7) Cieux, canton de Nantiat, arrondissement de Bellac (Haute-Vienne).

(8) Magnac-Laval, chef-lieu de canton, arrondissement de Bellac (Haute-Vienne).

(9) Saint-Martial, canton de Mézières, arrondissement de Bellac (Haute-Vienne).

raud, Sr de Lussand et de Gouvalet, paroisse de Champaignac, élection d'Angoulême.

MOSNEREAU, Sr de Champaigne, paroisse de Voulgezat (1), élection de Coignac, porte : *d'azur, à 3 fasces d'argent, surmontées de deux glands d'or en chef.*

I. — Pierre Mosnereau fit une vente le 10 février 1542, et obtint, comme mari de Cécile Vigier, quatre jugements en la sénéchaussée d'Angoulême, les 9 mars 1548, 3 mars 1549, 3 mars 1550, 15 décembre 1551. Il épousa Cécile Vigier, dont il eut : 1º Pierre, qui suit ; 2º Louise, qui se maria le 17 janvier 1551.

II. — Pierre Mosnereau épousa, le 21 août 1571, Antoinette de la Place.

III. — François Mosnereau épousa, le 21 novembre 1600, Isabelle Hastelet.

IV. — Gaston Mosnereau épousa, le 8 juin 1632, Marie de Lage.

MOSNERIE. — *V.* Aumosnerie, T. I, p. 104.

Anne de la Mosnerie épousa Jacques Guyot, écuyer, Sr de Maspinard et de la Nadalie, paroisse de Maraval (2), dont : Marc, né le 24 novembre 1656.

MOSNERON.

I. — Jean Mosneron épousa Catherine de Muret, dont : Jean-Baptiste, qui suit.

II. — Jean-Baptiste Mosneron, né sur la paroisse de Saint-Sylvestre (3), s'établit au Couret, paroisse des Eglises-en-Doignon (4), prit, pour la première fois, la qualité de *noble* dans son testament. Il épousa Françoise de Vaucourbeix, dont cinq fils mousquetaires : 1º [Jacques, qui suit] ; 2º .....; 3º .....; 4º .....; 5º .....; 6º ....., religieuse ursuline à Limoges ; 7º Marie-Elisabeth, mariée, en 1746, à François de la Cour, fils de Simon, et de Claudine de la Chapelle.

[III. — Jacques de Mosneron du Couret, chevalier de Saint-Louis, brigadier de la première compagnie des mousquetaires gris, était mort le 24 septembre 1780. Il avait épousé Dlle Marthe de la Loue de Malleval, qui était morte le 24 septembre 1780, dont, entre autres enfants : 1º N....., religieuse carmélite à Limoges, sous le nom de sœur Marie-Louise de Sainte-Angèle, qui prit l'habit le 24 septembre 1780, et fit profession le 6 octobre 1781, étant âgée de dix-neuf ans, un mois et six jours : elle vit en 1790 ; 2º N....., religieuse carmélite à Limoges, sous le nom de sœur Jeanne-Christine de Sainte-Agathe, prit l'habit le 7 octobre 1781, et fit profession le ..... 1782, étant âgée d'environ dix-

---

(1) Voulgeras, canton de Blanzac, arrondissement d'Angoulême (Charente).
(2) Maraval, aujourd'hui Marval, canton de Saint-Mathieu, arrondissement de Rochechouart (Haute-Vienne). Au tome II, p. 247, leur enfant est appelée Marie.
(3) Saint-Sylvestre, canton de Laurière, arrondissement de Limoges (Haute-Vienne).
(4) Aujourd'hui Saint-Laurent-les-Eglises, canton d'Ambazac, arrondissement de Limoges (Haute-Vienne).

neuf ans. Elle mourut dans son couvent, le 20 décembre 1788, âgée de vingt-cinq ans et trois mois.]

MOSNIER (1).

Sabienne de Mosnier, paroisse de Séreilhac (2), épousa, en 1769, François Igonin, paroisse de Saint-Martin-Terressus (3).

Elisabeth de Mosnier, du Moulin-Basti, paroisse de Bussière-Galand (4), épousa, en 1770, Henri Igonin, écuyer, Sr de Ribanhac.

[LA MOTTE (5)].

Noble François de la Motte, Sgr dudit lieu près Ventadour, et de Saint-Pardoux en Bas-Limousin, épousa, par contrat du 22 février 1588 (reçu par Garaud), Marguerite de Meillars, fille de François, et de Catherine de Brie.

LA MOTTE-CRETEUIL, Sr dudit lieu, paroisse de Creteuil, élection de Coignac, porte : *d'argent, à trois fasces de gueules, accompagnées de trois croix anchrées de sable, 2 et 1.*

I. — Jacques Marchand obtint, en 1556, des lettres-patentes du roi Henri II, l'autorisant à changer le nom de Marchand, avec celui de la Motte. Il épousa, le 2 février 1527, Jeanne de Chilleau.

II. — Odet de la Motte épousa : 1º, le 17 janvier 1562, Catherine Dumy; 2º, le 8 août 1567, Jeanne Gelinard, dont : Jean, qui suit.

III. — Jean de la Motte épousa, le 17 juillet 1617, Jacquette Maron.

IV. — Jacques de la Motte épousa : 1º, le 15 avril 1643, Esther Vigier; 2º, le 15 juillet 1656, Marguerite Mauny.

LA MOTTE-FOUQUET, Sr de Saint-Surin, paroisse de Tonnay-Charente (6), élection de Saint-Jean-d'Angély, et de Grève, paroisse de Puy-de-Lac (2), même élection, porte : *d'azur, à une fasce d'or, soutenue d'un bezan de même en pointe.*

I. — Jean de la Motte épousa, le 8 août 1452, Marguerite de Sainte-Maure, dont : 1º Guillaume, qui suit; 2º René.

II. — Guillaume de la Motte épousa, par contrat sans filiation du 28 avril 1507, Catherine Goussard, dont : Gui, qui suit, et quatre autres enfants, qui partagèrent, avec ledit René, la succession de ladite Sainte-Maure, le 30 septembre 1534.

---

(1) La page 2466 est déchirée; elle contenait des notes sur cette famille.
(2) Séreilhac, canton d'Aixe-sur-Vienne, arrondissement de Limoges (Haute-Vienne).
(3) Saint-Martin-Terressus, paroisse dans laquelle se trouve le château de Ribagnac, situé canton de Saint-Léonard, arrondissement de Limoges (Haute-Vienne).
(4) Bussière-Galand, canton de Châlus, arrondissement de Saint-Yrieix (Haute-Vienne).
(5) Nadaud avait la généalogie de cette famille à la page 479, qui est déchirée.
(6) Tonnay-Charente, chef-lieu de canton, arrondissement de Rochefort (Charente-Inférieure).
(7) Puy-du-Lac, canton de Tonnay-Charente, arrondissement de Rochefort (Charente-Inférieure).

III. — Guy de la Motte épousa Françoise du Vergier.

IV. — Gabriel de la Motte-Fouquet épousa, le 22 septembre 1556, Susanne Bouchaud d'Aubeterre.

V. — Charles de la Motte-Fouquet épousa, le 6 décembre 1589, Elisabeth de la Chassagne.

VI. — Henri de la Motte-Fouquet épousa, le 13 décembre 1619, Susanne Bretinaud, dont : 1º Hector, Sʳ de Saint-Surin; 2º Charles, Sʳ de la Grave; 3º Marie. Ces trois frères partagèrent la succession de ladite Cassaigne, et celles de leurs père et mère, le 17 juillet 1658.

Note isolée.

Judith de la Motte-Fouquet épousa, par contrat du 7 [janvier ou] juin 1625, François de Gentil, fils d'Irier et d'Anne Geraud.

DU MOULIN, Sʳ des Constanceries, paroisse d'Arnac, porte : *d'azur, à un moulin à vent d'or.*

Philippe du Moulin, damoiseau, est mentionné dans une charte de l'évêché de Limoges, d'environ 1300. (*Cartul.*, fol. 35, 185, fol. 115.)

[Adémar de Molendinis vivait entre 1332 et 1388, comme on le trouve dans les registres de Borsandi, notaire à Limoges, p. 159, nº 248, *apud* D. Col.)]

Noble Jean des Moulins, chevalier, *de Molendinis*, épousa ......, dont : Clémence, femme de noble Guillaume de la Motte, chevalier; ils étaient morts en 1414. (Archives des frères prêcheurs de Limoges.)

I. — Mérigot du Moulin fit une vente en 1459; il épousa ......, dont : 1º Colinet, qui suit; 2º Raymond, qui partagea avec son frère Colinet la succession de leur père, le 16 mai 1503.

II. — Colinet du Moulin épousa Jeanne de la Nouë.

III. — Louis du Moulin épousa : 1º par contrat du ......, dont : François, qui suit. Il épousa : 2º, par contrat du 24 février 1527, Jacquette de Rosiers.

IV. — François du Moulin épousa, par contrat du 24 février 1527, Pérette de Rosiers, dont : Jacques, qui suit.

V. — Jacques du Moulin épousa, par contrat du 3 juin 1573, Jeanne Laurens.

VI. — Pierre du Moulin épousa, par contrat du 21 juillet 1601, Jeanne Pastoureau.

VII. — Georges du Moulin épousa, par contrat du 7 février 1630, Marguerite le Chevalier.

VIII. — Gabriel du Moulin épousa, par contrat du 25 septembre 1661, Marie de Cremone (1).

MOULINIER.

Barthélemy Moulinier, Sʳ d'Aubias, procureur du roi au bureau des

---

(1) Les pages 838 et 839, qui sont déchirées, contenaient une généalogie d'une autre famille de ce nom.

finances de Limoges en 1690, épousa ……., dont : Mathieu, qui suit.

Mathieu Moulinier, écuyer, Sr de Beauvais, procureur du roi au bureau des finances de Limoges en 1714.

Charles Moulinier, écuyer, Sr de la Valette, chevau-léger de la garde du roi, épousa Marie Croisier, dont : Mathieu, baptisé, à Saint-Jean, le 15 mai 1717.

Pierre Moulinier du Puy-Dieu, trésorier de France, épousa Jeanne la Planche, dont : Jérôme, baptisé, à Saint-Jean de Limoges, le 6 juin 1734.

MOUNEDE. — *V.* MONETA.

MOURAUD. — *V.* MOREAU.

MOUREILHE. — *V.* MAURELIE.

MOURIN. — *V.* ARFEULLE, T. I, p. 50 et 120.

MOURINIE (1).

Charles de la Mourinie, Sr du Repaire, paroisse de Saint-Barthélemy de Villechalane, épousa, en 1591, Jeanne de Montfrebeuf, âgée de vingt-cinq ans. Elle était veuve en 1612.

MOURINIÈRE.

MOURITEAU (2).

MOUROUGNE. — *V.* MAROUGNE.

MOUSNIER.

Antoine Mousnier, Sr de la Verdalhie, épousa, par contrat (signé Forestier), passé à Champnier (3), le 31 octobre 1686, Anne Hastelet, née le 26 mars 1666, fille d'Aymeric et d'Anne du Boschaud.

MOUSSOU.

Claude Moussou, écuyer, Sr de Rochier, paroisse de la ville de Magnac (5), épousa : 1º ….., dont : 1º …..; 2º Maximin, tonsuré en 1560, chanoine à Evaux; 3º Claude, tonsuré en 1560, qui fit profession à Evaux, en 1567; 4º autre Claude, tonsuré en 1560, qui fit profession à Grandmont, en 1569. Il épousa : 2º Marguerite Chardebeuf, fille de René et de Léonarde de la Touche; elle fit son testament (reçu Champlong,

---

(1) Mourinie et Mourinière étaient la page 2176, qui est déchirée. — Le manoir de la Morinie existe encore dans la paroisse de Saint-Barthélemy, canton de Bussière-Badil, arrondissement de Nontron (Dordogne).

(2) Mouriteau était à la page 2560, qui est déchirée.

(3) Champnier, canton de Bussière-Badil, arrondissement de Nontron (Dordogne).

(4) Magnac, chef-lieu de canton, arrondissement de Bellac (Haute-Vienne).

insinué au Dorat) le 9 octobre 1594 ;ne savait pas signer, veut être inhumée dans l'église de Magnac, dont : 5° Antoine, baptisé le 6 octobre 1594, mort peu après, puisque la mère n'en parle pas dans son testament ; 6° Jeanne.

Jean de Moussou, écuyer, Sr du Rochier, épousa Anne Chauvet, dont : Claude, baptisé le 6 septembre 1601.

Claude Moussou, écuyer, Sr du Rochier, épousa Françoise de Razès, dont : Jeanne, baptisée, le 5 février 1622, après la mort de son père.

MULOT.

Noble Jean Mulot épousa Sara du Sceau, dont : Catherine, baptisée au Dorat, le 21 août 1594.

[MURAT.

Jean de Murat, Sgr de Puysgrenier, vendit, par contrat du 8 mars 1587 (reçu Laboreyse, notaire), plusieurs héritages situés au village de Balezines, à la charge de les tenir franchement et en toute directe, dudit écuyer, Sr de Puysgrenier, etc. (*Inv. tit. Célest. des Tern.*, p. 246.)

Noble Charles de Murat vivait le 8 octobre 1664. Il est nommé dans un contrat de cette anné (signé Vignaud, notaire). (*Ibidem*, p. 298.)

Nicolas de Murat, comte de Gilbertes, baron de Crence, colonel d'un régiment d'infanterie, épousa, en 1691, Henriette-Julie de Castelneau, morte le 27 septembre 1716 ; elle était fille de Michel de Castelneau IIe du nom, mort le 2 décembre 1672, le dernier de sa race, et de Louise-Marie Foucault, fille de Louis, comte du Daugnon, maréchal de France, et de Marie-Faure de Dampierre (*sic*). (MORÉRI, 1759, art. CASTELNEAU ; — DE COMBLES, *Tabl. de la noblesse*, IIe part., p. 102.)

Jean de Murat, fils de Michel et d'Anne Lachambre, du village de Murat, né le 4 novembre 1733, a été baptisé le lendemain ; son parrain est Jean Charoix, et sa marraine Jeanne Faurie. (Registres de Saint-Martin de Vallière.)]

DU MURAUT. — *V*. DANIEL DU MURAUT, T. II, p. 2.

MURE. — *V*. ROBERT DE MURE.

MURET.

I. — Léonard Muret, marchand commissionnaire à Limoges, acheta une charge de secrétaire du roi. Il épousa Catherine Ardent, dont : 1° N....., qui suit ; 2° Antoine, prêtre, docteur de Sorbonne, mort à Limoges en 1773 ; [3° N....., dit le chevalier Muret, négociant, marié, en 179..., avec N..... Michel, fille de N..... Michel et de N..... Vauzelle, dont quelques enfants ; 4° N....., mariée avec Georges Pouyat, négociant ; 5° N....., mariée avec Pierre Martin dit d'Argent, négociant ; 6° N....., mariée avec N..... Disnematin des Salles, négociant de Limoges ; 7° N....., religieuse à la Visitation de Limoges ; 8° et 9° N..... et N....., religieuses à la Visitation de Limoges.

II. — N.... Muret, écuyer, S^{gr} de Bort (1), épousa N..... Romanet du Caillaud, fille de N..... Romanet du Caillaud, secrétaire du roi, et de N..... Dorat. Il s'est remarié, en 1796, avec N..... Marien, fille de N..... Marien, et de N..... Bastide, dont : 1° N......, qui suit ; 2° N...... ; 3° N....., mariée avec N..... Ardant du Masjambost, négociant.

III. — N..... Muret, écuyer, S^{gr} de Bort, marié, en 17..., avec N..... Brisset, fille de N..... Brisset, négociant, rue Ferrerie, dit le Chay-Tord, et de N..... Peyroche du Puyguichard, dont des enfants, savoir : 1° N......, qui suit; 2° N......, et quelques autres.

IV. — N..... Muret, S^{gr} de Bort.]

LE MUSNIER. — *V.* RAIX.

MYLY.

Charles de Myly, écuyer, paroisse de Videix (2), épousa ...., dont : Pierre de Myly, tonsuré en 1527.

N.

NADAILLAC. — *V.* LE POUGET DE NADAILLAC.

NADAUD (3).

François Nadaud était pair à Angoulême; il résigna, et noble Abraham Jameux fut reçu pair à sa résignation, le 14 janvier 1611.

Jeanne Nadaud épousa Jean Mallet, écuyer, Sr de Letanche, lieutenant de prévot de la maréchaussée d'Angoumois, lequel mourut, à quatre-vingt-trois ans, le 12 juillet 1754, et fut enterré à Saint-Martial d'Angoulême.

Catherine Nadaud épousa, le 11 juillet 1661, Hélie Levequot, paroisse de Vars, élection d'Angoulême.

NAILLAC, maison considérable en Berri, tirait son origine du château de ce nom (SIMPLIC., T. VIII, p. 665); portait : *d'azur, à deux lions léopardés d'or, l'un sur l'autre* (*Dict. généal*).Voyez *Hist. du Berri*, par la Thaumassière, liv. VII, chap. LI.

I. — Hugue, S^{gr} de Naillac (4), du Blanc (5), en Berri, et de Gargilesse (6), vivait du temps du roi Philippe-Auguste, l'an 1187. Il épousa

---

(1) Bort, château reconstruit de nos jours par M. Teisserenc de Bort; il est situé paroisse de Saint-Priest-Taurion, canton d'Ambazac, arrondissement de Limoges (Haute-Vienne).

(2) Videix, canton et arrondissement de Rochechouart (Haute-Vienne).

(3) Par modestie sans doute, le savant auteur de ce manuscrit en a éliminé sa propre famille : nous comblerons cette lacune dans le supplément.

(4) Naillac, canton de Dun-le-Palleteteau, arrondissement de Guéret (Creuse).

(5) Le Blanc, chef-lieu d'arrondissement (Indre).

(6) Gargilesse, canton d'Eguzon, arrondissement de la Châtre (Indre).

Mahaud, sœur de Hugue, Sgr de Fontenelles, dont il eut : 1º Hugue, qui suit; 2º Pierre de Naillac, vivant en 1226.

[Ades Casa, écuyer, Sgr de Naillac, épousa ....., dont Almodis de Naillac, épouse d'Etienne Cotet, écuyer, laquelle vivait en 1230. (Voyez mes *Mém. mss. abb. Lim.*, p. 499.)]

II. — Hugue, Sgr de Naillac (Simplic., T. VIII, p. 666), fonda le prieuré de Notre-Dame du Pin de Gargilesse en 1230. Il eut pour enfants : 1º Guillaume, qui suit; 2º Hugue de Naillac (Du Cange, *Gloss. lat.*, T. I, col. 263), Sgr de Gargilesse en 1283, suivant la Thaumassière, (*Coutumes du Berri*, p. 702.)

III. — Guillaume, Sgr de Naillac, du Blanc en Berri et de Gargilesse, vivait l'an 1261 : il épousa Marguerite ....., dont : 1º Pierre, Sgr de Naillac, qui suit; 2º Hélie de Naillac, vivant l'an 1304; 3º Louise, femme de Jean le Groing. (Simplic., T. VIII, p. 141.)

IV. — Pierre, Sgr de Naillac, du Blanc en Berri, de Gargilesse et Chateaubrun, vicomte de Bridier, chevalier. Au parlement de la Pentecôte 1275 (arrêt nº 283), il jura, sur les saints Evangiles, qu'il rendrait au roi ou à son commandement le château de Gargilesse, *ad magnam forciam et parvam*. Il vivait en 1307; épousa ....., dont : Pierre, qui suit.

V. — Pierre IIe du nom, Sgr de Naillac, vicomte de Bridier, servait sous le Sgr de Magnac en Saintonge, en 1336, 1337, 1338. Il vivait l'an 1340; épousa ....., dont : 1º Périchon, qui suit; 2º Pierre, Sgr de Gargilesse, mort sans enfants d'Héliotte de Prie, dame de Châteauclos. A cause de ses mauvais comportements, elle se retira chez Louis de Malleval, son parent, gouverneur de la Marche, où elle mourut, en janvier 1365, sans enfants, après lui avoir donné tous ses biens (Simplic., T. VIII, p. 666); 3º Gui, chevalier, qui servait dans la Marche, Berri, Auvergne et Bourbonnais, capitaine souverain de ces pays, depuis le 10 juillet 1356, jusqu'au 1er août suivant; 4º Hugue, prieur de Saint-Firmin de Montpellier, ordre de Saint-Augustin.

[Gui de Nilhaco se trouve dans les registres de Borsandi, notaire à Limoges, p. 92, nº 147; p. 123, nº 191; p. 149, nº 231, *apud* D. Col.]

VI. — Périchon, Sgr de Naillac, vicomte de Bridier, s'engagea dans la faction des Anglais, mourut l'an 1372. Ses enfants furent : 1º Guillaume, qui suit; 2º Philibert, grand-maître de l'ordre de Saint-Jean de Jérusalem, mort en 1421, grand-prieur d'Auvergne; 3º Gui, vivant en 1383; 4º Helion de Naillac, Sgr d'Onzain, chevalier (Duchesne, *Hist. mais. Chastill.*, p. 498 ; — Baluze, *Mais. d'Auverg.*, T. II, p. 219), conseiller et chambellan du roi en 1386, 1388, [et le 23 décembre 1399 (Justel, *Hist. de Turenn.*, preuv., p. 127, 128.] Godefroi, *Hist. de Charles VII*, p. 708, 716), chatelain de Beaugenci, qui se trouva à la bataille de Rosebeque, l'an 1382; fut employé à diverses négociations et voyages, et était mort l'an 1398. Il avait épousé : 1º, l'an 1380, Jeanne Guenant d'Onzain et des Rochettes, veuve de Hugue d'Amboise, Sgr de Chaumont, et fille de Guillaume Guenant, Sgr des Bordes, et d'Antoinette d'Amboise, dame de la Maisonfort, morte peu après sans enfants; 2º Marie d'Amboise, fille de Hugue, Sgr de Chaumont, et d'Anne de Saint-Verain, sa première femme; elle se remaria à Gui IVe du nom,

Sgr d'Argenton. (SIMPLIC., T. VII, p. 123.) Il eut pour fille unique Jeanne de Naillac, dame d'Ozain, mariée à Guillaume d'Argenton, chevalier, fils aîné de Geofroi et de Jeanne de Vernon; Guillaume l'enleva en 1403, et alla l'épouser à Chiché. (DUCHESNE, *ibid.*, p. 498.)

VII. — Guillaume, Sgr de Naillac, le Blanc en Berri, Châteaubrun, vicomte de Bridier, vers 1384 et 1388 (DUCHESNE, *Mais. Chastill.*, p. 263; — SIMPLIC., T. VIII, p. 667), conseiller et chambellan du roi, sénéchal de Saintonge, de Beaucaire et de Nîmes, gouverneur de la Rochelle, surnommé « le preux chevalier », commença ses services dès l'année 1369; se trouva à la bataille de Rosebeque, l'an 1382; commanda en Espage par ordre du roi, au secours du roi de Castille, en 1386 (VILLARET, T. II, *Hist. de France*, p. 433). Il mourut en 1406. Il avait épousé : 1º Anne de Saint-Verain, fille de Gibaud, Sgr de Saint-Verain, de laquelle il fut séparé; ils vivaient ensemble en 1371. 2º, le 22 avril 1385, Jeanne Turpin, dame de Mondon, des Vaux, du Moustier de Perat et d'Ardouce, fille de Gui Turpin, Sgr de Crissé, et de Marguerite de Thouars (Marie de Rochefort, — SIMPLIC., T. VIII, p. 668), dont il eut : 1º Jean, Sgr de Naillac, qui suit; 2º Hélyon, mort jeune; 3º Marguerite, alliée à Gilles, baron de Preuilli ou Previlly, et de Rochepozai, chevalier, fils d'Eschivard, dont quatre filles; la dernière, Jeanne de Preuilly, épousa Raoul de Gaucourt, chevalier, premier chambellan du roi Charles VII, gouverneur de Dauphiné et grand-maître de France, qui, à cause d'elle, obtint les seigneuries de Naillac, Châteaubrun, Cluys, etc.; elle était veuve en 1412 (DUCHESNE, *Hist. mais. Chasteign.*, p. 71, 147); 4º Jeanne, dame de Châteaubrun, mariée à Pierre, Sgr de Gyac et de Chateaugai, premier chambellan du roi Charles VII; pour ses insolences, il fut jeté dans la rivière, à Dun-le-Roi, ayant une pierre au cou, en janvier 1426, après avoir fait faire son procès (MORÉRI, *Gyac*; — SIMPLIC., T. VI, p. 345). L'histoire dit qu'il avoua qu'il avait empoisonné sa femme, Jeanne de Naillac, dans le temps même qu'elle était enceinte, pour en épouser une autre (VILLARET, *Hist. de France*, T. XIV, p. 325). 5º autre Jeanne de Neillac, alliée à Jean de Brosse Ier du nom, le 29 août 1419. Dans un extrait de la Chancellerie de France, en l'an 1412, il est dit que ceux de Naillac, mieux Naillac, ont toujours bien et loyalement servi les rois. (DUCHESNE, *Hist. mais. Chasteign.*, p. 72.)

VIII. — Jean, Sgr de Naillac (mal Nilhat, Nilhac, Neillac), Sgr du Blanc en Berri, Chateaubrun, Mondon, vicomte de Bridier, 1413, était de la suite du Dauphin à l'entrevue de Montereau, 1419 (VILLARET, *Hist. de France*, T. XIV, p. 44); était conseiller et chambellan du roi, noble de renom, grand-panetier de France, 1428, fait sénéchal du Limousin en 1423, et fut maintenu dans cet office, contre le Sgr d'Escorailles, par arrêt du 14 décembre 1427; il vint secourir la ville d'Orléans assiégée par les Anglais, l'an 1428 (GODEFROI, *Hist. de Charles VII*, T. VII, p. 503); la même année, il fut pourvu de la charge de grand-panetier de France; il fut tué à la bataille de Puiset en Beauce, dite des Harangs, le 12 février 1428 (*vieux style*), sans laisser de postérité (GODEFROI, p. 504). Il avait épousé, vers l'an 1423, Isabelle de Gaucourt, dame de Berghes, fille de Raoul, chevalier, chambellan du roi, et de Aleamme de Berghes, sa seconde femme, dont il n'eut point d'enfants (SIMPLIC.,

T. V, p. 893). En faveur de ce mariage, il fut institué par le roi sénéchal du Limousin, l'an 1423. Après sa mort, sa veuve eut procès pour son douaire contre ses héritiers, en 1434 et 1435; et, s'étant retirée au château du Blanc, elle fut enlevée par le S⊃gr&/sup; de Brosse de Boussac, qui la mena à Châteaubrun, de là à Boussac (1), et enfin à Bourges, d'où, étant sortie, elle épousa Berangon d'Arpajon, Sgr de Severac, avec lequel elle vivait en 1447, et plaidait criminellement les 10 juin, 6 juillet 1449, et 6 septembre 1454, contre le Sgr de Boussac et autres, au sujet de son enlèvement. Elle se disait dame de Châteaubrun et d'Aigurande, veuve dudit Sgr d'Arpajon, en 1464 et 1465, dans un procès criminel qu'elle avait contre certains habitants d'Aigurande. Elle était morte en 1479. (SIMPLIC., T. VIII, p. 370.)

Notes isolées.

Bernard de Nalhac, chevalier, épousa Cécile ……; elle se remaria à Bernard Pigniaur, chevalier, dont elle était veuve en 1290. (*Mss.*)

Pierre de Nalhac était mort en 1366, avait épousé ……, dont : noble Pierre de Nalhac, chevalier, Sgr de Saint-Vaulri (2), 1366.

Jeanne de Nalhac, dame de Pérusse, etc., épousa, avant 1364, Guichard de Combron Ve du nom, chevalier, Sgr de Treinhac (3).

Noble Pierre, Sgr de Nalhac, était mort en 1412; avait épousé Olive de Saint-Georges; étant veuve, elle fit hommage à l'abbé de Saint-Martial de Limoges, pour ce qu'elle avait à Saint-Vaulri, l'an 1412.

René de Naillac, Sgr des Roches, premier écuyer du roi Charles IX, épousa …… Pot, dont : 1° Philippe, héritière des Roches, mariée à André de Beauvau, Sr de Pimpeau, fils de René et d'Olive le Masson (DUCHESNE, *Hist. mais. Chasteign.*, p. 399); 2° Diane, femme de Pierre de Bridiers.

Seigneurs de Naillac.

Marguerite de Naillac, fille de Guillaume et de Jeanne Turpin, épousa Gille, Sgr de Preuilly, fils d'Eschivat, baron de Preuilly et de Rocheposey, et de Sarrazine de Prie (MORÉRI, 1759; — DUCHESNE, *Hist. mais. Chastill.*, p. 263), dont, entre autres enfants, Jeanne, qui suit.

Jeanne de Preuilly épousa Raoul, Sgr de Goucourt, premier chambellan du roi, dont : Charles, qui suit.

Charles de Goucourt, Sgr de Châteaubrun, Naillac, mourut, à Paris, en 1482. Le roi lui avait accordé, par lettre du 10 juin 1474, la confiscation du Sgr de Chamborant (SIMPLIC., T. VIII, p. 372). Il avait épousé, le 8 octobre 1454, Agnez de Vaux, dite Colette, dont, entre autres enfants : 1° Charles, qui suit; 2° Catherine, alliée, en 1480, à Louis d'Aubusson, chevalier, Sgr de la Villeneuve, fils d'Antoine et de Jeanne de Salagnac.

---

(1) Boussac, chef-lieu d'arrondissement (Creuse).
(2) Saint-Vaulry, chef-lieu de canton, arrondissement de Guéret (Creuse).
(2) Treignac, chef-lieu de canton, arrondissement de Tulle (Corrèze).

Charles de Gaucourt, S^{gr} de Châteaubrun, Naillac, Cluys, Florac, 1495, épousa, en secondes noces, le 20 février 1498, Marguerite de Blanchefort.

François de Naillac, S^{gr} de Riz (1), épousa ....., dont : Marc, qui suit. (DUCHESNE, *Hist. mais. Chastaign.*, p. 482.)

Marc de Naillac, S^{gr} de Riz, sénéchal de la Basse-Marche, épousa : 1º ....., dont une fille, héritière de Riz, mariée à Jean de Préaux, S^{r} d'Autigny ; 2º Catherine de la Mesnardière, dont : Antoinette, dame de la Coste (2), mariée, en 1589, avec François de Lezay, chevalier, S^{gr} des Marais. (SIMPLIC., T. III, p. 90.)

NAIMON. — *V.* NESMOND.

[NANTIAC ou NANTIAT, terre située sur la paroisse de Saint-Barbant (3), sénéchaussée de Bellac, qui appartenait, en 1698, à un gentilhomme de la maison de Roffignac.

N..... de Nanthiat, maréchal de camp, le 16 avril 1767, vivait en 1775 ; il était sans doute de cette maison. On croit aussi qu'il est père de Mme la comtesse de Bonneval.

NARSAC.

Hélie de Narsac se trouve dans les registres de Roherii, notaire à Limoges, p. 84, nº 72, *apud* D. COL.]

NAUCHE, S^{r} des Pommiers, paroisse de Lonzac (4), élection de Tulle.

Ademar de la Roche, chevalier, épousa ....., dont : 1º Hugue de la Roche, damoiseau, de Saint-Paul (5), 1302, qui, en 1303, acheta, de Guillaume de la Motte, le mas de la Pomelie, paroisse de Saint-Paul, 2º Ahelide ; 3º Ponce ; 4º Almodie ; 5º autre Ponce, toutes quatre religieuses aux Allois.

Gérald de la Roche, damoiseau, épousa Dulcie de la Tour, fille de Bernard, dont : Marie, impubère en 1426.

I. — ..... de la Roche, épousa ....., dont : 1º Roch, qui suit, 2º Jeanne, mariée à Guillaume Textoris, auquel ledit Roch constitua dot, le 11 novembre 1555.

II. — Roch de la Roche transigea avec Pierre du Chapt, le 2 août 1561 ; fit son testament le 1er décembre 1572 ; épousa ....., dont : Jean, qui suit.

---

(1) Azat-le-Riz, canton du Dorat, arrondissement de Bellac (Haute-Vienne).

(2) La Coste-Mézières, commune de Mézières, chef-lieu de canton de l'arrondissement de Bellac (Haute-Vienne), ou la Coste-au-Chapt, commune de Darnac, canton du Dorat, même arrondissement.

(3) Saint-Barbant, canton de Mézières, arrondissement de Bellac (Haute-Vienne).

(4) Lonzac, canton de Treignac, arrondissement de Tulle (Corrèze).

(5) Saint-Paul-d'Eyjeaux, canton de Pierrebuffière, arrondissement de Limoges (Haute-Vienne).

III. — Jean la Roche de Nauche, fils de Roch, épousa, par contrat du 8 septembre 1586, Marie Donnereux (1). Dans ce contrat, Jean de Nauche fait donation de ses biens audit Jean de la Roche, à charge de prendre son nom.

IV. — François de Nauche, fils de Jean, consentit avec lui à une baillette, du 27 mars 1614; ils firent tous deux un échange la même année. Il fit son testament le 30 octobre 1651; épousa Gilberte Boysse, dont : Charles, qui suit.

V. — Charles de Nauche transigea pour les droits de ladite Donnereux, son aïeule, le 4 juin 1658, fit son testament le 28 juin 1656; épousa, le 27 août 1648, Françoise Chaumeil, dont : 1° François; 2° Jean; 3° Léonard.

Notes isolées.

....., Sr de la Roche, écuyer, épousa Marie de Jalletas; elle testa en 1631, et ne laissa point d'enfants.

François Nauche, écuyer, Sr de Martinie, paroisse d'Objac (2), épousa Françoise de Mevière, dont : Jean, tonsuré en 1724.

François de Nauche, conseiller honoraire au présidial de Brive, épousa, à Vigeois, le 10 février 1695, Marie-Françoise de Mesvières.

Marie Nauche, fille d'Antoine, Sr de la Côte, procureur d'office de Vigeois, et d'Anne des Assis, épousa, à Vigeois, le 9 septembre 1733, Jean-Claude de Meyvière, écuyer, Sr d'Artois, fils de Jean-Jacques, et de Marguerite Pradel de la Maze.

NAUDE.
Marie Naude, de la paroisse de Verneuil (3), épousa, en 1769, Pierre de Montlouis, écuyer, de la paroisse de Lussac-les-Eglises (4), veuf.

NEBOLIÈRES. — *V.* LESBOULIÈRE, T. III, p. 78.

SAINT-NECTAIRE ou SENNETERRE, porte : *d'azur, à cinq fusées d'argent.*

[Saint-Victour, terre et marquisat du Limousin, qui appartenait, en 1696, à un seigneur de la maison de Senneterre. Elle a eu autrefois ses seigneurs particuliers.]

XI. — Jacques de Saint-Nectaire, second fils de Nectaire de Saint-Nectaire et de Marguerite d'Estampes, fut baron de la Grolière, Brinon-sur-Saudre, Chaulmasson, chevalier de l'ordre du roi, gentilhomme de sa chambre, transigea, en 1566, 1571 et 1578, avec son frère aîné, pour ses droits successifs. Il épousa, le 24 avril 1575, Françoise

---

(1) Lainé (*Nobiliaire du Limousin*) la nomme Marie de Jonnereux.
(2) Objat, canton d'Ayen, arrondissement de Brive (Corrèze).
(3) Verneuil, canton du Dorat, arrondissement de Bellac (Haute-Vienne).
(4) Lussac-les-Eglises, chef-lieu de canton ecclésiastique, arrondissement de Bellac (Haute-Vienne).

d'Anglars, dame et héritière de Saint-Victour, fille de Jacques, S^{gr} de Saint-Victour, et d'Anne de Constant de Bourzolles; elle était veuve en 1600, et était morte en 1617. De ce mariage naquirent : 1º Louis, mort jeune; 2º Jacques, qui suit; 3º Nectaire, S^{gr} de Brinon, gentilhomme de la chambre du roi, mort sans enfants; 4º Marie, alliée, le 11 juin 1598, à Gui du Four, S^{gr} de Courcelles (SIMPLIC., T. IV, p. 894 et 895); 5º Jeanne de Saint-Nectaire, mariée, le 17 août 1606, à Claude Grain de Saint-Marsaut (selon d'autres, par contrat du 15 novembre 1605, elle épousa Charles Grain de Saint-Marceau, fils d'Antoine).

XII. — Jacques de Saint-Nectaire IIe du nom, baron de la Grolière, de Brinon, de Saint-Victour, partagea avec son frère, du consentement de leur mère, le dernier février 1610, et testa le 3 octobre 1621. Il épousa, en juin 1606, Françoise d'Apchon, fille de Jacques, S^{gr} d'Apchon, et de Sidoine de Vendomois, dont : 1º Charles, qui suit; 2º Jacques, comte de la Grolière en 1635; 3º Françoise, mariée, le 2 mars 1628, à Charles de Boisse, écuyer, S^{gr} de la Farge, d'Eyjeaux, etc.; 4º Jacqueline, alliée à Jacques de Montal, S^{gr} de Nozières et de Valens, le 28 juin 1630, fils de François-Gabriel, S^{gr} de Roquevielle, et d'Anne de la Tour; 5º Sidoine, religieuse à Sainte-Claire de Brive; 6º Jeanne, religieuse avec sa sœur; 7º Jean-Charles de Saint-Nectaire, comte de Brinon, lieutenant du roi à Nancy, maréchal de camp des armées de Sa Majesté, transigea avec son frère le 8 mai 1653. Il mourut, le 11 novembre 1696, âgé de quatre-vingt-huit ans, à Lainville près Monte, après avoir testé le 8 février précédent. Il avait épousé, le 2 février 1654, Marguerite, fille unique de Timoléon de Bauver, baron de Contenant, S^{gr} de Linville, etc., et d'Anne, bâtarde de Béthune-Rosni, morte le 1er mai 1701. De ce mariage il eut : *A.* Henri, mort sans alliance; *B.* Charles-François, aussi mort sans alliance; *C.* Henri, dit le marquis de Senneterre, lieutenant général des armées du roi, chevalier de ses ordres, ci-devant ambassadeur en Angleterre. Le Père Simplicien en parle au long; mais il n'était pas né en Limousin; *D.* Louise-Madelaine; *E.* Marie-Madelaine, mariée, en février 1696, à Pierre-Gilbert Colbert, marquis de Villacerf, premier maître d'hôtel de Madame la Dauphine, morte le 22 juin 1716, âgée de quarante-trois ans.

XIII. — Charles de Senneterre, gentilhomme de la chambre du roi, comte de la Graulière, S^{gr} de Saint-Victour, de Brilhac (1), où il mourut le 24 février 1664. Il avait épousé, le 27 décembre 1633, Jeanne de Rabayne; dont : 1º Lucrèce, baptisée à Brilhac, le 19 septembre 1640; 2º Paul, qui suit; 3º François, mentionné après son frère; 4º Marie, mariée, en 1680, avec .... de Fai, marquis de Garlande, et morte au Puy en Velai en 1709.

XIV. — Paul de Saint-Nectaire, tonsuré en 1645, chevalier, marquis de Saint-Victour, comte de la Grolière, baron d'Usson et de Brillac, épousa, à Brillac, le 26 mars 1661, Radegonde-Marie Estourneau. En conséquence de la sentence de l'official de Poitiers, du 5 novembre 1664,

---

(1) Brilhac, canton et arrondissement de Confolens (Charente).

et arrêt du parlement de Paris, du 11 août 1663, ils réhabilitèrent ce mariage audit Brillac, le 23 novembre 1664, dont : 1º Charles, né au château de Brillac, le 18 juillet 1662, baptisé le 23 novembre 1664 ; 2º François, qui suit ; 3º François-Gabriel, baptisé le 10 décembre 1666.

XV. — François de Saint-Nectaire, né le ... septembre 1665, reçut les cérémonies du baptême à Brillac, le 2 mars 1677 ; fut marquis de Saint-Victour ; il mourut le 24 mars 1715. Il avait épousé, le 9 février 1696, Anne Hoüel du Parquet, fille de Charles, Sgr de Varennes, gouverneur et lieutenant général pour le roi des îles de Guadeloupe, marquis et seigneur propriétaire des mêmes îles, et d'Anne Hinselin.

XIV bis. — François de Saint-Nectaire, tonsuré en 1653, dit le comte de Senneterre, Sgr de la Touche, Bresilhac (1), épousa Marie Bechillon, l'an 1685, dont : Jean-Charles, qui suit. (MORÉRI, 1759.)

XV. — Jean-Charles, marquis de Senneterre, Sgr de la Touche, Brilhac, d'Usson (2), de Saint-Germain-sur-Vienne (3), né en 1693 ; colonel d'un régiment d'infanterie en 1705, brigadier, maréchal de camp, lieutenant général, ambassadeur de France à Turin en 1754, chevalier des ordres du roi 1745. Il se maria, à l'âge de vingt-huit ans, le 8 octobre 1713, avec Marie-Marthe de Saint-Pierre de Saint-Julien, fille de Henri de Saint-Pierre, Sgr marquis de Saint-Julien sur Callonge, Vassi, Maillac, etc., et de Marie-Madelaine de Boisscrét d'Harbelai ; elle mourut en septembre 1756, dont un fils unique, Henri-Charles, qui suit. (*Dict. généal.*, 1757.)

XVI. — Henri-Charles de Senneterre, appelé le comte de Senneterre, né le 3 juillet 1714, ancien colonel d'infanterie ; épousa, le 15 avril 1738, Marie-Louise-Victoire de Crussol, fille aînée de Philippe-Emmanuel, marquis de Saint-Sulpice en Querci, dont : 1º Charles-Emmanuel, né le 19 octobre 1752 ; 2º Marie-Charlotte, née le 14 novembre 1750.

[NEDDE. — Voir aussi GARAT DE NEDDE, T. II, p. 200 et 634.

NESMOND (4).]
François de Naimond acheta la terre de Roussines (5), le 18 avril 1589, à Jean des Cars, Sgr de la Vauguyon,

Jeanne de Nesmond avait épousé Jean-Joseph Roüard, Sr de la Boissarde, paroisse de Saint-Michel-des-Lions à Limoges ; ils étaient morts, le 17 mars 1739, lorsque leur fille, Jeanne-Rose, épousa François Gentil.

Jean de Nesmond épousa, en 1595, Marie Monjou, fille de François, écuyer, Sr de la Grange, paroisse de Chassenon (6), et de Catherine Cousturier.

---

(1) Il faut lire Brilhac.
(2) Usson, canton de Gençay, arrondissement de Civray (Vienne).
(3) Saint-Germain-sur-Vienne, appelé aujourd'hui Saint-Germain-de-Confolens, canton et arrondissement de Confolens (Charente).
(4) La généalogie de la famille Nesmond était aux pages 423 et 424, qui sont déchirées. Legros indique encore la page 842, où nous n'en trouvons aucune mention.
(5) Roussines, canton de Montembœuf, arrondissement de Confolens (Charente).
(6) Chassenon, canton de Chabanais, arrondissement de Confolens (Charente).

Marie de Nesmond épousa Jean de Rochechouart, marquis de Mortemart (1) et de Saint-Victurnien (2), conseiller du roi en ses conseils d'Etat et privé, gentilhomme ordinaire de sa chambre, fils de René et de Jeanne de Saulx-Tavannes. Etant veuve, sans enfants, et attaquée depuis quatre mois de la fièvre quarte, elle fit son testament (reçu Mallet) au château de Saint-Victurnien, le 8 février 1667; veut être inhumée dans l'église dudit lieu, èz le tombeau de son mari; institue héritière Marie d'Aydie, comtesse de Lambertie.

[N..... de Nesmond était curé de Bellac en 1786.]

DE NESPOUX.

Hélie de Nespoux, damoiseau, 1417, épousa Dauphine de Nieuil, fille et héritière d'Ademar de Nieuil, Sr de Puymaux, paroisse de Nieuil (3); elle était veuve en 1420.

..... de Nespoux épousa ......, dont : 1º Jean, écuyer, Sr de Puymaud, paroisse de Nieuil, 1482; 2º Pierre, 1482; 3º Louis, 1482.

André de Nespoux, chevalier de l'ordre du roi, et son gouverneur en la ville de Maubert-Fontaine, Sr dudit Puymaud, épousa Isabeau de Carbonnières, dont : Jeanne, mariée, le 2 mai 1589, à Léonard Doyneis; Sr d'Andalay, paroisse de Saint-Léonard de Noblac (4), fille de Bertrand et de Marguerite Bruchard.

Jean de Nespoux, écuyer, Sr de Boissay, épousa, ..., dont : Gabrielle, mariée, en 1584, à Charles Faulcon.

NEUFVILLARS. — *V.* LATOUR, Sr de Neufvillars.

NEUFVILLE porte : *de gueules, à la croix vidée d'argent, remplie de sinople*. Dans l'église de Magnac-Laval (5), les 4 *cantons de la croix* sont *d'or*.

[Mercure de Neufville, jeune enfant, enterré à Grandmont (6). (Voyez mes *Mém. mss. abb. Lim.*, p. 519, et l'art. LAVAL-MAGNAC.)]

..... de Neufville, épousa ....., dont : 1º Antoine, chevalier, Sgr de Neufville, d'Argenton, baron de Magnac; 2º François, abbé, de Grandmont, prévôt de la Souterraine (7), 1560.

Noble Antoine de Neufvillle, Sgr de Magnac, épousa ....., dont : 1º Louis, qui suit; 2º François, abbé de Grandmont, puis d'Obasine (8), mort en 1563 (9); [a composé un *Traité de l'origine et institution des fêtes*,

---

(1) Mortemart, chef-lieu de canton ecclésiastique, arrondissement de Bellac (Haute-Vienne).

(2) Saint-Victurnien, canton de Saint-Junien, arrondissement de Rochechouart (Haute-Vienne).

(3) Nieul, chef-lieu de canton, arrondissement de Limoges (Haute-Vienne).

(4) Saint-Léonard, chef-lieu de canton, arrondissement de Limoges (Haute-Vienne).

(5) Magnac-Laval, chef-lieu de canton, arrondissement de Bellac (Haute-Vienne).

(6) Grandmont, abbaye chef-d'ordre, paroisse de Saint-Sylvestre, canton de Laurière, arrondissement de Limoges (Haute-Vienne).

(7) La Souterraine, chef-lieu de canton, arrondissement de Guéret (Creuse).

(8) Obasine, canton de Beynat, arrondissement de Brive (Corrèze).

(9) Il faut plutôt lire 1596, comme à la fin de l'article.

imprimé à Paris, chez Jean Hulpeau, en 1582, lequel était dans la bibliothèque de M. Descordes, parmi les théologiens scolastiques, in 8°. Guillaume Malherbault, ecclésiastique de Limoges, lui écrivit de cette ville, le 2 mai 1575, à l'occasion des règles perpétuelles du bréviaire de Limoges, qui furent imprimées cette année. Sa lettre est à la tête de ces règles. Voici, dit Nadaud, quelque chose que j'en ai tiré : « Comme je pensais, dit cet ecclésiastique, que vous m'aviez élevé dans mon jeune âge, et qu'étant plus avancé par votre moyen, j'ai passé docteur, et été honoré de la société de la maison de Sorbonne, d'où j'ai enfin été tiré ». 3° Jeanne, prieure de Coyroux (1), 1568; 4° Jean, tonsuré en 1558, qui, à l'âge de treize ans, eut, par la résignation de Guillaume Barton, l'an 1560, le prieuré de Guéret.

Louis de Neufville, chevalier, épousa, en 1530, Louise de Gaing, dame de Bort, dont ne vinrent point d'enfants.

Antoine de Neufville, chevalier de l'ordre du roi, conseiller aux conseils d'Etat et privé, baron de Magnac-Ville, 1547, Laigny, Morlinière, Argental. Sur une pierre de l'église de Magnac, dans la chapelle de Saint-Yves, du côté de l'évangile, est ce reste d'inscription : ..... *de Neufville, chevalier de l'ordre du roi, conseiller en ses conseils privé et d'estat, S^r baron de Magnac, qui décéda le* 28e *juin* 1590, *et dame Marguerite ..... de Bonneval, qui décéda le ... d'octobre* 1592. Il épousa Claude du Bellay-la-Flotte, dont : 1° Marguerite, mariée, en 1583, avec Horace de Bonneval; elle porta en mariage la baronnie de Magnac; 2° Marie (SIMPLIC., T. VIII, p. 501), mariée, le 12 juillet 1596, à Jacques le Paillard d'Urfé, chevalier de l'ordre du roi, capitaine de 50 hommes d'armes, lieutenant-colonel de la cavalerie légère, comte de Châteauneuf, baron de Virieu-le-Grand, la Mariniane. Marie mourut en novembre 1639, et fut aïeule de Mgr d'Urfé, notre évêque; 3° François, abbé de Grandmont, mort en 1596.

[NEULHET.
Aymeric de Neulhet se trouve dans les registres de Borsandi, notaire à Limoges, p. 118, n° 182, et p. 121, n° 188, *apud* D. COL.]

NEUVIC.
Garin de Neuvic, chevalier, Sr de Champnier et du Bouscheyron; près la ville de Meimac (2), fit son testament (signé de Bosco) le 10 août 1417, par lequel il veut être inhumé à Saint-Angel (3). Il épousa Philippe, dont il laissa : 1° Gavinie; 2° Jeanne; 3° Annet; 4° Jean, héritier de son père.

NEUVILLARS. — *V.* LA TOUR, Sr de Neufvillars.

---

(1) Coyroux, prieuré dans la commune de Cornil, canton et arrondissement de Tulle (Corrèze).
(2) Meymac, chef-lieu de canton, arrondissement d'Ussel (Corrèze).
(3) Saint-Angel, canton et arrondissement d'Ussel (Corrèze).

NEXON (1), terre et seigneurie non titrée, qui est un démembrement de la baronnie de Lastours; elle fut cédée, il y a plus de 400 ans, par des alliances, aux Srs de Campagne, et puis à MM. de Guet ou Gay, qui la possèdent maintenant en partie. Dans le siècle dernier, il fut fait un démembrement de cette terre de Nexon, qui fut vendue à MM. Rogier, de Limoges, ennoblis par une charge de robe. Ces derniers sont coseigneurs de Nexon, et ont leur château particulier dans le bourg, qui est chef-lieu de cette terre, laquelle a une justice particulière. Ce bourg est situé à quatre petites lieues sud-ouest de Limoges.]

Gabrielle Gay de Nexon épousa ..... de la Grange de Tarnac, S^r des Courtiaux, paroisse de Neuvic (2), dont la fille Louise, naquit le 30 mars 1717.

NICARS.

Jacques de Nicars est pourvu de la charge d'échevin à Saint-Jean-d'Angély, à la mort de Jean Monceau, le 21 février 1606.

NICOLAS.

Pierre-Nicolas, Sr de la Cigoigne, paroisse d'Andreville, élection de Saintes, fut trouvé gentilhomme en 1598.

[NICOLAS DE TRASLAIGE. — *V*. NADAUD, *Mém. mss. Lim.*, T. III, p. 311.

Jean Nicolas, Sr de Traslage (Registres de Pierrebuffière), avocat à Limoges, savant et fort estimé, juge de Pierrebuffière, Châteauneuf, Vic, Chervix, Saint-Priest-Ligoure, la Croisille, Sussac, mourut bon catholique, le 12 février 1595, après avoir été *huguenaud* pendant un certain temps; il s'était converti depuis cinq ans. Il fut enseveli au cimetière de Pierrebuffière, dans les tombeaux de ses prédécesseurs; il avait fait son testament le 2 août 1593. Nous avons de lui un ouvrage intitulé: *Historia de Lemovicum politicarum et fœderatorum dissidies, cum apologia politicorum adversus fœderatos.* (COLLIN, *Lemov. erudit. illustr.*) Il était marié, en 1586, avec N..... Suduiraud.

Jean Nicolas, Sr de Trallage (MONTOUZON, *La vérité triomph.*, p. 36), conseiller au présidial de Limoges 1608, assista, en 1616, à une conférence tenue à Pierrebuffière, entre le P. Marcellin Montauzon, recollet, et Mars, ministre des églises prétendues réformées du Haut-Limousin. M. de Tralage s'y comporta en homme de vertu et de mérite, montrant un zèle et affection fort religieux à leur religion. Il mourut en 1647 (*Merc.*, juin 1709). Il avait épousé: 1° Antoinette Farre (Faure), fille de René, trésorier de France en la généralité d'Auvergne, et Gilberte de

---

(1) Nexon, chef-lieu de canton, arrondissement de Saint-Yrieix (Haute-Vienne). — Voir GAY DE NEXON, T. II, p. 282.

(2) Neuvic, chef-lieu de canton, arrondissement d'Ussel (Corrèze).

Saigues. De ce mariage naquirent : 1° Françoise, religieuse carmélite à Limoges (Voyez mes *Listes chron. ecclés. Lim. mss.*, p. 496); 2° Marie, carmélite à Limoges; 3° Judith, religieuse de Sainte-Claire à Limoges; 4° Jean, qui suit: 5° Gabriel, né à Limoges, baptisé à Saint-Pierre-du-Queyroix ; depuis, lieutenant de police à Paris (Voyez NADAUD, *Mém. mss. Lim.*, T. IV, p. 199); 6° Louise, mariée, en 1630, à Antoine Bardon, Sr de Sarrettes, conseiller au présidial de Limoges. Jean Nicolas épousa : 2° Françoise de Carbonnières, fille de Christophe, écuyer, Sg^r de Chambery, Saint-Brice, etc., et de Gilon Pot, dont : 7° Gilon Nicolas, fille unique, mariée à ..... de la Grange, trésorier de France au bureau de Limoges.

Jean Nicolas, fils d'autre Jean et d'Antoinette Farre, fut Sr de Tralage, lieutenant général en la sénéchaussée et siège présidial de Limoges, 1642, mérita, par son attachement et sa fidélité au service du roi, pendant la régence, d'être honoré d'un brevet de conseiller d'Etat; mourut en 1660. Il épousa Antoinette de Lordes, dont un fils unique.

Jean Nicolas, Sr de Tralage, mort à Paris, sans avoir été marié, en novembre 1698.

SAINT-NICOLAS.]

NICOT.

Jacques Nicot, Sr de la Loge, exempt de la grande-prévôté de Limoges, épousa ....., dont : Guillaume, qui suit.

Guillaume Nicot, écuyer, Sr de la Loge, ancien garde du corps de Sa Majesté, 1688.

NIEUIL (1).

Ramnulphe de Nieuil, [archidiacre, puis évêque schismatique de Limoges, abbé du Dorat, vivait en 1107], fonda, vers 1117, l'abbaye de Beuil (2), [mourut vers 1135.]

Retarius de Nieuil, chevalier, 1296, épousa Retarie.

Gaufridus de Nieuil, damoiseau, 1304, épousa Marguerite Pinheta.

Le sire de Noruel (peut-être mieux Nieuil) du Limousin, était à la bataille de Poitiers le 19 septembre 1356. (FROISSARD, vol. I, ch. CLXII.)

Ademar de Nieuil, Sr de Puymaud, paroisse de Nieuil, rendit hommage en 1343, épousa ....., dont : Dauphine de Nieuil, sa fille et son héritière, veuve de Hélie de Nespoul, damoiseau, 1417; elle rendit hommage en 1420.

Madelaine de Nieuil, nièce de M. de la Porcherie (3), où elle fut enterrée le 15 mars 1621. (Registres de Salon.)

---

(1) Le commencement de ces notes sur la maison de Nieul était à la page 995, qui est déchirée. — Nieul, chef-lieu de canton, arrondissement de Limoges (Haute-Vienne).

(2) Bœuil, abbaye complètement détruite, située sur la paroisse de Veyrac, canton de Nieul, arrondissement de Limoges (Haute-Vienne).

(3) La Porcherie, canton de Saint-Germain-les-Belles, arrondissement de Saint-Yrieix (Haute-Vienne).

NIORT.

Antoine de Niort, écuyer, Sr d'Arfeuille, du village de Grenor, paroisse du bourg de Salanhac (1), épousa Honorée Floret, dont : 1° Anne, baptisée le 4 mars 1661 ; 2° Georges, baptisé le 30 mars 1662.

[**NOAILHÉ DES BAILES**, à Limoges et paroisse d'Isle.

I. — N..... Noailhé, Sgr des Bailes, paroisse d'Isle (2), près Limoges, épousa ..... dont : 1°] Antoine [Noailhé, qui suit ; 2° ....., dit le chevalier des Bailes ; 3° ....., jésuite ; et peut-être d'autres enfants.]

II. — Antoine [Noailhé], écuyer, [Sgr des Bailes, fut reçu trésorier de France à Limoges en 1757 ; il épousa] Marie [Limousin de Neuvic, dont : 1°] Joseph, qui suit, baptisé, à Saint-Jean, le 7 avril 1760 ; [2° ....., mort à Paris sans alliance et sans postérité, en 1786 ; 3° ....., mariée, en 1785 ; avec ..... Martin, écuyer, garde du corps du roi, Sgr de Compreignac, etc.]

III. — Joseph [Noailhé des Bailes, reçu trésorier de France en 178..., marié, le 12 décembre 1786, avec ..... Audebert de Fomobert, fille de ....., trésorier de France de Bellac. N..... de Nesmond, curé de Bellac, leur donna la bénédiction nuptiale à Saint-Michel-des-Lions ; ils ont des enfants.]

Notes isolées.

Antoine Noualhier, Sr des Bailes, paroisse d'Isle, président en l'élection de Limoges, épousa Marguerite Bigorrie, du bourg de Lubersac (3).

Antoine Noailhée, écuyer, Sr des Bailes, trésorier de France, épousa Marie Limosin de Neuvic (4), dont : Joseph, baptisé à Saint-Jean, le 7 avril 1760.

NOAILLAC. — *V.* HÉLIE DE NOAILLES, Ier du nom.

NOAILLES. — Maison très-illustre, l'une des plus anciennes de la province du Limousin, et des plus grandement alliées. La terre et le château de Noailles, dont elle prend le nom, sont situés près de Brive et de Turenne (5) : elle les possède de temps immémorial ; porte : *de gueules, à la bande d'or.*

La généalogie de cette maison est exactement rapportée à la page 782

---

(1) Le Bourg-de-Salanhac, aujourd'hui le Grand-Bourg, chef-lieu de canton, arrondissement de Guéret (Creuse).
(2) Isle, canton de Limoges (Haute-Vienne).
(3) Lubersac, chef-lieu de canton, arrondissement de Brive (Corrèze).
(4) Neuvic, aujourd'hui Neuvic-Entier, canton de Châteauneuf-la-Forêt, arrondissement de Limoges (Haute-Vienne).
(5) Noailles, canton et arrondissement de Brive (Corrèze).

du IXᵉ volume de l'article des grands officiers de la couronne ; elle a aussi été imprimée séparément.

Une autre famille du nom de Noailles sortait de celle de Montluc ; le captal de Buch était frère du Sʳ de Noailles en 1418 : cette ressemblance de nom a fait conjecturer à l'auteur de la *Vie de Philippe d'Orléans*, 1736, T. I, p. 312, que la maison de Noailles d'aujourd'hui tire son origine d'un intendant de la vraie maison de Noailles, dont était le captal de Buch.

Les fiefs de Noaillas, sur les paroisses de Bersac, Chassenon, etc., diffèrent de Noailles.

On trouve dans l'abbaye de Saint-Martial de Limoges, dans celles de Vigeois, d'Uzerche et de Dalon, voisines de Noailles, différentes donations faites successivement depuis l'an 1023, jusque vers l'an 1200, par Regnaud, Pierre, Geraud, Guillaume, Hélie, Sʳˢ de Noailles :

Au mois d'avril 1023, sous le règne du roi Robert, Raynaud ou Regnaud, Sʳ de Noailles, du consentement de Raingis, sa femme, de Humbert, d'Aimery, Giraud, Guillaume et Pierre, leurs enfants, fit une donation à Saint-Martial de Limoges, d'un mas *de proprio allodio, in villa quœ dicitur Vetula*, diocèse de Limoges.

Geraud de Noailles donna au monastère d'Uzerche, pour le salut de Pierre, son père, et de sa mère, ce qu'il avait dans la terre de Malnac, paroisse de Saint-Viance (1). Cette donation fut faite entre les mains de Gauzbert Malafayde, entre les années 1098 et 1108. Geraud est surnommé Malafayde de Noalas, dans une autre donation qu'il fit de quelques biens dans la même terre, entre les mains du même abbé. On croit qu'il épousa Aliardis de Roffignac.

En 1098, Hélie, fils de Bernard, Sʳ du château de Noailles, fit don, à Saint-Martial de Limoges, du mas de Pradelas, dans la paroisse de Saint-Christophe d'Oradour, qui lui venait de ses ancêtres.

Pierre, Sʳ de Noailles, qui est dit père de Geraud dans le cartulaire d'Uzerche, près de faire le voyage de Jérusalem, environ l'an 1111 ou 1115, donna au monastère de Vigeois le mas de la Cumbe de Mouzas et la borderie de Saint-Germain, en présence de Raymond ou Rainald de Roffignac, son oncle, abbé de Vigeois, de Geraud de Noailles, moine, son frère, et d'Etienne de Noailles, archiprêtre, ses frères. Il fit encore dans le même temps deux autres dons au monastère d'Uzerche, l'un sur le mas de la Bochelerie, dans la paroisse de Saint-Germain-les-Vernhes (2), pour le repos de son âme, et l'autre, du consentement de ses frères Geraud et Etienne, sur le mas d'Etienne Raoul, paroisse de Saint-Germain, ce qui fut approuvé par Geraud et Raymond de Roffignac, frères, Hugue de Roffignac, leur cousin, en présence de Robert de Roffignac.

Le 26 janvier 1163, Hugue de Noailles fut, avec Aymeric de Salagnac et Manaud, son frère, Gauzbert de Ventadour, Faidit de Turenne et Pierre, son fils, et Etienne de Scoraille, témoin de la foi et hommage

---

(1) Saint-Viance, canton de Donzenac, arrondissement de Brive (Corrèze).
(2) Saint-Germain-les-Vergnes, canton et arrondissement de Tulle (Corrèze).

que Renaud, vicomte de Gimel, rendit à Raymond IIe du nom, vicomte de Turenne, pour son château de Gimel (1).

Le 7 des ides de juin 1179, Hélie de Noailles fit une donation, en perpétuelle aumône, au monastère de Dalon en Limousin, entre les mains de l'abbé Jean, de tout ce qu'il pouvait avoir dans la borderie de *Caminata*, dans la grange de Godonet, et dans les dîmes de la même grange ; il est dit fils de Gaullaume de Noailles, dans cet acte qui fut passé au château d'Arfeuil, en présence d'Aymar de Souillac, de Hugue Faydit, de Geraud de Rignac, et de plusieurs autres.

L'an 1203, Hugue de Noailles, chevalier, céda la moitié de la borderie de *la Francia*, à Geraud et Pierre Dampnhac, frères, en présence de Gui de Malemort, de Hugue de Malafayda, chevaliers, etc.

G..... et A..... de Noailles, frères, sont mentionnées, entre autres témoins et cautions, dans un acte de 1217, par lequel Raymond de Turenne, S^{gr} de Malemort, céda et engagea, en présence de Pierre de Malemort, son beau-père, et d'Alemande de Malemort, sa femme, au couvent de Brive, les droits seigneuriaux qu'il avait dans le territoire de ce monastère, pour 3,000 sols monnaie de Limoges. Cet acte fut confirmé, en 1225, par Gaubert de Malemort, et Hélie, son frère, en présence de plusieurs témoins, du nombre desquels se trouvent Adémar de Malequest, Philippe de Gimel, chanoine de Brive, W..... d'Ornhac, W..... Malafayde, Hugue de Noailles, etc.

Geraud ou Guintrand vivait en 1080, et épousa Nabeus de Ségur ; il est dit père de Pierre, par Aliardis de Roffignac. — Geraud de Pierre de Noalas (c'est-à-dire fils de Pierre de Noalas ; car, dans ce siècle, on prenait deux surnoms, celui du père et celui de la seigneurie) donne, à Saint-Pierre d'Uzerche, l'an 1099, pour l'âme de son père et de sa mère, sa part de la terre de Molnat, sur la paroisse de Saint-Viance (2), avec tout ce qu'il pouvait requérir dans cette paroisse justement ou injustement (formule usitée dans ce temps-là) ; il fit ce don entre les mains de Dom Gaubert, abbé, avec livre (c'est-à-dire, apparemment, en touchant le livre des évangiles). C'est de lui, dit Dom Mabillon, que descend l'illustre famille de Noailles.

Pierre de Noailles avait suivi Godefroi de Bouillon dans la première croisade.

Hélie est dit fils de Guillaume, l'an 1163, par le cartulaire de Dalon.

I. — Pierre, S^{gr} de Noailles, est nommé, comme étant décédé, dans le testament de Hugue, son fils, l'an 1248, et dans l'arrêt du parlement de Paris, de l'an 1528. Il épousa Elis de Rosiers, issue des anciens Seigneurs de Rosiers en Limousin, dont : Hugue, qui suit.

II. — Hugue, S^{gr} de Noailles, chevalier, qui fut présent à une reconnaissance que Gaubert de Malemort fit au prieur de Brive, l'an 1225 et 1235. Plagea la donation que Raimond de Turenne, S^{gr} de Servières, fit au prieur de Brive, l'an 1247 et l'année suivante. Il acquit aussi, avec Guillaume de Malafayde, son oncle, tout ce que Gaubert de Ventadour, chevalier, avait dans le village de Vart, l'an 1248. Avant que d'entre-

---

(1) Gimel, canton et arrondissement de Tulle (Corrèze).
(2) Saint-Viance, canton de Donzenac, arrondissement de Brive (Corrèze).

prendre le voyage de Terre-Sainte avec le roi saint Louis, il fit son testament, auquel il fait mention de son père, et substitue sa terre de Noailles graduellement à tous ses fils, à l'exclusion des filles, ce qui devint dans sa maison une loi héréditaire. Il mourut dans ce voyage, et son corps, comme il l'avait ordonné, fut apporté à Noailles, où il fut enterré près de ses prédécesseurs. Il avait épousé Luce de Comborn, fille d'Archambaud VI° du nom, vicomte de Comborn, et de Guicharde de Beaujeu. Geraut, Sgr de Malemort, reconnut, le 10 des calendes de septembre, devoir 22 livres tournois à Luce, veuve de Hugue de Noailles, chevalier, et à ses fils, que G..... de Malemort, chevalier, son fils, avait reçues d'Hugue de Noailles, *in partibus transmarinis*. De leur mariage naquirent : 1° Hélie, Sgr de Noailles, qui suit; 2° Guillaume, prieur de Saint-Hilaire, l'an 1271; 3° Pierre, nommé dans une donation que sa mère fit au prieur de Brive, l'an 1253; 4° Gui, chanoine de Cahors, de Riez, de Saintes et de Poitiers, où il fut chevaucher, accompagna Simon, archevêque de Bourges, dans la visite des diocèses de Bordeaux et de Limoges, en 1284 et 1285, chapelain du pape Boniface VIII, commissaire apostolique en France, où il fut chargé d'importantes négociations, mort à Rome, où il fit son testament, le dernier octobre 1295, et son codicille le 15 novembre 1296; 5° Bertrande, religieuse; 6° Guillemette, religieuse à Montcallier; 7° Douce de Noailles, qui céda à Hélie, son frère, tous les droits qu'elle avait sur le lieu de la Valade, qui lui avait été donné en mariage par Hugue, Sgr de Noailles, leur père; l'acte est du jeudi avant la Purification de Notre-Dame, 1258, et scellé de deux sceaux; 8° Geraude. Marguerite de Noailles était religieuse à Leyme, diocèse de Cahors, en 1299, selon le *Gall. christ. nov.*, T. I, col. 1327.

III. — Hélie Ier du nom, Sgr de Noailles, damoiseau, reçut, au mois de septembre 1252, l'investiture de plusieurs biens que son père avait acquis. Il est fait mention de lui dans des titres des années 1261, 1267, 1272 et 1282. Il avait épousé Douce d'Astorg, dame de Noaillac, qu'elle porta dans la maison de Noailles; elle était fille de Pierre, Sgr de Noaillac. Etant veuve, au mois de novembre 1290, elle déclara être contente des testaments de son mari, de son père et de son frère. Elle vivait encore l'an 1298, et le vendredi avant la Toussaint 1303. Ses enfants furent : 1° Guillaume, Sgr de Noailles, qui suit; 2° Pierre, dont on ne trouve que le nom; 3° Gui, chevalier, mort l'an 1303, laissant veuve une dame nommée Leus, vivante l'an 1323; 4° Hélie; 5° Luce; 6° Philippe, femme de Bernard de Saint-Michel, damoiseau, avec lequel elle vivait en 1303; 7° Douce, religieuse à la Règle de Limoges; 8° Marie, aussi religieuse à la Règle de Limoges; 9° Marguerite, religieuse à la Dorade à Cahors, mentionné dans un acte de ce monastère du 13 mai 1299; 10° Françoise, religieuse à Sainte-Croix de Poitiers.

IV. — Guillaume, Sgr de Noailles, de Noaillac et de Chambres, qualifié comte de Noailles dans la Vie de Benoit XII, est dit fils d'Hélie de Noailles et de Douce d'Astorg, dans quatre titres des années 1299, 1303 et 1306. Il donna, le mercredi après la Saint-Hilaire 1303, 10 livres de rente à Philippe de Noailles, sa sœur, à prendre sur environ 44 de ses vassaux de la paroisse de Noailles, outre ce qui lui avait été assigné en mariage. Il eut la garde du conclave à Avignon, aux ides de décembre 1334, lors de la mort du pape Jean XXII, pour l'élection de Benoît XII ; fit hommage, en 1337, de la terre de Noailles, à Mathé de l'Isle, comtesse de Cominges. En 1346, il était capitaine et gouverneur de la province du Limousin ; fit son testament le 10 avril 1347, par lequel il ordonna sa sépulture dans l'église de Noaillac, dans le même tombeau que Marguerite de Montclar, sa femme, et la continuation de la substitution, suivant l'intention de ses ancêtres, et déclara son héritier universel Hélie, son fils aîné. Il mourut vers l'an 1347. Il avait épousé Marguerite, dame de Montclar et de Chambres, fille d'Aymeric, Sgr de Montclar et de Chambres, chevalier, lequel testa le 7 des calendes de mai. Ebles de Montclar, damoiseau, son frère, lui fit une donation entre vifs de tous ses biens, s'il mourait sans enfants ; et c'est en vertu de cette donation que les terres de Chambres et de Montclar entrèrent dans la maison de Noailles, où elles sont encore. De cette alliance vinrent : 1º Hélie, Sgr de Noailles IIe du nom, qui suit ; 2º Guillaume, nommé abbé de Sublac en Italie, par le pape Innocent V, l'an 1296 ; fort distingué par sa piété et sa capacité ; est qualifié chapelain du pape dans le codicille de Gui de Noailles, son grand oncle, fait à Rome, le 15 novembre 1296 ; 3º Gui, religieux à Saint-Martial de Limoges, l'an 1309 ; 4º Luce, femme de Raymond, Sgr de Miremont, chevalier, avec lequel elle vivait l'an 1247, et était morte sans enfants l'an 1362 ; 5º Gaillarde, femme de Guillaume Bruchard, damoiseau, l'an 1335 ; 6º Marie, religieuse à la Règle de Limoges ; 7º Marguerite, aussi religieuse à la Règle de Limoges.

V. — Noble Hélie IIe du nom, Sgr de Noailles, Noaillac, de Montclar et de Chambres, damoiseau, du diocèse de Limoges, écuyer, *armiger*, obtint du roi Charles V, à la recommandation du pape Grégoire XI, son parent, par lettres du 6 février 1371, la main-levée de ses châteaux de Chambres et de Montclar en Auvergne, qui avaient été confisqués sur lui par surprise. Il soumit à l'obéissance du roi ces deux forteresses, et s'engagea de n'y entretenir que des capitaines sujets de Sa Majesté. Il servit le même roi Charles V dans ses guerres contre le prince de Galles, qui, pour s'en venger, ravagea ses terres du Limousin. Il avait épousé, le 7 juillet 1349, Marguerite, sœur de Pierre, Sgr de Maumont, damoiseau, qui lui promit 800 écus d'or et 20 livres de rente. De ce mariage il eut : 1º Jean, Sgr de Noailles, qui suit ; 2º Hélie, enterré à Saint-Pierre-le-Puellier de Bourges, puis transféré aux frères mineurs de Brive, comme porte le testament de Bertrand, son frère ; était mort avant le 4 août 1406 ; 3º Bertrand de Noailles, chanoine de Poitiers, qui testa à Nice, le 14 août 1407, prieur de Fosse-Grande, passa à la cour du pape Benoît de Lune, avec Bertrand de Maumont, évêque de Valre, son cousin ; 4º Pierre de Noailles, chanoine de Poitiers, testa à Tris, diocèse d'Acqs (1), le 19 août 1407 ; 5º Guicharde, mariée, le 13 août 1375, à Jean de Meillars ou Melioris, dit Vigier, Sgr de Flaumond et de Saint-Christophe ; 6º Marguerite de Noailles, dame de la Meschaussie, mariée

---

(1) Acqs, aujourd'hui Dax, chef-lieu d'arrondissement (Landes).

à Raimond d'Ornhac, coseigneur de Sérilhac et du Pescher, qui, étant veuve, donna quittance de sa dot à son frère, le 7 janvier 1410.

VI. — Jean de Noailles Ier du nom, chevalier, S^{gr} de Noailles, Noaillac, Montclar et de Chambres, servit le roi dans les guerres de Flandre sous le duc de Berry, et était à Cassel le 3 septembre 1383. Il retira, par acte du 26 mai 1386, pour 200 florins d'or, une portion des dîmes de la paroisse de Noaillac, des prieur et chanoines de Saint-Martin de Brive, auxquels Hélie de Noailles, son père, l'avait engagée; testa le 24 mars 1424; substitua ses enfants mâles les uns aux autres, après eux ses filles, et à leur défaut les enfants mâles de Marguerite et Guicharde, ses sœurs; remit à tous ses débiteurs les arrérages qu'ils lui pouvaient devoir, et élut sa sépulture dans l'église de Noaillac, auprès de son père. C'est apparamment le même Jean de Noailles, noble du diocèse de Limoges, qui était à Villeneuve d'Avignon le 15 décembre 1375. Il épousa, par contrat du 14 avril 1386, Marguerite de Lestairie du Saillant, fille de Gui et de Jeanne d'Orgnac; elle eut en dot 2,000 florins d'or. Un Noailles fut tué à la bataille d'Azincourt, en 1415; il était apparemment de la famille ..... de Montluc. Il fit son testament le 24 mars 1424, avec substitution. Il eut pour enfants : 1º François de Noailles, qui suit; 2º Jean de Noailles, S^{gr} de Chambres et de Montclar, qui continua la lignée; 3º Bertrand, qui fut ecclésiastique; 4º Marguerite alliée, le 4 janvier 1430, à Antoine de Livron, S^{gr} de Vars et d'Objac, dont sont issus les marquis de Bourbonne; 5º Souveraine de Noailles, qui épousa Guinot Phelip, S^{gr} de Saint-Chamans et de Montmeige, avec lequel elle vivait l'an 1447.

VII. — François, S^{gr} de Noailles et de Noaillac, se trouva avec son frère à la conquête de Guienne sur les Anglais, en 1451. Il testa le 13 août 1468, continua la substitution en faveur des mâles de son nom, ce qui occasionna un arrêt du 18 juillet 1521. (Voyez PIERRE DE COSNAC, T. I, p. 505.) Il mourut le 10 février 1472. Il avait épousé : 1º Jeanne de Claviers, fille de Bertrand, S^{gr} de Murat, morte sans enfants, après avoir fait son testament, le 12 mai 1428. Il épousa : 2º, le 30 décembre 1430, Marguerite de Roffignac, fille de Jean. Il eut de cette dernière : 1º Jean, S^{gr} de Noailles, IIe du nom, qui suit; 2º Antoine, S^{gr} de Noailles, Noaillac et la Fage, en vertu des substitutions de sa maison; il fut comte, chanoine et précenteur de l'église de Lyon; testa le 1er mars 1506, et fit son codicille le 15 novembre 1509; 3º Hugue, prieur de Sablé en 1486; 4º Louise, mariée, en 1452, à Pierre, S^{gr} de Cosnac et de Croixe, fils de Hélie et de Louise de Gimel; 5º Blanche de Noailles, femme de Gui de Saint-Martial, S^{gr} de Drujeac; 6º Marguerite, religieuse.

VIII. — Jean IIe du nom, S^{gr} de Noailles, de Noaillac, de Merle, d'Arasac et de Rossillon, chevalier, fut émancipé le 28 avril 1463; partait pour la guerre, lorsqu'il donna procuration à Antoine, son frère, le 21 mai 1479, et, étant en Bourgogne avec l'armée du roi, il fit son testament à Dijon, le 10e juin de la même année, par lequel il laisse à Françoise et à Louise de Noailles, ses filles, leur légitime; institua héritier universel Aymar de Noailles, son cousin, et laissa l'usufruit de ses biens à Antoine de Noailles, son frère, archiprêtre de

Gignac. Il avait épousé, le dernier avril 1470, Gasparde, dame de Merle, fille de Raimond, Sgr de Merle, et Sybille de de Cazillac, delaquelle il n'eut que deux filles : 1° Françoise, mariée, en 1492, à Louis de Maumont; 2° Louise de Noailles, qui épousa, par contrat du 19 avril 1496, Jean, Sgr de Montardit, et testa, étant veuve, le 1er septembre 1520.

VII bis. — Jean de Noailles IIIe du nom, fils de Jean Ier du nom, Sgr de Noailles, fut substitué à François de Noailles, son frère aîné, avec lequel il eut contestation; obtint de lui, par transaction, le 2 avril 1433, les terres, châteaux et châtellenies de Chambres et de Montclar en Auvergne; ils renouvelèrent par cet acte les anciennes substitutions réciproques. Il servit avec son frère à la conquête de la Guienne; fit son testament le 21 août 1468, son codicille le 10 septembre 1479. Il avait épousé, le 4 septembre 1439, en conséquence d'une dispense du pape Eugène IV, datée de la huitième année de son pontificat, le cinquième des nones de mars, Jeanne de Gimel, seconde fille de Jean. De cette alliance sont issus : 1° Aymar de Noailles, Sgr de Montclar, qui suit; 2° Jeanne, femme de Jean du Breuil du Freisse, chevalier, qui était mort l'an 1494; 3° Marguerite, alliée avec Philippe d'Aix, Sgr de Cassaigne, était mort l'an 1519; 4° autre Marguerite de Noailles, religieuse à Brejac en 1492.

VIII. — Aymar de Noailles, Sgr de Montclar et de Chambres, succéda à tous les biens de sa maison, à condition de l'usufruit réservé à Antoine de Noailles, archiprêtre de Gignac, son cousin, conformément au testament de François de Noailles, son oncle, et de Jean, Sgr de Noailles, son cousin. Les enfants de Louise de Noailles, dame de Cosnac, sa cousine, lui en disputèrent la possession par un grand procès, qui ne fut terminé que longtemps après sa mort. Il mourut au mois d'octobre 1486. Il avait épousé, le 23 septembre 1481, Antoinette de Saint-Exuperi. Etant veuve, elle fut élue, le 30 octobre 1486, tutrice de ses enfants; testa, dans son château de la Fage, paroisse de Noailles, le 3 mai 1517, et y mourut. Ils eurent : 1° Louis, Sgr de Noailles, qui suit; 2° Jean, né en 1484, protonotaire du Saint-Siége l'an 1515, archiprêtre de Gignac et recteur de Noaillac, lequel s'étant appliqué à la recherche des titres de sa maison, à cause d'un long procès qu'elle eut avec celle de Cosnac, en dressa l'arbre généalogique que l'on y conserve encore. Il testa le 6 avril 1521, fit son héritier Antoine de Noailles, son neveu, avec substitution. 3° Marguerite de Noailles, née l'an 1485, religieuse à Saint-Pardoux-la-Rivière en Périgord, en 1547.

IX. — Louis de Noailles, chevalier, Sgr de Montclar et de Chambres, né le 16 juin 1483, le jour de sainte Juliette, devint Sgr de Noailles et de Noaillac, par arrêt du parlement de Paris du 24 mars 1528, en vertu des substitutions faites par ses prédécesseurs, dans lequel toute la filiation est énoncée, depuis Hugue de Noailles, qui fait la première substitution en 1248, comme il a été déjà remarqué. Cet arrêt fut suivi d'une transaction entre ledit Louis et Charles-Louis de Cosnac, le 31 mars 1529, issu de Louise de Noailles. Il fut aussi Sgr de la Chapelle, Lespinasse, Roussillon-sur-Bort (ou Bru), Calvignac (ou Calvissac), Arasac, Merle, Saint-Julien, etc. Il servit dans les guerres d'Italie : à la bataille d'Aignadel, le 14 mai 1509, il fut fait chevalier par le roi Louis XII; il était capitaine de 50 hommes d'armes, et est dit un des seigneurs les plus distingués. Antoine de Noailles, archiprêtre de Gignac, son cousin et son tuteur, lui fit donation de tous ses biens en le mariant. Il mourut en novembre 1540. Il avait épousé, le 11 février 1502, Catherine de Pierrebuffière, fille de Pierre et de Catherine de Comborn; elle mourut, en couches, le 23 septembre 1527. Ses enfants furent : 1º Antoine, Sgr de Noailles, qui suit; 2º Léonard, né le 7 mai 1507, mort à deux ans et demi; 3º Hugue, né le 5 mai 1511, archiprêtre de Gignac, par la résignation de Jean, son oncle; envoyé par le roi à Rome et en Espagne, pour y négocier des affaires importantes; 4º François de Noailles, évêque de Dax, mort en 1585; 5º Jean, né le 5 janvier 1521, mort jeune; 6º Gilles, aussi évêque de Dacqs, mort en 1597; 7º Foucaud, né le 4 septembre 1515, mort jeune; 8º un fils posthume, mort en naissant avec sa mère; 9º Françoise, née le 3 février 1505, morte à deux ans; 10º autre Françoise, puînée le 4 septembre 1508, mariée, le 11 mai 1531, à Gérald de Puydeval; 11º Marguerite, née le 4 septembre 1509, qui épousa, par contrat du 11 mai 1531, Gui Joubert d'Alemans, Sgr de Montardit, et mourut l'an 1543; 12º Anne, née l'an 1512, religieuse à Lissac en Querci; 13º Françoise, née l'an 1513, religieuse à Lissac, puis abbesse de Leyme en Querci, l'an 1578, morte le 10 juin 1586, inconnue aux auteurs du *Gallia christiana*; 14º Marguerite, née en 1514, religieuse à Saint-Pardoux; 15º Madelaine, née l'an 1516; 16º Marie, née le 27 avril 1517; religieuse à Saint-Pardoux; 17º Françoise, religieuse à l'Annonciade de Rhodez, née en juillet 1518; 18º Blanche, née le 6 octobre 1520, prieure de Longages près Toulouse; 19º Catherine de Noailles, née en mars 1523, religieuse à l'Avoine.

Antoine-Bernard de Noailles, né en 1500, et pour lequel, l'an 1507, le 6 des calendes de novembre, le pape Jules II accorda dispense pour entrer dans les ordres sacrés, et posséder des bénéfices, même à charge d'âmes, nonobstant le défaut de sa naissance, avec faculté de les faire servir par des vicaires.

Le 22 mai 1547, l'écuyer de Noailles portait les gantelets aux obsèques du roi François Ier; le 24, il les remit à Saint-Denis, lors de la sépulture de ce prince.

X. — Antoine de Noailles, chevalier, Sgr de Noailles et de Noaillac, de Merle, Malesse et de Leris, baron de Chambres, Carbonnières, de Montclar, de Malemort et de Brive en partie, duquel sont descendus les comtes et ducs de Noailles, naquit le 4 septembre 1504, au château de la Fage, dans la paroisse de Noailles. Il fut chevalier de l'ordre du roi, gentilhomme ordinaire de sa chambre, et capitaine de cent hommes d'armes, lieutenant du roi en Guienne, gouverneur et maire de Bordeaux, du château du Ha et du Bordelais, 1553. Il accompagna, l'an 1530, le vicomte de Turenne, son parent, en Espagne, qui allait épouser, au nom de François Ier, Éléonore d'Autriche, reine douairière de Portugal, sœur de l'empereur Charles-Quint, et signa au contrat de mariage de cette princesse, le 20 mars de la même année (*vieux style*). Depuis, il fut chambellan des enfants de France, et destiné pour être leur gouverneur. Il n'était donc pas, en 1535, domestique à gages de François de la Tour, vicomte de Turenne. Amiral des mers de Guyenne, il eut ensuite commission d'amiral, sous Henri II, l'an 1547, pendant la disgrâce de l'amiral Annebaut; il commanda la cavalerie qui venait de Fossan, l'an 1537; se trouva à la bataille de Cerisoles; fut envoyé, en 1548, au nom du roi, pour faire passer en revue les troupes qui devaient aller en Ecosse, et les faire rafraîchir. En 1551, il servit dans la guerre de Parme; au siége de Metz, en 1552, où il reçut une blessure qui le rendit fort débile; cependant il faisait tous les jours des courses sur les fourageurs; lorsque l'Empereur voulut lever le siége, il eut ordre de sortir avec 15 chevaux par la porte de la Moselle pour le suivre. L'an 1553, il fut envoyé ambassadeur en Angleterre, et son ambassade réussit. Il ménagea la trève qui fut faite à Vaucelles, entre Henri II et Philippe II, roi d'Espagne. Il combattit, en 1555, près de Casal en Savoie, dans un défi avec le duc de Nemours, contre le marquis de Pesquaire, et aussi dans les guerres des Flandres. On lui donna la garde de Coussy en 1557. M. de Thou l'appelle homme illustre par sa noblesse et par sa valeur. Le 6 septembre 1559, il était au côté gauche du roi de Navarre au parlement, lors de l'entrée de la reine d'Espagne à Bordeaux. Il chassa les huguenots de la ville de Bordeaux dont ils s'étaient emparés. Ennemi juré de leur secte, et très-bon catholique, il exigea, avec les autres du conseil de Bordeaux, que ces rebelles missent bas les armes. Leur historien rapporte ceci au 19 juin 1563, erreur apparemment de date, puisque M. de Noailles était mort; il ajoute que, étant averti de l'entreprise des calvinistes sur Bordeaux, il courut aux armes, et donna l'alarme par toute la ville. Le jour de Noël 1557, il s'efforça, en vain, de troubler les jurats en leur séance. Le roi, par lettres du 23 juillet 1559, lui assigna, en considération de ses services depuis quarante ans, les 800 livres de son état de chambellan sur la recette de Bordeaux. Il fut accusé par des malintentionnés, d'être un séditieux dans les troubles qui s'élevèrent à Bordeaux en 1562, où il faisait la fonction de lieutenant du roi. En 1562, il fut fait chevalier de l'ordre de Saint-Michel. Il mourut à Bordeaux, le 11 mars 1562, âgé de cinquante-huit ans (*vieux style*). Son corps fut porté dans l'église de Noailles, où il avait fondé un chapitre; son cœur fut mis dans la cathédrale de Bordeaux, où l'on voit encore un mausolée qui lui fut élevé en reconnaissance de ses services; il y a une belle pyramide avec un marbre qui contient l'épitaphe ci-après. Ses funérailles lui furent faites fort honorablement par le corps de ville en qualité de maire, et, pour cela, la cour de parlement n'y assista pas, mais il y eut quelques chevaliers de l'ordre.

> Antoine de Noailles, fils de Louis et de Catherine de Pierrebuffière, fit, sous quatre rois, louable preuve de foy aux guerres de son temps; chevalier de l'ordre, eut, en divers endroits du royaume, charge de lieutenant; mourut dans cette ville, dans son gouvernement, le LIX an de son âge. Son corps est à Noailles avec ses aïeux; mais Jeanne de Gontault, sa femme éplorée, a mis ici son cœur, en mars 1567.

Comme il n'avait été malade que deux jours, on dit alors qu'on lui avait avancé ses jours. Le S^{gr} de Noailles était alors brouillé cruellement avec M. de Lagebarton, premier président du parlement, et M. de Montluc courait vite de Toulouse à Bordeaux, pour empêcher la suite que ce démêlé pourrait avoir, et apprit, aux portes de la ville, qu'il était mort cette nuit-là.

Il avait épousé, le 30 mai 1540, Jeanne de Gontault, l'une des dames d'honneur de la reine Catherine de Médicis, et dame d'honneur de la reine Elisabeth d'Autriche, et gouvernante de ses filles. Elle était fille de Raimond de Gontault, S^{gr} de Cabrères, et de Françoise de Bonafos, dame d'un mérite singulier; vivait en 1572. De ce mariage naquirent : 1° Henri, comte de Noailles, qui suit; 2° Charles, né le 5 décembre 1560, dit le *Beau Noailles*, destiné d'abord à l'état ecclésiastique, prieur de Sainte-Arrade, puis gentilhomme ordinaire de la chambre du roi, le 7 décembre 1581, capitaine de cent chevau-légers, le 2 avril 1585, mort peu après sans alliance; 3° Anne, née le 13 mai 1545, qui fut religieuse; 4° Françoise, née le 4 novembre 1548, fut fille d'honneur de la reine, et épousa, le 11 mars 1575, Gabriel de Clermont-Tonnerre, S^{gr} de Touri, fils de Julien et de Claude de Rohan; 5° Gabrielle, née le 10 mai 1549, morte jeune; 6° Marthe de Noailles, née le 7 août 1552, mariée, le 17 mai 1571, à Pierre, vicomte de Sedières, fils de Dominique et d'Anne de Pierrebuffière; 7° Françoise de Noailles, née le 8 juillet 1556, qui épousa, le 8 septembre 1568, Louis de Saint-Martin, vicomte de Biscarosse.

Le capitaine Noailles, reconnu pour les charges honorables qu'il avait bien maniées, en Corse et en Italie, *cz* guerres réelles, retiré pour ses blessures à Limoux en Languedoc, le vit prendre par suprise le 16 juin 1562. C'est apparemment un autre Noailles.

XI. — Henri, S^{gr} de Noailles, chevalier, comte d'Ayen, baron de Chambres, de Montclar et de Malemort, S^{gr} de Brive en partie, Cambresis, Launaguet, S^{gr} châtelain de l'Arche, Mansac, naquit à Londres pendant l'ambassade de son père, le 5 juillet 1554; était capitaine de de la ville de Bordeaux en 1565; fut fait gentilhomme ordinaire de la chambre du roi le 3 juin 1583, capitaine de 50 hommes d'armes le 18 juin 1585. En 1586, il servait dans la Navarre au siège de Montesqui, qui fut pris par capitulation. C'est en sa faveur que la terre d'Ayen fut érigée en comté, au mois de mars 1593. Il servit en Auvergne et en Rouergue, pendant les guerres et les troubles du royaume, comme il avait fait dans les autres occasions de son temps; assista à l'assemblée des notables, tenue à Rouen l'an 1586; fut fait conseiller d'Etat le 9 avril 1597. Robert Ialforeus lui dédia *Acta concilii Nicœni*, imprimés en 1599; fut lieutenant général du haut pays d'Auvergne le 28 avril 1601 ; nommé à l'ordre du Saint-Esprit par le roi Henri IV, l'an 1604. En 1606, il avait quelques brouilleries avec M. de Roquelaure, que le roi fit accommoder par M. le duc de Sully. Pour l'année 1613, V. TURENNE. Il testa le 8 octobre 1621; mourut avant le 13 mai 1623.

Il avait épousé, avec dispense, le 22 juin 1578, Jeanne-Germaine d'Espagne, fille de Jacques-Mathieu d'Espagne, S^{gr} de Panassac et de Catherine de Narbonne. On dit qu'elle était issue de la maison royale de

Castille, peut-être mieux des comtes de Comminges. Voyez : *Elite des bons mots*, à Amsterdam, 1707, T. II, p. 148. Catherine de Narbonne, étant veuve, fit, le 11 avril 1582, le don de quelques biens à Léonard Veyrier, procureur de la ville de Saint-Léonard en Limousin. De ce mariage naquirent : 1° François, S^{gr} de Noailles, qui suit ; 2° Charles, mort évêque de Rodez, en 1648 ; 3° Anne, marquis de Montclar, né le 9 juillet 1591, qui fut gentilhomme de la chambre, colonel d'un régiment d'infanterie, mort au Saint-Esprit le 9 juin 1648, ayant auparavant fait son testament le 1er du même mois, sans laisser d'enfants de Camille de Pestel, sa femme ; 4° Catherine, née le 8 septembre 1585, morte jeune ; 5° Jeanne-Françoise, née le 2 avril 1591, religieuse à Leyme en Querci en 1600, dont elle fut abbesse en 1627 et 1631 ; 6° Marthe-Françoise de Noailles, née le 10 octobre 1593, qui épousa, le 3 septembre 1617, Jean de Gontaut, baron de Biron, S^{gr} de Saint-Blancard, frère de Charles, duc de Biron, maréchal de France, et fils d'Armand, aussi maréchal de France, et de Jeanne d'Ornesan. Il laissa aussi trois ou quatre fils naturels, dont un doyen de l'église de Rodez en 1649. Serait-ce François, né à Bordeaux, tonsuré par l'évêque de Limoges en 1594 ? Louis de Noailles fut pourvu de l'archidiaconé de Malemort, en l'église de Limoges, en 1645. Le bâtard de Noailles obtint, en 1614, une bulle de Rome qui le relevait de l'irrégularité par lui encourue pour avoir été pourvu du prieuré de Saint-Michel, diocèse de Saint-Flour, avant d'avoir été dispensé du défaut de sa naissance. Gabriel de Noailles, pourvu aussi de l'archidiaconé de Malemort, en 1654, mourut en 1661. La dame de Noailles, supérieure du monastère de la Visitation d'Aurillac, y fit célébrer la canonisation de saint François de Salles, en octobre 1666. Jean de Noailles, fils naturel de Henri de Noailles, comte d'Ayen, fut nommé abbé de la Valette, diocèse de Tulle, le 16 octobre 1654, reçut ses bulles le 14 des calendes de mai 1655, prit possession le 26 octobre suivant, et mourut au château de Pinières, le 6 janvier 1673. Voir *Gall. christ.*

XII. — **François**, S^{gr} de Noailles, comte d'Ayen, baron de Chambres, de Noaillac et de Malemort, S^{gr} de l'Arche, en partie de Brive, né le 19 juin 1584, fut d'abord guidon des gendarmes du roi ; eut, le 8 février 1612, un brevet pour commander en Rouergue, en survivance du maréchal de Roquelaure, son beau-père ; fut fait lieutenant du haut et bas pays d'Auvergne, sur la résignation de son père, le 22 février 1614 ; capitaine de 50 hommes d'armes le 14 novembre 1615 ; eut encore commission, le 22 avril, de lever autre 50 hommes d'armes, 50 carabiniers et 10 enseignes de gens de pied pour la sûreté de la province d'Auvergne ; fut pourvu du gouvernement de Rouergue, le 8 mars 1619 ; eut un nouveau brevet de lieutenance-générale au gouvernement d'Auvergne, sur la résignation de son père, le 20 juin 1620. Au mois de juin 1629, le roi lui ordonna d'aller investir la ville de Milhaud. Les maréchaux de Vitri et de la Force le détachèrent, étant maréchal de camp en septembre 1632, avec quatre cornettes de cavalerie, pour recevoir le serment de fidélité du gouverneur et des habitants de Béziers, serment qu'ils prêtèrent unanimement entre les mains de ce seigneur. Il était lieutenant du haut pays d'Auvergne, où, par sa présence, il empêcha les troupes de Monsieur de faire aucun ravage, l'an 1632; il fut créé chevalier des ordres du roi le 14 mai 1633, et conseiller d'État; il fut ambassadeur à Rome, où il arriva le 15 avril 1634, y fut reçu avec de grands témoignages d'affection; on peut voir son entrée et les honneurs qu'on lui fit dans le 20e tome du *Mercure de France*, p. 627. Pendant cette ambassade, François Maynard, qui fut depuis de l'Académie française, dès son institution, s'attacha à M. de Noailles. Il protégea beaucoup le célèbre P. Thomas Campanella, italien, de l'ordre des Frères prêcheurs, auquel les Espagnols en voulaient, parce qu'il leur paraissait trop ami des Français. Pour éviter leur animosité, l'ambassadeur lui prêta son carrosse, et il sortit secrètement de Rome, déguisé en minime, l'an 1634. Pour témoigner sa reconnaissance, le P. Thomas dédia à M. de Noailles et à son frère, alors évêque de Saint-Flour, son livre intitulé : *Philosophiæ rationalis partes quinque*, imprimé à Paris en 1638, où il s'avoue redevable de sa liberté à son protecteur. La cour le rappela en 1635, parce que le cardinal Antoine ne l'avait pas estimé assez fort; du moins prétexta-t-on cette raison, en 1639, lorsque les ministres du pape voulurent faire rappeler en France le maréchal d'Estrées, ambassadeur à Rome. En 1635, il avait sur pied une compagnie de cavalerie appelée d'Ayen-Noailles; fut fait chevalier de l'ordre du Saint-Esprit, le 14 mai 1633; gouverneur du haut et bas pays d'Auvergne et de Rouergue, par lettre du 15 décembre 1642. M. Patru, p. 147, parle de ses faits illustres dans le Rouergue, ensuite de Perpignan, et pays conquis de Roussillon. Rendit des services considérables pendant les guerres de religion; se distingua par plusieurs actions de valeur en diverses occasions; était maréchal de camp des armées du roi. En 1643, il alla apaiser une sédition à Villefranche, dans le Rouergue, et mit à la raison les croquants de cette province; était sénéchal de Rodez; il servit au siége de La Rochelle en novembre 1627; défendit la ville de Cresseil en Rouergue, l'an 1628; fit des dégâts à Milhaud sur les rebelles, en juin 1629, et les battit. Il mourut à Paris, le 14 décembre 1645, après avoir fait son testament.

Il avait épousé, le 9 septembre 1601, Rose de Roquelaure, fille d'Antoine, maréchal de France et de Catherine d'Ornezan; elle testa le 13 décembre 1645. De laquelle il eut : 1º Henri, comte d'Ayen, qui se distingua fort à la bataille d'Avein, l'an 1635, et mourut à celle de Rocroi, l'an 1643, sans alliance; 2º Antoine, comte d'Ayen après son frère, mort aussi sans alliance; 3º Charles, baron de Noailles, était âgé de cinq ans lorsqu'il reçut les cérémonies du baptême, à Saint-Sulpice de Paris, le 24 septembre 1618; fut blessé au siége de Maëstricht, l'an 1632; il en mourut peu de jours après; 4º Anne, duc de Noailles, qui suit; 5º Marthe-Françoise, carmélite; 6º Marie-Christine, religieuse aux Filles de Sainte-Marie, à Aurillac; 7º Catherine de Noailles, morte jeune.

François II, comte de Noailles, eut cinq enfants : trois garçons et deux filles, d'une demoiselle du Limousin; laquelle, après sa mort, se voulut dire sa veuve et ses enfants légitimes; mais elle perdit son procès, par arrêt du Parlement de Paris du 20 mars 1666. Ses enfants naturels furent : 1º Anne, bâtard de Noailles, chanoine de Saint-Flour, puis abbé de la Valette, le 16 janvier 1673, eut ses bulles le 4 mai suivant; prit possession, le 16 du même mois 1674, et mourut à Pinières, le 25 septembre 1709. Il en est parlé dans l'arrêt de 1666, et y a la qualité de chanoine de Saint-Flour. Il est dit, dans cet arrêt, qu'il y avait deux filles religieuses, et trois garçons, qui y sont nommés et qualifiés, et qui y étaient parties intervenantes; 2° Antoine, bâtard de Noailles, chanoine d'Aurillac; quitta l'état ecclésiastique, et était, en 1666, lieutenant dans le régiment d'Auvergne; 3° N.....; 4° Jeanne-Françoise, abbesse du monastère de Rodez, fit profession à Saint-Saturnin de Rodez, ordre de Saint-Benoît, où, selon Estiennot, *Antiq. Benedict. Santon.*, p. 125, à Sainte-Marie de Saintes. Le 5 février 1678, elle eut ses bulles pour l'abbaye de Mercœur, ordre de Citeaux, diocèse de Mende, et en prit possession le 21 octobre 1679; en fit réparer les lieux réguliers et y rétablit l'observance. Le 1er juin 1686, elle fut nommée à l'abbaye de Leyme, même ordre de Citeaux, diocèse de Cahors, où elle avait eu deux de ses tantes; elle n'eut les bulles que le 12 avril 1690. On doit l'appeler avec justice la restauratrice de ce monastère, car elle y rétablit les lieux réguliers, répara l'église qui avait été brûlée et la décora fort proprement, fit bâtir la chapelle de Saint-Eutrope. Toutes les pierres de Leyme, et toutes les paroisses qui en dépendent, prêchent la libéralité de cette pieuse abbesse. Elle mourut en 1705, fort regrettée, et fut ensevelie dans un assez beau sépulcre, ainsi qu'elle le méritait, près du grand autel, du côté de l'épître, où on voit cet éloge :

D. O. M.
Quœ templum hoc incendio consumtum restituit,
Locum monumento quo ipsa inferretur
Hic jacet
JOHANNA FRANCISCA DE NOAILLES
Nomen orbi notissimum,
Si mores respicis
Pietas sine fuco, imperium sine supercilio,
Animi candor, indolis, ac ingenii dotes
Pene ad miraculum affinxerant :
Si dignitatem
Mercoria Eremum (1) Abbatissam transtulit
Perspecta Ludovico Magno religio
Dubiis religionis temporibus.
Amantissimœ sorori
Christiana monasterii abbatissa
Mœrens et agre superstes parentabat.
Obiit anno 1705.

5° Christine, bâtarde de Noailles, dite Mlle de Verneuil, abbesse de Blesle, diocèse de Saint-Flour, en 1681; ne l'était plus en 1687; depuis abbesse de Saint-Saturnin de Rodez; elle fit faire le tombeau de sa sœur.

(1) C'est le nom de Leyme.

XIII. — Anne, duc de Noailles, pair de France, marquis de Montclar et de Mouchi-le-Chatel, baron de Malemort, de Chambres et de Carbonnières, S^{gr} de Brive en partie, comte d'Ayen, commença à servir dès sa plus tendre jeunesse; fut fait maréchal de camp le 28 mai 1643, colonel d'un régiment d'infanterie et d'un de cavalerie, les 25 et 26 juin 1650, et lieutenant général des armées du roi le 12 septembre suivant; premier capitaine des gardes du corps du roi; créé chevalier de ses ordres 31 décembre 1661; gouverneur, lieutenant et capitaine général des comtés et vigueries de Roussillon, Conflans et Cerdaigne; gouverneur particulier de la ville et citadelle de Perpignan; lieutenant général de la province d'Auvergne; lieutenant général des armées du roi; sénéchal et gouverneur de Rouergue. M. Patru présenta au roi, à la fin de novembre 1663, un discours pour maintenir M. de Noailles dans les priviléges de sénéchal de Rodez; charge qu'il acheta. Ce célèbre avocat dit que M. de Noailles fut ambassadeur, eut divers emplois de paix et de guerre, vieillit au service de trois rois, que la reine le loua de sa propre bouche, pour avoir apaisé la révolte de Rouergue; il ajoute que le nom de ses ancêtres vivra à jamais dans nos annales. Il se signala par sa prudence, par sa fidélité au service du roi, et par sa valeur, sa hardiesse, sa dextérité et ses sages conseils. Il servit dans les armées avec beaucoup de distinction, depuis l'âge de douze ans, jusqu'en cinquante-sept, passa par toutes les charges militaires, jusqu'à celle de capitaine général, dont Sa Majesté l'honora en 1652. En 1650, il était à la bataille de Rethel. A la bataille donnée à la porte Saint-Antoine à Paris, en 1652, le marquis de Noailles se rendit maître d'un poste que les troupes du prince de Condé gardaient à la tête de la rue qui va à Charenton, et, pour le pouvoir conserver, fit percer plusieurs maisons, où il logea de la mousqueterie. Le prince, pour les en chasser, fit venir de l'infanterie; mais elle ne put soutenir le feu que faisaient sur elle ceux des maisons, et lacha le pied. Le prince envoya de la cavalerie pour la soutenir, qui ne témoigna pas plus de courage; il y courut lui-même, et fit ferme dans la rue avec ce qui s'était rallié autour de lui : ce fut où se donna le combat. Il défit le duc de Mortare en Italie, l'an 1658. La même année, se trouva, en juin, au siége de Bergues; en juillet, dans les guerres du Milanais.

Le comté d'Ayen et les châtellenïes de Mansac, l'Arche, furent érigés en duché et pairie, sous le nom de Noailles, en sa faveur, par lettres-patentes du mois de décembre 1663, vérifiées en parlement le 15 du même mois. Ayen est composé des quatre châtellenies Ayen, Mansac, l'Arche en Limousin, et Terrasson en Périgord.

Le cardinal Mazarin lui donna une charge, mais on ne dit pas laquelle. Baluze cite un *factum* pour Anne, duc de Noailles, contre M. Pericard, évêque d'Angoulême, 1675, qui prétendait que le comté d'Ayen relevait anciennement de son évêché, et demandait une récompense pour l'érection du duché-pairie de Noailles. Anne se démit du duché-pairie de Noailles, le 9 décembre 1677, en faveur de Anne-Jules, son fils. Dans l'Histoire de François Morosini, doge de Venise, par Antoine Arrighius, 1749, il y a une méprise très-considérable, et qui n'est pas une faute d'impression : l'auteur met sur le compte d'un

Sgr de la maison de Noailles le retour précipité du secours envoyé en Candie par le feu roi (1669). Ce fut un Navailles et non un Noailles qui le ramena ; l'erreur vient, selon les apparences, de ce que les Italiens prononcent à peu près Navailles comme Noailles. Il mourut, le 5 février 1678, à Paris, et fut enterré dans l'église de Saint-Paul, sa paroisse, où sa veuve lui a fait élever un mausolée.

Il fut marié, le 13 décembre 1645, avec Louise Boyer, dame d'atours de la reine Anne d'Autriche, fille d'Antoine, Sgr de Sainte-Geneviève-des-Bois et de Villemoisson, etc., conseiller du roi en ses conseils, et secrétaire de ses finances, et de Françoise de Vignacourt; elle mourut, le 22 mai 1697, dans une grande réputation de piété, et fut enterrée à Saint-Paul, près de son mari. De ce mariage sont issus : 1º Anne-Jules de Noailles, qui suit; 2º Louis-Antoine de Noailles, né le 27 mai 1651, au château de Perrières, sur la paroisse de Cros, à quatre lieues d'Aurillac en Auvergne. Successivement Dom d'Aubrac, évêque de Cahors et de Châlons-sur-Marne, archevêque de Paris, cardinal, proviseur de Sorbonne, mort le 4 mai 1729. Voyez les lettres de M. du Noyer, les différents volumes du *Gallia christiana*, le P. d'Avrigné, Mém. pour l'hist. ecclés. depuis 1600 jusqu'en 1716, Moréri, 1759. 3º Jacques de Noailles, chevalier de Malte, ambassadeur de la religion auprès du roi, mort le 22 avril 1712, à Paris, à l'âge de cinquante-neuf ans, fut enterré en l'église cathédrale. Voyez le P. DANIEL, *Hist. de France*. 4º Anne-Louise, née le 22 novembre 1662, mariée, le 1er juin 1680, à Henri-Charles de Beaumanoir, marquis de Lavardin, chevalier des ordres du roi, morte à Rennes l'an 1693 ; 5º Gaston-Jean-Baptiste-Louis, abbé de Hautefontaine, Montier-Ramé, puis d'Hautvilliers, né le 7 juillet 1669, évêque et comte de Châlons après son frère, 1696 ; mort le 15 septembre 1720. Voyez les différents tomes du *Gallia christiana*, 6º Jean-François, marquis de Noailles, de Montclar, etc., brigadier et maréchal de camp, mort en Flandre au camp de Grosseliars, le 23 juin 1699, âgé de trente-six ans, fut enterré aux Jésuites. Il avait épousé, en 1687, Marguerite-Thérèse Rouillé, fille de Jean, conseiller d'Etat, et de Marie Comans d'Astrie. Elle prit une seconde alliance, en 1702, avec Armand-Jean de Vignerol, duc de Richelieu, pair de France, etc.; elle mourut le 27 octobre 1729. Eut de son premier mariage : 1º Louise-Antoinette ; 2º Anne-Marie ; 3º une autre fille, morte en bas-âge ; 4º Anne-Catherine, mariée, en 1711, à Louis-François-Armand du Vignerol du Plessis, duc de Richelieu, depuis maréchal de France, morte le 7 février 1716, âgée de vingt ans, sans postérité.

XIV. — Anne-Jules, duc de Noailles, pair et maréchal de France, chevalier des ordres du roi, gouverneur du Roussillon, vice-roi de Catalogne, premier capitaine des gardes-du-corps du roi, né le 4 février 1650, créé chevalier de l'ordre du Saint-Esprit le 31 décembre 1688. [Le maréchal duc de Noailles forma un régiment de cavalerie, le 20 août 1688, qui s'appelle à présent de Noailles, et dont est mestre de camp M. le comte d'Ayen-Noailles, le 4 mars 1730.] Commandant pour le roi, en Languedoc, dont Henri de Burta prononça le discours à la présentation des lettres, imprimé à Toulouse en 1683. Il eut des contestations contre la maison de Bouillon ; employa, en 1701, le célèbre abbé René-

Aubert de Vertot, qui fit pour lui quelques mémoires ; et la maison de Noailles reconnut ses services par une pension. Il avait composé la généalogie de cette maison, encore manuscrite. [Le maréchal de Noailles gagna la bataille de Torcilles au passage du Ter, sur les Espagnols, en 1694.] Il mourut à Versailles, le 2 octobre 1708. Son corps fut porté à Paris, aux Capucins, puis en l'église de Notre-Dame de Paris, où il a été enterré le 3 décembre suivant. M. Le Bœuf dit que leur sépulture, à Paris, est dans la chapelle de la Communion, en l'église de Saint-Paul. Le P. La Rue, jésuite, prononça son oraison funèbre dans l'église des Feuillants de la rue Saint-Honoré, le 27 janvier 1709 ; elle fut imprimée la même année. L'orateur remarque que les premiers vestiges qui nous restent de cette maison, dont la tige noble et guerrière est connue depuis 700 ans, sont tracés par la piété en divers établissements pour le service de Dieu, dans les abbayes du Limousin les plus fameuses, piété que le P. La Rue fait envisager comme le fondement de la grandeur de cette maison, d'où sont sortis plusieurs grands hommes, qui, dans les croisades et dans plusieurs autres guerres, et, en général, dans tous les grands emplois où ils ont été appelés, n'ont pas moins signalé leur attachement pour leur roi que leur piété envers Dieu ; sur quoi on ne doit point oublier ici un trait singulier au sujet de François et de Gilles de Noailles, tous deux frères, qui partagèrent entre eux neuf ambassades sous le règne de quatre rois. *V. Médailles de Louis XIV*, édit. de 1702 ; — LARRAY, *Hist. de Louis XIV* ; — le P. D'AVRIGNÉ, BAUDRAND, *Dict. géogr., Mém. de Choisy*, T. II.

Il avait épousé, le 13 août 1671, Marie-Françoise de Bournonville, fille unique d'Amboise, duc de Bournonville, chevalier d'honneur de la reine, gouverneur de la ville de Paris, et de Lucrèce de la Vieuville. De cette alliance sont sortis : 1º Adrien-Maurice, qui suit ; 2º Marie-Christine, née le 4 août 1672, mariée le 13 mars 1687, à Antoine, duc de Grammont, pair et maréchal de France, etc. *V. l'Épithalame* dans le *Mercure* d'avril de cette année. 3º Marie-Charlotte, née en 1677, alliée, en 1696, à Malo, marquis de Coëtquon, comte de Combourn, lieutenant-général des armées du roi, etc., morte le 8 juin 1723 ; 4º Lucie-Félicité, née en 1683, dâme du palais de Mme la Dauphine, morte, à Paris, en 1745. Elle avait épousé, le 10 janvier 1698, Victor-Marie, duc d'Estrées, pair, vice-amiral et maréchal de France, grand d'Espagne, etc. ; 5º Marie-Thérèse, née en 1684, mariée, en 1698, à Charles-François de la Baume le Blanc, duc de la Vallière, pair de France, etc. ; 6º Marie-Françoise, née en 1687, alliée, le 20 février 1703, à Emmanuel-Henri de Beaumanoir, marquis de Lavardin, etc., son cousin germain ; il fut tué à la bataille de Spire, le 15 novembre suivant ; 7º Marie-Victoire-Sophie, née en 1688, mariée : 1º en 1707, à Louis de Pardaillan d'Antin, marquis de Gontrin, qui mourut, en 1713, âgé de 23 ans ; 2º, en 1723, à Louis-Alexandre de Bourbon, comte de Toulouse, etc., prince légitimé de France ; 8º Marie-Emilie, née en 1689, qui épousa, en 1713, le 20 février, Emmanuel de Rousselet, marquis de Château-Regnaut, etc., morte le 7 mai 1723 ; 9º Anne-Louise de Noailles, née en 1695, mariée : 1º, en 1716, le 11 mars, à Jean-François-Michel le Tellier, marquis de Louvois, etc., dont elle resta veuve en 1719 ; 2º avec Jacques-Hippolyte, marquis de

Mancini; 10° un fils mort en naissant; 11° autre de même; 12° Louis-Marie, comte d'Ayen, mort jeune; 13° Louis-Paul, comte d'Ayen, de même; 14° un autre fils non nommé, mort à quatre ans; 15° Jean-Anne, mort jeune; 16° Emmanuel-Jules, comte de Noailles, lieutenant-général au gouvernement de Guyenne, mort d'une blessure en 1702; 17° Jules-Adrien, chevalier de Malte, puis chanoine de l'église de Paris, colonel du régiment de cavalerie de son nom, mort, en 1710, sans alliance; 18° Jean-Emmanuel, marquis de Noailles, mestre de camp de cavalerie, mort en 1725; 19° Anne-Louise, morte jeune; 20° Julie-Françoise, de même; 21° Marie-Uranie, religieuse de la Visitation.

XV. — Adrien-Maurice, d'abord comte d'Ayen, puis duc de Noailles, pair et maréchal de France, grand d'Espagne de la première classe, chevalier des ordres du roi et de la Toison-d'Or, premier capitaine des gardes du corps de Sa Majesté, gouverneur de la province et comté de Roussillon depuis 1708, et des ville, château et citadelle de Perpignan, vicomte de l'Arche, baron de Malemort, de la ville de Brive, de Noaillac, Mansac, né à Paris, le 26 septembre 1678. D'Hozier, dans son *Armorial général*, 1re part., p. 407, a un détail de ses dignités et de ses belles actions, ainsi que le P. Simplicien, T. IV, p. 794. Il fut créé chevalier de l'ordre du Saint-Esprit le 3 juin 1724. Mme du Noyer, *Lett.*, T. I, p. 185, dit que; lorsqu'il fut obligé de faire ses preuves pour devenir cordon bleu, il se contenta de produire la capitolar de Toulouse d'un de ses ancêtres; mais ne le dit-elle pas gratuitement? Les baronnie et vicomté de Noailles, Noaillac, furent érigées en titre de duché héréditaire sous le nom d'Ayen, par lettres de février 1737, enregistrées au parlement de Paris le 12 mai suivant, et à celui de Bordeaux le 16 mars. D'Hozier rapporte ces lettres-patentes.

Il épousa, le 1er avril 1698, Françoise d'Aubigné, fille unique de Charles, comte d'Aubigné, chevalier des ordres du roi, etc., nièce de la marquise de Maintenon, et morte le 6 octobre 1739. A l'occasion de cette alliance, Mme du Noyer (*Lett.* 4e) disait, en parlant de M. de Noailles : « Voilà une famille bien à la mode, parce-qu'elle a su ménager les bonnes grâces de Mme de Maintenon »; comme si les services de ces seigneurs ne leur avaient pas mérité toutes les faveurs du roi! Françoise d'Aubigné eut en dot 800,000 livres, et 70,000 livres de pierreries. De ce mariage vinrent six enfants : 1° Louis, duc d'Ayen, qui suit; 2° Philippe, né en 1715, appelé d'abord le comte de Mouchi, puis le comte de Noailles, grand d'Espagne de la première classe, chevalier de la Toison-d'Or, bailli grand'croix de l'ordre de Malte, etc.; épousa, en 1741, Anne-Claude d'Arpajon, née en 1729, fille unique de Louis, marquis d'Arpajon, le dernier de son illustre nom, dont plusieurs enfants; il lui reste : *A*....., appelé le prince de Poix en Picardie, né en 1748; *B.* Daniel-François-Marie, appelé le marquis d'Arpajon, né en 1750; *C.* Louise-Charles-Henriette-Philippine de Noailles, née en 1745, 3° Françoise-Adélaïde, née en 1704, alliée, en 1717, à Charles de Lorraine, comte d'Armagnac, appelé le prince Charles, chevalier des ordres du roi, etc., mort sans enfants, en 1751; 4° Amable-Gabrielle, née en 1706, dame d'atours de la reine, alliée, en 1721, à Honoré-Armand de Villars; 5° Marie-Louise, née en 1710, alliée, en 1730, à Jacques Nompar de Caumont, marquis de la Force, depuis duc et pair; 6º Marie-Anne-Françoise de Noailles, née en 1719, alliée, en 1744, à Louis Engilbert, comte de la Mark, grand d'Espagne.

Le roi vendit, en 1740, au maréchal de Noailles, la coseigneurie de Brive, d'où M. de Noailles devint seul et unique seigneur de cette ville. [M. le duc de Noailles et M. le duc de Lévy furent nommés lieutenants généraux des armées du Rhin et de la Moselle, le 20 février 1734.]

XVI. — Louis de Noailles, duc d'Ayen, chevalier des ordres du roi, lieutenant général de ses armées, premier capitaine des gardes-du-corps, gouverneur de la province du Roussillon, en survivance de son père, etc., né à Versailles le 21 avril 1713, chevalier de l'ordre du Saint-Esprit; épousa, le 25 février 1737, Catherine-Françoise-Charlotte de Cossé de Brissac, née en 1724, fille unique de feu Charles-Timoléon-Louis, duc de Brissac, dont : 1º Jean-Paul-François de Noailles, qui suit; 2º Emmanuel-Marie-Louis, né en 1743, marquis de Montclar; 3º Adrienne-Catherine, née en 1741, mariée, en 1755, à René-Mans, sire de Froullay, comte de Tessé, grand-écuyer de la reine, etc.; 4º Philippine-Louise-Catherine, née en 1745.

XVII. — Jean-Paul-François de Noailles, comte d'Ayen, premier capitaine des gardes-du-corps du roi, né en 1739, épousa, le 5 février 1755, Henriette-Anne-Louise d'Aguesseau, fille de Jean-Baptiste-Paulin, conseiller d'État, fils du chancelier, et de Anne-Louise-Françoise Dupré, dont : 1º Adrien-Paul-Louis, marquis de Noailles, mort jeune; 2º Anne-Jeanne-Baptiste-Pauline-Adrienne-Louise-Catherine-Dominique, née en 1758.

SOURCES : Labbe, *Blason royal*, p. 105. — Simplic., *Hist. des grands-officiers de la couronne*, T. II, p. 655; T. IV, p. 127, 135, 775, 776, 777, 782, 783, 784, 785, 786, 787, 788, 789, 790, 791, 792, 793, 794, 795; T. VII, p. 306, 313; T. VIII, p. 917; T. IX, p. 193, 222. — Hozier, *Arm. général*, Ire part., p. 407, 408. — Moreri, 1759. — Thevenot, *Cosmog.*, T. II, fol 828. — Du Cange, *Gloss. lat.*, art. *Cognomen*. — Mabill., *Diplom.*, liv. II, ch. VII, nº 3; *Ann.*, T. III, p. 507, 509. — Baluze, *Miscell.*, T. IV, p. 206, 215, 217, 221, 253, 273, 274, 287, 291, 297; *Hist. de la mais. d'Auvergne*, T. I, col. 144; T. II, p. 207, 212, 754; *Vita pap. aven.*, T. I, col. 219, 826, 855, 1420; *Hist. Tutel.*, col. 702, 725. — *Biblioth. de Baluze*, p. 463, 495. — Justel, *Hist. de Turenne*, p. 341. — Dupleix. — Corbin, *Décis. de droit*, p. 279, 282. — Varill., *Hist. de Louis XII*, liv. V. — Lobineau, *Hist. de la ville de Paris*, T. IV, p. 735, 740. — Le Beuf, *Hist. de Paris*, T. II, p. 525. — Fleury, *Hist. ecclés.*, liv. XCIV, nº 40. — *Gall. christ. nov.*, T. I, col. 115, 137, 193, 269, 1050, 1327. — Montluc, *Mém.*, liv. II, V. — Daniel, *Hist. de France*. — Vienne, *Hist. de Bordeaux*, T. I, p. 132. — Darnal, *Chroniq. Bourdel.* — *Mém. de Condé*, T. III, p. 151. — Thou, liv. II, XI, XV, XIX, XXXI, XXXII, XXXIII. — Rabutin, liv. III, VII, IX. — Mss. de Saint-Martin de Limoges. — Mss. episc. Lemov. — *Hist. ecclés. des églises réformées*, T. II, p. 764, 766. — Olhagaray, *Hist. de Foix*, nº 20. — Béthune, *Miroir*, IIIe part. T. V, chap. V et VII. — Patru, *Plaid.*, p. 315, — *Vie du cardinal de Richelieu*, liv. IV. — Aubey, *Hist. du cardinal de Richelieu*, liv. VI et XXXVII. — Echard, *Script. ff. pp.*, T. II, p. 507, 516.

— *Mercure Franç.*, T. XIII, p. 841; T. XIV, p. 185, 195; T. XV, p. 53, 56; T. XX, p. 627. — *Mém. du duc de Rohan*, II⁰ part., p. 172. — Riencourt, *Monarchie franç.*, T. I. — Larray, *Hist. de Louis XIV*, T. II. — *Mém. Trév.*, 1709, p. 1008; 1750, p. 1268. — *Dict. généal.*, 1757. — Vaissette, *Hist. du Languedoc*, T. V. p. 571.

[LA NOAILLE.]

NOBLAC.
[Gui le Grand de Noblat et sa femme Cosme vivaient en 1196. Voyez mes *Mém. mss. abb. Lim.*, p. 501.]
Hélie de Noblac, damoiseau, 1285. *V.* BALUZE, T. IV des *Miscell.*, p. 299: Pierre de Noblac, *alias* Parrou, damoiseau, 1431.
Jean de Noblac, damoiseau, Sr de Masgiral, près la ville de Saint-Léonard (1), 1475.

NOBLE.
Jean le Noble, S^r des Isles, sous-brigadier des 200 chevau-légers de la garde ordinaire du roi, se disait écuyer, fut enterré chez les Cordeliers de Nontron en 1682. Il avait épousé Marie de la Peyre, dont : 1° Jean, né à Nontron (2), le 11 octobre 1678; 2° François, né le 9 octobre 1680.

NOBLET (3) porte : *de gueules, au chevron d'or, et une gerbe de blé de même posée sous le chevron*. (*Dict. généal.*, 1757; — HOZIER, *Arm. général*, Ire part., p. 413.)
I. — Nicolas de Noblet épousa Germaine de la Porte, dont : 1° Fabien, qui suit; 2° Jean, écuyer, qui partagea avec son frère, le 16 juillet 1555, les biens qui leur étaient échus par la mort de leurs père et mère.
Claude de Noblet fut inhumé dans la chapelle de Saint-Paul, paroisse de Tercilhac (4), le 13 mai 1667.
II. — Fabien de Noblet, écuyer, Sr de Villermont en Beauce, l'an 1550, épousa Marguerite des Moulins, dans la ville de Paris, le 12 mai 1551, fille de noble homme Jacques des Moulins, écuyer, Sr de Tersillac en Berri, dont : Annet, qui suit.
III. — Annet de Noblet, écuyer, Sr de Villermont et de Tersilhac, archer de la compagnie de Louis de Bourbon, duc de Montpensier, l'an 1578, puis homme d'armes du S^gr de la Rocheposai, l'an 1594. Il épousa, le 23 décembre 1576, Antoinette Bertrand, fille de Claude, écuyer, Sr du Chassin, du Cluzeau, etc., et de Jeanne Bertrand, dont : 1° Jean, qui suit; 2° Nicolas, chevalier de Malte, dont les preuves furent admises au grand prieuré d'Auvergne, le 15 juillet 1613.

---

(1) Saint-Léonard-de-Noblac, chef-lieu de canton, arrondissement de Limoges (Haute-Vienne).
(2) Nontron, chef-lieu d'arrondissement (Dordogne).
(3) Nadaud avait d'autres notes sur cette famille à la page 2221, qui est déchirée.
(4) Tercillac, canton de Châtelus-Malvaleix, arrondissement de Boussac (Creuse).

IV. — Jean de Noblet, écuyer, Sʳ de Tersilhac et de Villermont, épousa, le 3 juillet 1616, Marguerite de Passac, fille de François, écuyer, Sʳ de Villavigne, et de Gilberte de la Rocheaimon, dont : Charles, qui suit.

V. — Charles de Noblet, écuyer, Sʳ de Tercilhac, de Saint-Paul, de Malleville, mourut en 1665. Il avait épousé Marie de la Volpillière, le 16 août 1645, fille de Hugues, écuyer, Sʳ de Feidith et de Jeanne Artaud, dont : 1° Gabrielle, née le 26 décembre 1662; 2° Jacques, qui suit ; 3° Louis, né le 4 mars 1664; 4° François, né le 7 octobre 1665.

VI. — Jacques de Noblet, écuyer, Sʳ de Tersilhac, placé chez M. d'Hozier, dans le diocèse de Bourges, fut maintenu dans sa noblesse depuis 1550, par ordonnance de M. l'intendant de Bourges du 27 avril 1716. Il épousa, le 1ᵉʳ juillet 1699, Catherine Bertrand, fille de Jean-Baptiste, écuyer, Sʳ de Beveron et de Louise de la Garde, dont un fils unique, Charles, qui suit.

VII. — Charles de Noblet, écuyer, Sʳ de Tercilhac et de Saint-Paul, né le 4 juillet 1701, reçu page du roi dans la grande écurie, le 30 août 1717, épousa, à Bonnac en Haute-Marche (1), le 9 février 1723, Barbe de Mornay, dont : 1° François, mort en bas âge; 2° Hortense, née le 2 août 1726.

NOGAROT. — *V*. La Valette, T. II, p. 61.

[NOGENT DE BRAYBANS.
Gérald de Nogent, Sgʳ de Braybans, chevalier, avait épousé Hé..... (Voyez mes *Mém. mss. abb. Lim.*, p. 512.)
Jean de Nogent, Sgʳ de Braybans (*Ibidem*, p. 513).
N..... de Nogent, marié avec G....., dont : Milo, Sgʳ de Nogent et de Braybans, qui vivait entre 1198 et 1216 avec sa mère et son fils.
Milo, Sgʳ de Nogent et de Braybans, sans doute après son père. (*Ibidem*, p. 502, 215 et 520.)]

NOGERET (2).

NOLLET (3).

[NONTRON (4).
La baronnie de Nontron fut vendue par le roi Henri IV, en 1600, à Charles Hélie de Colonges. — *V*. Helie de Colonges, et mes *Mél. mss.*, T. I, p. 352.
N..... Delavie, président honoraire au parlement de Bordeaux, acquit

---

(1) Bonnac, chef-lieu de canton, arrondissement de Guéret (Creuse).

(2) Nadaud avait la généalogie de cette famille à la page 839, qui a été ôtée de son manuscrit. — On trouve le lieu de Nollet commune de Blond, arrondissement de Bellac (Haute-Vienne).

(4) La famille de Nollet avait sa généalogie à la page 235, qui est arrachée. — Voyez aussi Noulet, ci-après.

(4) Nontron, chef-lieu d'arrondissement (Dordogne).

NORMAND (1).

Jean Normand, écuyer, Sr de la Trenchade et de Bourniol, épousa Marguerite Dubois, dont : 1° Anne, née le 12 février 1690 ; 2° Françoise, née le 9 février 1694 ; 3° Susanne, née le 18 octobre 1697 (2). (Registre de Saint-Martial d'Angoulême.)

NORMANDI.

NOUALHIER. — *V.* NOAILHÉ.

[NOULET, peut-être mieux NOLLET.

On trouve Jean de Noulet dans les registres de Borsandi, notaire à Limoges, page 83, n° 13, *apud* D. COL.]

NOURIGIER, Sr de Sainte-Aulaye, paroisse dudit lieu, élection de Saintes, porte : *d'or, à une bande de gueules danchée de sable, accompagnée de 6 merlettes de sable, ni pattées, ni becquées, 2 et une au premier canton, et 3 mal ordonnées au 2e, à la bordure de gueules.*

I. — Nicolas de Nourigier épousa Isabeau Duboys ; étant veuve, elle rendit un aveu et dénombrement, le 15 décembre 1468.

II. — François de Nourigier épousa : 1°, le 23 octobre 1461, Jeanne du Puy ; 2°, le 4 juillet 1483, Madeleine de la Faye.

III. — Pierre de Nourigier transigea, le 21 avril 1527, avec Jean Du Bois, mari d'Hélène de Nourigier, sa sœur, sur la succession de leurs père et mère, François et Madeleine de la Faye. Il épousa Marguerite de Cosse.

IV. — Charles de Nourigier épousa, le 19 novembre 1551, Louise des Halles.

Cette maison fit ses preuves de noblesse en 1598, et les commissaires du gouvernement les trouvèrent bonnes.

V. — Alain de Nourigier épousa, le 2 février 1617, Olympe de Pressac, qui, le 22 novembre 1664, fit son testament, légua à Jacques de Nourigier, son petit-fils.

VI. — Louis de Nourigier épousa, le 14 juin 1650, Marie de Ballades.

VII. — Jacques de Nourigier.

NOURIGIER, Sr de Jousseran, paroisse de Guilloujard, élection de Saintes, porte : *d'or, à une bande danchée de gueules, accompagnée de 6 merlettes de sable, ni pattées, ni becquées, mises en orle.*

---

(1) La généalogie de la famille Normand était aux pages 839 et 840, qui sont déchirées. Nadaud a encore une note à la page 647, que nous reproduisons ici.

(2) C'est probablement cette dernière qui épousa François de Lubersac, écuyer, Sr du Lerce. (Voir la généalogie, T. III, p. 130.)

I. — Claude de Nourigier passa trois contrats, les 19 juin 1457, janvier 1471 et 29 novembre 1482. Il épousa Marguerite Guillard.

II. — François de Nourigier obtint un arrêt le 29 juin 1504; il épousa Guillemette de Barbezières.

III. — Louis de Nourigier épousa, le 21 décembre 1518, Françoise de la Porte.

IV. — Jean de Nourigier, Sr de Moulidars (VIGIER, *Coutumes d'Angoum.*, p, 517), épousa, par contrat du 11 novembre 1561, Marguerite de Fédic, veuve en 1596, dont : 1o Pierre; le 29 novembre 1598, Jacques, Marie et Espérance partagèrent la succession de leurs père et mère, Jean et Marguerite Fédic.

Cette maison fit ses preuves de noblesse en 1598, et les commissáires du gouvernement les trouvèrent bonnes.

V. — Jacques de Nourigier épousa, par contrat sans filiation du 15 avril 1579, Bertrande des Ages.

VI. — François de Nourigier épousa, le 18 avril 1604, Jeanne de Saint-Mathieu; étant veuve, elle testa en faveur de son fils Henri et de ses autres enfants, le 12 décembre 1661.

VII. — Henri de Nourigier.

Notes isolées.

Isabeau de Nourigier épousa Guilaume de Gourdin, qui testa le 9 janvier 1597, fils d'Antoine et de Catherine Mallet.

Anne de Nourigier, épousa, par contrat du 21 avril 1642, Joseph Gombaud, veuf de Marie Meyge, fils de François et de Marie de Montgaillard.

Charlotte de Nourigier épousa, le 15 mai 1654, Pierre de la Grèze, fils de Nicolas, Sr de Devezeau, paroisse de Saint-Angeau (1), élection d'Angoulême, et de Marie Daloux.

DE NOUVEAU ...... élection de Saintes, porte : *écartelé au 1er et 4e d'azur, à un lion rampant d'or, lampassé de gueules; au 2e et 3e aussi d'azur, à un vase d'argent.*

I. — Jean Nouveau épousa, le 23 janvier 1530, Souveraine Maudron.

II. — Henri Nouveau partagea, le 28 octobre 1565, avec Aymard, son frère, la succession de leurs père et mère.

III. — Jean Nouveau partagea, le 20 mai 1594, les succesions de ses père et mère. Le 26 août 1593, il avait épousé Marie Desmier.

IV. — Charles de Nouveau épousa, le 12 novembre 1610, Marie Joubert, dont : Henri, curé d'Yvières, baptisé le 22 mars 1621.

NOYRET.
Jean de Noyret, écuyer, paroisse de Brive, épousa Elisabeth de Vincent, dont : Raymond, tonsuré en 1727.

---

(1) Saint-Angeau, canton de Mansle, arrondissement de Ruffec (Charente).

Louis-Josué de Noyret, écuyer, Sʳ de la Grande-Borie, de la ville de Brive, épousa Gilète de Griffolet de Lentillac, dont : Marguerite, mariée, en 1769, avec Jacques-Henri de Griffolet, chevalier, Sʳ de Lentillac, Saint-Pantaléon, la Chabroulie, avec dispense de parenté, le 29 janvier, dans l'église de Saint-Domnolet de Limoges.

[N..... Noyret, officier d'infanterie, vivait et demeurait à Brive en août 1786 et en janvier 1788.]

[NYERT.

François de Nyert, premier valet de la chambre ordinaire du roi Louis XIV, marquis de Neuville, puis de Gambais, mort en 1719, avait épousé Charlotte de Vaugaugelt, dont un fils unique :

Louis de Nyert, marquis de Gambais, gouverneur du Louvre et de Limoges, grand bailli d'Amont, allié à Marie-Anne Marsollier, fille de Denis, conseiller au grand conseil, et de Jeanne Durand, dont : 1º Alexis ; 2º Alexandre-Denis de Nyert, premier valet de la chambre ordinaire du roi, capitaine et concierge du château du Louvre, mort le 30 janvier 1744 ; 3º Jeanne, qui céda sa part sur le marquisat à sa sœur ; 4º Agnès de Nyert, marquise de Gambais, alliée, le 4 septembre 1749, à François-Henri de Revel, conseiller au parlement de Paris.

O.

ODET, Sʳ du Fouilloux, paroisse de Grisparentier, élection d'Angoulême, porte : *de gueules, à 3 glands d'or tigés de même, 2 et 1*.

I. — Olivier Odet épousa, le 16 février 1539, Roberte Dexmier, dont : 1º François ; 2º Albert ; 3º Nicolas, qui suit ; ces trois frères transigèrent sur la succession de leur père, le 15 octobre 1587.

II. — Nicolas Odet épousa Marguerite d'Abzac.

III. — Joseph Odet épousa, le 13 mai 1607, Marie du Laux.

IV. — Charles Odet épousa, le 21 mars 1632, Susanne de Lescours.

V. — Isaac Odet épousa, le 20 février 1655, Anne de Villemandy.

OIRON. — V. Doyron, T. II, p. 25 et 52.

D'OLEZON.

..... d'Olezon épousa Anne de Mauzat, dont : 1º Romain, qui suit ; 2º Françoise, mariée à Guillaume Bouchard, Sʳ de la Forge.

Romain d'Olezon, écuyer, Sʳ de la Chablanchie et de Chez-Manzat, paroisse d'Anginhac (1), fit son testament (signé Chamoulaud), le 1ᵉʳ décembre 1651. Il veut être enterré dans l'église d'Anginhac ; que le vicaire fasse pour lui un voyage à Saint-Antoine de Padoue ; lui donne à cet effet 80 livres ; n'ayant point d'enfants, il institue sa sœur

---

(1) Auginac, canton et arrondissement de Nontron (Dordogne).

Françoise. Il avait épousé, par contrat (signé Richard) du 30 mai 1639, Susanne de la Morenie. Elle fit son testament (signé Bouscin) le 10 décembre 1650, veut être enterrée dans l'église d'Anginhac; n'ayant aucun enfant, elle institue son mari.

ORADOUR. — *V.* BERMONDET, T. I, p. 313.

Hélie d'Oradour, *de Oratorio*, sur Varesy (1), chevalier, 1290, dont le sceau est : *d....., au chef de....., bastillé de 6 billettes, 3 à dextre et 3 à senestre, à la croix de ..... brochant sur le chef* (2).

[Jean de Oratorio se trouve dans les registres de Borsandi, notaire à Limoges, p. 100, n° 159, *apud* D. COL.]

ORADOUR ou LOURDOUÉ.

..... de Oratorio épousa ....., dont : 1° Gaufridus, qui suit; 2° Huguet, damoiseau.

Noble Gaufridus *de Oratorio*, apparemment de Lourdoué d'aujourd'hui, chevalier, S^{gr} de Nozerines (3), où il veut être enterré, par son testament (collationné par P. de Monterabioso, aux archives des PP. FF. de Limoges) de la veille de Pâques 1346. Sa mort est marquée au 14 septembre dans le nécrologe des ff. pp. de Limoges. Il épousa ....., dont : Perellus *de Oratorio*, héritier de son père.

OREILLE.

Joseph d'Oreille, écuyer, de la ville de Bourganeuf (4), épousa Jeanne du Sounier, dont : Joseph, ecclésiastique, 1760.

SAINT-ORENS, S^r dudit lieu, paroisse de Merpeins (5), élection de Coignac, porte : *d'azur, à une tour d'argent maçonnée de sable à dextre, et une croix de Malte aussi d'argent à senestre.*

I. — Bertrand de Saint-Orens épousa Marguerite de Foix. Etant veuve de Bertrand, elle testa le 20 août 1519, faisant légat à son petit-fils Cléopas, fils d'Antoine, qui suit, et instituant son autre petit-fils Antoine.

II. — Antoine de Saint-Orens épousa Jeanne de Courat.

III. — Cléopas de Saint-Orens épousa, par contrat sans filiation du 23 juillet 1544, Françoise de la Tour.

IV. — Odet de Saint-Orens, qui fit, le 15 avril 1578, une transaction avec son frère Antoine, sur la succession de leurs père et mère, épousa Marguerite de Lovezan.

V. — Paul-Antoine de Saint-Orens testa le 13 avril 1652, faisant légat à Jean, son fils du 2e lit, et faisant mention de son premier mariage. Il

---

(1) Oradour-sur-Vayres, chef-lieu de canton, arrondissement de Rochechouart (Haute-Vienne).

(2) Voir l'article HÉLIE, T. II, p. 504.

(3) Nouzerines, canton et arrondissement de Boussac (Creuse).

(4) Bourganeuf, chef-lieu d'arrondissement (Creuse).

(5) Merpeins, canton et arrondissement de Cognac (Charente).

épousa : 1º, le 31 mars 1617, Jeanne du Moustier, dont : Louis, qui suit; 2º, le 11 juillet 1633, Anne Vitet, dont : Jean.

VI. — Louis de Saint-Orens épousa, le 22 avril 1665, Benigne d'Assier.

ORIENNE.

Messire Jean-Baptiste Orienne, Sr des Varennes, paroisse de Brigueil-l'Aîné (1), épousa : 1º Gasparde de Morans; 2º, dans l'église de la Bretagne (2), le 3 mai 1734, Gabrielle Roudareix, veuve de François Buelly, notaire dudit Brigueil.

ORIGNI. — *V.* DORIGNI, T. II, p. 21.

ORSON. — *V.* HORSON, T. II, p. 435,

OYRON. — *V.* DOYRON, T. II, p. 25 et 58.

P.

PABOT (3).

PAIGNON [ou PAGNON].

Pierre Paignon, écuyer, Sr de la Desnière; [un des gendarmes de la garde du roi, partagea, avec Pierre et Jean Londeix, le fief de Brie, près Aixe, par acte du 11 juin 1676. *V.* LONDEIX. (Papiers domestiques de M. l'abbé de Beaupré.)] Pierre Paignon épousa Madeleine Martin, veuve en 1684, dont : François Paignon, écuyer, Sr de Masmarvent, de la paroisse de Saint-Irier-sous-Taine, gendarme du roi, 1684.

N..... Paignon épousa ..... la Morelie, dont : 1º Jean, qui suit; 2º .....

Jean Paignon de Lascoux, grand dissipateur de biens, mourut en 1749. Il avait épousé, par contrat du 21 février 1708, Marie Martin, fille unique d'Irier, Sr de la Borde, et de Catherine de Vilotreix; elle fut séparée de son mari de corps et de biens, le 19 mai 1721, dont un fils unique, Jean Paignon, écuyer, Sr de Lage, la Valade, de la ville de Saint-Irier, 1756.

Françoise Paignon épousa François Tenant, écuyer, Sr de Bort, du lieu de la Tour, près le bourg du Chalard (4), mourut le 24 septembre 1728, et fut enterrée au Chalard.

PAILIOU.

Alexandre Pailiou de la Molière, écuyer du lieu de Châtenier, paroisse

---

(1) Brigueil, canton et arrondissement de Confolens (Charente).

(2) Bretagne, ancienne paroisse faisant aujourd'hui partie de celle de Saint-Junien, arrondissement de Rochechouart (Haute-Vienne).

(3) La page 2200 où était ce nom est déchirée.

(4) Le Chalard, canton et arrondissement de Saint-Yrieix (Haute-Vienne).

de la Courtine (1), épousa Jeanne Châtenier, dont : François, né le 3 juillet 1754.

PALENT. — *V.* MAYNE, Sr du Palent, T. III, p. 138.

PALET, Sr de la Gorse. — *V.* LA GORCE, T. II, p. 218.

LA PALISSE (2).

PALLET, Sr des Rousseaux et de Curay, paroisse du Pin (3), élection de Saint-Jean-d'Angély.
I. — Jean Pallet, médecin de M. le prince de Condé, est reçu échevin à Saint-Jean-d'Angély, par la mort de Christophe Barthoumé, le 18 (*alias* le 8) décembre 1596. Il épousa Jeanne Matte; elle testa le 30 décembre 1622, dont : 1º Jean, qui suit; 2º autre Jean.
II. — Jean Pallet est reçu échevin à la place de son père, le 10 janvier 1618. Il épousa, le 24 août 1607, Marguerite Robert.
III. — Jean Pallet est pourvu de l'office de premier-président en la chambre souveraine de Salures, le 13 août 1641; il épousa, le 31 janvier 1631, Anne Griffon.

PALLO (4).

[PANABON ou PANABUON.
Gilbert de Panabuon ou Panabon est cité dans les registres de Borsandi, notaire à Limoges, p. 49, nº 72, et p. 105, nº 166, ainsi que dans ceux de Roherii, not. *ibid.*, p. 25, nº 21, *apud* D. COL.]

PANCAIRE.
Jean et autre Jean de Pancaire, Srs de Colonges et de Saint-Sever, paroisse de Saint-Valbert, élection de Saintes, furent trouvés gentilshommes en 1598.

[PANCHENE ou PANTHENE.
Aymeric de Panchène ou Panthène se trouve dans les registres de Borsandi, notaire à Limoges, p. 105, nº 164, et dans ceux de Roherii, not. *ibid.*, p. 60, nº 55, *apud* D. COL.]

PANDIN (5).

---

(1) La Courtine, chef-lieu de canton, arrondissement d'Aubusson (Creuse).
(2) Legros indique ce nom à la page 2000, qui est déchirée. — *V.* CHABANNES, T. I, p. 385 et 539.
(3) Le Pin-Saint-Denis, canton et arrondissement de Saint-Jean-d'Angély (Charente-Inférieure).
(4) La page 2199, qui est enlevée, avait des notes sur ce nom.
(5) Pandin était à la page 886, déchirée.

PANETI (1).

PANETIER (1).
Angélique Panetier épousa, vers 1658, Charles Guynot, fils de Nicolas et de Claude d'Anglure.

PANEVINON.
Jean-Baptiste de Panevinon, écuyer, Sr de Marsat, paroisse de Saint-Martial de Chambon, épousa Henriette Bourgeois, dont : Claude-Martial, né le 30 juin 1737.

Antoine de Panevinon, écuyer, paroisse de Chambon-Sainte-Valérie (2), épousa, en 1771, Antoinette de la Grange, de Montegut en Combraille, diocèse de Clermont.

[PANHAC.
On trouve dans les registres de Roherii, notaire à Limoges, p. 100, n° 85, *apud* D. Col., Estart de Panhaco.

PANTHENE. — *V.* PANCHENE.

PAQUET DE ROMAZIÈRES (3).
François Paquet de Romazières épousa, en 1755, à Verniolet, Marie-Catherine du Peyrat, baptisée, le 29 novembre 1720, à Verniolet; fille de François du Peyrat, Sr de la Lande, et de Marie de Couhé.

PARADIS, Sr de Paulhac, paroisse de Saint-Barbant, diocèse de Poitiers, élection de Limoges, porte : *d'argent, à trois pigeons de sable, 2 et 1* (4).

I. — Louis Paradis, échevin de Lyon, produisit les priviléges accordés aux prévôts des marchands et échevins de Lyon, certificat de sa nomination à une charge d'échevin de Lyon, en 1608, et qu'il a vécu noblement jusqu'à son décès. Il épousa, le 3 janvier 16..., Yolande de Busselet.

II. — François de Paradis fit son testament le 30 septembre 1661. Il épousa : 1°, le 27 décembre 1630, Renée Berthon; 2°, le 8 mars 1639, Anne de Feydaud, dont : 1° Jacques; 2° Louis.

SAINT-PARDOUX. — *V.* Bousquet, Sr de Saint-Pardoux, T. I, p. 250 et 335.

---

(1) Paneti et Panetier étaient à la page 886, déchirée.
(2) Chambon, chef-lieu de canton, arrondissement de Boussac (Creuse.)
(3) Les notes de Nadaud sur cette maison étaient à la page 2199, déchirée.
(4) Lainé (*Nobiliaire du Limousin*) dit *trois oiseaux de paradis de sable*. — Saint-Barbant, canton de Mézières, arrondissement de Bellac (Haute-Vienne).

PAREIL-DESPERUC, Sr de Lavaud, la Vergne, la Chatonie, paroisse de Donzenac (1), élection de Brive et de Libersac (2), élection de Limoges, porte : *de gueules, à trois rois d'échiquier d'argent; écartelé d'azur, à trois faces d'or.*

Bernard de Pareil, damoiseau, du diocèse de Limoges, témoin dans le codicille du cardinal Pierre de la Jugie, fait à Pise, le 18 novembre 1376. (BALUZE, *Vit. pap. Aven.*, T. II, col 790.)

I. — Jacques Pareil rendit hommage de la terre Desperuc le 27 janvier 1472, fit son testament le 4 mai 1491; épousa ....., dont : Pierre, qui suit.

II. — Pierre Pareil fit son testament le 7 août 1522; épousa Antoinette de Ragaud, dont : François, qui suit.

III. — François Pareil, Sr Desperuc, fit son testament le 26 mars 1573, épousa, le 15 mai 1541, Françoise de Roziers, dont : 1° Jean, qui transigea avec ses frères et sa sœur, sur la succession dudit François et de ladite de Roziers, leurs père et mère, le 15 février 1589 ; 2° François, qui suit; 3° autre François, marié en 1596; 4° Pierre; 5° Antoinette.

IV. — François Pareil Desperuc, écuyer, Sr de Bournazel, du bourg de Libersac, fit son testament le 13 janvier 1600. Il épousa, par contrat (signé Dandalays) du 23 mai 1588, Antoinette de Bernard, veuve de Me André de Fonraisses ou Fravayssier, dont : 1° François, qui suivra; 2° Louis, qui suit; 3° Françoise, mariée, par contrat du 12 mai 1603 (signé Alabonne), à Annet Bardas, fils de Léonard dit Leblanc, du village de Las Bourdas, paroisse de Libersac; elle porta 120 livres, deux robes blanches, etc.

V. — Louis de Lesperuc, écuyer, Sr de Bournazel, fut inhumé dans la chapelle de Notre-Dame-de-Rieublanc, à Libersac, le 17 décembre 1645. Il épousa, par contrat (reçu Queyroulet) du 28 juin 1610, Françoise du Garreau, fille de Jean du Garreau, Sr de Puy de Bette, près Saint-Yrieix-la-Perche, et de Marie de Guytard. Elle porta 3,000 livres, trois robes et trois cotillons garnis, de la valeur de 300 livres; elle fut inhumée avec son mari, le 26 janvier 1644; dont : Antoinette, baptisée le 14 novembre 1611, mariée, le 7 janvier 1630, à noble Charles Aultier, Sr de la Bastide.

V bis. — François Desperuc, fils d'autre François et de Antoinette de Bernard, de Lubersac, épousa : 1°, le 27 juin 1610, Françoise du Garraud ; 2°, le 4 février 1618, Isabeau de Montgibaud (3).

IV bis. — François Pareil, fils d'autre François et de Françoise de Roziers, fit son testament le 12 août 1615; épousa, le 5 février 1596, Françoise de Fontvallier, dont : 1° François, qui suit; 2° autre François, Sr de la Vergne, peut-être noble François Desperuc, lieutenant de la juridiction de Bret, qui mourut le 20 novembre 1657. (Registr. de Saint-Martin-Sept-Pers.)

(1) Donzenac, chef-lieu de canton, arrondissement de Brive (Corrèze).
(2) Lubersac, chef-lieu de canton, arrondissement de Brive (Corrèze).
(3) Montgibaud, canton de Lubersac, arrondissement de Brive (Corrèze).

V. — François Pareil, Sr de Lavaud, épousa, le 6 février 1632, Françoise de Loubiac.

Noble Paul Desperuc, écuyer, Sr de la Chatonnie, fit son testament le 18 décembre 1664, mourut le 25, fut inhumé à Libersac. Il avait épousé, le 11 août 1647, Valerie Dalmais des Forges, dont : 1° Isabeau, née le 23 avril 1650, morte le 24 juin 1713, femme de ..... Chamoulaud ou Chandoulaud; 2° Françoise, née le 23 avril 1651; 3° Jean, qui suit, né le 2 février 1653; 4° Antoine, né le 12 juin 1654; 5° Pasquete ou Pascale, née le 18 mai 1656, Dlle de la Vergne, fille dévote, morte le 2 juin 1730; 6° Antoinette, née le 27 juin 1660; 7° Luce, née le 6 octobre 1661, mariée, le 11 janvier 1702, à Jacques Brandis, Sr de la Crouzille, du bourg de Lubersac, morte le 11 avril 1730; 8° et 9° Jacques et Bertrand, jumeaux, nés le 4 mai 1663; Jacques mourut à douze ans; Bertrand mourut à vingt-huit ans, le 29 mai 1695, et fut enterré à Saint-Maurice de Limoges; 10° autre Jean, né le 31 décembre 1664; 11° et 12° François et Salvi, morts en bas-âge. Une de ces filles épousa François Faure, fils d'Etienne et de Léonarde de Beaune; il mourut sans hoirs, à Libersac, le 26 février 1676. Isabeau Desperuc épousa, à Corbier, le 16 janvier 1683, Guy de Beaune, Sr de la Goudye, du bourg de Lubersac.

Jean Desperuc, écuyer, Sr de la Chatonnie, fils de Paul, mourut le 23 avril 1710. Il avait épousé, à Limoges, le ... décembre 1675, Léonarde de la Fraigne, dont : 1° François, né le 13 septembre 1676; 2° Bertrand, né le 21 mars 1682; 3° autre François, né le 4 septembre 1684; 4° Luce, Dlle de la Chatonnie, née le 22 février 1693, morte, à soixante-dix ans, le 2 décembre 1761; 5° Joseph, baptisé le 11 mai 1694; 6° Pascale, baptisée le 22 mars 1695, mariée à Louis Trimouillas, Sr de Préneuf, du bourg de Lubersac, morte le 30 septembre 1731; 7° autre François, né le 17 décembre 1696.

Notes isolées.

Paul Desperu, lieutenant de la juridiction de Bré, épousa Anne de Mongibaud; elle fut inhumée à Lubersac, à quatre-vingts ans, le 23 novembre 1669.

Charles Desperus, frère de M. de Sauvaignac, mourut à Libersac, le 26 août 1659.

..... Parel Desperus, épousa ....., dont : 1° Sr de la Chatonie, qui suit; 2° François, qui se maria.

François Parel Desperus, écuyer, du village de Faraux, paroisse de Lubersac, y mourut, à soixante ans, le 25 janvier 1756. Il avait épousé : 1°, dans l'église d'Arnac, le 7 février 1736, Catherine Boisserie, du lieu de Pompadour, dont : 1° Léonarde. Il épousa : 2°, à Uzerche, le 29 janvier 1743, Angélique Peyronne de la Borde, fille de Jean et de Léonarde Geneste, dont : 2° autre Léonarde, née à Pompadour, le 25 octobre 1744; 3° Jeanne, née le 6 septembre 1746; 4° Martiale, née le 4 avril 1749.

Marie la Bonne, veuve de M. Desperut, mourut à Lubersac, à quatre-vingts ans, le 19 avril 1707.

Jean Desperut, Sr de Laudobertie, fut enterré dans la chapelle du Rubeau de Lubersac, le 5 janvier 1697.

DU LIMOUSIN.

Jeanne de Parel épousa, vers 1595, Guy Maynard, fils de Jean et de Louise de Castel.

PARIS (1).

PASQUANET.

Denis Pasquanet de la Vaublanche, écuyer, paroisse du Compas (2), épousa, en 1764, Elisabeth Besse de Mars, paroisse de Guéret.

PASQUANT (3).

PASQUET, Sr de Savignac-les-Drieux (4) et de Saint-Mesmin (5), paroisse dudit lieu, élection de Tulle, porte : *d'azur, à un cerf d'or nageant dans des ondes d'argent.*

I. — Antoine Pasquet épousa ....., dont.: 1º Etienne, qui transigea avec François, son frère, fils de feu Antoine, le 11 janvier 1550; 2º François, qui suit. L'auteur du *Jardin de Plaisance*, 1547, a une ballade au nom de la dame Clémence Pasquete. (GOUJET, *Bibl. Franc.*, T. X, p. 400.)

II. — François Pasquet épousa, le 17 avril 1539, Marguerite Souvelin, dont : 1º Jean, qui suit; 2º autre Jean, qui transigea avec Jean, son frère, sur les successions dudit François et de ladite Souvelin, leurs père et mère, le 29 septembre 1593. C'est apparemment le même qui a un mausolée dans la chapelle du château de Savignac-les-Drieux, avec cette inscription :

> Cy gist noble personne Jehan
> de Pasquet, S^{gr} de Savignac, qui
> décéda le 4 d'apvril, l'an 1595,
> aagé de 41 ans. Priez Dieu pour luy.
>
> Miraris si vita malis infractave numquam
> cessit et in duris mens mihi firma fuit.
> Desine mirari, spes et fiducia Christus
> unica seu bello, seu mihi pace fuit.
> Spes mea Deus.
>
> Tu as toujours esté mon Dieu, mon espérance,
> soit en guerre ou en paix ; mais quand scray monté
> aux célestes manoirs, avec toute assurance,
> je jouyrai de toy à toute éternité.

---

(1) Nadaud avait des notes sur cette famille aux pages 834, 840, qui sont déchirées.
(2) Le Compas, canton d'Auzance, arrondissement d'Aubusson (Creuse).
(3) Pasquant était à la page 2200, qui est déchirée.
(4) Savignac-Lédrier, canton de la Noaille, arrondissement de Nontron (Dordogne).
(5) Saint-Mesmin était une paroisse de l'archiprêtré de Lubersac et de la sénéchaussée d'Uzerche (Corrèze).

*Nobilitas mihi multa dedit, mihi plurima virtus
omnia sed veræ religionis amor.*

Noble en sang, noble en cœur, noble en toutes vertus,
j'ay toujours pour la foy noblement combattu.

Les armes de sa femme sont de la Cropte, 3° Phélippen, qui fit son testament (reçu Sergerie) le 3 juin 1585.

III. — Jean Pasquet fit son testament le 4 août 1642, épousa, par contrat sans filiation du 6 juin 1602, Gabriel Malet, dont : 1° François, qui suit ; 2° Hélie.

IV. — François Pasquet de Savignac épousa, par contrat sans filiation du 7 juillet 1645, Françoise Garreau.

Notes isolées.

Antoine Pasquet, S^{gr} de Savignac, épousa Marguerite de Bonneval, veuve de Antoine Perri ; elle mourut veuve, à Peyzac (1), le 1er mai 1681.

Marguerite de Lubersac, dame de Savignac, fut inhumée à Peyzac, le 19 août 1691.

Catherine Pasquet de Savignac, femme, en 1679, de Pierre Doneves, bourgeois de Ségur (2).

Léonard Pasquet de Savignac, écuyer, Sr de Salaignac, du village de Chouvignac, paroisse de Saint-Pardoux-l'Ortigier (3), épousa Gabrielle de Bousquet, dame de Margnac ; elle mourut le 1er septembre 1695, fut inhumée à Saint-Pardoux-l'Ortigier, dont : Françoise, née en 1682, morte en bas-âge.

Noble Léonard Pasquet de Salagnac (4), paroisse dudit lieu, épousa Marie-Anne de Lardimallie, dont : Philibert, tonsuré en 1722.

François Pasquet épousa, en 1721, Marie de Rabaine, fille de Paul, chevalier, Sr de Perfon, et de Antoinette Perry.

..... Pasquet de Saint-Mesmin, écuyer, capitaine au régiment de Guyenne, épousa, à Lubersac, le 28 novembre 1710, Jeanne Mazelle de Roffignac.

Jean Pasquet, Sr de la Prade, mourut à Peyzac, le 3 juin 1687.

Jean Pasquet, écuyer, Sr de la Rouge, du village d'Exidieras, paroisse de Saint-Méard, près Saint-Gabriel et la ville d'Excideuil en Périgord (5), 1646, épousa Françoise de Texières, dont : 1° Pierre, écuyer, S^r d'Exendieras ; 2° Guillaume, Sr de Jarrige ; 3° et 4° deux autres garçons, morts sans hoirs.

Gaspard Pasquet, Sr de la Jarrige, paroisse de Vignol (6), fut maintenu par M. Pellot, intendant, en 1663.

---

(1) Payzac, canton de Montignac, arrondissement de Sarlat (Dordogne).
(2) Ségur, canton de Lubersac, arrondissemant de Brive (Corrèze).
(3) Saint-Pardoux-l'Ortigier, canton de Donzenac, arrondissement de Brive (Corrèze).
(4) Salaignac ou Salagnac, canton d'Excideuil, arrondissement de Périgueux (Dordogne).
(5) Saint-Méard ou Saint-Méard-d'Excideuil, canton d'Excideuil, arrondissement de Périgueux (Dordogne).
(6) Vignols, canton de Juillac, arrondissement de Brive (Corrèze).

Pierre Pasquet, écuyer, Sʳ de Figeas, paroisse de Coussac (1), mourut, à soixante-deux ans, le 14 mai 1754 ; il avait épousé, le 14 février 1719, Françoise du Roi, du lieu de la Roche, paroisse de Saint-Julien-le-Vendonneix (2) ; dont : 1º Claude, qui suit ; 2º Jeanne, née le 31 janvier 1720, mariée, le 4 septembre 1742, à Pierre Buginie de la Chambertie, avocat, paroisse de Coussac. (Registres d'Arnac-Pompadour.)

Claude Pasquet, écuyer, Sʳ du Repaire et de la Roche-Mansoux, paroisse de saint-Julien-le-Vendonneix, né le 19 janvier 1721, de Pierre et de Françoise du Roy. Il épousa, le 5 septembre 1741, Marie-Anne Rochon, née le 25 juin 1724, fille de François et de Louise-Henriette-Gabrielle le Vasseur, dont : 1º Henriette, née le 19 août 1742, morte en bas-âge ; 2º François, baptisé le 30 octobre 1743 ; 3º Pierre, baptisé le 27 décembre 1745 ; 4º Anne, née le 30 octobre 1748 ; 5º Jeanne, née le 24 décembre 1749 ; 6º autre Pierre, né le 10 juin 1751 ; 7º Léonard, né le 7 mai 1758 ; 8º Jeanne, née le 19 mai 1760 ; 9º, 10º, 11º et 12º Marie-Catherine, Jeanne, Marie et Pierre, morts en bas-âge.

Hippolyte Pasquet, fille de feu Henri (3), épousa, par contrat du 28 décembre 1691 (signé de Villemandy), Jean de Virouleau, écuyer, Sʳ de la Bergerie, de Chabroux et Yurac, paroisse de Marillac-le-Franc, capitaine dans le régiment de Limoges. Elle se remaria à Charles du Mosnard.

PASTOUREAU (4).

Marguerite Pastoureau, fille de noble Dauphin, élu par le roi en la comté de Périgord, Sᵍʳ de Javerlhac, Abjac, Auginhac, habitant de la ville de Nontron, et de Marion Pastorelle, épousa noble Pierre de la Place, qui rendit hommage en 1499.

Françoise Pastoureau épousa, avant 1505, Maureil Douhet, fils de Balthazar, bourgeois et marchand de Limoges ; elle était morte en 1519.

Charlotte Pastoureau épousa noble Martial Guyot, fils de Clément et de Louise Estourneau, qui partagea la succession de son père, le 4 août 1554.

PASTUREAU, Sʳ de la Bucherie, paroisse de Saint-Laurent (5), élection de Saint-Jean-d'Angély, porte : *de sinople, à trois moutons d'argent, 2 et 1.*

I. — Mathurin Pastureau. Jean Batard est reçu échevin à Niort, par la mort dudit Mathurin, le 30 décembre 1613 ; il épousa Louise Berlant.

II. — Philippe Pastureau épousa, le 29 juin 1617, Gabrielle Mareschal,

---

(1) Coussac-Bonneval, canton et arrondissement de Saint-Yrieix (Haute-Vienne).
(2) Saint-Julien-le-Vendômois, canton de Lubersac, arrondissement de Brive (Corrèze).
(3) Cet Henri Pasquet, nous dit Nadaud, est à la page 876 ; mais cette page, ainsi que 827 et 840, sont déchirées ; d'autres maisons du même nom y avaient leur généalogie. — Marillac, probablement canton de la Rochefoucaud, arrondissement d'Angoulême (Charente).
(4) La famille Pastoureau était à la page 2200, qui est déchirée. — Abjac, Anginhac et Javerlhac sont canton et arrondissement de Nontron (Dordogne).
(5) Saint-Laurent-de-la-Barre, canton de Tonnay-Boutonne, arrondissement de Saint-Jean-d'Angély (Charente-Inférieure).

III. — Antoine Pastureau testa le 29 septembre 1662. Il épousa, le 10 mai 1655, Marie Coulomb, dont : 1° Jacques ; 2° Louis.

PAUCHENE. — *V.* PANCHENE.

PAULTE.

Jacquette Paulte (1) épousa François Dauphin, qui vivait en 1525, Sr de la Faurie et de la Cadouhe, paroisse de Flavignac, élection d'Angoulême.

PAULTE ou PAULTHE, ou PAUTE (2).

[Adémar Paute se trouve dans les registres de Borsandi, notaire à Limoges, p. 89, n° 144, *apud* D. COL.

Louis Paute se trouve dans les mêmes registres, p. 97, n° 156.]

Jean Paute, damoiseau, mourut le 31 décembre 1400.

Jean Paulte, écuyer, Sr de la Brousse, paroisse de Chassenon (3), 1472.

Olivier Paulte, écuyer, Sr de la Brosse, paroisse de Chassenon, fit comparoir au ban de Poitiers, 1554, et déclara 30 livres pour François, son fils ; il épousa ....., dont : François Paulte, écuyer, qui suit.

François Paulte épousa ....., dont : Olivier, qui suit.

Olivier Paulte, 1527, écuyer, Sr de la Brosse, testa le 27 février 1556 ; il épousa ....., dont : Pierre, qui suit.

Pierre Paulte, écuyer, Sr de la Brousse, paroisse de Chassenon, 1557, fils unique, dont : 1° Louis Paulte, écuyer, Sr de la Brosse, 1595 ; 2° Olivier Paulte, du lieu de Puymie, paroisse de Pressignac (4), écuyer, maître d'hôtel au château de Rochechouart, 1548.

Pierre Paulte épousa, par contrat du 14 février 1551, Renée Estourneau.

Pierre Paulte, écuyer, Sr de la Brosse, paroisse de Chassenon, 1558, épousa Jeanne Danché, dont : 1° Pierre, qui suit ; 2° Jacques, né à Rochechouart, le 29 octobre 1567 ; 3° Claude, écuyer, Sr de la Brosse et de Chantrezac ; 4° Anne, dame de la Brosse, épousa, en 1573, Léonard ou Léonet de Lubersac, écuyer, Sr de la Chandellerie, veuf de Jeanne de Saint-Amand. Elle était veuve, le 16 novembre 1625, lorsqu'elle fit son testament (signé Goursaud), par lequel elle veut être inhumée dans l'église de Chassenon, èz les tombeaux de ses père et mère ; que, à son enterrement, treize pauvres femmes, veuves, portent les torches, et qu'il leur soit recommandé de dire leur chapelet durant les services ; 5° Charlotte, femme de Foulque Troubat, écuyer, Sr du Mayne-Grand ; 6° Renée.

Pierre Paulte, écuyer, Sr de la Brosse, paroisse de Chassenon, testa le 3 mars 1574, mourut en 1585. Il avait épousé Désirée Danchet, dont :

---

(1) La généalogie de cette famille était à la page 755, qui est déchirée.

(2) Nadaud avait la généalogie de cette famille à la page 2202, qui est déchirée ; nous reproduisons les notes isolées qui sont à la page 2203.

(3) Chassenon, canton de Chabanais, arrondissement de Confolens (Charente).

(4) Pressignac, canton de Chabanais, arrondissement de Confolens (Charente).

1º Louis; 2º Olivier, écuyer, Sr de la Brosse', qui épousa, le 20 avril 1603, Françoise Barbarin; 3º Louise; 4º Charlotte; 5º Renée.

PAYZAC. — *V.* PUYZAC.

PECON.

Ils sortent de Saint-Front de Champnier (1), diocèse de Périgueux, où il y en a encore une famille; possédaient la Forge de Ballerand en 1559; n'étaient point nobles.

Guillaume Pecon, écuyer, Sr de Ballerand, paroisse de Maraval (2), mourut, à soixante-quinze ans, au village de Loubeyrat, le 3 mai 1679; épousa Madelaine de Philoulie de la Romagière, dont : 1º Guillaumette, née le 24 décembre 1652, baptisée le 13 juillet suivant; 2º Anne, baptisée le 26 janvier 1655; 3º Pierre, né le 5 mai 1656, 4º Madelaine, morte en bas-âge.

PEIROT.

Bernard Peirot, Sr des Balisses, paroisse de Clugnac (3), trésorier de France en la généralité de Bourges, 1728.

PELEGRIN.

Gérald Pélegrin, appelé *deu Chazal*, paroisse de Dornazat (4), fils aîné de Pierre du Chadaud et de Marguerite Tranchelio (T. I, p. 452), épousa Marie, fille de Gui du Breuil, *alias* de Bernard, paroisse de Saint-Priest-Ligoure (5), par contrat du 30 avril 1359 (signé Guillaume la Brossa). Elle était mariée, apparemment en secondes noces, en 1364, à Jocosa Alboin.

Aymeric Pélegrin épousa ....., dont : 1º Pierre des Chazeaux ou du Chadaud (*de Casalibus*), damoiseau, de Montbrun (6), épousa Seguine Colam ou Colini, de Saint-Pardoux-la-Rivière (7) en Périgord, par contrat du mardi après la fête de Saint-Martial de l'année 1352, passé à la Coussière (signé Martini, au château de Montbrun); 2º Pétronille, mariée : 1º à Pierre Arragon, clerc, de Montbrun; 2º à Seguin Colini de Saint-Pardoux-la-Rivière, par le même contrat que son frère, de 1352.

Aymeric Pellegrin; Sgr du Vigan (8), épousa, vers 1460, Matheline Ricard de Gourdon de Genouillac, fille de Jean et de Jeanne Rassinhs, dame de Vaillac. (MORÉRI, 1759.)

---

(1) Saint-Front-Champnier, canton et arrondissement de Nontron (Dordogne).
(2) Maraval, aujourd'hui Marval, canton de Saint-Mathieu, arrondissement de Rochechouart (Haute-Vienne). Ballerand et Loubeyrat sont deux villages de cette commune.
(3) Clugnat, canton de Châtelus-Malvaleix, arrondissement de Boussac (Creuse).
(4) Dournazac, canton de Saint-Mathieu, arrondissement de Rochechouart (Haute-Vienne).
(5) Saint-Priest-Ligoure, canton de Nexon, arrondissement de Saint-Yrieix (Haute-Vienne).
(6) Montbrun, château, commune de Dournazac.
(7) Saint-Pardoux-la-Rivière, chef-lieu de canton, arrondissement de Nontron (Dordogne).
(8) Vigan, canton et arrondissement de Vigan (Lot).

PELET ou PELLET.

..... Pelet, paroisse de Meulzac (1), épousa Isabeau du Garreau, dont : Jean-François, baptisé à Pompadour, le 1ᵉʳ septembre 1662.

Noble François de Pellet, Sʳ du Monceau, écuyer, mourut, à quarante ans, le 23 septembre 1725, au Temple, paroisse de Vicq (1). Il avait épousé Françoise Tineau, dont : 1º François, qui suit ; 2º Marguerite, mariée à François de Fouchier, Sʳ de la Mazourie, paroisse de Glanges (1); 3º Anne, née le 27 février 1682, mariée à François Sare, du village de Bregeras, paroisse de Vicq.

François des Pellet, écuyer, Sʳ de Fontville, du lieu de Nebouilleras, paroisse de Glanges, 1675, mourut, à soixante-huit ans, le 17 décembre 1707, au Temple de Magnac, paroisse de Vicq.

Pierre des Pelets, Sʳ de Fontville, du village du Temple de Magnac (2), mourut, à trente-cinq ans, le 22 mai 1713. Il épousa Anne Filhoulaud ; elle mourut, à cinquante-trois ans, le 12 mars 1744, dont : 1º Léonard, qui suit ; 2º Catherine, née le 31 octobre 1710, mariée, le 5 février 1744, à Antoine Bonardeau, fils d'autre Antoine, bourgeois, et de Jeanne Fressinet, de la ville de Saint-Germain près Masseré ; 3º Jean, né le 1ᵉʳ décembre 1713 ; 4º autre Léonard, mort en bas-âge (3).

PENNAVAYRES.

Guillaume de Penavayra, chevalier, bienfaiteur de l'Artige (4) en 1212.

Guillaume de Penavayra, chevalier, bienfaiteur de la Mazelle, dépendante de l'Artige, 1241.

Guillaume Penavayre, chevalier, 1285. — V. BALUZE, T. IV, *Miscell.*, p. 298.

Messire Jean Painnevaire était un des chevaliers de l'hôtel du roi qui, en 1269, devaient aller avec saint Louis au voyage de Tunis ; un autre manuscrit l'appelle Pannebere. (DU CANGE, *Vie de saint Louis*, p. 398.)

Julienne de Pennavaira, moniale à la Règle de Limoges, fut recommandée dans les suffrages pour les morts au chapitre provincial des FF. PP. tenu dans cette ville en 1327.

[Jean de Panavayre se trouve dans les registres de Borsandi, notaire à Limoges, p. 89, nº 145, *apud* D. COL.

On y trouve encore Hélie de Penavayra dans trois actes différents.

Dans ces mêmes registres et dans ceux de Roherii, notaire à Limoges, *apud* D. COL., on parle plusieurs fois de noble Jordain de Pennavaria],

---

(1) Meuzac, Vicq et Glanges, canton de Saint-Germain-les-Belles, arrondissement de Saint-Yrieix (Haute-Vienne).

(2) Magnac-Bourg, canton de Saint-Germain-les-Belles, arrondissement de Saint-Yrieix (Haute-Vienne).

(3) La suite était à la page 2262, qui est arrachée.

(4) L'Artige, près Saint-Léonard, arrondissement de Limoges (Haute-Vienne).

qui fut inhumé chez les Frères prêcheurs de Limoges, dans le chapitre, au pied du Crucifix, le 18 avril.

..... de Pennavayre (1) épousa ....., dont : 1º Ithier, qui suit; 2º Guillaume, dont je parlerai; 3º ....., prieur de Chamroi (2), 1340.

Ithier de Pennavayre, damoiseau, demeurant aux Ousmeaux, par son testament du samedi après l'Assomption, 1340, veut être enterré chez les FF. PP. de Saint-Junien, avec leur habit, être veillé le jour de sa mort dans l'église de Bianac (3).

Cet Ithier de Pennavayre épousa Marguerite de Lagé, fille d'Aymeric et d'Agnès; étant veuve, elle fit faire l'inventaire des biens de son mari, le 4 novembre 1340, dont : 1º un fils inhumé avant son père à Biannac; 2º Guiot, 1345.

....., de Pannavaria épousa Ahelide de Pennavaria, dame de Montanet, qui avait du bien à Marlhac, paroisse de Compreignac (4); dont : 1º Guillaume, 1316; 2º Jordain, 1316.

Noble Guillaume de Pennavayre épousa Marguerite de Pennavayre; étant veuve, en 1351, elle fit un legs aux FF. PP. de Limoges.

[Noble homme Léonet de Penevayre, chevalier, vivait les 14 novembre et 3 décembre 1473, et 5 février 1473 (*vieux style*, c'est-à-dire 1474), comme le constatent les papiers domestiques du Sr Constant, chirurgien à Limoges, et les registres de Roherii, notaire à Limoges, p. 92, nº 79, *apud* D. Col.]

Penavaire, brave capitaine, commanda la garnison de Salvaynac, château très-fort, situé à l'extrémité du diocèse d'Albi, sur les frontières de celui de Montauban, assiégé, le 23 novembre 1586, par Lavardin. La garnison était composée alors de 500 soldats; étant réduite à 427, et, par les instances de la femme du seigneur, elle sortit, le 4 décembre, avec armes et bagages et enseignes déployées, et fut conduite à Montauban. (VAISSETTE, *Hist. Langued.*, T. V, p. 418.)

Ce fief de Pennavayres passa depuis aux Mauple. Voyez leur article, T. III, p. 218.

PENACORS. — *V.* VEILHANES, Sr de Penacors.

PEPIN (5).

PERE, Sr de Liboureix, paroisse de Blanzac, porte : *d'azur, à 3 gassiers de mails d'argent, 2 et 1* (6).

---

(1) Nadaud renvoie à la page 2165, qui est déchirée.
(2) Champroi, ancienne paroisse réunie, en 1837, en partie à Saint-Dizier, canton de Bourganeuf, et en partie à Châtelus-le-Marcheix, canton de Bénévent (Creuse).
(3) Biennac, paroisse de la commune de Rochechouart (Haute-Vienne).
(4) Compreignac, chef-lieu de canton, arrondissement de Bellac (Haute-Vienne).
(5) La page 886, où était la généalogie de cette famille, est déchirée.
(6) LAINÉ, *Nobiliaire du Limousin*, dit : *d'azur, à trois pals vairés d'argent et de gueules*. Dans le texte de Nadaud il faut peut-être lire *à 3 nassiers en nasses de mailles*. — Blanzac est canton et arrondissement de Bellac (Haute-Vienne).

I. — Jean Patris ou Père, bachelier ès-lois de la ville de Bellac, 1446, à qui le roi de France accorda des lettres portant main-levée de sa personne et biens saisis, du 31 août 1471 : ledit Jean rendit hommage à Pierre de Bourbon, comte de la Marche le 4 janvier 1478.

II. — Jacques Père rendit hommage à Anne de France, le 15 juillet 1506.

III. — François Père fit son testament le 8 avril 1570; épousa, par contrat du 22 août ..., Josepte de Marsanges, dont : 1° Jean ; 2° Etienne, qui suit; 3° Antoinette ; 4° Anne. Ces quatre enfants partagèrent les successions de leurs père et mère, le 30 juin 1595.

IV. — Etienne Père, écuyer, Sr de Lavau et du Liboureix, paroisse de Blanzac, fut inhumé dans l'église de Blanzac, le 8 juin 1645, épousa, par contrat du 31 juillet 1601, Jacquette de Moulins, dont : 1° Philippe, qui suit ; 2° Jean, tonsuré en 1623 ; 3° Antoinette, reçue religieuse à Sainte-Ursule de Limoges, le 29 août 1621.

V. — Philippe Père, écuyer, Sr du Liboureix, épousa, par contrat du 3 février 1635, Anne Igounin.

VI. — Jean Père épousa, par contrat du 24 janvier 1666, Jeanne Arnody.

Notes isolées.

Marguerite Père épousa Gabriel Blanchard, écuyer, Sr du Queyroix et de la Tour, paroisse de Saint-Maurice près la Souterraine (1). Elle mourut en 1681.

Gabrielle Père épousa, par contrat du 13 avril 1618, Horace de Moras, Sr de Lavau, paroisse de Blanzac.

Antoine Père, écuyer, Sr de Vauguenige, paroisse de Saint-Pardoux près Razès (2), 1748, épousa : 1°, à Saint-Maurice de Limoges, le 24 avril 1736, Anne de la Louë ; 2°, en 1761, Marie-Anne de Roffignac, paroisse de Saint-Simphorien près Razès (3).

PERI ou PERRI (4).

Isaac de Peri épousa, vers 1680, Anne de Rochechouart, fille de Jean et de Marie Regnaud.

Françoise Pery, fille de Claude, écuyer, Sr de la Chaufie, et de Florence de Saint-Georges, épousa Robert Courraudin, écuyer, Sr de Villautrange, demeurant à Langlade, paroisse de Busserolles (5); le contrat (reçu Viroulaud) fut ratifié par les parents de Robert, le 21 mai 1587.

Antoine Perri avait épousé Marguerite de Bonneval, qui se remaria avec Antoine Pasquet, Sgr de Savignac, et mourut veuve à Peyzac, le 1er mai 1681.

---

(1) Saint-Maurice, canton de la Souterraine, arrondissement de Guéret (Creuse).
(2) Saint-Pardoux-Rancon, canton de Bessines, arrondissement de Bellac (Haute-Vienne).
(3) Saint-Symphorien, canton de Nantiat, arrondissement de Bellac (Haute-Vienne).
(4) La généalogie de la famille de Peri était aux pages 385 et 386, déchirées.
(5) Busserolles, canton de Bussière-Badil, arrondissement de Nontron (Dordogne).

PÉRIER (1).

Noble Jacques Périer, paroisse de Nouic (2), écuyer, Sʳ de la Motte de Gain, épousa Jacquette des Monstiers, dont : Pierre, tonsuré en 1630.

PERIÈRE.

Jean-Michel de Perière, écuyer, Sʳ du Vignaud, président au présidial de Limoges, épousa, en 1688, Valerie de Romanet, fille de feu Jean et de Pétronille Goudin.

PÉRIGORD, Sʳ de la Guinandie.

Ambroise Périgord, Sʳ de la Guinandie, avocat en parlement, subdélégué de M. l'intendant de Poitiers au département de Rochechouart, fils de Jean, aussi avocat et subdélégué, et de Anne de Marcilhac, acheta une charge de secrétaire du roi en 1757. Il épousa, le 13 juillet 1751, Anne-Antoinette de Lestang, fille de feu Jean, écuyer, Sʳ de Lestang, et de Anne Vidaud, du lieu noble de la Croix, paroisse de Saint-Genais, diocèse de Poitiers (3), dont : 1º Julien-Ambroise, mort au berceau ; 2º Charles-Ambroise, né le 3 mars 1753 ; 3º Jean-Julien, né le 23 juin 1754 ; 4º Nicolas, né le 13 juin 1756 ; 5º Xavier-Louis-Léonard, né le 21 novembre 1757 ; 6º Jean-Charles, baptisé le 8 mars 1759 ; 7º Marie-Antoinette, née le 28 février 1760 ; 8º Jean, né le 12 mars 1761 ; 9º Anne-Antoinette, née le 17 mars 1762 ; 10º Jean-Ambroise, né le 21 avril 1763 ; 11º Catherine-Louise, née le 19 mars 1764 ; 12º Marie-Anne, née le 14 février 1765 ; 13º Jean-François, né le 26 février 1766 ; 14º Louis, né le 5 avril 1768 ; 15º et 16º Monique et Radegonde, baptisées le 5 juin 1770.

PERINAT.

[PERISSAT ou PEYRISSAT.

PERMANGLE]. — *V.* Chouly, T. I, p. 587.

PERRICHOU. — *V.* Gadouin, T. II, p. 196.

PERRON. — *V.* Gaillard, T. II, p. 196.

---

(1) Nadaud avait une généalogie de la maison Périer à la page 807, qui ne se retrouve plus dans son manuscrit.
(2) Nouic, canton de Mézières, arrondissement de Bellac (Haute-Vienne).
(3) Saint-Genais, canton de Leigué, arrondissement de Châtellerault (Vienne).

PERSONNE.

Georges de la Personne, Sr du Temple, vivait en 1638. (Papiers domestiques de M. de Daignac.)

Jacques de la Personne, Sr du Temple, vivait le 5 mars 1679 et le 10 juin 1682. (*Ibidem.*)

Louise la Personne épousa, vers 1520, Philibert Gombaud, Sr du Fresne, paroisse de Sainte-Gemme (1), élection de Saintes.

Bertrande de la Personne épousa, vers 1440, Guillaume Gua, Sr de la Rochebreuillet, paroisse de Breuillet (2), élection de Saintes.

PERUC (DES). — *V.* Pareil Desperuc.

PERUGE. — *V.* Ferre, Sr de la Peruge, T. II, p. 121.

PERUSSE. — *V.* Des Cars, T. I, p. 355 et 533.

PERY. — *V.* Perri, p. 316.

PESCHER. — *V.* Saint-Chamans, Sgr du Pescher.

[PESCHIN.

Ymbault du Peschin, Sgr de ..... la prévôté de Bellegarde (en Combraille) (3), avait épousé Blanche la Boutillière, dont : 1° Louis, qui suit ; 2° Jacques du Peschin, qui épousa Dauphine de Montlaur, dont vint au moins Françoise du Peschin ; 3° Jeanne du Peschin, mariée avec Louis de Giac, dont vint au moins Jeanne de Giac, mariée avec N....., des Barres, dont des enfants. Voyez *infra*. Chatard du Peschin était curateur de ladite Jeanne de Giac en 1474.

Louis du Peschin, fils d'Ymbault, épousa Yseul de Sully, dont vint au moins Jacquette du Peschin, laquelle plaida avec les Sgrs des Barres, ses parents, fils de Jeanne de Giac, dont on a parlé ci-dessus ; il y eut arrêt des requêtes du palais à Paris, le 29 juillet 1474. Elle avait épousé et était alors veuve de Mre Bertrand de la Tour, jadis comte de Bologne : autre arrêt du même parlement, le 23 juin 1475. (Justel, *Hist. Mais. d'Auverg.*, preuv., p. 108, 109.)]

PESNEAU.

Jean Pesneau, Sr de la Tour, paroisse de Niel, élection de Saintes, fut trouvé gentilhomme en 1598.

---

(1) Sainte-Gemme, canton de Saint-Porchaire, arrondissement de Saintes (Charente-Inférieure).

(2) Breuillet, canton de Royan, arrondissement de Marennes (Charente-Inférieure).

(3) Bellegarde, chef-lieu de canton, arrondissement d'Aubusson (Creuse).

PESNEL.

Jean Pesnel, écuyer, Sr de Barro en Angoumois, épousa : 1°, le 9 octobre 1577, Françoise de l'Isle, dont : 1° Pierre ; 2° Godefroi ; 3° Antoine, mort sans hoirs. Il épousa : 2°, le 1er février 1589, Françoise de Puiguilier, dont : 4° Françoise, mariée à Pierre Preveraud, Sr de la Chalouzière ; 5° Jeanne ; 6° Jacquette ; 7° Catherine. (VIGIER, *Cout. d'Angoum.*, p. 194.)

[PESQUIEYRAS.

On trouve dans les registres de Roherii, notaire à Limoges, p. 53, n° 49, *aqud* D. COL, Jean de Pesquieyras.]

PESTELER.

Jacques de Pesteler, Sr de Vialar, paroisse d'Auriac (1), diocèse de Tulle, fut maintenu par M. de Fortis, intendant.

Claude de Pesteler, Sr de Tournemine, y demeurant, fut maintenu par M. de Fortis, intendant.

PESTEL (2).

Françoise de Pestel épousa, vers 1485, François de Saint-Exuperi, fils de Guillaume, Sgr de Miremont, et de Catherine de Favard ; elle mourut sans enfants.

Camille de Pestel épousa Anne de Noailles, marquis de Montclar, fils de Henri et de Jeanne-Germaine d'Espagne. Il mourut le 9 juin 1648, sans laisser d'enfants.

Jacques de Pestel, Sr de la Chapelle, élection de Brive (3), avait épousé Anne de Hautefort ; elle était veuve en 1666, et fut maintenue dans sa noblesse par M. de Fortis.

PETIOT.

Joseph de Petiot, juge ordinaire de la ville de Limoges, épousa, par contrat (signé Codet) du 21 décembre 1593, Marguerite Montjon, fille de Jean, Sr de la Vergne, de la ville de Saint-Junien (4), et de feue Catherine Dupont ; elle porta 3,000 écus, revenant à 9,000 livres.

Marc-Antoine de Petiot, Sgr de la Motte de Gain, paroisse de Peyrilhac (5), assesseur civil et criminel en la sénéchaussée et présidial de Limoges, fit son testament (reçu Boudet) le 27 avril 1688 ; épousa Susanne Grain de Saint-Marsaut, dont : Jacques de Petiot, substitué

---

(1) Auriac, canton de Servières, arrondissement de Tulle (Corrèze).
(2) De Pestel était à la page 609, qui est déchirée.
(3) La Chapelle-aux-Brocs, canton de Brive, ou la Chapelle-aux-Saints, canton de Beaulieu, arrondissement de Brive (Corrèze).
(4) Saint-Junien-sur-Vienne, chef-lieu de canton, arrondissement de Rochechouart (Haute-Vienne).
(5) Peyrilhac; canton de Nieul, arrondissement de Bellac (Haute-Vienne).

à Jacques de Petiot, Sr de Corbier ; son père révoqua cette substitution le 1er avril 1691.

Léonard de Petiot, Sr de la Mailhartre, frère de Marc-Antoine, épousa ....., dont : Jacques, qui suit.

Jacques de Petiot, Sr de Corbier, voulant s'engager dans les cadets, fit son testament le 15 mai 1691, mourut, à Corbier, le 11 septembre 1707.

Jacques de Petiot, Sr de la Motte, de la paroisse de Saint-Michel-des-Lions à Limoges, épousa Catherine Rogier, dont : 1º .....; 2º Jacques, tonsuré en 1712, mort chanoine de la cathédrale et syndic du clergé ; 3º Susanne, mariée à Pierre de Brettes ; 4º N....., [carmélite à Limoges.]

Pierre de Petiot, écuyer, Sr du Masboucher, trésorier général de France, 1678.

Nicolas de Petiot, écuyer, Sr de Talhat (1), 1679.

PETITY.

Romain de Petity, écuyer, de la paroisse de Rochechouart, officier de l'hôtel des Invalides, épousa Catherine Maurin, dont : 1º Jean-Raymond, né le 11 janvier 1722, tonsuré en 1731 ; 2º Raymond, né le 28 janvier 1726.

[PETRAGORA.

Jean de Petragora figure dans des actes des registres de Borsandi, notaire à Limoges, p. 124, nº 193 ; p. 135, nº 211 ; p. 139, nº 216, et p. 159, nº 247, *apud*, D. Col.

Hélie de Petragore est dans les mêmes registres, p. 127, nº 197.]

PEYRAMONT. — *V.* Du Leris, Sr de Peyramont, T. III, p. 76.

PERAT. — *V.* Dupeyrat, T. II. p. 27 et 63.

PEYRAUX.

Bernard de Peyraux, écuyer, Sr de Foncerianes et des Rivaux, du lieu noble de la Clôtre, paroisse de Saint-Memi, épousa : 1º .....; 2º, le 8 février 1736, ... Goyon, veuve de ..... Mazel, à Saint-Bonnet-la-Rivière (2).

PEYRIGENIS

Jean de Peyrigenis, damoiseau, du diocèse de Limoges, 1391, épousa, Athelide d'Acra, dont : 1º Pierre de de Peyrigenis, damoiseau ; 2º Jeanne ; 3º Marie.

---

(1) Talhat. de la paroisse de Chamboret, canton de Nantiat, arrondissement de Bellac (Haute-Vienne).

(2) Saint-Bonnet-la-Rivière, canton de Juillac, arrondissement de Brive (Corrèze), ou canton de Pierrebuffière, arrondissement de Limoges (Haute-Vienne).

[PEYRISSAT ou PERISSAT.]

PEYROUX.

Pierre du Peyroux, écuyer, Sr de Surdoux, paroisse de Gouzon (1), était mort en 1599. Il avait épousé ....., dont : Agnet, 1599.

François du Peyroux, *de Petrosis*, épousa ....., dont : 1º Charles, prieur de Saint-Michel de la Tour-Saint-Austrille (2), bénéfice qu'il résigna au suivant en 1581; 2º noble Gabriel, tonsuré en 1538.

René du Peyroux, écuyer, Sr de Lage, paroisse de Parsat (3), épousa Elisabeth de Beaufranchet, dont : 1º Jean, bénédictin de l'ancienne observance, tonsuré en 1760; 2º Gilbert, tonsuré en 1761;

Louis du Peyrou, écuyer, paroisse de Moutier-Rauseille (4), épousa, en 1761, Marie Galland, de la ville d'Aubusson.

René du Peyroux, écuyer, Sr de Jardon, paroisse de Parsat, épousa Elisabeth de Beaufranc, dont : Jean, tonsuré en 1765.

PEYRUCE ou PEYRUSSE. — *V.* DES CARS, T. I, p. 355 et 533.

PEYZAC. — *V.* DU MAS, Sr de Peyzac.

[PEYZAT ou PEYZAC, terre et seigneurie en Limousin, qui appartenait, en 1698, à un gentilhomme d'ancienne noblesse, qui en portait le nom; son nom de famille est Dumas. Cette terre a le titre de marquisat, comme il appert par un arrêt de la cour du Parlement de Bordeaux, du 18 juillet 1685, et par un acte du même Parlement, des 4 et 11 avril 1772. (DESCOMBLES, *Tabl. de la noblesse*, 1786, IIe partie, p. 285.)

La généralité de Limoges, qui comprend Limoges, Angoulême et Tulle, fournit au roi, en 1734, 2,052 miliciens, dont M. de Peyzac fut colonel, M. la Morelie, commandant, et M. de Brie, capitaine.]

PHELIP, Srs de Saint-Viance, la Bastide, Sazerat, Puymège et la Vallette, paroisse de Saint-Viance, élection de Brive (5), portent : *écartelé, aux 1er et 4e d'azur, à un cor d'argent, enguiché de même, accompagné de trois étoiles aussi d'argent, 2 en chef et 1 en pointe, aux 2e et 3e d'or, à 4 fasces d'azur.*

La terre de Saint-Viance a été possédée longtemps par la maison de Malefayde.

[Saint-Viance, terre qui appartenait, en 1698, au marquis de ce nom

---

(1) Gouzon, canton de Jarnages, arrondissement de Boussac (Creuse).
(2) La Tour-Sainte-Austrille, ancienne paroisse du canton de Chénerailles, arrondissement d'Aubusson, réunie à Saint-Dizier-la-Tour (Creuse).
(3) Parsac, canton de Jarnages, arrondissement de Boussac (Creuse).
(4) Moutier-Roseille, canton de Felletin, arrondissement d'Aubusson (Creuse).
(5) Saint-Viance, canton de Donzenac, arrondissement de Brive (Corrèze).

qui s'appelait Philix. Cette famille est ancienne, et la terre est depuis plusieurs siècles dans leur maison.]

I. — Hélie de Phelip fit son testament le 17 août 1541, épousa ...., dont : 1º Jean, qui suit; 2º François, tonsuré en 1536, curé de Seilhac-les-Monjes, 1557.

II. — Jean de Phelip de Saint-Viance transigea avec le procureur d'office de Donzenac, pour Catherine, reine de France, le 23 janvier 1549; il épousa Claude de Cheylar, dont : 1º François, qui suit; 2º Jean, qui se maria en 1547; 3º Jacques; 4º autre Jean, tonsuré en 1560, prévôt de Saint-Viance en 1586, lequel transigea avec Jean et Jacques, ses frères, le 20 août 1606.

Charles, fils de Jean de Phelip de Saint-Viance, de la paroisse de Masseré (1), fut inhumé, à soixante-dix ans, dans l'église d'Issandon, le 14 mai 1673.

III. — François de Phelip, fils de Jean, fit son testament le 2 mai 1626, épousa, le 20 février 1602, Catherine d'Aubusson, fille de noble Annet d'Aubusson et de Léone de Montardi, dont : 1º Jean, Sr de Puymège, qui suit; 2º autre Jean, Sr de Saint-Viance, qui épousa Henriette de Lostanges; 3º Antoine, Sr de Sazerac, marié en 1595; 4º Jean, tonsuré en 1609, prévôt de Saint-Viance, 1619.

Cette maison fit ses preuves de noblesse en 1598, et les commissaires du gouvernement les trouvèrent bonnes.

IV. — Jean de Puymège épousa, en 1640, Isabeau de Lubersac.

IV bis. — Jean Philix de Saint-Viance fit son testament le 27 octobre 1653; il épousa Marie-Henriette de Lostanges de Saint-Alvère, fille de Jean-Louis, chevalier, baron de Sainte-Alvèro, et d'Elisabeth de Crussol, dont : 1º Charles, marquis de Saint-Viance, Sr dudit lieu, servit avec distinction, se retira à cause d'une blessure qu'il reçut en Catalogne, servant sous M. de Belfons; le roi le gratifia d'une pension de 1,800 livres; [il vivait en 1698;] 2º Jean, prévôt de Saint-Viance, bachelier de Sorbonne, auquel Jouffre, ancien curé de Saint-Viance, dédia, par reconnaissance, en 1669, la vie de ce saint; 3º et 4º Jean et autre Jean, chevaliers de Malte, qui firent leurs preuves le 18 mai 1647 : un d'eux fut tonsuré en 1653, commandeur; 5º Emmanuel, Sr de la Bastide; 6º Louis Philip, exempt des gardes écossaises, tonsuré en 1658, marquis de Saint-Viance, maréchal des camps et armées du roi, ancien lieutenant des gardes du corps de Sa Majesté, et ci-devant gouverneur des ville et château de Coignac, mourut à Paris, le 5 février 1726, âgé de quatre-vingt-deux ans ou environ (*Gazette*). Son mérite était connu à la cour en 1698. Il était parti de Versailles, le 24 décembre 1688, par ordre du roi, et arriva à Abbeville le 28, étant à la tête de 50 gardes et exempts, pour faire la maison de la reine d'Angleterre, réfugiée en France (*Mercure*, 1689, janvier). Il épousa ..... de Biche; elle mourut au château de Coignac en 1707, dont : une fille unique, mariée à Charles-Noël de Lasterie, chevalier, marquis du

---

(1) Masseret, canton d'Uzerche, arrondissement de Tulle (Corrèze).

Saillant, vicomte de Comborn, grand sénéchal du Haut et Bas-Limousin.

Jean Phelip de Saint-Viance, marquis de Puymège, paroisse de Saint-Sornin, de la ville de Brive (1), épousa ..... : dont : 1° Melchior, qui suit; 2° ....., dit le chevalier de Saint-Viance [chevalier de Malte, commandeur de Carlatte depuis 1760, vivait en 1778. (*Fast. milit.*, 1779, T. II, p. 617.)]

Melchior Philip, comte de Saint-Viance, chevalier, Sgr de Puymège, gouverneur pour le roi de la vicomté de Turenne, épousa : 1°, par contrat passé à Sarlat, le 2 octobre, et le 10, dans l'église de Coignac, 1731, Marie-Anne de Salaignac, Dlle de Saint-Julien, fille de François, comte de la Motte-Fénelon et du château de Manoc, et d'Elisabeth de Sainte-Aulaire. Elle mourut au château de Manoc, lieu de sa naissance, à l'âge de vingt-six ans, après avoir donné les plus grandes marques de piété et d'édification. De ce mariage vint un fils unique, Jean-Baptiste-Annet, né le 12 septembre 1732.

III *bis*. — Jean de Phelippe, fils d'autre Jean et de Claude du Cheylar, épousa, le 2 juin 1647, Marguerite Pontier; le 23 août 1668, on fit une enquête de la solennisation de ce mariage, parce que ledit Jean avait gardé longtemps ladite Pontier pour concubine, dont : François de Phelip, Sr de la Valette.

IV *bis*. — Noble Antoine de Phelip de Saint-Viance, Sr de Sazerat, paroisse d'Aresnes (2), écuyer, Sr de la Chapelle, fils de François et de Catherine d'Aubusson, épousa, par conventions (reçues Gros) du 30 juillet, et par contrat (reçu par Barbaud et Lafont) du 19 mars 1595, Marguerite de Chabannes, dame dudit lieu et de Sazerat, dont : René, tonsuré en 1617, curé d'Arênes, 1625.

Notes isolées.

Jean Phelip de Saint-Viance, 1637, frère de Jacques, capitaine de chevaux, officier, mourut le ... janvier 1647. Il avait épousé Anne Esmoing, dont : 1° Antoine, qui suit; 2° Philibert, mort sans enfants; il était écuyer, Sr de Chabannes-Guillebaut, paroisse de Saint-Michel-Laurière (3); y mourut, à soixante ans, le 26 mai 1708 (*alias* 1707). Il avait servi dans le régiment de Philibert de Pompadour, marquis de Laurière, son parrain; 3° Marie-Louise, ondoyée dans la chapelle de Sazerat, et à qui, à l'âge de treize ans, on suppléa les cérémonies du baptême, dans l'église de Saint-Maurice de Limoges, le 17 avril 1654; 4° Marguerite, mariée à Gabriel de la Loue. Ils eurent trois autres enfants, dont les deux suivants sont peut-être du nombre : Isabeau de Saint-Viance, veuve de ....., Sr de Martiange; elle mourut à Saint-Vaulri (4), le 27 mai 1665, et fut inhumée le lendemain à Chambo-

---

(1) Saint-Sornin-la-Volps, canton de Lubersac, arrondissement de Brive (Corrèze).
(2) Aresnes, canton de Bénévent, arrondissement de Bourganeuf (Creuse).
(3) Saint-Michel-de-Laurière, chef-lieu de canton, arrondissement de Limoges (Haute-Vienne).
(4) Saint-Vaulry, chef-lieu de canton, arrondissement de Guéret (Creuse).

rant (1); Louise Philippe, femme d'Isaac-Louis de Pindret, Sr de Beaupeau, fut inhumée, à soixante-seize ans, à Châteauponsac (2), le 13 août 1694.

Antoine Filip de Saint-Viance, fils de Jean et de Anne Esmoing, épousa, contre la volonté de sa mère, Charlotte de Châtillon, dont : Charles-Felip de Saint-Viance, écuyer, Sr de Sazerac et de Chabannes, 1715.

.... Phélip qu'on met *Philippi* (MORÉRI, art. *Esteing*), S^{gr} de Saint-Viance, maréchal de camp, lieutenant des gardes du corps du roi, et gouverneur de Cognac, épousa ......, dont : N....., mariée à Philippe d'Esteing, comte de Saillans, gouverneur de Sar-Louis, Metz et le pays Messin, mort sans postérité, en juillet 1723, fils de Jean d'Esteing, baron de Saillans, et de Claude de Combourcier.

Marie-Anne Phelip de Saint-Viance, paroisse d'Arênes, épousa, en 1765, Guillaume-Joseph des Maisons, écuyer, Sr du Palen, paroisse de Moissanes (3). (C'est une erreur pour la date.)

Marie-Anne Phelip de Saint-Viance, paroisse d'Arênes, épousa, en 1772, François-Louis-Antoine-Marie, comte d'Oradour, fils d'Alexandre et de Louise Raverd de Mesyeux.

Gabrielle Phelix de Saint-Viance épousa Rodolphe de Moureaux, *alias* Montroux, fils d'Antoine et de Gabrielle de Mirabel; elle fit son testament le 16 mai 1629.

Guinot Phelip, S^{gr} de Saint-Chamans et de Montmeige, épousa Souveraine de Noailles, fille de Jean Ier du nom, et de Marguerite de Lasterie du Saillant. Ils vivaient tous deux en 1447.

Anne Phelip, fille de Charles Phelip de Saint-Viance, écuyer, Sr de Sazerat, paroisse d'Arênes, et de Marie-Anne Bridier, épousa, après 1744, François Igonin, écuyer, Sr de Ribagnac, veuf de Marie-Anne Ferré, fils de Balthazar et de Marie-Henriette le Breton.

PICARD ou PICHARD, S^r de l'Eglise-au-Bois (4), Villefouneix, la Chassaigne, la Farge, la Noaille, paroisse de Saint-Pierre-Château (5).

Jean de Pischard épousa, par contrat du 12 mars 1543, Marie de Moreul, fille de Julien, Sr de Moulins, et d'Anne de Montblern. (SIMPLIC., T. VI, p. 722).

I. — Antoine Picard eut des lettres de noblesse au mois de septembre 1625, vérifiées à la chambre des comptes de Paris, le 8 mai 1628, et à la cour des aides de Clermont-Ferrand, le 28 juin 1652. Il était écuyer, S^r de l'Eglise-aux-Bois, maréchal des logis de la maison de M. le prince, en 1607. Il épousa ......; dont : 1° Joseph, qui suit; 2° Germain, Sr de Villefouneix, qui épousa Jeanne de Ruben, fille de Guillaume,

---

(1) Chamborant, canton du Grand-Bourg, arrondissement de Guéret (Creuse).
(2) Châteauponsac, chef-lieu de canton, arrondissement de Bellac (Haute-Vienne).
(3) Moissannes, canton de Saint-Léonard, arrondissement de Limoges (Haute-Vienne).
(4) Eglise-aux-Bois, canton de Treignac, arrondissemnent de Tulle (Corrèze).
(5) Saint-Pierre-Château, aujourd'hui dans la commune d'Eymoutiers, arrondissement de Limoges (Haute-Vienne).

Sʳ du Mazeau, et de Marie de Romanet, mort sans hoirs. Ces deux frères eurent des lettres de confirmation au mois de novembre 1667, vérifiées en ladite chambre des comptes, le 23 mars 1668, et à la cour des aides, le 24 juillet audit an. Germain demeurait, en 1624, au château du Fermiger, paroisse de l'Eglise-au-Bois.

II. — Joseph Pichard, écuyer, Sʳ de l'Eglise-au-Bois, fut condamné, par arrêt du conseil, pour avoir dérogé à noblesse par des fermes, le 5 mars 1668. Il eut des lettres de réhabilitation le 29 mai audit an, enregistrées à ladite cour des aides, le 24 juillet 1668; fut maintenu par arrêt du conseil du 29 septembre suivant. Il mourut, à quatre-vingts ans, le 12 octobre 1670; fut inhumé dans la chapelle de l'Eglise-au-Bois. Il épousa, en 1615, noble ..... de la Faye, fille de Jean, écuyer, Sʳ de la Voye et de la Cour, dont : 1º Germain, Sʳ de la Chassaigne ; 2º François, Sʳ de la Faye, peut-être aussi de la Vareille, qui mourut le 25 juin 1698, au village de Fressinet, paroisse de .....; 3º Jean, Sʳ de la Noaille.

Notes isolées.

Estienne de Picard, écuyer, Sʳ de l'Eglise-au-Bois, paroisse de Saint-Julien-le-Châtel (1), épousa, en 1760, Marie-Anne Saunier de Varennes.

François-Augustin Pichard, écuyer, Sʳ de Saint-Julien-le-Châtel, épousa : 1º, en 1769, Marthe de Breton du Mas, paroisse de Lussac; 2º, en 1773, Françoise Loubens de Verdalle, paroisse de Chambon en Combraille.

Marie-Ursule de Pichard de Saint-Julien-le-Châtel, épousa, en 1760, Jean-Joseph de Poute, écuyer, Sʳ de la Ville-du-Bois, paroisse de Sannac (2) et Fayolles.

PICHOT (3).

Jacques Pichot, avocat, fut reçu pair de la maison de ville d'Angoulême à la mort de Pierre Virouleau, le 18 août 1661.

PICON, Sʳ de Chasseneuil (4), paroisse de Nantiac, porte : *d'azur, à un dextrochère d'argent, tenant un dard en pal de même, au chef cousu de gueules, chargé de 3 couronnes d'or.* Supports : *deux griffons aislés.*

I. — Nicoles ou Nicolosus Piconis était un des conseillers de Savone en 1259, suivant une procuration des podestats et conseillers de la ville, du 17 novembre 1259, collationnée par les officiers de la ville, le 2 mai 1662.

II. — Firmin Piconis, frère d'Octavien, podestat de Savone, épousa, le 19 novembre 1395, Jacquette de Enna.

---

(1) Saint-Julien-le-Châtel, canton de Chambon, arrondissement de Boussac (Creuse).
(2) Sannat, canton d'Evaux, arrondissement d'Aubusson (Creuse).
(3) Nadaud indique à la page 837, qui est déchirée.
(4) Plusieurs membres de cette famille ont habité Nantiat ; mais Chasseneuil est paroisse de Saint-Symphorien, canton de Nantiat, arrondissement de Bellac (Haute-Vienne).

III. — Jean Piconis épousa, le 20 juin 1454, Jeanne de Misonnac.

IV. — Antoine Piconis, à qui Jean, son père, fit donation, le 10 avril 1490, en considération de son mariage, épousa Marguerite de Balma.

V. — Pierre Piconis épousa, le 2 février 1520, Delphine de Heraclio.

VI. — Pierre Piconis épousa, le 4 mai, Agnès de Monthieu ou Montjou.

VII. — Pierre Picon épousa, le 14 mai 1593, Jeanne Dalmeras.

VIII. — Georges Picon épousa, le 24 avril 1623, Hélie de Coste.

IX. — Gabriel Picon épousa, le 17 mars 1658, Anne Faucon.

Jean Picon, écuyer, Sr des Lèzes (1) et de Chasseneuil, conseiller du roi, président-trésorier de France au bureau des finances de Limoges, de la paroisse de Saint-Michel-des-Lions, épousa, dans l'église de Neuvic-près-Châteauneuf (2), le 9 juin 1688, Marguerite de Chastagnac, D^{lle} de Neuvic, de la même paroisse de Saint-Michel-des-Lions, fille de Charles-Joseph, grand-prévôt de la maréchaussée du Limousin, et de Anne Lespicier.

PIEDIEU, Sgrs de Sainte-Fère (3), *alias* Saint-Symphorien près Guéret.
Guillaume, abbé de Saint-Pierre-aux-Monts, mort en 1500.
Deux abbés de Brantosme.
Louis de Saint-Symphorien (ou de Sainte-Fère), fut élu doyen de Tours en 1501, mourut en 1503. (ESTIENNOT, *Fragm. hist.*, T. XV., p. 13.)

Pierre de Sainte-Fère, chevalier, Sr dudit lieu, frère, en 1503, de Jean de Sainte-Fère, chanoine de Saint-Martin-de-Tours. (*Ibidem*, p. 20.)

[Antoine Piedieu de Saint-Symphorien, doyen de la Chapelle-Taillefer (4) vivait en 1508. (Registre de Durandi, chez Poulard, notaire à Limoges.)

PIEGUT. — Châtellenie mouvante de la baronnie de Nontron, et qui s'étend sur les paroisses ou lieux de Pluviers et de Saint-Barthélemi, au diocèse de Limoges] (5).

PIERREBUFFIERRE, une des premières noblesses du Limousin, porte : *d'or, au lion de sable, lampassé de gueules.* (LE LABOUREUR, *Addit. à Castelneau*, T. III, p. 112.) Selon Labbe (*Blason royal*, p. 109), *de sable, au lion d'or,* [ou selon Justel (*Hist. mais. d'Auv.*, p. 193), *de sable, au lion d'or, armé et lampassé de gueules.*

La petite ville de Pierrebuffierre (6), à quatre lieues de Limoges, a passé autrefois pour être le chef-lieu de la première baronnie du

---

(1) Les Lèzes, commune de Nantiat, arrondissement de Bellac (Haute-Vienne).
(2) Neuvic, canton de Châteauneuf, arrondissement de Limoges (Haute-Vienne).
(3) Sainte-Ferre ou Sainte-Feyre, canton et arrondissement de Guéret (Creuse).
(4) La Chapelle-Taillefer, canton et arrondissement de Guéret (Creuse).
(5) Aujourd'hui Piégut-Pluviers, canton de Bussière-Badil, arrondissement de Nontron (Dordogne).
(6) Pierrebuffière, chef-lieu de canton, arrondissement de Limoges (Haute-Vienne).

Limousin, à laquelle elle a donné son nom. Elle était anciennement l'apanage des vicomtes de Limoges.]

Il n'y a point de maison plus illustre dans la province du Limousin que celle de Pierrebuffierre, dont la terre de Pierrebuffierre est la première baronnie, autrefois membre de la baronnie de Châteauneuf (1). Le mot *baron* égalait jadis et comprenait même en soi la dignité de *prince* et de *pair de France,* car les anciens auteurs français témoignent que, de leur temps, on l'a attribué aux principaux et plus grands seigneurs de la monarchie.

Fulchérius, fils d'Aimar ou Ademar, vicomte de Limoges, et d'Emma, sa femme, semble avoir été Sgr de Pierrebuffierre et père des suivants ; (et ainsi la maison de Pierrebuffierre, l'une des plus puissantes et illustres du Limousin, serait issue, par les mâles, des vicomtes de Limoges ; le P. Bonaventure la fait sortir d'ailleurs) : 1º Pierre ; 2º Gaucelin de Pierrebuffierre, vivant l'un et l'autre en 1037.

I. — Gaucelin I de Pierrebuffierre, surnommé *Barbe* [ou Barbu], donna, vers l'an 980, des biens situés dans la viguerie de Chervix (2). Il épousa ....., dont : Gaucelin, qui suit.

II. — Gaucelin II de Pierrebuffierre, fils d'autre Gaucelin, vers l'an 1020, épousa Letvis, dont : 1º Pierre, qui suit ; 2º Gérald, surnommé *Rapacis* [ou Rapace] ; 3º Letvis, abbesse de .....

III. — Pierre I de Pierrebuffierre fit quelques dons au monastère d'Uzerche, vers l'an 1030, épousa Pétronille, dont : 1º Gaucelin, qui suit ; 2º Gérald, qui vient après.

IV. — Gaucelin III de Pierrebuffierre, fils de Pierre et de Pétronille, vers l'an 1050 et l'an 1062. Pour réparer les injustices qu'il avait faites dans les lieux et terres des saints, il donna au monastère de Solignac, l'an 1071, le fief presbytéral de Saint-Martin-de-Vicq (3). Il épousa Rutgarde ou Adalgart, dont : 1º Pierre, qui suit ; 2º une fille.

Gaucelin de Pierrebuffierre faisait la guerre à Adémar, vicomte de Limoges, qui le fit prendre : on le mit en prison, l'an 1128.

IV bis. — Gérald et Pierre de Pierrebuffierre, *Petrobuferensis*, signèrent l'élection d'Ythier à l'évêché de Limoges, l'an 1052. [Pierre est celui qui épousa Pétronille, dont : 1º Gaucelin III, *supra ;* 2º Gérald, qui suit ; 3º Constantin de Meiras, consacré à Dieu par ses parents dans l'abbaye d'Uzerche dès son enfance.]

Gérald de Pierrebuffierre, fils de Pierre et de Petronille, fit quelques dons à Uzerche. Il avait un fils et une fille lorsqu'il fit un don à Solignac, ayant pour témoin Gaucelin de Pierrebuffierre. Il épousa Humberge, dont : 1º Gaucelin, qui suit ; 2º Bernarde, mariée, vers l'an 1070, avec Pierre de la Porcherie.

Gaucelin épousa Béatrix, fille d'Archambaud IVe du nom, dit le Barbu, vicomte de Comborn, dont : 1º Pierre ; 2º Gaucelin ou Jaucelin.

---

(1) Châteauneuf, chef-lieu de canton, arrondissement de Limoges (Haute-Vienne).

(2) Chervix ou Château-Chervix, canton de Saint-Germain, arrondissement de Saint-Yrieix (Haute-Vienne).

(3) Vicq, canton de Saint-Germain, arrondissement de Saint-Yrieix (Haute-Vienne).

Gui de Pierrebuffierre, chantre de Limoges, 11 avril ..... (Nécrolog. Solemniac.) Autre Gui de Pierrebuffierre, au 20 novembre (Ibidem). Pierre de Pierrebuffierre, moine à Solignac (*Ibidem*).

V. — Pierre II de Pierrebuffierre, du temps du roi Philippe, [vivait vers 1100, fut tué par les fauteurs d'Aimar, vicomte de Limoges, en 1114]. Il accorda sa protection au monastère de Vigeois, et les moines lui donnèrent pour cela une mule brune. Il était fils de Gaucelin III et de Rutgarde. Il avait fait piller l'église d'Aubesaigne vers l'an 1100 ; mais il s'accorda avec Gauzbert, abbé d'Uzerche, duquel elle dépendait.

Aymeric de Pierrebuffierre, frère de Pierre, épousa .....

Gaucelin IV ou V de Pierrebuffierre. Un Gaucelin de Pierrebuffierre, chevalier, fut enterré à Solignac. H....., abbé de Solignac, donna, à Gaucelin de Pierrebuffierre, le château de Beauveer, près Solignac, et celui-ci promit d'y bâtir au plus tôt une chapelle, vers 1195. Il épousa [Béatrix, fille d'Archambaud IV, dit le Barbu, vicomte de Comborn, empoisonné, en 1122, par Aimar III ou IV, vicomte de Limoges, à qui il ne voulait pas rendre hommage de son château, et renfermé durant un an au château de Ségur.] Il eut Ithier Bernac, enterré le 6 octobre 1171.

Audoyn de Pierrebuffierre, damoiseau, épousa Umbergie, fille de Guillaume, damoiseau, dont : Gui. Vers 1140, ils donnèrent au chapitre de Saint-Junien tous les droits qu'ils avaient sur le village de la Bretagne.

N..., de Pierrebuffierre épousa Almodis, dont : 1º Pierre ; 2º Ebolus.

Audoin ou Gaucelin de Pierrebuffierre, 1209, chevalier, neveu de Jean de Veyrac, évêque de Limoges, fit le voyage de la Terre-Sainte en 1218, épousa Ænor de Brosse, dont : Pierre.

[Gaucelin de Pierrebuffierre, chevalier, apparemment celui qui est appelé chevalier de Meyra, écuyer, Sgr de Pierrebuffierre, qui vivait en 1231 et 1247].

Noble Pierre de Pierrebuffierre, 1255. Un de ce nom, chevalier, 1247, damoiseau, Sgr de Pierrebuffierre, était frère de Fulco en 1234. Pierre fonda l'anniversaire de sa mère à la cathédrale de Limoges en 1247 ; il vivait vers 1272 ; il épousa ....., dont : Aymeric.

[Foucaud de Pierrebuffierre vivait en 1247, 1255 et 1262.]

Pierre de Pierrebuffierre, chantre de la cathédrale, 1255.

Gui de Pierrebuffierre, chantre de la cathédrale [en 1225 et 1237, archidiacre de Limoges, en 1246], vivait en 1259.

..... de Pierrebuffierre épousa Yde, dame de Pierrebuffierre, dont : P....., qui suit.

[Foucaud de Pierrebuffierre était oncle des suivants, qui sont frères et sœur : 1º Gaucelin de Pierrebuffierre, doyen de l'église de Limoges en 1299 : 2º Gérard de Pierrebuffierre, chanoine du Dorat ; 3º Seguine de Pierrebuffierre, mariée avec Ramnulphe, vicomte d'Aubusson : le nécrologe de Solignac la nomme le 17 mai.

Pierre de Pierrebuffierre, neveu et héritier de Gaucelin, doyen, fit hommage, en 1309, à l'évêque de Limoges.]

P....... de Pierrebuffierre, damoiseau, épousa ....., dont : Pierre, qui suit.

Pierre, Sr de Pierrebufflerre et de Châteauneuf, damoiseau, était mineur en 1304 ; mais, la même année, Jean de Bretagne, vicomte de Limoges, lui donna pour curateur Pierre Gaubert, *alias* de Merle, damoiseau, par acte passé à Excideuil le jeudi après la quinzaine de Pâques. Ce Gaubert reconnut, la même année, aux FF. PP. de Limoges, le legs que Yde, aïeule de Pierre de Pierrebufflerre, avait fait à ces religieux. Ledit Pierre de Pierrebufflerre fit son testament (reçu Jean Daniel) le jeudi après la Nativité de saint Jean, 1319 ; fit un legs à ces religieux, qui, dans leur nécrologe, marquèrent sa mort au 30 novembre. Il épousa ....., dont : Goscelin, qui suit.

Noble Gui de Pierrebufflerre élut sa sépulture dans le monastère de Saint-Martial, devant le sépulcre du saint : sur le refus des moines, il veut être enterré chez les frères prêcheurs de Limoges, et leur transporta un légat singulier, 1321 (Voyez *Hist. de l'abbaye de Saint-Martial*). Sa mort est marquée au 17 octobre, où il est dit chevalier. Il épousa Guischarde, [ils vivaient tous deux en 1307, dont : 1° Jean, qui suit ; 2° Pierre, chanoine d'Orléans et de Paris en 1367 ; 3° Jean, chanoine de l'Artige, près Saint-Léonard en Limousin ; 4° Galienne, femme de N..... de Bré, gentilhomme]; Gaucelin, damoiseau, mort le 17 mai. [On trouve aussi : 1° Audoin de Pierrebufflerre, abbé du Dorat, 1360 ; 2° Pierre de Pierrebufflerre, abbé du Dorat après Audoin, son frère, 1361, 1376.]

Anne de Pierrebufflerre-Châteauneuf épousa, en 1310, Antoine de Rochefort, Sr de la Queille en Auvergne.

Gaucelin de Pierrebufflerre, chevalier, Sr de Maignac, 1329.

Dame Marguerite de Pierrebufflerre mourut le mercredi après Pâques, 1330, dame de Chambon, qui fut recommandée aux suffrages des vivants dans le chapitre provincial des FF. PP., tenu à Limoges en 1737.

Jeanne de Prulhi, dame de Pierrebufflerre, mourut le 18 mars.

Noble Joussen ou Gauzelin, ou Goscelin, Sr de Pierrebufflerre et de Châteauneuf, fils de Pierre de Pierrebufflerre et de Châteauneuf, fit un testament en 1342, un autre le 17 septembre 1345. Il était frère de Ayde ; fut recommandé, dans les suffrages pour les vivants, audit chapitre des FF. PP., en 1327, ainsi que sa femme et ses enfants. Il épousa Marguerite, dont : Jean, qui suit.

Ayde de Pierrebufflerre, veuve de ..... Pommier, S^r de l'Angle, mariée à Aymeric de Rochechouart, fils de Foucaud et de Alix de Montrocher, mort en 1354. Elle était fille de Jean, gouverneur du Limousin, et de Anne de Châteauneuf ; elle avait un frère nommé Louis.

Sire de Pierrebufflerre, [apparemment Jean, fils de Gui, *supra*], fut pris à la bataille de Poitiers, le 19 septembre 1356 ; était de l'armée du prince de Galles à Pampelune, l'an 1367, banneret du Limousin ; étant à Paris, ne voulut pas tenir son hommage au prince de Galles. Froissard en parle encore à l'an 1370. [On le dit père de : 1° Louis, qui suit ; 2° Jean, lequel fut père de : *A.* Louis, peut-être celui qui était prévôt de Saint-Junien en 1400 ; il vivait aussi en 1403 ; *B.* Louis de Peyrat, 1403. L'oncle et le neveu partagèrent, en 1411, les biens de Jean, père de Louis et aïeul de l'autre Louis.]

Maître ..... de Pierrebufflerre, conseiller du roi, fut député, en 1401, le 8 juillet, pour un des généraux conseillers, sur le fait de la justice du domaine du roi et des aides du Languedoc. Le 20 décembre 1410, il s'opposa, et au nom de M⁰ J. Coppu, à ce que nul autre que lui ne fût reçu en l'office de juge ès-terres réservées par le roi en la sénéchaussée du Limousin.

Louis Iᵉʳ de Pierrebuffierre, Sgr de Châteauneuf en 1499 (voir Louis III ci-après); [peut-être celui qui est qualifié Sgr de Pierrebuffierre, et qui fut fait exécuteur du testament de Nicolas de Beaufort, Sgr de Limeuil, daté du 29 avril 1415, et qui assista, en 1430, au contrat de mariage de Jacques Aubert, Sgr de Monteil-le-Déjalat, avec Antoinette de la Tour-d'Auvergne. (*V.* AUBERT, et *infra*, art. Louis II).] Il épousa : 1º, avant 1418, Anne de Levis, femme, en 1408, de Pierre de Tison dit Cramaud, Sgr de Pujols et de Narbonne, et fille de Jean de Levis, Sgr de Mirepoix, etc., maréchal de la Foi, et de Jeanne d'Armagnac; 2º Louise d'Aubusson.

Sire de Pierrebuffierre était à bannière devant la ville de Tunis en Afrique, et mourut à l'assaut de cette ville en 1390.

Noble Jean, Sgr de Pierrebuffierre, 1367, 1385, chevalier, 1397, fut une des cautions du Sgr de Beaujeu en 1388. Il épousa Sibelle de Beno, veuve de Louis de Folia, chevalier; par son testament, elle voulut être enterrée chez les frères mineurs de Limoges, devant le maître-autel; les guerres du pays empêchèrent d'y porter son corps; ses exécuteurs testamentaires consentirent qu'elle fût enterrée dans l'église du monastère de Sainte-Croix de Pierrebuffierre, par acte du 7 novembre 1371.

Jean, Sgr de Pierrebuffierre et de Châteauneuf, fils de Goscelin, *infra*, épousa : 2º, vers 1390, Hyacinette de Besse, dame de Bellefaye et héritière de cette baronnie. Il eut de ce second mariage : 1º Louis de Pierrebuffierre, Sgr de Châteauneuf et de Peyrat, 1413, 1418; témoin, le 22 janvier 1430 (*vieux style*), dans le contrat de mariage de Antoinette de la Tour d'Auvergne avec Jacques Aubert; 2º Jeanne de Pierrebuffierre, dame de Bellefaye de Chante-Milan et de la Tour-Saint-Aoustrille (1), mariée, le 23 mai 1397, à Geofroy du Puy, Sgr de Dames en Berri, chambellan du roi Charles V.

Jean de Pierrebuffierre, Sgr dudit lieu et de Châteauneuf, Saint-Paul (2), Magnac (3), 1351, épousa Ayde, dont : 1º Jean de Pierrebuffierre, chevalier, Sgr de Pierrebuffierre, 1385, mort sans hoirs, après avoir fait héritier Louis, son frère; 2º Louis, qui fit une donation à sa mère le 12 février 1406 (*vieux style*), qui suit.

Pierrebuffierre eut 17 voix à l'élection du 4ᵉ président au parlement de Paris, le 12 août 1413. On l'appelle ailleurs Pierre de Pierrebuffierre.

Loys [ou Louis II] de Pierrebuffierre, fils de Jean et d'Ayde, fut d'abord archidiacre d'Aulnis, diocèse de Saintes, chevalier, Sgr de Châ-

---

(1) La Tour-Saint-Austrille, canton de Chéneraïlles, arrondissement d'Aubusson (Creuse).

(2) Saint-Paul, canton de Pierrebuffière, arrondissement de Limoges (Haute-Vienne).

(3) Magnac-Bourg, canton de Saint-Germain-les-Belles, arrondissement de Saint-Yrieix (Haute-Vienne).

teauneuf, Pontarion (1), Saint-Paul, Aigueperse (2), Peyrat (3), 1416, [et 1419.] Nicolas de Beaufort [*vide supra*, art. Louis I], vicomte de Turenne, le fit exécuteur de son testament du 29 avril 1415. Il était au siége de Corbefi en 1404. Par son testament du 6 décembre 1426 (signé Tornelli), il veut être enterré dans le monastère de Sainte-Croix de Pierrebuffierre, dans le tombeau de son père, devant l'autel de Saint-Martial. Il était oncle de Louis de Pierrebuffierre, chevalier, Sgr de Châteauneuf. Il mourut le 11 décembre (le 10 juillet selon le nécrologe des FF. PP. de Limoges), et ses funérailles furent faites avec beaucoup de pompe. Il avait épousé, par contrat du 19 novembre 1401, Marie de Rochechouart, fille de Jean IIe du nom, et de Ænor de la Mothe-Fénelon. [*V.* Rochechouart et Châteauneuf.] Elle mourut le 22 mai, fut enterrée avec son mari, dont : 1º Jean de Pierrebuffierre, chevalier, Sr dudit lieu, de Malavesnie en Berri, Saint-Paul, Aigueperse; 2º Gaufridus, chevalier de l'ordre de Saint-Jean-de-Jérusalem; 3º Louis, que son père veut être ecclésiastique; 4º Foucaud [probablement celui qui est dit chanoine de Limoges, 1436, et prévôt d'Eymoutiers, 1451, 1456; il céda cette prévôté, en 1483, à son neveu Jean de Pierrebuffierre : *vide infra*]; 5º Marguerite; 6º Ysabelle, que son père veut-être moniale; [7º peut-être Pierre, chanoine de Limoges en 1478; 8º Jean de Pierrebuffierre, 1458, peut-être celui qui fut prévôt d'Eymoutiers en 1484, mort en 1510 : *vide supra*]; 9º Galienne, mariée à Marc Foucaud; 10º Jeanne, mariée à noble Périchon de Saint-Julien, Sr de Lezuret ou Lescariet, diocèse de Bourges, qui était mort en 1455.

Jean de Pierrebuffierre, Sgr de Pierrebuffierre et de Châteauneuf, fils de Goscelin [*supra*, est témoin dans un contrat de mariage du 25 novembre 1456]. Il épousa : 1º Marguerite de Preuilly, fille d'Eschivard de Preuilly, Sgr de la Rochepozay, et de Marguerite Turpin, dont : 1º Jean, Sgr de Pierrebuffierre, père de Louis, Sgr de Pierrebuffierre, qui vivait en 1403 et 1418 [*supra*]; 2º Marguerite, mariée, le 16 février 1432, à Bernard de Bonneval, fils de Jean IVe du nom, et de Delphine de Montbert.

..... de Pierrebuffierre, épousa ....., dont : 1º Jean, qui suit; 2º Ysabelle, mariée, en 1440, à Pierre Chouveyroux.

Jean de Pierrebuffierre, chevalier, Sgr de Saint-Paul, Aigueperse, baron de Pierrebuffierre, 1459, 1490, fils de Louis et de Marie Rochechouart, était témoin du contrat de mariage d'Isabeau de la Tour-d'Auvergne avec Arnaud-Aménion de Lebret, à Ségur, le 25 novembre 1456, où il est dit chevalier. Il épousa ....., dont : 1º Louis; 2º Françoise, mariée, par contrat du 29 novembre 1463 (signé Tarnelli), à noble Antoine de Peyrusse dit des Cars, fils d'Audoin IVe du nom, et de Hélène de Roquefeuil.

Jean de Pierrebuffierre est nommé dans le compte de Noël le Large, trésorier des guerres du roi l'an 1473, parmi les gendarmes de la com-

---

(1) Pontarion, chef-lieu de canton, arrondissement de Bourganeuf (Creuse).
(2) Le château d'Aigueperse est situé commune de Saint-Paul.
(3) Peyrat, canton d'Eymoutiers, arrondissement de Limoges (Haute-Vienne).

pagnie de cent lances de Gilbert de Chabannes, chevalier de l'ordre du roi, S^{gr} de Curton. Le Laboureur remarque que la qualité de gendarme n'était pas indigne d'un cadet d'illustre maison, dans un temps où il fallait joindre le mérite et l'expérience des armes à la condition. Il fut nommé, en 1454, tuteur de Françoise de Bretagne, vicomtesse de Limoges.

Foucaud de Pierrebuffierre, prévôt du chapitre d'Eymoutiers, 1464 [voyez *supra*], frère de Jean, prêtre, doyen de Saint-Germain-près-Masseré, chanoine de Tournay et de Limoges, archiprêtre de Saint-Paul, 1452, curé de Meulzac (1), mourut en 1483.

[Jean de Pierrebuffierre, prévôt d'Eymoutiers, 1503, peut-être mort en 1510, est sans doute le même dont on a parlé plus haut.

Louise, veuve de Jean de Salaignac, dame de Magnac, 1503.]

Gabrielle de Pierrebuffierre épousa, vers 1495, Jean de Montberon, S^{gr} de Thors, fils d'Adrien, Sr de Villefort, et de Marguerite d'Archiac.

Foucaud ou Bos de Pierrebuffierre, chevalier, baron dudit lieu, S^{gr} de Saint-Paul et d'Aigueperse, Pontarion, la Faye, 1506, vendit les moulins de Saint-Paul en 1491 ; était neveu de Foucaud, prévôt d'Eymoutiers [mourut en 1510]. Il épousa, par contrat (reçu de Argentelis) du 13 juillet 1490, Jeanne d'Aubusson, fille de Jacques et de Jeanne de Vivonne, [sœur d'Antoine d'Aubusson, Sr du Monteil et de Pontarion, 1505]; elle était mineure en 1494, et vivait en 1535, dont : 1° François, baron de Pierrebuffierre, père de Jean-Geofroi ; 2° Gui, archiprêtre de Saint-Paul et prévôt de Saint-Martin de Bethancourt, 1514 ; [peut-être celui qui était protonotaire apostolique et doyen de Saint-Germain en 1557].

Le sire d'Albret, beau-père de la reine de Navarre, fille de la princesse de Viane, envoya, en 1486, dans la sénéchaussée de Toulouse, Foucaud de Pierrebuffierre, avec un corps de gendarmes, pour soutenir leurs intérêts contre le vicomte de Narbonne. Il tenta de s'emparer de Saverdun par surprise, mais il ne put réussir dans son projet; il fit le siége du château de Son, qu'il fut obligé de lever par la vigoureuse résistance des assiégés ; il mit une garnison à Hauterive, ravagea ensuite tous les environs, prit la ville de Saint-Sulpice et quelques autres du domaine du roi ; il tenta aussi de s'emparer des lieux de Miremont et de Sainte-Gavette, où il avait pratiqué des intelligences : heureusement la conspiration fut découverte. Il fut obligé, par ordre du roi, de vider le lieu d'Hauterive, en septembre.

Pierrebuffierre, capitaine, envoyé par Madeleine de Foix et par sa fille Catherine, reine de Navarre, recouvra, en 1486, la ville de Pamiers, tua plusieurs de la garnison et même leur capitaine, pilla ce qu'il trouva de leurs hardes.

Louis III de Pierrebuffierre, baptisé à Sainte-Croix de Pierrebuffierre, chevalier, S^{gr} de Châteauneuf et de Peyrat-le-Château, rendit un aveu au roi, pour la terre de Peyrat, en 1499 ; veut être enterré dans l'église

---

(1) Meulzac, canton de Saint-Germain-les-Belles, arrondissement de Saint-Yrieix (Haute-Vienne).

de Sainte-Marie-la-Claire de Châteauneuf, dans le tombeau qu'il a fait construire, et où est inhumée Jeanne de Levis, sa première femme, y fonda quatre vicairies, par son testament (signé Tarnelli) du 6 mai 1463. Il épousa : 1º Jeanne de Levis (voyez ci-devant Louis I); elle fit donation à son mari de ce qu'elle avait à Mirapeys, la Garde, le 12 avril 1442; fonda un collége de prêtres séculiers à Sainte-Marie-la-Claire de Châteauneuf. Elle fit son testament (signé Michaelis, chez les cordeliers de Limoges) à Châteauneuf, le 16 avril 1443, par lequel elle fait un legs au couvent des frères mineurs de Limoges, dont : 1º Marie, mariée, en 1427, à Charles, comte de Ventadour, fils de Robert et de Isabelle de Vendat; elle vivait en 1451. Il épousa : 2º, par contrat du 6 février 1445 (*vieux style*), Louise d'Aubusson, fille de Jean IIe du nom, Sgr de la Borne (1), et de Marguerite Chauveron. De ce mariage naquirent : 1º François; 2º Pierre, qui eut le lieu de Villeneuve au comté de Peyrat; 3º Marguerite, mariée, par contrat (signé Tarnelli) du 20 janvier 1460 (*vieux style*), à Louis de Saint-Julien, Sr de Saint-Marc, fils de Regnerius et de Dauphine Peyrusse; 4º Louise, mariée à Jean de Salaignac, chevalier, fils de Guillaume et de Marguerite Roberte, par contrat (signé Tarnelli) du 24 avril 1463 et 10 juin 1465 ; 5º Catherine ; 6º Annette; 7º Sobeyrane.

[Pierre de Pierrebuffierre, vicomte de Châteauneuf en Périgord, épousa Jeanne Chabot, fille de Charles Chabot, baron de Jarnac, etc., et de Madeleine de Puyguyon.]

Pierre de Pierrebuffierre, chevalier, baron de Châteauneuf et de Peyrat, 1489, mourut le 17 février; il avait épousé, avant 1480, Catherine de Comborn, fille de Jean IIe du nom, vicomte de Comborn, et de Jeanne de Maignelais; son père lui donna cent sols outre sa dot : bienfaitrice des chartreux de Glandiers, sa mort est marquée dans leur nécrologe au 29 janvier, dont : 1º Louis, chevalier, baron de Pierrebuffierre et de Peyrat-le-Château, Sgr de la Villeneuve-au-Comte et de Chabannes-Guerguy, 1614, épousa Marguerite de la Roche-Aymon, fille de Jean de la Roche-Aymon, Sgr de Chabannes, et de Madeleine de Montalembert; 2º Catherine, qui épousa, le 11 février 1502, Louis de Noailles, chevalier, Sgr de Montclar et de Chambres, fils d'Aymar et d'Antoinette de Saint-Exupéri.

Noble Guillaume de Pierrebuffierre dit le Bâtard, 1512.

Noble et puissant François de Pierrebuffierre, baron dudit lieu, de Saint-Paul-d'Aigueperse, mineur de vingt-cinq ans, mais âgé de plus de vingt ans en 1515.

[Marin de Moncheau, sénéchal du Limousin, se qualifie Sgr de Pierrebuffierre en 1548; peut-être n'était-il que coseigneur.]

François de Pierrebuffierre, 1540, chevalier, seigneur, baron dudit lieu, 1534, Sgr de Pontarion, frère de Foucaud ou Bos, de Gui, doyen de Saint-Germain, épousa, par contrat du 12 avril 1521, Marguerite de Maumont, 1545, dame de Pierrebuffierre, 1557, d'Aigueperse, Pontarion,

---

(1) La Borne, canton et arrondissement d'Aubusson (Creuse).

Sussac, [laquelle demeura veuve], dont : 1º Jean-Geofroi, qui suit; 2º autre Jean, le jeune, Sʳ de Chamberet.

Jean de Pierrebufflerre, baron dudit lieu, 1557.

Loys de Pierrebufflerre et de Comborn, vicomte dudit lieu, Sgʳ et baron de Châteauneuf, Peyrat et Treignac (1), Chabannes, Beaumont (2), Beauvais, Chamberet (3), fit son testament (reçu Fouchier) à Treignac, le 7 avril 1548; veut que son corps soit mis en sépulture dans l'église de Sainte-Marie de Châteauneuf, et au bout de l'an être mis dans le coffre de celui de sa feue femme, dans l'église des Cordeliers de Limoges. Il épousa ....., dont : Gabriel, qui suit.

Gabriel de Pierrebufflerre, fils et héritier de feu Louis-Charles, vicomte de Comborn, baron de Treignac, Châteauneuf, Lostanges et Peyrat, Sgʳ d'Asnède (4), la Villeneuve (5), fit comparoir à la réforme de la coutume du Poitou, le 16 octobre 1559, pour la baronnie de Villeneuve; rendit au roi un dénombrement de la baronnie de la Villeneuve-au-Comte, puis naguère distraite de la baronnie de Peyrat, par les partages faits entre lui et ses consorts, le 2 octobre 1572. Il épousa, par contrat (reçu Rousseau) du 6 juillet 1597, Peyronne de la Guische, dame de Pompadour, Treignac, Laurière (6), dont : 1º .....; 2º Léonard, tonsuré en 1618, pricur d'Asnède, 1622.

Jean-Geofroi de Pierrebufflerre, fils de François et de Marguerite de Maumont, petit-fils de Foucaud, premier baron du Limousin, Sgʳ d'Aigueperse, Sussac (7), Saint-Paul, Pontarion, le Pont-de-Noblac (8), le Monteil, Beauvais. En 1556, il y eut un arrêt contre lui, parce qu'il faisait payer trop haut le droit de guet. Il fit son testament (signé Dufour) le 24 février 1569. Il épousa Marguerite de Bourbon Dusset, fille aînée de Philippe, Sgʳ de Busset et de la Motte-Fueilly, et de Louise Borgia, par contrat du 25 juin 1551; elle était née le 10 octobre 1532. Par son sage gouvernement, elle accrut le revenu de la maison pendant sa viduité. Elle fit son testament, le 22 septembre 1591, au lieu de Laveyrat près d'Arfeuille, paroisse de Champneterie (9); veut être enterrée dans l'église de Sainte-Croix de Pierrebufflerre, où sont enterrées ses petites-filles. Elle mourut le 8 octobre suivant, aux eaux de ....., par-delà Nevers, où elle croyait guérir de son hydropisie; mais elle expira le cinquième jour : son corps fut porté à Pierrebufflerre, le 17 du même mois, accompagné de Marguerite de Pierrebufflerre, sa nièce et héritière de Pierrebufflerre, et de plusieurs autres demoiselles

---

(1) Treignac, chef-lieu de canton, arrondissement de Tulle (Corrèze).
(2) Beaumont, canton d'Eymoutiers, arrondissement de Limoges (Haute-Vienne).
(3) Chamberet, canton de Treignac, arrondissement de Tulle (Corrèze).
(4) Asnède, aujourd'hui Nedde, canton d'Eymoutiers, arrondissement de Limoges (Haute-Vienne).
(5) La Villeneuve, canton d'Eymoutiers, arrondissement de Limoges (Haute-Vienne).
(6) Laurière, chef-lieu de canton, arrondissement de Limoges (Haute-Vienne).
(7) Sussac, canton de Châteauneuf, arrondissement de Limoges (Haute-Vienne).
(8) Le Pont-de-Noblac, à Saint-Léonard-de-Noblac, chef-lieu de canton, arrondissement de Limoges (Haute-Vienne).
(9) Champneterie, canton de Saint-Léonard, arrondissement de Limoges (Haute-Vienne).

et gentilshommes, du nombre desquels était le fils de M⁏ de Neuvillars. Le lendemain, Madame de Pontarion et de Chamberet, sa mère, arriva : on mit le corps dans le cabinet du jardin, visant droit sur l'église de Saint-Cosme, et il y demeura jusqu'au 25 ; que le soir il fut porté dans l'église de Sainte-Croix, où on l'ensevelit à la huguenaude. Ladite dame de Pontarion et plusieurs autres n'y entrèrent point, ni aucun gentilhomme que ledit S⁏ de Neufvillards, *alias* de la Tour. Le lendemain, on donna pour aumône générale 24 setiers de seigle en pain. De ce mariage naquirent : 1º Philippe, qui suit, marié à Anne de Pons ; 2º Jeanne, mariée : 1º à Antoine de Saint-Mathieu, chevalier de l'ordre du roi, S⁏ʳ dudit lieu, dont elle n'eut point d'enfants ; 2º, en 1595, à Paul de Tournemine, écuyer, S⁏ de Menon, fils de Pierre, baron de Campzillon, et de Renée de Rieux ; 3º Isabeau, mariée, par contrat du 1ᵉʳ mars 1588 (signé Pécou), à Gui de Badefou, écuyer, S⁏ʳ du Peyroux, laquelle plaida beaucoup contre sa mère en parlement de Bordeaux : c'est peut-être elle qui avait épousé, en premières noces, Geraud de Salagnac, S⁏ʳ de Rochefort près Aixe, dont elle était veuve en 1574 ; 4º Suzanne ; 5º Marthe ; 6º Anne ; ces trois dernières moururent jeunes ; [7º Marguerite de Pierrebuffierre, qui épousa, en 1625 ou 1626, Charles-Antoine de Ferrières, marquis de Sauvebeuf, étant alors veuve de Charles, marquis de Châteauneuf ; elle porta en dot au marquis de Sauvebeuf la terre et baronnie de Pierrebuffierre, et mourut avant lui. *V.* Ferrières.]

Philippe de Pierrebuffierre, fils de Jean-Geofroi et de Marguerite de Bourbon, premier baron du Limousin, S⁏ʳ d'Aigueperse, Saint-Paul, Beauvais, le Pont-de-Noblac, Pontarion, Monteil-le-Vicomte (1), fit son testament au château d'Aigueperse, le 9 décembre 1582, où il n'est aucune mention de prières, parce qu'il était calviniste ; veut être enterré dans la ville de Pierrebuffierre, èz-tombeaux de ses prédécesseurs. Il épousa, par contrat (signé Plaselle, le Bascle) du 22 avril 1581, Anne de Pons, fille de Jean, chevalier de l'ordre du roi, S⁏ʳ de Plassac, Langon, et de Jeanne de Villers-Saint-Paul ; elle porta onze mille six-cent soixante-six écus deux tiers ; elle se remaria à Abel de Pierrebuffierre, *infra*, en 1588. Ils ne laissèrent qu'une fille nommée Marguerite, mariée : 1º à Charles de Pierrebuffierre, *infra*.

François de Pierrebuffierre, chevalier, seigneur, marquis de Chamberet et de Beaumont, fut assassiné par Jean de Pompadour. [Chamberet est une baronnie du Bas-Limousin, dans la sénéchaussée d'Uzerche. Elle a eu autrefois ses seigneurs particuliers ; mais depuis elle a passé dans diverses maisons.] Il épousa Jeanne de Pierrebuffierre, dame de Chamberet, veuve en 1567 ; elle testa, le 25 novembre 1579, au château de Pierrebuffierre ; veut être ensevelie dans le temple dudit lieu, èz les sépultures de ses père et mère ; il laissa : 1º Abel, qui suit ; 2º Louis ; 3º Gilles, S⁏ de Chamberet, mort sans hoirs ; 4º Catherine, mariée à Antoine de Saint-Marsaud, par articles du 15 mai 1571, fils de Brandelis et de Jeanne de Beaudeduit ; 5º Françoise, mariée à Claude de Saint-Jean ; 6º Moureilhe.

---

(1) Monteil-au-Vicomte, canton de Royère, arrondissement de Bourganeuf (Creuse).

Abel de Pierrebuffierre, S^{gr} de Chamberet, etc. En 1591, il soutint vigoureusement la ville de Saint-Yrieix-la-Perche, et obligea les ligueurs d'en lever le siége; en 1592, il prit la ville de Châlus; en 1593, il soutint des siéges et combats, en bon serviteur du roi, contre les ligueurs : homme valeureux pour le fait des armes, il défit, en 1594, les paysans attroupés qu'on nommait croquants; accompagna le roi à la réduction de Paris, le 24 mars 1594; en janvier, et après le 23 de ce mois 1595, il prit par force et violence des armes le château et maison de Gimel, il le mit rez terre et en ruine; il était détenu par les ennemis de Sa Majesté; M. de Chamberet en avait commencé le siége dès le 23 septembre 1594, et avait démeuré devant. Il en coûta au roi pour blé, pain, vin, avoine, poudre, mille brasses de mèches d'arquebuse, médicaments pour les blessés, etc., 25,843 livres 11 sols 10 deniers. Il y mourut beaucoup de soldats et gens d'honneur. Il est enterré dans le chœur de l'église de Chamberet, du côté de l'évangile, où on voit cette épitaphe sur une plaque de cuivre :

> Clauditur hoc tumulo corpus, sed tuta per orbem
> Fama volat, necnon spiritus astra tenet.
> P. mans. jud. ch.

> Cy-gist haut et puissant seigneur messire Abel de Pierrebuffierre, S^{gr} de Chamberet, gentilhomme ordinaire de la chambre du roy, capitaine de cinquante hommes d'armes des ordonnances, lieutenant general pour Sa Majesté au haut et bas pays du Limosin. Lequel etant fort cheri et estimé de son roy, et generalement honoré de tout le monde, fut nommé, se maintint, et mourut gouverneur de cette province, apres avoir illustré son nom, sa race et sa maison d'autant de beaux faits d'armes qu'il avoit desiré : car, apres avoir soutenu plusieurs siéges, pris à coup de canon toutes les villes, chateaux et forts rebelles de son gouvernement, désarmé la populace qui s'étoit soulevee, mesme defait neuf mille hommes en un seul combat, il l'a laissé si pacifique, que rien ne respiroit que fidelité et obeissance, lorsque la cruelle et jalouse fortune, envieuse de la grandeur promise a ce beau et brave cavalier, lui ravit mal heureusement la vie à la fleur de ses ans, le 7e de juin 1595, en la 34e année de son age, laissant deux enfants entre les mains de Madame Anne de Pons, sa femme, dame de Pressac, Pranget, Cherbenet, Tondu, le Largon et Pontarion, ages, l'aisné de trois ans deux mois et demi, et l'autre de deux mois quatre jours. Laquelle a fait construire et edifier ce tombeau, pour ledit seigneur son mari et pour elle, l'an 1596, le trente-et-unieme de son age.

> Isto quis jaceat quœris sub marmore? cujus
> post monumenta diu facta superstes erit.
> a. n.

Sur la pierre du mausolée il y a 1609. Anne de Pons, sa femme, était fille de Jacques de Pons Ier du nom; elle épousa : 1°, en 1581, Philippe de Pierrebuffierre ci-dessus; 2°, par contrat du ..... Abel de Pierrrebuffierre, dont je viens de parler; 3° ......, baron de Lostanges, dont : 1° Henri; 2° Charles, baron de Prunget, Tandu, Chabenet en Berri, dont la postérité subsiste et consiste actuellement en trois filles : l'aînée mariée à .... Guyot d'Asnières; la 3e, avec ..... de Poix, et deux oncles d'un âge avancé, non mariés.

Louis de Pierrebuffierre, Sgr de Comborn, baron de Châteauneuf, Sgr de Beaumont, Chambolive (1), Peyrat, la Villeneuve-au-Comte, le Breuil, paroisse de Saint-Sulpice-Laurière (2), de Peletanges, Chabannes-Guerguy, paroisse de Saint-Pierre-de-Fursac (3), Genissac. Il acquit, en 1556, de noble Christophe de Mounye, *alias* de Villefort, le fief du Mazet sur la paroisse d'Ambazac (4), relevant de la terre du Doignon. Il fut tué, en 1568, au siège d'Angoulême. Il avait épousé, le 7 décembre 1523, Isabeau de Ségur, dont : 1° Odet de Pierrebuffierre, baron de Genissac, qui mourut vers 1598; 2° Françoise, mariée, par contrat du 27 octobre 1546, à Bertrand de Marsenac en Rouergue, chevalier, fils de Cécile d'Argac; elle porta 6,000 livres et des habits; 3° Moreilhe, mariée, en 1553, à Charles de Rochefort, baron de Saint-Angel (5), Chambon, Vallemont, Bellegarde, Mapistour, Chabannes-Guerguy, fils de Pierre; veuve en 1606, dame de la baronnie de Chabannes-Guerguy, du Breuil, dont elle hérita par le décès d'Odet, son père; 4° Jeanne, qui, en 1595, demeurait au château de Plats, paroisse de Luchapt, châtellenie de l'Isle-Jourdain en Poitou.

Gabrielle de Pierrebuffierre épousa Jean de Montberon, Sr de Thors, 1555, fils d'Adrien et de Marguerite d'Archiac.

François de Pierrebuffierre, chevalier, vicomte de Comborn, baron de Châteauneuf et de Peyrat en Poitou, fit comparoir à la réformation de la coutume du Poitou, le 16 octobre 1559, à cause de sa baronnie de Peyrat, et des seigneuries de Saint-Yrieix et de Soubrebost (6). Il épousa : 1°, en 1549, Catherine de Ségur; 2° Catherine-Jeanne Chabot, fille de Charles, baron de Jarnac, et de Madeleine de Puygnion; elle vivait en 1548, dont : 1° Charles, qui suit; 2° Jeanne, mariée, par contrat (reçu Montenten et Beneyton), du 14 décembre 1581, à François de Jarrie, écuyer, Sgr de Claravaux, Saint-Avit, etc.; elle était veuve en 1591; 3° Madeleine, mariée : 1°, en 1570, à Jean, Sgr de las Tours, par contrat du 25 juillet; elle était dame de Murat et de Fleurac; elle porta 23,500 livres; 2°, par contrat du 9 mai 1578, à Antoine de la Tour, Sgr de Murat, des Quaires et de Saint-Exuperi.

Bertrand de Salagnac épousa Jeanne de Châteauneuf de Pierrebuffierre;

---

(1) Chamboulive, canton de Seilhac, arrondissement de Tulle (Corrèze).
(2) Saint-Sulpice-Laurière, arrondissement de Limoges (Haute-Vienne).
(3) Saint-Pierre-de-Fursac, canton du Grand-Bourg, arrondissement de Guéret (Creuse).
(4) Ambazac, chef-lieu de canton, arrondissement de Limoges (Haute-Vienne).
(5) Saint-Angel, canton et arrondissement d'Ussel (Corrèze).
(6) Soubrebost, canton et arrondissement de Bourganeuf (Creuse).

elle se remaria avec Antoine Dulion, Sr de Gentilly près Paris, conseiller au parlement.

Charles de Piérrebuffierre, fils de François et de ....., fut vicomte de Comborn, baron de Châteauneuf, Peyrat, Treignac, Chabannes, Beaumont, Chamberet, lieutenant pour le roi en Limousin, Sgr de Saint-Yrieix, Soubrebost et la Croisille, 1579; fit son testament le 3 janvier 1588, et devait onze cent mille livres quand il mourut. Il avait épousé Philiberte de Gontaut de Biron, fille d'Armand, maréchal de France, et de Jeanne d'Ornesan, le 31 mars ou le 2 mai 1575. Etant veuve, et considérant les bons, honnêtes et serviables offices qu'elle avait reçus de Charles de Mars, ministre de la parole de Dieu en l'église de Limoges et de Châteauneuf, depuis sept ans, l'ayant appelé de l'église de Chef-Boutonne, elle lui donna une métairie, à Gourgeyrel, paroisse de Sainte-Marie-la-Claire de Châteauneuf, par acte (signé Montenten et Laborne) du 18 août 1606. Le ciel lui avait partagé mille grâces et faveurs s'il ne lui avait dénié pour un temps le bien de la vraie religion avec tous ceux de sa suite. De ce mariage naquirent sept enfants : 1° Charles, qui suit; 2° Jean-Charles; 3° ....., mariée; 4° Marthé, mariée peut-être à Jean de Favas, vicomte de Castels; 5° Françoise; 6° ....., et 7° ....., morts en bas-âge.

Charles de Pierrebuffierre, fils d'autre Charles et de Philiberte de Gontaut, fut vicomte de Comborn, baron de Pierrebuffierre, et en cette qualité premier baron du Limousin, baron de Peyrat, Châteauneuf, marquis de Chamberet, fit tous ses efforts, en 1597, pour faire lever le siége de l'abbaye de Grandmont. Le 8 août 1599, le vicomte de Comborn, Sgr de Châteauneuf, fit son entrée à Limoges; une belle compagnie alla au-devant le lendemain lundi; il fut reçu gouverneur du Haut et Bas-Limousin, harangué pendant une heure par M. ...... Des Maisons, homme qui parlait d'or. La noblesse du pays accompagna ce vicomte: il fit beaucoup de promesses et de protestations à sa réception, mais il ne fit point le serment accoutumé dans l'église de Saint-Martial; ses lettres portaient l'avoir fait : d'ailleurs il était de la religion prétendue réformée. Les assemblées et exercices de cette religion prétendue se tenaient dans le château de Châteauneuf en 1600. A la conférence indiquée à Fontainebleau entre l'évêque d'Evreux et le ministre du Plessis, le 4 mai 1600, le Sr de Chamberet eut quelques pourparlers avec le prélat. Du Plessis reculait; Chamberet alla lui faire sentir le préjudice que porterait à son livre intitulé l'*Institution de la sainte Eucharistie* le refus qu'il faisait de se trouver à la conférence indiquée : Chamberet, qui était dans son parti, le décida pour accepter, et se chargea d'en porter la réponse au roi, ce qu'il fit sur les dix heures et demie du soir. Il mourut le 28 septembre 1604. On voulait l'enterrer dans l'église de Sainte-Croix de Pierrebuffierre, ce que le curé ne voulut souffrir; il en alla donner avis à l'évêque de Limoges, qui fit faire inhibition, tant au curé qu'aux prêtres et paroissiens, de le permettre. Madame de Pierrebuffierre, avertie de la démarche du curé, le contraignit, par de violentes menaces, de se retirer pendant six mois. Charles épousa Marguerite de Pierrebuffierre, fille unique de Philippe *supra*. Elle n'avait que quinze jours quand son père mourut : on la mit sous la tutelle d'Abel de Pierrebuffierre, S^{gr} de Chamberet. Les articles de son mariage avaient été dressés par la feue dame de Bourbon, son aïeule. Le contrat fut passé à Limoges, le 14 juillet 1592 ou 1595, par l'avis des parents communs, du Sr de Beausire, *alias* Thonnoi, conseiller au conseil privé et commissaire en Limousin, et d'autres conseillers de Limoges. La dame de Plassac, Anne de Pons, mère de Marguerite de Pierrebuffierre, ne voulut signer qu'au préalable elle n'eût parlé à sa fille, qui demeurait à Châteauneuf. Il fut donc ordonné que la demoiselle viendrait au château de Linards. Châteauneuf, après y avoir parlementé avec la dame de Plassac, tout à coup sortit d'une chambre un gentilhomme nommé ..... Puymareis, tenant une hallebarde entre ses mains, qui lui dit : « Vous avez assez gardé madame la baronne de Pierrebuffierre : il est requis que madame de Chamberet la garde autant de temps comme vous l'avez gardée ». Madame de Pons lui ajouta : « Monsieur, il faut boire ce calice ». M. de Châteauneuf, ébahi d'entendre de telles paroles, voulut répondre à Puymareis; mais celui-ci lui répondit qu'il le fallait ainsi faire, et qu'il ne répliquât plus, qu'autrement il lui baillerait de son hallebarde au travers du corps : le cocher de madame avait porté *l'escoupet* au cou de Châteauneuf, le chien couché. Ce seigneur, voyant le parti n'être bon, sortit en diligence du château de Linards, renvoya à Châteauneuf pour avertir ses amis de lui bailler main-forte aux fins de retirer sa belle-fille future; ce qui fut fait : dans trois heures, le château fut environné de toutes parts de soldats et de paysans, de manière que, le dimanche 23 juillet 1595, l'on commença à le saper, et, sans le Sr de Beausire et autres gens du conseil, il eût été mis en ruine, car il y avait de quatre à cinq mille hommes; le lendemain il y en aurait eu plus de sept. De toutes parts la noblesse venait pour prendre le parti de M. de Châteauneuf. Madame, voyant qu'elle ne pouvait résister à tant de forces, représenta sa fille la baronne; au même instant M. de Châteauneuf, sans autrement parlementer, la prit d'autorité, et l'emmena dans sa maison de Châteauneuf. Marguerite de Pierrebuffierre épousa : 2°, en 1626, Antoine-Charles de Ferrières, marquis de Sauvebeuf, fils de Jean et de Claude des Cars. De ce mariage vint : Jean, qui suit.

Jean de Pierrebuffierre, chevalier, baron de Comborn, marquis de Chamberet et de Châteauneuf, baron de Sussac, fils de Charles (Henri) et de Marguerite (Françoise) de Pierrebuffierre, fit ériger la vicomté de Châteauneuf en marquisat, tant qu'il sera tenu par mâles et non par femelles; la charte et arrêt du parlement de Bordeaux en furent publiés à Limoges le jeudi 24 septembre 1615; l'acte en fut reçu par Pinchaud. Le marquis de Châteauneuf en Limousin, homme chargé de crimes, neveu de M. de la Force, présida à l'assemblée que les huguenots firent de leur autorité privée à la Rochelle; la guerre y fut conclue contre le roi. Le marquis, député de l'assemblée, se jeta dans la ville de Pons en Saintonge, durant le siège de Saint-Jean-d'Angély, en juin même année 1621, avec plusieurs gentilshommes et 1,500 arquebusiers, à dessein de résister autant qu'ils pourraient, afin que leur résistance donnât le moyen aux Rochelois de faire leur récolte, et de laisser aux villes de Guyenne et de Languedoc le temps de continuer leurs fortifications;

mais il porta les clefs au roi à Cognac le 30 du même mois, craignant justement sa colère. Le P. de Saint-Romuald ajoute qu'il eut une abolition générale de tous ses crimes, et douze mille ..... qu'on lui fit délivrer. Par arrêt du mois d'août 1627, en la chambre de l'édit, il obtint les biens de François de Pierrebuffierre, son aïeul, encore qu'il ne fût pas *in dispositione*, mais *in conditione*, et que la substitution eût été ouverte au profit de son frère, qui avait disposé des biens, à savoir de l'usufruit au profit de sa femme et de la propriété d'un sien cousin. Mais la cour jugea que c'était un fidéi-commis à tous les enfants mâles descendants sans enfants, encore qu'ils ne fussent *in dispositione*, et se fonda principalement sur les raisons qui résultaient *ex mente testatoris*, qui voulait que ses biens fussent conservés en sa maison. Jean avait épousé, par contrat du 22 mai 1642, Marie de Castelnau, fille de Jacques de Castelnau-Rochetel, Sgr de Mauvissière, baron de Joinville, etc., gentilhomme ordinaire de la chambre du roi, capitaine d'une compagnie de chevau-légers, etc., et de Charlotte de Rouxel, dite de Medavy, [qu'il laissa veuve]. Elle se remaria, en 1654, avec Philibert de Thurin, chevalier [marquis de Cetou], fils de Philibert, président au grand conseil, et de Catherine le Picard ; elle mourut le 25 juillet 1688. Jean de Pierrebuffierre ne laissa qu'une fille, nommée Anne de Pierrebuffierre, morte à Paris en 1720, mariée dans la maison de la Baume-Forsac ; elle avait été nommée dame pour accompagner la dauphine, de la maison de Bavière.

Louis de Pierrebuffierre, Sgr de Chamberet, des premières familles du Limousin, et non moins illustre par ses travaux à l'armée, fut commis pour la garde de la citadelle de Lyon, où l'on disait que les protestants tramaient contre l'Etat, en 1566. Il fut pris à Castillon, lorsque cette ville se rendit, en 1586, et dans les conventions il eut vie et bagages sauves. Il combattit pour le roi à Droc en pays chartrain, avec sa compagnie, en 1593. Le Sr de Beaumont était gouverneur de Figeac en 1598. Il avait épousé Marie de la Nouë, fille d'Odet ; elle se remaria à Joachim de Bellengreville, chevalier des ordres du roi, grand-prévôt de France, dont elle était veuve en 1620, puis à Louis de Laurières, chevalier, marquis de Themines, maréchal de France. De Louis de Pierrebuffierre elle eut : 1° Benjamin, dont il est parlé plus bas ; 2° Françoise de Pierrebuffierre, dame de Marillac-le-Franc en Angoumois, l'une des dames d'honneur de Madame, sœur unique du roi, mariée, le 13 septembre 1548, ou mieux par contrat (signé par collation Martin) du 13 septembre 1550, à Jacques Brassard, écuyer, Sr de Saint-Mari en Angoumois, de Gaing et de la Motte, paroisse de Peyrilhac ; elle était veuve en 1593. En 1606, elle fit donation à Louis de Pierrebuffierre, son neveu, Sr de Chamberet. Françoise était sœur d'Isabeau, mariée avec Geraud de Salagnac.

Charles de Pierrebuffierre, Sgr de Chabenet (mieux Chamberet), 1615, épousa Jeanne d'Harambure, fille de Jean, écuyer, gentilhomme ordinaire de la chambre du roi, gouverneur de Vendôme et du pays vendômois, et de Marie Secondat.

Henri de Pierrebuffierre, Sgr de Chamberet, fut tué devant Libourne, le 26 mai 1649, fils d'Abel et de Anne Pons, fut capitaine de 50 hommes d'armes. Il avait épousé Françoise de Pierrebuffierre-Comborn, de la branche de Châteauneuf, dont : 1° Jean, tonsuré en 1625; 2° François, tonsuré en 1639.

[N..... de ....., douairière de Rignac, était dame baronne de Chamberet en 1698.

N..... de Châteauneuf, baron de Chamberet, a vendu, en 176..., cette baronnie à N.... de la Bachellerie de Neuville, prêtre, chanoine d'Eymoutiers, qui la possède maintenant.]

Gui de Pierrebuffierre, protonotaire du Saint-Siége, archiprêtre de Saint-Paul et doyen du chapitre de Saint-Germain-de-Masseré, 1557, fit son testament (reçu Lavaudier) le 14 juin 1564, mourut en 1566.

Jean, baron de Pierrebuffierre, chevalier, fit comparoir à la réformation de la coutume du Poitou, le 16 octobre 1559, à cause de sa châtellenie, terre et seigneurie de Pontarion.

Bertrand de Pierrebuffierre de Genissac, commandait, en 1572, l'avant-garde de l'armée de Flandres, y fut fait prisonnier en 1583.

Jean de Pierrebuffierre vendit, en ....., la terre de Magnac à Robert de Saint-Gal.

Foucaud de Pierrebuffierre fit son testament le 13 août 1570.

Jeanne de Pierrebuffierre épousa Paul de Tournemine, Sgr de Campillon, fils de Pierre, mort en 1582, et de Renée des Rieux.

Guilhem, bâtard de Pierrebuffierre, auquel le roi donna le droit d'aubaine en décembre 1569.

Jeanne de Pierrebuffierre, de la branche de Châteauneuf en Limousin (vers 1550), épousa Bertrand, baron de Salignac.

Louis de Pierrebuffierre, fils de Jean, épousa, par contrat (signé Tarnelli) du 29 novembre 1463, Marguerite de Peyrusse, fille d'Audoin IVe du nom, et de Héliénor de Rochefeuil.

Gabriel de Pierrebuffierre, Sr de la Villeneuve-au-Comte, baron de Lostanges en Limousin, épousa, le 6 juin 1614, Jeanne d'Aubusson, fille de François, Sgr de la Feuillade, et de Louise Pot; elle était veuve de Gui Brachet, Sgr de Peyrusse. Elle testa au bourg de Saint-Dizier, le 20 mai 1619, et était morte le 9 mars 1620. Gabriel de Pierrebuffierre avait un frère, nommé Daniel, qui fut son héritier.

Louise de Pierrebuffierre, dame de Chaumont en Périgord et de Chaumont en Angoumois, 1688.

Elisabeth de Pierrebuffierre épousa, vers 1640, Samuel d'Apelvoisin, vicomte de Farcé.

Benjamin de Pierrebuffierre de Chamberet, fils de Louis et de Marie de la Noüe, d'une des plus illustres maisons du Limousin, épousa Louise Aubery, veuve du Sgr d'Ardenay au Maine, fille aînée de Benjamin Aubery du Maurrier, ambassadeur du roi Louis XIII, et d'une demoiselle génoise : elle naquit à la Haye en 1614. Louise de Colligny, princesse douairière d'Orange, voulut être sa marraine; le jour du baptême, pour marque de sa magnificence, elle envoya à sa filleule un collier de diamants, deux grands bassins et deux vases de vermeil doré, dont la façon était encore plus riche que la matière. Les Etats généraux, ses parrains, furent représentés par le fameux Barneveld, et lui créèrent une pension de 500 livres, dont elle jouit jusqu'à sa mort, arrivée en 1672. Cette dame a été un prodige de mémoire et de jugement : elle eût rétabli l'ancien et le nouveau testament s'il eussent été perdus, les sachant par cœur. Elle avait lu toutes les histoires et tous les romans français, italiens et espagnols, et elle en savait les moindres aventures ; enfin sa connaissance était aussi agréable qu'inépuisable. Si elle n'eût point passé sa vie dans un château à la campagne, et qu'elle eût vécu à la cour, elle y aurait été admirée, et aurait sans doute égalé la réputation de ce petit nombre de femmes extraordinaires qui ont été l'ornement de ce dernier siècle. C'est ce que nous apprend Louis Aubery du Maurrier, son frère, dans ses *Mémoires sur l'Histoire de Hollande*, édition de 1688, p. 198 et *seqq*. Elle eut quatre fils, morts la plupart à la guerre en Hongrie et en Flandres pour le service du roi ; elle eut aussi deux filles.

Le chevalier de Villeneuve (peut-être Pierrebuffierre) fut tué à la première décharge de Castelnaudary, le 31 août 1632.

Marthe de Pierrebuffierre épousa Jean, Sgr de Favars, vicomte de Castels (1).

SOURCES : *Tabl hist.*, Ve part., p. 339. — Bonav., T. III, p. 442, 443. — Thou, liv. XXXVII, XLII, LIV, LXXVII, LXXXV, CVII. — Laboureur, *Addit. à Casteln.*, T. II, p. 581 ; T. III, p. 77, 112, 113. — Duchesne, *Villes de France* ; — *Hist.* Montmar., liv. I, ch. V ; — *Hist. mais. Chastaing.*, p. 143, 198, 226. — Labbe, *Concil.*, T. IX, 1069. — *Nécrolog. FF. PP. Lemov.* — *Cartular. Solemniac.* — *Cartular. Vosiense mss.* — *Cartular. Eccl. Lemov.* — Justel, *Hist. de Turenne*, preuv., p. 24, 144. — Gaufred., p. 303, 319, 322. — Steph. Maleu, *Chron. mss.* — Mss. de la cath. de Limoges. — Archives des FF. PP. de Limoges. — Registres du parlement de Paris. — Archives des cordeliers de Limoges. — Daluze, *Hist. mais. d'Auverg.*, T. I, p. 332 ; T. II, p. 469, 658. — Juvénal des Ursins, *Hist. de Charles VII.* — Registres de Pierrebuffière. — Registres d'Eymoutiers. — *Dict. généalog.*, 1757. — Simplic., T. IV, p. 16, 126, 131, 472, 676 ; T. V, p. 346 ; 398 ; T. VII, p. 20, 305, 309, 588 ; T. VIII, 902. — Froissart, T. I, ch. CLXII, CCXXXVII, CCLXXVIII, CCXCII ; T. IV, ch. XVIII, XXI, CCCVI. — Moréri, 1759, art. *Chabot-Tarnac, Force.* — Vaissette, *Hist. Languedoc*, T. IV, p. 472 ; T. V, p. 73, 74. — Turquet, *Hist. d'Espagne*, liv. XXIII, no 12. — Boucheul, *Cout. du Poitou*, p, 6. — Bethune, *Miroir*, T. II, ch. LXXI. — *Mercure*, T. VII, p. 521, 577. — Theveneau, *Comment. sur les ordonn.*, tit. VI, art. I. — Hozier, *Arm. général*, Ire part. p. 286.

[PIERRETAILLADE.

C'était un fief situé en la paroisse de Meyssac en Bas-Limousin, diocèse de Limoges (2).

Jean de Beaumont, Sgr du Repaire de Pierretaillade (Peyratalhada), vivait le 4 janvier 1488. (BALUZE, *Hist. mais. d'Auverg.*, T. II, p. 742.)]

---

(1) Nadaud renvoie encore pour des alliances aux maisons Beaume de Foursac, Aubusson, seigneurs de la Borne, Aubusson, seigneurs du Monteil-au-Vicomte, Ventadour, Lastour.

(2) Meyssac, chef-lieu de canton, arrondissement de Brive (Corrèze).

PIFFE. — *V.* Puiffe.

PIGNE (1).

PIGODIER.
Elie Pigodier, écuyer, Sr du Moulinet Pericordin, du diocèse d'Auvergne, épousa Marie Poisson, dont : Jean, né le 19 septembre 1704, baptisé à Saint-Maurice de Limoges.

PILLE (2).
Anne-Adelaïde de Pille ou de Plas, épousa, avant 1730, François du Pouget, marquis de Nadaillac.

DU PIN. — *V.* T. II, p. 29 et 32.

PINARDIÈRE (3).

PINET (3).

PINDRAY, Sr des Croix, paroisse de Condéon (4), élection de Saintes, porte : *d'argent, à un sautoir de gueules.* Suports : *deux sauvages.*
I. — Hélie de Pindray, écuyer, au château de Connezac en Périgord (5), épousa Marguerite Bertier.
II. — François de Pindray, écuyer, Sr de la Neulie, de la paroisse de Saint-Sulpice près Mareuil en Périgord (6) et de Puyacaud, fit un codicille (signé Frargne) le 18 mai 1552; il épousa Antoinette André par contrat (reçu Boisse) du 18 mai 1527 (Des Coutures dit que ce fut le 11 mai 1517), dont : 1° Geofroi, qui suit; 2° Perrin; 3° François, qui a fait la branche de la Neulie; 4° Simon.
III. — Geoffroy de Pindray, écuyer, Sr de la Neulie et de Puyacaud, testa le 14 juillet 1600 (reçu Petit), instituant héritier Elie, et faisant légat à ses autres enfants, Simon, Adrien, Jean, autre Jean et autres. Il épousa Catherine Pecon par contrat du 8 avril 1561 (reçu Pichere), dont : 1° Jean, qui suit ; 2° Hélie, qui se maria (qui avait son article à la page 567, déchirée).
IV. — Jean de Pindray épousa, le 4 novembre 1607, Françoise Mosnereau.
V. — Pierre de Pindray épousa, le 12 février 1651, Judith de la Roussie.

(1) Etait à la page 2221, déchirée.
(2) Etait à la page 2224, déchirée.
(3) Pinardière et Pinet étaient à la page 2221, qui est déchirée.
(4) Condéon, canton de Baignes, arrondissement de Barbezieux (Charente).
(5) Connezac, canton et arrondissement de Nontron (Dordogne).
(6) Saint-Sulpice-de-Mareuil, canton de Mareuil, arrondissement de Nontron (Dordogne).

III *bis*. — François de Pindray, écuyer, Sʳ d'Ambelle, paroisse de Sainte-Croix et de Saint-Priest de Mareuil en Périgord, fils de François et d'Antoinette André, épousa Isabeau de Vars ; étant veuve, elle testa (signé Joly) le 13 mars 1636, dont : 1° Annet, qui suit ; 2° Jean, Sʳ de Sainte-Croix ; 3° Louise, mariée, par contrat (signé Joly) du 7 novembre 1610, à Jean Raymond, écuyer, Sʳ de Beausoleil et de la Grange, paroisse de Sainte-Croix. . . . . (1).

VI. — François de Pindray, écuyer, Sʳ de Saint-Denis en Saintonge, paroisse d'Oriolle (2) et de Bois-Bertrand, fils de Jean (qui avait son article page 567) et de Anne de Conon, épousa Anne de Pomaret, par contrat (reçu du Martet) du 21 décembre 1683 ; elle était veuve en 1714, dont : 1° Jean ; 2° François ; 3° Charles, Sʳ de la Valade.

Pierre de Pindray, écuyer, Sʳ des Granges et de Lascoux, paroisse de Cussac (3), épousa, par contrat du 28 août 1647 (reçu Cheze-Martin), Charlotte de Saint-Laurent, fille de François et d'Anne de Cherredon.

Louis de Pindray, écuyer, Sʳ des Granges et de Fontanille, épousa, le 10 octobre 1666, Charlotte de Saint-Laurent, Dᵉˡˡᵉ de la Motte, fille de François et de Marie-Jacquette Vigier.

Marie-Jacquette de Pindray, demoiselle de Bretagnes, fille de feu Louis, chevalier, Sᵍʳ de Fontenille, les Granges, Bretagnes et de Beaussac en partie, et de Charlotte de Saint-Laurent, épousa, le 3 juin 1692 (signé Chancel), haut et puissant seigneur Claude de Conon, Sᵍʳ de la Bouchardière ; elle se remaria, le 1ᵉʳ mai 1701, avec Jean de Compniac, chevalier, Sᵍʳ de Romain en Périgord (4), et mourut à quatre-vingts ans, le 16 avril 1732.

Jean Raymond, écuyer, Sʳ de Beausoleil, épousa Louise Pindrai.

Marguerite de Pindray épousa, le 2 novembre 1660 (signé Joly), Hélie de la Loubière, écuyer, Sʳ de Bernet, paroisse de Ronsenac en Angoumois (5), fils d'autre Hélie et d'Antoinette Rousseau.

Jean de Pindray, Sʳ de la Grange, avait épousé Marie de Marendat, laquelle se remaria, le 6 février 1710 et le 24 dans l'église de Bussière-Badil (6), avec François de la Brousse.

PINOT.

Jacques Pinot, trésorier de France, 1721, épousa Marie-Madeleine Menouvrier, dont : Marie, morte en bas-âge.

PISCARD. — *V.* PICARD.

---

(1) La suite ne se retrouve plus ; car les pages 567, 568, 569 et 570, ont été arrachées Les notes suivantes sont fournies par différents renvois.
(2) Oriolles, canton de Brossac, arrondissement de Barbezieux (Charente).
(3) Cussac, canton d'Oradour-sur-Vayres, arrondissement de Rochechouart (Haute-Vienne).
(4) Romain, canton de Saint-Pardoux, arrondissement de Nontron (Dordogne).
(5) Ronsenac, canton de la Valette, arrondissement d'Angoulême (Charente).
(6) Bussière-Badil, chef-lieu de canton, arrondissement de Nontron (Dordogne).

LA PISSE (1).

Jean-Gabriel de la Pisse, Sr de Foulloux, du bourg de Flavignac (2), du lieu de Gourenchias, paroisse de Lageyrac (3), épousa Françoise d'Amelin, veuve de François Joubert de Saint-Gelais, dont : 1º Jean-Michel, né le 7 novembre 1716; 2º Jean, mort en bas-âge.

Isaac de la Pisse, écuyer, Sr de la Motte, épousa Jeanne des Cars, dont : Pierre, qui suit.

Pierre de Pisse, écuyer, Sr de la Forêt, du bourg des Cars (4), épousa, avec dispense, le 26 septembre 1719, à Lageyrac, Marie-Anne de Brie, sa parente au 4e degré de consanguinité, fille de Benoît.

René de la Pisse, écuyer, Sr des Brousses, épousa, vers 1670, Anne de Sauzet, fille de Jean et de Anne Sauve.

Catherine de la Pisse épousa, le 31 octobre 1610, noble Jean des Pousses, écuyer, Sr du Pont et de la Bonnetie, paroisse de Nexon (5), veuf de Léonarde de Bonnetie, fils de Jean et de Antoinette de Chaunac.

PIVARDIÈRE.

Henrie de la Pivardière, paroisse de Saint-Quentin près Felletin (6), épousa, en 1770, Amable-Gaspard-Joseph de Pote, écuyer, Sr de Chiron, paroisse de Peyrat-Lanonière (7).

LA PLACE, Sr de Babaud, de la Brousse, paroisse de Saint-Jean-Ligoure (8) et de la Porcherie (9), porte : *d'argent, à trois glands de sinople*, 2 et 1.

Jean de la Place rendit compte par le menu de la terre et châtellenie de Château-Chervix (10) jusqu'en 1458. (*Mss.* 1723, Biblioth. Saint-Germain-des-Prés.)

Prudent homme Jean de la Place, bourgeois de Saint-Jean-Ligoure, épousa ....., dont : Jean de la Place, licencié èz lois, prêtre, abbé de Saint-Sauveur d'Aubeterre, diocèse de Périgueux. 1465.

I. — Bertrand de la Place épousa, le 9 janvier 1541, Françoise de Bosvigier.

II. — Noble Etienne de la Place de Bas, Sr dudit lieu, fit son testa-

---

(1) Cette maison était aux pages 127 et 128, qui sont déchirées; la page 881 nous fournit les notes suivantes.

(2) Flavignac, canton de Châlus, arrondissement de Saint-Yrieix (Haute-Vienne).

(3) Lageyrac, canton de Châlus, arrondissement de Saint-Yrieix (Haute-Vienne).

(4) Les Cars, canton de Chalus, arrondissement de Saint-Yrieix (Haute-Vienne).

(5) Nexon, chef-lieu de canton, arrondissement de Saint-Yrieix (Haute-Vienne).

(6) Felletin, chef-lieu de canton, arrondissement d'Aubusson (Creuse).

(7) Peyrat-Lanonière, canton de Chénerailles, arrondissement d'Aubusson (Creuse)

(8) Saint-Jean-Ligoure, canton de Pierrebuffière, arrondissement de Limoges (Haute-Vienne).

(9) La Porcherie, canton de Saint-Germain-les-Belles, arrondissement de Saint-Yrieix (Haute-Vienne).

(10) Château Chervix, canton de Saint-Germain-les-Belles, arrondissement de Saint-Yrieix (Haute-Vienne).

ment le 21 janvier 1595, mourut le 24 au bourg de Saint-Jean-Ligoure : le curé de Pierrebuffière dit la grand'messe et fit la *collation* ou oraison funèbre. (Registr. de Pierrebuffière.) Il avait épousé, le 14 novembre 1573, Françoise de Trenouilhe, dont : 1º Pierre, qui suit ; 2º François.

III. — Pierre de la Place fit son testament le 29 septembre 1634, épousa, le 14 janvier 1603, Marion de la Puiffe, dont : 1º Jean, qui suit; 2º autre Jean, Sr de Veix ; 3º autre Jean, Sr de la Place.

Cette maison fit ses preuves de noblesse en 1598, et les commissaires du gouvernement les trouvèrent bonnes.

IV. — Jean de la Place, Sr de Babaud, épousa, par contrat sans filiation du 4 août 1636, Françoise Coulon, dont : Foucaud, qui suit.

V. — Foucaud de la Place, Sr de la Motte, épousa, le 11 mai 1656, Anne des Gerauds.

IV *bis*. — Jean de la Place, Sr de Deveix, épousa, par contrat sans filiation du 11 février 1641, Anne Anseau.

Jean de la Place, écuyer, Sr du Deveix, paroisse de Saint-Jean-Ligoure, épousa, Marie Authier, dont : 1º Jean-Joseph, qui suit ; 2º Joseph, tonsuré en 1728; 3º Jean-Joseph, tonsuré en 1728, mort à trente-trois ans, vicaire de Troche, le 1er janvier 1758.

Jean-Joseph de la Place, écuyer, Sr de Babaud, fils de Jean et de Marie Authier, épousa, à quarante ans, dans l'église de Saint-Domnolet de Limoges, le 6 août 1748, Marie de Brossequin, née le 11 mars 1722, fille de noble Jean et de Anne Prinsaud.

IV *ter*. — Jean de la Place, Sr dudit lieu, épousa, le 20 février 1656, Isabeau Gelibert.

Branche de la Brousse, Betoux, Veyrinas, paroisse de Saint-Jean-Ligoure.

I. — Jean de la Place rendit hommage à Jean de Pierrebuffierre, le 13 juin 1463. Me Jean de la Place, licencié ez-lois, fut reçu en l'office de conseiller-lai du roi au parlement de Paris, le 23 janvier 1475 (*vieux style*) (Regist. du parlement). Il épousa ....., dont : 1º Bertrand, qui suit ; 2º Foucaud.

II. — Bertrand de la Place épousa, par articles, Marguerite de la Reymondie ; étant veuve, elle partagea entre ses enfants les successions du père et de l'aïeul, le 7 juin 1518. De ce mariage naquirent : 1º Jean; 2º Gouffier, qui suit.

III. — Gouffier de la Place fit son testament le 8 mars 1562. Il épousa, par articles sans filiation du 6 novembre 1530, Marguerite Aymenie, dont : Jean, qui suit.

IV. — Jean de la Place, écuyer, Sr de la Brousse, paroisse de Saint-Jean-Ligoure, épousa, le 23 mai 1573, Anne de Royère, dont : 1º Jean, qui suit ; 2º Antoine, qui se maria ; 3º Marguerite, qui épousa, le 5 octobre 1596 (signé Senemaud), noble Jean des Pousses, écuyer, Sr de Viallefolle et de Paisseloup, paroisse de Saint-Maurice-les-Brousses (1).

---

(1) Saint-Maurice-les-Brousses, canton de Pierrebuffière, arrondissement de Limoges (Haute-Vienne).

Cette famille fit ses preuves de noblesse en 1598 devant les commissaires du gouvernement, qui les trouvèrent bonnes.

V. — Jean de la Place, écuyer, épousa, le 15 août 1610 (reçu par Faye), Marguerite de la Vergne, fille de feu Albert de la Vergne, écuyer, Sr de Champagnac, paroisse de Château-hors-Chervix, et de Jeanne Bazin de Puyfaulcon ; elle porta onze cents écus sols, revenant à 3,300 livres. De ce mariage : 1° Jean ; 2° Antoine, qui suit.

VI. — Antoine de la Place, Sr de Betoux, épousa, le 30 juin 1636, Anne Chabrol.

[Anne de la Place, demoiselle, du lieu de Mymolle, paroisse de Saint-Maurice-les-Brousses, vivait le 13 octobre 1739. (Regist. de Saint-Hilaire-Lastours.)

V bis. — Antoine de la Place épousa, le 7 janvier 1610, Anne Gérald, dont : Jacques, qui suit.

VI — Jacques de la Place, Sr de Veyrinas, écuyer, épousa, le 23 janvier 1649, Hélène des Pousses, dont : 1° Jeanne, mariée avec Jean de Montalier ; 2° Marie, mariée, en 1683, avec Philippe Poulot, fils d'Antoine, maître corroyeur, et de Madeleine Audoin, de la paroisse de Saint-Maurice de Limoges.

Notes isolées.

Balthazar de la Place, chevalier. Sr de la Brosse, testa, à Pavie, le 26 août 1706, mourut au service du roi ; épousa, à Paris, le 30 août 1688, Françoise Musnier, dont : Marie-Thérèse, morte *ab intestat*.

Léonard de la Place, écuyer, Sr du Repaire, épousa Antoinette de la Romasière, fille de Pierre, écuyer, S^r dudit lieu, et d'Antoinette ....., par contrat (signé Breuil) du 15 février 1711, dont : Léonarde, morte le 6 septembre 1741, inhumé dans la chapelle de Notre-Dame à Saint-Junien.

Noble Antoine de la Place de la Brousse épousa Antoinette des Pousses, qui se sépara quant aux biens, dont : Hélène, mariée, par contrat (reçu par Senemaud) du 30 juin 1588, à Noël Roux de Coussac, paroisse de Saint-Victe.

Louis de la Place, écuyer, fit son testament (reçu Fayaud) le 10 mars 1590.

Françoise de la Place, dite de la Brousse, veuve de Jean de Queyzac, de la ville de Pierrebuffière, fit donation (reçue Vayvay) à Jean de la Place, S^{gr} dudit lieu et de la Brousse, paroisse de Saint-Jean-Ligoure, son cousin, le 25 juillet 1590.

Noble Jean de la Place, Sr de Sanie, 1608, épousa Jeanne Rlougaud.

LA PLACE, Sr de Torsat (1), les Tour-Garnier et la Valette, diocèse et élection d'Angoulême, et de Charnac, élection de Saint-Jean-d'Angely, porte : *d'azur, à 3 glands d'or tigés et feuillés de même, 2 et 1.* Supports : *deux sauvages.*

---

(1) Torsat, canton de la Valette, arrondissement d'Angoulême (Charente).

I. — Pierre de la Place fit son testament le 28 septembre 1499, épousa Liette de Cumont, dont : Bertrand, qui fit son testament le 25 mai 1567, où est un légat pour Pierre, son petit-neveu, fils d'Hélie ; 2° Pierre, qui suit ; 3° Jean ; 4° Jean.

II. — Noble Pierre de la Place, écuyer, Sr de Sallebeuf, la Tour-Grenier, Poursac, Chantemerle, rendit hommage le 20 janvier 1499 ; était argentier de la comtessse d'Angoulême, élu du roi en l'élection d'Angoulême, épousa Marguerite Pastoureau, fils de noble Dauphin, élu par le roi en la comté de Périgord, Sgr de Javerlhac, Abjac, Auginhac, habitant de la ville de Nontron, et de Marion Pastorelle, dont : 1° Hélie, qui suit ; 2° Pierre, marié à Radegonde Chailler ; 3° Raymond ; 4° Jean ; 5° autre Jean ; 6° Charles ; 7° Bertrand.

III. — Hélie de la Plasse épousa, le 20 décembre 1544, Anne Regnaud, dont : Pierre, qui suit.

IV. — Noble Pierre de la Place, écuyer, Sgr de Torsac et de Montgaugnier, gentilhomme ordinaire de la chambre du roi, racheta certaines rentes le 7 août 1591, fit un testament mutuel avec sa femme le 8 février 1617. Il épousa Gabrielle Tizon d'Argence, dont : 1° François, qui suit ; 2° Pierre, qui se maria le 9 janvier 1644 ; 3° Hélie, qui se maria le 9 janvier 1620 ; 3° Charlotte, mariée, le 15 août 1610, avec René de la Cropte, écuyer, Sr de la Motte-Saint-Privast, fils de Louis et de Jeanne de Seris. (HOZIER, *Arm. génér.*, Ire part., p. 166.)

V. — François de la Place, écuyer, Sr de Torsat, épousa, le 12 avril ....., Jeanne de Vassougne (le 23 février 1621).

VI. — Charles de la Place, Sr de Torsac, épousa, le 13 mai 1665, Françoise-(Marie-)Julie de Galard de Béarn, mourut à la Forêt-d'Orte, paroisse de Grassac, à cinquante-huit ans, le 31 décembre 1704.

V bis. — Pierre de la Plasse, Sr de la Vallette, épousa, le 9 janvier 1644, Marguerite de Lindray.

V ter. — Hélie de la Place, écuyer, Sr de la Tourgarnier, épousa, le dernier février 1620, Anne de la Charlonie ; elle mourut, à soixante-douze ans, le 4 octobre 1679, fut enterrée à Saint-Martial d'Angoulême, dont : François, qui suit.

VI. — François de la Place, écuyer, Sr de la Tour-Garnier, mourut le 18 décembre 1688 enterré ; à Saint-Martial d'Angoulême. Il avait épousé, le 29 octobre 1657, Marguerite-Françoise de la Visée, dont : Charles-Louis, ondoyé à Paris, baptisé, à treize ans et quelques mois, le 16 novembre 1675, chevalier de Saint-Louis, capitaine de grenadiers au régiment de Soissonnais, ayant servi le roi pendant cinquante-sept ans, mourut à soixante-quinze ans, le 22 novembre 1734, enterré à Saint-Martial d'Angoulême.

Pierre de la Place, écuyer, Sr de la Tour-Garnier, mourut, à soixante-quatorze ans, le 4 mai 1736, enterré à Saint-Martial d'Angoulême ; il avait épousé, aussi à Saint-Martial d'Angoulême, le 20 novembre 1698, Marie Grimoüard, de la paroisse de Ronsenac, diocèse de Périgueux (1).

---

(1) Ronsenac, canton de la Valette, arrondissement d'Angoulême (Charente).

VII. — Pierre de la Plasse, premier-président en la cour des aides de Paris, auquel Bertrand, son oncle, fit vente à raison de la succession d'autre Pierre, son père, ledit contrat stipulé par Chailler, femme dudit Pierre, le 10 mai 1563. Il épousa Radegonde Chailler.

Marie-Madeleine de la Place de Torsat épousa, à Grassat (1), le 29 novembre 1700, Hélie de Lageard de la Grange du Panvieux, écuyer, paroisse de Gurat en Périgord.

Charlotte de la Place de la Tourgarnier près Angoulême, mourut à soixante ans, le 12 août 1705.

Jean-Charles de la Place, écuyer, Sʳ de Torsat et de Forêt-d'Orte, paroisse de Grassat, épousa Julie de Chasseneuil; elle mourut, à quarante-cinq ans, le 8 novembre 1748.

Charles de la Place, Sgʳ de Torsat et de la Forêt-d'Orte, mourut le 9 août 1711.

Marie-Anne Jansin de Torsat mourut, à cinquante-cinq ans, le 6 février 1735.

Elisabeth de la Place de Torsat épousa, à Grassat, le 30 novembre 1709, Achille Terrasson.

PLAISANT DE BOUCHIAC, Sgʳˢ de Puymaillot, du Bigardel, du Bousquet, de la Prade, paroisse de Perpezac-le-Noir (2), élection de Brive, portent : *d'azur, à un chevron d'or, surmonté d'une croisette ancrée de même, accompagnée de 3 coquilles de Saint-Jacques d'argent, 2 et 1, celle de la pointe surmontant un croissant d'or.*

[Le Bigardel, fief dont le château est situé près de la route de Limoges à Brive, à deux lieues d'Uzerche, non loin du Bariolet, où se tient la poste, et sur la paroisse de Perpezac-le-Blanc.] (Legros se trompe : c'est Perpezac-le-Noir, canton de Vigeois).

Noble Pierre Plaisant, *Placentis*, damoiseau, avait pour cousine Marie de Seyrac, mariée à Pierre-Michel de Pierrebuffierre, et dont ledit Plaisant fut héritier, 1380. Un Pierre de ce nom mourut, à Salon, en février .....

Noble Jean Plaisant, Sʳ de Bouchiac, épousa Reginalde de Monceau; elle mourut, à Salon (3), en février .....

Noble Bertrand Plaisant, chevalier, Sʳ de Bouchiac, mourut à Salon, en janvier .....; il avait épousé Marie Conte : elle mourut en juin ...., à Salon.

Noble Pierre Plaisant épousa Ysabelle de Brossa, morte à Salon, en septembre ......, dont : Jean Plaisant, Sʳ de Bouchiac, mort en décembre 1510.

I. — Noble Jean Plaisant, Sʳ de Bouchiac, fit son testament le 27 juin 1529, épousa Jeanne de Bonneval, dont : 1º Jean, qui suit; 2º Foucaud, tonsuré en 1518, prévôt de la Chapelle-Geneste, 1556; 3º Jeanne,

---

(1) Grassat, canton de Montbron, arrondissement d'Angoulême (Charente).
(2) Perpezac-le-Noir, canton de Vigeois, arrondissement de Brive (Corrèze).
(3) Salon, canton d'Uzerche, arrondissement de Tulle (Corrèze).

mariée, par contrat (signé Codet) du 7 juin 1544, à Junien de Magnac, écuyer, Sʳ de Mazerolles, paroisse de la ville de Saint-Junien (1).

II. — [Noble P..... ou] Jean Plaisant [ou Plesent], écuyer, Sʳ de Bouchiac et de Puymallet [vivait le 18 février 1535 (Papiers domest. de M. de Daignac)], fit des échanges les 14 janvier et 12 juillet 1540, 26 juin 1554, fut député par la noblesse du Limousin aux Etats, à Bordeaux, les 19 et 29 septembre 1557, fit son testament le 29 avril 1567; il épousa ....., Brachet *alias* de Pérusse, dont : 1º François, qui suit; 2º Geofroy, qui se maria en 1597; 3º Jean, qui se maria en 1611; 4º Louise, qui se maria à Antoine de Bonneval; Geofroy Plaisant, son frère, lui constitua 666 écus, y compris le légat fait par Jean, leur père commun, le 10 mars 1597; 5º Jacquette, mariée à Joseph de la Croix, Sʳ de Vaux, avocat, juge de Genis, Châteaubouchat, etc.

[Noble Laurent de Bouchiac, Sʳ dudit lieu et de Puymailhe, paroisse de Benayes (2), vivait le 18 novembre 1592 (acte signé Combelle, notaire).]

Cette maison fit ses preuves de noblesse en 1598, et les commissaires du gouvernement les trouvèrent bonnes.

III. — Francois Plaisant, chevalier, Sʳ de Bouchiat, Puymalie [ou Puymalhot], la Chapelle, la Roque et Benayes [vivait les 26 mars 1603 et le 16 février 1608 (Pap. domest. de M. de Daignac, signés de Pis ou de Pys, notaire)], épousa Marguerite d'Aubusson, dont : 1º Jacques Plaisant de Bouschiat, écuyer [ou chevalier], Sʳ du Puymallier, épousa, par contrat (reçu Picaud) du 30 octobre 1597, Anne de Salagnac, demoiselle des Etangs. Il fit, avec la permission de son père, qui était présent, un testament à la Chapelle-Geneste, paroisse de ....., où il était malade, le 7 août 1605; mourut peu après, et ne laissa qu'une fille, nommée Louise; 2º Jean-Charles.

IV. — Jean-Charles Plaisant, Sʳ de Puymaillot et Bouchiac, gentilhomme ordinaire de la chambre du roi, Sᵍʳ de Benayes, la Rocque et la Bastide, enseigne-colonel du régiment du duc de Bouillon, mourut le 10 novembre 1652 (Regist. de Salon). Il épousa : 1º, par contrat du 19 juin 1612, Marie de Corrilhaud, veuve de Calmeil, Sʳ de Barbe, conseiller au parlement de Bordeaux, et fille de Bertrand de Corrilhaud, écuyer, lieutenant général criminel en la sénéchaussée et siège présidial de Guyenne, et de feue Jacquette Renom. Il épousa : 2º, par contrat sans filiation du 30 septembre 1632, Isabeau de la Vergne, dont : Charles.

Jean Plaisant de Bouchiac, écuyer, Sʳ de la Vergne, paroisse de Saint-Pardoux (3), épousa, à Uzerche, le 11 mai 1693, Antoinette Cledat, veuve de Pierre Goudrias, bourgeois; elle mourut au village d'Espionsat, paroisse de la Graulière, le 10 septembre 1694, et fut inhumée dans le cimetière de Saint-Nicolas de la ville d'Uzerche.

---

(1) Saint-Junien, chef-lieu de canton, arrondissement de Rochechouart (Haute-Vienne).
(2) Benayes, canton de Lubersac, arrondissement de Brive (Corrèze).
(3) Saint-Pardoux-Corbier ou l'Enfantier, canton de Lubersac, arrondissement de Brive (Corrèze).

Yote de Bouchiac épousa ....., Besse, juge de Saint-Ibard ; elle mourut veuve à soixante-dix ans, le 12 janvier 1706, à Uzerche.

III *bis*. — Noble Godefroi ou Geofroi Plaisant de Bouchiac, Sr du Bigeardel, de la Roque, écuyer, fit son testament le 1er (*alias* le 30) septembre 1611, épousa, le 3 mai 1597, Esther Châtaigner, dont : 1o François, qui suit, 2o Jean, tonsuré en 1614, prieur de Perpezac-le-Noir.

IV. — Francois Plaisant fit son testament le 13 mars 1636, épousa, par contrat sans filiation du 18 août 1631, Isabeau Destresses, dont : Gaspard, Sr de Bigardel, né le 5 avril 1636, qui transigea avec sa mère le 21 avril 1666.

III *ter*. — Noble Jean Plaisant de Bouchiac, Sr du Bousquet ; paroisse de Saint-Pardoux-l'Enfantier, fit son testament le 13 février 1628, épousa, le 3 septembre 1611, Catherine Bardicon, dont : 1o Léonard, qui suit ; 2o ....., chevalier du Bousquet, mourut le 29 novembre 1656, fut inhumé dans l'église de Saint-Bonnet-l'Enfantier (1).

IV. — Léonard Plaisant, chevalier, fit son testament le 3 mai 1654 ; épousa, le 21 février 1636, Marie de Mazelle, dont : 1o Paul, qui suit ; 2o Gabriel, Sr de la Prade, qui se maria ; 3o Jean ; 4o Philibert.

V. — Paul Plaisant de Bouchiac, Sr de la Garde et du Bousquet, du village du Bousquet, paroisse de Saint-Pardoux-l'Ortigier (2), mourut le 14 avril 1688, fut inhumé dans l'église de Chanteix, diocèse de Tulle (3). Il avait épousé, le 8 novembre 1657, Françoise-Marie de Fayolle ; elle mourut à quarante ans, le 16 mars 1683, inhumée à Saint-Pardoux-l'Ortigier. De ce mariage vinrent : 1o Pierre, né le 23 mai 1663 ; 2o Catherine, née le 5 février 1667 ; 3o Jean, né le 2 juin 1676 ; 4o Marie, née le 17 mars 1679.

V *bis*. — Gabriel Plaisant, Sr de la Prade, de Bouchiac, paroisse d'Arnac-Pompadour (4), épousa, le 11 mai 1664, Marie ou Marguerite Dubois, dont : 1o Marie, née le 16 mars 1665, mariée, le 27 août 1689, à P..... Bessas, fils de feu Pierre et de Marguerite Montaignac, paroisse de Troche (5) ; 2o Pierre, baptisée le ... avril 1666 ; 3o Catherine, née le 8 août 1667 ; 4o Dominique, né le 26 mai 1669.

Marie Plaisant de Bouschiac épousa, à Troche, le 9 juin 1692, Guillem Donnet, greffier de Pompadour.

Marie Plaisant de Bouschiac épousa, à Arnac-Pompadour, le 12 mars 1703, Guillaume Joubertie, paroisse de Villemaux (6).

Joseph Plaisant de Bouschiac, écuyer, Sr de Bigeardel, paroisse de Perpezac-le-Noir, épousa, en 1771, Marie-Renée-Adelaïde Ribaud de Laugardière, paroisse de Puypaulin, diocèse de Bordeaux.

[N..... dit le chevalier de Bouchiat, premier lieutenant au régiment de Berri-cavalerie, et chevalier de Saint-Louis, vivait en 1779. (*Fast. milit.*, T. I, p. 179.)]

---

(1) Saint-Bonnet-l'Enfantier, canton de Vigeois, arrondissement de Brive (Corrèze).
(2) Saint-Pardoux-l'Ortigier, canton de Donzenac, arrondissement de Brive (Corrèze).
(3) Peut-être Chartrier, canton de Larche, arrondissement de Brive (Corrèze).
(4) Arnac-Pompadour, canton de Lubersac, arrondissement de Brive (Corrèze).
(5) Troche, canton de Vigeois, arrondissement de Brive (Corrèze).
(6) Villemaux, ancienne paroisse située au sud-ouest de Lubersac, près Ségur (Corrèze).

LAS PLANCHAS (1). — *V.* BOSONANDI, T. I, p. 242.

PLANAS.
Jean de Planas, Sr du Plessis, paroisse de ...., élection d'Angoulême, fut trouvé gentilhomme en 1598.

PLANEAULX (2).

PLANTADIS.
Noble Pierre du Plantadis, de la ville d'Ussel, épousa Catherine Sarrazin, fille de Léonard, écuyer, Sr de Saint-Denis et la Fosse, et de Louise de Gaing de Montaignac, dont : 1° Léonard, né à la Courtine, le 6 mars 1733; 2° Françoise, née aussi à la Courtine, le 30 juillet 1726.
[Raymond de Plantadis, écuyer ou chevalier, vivait en 1238. (Voyez mes *Mém. mss. abb. du Lim.*, p. 502 et 513.)]
Louise Plantadis épousa, par contrat du 31 octobre 1662, François Guillemin, Sr de la Chassagne, écuyer, du lieu de Marceys, paroisse de Vigeois (3), fils d'Isaac et de Marie Fonjanet.

PLAS (4). — *V.* aussi PLATS.

PLASSE. — *V.* PLACE, p. 345 et 347.

PLATEAU.
Claude Plateau, Sr de Saint-Martin, paroisse de Saint-Germain-l'Auxerrois, écuyer du marquis de Montausier, épousa, à Saint-Martial d'Angoulême, les 26 janvier 1653, Mathurine Chevrault, dont : 1° Elisabeth, baptisée le 21 juin 1655; 2° Mathurine, le 10 novembre 1657; 3° Anne, le 24 février 1659; 4° Catherine, le 7 mars 1660; 5° Justin, le 23 mai 1661.

PLATER (5).
Antoine Plater épousa Charlotte de Trenchecerf.

PLATS.
Isabeau de Plats épousa, par contrat sans filiation du 20 juillet 1572, Gaspard Destresses, chevalier de l'ordre du roi, fils de Pierre Roguet, S^r des Tresses, et de Jeanne Valon.
Jacquette de Plats épousa, le 4 novembre 1615, noble Jean de Grif-

---

(1) Etait à la page 2222, déchirée.
(2) Etait à la page 2466, déchirée.
(3) Vigeois, chef-lieu de canton, arrondissement de Brive (Corrèze).
(4) Etait à la page 2222, déchirée.
(5) Etait à la page 2224, déchirée.

foules, Sʳ dudit lieu, fils d'autre Jean et de Françoise de Prouhet; elle fit son testament le 21 mars 1650.

Aimée-Eléonore de Plas épousa, le 27 janvier 1640, Jean Rigaud de Scoraille, comte de Roussille, Sᵍʳ de Montjon, de Cropière et de Saint-Jouery.

Anne-Adelaïde de Plas ou Pille épousa François du Pouget, marquis de Nadaillac, dont la fille Anne-Jeanne fut nommée abbesse de Gomer-Fontaine, diocèse de Rouen, le 26 août 1751. (*Gall. christ..* T. II, p. 324.)

DU PLESSIS, Sʳˢ de Chaufour et de la Merlière, paroisse de Verneuil, élection d'Agoulême (1), et de celle de Frouin, élection de Saint-Jean-d'Angely, portent : *fascé d'azur et d'or à 7 pilles*.

I. — Jean du Plessix épousa Gérarde de Nauchat, fille de Jeannot, lequel transigea avec Jean et Alphonse, ses gendres, le 15 juin 1473.

II. — Jean du Plexis épousa, le 21 janvier 1527, Anne de Bigut.

III. — Chistophle du Plessis épousa, le 9 janvier 1553, Louise de Livron.

IV. — Pierre du Plexis épousa, le 19 février 1590, Marie Delbene, dont : 1º François, qui suit; 2º Jean, qui se maria en 1645.

V. — François du Plessis épousa, le 22 avril 1609, Jacquette de la Doyre.

VI. — Louis du Plessis, Sʳ de la Merlière, épousa, le 13 septembre 1643, Louise Huilliard.

V *bis*. — Jean du Plessis, Sʳ de Chaufour, épousa, le 6 janvier 1645, Marguerite Ferret.

Louis du Plessis, écuyer, Sʳ de la Merlière, épousa, à Rancogne (2), le 8 juillet 1704, Catherine de Saulnière.

Jean du Plessis, chevalier de la Merlière, paroisse de Rancogne, épousa Elisabeth Renaud, dont : 1º Marie-Henriette, baptisée le 22 juillet 1754; 2º Catherine-Justine, baptisée le 31 août 1756; 3º Catherine, morte au berceau.

V. PLANAS, Sʳ du Plessis.

PLEYCHAT.

Aymeric Pleychat, paroisse d'Aixe (3), épousa ....,., dont : 1º Pierre, damoiseau, 1320; 2º Aymeric, 1320.

[PLEYSER.

Ceoffroy Pleyser, paraît avoir été père de :

Guy Pleyser, damoiseau. Ils vivaient en 1230. (Voyez mes *Mém. mss. abb. Lim.*, p. 501.)]

PLEYSSAT (4).

---

(1) Verneuil, canton de Montembœuf, arrondissement de Confolens (Charente).
(2) Rancogne, canton de la Rochefoucault, arrondissement d'Angoulême (Charente).
(3) Aixe-sur-Vienne, chef-lieu de canton, arrondissement de Limoges (Haute-Vienne).
(4) Etait à la page 2222, déchirée.

PLUMBIN, paroisse de Troche (1).

.... Plumbin épousa ...., dont : 1° Geofroi, qui suit ; 2° Françoise, qui, à l'âge de vingt ans, fit abjuration de la religion prétendue réformée, en 1642.

Noble Geofroi Plumbin épousa Bartholomie de la Pommeille, dont : 1° Marie, baptisée le 12 juin 1612 ; 2° Jean, qui suit ; 3° autre Jean, baptisé le 7 juin 1615.

Noble Jean Plumbin, Sr de la Geneste, du village d'Espaillon, paroisse de Troche, mourut à quatre-vingts ans, le 6 novembre 1678, épousa Marie de Turenne ; elle mourut le 2 octobre 1679, dont : 1° Jean ; 2° Catherine, baptisée à quatre ans, le 22 septembre 1652, femme, en 1669, de honorable Gabriel Lamoureux, Sr de Chomont ; elle mourut le 21 octobre 1693, la dernière de sa race.

PLUMENT (2).

Maitre Michel Plument mourut à quatre-vingts ans, le 25 juillet 1653 (Registre d'Etagnac).

Léonard Plument, écuyer, Sr de la Bertrandie, l'un des cent gentilshommes du roi en 1614, du bourg d'Etagnac (3), épousa, en 1607, Françoise Caillou, dont : 1° Françoise, baptisée le 12 octobre 1614, qui se fit religieuse à Sainte-Claire à Limoges, 1638, et fut transférée à Confolens ; 2° Catherine, baptisée le 8 juin 1618 ; 3° Marthe, baptisée le 5 août 1619 ; 4° Marguerite, baptisée le 1er novembre 1622.

Jean Plument, écuyer, Sr d'Escossas, paroisse d'Etaignac, épousa Marguerite de Cougnac, dont : Marie, baptisée le 8 août 1623.

Jean Plument, écuyer, Sr de Sonperine, du village d'Ecossas, fut enseveli le 11 mars 1631, avait épousé ..... de la Charlonie, dont : 1° Marie, mariée, en 1624, avec Antoine Tesserot ; 2° Jean, écuyer, Sr d'Escossas.

Jean Plument, écuyer, Sr d'Ecossas, épousa Marie-Guione de Singareau ; elle mourut à quarante-deux ans, le 4 août 1659, dont : 1° Louise, née le 19 juin 1644, baptisée le 11 février 1649 ; 2° Léonarde, baptisée, à l'âge de treize ans, le 20 décembre 1659 ; 3° autre Léonarde, baptisée, à l'âge de onze ans, le 21 décembre 1659 ; 4° Suzanne, née à Savignac, paroisse de Grenor, le 27 décembre 1645 ; 5° Marie, baptisée le 11 janvier 1652 ; 6° autre Léonarde, baptisée le 11 décembre 1659.

Honorable Charles Plument, écuyer, Sr de Baliat, paroisse d'Etaignac, fils de Léonard, Sr de la Bertrandie, et de Jeanne de Martinet, épousa Eléonore Jameux, à Saint-Martial d'Angoulême, le 16 avril 1644 ; elle fut enterrée le 11 septembre 1663, dont : 1° Léonard, baptisée le 21 mai 1645 ; 2° Marie, baptisée le 22 mars 1648 ; 3° autre Léonard, mort jeune.

---

(1) Troche, canton de Vigeois, arrondissement de Brive (Corrèze).

(2) Nadaud indique la page 407 pour la généalogie de cette famille ; cette page est déchirée : en voici la suite, qui est renvoyée à la page 2226.

(3) Etagnac, canton de Chabanais, arrondissement de Confolens (Charente).

Jean Plument, écuyer, Sr d'Escossas, mourut à soixante-dix ans, le 2 janvier 1694. Il avait épousé, le ... janvier 1666, Marie Dassier ; elle mourut, âgée de soixante-neuf ans, le 23 avril 1607, dont : 1° Madeleine, Dlle de Fontpeyrine, baptisée le 3 avril 1667, morte sans alliance, le 21 février 1735 ; 2° Joseph, mort à dix-huit ans ; 3° Catherine, baptisée le 22 juin 1668 ; 4° autre Catherine, née le 22 septembre 1670 ; 5° Jacques, né le 13 novembre 1671 ; 6° Louise, née le 21 décembre 1673 ; 7° Louis, Sr d'Escossas, qui se maria ; 8° François, baptisé le 18 juillet 1675, Sr de Fontpeyrine, qui se maria ; 9° Susanne, morte sans hoirs.

..... Plument, Sr de Bochefaud, épousa Madeleine de Beon ; elle mourut, à soixante-huit ans, le 14 décembre 1697.

Louis Plument, écuyer, Sr d'Ecossas et de Lavau, maréchal des logis des chevau-légers de la garde du roi, chevalier de Saint-Louis, mourut, à soixante-dix ans, le 5 avril 1714 ; était frère de François, Sr de Fontpeyrine. Il épousa, en 1699, Elisabeth des Montiers ; elle mourut le 31 mars 1722, et fut inhumée à Etagnac, dont : 1° Marguerite, née le 13 janvier 1703, mariée à Jean Turpin ; 2° Susanne, née le 2 septembre 1706.

Charles Plument, écuyer, Sr de Baillat, épousa Louise du Rousseau ; elle mourut, à soixante-dix ans, le 19 novembre 1716, dont : Jean, né le 27 septembre 1675, qui suit.

Jean Plument, écuyer, Sr de Baliat, fils de Charles et de Louise du Rousseau, mourut, à cinquante-cinq ans, le 30 janvier 1730, épousa, dans l'église de Grenor, le 23 décembre 1694, Françoise Laurent ; elle mourut le 7 février 1739, dont : 1° François, né le 6 décembre 1695 ; 2° Jean, né le 1er octobre 1698 ; 3° autre François, né le 11 avril 1701 ; 4° Elisabeth, né le 4 novembre 1702 ; 5° Eléonor, née le 12 avril 1714, mariée, le 15 mars 1736, à René du Rousseau ; 6° autre François, mort subitement à trente-six ans ; 7° Jacquette, morte à vingt-quatre ans ; 8° Charlotte, morte à trois mois.

François Plument, écuyer, Sr de Fontpeyrine, mourut au village de Ballary, paroisse d'Etagnac, âgé de cinquante ans, le 2 mars 1725, frère de Louis, Sr d'Escossas, épousa Marguerite du Soulier ; elle mourut, à quarante-cinq ans, le 24 avril 1720, dont : 1° Martial, qui suit ; 2° Marie, née le 19 décembre 1700 ; 3° Jean, né le 16 août 1705 ; 4° Marguerite, mariée, le 17 février 1727, à Jean Barbarin ; 5° Annet, mort à trois mois.

Martial Plument, né le 5 janvier 1700, fils de François et de Marguerite du Soulier, écuyer, Sr de Fontpeyrine, épousa, à Brantosme en Périgord, le 7 novembre 1736, Françoise Joussan, Dlle de Puychantu, fille de Guillaume, écuyer, conseiller du roi, et de Catherine Petit, dont : 1° Jean, baptisé le 3 septembre 1737 ; 2° Marie, né le 8 septembre 1738 ; 3° Victor, né le 28 juillet 1739 ; 4° Guillaume, né le 20 juillet 1740.

François Plument, écuyer, Sr de Baillac, épousa Catherine Laurent, dont : Jean, tonsuré en 1772.

Charlotte Plument du Bochet, paroisse de Saint-Sébastien de Chabanais, épousa, le 14 août 1714, Antoine Gauber, écuyer, Sr de Narbonne, paroisse de Verniolet. Si elle était dame du Poirier, elle mourut, à quatre-vingt-six ans, le 27 avril 1731, et fut inhumée à Verneuil (1).

Catherine Plument épousa Hubert de Volvire, écuyer, Sr de Fontbois, du lieu des Roches, paroisse de Charroux (2), dont : Julien et Joseph, qui suivent.

Jeanne Plument, fille de Jacques, S^r des Vergnes, et de feu Marie de Val, du lieu de la Relière, épousa, dans l'église d'Etagnac, le 14 juillet, Julien de Valvire, écuyer, fils de Hubert.

Gabrielle Plument des Ormeaux, fille de feu Jacques, S^r des Vergnes, et de feue Marie du Val, ci-dessus, du village des Vergnes, épousa, dans l'église d'Etagnac, le 26 octobre 1726, Joseph de Valvire, écuyer, Sr de Fontbois, paroisse de Peroux, diocèse de Poitiers, fils d'Hubert et de Catherine Plument.

POCQUAIRE, Srs de Jouchaud, paroisse de Float, élection de Saintes, de Cormier, paroisse de Chervix (3), élection de Coignac, portent : *d'argent, à cinq fusées de gueules en fasce.*

I. — Robert Pocquaire rendit un hommage au Sr de Pons, le 20 février 1470 ; il épousa, le 23 juillet 1481, Antoine de Mousse.

II. — Guillaume Pocquaire. Le 29 octobre 1532, le sénéchal de Saintes prononça une sentence contre lui et Jacques, son frère, au sujet de la succession de leurs père et mère. Il épousa Madeleine de la Cour ; étant veuve, elle fit une transaction avec François, son fils, le 20 ..... 1550, sur la sucession de Guillaume.

III. — François Pocquaire épousa Marie Johannaud.

IV. — Jean Pocquaire épousa, le 18 juin 1579, Charlotte du Breuil.

V. — François de Pocquaire épousa, le 14 mai 1600, Marie de la Chassaigne, dont : 1° Louis, qui suit ; 2° Charles, qui se maria.

VI. — Louis de Pocquaire épousa, le 18 avril 1633, Jeanne Arnaud.

VI *bis*. — Charles de Pocquaire épousa, le 28 décembre 1633, Gabrielle Arnaud.

POCQUAIRE, Sr de la Tasnière, paroisse de Saint-Savard, élection de Saintes, porte : *d'argent, fuselé de gueules en fasce.*

1. — Jacques Pocquaire fit des acquisitions les 28 juin 1555 et 17 mars 1561. Il épousa Claude Moreau, laquelle étant veuve, fit, au nom de son fils, une vente le 16 mars 1587.

II. — Jean de Pocquaire épousa, le 18 juin 1587, Esther Mechée, dont : Pierre, qui consentit une obligation le 26 mars 1639.

POIRRE ou DU POIRIE, ou POMMIER.

Gilles ou Guillem du Poyrre ou du Poirrier, ou du Pommier, écuyer, Sr de la Fenestre en Angoumois, châtellenie de Villebois (4), épousa, le

---

(1) Verneuil, canton de Montembœuf, arrondissement de Confolens (Charente).
(2) Charroux, chef-lieu de canton, arrondissement de Civray (Vienne).
(3) Cherves, canton et arrondissement de Cognac (Charente).
(4) La Valette-Villebois, chef-lieu de canton, arrondissement d'Angoulême (Charente), et La Fenestre, commune de Saint-Sornin, canton de Montbron, même arrondissement.

20 juin 1622, Esther de Livron : elle testa le 7 novembre 1660 (signé Grassin). Elle plaidait contre son mari, dont : 1° Martial, écuyer, Sr de Rodas ; 2° Marc.

POLIER.

Noble Jean-Baptiste Polier, Sr de Gleni (1), avocat à Guéret, épousa, à Bonnac en Haute-Marche, le 19 août 1723, Madeleine-Rose du Theillier, fille de Pierre, Sr en partie dudit Bonnac, dont : Rose-Madeleine, ondoyée le 1er février 1726, qui eut les cérémonies du baptême le 4 septembre suivant.

POLIGNAC, Sr des Fontaines, paroisse dudit lieu, élection de Saintes, porte : *écartelé : au 1er d'argent, à 3 fasces de gueules ; aux 2e et 3e de sable, à un lion rampant d'or, lampassé de gueules, couronné et onglé d'argent* (2).

I. — Charden de Polignac fit un partage avec ses frères et sœurs, le 5 mai 1432.

II. — Foucaud de Polignac, Sgr de Fontaines, épousa, le 18 mai 1436, Agnès de Chabanais, dont : 1° Jean, qui suit, 2° Louise, mariée à François du Fou, Sgr de Vigean (3), mort en 1536. (SIMPLIC., T. VIII, p. 704.)

III. — Jean de Polignac épousa, le 24 novembre 1488, Marguerite de la Brousse, dont : 1° François, qui suit ; 2° Gaspard ; 3° Catherine, qui partagèrent, le 2 avril 1517, les successions de leurs père et mère.

IV. — François de Polignac épousa Louise de la Motte, dont : 1° Hélie ; 2° Marie, en faveur desquels on fit, le 30 août 1521, à la requête de leur mère et de leur oncle Gaspard, un inventaire des biens laissés par leur père.

V. — Hélie de Polignac épousa Madeleine de la Porte.

VI. — Haut et puissant François de Polignac, chevalier, Sr de Fontaines, de Saint-Agulin, épousa, le 10 mars 1580, Louise de Lanes, dont : Isabeau, mariée, le 9 octobre 1607, avec Hélie de Sainte-Hermine IIe du nom, écuyer, Sr du Fa et de la Laigne, fils de Joachim IIe du nom, et de Barbe Goumard.

VII. — Léonor de Polignac épousa, le 7 mars 1615, Léa de Bonnefoy.

VIII. — François de Polignac épousa, le 1er avril 1641, Madeleine Labbé.

POMARET, Sr de la Valade, demeurant à Angoulême, porte : *d'azur, à une tour d'argent maçonnée de sable, accostée à dextre d'un héron aussi d'argent.*

---

(1) Glenic, canton et arrondissement de Guéret (Creuse).
(2) Ces armes incomplètes sont ainsi données par le *Dict. hérald.*, édition Migne : *écartelé : aux 1er et 4e d'argent, à trois fasces de gueules ; au 2e de sable, au lion d'or ; au 3e d'argent plein.*
(3) Le Vigean, canton de l'Isle-Jourdain, arrondissement de Montmorillon (Vienne).

I. — Jean Pomaret. N...., maire d'Angoulême, y est reçu échevin par le décès dudit Pomaret, le 2 août 1607. Il avait épousé Marguerite de Corlieu.

II. — Louis Pomaret épousa, le 23 janvier 1602; Françoise du Tillet.

III. — Jean Pomaret épousa : 1°, le 10 juillet 1649, ...; 2°, le 29 avril 1666, Hippolyte de Montferrand.

LA POMMELIE, Sr de la Joubertie, Treignac (1), la Judie, la Garde, paroisse d'Eymoutiers (2), Saint-Genest, porte : *d'azur, à une tour d'or surmontée de deux tours d'argent maçonnées de sable.*

I. — Pierre de la Pommelie épousa ....., dont : 1° Jacques; 2° Pierre; 3° Gaston, qui suit; ces trois frères partagèrent la succession de leur père le 12 décembre 1526.

II. — Gaston de la Pommelie épousa, par contrat du 31 août 1539, Marguerite de la Vergne; elle fit son testament le 19 août 1569, dont : 1° François, qui suit; 2° Joseph, qui a fait une branche et partagé avec son frère les successions de leursdits père et mère le 14 juin 1581.

III. — Noble François de la Pommelie ou la Pomelhe, écuyer, Sr dudit lieu, fit son testament le 15 septembre 1601; il épousa : 1°, par contrat du 18 septembre 1561, Françoise de Chabrignac; 2°, par contrat du 9 mars 1578, Françoise David, fille de noble François, dont : 1° Hercule, qui suit; 2° Jean-Charles, qui a fait une branche.

IV. — Hercule de la Pommelie, écuyer, Sr de la Joubertie, fit son testament le 16 mai 1628, épousa Françoise d'Aubusson, dont : 1° Melchior, qui suit; 2° Jeanne, religieuse à Eymoutiers, 1637; 3° Antoinette [née le 3 ou le 4 février 1622], religieuse à Eymoutiers, 1637.

V. — Noble Melchior de la Pommelie, Sr de la Joubert, de la ville d'Eymoutiers, épousa, par contrat sans filiation du 7 novembre 1632, Marie-Valérie Romanet, dont : 1° Josias, qui suit; 2° François, baptisé le 16 mai 1641; 3° Geneviève, baptisée le 27 juin 1643; 4° Josèphe; 5° Marie..

VI. — Josias de la Pommelie, Sr de la Joubert, écuyer, testa (signé Pasquelet) le 26 mai 1689, épousa, par contrat du 30 juin 1660, Catherine de Bourdicaud, dont : 1° Valérie; 2° Marie; 3° Catherine, mariée, dans l'église de Saint-Paul, au mois de juin 1692, à Paul Faugeras; 4° Charles-Joseph; 5° Pierre-Antoine; 6° autre Catherine; 7° Josèphe; 8° autre Marie; 9° Jeanne.

IV *bis*. — Jean-Carles de la Pommelie, Sr de la Judie, écuyer, épousa Léonarde du Teil, dont certificat du 29 septembre 1625, dont : 1° Jean, qui suit; 2° Melchior, prévôt du chapitre d'Eymoutiers, 1666; 3° Judith, religieuse à Eymoutiers.

V. — Jean de la Pommelie, Sr de la Garde et du Pré-Halanaud, écuyer, paroisse de Saint-Pierre-Château, épousa, par contrat du 17 mai 1656,

---

(1) Treignac, chef-lieu de canton, arrondissement de Tulle (Corrèze).
(2) Eymoutiers, chef-lieu de canton, arrondissement de Limoges (Haute-Vienne).

Marie Bourdicaud, dont : 1º Joseph, né le 25 janvier 1663, tonsuré en 1686, élu prévôt d'Eymoutiers en 1706; 2º Marie, mariée, par contrat (signé Pasquelet) du 11 février 1678, avec Jean Ruben, Sr du Mas, fils de Pierre Ruben de Lombre, avocat au parlement, et de feue Léonarde Allouvaud.

III *bis*. — Noble Joseph de la Pommelie ou Pommeille, Sr de la Judie, fit son testament le 11 décembre 1628, épousa, par contrat sans filiation (reçu par du Fraisseys) du 5 avril 1599, Antoinette de Breilhe, dont : François, qui suit.

IV. — François de la Pommelie, écuyer, Sr de Treignat, épousa, par contrat sans filiation du 20 novembre 1663, Isabeau du Garreau ; elle fit, à Limoges, le 22 décembre 1678, un testament (signé Boudet) qu'elle retira.

Notes isolées.

Noble Jean de la Pomeilhe, Sr dudit lieu, de Neufvillards, épousa Catherine de Saint-Marsaud, dont : 1º ....; 2º Suzanne, mariée, en 1594, à Jean de la Tour de Neufvillards, fils de Pierre et d'Anne de Boucher. Le P. du Sault, jésuite, M. Collin et le P. Bonaventure ont donné sa vie ; elle mourut en odeur de sainteté le 7 avril 1616 ; 3º Marguerite.

Noble François de la Pomeilhe, Sr dudit lieu, paroisse de Saint-Paul (1), épousa ......, dont : 1º Josias, tonsuré en 1595 [puis prévôt], chanoine d'Eymoutiers [vivait en 1627 et 1649]; 2º Roland, tonsuré en 1597, curé de la Croizille, 1612; 3º Antoine, tonsuré en 1618, moine de l'Artige et prieur de l'Artige-Vieille, 1619.

Noble Jean de la Pomelhe, épousa ......, dont : Moureilhe, mariée, par contrat (reçu par des Aguliers) du 29 décembre 1597, à noble François Hugon, Sr de la Gardelle.

François de la Pommeilhe, écuyer, Sr dudit lieu, épousa ..,...., dont : 1º Pierre, à qui son frère fit donation le 19 janvier 1593, reçue par la Grange, procureur d'office de Pierrebuffière ; 2º Gabrielle ; 3º Moureilhe.

Noble Pierre de la Pomeilhe épousa, par contrat (reçu par Peccon) du 8 février 1594, Catherine de Badefol.

[Roland de la Pomelie, neveu de Josias (*supra*), prévôt d'Eymoutiers, vivait en 1639 et 1682.]

Jean-Joseph de la Pomelie, écuyer, paroisse de Neuvic (2) près Châteauneuf, épousa Marie Foucaud de Trois-Portes, dont : Joseph, né le 1er juillet 1701, tonsuré en 1715.

Joseph-Germain de la Pommelie de la Joubert, écuyer, du village des Trois-Portes, paroisse de Neuvic, y mourut le 30 avril 1720. Il épousa Isabeau Tevenin de Cheneuil; elle mourut, âgée de soixante ans, le 6 octobre 1740. De ce mariage vinrent : 1º Philibert, né le 13 septembre 1710, mort le 25 mai 1733; 2º Jean-Baptiste, né le 10 octobre 1711, qui

---

(1) Saint-Paul, canton de Pierrebuffière, arrondissement de Limoges (Haute-Vienne).
(2) Neuvic, canton de Châteauneuf, arrondissement de Limoges (Haute-Vienne).

suit; 3° François, né le 7 janvier 1713; 4° Joseph, né le 21 septembre 1714; 5° Catherine, née le 8 juin 1716.

Jean-Baptiste de la Pomelie de la Joubert, écuyer, du village des Trois-Portes, paroisse de Neuvic, mourut, à l'âge de quarante-quatre ans, le 30 octobre 1755. Il épousa Jeanne-Françoise de la Pomelie, dont : 1° Joseph, qui suit, né le 24 octobre 1741; 2° Léonard, né le 25 janvier 1743; 3° Catherine, née le 18 janvier 1744; 4° Pierre, né le 1er juin 1745; 5° Antoine, né le 26 juin 1746; 6° Louis; né le 27 janvier 1749; 7°, 8° et 9° trois filles, mortes en bas-âge.

Joseph de la Pomelie de la Joubert, écuyer, Sr des Trois-Portes [c'est peut-être lui qui, en 1778, était lieutenant du roi au gouvernement particulier de la ville de Niort. (*Fast. milit.*, 1779, T. II, p. 680.)] Il épousa, à Salon, le 20 février 1764, Marie-Anne Bazin, fille de Pierre, écuyer, Sr de la Motte, etc., et de Marguerite de la Jaumont.

Joseph de la Pomelie, prêtre, bachelier en théologie, fut élu prévôt d'Eymoutiers le 31 août 1706, en prit possession le 26 novembre.

Marie-Anne de la Pomelie, paroisse de Chamberet, épousa, en 1769, Jean de Juge de la Ferrière, paroisse de Saint-Sornin-de-l'Arche.

Louise de la Pomelie épousa Antoine de Maumont, Sr de la Ribeyrie, paroisse de Saint-Giles-la-Forêt, dont le fils Ignace fut tonsuré en 1749.

Bartholomie de la Pommelle épousa, vers 1611, noble Geofroi Plumbin.

[N..... de la Pomelie de Bruchard était père, entre autres, de N..... de la Pomelie, dite Mlle de Bruchard, d'abord religieuse novice des Filles Notre-Dame à Limoges, qui quitta ensuite cet état, et résidait à Limoges en 1778.

N..... de la Pomelie de Bruchard, fut père de : 1° N..... de la Pomelie de Bruchard, officier d'infanterie, vivait en 1784; 2° N..... de la Pomelie de Bruchard, Sgr de la Pomelie et de Bruchard, mort en 17... Il avait épousé N.... Colomb, fille de N..... Colomb, secrétaire du roi à Limoges, et de N..... de Fely. De ce mariage naquirent deux fils et deux filles, tous vivants en 1784.

V. Bruchard de la Pommelie, T. I, p. 271 et 343.
Germain de la Pommelie, T. II, p. 214.

POMMET.

A Manoc (1), dans la chapelle du cimetière, on lit :

> Cy gist le corps
> de vertueuse dame
> Esperance Poumet,
> épouse de honorable
> me Jacques Riffaud,
> advocat au parlement,
> juge sénéchal de la baronn.

---

(1) Manot, canton et arrondissement de Confolens (Charente).

de Loubert, décédée le 20
juin 1633 et âgée
de 40 ans 9 mois.
Requiescat
in pace.
Amen.

Au-dessous est l'écusson de ses armes : *de ....., à 3 plantes de .....,
posées 2 et 1.*

Casimir Pommet, écuyer, Sr des Vergnes, de la ville de Confolens, du village de Chez-Jarrodie, paroisse de Saint-Christophe-près-Lesterp (1), épousa Jacquette Chevraux, dont : Marie-Rose, baptisée le 22 septembre 1713.

Jean Poumet, écuyer, Sr de Boistison, mourut, à vingt-sept ans, le 22 octobre 1736, et fut enterré chez les Carmes de la Rochefoucauld. Il avait épousé Marie-Anne de Rossignol de la Combe; elle mourut, à quarante-huit ans, le 5 juillet 1748, et fut enterrée chez les mêmes carmes.

POMMIER.

POMPADOUR. — *V.* HÉLIE DE POMPADOUR, T. II, p. 409, 490 et 635.

PONS, Sr de Courberancière, paroisse de Vieux-Ruffec (2), élection d'Angoulême, porte : *d'argent, à une fasce componnée d'or et de gueules de 6 pièces.*

I. — Jean de Pons passa un bail à rente le 6 décembre 1491, le même jour fit une acquisition avec sa femme. Il épousa Catherine de Vaux, dont : 1º Gassien; 2º Jean, qui suit; 3º Barthélemy; 4º Gui ; ces quatre frères partagèrent la succession de leurs père et mère le 2 janvier 1528; 5º autre Pierre, qui a fait la branche de Grois.

II. — Jean de Pons transigea avec sa femme avec Barthélemi de Pons, son frère, le 20 mai 1535. Il épousa Marguerite Moyne.

III. — Gui de Pons épousa : 1º, le 29 octobre 1564, Marguerite de la Porte, dont : 1º Abraham. Il épousa : 2º, par contrat sans filiation du 11 avril 1580, Guyenne de Veyssat, dont : 2º Daniel; 3º Samuel; 4º Melchior, qui suit; 5º Anne. Le sénéchal de Civray rendit une sentence le 31 janvier 1603, entre ces cinq frères et leur père, Guy de Pons.

IV. — Melchior de Pons épousa, le 22 novembre 1622, Esther Auger.

V. — Daniel de Pons épousa, le 21 mai 1659, Jacquette Dexmier.

Branche de Grois.

Pons de Grois, paroisse de Marqueville, élection de Coignac, porte : *d'argent, à une fasce tranchée d'or et de gueules à 7 pilles.*

---

(1) Saint-Christophe, canton et arrondissement de Confolens (Charente).
(2) Vieux-Ruffec, canton et arrondissement de Ruffec (Charente).

II *bis*. — Jean de Pons, fils d'autre Jean et de Catherine de Vaux, partagea, le 2 janvier 1528, avec Junien ou Gassien, Barthélemy et Guy, ses frères, la succession de leurs père et mère. Il épousa Marguerite Maigre.

III. — Jean de Pons épousa, le 6 février 1579, Anne de Biard.

IV. — Pierre de Pons épousa, le 10 juillet 1607, Anne Rabaud.

V. — Louis de Pons épousa, le 17 janvier 1645, Françoise de Lastre.

Notes isolées.

Anne de Pons, fille de Jacques de Pons Ier du nom, épousa : 1º, en 1581, Philippe de Pierrebuffierre; 2º Abel de Pierrebuffierre; 3º ....., baron de Lostanges.

Louise de Pons (1) épousa, en 1573, Jean de Rabayne, chevalier, Sgr d'Usson, la Touche, Brillac, chevalier de l'ordre du roi, fils de Jean et de Jacquette de Sainte-More.

[On trouve dans les registres de Borsandi, notaire à Limoges, p. 123, nº 191, *apud* D. COL., Mathe de Cors et de Pons.] *V.* T. I, p. 600.

DU PONT (2), Sr de la Garde, paroisse de Serignat (3) élection de Saintes, porte : *d'azur, à 4 chevrons de gueules.*

I. — Guyot de Pont fit, le 9 juin 1516, un bail à rente de certains héritages. Il épousa Jeanne Forestier, dont il eut : 1º Philippe; 2º Lyphard, qui partagèrent les successions de leurs père et mère le 2 juillet 1562.

II. — Liphard du Pont épousa Denise du Boys.

III. — Mathieu du Pont épousa Jacquette du Boys, qui, avec sa belle-mère, le 8 septembre 1588, fit faire une information sur l'assassinat commis sur la personne dudit Mathieu du Pont, leur mari et fils.

IV. — Annet du Pont épousa : 1º, le dernier mars 1610, Catherine de Bresmond, dont : Jean, qui suit. Il épousa : 2º, le 25 juin 1616, Jeanne Giraud, dont : Christophe.

V. — Jean du Pont, qui partagea avec son frère Christophe la succession de leur père le 12 mai 1649, épousa Isabeau Faure.

Jean du Pont, écuyer, Sr de Clareuil, paroisse de Sauvagnac (4), du village de la Peyre, des Poiriers, de Chapelas, paroisse de Maisonneix (5), épousa : 1º Catherine ....., dont : 1º Isabeau ; 2º Jeanne, morte à quatorze ans, en 1684. Il épousa : 2º Marguerite Brissaud, dont : 3º et 4º Christophe et Nicolas, nés le 2 juin 1679; 5º Jeanne, baptisée, à quatre ans, le 29 août 1680, 6º Alexandre, baptisé à Roussines (6), le 12 décembre 1684 ; 7º autre Alexandre, mort au berceau.

---

(1) Nadaud indique ici une généalogie de cette maison à la page 2242, déchirée.

(2) Le manuscrit de Nadaud contenait une autre famille du même nom ; la page 677, où elle était, est enlevée.

(3) Serignac, canton de Chalais, arrondissement de Barbezieux (Charente).

(4) Sauvagnac, canton de Montembœuf, arrondissement de Confolens (Charente).

(5) Maisonnais, canton de Saint-Mathieu, arrondissement de Rochechouart (Haute-Vienne).

(6) Roussines, canton de Montembœuf, arrondissement de Confolens (Charente).

PONTALIER (1).

Emée de Pontalier épousa Pierre de Saint-Chamans, baron du Pescher, qualifié sire de Châtillon en Bazois, 1618. Elle rendit son mari baron de Gimel (2).

PONTBRIAND, Sr du Pignon, paroisse d'Yesse, élection d'Angoulême,

porte : *d'azur, à un pont d'argent maçonné de sable.*

I. — Jacques de Pontbriand fit des acquisitions le 29 décembre 1530 et le dernier décembre 1532. Il épousa Louise Bonnichaud. Etant veuve et tutrice de ses enfants, elle transigea avec Me Pierre Cotineau le 18 mars 1537.

II. — Marin de Pontbriant accorda, avec sa mère, une quittance, le 14 novempre 1565. Il épousa Marie Jay, dont : 1° Jacques, qui suit; 2° Fleurance, auquel on donna un tuteur le 14 octobre 1575.

III. — Jacques de Pontbriant épousa Marie de Jousseran.

IV. — Jean de Pontbiand épousa, le 19 novembre 1640, Anne de Lestice; après la mort de son mari, elle renonça à la communauté, le 14 janvier 1659, dont : Pierre.

[N..... de Pontbriant est entré dans le régiment des gardes-françaises du roi en 1743, a été reçu chevalier de Saint-Louis en 17..., et a obtenu une compagnie en 1777. Il résidait, en 1778, à Paris, cour des Tuileries. (*Fast. milit.*, 1779, T. II, p. 403.)]

PONTBRIANT (3).

Antoinette de Pontbriant, fille de François, Sr de la Villette, gouverneur de Loches, épousa Arnault Estuer, fils de Guillaume et de Catherine de Caussade, qui eut de son père les terres de Nieul (4) et de Montrocher (5), et qui fut tué aux guerres d'Italie, en 1517.

Antoinette de Pontbriant, fils de François, Sgr de Nieuil près Limoges, épousa noble et puissant Sgr Marin de Montchenu. Elle vivait en 1523 et 1544.

PONTCHARRAUD.

I. — [Jean de Pontcharraud, Sr du Pin, qualifié noble, conseiller, avocat et procureur du roi au siége royal de la ville de Bellac, épousa Dlle Marguerite Papon, dont : Jean, qui suit. (Titres domest. de M. de Beaupré).

II. — Jean de Pontcharaud, qualifié noble dans un contrat du 4 août 1680; il était mort alors. On le qualifie aussi Sr de la Salle et de

---

(1) La page 2044, où était cette maison, est déchirée.
(2) Gimel, canton et arrondissement de Tulle (Corrèze).
(3) Nadaud avait la généalogie de cette maison à la page 2242, qui est déchirée.
(4) Nieul, chef-lieu de canton, arrondissement de Limoges (Haute-Vienne).
(5) Montrocher, château situé dans la commune de Montrol-Senard, canton de Mézières, arrondissement de Bellac (Haute-Vienne).

Peyrat (1), conseiller du roi audit siége.] Il épousa Dlle Suzanne de Roffignac. [*V.* ROFFIGNAC. Leur contrat de mariage est du 24 février 1664, dont : 1° Jean, qui suit; 2° Susanne, reçue religieuse à Sainte-Ursule de Limoges, le 10 octobre 1683.] (*Ibidem*).

III. — Jean de Pontcharraud, écuyer, Sr du Fan ou du Fant, de la ville de Bellac, 1688, épousa, avant le 4 août 1680, Catherine Dupeyrat, fille de noble Joseph Dupeyrat, chevalier, Sgr, baron de Thouron, trésorier de France à Limoges, et de Marguerite des Maisons. (*Ibidem*).

N..... de Pontcharraud, tonsuré, dit l'abbé Dufan, chanoine de l'église de Limoges, mort en 17...]

PONTENIER, Sr du Maine-Audebert, paroisse de Belon (2), élection d'Angoulême, porte : *d'azur, à un bourdon d'or en pal et une coquille de Saint-Michel; à dextre, un limaçon sortant de la coquille d'argent et une étoile d'or en chef; à senestre, un croissant d'argent en chef, un chevron d'or et trois molettes d'éperon d'argent, posées 2 au-dessus et 1 au-dessous.*

I. — Alexandre Pontenier eut commission du greffe d'Angoulême, le 16 mai 1539, y fut conseiller au présidial. Il épousa : 1° Marguerite Petiton, dont : 1° Catherine, qui, de l'autorité de son père, fit un testament en sa présence, le 12 août 1549. Il épousa : 2° Marie Renouard; étant veuve et tutrice, elle donna procuration, le 11 février 1663, dont : 2° François, qui suit.

II. — François Pontenier épousa, par contrat sans filiation du 6 septembre 1566, Catherine Ribier.

III. — François Ponthenier épousa, le 31 juillet 1594, Françoise Viaud.

IV. — Pierre Ponthenier épousa, le 14 juillet 1626, Gabrielle Grenier.

V. — Antoine Ponthenier épousa, le 14 janvier 1664, Anne du Claud.

PONTHIEU, Sr de Chives, paroisse de Londigné (3), élection d'Angoulême, porte : *écartelé d'or et de gueules.*

I. — — Antoine de Ponthieu épousa Jacquette Audoin.

II. — Christophle de Ponthieu épousa, le 5 mars 1532, Marie de Beauchamps, dont : 1° Pierre, qui suit; 2° Louise, mariée, le 30 septembre 1571, avec François de Belarbre; Pierre de Ponthieu, son frère, lui constitua dot.

III. — Pierre de Ponthieu épousa Renée Brun.

IV. — Joachim de Ponthieu épousa, le 22 décembre 1591, Marguerite de Montbron.

V. — Abraham de Ponthieu épousa, le 1er mars 1626, Renée Favereau.

VI. — Jean de Ponthieu épousa, le 12 avril 1643, Marie de Galard de Béarn.

---

(1) Peyrat-la-Marche, canton et arrondissement de Bellac (Haute-Vienne).
(2) Bellon, canton d'Aubeterre, arrondissement de Barbezieux (Charente).
(3) Londigny, canton de Villefagnan, arrondissement de Ruffec (Charente).

PONTHON.
François Ponthon et Arthur de la Roche, S^{rs} de ....., paroisse de ....., élection de Saintes, furent trouvés gentilshommes en 1598.

PONTLEVAIN, Sr de Saint-André, paroisse de ...., élection de Coignac, porte : *d'azur, à 3 fasces ondées d'or.*
I. — Jean de Pontlevain épousa, le 29 novembre 1530, Madeleine de Villedon.
II. — Pierre de Pontlevain épousa : 1°, le 18 avril 1559, Honorée de la Nauve; 2°, le 18 janvier 1578, Jeanne de Villars. Ce même jour fut aussi passé le contrat de mariage de François Dexmier, fils de ladite Villars, avec Jeanne de Pontlevain, fille du premier lit de Pierre.
III. — Paul de Pontlevain épousa, le 9 juin 1590, Lia de Lestang.
IV. — Claude de Pontlevain épousa, le 10 juin 1625, Renée Martineau.
V. — Isaac de Pontlevain épousa, le 27 juillet 1648, Marie Bernard.

PONTROI.
Pierre *Danielis de Ponte rubeo* (Pontroi), chevalier de Saint-Paul, épousa Vergie de la Roche, sœur de Gaucelin de la Roche, chevalier de Saint-Paul, dont : 1° Marie, mariée à noble Aymeric *Danielis;* 2° Sabine Danielis, mariée à Pierre Regis vers 1402.
[On trouve dans les registres de Borsandi, notaire à Limoges, p. 72, n° 128, et dans ceux de Roherii, notaire, *ibid*, p. 10, n° 10, *apud* D. Col, Raymond de Pontrouge.]

PONTROUGE. — *V.* PONTROI.

PONTVILLE. — *V.* ROCHECHOUART-PONTVILLE.

LA PORCHERIE (1), [terre du Limousin dont les seigneurs sont connus depuis le XIIe siècle. Elle a passé successivement dans plusieurs maisons, et en dernier lieu dans celle des Dubreuil, de Sainte-Aulaire, de Royère et des Ardent, de Limoges.]
I. — Fruinus de la Porcherie, bienfaiteur de Solignac, l'an 1103, épousa Marie de Solhac, dont : Pierre, qui suit.
[Gaucelin-Bernard de la Porcherie, chevalier, est témoin dans un acte de 1107.
Pierre-Bernard (*V.* p. 1041) (2) de la Porcherie, fit le voyage de Jérusalem, et vivait en 1171; il épousa Claire de Comborn, fille d'Archambaud VI, vicomte de Comborn, et de Marie de Limoges. (JUSTEL, *Hist. de Tur.*, preuv., p. 33.)]
II. — Pierre de la Porcherie, fils de Fruinus et de Marie de Solhac,

---
(1) La Porcherie, canton de Saint-Germain-les-Belles, arrondissement de Saint-Yrieix (Haute-Vienne).
(2) Cette page est déchirée.

damoiseau, puis chevalier, S^{gr} de Meilhars, mourut le 3 septembre 1273 (*Nécrol. FF. PP. Lemovic.*), épousa ......, dont : 1º Pierre de la Porcherie, damoiseau, 1366, qui suit ; 2º Jeanne de la Porcherie, *alias* de Melhars, héritière de son père et de son aïeul, 1390.

Seguin de Porcharia, chevalier, Guillaume de Richibore, chevalier, et Audier, moine de Saint-Martial, étaient frères en 1226.

III. — Pierre de la Porcherie épousa Agnès Marchesa, dont : Hugue, femme de Bertrand Rampnulfi, damoiseau, 1390.

[Noble Jean Vigier, S^{gr} de la Porcherie, est témoin dans un acte signé Combelle, du 20 mars 1560.

Jeanne du Breuil, héritière de la Porcherie, épousa Daniel de Sainte-Aulaire en 1632. Elle mourut le 26 janvier 1641, et laissa une fille nommée :

Susanne, mise à Limoges pour apprendre la vertu.]

Vers l'an 1070, Bernarde de Pierrebufflerre épousa Pierre de la Porcherie ; elle était fille de Gérald de Pierrebufflerre et de Humberge.

PORINNET.

Me François Porinnet est pourvu de la charge d'échevin à Angoulême, par le décès de Jean Buisson, le 31 otcobre 1647.

DU PORT (1).

Noble François du Port, écuyer, Sr du Petit-Clos, maître d'hôtel du duc de Bellegarde, gouverneur des pages de la grande-écurie du roi, épousa Pérette de Chambes, le ... décembre 1623, dont : 1º Marie, baptisée le 7 juin 1625 ; 2º Hippolyte, baptisée le 9 juillet 1525 ; 3º Marie, le 7 mai 1020 ; 4º François, le 8 janvier 1628. (Registr. de Saint-Martial d'Angoulême.)

LA PORTE, Sr de Lignières, paroisse de Rouillac (2), élection d'Angoulême, d'Ancé, paroisse de ....., même élection, de Beaumont, paroisse de Croüant (3), élection de Saintes, de Saint-Genis, paroisse de Gemouzac (4), même élection, porte : *d'azur, fascé d'or et de gueules à 6 pilles, à 2 renards d'or passants l'un en chef l'autre en pointe.* Supports : *2 sauvages.*

Pierre de la Porta épousa Ayde de Châteauneuf, dont des enfants, pour lesquels le chapitre provincial des FF. PP., tenu à Limoges en 1327, ordonna une messe.

Pierre de la Porte, chevalier, épousa ....., dont : Huguete des Tours, laquelle testa le ... octobre 1397. (Archives des FF. PP. de Limoges.)

Sur une tombe, jadis dans la chapelle basse de l'église collégiale d'Eymoutiers, à présent dans le chœur, on lit :

---

(1) La généalogie de cette maison était à la page 839, qui est déchirée ; il n'en reste que la note suivante à la page 654.

(2) Rouillac, chef-lieu de canton, arrondissement d'Angoulême (Charente).

(3) Probablement Crouin, canton et arrondissement de Cognac (Charente).

(4) Gemozac, chef-lieu de canton, arrondissement de Saintes (Charente).

..... P. la Porta ex quo mors fera tortha
quem rapit ..... in omnibus hœc mola soira hic
convenensis et Ahentimonasterien : canoiq :
Capella in qua
Anno milleno CCC : C : seno uno deno   vir probus.

Noble Pierre la Porta, de la ville de Donzenac (1), 1495, 1504.

François de la Porte, écuyer, coseigneur de Champnier-aux-Boux (2), de la Beytour, de Valette, de la Port et de Luginiac, frère de Jean et Tristan, 1470.

Jean de la Porte, damoiseau, François, prêtre, Bertrand, chevalier, dans un acte de 1487, sont dits frères et coseigneurs de Champnier-aux-Boux, du Chambon, paroisse de Moutier-Ferrier (3), Beytoure, de la Vergne et de la Porte. Dans un autre acte de 1479, ils sont dits coseigneurs de Flurac, de Valette, paroisse de Saint-Martial-de-Valette (4). François n'y est pas dit prêtre.

Alain de la Porte, écuyer, Sr de la Beytour, à Nontron, 1456, fils de Tristan, testa le 9 janvier 1517 (signé Cathalis), veut être enterré dans l'église de Champeau (5).

Jean de la Porte, écuyer, Sgr de Champnier-aux-Boux, 1521, et Chambon, paroisse de Moutier-Ferrier, 1538, épousa ....., dont : François, qui suit.

François de la Porte, écuyer, Sgr de Champnier, Chambon, 1540, était l'un des cent gentilshommes de la maison du roi en 1538; il épousa Marie de Sainte-Aulaire.

..... de la Porte épousa Madeleine de Cruc, puis dame de Goudeville, dont : Germain, qui suit.

Germain de la Porte, chevalier, Sgr de Champnier-aux-Boux et du Chambon, paroisse de Moutier-Ferrier, épousa Marie de Sainte-Aulaire, dont : 1º Marie, mariée, par contrat (reçu Viroulaud) du 7 août 1379, à Jacques de Pons, fils de François, chevalier, gentilhomme ordinaire de la chambre du roi, Sgr de la baronnie de Mirambeau et de la principauté de Montaigne, etc., et de feue Françoise Geoffroi ; 2º Jeanne.

Noble François de la Porte de Faye, paroisse de Peyrat, épousa ....., dont : Léonard, tonsuré en 1608.

Noble Joseph de la Porte, paroisse de Lissac (6), épousa Anne de la Faurie, dont : Jacques, tonsuré en 1656.

Joseph de la Porte, écuyer, paroisse de Lissac, épousa Marie-Paschale de Mirandol, dont : Joseph, tonsuré en 1712.

François de la Porte, écuyer, Sr des Vaux et de Pierrefolle, fut

---

(1) Donzenac, chef-lieu de canton, arrondissement de Brive (Corrèze).
(2) Champnier, canton de Bussière-Badil, arrondissement de Nontron (Dordogne).
(3) Moutier-Ferrier, *alias* Eymoutiers, aujourd'hui commune de La Tricherie, canton de Montbron, arrondissement d'Angoulême (Charente).
(4) Saint-Martial-de-Valette, canton et arrondissement de Nontron (Dordogne).
(5) Champeau, canton de Mareuil, arrondissement de Nontron (Dordogne).
(6) Lissac, canton de Larche, arrondissement de Brive (Corrèze).

inhumé, à soixante-six ans, dans la chapelle de Pierrefolle, joignant l'église de Fresselines (1), le 27 octobre 1682.

I. — François de la Porte fit son testament le 3 décembre 1481; il épousa Marguerite Turpin.

II. — Ithier de la Porte épousa, le 18 novembre 1486, Marie Corgnol, dont : 1º Jean, qui suit; 2º Marguerite, mariée par contrat du 21 juin 1556, dans lequel son frère et sa belle-sœur lui constituent dot.

III. — Jean de la Porte, écuyer, Sr de la Valade, fit un testament avec sa femme, le 28 septembre 1571; il épousa Marguerite de Polignac, dont : Pierre, qui suit.

IV. — Pierre de la Porte, écuyer, Sr de Chastillon, épousa Jacquette de Livenne, dame de Saint-Genis, fille d'Etienne, écuyer, Sr de Vouzan, et de Marie de Livenne, par contrat du 28 juillet 1570, dont : 1º Isaac, qui suit; 2º Pierre, qui se maria en 1609; ces deux frères partagèrent les successions de leurs père et mère, le 20 novembre 1602.

V. — Isaac de la Porte épousa, le 22 juin 1603, Louise Pons.

VI. — Jacques de la Porte épousa, le 3 février 1625, Catherine Morel, dont : 1º Henri, qui suit; 2º Armand, Sr de Saint-Genis, qui se maria.

VII. — Henri de la Porte, Sr de Beaumont, épousa, le 7 novembre 1655, Henriette de Morel.

V bis. — Pierre de la Porte épousa, le 28 octobre 1609, Charlotte de Curzay, dont : 1º Jean, qui suit; 2º Jacques, Sr d'Ancé, auquel on créa un curateur aux biens, le 17 juillet 1643.

VI. — Jean de la Porte, Sr de Lignieras, épousa, le 16 septembre 1636, Julie de Bechet.

VII. — Armand de la Porte, Sr de Saint-Genis, fils de Jacques, épousa Marie Roudier.

Notes isolées.

Tristan de la Porte, chevalier, Sgr de Champnier, le Chambon, la Beytour et la Verge, était mort en 1521, épousa Roberte de Sainte-More, dont : 1º Jean; 2º Alain de la Porte, *supra*; 3º Marie, mariée, le 11 septembre 1521, par contrat signé Surge, à noble Simon Conan, fils de Jean et de Antoinette Vigier.

Bertrand de la Porte, chevalier, frère de Regnaud, évêque de Limoges, épousa ....., dont : Galienne, héritière, mariée à Robert Ve du nom, Sgr de Montberon, 1329. (SIMPLIC., T. VII, p. 17.)

Pierre de la Porte, écuyer, Sr de Juvigny, épousa, par contrat du 5 novembre 1564, Gilberte le Groing, fille de François, écuyer, Sr de Saint-Sauvier, et de Françoise Duchâteau. (SIMPLIC., T. VIII, p. 150).

[Aymeric de la Porte, chevalier, fut un des exécuteurs du testament de Marguerite de Turenne, dame de Bragerac et de Genciac, épouse d'Alexandre de la Pebreya, du 7 des calendes de février 1289. *V.* TURENNE. (JUSTEL, *Hist. de Tur.*, preuv., p. 48.)

Charlotte de la Porte, dame de Puy-Saint-Astier et de Golfie, épousa, par contrat du 22 août 1605, François d'Aloigny, Sgr de Beaulieu et de la Groye. (*Table hist.*, VIIe part., p. 41.)]

---

(1) Fresselines, canton de Dun-le-Palleteau, arrondissement de Guéret (Creuse).

Marguerite de la Porte, dame de Jumilhac (1) et de Rofflac, épousa Ademar Robert, chevalier, S⁼ʳ de Saint-Jal, chambellan de Louis de France, duc d'Orléans, 1384, fils de Bernard et de Jeanne de Prulli.

Samuel de la Porte, châtellenie de Barbezieux, élection de Saintes, fut trouvé gentilhomme en 1598.

Jean de la Porte, écuyer, S⁼ʳ d'Ussac (2), épousa, vers 1466, Marguerite de Boisse, fille de Furien et de Marie de Saint-Irier.

LA PORTE, Sʳ de Puyferrat, paroisse de Mediel, élection de Saintes, porte : *d'azur, à une tour d'argent maçonnée de sable, sommée d'autres deux tours de même.*

I. — Hélie de la Porte épousa Marguerite de Puyleger; ils vendirent certains héritages le 29 septembre 1557. Marguerite fit son testament, le 24 février 1561, en faveur de Bertrand, qui suit, Jean, et autre Bertrand, ses enfants.

II. — Bertrand de la Porte épousa, le 7 février 1581, Catherine Talleran.

III. — Janet de la Porte épousa, le 4 juillet 1610, Suzanne de la Chabane.

IV. — Jean de la Porte épousa, le 4 mai 1643, Jacquette Martin.

Hugue de la Porte épousa Anne Breche, dont : 1º René, écuyer, Sʳ du Roc-au-Lieu; 2º Charlotte, mariée à Georges Pascault, procureur et notaire royal à Civray, par contrat du 4 avril 1571; elle demeurait au château de Saint-Martin-Lars (3).

POT, porte : *d'or, à la fasce d'azur : la brisure est d'un lambel de gueules de trois pièces pendants en chef.* (LABBE, *Blazon royal*, p. 111. — SIMPLIC., T. IX, p. 310 (4).)

Mᵉ Moreau de Montour parle, T. IX, *Mém. Acad. inscript.*, p. 207, de Philippe Pot, fils de René, S⁼ʳ de la Roche, né en 1428, qui a les mêmes armes que ci-dessus.

I. — Raoul Pot, chevalier, Sʳ de Puyagu, paroisse de Saint-Sulpice-les-Feuilles (5), dans la vicomté de Brosse et de Balossier, passa avec sa femme un contrat avec Limozine du Breuil, veuve de Guillaume de la Foilhe, fille de Guillaume, Sʳ de Puyagu, 1298. Il épousa Radegonde de la Foilhe, fille de Guillaume, Sˢ de Puyagu, dont : Guillaume, qui suit.

II. — Guillaume Pot, chevalier, S⁼ʳ de Puyagu, de Balossier et de Rhodes, paroisse de Nouhé en Berri, épousa Marguerite de Magnac, dame d'Abloux et de Dunay, dont : Raoul, qui suit.

---

(1) Jumilhac-le-Grand, chef-lieu de canton, arrondissement de Nontron (Dordogne).
(2) Ussac, canton et arrondissement de Brive (Corrèze).
(3) Saint-Martin-Lars, canton d'Availles-Limousines, arrondissement de Civray (Vienne).
(4) Nadaud inscrit à côté de cet écusson les mots : « A examiner et prouver »; puis il renvoie à la page 51, qui est déchirée.
(5) Saint-Sulpice-les-Feuilles, chef-lieu de canton, arrondissement de Bellac (Haute-Vienne).

III. — Raoul Pot, chevalier, IIe du nom, S^{gr} de Rhodes, Puyagut, Baillif, et gouverneur d'Orléans, fut tué à Montpellier, vers 1379, où il était accouru pour secourir le gouverneur, que les habitants, nouvellement soumis au roi, tenaient investi. Il avait épousé Jeanne de Socry ou de Saris, fille de Gui, sénéchal de Rouergue, dont : 1° Raoul, qui suit; 2°. Louis, qui continua la descendance; 3° Guillaume, chevalier, qui se maria; 4° Pierreau, hospitalier; 5° Jeanne, mariée, le lundi après l'Epiphanie, 1385, à Odenet de la Broce, écuyer; 6° Huguette, femme, en 1400, de Guillaume de Lesgue, Sr de Mescres, chambellan du roi et du duc de Bourgogne.

IV. — Raoul Pot, IIIe du nom, chevalier, S^{gr} de Puyagu, Rhodes et du Balofier, épousa Marguerite de Courtejambe, fille de Jacques et de Jacquette de Blery. Il porte : *d'argent, échiqueté d'or*. Il fut père : 1° de Remi, qui suit; 2° de Philippe, S^{gr} de la Rochenolay, chevalier de la Toison-d'Or et de Saint-Michel, gouverneur du Charolais, et depuis de Charles VIII, roi de France, mourut en 1492, est enterré dans l'église de Cîteaux, en la chapelle de Saint-Jean, sous un tombeau magnifique; 3° Gui, qui suit après son frère et sa postérité.

V. — Remi ou René, qui fut fait prisonnier à la bataille de Manopoli, en .....; il fut mené devant Bajazet, et obtint par ses prières de se battre contre un lion : il invoqua la Sainte-Vierge, dont il portait l'image, et s'écria : *Tant elle vaut !* qui est le cri de guerre de la famille de Pot; il tua ce lion d'un coup de cimeterre, ce qui lui sauva la vie, car le fils de l'empereur, admirant son courage et son adresse, le vint embrasser, lui fit présent de son coutelas, avec parole de lui obtenir la vie, ce qu'il fit.

René ou Ramis, S^{gs} de la Prugne, de Thoré, etc., fut fait chevalier de la Toison-d'Or en 1430, était gouverneur du Dauphiné.

Regnier Pot, S^{gr} de la Prague, créature du duc de Bourgogne, gouverneur du Dauphiné, fut commis, en 1408, avec Guillaume de Vienne, S^{gr} de Saint-Georges, grand-chambellan du dauphin, pour aller prendre le gouvernement de Languedoc, en la place du duc de Berri, y recevoir le serment des capitaines des villes et châteaux et des consuls, y en établir de nouveaux et en percevoir tous les émoluments. (MORÉRI, 1759, *Vienne.*) Le roi, voulant pourvoir au gouvernement des provinces de Languedoc et de la Guyenne, le nomma, le 5 novembre 1411, son conseiller, chevalier et chambellan (Reg. 29 de la sen. de Nîmes, *apud* VAISSETTE, *Hist. Langued.*, T. IV, p. 429 et seq.); il était à Montpellier le 13 mars 1412. (*Ibid.*, p. 430, 432, 433.)

C'est apparemment Messire Regnier Pot qui se trouva au siége de Corbeil en 1404. (DES URSINS. *Hist. de Charles VI.*)

Il se fit tailler une tombe qui est dans la chapelle du château de Puyagut, avec ces caractères, où l'on n'a pas marqué sa mort :

Cy gilst Monsr Ramis Pot de Puyagu et du Valoffier, qui trepassa le   jour du mois de   l'an de grace Mil, CCCC,
     et   Dieu pour sa pitié hait mercy de ly. Amen.

Il avait épousé Radegonde Guenard, fille de Guillaume, Sr de Rhodes en Tourraine, et de Anne d'Amboise, veuve de Gui de la Trimouille, grand-pannetier de France, dont : 1º Jacques, qui suit ; 2º .....

VI. — Jacques Pot épousa Marie de Preuilly, fille de Giles, chevalier, Sʳ de Preuilly, et de Marguerite de Naillac, dont ne vinrent point d'enfants.

V bis. — Gui Pot, fils de Raoul et de Marguerite de Courtejambe, fut bailli de Vermandois, comte de Saint-Paul, eut pour dot du roi Louis XI le comté de Saint-Paul, fut Sgʳ de la Rochepot et de la Prugne, conseiller et chambellan du roi Louis XI, gouverneur de Touraine. Il épousa Marie de Viliers, de la maison de l'Isle-Adam, sœur de Philippe, grand-maître de Rhodes, fille de Jacques, garde de la prévôté de Paris, et de Jeanne de Nesle ; elle était veuve de Guy de Soyecourt, surnommé *le Grand*, bailli de Vermandois, chevalier du roi, etc. De ce mariage sortirent : 1º Félix, qui fut tué devant Salers, d'un coup d'artillerie, en Roussillon, 1502 ; 2º René Pot, Sgʳ de Rochepot, échanson ordinaire du roi et sénéchal de Beaucaire, mort sans enfants (SIMPLIC., T. III, p. 603) ; 3º Anne Pot, mariée, par contrat passé à Paris, le 17 juillet 1484, à Guillaume, baron de Montmorenci : par ce mariage, tous les grands biens de la maison de Pot entrèrent dans la maison de Montmorenci, et la branche aînée tomba en quenouille ; le connétable de Montmorenci sortit de ce mariage. Elle mourut le 24 février 1510. Son corps fut enseveli dans le chœur de l'église de Montmorency, et son cœur aux Cordeliers de Senlis. [*V.* JUSTEL, *Hist. mais. d'Auv.*, p. 89, 90 et preuv., p. 117.]

IV bis. — Louis Pot, fils de Raoul IIᵉ du nom, et de Jeanne de Seris, fut chevalier, Sgʳ de Puyagu et de Rhodes, épousa Dauphine de Bonnelle, dame de Chassingrimont, dont : 1º René, qui suit, 2º Guyot, qui se maria ; 3º Reynier ; 4º Catherine, mariée, le 3 novembre 1423, à Jean Chauvet, Sʳ de la Villette, paroisse de Saint-Junien-les-Combes (1), et de la Brunetterie, paroisse de la Bazeuge (2).

V. — René Pot, chevalier, Sgʳ de Rhodes et de Chassingrimont, chevalier de la Toison-d'Or, épousa Jeanne de Sully, de l'illustre maison de ce nom, fille de Geofroi et de Catherine de Vausse, dont : Jean, abbé de Ferrières, 1506, 1517.

V. — Guyot Pot, fils de Louis et de Dauphine de Bonnelle, fut Sgʳ de Chassingrimont et de Rhodes ; acquit cette dernière terre, vendue par René, son frère, au Sgʳ de Culan, par retrait lignager. Il épousa Catherine de Saint-Julien, de la maison de Remers en Berri, dont : 1º Jean, qui suit ; 2º Philippe, chanoine de la Sainte-Chapelle de Paris, fait président en la cour du Parlement, le 7 juin 1515, conseiller au parlement de Paris, mourut au mois d'août 1525. (Registres du parlement.) *V. Gall. christ.*, T. VII, col 246. On le fait abbé de Ferrières vers 1525.

VI. — Jean Pot, fils de Guyot et de Catherine de Saint-Julien, chevalier, Sgʳ de Rhodes, épousa Souveraine de Blanchefort, fille de Gui

---

(1) Saint-Junien-les-Combes, canton et arrondissement de Bellac (Haute-Vienne).
(2) La Bazeuge, canton du Dorat, arrondissement de Bellac (Haute-Vienne).

IIIᵉ du nom, et de Souveraine d'Aubusson, dont : 1ᵒ François, qui suit; 2ᵒ Guyot, qui se maria.

VII. — François Pot, Sᵍʳ de Chassingrimont, 1532, épousa Renée de Montléon, fille de René, Sᵍʳ de Touffon, et de Jeanne de Marafin, qui porta la seigneurie de Cramaud (DUCHESNE, *Hist. mais. Chastaing*, p. 235 et 246. — SIMPLIC., T. I, p. 417), dont : François, qui suit.

VIII. — François Pot, fils d'autre François et de Marie de Montléon, Sᵍʳ de Chassingrimont et de Martines, épousa Gabrielle de Rochechouart, fille de Christophe, Sᵍʳ de la Motte et de Chandenier, et de Susanne de Blezi, par contrat du 2 octobre 1535 (SIMPLIC., T. IV, p. 659). La terre de Blezi lui échut en partage, et elle y mourut peu après, l'an 1568, dont : 1ᵒ Jean, qui suit; 2ᵒ Marguerite, qui épousa François de la Tremoille, fils de Claude et de Madeleine d'Aubusson, qui fut Sᵍʳ de Fontmorant, de Chatelet et de Chassingrimont.

IX. — Jean Pot, Sᵍʳ de Chemeaux, de Rhodes, etc., prévôt et maître des cérémonies de l'ordre de Saint-Michel, ambassadeur à Rome, puis vers l'empereur Charles-Quint, épousa Anne de Bruelly, de la maison de Masvilliers.

VII *bis*. — Guyot Pot, fils de Jean et de Souveraine de Blanchefort, fut Sᵍʳ de Rhodes, épousa Isabeau de Saffré, de la maison de Saint-Bernard en Bourgogne, laquelle avait été gouvernante de Anne, duchesse de Bretagne, dont : 1ᵒ Jean, qui suit ; 2ᵒ Guyot.

VIII. — Jean Pot, chevalier, fils de Guyot et d'Isabeau de Saffré, fut Sᵍʳ de Chemeaux, Rhodes, Monceaux, Gendreville, Menoton, Salle, Montberaume, baron de Saint-Chamant en Auvergne, fut fait prévôt et grand-maître des cérémonies de l'ordre de Saint-Michel, le 13 novembre 1548, ambassadeur à Rome, en Angleterre, à Vienne, premier écuyer tranchant de Sa Majesté (SIMPLIC., T. IX, p. 310), et porte-cornette blanche du roi, capitaine des gardes-françaises de Mᵍʳ le duc d'Orléans; fut commis, en 1563, pour l'exécution de l'édit de pacification ez provinces de Touraine, Anjou et Maine; fut fait prévôt et maître des cérémonies de l'ordre du Saint-Esprit lors de l'institution, et créé grand-maître des cérémonies de France le 1ᵉʳ janvier 1585. Il épousa Georgete de Balzac, dame de Saint-Chamant en Auvergne, fille de Pierre de Balzac, Sᵍʳ de la Gure, gouverneur de la Haute et Basse-Marche, et d'Anne Malet de Granville, fille de l'amiral de France, par contrat du 10 mai 1538, en présence de la reine de Navarre et du connétable (SIMPLIC., T. II, p. 438), dont : 1ᵒ Guillaume, qui suit; 2ᵒ Louise, mariée, le 30 juillet 1554, à François d'Aubusson, Sᵍʳ de la Feuillade, etc., fils de Jean et de Jacqueline de Dienne; elle vivait encore en 1613.

IX. — Guillaume Pot, chevalier, fils de Jean et de Georgette de Balzac, Sᵍʳ de Mondon, paroisse de Maillac (1), 1598; de Rhodes et de Chemant, prévôt et maître des cérémonies des ordres du roi, grand-maître des cérémonies de France, premier écuyer tranchant et porte-cornette blanche du roi, mourut en 1603. (MORÉRI, 1759, T. III, p. 575.) Il avait épousé Jacqueline de la Chastre, par contrat du

---

(1) Maillac, canton de Saint-Sulpice-les-Feuilles, arrondissement de Bellac (Haute-Vienne).

6 mai 1567, fille de Claude, chevalier, baron de Maisonfort [S*gr* de Saint-André-de-Sillac, etc.], et de dame Anne Robertet (dame de la Ferté-sous-Reuilli), dont : 1° Henri, qui suit; 2° Guillaume Pot, prévôt et grand-maître des cérémonies des deux ordres du roi, 1595, chevalier, S*gr* de Rhodes et de Chemant, grand-maître des cérémonies de France, premier écuyer tranchant et porte-cornette blanche du roi, fut reçu, en survivance de son père, à la charge de prévôt et maître des cérémonies des ordres du roi en 1597, mourut en 1616. Avait épousé Anne de Brouilly, fille de François de Brouilly, S*gr* de Mesvilliers, et de Louise d'Hallivin, dont il n'eut point d'enfants (MORÉRI, 1759, T. III, p. 575. — *V.* aussi mon *Mém. sur les chevaliers, etc. du Saint-Esprit*, Lim,, p. 38]; 3° François, qui se maria; 4° Gui, chevalier de Malte, nommé le chevalier de Rhodes, commandeur de la Vaufranche, de Salins et de Bleaudeix; 5° Antoine; abbé de Saint-Georges-sur-Loire, puis capucin, mort gardien à Poitiers; 6° Louise, mariée à Claude de Laubespine, greffier [ou secrétaire] et commandeur de l'ordre du Saint-Esprit, S*gr* de Verderonne, président en la chambre des comptes; elle vivait avant 1618 (DE COMBLES, *Tabl. de la noblesse*, 1786, II° part., p. 94. — SIMPLIC., T. VI, p. 562); 7° Marie, femme de François du Pouget, S*gr* de Nadaillac et de Villeneuve en la Marche; 8° Catherine, prieure de Saint-Pardoux-la-Rivière; 9° Anne, supérieure de l'Annonciade à Paris; 10° Jeanne, mariée, en 1602, à René de Lage II° du nom (T. I, p. 14); 11° Georgette, religieuse à l'Annonciade de Paris.

X. — Henri Pot, chevalier, vicomte de Bridiers par le décès de Claude, son frère, etc., grand-maître des cérémonies, marquis de Rhodes, tué à la bataille d'Ivry en 1590, portant la cornette blanche, âgé de vingt-deux ans.

X *bis*. — François Pot, chevalier, fils de Guillaume et de Jacqueline de la Chastre, S*gr* de Magnet, de Rhodes et de Chemant, premier écuyer tranchant et porte-cornette blanche du roi, fut pourvu, en 1612, de la charge de prévôt et maître des cérémonies des ordres; mais il ne l'exerça qu'après la mort de son frère aîné, en 1616, et la garda jusqu'en 1619, que le roi le nomma chevalier du Saint-Esprit; il fut tué au siège de Montpellier, sans avoir été reçu. Il épousa Marguerite d'Aubray, fille de Claude d'Aubray, S*gr* de Bruires-le-Chasteau, prévôt des marchands de Paris, et de Marie l'Allement (SIMPLIC., T. IX, p. 311), dont : 1° Claude, qui suit; 2° François, capitaine de 50 hommes des ordonnances du roi, 1620; 3° Madeleine, mariée à François d'Aubusson le 15 novembre 1625, fils de Guillaume et de Louise de la Trimouille, qui fut tué au siège de Valence en 1635. Elle se remaria à Guillaume de Razès.

XI. — Claude Pot, fils de François et de Marguerite d'Aubray, grand-maître des cérémonies de France, premier écuyer tranchant et porte-cornette blanche du roi, pourvu en survivance de son père le 17 janvier 1617, mourut le 3 août 1642 (SIMPLIC., T. III, p. 772, 487; T. IX, p. 311). Il épousa : 1° Louise-Henriette de la Chastre, sa cousine [dame de Maisonfort], fille unique de Louis de la Chastre, baron de la Maisonfort, maréchal de France, gouverneur de Berri [chevalier des ordres du roi, etc., mort en octobre 1630], et d'Elisabeth d'Estampes [veuve en premières noces de François de Valois, comte d'Aletz, après la mort duquel elle s'était mariée avec François de Crussol, duc d'Usez; elle en avait été séparée (MORÉRI, 1759, T. III, p. 575, col. 2], et SIMPLIC., T. VII, p. 371, 440). De ce mariage naquit Louise-Elisabeth-Aymée, fiancée à François-Marie de l'Hopital, maréchal de France, par contrat du 24 mai 1646, mariée peu après. Elle se retira, après la mort de son mari, arrivée en 1679, dans un couvent, et mourut à Paris le 27 mai 1684. Claude Pot épousa : 2°, le 24 novembre 1639, Louise de Lorraine, fille naturelle de Louis, cardinal de Guise, et de Charlotte des Essarts, morte, le 5 juillet 1652, à Paris, dont : 1° Henri, qui suit; 2° Charles, chevalier de Malte; 3° Jacqueline, religieuse aux Annonciades de Bourges; 4° Louise, mariée à Edme du Mesnil-Simon, Sgr de Beaujeu, lieutenant des chevau-légers du duc d'Enghien, tué au siège de Fontarabie en 1638; 5° Marguerite, mariée : 1° à François d'Aubusson; 2° à Guillaume de Razès, Sr de Monisme (1); 6° Marie, religieuse aux Annonciades de Bourges; 7° et 8° Gasparde et Françoise, religieuses à Saint-Pardoux-la-Rivière.

XII. — Henri Pot, Sgr de Rhodes, vicomte de Bridiers, grand-maître des cérémonies de France (SIMPLIC., T. VIII, p. 712, et T. IX, p. 312). Il épousa, en 1646, Gabrielle de Rouville de Clinchamp, fille de Jacques et d'Antoinette Pinard, dont : 1° Charles, qui suit; 2° Louis, abbé de Varennes; 3° Henri, chevalier de Malte; 4° Henriette, morte sans alliance, le 1er août 1717, enterrée à Saint-Sulpice.

XIII. — Charles Pot, marquis de Rhodes, grand-maître des cérémonies de France (SIMPLIC., T. II, p. 247 et 249), vendit cette charge en 1684, mourut le 1er juillet 1705. Il épousa Anne-Thérèse de Simiane, veuve de François Louis-Claude-Edme de Simiane, comte de Moncha (Ibidem, T. IX, p. 312), dont, Marie, qui suit, fille unique.

Marie-Louise-Charlotte Pot de Rhodes (SIMPLIC., T. IV, p. 499, et T. IX, p. 272) mourut en couches, le 8 janvier 1715, âgée de vingt-et-un ans; elle avait épousé, par contrat du 19 février [ou mars] 1713, Louis de Gand de Mérode, de Montmorency [prince d'Isanghien et de Masmines, comte du Saint-Empire, chevalier des ordres du roi, et maréchal de France, mort à Paris le 16 juin 1767, le dernier mâle de sa branche. Elle fut sa seconde femme, mourut avant lui, et se remaria, le 16 avril 1720, à Marguerite-Camille de Grimaldi-Monaco. Il n'eut point d'enfants de ces trois mariages. (DE COMBLES, Tabl. de la nobl., 1786, IIe part., p. 200.)]

Guyot Pot, Sgr de Chemault, vers 1630, épousa Marie d'Hangest, dont : Anne, mariée : 1° à Louis Gaillart, Sr de la Griffardière en Poitou; 2° à Claude de Salart, grand-gruyer de la forêt de Brière. (SIMPLIC., T. VIII, p. 753.)

François Pot, Sr de Puyrobin, Saint-Sornin (2), baron de Fro-

---

(1) Nadaud confond ici avec Madeleine, du degré précédent. V. T. I, p. 93. Dans son manuscrit, il avait appelé la femme de François d'Aubusson Madeleine, puis il a effacé ce dernier nom, pour y mettre celui de Marguerite. — Monisme est commune de Bessine, arrondissement de Bellac (Haute-Vienne).

(2) Saint-Sornin-Leulac, canton de Châteauponsat, arrondissement de Bellac (Hte-Vienne).

mental (1), épousa Françoise de Châlus, dame de la ville du Bois, dont : ....., née le 6 mars 1638.

Antoine Pot, écuyer, Sr de Puyagu, épousa ....., dont : 1º Raoul; 2º Catherine, mariée, le 9 janvier 1486, à Pierre de Courselle, écuyer, Sr dudit lieu, paroisse de Saint-Priest-la-Marche, diocèse de Bourges.

Branche de Piégut, paroisse de Saint-Sulpice-les-Feuilles, dont je n'ai pu trouver la descendance des Pot de Rhodes.

I. — Gui Pot, écuyer, Sr de Piégut, épousa, le 5 janvier 1550, Claude du Mas-de-Césard, fille de feu noble Michel, Sr de Beauson, et de Marguerite de Mareis.

II. — Jean Pot, écuyer, Sr de Piégut, épousa, le 18 mars ....., Isabeau de Rance, fille de Pierre, chevalier, Sr de Pisseloup et de la Bertaudière, et de feue Jacquette de Chamborant. Elle se maria, le 7 octobre 1570, à François de Montjehan, écuyer, Sr des Thibauds, paroisse de Tande (1), diocèse de Bourges.

III. — Jean Pot, écuyer, Sr de Piégut, servit sous le duc de la Chastre, gouverneur du Berri en 1591, mourut le 7 octobre 1615 : à son enterrement, à Saint-Sulpice-les-Feuilles, il y avait 13 prêtres (Registr. de Saint-Sulpice-les-Feuilles). Il épousa Jeanne de la Chastre, dont : Mathurin, qui suit.

IV. — Mathurin Pot, écuyer, Sr de la Pinsaudière, de Piégut, mourut, à soixante-neuf ans, le 16 septembre 1648, fut enterré dans la chapelle de Piégut. Il avait épousé, le 13 février 1610, Anne de Bridiers : elle mourut le 21 octobre 1615; il y avait 13 prêtres à son enterrement, dont : 1º Roux, qui suit; 2º Gabrielle, mariée, le 9 octobre 1629, à Silvain de la Chastre, fils de Charles, écuyer, Sr de Paray, paroisse de Vilberun en Touraine, et de Marie Carré. (SIMPLIC., T. VII, p. 376.)

V. — Roch, ou Roux, ou Ruf, ou Raoul Pot, né le 29 août 1612, Sr de la Tour de Piégut, demeurant à Puyferrat, paroisse de Saint-Sulpice-les-Feuilles, eut de Marie Thomas, sa servante, Jean, baptisé le 12 janvier 1640, et Anne, née le 26 février 1648, adultérine. Raoul mourut le 16 janvier 1681. Il épousa clandestinement Jeanne des Marquets, fille de Gabriel, écuyer, Sr de la Brosse, et de Diane-Marie de Bridiers, de la paroisse de Saint-Hilaire, diocèse de Poitiers, sa parente au second degré de consanguinité; obtint, le 13 septembre 1642, pour réhabiliter ce mariage. Elle mourut, à soixante-dix ans, le 9 mai 1691, fut inhumée avec son mari à Saint-Sulpice-les-Feuilles, dont vinrent : 1º Hélène, à laquelle, à l'âge de sept mois, on suppléa les cérémonies du baptême, le 12 novembre 1645; elle épousa, le 30 juin 1676, Honoré de la Bussière, Sr de Jançois, fils de feu Honoré, écuyer, Sr de Jussereau, et de Claudine Isoré, paroisse de Maillé, diocèse de Poitiers; 2º Marie, née le 7 août 1650; 3º Jeanne, née le 29 juillet 1652; 4º Roland,

---

(1) Fromental, canton de Bessines, arrondissement de Bellac (Haute-Vienne).
(2) Tendu, canton d'Argenton-sur-Creuse, arrondissement de Châteauroux (Indre).

qui suit; 5° Daniel, né le 28 août 1657; 6° Silvine, née le 24 avril 1658; 7° Philippe, né le 23 août 1662; 8° Silvain, Sr de la Forêt, mort à dix-huit ans; 9° Catherine, morte à soixante-cinq ans.

VI — Roland Pot, né le 15 juillet 1656, chevalier, épousa, le 10 septembre 1683, Marie de Rouffignac, fille d'Antoine, écuyer, Sr de la Gaignerie et des Cicandières, et de Françoise de Blin. Elle mourut veuve, âgée de quatre-vingts ans, le 28 septembre 1736, dont : 1° Françoise, née le 26 octobre 1686; 2° Louis, qui suit; 3° Daniel, qui se maria; 4° Marie, née le 14 mars 1689; 5° Joseph, né le 3 mars 1690; 6° Marguerite, née le 6 avril 1691; 7° Madeleine, née le 1er janvier 1694; 8° Silvain, né le 25 novembre 1694; 9° autre Marie, née le 1er juin 1695.

VII. — Louis Pot, né le 25 décembre 1687, mourut le 23 février 1731; il épousa Francoise de Chamborant; elle mourut le 6 avril 1741, dont : 1° Louis, qui suit; 2° François-Placide, né le 5 août 1716, capitaine au régiment de Poitou; 3° Pierre, né le 23 décembre 1717; 4° Jacques, né le 17 février 1720, lieutenant au même régiment; 5° autre Jacques, né le 21 janvier 1721, lieutenant au même régiment; 6° Charles, né le 27 juillet 1723; 7° Jean-Edmond, né le 18 février 1725; 8° Françoise-Silvie, née le 17 février 1726; 9° Jean-Louis, né le 10 janvier 1728.

VIII. — Louis-Jacques Pot épousa, le 21 février 1743, Marie-Thérèse Reveaux, née à Poitiers de François-Philippe, chevalier de Saint-Varan, diocèse de la Rochelle, et de Louise de Mastribut. Ladite de Mastribut mourut veuve, âgée de soixante-douze ans, au château de Piégut, le 8 novembre 1758, dont : 1° Louis-Jacques, né le 27 février 1747; 2° Marie, née le 23 février 1748; 3° Marie-Anne, née le 30 décembre 1749; 4° André-Joseph, né le 9 septembre 1751, 5° Marie-Anne-Thérèse, née le 12 juillet 1758; 6° autre Marie, morte en bas-âge.

VII bis. — Daniel Pot, écuyer, Sr de Puyferrat, épousa Anne Martin, dont : 1° Marie, née le 20 septembre 1687; 2° Jeanne, née le 2 novembre 1688; 3° Pierre, né le 15 janvier 1693; 4° autre Marie, dite Mlle de Saint-Martial, morte, à quarante ans, en 1744, au village de la Garde, paroisse de Saint-Sulpice-les-Feuilles.

POTIER (1).

POTHIER.

Jean Pothier, écuyer, Sr de la Lime, paroisse de Châteauponsac, et de Planchaud, paroisse de Saint-Priest-le-Betoux (2), était mort en 1616. Il avait épousé, le 18 janvier 1590, Catherine de Razès, fille de François, Sr de Pinbernard, paroisse de Saint-Priest-le-Betoux, et de Françoise de la Ville, veuve de Louis de Fenieux, Sr de Biossac, juge de Monisme et de Bessines; elle fit son testament le 4 mars 1600; elle mourut le même jour, dont : 1° François; 2° Jean; 3° Antoine; 4° Anne,

---

(1) Etait à la page 803, déchirée.
(2) Saint-Priest-le-Betoux, canton de Châteauponsat, arrondissement de Bellac (Haute-Vienne).

mariée, par contrat du 19 novembre 1616 (signé Parrot), à Albert de Noalhes, notaire et procureur du bourg d'Ambazac.

POUGET, porte : *d'or, à un chevron d'azur, accompagné en pointe d'un mont à 6 coupeaux de sinople.* (*Dict. généal.*, 1757.)

François-Jacques de Pouget, S^{gr} de Nadaillac (1), chevalier de l'ordre du roi, capitaine de 40 hommes d'armes, épousa, par contrat du 9 mai 1568, Rose d'Aubusson, fille de François d'Aubusson, chevalier, S^{gr} de la Villeneuve (2), et de Anne de la Gorce ; [elle lui porta en dot la terre de Villeneuve. *V.* VILLENEUVE]. Mlle de Negrebosse, de la maison de Nadaillac en la Marche et en Quercy, sœur de M. de la Villeneuve près Felletin et Aubusson, malade d'une suite de couches, fut conseillée d'aller boire les eaux de Vic-le-Comte en Auvergne ; elle mourut presque subitement à Riom. Le médecin Blanc en parle au long. (*Eaux médicales de la France*, p. 104.)

Jeanne d'Aubusson, sœur de Rose, mineure en 1562, [est peut-être celle qui épousa, avant 1577, Jean du Pouget. (*Tabl. hist.*, etc., V^e part., p. 345.)]

Anne de Gorce, Sœur de Geofroy, S^{gr} de Gourdon, et mère de Rose et de Jeanne ci-dessus, étant veuve de Pierre d'Aubusson, se remaria, en 1552, à Antoine du Pouget, Sr de Nadaillac en Quercy.

Antoine du Pouget, S^{gr} de Nadaillac et de la Villeneuve, épousa, par contrat du 14 décembre 1546, Catherine Chat de Rastignac, fille de Jean et de Françoise de Serval. (MORÉRI, 1759.)

François du Pouget, S^{gr} de Nadaillac et de la Villeneuve en Marche, épousa Marie Pot, fille de Guillaume et de Jacqueline de la Chastre.

François-Antoine du Pouget, écuyer, S^{gr} de Saint-Pardoux près Razès (3), épousa Anne Poute, dont : 1° Jacques, tonsuré en 1719 ; 2° Joseph-Claude, dit le Chevalier, mort, à quarante ans, le 22 février 1747, enterré dans la chapelle de l'hôpital général. (Registr. de Saint-Maurice de Limoges.)

François du Pouget, écuyer, S^{gr} de Nadaillac, de la Villeneuve et de Saint-Pardoux, épousa Françoise de Douhet, dame de Saint-Pardoux, fille de Philippe de Douhet, S^{gr} de Saint-Pardoux, qui fut homicidé, dont : Françoise, mariée le 18 avril 1692, avec Jean-Claude, S^{gr} des Vergnes, de Saint-Maurice et de Baqueville, demeurant dans la paroisse de Saint-Maurice près Crocq (4), dans la Marche.

Charles-François du Pouget, écuyer, de la paroisse de Valière (5), marquis de Nadaillac, épousa, le 14 août 1690, Renée-Françoise du Tronchay, fille de Louis, Sr de Martigné, et de Renée Huantl, dame de Vaires, dont : Jacques, tonsuré en 1716. (MORÉRI, 1759, Huantl.)

François du Pouget, marquis de Nadaillac, épousa Anne-Adélaïde

---

(1) Nadaillac, probablement le même que Nadilhac, canton de Lauzes, arrondissement de Cahors (Lot).
(2) La Villeneuve, canton de Crocq, arrondissement d'Aubusson (Creuse).
(3) Saint-Pardoux-Rancon, canton de Bessines, arrondissement de Bellac (Haute-Viennne).
(4) Saint-Maurice, canton de Crocq, arrondissement d'Aubusson (Creuse).
(5) Vallières, canton de Felletin, arrondissement d'Aubusson (Creuse).

de Plas ou de Pille, dont : Anne-Jeanne du Pouget de Nadaillac, religieuse à la Grâce-Dieu, diocèse de Cahors, nommée, le 26 août 1751, à l'abbaye de Gomerfontaine, ordre de Cîteaux, diocèse de Rouen, dont elle prit possession le 2 janvier 1752. (*Gall. christ.*, T. II, p. 324.)

Léonarde du Pouget épousa, le 31 août 1628, Jean Guillemin, Sr de Chaumont, fils d'Isaac et de Marie de Fonjanet (1).

[POULENAT.

POULEYO, ou PRULEYO, ou PRULLAY.

Philippe de Prullay, chevalier. (Voyez mes *Mém. mss. abb. du Lim.*, p. 514.)

Agathe de Pouleyo ou de Pruloyo, dame de Lusenciac. (*Ibidem.*)]

POUMET. — V. POMMET.

[POURCHER.

Jean Pourcher, lieutenant de Schomberg, habitant au lieu du Saillant, paroisse de Boutezac (2) en Bas-Limousin, vivait le 19 avril 1725. (Papiers domestiques de M. de Daignac, signé La Roche, notaire.)]

POUSSARD, Sr d'Anguytard, paroisse de Saint-Sornin (3), élection de Saintes, porte : *d'azur, à 3 soleils d'or, 2 et 1, et en abîme d'argent, à un pal vairé.*

I. — Charles de Poussard épousa, le 24 janvier 1545, Marguerite Girard.

II. — Charles de Poussard épousa, le 26 octobre 1581, Esther de Pons.

III. — Jean de Poussard épousa, le 3 avril 1618, Anne Arnoul.

IV. — Auguste Poussard épousa le 15 mars 1657, Françoise de Saint-Gelays de Luzignan.

Notes isolées.

Marguerite Poussard épousa, le 21 mai 1570, René Goulard, fils de François et de Valérie Brun.

Susanne Poussard épousa François Gaillard, fils de Lancelot et de Silvie de Cumont.

DES POUSSES, Sr de Longpré, la Vergne, la Bonnetie, Viallefolle, paroisse de Janailhac (4), Nexon, Saint-Maurice-les-Brousses (5), porte :

---

(1) *V. aussi* VEZY DU POUGET.
(2) Boutezac ou Voutezac, canton de Juillac, arrondissement de Brive (Corrèze).
(3) Saint-Sornin, canton et arrondissement de Marennes (Charente-Inférieure).
(4) Janailhac, canton de Nexon, arrondissement de Saint-Yrieix (Haute-Vienne).
(6) Saint-Maurice-les-Brousses, canton de Pierrebuffière, arrondissement de Limoges (Haute-Vienne).

d'azur, à une fleur de lys d'or, accompagnée de 6 besants d'argent, mis en orle (1). Le *Dictionnaire généalogique*, 1757, T. III, p. 53, met *trois de chaque côté posés en pal* pour des Pousses en Limousin et en Champagne.

[Les Pousses, fief situé dans la paroisse de Nexon, qui a eu autrefois ses seigneurs particuliers, et qui est aujourd'hui possédé par les David de la Vergne, de Limoges, qui ont établi leur résidence dans le château des Pousses.]

Noble Gui des Pousses, damoiseau, Sgr des Pousses, épousa ......, dont : 1º Jean, qui suit; 2º autre Jean, capitaine de Chalucet, 1487.

Jean des Pousses le Vieux, damoiseau, Sr des Pousses, demeurait à la Triquerie, paroisse de Saint-Maurice-les-Brousses, église où il veut être inhumé, par son testament (signé Jauberti) du 9 août 1487. Il épousa Thyphayne, dont : 1º Goyfferius, marié à Gualiane des Monts; 2º Pothen; 3º Thomas, que son père veut être homme d'église et prêtre; 4º Jeanne, que son père maria à Guillaume de Pazac, maître de forge, *fabro*; 5º Marguerite, que son père veut être mariée.

[Noble Jean des Pousses est témoin dans un acte du 30 août 1505.

Jacques des Pousses, noble, damoiseau, vivait le 5 septembre 1510. (Papiers domestiques de M. Samson de Royère.)]

I. — Jean des Pousses, damoiseau, Sr de Leyraud, paroisse de Saint-Maurice-les-Brousses, frère de noble Jacques des Pousses, Sr du Repaire des Pousses, tous deux oncles de noble Geofroi de las Poussas, 1493, épousa Dauphine Rollandie, dont : 1º Gabriel, qui suit; 2º noble Pierre de las Poussas dit de Leyraud, damoiseau, Sr de Colhac, paroisse dudit Saint-Maurice, 1520, père de Jean en 1522; 3º Jean, qui transigea avec Gabriel, son frère, pour raison du dot de ladite Rollandie, le 25 février 1522; 4º Françoise.

II. — Gabriel des Pousses, écuyer, Sr de Leyraud, fit entériner des lettres de grâce à Limoges en 1510; il épousa Barbe Descurat, dont : 1º Jacques, qui suit; 2º Jean dit le Cadet, qui a fait la branche de Bonnetie; 3º Françoise, à qui Gabriel et Jacques, père et fils, constituèrent dot (signé Doudinot), dès le 11 février 1549, en la mariant à Pierre de Saint-Gerault, notaire, à qui elle porta 200 livres; 4º autre Jean dit Petit-Jean.

III. — Jacques des Pousses, écuyer, Sr de Leyraud, [c'est sans doute lui qui, avec Thomas, coseigneur des Pousses, paroisse de Nexon, diocèse de Limoges, tant pour eux que pour nobles Mrs Jehan des Pousses, prieur de Puymaugon, Ramanet et Gaulfier des Pousses, transigèrent sur procès, pour une vente, avec la dame de Journiac et du Garreau, le 30 avril 1517, par contrat reçu Baret et Massaloux, notaires.] Il épousa ......, dont : Jean, qui suit, dit fils de Jacques dans une transaction du 2 mars 1566, avec Jean et autre Jean, fils de Gabriel.

IV. — Jean des Pousses, écuyer, Sr de Leyraud, rendit hommage (signé Favard) au Sgr de las Tours, le 2 novembre 1570, pour le lieu

---

(1) Lainé (*Nobiliaire du Limousin*) indique les *besants d'or* pour les différentes branches de cette famille, à l'exception de Vieilfosse, qui avait prouvé depuis 1500, et qui les porte *d'argent*.

noble de Leyraud, les Pousses, Fontimbert et la Triquerie; il épousa, par contrat du 26 mai 1558 (signé Sazerat), Louise-Françoise de Puyfaulcon, fille de feu Antoine, dont : Pierre, qui suit, à qui sa mère fit donation en 1607.

V. — Pierre des Pousses, écuyer, Sr de Leyraud, fit un testament mutuel (signé de Verneuil) avec sa femme le 7 septembre 1614; il épousa, par contrat (signé Combret) du 28 décembre 1597, Jacquette Jay, fille de feu ..... de Jay, écuyer, Sr du Pin, dont : 1º Louis, qui suit; 2º Jean, Sr de la Vergne; 3º François; 4º Diane.

En 1598, les preuves de noblesse que cette famille présenta aux commissaires du gouvernement ne parurent pas suffisantes, et elle fut obligée de payer l'impôt jusqu'à ce qu'elle en eut fourni d'autres.

VI. — Louis des Pousses, écuyer, Sr de Leyraud, épousa, par contrat du 23 mars 1619 (signé Garrat) Jacquette de Saint-Fiel, fille de feu François, écuyer, Sr de Puydou et de la Lorencie, et d'Isabeau de Chouveiron, dont : Jean, qui suit.

VII. — Jean des Pousses, écuyer, Sr de Longpré, paroisse de Janailhac et de la Chapelle de Las Plassas, paroisse de Saint-Hilaire-las-Tours (1), fut maintenu dans ses titres de noblesse par sentence des subdélégués de l'intendant de Limoges du 11 novembre 1666, qui porte que ledit Jean a bien justifié les cinq degrés de filiation articulés en sa généalogie, et sa noblesse privée depuis l'an 1525. Il fit son testament (signé Rebeyrolle) le 21 novembre 1693. Il épousa : 1º .....; 2º, par contrat du 14 novembre 1657 (signé Glandus), Françoise de Pragelier, fille de feu Pierre, écuyer, Sr de Rougieras, et de Françoise Bouchaud, dont : 1º Léonard, qui suit; 2º Pierre; 3º autre Léonard. Il épousa : 3º Anne Theveny, dont : 4º autre Léonard; 5º Antoine; 6º Marie, née le 20 avril 1681. (Regist. de Saint-Michel-de-Pistorie de Limoges.)

VIII. — Léonard des Pousses, écuyer, Sr de Rougieras, le Breuil, paroisse de Janailhac, fut maintenu dans sa qualité de noble et d'écuyer par ordonnance de l'intendant de Limoges du 26 novembre 1707. Il épousa, par contrat du 12 février 1701 (signé Marginier), Marie de Bony de la Vergne, fille unique de Charles, écuyer, Sr de Vauzelas, paroisse du Vigen (2), Pontfeuille, paroisse de la Croisille (3), et de Judith de Chouveau de Rochefort. Ils ne laissèrent point d'enfants.

Branche de la Bonnetie.

III bis. — Jean des Pousses dit le Cadet, fils de Gabriel, écuyer, Sr de Leyraud, et de Barbe Descurat, épousa, le 26 mai 1558, Antoinette de Chaunac, dont : Jean, qui suit.

IV. — Noble Jean des Pousses, écuyer, Sr du Pont et de la Bonnetie, paroisse de Nexon, épousa : 1º, par contrat du 18 juin 1588 (signé

---

(1) Saint-Hilaire-Lastours, canton de Nexon, arrondissement de Saint-Yrieix (Haute-Vienne).

(2) Le Vigen, canton et arrondissement de Limoges (Haute-Vienne).

(3) La Croisille, canton de Châteauneuf, arrondissement de Limoges (Haute-Vienne).

Limousin), Léonarde de la Bonnetie, fille de feu Jean et de Marguerite de la Place, dont : Marguerite, mariée à Gaucher de la Vergne, fils de feu Imbert ou Albert de la Vergne et de Jeanne Bazin ; il épousa : N....., dont : Pierre, qui suit.

V. — Pierre des Pousses, écuyer, Sr de Bonnetie, paroisse de Saint-Maurice-les-Brousses, épousa, le 13 novembre 1635, Françoise de Saint-Laurent, dont : François, qui suit.

VI. — François des Pousses, écuyer, Sr de Feuillade, épousa, dans l'église de Saint-Maurice de Limoges, le 6 février 1668, Françoise de la Breuille, fille de feu Jacques, écuyer, Sr des Pousses, et de Marie de Gay.

Branche de Viallefolle, paroisse de Saint-Maurice-les-Brousses.

I. — Geofroi des Pousses épousa, le 22 février 1509, Marguerite Pastaud, dont : 1º Jean, qui suit ; 2º Louis.

II. — Jean des Pousses épousa, le 3 janvier 1545, Anne de Puyfaucon, dont : 1º Germain, qui suit ; 2º Jeanne, mariée, en 1585, à Jean de la Bonnetie.

III. — Germain des Pousses, coseigneur de Viallefolle, épousa : 1º Antoinette de la Pommelie, dont : 1º Louis. Il épousa : 2º Jeanne de Bracheny, dont : 2º Jean, qui suit ; 3º autre Jean.

IV. — Jean des Pousses, écuyer, Sr de Viallefolle et de Paisseloup, paroisse de Saint-Maurice-les-Brousses, épousa, par contrat du 5 octobre 1596 (signé Senemaud), Marguerite de la Place, fille de noble Jean, Sr de la Brousse, et de Anne de Royère. Ils firent un testament mutuel (signé de Verneilh) le 23 décembre 1631. De ce mariage vinrent : 1º Hugue ; 2º Jeanne ; 3º Antoine, qui suit ; 4º Léonard.

V. — Antoine des Pousses.

Notes isolées.

Pierre des Pousses, Sr de la Chapelle, paroisse de Nexon, épousa, en 1608, Barbe de Maumont, fille de noble Jean et de Renée de Leyrisse. Il était mort en 1618. De ce mariage naquit Diane, qui se fit religieuse à Sainte-Claire de Brive en 1628 ou 1626.

..... des Pousses, écuyer, Sr de la Feuillade, épousa, par contrat (reçu par David) du 28 janvier 1668, Françoise des Pousses, sœur de Jean et belle-sœur de Marie Thaveau.

Jean des Pousses, écuyer, Sr de la Vergne et de Leiraut, épousa Catherine le Beau ou le Bos, dont : 1º Louis, qui suit ; 2º Jacquette, mariée à Jacques de Combrouze, écuyer, Sr du Brouillet.

Louis des Pousses, écuyer, Sr de Leiraud, du château de Brouillet, paroisse de Nexon, épousa, dans l'église de Maraval, le 23 août 1679, Jacquette de Saint-Fief, fille de Jean, écuyer, Sr du Mazet, et veuve de François de Glenet, écuyer, Sr de Montfrebeuf (1).

---

(1) Montfrebœuf, paroisse de Marval, canton de Saint-Mathieu, arrondissement de Rochechouart (Haute-Vienne).

François des Pousses de Vignerie, Sʳ de la Feuillade, épousa ....., dont : Marie, mariée, en 1717, à Jean de Gentil, écuyer, Sʳ de la Joucha, morte sans hoirs en 1738, inhumée à Nexon.

Jean des Pousses épousa Marie du Chastang, dont : 1° Galiot, qui suit ; 2° .....

Galiot des Pousses épousa, le 1ᵉʳ février 1530, ... de Chaussecourte, fille de Jacques, chevalier, et de Jeanne de Farges ; elle se remaria à Jacques des Pousses. Du premier mariage vinrent : 1° Jean, Sʳ de Fontcombert, paroisse de Nexon ; 2° .....

Jacques des Pousses épousa ..... de Chaussecourte, veuve de Galiot des Pousses, dont : 1° Léonard, capitaine de Chalucet, mort sans hoirs en 1576 ; 2° Jean ; 3° autre Jean ; 4° Catherine, mariée à noble Germain des Pousses, Sʳ de Celhac ; 5° Marguerite.

Louis des Pousses, Sʳ de Leyrau. Jean-Baptistes Vincens, lieutenant général à Limoges, contre lequel il avait déposé, lui reprochait, en 1692, qu'il était dans une indigence extrême, et cependant fort porté au vin (1).

POUTHE, Sʳ du château de Dompierre, paroisse de Dompierre (2), porte : *palé d'argent et de sable à 7 pilles, au chevron de sable brochant; au chef d'argent.*

I. — Perichon Pouthe fit donation à Gilbert, son petit-fils, fils de Mondet, le 4 juin 1482. Il épousa, le 15 janvier 1427, Belasset de Ligne.

II. — Noble Mondot Pot épousa, le 13 octobre 1472, Souveraine de Boisse, dont : 1° Gilbert ; 2° Marc, tonsuré, en 1497, à la Souterraine, où il fit profession en 1510, fut prieur de Lussac-les-Eglises en 1566.

III. — Gilbert Pouthe épousa Vincente de Vausse.

IV. — Jean Pouthe, écuyer, Sʳ du château de Dompierre, épousa, le 9 janvier 1541, Renée Vigneron, dont : 1° Jean, qui suit ; 2° Christophe, tonsuré en 1557 ; 3° Jean, tonsuré aussi en 1557.

V. — Jean Pouthe, écuyer, Sʳ du château de Dompierre, baron de Fromental (3), Sᵍʳ des Forges, Puyrobin et Saint-Sornin (4), épousa, le 30 avril 1564, Marie de Razès, dont : Claude, qui suit.

VI. — Claude Pouthe (Simplic., T. V. p. 754, le nomme mal Pauthe), Sᵍʳ du château de Dompierre en Marche, épousa, par contrat du 10 février 1601 (reçu Micheau, insinué au Dorat), Marie Durfort, fille de Jean Durfort, chevalier des ordres du roi, lieutenant général de l'artillerie de France, et de Louise de Polignac ; elle se remaria avec Isaac de Maine, baron du Bourg en Quercy.

VII. — Jean Pouthe épousa, le 13 avril 1627, Antoinette de Secondat.

---

(1) *V.* aussi LEGRAND.
(2) Dompierre, canton de Magnac-Laval, arrondissement de Bellac (Haute-Vienne).
(3) Fromental, canton de Bessines, arrondissement de Bellac (Hautes-Vienne).
(4) Saint-Sornin-Leulac, canton de Châteauponsac, arrondissement de Bellac (Haute-Vienne).

Notes isolées.

Johannes Pauta, bourgeois de Noialhac, fit hommage à l'évêque de Limoges en 1296. (*Cartul.*, fol. 30.)

Amable-Gaspard-Joseph de Pote, écuyer, Sr du Chiron, paroisse de Peyrat-Lanonier (1), épousa, en 1770, Henrie de la Pivardière, paroisse de Saint-Quentin près Felletin (2).

Amable-Marie Poute, paroisse de Peyrat-Lanonier, épousa, en 1771, Christophe de Panevert, paroisse de Miremont, diocèse de Clermont.

Amable-Gaspard de Pouthe, Sr de la ville du Bosc, paroisse de Sannac, épousa, en 1773, Catherine-Françoise le Bel de la Vauzeille, paroisse de Mazières, diocèse de Bourges.

Jean Pouthe, chevalier, Sgr de Saint-Sornin, épousa Françoise des Maisons; elle mourut au village des Rivières, paroisse de Vic (3), âgée de vingt ans, le 30 septembre 1675, dont : Jean, mort à l'âge de neuf mois, et inhumé à Vic le 29 septembre 1675.

Madeleine Pouthe des Forges prit l'habit des hospitalières de Saint-Dominique aux hospitalières de la ville de Magnac (4), en 1711.

François Paute, écuyer, paroisse de Lezignac-sur-Goire (5), épousa Marie Hugonneau, dont : Jean-Michel, tonsuré en 1767.

Jean-Joseph de Poute, écuyer, Sr de la Ville-du-Bois, paroisse de Sannac (6) et Fayolles, épousa, en 1760, Marie-Ursule de Pichard de Saint-Julien, paroisse de Saint-Julien-le-Chatel (7).

[LA PRADE, fief de l'Angoumois, dans la paroisse de Maignac, élection d'Angoulême, généralité de Limoges, qui appartenait, vers la fin du siècle dernier, à un seigneur du nom de Camain (8).]

PRADEL.

Daniel Pradel, Sr de la Maze, élu à Brive, puis fourrier de l'écurie de la reine, mourut à Uzerche, le 7 mars 1670. Il avait épousé Marion de Roffignac; elle mourut à Uzerche, le 4 novembre 1707, dont : 1º Jacques, qui suit; 2º Marguerite, baptisée le 3 septembre 1665; 3º Madeleine, mariée : 1º, au mois de mai 1684, à ..... de la paroisse de Sainte-Fortunade, diocèse de Tulle (9); 2º, le 21 mars 1686, à François Philippe de Montroux, Sr de Peyrissac.

Jacques de Pradel, Sr de la Maze, lieutenant général au présidial de

---

(1) Peyrat-Lanonière, canton de Chénerailles, arrondissement d'Aubusson (Creuse).
(2) Felletin, chef-lieu de canton, arrondissement d'Aubusson (Creuse).
(3) Vicq, canton de Saint-Germain-les-Belles, arrondissement de Saint-Yrieix (Haute-Vienne).
(4) Magnac-Laval, chef-lieu de canton, arrondissement de Bellac (Haute-Vienne).
(5) Lezignac-sur-Goire, près Confolens (Charente).
(6) Sannat, canton d'Evaux, arrondissement d'Aubusson (Creuse).
(7) Saint-Julien-le-Chatel, canton d'Evaux, arrondissement d'Aubusson (Creuse).
(8) V. T. I, p. 353.
(9) Sainte-Fortunade, canton et arrondissement de Tulle (Corrèze).

Brive, puis lieutenant général à Uzerche et maire, y mourut le 7 octobre 1723, et fut accompagné à sa sépulture de tout le public, qui témoigna en cela avoir la dernière reconnaissance de son mérite. Il avait épousé Gilon-Paule de Maleden; elle mourut, à soixante-treize ans, le 15 juillet 1737, dont : 1º Charles, qui suit; 2º Marion, baptisée le 1er mars 1683; 3º Joseph, baptisé le 8 août 1687; 4º Marguerite, baptisée le 17 octobre 1688, mariée, le 5 février 1719, à Henri Pasquet, écuyer, Sr de Savignac. (Registres d'Uzerche.)

Charles de Pradel, écuyer, Sr de la Maze, Charliat, conseiller, secrétaire du roi, lieutenant général au sénéchal d'Uzerche, baptisé le 15 avril 1685, mourut, à soixante-quinze ans, le 20 juillet 1760. Il avait épousé Suzanne de Maumont, dont : 1º Jean, qui suit; 2º Marie-Susanne, née le 9 janvier 1720, mariée, le 3 février 1739, à Jean Laval de Vignole, fils de Jean, Sr de Fayenbat, conseiller au présidial de Brive, et de Marie de Betei; 3º Gilete, née le 2 mars 1721, mariée à Marc de la Morelie, écuyer, Sr de Salagnac et des Biars, paroisse de Glandon (1), fils de Pardoux et de Catherine de Vilautreix; 4º Marie, née le 28 janvier 1722; 6º Joseph, né le 11 mars 1724, mort à vingt-quatre ans; 7º Madeleine, née 18 mai 1725; 8º Henri, né le 10 avril 1729; 9º autre Jean, né le 11 juin 1730; 10º Pierre-Henri, mort jeune; 11º autre Susanne, mariée à Jean Dalesme, à Uzerche, le 15 septembre 1744.

Jean de Pradel, écuyer, Sr de la Maze, lieutenant général au sénéchal d'Uzerche, épousa : 1º, dans l'église de Neuvic-près-Châteauneuf, le 22 mars 1753, Catherine Limosin, fille de Léonard, écuyer, Sgr de Neuvic-près-Châteauneuf, Masléon (2), et de Marie-Anne Blondeau, dont : Marie-Anne, fille unique, née le 8 janvier 1754. Il épousa : 2º, en 1762, Marie de Lubersac de Chabrignac, dont : 1º Joseph, né le 25 août 1764; [2º N....., dit l'abbé de la Maze]. .

PRADERIE (3).

PRAGELIER, Sr de Romejouze, paroisse de Lussat (4), élection d'Angoulême, porte : *écartelé, aux 1er et 4e, de gueules, à une tour crénelée d'argent; aux 2e et 3e, d'azur, à 3 croissants d'argent, 2 et 1*.

I. — Noble Olivier de Pragelier, du lieu du Breuil, 1455, 1479, fils d'Agnez de Bathuand, auquel elle fit donation le 5 septembre 1405, épousa Catherine d'Aixe, dont : 1º Jean, qui suit; 2º Antoine, qui transigea avec Jean, son frère, sur la succession dudit Olivier et de ladite d'Aixe, leurs père et mère, le 11 décembre 1486.

[Noble Aiméric de Pratgelier, damoiseau, Sgr de Breuilh, paroisse de Janailhac en Ligoure (2), était mort le 7 juin 1490. (Titre communiqué par M. Samson de Royère.)]

---

(1) Glandon, près Saint-Yrieix (Haute-Vienne).
(2) Neuvic et Masléon, canton de Châteauneuf, arrondissement de Limoges (Haute-Vienne).
(3) Etait à la page 1157, qui est déchirée.
(4) Lussac, canton de Saint-Claud, arrondissement de Confolens (Charente).
(5) Janailhac, canton de Nexon, arrondissement de Saint-Yrieix (Haute-Vienne).

II. — Noble Jean de Pragelier, [damoiseau, S⁓ʳ du Breuilh, se fit faire une reconnaissance pour une rente par des particuliers de la Roche-l'Abeille (1) sur un tènement de cette paroisse, appelé la Sinade ou la Sivade, le 7 juin 1490. Il est qualifié Sgʳ de Chailhas, paroisse de la Roche-l'Abeille, dans une autre reconnaissance qu'il se fit faire par d'autres particuliers du lieu de Juvet, paroisse de Royère (2), pour des rentes sur les tènements de Chailhas et de Champmarro, le 18 mai 1500. Il donna une investiture pour des fonds en Périgord, le 9 septembre 1501, fut témoind ans un acte du 8 février 1503 (*vieux style*). (Titres signés de Malavernhia, notaire, chez M. Samson de Royère)]. Il épousa, par contrat sans filiation du 17 juillet 1496, Benigne des Roches.

III. — Antoine de Pragelier épousa, le 13 janvier 1528, Catherine de Badefol, dont : 1º Jean, qui suit; 2º Pierre, qui partagea avec Jean, son frère, la succession dudit Antoine et de ladite Badefol, leurs père et mère, le 24 février 1577.

Cette maison fit ses preuves de noblesse en 1598, devant les commissaires du gouvernement, qui les trouvèrent bonnes.

IV. — Noble Jean de Pragelier, Sʳ du Repaire, du lieu du Bas-Bonœil, paroisse de Jalainhac, épousa, par contrat sans filiation du 21 juin 1577, ou du 8 septembre 1576 (reçu par Barrière), Jeanne Flory de Monchapey, fille de noble Gui Flory de Montchapay, dont : 1º Jacques, qui suit ; 2º Pierre, écuyer, Sʳ du Bas-Breuil, paroisse de Jalanihac, qui fit, le 5 août 1597, une donation (reçue Glandus) à Marie Coral, future femme de son neveu; 3º Isabeau, mariée, par contrat (reçu Glandus) du 26 février 1596, à Pierre Donenez, fils de Jean, juge ordinaire de la juridiction de la Jarroussie.

V. — Jacques de Pragelier épousa, par contrat (reçu Chicquet) du 17 décembre 1598, Marie Corail, fille de Pierre, écuyer, Sʳ du Mazet, paroisse de Janailhac et de Louise de Poux.

VI. — Jean de Pragelier épousa, le 10 août 1650, Charlotte Panis.

Pierre de Pragelier, écuyer, Sʳ de Rongieras, épousa Françoise Bouchaud, fille de Léonard, écuyer, Sʳ de la Jarrossie et des Etangs, et de Françoise Bourgeois ; elle fit son testament (reçu Glandus) le 3 février 1672, dont : 1º Françoise, mariée, par contrat du 14 novembre 1657, à Jean des Pousses, écuyer, Sʳ de Longpré, paroisse de Janalhac, fils de Louis et de Jacquette de Saint-Fief; 2º autre fille; 3º autre fille; 4º Charlotte.

PRALAT.

Guy de Pralat, Sʳ de Pallessard, élection de Tulle, fut maintenu par M. de Fortis, intendant.

[PRANZAT (3), fief de l'Angoumois, qui appartenait, en 1698, à M. le comte des Cars. Il est dans la mouvance du duché de la Rochefoucaud. Il a droit de justice haute, moyenne et basse.]

---

(1) La Roche-l'Abeille, canton de Nexon, arrondissement de Saint-Yrieix (Haute-Vienne).
(2) Royère, ancienne paroisse réunie aujourd'hui à la Roche-l'Abeille.
(3) Pranzac, canton de la Rochefoucaud, arrondissement d'Angoulême (Charente).

PRAT. — *V.* HUGON DE PRAT, T. II, p. 436, 531.

PREAX. — Julien de Preax, Sr de Saint-Hippolitte, paroisse de ....., élection de Saintes, fut trouvé gentilhomme en 1598.

PRELAT. — *V.* PRALAT.

PRESSAT, Sr de l'Isle, la Chièze, Chenaud, paroisse de Condon, de Saint-Palais et de Saint-Surin, élection de Saintes; de Pressac et de Lioncel, paroisse de Chenaud et d'Ampure, élection d'Angoulême, porte : *d'azur, à un lion rampant d'argent, couronné d'or, lampassé de gueules, et 8 lozanges d'or en pal, 4 à dextre et 4 à senestre.*
[Pressac (1) ou Preyssac, fief mouvant de la principauté de Chabanais.
On trouve dans les registres de Roherii, notaire à Limoges, p. 88, nº 73, *apud* D. COL., Pierre de Preyssaco, *alias* Petit.]

I. — Aymar de Pressac fit son testament le 14 mai 1481, épousa Marguerite du Breuil, dont : 1º Jacques, qui partagea la succession de son père avec Guyot, son frère, le 3 juin 1483; 2º Guyot, qui suit; 3º Jean.

II. — Guyot de Pressat, auquel Aymar, son frère, fit donation le 26 août 1471, épousa Isabeau de Polignac.

III. — Odet de Pressac fit son testament le 20 octobre 1553, épousa, le 22 mai 1499, Françoise Aigrepeau, dont : 1º Jacques, qui suit; 2º Jean.

IV. — Jacques de Pressac épousa Marguerite de Gain.

V. — Michel de Pressac, Sr de la Cheze, paroisse dudit lieu, fut trouvé gentilhomme en 1598; il épousa, le 28 janvier 1561, Isabeau Guiton.

VI. — Gédéon de Pressac épousa, le 7 septembre 1591, Gabrielle de Lioncel, dont : 1º Gédéon, qui suit; 2º Henri, Sr de la Chieze, marié en 1628; 3º Daniel, qui se maria en 1630. Ces trois frères transigèrent avec Isabeau Guiton, veuve de Michel de Pressac, leur aïeul, le 24 mai 1624.

VII. — Gédéon de Pressac, chevalier, baron de l'Isle, épousa, le 16 novembre 1620, Marie de Poux.

VIII. — Hector de Pressac de Lioncel, Sr de l'Isle, épousa, le 15 mai 1649, Claude de Nourigier.

VII *bis*. — Henri de Pressac, Sr de la Chieze, épousa, le 8 juillet 1628, Renée Reau.

VII *ter*. — Daniel de Pressac épousa, le 21 décembre 1630, Esther d'Espaigne, dont : 1º Henri, qui suit; 2º André, qui suit; 3º Hector, qui suit; 4º Charles, qui transigea avec Henri, son frère, le 14 février 1664.

VIII. — Henri de Pressac, Sr dudit lieu, épousa, par articles du 14 novembre 1657, Catherine d'Israel.

VIII. — Hector de Pressac, Sr de Chenaud, épousa, le 18 janvier 1662, Louise Audebert.

VIII. — André de Pressac, Sr de Lioncel, épousa, le 26 septembre 1658, Eléonore Martin.

(1) Pressac, canton d'Availles-Limousines, arrondissement de Civray (Vienne).

Notes isolées.

François de Pressac, écuyer, Sʳ de la Forêt, épousa Jacquette, dont : René, qui suit.

René de Pressac, Sʳ de la Saludie, paroisse de Verneuil, épousa, à Bunzac, le 24 août 1616, Juliette de Saint-Fief.

[N.... d'Abzac de la Douse était Sgʳ de Pressac et de Vouzan en 1698. *V.* Abzac], T. I, p. 12; T. II, p. 34.

Gabrielle de Pressac mourut à vingt ans, au Portail, paroisse de Vouton (1), en Angoumois, le 28 décembre 1732.

PRESSAT, Sʳ de la Grelière, paroisse de Vayrières, élection de Coignac, porte : *d'azur, à un lion rampant d'argent, armé, lampassé et couronné d'or, cantonné de 4 losanges de même.*

I. — Jacques de Pressat épousa Catherine Jourdain; il fit à Jean, son fils, une donation le 5 mars 1525.

II. — Jean de Pressac partagea avec Thomas, son frère, le 6 février 1540, les succesions de leurs père et mère. Ledit Jean testa le 17 octobre 1573, instituant Raphaël, son aîné, et faisant légat à Jacques, François et René, ses autres enfants. Il épousa Marguerite Beus.

III. — René de Pressac épousa : 1º Charlotte Dexandrieux, le 6 février 1600; 2º Marguerite Perreau, le 30 octobre 1622, dont : Pierre, qui suit.

IV. — Pierre de Pressac épousa, le 1ᵉʳ février 1660, Marie Phelip.

Notes isolées.

Jean de Pressac, écuyer, Sʳ dudit lieu et d'Augu en Saintonge, homme d'armes de la compagnie de M. de Bourdeille, fit son testament à Limoges, le 27 juin 1569, et le lendemain un codicille; donne à chacune de ses filles 2,000 livres. Il épousa Anne de Montsaireac, dont : 1º François; 2º Jean; 3º Hélène; 4º Catherine; 5º Anna.

Dˡˡᵉ Jacquette de Preissac fut inhumée à Saint-Gervais (2), le 15 novembre 1660.

Jean de Pressac, écuyer, Sʳ du Repaire, paroisse de Saint-Gervais, eut, de Dˡˡᵉ Renée de la Gouretie, de la paroisse de Chéronnac (3), Françoise, fille naturelle, baptisée le 3 janvier, morte le 27 mai 1671.

Joseph de Pressac, écuyer, Sʳ du Repaire, paroisse de Saint-Gervais, épousa Marguerite de Chapelon, fille de Pierre, écuyer, Sʳ de Lascoux et d'Antoinette de Croisant, le 25 février 1675; elle était née le 27 juillet 1654. (Elle se remaria à Louis Barbarin, écuyer, Sʳ de la Borderie, paroisse de Saint-Maurice-des-Lions. Elle se remaria à Jean Laurent, Sʳ de Villeroux), dont : François de Pressac, écuyer, Sʳ du Repaire.

---

(1) Vouthon, canton de Montbron, arrondissement d'Angoulême (Charente).
(2) Saint-Gervais, canton et arrondissement de Rochechouart (Haute-Vienne).
(3) Chéronnac, canton et arrondissement de Rochechouart (Haute-Vienne).

François de Pressac (*alias* Joseph), écuyer, Sr du Repaire, paroisse de Saint-Gervais, épousa Françoise de Barbarin, dont : 1° Martial, né le 5 février 1699 ; 2° Jean, baptisé le 5 mai 1700 ; 3° autre Jean, baptisé le 11 octobre 1701 ; 4° Marie, baptisée le 20 septembre 1703 ; 5° Maxime, qui suit, baptisé le 30 avril 1705 ; 6° Marguerite, baptisée le 23 janvier 1707 ; 7° Françoise, baptisée le 20 juin 1709.

Maxime de Pressac, écuyer, Sr de la Tonderie et du Repaire, paroisse de Saint-Maurice-des-Lions, épousa, à Vidais, le 9 décembre 1761, Marthe Roux, née 17 février 1723, fille de Léonard, écuyer, Sr de Puissenac, et d'Antoinette Roux de la Garde.

Roc de Presat, Sr de la Forêt, paroisse de Saint-Gervais, épousa Isabeau Chateignier. Ils firent un testament mutuel, par lequel ils veulent être inhumés dans l'église de Saint-Gervais. Ladite Isabeau fut ensevelie à Saint-Gervais le 13 mai 1656. De leur mariage naquirent : 1° Jacquette, 2° Françoise.

Noble Louis de Pressac épousa ....., dont : Jean, tonsuré en 1494, fit profession aux Salles de la Vauguyon.

Noble Giles de Preissac, paroisse de Saint-Gervais, épousa ....., dont : Etienne, tonsuré en 1538, curé de Saint-Laurent-de-Gorre, 1557.

PREVERAUD ou PREVEREAND, Sr des Mesnardières, de la Piterne et du Breuil, président en l'élection d'Angoulême, demeurant à Angoulême, porte : *d'azur, à un chevron d'or, accompagné de 3 grenades ouvertes, tigées et feuillées de même, 2 et 1.*

Jean Prevereand, Sr des Mesnardières, est reçu pair à la maison de ville d'Angoulême, le 5 décembre 1642, élu maire le 2 avril 1656, échevin, par la mort de Guillaume Saucy, Sr de Benechieres, le 6 novembre 1657, fait déclaration de vouloir vivre noblement le .....

Jean Preveraud, Sr de la Piterne, est reçu échevin par la résignation de ..... la Fosse, conseiller d'Etat, qui obtint provision de résigner le 22 mars 1666.

Jacques Prevereau, écuyer, Sr de Beaumont, capitaine au régiment de Périgord-infanterie, épousa Françoise Barbarin.

Jean Prevereau, écuyer, Sr de Nitrat, paroisse de Saint-Amand-de-Boisse (1), épousa Marie Birot, dont : Jean, qui suit.

Jean Prevereaud, écuyer, Sr de la Mirande, épousa, par contrat du 18 juin 1722 (signé Faure), Hippolitte Pasquet, veuve de Charles du Mosnard.

Jacques Prévereaud de Beaumont épousa Françoise Barbarin ; elle mourut, à cinquante-six ans, le 17 avril 1752 ; fut enterrée chez les Carmes de la Rochefoucaud.

Pierre de Preveraud, Sr de la Chalouzières, épousa, après 1600, Françoise de Pesnel, fille de Jean, écuyer, Sr de Barro en Angoumois (2), et de Françoise de Puiguilier.

---

(1) Saint-Amand-de-Boisse, chef-lieu de canton, arrondissement d'Angoulême (Charente).
(2) Barro, canton et arrondissement de Ruffec (Charente).

Marguerite de Prévereaud épousa, par contrat du 27 décembre 1626, Etienne Gourdin, fils de Jean et de Marie Garassus.

Marie de Prévereaud épousa, le 31 juillet 1656, Jean Jay, fils de René et de Luce de Fourques. Germaine ou Geneviève Prévereaud épousa Henri Jay, fils dudit René, et de ....., sa seconde femme.

PRÉVOST, Sr de Tuchimberg, paroisse dudit lieu, élection d'Angoulême, l'Isleau, paroisse de Sainte-Gemme (1), élection de Saintes, la Chaume, paroisse du Vieux-Ruffec (2), élection d'Angoulême, porte : *d'argent, à deux fasces de sable, accompagnées de 6 merlettes de sable, ni pattées, ni becquées, 3, 2 et 1.*

I. — Jean Prevost fit une transaction avec les religieux de Nanteuils, le 24 décembre 1479 ; il épousa ....., dont : 1° Gamary ; 2° Aymard, qui suit ; 3° Charlotte, dont le grand-père, autre Jean, fit, tant pour eux que pour lui-même, un partage le 6 octobre 1466.

II. — Aymard Prevost épousa Jeanne de Fougeres.

III. — Rolland Prevost épousa, le 10 janvier 1491, Guillemine de la Haye.

IV. — Aymard Prevost fit, avec sa sœur Françoise, une transaction sur la succession de leurs père et mère, le 4 mars 1534 ; il épousa Françoise Bouchard.

V. — Pierre Prevost épousa, le 18 décembre 1570, Marie Brassard.

VI. — Isaac Prévost épousa, le 8 avril 1584, Isabeau Guy.

Cette maison fit ses preuves de noblesse en 1598 devant les commissaires du gouvernement, qui les trouvèrent bonnes.

VII. — François Prévost, Sgr de Touche-Imbert et de la Piagerie, épousa, le 23 mars 1626, Jeanne de la Rochefoucaud, fille de François, Sgr du Parc d'Archiac, et d'Isabelle Goumard, dont : 1° François, qui suit ; 2° Casimir, qui se maria. (SIMPLIC., T. IV, p. 457.)

VIII. — François Prevost, Sr de Tuchimberg, épousa, le 6 avril 1658, Marthe Joly.

VIII bis. — Casimir Prévost, Sr de l'Isleau, épousa, le 16 octobre 1657, Marie de Robillard.

François Prévost, Sgr de Saveilles et de Touchimbert en Angoumois, épousa Susanne Chiton, dont : Marie-Susanne, mariée, le 26 février 1713, avec Henri, marquis de Bourdeille, chevalier, comte de Mastas, etc. (Supplément de Moréri ; — SIMPLIC., T. VII, p. 21.)

Branche de la Chaume.

[On trouve dans les registres de Borsandi, notaire à Limoges, p. 72, n° 117, *apud* D. COL., Jean Prepositi.]

I. — Guyot Prévost épousa Marguerite Tison ; étant veuve et tutrice de ses enfants, elle rendit aveu et dénombrement le 15 août 1527, dont :

---

(1) Sainte-Gemme, canton de Saint-Porchaire, arrondissement de Saintes (Charente-Inférieure).

(2) Vieux-Ruffec, canton et arrondissement de Ruffec (Charente).

1º Jacques; 2º Jacquette, mariée par contrat du 30 avril 1532, où Jacques, son frère, lui constitue dot; 3º François.

II. — Jacques Prévost épousa Robinette des Prées.

III. — François Prévots épousa, le 8 avril 1586, Isabeau Guichoret.

IV. — Louis Prévost épousa, le 17 avril 1621, Louise Chrestien.

V. — François Prévost épousa, le 16 décembre 1643, Marie Dexmier.

Notes isolées.

Gabriel Prévost, écuyer, Sʳ des Bordes, du lieu de ...., paroisse d'Arnac (1), sénéchaussée de la Basse-Marche, épousa, par contrat (Velundre) passé à la Rivière-Perceval, paroisse de Saint-Sulpice-Laurière (2), le 1ᵉʳ août 1598, Claude Bardol, dame de la Prugne, paroisse de Versilhac (3) en Poitou, veuve d'Etienne du Breuil.

André Prévost, écuyer, Sʳ de la Prugne, paroisse de Versilhac, épousa Susanne de la Forest, dont : Nicolas, né le 8 août 1670, baptisé le 17, à Vareilles (4).

François Prévost, écuyer, Sʳ de Puyboffier (*alias* Puybottier) et du Bois, épousa Madeleine Barbarin, veuve de Jacques Lescour, écuyer, Sʳ de la Vallette, dont : Marie, mariée, le 22 septembre 1655, avec René de James, écuyer, Sʳ des Frenaudies, fils unique de Jean, écuyer, Sʳ de la Tour, et de Jeanne de Poirre. (HOZIER, *Arm. génér.*, Iʳᵉ part., p. 303.)

Marie-Claude Prévost de Touchembert épousa, vers 1760, Pierre de Vassoigne, chevalier, Sʳ de la Brechenie, Beauchamp, le Mas-Millaguet, fils de René et de Marie-Julie de Galar de Béarn.

Jacquette Prévost épousa, vers 1640, Jean Jay, fils d'autre Jean et de Jeanne Courbilière.

Marie Prévost épousa, le 31 janvier 1662, Pierre Jay, fils de Guillaume et de Madeleine Pascaud.

Marie Prévost épousa, le dernier février 1615, René de Gommier, fils de René et de Marie de Cumont.

Gérald Prévost, fils de Pierre, du bourg de Biannac (5), épousa, par contrat du 4 des calendes de mars 1301, Almodie de Grane.

DES PREZ. — *V.* T. II, p. 16 et 54.

PRIE.

Jean IIᵉ du nom, Sgʳ de Prie et de Buzançais, 1402, 1328, épousa ..... de Brosse, qui fut sa seconde femme, dont : 1º Jean de Prie, Sgʳ de Chateauclos, mort sans enfants de Jeanne d'Amboise; 2º Heliote, mariée : 1º à Pierre de Naillac, fils de Pierre IIᵉ du nom, Sgʳ de Gargilesse; 2º à

---

(1) Arnac, canton de Saint-Sulpice-les-Feuilles, arrondissement de Bellac (HauteVienne).

(2) Saint-Sulpice-Laurière, canton de Laurière, arrondissement de Limoges (Haute-Vienne).

(3) Versilhac ou Saint-Aignant-de-Versilhac, canton de la Souterraine, arrondissement de Guéret (Creuse).

(4) Vareilles, canton de la Souterraine, arrondissement de Guéret (Creuse).

(5) Biannac, commune de Rochechouart (Haute-Vienne).

Artaud d'Ussel, des Marches, de Bourgogne, morte sans enfants en janvier 1363. (MORERI, 1759.)

Antoine de Prie, S^{gr} de Buzançais et de Moulin, grand-queux de France, épousa Madeleine d'Amboise, dont : 1° René de Prie, évêque de Limoges; 2° Catherine de Prie, qui épousa, le 22 mai 1455, Louis du Puy, chevalier, S^{gr} de Coudrai-Monin, Vaux, Dames, la Forest, Chantemilan et la Tour-Saint-Austrille (1), baron de Bellefaye, etc., chambellan des rois Charles VII et Louis XI, sénéchal de la Marche et gouverneur de Châtellerault; elle fut enterrée avec son mari chez les Carmes de Bourges.

[SAINT-PRIEST-LIGOURE (2), terre et seigneurie qui avait son seigneur particulier en 1698.

SAINT-PRIEST-TAURION (3).]

PRIEZAC; paroisse de Saint-Solve (4).
Daniel de Priezac, de l'Académie Française, épousa ..... du Bernet, dont : Salomon, écrivain.

....., Sr de Priezac, épousa Susanne de Tenay, dont le premier enfant mourut quatre jours après sa naissance. (GUYON, *Miroir de beauté*, T. I.)

Philibert de Priezac, écuyer, S^r dudit lieu, 1621, épousa ....., dont : Marc, qui suit.

Marc de Priezac, écuyer, S^r dudit lieu, était mort en 1680; il avait épousé Françoise Girard.

..... de Preizac fut enseveli à Lubersac (5), le 25 juin 1667.

Catherine de Preizac épousa Antoine, S^{gr} du Chastelet, fils de René du Chastelet et de Gabrielle de Lenoncourt. (SIMPLIC., T. IX, p. 98.)

PRINÇAY.
Pierre Prinçay, écuyer, S^{gr} de Saint-Sornin-la-Marche (6), 1530, épousa Perette de Launay.

PRINSAUD, Sr de Pursy, paroisse de Darnac (7), porte : *d'azur, à un chevron d'or, accompagné de trois croisettes du même en chef, et d'un lion léopardé de même en pointe, armé et lampassé de même.*

---

(1) La Tour-Saint-Austrille, canton de Chénerailles, arrondissement d'Aubusson (Creuse).

(2) Saint-Priest-Ligoure, canton de Nexon, arrondissement de Saint-Yrieix (Haute-Vienne).

(3) Saint-Priest-Taurion, jadis Saint-Priest-les-Oulières, canton d'Ambazac, arrondissement de Limoges (Haute-Vienne).

(4) Saint-Solve, canton de Juillac, arrondissement de Brive (Corrèze).

(5) Lubersac, chef-lieu de canton, arrondissement de Brive (Corrèze).

(6) Saint-Sornin-la-Marche, canton du Dorat, arrondissement de Bellac (Haute-Vienne).

(7) Darnac, canton du Dorat, arrondissement de Bellac (Haute-Vienne).

I. — Noble Jean Prinsaud, Sr de Pleus, fonda son anniversaire aux cordeliers de Saint-Junien (1); sa mort est marquée dans leur nécrologe le 12 mars. Il épousa Antoinette de Bridiers, fille de noble Jacques de Bridiers, Sr du Gué, et de Catherine Augustine; étant veuve, elle transigea, le 17 mai 1512, pour ses enfants, avec Isabeau de Maunac. De ce mariage naquirent : 1º Jean, qui étudia à Poitiers, et à qui ses parents firent quelque donation en 1492; 2º Bertrand, 1504; 3º Martial, qui suit; 4º Louis, chanoine à Saint-Junien, 1491; 5º Claude, dit frère de Louis, et qui fut aussi chanoine à Saint-Junien; 6º peut-être Clément, licencié ez lois, bachelier en décrets, chanoine audit chapitre, où il mourut le 14 janvier 1490 (*vieux style*).

II. — Michel Prinsaud, écuyer, Sr du Chatenet, paroisse de Veyrac (2), 1531, épousa Catherine de Magnac, dont : 1º Berthon, *alias* Barthélemi, qui suit; 2º Jean, vicaire d'une chapellenie à Saint-Junien, 1545, dont il se démit en 1546, écuyer, Sr de Pleu, 1551; 3º autre Jean, fait chanoine dans la même église en 1547, où il mourut le 2 juillet 1552; 4º Jacques, curé de Porsac.

III. — Barthélemi Prinsaud, bachelier en droit civil, 1557, épousa, le 14 décembre 1562, Jacquette Mathieu.

Cette maison fit ses preuves de noblesse en 1598; mais les commissaires du gouvernement ne les trouvèrent pas suffisantes, et elle dut payer l'impôt jusqu'à ce qu'elle en eût fourni d'autres.

IV. — Jean Prinsaud épousa, le 12 janvier 1601, Isabelle de la Couture-Renon.

V. — Christophe Prinsaud épousa, le 21 février 1647, Anne de Nolé (3).

PROUHET ou PROHET.

Noble Philippe de Prohet, Sr de Bechadie, fit son testament (reçu d'Angrezas) le 18 mars 1589. Il était mort en 1590. Il épousa, le 11 décembre 1577, Antoinette de Busset, dont : Jean.

Jean de Prouhet, Sr de Saint-Clément, fut trouvé gentilhomme en 1598.

[PROXIMAR ou PROXIMIAR, paroisse de Panazol (4).

Jean Colon, bourgeois de Limoges, était Sgr de Proximiar, paroisse de Panazol, le 11 mars 1499 (*vieux style*) et le 1er septembre 1508. (*Terr. de Parroti*, aux archiv. des PP. de Saint-Pierre-du-Queyroix de Lim., fol. 195 recto et 265 recto.)

PRULLEYO ou PRULLAY. — *V.* POULEYO.]

---

(1) Saint-Junien-sur-Vienne, chef-lieu de canton, arrondissement de Rochechouart (Haute-Vienne).
(2) Veyrac, canton de Nieul, arrondissement de Limoges (Haute-Vienne).
(3) La page 257, qui faisait suite, est déchirée.
(4) Panazol, canton et arrondissement de Limoges (Haute-Vienne).

PRUNH. — Le sceau de leurs armes, en 1342, représente un écusson *écartelé, au 1er et 4e échiqueté d'argent et de gueules de cinq trais, au 2e et 3e d'argent.*

P. de Prunh, clerc, médecin, 1257, épousa Ayceline, fille de Pierre Ruphi de Compnhac, sergent.

Guillaume de Prunh épousa ……, dont : 1º Jean; 2º Aysseline, femme, en 1339, d'Hélie Boyro, clerc; 3º Guillaume, prêtre.

…… de Prunh, de Rochechouart, épousa Agnez Tizone : par son testament, elle voulut être enterrée dans le monastère de Rochechouart, ce que le prieur ne voulut souffrir; on l'ensevelit dans le monastère de Maumousson. Le curé des églises de Biennac et Rochechouart permit, le 9 juin 1344, d'en tirer les ossements et de les inhumer dans le monastère. Elle laissa Jean.

Jean de Prunh, chevalier, sr de Puyjoyeux, frère de Guillaume, fit un codicille (signé de Brelhio) le vendredi après la fête de Saint-Martin d'hiver, 1348, dans lequel il fait des dons aux enfants mâles de sa femme dans le cas que les siens mourraient, en ce qu'ils porteraient le nom de Prunh ou de Puyjoyeux. Il épousa Joyeuse de Rochefort, fille de Constantin de Rochefort, écuyer, dont : Cathalose.

Jean de Prunh, écuyer, de la ville de Rochechouart, frère de Guillaume, épousa Jeanne du Creus; en 1370, elle était remariée à Giraut Vigier, écuyer, partisan du roi d'Angleterre, ce qui lui fit confisquer ses biens.

Guillaume de Prunh, damoiseau, fils de Jean, épousa Marguerite de la Tor, fille de Raymond, chevalier, et lui fit une donation en 1363, dont : Jean, accordé à …… de Cramaud.

Ithier de Prunh, damoiseau, veut être enterré dans l'église de Saint-Sauveur de Rochechouart, dans le tombeau de son père, par son codicille du 13 avril 1346 (signé de Brolhio); il épousa Philipete de Cresensi, dont : ……

Noble Jean de Prunh, clerc, chevalier, frère de Guillaume et de Gui, fit un codicille (signé Bernard de Beumaddi) le 9 septembre 1362. Il épousa : 1º Luce Seschangie; par son testament (signé Ciraud) du jour de saint Barnabé 1334, elle veut être enterrée devant l'église de Bienac, dans le tombeau de son père, au cimetière, dont : 1º Eyssaline; 2º Marguerite. Il épousa : 2º ……, dont : 3º Jean, qui suit, chevalier; 4º Guillaume, curé d'Asnières, diocèse d'Angoulême, qui fit son testament à Rochechouart, le 26 octobre 1356; 5º ……, prieur de Cavis; 6º Cartholose, mariée à Jean de Grane, fils de Pierre, chevalier; 7º Marguerite, femme, en 1355, de Jean de la Couture.

Jean de Prunh, chevalier, épousa ……, dont : 1º Jean, qui suit; 2º Guillaume, damoiseau et héritier de son père.

Jean de Prunh épousa Jeanne de Arzo; elle se remaria, en 1363, à Gerald Vigier.

Ysabelle de Prunh, femme, en 1317, de Pierre de Curssac, damoiseau, fils d'Almodis Valence.

Agnez de Prunh, sœur de Pierre, clerc, épousa Gaufridus de Grane, damoiseau, 1132.

PUIFFE.

Marion de Puiffe épousa, le 14 janvier 1603, Pierre de la Place, fils de noble Etienne de la Place de Bas, Sr dudit lieu, et de Françoise de Thenouilhe.

Anne de Puiffe épousa Martial de l'Aumosnerie, écuyer, Sr de la Pouge, paroisse de Dournazac (1); elle était morte le 3 septembre 1659.

François-Jacques de Puiffe, Sr du Fermiger, paroisse de Pensol (2), prenait le titre d'écuyer parce qu'il était l'un des 200 chevau-légers de la garde du roi. Il épousa Françoise Robert, dont il eut Anne, mariée, à Saint-Michel-de-Pistorie à Limoges, le 15 janvier 1727, à Jean Villevaleix, Sr du Port, fils de Jean, Sr du Cros, et de feue Catherine du Cros, de la paroisse de Lageyrac (3).

PUISMAUT (4).

Léobon de Puismaud épousa Charles Robin, du Mazet, paroisse d'Ambazac (5), qui testa le 27 janvier 1611.

DU PUY.

Annet du Puy de Bresmond, Sr de Pommiers, paroisse dudit lieu, fut trouvé gentilhomme en 1598.

DU PUY, Sr de Mirambel et de Saint-Remi, paroisse de Bonnefont (6), élection de Tulle (7), porte : *de sable, à un lion rampant d'or, armé, lampassé et couronné de gueules; au chef cousu de gueules, chargé de trois étoiles d'argent.*

Raymond du Puy, chevalier, épousa ....., dont : Halide, qui suit.

Halide du Puy épousa ....., dont : Raymond, qui suit.

Raymond du Puy, damoiseau, épousa, par contrat du 12 novembre 1285, passé par devant l'official de Limoges, Alayde du Cloistre, fille de Gaufredus, bourgeois de la ville de Saint-Junien. Ledit Gaufredus donna 110 livres une fois payés, 15 livres de rente, et certaines robes lorsque sa fille accoucherait; ou que son gendre serait fait chevalier, ou dans cinq ans, si ces deux cas n'arrivaient pas. (Archives du chapitre de Saint-Junien.)

Guillaume du Puy, *de Podio*, chevalier, de Saint-Matin-Terre-Sue (8),

---

(1) Dournazac, canton de Saint-Mathieu, arrondissement de Rochechouart (Haute-Vienne).
(2) Pensol, canton de Saint-Mathieu, arrondissement de Limoges (Haute-Vienne).
(3) Lageyrac, canton de Châlus, arrondissement de Saint-Yrieix (Haute-Vienne).
(4) Nadaud avait des notes sur cette famille à la page 1148, déchirée.
(5) Ambazac, chef-lieu de canton, arrondissement de Limoges (Haute-Vienne).
(6) Bonnefont, canton de Bugeat, arrondissement d'Ussel (Corrèze).
(7) V. T. II, p. 65.
(8) Saint-Martin-Terressus, canton de Saint-Léonard, arrondissement de Limoges (Haute-Vienne).

où il demeurait et où étaient ses biens, fit son testament le 10 des calendes de mars 1275 (*vieux style*), fait héritiers Guillaume du Puy, damoiseau, et les enfants de feue Dulcie, sa cousine, femme de Gaufridus de Bridier, chevalier ; veut être inhumé dans le cloître des FF. PP. de Limoges ; sa mère était inhumée à Chatelud-Marches (1). Après plusieurs legs pieux à différentes églises et aux pauvres, il veut qu'on mette en œuvre, *operentur*, trente livres de cire le jour de son enterrement, dont on fera des *chapsones* et chandelles d'un quarteron, qu'on distribuera à différentes églises. Il légua à un guerrier, électif par ses exécuteurs testamentaires, pour se transporter au secours de la Terre-Sainte, 10 livres et une raube, ou 60 sols pour sa valeur ; fonda une vicairie à Saint-Martin-Terre-Sue. Il était marié à Marie, fille de Gérald de Dompnhon, dont il n'avait point d'enfants lorsqu'il fit son testament le vendredi après la fête de l'Assomption, 1285. (Archives des FF. PP. de Limoges.)

.... du Puy épousa ...., dont : 1º Raymond, qui suit ; 2º Agnez, femme, en 1355, de Raymond Saynes.

...... Noble Raymond du Puy, chevalier, de Saint-Brice (2), épousa......, dont : Guillaume, qui suit.

Guillaume du Puy, 1368, épousa Catherine de Sieulx, *alias* Guerrude.

Raymond du Puy, chevalier, du bourg de Saint-Brice, mourut sans hoirs en 1397 ou 1398.

Geraud du Puy, cardinal. — Voyez en 1389.

I. — Nicolas du Puy, Sʳ de Mirambel, paroisse de Bonnefont, eut des lettres de vétéran gendarme le 28 juillet 1640, et des lettres d'anoblissement au mois de décembre 1653, *alias* le 4 janvier 1643, en faveur de ses deux fils ; il épousa Catherine de la Motte, dont : 1º François, qui suit ; 2º Philippe, qui se maria : ces deux frères obtinrent un brevet de retenue en février 1668 ; 3º Marie, mariée, le ... janvier 1668, à Martial Chassaing, Sʳ de Conches, fils de feu Pierre, et de Françoise Chassaing, de la ville d'Egleton (3).

II. — François du Puy, Sʳ de Mirambel, épousa, le 6 février 1656, Marguerite de la Barre.

Philippe du Puy de Mirambel, écuyer, Sʳ de Broult, fut assigné, en 1690, pour marcher à l'arrière-ban, et s'en excusa sur ce qu'il avait cinq enfants. Il épousa ......, dont : 1º François ; 2º Martial ; 3º Marguerite ; 4º Jeanne ; 5º Judith.

Arnaud du Puy, paroisse de Vitrat (4), en Angoumois, épousa Catherine Barraud, du village de la Chèze, paroisse de Vouton (5), dont : Jeanne, baptisée à Vouton, le 29 juillet 1718.

Noble Charles du Puy de Dienne, Sʳ Delpeux, paroisse de Cheylane, mourut à soixante-cinq ans, le 24 mai 1716, fut inhumé à Nonars (6).

---

(1) Châtelus-le-Marcheix, canton de Bénévent, arrondissement de Bourganeuf (Creuse).
(2) Saint-Brice, canton de Saint-Junien, arrondissement de Rochechouart (Haute-Vienne).
(3) Egletons, chef-lieu de canton, arrondissement de Tulle (Corrèze).
(4) Vitrat, canton de Montemboeuf, arrondissement de Confolens (Charente).
(5) Vouton, canton de Montbron, arrondissement d'Angoulême (Charente).
(6) Nonars, canton de Beaulieu, arrondissement de Brive (Corrèze).

Il épousa : 1º, le 29 novembre 1681, Antoinette de Soubros, du village de Lestrade, paroisse de Nonars; elle mourut à vingt ans, le 29 novembre 1683, dont : 1º Claude, né le 18 janvier 1683. Il épousa : 2º ..... Frangouze, dont : 2º Louis, né le 1ᵉʳ février 1691; 3º Catherine-Marguerite, née le 3 janvier 1693. Il épousa : 3º Marie d'Araqui, dont : 4º Louis, né le 3 février 1704.

DU PUY (1). — *V.* La Thoumassière, *Hist. du Berri.*
[Abbon du Puy, chevalier. (Voyez mes *Mém. mss. abb. du Lim.*, p. 513.)
G..... du Puy, chevalier, vivait en 1262. (*Ibidem*, p. 528.)
G..... du Puy, écuyer, vivait aussi en 1262. (*Ibidem.*)
On trouve dans les registres de Roherii, notaire à Limoges, p. 47, nº 43, *apud* D. Col., Raymond du Puy, *de Podio.*]

V. — Geofroy ou Godefroy du Puy, Sᵍʳ de Dames en Berri, fils de Perrin IIᵉ du nom, et de Jeanne Dufour, dame des Places près Romorantin, acquit la terre du Coudrai-Monin; fut chambellan du roi Charles VI et de Jean, duc de Berri (Duchesne, *Hist. mais. Chasteign.*, p. 198 et sequent.). Il fit le voyage de Barbarie avec le duc de Bourbon et le seigneur de Couci, et, au retour, il se trouva à la bataille d'Azincourt, en 1415, où il demeura prisonnier, et fut mené en Angleterre, où il demeura un an entre les mains de deux chevaliers, auxquels il paya une grosse rançon, et mourut en 1421. Il voulut que, du manteau de drap d'or, auquel sa femme avait été épousée, il en fût fait une chasuble, où seraient mises ses armoiries avec celles de sa femme, et qu'on la donnât au monastère du Bourgdieu (*Ibidem*, p. 197 et 306). Il avait épousé, le 23 mai 1397, Jeanne de Pierrebuffierre, baronne de Bellefaye, fille de Jean, Sᵍʳ de Pierrebuffierre et de Châteauneuf, et de Hyacinette de Besse, dont il eut : 1º Jean, mort sans lignée; 2º Louis, qui suit; 3º Louise, mariée, le 14 janvier 1416, à Plotard de Cluis, Sᵍʳ de Briantes; 4º Jeanne, alliée, le 17 mai 1422, à Robert, Sᵍʳ de Neuville et de la Guerche; 5º Marguerite, qui épousa, le 20 avril 1428, Etienne de Château-Chalon, Sᵍʳ de Billi en Sologne; 6º Isabelle, mariée, le 11 décembre 1430, à Gilbert Branden, Sᵍʳ de Fressineau; 7º Marie, alliée, le 12 juin 1432, à Louis, Sᵍʳ de Montrognon, Sᵍʳ de Salvert et de Chat en Auvergne; 8º Jacquette, qui épousa, le 24 avril 1427, Jacques de Trivières, Sᵍʳ de la Motte d'Orsan et du Mursault en Auvergne; 9º Perrette, femme de Jean de Charenton, Sᵍʳ de Chezelles; 10º Annette, mariée à Louis de Lezai, Sᵍʳ de Chantoliers et de l'Isle-Jourdain (2), était mariée en 1410 (Simplic., T. III, p. 92); 11º Catherine, femme de ....., baron de Maumont en Limousin; 12º Philippe du Puy, mariée à ....; Sᵍʳ de la Roche-Aymon en Auvergne.

VI. — Louis du Puy, chevalier, Sᵍʳ du Coudrai-Monin, Vaux, Dames, la Forest, Chantemilan et la Tour-Saint-Austrille (3), baron de Bellefaye, etc., fut chambellan des rois Charles VII et Louis XI, sénéchal

---
(1) *V.* T. II, p. 63.
(2) Isle-Jourdain, chef-lieu de canton, arrondissement de Montmorillon (Vienne).
(3) La Tour-Saint-Austrille, canton de Chénerailles, arrondissement d'Aubusson (Creuse)

de la Marche et gouverneur de Châtellerault; servit au siége de Castillon, en 1453, et y conduisit les troupes du comte de Castres. D'après Duchesne (*Hist. mais. de Chasteign.*, p. 198), il mourut en 1484; mais le duc de Bourbon lui permit et à son fils, au mois de mars 1494, de fortifier ses châteaux de Chantemilan, de la Tour-Saint-Austrille, et d'y faire *maison forte*, et que les hommes y fissent guet et garde; il mourut peu après (SIMPLIC., T. VIII, p. 903). Il avait épousé, le 22 mai 1455, Catherine de Prie, fille d'Antoine, Sgr de Busançois et de Moulin, grand-queux de France, et de Madeleine d'Amboise : elle était sœur de René de Prie, depuis évêque de Limoges. Elle fut enterrée avec son mari chez les Carmes de Bourges. De ce mariage naquirent : 1º Jean, qui suit; 2º Jeanne, mariée à Antoine de Thiern, Sgr de Legnac et de Sauvagnac en Auvergne; 3º Suzanne, femme d'Odet d'Archiac, Sgr d'Availles, de Fromignac et de Mostières; 4º Gabrielle, dame de Bagneux, vivante en 1480; 5º Madeleine, alliée à Gui de Chastaignier, Sgr de la Rocheposay, en 1481; 6º Marie, qui épousa, le 5 octobre 1480, Georges, Sgr de Vouhet en Berri; 7º Louise du Puy, mariée à Charles, Sgr d'Arbouville et de Bruneau en Beauce.

VII. — Jean du Puy, Sgr de Coudrai-Monin, baron de Bellefaye, Sgr de Chantemilan, la Tour-Saint-Austrille, la Forest (DUCHESNE, *Hist. mais. Chasteign.*, p. 310), chambellan du roi Louis XII, et bailli de Costentin, fut fait lieutenant général et gouverneur du Rouennais par le duc de Bourbon en 1488, et du duché d'Orléans par le duc d'Orléans, auquel il s'attacha dès sa jeunesse, et avec lequel il fut fait prisonnier à la bataille de Saint-Aubin-du-Cormier. Il fit le voyage de Naples avec le roi Charles VII; le roi Louis XII le pourvut, en 1508, de l'office de grand-maître des eaux et forêts. Il mourut au château du Coudray, le 26 août 1513, après avoir fondé un hôpital à Bellefaye; il fut enterré dans l'église des carmes de Bourges, qu'il avait fait rebâtir. Il avait épousé, le 8 février 1505 (1506), Philippe de Baissel (Beissey), l'une des filles d'honneur de la reine Anne de Bretagne, et fille d'Antoine, Sgr de Longecourt, baron de Tilchastel et bailli de Dijon, colonel des suisses et lansquenets, et de Jeanne de Lenoncourt-Gondrecourt; elle se remaria à Antoine Raffin, sénéchal d'Agenois. Etant veuve, elle comparut à Guéret, le 27 avril 1521, à la réformation de la coutume de la Marche; elle mourut le 22 avril 1554, ayant pour enfants : 1º Georges, qui suit; 2º Françoise du Puy, mariée : 1º, le 26 mai 1527, à Charles Acarie, Sgr de Bourdet et de Charroux (1); 2º à Gilles Sanglier, Sgr de Boisrogues; elle mourut, le 30 juillet 1559, à Paris, fut enterrée aux bernardins.

Jean du Puy, Sr des Viergnes, comparut à Guéret, le 27 avril 1521, à la réformation de la coutume de la Marche.

VIII. — Georges du Puy, Sgr de Coudray-Monin, baron de Bellefaye, chevalier, Sgr de Chantemilan, la Tour-Saint-Austrille et la Forêt, né au Couldray le 4 juin 1509, fut pannetier du roi François Ier; mourut au Couldray, le 6 août 1562. Il avait épousé Jeanne Raffin, fille d'Antoine,

---

(1) Charroux, chef-lieu de canton, arrondissement de Civray (Vienne).

dit Poton, Sgr de Pecalvari, Beaucaire et d'Azai-le-Rideau, sénéchal d'Agenois, gouverneur de Cherbourg, de Marmande en Gascogne, et de la Sauvetat ; elle vivait en 1565, dont : 1º Claude, qui suit ; 2º Philippe, abbé de la Prée, mort en 1560, âgé de vingt-six ans. (Voyez *Gall. christ. nov.*, T. II) ; 3º Geofroi, baron de Bellefaye, né le 16 août 1544, mort sans alliance au siège de la Rochelle, le 24 juin 1573 ; c'est pourquoi son frère lui succéda à Bellefaye ; 4º Philippe, née le 16 août 1532, mariée à François de Gamaches, Sgr de Quinquempoix et de Jussi, vicomte de Remon, chevalier de l'ordre du roi ; 5º Jeanne, religieuse à Saint-Laurent de Bourges, morte en 1580 ; 6º Claude, dame de Chantemilan et de la Tour-Saint-Austrille, née le 16 janvier 1542, mariée, le 15 janvier 1567, à Louis de Chataigner, Sgr d'Abain et de la Rocheposay, chevalier des ordres du roi, gouverneur et lieutenant général de la Haute et Basse-Marche ; 7º Françoise du Puy, alliée à Claude de Saint-Quentin, baron de Blet.

IX. — Claude du Puy, Sgr du Coudrai, baron de Bellefaye, chevalier de l'ordre du roi, né le 10 juillet 1536 (DUCHESNE, *Ibid.*, p. 314 ; — SIMPLIC., T. VIII, p. 904), chevalier de l'ordre du roi, accompagna le roi Henri III en son voyage de Pologne, vendit sa terre de Dames pour subvenir aux frais de ce voyage. Il mourut à Rome le 3 novembre 1577, et y est enterré dans l'église de Saint-Louis. Il avait épousé, le 9 janvier 1561 (1562), Jeanne de Ligneris, fille de Théodore, Sgr de Chauvigni, de la Motte-d'Ormoi, de Beaumont en Gastines, etc., et de Françoise de Billi, dame de Courville, dont il eut une fille unique : Peanne du Puy, dame du Coudray et de Bellefaye, mariée : 1º, en 1579, à Louis, Sgr de Saint-Gelais, lieutenant du roi en Poitou ; 2º à Prégent de la Fin, vidame de Chartres, Sgr de la Ferté-Arnault.

Jean-Gillet du Puy, chevalier, Sr des Barras, paroisse de Benayes, demeurait à Bordeaux, 1686.

[PUY-CHEVALIER (1).

PUYDAFOU (2).

PUYDEVAL.

Terre, dans la sénéchaussée de Tulle, qui appartenait autrefois à la maison de la Jugie : elle avait encore son seigneur particulier en 1698.

François de la Jugie du Puy-de-Val, baron des Rieux, créé chevalier du Saint-Esprit le 31 décembre 1585.]

PUYFERRA. — *V.* LAPORTE.

[PUY-JOUBERT ou PUYJOUBERT.

---

(1) Puy-Chevalier, commune de Marval, canton de Saint-Mathieu, arrondissement de Rochechouart (Haute-Vienne).
(2) Etait à la page 2556, déchirée.

PUYMALHIOT.
Château situé sur la paroisse de Benayes (1), au diocèse de Limoges, qui existait le 16 février 1608. (Papiers domestiques de M. de Daignac, signé Dupin, notaire.)

PUYMAREST.
Il y a en Limousin 18 brigades de maréchaussée, dont M. de Puymarest est prévôt général vers 1734. (NADAUD, *Méll. mss.*)]

PUYMAUREL.
Pierre de Puymaurel, diocèse de Limoges, épousa Bertrande de Grossolas, fille de Raymond, chevalier, et de Marguerite Vigier ; elle transigea avec son frère, en 1326, pour raison des biens qui avaient appartenu à leurs père et mère. (SIMPLIC., T. IX, p. 384.)

PYUMOULINIER (2).

[PUY-RIGAUD, seigneurie ou fief mouvant du duché de Montauzier en Angoumois.

PUYSÉGUR. — *V.* CHASTENET DE PUYSEGUR, T. I, p. 442.]

PUYTOURAUD.
Noble Mathurin de Puytouraud, écuyer, S^{gr} de la Fa, 1470.

---

(1) Benayes, canton de Lubersac, arrondissement de Brive (Corrèze).
(2) Était à la page 480, déchirée.

Supplément a la lettre L.

LABADIE (p. 1). — Le *Dictionnaire héraldique* (par Ch. GRANDMAISON), donne ainsi les armes de cette famille : *d'azur à une tierce, accompagnée en chef de deux étoiles, et en pointe d'un croissant, le tout d'argent, à la cotice de gueules.*

LABICHE (p. 2).
Mathieu Labiche, bourgeois de Limoges, avait épousé, avant 1623, Paula de Beaubreuil (généalogie Lamy). Ils n'eurent qu'un fils, Jacques, dont l'inscription suivante va nous faire connaitre la mort :

« Cette chapelle, dite de la Briche, qu'a fait construire Mathieu de la Briche, bo. de cette ville de Limoges, a esté fondée pour partie de la réparation de l'assassinat cois de guet à Paris, le 7e de may 1624, en la psne de déf. Jacq. de la Briche, fils vniq. dudt Mathieu, leql Mathieu, père, et Paule Veyrier, veufve dud. feu Jaq., prsuiva la reparaon dud. crime auraient obtenu sentence du lieut. criml de Poitiers, le 15e juil. 1625, ou la cause avait esté renvoyée par Ar. du Conl pvé du R. p. laqle Jean Boyol dit le Prince, Pierre Boyol dit Petit-Pey, Jean Boyol dil Menault, Jean Cousin dit Vernaissant, Jean du Bure, Grégoire de Cordes et Je. Bastide ont été condamnéz à estre rompus vifs sur une roue, en 30 mil livre de reparation civile envers lesd. de la Briche père, et Veyrier, veuve, en 400 livres d'amende envers le Roy applicable selon qu'il est porté par lad. sentence, et en cent livre de rente annuelle affin de fe célébrer en cette église, ou led. déf. a été inhue, une messe chacun jr de mardy et un service solemnel le 7e de may, le tout par chacun an à perpétuité, et ordonné qu'en icelle église serait mise une lame de cuivre ou seroient escrit les causes de lad. fondation et pouroient lesd. père et veufve dud. def. fe construire une chapelle en lad. égle ou au cimetière d'icelle, pr y transférer la célébraon desd. messe et service, et y fe mettre lad. lame de laqle chap. le droit de patronage et présentaon aptiendront perpétuellemt aux enfans masles dud. def. de la Briche et aux leurs aussi masles d'ainés en ainés, et à défaut de masles à l'ainée des filles, de tous lesqls condamnez il n'y a eu que Jean Boyol dit le Prince qui se soit représenté, et ainsi à l'esgar des aues, lad. sentence rendue par contumace demeure définitive. Et pour ce qui est dud. Jean Boyol, par Ar. du Plet de Paris du 29 de may 1629, il avoit esté banny du Roye pr 9 et condamné en 12 mil livres de reparaon civile et en tous les dépens ensemblemt en mil livres d'amande vers la roy, et en ce. livres de rente annuelle pr fe prier Dieu pr l'âme du deffunt et ensuite par transaction passée pardevant Rougier, not. royal en cette ville, le 22 d'avril 1632, il s'est obligé d'assigner ladite rente sur suffisans fonds au payement d'icelle pr la fondaon de ladite chapelle et par aue Ar. dud. Plet de Paris, du 16 juil. 1632, il a esté ordoé q. lad. rente de cent livres seroit payée au chapelain de lad. cap., qui seroit présenté par lesd. de La Briche et establÿ par Mgr l'Evêque de Limoges, p. les services ordonnez pr le defunt ».

Au-dessous est un écusson qui a *un chevron, accompagné en chef de 2 étoiles, et, en pointe, d'une biche sur un char.*

Sur les vitraux de cette même chapelle on trouvait encore : *d'argent, au chevron d'or, accompagné en chef de deux étoiles du même, et en pointe, une biche passant sur une terrasse de sinople.* (Biblioth. nationale des Mss., S. F. 5024, p. 160.)

La chapelle où était cette inscription était dans l'église de Saint-Maurice de Limoges, à main droite du grand autel.

Guillaume de Labiche, S^{gr} de Marsat, testa le 6 juillet 1683. A cette époque il était époux de N..... Crouchaud, et avait pour enfants : 1° Pierre, prêtre de l'Oratoire ; 2° autre Pierre, Sr de Marsat, conseiller du roi au présidial de Limoges ; 3° Marie, épouse, en premières noces, de N..... Dorat, bourgeois et marchand, et en deuxièmes noces, de Jean-Baptiste Dupin, baron d'Aigueperse ; 4° Valérie, qui épousa Jean-Baptiste Marchand, Sr de la Couture, bourgeois et marchand ; elle fut veuve le 1er juin 1722, et mourut le 13 juin 1732, à l'âge de soixante-dix-huit ans (T. III, p. 136). L'exécuteur testamentaire du testament où se trouvent les noms ci-dessus était Pierre de Labiche, conseiller au présidial, S^{gr} de Reignefort, frère dudit Guillaume, S^{gr} de Marsat. (Testament trouvé fermé en 1865 ; — Archives de M. l'abbé Tandeau de Marsac.)

Joseph de Labiche, bourgeois de Limoges, époux de Suzanne Mousnier, testa le 17 juillet 1691, ayant pour héritier Jacques de Labiche, S^{gr} de Reignefort, son frère germain, et pour exécuteur testamentaire, M. de Labiche, seigneur de Marsat, avocat du roi au bureau des finances, vivant en 1696, trésorier de France, son cousin-germain. (*Ibidem.*)

N..... Labiche de Montmolinet, comme petit-fils d'Argenteaux (*de Argentelis*), nommait, en 1721, le titulaire de la chapelle de Sainte-Madeleine dans le cimetière de Saint-Paul. (*Pouillé* de Nadaud, article *Saint-Paul.*)

Elisabeth de la Biche épousa Gaucher de la Vergne, écuyer, paroisse d'Aixe. Leur fils, Jean-Baptiste-Charles de la Vergne, fut tonsuré en 1773. (*Nobiliaire*, III, p. 66.)

La famille de la Biche a eu trois confesseurs de la foi pendant la tourmente révolutionnaire :

Jean-Baptiste de la Biche, né à Limoges en 1738, était prêtre et prieur claustral des bénédictins de Saint-Maur, de la maison de Saint-Sulpice de Bourges (Cher). (Le prieur claustral était le supérieur réel en l'absence de l'abbé commendataire.) Après la suppression des ordres monastiques, en 1791, M. de la Biche se retira dans son pays natal. Il refusa les trois premiers serments, et fut arrêté en 1793 ; condamné à la déportation, il fut conduit à Rochefort et embarqué sur les *Deux-Associés*, où il mourut, le 12 août 1794. Ses cendres reposent dans l'île d'Aix. « M. de La Biche, dit un de ses compagnons de déportation, était un bon religieux, rempli de l'esprit de son état et fort instruit ; la douceur faisait son caractère distinctif. » (*Martyrs du diocèse de Bourges*, par M. l'abbé Caillaud, p. 215.)

Marcel-Gaucher de la Biche de Reignefort, prêtre, ancien missionnaire du diocèse de Limoges, frère aîné de Pierre-Grégoire, qui suit, était né en 1752. Il résista au schisme constitutionnel de 1791, et ne se laissa point entraîner par les terribles évènements de la fin de 1792 à faire le serment de *liberté-égalité*; on l'arrêta avec son frère en 1793, on s'empara de ce qu'il possédait dans la maison du Sⁱ Benoît de la Biche, rue Sainte-Valérie, à Limoges, où était aussi présente Léonarde de La Biche, et au village de Bois-Gaillard, commune de Limoges, pour le vendre nationalement (Archives de la Haute-Vienne, liasse 269). Après quelques mois de séjour dans les prisons, l'un et l'autre furent condamnés à la déportation au-delà des mers, et envoyés à Rochefort pour y être embarqués : on les mit sur le navire *les Deux-Associés*. Marcel Gaucher y succomba le 26 juillet 1794, à l'âge de quarante-deux ans, et ses restes furent inhumés dans l'île d'Aix. Un des compagnons de déportation de Marcel Gaucher le dépeignait ainsi en 1800 : « Ecclésiastique très-vertueux, que distinguait la plus tendre piété, et dont la douceur de caractère était au-dessus de tout éloge. » Voici comment son frère Grégoire s'exprime au sujet de sa mort, dans la relation imprimée en 1796 et 1807 : « Mon frère, ce vertueux et tendre frère, dont j'eusse voulu faire mon ami particulier s'il ne l'eut pas été déjà comme étroitement uni avec moi par les liens du sang, mourut au petit hôpital (des Barques) pendant que j'étais au grand (dans l'île Madame), luttant avec la mort ; en sorte que le ciel me refusa jusqu'à la triste consolation de l'assister dans ses derniers moments, de le presser contre mon sein, d'essuyer sur son pâle front la froide sueur de la mort. J'ai su, à la vérité, que, singulièrement aimé des infirmiers, ses confrères, à raison de sa douceur et de sa rare piété, aucun des secours, tant spirituels que corporels que nous pouvions recevoir dans de tels hôpitaux, ne lui avaient manqué ; mais cette certitude, en calmant mes inquiétudes, n'a pu éteindre mes regrets ..... Quel coup de foudre, grand Dieu! quand un saint religieux, le prieur de la Trappe, m'apprit que mon frère était mort depuis quinze jours! Je faillis en périr de douleur. Et quel sujet n'avais-je pas, en effet, de regretter amèrement ce tendre frère? A des talents peu communs, et à un grand fond de connaissances, il joignait une délicatesse de conscience encore plus rare, beaucoup de douceur dans le caractère, une candeur admirable, un zèle ardent pour la religion, et surtout une patience et une résignation à toute épreuve, dans une maladie de nerfs la plus opiniâtre et la plus cruelle qui fut jamais. Il ne passait pas un seul jour sans souffrir, et il souffrait quelquefois à un point excessif; il se bornait alors à se retirer seul à l'écart pour n'être un sujet de peine à personne. Jamais il n'avait été fonctionnaire public, à raison de sa maladie, qui toujours frustra toutes les vues et tous les projets de son zèle. Il était de plus exempt de la déportation, par les lois mêmes qui l'avaient ordonnée, vu son infirmité constatée par les certificats des médecins, et cependant il n'en fut pas moins conduit avec nous à Rochefort. Je dois dire, à la vérité, que, par une sainte et courageuse émulation, à la vue de ses frères prêts à partir, il négligea les moyens de dispense qu'il eût pu si légitimement alléguer. J'eus beau les faire valoir pour lui en d'itératives pétitions, pendant le séjour que nous fîmes à Rochefort, l'injustice était à l'ordre du jour : on ne m'écouta pas. Le ciel avait arrêté que mon frère périrait martyr de sa religion et victime d'une double injustice. Toute sa vie il avait désiré de mourir pour Dieu : il vit arriver la mort sans alarmes, et la subit sans regret. Il s'endormit doucement du sommeil du juste au moment où l'on y pensait le moins et presque sans qu'on s'en aperçût. O mon frère, mon tendre frère ! je crois vous être redevable auprès de Dieu de mon retour inespéré à la vie. Hélas! ne m'auriez-vous obtenu quelques années de surcroît que pour que je perdisse la couronne à laquelle je touchais presque? Loin de moi une idée si désolante! Ah! joignez donc à cette première faveur celle de m'obtenir des vertus pareilles aux vôtres, et un aussi saint usage de la vie que celui que vous en fîtes, afin que, réunis un jour dans cette heureuse patrie où la mort n'a point d'accès, nous puissions renouer à jamais le saint commerce qu'avait commencé de former ici-bas la grâce encore plus que la nature..... Mais, puisque le ciel a voulu que je restasse sur la terre après vous, qui me donnera du moins de voir le Seigneur rendre à ma chère patrie son antique religion avec la douce paix, afin que l'Eglise puisse un jour décerner aux restes de tant de généreux athlètes les honneurs légitimes que l'on rend à la dépouille mortelle des saints, et que moi-même je puisse, parmi les cendres vénérables de tant de dignes ministres de Jésus-Christ, démêler la cendre à jamais chère à mon cœur du meilleur et du plus tendre des frères? » (*Martyrs de la foi pendant la Révolution française*, GUILLON, III, p. 387.)

Pierre-Grégoire de la Biche de Reignefort, né à Limoges, frère du précédent, était official métropolitain à Limoges au moment de la Révolution ; il était aussi chanoine de Saint-Martial. Il refusa tous les serments schismatiques, et fut condamné à la déportation ; il partit au mois de février 1794 : après huit jours de marche, il arriva à Rochefort avec quarante de ses compagnons d'infortune. Après quelques jours de prison dans cette ville, ils furent embarqués sur le vaisseau *les Deux-Associés*, où un si grand nombre d'entre eux laissèrent la vie. Pierre-Grégoire a écrit lui-même la relation de leurs souffrances. Il eut le bonheur d'en revenir ; mais il fut encore obligé de se cacher longtemps au Chambon, aux Champs, à Marsac, etc. Enfin, le calme étant rendu à la France, il ne cessa de s'occuper d'œuvres. Il est le principal fondateur des Frères des écoles chrétiennes à Limoges. Il fut chanoine de la cathédrale de Limoges, et mourut au mois de septembre 1831, à l'âge de soixante-quinze ans.

Parmi les ouvrages qu'il a laissés, voici ceux qui sont parvenus à notre connaissance :

1º *Les beaux jours de l'Eglise naissante, ou Recueil des monuments les plus curieux et les plus édifiants de l'histoire ecclésiastique*, 1 fort vol. in-8º ;

2º *Guide et modèle des âmes ferventes, ou Vie de la sœur Le Noir, religieuse de la Visitation, morte en odeur de sainteté en* 1791, 1 vol. in-12;

3º *Apologues et allégories chrétiennes, ou Vers français à l'usage des pensions*, 1 vol. in-12, belle édition, avec une très-jolie gravure ;

4º *Relation de ce qu'ont souffert les prêtres détenus en* 1794 *et* 1795, *déportés à Rochefort*, 1 vol. in-8º, 1796. Deuxième édition augmentée de près de moitié, et en particulier de notices intéressantes sur plus de quatre-vingts des prêtres morts dans cette déportation, 1 vol. in-8°. Paris, Leclerc, 1801 ;

5° *Manuel du pécheur touché de Dieu et du juste qui veut avancer dans la vertu*, à l'usage du diocèse de Limoges. 1 ou 2 vol. in-12. Limoges, Martial Ardant, 1809 ;

6° *Instruction sur la dévotion du Chemin de Croix, avec ses pratiques et ses prières*. — Troisième édition, où se trouve la manière d'établir cette dévotion, in-12 ;

7° *Modèle des dames chrétiennes, ou Vie de M*^{me} *Desmarais-du Chambon*, morte à Limoges en 1790, en grande réputation de vertu. 1 vol. in-12. Limoges, Bargeas, 1820 ;

8° *Paraphrase du Pater*, avec un abrégé de l'oraison mentale, brochure in-12 ;

9° *L'ancien Pensez-y-bien*, nouvelle édition considérablement augmentée, 1 vol, in-24 ;

10° *Six mois de la vie des saints du diocèse de Limoges*. 3 vol in-12. Limoges, Barbou, 1828 ;

11° *Divini amoris fasciculus*. Lemovicis, Chapoulaud, 1832. 1 vol. in-24.

La famille de la Biche est représentée de nos jours dans les communes du Dorat, de Bussière-Poitevine (Haute-Vienne) et de Lussac-les-Châteaux (Vienne).

Philippe de la Biche, officier, chevalier de la Légion-d'Honneur, épousa Marie-Justine de Laveau-Saint-Etienne de la Lande, dont : Louis de La Biche, marié, le 12 avril 1842, à Marie-Louise-Esther Taveau, fille de Jean-Edmond Taveau, officier de cavalerie sous l'Empire, reçu chevalier de la Légion-d'Honneur après la bataille d'Austerlitz, et de Marie-Louise de Puyguyon. (*Dict. des anciennes familles du Poitou*, généalogie Taveau.)

DE LA BROUE (p. 4).

Jean-Louis de la Broue, écuyer, seigneur du Pouyaud, servait au ban de 1635. Le Pouyaud est commune de Dignac, canton de La Valette (Charente).

Jean-Louis de la Broue, seigneur de Dignac, gendarme de la compagnie du comte de Nancy, en 1636, ne paraît pas s'être marié. Il était fils de Salomon de la Broue, seigneur de Pouyaud, de Rochereau et du Roulet, écuyer d'un duc d'Épernon, auteur d'un Traité sur la cavalerie, et de Jeanne Guy de Ferrière.

Charlotte-Louise de la Broue, fille de Louis, marquis de Vareilles, et de Marie-Monique de la Broue, épousa, le 2 février 1731, Joseph de Villedon, chevalier, seigneur de la Chevrelière, etc. (*Dict. des anciennes familles du Poitou*, généalogie Villedon.)

Armes : *d'azur, au chevron d'or, accompagné en chef de deux coquilles d'argent et d'une main de même en pointe, posée en pal.*

Devise : 1° *In manibus Domini sors mea.* — Mon sort est entre les mains du Seigneur.

2° *Cum virtute nobilitas.* — La noblesse est dans le courage.

Cette famille est représentée en Poitou (ban et arrière-ban de l'Angoumois en 1635, par Th. de B. A.).

M*me* de la Bastide, née Clotilde de la Broue de Vareilles, comtesse d'Hust, est morte à Magnac, en Limousin, le 13 février 1870. (*Semaine religieuse de Limoges*. T. VIII, p. 123.)

LA BROUSSE (p. 4). — Armes : *d'or, au chêne terrassé de sinople, fruité de 12 glands d'or, au chef d'azur, chargé de 3 étoiles d'or*. — Périgord et Saintonge. (*Dict. hérald.*, Ch. GRANDMAISON.)

DE LA CELLE.

Pierre de la Celle-Bonfons, écuyer, seigneur de Thouron, donna plusieurs rentes à Grandmont en 1223.

Jaubert de la Celle, seigneur de Thouron, successeur du seigneur Pierre de la Celle, donna tout son droit sur l'étang de Thouron, autrement de la Tricherie, 1260.

Les armes sont *d'or, semé de fleurs de lys et de tours*. (NADAUD, *Bienfaiteurs de Grandmont*, mss.)

Cette famille tire son nom de la Celle, canton de Dun (Creuse). Dès le xie siècle, le château de Bouëri, situé dans cette paroisse, lui appartenait, et il a été son principal manoir pendant plus de 500 ans.

Vers l'an 1100, époque de la fondation de l'abbaye d'Aubepierre, à laquelle saint Bernard assista lui-même, on y voit figurer un La Celle, seigneur de Bouëri, comme l'un des fondateurs.

En 1269, Hesseline de Bridiers, mère de Jean Aimard de La Celle, fit des dons aux religieux d'Aubepierre, et, en 1327, Guillaume et Geofroi de la Celle en firent encore de nouveaux.

Bernard, vicomte de Comborn, fit, en 1116, une donation au prieuré de Ventadour, en présence et du consentement de plusieurs personnes distinguées, savoir : Hugues de la Celle, Bernard de Brivezac, etc., etc.

En 1203, Geofroi de la Celle était grand sénéchal du Poitou.

En l'année 1241, lorsque la comtesse Souveraine de la Marche était en guerre avec le roi saint Louis, et qu'elle entraînait dans son parti un grand nombre de gentilshommes de la province, N..... de la Celle, voulant donner au roi une preuve signalée de son attachement à sa cause, lui envoya une promesse signée de son sang de lui être fidèle contre la comtesse et les Anglais, qui s'étaient réunis à elle.

Hugues de La Celle, chevalier, mérita la confiance du roi Philippe-le-Bel. C'est lui qui a été gouverneur de la Marche.

Son fils, Guillaume de la Celle, fut nommé après lui gouverneur de la Marche. Ce Guillaume de la Celle a été inhumé dans le chapitre de l'abbaye d'Aubepierre. Son nom et son écusson étaient gravés sur sa tombe. Ce dernier était *d'argent, à l'aigle éployée de sable, becquée et membrée d'or*. Charles le Bel, voulant le récompenser des services qu'il lui avait rendus dans son gouvernement, lui donna, l'an 1326, le marquisat de Laurière, qui faisait alors partie du domaine de la couronne.

En 1282, Nicolas de Salignac-Fénelon, l'un des ancêtres du célèbre archevêque, épousa Gabrielle de la Celle.

Au commencement du XIVe siècle, Jean de la Celle, chevalier, était sénéchal de Carcassonne (MORÉRI dit : seigneur de Carcassonne), sa fille, Charlotte la Celle, épousa Guillaume III, seigneur du Plessis. Cette Charlotte a été la sixième aïeule d'Armand-Jean du Plessis, cardinal, duc de Richelieu.

En 1456, Raoulin de la Celle épousa Catherine, de l'illustre maison de la Trémouille. Toutes les branches de la famille de la Celle qui existent sont descendues de ce mariage. Pierre de la Celle épousa aussi Marguerite de la Trémouille.

En 1445, noble Hugues de la Celle, chevalier de Rhodes, fit un traité avec son frère, noble Eslion, dans lequel il est dit qu'il lui cède ses droits, dîmes, cens, rentes et hommes de servitude, à cause de la pieuse et singulière dévotion et affection qu'il a d'être de la religion de M. de Saint-Jean de Jérusalem, à laquelle il s'est voué, et qu'il désire se départir du pays de deça pour aller à Rhodes vivre et mourir pour soutenir et défendre la loi de Dieu, son seigneur.

En 1495, le roi Charles VIII accorda à Raoulin de la Celle, comme descendant des aînés de famille, de porter seul, pour armes, *une aigle de sable en champ d'argent, démembrée d'or,* ainsi qu'elles sont apposées, de toute ancienneté, dans l'église paroissiale de la Celle.

En 1542, le roi François Ier donna à Jean de la Celle, seigneur de Lavis, homme d'armes de la compagnie de ses ordonnances, la conduite de plusieurs compagnies de cavalerie, dans le pays de Guyenne, où il rassemblait des troupes contre Charles-Quint.

En 1579, les la Celle de Lavis se rendirent à un appel qui leur fut fait par M. le maréchal d'Aumont, qui les priait de s'employer et venir au plus tôt par deçà, en ce qu'il ne se présenterait jamais une occasion pareille de rendre service au roi, et que leur devoir et honneur les y conviaient.

Louis de la Celle était l'un des cent gentilshommes du roi en l'année 1589. Jean de la Celle le fut aussi en 1606.

Henri IV adressa aux la Celle une ordonnance pour assembler des troupes.

Louis de la Celle servait dans le ban de la noblesse qui fut appelé en 1674.

Depuis plus de deux siècles, les la Celle ont possédé le vicomté de Château-Clos. Sous le règne de Louis XVI, ils ont fait les preuves nécessaires pour être admis à l'honneur de monter dans les carosses du roi. (*Hist. de la Marche*, T. II, p. 8.)

Hugues de la Celle, chevalier, seigneur de Fontaines, etc., fut choisi par le roi Philippe-le-Bel, en 1312, pour gouverner les comtés de la Marche et de l'Angoumois. Il était sénéchal du Poitou et de Saintonge. Il fut un des chevaliers commissaires chargé par le roi de recevoir les déclarations des Templiers. (*Hist. de France*, par VOLY, T. VII, p. 454, *apud idem*, p. 7.)

En 1589, première année du règne de Henri IV, le vicomte de la Celle de Châteauclos, engagé dans le parti de la ligue, s'empara, au nom de cette faction, de la ville d'Issoire, en Auvergne, conjointement avec le comte de Randan, gouverneur d'Auvergne, qui avait fait révolter cette province presque toute entière, et avait attiré à sa suite une partie de la noblesse du pays. La ville d'Issoire fut emportée d'emblée, par le moyen de trois pétards, après un sanglant combat. (*Hist. de la Marche*, T. II, p. 51.)

De la Celle de Châteauclos ou Châteaucloux, famille d'origine chevaleresque et l'une des plus anciennes de la province de la Marche, à laquelle elle a fourni un gouverneur en 1326, un sénéchal de Carcassonne, et un grand nombre d'officiers de tous grades. Nous ne la mentionnons ici que pour rappeler qu'un seigneur de cette maison, connu sous le nom de vicomte de Châteaucloux, l'un des principaux officiers du comté de Randan, se rendit célèbre dans nos contrées, pendant les guerres de religion. Cette famille était représentée naguère par Léonard-Sylvain, comte de la Celle, décédé au château de Chapette (Allier), à la fin de septembre 1843.

Armes : *d'argent, à l'aigle éployée au vol abaissé de sable, becquée et membrée d'or.* (*Nobiliaire d'Auvergne*, T. II, p. 55).

Le marquis Casimir de la Celle, était maire de la commune d'Ajain (*Hist. de la Marche*, T. I, p. 149). Il est mort au château d'Ajain en 1812.

Anne-Jean-Baptiste, comte de la Celle, chevalier de Saint-Louis, épousa Marie-Anne-Florentine de Maumont, dont Marie-Joseph-Jules, qui suit.

Marie-Joseph-Jules, vicomte de la Celle, ancien garde du roi, de la paroisse de Lubersac, épousa à Châteauponsac, le 16 mars 1824, Marie-Anne-Charlotte-Benedicte-Aglaé Mathieu de Ventenat, fille de feu Jules-Alexis-Mathieu de Ventenat et de dame Marie-Angélique Dargier de Saint-Vaulry, dont : 1º Marie-Jean-Baptiste-Hugues, ondoyé le 2 décembre 1824, reçut les cérémonies du baptême à Châteauponsac, le 3 mai 1825, mort le 18 octobre 1846 ; 2º Louis-Marie-Hildebert, baptisé à Châteauponsac le 3 mai 1831 ; 3º Marie-Charles-Henri, né au mois de janvier 1833 et baptisé le 3 juin de la même année. (Registres de Châteauponsac.)

LA CHAPELLE-TAILLEFER (p. 8).

Pierre de la Chapelle-Taillefer naquit à la Chapelle-Taillefer, près Guéret, lieu agréablement situé sur la Gartempe, et défendu autrefois par un château-fort, qui fut le berceau de notre cardinal. Ses parents étaient en effet seigneur de la Chapelle-Taillefer. Il fut d'abord prévôt d'Eymoutiers au diocèse de Limoges et non d'Agen, comme ont traduit quelques auteurs. En 1270, il enseignait le droit-canon à Orléans, et l'on prétend qu'il eut dans dans cette ville, pour écolier, Bertrand de Got, depuis pape, sous le nom de Clément V. Il fut ensuite nommé à un canonicat de l'Eglise de Paris, et à une place de clerc de la chapelle du roi. Dans ce temps-là (1288), il tint le parlement à Toulouse, et deux ans après à Paris. L'an 1292, il fut élevé sur le siège de Carcassonne. Trois ans après, Philippe IV, roi de France, le chargea avec Pierre de Bourges, sous-chantre d'Orléans, de veiller à l'exécution du traité de paix fait entre lui, Charles de Valois, son frère, Jacques, roi d'Arragon, et Jacques, roi de Majorque.

Pierre de la Chapelle-Taillefer fut ensuite transféré à Toulouse. Sa nomination ne fut pas faite par le chapitre, mais par le pape Boniface VIII, qui se l'était réservée. Elle eut lieu au mois d'octobre 1298. A cause de ses difficultés avec Philippe le Bel, Boniface VIII convoqua à Rome, en 1302, un concile, auquel assista l'évêque de Toulouse. Entre le roi de France et le pape s'agitait alors la question, toujours ancienne et toujours nouvelle, du pouvoir spirituel et du pouvoir temporel. Pierre de la Chapelle-Taillefer, qui s'était trouvé un peu mêlé à ces événements par sa présence à ce concile, fut créé cardinal, le 15 décembre 1305, par Clément V; il fit son entrée dans le sacré-collége le 30 janvier de l'année suivante, et fut nommé évêque de Preneste. Dès lors, il ne fut plus connu que sous le nom de cardinal de Preneste. Peu de temps après, en 1307, il fut chargé par le Souverain-Pontife de faire une enquête au sujet des accusations portées contre les Templiers.

Après ce dernier évènement, la vie du cardinal de la Chapelle n'offre aucun fait bien important. En 1308, il reçut du roi de France 16,000 livres tournois, qui étaient dues à Philippe le Bel par Bertrand de Bordes, évêque du Puy. Deux ans plus tard, il était chargé par le Souverain-Pontife de terminer un différend qui s'était élevé parmi les Frères mineurs. En 1311, il obtint du roi un ample privilége pour fonder une collégiale dans le lieu de sa naissance. Il fit bâtir l'église, mais il ne put l'achever : il mourut le 16 mai 1312. Il fut enseveli dans le chœur de l'église même, où, avant la révolution, on voyait encore son tombeau, remarquable par de nombreux et riches émaux. On y lisait l'inscription suivante, gravée sur une bande de cuivre en lettres remplies d'un émail rouge :

   Fama, genus, mores, quid opes prosint et honores
   Aspice qui memor es, fuge labentes subito res
   Ecce sub hac cella situs est Petrus, plange, Capella,
   Occubuit stella tua, mortis flante procella,
   Petrum petra tegit : heu! sub petra modo degit,
   Qui leges legit, qui tot bona scripta peregit.
   Fames justitiæ, castus, pius, arca sophiæ,
   Istius ecclesiæ fundator honore Mariæ.
   Constans et lenis, parcus sibi, largus egenis
   Hic fuit, indigenis sua præbens et alienis.
   Consilium regis, legum professor et æqui,
   Multiplicisque gregis pastor fuit, anchora legis,
   Præses Abentensis, lux sedis Parisiensis,
   Carcassonensis posthæc antistes et ensis.
   Laudibus annosa quasi sole novo radiosa,
   Fit mage famosa tanto pastore Tolosa,
   Cui felix omen dedit, ac a cardine nomen
   Urbs Prænestina : cecidit necis inde ruina ;
   Anno milleno ter centeno duodeno
   Traditur ad funus, colitur cum trinus et unus,
   Pneumatis octubis, obitus temnus (tempus) situabis.
   Parce sibi, Christe; Michael, tu sancte, resiste
   Dœmonio ; tristis barathrum non senciat iste.

Rex pie, Rex fortis, pietas tua dulcis a mortis
Liberet a portis hunc perpetuae peto mortis,
Amen. I. P. Lemovici fratres fecere sepulchrum
Hoc Aymerici mirando stemmate pulchrum
Hæc laus in tumulo provenit a figulo.

Ses armes sont : *de gueules à deux fasces d'or*.
Nous avons de lui : *Constitutiones Petri de Capella*.

SOURCES : *Sem. relig. de Lim.*, T. IV, p. 206. — M. ARBELLOT, idem, p. 263. — *Dictionnaire d'orfèvrerie*, par M. TEXIER, p. 1060. — *Biographie des Hommes illustres du Limousin*, T. I, p. 123.

LACHATRE (p. 11). — Cette famille, qui compte parmi les plus célèbres du Berry, forma une branche établie à Leyraud, paroisse de Roussac, canton de Nantiat, arrondissement de Bellac (Haute-Vienne); elle porte pour armes : *de gueules, à la croix ancrée de vair*.

I. — Jean de Lachâtre, épousa Marguerite Mortegoute, dont : 1° Jacques, qui suit; 2° François, né le 3 juin 1657 (D).

II. — Jacques de Lachâtre, écuyer, Sgr de Leyraud, eut un procès avec M. Garat, curé de Roussac en 1768, pour son droit de bancs dans l'église dudit lieu. Un arrêt du parlement de Bordeaux lui donna gain de cause le 4 juillet 1769. Il épousa : 1° Anne Brunier. La terre de Leyraud et le domaine du Mas-de-Lavaud passèrent entre les mains de Jacques de Lachâtre, au moyen d'une donation qui lui en fut faite par demoiselle Anne Dumouraud, fille de noble François Dumouraud et de Françoise Combaud, dudit lieu de Leyraud, née le 7 février 1649, et morte le 19 juin 1721. Ce don fut fait par Anne Dumouraud, en vue du mariage effectué entre ledit Jacques de Lachâtre et ladite Anne Brunier, tous deux ses parents (E). — De ce mariage naquirent : 1° Paul, né à Leyraud, le 20 octobre 1722; 2° François, né le 1er août 1725; 3° Henri-Léonard, qui suit; 4° Jeanne, née à Leyraud, le 19 juin 1731, baptisée le lendemain à Rancon; 5° Josèphe, née le 9 mars 1735; 6° probablement Marguerite, épouse de François Sandemois de la Vergne, du lieu de Chez-Galeix, paroisse de Roussac, dont le fils, François, fut baptisé à Roussac, le 28 juin 1760, ayant pour marraine demoiselle Marie Lachâtre, sa tante. Marguerite était morte en 1783 (B C E).

Jacques de Lachâtre épousa : 2° Anne Bonnin, dont : 7° Joseph-Gédéon, né le 10 juillet 1741, décédé le 10 décembre de la même année.

III. — Léonard-Henri de Lachâtre, né le 22 août 1732, fut officier au régiment de Royal-Roussillon; épousa, en 1768, Marie-Scolatique Laurent de Cromas, de la ville du Dorat (A C). Léonard-Henri s'était retiré à Paris après le second mariage de son père, et ce fut là que son parent, le duc de Lachâtre, le fit entrer au service militaire, et lui obtint un brevet d'officier. Le catalogue des gentilshommes qui assistèrent à l'assemblée de la noblesse de la Basse-Marche en 1789 le dit capitaine au régiment de Barrois-infanterie, chevalier de Saint-Louis, Sgr des Granges, jouissant du fief de Leyraud. En 1790, il était président de l'assemblée pour l'élection d'un juge de paix à Rancon (A). De son mariage, qu'il avait contracté après la mort de son père, il eut : 1° Jacques-Joseph, qui suit; 2° Raoul, qui suit après son frère; 3° Marguerite de Lachâtre, qui épousa M. Florimond de Susini, natif de Sartène (île de Corse); 4° Silvie-Anne-Henriette de Lachâtre, qui épousa Louis-Léonce Magon, comte de La Gervesais.

IV. — Jacques-Joseph, appelé le vicomte de Lachâtre, partit pour l'émigration du vivant de son père. Il se rendit à Londres, où il se trouva en rapport avec M. Masgon du Closdoré, dont il épousa la fille. Il revint en France peu après son mariage, et mourut en 1830 (E D).

IV bis. — Raoul de Lachâtre acheta de sa sœur Marguerite la terre de Leyraud, et la vendit peu après, en 1836, à M. Bonnisset.

SOURCES : A, Registres de Rancon; — B, de Balledent; — C, de Saint-Symphorien; — D, de Roussac; — E, Registres de M. TOURNOIS, notaire à Roussac.

LACOUR.
Messire François de Lacour, écuyer, S^{gr} de Ventillat, paroisse de Saint-Sylvestre (Haute-Vienne), figure dans l'acte d'opposition dressé le 21 février 1773, contre la suppression de Grandmont.

DE LA CROIX DE CASTRIES, barons, puis marquis et ducs de Castries, barons d'Anglars, co-seigneurs de la ville d'Ussel, seigneurs de Cadilhargues, de Sueilhes, de Plancy, de Sémoine, de Gourdiége, etc. — Un historien du Languedoc (Andoguc) dit que saint Roch, fils de Jean de la Croix, gouverneur de Montpellier, était de cette famille, et que c'est la croix qu'il apporta sur son estomac, en naissant, que les seigneurs de la Croix ont prise dans la suite leurs armes. Jean de la Croix habitait à Montpellier en 1320, et l'on pense que son descendant fut Guillaume de la Croix, vivant en 1476; celui-ci fut conseiller du roi, trésorier de l'extraordinaire des guerres, président à la cour des aides à Montpellier, sénéchal et gouverneur de cette ville; il acheta à Jean de Pierre (13 avril 1495) la baronnie de Castries, qui donnait droit d'entrée aux Etats du Languedoc. (Cette baronnie fut érigée en marquisat en 1645.) Il épousa Françoise Cézilly. Sa propriété s'est divisée en six branches :

1° Celle des barons de Castries, de Gourdiéges et de Castelneau, qui compte des marquis, puis ducs de Castries, et des alliances avec les de Boissevin, de Montbel de Mazis, d'Isard de Fontanilles, de Vimolio, de Montfaucon, etc. Charles-Eugène-Gabriel, marquis de Castries, maréchal de France, ministre de la marine, etc., mort en 1801, fut père d'Armand-Nicolas-Augustin, né en 1756, créé duc en 1784, maréchal de camp en 1788, député aux Etats généraux de 1789, lieutenant-général des armées du roi en 1814; son fils, Edmond-Eugène-Philippe-Hercule, duc de Castries, général de brigade, chevalier de Saint-Louis, n'a pas d'enfants, et le frère de celui-ci, Armand-Charles-Henri, comte de Castries, a épousé, en 1833, Marie-Augusta d'Harcourt, dont : A Edmond-Charles-Auguste, né en 1838; B Elisabeth-Charlotte-Sophie-Marie, mariée en 1854, à Marc-Edme-Petrus-Maurice de Mac-Mahon, duc de Magenta, maréchal de France, président de la République ; C Jeanne-Elisabeth-Marie, née en 1843 ;

2° Celle des barons d'Anglars, en Limousin, seigneurs d'Ussel, dont Louis, baron de Castries, fils de Guillaume et de Françoise Cézilly est la tige ; il épousa Jeanne de Montfaucon, fille unique de Claude, baron de Vezenobre, et d'Anne d'Ussel, baronne d'Anglars. Ses descendants se sont alliés directement aux de Guilhen (1535), de Clavières, de Fontanges (1619), de Robert-Lignerac (1649), de la Mothe (1689), de Bosredon (1716), de la Saigne de Saint-Georges (1739). Ils comptent d'autres alliances avec les de Berenger, de Bellon, de Sartiges (1671), de Loupiac (1689), des Roys des Chandelis (1755). Jacques de la Croix, petit-fils de Louis et de Jeanne de Montfaucon, est l'ancêtre des ducs de Castries, actuellement existants. Le dernier représentant de la branche de la Croix d'Anglars de Castries, descendant de Jacques, marié en 1716, à Anne de Bosredon de Saint-Avit, est mort en 1862, sans postérité masculine, au château d'Anglars, près Neuvic (Corrèze) ;

3° Celle des seigneurs de Cadilhargues et de Sueilhes, éteinte vers le milieu du XVIII° siècle ;

4° Celle des barons de Plancy, établie en Champagne en 1506 ;

5° Celle des vicomtes de Semoine, en Champagne, qui existait en 1772.

Armes : *d'azur, à la croix d'or.*

Sources : Titres originaux. — *Armorial général*, d'Hozier, registre V. — *Annuaire de la noblesse*, par M. Borel d'Hauterive. — *Armorial du Languedoc*, par M. de La Roque. — De Courcelle, *Etat de la pairie*, etc.

(A. Tardieu, *Hist. généal. de la maison de Bosredon*, p. 264.)

LA CROIX DE FAYOLLES (p. 19).

Philibert de la Croix mourut à Vitrat, paroisse de Marval, à l'âge de soixante ans, le 30 mars 1745, et fut enterré le lendemain dans l'église dudit Marval. Sa femme, Marie de Laumonerie ou de la Monerie, mourut le 25 septembre 1748, et fut enterrée le lendemain dans l'église de Marval ; elle était âgée de cinquante ans.

Jean de la Croix épousa demoiselle Anne-Madeleine-Françoise de Châteauneuf, fille de feu Emmanuel de Châteauneuf et de défunte Marie-Aimée de David de Lastours. Elle mourut à Vitrat, le 26 juin 1771, à l'âge de quarante ans, et fut enterrée le lendemain dans l'église de Marval. Leurs enfants sont : 1° Jean-Louis qui suit ; 2° Emmanuel, baptisé à Marval, le 6 décembre 1751 ; 3° Marie, enterrée dans l'église de Marval, le 26 avril 1758 ; 4° Madeleine, née en décembre 1754 ; 5° Marie, née le 11 avril 1756, enterrée dans l'église de Marval, le 14 septembre 1759 ; 6° Charles, né le 21 octobre 1757 ; 7° François, né le 19, et baptisé le 21 avril 1759 ; 8° Marguerite, née après la mort de son père, le 21 avril 1761.

Jean-Louis de la Croix de Fayolles, né le 20 décembre 1750, habitait Vitrat en 1786. (Registres paroissiaux de Marval.)

Armes : Sur une lettre signée Théodore de la Croix, écrite de Paris à M. de Lambertie, le 29 novembre 1764, nous trouvons un cachet donnant l'écusson suivant : *de sinople à la bande d'or, accompagné en chef d'un mouton (peut-être d'un bœuf) passant, et en pointe d'une croisette d'or.* Devise : *A chacun sa croix.*

LAFLEUR.

Pierre Lafleur, Sr de la Guerenne, bourgeois, épousa Madeleine du Clou, dont : 1º Marguerite, décédée au château du Repaire, le 24 mars 1747, et enterrée le lendemain dans le cimetière de Vaulry, âgée de cinq ans ; 2º Jeanne, née au château du Repaire, et baptisée à Vaulry, le 4 novembre 1743 ; 3º Catherine, née aussi au Repaire, et baptisée le 7 décembre 1744. (Registres paroissiaux de Vaulry.)

LAFON.

Messire Pierre de Lafon, syndic et secrétaire de Messieurs du chapitre de Saint-Yrieix, épousa N....., dont : François, ordonné prêtre en 1582.

Yrieix de Lafon, lieutenant du vigier de Saint-Yrieix, 1582.

Antoine de Lafon et Jehan de Lafon, chanoines de Saint-Yrieix, 1656.

François de Lafon, prébendé à Saint-Yrieix, 1656. (*Journal de Pierre Jarrige.*)

LAGRANGE DE TARNAC (T. II, p. 227), en Limousin, porte : *de gueules, à trois merlettes d'argent, au canton d'hermine.* (*Dict. hérald.* : Ch. GRANDMAISON.)

LAGRANGE DE LA VILLE, en Limousin, porte : *d'azur à la grange d'argent, maçonnée de sable, accompagnée en chef de trois chérubins de carnation.* (*Dict. hérald.* : Ch. GRANDMAISON.)

LA LANDE (p. 27), en Basse-Marche, porte : *écartelé d'azur et d'argent.* (*La Chesnaye des Bois*, T. VIII, p. 431.)

Jacques de la Lande, écuyer, et François de la Lande, son oncle, étaient seigneurs en partie de Busserolles, en 1498, Marche (D. BETT.).

« Au lieu de Champagnac il se trouve y avoir eu autrefois un château fort au possible, appartenant au comte de la Marche, lequel Pierre de Bourbon, comte de Clermont et de la Marche, bailla, le 11 juillet 1484, en garde à Jean de la Lande, Sr de Bussière-Poitevine, et, à cette fin, lui octroya l'office de capitaine de la place, châtel et forteresse de Champagnac, dont il fut mis en possession par Gautier des Cars, sénéchal de la Marche ; mais ce château a été ruiné depuis. Il y en avait un autre auparavant qui fut détruit et brûlé par les Anglais, ensemble un beau et grand bourg qu'il y avait aussi, selon une chronique du Limousin. De présent, le lieu de Champagnac est un grand village où il y a un château appartenant à un seigneur particulier auprès des masures du château du comte de la Marche, duquel aucune chose n'est demeurée, fors une chapelle à l'honneur de saint Blaise. » (Manuscrits de Robert du Dorat.)

LA LOUE (p. 30).

Marc-Antoine de la Loue, chevalier, Sgr du Masgilier, fait une constitution de rente de 150 livres à demoiselle Anne Chorllon, veuve de Jean Guillon, Sr Du Breuil. (T. II, p. 309.)

Anne de la Loue épousa à Saint-Maurice de Limoges, le 24 avril 1736, Antoine de Père, écuyer, Sr de Vauguenige, paroisse de Saint-Pardoux, lequel se remaria, le 31 mars 1761, à Marie-Anne de Roffignac. (Registres paroissiaux de Saint-Symphorien.)

Mathieu-Alexis de la Loue, fils de Joseph de la Loue, chevalier, naquit au Masgilier, près La Souterraine, le 3 août 1737 : prêtre en 1761, curé de Lourdoueix-St-Pierre en 1763, il refusa le serment schismatique pendant la révolution française, fut déporté sur les vaisseaux, et survécut à la déportation. Il fut ensuite curé de Jarnage (Creuse), puis chanoine de la cathédrale de Limoges, où il mourut en septembre 1815. (*Pouillé de Msgr d'Argentré*. — LEGROS.)

Jacques de la Loue, chevalier, Sgr du Masgelier, était à l'assemblée de la noblesse du Limousin en 1789. (Procès-verbal de l'assemblée.)

LAMAZE. — Le château de La Motte ou de Roffignac, près Allassac (Corrèze), siége de la seigneurie d'Allassac, en 1789, était habité par M. de Lamaze, ancien lieutenant général d'Uzerche, gentilhomme aux mœurs douces et élégantes, qui avait su se concilier la confiance et l'affection des gens d'Allassac. Mais, le 24 janvier 1790, il soutint, dans ce château, un siège contre la population ameutée, qui dura plusieurs jours. Ils étaient 17 contre 500. Quand les secours vinrent de Brive, ils engagèrent M. de Lamaze à se retirer, promettant de défendre le château; mais il fut livré au pillage dès que ce noble défenseur l'eut quitté. (VICTOR DE SEILHAC, *Scènes de la Révolution dans le Bas-Limousin*.)

Hugues de Lamaze et Henri de Lamaze, officiers dans l'armée de Metz, parvinrent à s'évader, et arrivèrent à Lille en octobre 1870. Leur frère, Honoré de Lamaze, était aussi officier d'infanterie en 1870. (*Courrier du Centre*, 17 novembre 1870.)

LAMBERT (p. 31).

Jean Lambert de Gozon, à cause d'Alice Brandonière, sa femme, possédait la 4e partie de la dîme des chevaliers, en la franchise de Montluçon, 1404. (D. BETT.)

François Lambert, Sr des Andreaux et de Lugeat, époux de Marie Meusnier, eut pour fils : 1° Jean, Sr des Andreaux, procureur du roi ; 2° Guillaume : c'est un de ces trois qui signait, le 2 septembre 1635, le rôle du ban et arrière-ban de l'Angoumois. (Documents publiés par M. de B.-A.)

Jean Lambert, Sr de Rochefort, fils aîné du sieur Lambert, président, demeurait à Saint-Laurent-de-Belragot, élection d'Angoulême.

Guillaume Lambert, Sr du Maine-Giraud, président en l'élection d'Angoulême, fils de feu François Lambert, Sr de Lugeat, échevin, demeurait à Angoulême.

Antoine Lambert, Sr de La Voiture, second fils dudit sieur Lambert, président, demeurant aussi à Angoulême.

François Lambert, Sr des Andreaux, procureur du roi au présidial d'Angoulême, et y demeurant, fils de feu Jean Lambert, échevin, aussi procureur du roi, et petit-fils de François Lambert, Sr de Lugeat. (Rôle de modération des taxes, 1669.)

N...... Lambert des Andreaux, écuyer, 1733.

Lambert en Limousin porte : *d'or, à l'encensoir d'azur.* (*Dict. hérald.* : Ch. GRANDMAISON.)

LAMBERTERIE (p. 33).

N...... de Lamberterie, baron du Cros, épousa N...... de Foucauld de l'Ardimalie, sœur de Louis de Foucauld de l'Ardimalie, chevalier d'honneur de l'ordre de Malte, député de la noblesse du Périgord aux états généraux de 1789. De ce mariage vint Arnaud, qui suit :

Arnaud, baron de Lamberterie, chevalier de saint Louis, émigré en 1792, épousa Marie-Anne de Crozat de Lynorie, dont Marie-Louise de Lamberterie, qui épousa, en février 1846, Marc-Alfred, baron de Meynard, fils de Gabriel-Joseph de Meynard et de Gabriel-Isabelle-Serene de Pignol. (*Généalogie* MEYNARD.)

LAMBERTIE (p. 32), maison illustre et ancienne, qui a donné son nom à un château très-considérable dont on voit les ruines dans la commune de Dournazac (Haute-Vienne) et dans celle de Miallet (Dordogne). Il a été rebâti trois fois; ayant été brûlé une première fois par les Anglais, sous le règne de Charles VI (1380 à 1422), et une seconde, par l'amiral Coligny, en 1569. Ce dernier incendie consuma tous les titres de cette terre et de celle de la baronnie de Montbrun, et des châtellenies de Miallet, de Noye, du Chalard, de Saint-Paul-la-Roche, Vasoux et les Plaçons, réunis aux archives appartenant à François de Lambertie, chevalier de l'ordre du roi, capitaine de chevau-légers, et commandant une compagnie de gendarmes. Charles IX, au service duquel il était, lui donna des lettres patentes le 21 mai 1571, par lesquelles il ordonna à son sénéchal de Périgueux et autres de se transporter sur les lieux, de dresser procès-verbal de tout ce qui est incendié, et de faire rendre par autorité royale tous les droits qu'on devait au Sr de Lambertie.

Cette terre fut érigée en comté par lettres du 1er juin 1644 pour Gabriel de Lambertie, baron de Montbrun, époux d'Isabeau de Rochechouart, « à cause de sa naissance, de ses services et de ceux de ses ancêtres ».

Du château de Lambertie il ne reste plus que des ruines. Ce château et la terre de Miallet passèrent par alliance dans les familles d'Aydie et Chapt de Rastignac en 1724 ; puis à dame Marguerite Françoise de Chabans, veuve de M. Chapt de Laxion, en 1796, laquelle les transmit aux enfants de son second mariage avec M. Grant de Bellussière (*Notes historiques sur le Nontronnais*, p. 16.) — Aujourd'hui c'est la propriété de M. Bermondet de Cromières.

Le marquisat de la Grandville fut érigé en faveur de Nicolas-François, comte de Lambertie, colonel des gardes du corps de Sa Majesté le roi de Pologne, grand-bailli de Lunéville, lieutenant général des armées du roi. On possédait, aux archives de ce marquisat, plusieurs lettres des rois de France, écrites à Messieurs de Lambertie. On y voyait la confiance que Charles IX et ses successeurs avaient pour les membres de cette famille. Henri III s'adresse à François de Lambertie « pour recevoir, recommander et faire reconnaître le duc d'Epernon, gouverneur de Limoges », etc., etc.

Leurs armes sont : *d'azur à deux chevrons d'or.* A Marval, à l'église comme au château, elles sont accompagnées des lettres suivantes, qui doivent être les initiales d'une devise :

O : E : D
N : S : C

Ces mêmes armes sont aussi à la voûte de la chapelle de Notre-Dame du Pont, à Saint-Junien.

§ 1er.

I. — N..... de Lambertie.

II. — Geofroy de Lambertie, damoiseau, fut témoin, ainsi que Jean de la Marche, à un acte passé à l'abbaye de Dalon, le 3 juin 1207.

III. — N..... de Lambertie.

IV. — N..... de Lambertie.

V. — Berard, Sgr de Lambertie, chevalier, fut témoin pour une reconnaissance à titre de fief, passée dans le comté de Forest, en faveur de noble Goyet, consentie par Guichard, fils de Falcon de Verd, damoiseau, des héritages de Rully, 1285.

VI. — Guillaume de Lambertie, damoiseau, fut témoin à un accord entre noble Faulcon, Sgr Dampuis, et noble Jacob Dampuis, du 15 mai 1303.

VII. — Ranulf de Lambertie, damoiseau, consent une vente en faveur de Jean Raully, clerc, pour des rentes situées dans la paroisse de Lastours, en Limousin, le 14 juin 1325 (canton de Nexon, arrondissement de Saint-Yrieix, Haute-Vienne).

VIII. — Hélie de Lambertie, damoiseau, vend à Jean Banely, le jour de la Nativité 1336, des rentes situées dans la paroisse de Burgnac, (canton d'Aixe, arrondissement de Limoges, Haute-Vienne).

IX. — N..... de Lambertie.

X. — N..... de Lambertie.

XI. — N..... de Lambertie.

XII. — Noble homme Pierre de Lambertie, écuyer, Sgr de Lambertie et de Miallet, canton de Saint-Pardoux, arrondissement de Nontron (Dordogne), épousa Catherine des Fages, fille de noble homme Guillaume-Raymond des Fages, et d'Allemande de Gontaud. Etant veuve, elle rendit un hommage au S^{gr} de Lavauguyon pour noble personne Jean de Lambertie, son fils mineur, le 10 mai 1428, signé Bonneville.

XIII. — Noble personne Jean de Lambertie, écuyer, S^{gr} de Lambertie et de Miallet, épousa demoiselle Jeanne Vigier, dame de la Noye, de Chalard et de Saint-Paul-la-Roche. Jean de Lambertie rendit hommage au S^{gr} de Lavauguyon le 15 juin 1445, signé Reny et Dubois. Il était témoin, avec Pierre de Saint-Marc et Léon de Jumilhac, damoiseau, au mariage de Marguerite de Salagnac, le 18 mars 1443. Leurs enfants furent : 1° François, qui suit ; 2° Guy ; 3° Raymond. Ces trois frères firent un acte de partage le 8 septembre 1508.

Noble Jean Vigier, fils de Pierre et de Jeanne Vigière, épousa, le 28 novembre 1471, Marguerite de Lambertie, fille de noble Jean de Lambertie, paroisse de Miallet, diocèse de Périgueux, par contrat signé Agia, au château de Connezac, diocèse de Périgueux. (*Nobiliaire de Nadaud*, manuscrit, article VIGIER.)

XIV. — Noble personne François de Lambertie, écuyer, S^{gr} de Lambertie, Miallet, Pensol (canton de Saint-Mathieu, arrondissement de Rochechouart, Haute-Vienne), la Noye, le Chalard, Saint-Paul-la-Roche (canton de Jumilhac, arrondissement de Nontron, Dordogne), épousa Marguerite de Maumont, fille de Louis de Maumont, baron de Saint-Vitte, et de Françoise de Noailles. François et Raymond, ses frères, firent une déclaration au seigneur de Châlus, en 1514. — François de Lambertie, écuyer, fit son testament le 11 août 1528, signé Jean Marquet ; il dit avoir eu de Marguerite de Maumont : 1° Raymond, qu'il fit son héritier universel, et qui suit ; 2° François, d'où sont descendues les branches établies en Angoumois et en Poitou ; 3° François, mort dans l'état ecclésiastique ; 4° Agnete ou Agnes, qui épousa, le 6 février 1516, François de la Faye, écuyer, S^{gr} de Saint-Privat ; 5° Hélie, qui épousa, le 5 février 1516, Guillaume Calveau, écuyer, S^{gr} de Lozellerie ; 6° Catherine, qui épousa Fortan Fourien dit Flamenc, écuyer, S^{gr} de Beluzière ; 7° Françoise, qui épousa Jean de Jean, écuyer, S^{gr} de Bord ; 8° Louise, qui épousa, par contrat passé au château de Lambertie, le 16 juillet 1533, signé Léger et Baïlle, noble homme Louis de Coustin, fils de Foucaud de Coustin, écuyer, S^{gr} de Masnadau, et d'Isabeau de Fougerac (*Nobiliaire*, T. I, p. 517) ; 9° Marie ; 10° Marguerite ; 11° Médard, mort sans alliance.

XV. — Noble personne Raymond de Lambertie, écuyer, S^{gr} de Lambertie, Miallet, Pensol, de Noye, du Chalard, de Vassoux, de Saint-Paul-la-Roche, baron de Montbrun (Montbrun, commune de Dournazac, canton de Saint-Mathieu, arrondissement de Rochechouart, Haute-Vienne), mestre de camp de vingt enseignes de cent hommes chacune. Il épousa, par contrat passé à Romain, en Périgord, le 12 octobre 1530, signé Baylle, demoiselle Jeanne Hélie, fille de noble homme Guy Hélie, écuyer, S^{gr} de Colonges, de Romain, du Bourdet (Romain, canton de Saint-Pardoux ; Bourdeix, canton de Nontron, l'un et l'autre arrondissement de Nontron, Dordogne), et de Jeanne de Flamenc. Il fit son testament le 15 janvier 1559, signé Baylle. Il paraît qu'il a eu de Jeanne

Hélie : 1° François, qu'il institue son héritier universel, et qui suit ; 2° Jeanne, qui épousa : 1° Jean de Brie, écuyer ; 2° le seigneur de la Guyonnie (voir ci-devant, page 244, V° degré) ; 3° Catherine, qui épousa François Teissier, écuyer, S^{gr} de Javerlhiac ; 4° autre Catherine, qui épousa Jean Aymery, écuyer, S^{gr} du Chastain ; 5° Françoise.

XVI. — Haut et puissant seigneur François de Lambertie, baron de Montbrun, S^r des châtellenies de Lambertie, Miallet, Pensol, Noye, le Chalard, Saint-Paul-la-Roche, Vassoux, etc., chevalier de l'ordre du roi, capitaine de chevau-légers, commandant une compagnie de gendarmes, épousa, par contrat passé au château de la Douze, en Limousin (Castaing, notaire), le 1er juillet 1571, demoiselle Jeanne d'Abzac, fille de messire Gabriel de la Douze, écuyer, S^{gr} dudit lieu, de Reilhac, chevalier de l'ordre du roi, et de demoiselle Anne de Bernard, de Vieilleville. Audit contrat ont été présents et ont signé : marquis de Bourdeille, de Meillars, de Bruzac. Le 28 mars 1658, il vendit à Yrieix Chouly de Permangle et à sa femme, Anne de Saint-Mathieu, plusieurs cens et rentes, assis sur les villes hautes et basses de Châlus pour le prix de 3,200 livres qu'ils s'engageaient à payer au frère du vendeur, messire Jean de Lambertie, chevalier, gouverneur de Longwy, lieutenant du roi au gouvernement de la ville de Nancy. Il a laissé pour enfants : 1° Gabriel, qui suit ; 2° Louis, mestre de camp de seize enseignes de cent hommes chacune ; 3° Gabriel, capitaine de cent hommes d'armes, qui a fait la branche de Chambouraud, § III ; 4° Jean, chevalier de Malte, en 1603 ; 5° François, lieutenant du roi en la citadelle de Metz ; 6° Georges, capitaine de cent hommes d'armes au régiment de Lambertie ; 7° François, commandant dans la ville et citadelle de Turnes ; 8° Gabriel, capitaine au régiment de Lambertie ; 9° Catherine, mariée à Laonnet de la Faye, écuyer, S^{gr} de Saint-Privat et du Bost ; 10° Françoise (que Nadaud appelle Jeanne, T. II, p. 451), qui épousa Charles de Joubert, écuyer, S^{gr} de la Bastide et de Châteaumorand ; 11° Charlotte, mariée à N....., S^{gr} de la Forêt-d'Orte ; 12° Gabrielle, mariée à Guy Arlot, écuyer, S^{gr} de Frugie ; 13° Isabeau, mariée à Pierre de la Faye, écuyer, S^{gr} de la Martinnie ; 14° Henri ; 15° Françoise, qui épousa N... Tessier, écuyer, S^{gr} de Javerlhiac. En 1598, François de Lambertie acheta la baronnie de Montbrun, de Louis-Estuer de Coussade, comte de Lavauguyon, héritier, par sa grand'mère, de Montbrun. Cette terre passa ensuite dans la maison de Campniac. (*Nobiliaire*, T. I, p. 284.)

XVII. — Haut et puissant seigneur Gabriel, comte de Lambertie, baron de Montbrun, chevalier, S^{gr} de Lambertie, Miallet, Pensol, Noye, le Chalard, Saint-Paul-la-Roche, Vassoux et les Plaçons, fut successivement capitaine de chevau-légers, mestre de camp de vingt enseignes de cent hommes chacune, maréchal de camp, commandant de Vieuchâteau, lieutenant général pour le roi, ayant le commandement des ville et citadelle de Nancy. Il épousa, par contrat passé au château de la Forêt, près Rochechouart, le 3 février 1605, signé Regnaud et Pinguet, demoiselle Isabeau de Rochechouart, fille de haut et puissant seigneur messire Louis, vicomte de Rochechouart, chevalier de l'ordre du roi, capitaine de cinquante hommes d'armes des ordonnances de Sa

Majesté, et de haute et puissante dame Madeleine de Bouillé. Le contrat est signé : Jean, René et Joachim de Rochechouart, frères d'Isabeau ; Gabriel d'Abzac, marquis de la Douze, baron de Lastours, chevalier de l'ordre du roi, oncle de Gabriel de Lambertie ; Jean de Lambertie, chevalier, S^{gr} de Prun et des Roberts ; François de Javerlhac, François du Chatain, Jean de la Faye, cousins-germains de Gabriel de Lambertie. Les enfants issus de ce mariage sont : 1º François, comte de Lambertie, qui suit ; 2º Jean, baron de Lambertie, qui a fait la branche établie en Lorraine, rapportée § II ; 3º Georges, capitaine au régiment de la Ferté, tué à l'armée ; 4º Catherine, qui épousa, le 1er février 1643, au château de Lambertie, Gaspard le Gentil, écuyer, S^{gr} de Villebranges, fils d'Yrieix et d'Isabeau de Journet.

XVIII. — Haut et puissant seigneur François, comte de Lambertie, baron de Montbrun, chevalier, S^{gr} de Miallet, Pensol, Noix, le Chalard, Saint-Paul-la-Roche, Echilais, Charente, Mariliac, le Cerf, la Tranchade, colonel du régiment de son nom, épousa : 1º demoiselle Jeanne de Nossay, dont il n'a pas laissé de postérité, et 2º, par contrat passé par Joly, notaire, le 23 novembre 1633, demoiselle Emerge de Nemond, fille de haut et puissant seigneur François de Nemond, gentilhomme ordinaire de la chambre du roi, capitaine lieutenant de gendarmes, et de haute et puissante dame Jeanne de Volvire ; elle était sœur de Marie de Nemond, qui épousa Jean de Rochechouart, vicomte de Mortemart. De ce second mariage sont nés : 1º Jean-François, qui suit ; 2º Marie, qui épousa Martial de Verthamon, Sr de Lavaux ; 3º Françoise, qui épousa François de Maumont (voir ci-devant, p. 214, XIIe degré), 4º N..., qui épousa N..., S^{gr} de Mariliac ; 5º Andrée, qui épousa Hémery de Nemond, baron des Etangs.

XIX. — Haut et puissant seigneur Jean-François, comte de Lambertie, S^{gr} des susdits lieux, baron de Montbrun, épousa, par contrat du 1er octobre 1651, demoiselle Marie d'Aydies, fille de haut et puissant seigneur Armand d'Aydies, S^{gr} des Bernandières, et de dame Charlotte de Belcier. Ils n'eurent qu'une fille unique, qui suit.

XX. — Demoiselle Marie, comtesse de Lambertie, fille unique, porta en dot le comté de Lambertie, la baronnie de Montbrun, les châtellenies de Miallet, Pensol, Noye, le Chalard, Saint-Paul-la-Roche, Echilais, Charente, Mariliac, le Cerf, la Tranchade, à haut et puissant seigneur Hubert, marquis de Choiseul, comte de Chevigny, brigadier des armées du roi, colonel du régiment de la Reine-cavalerie, fils de François et de Paule de la Rivière, qu'elle épousa, par contrat du 20 mars 1691. Mais, étant morte sans laisser d'enfants, sa succession a été partagée par les marquis et comtes Chapt-de-Laxion, de Ribérac, de Verthamon, Châtaignier, du Lindois, de Cognac, de Conan, de Vigneras, du Haumont, etc. Hubert, marquis de Choiseul, épousa, en secondes noces, Henriette-Louise, fille de Gabriel-Henry, marquis de Beauveau, et de Marie de Saint-André, de laquelle est issu le duc de Choiseul-Praslin, ministre de la marine et des affaires étrangères, chevalier des ordres du roi.

§ II. — *Branche de Lorraine.*

XVIII *bis*. — Haut et puissant seigneur Jean, baron de Lambertie, fils puîné de Gabriel et d'Isabeau de Rochechouart (rapportés § 1, XVIIe degré), baron de Cous-la-Grandville, du Biancourt, de la Tour-en-Royre, Sgr de toutes les terres domaniales de la prévôté de Longwy (1) par donation du roi. Il fut successivement lieutenant-colonel du régiment de Lambertie, mestre de camp de seize enseignes de cent hommes chacune, lieutenant du roi avec le commandement dans les ville et citadelle de Nancy, maréchal des camps et armées du roi, commandant Astenay, Jameth, Clermont, Vieuxchâteau, gouverneur de Longwy ; épousa, par contrat passé à Nancy, par Dugeaut et Bostel, demoiselle Marguerite de Custine, ci-devant abbesse de l'illustre chapître des dames chanoinesses de Bouzière, fille de haut et puissant seigneur Jean de Custine, baron de Cous-la-Grandville, conseiller d'Etat de Son Altesse Royale le duc de Lorraine, et de haute et puissante dame Dorothée de Ligniville. Etaient présents au contrat : Antoine d'Allamoni, abbé de Beaupré, Henri de Tillion, chevalier, Sgr de Bouzière, Jean de Joubert, baron de Nantiat, et Jacques de Belcastel, l'un et l'autre capitaines au régiment de Lambertie. Le roi, pour reconnaître les services que Jean, comte de Lambertie, avait rendus à l'Etat, lui donna toutes les terres domaniales de la prévôté de Longwy, par lettres-patentes du 1er mars 1648, signées Louis, et, plus bas, Theillier. Il rendit le dénombrement de ses terres à la chambre des comptes de Bar, le 14 juin 1646. Il fit son testament le 20 août 1680, où il reconnaît et nomme les enfants qu'il a eus de Marguerite de Custine, auxquels il fait des legs, et institue son héritier Georges, qui suit. On a élevé un mausolée dans l'église des Bénédictins de Cous-la-Grandville, où reposent les corps de Jean, comte de Lambertie, et de Marguerite de Custine, sur lequel on lit :

« Ci-gît haut et puissant seigneur messire Jean de Lambertie, chevalier, comte dudit lieu, baron de Cous, maréchal des camp et armée du roi, gouverneur de Longwy, lieutenant pour le roi, avec le commandement de la ville et citadelle de Nancy, mestre de camp d'un régiment d'infanterie, qui mourut le 13 février 1681, âgé de soixante-treize ans.

» Ci-gît haute et puissante dame Marguerite de Custine, son épouse, qui mourut le 8 septembre 1687, âgée de quatre-vingt-six ans. »

Autour du mausolée sont, d'un côté, les armoiries de Lambertie, de Rochechouart, d'Abzac, de la Douze, d'Hélie-de-Colonges, de Bernard-de-Vieilleville, de Tournon, de Boullié, d'Estouteville ; et, de l'autre côté, de Custine, de Ligniville, de Guermanche, de Lioncourt, de Conty, des Armoises, de Cazaty et de Danemark.

---

(1) Longwy ou Longuy, arrondissement de Briey (Moselle), ville frontière du duché de Luxembourg, bâtie par Louis XIV sur un rocher escarpé et fortifiée par Vauban.

Jean, comte de Lambertie, eut de Marguerite de Custine : 1º Georges, qui suit ; 2º Henri-Joseph, chevalier de Malte ; 3º Marie-Thérèse, qui a épousé Louis-René de Figuemont, fils de Léonard, comte de Figuemont, et d'Anne de Raigecourt.

XIX. — Haut et puissant seigneur Georges, marquis de Lambertie, baron de Cous-la-Grandville, chevalier, Sgr de Bioncourt, d'Araix, de Drouville, du Grand et Petit-Failly, de Rechicourt, a été successivement capitaine de chevau-légers, conseiller d'Etat de Son Altesse Royale le duc de Lorraine, maréchal de Lorraine et de Barrois, grand-bailli et gouverneur de Nancy. Il épousa, par contrat passé par Adam et Antoine, notaires à Noulroy, balliage de Saint-Michel, le 5 avril 1672, demoiselle Christine de Lenoncourt, fille de haut et puissant seigneur François de Lenoncourt, comte du Saint-Empire, marquis de Blainville, et de haute et puissante dame Antoinette de Savigny. Georges de Lambertie a rendu un dénombrement à la chambre des comptes de Metz le 2 février 1682. Le roi l'établit commissaire de la noblesse de Lorraine et Barrois. Il a laissé de Christine de Lenoncourt : 1º Nicolas-François, qui suit ; 2º André-Louis, capitaine des gardes de Son Altesse Royale, mort sans postérité ; 3º Jeanne-Marguerite, chanoinesse à Bouzière, qui épousa, le 1er février 1693, Philippe-François Evrard, chevalier, vicomte de la Fontaine-d'Harmoncourt, et de Marguerite de Maillet ; 4º Antoinette-Louise, qui épousa, le 3 août 1700, Anne-Joseph de Torniel, comte de Brionne, grand-maître de la garde-robe de Son Altesse Royale, fils d'Henri, comte de Torniel, marquis de Gerbéviller (1), maréchal de Lorraine et de Barrois, et de Marguerite de Tierselin ; 5º Françoise-Christophine, qui épousa le 24 juin 1699, Georges de Mozel, fils d'autre Georges de Mozel, comte de Grunne, et de dame Claude de Fleurance de Capin, et cinq autres filles, religieuses à Nancy ou à Verdun.

Georges, marquis de Lambertie, se remaria, en secondes noces, avec demoiselle Charlotte Saladine d'Anglure, laquelle se remaria ensuite au maréchal de Beauveau.

XX. — Haut et puissant seigneur Nicolas-François, comte de Lambertie, marquis de Cous-la-Grandville, baron de Bioncourt, chevalier, Sgr de Vaix, de Drouville, de Rechicourt, d'Inville, Aujard, d'Envillez, du Grand et Petit-Failly, etc., a été successviement capitaine au régiment de Beringhem-cavalerie, premier écuyer, chambellan, premier gentilhomme de la chambre de Son Altesse Royale le duc Léopold de Lorraine, son ambassadeur en France, en Angleterre et chez les Electeurs, grand-bailli de Lunéville, colonel des gardes du corps de Sa Majesté le roi de Pologne, son envoyé extraordinaire en France et en Angleterre, lieutenant général des armées du roi de France. Il épousa, par contrat passé par Richard, notaire à Nancy, le 23 novembre 1705, demoiselle Elisabeth de Ligniville, née comtesse de Tumojas, fille de haut et puissant seigneur Melchior de Ligniville, chevalier, né comte de

---

(1) Gerbeviller, arrondissement de Lunéville (Meurthe). Seigneurie, en Lorraine, qui appartenait primitivement à la maison du Châtelet ; puis, en 1590, à celle de Tournielle ; elle fut érigée en marquisat en faveur de cette dernière, le 4 mai 1621. (*Dict. des fiefs*.)

l'Empire, marquis d'Henecourt, Sr de Lironcourt, Gironcourt, Bessencourt, les Theys-sous-Montfort, chambellan de Son Altesse Royale, puis maréchal de Lorraine et Barrois, et de haute et puissante dame Marguerite-Antoinette de Boulzey. Le mariage a été fait en présence et de l'agrément de Leurs Altesses Royales le duc Léopold et d'Elisabeth-Charlotte d'Orléans, duchesse de Lorraine, des princesses Elisabeth-Charlotte et Gabrielle de Lorraine, d'Anne-Marie-Joseph de Lorraine, comte d'Harcourt, qui ont signé, etc., etc.

Nicolas-François, comte de Lambertie, a eu de Marguerite de Ligniville : 1° haut et puissant seigneur François, marquis de Lambertie et de la Grandville, baron de Bioncourt, chevalier, Sr de Chenierre, de Villers, de Corne-Flamenville, de Ruty, du Grand et Petit-Failly, lieutenant-colonel du régiment des gardes de Son Altesse Royale François de Lorraine, qui fut plus tard empereur, et son chambellan. Il épousa, le 1er juillet 1736, demoiselle Marie-Anne de Custine-Viltz, fille de haut et puissant seigneur messire Charles-Ferdinand de Custine, comte de Viltz et de Marie-Xavier d'Arnoud, baronne de Mezembourg, dont il n'a pas eu d'enfants : la seigneurie de Rhuty, en Lorraine, appartenait, en 1730, aux Lambertie (*Dict. des fiefs*) ; 2° André-Louis, chambellan de Son Altesse Royale, capitaine au régiment du général de Ligniville, son oncle, tué en Corse; 3° Joseph, chevalier de Malte ; 4° Charles-Philippe, chevalier de Malte, premier gentilhomme de la chambre de Sa Majesté le roi de Pologne, abbé commendateur de Boussonville et prieur de Raumont ; 5° Camille, qui suit ; 6° Charles-Alexandre, qui a été capitaine au régiment d'Harcourt-dragons, chambellan de Sa Majesté le roi de Pologne, et envoyé du roi de France auprès du roi d'Angleterre, qui a épousé, par contrat passé par Fauveau, notaire à Troyes, le 13 février 1747, demoiselle Angadrème du Puget, dame d'honneur de Mme la princesse de Conti, dont il n'eut qu'une fille, Marie-Stanislas, religieuse aux filles de Sainte-Marie, à Paris ; 7° Catherine-Antoinette, née comtesse de Lambertie, chanoinesse à Mons, qui épousa Jean-Baptiste-François, marquis de Lenoncourt, comte de l'Empire, grand-maître de la garde-robe de Son Altesse Royale, guidon de gendarmerie en France, fils de Charles-Henri Gaspard, marquis de Lenoncourt, grand-chambellan de Son Altesse Royale, et de dame Charlotte-Yollande de Nettancourt ; 8° Thérèse, chanoinesse à Remiremont, qui épousa Cristophe-Charles du Bost, marquis du Pondoye, comte de Sel, le 3 mai 1742 ; 9° Béatrix, qui épousa le marquis des Armoises, morte sans postérité ; 10° Angélique, chanoinesse de Remiremont, qui épousa : 1° François Houriez, comte de Viarme ; 2° François de Lopes de la Villanuova, marquis de la Sarre.

XXI. — Haut et puissant Camille, comte de Lambertie, substitué au nom et armes de Torniel, marquis de Gerbeviller, comte de Raumont, chevalier, Sr de Villars, d'Audun, etc., a été successivement capitaine au régiment d'Anjou-cavalerie, chambellan de l'empereur, grand-maître du vautrait, grand-louvetier en survivance du roi de Pologne. Il épousa, par contrat passé à Nancy, le 21 juillet 1736, par Mangeon, demoiselle Barbe Huraud de Moranville, fille de messire François-Joseph Huraud de Moranville, chevalier, S^r d'Audun, conseiller d'Etat, et de dame

Elisabeth Vautrin : le contrat de mariage est signé de la duchesse de Lorraine, des princesses Elisabeth et Thérèse, et Anne-Charlotte, du prince d'Elbœuf, d'Anne-Marguerite de Beauveau, princesse de Lixin, cousine-germaine d'Anne-Joseph, comte de Torniel, grand-chambellan, et Louise-Antoinette de Lambertie, marquise de Gerbeviller, ses oncles et tantes ; de Marc de Beauveau, prince de Craon et du Saint-Empire, grand d'Espagne, chevalier de la Toison-d'Or, grand-écuyer de Lorraine, et d'Anne-Marguerite de Ligniville, princesse de Craon, ses oncles et tantes.

Camille de Lambertie, comte de Torniel, marquis de Gerbeviller, a laissé de dame Barbe Hurand de Moranville trois enfants : 1° Camille-Nicolas-François, capitaine au régiment de Mestre-de-camp-dragons, puis lieutenant-colonel de cavalerie, et cornette des chevau-légers d'Aquitaine ; 2° Louise-Antoinette-Gabrielle, qui a épousé, par contrat passé à Nancy, le 22 décembre 1758, par Tranchot, notaire, très-haut et très-puissant seigneur Emmanuel-François, marquis de Lambertie, baron de Corigné, chevalier, Sgr de Saint-Martin-Lars (canton d'Availles-Limousines, arrondissement de Civray, Vienne), Puydemaux, l'Artimache (commune de la Chapelle-Montbrandeix, canton de St-Mathieu, arrondissement de Rochechouart, Haute-Vienne), la Grande et Petite-Epine, Lavau, Lacour, etc., etc., guidon de gendarmerie, puis mestre de camp de cavalerie, capitaine-lieutenant des gendarmes bourguignons, fils de très-haut et très-puissant seigneur Cosme, comte de Lambertie, mestre de camp, commandant le régiment Colonel-général-cavalerie, et de très-haute et très-puissante dame Marie-Angélique du Breuil-Hélion ; 3° Louise-Françoise-Antoinette.

§ III. — *Branche de Chambouraud.*

XVII *bis*. — Messire Gabriel de Lambertie, capitaine de cent hommes d'armes au régiment de Lambertie, Sgr de Chambouraud (commune de Saint-Mathieu, arrondissement de Rochechouart, Haute-Vienne), de la Borie et de la Valouse, de la Salomonie (commune de Saint-Barthélemy, Dordogne), fils puîné de haut et puissant seigneur François de Lambertie, baron de Montbrun, chevalier, Sgr de Lambertie, Miallet, Pensol, Noye, le Chalard, Saint-Paul-la-Roche, Vassoux, les Plaçons, chevalier de l'ordre du roi, capitaine de cent chevau-légers et de cent gendarmes, et de dame Jeanne d'Abzac de la Douze. Il épousa, par contrat passé à Rochechouart, par Renaud, le 6 juin 1615, demoiselle Charlotte de Vigier, dont il eut : 1° Jean, qui suit ; 2° Jeanne de Lambertie, demoiselle de la Borie, qui épousa, par contrat du 24 novembre 1637, Pierre de Sauzillon, Sgr de Douliac, de Pouzol, dont la fille a épousé le marquis de Taillefer, Sgr de la Barrière et Roussille.

XVIII. — Jean de Lambertie, chevalier, Sgr des mêmes lieux, né au château de Chambouraud, le 26 février 1623, reçut les cérémonies du baptême le 2 mars 1626. Il eut pour parrain messire Jean de Rochechouart, seigneur, vicomte dudit lieu, chevalier, conseiller du roi et premier baron de Saint-Germain, et pour marraine, Françoise de Javerlhac (*Registre de Saint-Mathieu*). Il épousa, par contrat passé à Saint-Brice, le 22 mai 1647, signé Dupuy, demoiselle Françoise de Carbonnières, de laquelle il eut : 1° N...., lieutenant-colonel au régiment Dauphin-dragons ; 2° N...., capitaine au même régiment ; 3° N...., capitaine au même régiment ; 4° N..., capitaine au régiment Saint-Fremon-dragons : ces quatre frères furent tués à l'armée, et leur succession passa à la marquise de Taillefer, leur cousine germaine. L'acte suivant, extrait des registres de Saint-Mathieu, nous fait connaître, avec la date de naissance de l'un d'eux, son nom et celui d'une de ses sœurs : « Le 25 avril 1663, a été baptisé François de Lambertie, né le 6 juin 1662, à Chambouraud, fils de messire Jean de Lambertie, chevalier, Sgr de Chambouraud, la Borie, la Salomonie et autres lieux, et de Françoise de Carbonnières, dame de Chambouraud ; son parrain a été François de Carbonnières, son cousin germain, et sa marraine, demoiselle Anne de Lambertie, sa sœur ».

Les mêmes registres nous font encore connaître les noms de demoiselle Françoise de Lambertie, en 1623, et de Jean de Lambertie, en 1624.

§ IV. — *Branche de Menet.*

XV *bis*. — Noble personne François de Lambertie, écuyer, puîné de la maison noble de Lambertie, fils de François, écuyer, Sgr dudit lieu, de Miallet, de Noye, le Chalard, Saint-Paul-la-Roche, baron de Montbrun, et de dame Marguerite de Maumont, épousa, par contrat passé à Montbron, le 17 décembre 1530, par Thiébaut et de Chièvres, notaires à Montbron et Marton, demoiselle Jeanne de la Faye, fille de noble Jean de la Faye, écuyer, Sgr de Menet et du Couraud, et de demoiselle Jeanne Giraud. Il a rendu un hommage de la terre de Menet aux Sgrs de Montbron, le 15 février 1540, signé Benoist. Jeanne de la Faye, sa veuve, à rendu un hommage et un dénombrement de sa terre du Couraud à Gaston de la Rochefaucauld, baron de Salle et comte de Montbron, le 13 décembre 1576, passé devant Dupont, notaire. Une quittance fut donnée à noble personne Raymond de Lambertie, écuyer, Sgr dudit lieu, de la Noye et du Chalard, par nobles personnes Jean de la Faye, demoiselle Jeanne Giraud, sa femme, et François de Lambertie, écuyer, Sgr de Menet, leur gendre, le 4 décembre 1538, signé Baylle et Neypoux. — Le 12 décembre 1565, François de Lambertie, Sgr de Montbrun, fait promesse de tenir compte, lorsqu'il sera de retour de la cour, à François de Lambertie, écuyer, Sgr de Menet, son oncle, des droits qui lui reviennent des successions de ses père et mère.

François de Lambertie, écuyer, Sgr de Menet et du Couraud, fait son testament le 8 juillet 1568, signé Guillaume Dupont, notaire, où il fait des legs à ses cadets nommés ci-après, et institue son héritier universel : 1° Raymond, son fils aîné, qui suit, et lui substitue : 2° Jean de Lambertie, capitaine de cent hommes d'armes ; 3° Jean de Lambertie, qui est mort dans l'état ecclésiastique ; 4° Catherine, mariée au seigneur Pierre de Saint-Laurent, écuyer, Sgr de Feuillade, qui était mort avant 1606. Catherine de Lambertie est dite du lieu de Montecaille, paroisse d'Eycuras, en Angoumois. Leur fille, Louise de Saint-Laurent, épousa, par contrat signé Sarlande, passé au château de Marval, le 25 juillet 1606, Léonard de Lavau, fils de feu Etienne, lieutenant de la juridiction de Varagne (*Nobiliaire*, T. III. p. 54); 5° Louise, mariée à Mathieu de Vassogne, écuyer, Sgr de la Forêt; 6° Marie, qui a épousé, par contrat du 14 décembre 1563, Jean de Maumont, écuyer, Sgr de Maumont, le Chadeau, Milhaguet, fils de Geofroy et d'Isabelle de Montfrebeuf; il se remaria, en 1573, avec Jaquette de la Porte; 7° Marie; 8° Jeanne; 9° Christine, qui épousa, par contrat signé Fagis ou de Fayolles, le 18 mars 1577 (*alias* 1570), François de Barbeyras ou Barbières (*Nobiliqire*, T. III, p. 229), Sgr de Lasterie, paroisse de Dournazac.

XVI. — Messire Raymond de Lambertie, chevalier, Sgr de Menet, du Couraud et de Chapt, épousa : 1° par contrat passé en 1574, demoiselle Louise de la Marthonie, fille de messire Geoffroy de la Marthonie, chevalier de l'ordre du roi, et de dame Marguerite de Mareuil; 2° par contrat passé au château de la Terne, en Angoumois, le 8 novembre 1594, par Gachet, demoiselle Madeleine, fille de messire Alain de Céris, Sgr de la Molhe-Saint-Claud, Château-Renaud et Montaumart, et de dame Jeanne Bouchaud. Ledit Raymond de Lambertie testa le 15 juin 1598. Par son testament, signé Népoux, il nomme exécuteur de ses volontés hauts et puissants seigneurs François de Lambertie, baron de Montbrun, et Jean de Lambertie, écuyer, Sgr de Prun. Il institue son héritier son fils aîné, et fait des legs à ses autres enfants. Il eut de son mariage avec Madeleine de Céris : 1° François, qui suit; 2° Jeanne; et de son mariage avec Louise de la Marthonie : 3° Anne, qui épousa, par contrat du 30 octobre 1597, signé Népoux et Durousseau, Jean de Crozen, écuyer, Sgr de Rivière; 4° Françoise, qui épousa Gabriel de la Croix, écuyer, Sgr de Fenêtre.

XVII. — François de Lambertie, écuyer, Sgr de Menet, de Pery et du Couraud, fut capitaine de cent hommes d'armes, épousa : 1° par contrat passé à Angoulême, par Valere et Juliard, le 20 mai 1616, demoiselle Catherine du Vignaud, fille de messire Guillaume du Vignaud, écuyer, Sgr de Vitrac et de Vaucartes, et de demoiselle Marguerite de Rippe. Dans ce contrat, haut et puissant seigneur Gabriel de Lambertie, chevalier, vicomte dudit lieu et baron de Montbrun, est dit son cousin issu de germain, et MM. de Verac, de Lubersac, de Belleville et de la Forêt-d'Orte, ses parents. Il a laissé de ce premier mariage : 1° Jean, qui suit; 2° Joseph, chevalier, Sgr du Bois, capitaine de fusiliers au régiment de Tessé, qui avait épousé, par contrat passé à Pérignac, le 1er janvier 1657, demoiselle Marie-Catherine du Lau, fille de messire François du Lau, chevalier, Sgr du Breuil, gouverneur de Marthon, et de dame Esther du Haumont : il fut tué au siége de Chirac, et n'a pas laissé de postérité; 3° Marie; 4° autre Marie, qui épousa François de Brie, écuyer, Sgr de Beaufranc, par contrat du 16 décembre 1647, passé par Durousseau. Il était fils de Jean de Brie, écuyer, Sgr de Gourinchie, et de demoiselle Madeleine Arlot.

François de Lambertie épousa : 2° demoiselle Marquise de Roffignac, fille de messire Gabriel de Roffignac, chevalier, Sgr de Sannat, du Cros et de Balledent, lieutenant d'une compagnie de chevau-légers, et de dame Renée Levêque. Le contrat, passé le 19 janvier 1634, est signé Durousseau, notaire, en Angoumois. Il a laissé : 5° Gabriel, écuyer, Sgr de Grignol (peut-être Gounail, comme le dit Laîné, *Nobiliaire du Limousin*), capitaine de cent hommes d'armes au régiment de Lambertie, qui épousa, par contrat passé le 27 septembre 1665, demoiselle Jeanne Leriget, fille d'Abraham Leriget, écuyer, Sgr des Loges, et de demoiselle Ester de Boiseuil, dont sont descendus MM. de Lambertie, Sgrs de la Brousse et de Montecaille, qui ne se sont mariés aucun ; 6° Jacquette ; 7° Marie, qui a épousé N..... de Beaufran, écuyer, Sgr de Somagno ; 8° Anne. Les enfants de ce dernier mariage sont nommés dans son testament du 7 juillet 1648, signé Rigaud.

XVIII. — Messire Jean de Lambertie, chevalier, Sgr de Menet, du Bois, du Couraud, de Germanes, colonel d'un régiment d'infanterie de son nom, épousa, par contrat passé au château de Lambertie, le 12 février 1654, par Albert, en présence de haut et puissant François, comte de Lambertie, baron de Montbrun, demoiselle Marguerite de la Faye, fille de Pierre de la Faye, chevalier, Sgr de la Marthinis, et d'Isabeau de Lambertie. MM. de Brie, de Nemond, de Saint-Mathieu, de la Maison-Rouge, de Luçon, d'Aydie, d'Hadémar, de Lobertier, de Châteaumorand, de Permangle, de la Roche-Aymon, ont signé le contrat de mariage, comme parents. Jean de Lambertie a eu de Marguerite de la Faye : 1° Jean de Lambertie, qui suit ; 2° Jean, chevalier de Lambertie, aide-major au régiment de Condé, tué au siège de Valence ; 3° Joseph, capitaine au régiment de Tessé, tué au siège de Chiras.

XIX. — Messire Jean François de Lambertie, chevalier, Sgr de Menet, de Pery, de Roussine, du Bois et du Couraud, capitaine au régiment de Navarre, épousa, par contrat passé à Varagne, le 1er mars 1680, par Montazeau, notaire, demoiselle Marie de la Croix, fille de messire Jacques de la Croix, chevalier, Sgr de la Fenêtre et des Ombrais, et de dame Angélique de Mazane, dont il a eu : 1° Jean-François, qui suit ; 2° Léon, lieutenant au régiment Colonel-général-cavalerie, qui a épousé Madeleine de Nouet, dont sont issus : A. — Jean-Pierre de Lambertie, chevalier, Sgr de Saint-Sornin, capitaine au régiment de Poitou ; B. — Joseph, Sr de Lamarie, capitaine au régiment de Poitou ; C. — François, chevalier de Lambertie, gendarme de la garde, qui a épousé demoiselle Philippine de Plas, qui lui a laissé trois fils et deux filles : il était veuf le 17 octobre 1763, et faisait, à cette date, une transaction avec son beau-père messire Jean Thibeaud, écuyer, Sr des Plas, qui le nomme Jean-François de Lambertie, écuyer, Sr de Lamary, et sa défunte fille Marie Thibaud (Acte original); 3° Louis de Lambertie, cornette au régiment Colonel-général, tué à l'armée ; 4° Marie, qui a épousé Georges de la Croix, chevalier, Sgr de la Chaise ; 5° Marguerite de Lambertie, non mariée. Jean de Lambertie avait un fils aîné, lieutenant au régiment de Tessé, tué à l'armée.

XX. — Messire Jean-François de Lambertie, chevalier, Sgr de Menet, Roussine, Pery, la Fenêtre (commune de Saint-Sornin, canton de Montbron, Charente), capitaine au régiment de Tessé, épousa demoiselle Elisabeth du Vidal, fille d'Antoine du Vidal, Sgr de Pionga, et de demoiselle Suzanne Roux, par contrat passé le 4 mars 1717, signé

Bécharde et Lalande, notaires. De ce mariage sont issus : 1° Pierre, qui suit ; 2° Léon, capitaine au régiment Lyonnais, chevalier de l'ordre royal et militaire de Saint-Louis, 3° Marie de Lambertie, non mariée ; 4° autre Marie de Lambertie, non mariée.

XXI. — Haut et puissant seigneur Pierre, comte de Lambertie, chevalier, S^{gr} de Menet, de Pery, etc., épousa, par contrat passé à Puycheny, en Périgord, le 22 juin 1757, par Roger, notaire à Champeau, demoiselle Marguerite-Françoise, fille de haut et puissant seigneur Alain Thibaut, marquis de Fayolle, chevalier, S^{gr} de Fayolle, le Mas-Poitevin, de Tocanne et de Mellet, et de dame Françoise du Bary, dont : 1° Alain Thibaut, qui suit ; 2° Nicolas, capitaine au régiment d'Enghien ; 3° Pierre-Léon de Lambertie, capitaine au régiment de Lyonnais ; 4° Marguerite de Lambertie.

XXII. — Alain Thibaut, comte de Lambertie, S^{gr} de Menet, capitaine au régiment de Chartres-dragons. Il fut nommé chevalier de l'ordre royal et militaire de Saint-Louis en 1816, épousa demoiselle Marguerite de Ribeyreys, fille de Jean-Baptiste de Ribeyreys, et de Marie-Françoise de la Cropte de Saint-Abre. Il a eu de ce mariage : 1° Pierre-Jules de Lambertie, né le 17 mars 1788, mort le 26 mai 1811 ; 2° Jean-Baptiste-Frédéric, marquis de Lambertie, né le 23 septembre 1789, marié : 1° le 25 novembre 1823, à demoiselle Marie-Adelaïde de Ribeyreys, morte, sans enfants, le 20 août 1843 ; 2° à mademoiselle Octavie, comtesse de Flers, morte, sans enfants, le 5 février 1847. Jean-Baptiste-Frédéric de Lambertie est mort le 3 juin 1874 ; 3° Marie-Célestine-Aimée de Lambertie, née le 1er novembre 1791, mariée, le 8 décembre 1813, à Charles du Rousseau de Ferrières, morte le 21 mai 1859 ; 4° Jacques-Alexandre de Lambertie, né le 30 décembre 1802, mort en 1803 ; 5° Pierre-Léon de Lambertie, né le 14 avril 1805, mort le 6 mars 1826 ; 6° Pierre-Edouard de Lambertie, qui suit.

XXIII. — Pierre-Edouard, comte de Lambertie, né le 7 octobre 1807, épousa, le 16 juin 1835, demoiselle Adrienne de Bélot, dont : 1° Louis Raymond de Lambertie, qui suit ; 2° Gabrielle-Louise, née le 19 décembre 1837, qui a épousé M. Edgar de Roffignac ; 3° Marie-Berthe, née le 29 novembre 1839, qui a épousé M. Amédée Brumaud de Montgazon, décédée ; 4° Elisabeth-Louise, née le 31 janvier 1846, qui a épousé M. Renold de Roffignac (frère d'Edgar de Roffignac) ; 5° Charlotte-Marguerite, née le 12 septembre 1848, mariée à M. de la Poterie.

XXIV. — Louis Raymond de Lambertie, né le 20 mars 1836, habitant Menet, a épousé demoiselle Angélique de Roux de Reilhac, dont : Roger de Lambertie.

§ V. — *Branche de Marval.*

XVI *bis*. — Haut et puissant messire Jean de Lambertie, écuyer, S^{gr} de Prun, de l'Artimache (paroisse de la Chapelle-Montbrandeix, canton de Saint-Mathieu, arrondissement de Rochechouart, Haute-Vienne), de l'Epinassie (paroisse de Marval, même canton), capitaine de cent hommes d'armes au régiment de Lambertie, fils puîné de noble personne François de Lambertie, écuyer, S^{gr} de Menet et du Couraud, et de dame

Jeanne de la Faye. Il épousa, par contrat passé au château des Pousses, paroisse de Nexon, en Limousin (c'est peut-être par erreur que la Chesnaye des Bois dit au château de Lastours), le 22 novembre 1577, par Martial Limousin, notaire, demoiselle Catherine de Monfrebeuf, dame de Marval, fille de noble personne François de Montfrebeuf, écuyer, S^{gr} du Puy et des Roberties, et de dame Catherine des Pousses, en présence de noble personne Louis des Pousses, son aïeul. Il fit un partage avec son frère Raymond de Lambertie, S^{gr} de Menet, par acte passé au château de Menet, le 28 novembre 1578, signé Marvaud, et Palotte, notaires. Le 19 avril 1588, il fut maintenu dans sa noblesse par les commissaires députés pour la vérification de la noblesse. Il était veuf en 1618. Jean de Lambertie a eu de Catherine de Montfrebeuf : 1º Jean, qui suit ; 2º Léonard de Lambertie ; 3º autre Jean de Lambertie ; 4º Gabriel, capitaine de cent lances, qui a fait la branche de Lambertie, établie en Poitou, rapportée § VI ; 5º vénérable Léonard de Lambertie, S^{gr} de Puidemaud, qui était curé de Marval en 1642. Il signait Puydemaud. Une boîte en étain conservée à Marval porte l'inscription suivante :

M. L. de Lambertie, curé.
M. C. Corivaud, baile.
1642.

Il vivait encore en 1659. 6º Jeanne, qui se maria : 1º par contrat du 4 février 1608, passé à Marval, par Sarlande, où elle est dite fille de haut et puissant seigneur Jean de Lambertie, écuyer, S^{gr} de Marval, Prun, l'Epinassie et de Milhaguet (canton de Saint-Mathieu), avec messire Guy Roux, écuyer, S^{gr} de la Salle, de Maumont, Saint-Front-la-Rivière, fils de Léonard Roux, écuyer, S^{gr} de la Forêt, de Luçon, et de demoiselle Marguerite d'Abzac ; il mourut à Saint-Front-la-Rivière, le 30 avril 1609, et Jeanne se remaria : 2º par contrat passé par Sarlande, le 8 décembre 1612, à messire Gabriel de Saint-Mathieu, écuyer, S^{gr} de Reilhac, Champagnac ; 7º autre Jeanne, qui épousa, par contrat du 27 février 1629, passé par Dumazeau, messire Antoine du Barry, S^{gr} de Flageac, fils de Louis du Barry, chevalier, S^{gr} de Puycheny, et de demoiselle Léonarde de Lavodrie ; 8º Henriette, qui a épousé Bertrand de Maumont, écuyer, S^{gr} de Lasterie. (Voir ci-devant, p. 212, x^e degré.)

XVII. — Messire Jean de Lambertie, chevalier, S^{gr} de Prun, l'Epinassie, Marval et des Roberts, épousa, par contrat passé par Andoury et Fournier, le 7 janvier 1627 (La Chesnaye des Bois dit le 17 janvier 1624), demoiselle Jeanne Coustin, dame de Pérignac, fille de messire Jean Coustin, chevalier, S^{gr} du Masgonthier et du Masnadaud, et de dame Françoise de Jussac d'Ambleville. Le 19 mai 1611, il fut fait, à Marval, un contrat de partage, signé Sarlandie, entre hauts et puissants seigneurs Jean de Lambertie, écuyer, S^{gr} de Marval ; Léonard de Lambertie, écuyer, S^{gr} de l'Epinassie ; Jean de Lambertie, écuyer, S^{gr} de l'Artimache, tant pour eux que pour Gabriel de Lambertie, écuyer, S^{gr} du Bouchet, tous frères et enfants dudit seigneur Jean de Lambertie, et de dame Catherine de Montfrebeuf. Il a laissé de Jeanne Coustin un fils et deux filles : 1º Léonard, qui suit ; 2º Anne de Lambertie, qui a épousé François de Saulnier, écuyer, S^{gr} de Plaissac ; 3º Renée de Lambertie, qui a épousé, par contrat passé à Marval, le 15 janvier 1640, par Sarlande, messire Jean d'Abzac, écuyer, S^{gr} de Vilars, fils de Pierre, écuyer, S^{gr} de Saint-Pardoux-la-Rivière et Mazière, et de demoiselle Anne de Pery de Saint-Auvent.

XVIII. — Messire Léonard de Lambertie, chevalier, S^{gr} de Marval, de Prun, l'Epinassie, de la Chapelle-Saint-Robert, Souffrignac et Pérignac (Milhaguet, d'après La Chesnaye des Bois), épousa, par contrat passé à Marval, le 22 juillet 1648, par Tondaine et Dayne, demoiselle Marie de Fontlebon, fille de messire Charles de Fontlebon, chevalier, S^{gr} de la Chapelle-Saint-Robert, le Fresse, Chatelard : Léonard de Lambertie fit la représentation de ses titres devant Hollier et Montozon, commissaires députés pour la vérification de la noblesse, et il est reconnu que les susdits titres ont été vérifiés. Il rendit deux hommages au seigneur de Lambertie, baron de Montbrun, l'un du 15 novembre 1549, et l'autre, du 29 juin 1548. De son mariage avec Marie de Fontlebon il eut trois fils et une fille : 1º Jean de Lambertie, marquis de la Chapelle, capitaine au régiment de Lenoncourt, épousa demoiselle Rose Boisson, fille de messire Antoine Boisson, écuyer, S^{gr} de Jussac, de Clain, du Roulet et de Rocheraud, et de demoiselle Catherine de la Rochefoucauld. Le contrat est passé à Roulet, en Angoumois, le 2 juillet 1698, par Viard. Jean de Lambertie est mort sans postérité. 2º Jacques, qui suit ; 3º Jean, chevalier de Lambertie, capitaine au régiment de Condé, tué au siége de Valence ; 4º Anne, qui épousa, par contrat passé, le 19 janvier 1693, par Lagarde-Chamagnon, Pierre de Rocard, chevalier, S^{gr} de Saint-Laurent, de Céris, de la Cour-Saint-Maurice, fils de François de Rocard et d'Henriette Raymond.

XIX. — Haut et puissant seigneur Jacques, comte de Lambertie, major et capitaine au régiment de Tulle, chevalier, S^{gr} de Marval, Prun, l'Epinassie, le Fresse, le Chatelard, la Chapelle-Saint-Robert, Souffrignac, etc., épousa, par contrat passé à Bordeaux, le 21 septembre 1702, par Lhomme et Perisson, notaires, Marie-Françoise de la Rochefoucauld, fille de haut et puissant seigneur J.-Charles-Casimir de la Rochefoucauld, chevalier, S^{gr} de Fonpatour, du Chey et des Fontaines (en Aunis), et de haute et puissante dame Françoise de Mazières. Jacques, comte de Lambertie, eut de son mariage avec Marie-Françoise de la Rochefoucauld : 1º Pierre, marquis de Lambertie, non marié ; il fut enterré, dans l'église de Marval, le 13 février 1775, à l'âge d'environ soixante-douze ans ; 2º Jean, qui suit ; 3º haut et puissant seigneur Emmanuel de Lambertie, lieutenant-colonel au régiment de Poitou-infanterie, chevalier de l'ordre royal et militaire de Saint-Louis, épousa haute et puissante dame Marie de Châteauneuf, dont il n'eut point d'enfants. (Registres de Marval.) Emmanuel de Lambertie, S^{gr} de Marval, assistait à l'assemblée générale de la noblesse du Poitou en 1789. (Procès-verbal de l'assemblée.) Le 25 décembre 1796, Emmanuel de Lambertie et son épouse font un accord avec Etienne Auvray de Saint-Remy, pour les meubles qui sont dans les biens de Marval. (Acte original.) Le 8 vendémiaire an IV, Emmanuel de Châteauneuf, demeurant au lieu du Masnadaud, commune de Pageas, donne procuration à N... Coustin du Masnadaud, pour régir tous les biens qui lui sont échus par les décès

de ses frères, père et mère, et celui de Marie de Châteauneuf, sa sœur;
il était alors aveugle, et ne pouvait signer à cause de ses infirmités;
4° François de Lambertie, né et ondoyé le 6 décembre 1701, se présente
à l'église, le 1er mars 1721, pour recevoir les cérémonies du baptême.
(Registres paroissiaux de Marval.)

XX. — Haut et puissant seigneur Jean, comte de Lambertie, chevalier, Sgr en partie de Marval, de la Chapelle-Saint-Robert, le Cluseau, Fontaine, capitaine de grenadiers au régiment de Poitou, chevalier de l'ordre royal et militaire de Saint-Louis, né et ondoyé à Marval, le 17 avril, et baptisé le 12 août 1706, épousa : 1°, par contrat passé à Ampily-les-Bordes, paroisse d'Aynay-le-Duc, le 16 octobre 1740, par Poteret, notaire, demoiselle Françoise de Lestrade, fille de haut et puissant seigneur Jacques de Lestrade, chevalier, baron d'Arcelot et de Lacousse, Sgr de Boux, des Bories, Preuilly, Bouzot, de Latour, etc., et de haute et puissante dame Elisabeth de Poussy, dont il n'a pas laissé de postérité. Il se maria : 2°, par contrat passé à Montluçon, le 25 juin 1747, par Raby, notaire, avec demoiselle Elisabeth-Aimée Alamargot, fille de messire Guillaume (*alias* Gilbert) Alamargot de Fontbouilliant, Sgr de Quincenne, le Cluzeau, de Châteauvieux, etc., et de dame Madeleine de Tissandier. De ce mariage vinrent trois enfants, tous baptisés à Notre-Dame de Montluçon : 1° Claire-Madeleine, baptisée le 12 avril 1748, qui épousa, le 20 septembre 1770, Nicolas-Pierre-Elisabeth-Geoffroy, comte de Villemain, Sgr du Mesnil, d'Ordeux, etc. (La Chesnaye des Bois); 2° Pierre-Michel, baptisé le 22 avril 1750. D'après l'Histoire de l'ordre royal et militaire de Saint-Louis, le comte Pierre-Michel de Lambertie, né à Montluçon le 4 avril 1747, aurait été nommé chevalier de Saint-Louis en 1788. Il était mousquetaire à la 1re compagnie en 1770, rang de capitaine dans Custine, ensuite Lescure, en 1772, pourvu d'une compagnie en 1774, reformé en 1776, mestre de camp en second de Royal-la-marine, en 1782, pour prendre rang de 1780, colonel du régiment de Normandie en 1788, a donné sa démission. 3° Gilbert-Emmanuel, baptisé le 10 avril 1755, officier au régiment de Bourbon-infanterie.

§ VI. — *Branche du Bouchet.*

XVII *bis*. — Messire Gabriel de Lambertie, chevalier, Sgr du Bouchet, de l'Artimache et de Puydemeau, capitaine de cent hommes d'armes et de cent lances, fils puîné de Jean de Lambertie, capitaine de cent hommes, et de dame Catherine de Montfrebeuf, épousa, par contrat passé à Champnier, en Périgord, par Marcillaud, notaire, le 19 juillet 1630, demoiselle Claude du Lau, fille de haut et puissant seigneur Henri du Lau, gentilhomme ordinaire de la chambre du roi, Sgr d'Allamans, de Sallette, du Chambon et de Champniers, et de dame Henriette de Pons. Claude du Lau se remaria avec Desse d'Aubusson, baron d'Auriat. (*Nobiliaire*, T. I, p. 97.) Le 19 mai 1611, il y eut un contrat de partage entre hauts et puissants seigneurs Jean de Lambertie, écuyer, Sgr de Marval; Léonard de Lambertie, écuyer, Sgr de l'Epinacie; Jean de Lambertie, écuyer, Sgr de l'Artimache, tant pour eux que pour

Gabriel de Lambertie, écuyer, S^{gr} du Bouchet, absent, tous frères et enfants dudit seigneur Jean de Lambertie, et de dame Catherine de Montfrebeuf, passé à Marval, par Sarlandie. Un certificat du 15 mai 1636 montre que Gabriel de Lambertie, capitaine de cent hommes d'armes, dans le régiment de Pons, a été tué à l'armée, et que son corps a reposé dans plusieurs églises dans le trajet qu'on a fait pour le conduire dans le tombeau de ses ancêtres, où il avait demandé à être enterré. Il est signé : J. Colomb, curé de Chambon ; Bouchet, curé de Saint-Michel ; Delavergne, curé de Sauviat ; du Monteil, curé d'Aixe. Gabriel de Lambertie n'a eu de Claude du Lau que Jean de Lambertie, qui suit.

XVIII. — Haut et puissant seigneur messire Jean de Lambertie, marquis du Bouchet, chevalier, S^{gr} de Saint-Martin-Lars, Puydemaux, l'Artimache, Fougerais, le Plessis, Bars, Rougis, le Defans, Sauvay, la Ronde, baron de Corigné, capitaine de soixante hommes d'armes, épousa, par contrat passé par Grillière et Belland, le 8 octobre 1660, demoiselle Marie du Raynier, dame d'atours de Son Altesse Royale madame Marguerite de Lorraine, femme de Gaston de France, duc d'Orléans, dame d'honneur de Son Altesse Royale Isabelle d'Orléans, duchesse d'Alençon, de Guise et d'Angoulême, fille de haut et puissant seigneur Charles du Raynier, marquis des Defans, et de dame Marie de Méchinet, dame d'honneur de Son Altesse Royale Madame. Jean de Lambertie fut maintenu dans sa noblesse par d'Aguesseau et Colbert, en 1666. Il rendit un hommage et dénombrement au roi pour la châtellenie de Saint-Martin-Lars. Après sa mort, sa femme fit faire un inventaire le 21 mai 1715, signé Bourdier et Julliar.

Jean de Lambertie eut de Marie du Raynier : 1° Joseph-Emmanuel, marquis de Lambertie, baron de Corigné, chevalier, S^{gr} de Saint-Martin-Lars, Puydemaux, l'Artimache, capitaine au régiment Colonel-général-cavalerie, qui épousa, par contrat passé à Champeaux, par Durand, notaire, le 30 janvier 1700, demoiselle Françoise du Barry, fille de messire Antoine du Barry, chevalier, S^{gr} de Puycheny et de la Grange, et de dame Marie-Anne de Nemond, dont il n'a pas laissé de postérité ; 2° Cosme, qui suit ; 3° Marie-Anne, qui épousa François de Vivonne de la Chataigneraye, chevalier, S^{gr} de Moye, dont elle n'a eu qu'une fille, mariée à N... de Bermondet, marquis de Cromières ; 4° Adélaïde de Lambertie, qui a épousé Jean du Repaire, marquis de Landeix, lieutenant-colonel de cavalerie, mort sans postérité. L'acte de mariage que nous avons recueilli dans les registres de l'église paroissiale de Boubon est du 25 mars 1698 ; elle y est nommée Marie de Lambertie, fille de feu Jean de Lambertie, et de Marie Raynier.

XIX. — Haut et puissant messire Cosme de Lambertie, chevalier, S^{gr} de l'Epine, de Lavau, de la Cour, d'Usson, la Corbière, et en partie de Saint-Martin-Lars. Un extrait des registres de Saint-Sulpice nous fait connaître qu'il fut baptisé le 4 mai 1678 ; que son parrain fut très-haut et très-puissant prince Cosme de Médicis, grand-duc de Toscane, représenté par Son Excellence Charles Antoine de Gondy, son envoyé extraordinaire en France, et sa marraine, très-haute et très-puissante personne Son Altesse Royale Isabelle d'Orléans, duchesse d'Alençon, de

Guise et d'Angoulême. Il fut mestre de camp commandant le régiment Colonel-général-cavalerie, chevalier de l'ordre royal et militaire de Saint-Louis. Il servit pendant quarante-cinq ans avec la plus grande distinction, et reçut plus de quinze blessures en différentes batailles, en particulier à celles de Luzara et de Sancta-Victoria. Il épousa, par contrat passé à Usson, en Poitou, le 20 mai 1718, signé Cuirblanc et Gay, notaires, demoiselle Marie-Angélique du Breuil-Hélion, fille de messire Louis du Breuil-Hélion, chevalier, S^{gr} de Lavau, de la Cour et d'Usson, et de dame Suzanne de Beugnon, dont il a eu pour enfants : 1° Emmanuel-François, qui suit; 2° Marie-Anne Suzanne, qui épousa Louis de Brilhac, chevalier, S^{gr} de Pilon et de Vounaut, dont elle n'eut qu'une fille, mariée, au seigneur de la Cointardière, baron de la Frapinière.

XX. — Emmanuel-François de Lambertie, baron de Corigné, chevalier, S^{gr} de Saint-Martin-Lars, Puydemaux, l'Artimache, la Grande et Petite Epine, Lavau, Lacour, etc., etc, guidon de gendarmerie, puis mestre de camp de cavalerie, capitaine-lieutenant des gendarmes bourguignons, épousa, par contrat passé à Nancy, le 22 décembre 1758, par Tranchot, notaire, Louise-Antoinette-Gabrielle de Lambertie, fille de Camille de Lambertie, et de Barbe Huraud de Morenville, de la branche de Lorraine. Il fut nommé chevalier de l'ordre royal et militaire de Saint-Louis en 1771. (*Hist. de l'Ordre de Saint-Louis*.)

Joseph-Emmanuel-Auguste-François, comte de Lambertie, maréchal de camp, S^{gr} de Saint-Martin-Lars, assistait à l'assemblée générale de la noblesse du Poitou en 1789, ainsi que François, marquis de Lambertie, S^{gr} de la Petite-Epine. (Procès-verbal de l'assemblée.)

Notes isolées.

Le 11 octobre 1541, un hommage pour les paroisses d'Abjat et Savignac fut rendu par Raymond de Lambertie. (*Notes hist. sur le Nontronais*, p. 152.)

Catherine de Lambertie épousa Rolland de la Vergne, S^r d'Estivaux, paroisse de Vicq, fils de Jean de la Vergne; fit son testament le 8 février, et était mort le 20 mars 1596. (*Nobiliaire*, T. III, p. 65.)

Anne de Lambertie prit le voile à la Règle de Limoges, sous l'administration de l'abbesse Jeanne de Vertamon, qui dirigea ce monastère de 1619 à 1675. (*Limoges au* XVIIe *siècle*, par M. Pierre LAFOREST, p..311.)

Le *Nobiliaire*, T. Ier, p. 110, parle de Gabriel Hautier, écuyer, Sr de Lambertie en 1714. Il faut apparemment lire : Sr de Laudebertie.

Mathieu de Lambertie fut nommé curé de la Chapelle-Montbrandeix en 1780. Il y est mort le 17 avril 1792, âgé d'environ soixante-six ans. (Registres paroissiaux de la Chapelle-Montbrandeix.)

L'abbé de Lambertie, mort sur l'échafaud en 1791, avait publié des poésies, en 1786, et des écrits politiques. (*Ephém. du Limousin*.)

Dans l'*Histoire de l'Ordre de Saint-Louis*, nous trouvons les nominations suivantes :

Charles de Lambertie, chef de bataillon, nommé chevalier de Saint-Louis, en 1815;

Le comte de Lambertie, cavalier noble, nommé chevalier de Saint-Louis pendant l'émigration ;

Le marquis de Lambertie, lieutenant général, commandeur de Saint-Louis en 1816 ;

Adolphe-Georges-Balthazar, comte de Lambertie, capitaine dans la garde Royale-infanterie, nommé chevalier de Saint-Louis en 1825 ;

N... de Lambertie, chevalier de Saint-Louis en 1763 ;

N... de Lambertie, capitaine au régiment de Colonel-général-cavalerie, nommé chevalier de Saint-Louis par Louis XV ; — est de Paris ; — cadet en 1692, cornette en 1693, lieutenant réformé à la paix en 1697, capitaine en 1703, ayant acheté la compagnie de son frère, rang de mestre de camp ; — pension, 1,600 livres sur le Trésor royal ; — retiré en 1734.

LAMONERIE.

Pierre de Lubersac, fils de Geoffroy et d'Isabelle de la Garde, épousa, vers 1260, Almoïs de Lamonerie, fille de Guillaume de Lamonerie, damoiseau de la paroisse de Salon (canton d'Uzerche, arrondissement de Tulle, Corrèze), et sœur du chevalier Guy. Il était mort le vendredi dans l'octave de la Nativité de la Sainte-Vierge, 1275.

Vers 1290, Etienne de Lubersac, fils de Pierre ci-dessus, acheta diverses rentes de Guillaume de Lamonerie, damoiseau de Salon.

En 1300, Guy de Lamonerie, fils de feu Guillaume, reconnaît devoir à Etienne de Lubersac un reliquat de rente restant dû par suite du mariage d'Almoïs, sa sœur, avec le père dudit damoiseau.

Armes : *d'azur au chevron d'or surmonté d'une croix de même, accostée de deux palmiers confrontés d'argent, et accompagnée en pointe d'une tour de même maçonnée de sable.* (Généalogie Lubersac.)

LAMY (p. 33). Porte *d'azur à la colombe d'argent.* Ces armes, que donne l'*Hist. de la Ville de Chartres* par DOYEN, 1786, se trouvaient aussi, avant la Révolution française, sur les vitraux de Saint-Pierre-du-Queyroix, à Limoges. (Biblioth. nation., msc. S. F. 5024.) La devise est : *Au besoin on reconnaît Lamy.*

§ Ier.

1. — Jean Lamy, habitant la ville de Limoges (1260), épousa Anne de Murmans, d'une ancienne famille de Limoges. Selon une généalogie conservée dans la famille Lamy, leurs enfants furent : 1º Guillaume Lamy, patriarche de Jérusalem ; 2º Mathieu, qui suit. Mais, selon J. Colin, théologal de Saint-Junien, dans la vie du patriarche qu'il a écrite en 1672, Dieu leur donna pour enfants : 1º Ezéchias ; 2º Elie. On trouve un Elie Lamy chanoine de la cathédrale de Limoges en 1370. Il est cité dans les lettres des priviléges de la cité de Limoges. (*Bull. Soc. Arch.*, T. XVIII, p. 117.) Il résidait à Limoges en 1373 (*Ann. de Limoges*, p. 664), et vivait en 1391 ; 3º Guillaume le Patriarche. Les archives de la Haute-Vienne (fonds de l'abbaye de la Règle) nous font encore connaître *Martialis Amici, campsor castri Lemovicensis, filius quondam Johannis Amici*, 1371.

Guillaume Lamy naquit à Limoges en 1305. L'Histoire rapporte que saint Athanase, dans les premières années de sa plus tendre jeunesse, prenait plaisir à réunir les enfants de son âge, à leur faire des catéchismes, des exhortations, à les conduire en procession, et à imiter les cérémonies de l'Eglise. Guillaume Lamy, qui devait aussi paraître avec éclat dans l'Eglise sous le pontificat de Clément VI et d'Innocent VI, pratiquait la même chose dès l'âge le plus tendre. Son occupation habituelle était de se livrer aux mêmes exercices et aux mêmes cérémonies. Il semblait avoir sucé la piété avec le lait, ainsi que la dévotion envers la sainte Vierge. A sept ou huit ans, ses parents lui donnèrent des maîtres doctes et pieux pour le former aux sciences et à la vertu. Son esprit naturel et sa docilité lui firent faire de grands progrès. La compassion pour les pauvres, que sa mère avait su lui inspirer, le portait même à se priver de sa nourriture en leur faveur, ne se contentant pas de leur distribuer tout ce qu'on lui donnait en présents.

Il était déjà avancé pour l'étude de la langue latine, et étudiait la philosophie, lorsque son père Jean Lamy vint à mourir. Il était mûr pour le ciel, et alla y prendre place avant d'avoir pu envoyer son fils Guillaume Lamy à la fameuse Université de Paris, où il voulait lui faire étudier la théologie. Sa mère, éplorée, retint quelque temps ce fils bien-aimé auprès d'elle; toutefois, préférant le bien de son enfant à sa propre consolation, elle lui permit de partir pour Paris. Sur ce nouveau théâtre, il s'avança beaucoup et dans la science des Saints et dans celle des écoles. Il visitait fréquemment les pauvres, et, après les avoir instruits des maximes de la foi, il ne manquait jamais de leur faire l'aumône. Il accordait volontiers tous ses soins à ceux qui avaient besoin de ses avis ou de son secours pour des affaires importantes. Il s'adonnait aussi à la prédication, et réussit à convertir bien des pécheurs et à faire marcher les justes dans les sentiers de l'éternité.

Il fit tant de progrès dans l'étude de la théologie et du droit canon qu'on le considérait, dans cette célèbre Université de Paris, non-seulement comme un homme d'une très-haute vertu, mais encore comme un oracle du droit ecclésiastique. Ses opinions semblaient y avoir force de loi, et servaient à fixer même les plus intelligents. Il eut assez de bonheur pour réussir dans la conduite de plusieurs importantes affaires, que le clergé du Limousin confia à sa prudence et à son zèle pendant le séjour qu'il fit à Paris.

Nous trouvons trois versions différentes racontant comment Guillaume Lamy devint évêque de Chartres; ne pouvant pas les faire entièrement concorder, nous allons les donner successivement toutes trois :

D'après l'*Histoire de la Ville de Chartres* par M. Doyen (Chartres, 1786), Guillaume Amy ou Damy fut le 83e évêque de cette ville en 1341, et siégea huit ans. — « Le pape Clément, qui s'était réservé, comme ses prédécesseurs, la collation des évêchés, pourvut de l'évêché de Chartres Guillaume Amy, évêque d'Apt en Provence. Il était né en Limousin. Il avait été abbé de Saint-Victor de Marseille et auditeur en la Chambre ecclésiastique et apostolique. Il prit possession par procureur, et ne parut point dans son diocèse. Le pape le fit cardinal, et, en 1344, il lui donna ordre de couronner Jeanne reine de Sicile et de Jérusalem : ce fut sur la fin du mois d'août, après que cette princesse eut obtenu du pape l'investiture de ses royaumes. L'année suivante, 1345, Sa Sainteté l'envoya couronner André, son second mari, roi des mêmes royaumes de Sicile et de Jérusalem. En 1348, le pape transféra Guillaume Amy au patriarchat de Jérusalem, avec lequel il lui donna l'administration de l'évêché de Fréjus. Il portait *de gueules à la colombe d'argent.* »

La seconde version est donnée par la *Parthénie ou Histoire de la très-auguste et très-dévote Eglise de Chartres*, écrite l'an 1609 par maître Sébastien ROULLIARD, de Melun, avocat au Parlement : « A devancier illustre (Aimeric de Château-Luisant), un successeur de même, Guillaume, surnommé d'Amy, auditeur de rote en la Chambre apostolique, et familier intime du pape Clément V, promu à l'archevêché d'Aix ; finalement, l'an 1341, transféré à l'évêché de Chartres ; puis, pour comble d'honneur, reçut le titre de patriarche de Jérusalem. Néanmoins son affection particulière demeura toujours vers son église de Chartres, quoique sa résidence ordinaire fût à la Cour de Rome. Le plus grand témoignage qu'il lui en put rendre fut son dernier éloge, auquel temps, disait un ancien, sortent de la bouche des paroles sans feinte. Car il lui légua par icelui tous les ornements pontificaux : de satin, de violet, d'escarlatte, avec des liépards d'or et autres riches joyaux. Il gît à Sainte-Marie-Majeure, et plus communément est réputé pour saint.

» Le suit en ordre Louys de Vaucemain, car Bertrand, auquel le titre de l'an 1346 donne qualité d'évêque de Chartres, se doit entendre de simple suffragant pour l'absence dudit Guillaume, qui faisait résidence actuelle dans la Cour du Saint-Père. »

Enfin voici la version rapportée par J. Collin, théologal de Saint-Junien, auteur de l'*Histoire sacrée de la Vie des Saints du diocèse de Limoges*, et par le Père Bonaventure de Saint-Amable :

Ce flambeau, qui avait éclairé la capitale du royaume, devait aussi communiquer ailleurs ses ardeurs et ses lumières. Et, comme l'esprit du Seigneur le conduisait, étant sorti de Paris pour s'en retourner, il eut l'inspiration, près d'Orléans, de s'en aller au pays Chartrain, où le libertinage s'était établi depuis peu. Il suit les mouvements du Ciel, et va droit à Chartres. Là il commence à prêcher et à foudroyer le vice, remet la vertu en honneur, et, en peu de temps, change cette Babylone en une Jérusalem. Il ramena les esprits par le charme de ses paroles pleines de l'esprit de Dieu, et par sa vie, qui prêchait encore plus que son éloquence. Les habitants, qui avaient perdu leur pasteur, crurent que celui qui était la cause de leur retour au bien achèverait de sanctifier cette province, s'il avait le timon en main, et devenait l'oint du Seigneur. Ils firent instance vers le pape Clément VI afin qu'il le leur donnât pour évêque. Il ne put refuser une si sainte requête, et leur accorda son compatriote comme le gage de ses affections. Le peuple et le clergé étaient ravis de leur bonheur : lui seul s'y refusait, de peur d'être opprimé par le poids de cette charge. Le pape étant averti de cela, et connaissant la sainteté de sa vie, lui commanda de consentir à son élection, et de prendre soin du troupeau que Jésus-Christ lui confiait après l'avoir racheté de son propre sang. Il ne put résister à ces oracles qui lui annonçaient la volonté du Ciel, et il prit le joug qui lui semblait insupportable. Mais Dieu le soutint, et ce qu'il croyait impossible lui devint facile et agréable.

Il était beau de voir ce pasteur charitable et zélé pour la gloire de Dieu quand il s'appliquait à détruire le péché et les discordes, soit en public, soit en particulier; quand il visitait les cures de son diocèse et réglait leur manière de vivre; qu'il subvenait aux nécessités des religieux, et les engageait à porter courageusement le joug de Notre-Seigneur pour servir de modèle aux autres ; qu'il employait ses mains à panser les malades et sa bourse à soulager les indigents; qu'il consolait les affligés, aidait les veuves, protégeait les orphelins, et procurait un asile et des secours à tous les malheureux.

Autant il s'appliquait à soulager toutes les misères, autant il se martyrisait lui-même pour réduire son corps en servitude par toute sorte de mortifications. Toute l'année était presque pour lui un jeûne continuel.

Or, comme il passait sa vie dans ces saintes pratiques de vertu, ayant atteint l'âge de quarante-huit ans, le pape Clément VI vint à mourir. Innocent VI, qui était aussi Limousin, lui succéda. Comme il avait presque toujours vécu à la Cour de son prédécesseur, il connaissait parfaitement les grands mérites et la vertu éminente de notre saint évêque. C'est pourquoi il l'appela à lui, et, voulant lui donner un témoignage de son estime, il lui offrit le chapeau de cardinal. Mais il refusa cette dignité, parce qu'elle avait trop d'éclat pour sa modestie. Le pape le pressa alors d'accepter le patriarchat de Jérusalem, dont le siège avait été transporté à Nicosie dans l'île de Chypre à cause de la fureur des Musulmans, qui occupaient Jérusalem. Après avoir longtemps résisté à ce désir du Saint-Père, il accepta enfin, dans l'espérance qu'il avait de pouvoir y rendre quelques services à Dieu et à son Eglise.

Après avoir reçu la bénédiction du Saint-Père, et l'avoir prié de pourvoir le diocèse de Chartres d'un pasteur selon le cœur de Dieu, il partit pour Nicosie. L'église de Jérusalem qu'il allait gouverner était dans la plus grande confusion. La tyrannie de Mahomet et les ravages que sa cruauté y avait exercés causaient le plus grand dommage à notre sainte religion. Les chrétiens se virent obligés de quitter leur pays natal pour mettre leur vie et leur salut à l'abri, et de chercher un lieu où ils pussent se garantir des outrages et des mauvais traitements des infidèles. C'est pourquoi un grand nombre de familles de la Syrie se réfugièrent dans la ville de Nicosie, l'une des plus belles du royaume de Chypre, et dans laquelle on avait transféré le siège patriarchal qui jusqu'alors avait été à Jérusalem. Ce fut là que notre saint patriarche ranima cette église désolée par sa vertu et par sa science. Tout ce que la charité la plus ardente et le zèle le plus éclairé peuvent inspirer fut mis en pratique pour réparer les malheurs spirituels et temporels de son troupeau. Sa charité était si grande qu'elle ne se bornait pas à son diocèse, et on raconte même que, avec la permission du roi Jean, régnant alors en France, il envoya à son frère Ezéchias des lingots d'or destinés à être réduits en monnaie, et employés en bonnes œuvres.

Après qu'il fut resté sept ans à Nicosie, Innocent VI, qui entendait de toute part raconter ses belles actions, voulut le voir et apprendre de sa bouche l'état de l'église de Syrie et de Jérusalem. Le saint patriarche se rendit à ce désir, et fit le voyage d'Avignon. Après avoir rendu compte au Saint-Père de l'état de l'Eglise dont il était chargé, il voulut, avant de se rendre au milieu de son troupeau, où il pensait finir ses jours, aller revoir ses parents à Limoges. Mais, arrivé à Montpellier, il fut pris d'une fièvre violente, et comprit que Dieu l'appelait à lui. Alors il reçut les derniers sacrements avec une grande dévotion; il fit son testament, par lequel il fonda de ses biens patrimoniaux la vicairie qui portait son nom dans la chapelle de Saint-Thomas de l'église cathédrale de Limoges. Peu après il remit son âme entre les mains de Dieu le 9 juin 1360.

Le clergé de Montpellier lui rendit les derniers devoirs, et célébra ses obsèques avec toute la pompe possible. Son corps fut porté dans l'église des Pères Carmes, et y fut enterré. Mais ses parents ne voulurent pas être privés d'un si riche trésor : ils le firent transporter à Limoges dans l'église cathédrale, où il fut enseveli dans la chapelle de Saint-Thomas, derrière le grand-autel. Dieu l'a honoré de plusieurs miracles.

Avant la révolution de 1793, l'inscription suivante était gravée sur une table d'airain, derrière la statue du patriarche, dans la chapelle Saint-Thomas de la cathédrale de Limoges :

« Guillaumus Amici, ex urbe Lemovicensi oriundus, patriarchæ Jerosolimitanus, ex foro Juliensis quondam episcopus, vir pietate insignis et miraculis clarus, apud Montempessulanum ex hàc vità excedens, emigravit in cœlum die nonà mensis junii anno millesimo trigentesimo sexagesimo ; cujus corpus sacrum, cum primum in templo Sanctæ Mariæ de Carmelo, honorificis exequiis ecclesiasticæ sepulturæ mandatum esset, post aliquot tempus, juxta suæ piæ voluntatis, ultimum elogium, in ecclesiam Lemovicensem translatum, ibidem, in sacello Sancti Thomæ nuncupato celeberrime conditum est, beatam cum sanctis resurrectionem exspectans. »

Une autre inscription, gravée sur une lame de cuivre, était attachée au mur collatéral, en face du tombeau, dans la chapelle de Saint-Thomas. En voici la copie :

« Ad perpetuam rei memoriam.

» Illustrissime et révérendissime Guillaume Lamy, qui fut auditeur de la Rote dans la Cour de Rome, puis évesque de Chartres, administrateur perpétuel de Fréjus, et patriarche de Jérusalem, mourut à Montpelié le 9 juin 1360, et son corps fut transporté à Limoges, suivant sa dernière volonté, et enseveli dans ce monument, dans la chapelle de Saint-Thomas, où il fonda sa vicairie. »

Enfin une troisième inscription, gravée sur une plaque de cuivre, placée au-dessus de l'urne, où furent déposées les cendres du vénérable Bardon de Brun, se voit à Saint-Pierre-du-Queyroix, dans la chapelle des Pénitents-Noirs. Elle nous apprend que le chef du bienheureux patriarche a échappé à la fureur et au feu des Vandales de 1793. Voici cette inscription :

« Dans cette urne est renfermé le chef du bienheureux patriarche Lamy, qui, jeté avec beaucoup d'autres ossements au milieu d'un feu allumé, dans l'église de

Saint-Etienne, par les Vandales, en 1793, fut plusieurs fois rejeté par les flammes. Ce que voyant, un sonneur le ramassa pieusement, et le remit à une sœur de charité, qui elle-même en fit cadeau à la compagnie des Pénitents-Noirs de Saint-Pierre. C'est pourquoi nous l'avons religieusement conservé et enfermé dans l'urne des cendres du vénérable Bardon de Brun le 3 mai 1811, jour de l'Invention de la Sainte-Croix, dans cette chapelle où nous faisons nos offices. »

II. — Mathieu Lamy, fils de Jean et d'Anne de Murmans, eut pour fils Jean, qui suit.

III. — Jean Lamy fut maire de la Rochelle en 1335. Il avait épousé Paule de Juge, qui se remaria, en 1346, avec Hugues d'Adhemar de Monteil de la Garde. Les Registres consulaires de Limoges, T. Ier, p. 52, nous montrent Jehan Lamy et son épouse, Paulye Jugesse, vivant en 1511. Mais nous trouvons dans la généalogie Roger de Beaufort, au IIIe degré, une autre Paule de Juge qui vivait en 1346. De plus, la note suivante de Nadaud (*Mém. msc.*, I, p. 137) nous donne quelques indications sur les alliances de la maison Lamy avec la famille de Clément VI et de Grégoire XI. « Ce n'est que par les femmes que M. de Montboissier peut descendre des Roger de Beaufort, supposé qu'il prouve sa descendance de Jean de Montboissier et d'Isabeau de Beaufort de Canillac. On ne serait pas embarrassé de trouver quantité de maisons qui pourraient se vanter au même titre d'appartenir aux Roger de Beaufort. Les filles de Guillaume Ier et celles de Guillaume II et de Marquis de Beaufort ont formé des alliances encore plus voisines de la souche, et même Justel semble insinuer que MM. de Verthamon, du Mas-du-Puy en Limousin, ont eu cet honneur par une Lamy de Montvallier et une Juge. » Leurs enfants furent :

1° Horace, qui suit ; 2° Charles ; 3° Victurnien ; 4° Alpinien ; 5° Aulois ; 6° François. Ces six frères eurent un procès avec Charles de Curbon en 1428.

IV. — Horace Lamy eut pour fils Jean, qui suit.

V. — Jean Lamy, écuyer, était seigneur de Montvallier. Ce fief était situé dans la ville même de Saint-Junien (Haute-Vienne). Il eut pour fils Jean, qui suit.

VI. — Jean Lamy, écuyer, dont Jean, qui suit.

VII. — Jean Lamy, notaire royal : par son testament il constitua héritier Léonard, son fils aîné, et fit des legs à ses autres enfants. Ce sont :

1° Léonard, qui suit; 2° Jean, rapporté au § II; 3° autre Jean, rapporté § III; 4° François, rapporté § IV; 5° Joseph, rapporté § V; 6° Autre Léonard Lamy, qui eut pour fils Mareil, mort sans postérité.

VIII. — Léonard Lamy, greffier de Limoges (contrat de vente du 5 août 1532, hommage du 9 juillet 1533) eut pour fils Jean, qui suit.

IX. — Jean Lamy, référendaire et conseiller en la Cour, vendit sa part du fief de Montvallier. Il n'eut qu'une fille.

§ II.

VIII *bis*. — Jean Lamy, juge de Solignac (testament reçu par Albin). Jean Lamy et autre Jean Lamy, son frère, le 15 juin 1542, reconnurent tenir la seigneurie de Montvallier à foi et hommage. Le 9 mars 1561, noble Jean Lamy, procureur au présidial de Limoges, et Jean Lamy, son frère, contrôleur de la ville de Saint-Junien, S^{grs} du fief de Montvallier, font à M. de l'Aubépine, seigneur évêque de Limoges, hommage à raison du fief de Montvallier, signé Pelacp. (Hommages rendus aux évêques de Limoges.) Il eut pour enfants :

1° François, qui suit ; 2° Jean Lamy, juge de Nieul, qui suit après son frère.

IX. — François Lamy, aussi juge de Solignac. Il eut pour fils Melchior Lamy, lequel mourut sans enfants. Un Melchior Lamy est chanoine de l'église collégiale de Saint-Junien en 1596 et 1598. (MALEU, p. 258.)

IX bis. — Jean Lamy, juge de Nieul (testament du 13 août 1613), eut pour fils Jean, qui suit.

X. — Jean Lamy, Sr de Boisrosier, procureur au siège royal de Limoges, alla s'établir à Saint-Junien au commencement du XVIIe siècle ; il résidait en sa maison de campagne appelée autrefois Boisrosier, et aujourd'hui Beaugy. (*Chronique* de MALEU, p. 209.)

§ III.

VIII *bis*. — Jean Lamy, contrôleur à Saint-Junien, vivait en 1549 et 1571. Il eut pour enfants :

1° Jean Lamy, S^r d'Agris, chanoine de Saint-Junien en 1572. En 1571, il fut envoyé avec François Singareau, députés l'un de la commune et l'autre du chapitre à la Cour, pour supplier le roi d'obtenir la délivrance de quelques prisonniers de guerre. Ils obtinrent du roi et de son conseil ce qu'ils désiraient. Le chanoine Jean Lamy était de son temps un des hommes les plus distingués de Saint-Junien. Il mourut le 13 mars 1589, et fut enseveli à l'entrée du chœur de l'église, où l'on voyait autrefois, sur une plaque de cuivre, avec les armoiries du défunt, *de gueules au pigeon d'argent*, l'inscription suivante :

> Hic jacet dominus Johannes
> Lamy, hujus Ecclesiæ canonicus,
> Qui ultimum vitæ spiritum
> Emisit die decimâ tertiâ
> Martii anno Dni millesimo
> Quingentesimo octogesimo
> Nono. Ora pro eo. (*Chronique* de MALEU, p. 209.)

2° Gabriel Lamy, Sr de Mazières, vivait en 1546 et 1584. Il fut homme d'armes de la compagnie du Sr de Mérinville le 19 octobre 1574 ; il était archer dans la compagnie du duc de Mortemart devant le camp de Lusignan. (NADAUD, *Nobiliaire manuscrit*.) Ces deux frères firent leurs héritiers Jean Lamy, juge de Nieul, leur neveu, et Martial Lamy, Sr de Mazières, leur petit-neveu. Ils obtinrent de Charles IX les lettres de noblesse suivantes :

« CHARLES, par la grâce de Dieu, Roy de France, à tous présents et à venir salut :

« Comme de treshaute et treslouable mémoire nos prédécesseurs Roys, voulant honorer vertu et grandement eslever les hommes vertueux, spécialement quand ils se sont employés pour le service d'eux et de leur couronne, ensemble de la chose publique, ayant voulu décorer ceux qu'ils ont connus être bien vivans, qui par effet ont suivi et aimé vertu et honneur, et les élever en qualité digne et correspondant à leurs vertus et mérites, et en faisant jouir ensemble leur postérité des priviléges et prérogatives attribués à noblesse, afin de leur donner meilleure occasion de persévérer et continuer à servir d'exemple aux autres, pour les imiter et en suivre l'espérance de parvenir a telles dignités, honneurs et prérogatives, en suivant lequel exemple et pour imitation d'icelui, étant deuement advisés et certiorés de bonnes mœurs, vertus et probité de vie louable, qualités et mérites qui sont en personnes de nos chers et bien aimés *Jean et Gabriel* LAMY, *seigneurs de Mézières et de Montvallier*, lesquels se sont bien et vertueusement employés pour le service de Nous et de nos prédécesseurs Roys, quant au fait des guerres mémorables par Gabriel, en la compagnie du Sr de Mérinville, dans laquelle il étoit homme d'armes durant tous les troubles derniers, comme de ce il nous a fait appareoir, soutenant vaillamment notre parti, et de la dévotion et affection singuliere qu'ils ont en tout ce qui leur sera commandé, ou qu'ils se pourront être bons et propres à notre service, sans y épargner leurs personnes et leurs biens, désirant les recounoître, ensemble les autres bonnes vertus et qualités qui sont en eux-mêmes, qu'ils ont toujours, et devant honorablement rester en tresbonne réputation. POUR CES CAUSES et autres bonnes considérations à ce nous mouvant, désirant extoller et élever lesdits LAMY *frères, leurs enfants, femmes, postérité et lignée mâle et femelle nés et à naître, descendus d'eux ou de l'un d'eux en loyal mariage;* deuement informé des biens qu'ils ont pour maintenir et entretenir l'état de noblesse, avons, de notre grâce spéciale, pleine puissance et autorité royale, anobli et anoblissons, et du titre d'honneur et de noblesse, décoré et décorons; voulons et nous plaît que, en tous leurs faits, actes et négoces, ils soient doresnavant connus, censés et réputés pour nobles en toutes places tant en jugement que guerre, et aussi qu'ils jouissent et usent de tous priviléges, franchises, exemption, prérogatives, prééminences et honneurs dont jouissent et usent et ont accoutumé jouir et user les autres nobles de notre royaume, et que lesdicts LAMY, ensemble leur postérité et lignée, puissent acquérir toutes sortes de fiefs et terrains nobles de quelque qualité qu'ils soient, et ceux qu'ils ont déjà acquis et qui leur pourront écheoir et advenir, soit par droit successif, acquets et mariages, donations faites entre vifs ou autrement, tenir, posséder et en jouir et user pleinement et paisiblement, tant même que si d'ancienneté ils étoient nés et extraits de noble lignée sans qu'ils soient contraints de les vendre, aliéner ny mettre hors de leurs moyens en quelque maniere que ce soit, ny que pour eux ils soient tenus payer à nous ny nos successeurs Roys aucune finance ou indemnité de laquelle, à quelque somme, valeur et estimation qu'elle soit ou se puisse monter. Nous, en considération de leursdicts services, avons à féaux LAMY, leurdicte lignée et postérité, de notre grâce, science, puissance et autorité royale, faict et faisons don par ces présentes, signées de notre main, *par lesquelles donnons en mandement* à nos amis et féaux les gens de nos comptes à Paris et gens tenant notre cour des aydes et finances audict lieu, gouverneur, sénéchal du Limosin, et à tous nos autres justiciers, officiers, et chacun d'eux si comme à lui appartiendra, que de nos présentes grâces d'anoblissement, don de finance, et de tout le contenu en ces présentes lettres, ils fassent, souffrent et laissent lesdicts LAMY et leurs enfants, postérité et lignée nés et à naître, jouir et user pleinement et paisiblement perpétuellement, cessant et faisant cesser tous troubles et empeschements ou contests, lesquels sont faicts et ordonnés en cour...., incontinent et sans délai, à pleine et entière delivrance......, faire et souffrir, contraignant et faisant contraindre tous ceux qu'il appartiendra, et qui pour ce feront contraindre par toutes voies et manières dûes et raisonnables par rapport à ces presentes ou derivant d'ycelles. Fait sous scel royal pour une fois, auquel voulons foy être ajoutée comme au present original. Reconnoissance des Srs LAMY sur ce suffisante de la jouissance du contenu cydessus. Nous voulons celuy ou ceux de nos recepveurs et comptables à qui ce pourra toucher..., acquitter et décharger partout où il appartiendra sans difficulté, car tel est notre plaisir, nonobstant que la somme à laquelle se pourroit monter ladicte finance ne soit cy autrement spécifiée et déclarée que n'ayons accoutumé faire tels, et sembler donner que pour la moitié les ordonnances tant anciennes que modernes faites sur les ordres et distribution de nos finances et apports du trésor *(mot illisible)* du Louvre à Paris, et quelconques autres ordonnances, restrictions, mandemens et deffences à ce contraires, auxquelles ensemble à la dérogation de la dérogation y contenue nous avons pour cette fois dérogé et dérogeons par ces présentes lettres. Et, afin que ce soyt chose ferme, stable et à toujours, nous y avons fait mettre notre scel, sauf en cause d'user notre droit, en l'oter ni en toucher.

» Donné, à Paris, au mois de décembre l'an de grâce mil cinq cent soixante-dix, et de notre regne le dixieme. »   (Signé) CHARLES.

» Par le Roy : *(Signature illisible.)* »

§ IV.

VIII *quater*. — François Lamy, lieutenant particulier, dont Joseph, qui suit.

IX. — Joseph Lamy, lieutenant particulier, dont : 1° Martial Lamy, aussi lieutenant particulier, qui suit ; 2° autre Martial Lamy, Sr de Mazières, qui suit après son frère et sa postérité.

X. — Martial Lamy, conseiller du roi, lieutenant particulier. En 1598, il donnait 100 livres pour la fondation du collége de Limoges, et en promettait autant pour chaque année jusqu'en 1610. (Registres du procureur du collége de Limoges.) Il eut pour fils Etienne, qui suit.

XI. — Etienne Lamy, lieutenant criminel en l'élection de Limoges. Il était mort avant 1669. Il eut pour enfants :

1° Joseph, mort le jour de sa naissance ; 2° autre Joseph, mort à l'armée ; 3° Jean Lamy, qui suit ; 4° Etienne Lamy, marié à la Souterraine avec N... Guillot ; 5° Jacques Lamy, religieux à Grandmont ; 6° Mathieu, mort étant écolier ; 7° Martial, marié à Saint-Junien avec Marie Lamy, fille de François Lamy, Sr de Mazières, et de Suzanne de Villebois, sa seconde femme, dont : *A*. — Jean, décédé en 1685, étant écolier ; *B*. — Etienne, juge vigier de la police de Saint-Junien ; *C*. — Gabriel, Sr de Montvallier ; *D*. — Jeanne, qui épousa, par contrat du 13 juin 1697, Pierre Oger, maître chirurgien de la ville de Saint-Junien, capitaine de la milice bourgeoise. Ont signé au contrat :

Clément Oger, aussi maître chirurgien ; Jean Lamy, procureur de la juridiction de Saint-Junien ; J. de Verthamont. 8º Quitterie Lamy, qui épousa N... Pinot, dont Etienne Pinot, avocat.

XII. — Jean Lamy, lieutenant criminel en l'élection de Limoges, faisait une transaction en 1669, dans laquelle il est dit : Sʳ de Vivialle, héritier de feu Etienne Lamy, son père ; épousa Anne Vidaud (1), dont il eut treize enfants, qui étaient tous morts à l'époque où l'on écrivait la généalogie qui nous a fourni ces indications, à l'exception de Quitterie Lamy, qui épousa Antoine Ciallis, capitaine commandant le vaisseau de guerre des fermes du roi. C'est probablement parmi ceux-là qu'il faut compter Pierre Lamy, qui entra au noviciat de la Compagnie de Jésus le 20 septembre 1685, fit ses premiers vœux au collége d'Agen le 21 septembre 1687, était attaché au collége de Poitiers, et prêchait à Guéret le 11 octobre 1712, à Loudun en 1705, vint à Limoges en 1724, et fut nommé procureur de la maison de Bordeaux.

X bis. — Martial Lamy, Sʳ de Mazières en 1596, eut pour fils François Lamy, Sʳ de Mazièrès, qui suit.

XI. — François Lamy, Sgʳ de Mazières et de Montvallier, juge vigier de la police de Saint-Junien, épousa : 1º Narde Pouliot ; 2º, par contrat du 10 septembre 1628, Jeanne de la Pierre, fille de Léonard de la Pierre, qui était veuve en 1658, et curatrice de Marie, sa fille, en 1660. Par son testament du 16 juin 1655, François Lamy institua Marie, sa fille, héritière universelle. Du premier mariage naquit : 1º Jean, qui suit, et du second : 2º Marie, qui épousa, par contrat du 3 septembre 1648, Martial Lamy, fils d'Etienne Lamy, lieutenant criminel en l'élection de Limoges. Elle avait fait une transaction, le 2 septembre 1663, avec son frère Jean, par laquelle elle lui laissait le fief de Montvallier, situé à Saint-Junien.

XII. — Jean Lamy, Sgʳ de Mazières et de Montvallier. Il épousa Suzanne de Villebois. Le 28 novembre 1657, ils firent un testament mutuel par lequel tous leurs biens devaient rester au survivant. Jean Lamy mourut en juillet 1686. Suzanne mourut peu après, laissant sa succession à son frère, Charles de Villebois, juge de Brétagne (ancienne paroisse située dans le territoire de la paroisse actuelle de St-Junien).

§ V.

VIII quinto. — Joseph Lamy, procureur du roi, eut pour fils Joseph, qui suit.

IX. — Joseph Lamy, avocat, dont Jacques Lamy, qui suit.

X. — Jacques Lamy, Sʳ de Luret, assesseur à la sénéchaussée du Limousin, dont N..... La famille Lamy devint, dans le XVIᵉ siècle, propriétaire du fief de Luret. Jacques est le premier qui en porta le nom. Ce fief est situé commune de Saint-Jean-Ligoure, canton de Pierrebuffière, arrondissement de Limoges (Haute-Vienne).

(1) Messire Vidaud, comte de Dognon, seigneur du Carrier, était membre de l'assemblée de la noblesse en 1789. (Procès-verbal de l'assemblée.)

La seconde partie de cette généalogie est prise sur un livre de famille contenant tous les actes de naissance, de mariage et décès, écrit à la main, de père en fils, depuis 1500. Dans l'incertitude où nous sommes pour établir la suite des degrés, nous commençons une nouvelle série.

§ Ier.

I. — François Lamy de Luret, avocat du roi, épousa Marie Sapine, dont : 1° François, qui suit ; 2° Jean, curé de Nieul (*Niolii pastor*), puis chanoine de Limoges en 1574, vivait encore en 1609, époque à laquelle il donna 100 livres pour la fondation du collége de Limoges ; 3° Joseph, assesseur royal de la province, 1575 (vieux style).

II. — François Lamy de Luret, avocat royal en la sénéchaussée de Limoges, épousa Quitterie Petiot, fille de Jean Petiot, habile avocat et juge ordinaire de Limoges, et de Marie Mercier. Leurs enfants sont : 1° Jean Lamy, né le 2 novembre 1571. C'est peut-être ce Jean Lamy, avocat, demeurant près Saint-Michel, qui paie 100 livres pour la construction du collége de Limoges, le 20 mars 1609 ; 2° N... Lamy, né le 17 janvier 1573, mort après avoir été baptisé. Il fut enterré dans le tombeau de famille à Saint-Michel-des-Lions ; 3° François, qui reçut ce nom en mémoire de son grand-père, né le 18 janvier 1574, et baptisé le lendemain à Saint-Michel-des-Lions ; 4° N... Lamy, né le 18 janvier 1578, mort peu après son baptême.

Un Jacques Lamy, curé de Peyrilhac en 1613, mourut à Luret le 19 avril 1644, et fut enterré le lendemain dans l'église de Saint-Jean-Ligoure.

III. — Joseph Lamy, dont nous ne trouvons pas l'acte de naissance, mais qui est certainement fils de François d'après la place qu'il occupe dans le livre de famille, épousa Marguerite de Mastribut. Elle mourut le 9 février 1657, et fut enterrée à Saint-Michel-des-Lions, devant l'autel de Sainte-Madeleine. Leurs enfants furent : 1° Jean Lamy, né le 13 mars 1604, mort quinze jours après, et enterré dans le tombeau de famille ; 2° autre Jean, né le 13 septembre 1605, mourut le 20 janvier 1623 ; 3° Quitterie, née le 1er avril 1608 ; 4° Jacques, né et baptisé le 23 décembre 1610, mourut le 14 mars 1614 ; 5° Françoise, née le 25 novembre 1613 ; 6° Siméon, né le 7 mai 1616, porté sous les fonts baptismaux par Françoise de Mastribut, épouse d'André Lavaud, marchand de Rochechouart, et Françoise Lamy, veuve de Guillaume Cybot, bourgeois de Limoges. Il mourut le 17 août de la même année. 7° Paula, née et baptisée le 24 juin 1617. Sa marraine fut Paula Benoît, épouse de N... de Mauplo. Elle mourut le même jour. 8° Catherine, née le 30 mai 1618 ; 9° Jacques, qui suit ; 10° autre Paula, née le 28 janvier 1623 ; 11° Joseph, né le 25 février 1625. Il eut pour parrain messire Joseph de Roulhac, procureur à la sénéchaussée de Limoges (« mon gendre », dit le père de l'enfant), et pour marraine Catherine de Neraas (?), veuve de Martial Lamy (« mon cousin germain », dit le même). Joseph mourut le 27 juillet de la même année. 12° Antoine, né le 8 septembre 1626.

Martial Lamy partit de Limoges, en 1623, pour se rendre au noviciat des PP. Jésuites de Bordeaux; il y fit ses vœux le 15 juin 1625. (Registres du procureur du collége de Limoges.)

IV. — **Jacques Lamy de Luret**, né le 13 janvier et baptisé le 14 février 1621, épousa : 1º Léonarde Rogier, qui mourut le 10 novembre 1653, et fut enterrée à Saint-Michel-des-Lions. Leurs enfants furent :

1º Marguerite Lamy, née le 25 septembre 1643, portée sur les fonts baptismaux par ses aïeux Antoine Rogier et Marguerite Mastribut. Elle épousa Guillaume Baillot, Sgr de la Chapelle, et était morte en 1711. Une Marguerite Lamy est dite veuve de N... Moulinier de Mayeras en 1705; 2º Françoise, née le 10 juillet 1645. Son parrain fut Joseph Rogier, son oncle, et sa marraine, Françoise Lamy, sa tante. Elle épousa, le 17 octobre 1666, Antoine Noailhier des Belles, avocat au parlement, puis conseiller au présidial de Limoges, fils de Pierre et de Jeanne Bouyol; 3º N....., née le 27 septembre 1647, baptisée par le R. P. Rogier, abbé de Saint-Martin. Elle mourut le même jour; 4º Paula, née le 30 août 1648, baptisée à Saint-Michel le 1er septembre; 5º Denise, née le 23 mai 1650, baptisée le 26, à Saint-Michel, tenue par Jacques Romanet (fils de ma sœur, dit encore le père de l'enfant), et par Denise Noailhier, épouse de M. Rogier. Elle mourut le 23 décembre 1652; 6º Marie, née le 2 novembre 1651, morte le 13 mai 1659; 7º Joseph, né le 4 juillet 1653, mort le 22 décembre de la même année.

Jacques Lamy épousa : 2º Jeanne Chabrol, dont il eut : 8º Marie, née le 17 février 1668. Elle épousa Gabriel Crouchaud. 9º N...., née le 6 juin 1670, ondoyée par permission de Mgr la Fayette; on lui suppléa les cérémonies du baptême le 7 juin 1679; 10º Joseph, qui suit; 11º Marie, née le 2 juillet 1674 : elle épousa Martial Petit; 12º Jacques, né et baptisé le 4 mai 1679; 13º Catherine, née le 9 novembre 1680; 14º Jean, né le 8 octobre 1683.

V. — **Joseph Lamy de Luret**, né le 24 juillet 1671, épousa Marie-Thérèse de la Chassagne, fille de Nicolas de la Chassagne. Elle mourut le 20 mars 1776, âgée de quatre-vingt-sept ou quatre-vingt-huit ans, et fut enterrée le lendemain à Saint-Michel-des-Lions. M. de la Chassagne, beau-frère de Lamy de Luret, lui donna le fief de la Chapelle, à condition que son fils en porterait le nom. C'est donc à partir de cette époque (vers 1690) que les Lamy de Luret deviennent Lamy de la Chapelle. Leurs enfants furent :

1º Jeanne, née le 19 septembre 1704, baptisée le même jour à Saint-Michel-des-Lions par son oncle, Léonard de la Chassagne, chanoine, bachelier de Sorbonne, promoteur général du diocèse; 2º Jean-Baptiste, qui suit; 3º Léonard-Joseph, né et baptisé le 20 janvier 1708 : il mourut le 10 janvier 1710; 4º Gabriel-Jacques, né le 10 janvier 1709, baptisé le lendemain : il était curé d'Ambazac en 1750; 5º Guillaume, né le 16 octobre 1771 : il eut pour parrain Guillaume Baillot, Sgr de la Chapelle, veuf de Marguerite Lamy, sa tante, et pour marraine Marie de la Chassagne, sa tante, épouse de Jean-Pierre Texandier; 6º Marie, née le 6 novembre 1712; 7º Thérèse, née le 22 décembre 1713; 8º Catherine, née le 18 mai 1717 : elle fut baptisée à Saint-Jean de la cité le 19 du même mois, et mourut dans la paroisse de Sainte-Claire, près Limoges, étant encore au berceau ; 9° Jean, né et baptisé le 9 août 1718. Un Jean Lamy de Luret était au séminaire de Limoges en 1747 : c'est peut-être celui-là. Le 4 août 1763, il fut choisi par le conseil d'administration du collége de Limoges pour occuper une des chaires de théologie. Il est désigné sous le nom de Lamy de Luret, bachelier de Sorbonne, chanoine de l'église cathédrale. (Registre des délibérations du bureau d'administration.) En 1783, après vingt années d'enseignement théologique, le bureau, pour reconnaître son zèle dans l'accomplissement de ses fonctions, et pour témoigner la satisfaction qu'il a eue, ainsi que le public, de ses travaux, lui accorde une pension émérite de 300 livres (Idem). Nous pensons que c'est aussi lui qui, âgé de soixante-treize ans, le 22 pluviôse an v de la république, fut compris au nombre des prêtres sexagénaires et infirmes qui avaient refusé le serment schismatique, et qui, en vertu d'un arrêté du département daté de ce jour, fut provisoirement mis en liberté. Il se retira alors dans sa famille à Luret. (Archives de la Haute-Vienne.) 10° Léonard, né le 7 décembre 1719 : il mourut le 11 juillet 1723 ; 11° Joseph Lamy de Luret, né et baptisé le 20 janvier 1723 : il était chanoine de Limoges en 1750 ; fut nommé curé de Compreignac en 1759 ; en 1770, il eut aussi le titre de prieur du prieuré de la Monge, situé dans la paroisse de Compreignac. Il mourut et fut enterré dans le cimetière de cette paroisse le 9 juin 1785. Ses deux neveux, Pierre Lamy, écuyer, Sgr de la Chapelle, procureur du roi aux siéges royaux de Limoges, et Gabriel Lamy de Luret, écuyer, assistaient à ses funérailles. 12° Jean, né le 10 août 1724.

VI. — Jean-Baptiste Lamy, écuyer, Sgr de la Chapelle et de Luret, secrétaire du roi, né le 9 septembre 1705, baptisé le lendemain à Saint-Michel-des-Lions, où il fut porté par Jean de la Chassagne, Sgr de la Chapelle, son oncle. Le 29 mars 1738, fait au procureur de M. Benjamin de l'Ile-du-Gast, seigneur évêque de Limoges, sa foi lige et hommage, qu'il lui doit à cause du fief noble et seigneurie, sans aucune justice, de la Chapelle, à lui appartenant en propriété du chef du Sr de la Chassagne, son oncle maternel ; le susdit fief situé au lieu de la Chapelle, paroisse du même nom, relevant de l'évêché de Limoges à cause de sa châtellenie du Pont-de-Noblac. (Acte reçu par Bardy.) Il mourut le 18 janvier 1777, et fut enterré le 19 dans le cimetière joignant l'église de Saint-Michel. Il avait épousé Marie Pétiniaud, fille de Joseph Pétiniaud et d'Anne Romanet ; elle mourut à Luret, à l'âge de quatre-vingts ans, et fut ensevelie au cimetière de Saint-Jean-Ligoure. De ce mariage vinrent :

1° Anne, née le 1er août 1733, baptisée le lendemain à Saint-Michel-des-Lions ; 2° autre Anne, née le 4 novembre 1734. M. de la Chassagne, chanoine de l'église de Limoges, son grand-oncle, fut son parrain, et Anne Romanet, veuve de Joseph Pétiniaud, sa grand'mère, fut sa marraine. Le baptême lui fut administré par Pierre Romanet, théologal de Saint-Martial. Elle mourut à l'âge de cinquante-neuf ans, dans la maison de Saint-Gérald, le 8 octobre 1793, et fut enterrée le lendemain à Saint-Thomas-d'Aquin. Elle était veuve de N... Belut. 3° Joseph Lamy de la Chapelle, né le 12 avril 1736, était prêtre et chanoine de la cathédrale de Limoges, bachelier de Sorbonne ; il fut choisi, le 4 août 1763, pour occuper la chaire de rhétorique au collége de Limoges. Il émigra pendant la révolution, mourut dans la nuit du 15 au 16 juin 1805, et son corps fut inhumé dans Saint-Etienne par M. Pétiniaud, son parent, curé de cette église. 4° Thérèse, née le 28 et baptisée le 29 mai 1737; 5° Pierre, qui suit; 6° Jean-Baptiste-Joseph Lamy de la Chapelle, né le 2 janvier 1740, et baptisé le même jour par M. Léonard de la Chassagne, son grand-oncle, chanoine de Limoges et promoteur général du diocèse, fut nommé curé de Cublac en 1776. Après la révolution, il était grand-pénitencier et chanoine de la cathédrale de Limoges. Il mourut le 23 août 1829. Ses restes furent placés, en 1869, dans un caveau de famille récemment construit dans le cimetière de Louyat. 7° Catherine, née et baptisée le 3 juin 1741; 8° Siméon, né et baptisé le 1er août 1742, fut gendarme de la garde du roi : il mourut à Pyremond, pendant l'émigration; 9° Léonard-Joseph Lamy de la Chapelle, né et baptisé le 5 novembre 1743 : il fut nommé curé de Royère-la-Roche-l'Abeille en 1768; il y était encore en 1777; pendant la révolution, il refusa, comme ses frères, le serment schismatique, et émigra avec l'un d'eux, accompagné par un vieux serviteur de la maison; 10° Jean-Bonaventure, né et baptisé le 14 juillet 1747, était chanoine de Saint-Etienne, et, pendant la révolution, était détenu à la Règle : c'est lui, ou son frère qui précède, qui est mort à l'âge de soixante-dix-huit ans, au mois de décembre 1823, étant chanoine honoraire et curé de St-Jean-Ligoure; 11° Marie-Thérèse, née et baptisée le 26 octobre 1748 : elle mourut à Verneuil près Limoges, et y fut enterrée le 8 novembre 1748; 12° Gabriel-Jacques, écuyer, né le 2 mars 1750, baptisé par Joseph Lamy, chanoine de l'église de Limoges, son oncle : il fut gendarme de la garde du roi; il mourut à Luret le 26 novembre 1827; 13° Marie, née le 14 janvier 1752.

VII. — Pierre Lamy de Luret, écuyer, Sgr de la Chapelle, avocat au parlement, président-assesseur de la noblesse de l'assemblée générale de 1789, naquit le 29 mai 1738, et fut baptisé le lendemain dans l'église de Saint-Jean de la Cité. Son père, par son testament du 14 juillet 1771, reçu par Bardy jeune, notaire à Limoges, le fit son héritier universel. Il épousa le 3 juin 1766, dans l'église de Saint-Michel-des-Lions, avec la bénédiction de Joseph-Yrieix Deschamps, bachelier de Sorbonne, curé de Saint-Victurnien, Anne-Madeleine Deschamps, fille de Jean-Baptiste Deschamps de Lacoste et de Marie Navières. Elle était née le 22 novembre 1742; elle mourut le 27 juillet 1826. Ses restes ont ensuite été déposés dans un caveau de famille, dans le cimetière de Louyat, en janvier 1869. C'est du vivant de Pierre Lamy que la propriété de Condadille (paroisse de Condat près Limoges) entra dans la famille Lamy, par l'effet du testament du chanoine Baud de Lesserie, en 1775, en faveur de sa nièce, Anne Deschamps de Lacoste. Pendant la révolution, Pierre Lamy et son épouse furent mis en prison, et y restèrent pendant deux ans; ils ne furent relâchés qu'à la mort de Robespierre. Pierre Lamy mourut le 2 septembre 1807, et fut enterré à Condat par M. Ardant, curé de cette paroisse. Les enfants qui naquirent de ce mariage sont :

1° Jean-Baptiste, né et baptisé à Saint-Pierre-du-Queyroix le 12 mars 1767 : il mourut à la Chapelle, où il fut enterré le 22 avril 1767; 2° Marie, née le 9 mars 1768, et baptisée à Saint-Pierre-du-Queyroix par son oncle,

Joseph Lamy, chanoine de la cathédrale. Son parrain fut Jean-Baptiste Lamy de la Chapelle, son grand-père, et sa marraine, Marie N....., sa grand'mère maternelle. Elle est morte le 3 novembre 1780, et a été inhumée à Saint-Pierre-du-Queyroix. 3º Jean-Baptiste, qui suit ; 4º Joseph, né et baptisé le 8 avril 1770. Son oncle, Joseph Lamy, chanoine de Saint-Etienne, fut son parrain. Il mourut en 1773, et fut enterré à Saint-Pierre. 5º Joseph-Yrieix, rapporté § II ; 6º Marie, née le 25 mars 1775. Martial Cogniasse et Marie, sa sœur aînée, la portèrent au baptême. Elle mourut le 11 juin de la même année, et fut enterrée à Saint-Michel-des-Lions. 7º Marie-Jeanne, née et baptisée à Saint-Pierre-du-Queyroix, le 15 juin 1778, par son oncle Lamy, curé de Cublac. Elle épousa M. du Châtenet. 8º Marie-Victoire, née le 1er mai 1779, baptisée à Saint-Pierre-du-Queyroix par son oncle, Lamy de Luret, chanoine de la cathédrale. Elle est morte au berceau, et a été enterrée paroisse de Montjovis. 9º Joseph-Yrieix, rapporté § III ; 10º Madeleine, née le 26 juin 1782 : elle épousa le 7 février 1801 (13 pluviôse an IX), dans la chapelle des Carmélites de Limoges, devant M. Buisson, prêtre qui avait refusé le serment schismatique pendant la révolution, et le 21 pluviôse an IX, devant le maire de Condat, Jean-Baptiste Pétiniaud.

VIII. — Jean-Baptiste Lamy de la Chapelle, né le 22 avril 1769, émigra pendant la révolution. A son retour, il fut conseiller à la Cour royale. Il mourut le 17 octobre 1850, à l'âge de quatre-vingt-un ans, et fut inhumé à Condat, près de son père. Il avait épousé, le 26 août 1805, dans l'église de Saint-Pierre-du-Queyroix, Catherine-Joséphine Grégoire de Roulhac, âgée de dix-neuf ans, fille de Guillaume Grégoire, baron de Roulhac, écuyer, Sgr de la Borie et Faugeras, conseiller du roi, lieutenant général en la sénéchaussée et siège présidial de Limoges, président-assesseur de la noblesse à l'assemblée générale de 1789, représentant national, et de dame N... Grégoire de Roulhac de Fougeras. De ce mariage vinrent :

1º Catherine-Angélina, née le 3 novembre 1806, et baptisée le même jour, à Saint-Pierre-du-Queyroix : elle mourut le 28 septembre 1807, et fut enterrée à Condat ; 2º Anne-Madeleine-Angélina, née le 26 juin 1809 : elle se maria, en 1830, avec M. Paul de Lavergne ; 3º Gabriel-Jacques-Amédée, né le 30 janvier 1811, baptisé le lendemain à Saint-Pierre-du-Queyroix, fut ordonné diacre le 21 décembre 1833, prêtre le 6 juillet 1834, religieux de la Compagnie de Jésus, d'abord procureur de la province du midi, puis supérieur de la résidence de Limoges ; 4º Joseph-Théophile, qui suit ; 5º Catherine-Laure, née le 12, et baptisé à Saint-Pierre-du-Queyroix le 13 juin 1813 : elle est morte en 1836 ; elle avait épousé M. Frédéric Lagorce ; 6º Madeleine-Alexandrine, née le 17, et baptisée à St-Pierre-du-Queyroix le 28 août 1814 : elle épousa M. Pierre-Edouard Lamy de la Chapelle, son cousin germain ; 7º Valérie-Benjamine, née le 28, baptisée le 29 février 1816, décédée le 20 juillet 1823 : ses restes furent déposés, en janvier 1869, dans un caveau de famille nouvellement construit dans le cimetière de Louyat ; 8º Anne-Madeleine-Clara, née le 18, baptisée à Saint-Pierre-du-Queyroix le 19 juin 1817. elle épousa M. Frédéric Lagorce ; 9º Marie-Jeanne-Octavie, née le 7 avril 1819, fut supérieure aux Filles de Notre-Dame à Limoges ; mourut le

7 mai 1868 ; 10° Henri-Joseph Lamy de la Chapelle, né le 3 octobre 1820, a épousé, en 1848, Berthe Barbou des Courières, dont n'est pas venu d'enfants ; 11° Ludovic-Jean, né le 22 août 1822, rapporté § IV ; 12° Martial-Alexandre, né le 30 juin 1824 : il mourut le 14 juin 1844 ; ses restes furent réunis, en 1869, avec ceux de plusieurs de ses parents, dans un caveau nouvellement construit pour sa famille, dans le cimetière de Louyat ; 13° Madeleine-Benjamine, née le 23 août 1825, religieuse aux Filles de Notre-Dame ; 14° Henri-Ernest, né à Condadille le 26, et baptisé à Condat le 27 août 1827, rapporté § V.

IX. — Joseph-Théophile Lamy de la Chapelle, avocat, né le 15 avril 1812, baptisé le lendemain à Saint-Pierre-du-Queyroix. Il épousa, le 6 juin 1842, Laure Truol de Beaulieu, âgée de dix-neuf ans, fille de Jean-Baptiste Truol de Beaulieu et d'Henriette Bourdeau des Vaseix, avec la bénédiction de Mgr Prosper de Tournefort, évêque de Limoges. Elle est morte le 19 février 1847, pendant un voyage à Saint-Laurent, département de l'Aude. De ce mariage sont nés :

1° Eléonore-Henriette, née le 5 juin 1843, religieuse au Sacré-Cœur ;
2° Jean-Baptiste-Henri, qui suit.

X. — Jean-Baptiste-Henri Lamy de la Chapelle, né le 22 juillet 1846, licencié en droit, s'engagea dans les zouaves pontificaux pour la défense de Pie IX et de l'Eglise. Il a été décoré des médailles d'or *Bene merenti* et de *Mentana*, chevalier de l'Ordre pontifical de Pie IX. Il a épousé, le 1er février 1870, Hélène Jules Renouard, âgée de dix-neuf ans, fille de feu Jules Renouard, ancien premier juge au tribunal consulaire de Paris, chevalier de la Légion-d'Honneur, et de feue Amélie Talabot. Notre Saint-Père le Pape Pie IX a daigné envoyer une bénédiction spéciale aux jeunes fiancés, ainsi qu'il résulte de la lettre de Monseigneur l'Evêque de Limoges, datée de Rome pendant le concile du Vatican :

« Rome, le 4 décembre 1869.

» MONSIEUR,

» J'ai reçu hier votre lettre, et je m'empresse de vous féliciter vous et votre fils. Si j'avais à écrire à Mlle Renouard, en lui envoyant mes sincères félicitations, je ne serais que l'écho des officiers des zouaves, qui ont gardé le meilleur souvenir de votre fils.

» Ce matin, pendant que plus de soixante prêtres, qui avaient accompagné leurs évêques, baisaient deux à deux les pieds du Pape, je me suis approché du Saint-Père, et lui ai demandé, à l'oreille, une bénédiction particulière pour l'un des plus braves défenseurs de son droit, qui est en même temps le fils d'un de mes meilleurs diocésains, à l'occasion de son prochain mariage.

» Le Saint-Père a daigné accueillir ma prière, et me dire qu'il bénissait de tout son cœur ce jeune homme et sa fiancée.

» En vous transmettant cette grande bénédiction, j'y joins tous mes vœux et l'assurance de mes sentiments affectueux et dévoués.

» Signé : † FÉLIX, *évêque de Limoges.* »

§ II. — *Branche de Luret*.

VIII *bis*. — Joseph-Yrieix Lamy de la Chapelle de Luret, né le 22, et baptisé à Saint-Pierre-du-Queyroix le 24 septembre 1771. Son parrain fut Joseph-Yrieix Deschamps, bachelier de Sorbonne, curé de Saint-Victurnien. Il épousa, à l'église, le 16 juin 1798, et le 18, devant la commune de Limoges, Valérie-Céleste Baillot d'Etiveaux, fille de Martial Baillot d'Etiveaux. Il mourut à l'âge de quatre-vingt-un ans, le 28 juin 1852. De ce mariage sont issus :

1º Martial, avocat, né le 30 décembre 1799, baptisé le même jour, mort le 9 février 1823 ; 2º Pierre-Edouard, qui suit ; 3º Martial-Gustave, né le 5 septembre 1806, mort le 3 janvier 1820 ; 4º Gabriel, né le 21 novembre 1807, prêtre de la Compagnie de Saint-Sulpice, mort en odeur de sainteté au grand-séminaire de Limoges, le 6 janvier 1854 ; 5º Marie-Joséphine-Benjamine, née le 24 juillet 1809, morte le 17 septembre 1829 : elle avait épousé M. Jérémie Laforest ; 6º Madeleine-Paméla, née le 16 janvier 1811, morte le 22 septembre 1829 ; 7º Catherine-Joséphine-Eugénie, née le 22 octobre 1813 ; 8º Joseph-Octave, né le 17 mars 1818, célibataire.

IX. — Pierre-Edouard Lamy de la Chapelle, né le 7 juin 1804, botaniste distingué, membre de plusieurs sociétés savantes, a publié divers opuscules sur les plantes du Limousin et du plateau central de la France, tels que : 1º *Monographie du châtaignier*, 2ᵉ édition, Limoges, 1860 ; 2º *Flore de la Haute-Vienne*, Limoges, 1856 ; 3º *Simple aperçu sur les plantes cryptogames et agames du département de la Haute-Vienne*, Limoges, 1860 ; 4º *Plantes aquatiques et semi-aquatiques de la Haute-Vienne*, Limoges, 1867, etc., etc. Il a épousé, en....., Madeleine-Alexandrine Lamy, sa cousine germaine, dont : 1º et 2º Marthe et Marie, sœurs jumelles, nées le 23 décembre 1837 : elles ont épousé les deux frères, Emile et Auguste Filhoulaud ; 3º Gabriel-Amédée, qui suit ; 4º Jean-Baptiste-Frédéric, né le 4 février 1841 ; 5º Anne-Hélène, née le 26 juin 1842, qui a épousé M. Charles Vidaud de Condat ; 6º Pierre-Edouard, né le 29 août 1843, de la Compagnie de Jésus ; 7º Joseph-Ferdinand, né le 30 juillet 1845 : il a épousé Mˡˡᵉ Geneviève de Jourdan, fille du colonel de Jourdan ; 8º Charles-Edouard, né le 2 décembre 1849.

X. — Gabriel-Amédée Lamy de la Chapelle, né le 3 juillet 1839, a épousé, le... janvier 1869, Marthe-Jeanne de Bonot, décédée, à Limoges, le 21 novembre 1872, dont : 1º Marie, née le 26 mars 1870 ; 2º Pierre-Joseph Lamy de la Chapelle, né le 15 octobre 1872, mort à Larroc, près Layrac (Lot-et-Garonne), le 26 octobre 1873.

§ III. — *Branche de Juriol*.

VIII *ter*. — Joseph Lamy de la Chapelle de Juriol, né le 10 juillet 1780, épousa, le 12 mai 1807, Jeanne-Marie-Joséphine Petiniaud de Juriol, fille de N... Petiniaud de Juriol et de N... Jabet, dont : 1º Marie-Thérèse-Félicie, née le 13 février 1808, a épousé, le....., N... d'Hugonneau, fils de....; 2º Anne-Madeleine-Céline, née le 2 juin 1810, morte le 30 mai 1851, avait épousé, le....., N... du Palland ; 3º Gabriel-Jean-Baptiste-Joseph, qui suit ; 4º Gabriel-Jules, rapporté § VI ; 5º Yrieix-Joseph-Charles, rapporté § VII ; 6º Joseph, rapporté § VIII.

IX. — Gabriel-Jean-Baptiste-Joseph Lamy de la Chapelle, né le 14 septembre 1813, mourut le 6 décembre 1859. Il avait épousé, le....., N... du Palland, dont : 1º Marguerite, née le 9 avril 1853 ; 2º Joséphine, née le 13 juillet 1855; 3º Auguste, né le 21 août 1857 ; 4º Céline, née le 21 avril 1859.

§ IV.

IX bis. — Ludovic-Jean Lamy de la Chapelle, né le 22 août 1822, officier au 10ᵉ régiment de chasseurs à cheval, capitaine au 5ᵉ régiment de dragons, nommé chef d'escadrons au 7ᵉ régiment de dragons par décret du 4 mars 1873, a épousé, le 25 juin 1851, Emma Ranon de Lavergne, sa nièce, fille de Paul de Lavergne, ancien commandant des gardes du corps de Sa Majesté Charles X, qui, se trouvant de garde le jour de la naissance du comte de Chambord, eut l'honneur de lui présenter les armes, et de le voir un des premiers. De ce mariage sont issus :

1º Gaston, né le 8 octobre 1852, décédé le 25 février 1857 : ses restes furent placés, en janvier 1869, dans un caveau de famille récemment construit dans le cimetière de Louyat ; 2º Marie-Jean-Baptiste-Xavier, né à Provins (Seine-et-Marne), le 6 décembre 1853; 3º Albert, né le 7 juillet 1856 ; 4º Berthe, née le 9 juin 1865.

§ V.

IX ter. — Henri-Ernest Lamy de la Chapelle, né à Condadille le 26, et baptisé, à Condat, le 27 août 1827. Il épousa, le...... 186..., Marie de Heurtaumont, de la Flèche (Sarthe), dont : 1º Henri-Marie-Roger, né le 24 juillet 1858 ; 2º Gaëtan, né le 9 février 1861, mort au berceau ; 3º Geneviève, née le 1ᵉʳ juillet 1863, morte au berceau. Il épousa : 2º, le....., Marguerite de Vaussay, dont : 4º Jeanne-Marie, née le 22 novembre 1866; 5º Marie-Marthe, née le 18 février 1868 ; 6º Suzanne-Marie-Gabrielle, née le 28 mars 1869; 7º Berthe-Marie-Nelly, née le 10 août 1870.

§ VI.

IX bis. — Gabriel-Jules Lamy de la Chapelle, né le 14 octobre 1815, épousa, le....., N... de Beaufort, fille de....., dont : 1º Thérèse, née le 23 janvier 1851, morte le 15 mai 1871 ; 2º Charles, né le 23 juillet 1862; 3º Joseph, né le 1ᵉʳ mai 1865.

§ VII.

IX ter. — Yrieix-Joseph-Charles Lamy de la Chapelle, né le 27 mai 1818, épousa, le......, N... Galetier, fille de....., dont : 1º Marie-Madeleine-

Joséphine, née le 19 mars 1854 ; 2º Jean-Baptiste-Joseph, né le 1er octobre 1855 ; 3º Jacques-François-Ernest-Marie-Fernand, né le 15 août 1856.

§ VIII.

IX *quater*. — Joseph Lamy de la Chapelle, né le 4 mai 1821, épousa, le....., N... de Faye, fille de....., dont : 1º Marie-Thérèse, née le 23 mai 1864.

Notes isolées.

Sainct Amitius, enfant de Lymoges, florissait en 1350 (lisez *Amicus* ou plutôt *Amici*, traduction latine du nom propre Lamy ou de Lamy) ; il fut le XXIIe patriarche de Hiérusalem et évesque de Chartres. Après son décedz, fut porté ensepvelir à l'église cathédrale de Sainct-Etienne de Lymoges, dans la chapelle de Carmelo, et fust relevé le 9 juin 1360. (*Annales manuscrites de Limoges*, p. 231.)

Les Archives de la ville d'Aix et Jean Chenu parlent de lui comme d'un saint, et M. PITHOU, aux *Ann.* de l'église d'Aix : SAINTE-MARTHE, T. I, *de Aquens. Archiep.* ; T. II, *de Carnut. Episc.*, fol. 492, mem. 82 ; *de Forejul. Episc.*, fol. 551, mem. 39 : *Vir fuit sanctimoniâ insignis qui apud Montespessulanum animam Deo reddidit, die 9 junii an.* 1360. — Le *Dictionnaire historique* dit qu'il était bien-aimé et estimé de Clément VI.

Hélie Lami était chanoine de la cathédrale l'an 1391, trente-un ans après le décès du patriarche. Après lui, furent MM. François et Jean Lamy, élus par le roi au haut pays de Limosin. François vivait l'an 1524, et laissa Jean, son fils, élu. Sa maison était celle qui est au Portail-Imbert, où est la statue du patriarche. Jean laissa : 1º Etienne Lamy, prévôt de Limoges, auquel appartenait la maison du roi de Navarre, qui est à présent celle des Trésoriers ; 2º Peronne Lamy, qui fut mariée à M. Berger ; 3º et Marie Lamy, femme de M. Paul de Gay, conseiller du roi. Ladite Marie était mère de Martial de Gay, qui fut président et puis lieutenant général de la Cour ordinaire de Limoges, lequel laissa Samuel Lamy, Sr de Brutine, commissaire-certificateur des criées et subhastations ; lequel laissa MM. François, Martial et Henri Lamy ; lesquels François et Martial firent donner une sentence de l'an 1621, le 2 décembre, signé Bordas, lieutenant particulier ; Moulinard, commis du greffier, collat. Tardieu, par laquelle il est dit que les autres Lamy n'ont aucun droit de nomination n'étant de la race et lignée du patriarche, chose notoire à tous les habitants, comme il appert par les nominations de deux cents ans en ça. Il y a eu un autre Lamy, garde-meuble du roi Henri IV. Nous avons les lettres de Sa Majesté, signées Henri.

Baluze (*Vita Pap. Aven.*, T. I, col. 911) et le P. Denis de Sainte-Marthe (*Gall. Christ. nov.*, T. I, col. 436) ont rejeté Guillaume Lamy du catalogue des archevêques d'Aix. Il fut évêque d'Apt, quoique l'inscription ne le dise pas. (*Pouillé* de NADAUD, p. 32.)

Une vicairie fut fondée à la cathédrale de Limoges par Etienne Lamy. Guillaume Lamy, patriarche de Jérusalem, mort en 1360, l'augmenta, et la mit sous le patronage de saint Thomas.

Les titulaires de cette vicairie étaient nommés par ses héritiers et leurs descendants. Voici le nom de ceux qui ont exercé ce droit, d'après le *Pouillé du diocèse*, par NADAUD :

Amici, licencié ès-lois, avec autre bourgeois, en 1410 ; — Amici, 1493, bourgeois, et élu au Haut-Limousin, 1520, 1521, 1522 ; — Mounier, fils d'une Lamy, 1502 ; — Daure dit Vergier, 1502 ; — Lamy, bourgeois, 1503 ; — femme de Lamy, Sr de la Chapelle, avocat, avec autre, sa sœur, fille d'un avocat et petite-fille d'autre Lamy, Sr de Brutine, 1505 ; — Lamy, élu au haut pays du Limousin, 1509 ; — Rougier, marchand, avec Lamy, sa femme, 1543, avec Gay, conseiller au sénéchal de Limoges, 1545 ; — Lamy, femme de Bergier, marchand ; avec autre femme de Gay, conseiller au présidial, 1569 ; — Lamy, prévôt et juge criminel, avec autres veuves de Bergier et de Gay, 1580 ; — Lamy, 1582 ; — Lamy, prévôt et juge criminel de Limoges, avec autres veuves de Bergier et de Gay, conseiller au présidial, 1582 ; — lesdites veuves, 1584 ; — Lamy, veuve de Bergier, avec Gay, 1584 ; — l'Hebdomadaire conféra et investit Martial Gay, docteur ès-lois, Sr de Nexon et de Campagne, conseiller et lieutenant général de la sénéchaussée du Limousin, 1587, 1598 ; — Lamy, avocat, 1620, fils d'autre sieur de Brutine, 1643, 1644, 1645 ; — Lamy, avocat, 1667 ; — Vidaud, capitaine d'infanterie, 1736 ; — Navière, héritier de Romanet, 1764.

Dans le récit des miracles de saint Etienne de Muret, Gérard VII, prieur de Grandmont, parle, aux chapitres XXX et XXXV, de deux chevaliers de Saint-Junien, nommés Itier et Pierre de Montvallier (*de Monte-Valerii*), qui furent miraculeusement délivrés de captivité par l'intercession de saint Etienne. Pierre de Montvallier dut encore au même saint son retour à la santé alors qu'il était à l'agonie. (MIGNE, *Patrologie*, T. CCIV, p. 1067, 1071.)

En 1255, Pierre de Montvallier (*de Monte-Valerio*), archiprêtre de Nontron et chanoine de Saint-Junien, fit exécuter une coupe d'argent pour abriter le chef de saint Amand. L'inscription suivante, gravée sur cette œuvre d'orfèvrerie, conservait la mémoire du pieux donnateur : *Magister Petrus de Monte-Valerio, canonicus sancti Juniani et archipresbyter de Nontronio, fecit fieri hanc cuppam ad honorem beati Amandi, confessoris, anno Domini MCCLV*. Il lui fut permis, en retour de ce don, de distraire quelques parties des reliques du pieux cénobite ; il en fit don à l'abbaye de Grandmont, qui, pour le récompenser, l'admit à la fraternité de l'ordre. Ce reliquaire est conservé dans l'église de Saint-Sylvestre. (TEXIER, *Dict. d'orfèvrerie*, p. 900.)

Le vendredi après la fête de saint Martial 1339, Bernard de Montvallier, de Saint-Junien, reconnaît tenir une partie de ce que ses prédécesseurs tenaient à foi et hommage sous la capte de 40 sols. — Acte signé Paulus de Mons.

Le 31 octobre 1396, vénérable Me Jean Amici, licencié, comme curateur de Ytier de Montvallier, son aïeul maternel, reconnaît tenir de R. P. en Dieu monsieur Bernard, seigneur évêque de Limoges, à hommage lige et serment de fidélité, la dîme des vins et du blé. — Acte signé Roberti.

Le 5 novembre 1396, M⁶ Jean Amici, licencié, comme curateur d'Ytier de Montvallier, étant à genoux, les mains jointes, sans cape, ceinture, épée, ni manteau, dispensé par grâce de se mettre en tunique, fait à M. Bernard, sieur évêque de Limoges, hommage lige et serment de fidélité, pour tout ce que ledit Ytier de Montvallier tient en fief du seigneur évêque, en la ville de Saint-Junien et ailleurs, dont il fournira dénombrement dans quinze jours. — Acte signé Pestada.

Le 24 novembre 1464, Jean Lamy, damoiseau, comme héritier de Ytier de Montvallier, son aïeul maternel, reconnaît tenir du seigneur évêque, à hommage lige et serment de fidélité, et sous la capte de 30 sols, à mutation de part et d'autre : 1° le tiers de la dîme du lin et chanvre, etc. — Acte reçu par Montgonis.

Jean Lamy, écuyer et lieutenant particulier, rendit hommage à messire de Château-Morand en 1447, 1464 et 1475.

Le 17 juin 1493, messires Léonard et Jean Lamy frères, enfants et héritiers de feu noble Jean Lamy, héritier universel de feu Ytier de Montvallier, son aïeul maternel, étant à genoux, les mains jointes, etc. — Acte signé de Chartonis.

Le 17 avril 1531, honorables et nobles messires Jean Lamy, avocat au parlement de Bordeaux, et autre Jean Lamy, enfant de feu M⁶ Jean Lamy, écuyer, comme ayant-droit des héritiers de feu noble Léonard Lamy, greffier de la sénéchaussée du Limousin, son frère, héritier universel dudit feu Jean Lamy, son père ; ledit avocat, à cause de la gravité de sa personne, étant debout, nu-tête, et vêtu de grâce spéciale ; et l'autre, étant à genoux, les mains jointes, etc., font au vicaire général de M. Antoine de Tende, évêque de Limoges, hommage lige, etc. — Signé Dangresas.

Le 9 juillet 1533, M⁶ Jean Lamy, greffier au sénéchal du Limousin, fils de feu M⁶ Jean Lamy, comme ayant-droit des héritiers de feu M⁶ Léonard Lamy, écuyer, aussi greffier en ladite sénéchaussée, son frère, héritier universel dudit feu M⁶ Jean Lamy, son père, et autre Jean Lamy, contrôleur de la ville de Saint-Junien, comme ayant-droit de vénérable M⁶ Jean Lamy, avocat au parlement de Bordeaux, étant à genoux, les mains jointes, etc., fait à M. Jean de Langeac, évêque de Limoges, etc. — Acte non signé.

Le 15 juin 1542 a comparu Jean Lamy, contrôleur de Saint-Junien, qui a dit que lui et M⁶ Jean Lamy, greffier, son frère, tiennent ladite seigneurie de Montvallier, et a fait hommage. — Sans signature.

Le 9 mars 1561, nobles Jean Lamy, procureur au présidial de Limoges, et Jean Lamy, son frère, contrôleur de la ville de Saint-Junien, S⁸ʳˢ du fief noble de Montvallier, étant à genoux, etc., font à M. de l'Aubespine, seigneur évêque de Limoges, hommage, etc., à raison du fief noble de Montvallier. — Signé Pelacp.

Le 9 mars 1561, noble Jean Lamy de Montvallier, S⁸ʳ de Mazière, et M⁶ Jean Lamy de Montvallier, juge de la ville de Solomniac, frères, reconnaissent tenir du sieur évêque de Limoges, sous hommage lige, etc. 1° la dîme des petits-blés, etc. — Signé Buely.

— François Lamy, élu par le roi au haut pays du Limousin, nommait à la vicairie de Saint-Thomas, fondée à la cathédrale de Limoges en 1493; il fut élu consul de Limoges en 1509; il vivait l'an 1524; il habitait la maison, au Portail-Imbert, où était la statue du patriarche. Il eut pour fils Jean, qui suit.

— Jean Lamy, aussi élu au haut pays du Limousin. Ses enfants furent : 1° Etienne, qui suit; 2° Peyronne Lamy; 3° Marie Lamy, qui épousa Paul de Gay, conseiller du roi ; elle fut mère de Martial Gay, qui fut président, puis lieutenant général.

— Etienne Lamy, prévôt de Limoges, eut pour fils Martial, qui suit.

— Martial Lamy, qui, en 1582, était prévôt, juge criminel et lieutenant de la Cour ordinaire de Limoges, dont Samuel, qui suit.

— Samuel Lamy, Sgr de Brutine *alias* Béritine, commissaire-certificateur des criées et subastations, dont : 1° François; 2° Martial. Ces deux frères firent donner une sentence du 2 décembre 1621, par laquelle il est dit que les autres Lamy n'ont aucun droit à la nomination du titulaire de la vicairie fondée à la cathédrale, n'étant pas de la race et lignée du patriarche ; 3° Henri. (Manuscrit du Grand-Séminaire, et Registres consulaires.)

Les Registres consulaires de Limoges nous font connaître :

Léonard Lamy, notaire à Limoges, 1508; — Mgr l'élu François Lamy, 1509, consul; — Jehan Lamy, licencié ès-lois, avocat à la Cour, 1511; — François Lamy, élu au haut pays du Limousin, 1511; — Me Léonard Lamy, élu centenier, 1522, élu consul, 1524; — Leonardo Amici, graffario regio, consul, 1525; — N... Lamy, greffier, 1533; — Me Jean Lamy, élu conseiller et collecteur pour le quartier de Boucherie, 1536; — M. Jean Lamy, élu consul, fit la harangue à Marguerite de Navarre, 1537; — Jehan Lamy, député à Paris à propos du procès des consuls avec le roi de Navarre, 1537; — Etienne Lamy, soi-disant prévôt du vicomté, 1542; — Me François Lamy, lieutenant particulier, et N... Lamy, greffier, 1542; — Jehan Lamy, élu partisseur des tailles pour le quartier de Boucherie, 1543 : il fut encore élu par le quartier de la Boucherie, en 1545, pour s'entendre avec les consuls, à propos du procès de la ville avec le roi de Navarre ; — Jean Lamy est élu conseiller et répartiteur en 1552; — Joseph Lamy, lieutenant particulier, est élu pour la même charge en 1571 ; — Me François Lamy, avocat, est élu consul en 1581 ; — Me Lamy, avocat, est nommé prud'homme par le quartier de Lansecot en 1603, puis de nouveau en 1604, 1605, 1608; — Joseph Lamy, avocat au siège présidial, consul en 1611 ; — Jacques Lamy, assesseur, fut consul en 1650.

Parmi les consuls de Saint-Junien, nous trouvons : 1° F. Lamy, 1510; 2° Léonard Lamy, 1524 ; 3° J. Lamy, 1537, 4° Martial Lamy, 1602; 5° Jehan Lamy, 1604 ; 6° Joseph Lamy, 1611. (*Chronique* de Maleu.)

On trouve dans les manuscrits de Nadaud une inscription de l'église de Saint-Jean-en-Saint-Etienne, sous la date de 1312; elle se rapportait à une fondation de messes faite par un membre de la famille des Lamy, qui avait constitué, pour cet effet, une rente de 16 sols. (Allou, *Description des monuments de la Haute-Vienne*.)

Une Marguerite Lamy (en langue du temps Amyge) était la xi° supérieure de Notre-Dame des Allois (de 1343 à 1367). Elle avait sous sa conduite soixante filles nobles. (*Guide de l'étranger dans la Haute-Vienne*, p. 162.)

L... Amiei, cléricus, 1490 ; — Léonard Lamy, 1491; — Jeanne Lamy, veuve de Jérôme de Beaubreuil dit Péret, 1596 ; — Jeanne Lamy, veuve de N... Chapellas, 1604. (Inventaire des titres de la vicairie des Gautier, à Saint-Martial de Limoges.)

Léonard Lamy, notaire à Limoges, était mort en 1519. Il avait pour enfants : 1º Jean Lamy, licencié en lois, avocat au parlement de Bordeaux, 1531 ; 2º Léonard Lamy. Ces deux frères firent une vente le 24 octobre 1519.

Jean Lamy, consul de Limoges, qui fit une harangue à la reine Marguerite de Navarre, le 28 décembre 1537. (P. LAFOREST, p. 59. — Registres consulaires, T. I, p. 286, 300, 303, 320, 328, 400, 35, 52.) Ce doit être le mari de Paulye de Juge.

Jean Lamy, chanoine de la cathédrale de Limoges le 10 mars 1580, est tuteur de Marguerite Lamy, fille et héritière de feu Jean Lamy, qui avait épousé demoiselle Narde Mandat. (Archives de la Haute-Vienne.)

N... Lamy, garde-meuble sous le roi Henri IV (1593 à 1610). (*Vie du patriarche Lamy*, p. 27. — Extrait des Registres du Grand-Séminaire.)

Catherine Lamy, épouse d'Albert de Reynou, vivait en 1627 et 1649. (M. Pierre LAFOREST, *Limoges au XVIIe siècle*.)

Barnabé Lamy, vertueux récollet, mort à Limoges, 1631. (*Dict. manuscrit pour le Limousin*, p. 199.)

Jean Lamy, procureur en cette juridiction, fils de N... Lamy et de Mathive Vidaud, épousa, par contrat du 28 mai 1693, Marguerite Chenaud, veuve de messire Jérôme du Bouchet ; elle vivait en 1702. (Papiers de la famille Lamy.)

N... Lamy, major du régiment de Septimanie-dragons, nommé chevalier de Saint-Louis le 17 avril 1748 ; il était cadet dans Dauphin-dragons en 1729, cornette en 1733, lieutenant en 1743, aide-major dans Septimanie le 1er mars 1744, rang de capitaine en 1745, major le 26 avril 1747, ou 20 janvier 1749, date du licenciement du régiment. (*Histoire de l'Ordre de Saint-Louis*, T. III, p. 551.)

N... Lamy, sous-lieutenant au 21e régiment d'infanterie de ligne, nommé chevalier de Saint-Louis en 1823. (*Histoire de l'Ordre de Saint-Louis*, T. III, p. 257.)

Outre la famille Lamy, dont nous venons de donner la généalogie, nous trouvons quelquefois, en Limousin, ce nom porté par trois autres familles, qui ne semblent avoir entre elles aucun lien de parenté : tels sont les Lamy de Croix-Verd, de Boiscouteaux et de Loury.

Jean Lamy, Sr de Croix-de-Verd, paroisse de Saint-Cire, élection de Saintes, fut trouvé gentilhomme en 1598. (NADAUD, *Nobiliaire manuscrit*.)

Lamy, évêque de Sarlat, portait : *de gueules à un arbre d'or*. (*Armorial du Périgord*.)

Lamy, seigneurs de Boiscouteaux. — Jean-Louis Lamy, Sgr de Boiscouteaux, domicilié à Randan, fut maintenu dans sa noblesse en 1666, sur preuve de quatre degrés. Il est à présumer que cette famille, qui était représentée parmi les nobles de la châtellenie de Chantelle, en 1789, n'est pas étrangère à deux personnages du même nom, qui figurèrent dans les évènements de la Basse-Auvergne pendant les guerres religieuses : l'un comme élu de la ville de Cusset, l'autre comme conseiller au présidial de Riom, et consul de la même ville. Armes : *écartelé, aux 1er et 4e d'argent au pin de sinople ; aux 2e et 3e d'azur, à la tour d'argent ajournée de sable; sur le tout de sinople à l'étoile d'or.* (*Nobiliaire d'Auvergne.*)

Antoine Lamy, écuyer, Sgr de Boiscoutaud, lieutenant de dragons au régiment de Hautefort, fils de Jean-Louis Lamy, écuyer, Sgr de Boiscoutaud et d'Anne Vivien, épousa, par contrat du 6 février 1706, Louise de Saunade, fille de Gilbert de Saunade, IIe du nom, écuyer, Sgr de Vauchaussade, la Nane, Villevaleix, etc., et de Marguerite de Montgrut. Louise de Saunade, étant veuve, fit une donation de tous ses biens à Annet-François de Durat, son neveu. (*Généalogie Saunade.*)

Lamy ou Lami, chevaliers, Sgrs de Louri, de Bourneuf, d'Achères (XVe siècle). — Famille noble, originaire de Touraine, et qui a pour auteur Philippe Lamy, chevalier, Sgr de Loury. — Elle s'est alliée aux maisons d'Albiac, d'Arzac, Baraton de Montgoger et du Mesnil-Simon. Elle porte : *écartelé, aux 1er et 4e de gueules à la bande d'or, à la bordure de même ; aux 2e et 3e d'azur à la harpie d'or.* Alias : *d'azur à une aigle d'or, ayant une tête de femme de carnation et posée de front.* Supports : *deux lions d'or, armés et lampassés de gueules.* Cimier : *une aigle comme celle de l'écu.* Alias : *une harpie éployée.* (*Armorial de la Touraine.*)

Loury est une baronnie située dans l'Orléanais, qui était possédée, en 1685, par la famille de Pellard. (*Dict. des fiefs*, par H. DE GOURDON DE GENOUILLAC.)

Isaac Lamy, baron de Loury, épousa Marguerite de Cautel, dont la fille aînée et principale héritière, Louise Lamy, dame en partie de la baronnie de Loury, épousa, au mois d'octobre 1628, Louis de Rochechouart, Sgr de la Brosse, de Montigny, etc., fils d'autre Louis de Rochechouart et de Catherine-Marie de Castelnau. (*Généal.* Rochechouart, branche de Montigny et de la Brosse, XX.)

La baronnie de Loury passa à la famille de Rochechouart. (*Idem.*)

Bonaventure Lamy, Sr de Loury, épousa Louise de la Marche, dont Gabrielle, mariée à Baptiste de la Châtre, Sr de Bruillebant, maître d'hôtel de la reine Marguerite de Valois. (SIMPLICIEN, T. VII, p. 374, *apud* NADAUD, *Nobiliaire manuscrit.*) La fille de ces derniers épousa N... du Solier. (NADAUD, *ibidem*, art. *du Solier.*)

DE LANDOS. — Nous ne savons sur quel fondement repose l'assertion de M. Lainé, d'après laquelle Guillaume de Landos (ou piutôt de Landes), nommé parmi les nobles de Combrailles, dans le traité de partage de ce pays, en 1249, aurait tiré son origine de la terre de Landos, en Gévaudan. Il est vrai qu'il existe, en Gévaudan, dans les environs de Pradelles et de Langogne, une famille aujourd'hui connue sous le nom de Landos, mais dont le nom ancien et patronymique est Colombet.

Le comte de Landos-Colombet, garde du corps de Louis XVI, avait épousé Cécile de Croc, mère de M. Adolphe de Landos, marié, en 1815, à une demoiselle de Montmorency-Laval. Il est décédé, en 1820, dans le cours d'une mission diplomatique. (*Nobiliaire d'Auvergne.*)

LANDRIÈVE, écuyers, S⁀ʳˢ des Bordes, de Pont-de-Ruan, la Turbellière, Meray, paroisse d'Artannes (XVIIIᵉ siècle). Famille originaire du Limousin.

Paul-Pierre Landriève, écuyer, garde du corps du roi, comparut, en 1789, à l'assemblée de la noblesse de Touraine pour les élections des députés aux Etats généraux. Armes : *d'azur à une croix d'argent, accompagnée en pointe d'un croissant de même.* Supports : *deux lions.* Couronne de comte. (*Armorial général de la Touraine.*)

DE LANDRODIE, Sgrs d'Excouts, paroisse de Saint-Bonnet-de-Salers, élection de Mauriac. — Cette famille, originaire du Limousin, s'établit en Auvergne par suite du mariage de Jean de Landrodie avec Jeanne de Saint-Julien, fille d'Antoine de Saint-Julien, Sgr d'Escouts, en 1601. C'est donc à la famille de Saint-Julien qu'appartenait encore le fort château d'Escouts, pris de vive force et rasé de fond en comble par les religionnaires, en 1570, et non pas au seigneur de Landrodié, comme l'a dit M. Mirande, dans une notice insérée dans l'*Annuaire du Cantal* pour l'année 1831. Jean-François de Landrodie, fils du susdit Jean, et arrière-petit-fils de Pierre de Landrodie, qui vivait en 1550, fut maintenu dans sa noblesse, en 1666, et rendit hommage au roi, en 1669 et 1684, à cause de sa maison d'Escouts, en toute justice, cens, rentes et autres droits. Cette famille, qui comptait alors un écuyer du prince de Condé, et un gendarme ordinaire de Gaston de France, duc d'Orléans, produisit nombre de certificats et brevets attestant d'honorables services militaires, soit dans la compagnie de gendarmes commandée par le duc de Ventadour, soit au ban, arrière-ban et autres corps de l'armée.

Armes : *parti, au 1ᵉʳ d'argent, à trois étoiles d'azur,* qui est de Landrodie; *au 2ᵉ d'azur, semé de larmes d'argent, au lion d'or brochant,* qui est de Saint-Julien. Cette deuxième partie est une imitation inexacte des armes de la maison de Saint-Julien dans la Marche, qui sont : *de sable, semé de billettes d'or, au lion de même brochant.* (*Nobiliaire d'Auvergne.*)

LANET (p. 34).

François-Claude de Lanet, Sgr de la Garde-Giron, était à l'assemblée générale de la noblesse de la Marche en 1789. (LA ROQUE et BARTH., p. 13.)

LANGEAC (Jean de), fils de Tristan, Sgr de Langeac et de Marie Alègre, LXXVᵉ évêque de Limoges, dont l'épiscopat offre le plus de circonstances intéressantes que tous ceux des prélats qui l'avaient précédé depuis saint Martial, naquit à Langeac, en Auvergne. Il fut maître des requêtes, prévôt de Brioude, abbé de Pébrac, et évêque d'Avranches. Enfin il fut nommé évêque de Limoges, et prit possession de ce siége par procureur, le 5 juin 1532, et, un an après, le 22 juin 1533, il la prit personnellement. Il fut reçu solennellement, à Limoges, avec de grands témoignages de joie, tant de la part du clergé que du peuple. Le lendemain de sa réception, après avoir dit sa première messe dans sa cathédrale, où il y eut un grand concours de peuple, il demanda et obtint de son chapitre un lieu propre à bâtir un nouveau palais épiscopal (l'ancien était tout délabré). Ce qu'on lui accorda fut le pressoir, avec la maison contiguë, et les jardins qui étaient entre ledit pressoir et la tour de Maumont, et partie d'autres jardins des chanoines, à condition qu'il ferait bâtir un autre pressoir, et qu'il dédommagerait le chapitre du reste.

Le 12 avril 1534, jour de *Quasimodo*, il releva de terre le corps de saint Domnolet, et le mit sur un autel de l'église appelé autrefois de Saint-Grégoire, et qui porta depuis le nom de Saint-Domnolet. Cette cérémonie se fit avec beaucoup d'éclat.

En 1535, il fut envoyé en ambassade par le roi François Ier dans les royaumes de Pologne, Hongrie et Angleterre. La même année, il fit faire le jubé qu'on voit avec admiration dans l'église cathédrale de Limoges, et dont on peut voir la description dans les *Ephémérides* de 1765. Il enrichit aussi cette église de très-belles tapisseries et de vases sacrés. Il lui fit plusieurs autres dons considérables, et il fit construire cette belle rosace qui sert d'ornement à la principale porte d'entrée de la basilique, qu'il voulait même faire finir. En effet, il fit élever les fondements à près de 25 ou 30 pieds hors de terre, tels qu'on les voit aujourd'hui, en attendant la main bienfaisante de quelque autre prélat. Il possédait des biens immenses, et les employa tous en œuvres pies.

En 1537, il commença à faire bâtir son palais épiscopal près de l'abbaye de la Règle, mais il mourut avant de le voir achevé, et cet ancien édifice a été démoli en 1758, lorsqu'on voulut commencer celui qui existe aujourd'hui.

Il avait été ambassadeur à Venise l'an 1530 ; il était à Ferrare en 1536. Le 21 avril 1537, du conseil et consentement des vénérables doyen et chapitre, il fit réimprimer le *Missel* du diocèse, où l'on inséra plusieurs messe votives. Léonard et Guillaume de la Noaille sont les imprimeurs. La même année 1537 (RIBIER, *Lettr. et Mémoires*, p. 33, 388 et 508), il accompagna Madeleine, princesse de France, en Ecosse, dont elle était reine. Pour reconnaître les bienfaits (BONAV., T. III, p. 768) qu'il avait fait à sa cathédrale, et qu'il ne cessait de leur accorder, les chanoines, par un statut de leur chapitre général, tenu le 8 juin 1538, promettent et ordonnent de sonner la grosse cloche toutes les fois que ce prélat entrera dans la cité ou qu'il en sortira, et tous les soirs après le couvre-feu, tandis qu'il demeurera dans ladite cité, sans que cela tire à conséquence pour lui ni pour ses successeurs. Il promit, la même année, de faire fabriquer de grandes orgues, car celles qui existaient étaient hors d'état de servir. C'est en 1537 qu'il fit bâtir la salle où se tiennent les assemblées du chapitre de Saint-Etienne. Il s'était aussi chargé de faire démolir l'église de Saint-Jean-en-Saint-Etienne et de la rebâtir ailleurs, mais ce fut encore un de ses nombreux projets que la mort l'empêcha d'exécuter.

Jean de Langeac portait une longue barbe : elles étaient encore de mode à cette époque. Le 19 septembre 1539 (*Acta capitul. cath. Lem.*), il devait aller à Rome pour les affaires du roi. Il fut envoyé vers le pape Paul III en 1540 (ROBERT, *Gall. christ.*, p. 345), et s'acquitta dignement de toutes ces ambassades. Le 9 avril et le 20 mai 1541, le chapitre de la cathédrale députa deux chanoines pour aller le voir dans son abbaye de Echalais ou Deschalis : c'est là où il fit son testament le 21 mai.

Le cardinal Sirlet avait en manuscrit, dans sa bibliothèque, une oraison funèbre que notre évêque fit à la louange du pape Clément VII, mort le 25 juillet 1534. C'est durant son épiscopat que les moines de Saint-Martial furent sécularisés, le 14 octobre 1537, par une bulle du pape Paul III. Le 16 novembre 1536, le maître-autel de la cathédrale de Limoges fut sacré, par l'évêque de....., à l'honneur de saint Etienne, et le petit autel, derrière le grand, à l'honneur de sainte Marguerite.

C'est encore en 1537 qu'il reçut, à Limoges, la reine de Navarre, sœur de François I*er*, roi de France. La cérémonie de cette réception se trouve dans les *Annales* du P. AMABLE, T. III, p. 768, col. 1. On dit que, pendant que ce prélat faisait bâtir son palais, une grande princesse qui passait à Limoges lui demanda de l'argent à emprunter, et qu'il lui répondit brusquement que tout homme qui faisait bâtir n'avait pas d'argent à prêter. Cette réponse déplacée fut cause d'une disgrâce à la cour.

Le 29 juillet 1541, le chapitre de la cathédrale députa deux chanoines pour aller le voir à Paris, où il était malade. Mais ils le trouvèrent mort depuis le 27 ou le 28 du même mois. On le porta ensevelir à Limoges, ainsi qu'il l'avait ordonné par son testament, et on lui fit de grands honneurs. (*Gall. christ. nov.*, T. II, p. 637.) Il y avait cinq cents pauvres, vêtus de noir, chacun un flambeau à la main. Le 20 août, on députa le doyen, le chantre, l'archidiacre, le sous-chantre et un autre chanoine, pour aller au-devant de son corps. Pour son enterrement, on fit faire deux douzaines de torches, chacune pesant deux livres, aux armes du chapitre. Son corps fut mis dans le couvent des Carmes. Guillaume Jouviond, chantre de la cathédrale et abbé de Saint-Martin, fit l'office. Il y a une relation de la cérémonie de ses funérailles dans les *Mél. manuscrits*, p. 487, et dans la *Feuille hebdomadaire* de Limoges, 22 février 1786. Il fut enterré dans le magnifique mausolée qu'on voit encore sous les arcs du sanctuaire de notre cathédrale, du côté de l'évangile. Sa statue en bronze, avec les cuivres des inscriptions, furent enlevés, et transportés à la Monnaie, par ordre du gouvernement, le 6 avril 1793. Sur le devant était cette inscription :

« Exemplo tibi satis sim
quisquis es ;
Si sapis, præsentibus
necte futura :
Natus quidem vixi :
At Hercule mori præstitit,
Ut plus magisque viverem. »

Derrière la statue était une autre lame de bronze, sur laquelle on lisait l'épitaphe suivante, gravée en lettres romaines :

« Cy gist Révérend Père maistre
Jehan de Langhat, en son
vivant conseiller et maistre des requêtes ordinai-

res de l'hostel du roi, évesque de la présente église de Limoges, abbé des abbayes Nostre-Dame de Pébrat et deu ordres sainct Augustin, aussi des eschiliez de Cisteaulx, prevost de Brioude, et seigneur de Bonnebaud, qui aurait esté ambassadeur pour le roy es royaulmes de Portugal, Poulogne, Ongrye, Escosse, Angleterre, envers la seigneurie de Venise, Suisse, et pour le dernier à Rome à notre Sainct Père le pape Paul troisième, qui décéda le 27 juillet 1541.

Ses armes sont : *d'or à trois pals de vair.*

Frère Guillaume de Langeac, abbé de la Celle, à Poitiers, et frère du défunt, exhiba en chapitre son dernier testament le 29 août. Ce prélat fonda une messe tous les jours, et donna 6,000 livres pour cela, 8,000 selon d'autres, et 400 pour son anniversaire, qui est le 28 juillet. (LEGROS, *Mém. pour l'Hist. des évêques de Lim.*)

Une autre biographie de cet évêque a été publiée par M. Arbellot, dans la *Semaine religieuse* de Limoges, T. VI, p. 548.

Antoine-Louise de Langhac, dame de Cleravaux (canton de la Courtine, arrondissement d'Aubusson, Creuse), fille de Gilbert de Langhac, chevalier, fils d'autre Gilbert, chevalier, femme séparée de corps et de biens de François Annet de la Rochebriant de Cleravaut, possédait le fief et la seigneurie de Cesternes : Riom, 1683. (D. BETT.)

LANS. — En 1591, la ville de Bellac fut assiégée par le vicomte de la Guierche, ancien gouverneur de la Marche, devenu ligueur, que le roi avait remplacé par Gabriel de Lans, Sr de la Côte-de-Mézières (Mézières, chef-lieu de canton, arrondissement de Bellac, Haute-Vienne) ; les habitants, commandés par le brave Robert de Nollet, défendirent avec le plus grand courage la cause de Henri IV. Le mérite de cette défense appartint surtout à Louis Chataigner d'Albonne ou d'Albain, qui avait remplacé G. de Lans, tué devant Saint-Yrieix en 1591. (ALLOU, *Description des monuments de la Haute-Vienne*, p. 315.)

LARFEUILLÈRE, seigneurie située dans la Marche, qui, en 1730, appartenait à la famille de Pille. (GOURDON DE GENOUILLAC, *Dict. des fiefs.*)

LARGE.

Jean de Large, chevalier, Sgr de Puyhaut, de Lacourt et de Lavau-Sainte-Anne, paroisse de Domeyrot, 1505. (D. BETT.)

Magdeleine de Large, veuve de Jean Claveau, écuyer, Sr de Nouhes, fille de Germain de Large, écuyer, conseiller en l'élection de Bourges, et de Madeleine Poupardin, possédait le fief et la seigneurie de la Louche, paroisse de Vouzeron, 1687. (D. BETT.)

Charles-Honoré de Large de Lourdoueix-Saint-Michel était à l'assemblée de la noblesse de la Marche en 1789. (LA ROQUE et BARTH., p. 13, *apud Manuscrits* de M. P. DE CESSAC.)

DE LARON, et souvent LERON (p. 36).

Ancienne et puissante famille, dont était, en 1028, Jourdain de Laron, XLIIe évêque de Limoges, fils de Gérald et d'Odolgarde. Elle a eu pour souche Roger de Laron, qui fut présent, en 997, avec Boson de la Tour, et Gui, son frère, Aton de Salagnac, Ameil de Pairac et Ithier de Magnac, à des lettres par lesquelles Hugues Garcill confirma les priviléges du monastère d'Ahun, du consentement de Boson II, comte de la Marche, et de Gaubert, son frère. (*Gall. christ.*, T. II : *Instrumenta*, col. 190.) Roger de Laron est mentionné dans une charte de l'abbaye d'Uzerche de l'an 1003. (Cartul. de ce monastère, fol. 99.) Il eut pour fils Aimar Comtor de Laron, marié : 1º avec Aolaarz de Lastours, fille et héritière de Gui, S^{gr} de Lastours, dont il eut des enfants qui relevèrent le nom de Lastours (voir ce nom); 2º avec la sœur d'Itier Chabot, évêque de Limoges en 1053, dont sont issus les seigneurs de Laron, éteints vers le milieu du XVe siècle. Gui de Laron, évêque de Limoges en 1073, mort vers 1086, en était provenu.

Armes : *Une escarboucle à six raies pommelé.* (LAINÉ, *Armorial du Limousin.*)

Dans la nef principale de l'église de St-Michel-des-Lions, à Limoges, et près de la voûte, on voit un écusson sculpté, portant *une escarboucle à six raies*, avec la date 1545.

Jordain de Laron, prévôt de Saint-Léonard, fut le XLIIe évêque de Limoges; il fut élu en janvier 1023, et mourut le 29 octobre 1051. Il repose à Saint-Augustin de Limoges.

Pendant qu'il était sur le siége de Limoges, en 1025, Saint-Solve fut donné à Uzerche; Saint-Trié, à Tourtoyrac; la moitié de Clergour, à Tulle; — en 1027, Boisseuil est donné à la cathédrale; il se fit un accord avec le duc d'Aquitaine pour l'élection d'un évêque; — en 1028, fondation de Segondelas (Bénévent); Bré est donné à Vigeois; — en 1029, le monastère d'Arnac est donné et sacré; — Châteauneuf; — en 1030, Beaumont est donné à Uzerche; — en 1031, concile de Limoges; — en 1032, fondation de Lesterpt; Notre-Dame de Châteauvieux est donnée à Charroux; Saint-Quentin est donné à la cathédrale; — en 1033, Chavagnac, donné à Lesterpt; — en 1036, Sainte-Eulalie et la Faye, données à Uzerche; — vers 1040, le Compeix est donné à la cathédrale; — en 1048, Millevaches, Saint-Viance, sont donnés à Uzerche; — en 1049, du temps de cet évêque, Saint-Quentin, Saint-Michel-des-Chapelles, sont donnés à la cathédrale; — en 1051, lettre du clergé Limousin pour le choix d'un évêque. (NADAUD, *Chronologie des évêques de Limoges.*)

En 1048, le vicomte de Limoges, accompagné de tous ses vassaux, fut témoin, à Uzerche, de la dédicace d'une église présidée par Jourdain, prélat illustre, dont toute la vie avait été consacrée à l'édification des fidèles et à celle du clergé.

Besly, dans son *Histoire des comtes du Poitou*, fait ainsi connaître, d'après le Cartulaire de Saint-Etienne, les donations faites à l'Eglise :

« Jourdain, par la grâce de Dieu, évêque de Limoges, pour le repos de son âme, pour celle de ses parents, Marbodus et Oldegarde, sa femme, de son père, Gérard, de sa mère, Oldegarde, cède, de son alleu héréditaire dans l'alleu de Châteauneuf, la tour supérieure avec son donjon, les maisons voisines et les terres qui m'appartiendront après le partage qui en sera fait ; plus, le pré d'en haut, les fontaines et la forêt de Serre ; la quatrième partie de la chapelle de Saint-Michel, de Saint-Quentin, avec les terres qui en dépendent ; le manoir de Curtfaye, qui dépend du fief de Guillaume, comte de Poitiers, et qui m'avait été donné en dehors de l'évêché. » (MARVAUD, *Histoire des vicomtes et de la vicomté de Limoges*, T. I, p. 115.)

Laron ou Leron (Guido ou Wido de), fils d'Adémar (BALUZE, *Hist. Tutel.*, p. 139), et nom de Roger (BONAV., T. III, p. 415), et de Vierne (B. GUIDONIS, *apud* LAB., T. II, p. 269), neveu de Jourdain, fut le XLIVe évêque de Limoges, en 1073. Il sacra une église à Saint-Ethoil, lieu que son père avait donné à un monastère qu'on ne nomme point. Ce lieu d'Ethoil n'est point connu, ainsi que celui de Clop, sur la paroisse de Saint-Pardoux-de-Bonneval, que ce prélat donna pour le repos de l'âme de son père. Vers l'an 1075, il fut présent à la donation de l'église de Frontanac, diocèse de Poitiers, que Hugues, S[gr] de Luzignan, fit au monastère de la Chaise-Dieu, en Auvergne. (ESTIENNOT, *Fragm. Hist.*, T. IV, p. 224.) Hugues de Châteauneuf (BALUZE, *ibid.*, col. 423, et *Gall. Christ. nov.*, T. II, col. 517), abbé séculier de Beaulieu, voulant donner le gouvernement de ce monastère à Hugues, abbé de Cluny, demanda et obtint, en 1076, le consentement de notre évêque. (Voyez *Hist. manuscrite de l'abbaye de Beaulieu*, p. 23.) Il souscrit, en 1080, l'acte de fondation du prieuré, depuis abbaye de Bénévent. (*Gall. christ. nov.*, T. II, *instrum.*, col. 198.) Le pape Grégoire VII (*Gall. christ. nov.*, T. II, col. 517, 518) écrivant, le 1er avril 1080, indiction III, aux moines de Dol ou du Bourg-Dieu, en Berry, leur dit : « L'évêque de Limoges, notre frère et co-évêque, s'est plaint dernièrement, dans le concile que nous avons tenu à Rome, que votre Fraternité a voulu soustraire à son église deux monastères ; notre frère et co-évêque et légat Hugues, évêque de Die, nous a attesté aussi qu'il nous avait cités dans deux autres conciles pour terminer ce différend et nous accorder avec ledit évêque, et que, comme il l'assure, vous n'avez voulu rendre ni justice, ni obéissance : c'est pourquoi le concile a décidé que ces monastères soient paisiblement soumis à l'Eglise de Limoges, et reviennent à son pouvoir pour être possédés par elle, sans aucune contradiction de votre part et des vôtres, jusqu'à l'arrivée de mon légat. »

Gui se trouva au concile (*Spicileg.*, T. VI, p. 18, et *Gall. christ. nov.*, T. II, col. 517) tenu à Issoudun, en Berry, l'an 1081, auquel présidait Hugue de Die, légat du Saint-Siége, et y signa la charte qui confirmait la donation que l'archevêque de Bourges Richard fit d'une église au monastère de Marmoutier, ou mieux à l'église de Saint-Martin-des-

Champs, *alias* de Brive; près les murs de la ville. (*Spicileg.*, T. VI, p. 18, et T. X, *Concil.*, p. 400.) La même année (BALUZE, *ibid.*, p. 104), le jour de la Pentecôte, étant dans le chapitre des moines de Tulle, il leur confirma quelques dons que des seigneurs leur avaient faits. L'acte porte 1091, indiction IV; mais Baluze a cru devoir l'avancer de dix ans : en effet, en 1081, on comptait indiction IV. Il sacra, pour les mêmes moines, l'église de la Chapelle-Geneste, plus tard unie à la chapelle de Glandiers, et voulut qu'elle payât chaque année, au synode, trois écus. Il leur bénit aussi l'église d'Altoire, autrement Toy, le 4 octobre. Il sacra encore le grand-autel du monastère d'Uzerche, mais on ne dit pas l'année.

Il siégeait à Limoges, en 1082 (BESLY, *Hist. comt. de Poit.*, p. 386), lorsque la ville fut assiégée par Guillaume, comte de Poitou. Les églises qui étaient hors des murs furent toutes brûlées, quoique on ne parle que de celle de Saint-Gérald. En 1083 (*Gall. christ. vet.*, T. I, p. 209, et T. IV, p. 223), il se trouva à la révélation du prétendu sang de Notre-Seigneur dans le monastère de Charroux. Il assista aussi (T. IV, p. 204) à la dédicace de l'église de Saint-Pierre-de-la-Péruse, mais on ne dit pas en quelle année; en 1089, selon Besly (p. 208, *apud* NADAUD, *Mém. manuscr., Lim.* T. I, p. 32), à la prière d'Archambauld, vicomte de Comborn, il permit (BALUZE, *ibid.*, col. 876) de bâtir, dans l'église de Meymac, un monastère, sous la règle de saint Benoît, qui serait exempt de toute coutume, ainsi que celui d'Uzerche. L'acte est daté du 3 février 1085, indiction, non pas VII (*Gall. christ. nov.*, T. II, col. 517), mais VIII, ce qui reviendrait à l'an 1085. (Voyez *Hist. manuscrite de Meymac, au Mém. msc. sur les abbayes du Lim.*, p. 281 et 291.)

Le nécrologe de Saint-Léonard marque la mort de Gui, évêque de Limoges, le 24 janvier, ce qu'on ne peut entendre que de celui dont nous parlons, quoique on dise le contraire dans *Gallia christiana nova* (T. II, col. 517, à la note *C*), en conjecturant qu'il mourut en 1086, de ce que cette année le siége était vacant, suivant le chartrier de Saint-Etienne. Les chanoines de la cathédrale (GAUFRED. VOSIENS., p. 289, et *Gall. christ. nov.*, T. II, col. 517) l'enterrèrent dans leur église, devant l'autel de la Sainte-Vierge, et jusqu'alors aucun cadavre n'avait été enterré dans la cité. Gérald, abbé de Saint-Augustin, sous je ne sais quelle prétention, convoqua le comte de Poitou, fit enlever le corps du prélat, et l'inhuma, peu de jours après, dans son monastère, en présence de quantité de peuple de différents états.

L'époque de la mort de notre prélat, en 1086, détruit entièrement ce que rapporte l'auteur de l'histoire du monastère d'Aronaise. (*Acta SS.*, T. I, janvier, p. 832.) Selon lui, les clercs d'Arras, sous la protection de Wido, archevêque de Limoges, et de Philippe, roi de France, allèrent demander au pape Urbain la division de l'évêché de Cambrai et le rétablissement de celui d'Arras. Rosweyde, éditeur de cette histoire, pense que, au lieu de *Lemovicorum archiepiscopo*, il faut *Remorum*, parce que Limoges n'est point archevêché (1). A cela Bollandus répond qu'il n'y avait point alors, à Reims, d'archevêque appelé Wido, au lieu qu'à Limoges

---

(1) Malen donne aussi le titre d'archevêque aux premiers évêques de Limoges au commencement de sa chronique, p. 11.

siégeait Guido de Laron, qui, peut-être, se rendit le protecteur de ceux d'Arras auprès du roi et du pape. Mais Bollandus ne faisait pas attention qu'Urbain II ne fut élu qu'en 1088. (LEGROS, *Mémoires sur les évêques de Limoges*, p. 209.)

Pendant qu'il était sur le siége de Limoges, en 1074, eut lieu la ratification de la donation de Saint-André à la cathédrale; des religieuses furent établies à Bosmorbaud; — en 1075, fondation des Salles; — en 1076, Ayen cédé à Solignac; — en 1077, Rochechouart, St-Germain-sur-Vienne, la Cellette, donnés à Charroux; la Combe et Brachard, donnés à Vigeois; — en 1080, Pigeyrol acquis par les moines de la Chaise-Dieu; Gorre donné à Saint-Junien; saint Etienne se retire à Muret; Saint-Pardoux, Objac, rendus à la cathédrale; la moitié de Saint-Ibard, Condat, donnés à Uzerche; fondation de Meymac, de Bénévent; donation d'Azac, Corbier; — en 1081, saint Etienne se retire à Muret; — en 1082, les moines de Vigeois se soumettent à Saint-Martial; — en 1083, oratoire et hôpital bâtis à Saint-Amand, près Saint-Junien; — en 1084, donation de Thouron, Flavignac; — en 1085, Meymac donné à Uzerche; donation de Vallières; Toy donné à Tulle. Cet évêque donne l'église de Saint-Aignan de Versillac à Bénévent. (NADAUD, *Chronologie des évêques de Limoges*.)

LARY.

Jacques de Lary, chevalier, S^{gr} de la Berge, Peytaveaux, Lacoux et autres lieux, ancien chevau-léger de la garde du corps du roi, était à l'assemblée générale de la Basse-Marche tenue au Dorat, capitale de la province, en 1789. (LA ROQUE et BARTH., p. 8.)

Marie-Louis-Robert de Lary, de la Côte, chevalier, S^{gr} de Ligardèche, garde du corps du roi, capitaine de cavalerie. (*Idem*, *apud Manuscrits* de M. P. DE CESSAC.)

LASCARIS DE TENDE (Antoine), LXXIVe évêque de Limoges. Il était fils (*Gall. christ. nov.*, T. I, col. 407) d'Honorat de Vintimille, en Provence, et de Marguerite Carrette, des marquis de Final. Il fut prévôt de l'église d'Avignon (SIMPLICIEN, *Hist. des grands-officiers*, T. II, p. 284), abbé de Sorèze, diocèse de Lavour, chanoine et archidiacre de l'église de Riez, enfin évêque de cette dernière en 1520. Transféré à Beauvais (*Gall. christ. nov.*, T. IX, col. 763) en 1523, il permuta ce dernier évêché en janvier 1529 (c'est-à-dire 1530), pour celui de Limoges, avec Charles de Villiers. Il ne donna sa procuration pour prendre possession que le 27 mai; ce que Pierre Benoît, official, fit en son nom le 19 juin. Ce prélat ne parut jamais à Limoges; il suivait la Cour du roi de France, et faisait régir le diocèse par un vicaire général.

Notre prélat siégeait en 1532. Il céda (*Gall. christ. nov.*, T. I, col. 408) l'évêché de Limoges à Jean de Langeac, évêque d'Avranches, et retourna à son église de Riez en 1532. Il posséda, avec dispense du Pape, les prévôtés de Pignans, de Barjoux et de Riez. (SIMPL., *ibid.*, p. 285.) Il fit son testament le 14 novembre, et mourut à Barbantane le 25 juillet 1546, *alias* 1544, à Avignon. Son corps fut inhumé à Avignon. Ses armes sont : *écartelé, aux 1er et 4e de gueules, à l'aigle éployée à deux têtes d'or; aux 2e et*

3e *de gueules au chef d'or*. (*Mémoires pour servir à l'Histoire des évêques de Limoges*, msc. de l'abbé LEGROS, p. 523.)

Pendant qu'il était évêque de Limoges, il y eut dans le diocèse, en 1530, une vicairie fondée par Jean-Hélie de Coulonges, à Pluviers ; une autre, par Jean Chouzit, à Tarn ; mort de Jean de Reilhac, prévôt de Saint-Junien ; — en 1531, André de Montbrun fonde une vicairie aux Cars ; — en 1532, communauté de prêtres, à Oradour-sur-Vayres, à Saint-Pierre-du-Queyroix ; vicairies fondées, par Martial Perrin, à Asnières ; par Etienne Dumont, à Ambazac ; par Pierre Chastaignol, à Magnac. (NADAUD, *Chronologie des évêques de Limoges*.)

LASCARIS D'URFÉ (Louis de), LXXXIVe évêque de Limoges, fils aîné de Charles-Emmanuel de Lascaris, marquis d'Urfé et de Beaugé, comte de Sommerive et de Saint-Just, Sgr de la Bastie, etc., maréchal des camps et armées du roi, bailli de Forez, mort l'an 1685, âgé de quatre-vingt-un ans, et de Marguerite d'Alègre, morte en 1683. Il fut marquis d'Urfé et comte de Sommerive ; il avait été baptisé le 30 mars 1647, dans la chapelle du Palais-Royal, à Paris ; il eut l'honneur d'être filleul du roi (*Mercure* de 1695, juillet), et était l'aîné de la maison d'Urfé ; il passa à la cour les premières années de sa vie, en qualité d'enfant d'honneur, auprès de Sa Majesté. Mais les grands exemples de piété et de vertu que lui donnaient M. le marquis d'Urfé, son père, et Mme la marquise d'Urfé, sa mère, le portèrent à quitter le monde peu de temps après qu'il eut commencé à le connaître.

Dans ce dessein (*Gall. christ. nov.*, T. II, col. 543), il se retira dans le séminaire de Saint-Sulpice, où il se donna entièrement aux charitables fonctions du sacerdoce, par les instructions familières et fréquentes qu'il faisait dans la paroisse. Quoique, par cette retraite, M. l'abbé François d'Urfé, son frère, nommé à l'abbaye d'Uzerche, fût devenu l'aîné de sa maison, il profita moins des avantages que lui laissait son aîné, que du bon exemple qu'il venait de lui donner. Il prit, comme lui, le parti ecclésiastique, dans le même séminaire, et de là passa en Canada, pour travailler uniquement à la conversion des sauvages et des infidèles. Son troisième frère, Charles-Yves, entra dans la congrégation des Pères de l'Oratoire, dont il fut le visiteur, et où il est mort. Emmanuel, le quatrième, du diocèse du Puy, embrassa aussi le sacerdoce ; vécut, comme ses frères, dans le même séminaire. Son frère, étant évêque, lui donna le prieuré de Saint-Georges de Chaillac, en 1677 ; le nomma, par *dévolut*, à la prévôté du chapitre de Saint-Junien, en 1681, et il mourut doyen de l'église cathédrale du Puy en 1689. De sorte que les deux derniers enfants mâles de la maison d'Urfé en devinrent les aînés, chacun à leur tour. L'un d'eux mourut sans alliance, à l'âge de trente-deux ans, en 1682.

Louis fut nommé coadjuteur de Limoges en mars 1676 (*Gall. christ. nov.*, T. IV, addit., col. XXIX), et évêque le 3 juillet suivant. Il eut ses bulles la même année, en décembre ; fut sacré le 10 janvier 1676 (1677), ou le dimanche 11, en l'église de Saint-Sulpice, par l'archevêque de Paris, assisté des évêques d'Angoulême et d'Avranches, en présence d'un grand nombre de prélats, et de plusieurs personnages de considération. Il prit possession, par procureur, le 30 janvier 1677, et fit son entrée à Limoges, le 10 mars suivant, aux applaudissements de tout le monde, et sans aucun appareil. Ayant laissé son palais épiscopal, il choisit sa demeure au séminaire des Ordinands, que son prédécesseur avait commencé et que lui-même finit. Il y demeura jusqu'à sa mort. (*Gall. christ. nov.*, T. II, col. 543.)

Les 14 février et 6 mars précédents, le chapitre de la cathédrale avait commis quatre chanoines pour aller au-devant de lui. Ce prélat vint donc aussitôt prendre possession de la vigne où il devait travailler; mais, pour le faire avec tout le succès qu'il s'était promis, il se résolut à une perpétuelle résidence qu'il a toujours soutenue, quoique souvent on l'ait député dans les assemblées du clergé, ce qu'il a tâché d'éluder avec toute la déférence qu'il devait à l'honneur d'une telle députation. Deux jours après son entrée, il prit possession à la manière accoutumée, puis il se livra tout entier aux devoirs de sa charge pastorale, célébrant des synodes et visitant les églises et monastères de son diocèse, et surtout en soulageant les pauvres par d'abondantes aumônes. (*Gall. christ. nov.*, T. II, col. 543, 544.) Il faisait des prédications continuelles, tantôt dans sa cathédrale et tantôt dans les autres églises de Limoges. On lisait dans l'église de Saint-Pierre-du-Queyroix, à Limoges, l'inscription suivante, en lettres d'or, sur le pilier qui sépare les chapelles de Saint-Roch et de la Madeleine :

« Ce tableau de sainte Magdeleine est placé à cet autel pour vous faire souvenir des bonnes résolutions que vous avez conçues pendant la mission qui fut faite dans cette église, l'an 1680. Rendez grâces à Dieu, et demandez le don de persévérance. Priez-le pour Monseigneur Louis d'Urfé, notre très-illustre prélat, lequel fit faire cette mission, et y fit toutes les fonctions pastorales, avec un zèle infatigable. »

En juin 1681, il se transporta à Rochechouart, et y reçut l'abjuration de plusieurs religionnaires; en juin et juillet 1687, il demeura pendant six semaines à la campagne, dans une mission que fit le Père Honoré de Cannes, capucin. Il fit composer le *Pastoral du diocèse* en deux tomes in-12, dont le premier parut en 1690, et le second en 1694; ouvrage très-estimé des étrangers, qui le citent avec honneur, et que les indigènes n'estiment peut-être pas assez parce qu'il leur appartient. Le pape Clément XIV, qui en avait entendu parler, en fit demander un exemplaire à Mgr d'Argentré, qui le lui envoya richement relié.

Les prédications que faisait Mgr Lascaris d'Urfé étaient ordinairement accompagnées de grandes charités. Dans les années de disette 1691, 1692 et 1693, touché de la misère de ses diocésains, il vendit son argenterie et ses meubles pour les assister; il voulut même, pour cet effet, engager sa crosse et sa croix d'or. Ces libéralités envers les pauvres le réduisirent souvent à n'avoir plus que des consolations spirituelles à leur donner, et surtout dans les dernières années de sa vie. Il vivait dans son séminaire en simple prêtre, avec grande édification; il y fit bâtir un appartement qui n'a qu'une salle d'audience et une fort petite chambre.

On s'était aperçu que le Propre des saints du diocèse de Limoges avait plusieurs défauts; surtout parce qu'on n'y avait pas inséré ceux dont la sainteté honorait le diocèse ou les églises voisines, et auxquels nous rendions depuis longtemps un culte particulier, comme à saint Sulpice de Bourges, et à plusieurs autres fort célèbres dans toute la France. On peut même ajouter que notre province leur était redevable de beaucoup de guérisons miraculeuses. Cela détermina notre prélat à faire réviser et imprimer un nouveau Propre du diocèse, du consentement de la cathédrale, l'an 1683, chez Jean Chapoulaud, in-12, et, en 1689, chez Pierre Barbou, in-24. Dans le Mandement du 21 octobre, le prélat dit qu'il a condescendu en cela à la demande de son clergé. (NADAUD, *Observations sur les bréviaires du diocèse de Limoges*, p. 10.)

Le 10 juillet 1689, ce prélat bénit, dans l'église de Saint-Augustin-lez-Limoges, Marc-Philippe de Montroux de Peyrissac, abbé de Bonnaigue. Il fut assisté, dans cette cérémonie, par les abbés de Saint-Augustin et de Saint-Martin-lez-Limoges. Le 4 octobre 1691 (*Gall. christ. nov.*, T. XII, col. 245), il bénit, dans l'église de Fontaine-Guérard, abbaye de filles, diocèse de Rouen, Marguerite ou Marie le Cordier-de-Troncq, abbesse de Villiers, ordre de Cîteaux, diocèse de Sens. En 1693, le 29 septembre, il nomma André-Daniel de Beaupoil de Sainte-Aulaire, depuis évêque de Tulle, à l'archiprêtré de la Porcherie, diocèse de Limoges, dont celui-ci se démit d'abord après.

Les fatigues qu'il essuya au soulagement de son peuple (MORÉRI, 1759) dans le temps de la grande disette et des maladies qui coururent la France l'an 1694 et 1695, surtout dans son diocèse, où la misère fut extrême; ces fatigues, dis-je, compromirent sa santé. Mais il se rétablit plus par le secours des prières qu'on fit pour lui que par le secours des remèdes.

On dit qu'il était fort vif sur ses droits honorifiques; ce qui lui occasionna quelques disputes avec le chapitre de Saint-Yrieix, qui relève immédiatement de Saint-Martin de Tours, les religieuses de Boubon, ordre de Fontevraud, et sa cathédrale. Il fit en personne la visite de l'église paroissiale de Saint-Maurice de Limoges, que les chanoines de la cathédrale prétendaient ne dépendre que d'eux, et qui est à la collation du chantre. Celui-ci et ses adhérents s'ingérèrent de faire une autre visite le lendemain, sous prétexte de leurs priviléges, et en appelèrent comme d'abus des ordonnances qu'il aurait pu faire. Le prélat porta sa plainte au roi. M. de Torcy, secrétaire d'Etat, écrivit, le 26 janvier 1695, à l'intendant de Limoges, et lui marqua les excuses que le chantre et ses adhérents étaient condamnés à aller faire chez Monseigneur l'Evêque de Limoges.

La fièvre que ce prélat avait eue en dernier lieu l'ayant quitté, elle lui laissa des signes évidents d'un grand péril : les extrémités de son corps devinrent noires. Un accident si extraordinaire alarma les médecins de la province, et l'on eut recours à l'habileté de ceux de Paris. Mais, avant que leurs ordonnances fussent arrivées à Limoges, le mal avait fait un progrès funeste. Le 24 juin 1695, malgré le mal dont il était atteint, ce prélat donna la tonsure à vingt-huit sujets. Pour se préparer à recevoir les derniers sacrements, que M. l'abbé son frère vint lui administrer, il demanda pardon à tous les ecclésiastiques, et même à ses domestiques, du mauvais exemple qu'il aurait pu leur donner. Le dernier juin 1695, il fit son testament (reproduit dans les *Mélanges de l'abbé* LEGROS, T. III, p. 115), par lequel il donnait aux pauvres le reste de ce qu'il avait, et priait M. d'Urfé qu'on ne lui fît ni pompe, ni oraison funèbre, et qu'on l'enterrât dans la chapelle qu'il avait fait bâtir au séminaire, immédiatement au-dessous du cierge qui brûle, au lieu de la lampe, devant le Saint-Sacrement. Après avoir fait ses dispositions testamentaires, il demanda qu'on lui lût la Passion de Notre-Seigneur Jésus-Christ, sur la fin de laquelle il expira, à deux heures du matin, le 1er juillet 1695. Il fut en effet enterré dans la chapelle du séminaire des Ordinands; mais, en 1819, ce séminaire ayant été transformé en caserne, les restes du prélat furent exhumés, et transférés dans la cathédrale de Limoges. (LEGROS, *Mémoires pour servir à l'Histoire des évêques de Limoges*.)

Armes : *de vair, au chef de gueules.*

Sous son épiscopat on fit, dans le diocèse, les fondations suivantes : En 1677, Saint-Pierre de Saint-Junien est déclaré vicairie perpétuelle; hôpital à Lussac-les-Eglises; 2 mai, Carmes déchaussés à Egletons; — en 1678, vicaire perpétuel mis à Notre-Dame de Saint-Junien; hôpital à Bénévent; tentatives pour transférer le chapitre de la Chapelle-Taillefer à Guéret; 17 mai, cure érigée à Saint-Michel de Confolens; — en 1680, 23 décembre, vicairie d'Anne de Samathie (Saint-Mathieu) à Champagnac; — en 1681, pénitents blancs à Bellegarde; pénitents noirs à Brive et à Coulonges; 1er juillet, vicairie de Françoise Malourie à Saint-Hilaire-Peyroux; — en 1682, sœurs de la Croix à la Souterraine; pénitents noirs à Aubusson; l'Artige unie le 8 janvier, le Breuil le 11 mars, aux jésuites de Limoges; — en 1683, 30 avril, régentes fondées à Bellac; — en 1684, pénitents gris à Châlus; — en 1685, collège de Felletin; le refuge; vicairie de Michel Monteil à Sarran; 4 août, Magnac érigé en succursale; — en 1687, 9 août, union de Nexon abusive; sœurs de la Croix à Limoges; — en 1688, Naugenac transféré à Lamirande; — en 1689, 9 janvier, Montégut-le-Blanc érigé en cure; 19 janvier, aquilaire du Dorat simple clerc; — en 1691, 5 février, religieuses de Bonnesaigne soumises à l'Evêque; 22 février, Saint-Léonard sécularisé; 8 octobre, vicairie de Jean Fiallon à Saint-Sulpice-le-Donzeil; — en 1692, carmélites de Brive supprimées; — en 1693, sœurs de l'Institution chrétienne à Felletin. (NADAUD, *Chronologie des évêques de Limoges*.)

LASSAT.

Anne de Lassat épousa Hélie Hugonneau, dont la fille Marguerite épousa, dans l'église de Lesterps, le 19 février 1639 ou 1640, Jacques Dupin, Sr de Joncherolles. (*Nobiliaire*, T. II, p. 438.)

Clément de Lassat, écuyer, Sr de Gasou, épousa, à Oradour-Fanais, le 4 avril 1682, Anne de Villedon. (NADAUD, *Nobiliaire manuscrit*, art. VILLEDON.)

Jean de Lassat, écuyer, Sr de Langellerie, épousa Jeanne de Montmillon, dont Marie, qui épousa, par contrat du 16 mai 1750, signé Mallebay, Jean Guyot, écuyer, Sr de Lestang, fils de Louis Guyot, Sr de Petit-Champ, et de Gabrielle de Cléret. (*Nobiliaire*, T. II, p. 247.)

Pierre de Lassat, écuyer, Sgr de la Cume et de Verrac, la Faye et autres lieux, chevalier de Saint-Louis, capitaine de cavalerie, brigadier des gardes-du-corps, compagnie de Luxembourg, pensionné du roi, assistait à l'assemblée générale de la noblesse de la Basse-Marche tenue au Dorat, capitale de la province, le 16 mars 1789. (LA ROQUE et BARTH.)

DE LASTIC, Sgrs de Lastic, de Valeilles, de Rochegonde, de Montsuc, de Peyrols, de Saint-Diéry, de Sieujac, de Saint-Georges, de Saint-Michel, de Laval, de la Tremolière, de Neuvéglise, d'Alleuze, de Lescure, de Vergnettes, de Fournel, de Saint-Jal, de Beaumont, de Chamboulive, de Gabriac et autres lieux en Auvergne, en Rouergue et en Limousin, ancienne, illustre et jadis puissante maison de chevalerie, que quelques auteurs font sortir de l'antique race des sires de Mercœur. Elle portait originairement le nom de Bompar, que l'on trouve constamment accolé à celui de Lastic, jusque vers le milieu du xve siècle. Le nom de Lastic lui vient de la possession d'un ancien château féodal, situé à quatre ou cinq kilomètres de la ville de Saint-Flour, et qui relevait du duché de Mercœur.

§ 1er.

I. — Hugues, Sgr de Lastic, se distingua, en 1211, dans les guerres des Albigeois, et près de Simon de Montfort. En 1225, il fit diverses fondations dans l'église de St-Julien de Brioude. Il eut d'Ermengardes, sa femme : 1o Bompart, qui suit ; 2o Guillaume, successivement chanoine-prieur de Vieille-Brioude et abbé de Pébrac, archiprêtre de Brioude et de Langeac, connu par divers titres de 1225 à 1248.

II. — Bompart de Lastic, Sgr de Lastic, Valeilles, etc., est du nombre des seigneurs de l'Auvergne qui transigèrent avec Alphonse, frère de saint Louis, en 1254, au sujet des immunités des seigneurs. Il était mort en 1256. Il laissa de Elde *alias* Alix, dame de Valeilles : 1o Bertrand Bompart, qui suit ; 2o Guillaume ; 3o Pierre ; 4o Etienne, qui furent tous les trois chanoines, comtes de Brioude ; 5o Louise de Lastic, qui épousa N... de Dalmas des Fontenilles.

III. — Bertrand Bompart de Lastic, sire de Lastic, Valeilles, etc., laissa d'Aude : 1o Pierre Bompart, qui suit ; 2o Bertrand, qui eut pour fils Guérin, témoin du testament de la femme de Pierre Bompart (dit Bayard) de Lastic, son cousin ; 3o Guy Bompart de Lastic, abbé de Saint-Amable de Riom en 1292 ; 4o Guillaume de Lastic, abbé de Chantoin en 1296, mort en 1326.

IV. — Pierre Bompart de Lastic, Sgr de Lastic et de Valeilles, mort en 1317, eut de Galienne, son épouse : 1o Etienne Bompart, qui suit ; 2o Pierre Bompart, chanoine, comte de Brioude, qui transigea avec son frère aîné le jeudi avant l'Assomption 1321 ; 3o Guy Bompart Lastic, légataire de son père en 1299 ; 4o Marquise Bompart, mariée à Turc de Meyronne ; 5o Galienne Bompart de Lastic, femme de Guillaume de Taillac.

Le *Nobiliaire d'Auvergne* donne pour épouse à Pierre, Julienne de Bec et non Galienne, et n'indique qu'un seul mariage au degré suivant.

V. — Etienne Bompart de Lastic, chevalier, Sgr de Lastic et de Valeilles, épousa d'abord Julienne de Bec, et ensuite, avant 1299, Soberanne de Pierrefort, fille de Gilbert de Pierrefort, dont il eut : 1º Pierre Bompart dit Bayard l'aîné, qui épousa en premières noces, vers la fin de 1312, Masgarde, dame de Pauliac, dont il n'eut que deux filles : dont l'une, Catherine, dame de Pauliac, Saint-Bodèce, etc., épousa, en 1328, Raymond de Montujols. En secondes noces, Pierre Bompart épousa, en 1332, Béatrix de Baschand ; 2º Etienne Bompart, qui suit ; 3º Pierre, chanoine de Brioude, qui testa en 1327 ; 4º Albert Bompart de Lastic, Sgr de la Chaumette, clerc, vivant en 1332 ; 5º Gilbert Bompart de Lastic, chanoine, comte de Brioude, qui vivait en 1332 et 1343 ; 6º Alasie Bompart de Lastic, mariée, en 1310, à Dragon de Châteauneuf du Drac ; 7º plusieurs autres fils et filles morts sans postérité.

VI. — Etienne Bompart de Lastic, chevalier, Sgr de Lastic, Valeilles, etc., fit presque toutes les guerres que la France soutenait alors contre l'Angleterre, et se trouva à la bataille de Poitiers ; était mort le jour de la fête de saint Clément, pape, en 1371. Marié, en 1336, à Ahélis de Montaigut, dame de Champeil, fille de Pierre et d'Isabelle, dauphine d'Auvergne, il en eut : 1º Jean Bompart, qui suit ; 2º Bayard, chevalier de Saint-Jean de Jérusalem, commandeur de Tourette, servit contre les Anglais durant les guerres des rois Jean et Charles V ; 3º Guillaume, *alias* Pons, chevalier de Saint-Jean de Jérusalem, commandeur de Montcalm, fut maréchal de Rhodes, où il mourut avant le 10 juillet 1437 ; 4º Drogon ou Dracon, chanoine, comte de Brioude et prévôt de cette église de 1385 à 1388.

VII. — Jean Bompart de Lastic, chevalier, Sgr de Lastic, Valeilles, 1358, fut fait prisonnier par les Anglais, et mourut avant le 29 février 1392, laissant de sa femme Ahélis de Moncelès, dame d'Unzac, etc., qu'il avait épousée en 1358 : 1º Etienne Bompart, qui suit ; 2º Bayard dit Bertrand, tige des seigneurs d'Unzac et de Segonzac, rapporté § V ; 3º autre Etienne Bompart, damoiseau, vivant en 1404 ; 4º Jean Bompart, né vers 1371, chevalier de Saint-Jean de Jérusalem, le 21 juillet 1395, grand-prieur d'Auvergne et commandeur de Celles, de Montcalm puis de Carlat, était, en 1355, prisonnier des Anglais avec son père ; fut élu grand-maître de son ordre en octobre 1437, combattit vaillamment, et repoussa les troupes turques qui, en 1444, vinrent assiéger Rhodes. Il est mort le 19 mai 1454, après avoir sagement gouverné et chaleureusement combattu. (VERTOT, *Hist. de Malte*, T. II, p. 234.)

VIII. — Etienne Bompart de Lastic, chevalier, Sgr de Lastic, Valeilles, etc., fut nommé homme d'armes de la compagnie du comte de Clermont, dauphin d'Auvergne, marié, le 31 décembre 1392, à Agnès de Taillac, fille d'Astors de Taillac, damoiseau, et d'Hélis de Vissac. Il en eut : 1º Draquinet, conseiller et chambellan de Charles VII, grand-panetier de la reine, mourut en 1473, ayant eu de Marie Peyrols, fille de Pierre, Sgr de St-Diéry, et de Hélis de Saillant : *A*. — Gabrielle, mariée, le 1er juin 1454, à Jacques de Tourzel, baron d'Aligre, morte en 1473 ; *B*. — Anne, épouse de Léonard de Saint-Priest, Sgr de St-Chamond, morte le 27 novembre 1496 ; 2º Pons, qui suit ; 3º Louis ; 4º Guillaume, chevalier de Saint-Jean de Jérusalem, commandeur de Lyon, Celles et Carlat, sénéchal de l'ordre ; 5º Hélis, mariée, le 26 janvier 1420, à Gérard Basset, Sgr de Crussol en Vivarais ; 6º Gabrielle, femme de Jean de Murol, de la maison d'Apchon, en 1419 ; 7º Jean de Lastic, religieux à la Chaise-Dieu en 1426 ; 8º Agnès de Lastic, religieuse aux Chazes.

IX. — Pons de Lastic, baron de Lastic et Rochegonde, *alias* de Valeilles, de Montsuc, de Cussac et autres lieux ; il rendit hommage à l'évêque de Saint-Flour, à raison de la terre de Cussac en 1470 ; il fut l'un des commissaires du roi Charles VII, pour l'assiette de l'aide imposée en Auvergne en 1443, 1445 et 1456 ; fit une donation dans le prieuré de la Voûte, où il élut sa sépulture, le 17 mars 1484, et ne vivait plus le 1er janvier 1488. Le 14 janvier 1447, il épousa Michelette de Saint-Nectaire, fille d'Armand de Saint-Nectaire et d'Alix de Sautour. Il laissa : 1º Antoine, mort le 26 mars 1482, laissant de son mariage avec Christine de Montebodat une fille unique, Anne de Lastic, mariée, en 1499, à Jean, Sgr de Saillant ; 2º Louis, qui suit ; 3º Draquinet, chanoine de Valence, mort en 1484 ; 4º Jean, protonotaire apostolique et grand-prieur de Viennois, vivait encore en 1523 ; 5º Marguerite, mariée le 6 septembre 1478, à Gabriel de Gimel, chevalier, vicomte de Gimel et baron de Sarran en Limousin.

X. — Louis de Lastic, chevalier, baron de Lastic, Rochegonde, etc., eut d'Anne de la Fayette, fille de Gislebert, Sgr dudit lieu, et d'Isabeau de Polignac, qu'il avait épousée le 28 avril 1490 : 1º Jean-Jacques, qui suit ; 2º Christophe ; 3º Antoine, protonotaire du Saint-Siège, chanoine et curé de Saint-Flour, né le 6 décembre 1500 ; 4º Philippe, né le 20 février 1501, chevalier de Saint-Jean de Jérusalem ; 5º Claude, Sgr de Siouzac, tige des branches du marquis et comte de Siouzac, et des comtes de Lescure, etc., l'un desquels subsiste encore, rapporté § II ; 6º Jean, né le 29 octobre 1504, prieur de Terrondel ; 7º Louis, né le 7 mars 1505, chevalier de Saint-Jean de Jérusalem, grand-prieur d'Auvergne et grand-maréchal de l'ordre, capitaine d'une compagnie de gens d'armes, et gentilhomme ordinaire de la Chambre du roi, mourut en septembre 1576 ; 8º Georges, né le 18 février 1510 ; 9º Thibault, baron de Lastic, né le 18 février 1511, chevalier de l'ordre du roi, fut gouverneur de Saint-Flour, et mourut le 30 décembre 1582, marié, le 4 avril 1542, à Anne d'Amezune, fille de Jean, Sgr de Caderousse et de Marie de Crussol. Il est la tige des seigneurs de Fournel dans la Basse-Auvergne, branche qui est tombée en quenouille dans la maison de Briou-du-Roc. Thibaud de Lastic ne laissa qu'un seul fils, nommé Louis, qui était guidon de la compagnie de Jean de Lastic, son oncle, grand-prieur d'Auvergne en 1567. Il vivait encore en 1587, mais il ne paraît pas avoir laissé de postérité, car Françoise de Lastic, sa sœur, fut son unique héritière. Celle-ci fut mariée : 1º à Joseph de Foix, Sgr de Mardogne, et 2º à Jean de la Guiche, dont la fille, Louise de la Guiche, porta la succession de Lastic dans la maison de la Rochefoucauld-Langeac en 1611. — Outre les deux enfants légitimes ci-dessus mentionnés, Thibaud de Lastic laissa, de Jeanne Var, un fils naturel, nommé Jacques de Lastic, capitaine de cent arquebusiers, qui, en considération des services qu'il avait rendus à la guerre, fut anobli et légitimé par lettres du mois de mai 1618, régistrées à la Chambre des comptes de Montpellier, le 14 février 1620. Jacques de Lastic testa, le 25 août 1628, à son retour du siége de la Rochelle. Il avait épousé, le 7 janvier 1616, Marie d'Apchier, fille de Jacques II, S⊃r de Bellières, de Bessens et de la Baume, et de Marguerite de Laurie. Philibert de Lastic, leur fils, en faveur duquel les lettres de légitimation et d'anoblissement furent confirmées en 1659, continua ce rameau des Lastic, seigneurs de Fournel, qui, après s'être allié aux maisons du Mas, de la Vallette, de Berail et de la Rochefoucauld-Langeac, s'éteignit en 1784. 10° Françoise, mariée, en 1582, à Jean de la Guiche, S⊃r de Bournouile; 11° Gisleberte, née en 1493, religieuse à Mégemont; 12° Isabeau; 13° Gabrielle; 14° Françoise; 15° Marie; 16° Madeleine, morte sans alliance. Le *Nobiliaire d'Auvergne* indique encore Jacques de Lastic, tige des seigneurs de Vergnettes, dont la postérité est rapportée § V.

XI. — Jean-Jacques de Lastic, chevalier, S⊃r de Lastic-Montours, baron de Rochegonde, né le 23 juin 1498, homme d'armes des ordonnances du roi, laissa, de N... de Saint-Chamarent :

XII. — Jean de Lastic, chevalier, S⊃r de Lastic, Gabriac, baron de Rochegonde, etc., chevalier de l'ordre du roi, épousa Gabrielle Heral, fille de Charles et de Jeanne de Gimel, le 18 août 1568. Leurs enfants furent : 1° Thibault, chevalier de l'ordre du roi, décédé sans enfants de Marie de la Rochefoucault, fille de Jacques, S⊃r de Chaumont, et de Françoise de Langheac ; 2° Antoine, qui suit.

XIII. — Antoine de Lastic, S⊃r de Lastic, Gabriac, etc., épousa, le 12 avril 1627, Antoinette d'Estresse, fille de Jean-Jacques, chevalier, S⊃r de Saint-Jal, et de Martine de Carcassonne de Soubioz, dont il out : 1° Jean-Jacques, dont la branche est tombée en quenouille dans les maisons de Lasteyrie du Saillant et de la Queille ; 2° Jean, qui suit ; 3° autre Jean, chef de la branche de Lastic-de-Saint-Jal de Saint-Antonin, qui existe encore, et était représentée, en 1844, par Henri, comte de Lastic-Saint-Jal, chevalier de Malte et de Saint-Louis, ancien capitaine de cavalerie, inspecteur général des haras de France; époux de N... de Portelance, dont un garçon et une fille, épouse du vicomte de Vezins, et par Louis, vicomte de Lastic-Saint-Jal, neveu du précédent.

XIV. — Jean, comte de Lastic-Saint-Jal, né le 6 octobre 1634, épousa, le 17 juillet 1673, Martine de Place, dame co-seigneur de Corrèze, dont :

XV. — François, comte de Lastic-Saint-Jal, chevalier de Saint-Louis, capitaine de cavalerie au régiment d'Estrades-dragons, épousa, le 8 mai 1700, Anne-Marie Pinyot, fille de Jacob, S⊃r de Puychenin, et de Claude Aymer, veuve de Charles Guischard, S⊃r d'Orfeuille. Leurs enfants furent : 1° Jean-François, chevalier de Saint-Louis, mousquetaire dans la seconde compagnie, mourut sans postérité, en 1789, de son mariage avec Rose Gentet de la Chesnelière ; 2° Louis-Romain, qui suit, et six filles, dont une seule se maria.

XVI. — Louis-Romain, vicomte de Lastic-Saint-Jal, né le 18 novembre 1709, mestre-de-camp, colonel de cavalerie, officier supérieur des gardes-du-corps, chevalier de Saint-Louis, épousa, le 4 septembre 1761, Anne Thoreau, dame de la Maison-Neuve, dont il eut : 1° Pierre-Romain, né à

Paris, le 8 août 1762, mort sans alliance en 1798, en Italie, durant la campagne ; 2° Jean-François-Charles, qui suit ; 3° Louis-René, né à Saint-Maixent, en 1769, élève de l'école militaire, a fait la campagne d'Italie, et mourut en 1798, à Milan, des suites de ses blessures ; 4° Suzanne-Sophie-Henriette, née le 24 mai 1770, à Saint-Maixent, épousa, en 1796, Pierre Bouchet de Martigny, chevalier de Saint-Louis, et ancien lieutenant-colonel de la légion des Deux-Sèvres, mort à Niort, le 11 octobre 1843 ; 5° Julie, née en 1772, élevée à Saint-Cyr, morte fille.

XVII. — Jean-François-Charles, comte de Lastic-Saint-Jal, né à Paris, le 12 janvier 1764, élève de l'école militaire, lieutenant-colonel au service de Sa Majesté Britannique à l'armée de Saint-Domingue, chevalier de Saint-Louis par brevet du 15 novembre 1796, épousa, à Londres, le 14 mars 1801, Ursule-Françoise-Henriette de la Toison de Rocheblanche, fille de Louis, marquis de la Toison, chevalier de Saint-Louis, et d'Ursule de Caradreux. Il est décédé au château du Palais de Croutelle, le 16 juillet 1848, laissant : 1° Philippe-Ursule-Charles, né à Paris, le 22 janvier 1802, directeur des haras à Bourbon-Vendée, marié en premières noces, en 1830, à demoiselle Mathilde de Veillechèze de la Mardière, morte à Poitiers, en 1834, dont un fils, et, en seconde noces, à demoiselle Thérèze de la Mazzelle, dont deux garçons et deux filles ; 2° Pierre-Henri-Alfred, né au château de Martigny, commune d'Aiffres, près Niort, le 19 décembre 1803, marié le 25 juin 1827, à demoiselle Fanny de Margadel, fille de M. le chevalier de Margadel, chevalier de Saint-Louis, officier de la Légion-d'Honneur, colonel de cavalerie et député du Morbihan, et de dame N... Bossart du Clos. De ce mariage sont nés deux enfants : un garçon et une fille. Le vicomte de Lastic-Saint-Jal, employé des finances, à Niort, jusqu'en 1830, fonda alors le *Véridique des Deux-Sèvres*, qui devint plus tard *le Vendéen, journal du Poitou*, dont il fut, pendant trois ans, l'un des gérants et l'un des plus énergiques rédacteurs ; il a écrit plus tard dans le *Journal de la Société d'Agriculture*, dont il a été élu président à plusieurs reprises, et dans plusieurs recueils périodiques ; il fut membre de la Société statistique des Deux-Sèvres, a fourni des articles littéraires à ses bulletins, et a publié une suite à l'*Histoire littéraire du Poitou*, par Dreux-Duradier. Cette publication mérite d'être citée spécialement, car elle offre aux lecteurs des qualités rares en ce temps de mercantilisme littéraire ; elle est consciencieuse, impartiale, vraie, et d'un style correct ; 3° Louis-Célestin-Romain, né à la Villedieu, le 17 avril 1805, élève de l'école royale et militaire de Saint-Cyr, chevalier de la Légion-d'Honneur, a fait avec distinction la campagne d'Alger, en qualité de lieutenant au 30° de ligne, a mérité d'être à l'ordre du jour de l'armée par deux actions d'éclat, et s'est retiré du service, en 1835, peu après son mariage avec demoiselle Mary Hyde de Neuville, fille du comte Hyde de Neuville, gentilhomme de la Chambre du roi, et nièce de l'ancien ministre de la marine sous Charles X. De ce mariage sont nés trois garçons et une fille, morte à la fin de 1848, quelques jours après sa mère. M. Romain de Lastic habite la terre des Bordes, où il s'est adonné avec succès à l'agriculture. Les perfectionnements qu'il a introduits dans les méthodes agricoles, ses beaux élèves et ses plantations de mûrier lui ont mérité plusieurs médailles d'or et d'argent ; il est l'un des membres les plus utiles de la Société d'agriculture, sciences et arts de Poitiers. 4° Dominique-Marie, né à la Villedieu, le 12 février 1807, élève de l'école royale et militaire de Saint-Cyr, fit la campagne d'Alger en qualité de sous-lieutenant au 30ᵉ de ligne, et s'y distingua par son courage et son sang-froid : il est mort à la Villedieu, le 15 novembre 1831, lieutenant au 8ᵉ léger, et chevalier de la Légion-d'Honneur ; 5° Louis-Gaston, né à la Villedieu, le 27 novembre 1816, receveur des douanes, à Nantes, marié à Marseille, dont postérité actuelle ; 6° Marie-Charlotte-Aménaïde, née à la Villedieu, le 4 novembre 1808, mariée à M. Louis de Potier, chevalier de la Légion-d'Honneur et de Saint-Ferdinand d'Espagne, colonel du 4ᵉ de ligne ; 7° Herminie-Charlotte, née à la Villedieu, le 21 novembre 1810, mariée à M. Louis de Pruel ; 8° Charlotte-Victorine, née à la Villedieu, le 13 novembre 1813, morte le 28 novembre 1821.

§ II. — *Branche des seigneurs de Sieujac.*

XI *bis*. — Claude de Lastic, chevalier, Sgr de Montsuc, de Sieujac, etc., troisième fils de Louis de Lastic et d'Anne de Fayette, fut présent à l'acte de prise de possession de la terre de Rochegonde, par sa mère, le 29 juillet 1522, et fit son testament le 11 mars 1545, par lequel il élut sa sépulture dans l'église de Rochegonde. Il fit un legs à l'église et aux prêtres de Neuvéglise, à charge de messes. Il avait épousé, le 15 janvier 1537, Marguerite de Farges, dame de Sieujac, fille de noble Pierre de Farges et de Jeanne de Neuvéglise. De ce mariage : 1° Jean de Lastic, qui suit ; 2° Jean de Lastic, auteur de la branche des seigneurs de Saint-Jal, rapportée § III ; 3° Antoine de Lastic, légataire de son père, en 1545, mort jeune.

XII. — Jean de Lastic, chevalier, Sgr de Sieujac, baron de Saint-Georges et d'Alleuze, Sgr de Neuvéglise, de la Tremolière, du Buisson, chevalier de l'Ordre du roi, gouverneur de Châteauneuf, en Carladez, et l'un des gentilshommes d'honneur de la reine Marguerite de Valois, fut institué héritier universel de son père, le 11 mars 1545. Il servait dans la compagnie de cinquante lances de Louis de Lastic, grand-prieur d'Auvergne, son oncle, en 1568 et 1569, puis en qualité de guidon de la compagnie d'ordonnance, commandée par le sieur de la Fayette, le 15 juin 1577. Jean de Beaufort-Montboissier-Canillac lui donna ordre, le 17 janvier 1580, de lever une compagnie de cuirassiers, dont il le nomma commandant, pour veiller à la conservation du pays d'Auvergne. M. de Lastic reçut des rois Henri III et Henri IV diverses lettres et commissions très-flatteuses, toutes relatives aux services qu'il avait rendus et pouvait rendre, tant en Auvergne qu'ailleurs. C'est à cause de ses services et de l'influence qu'il avait acquise dans le pays, que les historiens l'ont quelquefois confondu avec le grand-prieur, son oncle. Le souvenir de ce qu'avaient fait, de tous temps, ceux de sa race pour la défense de la religion catholique ; les prévenances dont il fut l'objet de la part des princes de la maison de Lorraine, de laquelle il relevait, à cause du duché de Mercœur, et enfin la gloire de commander la principale noblesse du pays, ne contribuèrent pas peu, croyons-nous, à l'entraîner dans le parti de la ligue, qu'il servit avec un zèle, un talent et une bravoure dignes d'une meilleure cause. Mieux éclairé, plus tard, sur les véritables intérêts de la nation, il fit sa soumission à Henri IV, qui lui écrivit du camp devant Laon, le 4 août 1594, pour l'inviter à aller le joindre dans la campagne qu'il se proposait de faire prochainement dans le Lyonnais. Le dernier acte qu'on a de lui est la donation entre vifs qu'il fit à Philibert, son fils aîné, des seigneuries de Sieujac et de Neuvéglise, le 12 juin 1610. Il avait épousé, par contrat du 28 janvier 1573, Madeleine d'Espinchal, fille de feu Pierre d'Espinchal et de Jeanne de Léotoing-Montgon. De ce mariage vinrent quatre enfants : 1° Philibert de Lastic, qui suit ; 2° Jeanne de Lastic, mariée, le 21 juin 1598, à Louis du Bourg, baron de Saillans, 3° Catherine de Lastic, qui vivait le 25 mars 1600, et dont le sort est ignoré ; 4° Marguerite de Lastic, qui épousa, le 21 novembre 1619, Jacques de Sévérac, baron de la Garde.

XIII. — François de Lastic, chevalier, seigneur, baron de Sieujac, de Saint-Georges, de Neuvéglise, de la Tremolière, d'Alleuze, du Buisson et autres lieux, capitaine de Châteauneuf en Carladez, par commission du 4 septembre 1630, avait servi sous MM. de Candale et de Joinville, de 1615 à 1635, et testa le 13 juillet 1637. Il avait épousé, le 9 juin 1620, Marguerite de Beaufort-Canillac, fille de feu Jean-Claude de Beaufort-Montboissier-Canillac, gouverneur d'Auvergne, et de Gabrielle de Dienne. Leurs enfants furent : 1° François de Lastic, qui suit ; 2° Jean-Antoine de Lastic, abbé de Bredon, mort en 1709 ; 3° Gabrielle de Lastic, mariée à Louis-Timoléon d'Oradour, S^{gr} de Sarlan, 1643 ; 4° autre Gabrielle de Lastic, religieuse à la Visitation de Saint-Flour, en 1637.

XIV. — François de Lastic Ier du nom, chevalier, seigneur, baron de Sieujac et de Saint-Georges, S^{gr} de Neuvéglise, de la Tremolière, d'Alleuze, du Buisson, fut institué héritier par son père ; obtint, après la mort de celui-ci, des lettres de provision de la charge de capitaine de Châteauneuf en Carladez, dont il prêta serment, le 16 novembre 1639. Il fut blessé au combat de Salsonne en Catalogne, le 19 septembre 1655, étant guidon dans la compagnie du duc de Candale ; eut ordre, le 18 avril 1693, de se rendre à la revue des gentilshommes convoqués au ban pour le 5 mai suivant, à Riom. Le roi Louis XIV le commit, par lettres du 14 avril 1701, pour travailler, avec l'intendant d'Ormesson, aux états de répartition de la capitation établie sur la noblesse de l'élection de Saint-Flour. François de Lastic mourut fort âgé, en 1716. Il avait épousé, le 21 mai 1673, Louise de Peyronnenc de Saint-Chamarand, fille de feu Antoine de Peyronnenc de Saint-Chamarand, S^{gr} de Marcenac, et de Marie de Grignols. Il en eut un fils et deux filles : 1° François de Lastic, qui suit ; 2° Claire de Lastic, mariée, en 1696, à François de Malras, S^{gr} d'Yolet ; 3° Marguerite de Lastic, abbesse de Sainte-Claire, à Clermont.

XV. — François de Lastic II⁰ du nom, chevalier, seigneur, comte de Sieujac, vicomte de Murat par engagement, baron d'Alleuze et de Saint-Georges, qualifié marquis de Sieujac, né en 1680; admis aux pages du roi, le 13 février 1694; fut fait lieutenant au régiment du Roi-infanterie, le 18 janvier 1700; capitaine, le 23 avril 1702; il mourut en 1749. Il avait été marié, par contrat du 29 août 1706, à Marie de la Roche-Aymon, fille de Renaud-Nicolas de la Roche-Aymon et de Françoise de Beaudry de Biencourt, et sœur de Charles-Antoine-Renaud de la Roche-Aymon, cardinal-archevêque, duc de Reims, grand-aumônier de France. De cette alliance issurent : 1° François de Lastic, qui suit ; 2° Antoine de Lastic, d'abord prieur d'Allanche, abbé de Saint-Guilhem-du-Désert, puis évêque de Comminges, sacré en 1740, et enfin évêque-comte de Châlons, 1763 ; 3° Charles-Antoine-Renaud de Lastic, reçu chevalier de Malte, en 1728, et promu au grade de brigadier d'armée en 1748; 4° Angélique-Isabelle de Lastic, mariée, en 1742 (ou 1732), à Joseph-Polycarpe-Bonaventure de Pérusse d'Escars, marquis de Montal et de la Roquebrou.

XVI. — François de Lastic, chevalier, comte de Sieujac, baron de Saint-Georges et d'Alleuze, vicomte de Murat. Il embrassa jeune la carrière des armes; servit plusieurs années dans les mousquetaires; passa capitaine au régiment d'Ancezune-cavalerie, le 1ᵉʳ mars 1728; exempt des gardes-du-corps, compagnie de Noailles, le 13 octobre 1731; mestre-de-camp, le 12 novembre 1736; brigadier d'armée, le 1ᵉʳ mars 1745 ; enseigne de la compagnie de Noailles, le 26 avril 1747; lieutenant du même corps, en 1751; commandeur de l'ordre de Saint-Louis, en 1761, et promu au grade de lieutenant général des armées du roi, le 28 juillet 1762. Le comte de Lastic mourut, en 1772, laissant de Madeleine-Hélène Camus de Pontcarré, fille de Nicolas-Pierre Camus de Pontcarré, premier-président au parlement de Rouen, et de Marie-Françoise-Michelle de Bragelogne, quatre enfants : 1° François de Lastic, qui suit; 2° Charles-Henri de Lastic, mort jeune ; 3° Marie-Nicole de Lastic, abbesse de Saint-Laurent, de Bourges ; 4° Jeanne-Antoinette de Lastic, mariée, en 1755, au comte de Montagnac-Linières.

XVII. — François de Lastic IV⁰ du nom, chevalier, dit le comte de Lastic, né le 13 juillet 1729, servit en qualité de mousquetaire dans la seconde compagnie, en 1743; fut fait capitaine au régiment de Saint-Jal, en 1748; colonel d'un régiment de son nom, en 1761; brigadier d'armée, en 1762; maréchal de camp, en 1770, et lieutenant général en 1784. Du mariage qu'il contracta, le 30 avril 1755, avec Anne Charron de Ménars, fille de feu Michel-Jean-Baptiste Charron de Ménars, maréchal de camp, et d'Anne de Castera, naquirent : 1° Annet-François de Lastic, qui suit ; 2° Alexandre-Esprit-Jean-François, chevalier de Malte, mort jeune ; 3° Madeleine-Antoinette-Hélène de Lastic, mariée au comte de Saisseval.

XVIII. — Annet-François de Lastic-Sieujac, né en 1559, était colonel du régiment de la Marche, lorsqu'il mourut prématurément, en 1787, laissant de son mariage avec une fille du marquis de Montesquiou une fille, mariée, en 1807, avec Annet-Joseph de Lastic, son parent, de la branche de Vigouroux, dont il sera parlé plus loin, au § V.

§ III. — Branche des seigneurs de Saint-Jal en Limousin, de Gabriac en Rouergue.

XII bis. — Cette branche a eu pour auteur Jean de Lastic, fils puiné de Claude de Lastic, Sgr de Montsuc et de Sieujac, et de Marguerite des Farges. (NADAUD, ci-devant, page 38.) Il épousa, au château de Gabriac en Rouergue, le 18 avril 1568, Gabrielle d'Hérail de Lugnan, fille de Charles d'Hérail, Sgr de Lugnan, et de Jeanne de Gimel, dame de Saint-Jal en Limousin.

Nous connaissons de cette branche Jean-Jacques de Lastic, vicomte de Saint-Jal et de Gabriac, marié, vers 1655, avec Claudine de Bessuéjouls-Roquelaure;

Jean-Claude de Lastic, marquis de Saint-Jal, vicomte de Beaumont, Sgr de Chamboulive et de Gabriac. Il commença à servir dans les mousquetaires en 1703; fut fait capitaine au régiment de la Mothe en 1705; guidon des gendarmes de la garde en 1712; mestre-de-camp et chevalier de Saint-Louis en 1717; maréchal-de-camp en 1727, et lieutenant-général des armées du roi en 1745. Il avait épousé Marie-Marguerite Bazin de Bezons, fille de Jacques Bazin de Bezons, maréchal de France. Louise-Jacqueline de Lastic de Saint-Jal, leur fille, épousa, en août 1740, Louis-Gilbert-Gaspard de la Queuille, marquis de Châteaugay, promu au grade de maréchal-de-camp, en 1748.

Postérieurement à ces dates, on trouve : le comte Henri de Lastic-Saint-Jal convoqué à l'assemblée de la noblesse du Bas-Limousin, en 1789, porté sur la liste des émigrés en 1793;

Le comte de Lastic-Saint-Jal, agent général du dépôt d'étalons de Saint-Lô, nommé directeur de celui de Braisne le 26 décembre 1846.

§ IV. — Branche des seigneurs d'Unsac, de Segonzac, Bescharat, etc., etc.

VIII bis. — Bertrand dit Bayart de Lastic, second fils de Jean de Lastic, de Valeilles et autres lieux, et d'Hélis de Montcellès, dame d'Unsac et de Segonzac, transigea, le 29 février 1392, avec Etienne de Lastic, son frère aîné. Il est mentionné comme mort dans un arrêt du parlement de l'an 1461. Il avait épousé Jeanne de Montlaur, sœur de François de Montlaur, chevalier. De ce mariage vinrent : 1º Robert, qui suit; 2º Jean de Lastic, qui, suivant La Chesnaye-des-Bois, fut la tige de la branche des Vergnettes, rapportée § V; 3º Adémar de Lastic, chevalier de Saint-Jean de Jérusalem.

IX. — Robert de Lastic, chevalier, Sgr d'Unsac, de Segonzac, Boscharat, Lodières, Clémensac et Enval. Il rendit hommage au baron de Mercœur pour lesdites seigneuries, en 1493. De son mariage avec Antoinette de Maubec naquirent, entre autres enfants : 1º Barthélemy de Lastic, mentionné avec son père dans l'hommage de 1493 : il céda à son frère, Hector de Lastic, tous ses droits à la succession de leur mère, moyennant une pension viagère qui devait cesser lorsqu'il serait pourvu d'un bénéfice ; 2º Hector de Lastic, qui suit ; 3º Marguerite de Lastic, mariée, en 1487, à Claude de Solignac, chevalier.

X. — Hector de Lastic, chevalier, Sgr d'Unsac, Segonzac., Boscharat, etc., etc., épousa, vers l'an 1497, Germaine d'Espagne, fille d'Arnaud d'Espagne IVe du nom, Sgr de Montespan, et de Madeleine d'Aure, de laquelle il n'eut pas d'enfants, et qui se remaria, en 1542, à Louis de Sassenage, dont elle était séparée lorsqu'elle testa, le 1er septembre 1547.

Hector de Lastic avait eu, avant son mariage, une fille naturelle, Jeanne de Lastic, dame de Lodières, mariée, en 1532, à Louis d'Apchier, Sgr de Brossadol, lequel rendit hommage au baron de Mercœur, à cause de Lodières, le 1er septembre 1538.

§ V. — *Branche des seigneurs de Vergnettes, de Vigouroux, de Lescure, etc., etc.*

La Chesnaye des Bois prétend que cette branche descend de Jean de Lastic, second fils de Bertrand dit Bayart de Lastic, Sgr d'Unsac et de Segonzac, et de Jeanne de Montlaur, qui vivaient avant 1460 ; mais il nous paraît plus vraisemblable, ainsi que l'assure Audigier, que ce fut Jacques de Lastic, quatrième fils de Louis de Lastic, Sgr de Lastic, Rochegonde et Montsuc, et d'Anne de la Fayette, qui en fut l'auteur. Ce Jacques de Lastic fut marié deux fois : 1º, le 1er janvier 1556, à Antoinette de Julhen, et 2º, le 12 juin 1578, à Antoinette de Courdes (c'est ainsi qu'elle est nommée dans les Preuves de 1666 ; mais Audigier la nomme Antoinette de la Tour-des-Dames-de-Velzic). Ses descendants furent : Annet de Lastic Ier du nom, allié, le 15 juin 1607, à Françoise de la Berthobie ; — Annet, qui épousa, le 28 juin 1638, Marie de la Volpillère ; — Annet IIIe du nom, marié à Françoise de Gasquet, fille du baron de Sainte-Colombe. Il fut maintenu dans sa noblesse par M. de Fortia, en 1666.

Postérieurement à cette date, cette branche s'est divisée en deux rameaux : le premier, celui des seigneurs de Vergnettes et de Vigouroux, qui s'est allié aux familles de la Faye, de Saint-Flour, de Coste, de Christophe-Colomb, etc., était représenté, à la fin du dernier siècle, par :

Annet de Lastic, Sgr de Vergnettes, de Vigouroux et autres lieux, qui a laissé de mademoiselle Véal-du-Blau, sa seconde femme : 1º Annet-Joseph de Lastic, qui suit ; 2º Melchior de Lastic, célibataire ; 3º Marie-Madeleine de Lastic, mariée à M. Rancillac de Chazelles.

Annet-Joseph de Lastic, comte de Lastic-Vigouroux, a été successivement officier de la maison du roi, inspecteur des haras et député du département du Puy-de-Dôme ; il a épousé, en 1807, Marie-Charlotte-Octavie de Lastic de Sieujac-Parentignat, sa parente, fille d'Annet-François, comte de Lastic-Sieujac, et de N... de Montesquiou. Il en a eu trois fils : 1º Tony de Lastic, marié à mademoiselle Humblot ; 2º Harold de Lastic, marié, à Laval, avec mademoiselle Renié ; 3º Octave de Lastic, marié avec mademoiselle Pottier de Mezroy.

Le second rameau, celui des seigneurs de Lescure, a eu pour auteur un fils puîné d'Annet de Lastic, Sgr de Vergnettes et de Vigouroux, et de mademoiselle de la Faye. Il épousa mademoiselle de Bellinay, de laquelle il a eu six enfants : 1º Hugues de Lastic de Lescure, qui suit ; 2º Pierre-Joseph de Lastic, né en 1727, d'abord vicaire général de l'évêché de Châlons-sur-Marne, puis sacré évêque de Rieux, le 8 septembre 1771 ; 3º le chevalier de Lastic, officier supérieur de la marine royale, mort sans enfants ; 4º N..., abbé de Lastic, vicaire général de Rieux, sous l'épiscopat de son frère.

Le comte Hugues de Lastic de Lescure, syndic de la noblesse et du clergé à l'assemblée provinciale d'Auvergne, en 1787, et condamné révolutionnairement, le 23 floréal an II, mourut âgé de soixante-quatorze ans. Il avait épousé, en premières noces, mademoiselle de Beauclair, de laquelle naquirent deux filles, mariées dans les maisons de Florac et de Pestels de la Majorie. La seconde femme de M. de Lastic fut mademoiselle de Scorailles, morte sans enfants.

Armes : *de gueules, à la fasce d'argent.*

Sources : *Nobiliaire d'Auvergne.* — *Dict. des anciennes familles du Poitou*, etc.

DE LASTOURS, *de Turribus* (page 40), maison qui, dès le xe siècle, tenait son rang parmi les princes du Limousin. C'est ce qu'on apprend par le passage de la *Chronique* de Geoffroi, prieur du Vigeois, qui écrivait en 1180 : « Eo tempore (regnante Roberto), Guido de Turribus, qui cognominatus est Niger, inter principes Lemovicini climatis, oppidum de Pompadour contra vice-comitem de Segur construxit ; super castrum de Lastours, de Terrasson et de Altefort, exceptis ecclesiis vel municipiis, diversorum locorum principatum habuisse narratur. » (Labbe, *Biblioth. manusc.*, T. II, p. 280, 281 ; D. Bouquet, *Recueil des historiens de France*, T. X, p. 267, 268.)

Gui de Lastours surnommé le Noir, possesseur, comme on vient de le voir, des châteaux de Lastours, de Terrasson, de Pompadour et de Hautefort, était l'un des seigneurs les plus considérables du Limousin à la fin du xe siècle. Il avait épousé une dame d'une naissance égale à la sienne, nommée Engalcias (Engelzie ou Engelsiane) de Malemort, fille de Hugues, qualifié prince de Malemort, et petite-nièce de Saint-Geraud, comte d'Aurillac. Il en eut une seule fille, Aolaarz, qui porta le riche héritage de sa famille à Aimar, *comtor* de Laron, dont elle fut la première femme. Gui de Laron, leur fils, releva le nom de Lastours, que ses descendants ont porté avec distinction dans les croisades ; et c'est de cette souche illustre qu'on fait descendre la maison de Hautefort de Vaudre, marquis de Bruzac, barons de Marquessac, etc. Les seigneurs de Lastours, premiers barons du Limousin, portaient : *d'azur, semé de fleurs de lis d'or, à trois tours d'argent brochantes.* (Lainé, *Nobiliaire du Limousin.*)

Les armes des Lastours étaient, après la première croisade : *de gueules, à un bras armé d'or, du côté senestre de l'écu, et tenant une épée nue d'argent en pal, la garde et la poignée d'or.* (MARVAUD, *Histoire des vicomtes de Limoges,* T. I, p. 106.)

V. *Nobiliaire,* T. I, p. 354, et T. II, p. 517.

Le château de Lastours, situé commune de Rilhac-Lastours, canton de Nexon, arrondissement de Saint-Yrieix (Haute-Vienne), est un pentagone irrégulier, composé de cinq tours reliées entre elles par des constructions en pierre de taille et en moellon. Il s'élève dans un vallon, et conserve presque intacts ses fossés remplis d'eau. La façade, tournée vers l'ouest-sud-ouest, offre un mur plein, percé d'une porte rectangulaire, à coins arrondis, que creuse la rainure de la herse, accostée à gauche d'une énorme demi-tour ronde, hexagonale à l'intérieur, cintrée et à demi comblée ; à droite, d'une grosse tour entière avec ses créneaux et ses machicoulis, munie de curieuses cuisines rondes au rez-de-chaussée, et percée d'une baie pour le trait de l'arquebuse. On n'arrivait que par une échelle au premier étage, protégé par une voûte à huit pendentifs. Le donjon carré, construit en pierre de taille, et de date antérieure au reste de l'édifice, appuie ses quatre faces, éclairées de trois baies carrées superposées (9 mètres de large), sur deux lourds contre-forts plats. Une cage ronde, établie dans un angle, contenait l'escalier. (CÉLESTIN PORT, *Guide de Paris à Agen.*)

Presque toutes les maisons de Lastours et des hameaux environnants construites depuis 1793 l'ont été aux dépens de ce château.

LAUBANIE (page 50). — V. Généalogie de LUBERSAC, XVIIIe degré.

LAUBESPINE (Sébastien de), LXXIXe évêque de Limoges, maître des requêtes, puis évêque de Vannes, était né en 1518; il avait aussi été doyen de Bayeux et abbé de Massay; il prit possession de l'évêché de Limoges le 16 juillet 1558, et mourut, à Limoges, le 2 juillet 1582; il repose dans la métropole de Bourges. Au mois d'août 1564, il avait résigné en faveur de Jean des Montiers du Fraisse, évêque de Bayonne ; mais cette résignation n'eut pas de suite. Ses armes sont : *écartelé aux 1er et 4e de gueules, à trois fleurs d'aubépine d'argent 2 et 1; aux 2e et 3e d'azur, à un casque d'argent.* — (Armorial des évêques de Limoges : *Bull. Soc. Arch.*, T. XXI, p. 145.)

Sous son épiscopat on trouve, en 1558, une vicairie fondée à Saint-Junien, le 20 juillet, par Catherine Motgeon ; — en 1559, 14 mai, vicairie de Jean Beraud à Bellac ; mort de Nicolas de Relhac, prévôt de Saint-Junien ; sentence contre le prévôt et le chantre de Saint-Martial ; — en 1560, 24 avril, sacre de la chapelle de Rochefort à Guéret ; vicairie à Nontron ; — en 1561, préceptorale de la cathédrale et de Saint-Martial, unies au collège de Limoges ; Jean de Loménie, doyen de la cathédrale ; — en 1562, aumônerie de Saint-Martial aux pauvres dudit lieu ; — en 1563, 16 août, vicairie de Louis Brenac à Eymoutiers ; Martial Benoit, abbé de Saint-Augustin ; — en 1564, préceptorale de St-Junien donnée à un régent ; — en 1565, 10 août, Saint-Lazare près Limoges uni à Sainte-Félicité ; Pierre Benoit, prieur de Saint-Gérald ; — en 1566, 13 juin, vicairie de Louis Chau à Bellac ; — en 1567, vicairie de Pierre

Mauplo à Saint-Pierre-du-Queyroix ; 20 octobre, Sainte-Madeleine de Lesterpt, brûlée ; — en 1568, 2 septembre, vicairie de Martial Verthamont à Saint-Pierre-du-Queyroix ; Jacques Joviond, abbé de Saint-Martin ; — en 1569, chapelle à Javerlhac, brûlée ; Jean des Moutiers du Fraisse, évêque de Bayonne ; — en 1571, Charlotte, abbesse de la Règle ; — en 1572, 1er juin, vicairie de Léonard Nicard à Saint-Léonard ; Guillaume Barton, doyen de la cathédrale, abbé de Solignac, évêque de Lectoure ; François Boyol, doyen ; — en 1573, 11 mars, vicairie de Jean Brachet à Bénévent ; Jossé Godet, prévôt de Saint-Junien ; — en 1574, sécularisation du chapitre de Brive ; 1er juin, vicairie d'Etienne Beaure à Saint-Léonard ; — en 1575, union de Blon déclarée abusive ; — en 1576, Notre-Dame du château de Rochechouart démolie ; le Châtenet, ordre de Grandmont, donné à des filles ; — en 1577, sacristie d'Evaux unie au couvent ; arrêt pour l'élection du doyen de Saint-Yrieix. (NADAUD, *Chronologie des évêques de Limoges*.)

Jean de Laubespine, LXXXe évêque de Limoges, naquit en 1557 ; il fut docteur en l'un et l'autre droit, conseiller au parlement, abbé de Saint-Martial et de Saint-Eloi de Noyon ; il reçut ses bulles, pour l'évêché de Limoges, le 23 août 1583 ; fut sacré le 1er avril 1584 ; prit possession, par procureur, le 20 septembre ; il permuta, le 8 mai 1587, pour l'abbaye de Saint-Just de Beauvais ; fut nommé évêque d'Orléans au mois de septembre ; mourut, à Paris, le 23 février 1596, âgé de trente-neuf ans, et fut inhumé dans la cathédrale d'Orléans. Mêmes armes que dessus.

Pendant qu'il fut évêque de Limoges, on remarque, en 1581, Jean Boyol, doyen de la cathédrale de Limoges ; — en 1583, collège érigé à Limoges ; — en 1584, 9 mars, vicairie d'Anne Ribeyreix à Poussanges ; 12 novembre....., de Mathias Marchandon à Bénévent ; — en 1585, Jean Dubois, prieur de Saint-Gérard. (*Armorial des évêques de Limoges* ; NADAUD, *Chronologie des évêques de Limoges*.)

LA LAURENCIE (page 27), Sr de Charras, paroisse dudit lieu, élection d'Angoulême et des Mourières, paroisse de Tonnay-Bretonne, élection de Saint-Jean, porte : *d'azur, à une aigle éployée d'argent, becquée d'or*.

I. — Louis de la Laurencie.

II. — François de la Laurencie épousa, le 25 janvièr 1593, Marie Plommier.

III. — Christophe de la Laurencie épousa, le 27 juillet 1528, Marie de la Chambre. Le même jour se fit le partage de succession de Jean de la Chambre et de Jeannette de la Rochefoucaud, entre Jacques de la Chambre, d'une part, et François de la Laurencie et Christophe, son fils, comme époux de Marie de la Chambre d'autre part. De ce mariage naquirent : 1º François, qui suit ; 2º Philippe, qui a fait une branche, et qui suit ainsi :

IV. — François de la Laurencie épousa Jeanne Frottier, le 2 septembre 1573 ; il partagea avec son frère Philippe la succession de leurs père et mère.

V. — Gabriel de la Laurencie épousa, le 11 février 1639, Catherine Chesnel (?).

VI. — Gabriel de la Laurencie, Sr des Meurières, épousa, le 8 mars 1639, Benigne Geraud.

IV bis. — Philippe de la Laurencie épousa, le 22 décembre 1570, Jeanne de Lerisse.

V. — Jean de la Laurencie épousa, le 5 juin 1595, Suzanne de la Garde.

VI. — Bertrand de la Laurencie, Sr de Charras, épousa, le 17 décembre 1619, Léonarde Ardier. (DESCOUTURES, p. 177.)

VI. — Bertrand de la Laurencie (ou Loransie), Sgr de Charras et de Seguignac, servait dans le ban de l'Angoumois en 1635; il épousa Léonarde Audier, fille de Bertrand Audier, Sgr de Montcheuil en Périgord, et d'Antoinette de Pourtenc de la Barde. De ce mariage vint Armand, qui suit.

VII. — Armand de la Laurencie, Sgr de Chadurie et de Thibaudière, par sa femme, épousa Marie Cladier; il a continué la branche de Charras.

La Seguinerie est commune de Saint-Amand de Montmoreau, arrondissement de Barbezieux (Charente); Charras, commune de Montbron, arrondissement d'Angoulême (Charente). — (Procès-verbal du ban de l'Angoumois de 1635, publié par Th. DE B.-A.)

La branche aînée porte : *d'azur, à l'aigle éployée, au vol abaissé d'argent.* Les autres branches : *d'argent, à l'aigle éployée de sable, becquée et membrée de gueules.* (*Dict. hérald.*, Ch. GRANDMAISON.)

LAURENT dit d'Albiars, et mieux du Biard, né au village du Biard, paroisse de Chanac près Tulle, fut le VIIIe évêque de cette ville; il fut d'abord médecin du pape Innocent VI, qui le fit évêque de Vaison, puis de Tulle en 1361, et peut-être même dès 1359; il mourut le 16 février 1370, et fut enseveli dans la cathédrale. Ses armes sont : *d'argent, au chevron de gueules, chargé en tête d'une fleur de lis d'or,* alias *d'argent.* (*Armorial des évêques de Limoges et de Tulle : Bull. Soc. Arch.*, T. XXI, p. 151.)

DE LAURENS.

Pierre de Laurens et son fils tenaient fief en Combrailles, en 1249; Hugues de Laurens fut témoin de la charte par laquelle Bernard VIII, Sgr de la Tour, confirma la coutume de Saint-Amand, en 1308; Jacques de Laurens était chanoine-comte de Brioude en 1346. C'est peut-être la même famille que l'on trouve établie dès l'an 1460, en Berry et dans la Marche, où elle possédait les fiefs de Lezignac et de Darnac. Celle-ci, qui subsistait encore en 1789, portait : *d'argent à la fasce de gueules, accompagnée en chef de deux étoiles, et en pointe d'un croissant aussi de gueules.*

Il a existé plusieurs familles du même nom en Languedoc, en Provence, en Anjou, etc., etc.

Un sieur de Laurens, assesseur à Aurillac, passait pour le plus riche de la ville en 1637. (*Tablettes historiques d'Auvergne*, T. III, p. 187, *apud Nobiliaire d'Auvergne.*)

LAURENS DE LA BESGE (page 50), famille qui occupait, dès le milieu du XVIIe siècle, des fonctions dans la magistrature.

Les notes qui ont servi à la rédaction de cet article ont été prises sur les papiers de famille, dont les originaux ou copies authentiques nous ont été communiqués au château de Persac.

§ 1er.

I. — Etienne Laurens, sieur de Lorange près Mortrol ou Morterolles, marches du Poitou et du Limousin (1), épousa, le 22 février 1598, Anne Sornin, fille de Jean et de Catherine Philippon. Le 17 mai 1628, Etienne fit son testament, dans lequel sont nommés ses enfants, qui étaient : 1º Madeleine, mariée à André Mestadier ; 2º Anne, épouse de Pierre Guillemet ; 3º Pierre, qui suit ; 4º Françoise ; 5º Andrée ; 6º Charles.

II. — Pierre Laurens, Sgr de Lascour, épousa, le 24 avril 1641, Renée de la Forest, fille de Marc et de Sébastienne Petit-Pied, dont il eut : 1º Léonard, qui suit ; 2º Jean, Sgr de Bagnols, lieutenant-criminel au Dorat, rapporté § II ; en secondes noces, il épousa, le 19 novembre 1656, Jeanne Dumonteil, fille de Jean, écuyer, Sgr du Puy-Moucher, et de Mathurine Sornin, dont : 3º Joseph ; 4º Louis ; 5º Brigitte de Laurent, du bourg de Morterolles, épousa, le 6 août 1694, messire André Legras, Sr de Neuville, avocat au parlement, juge de Morterolles.

III. — Léonard Laurens, Sgr du Chiron, conseiller au siège royal de Montmorillon, fit enregistrer ses armoiries à l'*Armorial du Poitou*, en 1696. En 1675, il avait épousé Julie Sornin, fille de Guillaume et de Suzanne Duvignault. Il testa le 25 octobre 1727, et dans cette pièce sont nommés ses enfants, qui sont : 1º Marc-Léonard, qui suit ; 2º Marguerite ; 3º Marie.

IV. — Marc-Léonard Laurens, Sgr de la Besge, conseiller au siège royal de Montmorillon, marié, le 5 mars 1707, à Marie-Anne Goudon, fille d'André, Sgr de Lage, et de Marguerite Cœur-de-Roi, dont il eut : 1º André, officier dans la maison du roi, mort sans alliance ; 2º Louis, chanoine théologal de l'église de Saint-Pierre du Dorat ; 3º Charles, capitaine d'infanterie, mort sans alliance, à la Nouvelle-Orléans ; 4º Pierre, qui suit ; 5º Marie ; 6º Julie, religieuse à la Trémouille ; 7º Marguerite, religieuse à la Visitation de Poitiers ; 8º Marie-Elisabeth, épouse de Jacques Vezien, écuyer, Sgr de Bourignon.

V. — Pierre Laurens, Sgr de la Besge, fut installé procureur du roi au bureau des finances de Poitiers, le 21 août 1762, et fut remplacé en 1783. Il épousa, le 26 juillet 1756, Sylvine-Françoise Ranjon, fille de Léonard et de Sylvine Rocherolles, dont il eut : 1º Jacques-Marie, qui suit ; 2º Sylvine-Françoise, morte sans alliance, le 7 septembre 1776 ; 3º Marie-Elisabeth, religieuse-hospitalière, à Poitiers ; 4º Marguerite-Louise, mariée, le 26 août 1795, à André-Melchior de Blom ; 5º Victoire-Marie-Anne ; 6º Félicité-Susanne ; 7º Clotilde-Geneviève, mariée, le 21 juin 1799, à Auguste de l'Age, lieutenant-colonel d'infanterie.

VI. — Jacques-Marie Laurens de la Besge, né à Montmorillon, le 8 septembre 1770, chevalier de Saint-Louis, émigra en 1792, et servit à

---

(1) Morterolles, canton de Bessines, arrondissement de Bellac (Haute-Vienne).

l'armée des Princes comme engagé aux gardes-du-corps, compagnie de Noailles ; fut membre du conseil général du département de la Vienne ; le 14 janvier 1805, il épousa Antoinette-Honorine-Charlotte de Mauvise de Villars, fille de François-Louis et de Marie-Nicole Mirel des Essarts. De ce mariage sont issus : 1° Emile-Marie-Joseph-Prosper, qui suit; 2° Louis-Antoine-Marie-Arthur, né le 30 avril 1815, marié, le 14 février 1844, à Eugénie-Guyenne-Stéphanie de Rospiec, dont : A — Achille-Jacques-Maurice, né le 11 décembre 1844 ; B — Antoine-Etienne, né le 16 juillet 1846.

VII. — Emile-Marie-Joseph-Prosper Laurens de la Berge, naquit le 2 août 1812, épousa, le 19 septembre 1835, Hermine-Emerande Siredey de Préfort, fille de Louis-Joseph, ancien officier de marine, et de Louise-Emerande Courtois, dont : 1° Marguerite-Eléonore, née le 13 juillet 1839 ; 2° Thérèse-Antoinette, née le 13 janvier 1842.

Armes : *d'argent, au chevron de gueules, accompagné en chef de deux étoiles d'azur, et en pointe d'un croissant de même.* (Dict. des anciennes familles du Poitou.)

§ II.

III bis. — Jean Laurent, Sgr de Bagnol, lieutenant-criminel, au Dorat, était apparemment père de Antoine, qui suit.

IV. — Antoine Laurent, Sgr de Bagnol, conseiller du roi et son lieutenant-criminel ; il épousa Silvine-Louise Durieux. Elle était veuve et âgée de quatre-vingts et quelques années lorsqu'elle mourut, le 14 avril 1738. Elle fut enterrée, le lendemain, dans la chapelle de Saint-Antoine, située au cimetière de Lauzanne, au Dorat. Nous connaissons de leurs enfants : 1° Léonard, qui suit ; 2° François Laurent, Sgr de Cromac, prêtre-chanoine du Dorat, qui vivait en 1722 et 1758 ; 3° et apparemment Etienne, rapporté au § III.

V. — Léonard-Innocent Laurent, Sr de Fontbuffeau, procureur du roi et avocat au siège royal du Dorat, épousa, en 1722, Marguerite Philippe. Elle était morte en 1768. De ce mariage naquirent : 1° Etienne-Silvain, qui suit ; 2° Marie-Scolastique Laurent de Cromac, baptisée le 10 février 1730. Elle épousa, le 15 février 1768, Léonard de la Châtre, chevalier, lieutenant au régiment Royal-Roussillon-cavalerie, fils de Jacques de la Châtre, Sgr de Leyraud (paroisse de Roussac, canton de Nantiat, arrondissement de Bellac, Haute-Vienne), et de dame Anne Monnier. Ce mariage eut lieu au Dorat, en présence de Jacques de la Châtre, chevalier, Sgr de Leyraud, père du marié ; Jean du Féniéu, Sgr du Pin-Bernard ; François-Xavier Demonbelle, chevalier, Sgr de Nollet, et de N....., capitaine de cavalerie, ancien garde de la manche de Sa Majesté, demeurant au lieu noble de Lacroux, paroisse de Cromac, beau-frère de la mariée ; François Laurent, Sgr de Cromac, prêtre, chanoine du Dorat, oncle de la mariée ; Paul de Chamborand, seigneur, baron de Droux et de Fontbuffeau, ancien capitaine d'infanterie au régiment de Bourgogne, demeurant au château noble de Droux ; Léonard-Hubert Laurent, Sgr des Combes, avocat ; Joseph Laurent, Sgr de la Gasne, cousin germain de la mariée ; Joseph Laurent de Murat, prêtre, chanoine, a fait le mariage ; 3º Thérèse-Geneviève Laurent, baptisée le 15 octobre 1731, ayant pour marraine Jeanne-Silvine Laurent.

VI. — Etienne-Sylvain Laurent, baptisé le 11 octobre 1728 : son parain fut Etienne Laurent, lieutenant-criminel, au Dorat. (Registres paroissiaux du Dorat.)

§ III.

IV bis. — Etienne Laurent, Sgr des Combes, conseiller du roi et son lieutenant général criminel dans la sénéchaussée de la Basse-Marche, épousa, au Dorat, le 23 novembre 1729, Marie de la Josnière ; il mourut le 4 octobre 1768, et fut enterré, le lendemain, dans la chapelle de Saint-Antoine, dans l'ancien cimetière de Lauzanne, au Dorat ; il était âgé de soixante-onze ans. De ce mariage sont nés : 1º Robert ou Théobald Laurent, enterré, le 8 août 1747, à l'âge de dix-neuf ans ; 2º Sylvine-Louise, baptisée le 17 novembre 1730 ; elle épousa, le 11 novembre 1765, Jean-Alexandre-Mathieu Mondot de la Grange, conseiller du roi au siége royal de la ville de Bellac, fils de Jean Mondot, doyen des conseillers audit siége, et de feue dame Marie-Cibelle Duchasseau du Mesnieux ; 3º Marie-Joseph, baptisée le 31 décembre 1732 : elle fut religieuse, et survécut à la tourmente révolutionnaire ; 4º Claude-Barnabé Laurent de Mascloux, chanoine de la collégiale du Dorat, ne fit pas le serment schismatique de 1791. Resté, au Dorat, après la suppression de son chapitre, il s'y attira de plus en plus la haine des impies par son attachement à la religion et aux devoirs du sacerdoce ; tellement que, en 1793, il fut arrêté et mis en réclusion. Dès qu'il fut enfermé à la Règle, on lui fit déclarer tout ce qu'il possédait : il avait deux maisons situées dans la paroisse du Pont-Saint-Martin (paroisse divisée aujourd'hui entre celle de Saint-Bonnet et celle de Saint-Sornin-la-Marche). Le sequestre y fut aussitôt mis, ainsi que sur tous ses meubles et son linge ; il fallut y venir à six fois pour vendre ce qu'il possédait de biens patrimoniaux et autres : les 29 pluviôse, 25 thermidor, 13 fructidor an II, 13 vendémiaire, 9 et 29 brumaire an III. La nation retira de tout une somme de 22,758 fr. (Archives de la Haute-Vienne, liasse 270.) Ce fut au commencement de 1794 que les autorités du département de la Haute-Vienne le firent conduire, avec les trente-neuf autres prêtres fidèles à leur foi, dans la ville de Rochefort, pour être déportés sur les plages lointaines. On l'embarqua sur le vaisseau *les Deux-Associés*. Son tempéramment ne résista pas longtemps aux maux qu'on y endurait. Le chanoine Laurent de Mascloux mourut dans la nuit du 6 au 7 septembre 1794, à l'âge de cinquante-neuf ans ; son corps fut enterré dans l'île Madame. M. de la Biche dit de lui : « Ce digne et respectable prêtre avait l'esprit très-cultivé, et infiniment d'honnêteté dans le caractère. Il fit paraître, aux approches de la mort, autant de résignation, de calme et de sérénité, qu'il avait montré de résignation, de douceur et d'aménité avant de tomber malade ; ces estimables qualités n'avaient pas abandonné un seul instant sa belle âme pendant tout le cours de sa vie. » (*Martyrs de la foi pendant la révolution française*, GUILLON, T. III, p. 474.) — 5° Hubert-Jean Laurent de la Locherie, baptisé, au Dorat, le 17 octobre 1748 : il eut pour parrain Hubert-Léonard-Innocent Laurent des Combes, et, pour marraine, Marie-Augustine Laurent; comme son frère, il fut chanoine au Dorat, et, comme lui, il refusa le serment, tint la même conduite ecclésiastique, et fut soumis au même sort. Enfermé d'abord, à Limoges, à la Règle, en 1793, il se trouva parmi les quarante prêtres que les autorités du département de la Haute-Vienne envoyèrent à Rochefort pour y subir la peine d'une mortelle déportation maritime. On l'embarqua, au printemps de 1794, sur le navire *les Deux-Associés*. Il ne supporta guère plus longtemps que son frère les maux de cette déportation, car il mourut six jours après lui, c'est-à-dire le 13 septembre 1794, quoique plus jeune de quatorze ans, vu qu'il n'avait que quarante-cinq ans. Son corps fut inhumé pareillement dans l'île Madame. (*Martyrs de la foi pendant la révolution française*, GUILLON, T. III, p. 475.) Il possédait, au Dorat, une maison sise rue des Vaux-Dieux ; elle fut vendue nationalement, le 16 ventôse et le 4 floréal an II; on en retira 1,416 fr. 15 sols. (Archives de la Haute-Vienne, liasse 290.) — 6° Joseph-Zéphirin Laurent de la Gasne, baptisé, au Dorat, le 26 août 1746, fut aussi chanoine du Dorat; comme ses frères, il refusa le serment schismatique de la révolution. Il fut d'abord enfermé à l'abbaye de la Règle, puis transporté sur les côtes de la Charente-Inférieure; il survécut à la déportation. Il possédait, dans la commune d'Oradour-Saint-Genest, une métairie appelée la Petite-Locherie, qui fut saisie par la nation. Nous ignorons où il est mort; mais, dans une pétition adressée au gouvernement sur la fin des troubles, son frère Hubert et ses sœurs se disent ses héritiers. (Archives de la Haute-Vienne, liasse 269.) — 7° Hubert Laurent des Combes, qui, seul avec ses deux sœurs, survécut à la révolution. (Archives de la Haute-Vienne, liasse 270.)

Notes isolées.

Antoine de Laurens Puy-la-Garde, Limousin, fut reçu chevalier de Saint-Jean de Jérusalem, le 18 novembre 1621. Il portait : *de gueules, à l'épée d'argent mise en bande, accompagnée de six roses d'argent mises de même.* (VERTOT, *Hist. des chev. de Malte.*)

N... Laurent de Murat, chanoine du Dorat, vivait en 1722 et 1732. (Registres paroissiaux du Dorat.) C'est probablement le même que Joseph Laurent, § II, degré V.

N... de Laurent était époux de Jeanne de Léobardy en 1710. (Registres paroissiaux de Morterolles.)

N... Laurent d'Arfeuilles avait épousé Madeleine N..., dont la fille, Madeleine Laurent d'Arfeuilles, épousa Jean-François Dupeyrat, marquis du Mas; elle vivait encore en 1786. François Laurent d'Arfeuilles, conseiller du roi et président de Bourganeuf, était parrain de leur fils, François Laurent d'Arfeuilles, le 28 mai 1751. (*Nobiliaire*, T. II, p. 620 et 621.)

Marie-Rose Laurent épousa Pierre Lussat, compris au nombre des émigrés du canton d'Arnac. (Archives de la Haute-Vienne, 2,293.)

DE LAUTHONIE (page 55), Sgr dudit lieu, paroisse de Sainte-Fortunade, 1476. *Ecartelé aux 1er et 4e de gueules, à trois étoiles d'or; aux 2e et 3e de sinople, à deux fuseaux d'argent posés en sautoir.* (LAINÉ, *Nobiliaire du Limousin.*)

LAUZANNE, maison d'ancienne noblesse divisée en trois branches : la première, établie dans la Marche, une autre en Auvergne, et la troisième en Bretagne. Elle a possédé les seigneuries de Lestang (paroisse de la Chaussade, canton de Bellegarde, arrondissement d'Aubusson, Creuse), de Vauroussel, du Puy-Malsaignat (canton de Chénérailles, arrondissement d'Aubusson, Creuse), de Crozai, de Lavergne, de Bazergues, de Conesplan, de Droulhe, de la Voltais, de Kanter, de Calandelle, de la Trolière, de Valvinaud, de Rochegude, de Bony, de Sagnevieille, etc. Cette noble famille, originaire de la Marche, est connue dès l'an 1409. Elle a contracté de belles alliances et donné à la patrie des officiers d'armée distingués.

I. — Jean de Lauzanne, damoiseau, Sgr de Lestang, de Bazergue, majeur en 1409, laissa six enfants, entre autres :

II. — Noble Pierre de Lauzanne, Sgr de Lestang, en 1473, père de :

III. — Noble Jacques de Lauzanne, Sgr de Lestang ; il comparut au ban de la Marche, et fut marié, en 1565, à Françoise de Malleret. Il eut : 1o Cathelin, écuyer, Sgr de Lestang, marié, en 1568, à Jeanne de Saint-Julien, dont : *A* — Claude, écuyer, Sgr de Lestang, marié, en 1586, à Gabrielle Gauthier, dont : *aa* François, écuyer, Sgr de Lestang, marié à Françoise Durat, morte sans enfants; *bb* Geoffroy, écuyer, Sgr de Lestang, marié, en 1647, à Marguerite du Cloux, dont : *aaa* Sébastien, marié, le 16 octobre 1680, à Marguerite de Bosredon; *bbb* Antoine, maintenu dans sa noblesse, le 24 novembre 1667, par M. Lambert, avec son frère Sébastien.

IV. — François de Lauzanne, Sgr de Lestang et de la Droulhe, épousa, en 1584, Françoise de Vichy, dame du Puy-Malsaignat. Il eut : 1o Pierre, qui suit ; 2o Annet, Sr de Vauroussel et du Puy-Malsaignat, nommé par le roi Henri IV écuyer de sa grande-écurie, le 10 mars 1610 ; 3o Claude, Sgr de Crozai ; 4o Louis, Sgr de Bony ; 5o Hélène, épousa noble Louis de la Barre, Sgr de Lavault.

V. — Pierre de Lauzanne, Sgr du Puy-Malsaignat et de Lestang, testa en 1642; il avait épousé, en 1618, Louise d'Hautefaye. De ce mariage : 1o Sébastien, qui suit ; 2o Claude, écuyer, Sgr du Puy-Malsaignat, marié, en 1658, à Hélène de Pouthe ; il fut maintenu dans sa noblesse, en 1667, et laissa : François-Guillaume, Sgr du Puy-Malsaignat et de la Maison-Neuve, marié, en 1702, à Jeanne de Panévinon. De ce mariage : Antoine, chevalier, Sgr du Puy-Malsaignat, capitaine de grenadiers au régiment de Royal-Comtois, chevalier de Saint-Louis, marié, en 1753, à Marie-Silvie-Antoinette de Madot, dont la fille, Jeanne, épousa, le 3 octobre 1770, Charles de Magnac ; 3o Philibert, auteur de la seconde branche ; 4o Claude, Sgr de Vauroussel ; 5o Hélène, épouse de Jean le Borgne, écuyer ; 6o Marie, épouse du seigneur de Clèves.

VI. — Sébastien de Lauzanne, chevalier, Sgr de Bony, fut maintenu dans sa noblesse, le 15 novembre 1667; il était, en 1653, gentilhomme-servant de la chambre du roi; puis, en 1663, écuyer de la grande-écurie; il obtint, le 8 juillet de la même année (1663), la permission de faire porter les livrées royales à deux de ces laquais; il épousa : 1°, en 1664, Anne de Porcaro; 2°, en 1680, Anne de Querleon. Du premier lit : 1° Julien-Joseph, né en 1666, lieutenant-colonel du régiment de Mazarin, gentilhomme ordinaire de la Chambre du roi, écuyer de sa grande-écurie, marié, en 1708, à Françoise de Beauvais, dont : Joseph-Achille-Yves, Sgr de Vauroussel, né en 1709, marié, en 1728, à Marie-Anne de Porcaro, dont : Hélène-Geneviève, née en 1734, mariée à Alphonse Droulin, marquis de Menegles, et Jacques-François-Aimé, marié, en 1755, à Louise Lebrun de la Batice, dont le fils, Augustin-François-Marie, né en 1758, fut père d'Auguste, et celui-ci de Marie. Sébastien laissa d'Anne de Querleon : 2° Joseph-Marie, qui suit; 3° Marie-Anne, femme de Pierre de Koëtlagat; 4° Jeanne-Louise, mariée à Jean de Caradeuc, Sgr de la Maison-Neuve.

VII. — Joseph-Marie de Lauzanne, chevalier, Sgr de Buy, né en 1684, fut garde de la marine, puis lieutenant de frégate; il épousa, le 17 avril 1718, Catherine le Roux de Kerninon. Il eut :

VIII. — Jean-Baptiste de Lauzanne, Sgr de Kotte, marié : 1°, en 1744, à Marie-Moricette Raissel de Donnant; 2°, en 1750, à Claudine-Jeanne de Launay. Du second lit : 1° Toussaint-Joseph, qui suit; 2° Guy-René-Marie, né en 1750, lieutenant des vaisseaux du roi; 3° Claudine-Fortunée, épouse de Messire le Roux de Kmnou.

IX. — Toussaint-Joseph de Lauzanne, chevalier, Sgr de Saint-Jean de Dresnay, né en 1754, fut capitaine de cavalerie au régiment Royal; il épousa, en 1780, Françoise de Bonecic, fille du comte de Guichen, chevalier des ordres du roi, lieutenant général des armées navales, dont :

X. — Michel-François de Lauzanne, chevalier, né en 1783, marié, le 20 mai 1817, à Mathilde-Suzanne Robinet. De ce mariage :

XI. — Gustave-Marie de Lauzanne, né le 10 avril 1818, marié, le 8 janvier 1849, à Marie-Catherine-Pauline de Lauzanne, sa cousine, fille d'André-Bernard et de Catherine-Mathilde de Fretat. De cette union : 1° Hervy; 2° Antoinette; 3° Paul; 4° Georges; 5° Mathilde.

Seconde branche établie en Auvergne, existante :

VI bis. — Philibert de Lauzanne, vicomte de Vauroussel, Sr de Seignevieille, second fils de Pierre et de Louise d'Hautefaye, passa en Allemagne, où il fut gentilhomme d'honneur de l'impératrice douairière, officier général des armées de S. M., et son lieutenant-colonel du premier régiment de cuirassiers; il fut tué, le 17 avril 1684, par un camp volant hongrois, aux Montagnes-Blanches, dans le canton de Fribourg. Il avait épousé : 1°, le 20 février 1662, Marguerite de Chaslus de Prondines, veuve d'Alexandre de Bonnevie, écuyer, Sgr de la Souche et de Tournebise; 2°, le 30 octobre 1676, Anne d'Anglards, fille d'Antoine, Sgr de Rochegude, et de Catherine de Champs. Il eut : 1° Jean-Pierre, qui suit; 2° Catherine, qui épousa, le 23 juillet 1703, Gilbert-Antoine de Montrognon de Salvert. (D'HOZIER, p. 550.)

VII. — Jean-Pierre de Lauzanne, écuyer, S^{gr} de Sagnevieille, marié, le 4 février 1710, à Marie Poulet, dont : 1° Pierre, qui suit; 2° René, né en 1722, capitaine au régiment des milices de Moulins; 3° Pierre, écuyer, S^{gr} de Sagnevieille.

VIII. — Pierre de Lauzanne, écuyer, né le 25 mai 1730, brigadier des gardes-du-corps du roi, chevalier de Saint-Louis, épousa, le 30 octobre 1781, Anne-Joséphine Soubrany de Benistan, fille de Jacques-Amable et de Marie-Anne Farradèche. Il eut :

IX. — Amable-Anne de Lauzanne, écuyer, né le 19 août 1782, marié, le 28 décembre 1801, à Mlle Eugénie-Antoinette de Fretat de Chirac, fille d'André-Bernard, chevalier de Saint-Louis, et de Gilberte-Philippe de la Val de la Cresne. De ce mariage : 1° André-Bernard-Alfred, comte de Lauzanne, marié, le 12 février 1828, à Catherine-Mathilde de Fretat, dont : A — Marie-Catherine, née le 6 octobre 1829, mariée, le 8 janvier 1849, à son cousin Gustave-Marie de Lauzanne ; B — Antoinette; C — Marthe; 2° Amable-Joseph-Philippe, qui suit; 3° Elisa, mariée, le 14 mai 1832, à M. le comte Raymond Aymé des Roches de Noyant : elle est morte en 1840; 4° Pauline, née en 1819, morte le 26 décembre 1839.

X. — Amable-Joseph-Philippe-Frédéric, vicomte de Lauzanne, a épousé, le 1er mars 1842, Mlle Victorine-Louise de Genestet de Saint-Didier, fille de Palamède et de Laure de Besse de la Richardie. De ce mariage : 1° Marie, née le 15 septembre 1844 ; 2° Marie-Joseph-Philippe, né le 19 juillet 1848; 3° Marie-Louise-Léontine-Laure, née le 8 janvier 1853 ; 4° Marie-Hector-Jacques, né le 2 janvier 1859.

Armes : *d'azur, au croissant d'argent, en abîme, accompagné de deux étoiles d'or, l'une en chef, l'autre en pointe.*

Sources : Noms féodaux. — *Dictionnaire de la noblesse*, par La Chesnaye des Bois, T. V, p. 699. — Titres originaux, etc., *apud* A. Tardieu, *Histoire généal. de la maison de Bosredon*, p. 303.

Notes isolées.

Sébastien de Lauzanne, écuyer, possédait le fief et la seigneurie de l'Estang, dans la Haute-Marche, en 1669. (D. Bett.)

Claude de Lauzanne, écuyer, S^{gr} du Puy-Malsignat, dans la Marche, 1669, 1684. (D. Bett.)

Sébastien de Lauzanne, écuyer, S^{gr} de l'Estang et de Calandelle, et Marguerite de la Trolière, son épouse ; ensemble, Jean Beraud, mari de Jacquette de la Trolière, lesdites dames héritières de feu Claude de la Trolière, écuyer, S^{gr} de la Trolière et de Valvinaud, paroisse de Teneuille : Bourbonnais, 1711, 1716.

Antoine de Lozanne, chevalier, S^{gr} de l'Estang-Calendel, pour Marie-Charlotte de Brou, son épouse, fille unique de Charles de Brou, écuyer, fils de Balthazar, S^{gr} de Commesoit et le Puy de Varennes, paroisse de Neuilly : Dun-le-Roy, 1687, 1690. (D. Bett.)

Bertrand Lozanne, écuyer, pour Pierre Lozanne, son frère, le lieu de l'Estang et ses dépendances : Ahun, 1505. (D. Bett.)

Marguerite de Pierre-Brune, veuve de Geofroi de Lauzanne, S^{gr} de Calandelle et autres lieux, fief de l'Estang, paroisse de la Chaussade : Aubusson, 1684. (D. Bett.)

Jacques Lozant, écuyer, S^{gr} de l'Estang, arrière-ban de la Marche, en 1553 : *Bull. Soc. de la Creuse*, T. II, p. 136.

François de Lauzanne, écuyer, S^r de l'Estang, 20 août 1636.

N... de Lauzanne, S^r de l'Estang, 30 août 1674.

N... de Lauzanne, Sr du Puy-Malsignat, 30 août 1674.

Noble Claude de Lauzanne aîné, écuyer, S^{gr} du Puy-Malsignat, épousa : 1° Jeanne Mourin (?), dont : 1° François, baptisé, au Puy-Malsignat, le 25 mai 1654, vivait en 1689. Il épousa : 2°, par contrat du 5 mars 1658, demoiselle Hélène Poutte, dame du Puy-Malsignat, fille de François Poutte, S^{gr} de Fromental, et de Françoise de Châlus, dont : 2° André, né le 20 janvier 1659 ; 3° Sébastien, baptisé, au Puy-Malsignat, le 16 mars 1660, ayant pour parrain : Sébastien de Rochedragon, écuyer, S^{gr} de la Voureille, et pour marraine, demoiselle Catherine de Trigonnau, damoiselle de Bussière ; 4° autre Sébastien, baptisé au Puy-Malsignat, le 27 septembre 1663 ; son parrain fut noble Sébastien de Lauzanne, et sa marraine, Marie de Lauzanne ; 5° Gabriel de Lauzanne, tenu sur les fonts baptismaux, le 2 février 1665, par Jean de Saint-Julien, écuyer, S^{gr} des Farges, et Catherine de Comborn, dame du Monteil ; 6° Marie de Lauzanne, baptisée, le 24 janvier 1666, ayant pour parrain messire Gilbert Panetier, prieur de Saint-Médard, et pour marraine, Marie Chauvigny de Saint-Agoulin, femme de N... de la Rochedragon, Sr de la Vaureille (c'est probablement elle qui est désignée dans la généalogie de la famille de la Roche-Aymon comme fille ou sœur de François, S^{gr} du Puy-Malsignat, laquelle mourut de couches en septembre 1703 : elle avait épousé Gilbert de la Roche-Aymon) ; 7° Marie-Renée, baptisée, le 28 mai 1668 : son parrain était messire Jean Garreau, chanoine, et sa marraine, Marie-Renée de Gastine, dame d'Estousannes ; 8° François-Guillaume, baptisé au Puy-Malsignat, le 3 février 1674.

Hélène de Lauzanne épousa Pierre Mège, dont François, baptisé, le 1er novembre 1637 : c'est peut-être la même que Hélène de Lestang, 3 mai 1637 ; Hélène de Vauroussel, qui signe Hélène de Lestang en 1641 ; demoiselle Hélène de Lauzanne, dame de Montchemin, 1651.

Marie de Lestang, 1637, 1638 ; demoiselle du Puy-Malsignat, signe Marie de Lauzanne en 1640.

Noble Pierre de Lestang, 7 mars 1638.

J. de Lauzanne, écuyer, Sr de Lestang, 1618.

Louise d'Autefaye, dame du Puy-Malsignat, 1650, qui y mourut, le 7 janvier 1651. (P. de Cessac, manuscrits.)

LAVAL (p. 60).

Gui-André-Pierre, duc de Laval, chef des noms et armes de sa maison, maréchal de France, gouverneur de la province d'Aunis, grand'croix de Saint-Louis, commandeur de Saint-Lazare, etc. (Etats généraux de 1789, Basse-Marche, Laroque et Barth., p. 6.)

Le nom de quelques membres de cette maison se trouve aussi dans les Registres paroissiaux de Magnac-Laval, en 1687.

On connaît la filiation depuis 1444 des de Laval, S^{grs} de Pasquanet et de Lavaud-Blanche près Auzance (Creuse). Leurs armes sont : *d'or, au lion de sable grimpant, accompagné à dextre d'une étoile de sable, et surmontant un croissant de sable.* (Lettre de M. A. Tardieu, 12 juillet 1868.)

DE LAVAUD (p. 61), seigneurs des Vergnes, ont fait preuve de quatre degrés : *d'azur, à trois fasces d'or.*
    V. DE SOURIS. (LAINÉ, *Nobiliaire du Limousin.*)

Guillaume de Lavaud, conseiller au parlement de Paris, possédait la moitié des terres et de la seigneurie de Châteauneuf, et partie de celles du Breuil-Ferrand et Moussy, dans la Marche, 1507. (D. BETT.)

Guillaume de Lavaud, S^{gr} de Drouille, paroisse de Blond, épousa Jeanne de Jauviond, dont Marie de Lavaud, qui, âgée de de quatorze ans, épousa, le 11 mai 1534, Pierre des Moutiers, écuyer, Sr de la Rochelidoux, le Fraisse, âgé de vingt-trois ans, fils d'André des Moutiers et d'Isabeau de Sous-Moulin, frère de Jean des Moutiers, évêque de Bayonne. C'est par elle que le fief de la Rochelidoux entra dans la maison des Moutiers. (Généalogie des Moutiers.)

Madeleine de Lavaud, demoiselle de Drouille, épousa, le 22 novembre 1591, noble Jean Jauviond, S^{gr} de Leychoisier, paroisse de Bonnat et du Pin, archer de la compagnie de trente lances du duc de Mortemart, dans le camp devant Lusignan, le 19 octobre 1594, fils d'Albert Jauviond, S^{gr} de Leychoisier, et de Jeanneton Mausier. (Généalogie Jauviond.)

François de Lavaud, Sr de Fonderanne, 1774. (Registres paroissiaux d'Arnac-la-Poste.)

M. Philippe de Lavaud-Saint-Etienne, comte de la Lande, décédé, le 13 juin 1873, au château de Neuvillards, commune de Saint-Bonnet-la-Rivière (Haute-Vienne), à l'âge de quatre-vingt-quatre ans. Il avait épousé, en 1821, demoiselle Marie-Azélie de Harambure, issue d'une de ces nobles familles qui quittèrent le Béarn pour suivre la fortune d'Henri IV. Elle est morte au château de Neuvillards, le 9 octobre 1869, âgée de soixante-neuf ans. (*Sem. relig. Lim.*, T. VII, p. 360, et T. XI, p. 394.)

DE LAVAUR de Sainte-Fortunade et de Gaignac.

Si cette famille appartient aujourd'hui à l'Auvergne, ce ne peut être que depuis une date récente. Toutefois, comme son nom figure parmi les signataires de l'acte de coalition, en 1791, ainsi que sur la liste des chevaliers de Saint-Louis qui résidaient à Clermont en 1822, nous ne le passerons pas sous silence. Elle est originaire du Limousin ; il y a même dans ce pays deux familles du nom de Lavaur, qui vraisemblablement sont sorties d'une souche commune, mais qui portent des armoiries différentes.

La première, celle des seigneurs de Sainte-Fortunade près Tulle, dont nous ne connaissons pas la généalogie, mais que nous voyons alliée aux maisons de Gimel, de Lentilhac et de Corn, porte : *d'azur, au lion d'or.*

Elle est actuellement représentée par le vicomte Pierre-Paul-Eléonore de Lavaur de Sainte-Fortunade, ancien officier de cavalerie, marié, en 1828, avec Joséphine-Gabrielle-Blanche de Pichon de Longueville, d'une famille de Guienne.

La seconde maison de Lavaur, celle des seigneurs de Gaignac, de la Boissière et de Puy-Bussac, a prouvé sa filiation depuis François de Lavaur, Sgr de Gaignac, dans la vicomté de Turenne, vivant en 1619, bisaïeul de Jean-Baptiste de Lavaur, entré aux chevau-légers de la garde en 1742. Jérôme de Lavaur, chevalier de Saint-Louis en 1771, avait rang de capitaine au même corps en 1773. (*Armorial général de France*, registre III, T. V.) Les armes sont : *d'argent, au chevron de gueules, accompagné de trois croissants de même; au chef d'azur, chargé de trois étoiles d'or*. Il est remarquable que ce chef soit exactement le même que celui qui se voit aux armoiries de la famille de Ribier-de-Lavaur en Auvergne. (*Nobiliaire d'Auvergne*.)

L'abbaye de Grandmont fut dévastée par Foucaud, Sgr de Saint-Germain-Beaupré. Elle resta longtemps aux mains d'une troupe de soldats, qui démolirent une partie des murailles et renvoyèrent les moines. L'abbé Rigault de Lavaur, que le chroniqueur de Grandmont appelle un terrible homme, attaqua les troupes du seigneur de Saint-Germain-Beaupré, et les mit en déroute. Le pape Paul V lui envoya un rescrit contre les usurpateurs et les détenteurs des biens de l'abbaye. (*Abbaye de Grandmont*. par M. Dubédat.)

Jacques Lavaur, prêtre du diocèse de Tulle, né à Sainte-Fortunade en Limousin, fut arrêté, en 1793, comme prêtre non-assermenté, qui ne s'était pas déporté lui-même, d'après la barbare loi du 26 août 1792. On l'envoya, dès le printemps de 1794, à Bordeaux, où devait se faire un envoi de prêtres insermentés à la Guyane. Là, il fut aussitôt enfermé dans le fort de Ha; mais, lorsque le premier embarquement eut lieu, vers la fin de l'automne, trois mois après la chute de Robespierre, Lavaur resta dans sa prison pour une expédition subséquente : elle n'eut pas lieu ; et il continua de souffrir, en ce fort, tous les maux d'une affreuse captivité. Ils l'accablèrent enfin ; et, quand on le vit près d'expirer, on le fit transporter à l'hôpital Saint-André, où il mourut, le 2 mars 1795, à l'âge de soixante ans. (*Martyrs de la foi pendant la révolution française*, T. III, p. 480.)

LEFEVRE. — *V.* Fabri, T. II, p. 106.

LEFFE (page 71).

Gabrielle de Leffe, demeurant au lieu noble de l'Etang, paroisse de Saint-Hilaire-la-Treille, canton de Magnac-Laval, arrondissement de Bellac (Haute-Vienne), vivait en 1681. (Registres paroissiaux de Magnac-Laval.)

LEGAREY-DES-BŒUFS.

Morice de Leygarey-des-Bœufs, Sr de Châtillon, chef du gobelet du roi, fit aveu des fiefs du Mont et du Couret, paroisse d'Azerables et de Bazelat, par lui donnés à sa nièce Marie-Anne-Joseph de Legarey, épouse de Jean-Jacques de Douhet, chevalier, S^{gr} du Puy-Moulinier, Maubergeon, 1719. (D. BETT.)

DE LENTILHAC, seigneurs, barons de Lentilhac, de Felzins, de Cos, de Mier, de Gimel, de Brignac, de Capdenac, de Montamat, de Confolens, de Cuzac, de la Motte-d'Ardus, de Grialou, de Salvanhac, de Saint-Yrieix, de Sarran, de Saint-Bazile, de Toirac, d'Arprières, du Fos de Marcillac, de Goudou, vicomtes de Sédières, seigneurs de Betut, de Vic, de Saint-Félix, de Nonars, comtes et marquis de Lentilhac en Quercy, en Rouergue, en Limousin, etc.

Armes : *de gueules, à la bande d'or.* Couronne de marquis. Supports : *deux lions.* Devise : *Non lentus in armis.*

Il s'est formé, dès l'origine même de la féodalité, un ordre de familles puissantes, qui dûrent à la situation et à la richesse de leurs domaines, à l'étendue de leur vasselage, à l'influence et à la force qu'elles tiraient de leurs alliances mutuelles, le rôle distingué qu'elles ont joué dans l'histoire : c'est l'ordre des châtelains, préposés à la défense des frontières et à celle des communautés religieuses, si souvent exposées aux invasions étrangères et aux dévastations des guerres privées. Quelques noms seulement rappellent encore dans nos provinces ces anciennes familles, où se perpétuaient par institution les souvenirs et le dévouement de la chevalerie ; la maison de Lentilhac est de ce nombre. L'abbaye de Figeac, fondée au mois d'août 838, par Pépin Ier, roi d'Aquitaine (1), avait reçu de ce prince une riche dotation de biens situés dans les provinces du Quercy, de Rouergue, du Limousin et d'Auvergne. Les guerres civiles et les désordres de tous genres qui désolaient le royaume du temps de l'abbé Raoul décidèrent ce prélat, vers l'an 860, à inféoder quelques portions de ces domaines aux seigneurs les plus considérables des environs, pour s'en faire des gardiens et des protecteurs en titre héréditaire. Le passage suivant, d'une ancienne chronique des abbés de Figeac, peut donner l'idée de l'importance de ces inféodations, proportionnée sans doute au nombre de gens de guerre que chaque seigneur pouvait fournir pour la défense de l'abbaye :

« Hic (l'abbé Raoul) de honore Fiacensis monasterii tantum distribuisse invenitur, ut uni soli, scilicet seniori Calmotensis, sexaginta ecclesias cum quingentis mansis dederit, eo tantum tenore ut ex eis nulli allio loco donationem faceret, et cum quingentis mansis dederat, eo tantum tenore ut ex eis nulli allio loco donationem faceret, et cum necessitas posceret, solo jussu, absque lucro alio temporali, bello abbatis et suorum prœliaretur. (BALUZII *Miscellanea,* T. II, p. 99.) »

Lorsque les dangers qui avaient nécessité ces inféodations eurent cessé, soit que les seigneurs, pour prix de leur protection et des dépenses causées par les guerres, eussent aliéné à leur profit une partie

---

(1) On a cru pendant longtemps que l'abbaye de Figeac avait été fondée par Pépin le Bref, roi de France, en 754 ou 755. Mais le diplôme de cette fondation, la bulle du pape Etienne II, de la même époque (rappelée traditionnellement dans une bulle authentique d'Urbain II de l'an 1095, citée dans le présent travail), et celle de Pascal Ier, de l'année 822, qui confirment cette fondation, ont été reconnus pour des actes supposés du commencement du XIe siècle.

des fiefs ou en eussent changé la mouvance, soit que l'abbé de Figeac prétextât des griefs pour rentrer dans la possession des biens concédés, elle profita du voyage d'Urbain II en France, lorsqu'il vint prêcher la première croisade au concile de Clermont, pour solliciter de ce souverain-pontife une bulle de réintégration. Cette bulle, datée du monastère de St-Martial de Limoges, la veille des calendes de janvier (31 décembre) 1095 (vieux style), est adressée aux évêques de Cahors, de Rodez, de Clermont et de Limoges. Le Saint-Père ordonne à ces prélats de prêter la main au recouvrement des biens qui avaient appartenu jadis à l'abbaye de Figeac, et d'en excommunier les détenteurs qui refuseraient de les rendre. Il fonde ses injonctions sur ce que ces derniers, ayant reçu ces biens à la charge de défendre et de protéger cette abbaye, ne tenaient point leur engagement. Nous transcrivons ici cette pièce, parce qu'elle fait connaître celles des familles les plus considérables qui, comme la maison de Calmont, avaient été investies, dès l'origine, des fiefs de l'abbaye de Figeac, et du titre d'avoués ou défenseurs de cette abbaye :

« Urbanus, episcopus, servus servorum Dei, episcopo Caturcensi, Ruthenensi, Arvernensi atque Lemovicensi, salutem et apostolicam benedictionem. Pervenit ad nos clamor abbatis Figiacensis et fratrum ibi Deo servientium de ecclesiis vel alio honore quæ in vestris parrochiis a vicinis monasteriis seu etiam clericis et laïcis injuste auferuntur, et de gardis ac defensoribus qui ipsum locum et honorem ejus custodire debuerant, ipsi magis destruunt, prædantur et dissipant. Quia vero idem locus antecessoribus nostris ad defendendum et custodiendum proprie commissus fuisse perhibetur, volumus et mandamus ut ea dignitas atque libertas, quam Stephanus secundus papa eidem loco fertur concessisse, perpetuo permaneat neque ab aliqua persona, cujuslibet ordinis vel dignitatis sit, præsumatur aliquomodo inquietari, vel minui; de ecclesiis quoque, et alio honore scilicet Batnaco (Banhac), Capdenaco (Capdenac), Galganio (Galgan) et cœteris, de quibus abbas Figiacensis vel fratres clamorem nobis fecerint; præcipimus ut absque ulla dilatione eis justitiam faciatis. Defensores ergo atque custodes Calmatenses (les seigneurs de Calmont en Rouergue), Montismirati (de Montmurat), Filcienenses (de Felzins), Lentiliacenses (de Lentilhac), Capdenacenses (de Capdenac), Cardaliacenses (de Cardailhac), illos de Balaguerio et Petrucia atque de Maorlone (de Balaguier, de Peyrusse et de Morlhon), necnon et alias de Betorio (de Beduer), illosque de Roca et de Teminas (de la Roque-Toirac ou de la Roque-Bouillac et de Themines) et cœteros omnes (1), qui malas consuetudines supra datum sibi censum in prædicti loci honore mittunt, vel faciunt, eosque etiam insuper qui datum sibi fevum a rectoribus ejusdem loci non recognoscunt, vel aliis ecclesiis donant, pariterque illos qui constitutam sepulturam eidem monasterio auferunt, atque simul omnes ipsius malefactores, si, audita admonitione nostra, emendare noluerint,

---

(1) De toutes ces grandes familles, chargées de la défense de l'abbaye de Figeac, il n'est resté que celles de Lentilhac, de Cardailhac et de Morlhon; les autres sont éteintes.

auctoritate beatorum apostolorum Petri et Pauli, ab omni divino officio interdicimus, donec emendatione congrua abbati Figiacensi et ejusdem loci fratribus satisfaciant. Hæc itaque cuncta quæ prædiximus fideliter vobis observare, quemadmodum confratribus nostris, firmiterque mandamus. Data apud Lemovicas, in monasterio Sancti Martialis, pridie kalendas januarii, indictione quarta, anno dominicæ Incarnationis millesimo nonagesimo quinto, anno vero pontificatus domini Urbani secundi papæ nono. » (*Recueil* de DOAT, T. CXXVI, fol. 47.)

Les effets de cette bulle ne changèrent pas la position de la maison de Lentilhac à l'égard de l'abbaye de Figeac. Elle continua à la protéger, à la défendre, selon l'institution de son fief, et à lui en rendre foi et hommage, même à l'exclusion des prétentions élevées par les agents royaux, au nom de la couronne, pour cet hommage, ainsi qu'on le voit par une ordonnance de la généralité de Montauban, du 3 septembre 1725, qui remonte la mouvance de la châtellenie de Lentilhac, comme fief de l'abbaye de Figeac, à l'époque même de la fondation de cette abbaye.

Le château de Lentilhac, berceau de cette famille, est situé sur une montagne escarpée, à une lieue et demie de l'abbaye de Figeac, et en face du château de Capdenac, dont ses auteurs avaient, de temps immémorial, la co-seigneurie. La situation avantageuse de ce château et son voisinage des montagnes de l'Auvergne et du Rouergue en faisaient une place importante pour la défense du pays, et pour protéger les vassaux et les propriétés de l'abbaye de Figeac. Ce château, dont l'antiquité remonte à près de huit siècles, et qui fut plusieurs fois relevé de ses ruines, n'a point cessé d'être possédé par cette maison, et il est encore aujourd'hui la résidence de la branche des marquis de Lentilhac.

Cette famille a fourni des chevaliers aux ordres du Temple et de Saint-Jean de Jérusalem, et a pris part aux croisades de la Terre-Sainte; elle s'est distinguée par sa fidélité et son dévouement à nos rois, dans les guerres du XIVe siècle contre les Anglais, qui surprirent et occupèrent quelque temps le château de Lentilhac. Elle a fondé, en 1357-1360, l'abbaye de la Voie-du-Ciel, à Vic, et est restée constamment attachée à la foi catholique dans les troubles sanglants nés des dissensions religieuses qui ont si longtemps agité le royaume.

On voit, par les plus anciens titres échappés aux ravages du temps, que cette maison était divisée en plusieurs rameaux dès le commencement du XIIIe siècle. Le seul qui se soit continué s'est subdivisé, vers 1650, en deux branches : celle de Sédières et celle de Lentilhac; la première, héritière des biens des deux anciennes maisons de Gimel et de Sédières. Ces deux branches (1) ont continué les services rendus à nos

---

(1) L'objet de cette généalogie est particulièrement de constater qu'il n'y a de personnes existantes, portant le nom de Lentilhac, et appartenant à cette famille, que celles mentionnées dans les titres des deux seules branches qui la représentent. Pierre Lentilhat, bourgeois de la ville de Bergerac en Périgord, a obtenu, le 26 novembre 1700, des commissaires-généraux du Conseil sur le fait des armoiries, un brevet, signé d'Hozier, où ses armes sont ainsi peintes : *d'azur, à une tour crénelée et couverte en forme de dôme d'argent.* En vertu de ce brevet, dont l'original, en parchemin, existe à la Bibliothèque du roi, le même Pierre Lentilhat obtint l'enregistrement desdites armoiries à l'*Armorial de la généralité de Bordeaux*, élection de Bergerac, fol. 1109. (*V.* aussi ce registre manuscrit, in-folio, à la Bibliothèque du roi.)

rois par leurs ancêtres, et se sont alliées aux maisons les plus distinguées, entre autres à celles d'Aubusson, de Boussac, de Brachet, de Castelpers, de Chauveron, de Clermont-Tonnerre, de Corn, de Coustin du Masnadaud, de Cruzy de Marcillac, de Felzins, de Gimel, de Lavaur, de Lescure, de Luzech, de Meillars, de Mirabel, de Murat, de Naucèle, de Naves, de la Panouse, de Pommiers, de Reignac, de Rolland de Valon, de la Roque-Bouillac, de Saint-Chamans, de Saint-Julien, de Salvert, de Sédières, de Sermet, de Valon, de Vassal, de la Villatelle, de Volonzac, etc., etc.

La maison de Lentilhac a fait des preuves à diverses époques : pour l'ordre de Malte, en 1593 ; devant l'intendant de la généralité de Montauban, en 1698 ; pour le chapitre de Remiremont, en 1733 ; pour les honneurs de la cour, en 1782, et pour le chapitre de Lyon, en 1784. Tous les titres produits pour ces diverses preuves existent encore, soit à la Bibliothèque nationale, soit dans les archives de la famille, et ont servi de base au présent travail.

I. — Bertrand de Lentilhac Ier du nom, chevalier, Sgr de Lentilhac, est nommé, avec Raoul de Lentilhac, aussi chevalier, son frère, dans une charte de l'année 1190 (cabinet de M. d'Hozier). Bertrand eut, entre autres enfants :

1° Durand Ier du nom, mentionné ci-après ;

2° Bertrand de Lentilhac, chevalier, co-seigneur de Lentilhac, vivant en 1230. Il eut pour fils :

A — Geniès de Lentilhac, chevalier, co-seigneur du château de Lentilhac, qui fut présent à un acte de partage de l'année 1271, dont on parlera plus bas. On juge par des actes ultérieurs qu'il avait épousé la sœur ou la fille de noble Necher de Montmurat, dont il eut :

Gaillarde de Lentilhac, dame en partie de Montmurat, mariée avec Bertrand de Lentilhac, co-seigneur de Lentilhac, auquel elle transmit ses droits paternels et maternels. Le dimanche (15 janvier), après la fête de saint Hilaire 1278 (vieux style), Guillaume d'Altairac, fils de feu noble S. d'Altairac, déclara tenir en fief franc le Mas-d'Altairac et ses appartenances, comme l'avaient tenu ses ancêtres, de noble R. de Montmurat, puis de noble Astorg, son frère, et ensuite de noble Necher de Montmurat, fils dudit R. de Montmurat, et qu'il tenait maintenant de Bertrand de Lentilhac, par la succession qui lui était advenue dudit Necher de Montmurat, du chef de noble Gaillarde, épouse dudit Bertrand. Cet acte fut passé en la salle de ce dernier, en présence de R. et Bertrand de Castelnau, de Guillaume de Naucèle, de J. de Brusque, de Jean de Fontanes, etc. (Extrait d'un registre original des actes reçus pendant l'année 1278, par Pons d'Andvé, notaire public du château de Capdenac.)

B — Bertrand de Lentilhac : il paraît dans plusieurs actes de l'année 1278, conservés dans le registre original du même Pons d'Andvé. Le dimanche (2 juillet), après la fête de saint Jean-Baptiste, il fut témoin, avec Guillaume de Naucèle, Raimond Escaffres et plusieurs autres, de la promesse faite dans le cloître de Maurs, de payer, dans quarante jours, 7,500 sous de bons cahorsins à Bertrand de Castelnau, son gendre, par Bertrand Escaffres, chevalier, pour la dot de Fine Escaffres, sa fille.

Le lundi (9 octobre), avant la fête de saint Geraud, Bertrand de Lentilhac acquit de noble Hugues Armand, chevalier, plusieurs cens et rentes situés dans la paroisse de Vernet, en présence de Raimond de Castelnau et de Guillaume de Naucèle, chevaliers ; de J. de Naucèle, de Bertrand de Castelnau, de Hugues de la Roque, etc. Le samedi (10 décembre) après la fête de la Conception, Bertrand de Lentilhac fut témoin, avec autre Bertrand de Lentilhac (son cousin germain), Bertrand et Hugues de Balaguier, etc., à une reconnaissance féodale donnée par Bertrand de Ladirac à noble Arnaud Barasc. Bertrand de Lentilhac eut, entre autres enfants :

Durand de Lentilhac, damoiseau, qui fut témoin avec Guillaume de Rodelle, Hugues de Pons, Guillaume de Ferrières, Gaillard de Balaguier, etc., tous damoiseaux, à une transaction passée par l'entremise de Raimond Berenguier, chevalier, et Odon d'Albin, damoiseau, entre Bertrand de Balaguier, damoiseau, et dame Aude Berenguier, religieuse du monastère de Saint-Sernin de Rodez, relativement au village de Mauracuh. L'acte fut passé à Vernogouls, le lundi après l'octave de Noël (28 décembre) 1293. (*Rec.* de DOAT, T. CXXXII, fol. 325.) Durand de Lentilhac eut, entre autres enfants :

Durand de Lentilhac, doyen du monastère de Figeac, vivant en 1355 ;

C — Hélène de Lentilhac ;

3° Raoul de Lentilhac, chevalier, co-seigneur de Lentilhac, vivant en 1230. Il eut pour femme Ricarde, et pour enfants :

A — Durand de Lentilhac, co-seigneur de Lentilhac, décédé avant l'année 1271 ;

B — Beatrix de Lentilhac, mariée avec W... (Guillaume) de Naucèle, chevalier. Cette dame, autorisée de son mari, fit partage, à Lentilhac, le vendredi (5 juin) après l'octave de la Pentecôte 1271, suivant acte reçu par Jean Laygua, notaire public à Capdenac, avec Guillaume et Raimond del Pont, fils et autorisés de noble Guillaume del Pont, chevalier, veuf de noble Bertrande de Lentilhac, lesdits del Pont énoncés majeurs de vingt ans, de la succession de feu noble Durand de Lentilhac, frère desdites Béatrix et Bertrande, et de celle de Mme Ricarde, leur mère. Les parties, après avoir réglé que tout ce qu'avaient possédé Durand de Lentilhac et Ricarde, sa mère, serait partagé entre elles, en exceptant la seigneurie du château de Lentilhac, qui devait rester indivise, ainsi que la paisseira (réservoir) du moulin de Bregos, enfin l'anneau auquel Bertrand de Lentilhac avait part, ainsi que le droit qu'eux et les leurs avaient eu au roussin (cheval) qui leur revenait, à Capdenac, lors de la première entrée de la femme du seigneur (1), Béatrix de Lentilhac eut, pour sa part des biens divisibles, ce que son père avait possédé des biens de Lentilhac, et Guillaume et Raymond del Pont eurent pour la leur ce que Durand de Lentilhac, leur oncle, avait eu dans le fief de Capdenac, ainsi que la rente qui leur était advenue de Mme Ricarde,

---

(1) Ce droit qu'avaient les seigneurs de Lentilhac, à la première entrée de la femme du seigneur de Capdenac dans cette ville, de recevoir le cheval qu'elle avait monté, en échange d'un annel (anneau d'or), droit fondé sur une sorte d'alliance perpétuelle entre les seigneurs de Capdenac et de Lentilhac, est un des usages les plus curieux de la féodalité.

mère dudit Durand. Ce partage fut fait en présence de R. de Castelnau, chevalier; de Bertrand de Lentilhac, damoiseau; de Genies de Lentilhac, chevalier; d'Arnaud de Gerle, de Durand de Vernet, de Hugues et de B. de Castelnau, et de plusieurs autres. (Original en parchemin aux archives de la famille.)

4° Déodat de Lentilhac, chevalier de l'ordre du Temple, vivant en 1249.

II. — Durand de Lentilhac Ier du nom, co-seigneur de Lentilhac, fut témoin de l'acte d'hommage rendu à Figeac, au mois d'octobre 1214, par les seigneurs de Capdenac, à Simon de Montfort, pour les château et forteresse de Capdenac et leurs dépendances. (*Recueil* de DOAT, T. CXXV, fol. 209.) Le 2 février 1230 (vieux style), il se fit, à Roquemadour, un traité de confédération pour exterminer les bandes de brigands qui infestaient le Quercy, le Limousin et les provinces voisines. Cette confédération eut lieu entre Raymond IV, vicomte de Turenne; Bertrand de Gourdon ; B., abbé de Tulle; les consuls de Cahors et de Figeac, et un grand nombre de seigneurs de villes et de bourgs du Quercy. Durand de Lentilhac et ses frères y intervinrent de leurs personnes avec leurs vassaux et leurs biens sous la dénomination des chevaliers de Lentilhac, *milites et homines de Lentilhac et res illorum*. (JUSTEL, *Preuves de l'Histoire de la maison d'Auvergne*, p. 44.) Durand de Lentilhac eut pour fils :

1° Bertrand IIe du nom, dont l'article suit;

2° Gaillard de Lentilhac, damoiseau. Il est mentionné, ainsi que Hugues de Balaguier, Henri de Benavent, chevalier, Guillaume et Gui d'Estaing frères, et Léonet de Vezins, damoiseau (ce dernier, fils de Dalmas de Vezins, damoiseau), Hugues d'Auriac, Motot Derenguier de la Glazole, Bertrand de Pairon, etc., dans des lettres d'Alphonse, comte de Poitiers et de Toulouse, adressées au sénéchal de Rouergue, et portant citation, devant la cour d'Auvergne, des seigneurs ci-dessus nommés pour avoir chevauché et fait dégât dans les fiefs et arrière-fiefs de ce prince en Auvergne, lesdites lettres datées de Longpont, le jeudi (14 juillet) après la translation de saint Benoist, 1267. (Archives du royaume, cahier en parchemin, coté J. 319.)

III. — Bertrand de Lentilhac IIe du nom, damoiseau, puis chevalier, co-seigneur de Lentilhac et de Montmurat, fut du nombre des principaux seigneurs Quercinois qui se croisèrent avec le roi saint Louis en 1248. Le même Bertrand de Lentilhac et Sanchon de Corn, damoiseaux, ayant emprunté à des marchands de la ville de Sienne en Toscane 300 livres tournois pour les frais que leur occasionnait la guerre de Terre-Sainte, promirent de faire payer ladite somme à ces marchands ou à leur ordre, au Temple, à Paris, à la fête de saint Remi (1er octobre) 1250, par frère Dordat de Lentilhac, chevalier dudit Temple. Gaillard de Pueichpeirou, chevalier, se rendit garant du paiement de ladite somme, par acte scellé de son sceau et daté du camp de Damiette, au mois de septembre 1249 (1). Bertrand de Lentilhac, à son retour de la Terre-

---

(1) Voici le texte des lettres de caution de Gaillard de Pueichpeirou:

« Ego G. de Pueichpeyrou, miles, omnibus presentes litteras inspecturis. Notum facimus quod eum..... atque domicelli Sanzo de Corn et Bertrandus de Lentilhaco, Bonneencontre, contadini

Sainte, s'allia avec Gaillarde de Lentilhac, dame en partie de Lentilhac et de Montmurat, fille de messire Geniès de Lentilhac, chevalier. Bertrand de Lentilhac fut témoin, avec ce dernier, au traité de partage du 5 juin 1271, dont il a été parlé plus haut. Bertrand de Lentilhac, damoiseau, fut présent, avec Armand de la Roque et Bertrand de Beduer, à une transaction passée le 10 des calendes de juin (22 mai) 1276, entre Hugues de Cardaillac et Alasie, prieure d'Espagnac, puis, le 12 des calendes de décembre (19 novembre) 1277, à la donation faite à la même Alasie et au couvent d'Espagnac, par Bertrand de Cajarc, chevalier, et Pierre de Cajarc, son frère, du terrier de Planesvals. (*Recueil* de DOAT, T. CXXIV, fol. 33, 47.) Le 19 avril 1278, Bertrand de Lentilhac présida en sa cour à l'élection de tutelle et de curatelle des enfants de feu G. de Cofolen, appelés J. Gérald, Raimond et Pétronille. Le jeudi (23 novembre) jour de la fête de saint Clément, Bertrand de Lentilhac fut témoin avec P. de Gerle, J. de Naucèle, Guillaume Guaris, etc., au testament de Raimond de Castelnau, chevalier, qui voulut être inhumé dans le cimetière de l'église de Lentilhac, en sa sépulture. Le 5 des ides de février (le 9), que l'on comptait encore 1278 (vieux style), Bertrand de Lentilhac reçut une reconnaissance d'une somme que lui devait Raoul de Montesquieu, damoiseau, en présence de R. del Mas, et de G. del Cancer, fils de feu Guillaume del Cancer, chevalier; et, le lendemain, il reçut une reconnaissance féodale de noble Hugues Aldoys, damoiseau, et de noble Aimar Garcerans, pour des biens mouvants de feu noble Necher de Montmurat, dont la succession était advenue audit Bertrand de Lentilhac (porte l'acte), par Gaillarde de Lentilhac, sa femme, fille de feu Monseigneur Geniès de Lentilhac, chevalier. (Registre des actes de Pons d'Andvé.) Bertrand de Lentilhac paraît être décédé avant l'année 1291. Il est rappelé dans un acte de cette date, avec la qualité de Monseigneur (chevalier), acte passé par Gaillarde de Lentilhac, sa femme, et noble Bertrand, son fils. Il avait eu, entre autres enfants :

1º Bertrand IIIe du nom, dont l'article viendra ci-après ;

2º Geraud de Lentilhac. Son nom se voit parmi ceux de l'abbaye de Figeac, qui signèrent, le 5 avril 1288, la protestation adressée à l'abbé de Cluny contre l'élection à la place d'abbé de Luc de Grèzes. (Chartes de Cluny, à la Bibliothèque du roi.) Geraud de Lentilhac est qualifié prieur-claustral du monastère de Figeac dans des chartes des années

et ejus sociis mercatoribus Senensibus teneantur in trecentis libris turonensibus mutuo traditis quas dictis mercatoribus seu eorum certo mandato, Parisiis apud Templum, ab instanti festo sancti Remigii in capite octobris in annum, per fratrem Dordatum de Lentilhaco dicti Templi militem, solvi facere convenerunt; pro qua quidem solutione predictis loco, modo et tempore facienda, promiserunt responsorem dare. Ego preditus G., ad preces et instanciam predictorum domicellorum, constituo me principalem debitorem pro prenominata summa, predictis loco, modo et tempore persolvenda, pro qua cumplenda obligo predictis mercatoribus me et bona mea usque ad predictam summam trecentarum librarum turonensium, pro quibus sum plegius et debitor. Actum in castris juxta Damyetam, anno Domini Mº CCº quadragesimo nono mense septembris. » — (Original en parchemin aux archives de M. le marquis de Lentilhac. Le scean, en cire jaune, de Gaillard de Pechpeirou, de forme ovale et sur queue pendante, représente *un lion*.)

1309 et 1317. Il fut abbé du même monastère, en 1324, après Guillaume de Ventadour. Il mourut en odeur de sainteté avant l'année 1360 (1). Les historiens le citent comme l'un des plus illustres abbés qui aient gouverné le monastère de Figeac. (*Gallia christiana*, T. I, col. 175.)

3° Aimerique de Lentilhac, mariée avec Guillaume Aimar, chevalier. Elle eut une dot de 9,000 sous de bons cahorsins, somme avancée par noble Jean Comte, bourgeois de Cahors, suivant la reconnaissance que lui en donna noble Bertrand de Lentilhac, père d'Aimerique, le samedi (11 juin), jour de la fête de saint Barnabé, apôtre, 1278, en présence de Raimond de Castelnau, de Guillaume del Pech le jeune, et de plusieurs autres témoins. (Registre des actes reçus par Pons d'André, notaire, en 1278.) Par un acte du dimanche (3 juillet) après la fête de saint Pierre de la même année, les seigneurs les plus distingués du pays interviennent pour les dons de noces offerts par chacun d'eux à la mariée. Ces dons se montaient à une somme considérable, indépendamment des 9,000 sous de bons cahorsins que son père lui avait constitués en apport de dot. Parmi ces seigneurs on remarquait Gui de Belmont, noble Arnaud Barasc, noble Arnaud de Cardaillac, Guillaume de Capdenac, Bertrand de Balaguier, fils de feu Hugues de Balagier, chevalier; autre Bertrand de Balaguier, Pons de Vila, le seigneur de Calmont, Rigal d'Artigues, Hugues de la Roque, chevalier; Guillaume Guaris, Almeric de la Roque, Raimond de Castelnau, chevalier; Jean et Fortanier de Morlhon, Guillaume de Capdenac, Raimond de Castelnau, chevalier; Guibert de Felzins, noble Arnaud de Gramat, noble P. de Beduer, Gautier de Panat, P. de Gerle, chevalier; noble Aimeric Berenguier, noble Amalvin de Godor, les seigneurs de Ladirac, S. de Saint-Lary, chevalier; Pons de Corbior, Guillaume de Naucèle et R. de Castelnau, chevaliers; Guillaume del Pont, noble Hugues del Bruolh, Hugues de Serignac, Bertrand de Cornac, Bertrand de Canis, Hugues de Roquefort, P. de Vacilhac, P. de la Roque, P. de Viazac et Hugues de Viazac, chevaliers; noble Arnaud del Pont, Berenger de Capdenac, Aimeric de la Tour, chevalier; Ratier de Grialou, Hugues et Berenger de la Roque, R. de Cazaux, Guillaume del Pech (qui eut pour fidéjusseur Bertrand de Lentilhac); P. de Jo, chevalier, J. et Bertrand del Pont, Folc de Loupiac, Bertrand de la Salle, Dorde de Banart, etc., etc. (Registre des actes de Pons d'André.)

IV. — Bertrand de Lentilhac III° du nom, damoiseau, co-seigneur de Lentilhac, de Felzins, de Montmurat, de Saint-Félix, etc., intervint, avec sa mère, dans un partage fait le samedi (2 juin) après l'Ascension 1291, dans l'église de Guirande, devant Durand de Born, notaire public du château de Capdenac, entre cette dame et lui, d'une part, et

---

(1) Cette date est celle du procès-verbal de la fondation de l'abbaye de Vic, comme on le verra ci-après. Tous les membres de la maison de Lentilhac, soit séculiers, soit en dignités ecclésiastiques, y furent entendus comme intéressés à cette fondation. Géraud, abbé de Figeac, qui vivait alors, et qui mourut en 1377, n'y est nommé qu'à raison de l'autorisation donnée par lui à la fondation, et non comme parent des fondateurs. Ce fait sert à distinguer deux Géraud, successivement abbés de Figeac, et jusqu'à présent confondus, par les historiens, en un seul et même personnage.

Mme Aigline (Barasc) de Montmurat et ses enfants, de l'autre. Par cet acte, la dame de Montmurat cède à Mme Gaillarde de Lentilhac et à noble Bertrand de Lentilhac, son fils, divers cens et rentes à prendre sur différents tenanciers des fiefs situés dans les paroisses de Saint-Félix, Lentilhac et Felzins ; les maisons, ayral et angle étant dans le château de Felzins, avec les appartenances situées près de la tour dudit Felzins et de la maison de noble Guillaume de Capdenac, et pareillement la moitié indivise de tout le droit que Mme Aigline et ses enfants avaient pour seigneurie, chevalerie ou autrement dans les tours, murs, fossés et château de Felzins, excepté le touril de la porte, qu'ils se réservent en entier ; toutes lesquelles choses et autres énoncées dans l'acte, cédées avec toute juridiction haute et basse, droits féodaux et autres quelconques. En retour, Gaillarde de Lentilhac et son fils cèdent à Aigline de Montmurat et à ses enfants la maison qu'ils avaient dans le château de Montmurat, tout le droit et seigneurie qu'ils peuvent avoir audit château et ses dépendances, ainsi qu'aux péages et estrades dudit lieu. Ils cèdent, de plus, tous les fiefs qu'ils avaient ou pouvaient avoir à Montmurat et au Trioulou, ainsi que leur péage de Livinhac, en la rivière du Lot ; enfin tout ce qui avait appartenu auxdits lieux à Mme Gaillarde et à Monseigneur Bertrand de Lentilhac. Pierre de Gerle, G. Arnols, B. Pellicier, Guillaume de Saint-Mamet, G. de Sornac, etc., assistèrent comme témoins à ce partage. (Grosse en parchemin ; signée de la marque de Durand de Born, notaire.) Bertrand III de Lentilhac paraît avoir vécu jusqu'à la fin du XIIIe siècle. Il eut, entre autres enfants :

1º Durand IIe du nom, qui a continué la postérité ;

2º N... de Lentilhac, duquel sont provenus :

A — Guillaume de Lentilhac, sergent d'armes à cheval du roi en 1352 ;

B — Tandon de Lentilhac, aussi sergent d'armes à cheval du roi en 1352 ;

C — Georges de Lentilhac, sergent d'armes du roi : il servit au siége de Saint-Antoine en 1353 ; il était lettré et instruit, chose rare à ce temps, parmi ceux qui suivaient le parti des armes ;

D — Delphine de Lentilhac, prieure de Lissac en 1360 (*Gallia christiana*, T. I, col. 192) ;

E — Ricarde de Lentilhac, qui était mariée, vers 1350, avec Bertrand de Séguier, chevalier, co-seigneur de Montsalès ;

3º Guillaume de Lentilhac, prieur de Saint-Simon, vivant en 1360 ;

4º Bertrand de Lentilhac, prieur de Cardaillac, vivant à la même époque ;

5º Yolande de Lentilhac, religieuse à l'hôpital du Poujoula en 1338.

V. — Durand de Lentilhac IIe du nom, chevalier, co-seigneur de Lentilhac, qualifié noble et puissant homme (comme le furent depuis ses descendants), est nommé, avec Bertrand de Burbuzo, aussi chevalier, dans le contrat de mariage, passé à Figeac, le 6 février 1332 (vieux style), dans la maison des frères mineurs, devant Barthélemy de Vic, clerc, notaire royal, entre Herminiade de Saint-Bressou et Bertrand de Boissorn, comme appelés à décider de la suffisance des fiefs sur lesquels Raimond de Saint-Bresson, chevalier de Cardaillac, devait asseoir la dot de sa fille. (Expédition en parchemin de l'époque, possédée par M. des Plas de Beduer.) Il existait un différend entre Raimond Barasc, d'une part, et Giraud de Montal, mari d'Hélène Barasc, de l'autre, relativement à la propriété de la quatrième partie de la terre de Montbrun. Il y eut une élection d'arbitres, en 1336, pour terminer cette affaire, et promesse par chacune des parties de se soumettre à leur jugement, sous peine de 100 marcs d'argent. Bernard-Hugues de Cardaillac, chanoine de Rodez, ou, en son absence, l'official de Cahors, et Durand de Lentilhac, chevalier, furent arbitres pour Raimond Barasc; et Michel de Messac, clerc, et Guillaume de Vila, chevalier, furent choisis pour Geraud de Montal et son épouse. (Fonds d'Hozier, à la Bibliothèque du roi : inventaire des titres, p. 20.) Durand de Lentilhac fut l'un des témoins du testament de noble Marguerite de Castelnau, fille de feu noble Raoul, Sgr de Castelnau, damoiseau, du 12 mai 1340, testament reçu par Pierre de Riveria, notaire public et royal. (Minute originale détachée des protocoles dudit notaire.) Le 20 septembre 1342, Robert de Marigny, chevalier, Sgr de Tourny, maréchal de France, rendit une ordonnance portant dispense de service militaire en faveur de noble et puissant homme messire Durand de Lentilhac, chevalier, co-seigneur dudit lieu, attendu qu'il y avait satisfait par Guillaume d'Espejac, qui s'était présenté pour le seigneur de Lentilhac, ledit jour 20 septembre, avec armes et cheval; ladite ordonnance reconnue, le 4 octobre suivant, devant Pierre de Riveria, notaire royal. (*Ibid.*) D'anciens mémoires lui donnent pour femme N... de Castelnau. Castelnau porte : *de gueules, au château à trois tours d'argent, maçonné de sable.* Il eut, entre autres enfants :

1° Déodat, Dordé ou Dieudonné, dont l'article suit.

2° Gaillarde de Lentilhac, mariée avec Olric de Mirabel, chevalier de Cenac, au diocèse de Rodez. Ils ne vivaient plus le 20 août 1367, date d'une transaction passée entre noble Arnaud de Marssa, damoiseau, héritier dudit Olric de Mirabel, et noble Déodat, Sgr du château de Lentilhac, frère de Gaillarde de Lentilhac, au sujet de la succession de son mari. Cet acte fut passé à Figeac, devant Pierre Dujol, notaire, en présence de Hugon de Marssa, prieur de Varayre, noble Raimond de Vassal, habitant de Maurs, etc. (grosse en parchemin).

3° Philippe de Lentilhac, religieuse au couvent de Leyme, en 1351. (*Rec.* de DOAT, T. CXXIV, fol. 194.) Elle fut la première prieure du monastère de la Voie-du-Ciel, fondé à Vic, par son frère aîné, en 1358.

4° Fine (Delphine) de Lentilhac, mariée avec noble N... de Pommiers. Elle fit son testament, le 26 février 1369 (vieux style), en faveur de Delphine, sa fille, femme de messire Raimond de Vassal. (Extr. de l'inventaire des titres de la Chartreuse de Cahors : Bibliothèque royale, fonds du comte de Clermont-Touchebœuf.) Elle paraît être la même que Fine de Lentilhac, seconde femme de Guillaume de Vassal, chevalier, co-seigneur de Fraissinet (frère aîné de Raimond de Vassal), lequel, par un codicille du 24 juin 1367, lui donna en toute propriété une maison qu'il avait acquise à Cahors, appelée de Sabanac, joignant la place publique, le marché et la maison de Gaillard de Gironde, et, en outre, l'usufruit de tout ce qu'il possédait de bien fonds dans le Gourdonnais et à Vers. (Titres de la maison de Vassal.)

VI. — Déodat, Dordé ou Dieudonné de Lentilhac, damoiseau, S^{gr} de Lentilhac, servit avec distinction dans les guerres de Gascogne, de Flandre et autres, sous les règnes de Philippe de Valois et de Jean le Bon. Il est qualifié sergent d'armes du roi et châtelain (gouverneur) de Tournon, dans une quittance qu'il donna, à Toulouse, le 2 avril 1347, à Jean Chauvel, trésorier des guerres, de 395 livres 15 sous, pour les gages de lui, de Guillaume de Lentilhac, écuyer, et de huit autres écuyers, et vingt-quatre sergents lanciers, et seize arbalétriers sous ses ordres pour la garde dudit château. Son sceau, apposé à cette quittance, représente : *une bande, chargée en chef d'un lion*, brisure qu'il portait du vivant de son père. (Titres scellés de Clairambault, vol. II, fol. 52.) Le même Dordé de Lentilhac, sergent d'armes du roi, était capitaine de Capdenac, le 28 novembre 1352, date du rôle de la revue de sa compagnie passée audit lieu (1). Le 14 mars 1355, suivant acte reçu par Pierre Dujol, notaire à Figeac, et passé en présence de Durand de Lentilhac, doyen du monastère de Figeac; Guillaume de Lentilhac, prieur de Saint-Simon; noble Bertol de Bar, Bertrand Berenguier, Jean et Guillaume de Castelnau, damoiseaux, Déodat de Lentilhac fit hommage à messire Giraud de Lentilhac, abbé de Saint-Sauveur de Figeac, pour tous les héritages qu'il tenait en fief de ladite abbaye, et qu'il possé-

---

(1) Nous transcrivons le rôle de cette revue de la compagnie de Déodat de Lentilhac sur l'original en parchemin existant au cabinet des titres à la Bibliothèque royale :

SERGENTS A CHEVAL.

Dordé de Lentilhac, cheval roussin, estimé 120 fr.;
Guillaume de Lentilhac, cheval liart, 70 fr.;
Meton d'Anguat, cheval liart, 40 fr.;
Tandon de Lentilhac, cheval morel, 45 fr.;
Hugues Amblart, cheval morel, 30 fr.;
Perrinet de Noire, cheval gris, 40 fr.;
Hugues de Mirebel, cheval brun-bai, 40 fr.;
Bertholet Buffet, cheval bai, 30 fr.;
Guillaume de Puyols, cheval fauvel, 35 fr.;
Philippot Hugues, cheval tout noir, 60 fr.;
Guillaume Gaufre, cheval bai, 40 fr.

Nota. — L'estimation des chevaux était faite dans les rôles des revues pour le remboursement dû par l'Etat aux gentilshommes qui les avaient perdus à la guerre.

SERGENTS A PIED.

Lanciers. — Bernard Mapel, J. Guardi, B. Guarrol, J. Vidal, Guillot Bec, Bernard de Coffignal, Bernard Vatier, J. Brecon.

Arbalétriers. — Guillot Buffet, J. Alequi, Guillot Enric, Bercholi, Guillonac, Mondo le Blanc, J. de Murat, G. Bertrans, Mondon Calles, J. Savi, B. Verdier et P. Boyer.

On conserve, dans le même cabinet des titres de la Bibliothèque royale, l'original en parchemin d'une quittance datée de Montpellier, le 6 mai 1359, et donnée par Dordé de Lentilhac, écuyer, à Jacques Lempereur, trésorier des guerres du roi, d'une somme de quarante écus, due pour sa part du don fait aux nobles du pays de Quercy par le comte de Poitiers, fils et lieutenant du roi Jean en Languedoc. A cette quittance existe encore le sceau en cire rouge de Dordé de Lentilhac. Il représente *une bande*, et on lit sur la banderolle qui environne l'écu ces mots : DORDÉ DE LENTILL.

dait dans les appartenances et district du château de Lentilhac, tels qu'il les avait acquis de noble Jean de Castelnau. Le 9 août (l'année omise), Déodat de Lentilhac vendit à Gérard Pélissier, à sa femme et à Etienne et Pierre de Cluso frères, du lieu de Faysselle, deux cents setiers, moitié froment et moitié avoine, à raison de vingt-quatre sous six deniers tournois le setier de froment, et douze sous six deniers le setier d'avoine ; lesdits deux cents setiers faisant partie de trois cents setiers, prix de l'arrentement antérieurement fait par Monseigneur Durand de Lentilhac, chevalier, au nom dudit Déodat, son fils, aux susdits Gérard, Etienne et Pierre, de la dîme des blés, vins et foins de l'église de Saint-Etienne de Beduer. Appelé, vers le mois d'octobre 1357, par les consuls de Figeac à la défense de la ville, menacée par les Anglais, qui venaient de s'emparer de Saint-Circq-la-Popie, de Fons et de Saint-Santin, Déodat de Lentilhac y accourut avec son fils Bertrand et deux autres chevaliers. Mais, étant tombé dans une embuscade, ils furent faits prisonniers par les ennemis. Bertrand de Lentilhac fut si cruellement blessé dans cette rencontre, qu'il en mourut cinq jours après. Déodat de Lentilhac, pour remplir les intentions de la veuve de son fils, fonda, vers la fin du mois de novembre de la même année, le monastère des religieuses Bernardines de Vic près de Capdenac, auquel, par acte du 4 décembre 1360, Philippe de Lentilhac, première abbesse désignée, imposa le nom de monastère de *Notre-Dame de la Voie-du-Ciel*. Ce fut Déodat de Lentilhac qui fit lui-même les statuts et conditions de cette fondation. Le couvent devait se composer de treize religieuses et de trois chapelains pour le desservir. Le patronage et la nomination furent réservés à Déodat de Lentilhac et à ses descendants, et il fut statué qu'il y aurait perpétuellement dans ce monastère deux religieuses de sa race et deux de celle de Ricarde Buffet, sa belle-fille. Dès le mois de mars que l'on comptait encore 1357 (vieux style), Jean, comte de Poitiers, fils du roi et son lieutenant en Languedoc, prenant en considération les services rendus par son ami Dordé de Lentilhac, tant à lui qu'au roi son père, dans les guerres de Gascogne, de Flandre et ailleurs, longuement et fidèlement, et la perte récente qu'il avait faite de son fils Bertrand de Lentilhac, en combattant contre les Anglais, évènement dont ce prince rappelle les circonstances, il lui avait fait remise entière du droit d'amortissement dû au trésor du roi pour les biens affectés à la fondation du monastère de Vic. Les lettres-patentes du comte de Poitiers furent données à Toulouse, à la relation de son conseil, où assistaient les seigneurs de Montaigu et de la Baume, et plusieurs autres. Le 14 octobre 1360, Dordé de Lentilhac présenta à Me Rigal Lahugonie, licencié ès-lois, des lettres de commission de Bertrand, évêque de Cahors, datées d'Albas, le 10 du même mois (1), par lesquelles ce prélat supplie d'approuver le nouvel établissement, et le charge, avec Bertrand Gasc, chanoine du Vigan, recteur de l'église

---

(1) Il est fait mention des lettres de Déodat de Lentilhac, du 14 octobre 1360, dans le *Gallia christiana*, T. I, col. 141. Celles de Bertrand, évêque de Cahors, du 10 du même mois, sont imprimées dans l'*Histoire des évêques de Cahors*, par Lacroix.

de Gréalou, de procéder à la visite des bâtiments et d'y installer de suite les religieuses, si tout leur semble dans un état convenable. Le procès-verbal de cette fondation et de l'installation des religieuses fut fait, le 3 décembre de la même année 1360, de l'autorité du juge de Figeac, et avec le consentement de Geraud, abbé dudit lieu, comme patron de l'église paroissiale de Vic. Parmi les personnes entendues dans les enquêtes qui avaient précédé la fondation, ou qui furent présentes à l'installation, on remarque noble dame Marguerite, épouse de noble Déodat de Lentilhac; Delphine de Lentilhac, prieure de Lissac; Guillaume de Lentilhac, prieur de Saint-Simon; messire Durand de Lentilhac, doyen du monastère de Figeac; messire Bernard de Lentilhac, prieur de Cardaillac, et parmi les religieuses présentes à l'installation : Philippe de Lentilhac, première abbesse du nouveau monastère; Ricarde (Buffet) de Lentilhac, etc. (Expédition en forme, délivrée le 27 août 1548.) Déodat de Lentilhac passa une transaction en forme de compte final avec les religieuses du couvent de Vic, le 10 décembre 1361, devant Pierre Dujol, clerc du diocèse de Saint-Flour, notaire impérial, demeurant à Figeac, et vivait encore le 17 juillet 1371, date d'une transaction passée entre Delphine de Lentilhac, prieure de Lissac, et Déodat Barasc, S^{gr} de Beduer, au sujet du patronage de certains villages, transaction conclue par l'arbitrage de Geraud, abbé de Figeac, et à laquelle Déodat, S^{gr} de Lentilhac, assista comme témoin. (*Recueil* de DOAT, T. CXXIV, p. 239.) Il avait épousé Marguerite de Saint-Chamans (*de Sancto Amantio*). Saint-Chamans porte : *de sinople à trois fasces d'argent, à l'engrelure de même.* Cette dame passa un accord au château de Caysion, le 27 avril 1400, devant Imbert Marcian et Raimond de Camps, notaires royaux, avec noble François de Lentilhac, son fils, au sujet de ce que son mari lui avait légué par son testament. Par cet acte, François de Lentilhac dut payer annuellement à Marguerite de Saint-Chamans une rente viagère de 18 livres tournois, et il se reconnut en outre débiteur envers elle d'une somme de 400 fr. d'or, dont le paiement, à diverses échéances, fut réglé. (Grosse en parchemin.) Il existe deux quittances des parties de cette somme données à François de Lentilhac par les fondés de pouvoir de ladite Marguerite de Saint-Chamans, nommés Raoul de Saint-Chamans, du diocèse de Tulle, et Raoul de Sermet, passées, l'une devant Guillaume Rodier, notaire royal de Figeac, le 9 mai 1402, et l'autre, devant Bernard de Vilhac, notaire royal, le 26 octobre 1403. (Grosse en parchemin.) Déodat de Lentilhac eut pour enfants :

1º Bertrand de Lentilhac, damoiseau, marié, vers l'an 1356, avec noble Ricarde Buffet, fille d'Etienne Buffet, co-seigneur des châteaux de Lentilhac et de Capdenac. Elle était fort jeune lorsqu'elle perdit Bertrand de Lentilhac, en 1357, comme on l'a dit plus haut (1). Elle se retira au monastère de Leyme, et, voulant se consacrer à Dieu et fonder de sa fortune un couvent où elle pût finir ses jours, elle fit donation entre vifs, à Déodat de Lentilhac, son beau-père, par acte du 12 no-

---

(1) Les actes portent qu'elle avait plus de seize ans et moins de vingt-cinq.

vembre 1357, passé devant Pierre du Port, licencié ès-lois, juge ordinaire de l'autorité de Géraud, abbé de Figeac, de l'universalité de ses biens, à la charge par lui de les employer aux dispositions suivantes : elle affecte un revenu perpétuel à une chapellenie, dont le service devait se faire en sa chapelle de Saint-Jacques de l'église de Lentilhac, où le corps de son mari avait été inhumé, et réserve le patronage à Déodat de Lentilhac et à ses successeurs ; elle augmente le revenu perpétuel d'une autre chapellenie instituée par son père dans son dernier testament ; enfin, du surplus de tous ses biens, elle veut qu'on fasse construire, soit à Vals, soit à Vic, au choix de Déodat de Lentilhac, une église et un couvent pour treize religieuses de l'ordre de Cîteaux, du nombre desquelles elle ferait partie, réservant le droit de patronage audit Déodat de Lentilhac et à ses successeurs ; elle lui réserve aussi la haute juridiction sur les choses par elle cédées, et veut qu'il participe par moitié avec la prieure du nouveau couvent à la moyenne et basse justice (1) ; et, comme la part de biens et rentes qu'elle avait du chef de son père, en la châtellenie de Lentilhac, pouvait être à la convenance de Déodat de Lentilhac, elle voulut qu'il pût le garder, en remettant le prix équivalent pour ladite fondation ; elle veut qu'une messe soit célébrée tous les jours dans le nouveau monastère pour le repos des âmes de ses parents et de ceux de Déodat de Lentilhac, et demande que la première prieure instituée soit Philippe de Lentilhac, et expressément que les autres prieures soient toujours choisies parmi les religieuses de sa race ou de celle de son mari, soit que ces religieuses fussent dans la maison qu'elle fondait, soit qu'elles fussent dans les couvents de Leyme ou de Lissac ; enfin elle se réserve, sa vie durant, la nomination de deux religieuses à son choix, outre le nombre fixé par la fondation. Ce monastère fut construit dans l'espace de trois ans, et Ricarde Buffet y fut installée avec les autres religieuses, le 3 décembre 1360, suivant le procès-verbal reçu par Pierre Dujol, notaire à Figeac ; elle en fut depuis lors sacristaine.

2º François Iᵉʳ du nom, qui a continué la postérité.

3º Philippine de Lentilhac, mariée à Raoul de Sermet, Sgr dudit lieu. Autorisée de son mari, elle fit donation à François de Lentilhac, son frère, de tout ce qui pouvait lui revenir en la succession de feu Déodat de Lentilhac, leur père, excédant la somme de 1,500 florins d'or à elle constituée par son contrat de mariage. Cet acte fut passé au château de Caysion, le 27 avril 1400, en présence de Bertrand de la Tour, de Raoul de Saint-Chamans, de Bertrand de Vayrac, chevalier ; de Jean et Gui Bonafos frères, de Guillaume Adémar, Sgr d'Anglars, etc. (Grosse en parchemin.)

VII. — François de Lentilhac Iᵉʳ du nom, damoiseau, Sgr de Lentilhac et de la Motte d'Ardus, servit avec son père et son frère aîné dans les guerres contre les Anglais ; il était l'un des cinquante-sept écuyers de

---

(1) Ce couvent avait été placé d'abord sous l'obédience de l'abbesse de Leyme, seulement pour la confirmation de l'élection de la prieure, car la fondatrice voulut que toute l'autorité appartînt à cette dernière ; mais cette réserve en faveur de l'abbesse de Leyme avait cessé en 1360, et le nouveau couvent fut sous l'obédience de l'abbé de Cîteaux.

la compagnie accordée par le duc d'Anjou à messire Marques de Cardaillac, chevalier, pour la garde et la défense de la ville de Cahors, suivant la montre qui en fut faite, le 4 juin 1369. (*Trésor généalogique* de D. VILLEVIEILLE.) François de Lentilhac servit depuis dans la compagnie de gens d'armes de Huguet de Cardaillac, comme on le voit par le rôle de la revue qui en fut faite à Villefranche, le 23 juin 1377, par messire Gui de Lasteyrie, sénéchal et capitaine de Rouergue. (Bibliothèque royale : fonds de Gaignières, n° 787, vol. intitulé : *Montres et Revues*, fol. 187.) Il y eut une sentence arbitrale rendue au château de Lentilhac, le 11 janvier 1384 (vieux style), entre François, S^{gr} de Lentilhac, et Guillaume de Naucèle, co-seigneur du même lieu. François de Lentilhac épousa, par contrat passé à Clairvaux, le 25 janvier 1386 (vieux style), devant Jean de Cayron, clerc, notaire impérial, épiscopal et prioral de Clairvaux, Lombarde des Ondes. Cette famille porte : *de gueules, à trois fasces ondées d'argent.* Elle était fille de noble Olric des Ondes, damoiseau du petit château de Sales et de la paroisse de Saint-Loup au diocèse de Rodez, lequel constitua en dot, à sa fille, 1,000 deniers d'or appelés francs, dont le paiement fut cautionné par nobles hommes Berard de Murat, Jean de Saint-Félix, Frotard de la Tour, et Bernard Jourdain, damoiseaux. Les témoins de ce contrat furent messire Jean de Morlhon, chevalier, S^{gr} de Venzac ; Jean de Morlhon, Guillaume Adémar (*Azemarii*), S^{gr} d'Anglars en Quercy, et Jean de Montmurat, du château de Montmurat au diocèse de Saint-Flour. (Grosse en parchemin.) François de Lentilhac transigea avec Guischarde, abbesse de la Voie-du-Ciel, par acte passé devant Jean Castel, notaire, le 16 février 1388 (vieux style), au sujet de certains cens et revenus réclamés par cette dame, et de divers legs faits à son monastère par Déodat de Lentilhac, père de François; celui-ci fit abandon à ladite Guiscarde et à sa communauté de vingt-huit setiers et une quarte de froment qu'elles lui devaient annuellement. Le 11 octobre 1391, suivant acte passé devant le même Jean Castel, clerc, notaire royal, noble Raimond Medici, du château de Peyrusse, co-seigneur de Lentilhac, autorisé de noble Guiscard Bec, son curateur, passa obligation, au lieu de Capdenac, de 80 deniers de francs d'or, dont il était redevable à Françoise de Lentilhac, pour restant de sa quote-part dans la somme que ce dernier avait avancée pour la rançon de la place de Lentilhac, dont les Anglais s'étaient emparés. (Originaux en parchemin.) Le 28 janvier de la même année 1391 (vieux style), suivant acte passé devant le même notaire, le même Raimond Medici vendit à François de Lentilhac tout ce qui lui appartenait en biens, maisons, terres, prés, vignes, bois, cens, rentes, acaptes, juridiction haute, moyenne et basse, murs, barbacanes, forteresse et tous autres droits, actions et devoirs quelconques que ledit Raimond Medici possédait aux château et châtellenie, appartenances et district de Lentilhac (1), et dans les paroisses

---

(1) Raimond Medici tenait ces droits sur le château de Lentilhac, et tous les autres compris dans la cession, de Bernard Medici, son père, auquel Jean et Bernard de Capdenac frères les avaient cédés par acte du 2 janvier 1360 (vieux style), passé devant Mauclany, notaire.

de Lunan, Saint-Félix, Puzac, Felzins, et leurs appartenances et juridiction, et ce du fleuve du Lot, vers le château de Lentilhac et les églises desdites paroisses. François, Sᵐ de Lentilhac, damoiseau, fut présent, le 1er février 1392 (vieux style), à l'hommage rendu au comte d'Armagnac par noble et puissant homme Déodat Barasc, damoiseau, Sᵐ de Beduer, pour ce qu'il tenait de ce prince en la paroisse de Saint-Laurent de Corn. (Bur. des finances de Montauban, petit livre n° 6, fol. 80.) Le 22 février 1399 (vieux style), suivant acte passé devant Gérard de Rebenhiis, clerc, notaire royal, noble Serdane Medici, veuve de Guillaume Valette, bourgeois de Rodez, confirme la vente précédemment faite par noble Raimond Medici, son frère, à François, Sgr de Lentilhac, de cens, rentes, revenus et droits féodaux, situés à Lentilhac. (Grosse en parchemin.) François de Lentilhac fut témoin d'une donation de 800 florins d'or, faite par noble Antoine de Faydit de Beduer, à noble Archambaud Aymar (Adémar), son cousin, suivant acte reçu par Redon, notaire à Figeac, le 25 juillet 1408. (*Manuscrit* de l'abbé LAVAISSIÈRE, T. II, p. 219.) François de Lentilhac avait épousé, en secondes noces, Almoys de Merle. La famille de Merle porte : *d'azur, à deux cotices de sable, accompagnées de six merlettes de même en orle.* C'est pour cette seconde épouse que François de Lentilhac fonda un obit dans le monastère de Vic, par le testament qu'il fit, le 18 janvier 1413 (vieux style), devant Raimond del Magnials, prêtre, prieur de Lentilhac et notaire impérial. Il légua aux religieuses de ce couvent une rente perpétuelle de cinq setiers de seigle pour leur nourriture pendant la Quadragésime, 10 sous monnaie de Quercy, et, à chacune d'elles, 10 sous pour leur luminaire, et pareille somme à l'œuvre; enfin un setier de froment pour son anniversaire, qu'il ordonne être célébré tous les ans, à perpétuité, le jour de son décès. Il institua ses deux fils, Jean et François, ses héritiers universels par égales parts, les substituant l'un à l'autre; fit des legs à ses autres enfants mâles, qu'il appela graduellement à la même substitution, et, à leur défaut, un enfant mâle de sa fille, Françoise, à la charge de porter le nom et les armes de Lentilhac; enfin, prévoyant le cas où il ne survivrait aucun des mâles appelés à cette substitution, il appela le monastère de Vic à recueillir tous ses biens de Capdenac, excepté ceux compris depuis le ruisseau de Donzenac jusqu'au Bec-de-Gralha, du côté de Lentilhac. (Grosse en parchemin, délivrée le 9 septembre 1423.) Ses enfants furent :

Du premier lit : 1° Jean, dont l'article suit ;

2° Déodat de Lentilhac : il était tuteur de Déodat de Lentilhac, son neveu, en 1436 ;

3° Antoine de Lentilhac, rappelé comme défunt, le 20 mars 1475 ;

4° Françoise de Lentilhac.

Du second lit : 5° François de Lentilhac. Son père lui donna pour curateur Jean de Lentilhac, son frère aîné, et pour tuteurs, nobles et puissants hommes messires Déodat Barasc, Sgr de Beduer, et Bernard, Sgr de Bar, chevaliers; Jean de Felzins, Sgr de Montmurat, et Raimond des Ondes, damoiseaux. Il mourut sans postérité.

VIII. — Jean de Lentilhac, écuyer, Sgr de Lentilhac, obtint du roi Charles VI, le 11 novembre 1417, des lettres de commission à l'effet d'obliger certains co-seigneurs de la basse justice de Lentilhac, de payer leur quote-part d'une somme de 1,200 livres tournois que François de Lentilhac, son père, avait jadis payée de ses deniers aux Anglais pour la restitution du lieu de Lentilhac, dont ils s'étaient emparés, et dont la haute justice appartenait audit Jean de Lentilhac ; lesdites lettres datées de Paris et signées du roi, à la relation de son conseil, avec l'attache de Raimond de Salanhac (de Salignac), chambellan de Sa Majesté, et son sénéchal en Quercy. (Original en parchemin.) Jean de Lentilhac fit une acquisition de Gérard de l'Hôpital, bourgeois de la ville de Figeac, par acte passé devant Guillaume de Cabrespines, clerc, notaire royal en cette ville, le 24 janvier 1420 (vieux style). Peu d'années après, il s'éleva, entre le seigneur de Lentilhac et les habitants des château, châtellenie et juridiction du même lieu, un débat relativement aux réparations générales de ce château et des bâtiments en dépendants. Le seigneur de Lentilhac prétendait que les habitants devaient faire toutes ces réparations ; ceux-ci, au contraire, soutenaient n'y être obligés que pour une partie. Par un accord conclu audit château de Lentilhac, devant Durand Cavelain, notaire royal d'Asprières, les habitants se soumirent à quelques autres réparations en sus de celles auxquelles ils avouaient être sujets, moyennant la remise à eux faite par Jean de Lentilhac, et ce jusqu'à l'époque de cet accord, des peines par eux encourues à l'occasion des crimes, délits et forfaitures qu'ils avaient commis ; ce seigneur se réservant toutefois, à lui et à ses successeurs, la liberté de faire valoir, par la suite, les mêmes droits à la généralité desquels il n'avait dérogé que pour un temps. (Grosse en parchemin, délivrée par Madoc, notaire royal à Asprières, le 5 août 1511.) Jean de Lentilhac ne vivait plus en 1436. Il avait épousé Marguerite de Rolland de Valon, fille de noble et puissant homme messire Amalric de Rolland, chevalier, Sgr de Valon. Elle survécut longtemps à son mari, et fit son testament au château de Lentilhac, le 20 mars 1475. Elle voulut être inhumée dans l'église de Lentilhac, au tombeau de feu messire Antoine de Lentilhac. (Protocole d'Antoine Cavelain, notaire royal, fol. 98, recto.) Jean de Lentilhac avait eu deux fils et trois filles :

1º Déodat ou Dieudonné IIe du nom, dont l'article suit.

2º Gui dit Guinot de Lentilhac, auquel sa mère légua 100 livres tournois. Il épousa, après l'année 1478, Jeanne du Sel, dame de Mézy, veuve de Robert de Pardieu, chevalier, Sgr de Montebourg, et fille et héritière d'Hector du Sel, écuyer, Sgr de Mézy, et d'Elisabeth Le Vicomte. Guinot de Lentilhac est qualifié écuyer, Sgr de Mézy, dans un aveu et dénombrement qu'il rendit pour cette terre à l'abbaye de Saint-Denis en France, le 16 juillet 1483. (Cabinet généalogique, série des titres originaux, au mot d'Usel.) Guinot de Lentilhac vivait en 1486.

3º Aldoyne de Lentilhac, femme de noble Jean de Murat.

4º Jeanne de Lentilhac, religieuse au monastère de la Voie-du-Ciel, à Vic.

5º Guiscarde de Lentilhac, mariée avec noble Guibert de Luzech, dont elle eut : Déodat de Luzech, légataire de Marguerite de Rolland, en 1475.

IX. — Déodat ou Dieudonné de Lentilhac IIe du nom, Sgr de Lentilhac, co-seigneur de la baronnie de Felzins et des lieux et château de Capdenac, au diocèse de Cahors, et de Salvanhac et de Lunan, au diocèse de Rodez, était mineur lors d'une reconnaissance de biens-fonds mouvants de la seigneurie de Lentilhac, qu'il reçut, le 29 mars 1436, devant Durand Cavelain, clerc, notaire royal. (Grosse en parchemin.) Par une sentence rendue aux assises de Capdenac, le 22 mai 1448, noble Déodat de Lentilhac et l'abbaye de Vic, voisine du château de Capdenac, furent maintenus, contre les officiers royaux du même château, dans le libre exercice des droits qui leur appartenaient à raison des terres, fiefs, etc., qu'ils possédaient dans la juridiction de Capdenac, en vertu d'une donation faite, le 4 novembre 1357, par noble Ricarde Buffet, fille et héritière universelle d'Etienne Buffet, co-seigneur de Capdenac et de Lentilhac, et veuve de noble Bertrand de Lentilhac. On voit, par cette sentence, que ces droits consistaient, pour Déodat de Lentilhac, en la justice haute et mixte impère, et, par indivis entre lui et l'abbaye de Vic, en la justice moyenne et basse, mère et impère. (Grosse orig., signée de Durand de Pedio, clerc, notaire public de Villefranche de Rouergue.) Déodat de Lentilhac consentit un arrentement au profit de Bernard de Rioussol, habitant du mas del Batut, paroisse de Lunan, par acte du 10 janvier 1474, passé devant Antoine Cavelain, notaire royal. (Orig. aux protocoles du même notaire, fol. 27, recto.) Déodat fut institué héritier universel de Marguerite de Rolland de Vallon, sa mère, le 20 mars 1475. Le 10 décembre 1476, suivant acte reçu par Antoine Cavelain, notaire royal, il arrenta à Guillaume, Jeanne Calmel, sa femme, et Jean Calmel, du lieu de Cuzac, le mas de la Marjonie, situé dans les paroisses de Felzins et de Cuzac, avec une vigne et deux terrains, situés dans ce même lieu. (Id., fol. 175.) Noble et puissant homme Déodat de Lentilhac, Sgr des château et châtellenie de Lentilhac, co-seigneur de la baronnie de Felzins et des lieux de Capdenac et de Salvanhac, fit un testament au château de Lentilhac, le 13 décembre 1486, devant Pierre Belet, notaire royal de la ville de Figeac. Il prescrivit sa sépulture dans l'église de Lentilhac, en la chapelle de Saint-Jacques, aux tombeaux de sa mère et de sa femme; ordonna qu'il y eût à son enterrement, au service de l'octave et à celui du bout de l'an, cent prêtres pour lui dire chacun une messe de *requiem*, et il leur assigna à chacun 30 deniers tournois, outre leur dîner. Il voulut aussi que treize pauvres, auxquels il donna à chacun une canne de drap noir, pour s'en vêtir aux trois jours précités, y assistassent, portant chacun un cierge d'une livre et demie, avec l'écusson de ses armes. Par une autre disposition, il constitua une rente à l'église de Lentilhac, pour la célébration à perpétuité de son anniversaire, et il fit nombre de libéralités aux religieuses de Vic et à divers couvents, églises et hôpitaux. Enfin il voulut que son héritier fît à ses tenanciers de la châtellenie de Lentilhac et des lieux de Capdenac, Salvanhac, la Roque-Bouillac et de la baronnie de Felzins, remise de la moitié de leurs redevances pendant les deux années qui suivront son décès. Il établit une succession graduelle en faveur de son fils et des enfants mâles de celui-ci et de ses filles, et, au défaut de ses enfants de l'un et de l'autre sexe, en faveur de Guinot de Lentilhac, son frère, et de celui de ses enfants mâles qu'il lui plairait de nommer pour la recueillir; enfin, au défaut d'enfants du même

Guinot, au profit de Déodat de Lescure, petit-fils et filleul du testateur, à la charge par lui et ses descendants de porter le nom et les armes de Lentilhac. Déodat II⁰ du nom avait épousé Catherine Vigier, nommée dans le contrat de mariage de Jeanne de Lentilhac, sa fille, en 1475. Elle était sœur de Jean Vigier, évêque de Lavaur. De ce mariage sont provenus :

1⁰ Amalric, dont on va parler ;

2⁰ Jeanne de Lentilhac, mariée, par contrat du 28 juin 1475, avec noble et puissant seigneur Louis Chauveron, chevalier, Sgr de la Motte-Chauveron, de la Prugne, etc., fils d'Antoine Chauveron, chevalier, Sgr de la Motte-Chauveron, et de Françoise du Bois (Preuves de cour de la maison Chauveron, en 1757 et 1777) ;

3⁰ Fine (Delphine) de Lentilhac, mariée avec noble et puissant homme Pierre de Lescure, chevalier, Sgr de Lescure, de Marcel et de Belcastel ;

4⁰ Catherine de Lentilhac, épouse de magnifique et scientifique homme messire Jean Sarrati, docteur ès-droits et avocat du roi au parlement de Toulouse ;

5⁰ Marguerite de Lentilhac, prieure du monastère de Bonnesagne ;

6⁰ Flore de Lentilhac, religieuse au monastère de Vic.

Fils naturel de Déodat II⁰ de Lentilhac : Claude, bâtard de Lentilhac, homme d'armes en la compagnie de cinquante lances des ordonnances du roi, sous la charge de Jean de Polignac, Sgr de Beaumont, suivant le rôle d'une revue passée, à Dinan, le 12 mars 1489. (*Mémoire pour servir de preuves à l'Histoire de Bretagne*, par D. MORICE, T. III, col. 636.) Claude, bâtard de Lentilhac, se trouvait à Paris, le 22 août 1493, lorsque Orléans, héraut d'armes du duc d'Orléans, y proclama un pas d'armes fameux dans les annales du temps ; et qui fut tenu au château de Sandricourt, les 16, 17, 18 et 19 septembre de la même année (1), par Jean de Poitiers, Sgr de Saint-Vallier ; Bernard de Clermont, vicomte de Tallard ; Louis de Hédouville, Sgr de Sandricourt ; Jean de Méry, Sgr de Camican ; Georges de Sully, Gounin de Coucy, Jean de Hédouville, Sgr de Frémicourt ; Pierre d'Orgemont, Sgr de Mery ; Jacques de Tinteville, grand-veneur du duc d'Orléans ; Dampjean, chef de guerre, et Jean de Saint-Soudain, écuyer. Le bâtard de Lentilhac alla se faire inscrire, pour combattre à ce pas d'armes, en compagnie de François de Sassenaye, Adrien de Jeuly, Sgr d'Abbecourt ; Jacques de Marcillac, Méri de Thibouillier dit Montault, Jean de Vignolles, Gilles de Compincourt et Guillaume de Méry, maréchal-des-logis du duc d'Orléans. Le 19 septembre, dernier jour de ce pas d'armes, le bâtard de Lentilhac désarma de son épée Louis de Hédouville, Sgr de Sandricourt. (WISON DE LA COLOMBIÈRE, *Théâtre d'honneur et de chevalerie*, p. 162.)

(1) On peut voir dans la Colombière, pages 147 à 169, le récit curieux de ce pas d'armes, d'après le héraut Orléans. Toute la noblesse des environs de Paris assista à ces joutes périlleuses, et beaucoup de gentilshommes des provinces éloignées y prirent part. On remarquait, parmi ces derniers, Jacques de Coligny, seigneur de Chastillon et d'Andelot, et Gaspard de Coligny, son frère, Jean de Saint-Amadour, Louis de Rochefort, Jacques de Sully, François de Theligny, qui fut depuis sénéchal de Rouergue, etc. Les juges du camp, outre les dames, étaient le seigneur de la Roche-Guyon (Bertin de Silly), le seigneur de Montmorency, le bailli de Gisors, le bailli de Senlis, le seigneur du Bellay, et Ambroise de Villiers-l'Isle-Adam, seigneur de Vallengoujart.

X. — **Amalric de Lentilhac**, chevalier, Sgr des château et mandement de Lentilhac et de la Mothe-d'Ardus, co-seigneur des baronnies de Cos et de Felzins et des lieux de Capdenac, de Salvanhac, de Cuzac, etc., servait, en 1473, dans l'armée que Louis XI leva pour châtier la rébellion de Jean V, comte d'Armagnac. Robert de Balzac, sénéchal d'Agénois, son parent, lui fit épouser, en 1474, Jeanne de la Villatelle, dame de la Motte-d'Ardus, fille et héritière de noble Bernard de la Villatelle, Sgr de la Motte-d'Ardus. Elle mourut sans enfants, après avoir institué Amalric de Lentilhac son héritier. De la Villatelle porte : *d'azur, à la bande d'argent.*

Il épousa, en secondes noces, par contrat passé au château de Recumbis, baronnie de Castelpers, diocèse et sénéchaussée de Rodez, le 29 janvier 1492 (vieux style), devant Pierre Fabri, clerc, bachelier ès-droit, notaire du chapitre de Toulouse, et Jean Guillot, notaire royal en cette dernière ville, noble Delphine de Castelpers, laquelle fut assistée de dame Catherine de Châteauneuf, sa mère, et de Bertrand de Castelpers, vicomte d'Ambialet, son frère, qui lui constituèrent en dot 3,000 livres. Jean Vigier, évêque de Lavour, oncle d'Amalric de Lentilhac, fut présent à ce contrat de mariage. (Grosse en parchemin.) De Castelpers porte : *d'azur, au château à trois tours d'argent.* Amalric de Lentilhac donna des lettres d'investiture, le 4 août 1495, en faveur de messire Jean del Verdier, prêtre, pour une chenevière qu'il avait achetée dans la mouvance de la baronnie de Felzins. (Grosse signée de Jean Frachier, notaire royal.) Il existait au village de Floirac, en la terre et châtellenie de Lentilhac, une mine d'argent et de plomb qui avait suscité différents procès au parlement de Toulouse et au grand conseil, entre Amalric, Sgr de Lentilhac, et Jean Lombart, écuyer, Sgr de Mercy, commissaire député par le roi au fait des mines du royaume. Ces débats furent terminés au moyen d'une somme de 100 livres tournois pour laquelle le commissaire royal se désista de toutes ses poursuites et prétentions. Cette transaction fut passée devant Hilaire Grossin, tabellion juré du scel établi aux contrats de la châtellenie de Blois, le 6 février 1508 (vieux style), en présence de Florimont Frotier, secrétaire du roi, trésorier de l'artillerie, et de Louis Benoist, commissaire ordinaire de l'artillerie. (Orig. en parchemin.) Amalric de Lentilhac autorisa l'élection qui fut faite, le 23 mars 1524, des magistrats municipaux de la paroisse de Lentilhac, et mourut peu après, le 28 août 1530. Il laissa de Delphine de Castelpers, qui lui survécut :

1º François II° du nom, qui suit ;

2º Guinot de Lentilhac : ses père et mère lui léguèrent 1,500 livres tournois, dont il donna quittance à son frère aîné, par acte du 13 novembre 1532, devant le viguier royal de la ville de Figeac et son lieutenant, acte rédigé par Pierre Tracy, clerc, notaire royal de la même ville (copie collationnée). Guinot, appelé aussi Gui ou Guison, eut pour fils :

A — François de Lentilhac, auquel François II° de Lentilhac, son oncle et parrain, fit donation de la quatrième partie de ses biens, le 20 octobre 1576 ;

B — Geraud de Lentilhac, auquel François, Sgr de Lentilhac, fit donation de deux maisons, situées à Saint-Félix, par acte du 8 juillet 1607, passé devant Pilhes, notaire royal.

3° Gabriel de Lentilhac, clerc : il étudia, à Paris, pendant deux ans, puis à Toulouse, pendant vingt-et-un mois. En 1540, il plaidait contre son frère aîné pour la part qui lui revenait dans les successions de ses père et mère.

4° Louis de Lentilhac, chanoine du chapitre de Sainte-Foi de Conques, en 1544 : il vivait encore en 1566. (*Rec.* de DOAT, abbaye de Conques, T. II, fol. 293, 297.)

5° Antoinette de Lentilhac, mariée, le 27 juillet 1518, avec Guillaume de Naves, Sgr de Verdun, fils de noble Antoine de Naves, Sgr de Bride, et neveu de Bringuier de Naves, recteur de Morlas et de Greyssac. Le lendemain, 28 juillet 1518, suivant acte passé devant d'Astroy, notaire royal, le Sgr de Lentilhac donna, pour toute légitime, à sa fille, une somme de 1,500 livres. (Grosse en papier.)

6° Cécile de Lentilhac, mariée, par contrat du 29 janvier 1529 (vieux style), avec noble Durand de Volonzac, fils de noble Gui de Volonzac, écuyer, Sgr de Volonzac et d'Eyssials, co-seigneur de Campnac. Delphine de Castelpers, épouse d'Amalric de Lentilhac, qui était retenue au lit par maladie, reconnut la dot qui avait été constituée à Cécile de Lentilhac, sa fille, et promit de faire ratifier le contrat par François de Lentilhac, son fils aîné, suivant acte passé devant Bertrand Moissand, notaire royal, le 28 août 1530.

XI. — François de Lentilhac IIe du nom, chevalier, Sgr de Lentilhac, de Lunan et de la Mothe-d'Ardus, co-baron de Felzins et de Cuzac, co-seigneur de Salvanhac, commissaire ordinaire de l'artillerie de France sous le roi François Ier, épousa, par contrat passé, à Bouillac en Rouergue, devant Gilles de Madoc, notaire, le 24 janvier 1539, Antoinette de la Roque-Bouillac, fille de Jean, Sgr de la Roque-Bouillac, de Viviers et de Fernoel, lieutenant d'une compagnie de cent hommes d'armes sous la charge de M. de Genouillac, grand-écuyer de France, et de Catherine de Morlhon. (Orig. en papier.) Cette famille porte : *d'argent, au chef d'azur, chargé de trois rocs d'échiquier d'or.* Le 31 janvier de la même année 1539, le roi François Ier donna des lettres portant que Jean de Breilh, bachelier ès-droits, au nom et comme fondé de pouvoir de François de Lentilhac, lui avait fait, ce même jour, foi et hommage à cause des lieux et paroisses de Saint-Loup, de Salvanhac et du village du Clop, François de Lentilhac est qualifié seigneur baron de Lentilhac, dans un appel qu'il fit au parlement de Toulouse, en 1547, d'une sentence obtenue contre lui du lieutenant sénéchal de Quercy, par Balthazar, Sgr de Narbonnes, contre lequel il était en procès, et qu'il fit ajourner, par arrêt du 3 juin, à comparaître dans trois semaines devant cette cour, pour rendre compte des violences qu'il avait commises devant le château de Lentilhac, assisté de quatre-vingts ou cent hommes armés. (Orig.) François de Lentilhac, en mariant son fils aîné, en 1572, avec Marguerite d'Aubusson, lui avait fait donation de la moitié de tous ses biens, ainsi qu'il s'y était engagé dans son propre contrat de mariage avec Antoinette de la Roque-Bouillac, en 1539. Voulant reconnaître les services que sondit fils et les parents de sa femme lui avaient rendus en le retirant sans rançon des mains des religionnaires, qui l'ayaient conduit et retenu longtemps prisonnier à Montauban, il lui fit donation entre vifs, par acte passé devant Jean Bardolin, notaire royal, à Figeac, le 20 octobre 1576, de la place et seigneurie de la Mothe-d'Ardus, dont il se réserva l'usufruit, sa vie durant, et le revenu également viager à ses filles, Cécile et Jeanne, à la condition par le donataire de poursuivre, à ses frais, le procès pendant au grand-conseil, à raison de l'abbaye de Vic, entre ladite dame Cécile de Lentilhac et noble Antoine de Narbonnes. François IIe de Lentilhac fit divers testaments, les 7 mai 1560, 1er mai 1567 et 1er février 1578 ; le dernier est du 26 décembre 1580. Il vivait encore le 4 février 1581, et mourut avant le 2 juin 1582. Il avait eu de son mariage avec Antoinette de la Roque-Bouillac :

1° François IIIe du nom, mentionné ci-après.

2° Cécile de Lentilhac, qui fut élue abbesse de la Voie-du-Ciel de Vic, vers la fin de l'année 1571. Son élection fut confirmée par lettre apostolique du pape Pie V, des ides d'avril 1572 ; puis, après la mort de ce pontife, par bulle du pape Grégoire XIII, du 8 des calendes de juin de la même année, elle fut bénie en l'église collégiale de Saint-Jean, à Toulouse, le troisième dimanche du mois de novembre 1577, par Dominique de Bigorre, évêque d'Alby.

3° Jeanne de Lentilhac, qui fit profession avec sa sœur, Cécile, au couvent de Vic, le 10 septembre 1552. Elle en fut élue prieure, le 28 septembre 1590, élection approuvée par son frère, François, S^{gr} de Lentilhac, comme patron de cette abbaye, par lettre du lendemain 29, et confirmée par bulle du pape Clément VIII du 5 des ides de février 1591.

4° Marie de Lentilhac, religieuse à Vic, où elle fit profession, le 1er janvier 1560.

5° Hélène de Lentilhac, novice au monastère de Vic : elle ne fit pas profession, et se maria avec noble Etienne de Montratier, S^{gr} de Favols. Elle en eut, entre autres enfants, un fils que François de Lentilhac, père de ladite Hélène, substitua à son fils François, par testament du 6 mai 1567, dans le cas où ce dernier décèderait sans enfants, à la condition de porter le nom et les armes de Lentilhac. Au défaut du fils d'Hélène de Lentilhac, ce fut un enfant mâle de Françoise de Lentilhac, son autre fille, épouse de noble Christophe de Gribault, qui fut appelé à recueillir cette substitution sous les mêmes charges.

6° Catherine de Lentilhac, femme de Gui de Gribault, S^{gr} de Saint-Agut et de Clavières en Haute-Auvergne : elle était veuve, en 1582, et vivait en 1591. Elle avait eu pour fille :

Gilberte de Gribault, mariée à noble Gabriel de Giscard, S^{gr} de Cavanhac, de Mesels, de la Giscardie, etc. François IIe de Lentilhac, à la citation de l'abbesse de Vic, sa fille, et au préjudice de François de Lentilhac, son fils, ayant fait donation entre vifs, par acte du 18 juillet 1578, audit Gabriel Giscard, de la place de la Mothe-d'Ardus, avec toutes ses dépendances, cette donation excita de vives discussions, et un procès terminé au profit du seigneur de Lentilhac, par arrêt du parlement de Toulouse, du 16 décembre 1591, lequel annula les donations faites au profit de Catherine de Lentilhac et de Gabriel de Giscard, son gendre.

7º Françoise de Lentilhac, mariée : 1º, avant le 7 novembre 1560, avec noble Christophe de Gribault, fils de noble Antoine de Gribault, S$^\text{gr}$ de Potz et de Clavières ; 2º avec Théodore de Corn, S$^\text{gr}$ de Corn et de Sonnac, fils de Jean, S$^\text{gr}$ de Corn et de Sonnac, et de Catherine de la Tourette. Elle eut, de son second mari, une fille unique :

Catherine, dame de Corn et de Sonnac (héritière de la branche aînée de sa famille), mariée : 1º, par contrat du 5 novembre 1606, avec Jean, *alias* Louis de Ricard de Gourdon de Genouillac de Vaillac, S$^\text{gr}$ de Reilhac (dont une fille, Françoise de Gourdon de Genouilhac, dame de Sonnac, terre qu'elle porta en dot à Jean-Louis de Lostange, comte de Beduer) ; 2º avec François de Lentilhac IV$^\text{e}$ du nom, baron de Lentilhac et de Felzins, son cousin germain.

XII. — François de Lentilhac III$^\text{e}$ du nom, baron de Lentilhac, S$^\text{gr}$ de la Mothe-d'Ardus, de Grialou, de Solognac, co-baron de Felzins, co-seigneur de Cos, de Capdenac, de Salvanhac, de Cuzac, de Lunan et autres lieux, épousa, par contrat passé en la ville de Martel en Quercy, devant Pierre Renaud, notaire royal, résidant à Brive, le 15 mai 1572, Marguerite d'Aubusson, veuve de François de Sainte-Fortunade, S$^\text{gr}$ dudit lieu et de Chadirac, et fille de feu Jean d'Aubusson, S$^\text{gr}$ de Castelnouvel, de Beauregard, etc., et d'Antoinette de Lomagne-Terride. Aubusson porte : *d'or, à la croix ancrée de gueules*. Cette dame se constitua en dot la somme de 13,000 livres, que François de Lentilhac s'obligea d'asseoir sur tous ses biens, la place, terre et seigneurie de la Mothe-d'Ardus exceptée. Ces époux firent des acquisitions, le 25 janvier et 23 octobre 1574, 21 mars et 2 juin 1575, 10 mars 1583 et 30 septembre 1589. Marguerite d'Aubusson donna des lettres d'investiture, les 12 janvier et 21 décembre 1587, et son mari, le 9 mars 1593. Un certificat du 18 janvier 1590, du lieutenant général au siége de Figeac, du sénéchal et gouverneur de Quercy, porte que François de Lentilhac avait toujours été fidèle à la religion catholique, et qu'il avait combattu et combattait encore pour icelle. (Orig. signé de Lacombe, lieutenant général.) François de Lentilhac a laissé de son mariage avec Marguerite d'Aubusson :

1º François IV$^\text{e}$ du nom, dont l'article suit ;

2º Floret de Lentilhac, reçu chevalier de l'ordre de Saint-Jean de Jérusalem, au grand-prieuré de Toulouse, en 1593 (1) ;

---

(1) L'enquête de ses preuves testimoniales fut faite devant l'église de Lévignac en Rouergue, le 13 octobre 1593, par Guillaume de Verfeuil, commandeur de Pailhez, et Philippe de Corbérac, chevalier dudit ordre. Les témoins entendus furent : Balthazard de Corn dit d'Ampave, sacristain de l'église cathédrale de Rodez, et vicaire-général de l'église abbatiale de Figeac ; messire Pons de Morlhon, chevalier, seigneur de Camburac en Quercy, capitaine de cinquante hommes d'armes ; messire Balthazard de Felzins, baron dudit lieu, seigneur de Montmurat en Auvergne, chevalier de l'ordre du roi ; messire Antoine de Moret, chevalier, seigneur de Montarnal, et messire François de Marcenac, protonotaire du Saint-Siége, prévôt de l'église collégiale de Sainte-Foy de Conques en Rouergue ; Robert de Saint-Géry, seigneur de Salvagnac ; Antoine de Naucaze, seigneur de Boisse en Rouergue, de Naucaze en Auvergne, et de Bessonie en Quercy, lesquels attestèrent la catholicité et la noblesse de nom et d'armes de Floret de Lentilhac. Ses

3° Ignace de Lentilhac, religieux de la compagnie de Jésus, à Bordeaux : il fit son testament, le 17 avril 1614, étant sur le point de prononcer ses vœux, et vivait encore le 26 juin 1625 ;

4° Flotard de Lentilhac, qui fut aussi jésuite ;

5° Isabelle de Lentilhac, mariée, par contrat du 5 juin 1593, avec Pierre de la Panouse, Sgr du Colombier, de Golignac, etc., fils d'autre Pierre de la Panouse, Sgr du Colombier, et d'Antoinette de Rodez de Montalègre. Elle fit son testament au château du Colombier, le 22 juin 1630, et fut inhumée dans l'église de Mondalazac, au tombeau de la famille de son mari.

XIII. — François de Lentilhac IVe du nom, seigneur, baron de Lentilhac, de Felzins, de Mier, etc., seigneur de la Motte-d'Ardus, de Selognac, de Grialou, co-seigneur de Capdenac, de Marcillac, de Bouillac, de Salvanhac et autres places, né au mois de janvier, et baptisé le 10 février 1580, acquit de messire François de la Roque-Bouillac, son beau-frère, la place, terre, seigneurie et baronnie de Mier, située dans le Haut-Quercy, pour la somme de 79,000 livres tournois, par acte passé au château de Lentilhac, le 2 janvier 1613, devant Pierre Dusuc et Hugues Gallier, notaires et tabellions de la ville de Figeac en Quercy, et du lieu de Bouillac en Rouergue. Il est institué héritier universel de son frère, Ignace de Lentilhac, par le testament qu'il fit devant Pierre Bouhet, notaire royal et garde-notes héréditaire en la ville de Bordeaux, le 17 avril 1614. François de Lentilhac fut marié deux fois : 1° par contrat passé au château de Saint-Géry, diocèse d'Alby, devant Antoine Lafarge, notaire royal de la ville de Rabastens en Albigeois, le 1er mars

---

quartiers se trouvent au T. I, fol. 446 des Quartiers des chevaliers de l'ordre de Saint-Jean de Jérusalem, des prieurés de Saint-Gilles et de Toulouse, à la bibliothèque de l'Arsenal. Nous les transcrivons en les complétant d'après les titres.

Floret de Lentilhac, du diocèse de Cahors, présenté au prieuré de Toulouse, en 1593, était fils de François de Lentilhac, seigneur baron dudit lieu, de la Mothe-d'Ardus en Quercy, et de Cuzac en Rouergue, et de Marguerite d'Aubusson. François était fils d'autre François de Lentilhac, seigneur baron de Lentilhac, commissaire ordinaire de l'artillerie de France, et d'Antoinette de la Roque-Bouillac, fille de Jean, seigneur de la Roque-Bouillac, lieutenant d'une compagnie de cent hommes d'armes des ordonnances du roi, et de Catherine de Morlhon. François était fils d'Amalric, seigneur de Lentilhac, et de Delphine de Castelpers.

Marguerite d'Aubusson mère était fille de Jean d'Aubusson, seigneur de Castelnouvel et de Beauregard, et d'Antoinette de Lomagne-Terride, fille de Georges de Lomagne, seigneur de Terride, vicomte de Gimois, et de Claude de Cardaillac, mariés le 5 mai 1499 ; et ledit Jean était fils de François d'Aubusson, seigneur de Beauregard, et de Jeanne d'Abzac de la Douze, mariés le 15 juillet 1515.

De Lentilhac : *de gueules, à la bande d'or.*

De Castelpers : *d'azur, au château à trois tours d'argent.*

De la Roque-Bouillac : *d'argent, au chef d'azur, chargé de trois rocs d'échiquier d'or.*

De Morlhon : *de gueules, au lion d'or, lampassé et armé d'argent.*

D'Aubusson : *d'or, à la croix ancrée de gueules.*

De Lomagne-Terride : *de gueules, au lion d'or.*

De Cardaillac : *de gueules, au lion d'argent, lampassé, armé et couronné d'or, accompagné de treize besants d'argent en orle.*

D'Abzac de la Douze : *écartelé aux 1er et 4e d'argent, à la bande et à la bordure d'azur, chargées de neuf besants d'or, 3, 3 et 3 (un seul sur la bande), qui est d'Abzac ; aux 2e et 3e d'or, à la face de gueules, accompagnée de six fleurs de lis d'azur,* qui est de Barrière.

1604, mariage célébré après dispense de parenté, datée de Rome aux ides (13) d'avril de la même année, avec Gabrielle de la Roque-Bouillac, fille de messire Georges de la Roque-Bouillac, Sgr dudit lieu, de Ferrières, de Saint-Géry et autres places, et d'Antoinette, dame de Baulac et de Saint-Géry. La Roque-Bouillac porte : *d'argent, au chef d'azur, chargé de trois rocs d'échiquier d'or*. Gabrielle de la Roque-Bouillac fit son testament au château de Lentilhac, le 20 avril 1615, devant Vilhies et Carriols, notaires royaux. Elle voulut être inhumée dans l'église de Lentilhac, au tombeau des prédécesseurs de son mari, auquel elle légua la moitié de ses biens, et à leurs enfants l'autre moitié, pour être partagée entre eux par égales parts; 2º avec Catherine de Corn, veuve de Louis Ricard de Gourdon de Genouillac, Sgr de Reilhac, et fille de Théodore, Sgr de Corn, et de Françoise de Lentilhac. De Corn porte : *écartelé aux 1er et 4e d'azur, à deux cors de chasse d'or, liés, enguichés et virolés de gueules, contreposés*, qui est de Corn; *aux 2e et 3e bandés d'argent et de gueules*. Catherine de Corn était veuve de François de Lentilhac, en 1625, et vivait encore en 1673, âgée de près de cent ans. Le baron de Lentilhac avait fait son testament au château de Goudon, paroisse de Saint-Laurent de Corn, devant Pierre Pradié, notaire royal de la ville de Figeac, le 26 juin 1620. Il y ordonna sa sépulture, au tombeau de ses ancêtres, dans l'église de Lentilhac, et confia l'administration de ses biens à dame Catherine de Corn, sa seconde femme, jusqu'à ce que son héritier ou ses héritiers eussent atteint l'âge de vingt-cinq ans, lui adjoignant pour conseil dans cette administration Ignace de Lentilhac, religieux de la compagnie de Jésus. Ses enfants furent :

Du premier lit :

1º François Ve du nom, qui suit;

2º Joseph-Michel de Lentilhac, seigneur baron de Mier, auquel son père légua 10,000 livres tournois : il épousa Jeanne de Campmas, fille de noble Paul de Campmas, Sgr de Lieucamp en Rouergue, et de Françoise de Morlhon d'Asprières. Il en eut :

A. — François de Lentilhac, seigneur baron de Mier : il ne fut point marié, et institua Françoise de Lentilhac, sa sœur, son héritière universelle;

B. — N... de Lentilhac, Sgr de Rignac, qui a laissé de son mariage avec demoiselle N... Imbert :

Louise de Lentilhac, épouse de noble Jean du Rieu, qui n'eut point d'enfants. Elle fit son héritier le seigneur de Lentilhac;

C. — Françoise de Lentilhac : elle fit donation de tous ses biens à Jacques de Campmas, Sgr de Canac. M. de Campmas de Saint-Cyr fut héritier de ce dernier;

D. — Marie-Claire de Mier de Lentilhac, reçue religieuse-professe du prieuré de Saint-Marc, de la ville de Martel, diocèse de Cahors, de l'ordre de Malte, le 28 mai 1688. (Cabin. des titres, série du Saint-Esprit, dossier Campmas.)

3º Gabriel de Lentilhac, Sgr de la Motte-d'Ardus : son père lui légua 10,000 livres tournois. Etant sur le point de partir pour l'armée, il fit deux testaments au château de Gimel, devant Lacaze, notaire royal audit lieu, les 11 août 1631 et 4 mai 1635. Il fit des legs à Michel de

Lentilhac, Sgr de Mier, son frère, et à ses sœurs : Antoinette, Isabeau, autre Isabeau, Marguerite, Catherine, Françoise et Jeanne, à Gabriel de Lentilhac, son neveu et filleul, à Antoine de Lentilhac, son autre neveu, et institua le baron de Lentilhac, son frère aîné, son héritier universel;

4° Claire-Antoinette de Lentilhac : son père lui légua, ainsi qu'à chacune de ses sœurs, 8,000 livres. Elle épousa, le 14 septembre 1633, Antoine de Boussac, Sgr de Boussac, au diocèse de Tulle ;

5° Isabeau de Lentilhac, demoiselle d'Eyrac, religieuse au couvent de Vic : elle fut présentée par son père, comme patron dudit couvent, et reçue le 29 octobre 1617;

6° Autre Isabeau de Lentilhac, mariée, avant l'année 1631, avec Jean Robert, Sr de Lauzide en Gascogne, dont elle était veuve en 1641 ;

7° Catherine de Lentilhac, demoiselle de Lunan ;

8° Marguerite de Lentilhac, demoiselle de Floirac ;

9° Jeanne de Lentilhac ;

10° Françoise de Lentilhac, mariée peu après le testament de son père, avec Jean, baron de Felzins, marquis de Montmurat, premier baron de Quercy, avec lequel elle vivait en 1643.

Du second lit :

11° autre Jeanne de Lentilhac : son père lui légua, ainsi qu'à chacune de ses sœurs du premier lit, 8,000 livres tournois.

XIV. — François de Lentilhac Ve du nom, seigneur baron de Lentilhac, de Felzins, de Gimel, de Saint-Yrieix, de Mier, Sgr de Brignac, de Sarran, de la Prade, de Grialou, de la Motte-d'Ardus (1), co-seigneur de Capdenac et autres places, né le 5 janvier 1612, eut pour curateur, suivant acte de nomination du 26 juin 1625, devant le lieutenant général de la cour et sénéchaussée du Quercy au siége de Figeac, noble Louis de la Fajole, Sgr dudit lieu, de Clermont, de Labatut, de Veyrières et autres lieux en Périgord. Il épousa, par contrat passé au château de Gimel en Bas-Limousin, diocèse de Tulle, le 27 octobre 1625, reconnu, le 21 janvier 1626, devant Duboys, notaire et tabellion royal, Matheline de Lavaur de Gimel, baronne de Gimel (2), fille de messire Antoine de Lavaur de Gimel, baron de Gimel, Sgr de Sarran, de Chapde, de la Rochebriand et autres places, et de dame Gasparde de Gimel, dame de Gimel. De Lavaur porte : *d'azur, au lion d'or*. Le 17 janvier 1626, François, baron de Lentilhac, fonda de procuration Pierre Combes, bachelier ès-droits, juge en sa terre et juridiction de Lentilhac, pour, en son nom et en son absence (3), recevoir la nomination qui devait être faite de quatre personnes par les consuls de Lentilhac en exercice l'année précédente, et en choisir deux pour les consuls de l'année actuelle, suivant le droit qu'en avaient toujours eu les seigneurs de Lentilhac,

---

(1) Il vendit cette terre 25,000 livres à noble Jean de Tornac, Sr d'Alès, de Cantemerle, etc., par acte reçu par Brandelac, notaire, le 12 avril 1638.

(2) La terre de Gimel avait anciennement, et conserva longtemps le titre de vicomté Renaud, vicomte de Gimel, soumit son château et sa vicomté à l'hommage de Raimond II, vicomte de Turenne, par charte du 26 janvier 1166. (*Mémoires* de M. Robert, du Dorat; *Recueil* de D. Fonteneau, T. XXIV, p. 415.)

(3) Il se trouvait alors au château de Gimel.

ses prédécesseurs. Le 22 février 1658, François de Lentilhac et Matheline de Lavaur de Gimel firent chacun leur testament particulier au château de Gimel, devant Masse, notaire royal; testament où les dispositions sont réciproques et semblables : ils élisent leur sépulture en l'église de Saint-Etienne de Gimel. François de Lentilhac confirme aux enfants de feu Jean-François, son fils aîné, la donation qu'il avait faite de la moitié de ses biens à ce dernier dans son contrat de mariage avec Philiberte de Sédière. Il fit des legs à ses autres enfants, et institua sa femme son héritière universelle, à la charge par elle de transmettre son hérédité à tel de leurs enfants ou des enfants de leur fils aîné qu'il lui plaira de choisir, sans toutefois qu'il soit fait aucune distraction de ladite hérédité. Matheline de Lavaur de Gimel fit un codicille, le 13 octobre 1659. De leur mariage sont provenus :

1º Jean-François, dont l'article suit ;

2º Gabriel de Lentilhac, qualifié marquis de Gimel et baron de Lentilhac, marié, par contrat du 19 octobre 1667, avec Claude de Beraud de Bar, de laquelle naquit :

Louis-François de Lentilhac, Sgr de Gimel, qui fut maintenu dans sa noblesse par M. Le Gendre, intendant de la généralité de Montauban, le 29 mai 1700 ;

3º Antoine de Lentilhac, qui fut légataire, avec son frère Gabriel, de leur oncle Gabriel de Lentilhac, Sgr de la Motte-d'Ardus, le 4 mai 1635. Antoine ne vivait plus en 1685 ;

4º Bertrand de Lentilhac, chevalier, seigneur, baron de Sarran, lieutenant-colonel du régiment de Rennepont-cavalerie, brigadier des armées du roi et chevalier de l'ordre de St-Louis ; il mourut après l'année 1698, sans enfants, de son mariage avec Barbe Gervaise, veuve de Philippe de Gondrecourt, Sgr de Rouvrois, et fille de Nicolas Gervaise, Sgr de Maizey, conseiller d'Etat et président en la cour souveraine de Nancy. (*Dict. des Gaules et de la France*, par l'abbé EXPILLY, T. III, p. 619.)

5º Michel de Lentilhac ;

6º Joseph de Lentilhac de Gimel, chevalier, seigneur, baron de Felzins, de Saint-Bazile près Argentat, marié, le 9 janvier 1683, avec Eléonore Brachet de la Gorce, veuve de Louis de la Salle, Sgr de Marzé, et fille d'Annet Brachet, Sgr du Mas-Laurent en la Marche, de la Gorce en Limousin, et de Floressac en Quercy, et d'Anne de Limoges. De ce mariage sont :

A — Claude de Lentilhac, seigneur, baron de Saint-Bazile, lieutenant-colonel du régiment de Camille, en 1698, non marié en 1719 ;

B. — Claude-François, baron de Lentilhac, de Gimel, Sgr du Fos dans la Marche, capitaine d'infanterie, puis dans le régiment d'Aubusson-cavalerie. Il s'allia, par contrat du 5 janvier 1710, avec Françoise de Saint-Julien, fille de Philibert de Saint-Julien, comte de Beauregard, Sgr de Peirudette, etc., et de Marie-Anne d'Aubusson de Savignac. Ses enfants furent :

a. — Jacques de Lentilhac de Gimel, Sgr de Saint-Bazile, mort sans postérité ;

b. — Hubert de Lentilhac, chanoine, comte de Lyon ;

c. — Marie-Constance de Lentilhac de Gimel, née le 1ᵉʳ et baptisée le 6 février 1713. Elle fut admise dans la maison royale de Saint-Cyr par brevet du roi Louis XV, de l'avis de M. le duc d'Orléans, régent, le 2 janvier 1723. Depuis elle fut reçue chanoinesse-comtesse de l'insigne chapitre de Remiremont, le 3 décembre 1736, et fut dame secrète de ce chapitre (1).

(1) Le tableau de ses seize quartiers de noblesse chapitrale, dressé pour le chapitre de Remiremont, par M. d'Hozier, et de lui certifié et signé, le 26 septembre 1733, existe dans les archives de la famille. (Orig. en parchemin.) Voici l'explication de ces quartiers :

Marie-Constance de Lentilhac, née le 1ᵉʳ et baptisée le 6 février 1713, était fille de Claude-François de Lentilhac, seigneur de Lentilhac, et de Françoise-Geneviève de Saint-Julien-Peirudette, mariés par contrat du 5 janvier 1710 ; Claude-François était fils de Joseph de Lentilhac, baron de Felzins, et d'Eléonore Brachet de la Gorce, mariés par contrat du 9 janvier 1683 ; Joseph était fils de François de Lentilhac, baron de Lentilhac et de Felzins, et de Matheline de Lavaur, dame de Gimel, mariés par contrat du 21 janvier 1626, celle-ci fille d'Antoine de Lavaur, baron de Gimel et de Sarran, et de Gasparde de Gimel ; François était fils d'autre François de Lentilhac, baron de Lentilhac, etc., et de Gabrielle de la Roque-Bouillac, mariés par contrat du 1ᵉʳ mars 1604.

Eléonore Brachet de la Gorce, aïeule paternelle, était fille d'Annet Brachet, seigneur du Mas-Laurent, et d'Anne de Limoges, dame de la Gorce, mariés par contrat du 20 novembre 1630 ; celle-ci fille de Jacques de Limoges, seigneur de la Gorce, et de Catherine de Hautefort, mariés par contrat du 5 juin 1607 ; Annet était fils de Louis Brachet, seigneur de Nouaille, et de Jacqueline de la Motte, mariés par contrat du 1ᵉʳ septembre 1603. (Cette dame testa le 2 octobre 1639.)

Françoise-Geneviève de Saint-Julien mère était fille de Philibert de Saint-Julien, comte de Beauregard, et de Marie-Anne d'Aubusson, mariés par contrat du 23 février 1686 ; Philibert était fils de Gaspard de Saint-Julien, seigneur de Beauregard, et de Jeanne Barthon de Montbas, mariés par contrat du 15 février 1632 ; celle-ci fille de Jean Barthon de Montbas et de Claude de la Roche-Aymon, mariés par contrat du 17 février 1608 ; Gaspard était fils de Claude, baron de Saint-Julien, et de Françoise de Pierrebuffière de Châteauneuf.

Marie-Anne d'Aubusson, aïeule maternelle, était fille de Jean-Georges d'Aubusson, seigneur de Savignac et de Miremont, et de Catherine de Saint-Chamans, mariés par contrat du 22 novembre 1640 ; cette dame, fille d'Edme de Saint-Chamans, seigneur du Pescher, et de Françoise de Badefol, mariés par contrat du 9 novembre 1611 ; Jean-Georges était fils de Jean d'Aubusson, seigneur de Villac, baron de Saint-Léger et d'Anne de Losse, mariés par contrat du 5 août 1602.

De Lentilhac : *de gueules, à la bande d'or.*
De la Roque-Bouillac : *d'argent, au chef d'azur, chargé de trois rocs d'échiquier d'or.*
De Lavaur : *d'azur, au lion d'or.*
De Gimel : *burelé d'argent et d'azur de dix pièces, à la bande de gueules, brochante sur le tout.*
Brachet : *d'azur, à deux chiens braques courant d'argent.*
De la Motte : *d'argent, à trois écussons de gueules.*
De Limoges : *d'argent, à six tourteaux de gueules.*
De Hautefort : *d'or, à trois fasces de sable.*
De Saint-Julien : *de sable, semé de billettes d'or, au lion de même, brochant.*
De Pierrebuffière : *de sable, au lion d'or.*
Barthon de Montbas : *d'azur, au cerf d'or à la reposée, au chef échiqueté d'or et de gueules de trois tirés.*
De la Roche-Aymon : *de sable, semé de molettes d'éperon d'or ; au lion du même, lampassé et armé de gueules, brochant.*
D'Aubusson : *d'or, à la croix ancrée de gueules.*
De Losse : *d'azur, à neuf étoiles d'or, à six rais.*
De Saint-Chamans : *de sinople, à trois fasces d'argent, à l'engrêlure du même.*
De Badefol : *d'azur, à la croix d'or, cantonnée aux 1ᵉʳ et 4ᵉ d'un besant d'or, aux 2ᵉ et 3ᵉ d'une dent ou défense d'argent, ensanglantée de gueules.*

d. — Catherine de Lentilhac, reçue chanoinesse-comtesse du même chapitre, le 2 avril 1737 ;

e. — Marie-Anne de Lentilhac de Gimel, reçue à Saint-Cyr, en 1720, depuis chanoinesse-comtesse de Remiremont, le 16 août 1738, et dame de la Croix-Etoilée de l'impératrice-reine Marie-Thérèse : elle épousa François-Joseph, marquis de Clermont-Tonnerre, S^{gr} d'Hamonville, maréchal-de-camp, lieutenant général et commandant en Dauphiné. Elle mourut au château de Champlâtreux, le 29 septembre 1776 ;

f. — Marie-Madeleine-Elisabeth de Lentilhac, reçue chanoinesse-comtesse de Remiremont, le 16 août 1738, puis dame chantre : elle vivait encore le 2 mai 1774, époque à laquelle elle obtint de Céleste-Hyacinthe de Brécy, doyenne du chapitre de Remiremont, Son Altesse Royale Christine de Saxe, abbesse, étant absente, un acte relatant les époques de sa réception et de celle de ses sœurs dans ce chapitre ;

g. — Autre Marie-Anne de Lentilhac, reçue chanoinesse-comtesse de Remiremont, le 16 août 1738.

C. — Marie de Lentilhac : elle vivait en 1719, non mariée ;

D. — Marie-Aimée de Lentilhac, mariée, au mois de mars 1714, avec Antoine de Salvert, S^{gr} de Clavière en Auvergne ;

7° Jean de Lentilhac, légataire de son père, le 22 février 1658 ;

8° Louis de Lentilhac ;

9° Jean-Joseph de Lentilhac ;

10° Jacques de Lentilhac ;

11° François VIe du nom, auteur de la branche des comtes et marquis de Lentilhac, rapporté ci-après ;

12° Autre François de Lentilhac, S^{gr} de Charnat, vivait en 1683 ;

13° Antoinette de Lentilhac, épouse, en 1650, de messire Jacques de Sédières, baron de Saint-Lantamart ;

14° Autre Antoinette de Lentilhac, demoiselle de Gimel, légataire de Gabriel de Lentilhac, son oncle, en 1631 : elle épousa messire Laurent de Reignac.

XV. — **Jean-François de Lentilhac**, chevalier, vicomte de Sédières, baron de Brignac, de Montamat, de Confolens, etc., S^{gr} de Saint-Yrieix, de Marcillac et autres places, fut nommé capitaine d'une compagnie de chevau-légers au régiment du duc de Créquy, par commission du 24 juin 1655 ; il fit cette campagne et la suivante sous M. de Turenne, contre les Espagnols, dans les Pays-Bas. Ce général lui donna un certificat de présence en son armée, daté du camp de Saint-Guislain, le 10 septembre 1656. Il mourut, à Paris, le 21 décembre de la même année, et fut inhumé dans l'église de Saint-Roch. (Lettres de M. l'abbé de la Vergne, et de M. Rousse, curé de Saint-Roch, du 22 décembre 1655.) Il avait épousé, par contrat passé au château de Sédières en Bas-Limousin, le 29 avril 1647, devant Massé, notaire royal, Philiberte de Sédières, dame et vicomtesse dudit lieu, fille et héritière de feu haut et puissant seigneur Charles, vicomte de Sédières, baron de Brignac, de Montamat et de Confolens, S^{gr} de Saint-Etienne, de Saint-Yrieix, de la Farge, de Marcillac, etc., et de haute et puissante dame Susanne de Groin de la Pouvrière, et petite-fille de Pierre, vicomte de Sédières, chevalier de l'ordre du roi. De ce mariage sont nés :

1° François-Mathurin, dont l'article suit ;

2° François de Lentilhac, mort jeune ;

3° Gabriel de Lentilhac, né le 20 août 1655 : Matheline de Lavour de Gimel, son aïeule, lui légua, ainsi qu'à son frère aîné et à sa sœur Marie-Françoise, à chacun une somme de 2,000 livres ;

4° Marie-Françoise de Lentilhac, abbesse du monastère de Beaumont, au diocèse de Clermont, le 11 avril 1700. (*Gallia christiana*, T. II, col. 182.) Elle vivait encore en 1739 ;

5° Françoise de Lentilhac.

XVI. — François-Mathurin de Lentilhac, chevalier, vicomte de Sédières, baron de Gimel, de Felzins, de Mier, de Brignac, de Montamat et de Confolens, Sgr de Salvanhac, de Grialou, de Saint-Etienne, de Saint-Yrieix, de la Farge, de Marcillac, co-seigneur de Capdenac et autres places, est nommé, avec son frère et sa sœur, dans le testament de François V, baron de Lentilhac, leur aïeul, du 22 février 1658, lequel leur assura la donation qu'il avait faite à leur père, dans son contrat de mariage avec Philiberte de Sédières, de la moitié de ses biens. François Mathurin épousa, par contrat passé au château de Blanat, paroisse de Saint-Michel de Banières en Quercy, le 20 juillet 1681, devant Leymonerie, notaire royal (mariage béni le 11 août suivant), Marie-Charlotte de Coustin du Masnadau, fille de messire Antoine-Charles de Coustin, chevalier, Sgr du Masnadau et autres places, et de dame Charlotte de Rilhac, et nièce de messire Annet de Coustin du Masnadau, seigneur, abbé commendataire de l'abbaye de Notre-Dame de Fontenay en Bourgogne, et prieur du Chazier en Limousin, lequel assista au contrat avec Joseph de Lentilhac, chevalier, Sgr de Felzins et de Saint-Bazile, oncle du vicomte de Sédières. Ce dernier fit un accord en la ville de Tulle, le 18 octobre 1683, suivant acte passé devant Lacoste, notaire royal en cette ville, avec ses oncles messires Gabriel de Lentilhac, baron de Gimel et autres places ; Joseph de Lentilhac, baron de Felzins, héritier testamentaire du seigneur de Saint-Martial, son frère, François de Lentilhac, chevalier de Gimel, héritier du seigneur de Lunan ; autre François de Lentilhac, Sgr de Charnat, et messire Laurent de Reignac, mari d'Antoinette de Lentilhac, au sujet de leurs droits successifs paternels et maternels, dont François-Mathurin fut tenu quitte moyennant une somme de 8,000 livres, qu'il assura à chacun de sesdits oncles. Le vicomte de Sédières plaidait au parlement de Bordeaux contre Jean-François de Lentilhac en 1687. Il contribua au service du ban et arrière-ban, représenté par Jean de Rouffignac, suivant une quittance de 200 livres que lui donna ce dernier, le 16 mai 1693, pour ce service pendant ladite année. François-Mathurin survécut à Marie-Charlotte du Masnadau, décédée avant le 8 avril 1720. Il en avait eu :

1° Louis-Marie de Lentilhac, chevalier, marquis de Sédières, baron de Gimel, etc., né le 16 septembre 1683, marié avec Anne de Beyssac, dont il n'eut point d'enfants, et qu'il institua son héritière. Elle se remaria, en 1730, avec Bertrand, comte de Lentilhac ;

2° François VIe du nom, dont l'article suit ;

3° Gabrielle-Thérèse de Lentilhac, née le 2 juin 1698.

XVII. — François de Lentilhac VIe du nom, chevalier, dit le comte de Sédières, S^gr de Feix, de Vergt, etc., né le 31 juillet 1688, épousa, au lieu de la Bouldoire, paroisse d'Eyren, par contrat du 10 juillet 1721, passé devant Pinard, notaire royal, Jeanne de Boussac, fille de messire François de Boussac, chevalier, S^gr de Vergt, et de feue dame Marie-Susanne de la Borde. De Boussac porte : *d'azur, au sautoir denché d'or, cantonné de quatre croissants d'argent*. François de Lentilhac fit son testament le 13 juin 1729, et voulut être inhumé en la chapelle de Saint-Laurent de Sédières, au tombeau de ses prédécesseurs. Il institua ses héritiers universels sa femme et son beau-frère messire Claude de Boussac, prêtre, docteur en théologie, curé de Soudeilles, à la charge de remettre son hérédité entière à son fils aîné, auquel il substitua graduellement ses autres enfants. Jeanne de Boussac vivait encore en 1769. Il en avait eu :

1° Antoine-Armand-Régis, dont l'article suit ;

2° Louis-Marie, *alias* Louis-Marie-Anne de Lentilhac, chevalier, comte de Sédières, S^gr dudit lieu et autres places, chevalier de l'ordre de Saint-Louis, brigadier des armées du roi, commandant de la partie du sud de l'île de Saint-Dominique. Il habitait le quartier de la Petite-Anse, paroisse de Notre-Dame de la Conception, lors du mariage de Louis-Marie-Joseph de Lentilhac, son neveu, en 1769. Il lui fit donation au contrat de tous ses droits de légitime dans les biens de ses père et mère, et le subrogea en son lieu et place à l'acquisition qu'il avait faite de dame Anne de Beyssac, veuve de messire Bertrand de Lentilhac, son fils, de la terre et vicomté de Sédières, par contrat du 29 novembre 1764, passé devant Bruzac, notaire, à Tulle. Il se maria trois fois : 1° avec demoiselle Cauvet, dont il n'eut pas d'enfants ; 2° avec demoiselle Juchereau de Saint-Denis ; 3° avec Claude-Catherine du Fourq, veuve de Nicolas du Mahaut, officier d'artillerie, et fille de messire Simon du Fourq, écuyer, doyen du conseil souverain au Port-au-Prince. Le comte de Sédières a eu pour enfants, du second lit :

A. — N... de Lentilhac de Sédières, mariée avec Constantin Gravier, alors vicomte, depuis comte de Vergennes, ancien ministre plénipotentiaire de Louis XVI à Munich, maréchal-de-camp et capitaine des gardes de la porte du roi, fils aîné du comte de Vergennes, ambassadeur à Constantinople, puis ministre des affaires étrangères sous Louis XVI.

Du troisième lit : *B*. — Louis-Joseph, comte de Lentilhac de Sédières, né le 9 octobre 1774, marié avec N... Gravier de Vergennes, fille de Louis-François Gravier, vicomte de Vergennes, maréchal-de-camp (frère du comte Constantin de Vergennes) et de Claire Pinel de la Palun, mort sans postérité.

3° Louis dit l'abbé de Lentilhac, comte de Lyon, dignitaire du chapitre de Remiremont, mort en émigration, à Fribourg ;

4° Marie-Eléonore de Lentilhac, abbesse du monastère de Maux ;

5° Marie-Louise de Lentilhac, abbesse de Beaumont ;

6° Marie-Anne de Lentilhac, abbesse de Brageac ;

7° Victoire de Lentilhac ;

8° Adrienne-Marie-Françoise de Lentilhac, abbesse de Vic.

XVIII. — Antoine-Armand-Régis de Lentilhac, chevalier, comte de Sédières, épousa, avec dispense de Rome, et par contrat passé à Feyx, paroisse de Champagnac-la-Nouaille en Bas-Limousin, le 22 juin 1744, devant Pinardel et Lalle, notaires royaux, Léonarde-Gabrielle de Meillars de la Verniolle, fille de feu messire Henri de Meillars, écuyer, S⁀ᵍʳ de la Verniolle, et de dame Victoire de Lentilhac. De Meillars porte : *d'or, à trois pals de gueules, chacun chargé de trois étoiles d'argent.* Ce contrat de mariage fut passé en présence de messires Jean et Etienne de Cardailhac, écuyers, habitant au château de la Nouailhe, paroisse de Champagnac, et signé ainsi : Lentilhac de la Verniolle, de Boussac de Sédières, Meillars de la Verniolle, de Sédières, de Lentilhac, l'abbé de Cardailhac, de Cardailhac, de Sédières, de Mareille, l'abbé de Sédières, de Boussac, de Vert, le chevalier de la Vergnolle, le Mas de Meillars, l'abbé de Montaignac, de Montaignac, etc., etc. Léonarde-Gabrielle de Meillars était veuve lors d'un accord sous seings-privés qu'elle passa avec Jeanne de Boussac, sa belle-mère, le 6 juillet 1749. Elle ne vivait plus en 1769, et avait laissé un fils, qui suit.

XIX. — **Louis-Marie-Joseph**, comte de Lentilhac de Sédières, né le 31 décembre 1745, entra dans les mousquetaires gris de la garde du roi au mois de février 1763, et fut nommé, par commission du 24 mars 1774, capitaine à la suite du régiment de Noailles; il fut fait premier aide-de-camp du maréchal de Mouchy, commandant en chef en Guienne en 1776, lieutenant-colonel en 1779, et chevalier de l'ordre de Saint-Louis : élu député aux Etats généraux du royaume, en 1789, il se retira, à l'époque de la réunion des ordres, avec l'agrément de ses commettants, alla se réunir en Gévaudan aux royalistes commandés par M. d'Apchier, et de là se rendit à Coblentz, en août 1791, comme commissaire de la noblesse des bailliages du Haut et Bas-Limousin, près de Son Altesse Royale le comte de Provence. Les princes le nommèrent officier supérieur avec rang de colonel dans la première compagnie noble d'ordonnance, le 1ᵉʳ mai 1792. Pendant cette campagne, il commanda la 6ᵉ brigade. En 1795, il fut nommé pour accompagner *Monsieur* en France, et se trouva à Quiberon et à l'Ile-Dieu. Il fut promu au grade de maréchal-de-camp, le 1ᵉʳ janvier 1798, pour prendre rang du 1ᵉʳ juillet 1794. Le comte de Lentilhac-Sédières est mort à Londres, le 12 juin 1801. Il avait épousé, par contrat passé au couvent de Vic près Capdenac, le 9 août 1769, devant Caussé, notaire royal de la baronnie de Capdenac, Charlotte-Cécile Casseignes de la Nusse, fille de messire Bernard Cassaignes de la Nusse, écuyer, ancien capitaine de cavalerie, commandant des quartiers du Limbe, Port-Margot, Borgne et Plaisance au cap François, île de Saint-Domingue, et de feue dame Ansel. Louis-Marie-Joseph avait fait ses preuves pour les honneurs de la cour au mois de mars 1782 (1). De son mariage sont issus :

1° **Alexandre-Louis-Marie-Anne**, comte de Lentilhac de Sédières, reçu chevalier de l'ordre de Malte, le 12 juin 1780, non marié;

---

(1) Voir ces preuves dans le dépôt de l'ancien cabinet du Saint-Esprit, à la Bibliothèque royale (il en existe une expédition dans les archives de la famille). Ses états de services, tirés des registres déposés au ministère de la maison du roi, quatrième cahier des extraits de mémoires et de demandes, p. 58, n° 1131, et reg. 29, p. 23, ont été certifiés par le directeur général du ministère de la maison du roi, ayant le portefeuille, comte de Pradel, le 1 octobre 1819.

2º Jeanne de Lentilhac de Sédières, mariée à Louis de Passefond, baron de Carbonat.

Comtes et marquis de Lentilhac.

XV bis. — François de Lentilhac VIe du nom, chevalier, S^{gr} de Lentilhac, de Bétut, de Nonars et autres places, fils puîné de François V^e du nom, baron de Lentilhac, de Felzins, de Gimel, de Mier, etc., et de Matheline de Lavour, baronne de Gimel, fut connu dans sa jeunesse sous le nom de chevalier de Gimel. Il naquit vers 1640, et fut légataire particulier de son père, le 22 février 1658. Il fit un accord avec Mathurin de Lentilhac, vicomte de Sédières, son neveu, le 18 octobre 1683, et s'allia, par contrat passé au château de Bétut, paroisse de Chenaillers en Limousin, le 5 juin 1685, devant Daudubert, notaire royal, avec Gabrielle de Gimel, veuve de messire Alexandre du Martret, écuyer, S^{gr} de Bétut, de Nonars et autres lieux. De Gimel porte : *burelé d'argent et d'azur, de dix pièces à la bande de gueules brochante sur le tout*. Le seigneur de Lentilhac est nommé dans deux jugements du bureau des finances de Montauban des 27 mai et 17 novembre 1698, qui le maintiennent contre les prétentions du fermier du domaine de cette généralité en la mouvance des terres de Felzins et de Lentilhac. François de Lentilhac mourut, à Verdun, colonel en second du régiment du prince Charles de Lorraine, mestre-de-camp de cavalerie, brigadier des armées du roi, et chevalier de l'ordre de Saint-Louis. Gabrielle de Gimel fit son testament olographe, à Bétut, le 28 janvier 1734, testament déposé le même jour en l'étude de Pierre Bourdis, notaire royal, et ouvert après la mort de cette dame, le 1er mai 1769 ; elle voulut être inhumée en un tombeau de la chapelle qu'elle avait dans l'église de Chenaillers. Anne de Beyssac, marquise de Sédières, veuve de messire Bertrand, comte de Lentilhac, fils aîné dudit Bertrand. Du mariage de François VIe de Lentilhac et de Gabrielle de Gimel étaient provenus :

1º Louis-François de Lentilhac, chevalier, S^{gr} dudit lieu et autres places. Une ordonnance du bureau des finances de la généralité de Montauban, du 3 septembre 1725, le déchargea de l'assignation qui lui avait été donnée pour rendre hommage au roi à raison des fiefs, rentes et biens nobles qu'il possédait dans les lieux de Saint-Jean-de-Mirabel, de Saint-Félix, de Lunan et autres dépendants de la châtellenie et justice de Lentilhac, attendu que cette châtellenie relevait de l'abbaye de Figeac. « Ladite ordonnance rendue sur le vu de l'extrait du don fait par Pépin, roi de France, à l'abbaye de Figeac, en 755 (1) ; des lettres de confirmation d'icelui par Philippe de Valois, de l'an 1344 ; de l'hommage rendu par Déodat de Lentilhac en 1335 ; des reconnaissances consenties par les emphytéotes de divers fiefs situés dans les lieux de Lunan, Saint-Jean-de-Mirabel et Saint-Félix en faveur des héritiers de messire

---

(1) Il y a ici erreur, non de fait, mais d'époque, l'abbaye de Figeac ayant été fondée en 838, par Pépin Ier, roi d'Aquitaine. Voir une note sur cette fondation au commencement de cet article.

François (IV) de Lentilhac, Sgr dudit lieu et autres places, des 13 septembre 1623 et 31 mars 1625, ensemble de la copie du jugement rendu par le bureau des finances dudit Montauban, au profit de l'abbé de Figeac, du 17 novembre 1698, qui maintient ledit abbé dans la mouvance de ladite terre de Lentilhac, et autres pièces justificatives du refus que ledit seigneur de Lentilhac faisait de rendre au roi l'hommage qu'on lui demandait pour ladite seigneurie de Lentilhac. » (Expédition en parchemin, signée Moulinet, greffier en chef.) Louis-François mourut avant l'année 1730, sans postérité ;

2° Bertrand, qui a continué la descendance ;

3° François de Lentilhac, chevalier, capitaine au régiment de Beaucaire, en 1734 ;

4° Gabrielle Lentilhac, épouse de Joseph de la Brue, Sgr de Noisières.

XVI. — Bertrand de Lentilhac, chevalier, comte de Lentilhac, baron de Felzins, Sgr de Bétut, de Nonars et autres places, capitaine au régiment du prince de Turenne-cavalerie, épousa, par contrat passé au château de Gimel, le 19 février 1730, devant Bech, notaire royal à Corrèze, dame Anne de Beyssac, vicomtesse de Sédières, baronne de Gimel, veuve de messire Louis-Marie de Lentilhac, chevalier, seigneur, marquis de Sédières, baron de Gimel, et fille de feu messire Joseph de Beyssac, écuyer, Sgr dudit lieu, et de dame Marie le Comte de Mousseau. De Beyssac porte : *d'argent, à l'arbre de sinople, dans lequel est perchée une colombe d'argent.* Anne de Beyssac, restée veuve de Bertrand de Lentilhac avant l'année 1734, lui survécut longtemps, et fit deux testaments au château de Lentilhac, les 27 février 1769 et 13 juin 1776, ce dernier reçu par Vaissié, notaire royal. Ses enfants furent :

1° Gabriel-Léonard-Louis, dont l'article suit ;

2° François de Lentilhac, baron de Lentilhac et de Gimel, Sgr de Bétut, né le 24 février 1734, capitaine de cavalerie dans le régiment de Marcieu, en 1761, puis dans Royal-Pologne, en 1769, chevalier de l'ordre de Saint-Louis, mort en émigration ;

3° Isabeau de Lentilhac, née le 17 mai 1732.

XVII. — Gabriel-Léonard-Louis de Lentilhac, chevalier, comte de Lentilhac, baron de Felzins, Sgr de Vic, de Saint-Félix, de Capdenac et autres places, commissaire de la noblesse de la province du Quercy, et membre de l'administration provinciale de Guienne, né le 16 février 1731, décédé en 1801, avait épousé, par contrat du 9 janvier 1758, passé devant Pechmeja, notaire royal, à Villefranche en Rouergue (mariage béni le 5 février suivant), Marie-Louise-Sylvestre de Cruzy de Marcillac, fille de haut et puissant seigneur messire Jean-Armand de Cruzy de Marcillac, chevalier, comte de Marcillac, baron de Mels, Sgr de Savignac, de Colombes, de la Barthe, d'Ampave, de Lieucamp et autres places, ancien capitaine au régiment de Marcillac-cavalerie, chevalier de l'ordre de Saint-Louis, et de défunte haute et puissante dame Anne-Elisabeth de Corn d'Ampare. De Cruzy porte : *écartelé aux 1er et 4e d'azur, à trois roses d'argent,* qui est de Cruzy ; *aux 2e et 3e d'or, à trois fasces de gueules,* qui est de Goth. De ce mariage sont issus :

1° François-Charles, dont l'article suit.

2° Louis-François-Dominique, chevalier, puis vicomte de Lentilhac, né au château de Lentilhac, le 25 janvier 1762 ; il entra cadet au régiment Royal-Pologne-cavalerie, le 4 avril 1778, et y fut successivement sous-lieutenant, le 21 septembre 1781, lieutenant, puis capitaine, le 8 février 1786; il émigra le 11 août 1791, et, après avoir fait la campagne de 1792 à l'armée des princes français, comme sous-aide-major des chevau-légers de la garde ordinaire du roi, il entra maréchal-des-logis dans la cavalerie noble d'Etienne Damas, et y fit en cette qualité et comme officier les campagnes de 1794 et 1795 ; il rejoignit l'armée de Condé avec ce corps, et y fit, comme capitaine (chef d'escadron) d'une compagnie de hussards au même régiment, les campagnes de 1796 et 1797 ; il passa officier dans le régiment noble à cheval du duc d'Angoulême, à sa formation en Russie, et y remplit les fonctions d'adjudant d'escadron pendant la campagne de 1799, et celles de sous-aide-major pendant les campagnes de 1800 et 1801. Un certificat donné à Rein en Styrie, par Son Altesse Royale le duc d'Angoulême, le 22 février 1801 (1), porte que le vicomte de Lentilhac s'est trouvé dans ces différentes campagnes à toutes les affaires, et s'y est distingué par ses talents militaires et la valeur la plus brillante. Au retour des Bourbons, il fut créé maréchal-de-camp; il accompagna Son Altesse Royale le duc d'Angoulême dans le midi, lors de l'invasion de Bonaparte, en mars 1815, et le suivit en Espagne. Le prince le nomma commandant du département des Hautes-Pyrénées par lettres de service du 14 janvier 1816, et le nomma lieutenant du roi des places de Charlemont et de Givet, le 7 octobre 1818; il fut fait officier de la Légion-d'Honneur le 1er octobre 1821, commandeur de l'ordre de Saint-Louis le 8 août 1825, lieutenant général des armées du roi et membre du conseil royal des invalides. Il est mort sans enfants, le 24 janvier 1829.

3º Gabriel-Joseph-Félicité, baron de Lentilhac, né le 1er janvier 1763, au château de Lentilhac, officier au régiment de Forez-infanterie, en 1785; il fut tué, en 1792, en s'opposant à l'insubordination d'un bataillon de son régiment; il n'était pas non plus marié.

4º Anne-Armande de Lentilhac, née au château de Lentilhac, le 11 septembre 1759, épouse du comte Valon de Saint-Hippolyte.

XVIII. — François-Charles, marquis de Lentilhac, né au château de Lentilhac, le 25 octobre 1760, fut institué héritier universel d'Anne de Beyssac, son aïeule. Il entra volontairement dans le régiment Royal-Pologne-cavalerie, le 24 avril 1775; il y fut fait successivement sous-lieutenant à la suite le 10 août 1777, lieutenant en pied le 8 août 1779, puis capitaine ; il émigra en 1791, et fit toutes les campagnes jusqu'au licenciement général, en 1801 ; il fut reçu chevalier de l'ordre de Saint-Louis le même jour que le vicomte de Lentilhac, son frère, par le prince de Condé, à Memmingen, le 7 août 1796. Le marquis de Lentilhac, ancien officier supérieur de cavalerie, fut nommé inspecteur des gardes nationales du département du Lot, en 1815; il est décédé au château de Lentilhac, le 24 janvier 1827 ; il avait épousé, par contrat passé à

---

(1) Les services et campagnes du vicomte de Lentilhac sont encore attestés par un certificat du prince de Condé, daté du quartier général de Feistritz, le 27 avril 1801.

Aurillac, le 21 novembre 1785, devant Delsuc et son collègue, notaires royaux de cette ville, contrat où il fut assisté de ses père et mère. Marie-Claude-Françoise-Angélique de Fraissy de Veirac, fille de très-haut et très-puissant seigneur messire François-Guillaume de Fraissy de Veirac, chevalier, Sgr de Veirac et autres lieux, mestre-de-camp de cavalerie, chevalier de l'ordre de Saint-Louis, et de feue dame Jeanne de Beauclair. De Fraisse de Veirac porte : *d'argent, à l'arbre de sinople, mouvant d'un croissant de gueules ; au chef d'azur, chargé de trois coquilles d'or.* Leurs enfants furent :

1º Louis-Victor, dont l'article suit ;

2º Marie-Louise-Françoise-Sylvestre, marquise de Lentilhac, née le 15 septembre 1786, chanoinesse du chapitre royal de Sainte-Anne de Munich ;

3º Anne-Françoise-Armande de Lentilhac, morte jeune.

XIX. — Louis-Victor, marquis de Lentilhac, né au château de Lentilhac, le 3 mars 1790, capitaine au corps royal d'état-major, chevalier de la Légion-d'Honneur et de l'ordre de Saint-Ferdinand d'Espagne, ancien aide-de-camp du marquis de Clermont-Tonnerre, ministre de la guerre, et du maréchal comte de Bourmont, fut élu député par le grand-collége du département du Lot, au mois de juillet 1830, et n'a pas siégé. Il a épousé : 1º, par contrat du 22 juillet 1821, Joséphine-Cécile de Marescot, décédée le 21 novembre 1822, fille unique d'Armand-Samuel, comte de Marescot, pair de France, lieutenant général, grand'croix de l'ordre de la Légion-d'Honneur, commandeur de l'ordre de Saint-Louis, ancien premier inspecteur général du génie, et de dame Cécile-Françoise-Charlotte-Rosalie de Thiezac. De Marescot porte : *parti, au 1er coupé d'argent à la bande de gueules, et d'azur à trois fusces de sable ; au 2e d'argent, à la croix ancrée de gueules ;* 2º, par contrat du 14 janvier 1830, Anne de Bouliette, fille de Félix-Edouard-Michel de Bouliette et de dame Alexandrine-Agathe-Adrienne de Bertrand de Beaumont. De Bouliette porte : *d'azur, au chevron d'or, surmonté d'une étoile du même, et accompagné en chef de deux croissants d'argent et en pointe d'une gerbe d'or.* Le marquis de Lentilhac a eu :

Du premier lit : 1º Cécile-Marie de Lentilhac, morte en bas-âge ;

Du second lit : 2º Gaston-Félix-Charles-Victor de Lentilhac, né à Paris, le 20 septembre 1831 ;

3º Marie-Alexandrine de Lentilhac, née à Paris, le 2 mai 1833 ;

4º Marthe-Anne-Alexandrine de Lentilhac, née à Paris, le 12 février 1837. (*Archives de la noblesse de France*, par M. LAINÉ, T. VIII.)

DE LÉOBARDY.

Armes : *Sur fond d'azur, au lion debout brandissant une hache, surmonté de trois étoiles d'azur, sur champ de sable.*

Cette famille, originaire d'Irlande, où elle portait le nom de O'Bardy, quitta son pays à la suite des persécutions d'Elisabeth, fille d'Henri VIII, contre le catholicisme, et vint se réfugier en France en 1570.

Son nom primitif de O'Bardy se changea plus tard en celui de Léobardy. Elle s'établit primitivement dans la paroisse de Bessines, où elle possédait le château de Pierrefiche. Sur deux vieilles croix de cette paroisse est encore inscrit le nom de Léobardy, et une des chapelles de l'église paroissiale de Bessines servait à la sépulture des membres de cette famille. On y retrouve encore l'inscription suivante : P. DE LÉOBARDY, 1762.

Il existe dans la commune de Nantiat un village du nom de Léobardy, auquel cette famille a dû donner son nom.

On trouve, en 1641, François de Léobardy, procureur général, à Razès.

Jean de Léobardy avait épousé Marie Vauzelle, laquelle habitait Pierrefiche, lorsque leur fille Jeanne se maria, le 28 novembre 1669, avec Charles Duchâteau.

En 1672, François de Léobardy, son fils, juge de Saint-Pardoux et de Fromental, épousa Anne Chouly, dont : 1º Jacques, baptisé le 10 mars 1672 ; 2º Philippe, baptisé à Bessines, le 10 avril 1686, ayant pour parrain un autre Philippe de Léobardy.

Robert de Léobardy, Sr de Mazant, juge de Monisme, épousa, en 1686, Valérie Martin du Moulin-Blanc, dont : 1º Jean ; 2º Jeanne ; 3º François, baptisé le 18 juin 1670 ; 4º Françoise ; 5º Robert, baptisé, à Bessines, le 21 mai 1686.

En 1670, Guillaume de Léobardy était curé de Bussière-Rapit.

Jean de Léobardy, Sgr de la Bussière, épousa Marguerite Pabot, du village de Pierrefiche, dont Jeanne, baptisée le 4 juin 1693, ayant pour parrain François de Léobardy, Sr de la Couture, et pour marraine, Jeanne de Léobardy.

En 1705, on trouve Robert de Léobardy, Sr de Fraismaraix, paroisse de Folles. Sa sœur, Jeanne, épousa, en 1709, M. de Laurent.

En 1709, Gaspard de Léobardy, Sr de la Roche, paroisse de Bessines, épousa Anne Sudrot de Morterolles, dont : Pierre, qui suit.

Pierre de Léobardy, Sr de la Roche, procureur d'office, à Monisme, épousa, en 1754, Anne Lafleur, fille de Jean-Baptiste Lafleur, Sgr de Lascoux. (Registres paroissiaux de Bessines.)

N... Léobardy-la-Roche, vicaire de Saint-Christophe près Sauviat, était soumis à la déportation, en 1793, pour refus du serment schismatique. (Archives de la Haute-Vienne, série Q, liasse 242.)

Il résulte des divers manuscrits qu'une branche de cette famille vint se fixer, vers 1750, au château du Vignaud, paroisse de la Jonchère, où elle existe encore. La branche de Bessines est éteinte.

On trouve, avant cette époque, le nom de Mazan ajouté à celui de Léobardy : c'était le nom d'une propriété seigneuriale de la branche des Léobardy du Vignaud.

Léonard de Léobardy de Mazan, mousquetaire du roi, en 1725, dans la 1re compagnie. (N'étaient admis dans les mousquetaires du roi que les gentilshommes ayant fourni leurs preuves de noblesse.) Il épousa demoiselle Marcelle Senson de Royère, dont : Guillaume, qui suit.

(On trouve aussi, à cette époque, Philippe de Léobardy de Mazan, qui épousa Catherine du Châtenet. Il y avait aussi, en 1740, une abbesse du Châtenet, et un de Léobardy de Mazan, abbé, à Bellac.)

Guillaume de Léobardy de Mazan, fils de Léonard, fut admis dans les gendarmes du roi quelques semaines avant le mariage de Louis XVI

(1770). Il fut présenté par le marquis de Razès, qui lui servit de parrain. Au retour du service, il fut nommé trésorier général des finances en la généralité de Limoges (1774). Il résulte d'une dispense de parenté accordée par le roi (1774) que son oncle Senson de Royère occupait pareille charge en la généralité de Limoges. En 1780, il épousa Catherine de Verthamont, dont Joseph et Thérèse, qui suivent.

Thérèse épousa, le 13 messidor an XI, M. Judde de Lajudie de Larivière.

Joseph de Léobardy de Mazan épousa, le 15 frimaire an XIII, Marie-Pauline Chaud de Laroderie, paroisse de Sillars, près Montmorillon (Vienne), fille de M. Chaud de Laroderie, chevalier de Saint-Louis, et de Anne Baillot du Queyroix. De ce mariage sont nés : 1° Joséphine, qui épousa M. Auguste Muret de Pagnac, morte en février 1864 ; 2° Frédéric-Guillaume, né en 1807, mort, à Limoges, le 19 mars 1869 : il avait épousé Alexandrine Coudert de Sardent, dont il n'a pas eu d'enfants. Sous le règne de Louis-Philippe, il joua un rôle important dans la presse légitimiste de province : ses articles politiques, pleins d'élévation, illustrèrent plusieurs journaux, entre autres : *l'Ami des lois, la Gazette du Limousin, la Gazette du Centre ;* 3° Paul Antoine de Léobardy, élève de l'école Polytechnique, dont la révolution de 1830 brisa la carrière : il épousa Marie-Sophie du Authier, fille du comte du Authier, de la Baconnaille (Creuse), dont : *A* — Marguerite ; *B* — Charles, ci-après ; 4° Noémie, qui épousa M. Mazeau des Granges, conseiller général, chevalier de la Légion-d'Honneur ; 5° Nancy, morte sans être mariée ; 6° Charles de Léobardy, actuellement propriétaire de la terre du Vignaud, agronome distingué, à qui fut décernée la grande prime d'honneur au concours régional de 1870, à Limoges.

Du mariage de Paul avec Sophie du Authier, sont nés : 1° Marguerite, en religion sœur Marie de la Croix, au couvent de Sainte-Ursule, à Tours ; 2° Charles de Léobardy, marié, le 30 septembre 1872, avec Mlle Marie-Marguerite-Clémence Jarrit-Delille, fille de M. Louis-Etienne Jarrit-Delille, chevalier de la Légion-d'Honneur, membre de l'Assemblée nationale, pour la Creuse, dont : Hippolyte.

Cette famille est alliée aux familles Baillot du Queyroix, de la Bastide, Lamy de la Chapelle, de Ladmirault, Châtelard, de Vernheil du Puyrazeau, Chaud de Lenet, de Ventenat de la Celle, Rogues de Fursac, etc.

DE LEPINAS, seigneurs dudit lieu, paroisse de Treignac, 1496.

D'azur, à la fasce d'or, accompagnée en chef de deux étoiles d'argent, et en pointe d'un croissant du même. (LAINÉ, *Nobiliaire du Limousin.*)

LERIGET de la Faye, en Angoumois. Cette famille descend de Pierre Leriget de la Faye, pourvu d'un office de secrétaire du roi, le 23 juillet 1680. Ses descendants se sont distingués dans les armes, les sciences et les lettres.

D'azur, à la bande d'or, chargée de trois aiglettes de gueules. (LAINÉ, *Nobiliaire du Limousin.*)

LESBOULIÈRE (page 78).

Sérène de Leboleriis ou d'Arboliéras était abbesse des Allois en 1431.

En 1461, étant âgée de soixante-dix ans, elle se démit, et néanmoins elle gardait encore la qualification d'abbesse en 1464 et 1469. Elle fut ensevelie près du marche-pied du grand-autel des Allois. Ses armes, dont on ne connaît pas l'émail, étaient : *un croissant montant, accompagné de trois besants ou tourteaux.*

Mapia de Leboleriis ou Nabolières, prieure de Valeix (paroisse de Rosiers, canton de Châteauneuf, Haute-Vienne), figure comme abbesse des Allois dans un acte du 24 avril 1461.

Jeanne de Leboleriis ou Nebalières, prieure de Valeix, n'ayant que vingt ans, fut élue abbesse des Allois en 1462 : elle siégeait en 1478. Le 3 août 1486, elle révoqua la résignation de l'abbaye qu'elle avait faite en faveur de la suivante, sa nièce. Dans un acte, elle est dite parente de noble maître Jean de Nebalers, damoiseau, Sr de Gravant, paroisse de Salon.

Marguerite de Marbolieyras ou Lebolières, *alias* Nabolières et de la Granerie, était abbesse des Allois en janvier 1484 : alors elle n'avait que vingt-trois ans. Elle résigna à sa nièce, Françoise de Jounhac, le 20 juillet 1512, en se réservant une pension de 25 livres. Elle mourut le 19 août suivant, avec une grande réputation de piété. (*Les Allois*, par ROY DE PIERREFITTE.)

Marguerite de Lesboulières épousa, vers 1655, Antoine de Bort de Pierrefitte, fils de Charles et d'Anne de Montclar. (Généal. de Bort.)

Jean Martin, chevalier, Sr des Crossarts, marié, en 1530, à Françoise Laborrée, dame de Seignevielle.

N... Laboris, Sr de Plausadier et de Montorioux, épousa N..., dont : 1º Hester, mariée à Antoine Boeri, lieutenant des eaux et forêts de la Marche, Sr de Villemonteix (noms féodaux, 1669); 2º Antoinette, mariée à René Cousturier, Sr de Baleyte, conseiller du roi, élu en l'élection de la Marche, né le 27 février 1628, mort le 24 avril 1692; 3º Anne, mariée à René Roudeau, châtelain d'Ahun, 1669. (D. BETT.)

Claude Martin de Biencourt, chevalier, Sgr de Boisgenest, conseiller du roi en la sénéchaussée et siège présidial de la Marche, marié à Anne Laborrys; Claude Martin était fils d'Isaac Martin, mort en 1637, et d'Honorée de Biencourt, dame de Boisgenest.

Gabriel Laboureys, Sr de la Pigue, conseiller du roi, président, châtelain de la ville d'Aubusson, marié à Marie Trompodon. (Acte du 23 janvier 1718.) Les lettres de M. Laboreys de la Pigue sont scellées d'un cachet : *d'azur, au chevron de..., accompagné de trois fermeaux de..., l'ardillon en pal.* Ailleurs elles sont blasonnées : *d'argent, au chevron de sable, accompagné de trois fermeaux, l'ardillon en pal de même.*

N... Laboreys de Château-Favard, député du tiers aux états généraux de 1789, épousa N..., dont il n'eut point d'enfants.

N... de la Boreys de Beaupêche : états généraux de 1789, Berry. LA ROQUE et BARTH. (P. DE CESSAC, *Manuscrits*.)

Pierre-Augustin Laboreys de Châteaufavier, inspecteur des manufactures d'Aubusson, député du tiers-ordre aux états-généraux en 1789, est auteur d'un *Mémoire sur Aubusson et Felletin*. (L. DUVAL, *Cahiers de la Marche*, 1re partie, p. 109, et 2e partie, p. 74.)

N... Laboreys de Bospesche était membre de l'assemblée de la noblesse en 1789. — Bospesche est un château situé dans la commune de Domerot, canton de Jarnages (Creuse). — (*Idem*, 2e partie, p. 64.)

Pierre de Laboreix, Sgr de la Bussière et de Puisgrenier, président de l'assemblée du tiers-état en 1789, était né à Chénérailles, le 2 février 1721, nommé président-châtelain de Chénérailles le 14 octobre 1787, juge de paix et membre du conseil d'arrondissement d'Aubusson en 1807. (*Idem*, 2e partie, p. 77.)

LABOUREIX (p. 3).
Louis Laboureix possédait le fief de la Bussière, paroisse de Saint-Pardoux dans la Marche, 1684. (D. BETT.)

LABOURG:
Etienne Labourg, avocat, possédait le fief des Dangers, paroisse de Champ-Anglard dans la Marche, en 1665. (D. BETT.)

DE LESCOURS (page 78), seigneurs de Nieul, de Chastenet, etc., élections de Limoges et de Saintes, 1510. *Coticé d'or et d'azur*. (LAINÉ, *Nobiliaire du Limousin*.)

La maison de Lascours, l'une des plus anciennes et des plus illustres de la province de Guyenne, a donné son nom à une terre située sur la Dordogne près de Saint-Emilion, auparavant appelée Villeneuve; laquelle est passée, vers le milieu du siècle dernier, dans une famille étrangère. Elle est divisée en plusieurs branches, dont deux existent actuellement : l'une en Poitou, sous le titre de comte de Lescours, et l'autre en Saintonge, sous celui de marquis de Paransay. Cette maison figure depuis plus de cinq cents ans dans l'ordre de la plus pure noblesse, et prouve sa filiation depuis cette époque. Elle est dès ce temps décorée du titre de chevalier, et a ses tombeaux dans le chœur de Saint-Emilion ; ses armes, dans plusieurs endroits du chœur, prouvent qu'elle est fondatrice du chapitre. Elle a des services militaires, et joint à ces avantages celui d'avoir contracté des alliances illustres, telles que celles de Bernestorf, alliée à la couronne d'Angleterre, de Clermont de Pille, de Lecoq, de Cossé, de Courbon, Descodeca de Boisse, de Fronsac, de Gain de Linard, de Saint-Georges, de Green de Saint-Marsault, de Livenne, de Lousal..., de Pellegrue, de Saye, de Talleyrand, de Volvène, des Cars, de Coumart, de Po..., de Ségur, de Viry, d'Aligre, de Crussol, de Verthamont, de Pardailhan, de Roquetaillade, de Surgères, de Poix, d'Argenson, de Lamothe, de Fargues, de la Hirye, Montbaul de Mérinville et autres.

I. — Pierre de Lescours Ier du nom, chevalier, vivant en 1250, fut père de Pierre, qui suit.

II. — Pierre de Lescours IIe du nom, chevalier, qui épousa, par contrat du 26 février, Alays Arnaud, dont : 1o Hélie, qui suit ; 2o Raymond, marié avec Agnès de Fronsac, de laquelle il eut des enfants.

III. — Hélie de Lescours Ier du nom, qualifié damoiseau, puis chevalier, reçut un aveu le 17 avril 1291, passa un bail en 1294, et obtint une permission du roi Edouard, le 17 janvier, de faire bâtir une maison forte ou une forteresse dans la terre de Villeneuve, située sur le bord de la Dordogne près Saint-Emilion ; il avait épousé Hélène, qui le rendit père, entre autres enfants, de : 1º Elie de Lescours, qualifié de messire et chevalier dans une enquête du 28 octobre 1362 ; 2º de Léger, qui suit.

IV. — Léger de Lescours, damoiseau, qui fut convoqué, en 1446, avec son frère et les autres gentilshommes de la prévôté de Saint-Emilion, par le comte de Lancastre, à s'unir à la tête des chevaliers et des gens de pied qu'ils pourraient rassembler pour se rendre auprès du roi d'Angleterre et pour combattre ses ennemis. Il épousa Jeanne de Volvaine, dont vint Hélie, qui suit.

V. — Hélie de Lescours IIᵉ du nom, damoiseau, Sᵍʳ de Saint-Emilion, qui épousa, par contrat du 23 mars 1404, Catherine de Laye, fille d'Eycard, chevalier, et de Catherine de Pellagrue ; il fit son testament le 7 octobre 1413, et laissa pour enfants : 1º Eycard, qui suit ; 2º Pierre, Sᵍʳ en partie de Lescours et de Savignac, qui épousa Péronne de Ségur ; 3º, 4º et 5º, trois filles.

VI. — Eycard de Lescours, damoiseau, Sᵍʳ de l'hôtel de Lescours, de Saint-Emilion et de Savignac, reçut un aveu le 16 avril 1424, une procuration de sa mère le 11 février 1438 ; il fut père de : 1º Pierre IIIᵉ du nom, qui suit ; 2º Arnaud, damoiseau, Sᵍʳ de Lescours, qui épousa Jeanne de Lur, laquelle fit son testament le 14 juin 1478, et laissa des enfants en bas âge.

VII. — Pierre IIIᵉ du nom, écuyer, Sᵍʳ de Savignac, reçut un aveu le 4 mai 1461, donna en fief un domaine et ses dépendances, situé dans la paroisse de Saint-Sulpice-le-Faleroux près la ville de Saint-Emilion, le 25 octobre 1468, et ne vivait plus en 1482. On ignore l'alliance qu'il contracta. Ses enfants furent : 1º Pierre IVᵉ du nom, qui suit : 2º Arnaud, écuyer, lequel assista au contrat de mariage de son frère, et cinq filles.

VIII. — Pierre de Lescours IVᵉ du nom, écuyer, baron de Savignac, Sᵍʳ de Lescours, épousa, par contrat du 9 avril 1510, Catherine de Clermont, fille de Bertrand, Sᵍʳ de Pille et sénéchal du Périgord ; il testa le 9 septembre 1526, et était mort avant le 8 avril 1551, quand sa veuve fit son testament. De leur mariage vinrent : 1º François Iᵉʳ du nom, seigneur, baron de Savignac, mort sans alliance ; 2º Jean, qui suit ; 3º François, écuyer, Sᵍʳ de Roussillon ; 5º (sic) Mathieu ; 6º Marie, morte avant l'année 1559 ; 7º Anne, mariée à Arnaud de Saint-Cyr, écuyer ; 8º Jeanne, femme de P..., écuyer ; 9º et autre Jeanne.

IX. — Jean de Lescours, écuyer, seigneur, baron de Savignac, Sᵍʳ d'Oradour en partie, partagea avec Bernard, son frère, les biens de ses père et mère le 5 juin 1559, et fut député de la noblesse de la sénéchaussée de Bordeaux aux états généraux de 1560. Il avait épousé : 1º, par contrat du 4 novembre 1556, Jeanne de Gain d'Oradour, fille de François de Gain d'Oradour-sur-Glane et du Repaire, dont il eut : 1º François, qui suit ; 2º Benjamin, baron de Savignac, chambellan du roi de Navarre, lequel testa en faveur de son frère, le 27 septembre 1579 ; 2º Catherine de Boisse, dont il n'eut que trois filles.

X. — François de Lescours, chevalier, seigneur, baron de Savignac et des châtellenies d'Oradour et du Repaire, épousa, en premières noces, par contrat du 28 août 1575, Louise de Laroche, fille de Jean, S^{gr} de Germanie, et de Marguerite de Poix, dont vinrent : 1º Isaac, qui suit ; 2º Jacques, dont la postérité sera rapportée après celle de son frère aîné ; 3º Louis, Sr de Roussillon, lequel fit son testament le 25 juillet 1636, et mourut des blessures qu'il avait reçues à l'armée, laissant de son mariage avec Marie du Chesne, dame du Châtenet : Louis, baron de Toupillon, qui épousa, en 1642, Hélène Le Coq (S... de N..., femme de Georges-Guillaume, roi d'Angleterre), d'où vinrent : *A*. — Pierre de Lescours, baron de Roussillon, du Coüer en Allemagne, lequel s'allia avec Marie Bernestorf ; *B*. — Louis de Lescours, S^{gr} de Saint-Denis, colonel au service de l'Angleterre, à cause de son attachement à la reine de ce royaume, sa parente. François de Lescours épousa, en secondes noces, par contrat du 9 janvier 1596, Suzanne de Cosse, fille d'Artus, S^{gr} de la Pipette, et de Marguerite Chuneau, laquelle le rendit encore père, entre autres enfants, de : 4º François, auteur des branches d'Oradour et de Paranzay, rapportées ci-après ; 5º Arnaud, chevalier, S^{gr} du Queyroix, qui épousa, par contrat du 16 octobre 1622, Marie de la Gresille, de laquelle il n'eut qu'une fille, mariée à Jean de Lescours, S^{gr} d'Oradour et du Repaire, son cousin germain ; 6º Charles, écuyer, S^{gr} de Laplau, de Puidieu, marié à Catherine de Rechignevoisin des Loges, fille de Charles de Rechignevoisin et de Marie Bruneau. Il est mort sans postérité. Catherine de Rechignevoisin se remaria en 1672.

XI. — Messire Isaac de Lescours, chevalier, baron de Savignac, S^{gr} d'Oradour, de Saint-Daulaye, les Pilles, lieutenant des gendarmes de la compagnie de M. le maréchal de Schomberg, épousa Marie Descodeça de Boisse, et fit son testament, avec elle, le 18 juin 1626. Il laissa de son mariage, entre autres enfants : 1º François, qui suit ; 2º Marguerite, mariée, par contrat du 6 octobre 1626, avec Jean de Saussard, écuyer, S^{gr} de Roquefort ; 3º Marie, qui contracta une alliance avec Jacques de Villelume.

XII. — François de Lescours, chevalier, seigneur, baron de Savignac, épousa, le 5 février 1646, Gabrielle-Thérèse d'Allemagne, dont il n'eut qu'une fille, mariée, en 1666, à Jacques de Canolle, laquelle lui porta la terre de Lescours.

XI *bis*. — Jacques de Lescours, fils puîné de François et de Louise de Laroche, écuyer, chevalier de l'ordre du roi, S^{gr} du Repaire, épousa, par contrat du... juillet 1603, Jeanne de Saint-Laurent, laquelle le rendit père d'Isaac, qui suit.

XII. — Isaac de Lescours, chevalier, baron de Nieul, fit un bail en 1645, et testa le 19 juin 1657. Il avait épousé Hélène de Polignac, fille de Louis, chevalier, baron d'Argence, et de Suzanne Geoffroy. De cette alliance vinrent : 1º François, qui suit ; 2º Louise de Lescours, mariée, par contrat du 19 septembre 1676, à Louis de Saint-Georges, chevalier, S^{gr} de Marsay, fils de Louis de Saint-Georges et de Charlotte du Bois.

XIII. — François de Lescours, baron de Nieul, maintenu dans sa noblesse par M. d'Aguesseau, intendant du Limousin, le 11 décembre 1666.

Branche des seigneurs d'Oradour, établie en Poitou.

XI bis. — François de Lescours, chevalier, S^{gr} de Puy-Gaillard, d'Oradour, le Repaire, épousa, par contrat du 26 juin 1620, Elisabeth de Livenne, fille de Jean, chevalier, S^{gr} de l'Aumont, châtelain des Rivières, et de dame de la Faye ; fit, avec elle, don de tous leurs biens à leur second fils, le 2 juin 1662. Ils eurent pour enfants : 1º Jean, qui suit ; 2º Arnaud, qui a formé la branche des seigneurs de Paransay, dont la postérité sera rapportée après celle de son frère aîné ; 3º François, Sr de la Berauge, chevalier de l'ordre de Saint-Lazare, sous-lieutenant des gendarmes de la garde ordinaire du roi, capitaine et gouverneur des ville et château de Fougères ; 4º Francion, qui fit son testament en faveur de ses frères, le 12 octobre 1669.

XII. — Jean de Lescours, chevalier, S^{gr} d'Oradour, du Repaire et du Queyroix, fit un échange de la terre du Queyroix, pour celle de Puy-Gaillard, le 24 mars 1660 ; et, par un accord qu'il fit avec son frère, il céda la seigneurie de Puy-Gaillard, et se réserva celle d'Oradour. Il fut maintenu dans son ancienne noblesse par jugement de M. Barentin, intendant de la généralité de Poitiers du 10 décembre 1667. Il avait épousé Marie de Lescours, sa cousine germaine, fille d'Armand, chevalier, S^{gr} du Queyroix, et de Marie de la Grezille, dont vint, entre autres enfants :

XIII. — Arnaud de Lescours, chevalier, S^{gr} d'Oradour : il épousa, par contrat du 28 janvier 1687, Anne Périgord, fille de Jacques, S^{gr} de Saumagne, et de Marie-Madeleine Damazaud. Il fit son testament le 16 mai 1716, et mourut peu de temps après, laissant : 1º François, qui suit ; 2º Marie, qui épousa, le 8 février 1723, Jean de Coustin, écuyer, Sr de Puy-Martin, paroisse de Blanzac, fille de feu Jean et de Marie Dupin.

XIV. — François de Lescours, chevalier, S^{gr} d'Oradour : il épousa, par contrat du 28 novembre 1718, Thérèse de Verthamont, fille de Michel, écuyer, S^{gr} de Fraisseix et de Chavaignac, et de Jeanne Petiot, et fit son testament le 16 janvier 1757. De ce mariage naquit : Michel, qui suit.

XV. — Michel Landry, appelé comte de Lescours, S^{gr} d'Oradour, ancien capitaine au régiment de Chabriant-cavalerie, chevalier de l'ordre royal et militaire de Saint-Louis, marié, en 1760, avec demoiselle de la Haye-Monstrault, dont : Marie-Thérèse de Lescours, qui épousa, le 14 avril 1788, Louis-Charles-Dide-Anne, baron de Rechignevoisin de Guron, fils de Pierre-Gabriel et de Louise-Rose Texier.

Source : Archives de la Haute-Vienne, série A, liasse nº 143.

Notes isolées.

N... de Lescours, baron de Vassé en Poitou, fut père de Jeanne de Lescours, qui épousa, en 1613, Jacob de Chievres, S^{gr} de Guitres et de la Vallade, fils aîné de Pierre, S^{gr} de la Vallade, et de Françoise Brivet. (Ban et arrière-ban de l'Angoumois de 1635.)

Jacques de Lescours, chevalier, Sgr de la Vallette, épousa Madeleine Barbarin, fille de Joseph Barbarin, écuyer, Sgr des Vestizons, près Confolens, et de demoiselle Françoise Charpentier. Etant veuve, elle se remaria, le 15 janvier 1630, à François Prévost, écuyer, Sgr de Puybottier et le Bois. (Généal. Prévost, § VI, degré xv : *Nobiliaire*, T. III, p. 390.)

Suzanne de Lescours épousa, le 21 mars 1632, Charles Odet, fille de Joseph et de Marie du Laux. (*Nobiliaire*, T. III, p. 302.)

Isaac de Lescours, chevalier, vicomte d'Oradour et de Savignac, épousa Marie de Boisse, dont : Marie Lescours, mariée à Jacques de Villelume, chevalier, Sgr de Montcocu, capitaine de chevau-légers, fils de Pierre de Villelume, écuyer, Sgr du Bâtiment, et de Diane du Rieux, vers 1640. (Généal. de Villelume.)

François-Louis de Lescours vivait en 1712. (Registres paroissiaux de Rancon.)

Louise de Lescours, dame de Limaignez, épousa, le 3 novembre 1714, par contrat passé par Noël, notaire à Thiviers, Hélie de Lamorélie, vigier de Saint-Yrieix, veuf, en premières noces, de Jeanne Jaubert de Nantiat, et, en secondes, de Pétronille Grégoire de Roulhac, fils de Marc de Lamorélie de Puyredon et de Nicole de Joussineau de Fayat. (*Nobiliaire*, T. III, p. 551.)

François-Louis de Lescours, marquis de Paransay, épousa Elisabeth Grain de Saint-Marsault, dont Jeanne-Louise de Lescours, qui épousa, dans l'église d'Oradour-sur-Glane, le 21 janvier 1727, Jacques de la Chassagne, écuyer, chevalier, Sgr dudit lieu de Drouilles, paroisse de Blond. (*Nobiliaire*, T. III, p. 10.)

Jean de Coustin de Puy-Martin, paroisse de Blanzac, écuyer, était veuf lorsqu'il mourut, à l'âge de quatre-vingts ans, le 25 janvier 1776. Il avait épousé Marie-Anne de Lescours. (Registres paroissiaux de Rancon.)

Marie de Lescours de Villeneuve mourut, à Rancon, à l'âge de quatre-vingt-sept ans, le 30 mai 1777. (*Idem*.)

Jean-Baptiste-Junien de Lescours épousa, le 21 juin 1802, Simonne-Agathe de Rechignevoisin de Guron, fille de Pierre-Charles de Rechignevoisin et d'Henriette-Gabrielle-Dieudonnée de la Roche des Croix. (Généal. Rechignevoisin.)

Les rédacteurs du *Chartrier français* préparent une généalogie complète de cette famille, faite sur titres authentiques, et dont la filiation remonte à 1250. (Lettre du directeur du *Chartrier français* du 30 juillet 1869.)

LESMERIE (page 79).

Philippe de Lesmerie, Sr de la Grave, le Breuil-au-Vigier, Denchoizis, était convoqué pour le ban de 1635. Son fils Jean épousa Catherine Sauvestre de Clisson. Le Breuil-aux-Vigiers est commune de Bernac, canton de Villefagnan, arrondissement de Ruffec (Charente).

Armes : *d'argent* (et non *d'azur*, comme il est dit p. 79), *à trois feuilles de chêne de sinople, 2 et 1*. (Procès-verbal du ban et arrière-ban de l'Angoumois en 1635.)

Jean de Lesmerie, écuyer, Sr de Mouchedune et du Breuil-de-Touvre, qui est ailleurs appelé François, servait au même ban. (*Idem.*)

LESPAUT.
Durand de Lespaut, vassal immédiat du sieur de Bourbon, 1er mai 1249. (Généalogie de la famille la Roche-Aymon, p. 41.)

DE LESTANG (p. 80), Sgr du Vialar, famille ancienne, éteinte avant la recherche. *D'azur, à deux brochets d'argent en fasce.* (LAINÉ, *Nobiliaire du Limousin.*)

LESTANG (p. 80), maison noble, dont la filiation est parfaitement établie sur titres authentiques (qui nous ont été communiqués) depuis 1448 jusqu'à nos jours. D'après une tradition de famille, elle serait originaire de Bretagne, et elle ne serait qu'un rameau détaché des autres maisons de ce nom qui existent, nous a-t-on dit, en Allemagne, en Angleterre, dans le midi de la France, etc. Nous n'avons trouvé aucun renseignement qui combatte ou qui confirme cette tradition.

Cependant, comme la famille de Lestang professa la religion protestante pendant plusieurs générations, plusieurs de ses membres se sont dispersés lors de la révocation de l'édit de Nantes, et, en quittant la France, ils ont dû emporter avec eux les titres qui pourraient justifier cette identité d'origine.

Notes isolées.

Gaude de Lestang était, le 12 juillet 1411, épouse de Louis Chenin, qui rendait, à cette époque, aveu de son fief de Lestang au seigneur de Belleville.

Guillaume de Lestang, écuyer, donna, en 1466, sa démission de capitaine de Cuhon, qu'il tenait du chapitre de Saint-Hilaire de Poitiers.

Etienne et François de Lestang servaient comme brigandiniers du seigneur de Bressuire au ban de 1467.

Jean de Lestang, écuyer, eut de Marguerite de la Madeleine, son épouse, une fille, Jeanne, mariée, vers 1460, à Louis de Rechignevoisin, chevalier, Sgr de Guron.

Pierre de Lestang servait comme archer au ban de 1491.

Simonet de Lestang servait comme homme d'armes le 24 août 1495.

François de Lestang était, le 14 février 1419, archer de la compagnie de l'amiral Bonnivet.

Gilles de Lestang, écuyer, Sgr de la Papinière, servait au ban de 1557. Il avait eu d'Adrienne de Salignac, son épouse, qui lui apporta la terre des Groges, dont il rendit aveu, le 3 juin 1547, à l'évêque de Poitiers, Sgr de Chauvigny, un fils, Pierre, qui suit.

Pierre de Lestang, écuyer, Sgr de la Papinière, reçoit, le 11 octobre 1581, procuration de sa mère pour toucher certains lods et ventes.

Jean de Lestang, écuyer, Sgr des Landes-Guynemer, eut de N... de la Barde, son épouse, Catherine, qui épousa Jean d'Aubigné, écuyer,

Sgr de Brie, et fut la mère de Théodore-Agrippa d'Aubigné, le célèbre historien. Dans la confirmation de noblesse de M. Barentin en faveur de Charles d'Aubigné, son arrière-petit-fils, il est dit qu'elle était veuve le 8 juin 1550 ; et cependant tous les biographes disent que Théodore Agrippa naquit le 8 février 1550, en donnant la mort à sa mère : cette opinion serait alors une erreur.

Madeleine de Lestang épousa, le 13 avril 1554, Charles de Massougnes, écuyer.

Toussaint de Lestang, écuyer, Sgr de la Moujatière, fut exempt d'assister au ban de 1557 comme homme d'armes dans la compagnie du seigneur Burie.

Pierre de Lestang, écuyer, Sgr de Lestang, assista comme parent à une transaction passée entre Jacques de Marconnay et ses beaux-frères, le 23 mars 1566.

Jacques de Lestang du Breuil fut reçu chevalier de Malte en 1587 : il portait les mêmes armes que les de Lestang du Ry, etc.

Jeanne de Lestang épousa, le 1er mars 1595, Rubens de Villedon.

Jean de Lestang, écuyer, Sgr de la Rivière, assista, le 8 janvier 1613, à la curatelle de Charles de Tusseau, baron de Saultours.

Claude de Lestang, écuyer, Sgr de la Vallée, et Renée Dumoustier, son épouse, se font une donation mutuelle le 10 février 1628.

Marie de Lestang épousa Antoine de Poix, écuyer, Sgr de Ray. Leur fils, Antoine, épousa, le 11 décembre 1628, Marguerite Désigny.

N... de Lestang, sœur de la précédente, était, le 11 décembre 1628, épouse de Moïse de Pons, écuyer, Sgr de la Coudre.

Samuel de Lestang, écuyer, épousa, vers 1630, Rose de Marconnay, fille de Lancelot, écuyer, Sgr dudit lieu, et de Catherine du Chesneau ; elle était sa veuve le 27 octobre 1648.

Madeleine de Lestang était, le 4 janvier 1633, veuve de Jean Hastellet, écuyer.

Marie de Lestang entra, le 14 janvier 1641, au couvent des religieuses de la Présentation de Notre-Dame au Temple de Paris.

Louise de Lestang était, le 24 mars 1666, femme de Jacques de Remigioux, écuyer.

Sylvain de Lestang était prieur-curé de la paroisse de Saint-Pierre-les-Eglises, le 12 février 1710.

Charles-Ambroise de Lestang, né le 6 octobre 1760, ancien élève de l'école militaire, et sous-lieutenant au régiment du Maine-infanterie, émigra et fut capitaine-aide-major dans la légion de Mirabeau.

Pierre de Lestang, écuyer, Sgr de la Papinière, gouverneur du château de Poitiers, eut de demoiselle Perrette d'Arnac, son épouse, Marguerite, femme de Guy de Péréfixe, Sgr de la Berthoualière, gouverneur du château de Poitiers.

Branche du Breuil.

Nous avons recueilli les notes sur la branche suivante que nous n'avons pu rattacher à la filiation, dans les généalogies de Péréfixe, de Laage, etc.

Léon de Lestang, écuyer, Sᵍʳ du Breuil, eut de Louise de Marans :

Léon de Lestang, écuyer, Sᵍʳ du Breuil, épousa Marguerite de Thais, fille d'Emery, capitaine de cinquante hommes d'armes des ordonnances du roi, et de Jeanne de la Ferté, et fut père de :

René de Lestang, écuyer, Sᵍʳ du Breuil et d'Ansigny, chevalier de l'ordre du roi, assistait comme parent à une transaction passée, le 23 mai 1566, entre Jacques de Marconnay, écuyer, Sᵍʳ dudit lieu, et ses beaux-frères, et il fut témoin, le 12 mai 1596, du mariage de Madelon Fouchier, écuyer, Sᵍʳ de Pont-Moreau, avec Anne-Suzanne Lauvergnat. Marié à Hilaire Girault, fille de Pierre, Sᵍʳ de Dandésigny, et d'Antoinette Joubert, il en eut : 1º Hardouin, qui suit; 2º Claude, mariée à Jean de Péréfixe, Sᵍʳ de la Papinière, Beaumont, etc., qui donna le jour, en 1602, à Hardouin de Péréfixe, précepteur de Louis XIV et archevêque de Paris.

Hardouin de Lestang, écuyer, Sᵍʳ de Boisgillet, assistait, en 1613, à la curatelle de Charles de Tusseau, baron de Saultours, et fut parrain de Hardouin de Péréfixe, son neveu.

Filiation suivie. — Branche de Ry.

I. — N... de Lestang épousa Perrette de Ry, et était décédé avant 1448. De son mariage il eut :

II. — Héliot de Lestang, écuyer, Sᵍʳ de Ry, partagea, le 11 février 1448, avec Mathurin de Montléon et autres, les biens de Perrette de Ry, sa mère. De son mariage avec Perrette Foucher sont issus : 1º Bertrand, qui suit ; 2º Louis ; 3º Béatrix, femme de Pierre de Montléon, Sᵍʳ de Massoignes ; 4º Perrette, épouse de Regnaud du Vergier ; 5º Jeanne, mariée à Jean Baudoin, écuyer ; 6º Marie, qui épousa Pierre de la Touzay, écuyer, qui sont tous nommés dans le partage de la succession de leurs père et mère, le 4 février 1465.

III. — Bertrand de Lestang, écuyer, Sᵍʳ du Ry, épousa, le 1ᵉʳ mai 1468, Robine Rousseau, fille de Jean, écuyer, Sᵍʳ de la Boissière, et de Marie de Montléon, qui le rendit père de : 1º Lancelot, qui suit; 2º Louis, *alias* Léon, écuyer, Sᵍʳ du Breuil, partagea avec son frère, le 12 mars 1501, les successions de Françoise et de Perrette de Lestang, probablement leurs sœurs. Louis est peut-être le chef de la branche du Breuil, que nous n'avons pu rattacher à la filiation, et dont nous avons parlé précédemment ; 3º Jean ; 4º Marie, épouse de François de Ferrières, écuyer, Sᵍʳ de Champigny, fit un partage avec ses frères le 22 octobre 1502.

IV. — Lancelot de Lestang, écuyer, Sᵍʳ de Ry, Furigny, est nommé dans divers actes des 12 octobre 1481, 19 septembre 1486, 12 mars 1501 et 22 octobre 1502. Il eut de Philippe Chevalier, son épouse : 1º Charles, qui suit; 2º Louise, mariée, le 26 mai 1522, à Jean Fretard, écuyer, Sᵍʳ de Vauvert.

V. — Charles de Lestang, écuyer, Sᵍʳ de Ry, Furigny, avait épousé Jeanne Chauvin avant le 21 août 1556, et il en eut : 1º Jean, qui suit; 2º Philippe, écuyer, Sᵍʳ de Cibillé ; 3º Louise, qui partagèrent tous les trois la succession de leurs aïeul et aïeule paternels, le 10 avril 1550 ; 4° Sibelle, et 5° Damienne, qui, le 4 avril 1551, arrentèrent à leur frère aîné tous leurs droits successifs.

VI. — Jean de Lestang, écuyer, S^{gr} de Ry, Furigny, etc., épousa, le 5 août 1554, Anne de Chouppes, fille de François, écuyer, S^{gr} dudit lieu, et de demoiselle Claude de Bidoux, et fut père de : 1° François, qui suit ; 2° Louis, dont nous parlerons § III ; 3° Gédéon, dont la filiation sera rapportée § IV ; 4° Suzanne ; 5° Judith, tous mentionnés dans le partage des successions desdits Jean et Anne de Chouppes le 2 octobre 1596.

VII. — François de Lestang, écuyer, S^{gr} de Ry, du Lizon, reçoit en mars et juin 1638, plusieurs aveux de cette dernière terre, qu'il possédait du chef de Françoise de Vincenuil, fille de Louis, écuyer, S^{gr} du Lizon, et de Radegonde Rousseau, sa seconde femme, qu'il avait épousée le 2 novembre 1603. Il s'était marié, en premières noces, le 16 décembre 1596, à Judith Hélyes, fille de René, chevalier, S^{gr} de la Roche-Esnard, et d'Anne de Chabauris. Il en eut pour enfants : 1° Louis, qui suit ; 2° Louise-Charlotte ; 3° Elisabeth ; 4° Gabrielle ; 5° Marie, qui, le 11 juin 1644, partagèrent les successions de leurs père et mère.

VIII. — Louis de Lestang, écuyer, S^{gr} de Ry, Seneuil et de Landebaudière, de la religion prétendue réformée, assistait, le 17 juillet 1605, au prêche dans le temple de Chouppes, lorsque l'on vint en ordonner la fermeture par arrêté du parlement de Paris ; assista à la réunion de la noblesse du Poitou, convoquée à Poitiers, en 1651, pour nommer des députés aux Etats de Tours. Il reçut, en 1652, plusieurs aveux (dont nous possédons les originaux) comme S^{gr} du Lizon. Le 13 avril 1626, il avait épousé Marguerite Gautron, fille de Jacques, écuyer, S^{gr} de la Landebaudière, et de Marguerite Bourret, son épouse. Il eut de ce mariage : 1° François, qui suit. Il se maria ensuite, le 11 février 1630, à Jeanne de Mayré, fille de Jacob, docteur-régent en la faculté de médecine de Poitiers, et de Marguerite Gasconneuil, et ils vivaient encore le 7 décembre 1657. Les enfants du deuxième lit furent : 2° Louis, écuyer, S^{gr} du Lizon, qui rendit, le 24 mars 1666, un aveu, tant pour lui que pour ses frères et sœurs, au cardinal duc de Richelieu. Le 28 juin 1687, il donnait au sieur Claude Barilleau, clerc-tonsuré, les provisions de chapelain de la stipendie de Sainte-Anne, desservie en l'église d'Oyron ; est qualifié de lieutenant du roi au gouvernement de Saumur : nous ignorons sa postérité ; 3° Jacob, S^{gr} de Fougeray, qui fut lieutenant du roi à Saumur, et eut de Louise de Saint-Estan, son épouse, Louise-Françoise, mariée à Pierre-Marc-Antoine de Gouffier, comte de Caravas ; 4° Jean, dont nous parlerons § II ; 5° Daniel ; 6° Marguerite ; 7° Louise, qui sont tous nommés dans le partage des biens de Louis et de Jeanne de Mayré, le 28 février 1670.

IX. — François de Lestang, écuyer, S^{gr} de Ry, Saint-Mars, etc. (1), fut maintenu noble, le 9 juillet 1667, par M. Barentin. Le 4 mars 1657, il avait épousé Marie Moyne, fille de Jacques, écuyer, S^{gr} de Fontaine, et de Marie Fauvet. Sa postérité ne nous est pas connue.

---

(1) Saint-Marès, seigneurie en Languedoc, était possédé, en 1700, par de Lestang du Ry. (*Dict. des fiefs*).

DU LIMOUSIN.

§ II. — *Branche de la Limandière.*

IX bis. — Jean de Lestang, fils puîné de Louis et de Jeanne de Mayré, rapporté au vIIIe degré du § Ier, écuyer, Sgr de Ry, lieutenant des vaisseaux du roi, fut reçu chevalier de l'ordre de Notre-Dame-du-Mont-Carmel et de Saint-Lazare en 1681, et assistait, le 13 juin 1701, au mariage de Marie-Agnès de Mauléon et de Louis-Pierre de la Chesnaye. Le 25 avril 1679, il avait épousé Henriette Audayer de la Limandière, fille d'André, écuyer, Sgr de Saint-Hilaire, et de Françoise de la Rochefoucault, et il eut de ce mariage :

X. — André-Jacob de Lestang, écuyer, Sgr de la Limandière, marié, le 16 octobre 1708, à Marie Jardel, fille de Pierre, avocat au présidial de Poitiers, et de Thérèse Ayrault, dont il eut :

XI. — Etienne-André de Lestang, écuyer, Sgr de la Limandière, la Bérangeraye-Beaucourt, épousa, le 30 avril 1736, Charlotte Coulet de Bussy, fille de René, écuyer, Sgr de Beaucourt, et de Charlotte-Françoise de Landas, dont il eut, entre autres enfants : Marie-Charlotte-Victoire, mariée, le 20 mars 1765, à Louis-Henri-François Green de Saint-Marsault, chevalier, Sgr de l'Herbaudière, capitaine de vaisseau. Il était mort en 1789, et sa veuve le représentait à l'assemblée de la noblesse de l'Aunis. (*Nobiliaire du Limousin*, T. II, p. 368.)

§ III. — *Branche de Villaines.*

VII bis. — Louis de Lestang, fils puîné de Jean et d'Anne de Chouppes, rapporté au vIe degré du § Ier, écuyer, Sgr de Villaines, Vauvert, etc., partage avec Lancelot de Marconnay, écuyer, Sgr dudit lieu, le 27 juin 1606, les biens qu'ils avaient achetés de la succession de Charles Petit, écuyer, Sgr des Villiers. Il avait assisté, le 24 décembre 1598, au mariage de Gédéon, son frère puîné. Il laissa d'Antoinette Lebrun, sa femme : 1o Pierre, qui suit ; 2o Esther, femme de Charles de Marsay, écuyer, Sgr de la Châtière ; 3o Jeanne, mariée à Antoine Lebrun, écuyer, Sgr de la Rivière ; 4o Judith, épouse d'Honorat de Couhé, écuyer, Sgr de la Barbotinière ; 5o Antoinette, femme de Louis Béroudin, Sr de la Toumère ; 6o Anne.

VIII. — Pierre de Lestang, écuyer, Sgr de Villaines, se portait caution solidaire d'une obligation consentie, le 7 décembre 1657, par Jean de Lestang et Jeanne de Mayré, son épouse. Il avait assisté, le 13 avril 1626, au mariage de Louis de Lestang, Sgr de Seneuil, avec Marguerite Gaultron, et, le 8 septembre 1665, à celui de René de Lestang avec Henriette de Lescure, comme époux de feue Madeleine Damours, sa seconde femme. Il avait épousé, en premières noces, Antoinette de Regnon, et fut père de : 1o Daniel, qui suit ; 2o Catherine, mariée à Jean de Menou, écuyer.

IX. — Daniel de Lestang, écuyer, Sgr de Vouët, assista, le 3 février 1669, au mariage de sa nièce, Catherine de Menou, avec Georges de la Chesnaye, écuyer. Marié avec Anne de Goret, il eut pour enfants :

1° Françoise, mariée à Prégent Gourjault, écuyer, Sgr de Passac;
2° René, âgé de trois ans en 1666, et dont nous ignorons la destinée.

§ IV. — *Branche de Furigny.*

VII *bis*. — Gédéon de Lestang, troisième fils de Jean et d'Anne de Chouppes, rapporté au vi° degré du § I°r, écuyer, Sgr de Furigny, épousa, le 24 décembre 1598, Marie de Lauvergnac, fille de Christophe, écuyer, Sgr de Miaurray, et de Françoise Bourguignon, qui le rendit père de : 1° Gédéon, qui suit ; 2° Olympe, et 3° Louise, qui sont dites l'une et l'autre mariées lors du mariage de leur frère, et renoncent à la succession de leur père en sa faveur à cette époque.

VIII. — Gédéon de Lestang, écuyer, Sgr de Furigny, marié, le 11 octobre 1627, à Marie Gourderie, fille de Jean, écuyer, et de Marie de Puyraveau, dont il eut :

IX. — René de Lestang, écuyer, Sgr de Furigny, assista à l'assemblée de la noblesse poitevine convoquée à Poitiers, en 1651, pour nommer des députés aux Etats convoqués à Tours ; fut maintenu dans sa noblesse le 9 septembre 1667 ; fit partie des bans de 1691, 1692 et 1702, et il était, en 1703, lieutenant au régiment de Châtillon-dragons, comme le prouvent les certificats qui nous ont été communiqués ; il fut maintenu dans sa noblesse, le 3 avril 1715, par M. Quentin de Richebourg. Marié deux fois, il épousa : 1°, le 12 avril 1664, Marie Chasteigner, fille d'Hector, écuyer, Sgr du Péré, et d'Elisabeth Isle, et 2° Henriette de Lescure, fille de Théodore, écuyer, Sgr du Breuil-Bastard, et de Claude de Levignac, le 8 septembre 1665, dont il eut : 1° Théodore, qui suit ; 2° René, écuyer, Sgr do Ringère, assista au mariage de Paul-Théodore, son neveu, le 10 janvier 1730 ; 3° Isaac, écuyer, Sgr du Fresne et de la Bouchetrie, assista au mariage de son neveu, le 10 janvier 1730, et à celui de René-Paul, son petit-neveu, le 11 mai 1753.

X. — Théodore de Lestang, écuyer, Sgr de Furigny, est compris sur les rôles du ban de 1690 ; il épousa, le 29 janvier 1696, Marie David, fille de Daniel, Sr de la Garde, receveur des tailles en l'élection de Richelieu, et de Marie Dupin. Ses enfants furent : 1° Paul-Théodore, qui suit ; Louise, qui, le 14 janvier 1743, était veuve d'Isaac du Chesneau, écuyer, Sgr de la Trapière.

XI. — Paul-Théodore de Lestang, chevalier, Sgr de Furigny, Ringère, etc., assista, le 5 février 1755, au conseil de famille, pour nommer un curateur à Angélique-Perside Chabot. Il épousa, le 10 janvier 1730, Eléonore-Marguerite de Chantreau, fille de René, écuyer, Sgr des Goudries, et de Marguerite Chaigneau, dont : 1° René-Paul, qui suit ; 2° Isaac-Charles, rapporté § V ; 3° Marie-Marguerite, mariée : 1° à Charles de la Cour, Sgr de Villaines, et 2° à N... de Moreau de Boisguérin.

XII. — René-Paul de Lestang, écuyer, Sgr de Furigny, assista à la réunion de la noblesse convoquée pour nommer des députés aux Etats généraux de 1789 ; laissa de Jeanne-Perrine Chabot, fille de Jean, Sgr de Bauday, et d'Anne David, qu'il avait épousée le 18 mai 1753 : 1° René-

Delphin, qui suit ; 2° Paul-Venceslas, dit le chevalier de Lestang, servant à l'armée de Condé, tué à l'affaire d'Oberkamback ; 3° Geneviève, âgée de quatre-vingt-quatre ans, et vivante en 1850.

XIII. — René-Delphin de Lestang de Furigny, chevalier de Saint-Louis, servit à l'armée de Condé, et est mort en 1849, laissant de Charlotte de l'Espinay de la Roche, son épouse, N..., mariée à M. de Tisseuil du Cérier, ancien garde-du-corps.

§ V. — *Branche de Ringère.*

XII *bis*. — Isaac-Charles de Lestang, chevalier, S^{gr} de Ringère, Chambon, du Fresne, Quinçay, etc., fils puîné de Paul-Théodore et d'Eléonore-Marguerite de Chantreau, rapporté au XIe degré du § IV, épousa, le 26 août 1776, Charlotte-Céleste-Françoise-Julie de la Broue de Vareilles, fille de François, baron de la Broue-d'Aubigny, et de Marguerite-Céleste Maron, et mourut le 9 décembre 1788, laissant : 1° Jean-Baptiste-Isaac-Charles, mort le 27 mars 1795, âgé de quatorze ans ; 2° François-Pierre-Isaac-Charles, qui suit.

XIII. — François-Pierre-Isaac-Charles de Lestang de Ringère, marié à Marie-Rosalie-Tomy Duchaffault, fille d'Auguste-Salomon et de Marie-Rosalie Maccarthy, dont il eut : 1° Marie-Delphin-Charles ; 2° Marie-Félicité-Célina, née le 2 juin 1812, mariée, en 1834, à Tancrède Guerry de Beauregard ; 3° Marie-Caroline-Alphonsine, née le 11 novembre 1813 ; 4° Marie-Rosalie-Caroline. — Armes : *d'argent, à sept fusées de gueules.* (*Dict. des anciennes familles du Poitou.*)

DE LESTANG, famille qui habite actuellement le département de la Charente, arrondissement de Ruffec, canton de Villefagnan, et que la communauté de nom et d'armoiries nous fait supposer devoir n'être autre chose qu'une branche de celle dont nous venons d'écrire l'histoire.

Les documents qui suivent sont extraits d'une minute de la confirmation de noblesse accordée, en 1699, à René de Lestang, par M. de Maupeou, et des notes remises par M. Jean-Théodore de Lestang.

Nom isolé.

Jean de Lestang, écuyer, S^{gr} de Rulle, eut de Catherine de Barbezières une fille, Anne, qui épousa, le 30 août 1581, Jean, comte de Montalembert, chevalier, S^{gr} de Vaux, etc.

Filiation suivie.

I. — Henri de Lestang, écuyer, S^{gr} du Vivier, rend hommage à Jean Jousserant, écuyer, S^{gr} de Lairé, les 13 avril et 3 juin 1469. Marié à Perette Corgnol, il fut père de :

II. — Antoine de Lestang, écuyer, S^{gr} du Vivier, Longré, etc., rendit hommage à Paul Jousserant, écuyer, S^{gr} de Londigni, le 11 mars 1544. Marié deux fois, il épousa en secondes noces, le 17 janvier 1527, Perrette de Poix, veuve de Joachim Esnard, écuyer, Sgr de Beaussais, et avait eu de son premier mariage :

III. — Jacques de Lestang, écuyer, Sgr du Vivier, épousa, le 17 janvier 1527 (le même jour que son père se remaria), Madeleine Esnard, fille de Joachim, écuyer, Sgr de Beaussais, et de Perrette de Poix. Il fut père de :

IV. — Martial de Lestang, écuyer, Sgr du Vivier, marié, le 14 mars 1572, à Jeanne Hérard, dont il eut :

V. — Jacques de Lestang, écuyer, Sgr du Vivier, Longré, rend un dénombrement, le 10 août 1610, à René de Jousserant, écuyer, Sgr de Londigni. Marié, le 1er mai 1607, à Isabeau d'Alloue, il en eut :

VI. — François de Lestang, écuyer, Sgr du Vivier, qui rendit hommage à Charlotte de Jousserant, le 4 mai 1653, et eut d'Anne de Beauchamps, qu'il avait épousée le 26 juillet 1632 :

VII. — René de Lestang, Sgr du Vivier, rendait un hommage, le 29 décembre 1687, à Casimir Prévost de Touchimbert, chevalier, Sgr de Londigni ; avait été maintenu noble par M. d'Aguesseau, intendant du Limousin, le 22 janvier 1667, et le fut ensuite par M. de Maupeou, intendant du Poitou, le 5 mai 1699.

Nous ignorons s'ils ont eu postérité. Nous n'avons pu rattacher les documents qui suivent (lesquels ont été relevés sur les registres de l'état civil de la commune de Longré, Charente) à la généalogie qui précède, bien qu'ils se rapportent évidemment à la même famille qui obtint de M. de Maupeou la confirmation sus-mentionnée.

Nicolas de Lestang, écuyer, Sgr du Vivier, Longré, Pêchebrun, eut de Marguerite Chasteigner :

Pierre de Lestang, chevalier, Sgr de Rulle, qui, en 1702, commanda la noblesse de l'Angoumois. Marié, le 24 février 1716, à Jacquette du Puy, il fut père de : 1° Jean-René, qui suit ; 2° François, dont nous parlerons après la postérité de son frère aîné.

Jean-René, marquis de Lestang, Sgr de Rulle, Cigogne, le Vivier, Chantemerle, né le 28 janvier 1720, eut de Marie-Anne de Lestang :

Jean-César, marquis de Lestang, Sgr de Rulle, etc., chevau-léger de la garde du roi, épousa, le 1er juillet 1776, Elisabeth de Magne, fille de Pierre, chevalier, Sgr de Joussé, Payroux, et de Marie Reynaud du Repaire, dont il n'eut que Marie-Hélène, qui épousa, le 3 août 1803, M. Joseph-Simon de Curzay.

François de Lestang, fils de Pierre et de Jacquette du Puy, précités, naquit, le 21 avril 1733, et épousa Marie-Angélique-Suzanne de Chevreuse, dont :

Jean de Lestang, né le 7 avril 1786, marié, le 1er mars 1807, à Marthe-Marie Frottier, dont il eut : 1° Jean-Théodore, qui suit ; 2° René-Auguste, né le 28 novembre 1819, marié, le 21 novembre 1848, à Marie-Julie Mesnard de Saint-Paul, dont postérité.

Jean-Théodore de Lestang, né le 27 juillet 1811, receveur des domaines à Villefagnan (Charente), a épousé Julie-Hélène de la Broue de Vareilles, fille d'Achille-Camille-Marie et de N... du Coudrez, comtesse du Saint-Empire romain, dont postérité. Armes : *d'argent, à sept fusées de gueules.* (*Dict. des anciennes familles du Poitou.*)

DE LESTERPT ou DE LESTER, seigneurs de Beauvais, de Bernaize, de Champomard, de la Doulce, de Feiste, etc., etc., famille que l'on trouve établie dans la province de la Basse-Marche au commencement du xvie siècle. Nous la croyons originaire de Lesterp.

La ville de Lesterpt, dans l'ancien archiprêtré de Saint-Junien et la généralité de Poitiers, fait aujourd'hui partie du canton sud de Confolens, département de la Charente. Elle est surtout remarquable par son ancien monastère, qui, comme l'église paroissiale, était sous le patronage de saint Pierre. Ce fut d'abord une communauté d'hommes de l'ordre de Saint-Augustin ; en 1657, ce sont des chanoines réguliers de Sainte-Geneviève qui l'occupent. Saint Gautier, qui avait été chanoine du Dorat, en fut abbé, et mourut dans ce lieu en 1070.

I. — En 1577, Joseph Lesterpt, Sgr de Bernaize (dans la baronnie de Maignac) et autres fiefs, faisant profession d'armes, a offert à contribuer au chapitre des exempts pour la somme de 200 livres (Bibliothèque de Poitiers). Il fut père de :

II. — Honorable Pierre Lesterpt, avocat ; était, en 1596, procureur du roi en la sénéchaussée de la Basse-Marche, sénéchal de la baronnie de Maignac, sénéchal de Fromental, damoiseau ; il épousa Catherine de Mauviat, dont : 1º Magdalaine Lesterpt, religieuse à la Visitation de Limoges ; 2º Jehan Lesterpt de Beauvais, qui suit ; 3º Joseph de Lester, Sgr de Bernaize, qui suit après son frère ; 4º vénérable messire François Lesterpt, chanoine du Dorat.

III. — Jehan Ier Lesterpt de Beauvais, à qui sa mère donna les biens de sa sœur Maigdalaine, par contrat de 1652. Ces biens consistaient en le fief noble des Chauds et autres terres et métairies. Il testa, en 1668, dans la forme la plus religieuse et la plus littéraire à la fois. Au cas où son fils unique n'aurait pas d'enfants (ce qui arriva), il léguait ses biens nobles aux fils de son frère Joseph, qui suit. Il épousa dame Andrée..., dont :

IV. — Charles Lesterpt de Beauvais, né le 27 septembre 1650, à Magnac-Laval, et mort sans enfants. Sans tenir compte du testament de son père, Jehan Lesterpt de Beauvais, il testa, en 1674, en faveur de sa femme, Claire Berneron ; ce qui faisait tomber en roture une partie du fief noble des Chauds, et fut cause de nombreuses contestations entre sa veuve, remariée à Simon de la Coste, Sr de la Roche, et ses héritiers légitimes. Une transaction de 1675, précédée d'un *jugement selon la coutume du Poitou*, laissa le fief noble des Chauds, son droit de *quarthommage* et les priviléges y attachés aux héritiers légitimes, fils de Joseph de Lester de Bernaizé, et de Marie Aubugeois, moyennant une somme considérable payée à Claire Berneron, épouse de Simon de la Coste, Sr de la Roche. (Acte, 1676.)

III bis. — Joseph de Lester, Sgr de Bernaize, avocat, épousa demoiselle Marie Aubugeois de la Borde, tante de l'amiral Aubugeois de la Borde, qui combattit avec Lafayette pour l'indépendance des Etats-Unis. Leurs enfants furent : 1º Joseph Lesterpt, qui, en 1688, par acte, fait donation à ses frères puînés de tous ses droits d'aînesse et autres qu'il pourrait prétendre dans la succession de leur père commun, mestre

Joseph de Lesterpt ; 2° Jean II Lesterpt de Beauvais, qui suit; 3° vénérable François de Lesterpt, né le 20 novembre 1658, à Magnac-Laval, chanoine de Saint-Pierre du Dorat, depuis, seigneur, abbé de l'abbaye royale du Dorat (dont il fut le XLIV°), était docteur en théologie ; fut abbé du Dorat, en 1699, par élection du chapitre ; prit possession, le 26 février 1700, et mourut en novembre 1744, après avoir résigné en faveur de son neveu, le 31 janvier 1727. Il est le donataire des ouvrages de théologie de la bibliothèque de Magnac-Laval. 4° François de Lesterp, écuyer, Sr de Bernaize, l'un des deux cents chevau-légers de la garde ordinaire de S. M. Louis XIV, près duquel il fit la campagne de Flandre, ainsi que l'atteste le certificat suivant (entre autres le concernant, signés et scellés du duc de Chevreuse), 1695 et 1698.

Nous, Charles-Honoré-d'Albert, duc de Luynes et de Chevreuse, pair de France, chevalier des ordres du Roy, capitaine lieutenant de la compagnie des deux cents chevau-légers de la garde ordinaire de Sa Majesté, certifions à tous qu'il appartiendra que FRANÇOIS DE LESTERD, écuyer, Sr de Bernaize, est l'un des deux cents chevau-légers de ladite compagnie, et qu'il a fait la dernière campagne de Flandre.

En foy de quoy nous lui avons fait expédier le présent certificat, signé de notre main, scellé du cachet de nos armes et contresigné par notre secrétaire.

Donné, à Versailles, le 6 février mil six cent quatre-vingt-dix-huit.

LE DUC DE CHEVREUSE.

Par Monseigneur : DUQUET.

5° François-Joseph Lester, Sr de Bernaize, licencié ès-lois, avocat, conservateur des saisies réelles de la sénéchaussée de la Basse-Marche, épousa, le 10 janvier 1702, demoiselle Jeanne Vacherie, fille de Joseph Vacherie, avocat, juge des baillis de Messieurs du chapitre, et de Marguerite Merlin. Pour ce mariage, il y eut une dispense du III° ou IV° degré de consanguinité. Leurs enfants furent : *A* — François de Lester l'aîné, avocat au siège royal du Dorat ; *B* — Joseph de Lester, Sr de la Doulce, baptisé le 9 janvier 1704, prêtre, bachelier en théologie, chanoine de Saint-Pierre du Dorat, puis XLV° abbé par la résignation de François de Lesterpt, son oncle. Il prit possession personnellement le 29 septembre 1728, et résigna, le 22 mars 1774, en faveur de Pierre Lester de la Doulce, chanoine ; *C* — Antoine, baptisé le 3 avril 1705, ayant pour parrain Antoine Aubugeois, et pour marraine Mathurine Lester ; *D* — Marie-Jeanne-Geneviève, née en 1710, au Dorat ; *E* — François Lester de Champomard, avocat en 1760, et procureur du roi au siège royal du Dorat, né en 1712 ; *F* — Marguerite Lester, mariée à Claude des Brousses ; *G* — Marie-Catherine Lester de Champomard, née en 1716, émancipée en 1738, par ordonnance du roi, alors qu'elle était orpheline de père et de mère, épousa, le 19 novembre 1745, Jacques Bosse, fils de Pierre et de Jeanne Boutinon ; *H* — Joseph-Benoist Lester de Vougerie, né au Dorat en 1720, et qui fut émancipé par la même ordonnance que sa sœur, Catherine Lester.

IV. — Jean Lesterpt de Beauvais épousa Catherine Bonnin. Leurs enfants furent : 1° Jean III Lesterpt de Beauvais, qui suit ; 2° Joseph Lesterpt de Beauvais, né à Magnac en 1693, mort en 1756, et inhumé dans l'église des religieuses hospitalières de la ville de Magnac. Il avait épousé Berthe Boutenon, dont il eut : *A*, — le 4 octobre 1725, Joseph Lesterpt de Beauvais ; *B*, — le 7 décembre 1729, François Lesterpt ; *C*, — le 6 février 1737, Gaspard Lesterpt.

V. — Jean III Lesterpt de Beauvais, né à Magnac-Laval en 1692, père de :

VI. — François Lesterpt de Beauvais et de Bernaize, né à Magnac, marié à Dorothée de Cor-de-Roy ou Cœur-de-Roy, dont : 1º François Lesterpt de Bernaize, né au Dorat en 1740, fit de brillantes études philosophiques au collège des Jésuites, à Poitiers, de 1757 à 1759, et théologiques jusqu'en 1761 ; il fut licencié en droit civil et droit canon en 1761, docteur en théologie en 1765. Il est connu sous le nom de dom François Lester de Bernaize, du diocèse de Limoges ; 2º Catherine-Françoise Lesterpt de la Doulce, née en 1742, eut pour marraine Catherine Lesterpt, et pour parrain, François Aubugeois de la Borde, morte en 1768, et enterrée dans la chapelle des saints Israël et Théobald, au Dorat, en présence de Jacques Lester et de Pierre Lester de la Doulce, ses frères ; 3º Jacques Lesterpt de Beauvais, né à Magnac, en 1745, avocat au parlement, juge-sénéchal au Dorat, député aux Etats généraux en 1789, et, plus tard, membre du conseil des Cinq-Cents. Il épousa, en 1766, Anne, fille de Jacques Junien de la Bastide et de Geneviève Camus, dont il eut plusieurs enfants (parmi lesquels quatre fils, inscrits aux registres du Dorat), dont deux morts en bas âge ; un qui fut colonel de gendarmerie et chevalier de l'ordre royal et militaire de Saint-Louis, non marié, et un autre, Benoist Lesterpt, officier supérieur, promu officier de la Légion-d'Honneur en 1804, et mort aussi sans postérité ; 4º Benoist Lesterpt de Beauvais, qui suit ; 5º Pierre Lesterpt de la Doulce, prieur de l'Hôtel-Dieu, chanoine du Dorat, dont il fut le XLVIᵉ et dernier abbé, le 22 mars 1774, par la résignation de Joseph Lesterpt, Sʳ de la Doulce (abbé lui-même par la résignation de son oncle, François de Lesterpt). Il fut aussi chapelain du roi et secrétaire de la grande-aumônerie de France, mourut en 1832.

VII. — Benoist Lesterpt de Beauvais, né le 22 août 1750, à Magnac-Laval, épousa, le 25 janvier 1785, Marie Bigaud de Beaulieu, fille de Jean-Thomas Bigaud de Beaulieu, avocat, et de Geneviève de Lafont. Il fut député aux Etats généraux en 1789 ; fit ensuite partie de l'assemblée constituante et de la convention, et périt sur l'échafaud révolutionnaire. Il laissa deux fils : 1º Jacques-Alexis, qui suit ; 2º Charles-François-Pierre, qui suivra.

VIII. — Jacques-Alexis Lesterpt de Beauvais, né le 27 mai 1786, héritier de la terre de Bernaize, chef d'escadron, maréchal-des-logis, trésorier des gardes-du-corps de LL. MM. Louis XVIII et Charles X, dans la compagnie de Luxembourg, chevalier de l'ordre royal et militaire de Saint-Louis et de la Légion-d'Honneur, mort en 1848, à Bernaize, avait épousé Justine Salmon des Fayolles, dont : 1º Théolinde Lesterpt de Beauvais, née à Magnac-Laval, mariée à B... Chesne de cette ville ; 2º Charles, qui suit.

IX. — Charles Lesterpt de Beauvais, né à Magnac le 22 juillet 1817, propriétaire actuel de la terre de Bernaize, marié, le 15 juillet 1851, à Anne Grateyrolle, dont : 1º Blanche Lesterpt de Beauvais, née à Magnac en 1852, mariée à Emile du Boys des Termes, docteur en droit ; 2º Pierre-Henri, né à Magnac-Laval le 13 décembre 1856 ; 3º Pierre-Max, né à Magnac-Laval le 16 mars 1866.

VIII *bis*. — Charles-François-Pierre Lesterpt de Beauvais, né à Magnac-Laval le 1er avril 1789, élève de l'Ecole polytechnique, sortit dans l'artillerie, fit la première campagne d'Espagne sous l'empereur Napoléon Ier ; prisonnier au siége de Badajoz, il fut transporté sur les pontons anglais. A la restauration, en 1814, il entra avec le grade de capitaine de son arme dans le régiment d'artillerie de la garde royale ; il fut ensuite adjoint à l'état-major de Monseigneur le duc d'Angoulême pour la campagne d'Espagne de 1823 ; fut fait chevalier de l'ordre royal et militaire de Saint-Louis et chef d'escadron à cette époque, et resta au service jusqu'en 1830. Mort en Limousin, en 1849, il était aussi chevalier de la Légion-d'Honneur et de Saint-Ferdinand d'Espagne. Il avait épousé Jenny-Suzanne Faure, petite-fille, par sa mère, du marquis du Soulier, maréchal de camp des armées de Condé pendant l'émigration, et fut père de : 1º Caroline-Suzanne Lesterpt de Beauvais, née en 1828, mariée au baron de Saint-Geniés, ancien officier de cavalerie, chevalier de la Légion-d'Honneur ; 2º Henri-Félix-Suzanne, qui suit.

IX. — Henri-Félix-Suzanne de Lesterpt de Beauvais, né à Paris le 30 mai 1835, chef d'escadron d'état-major auxiliaire pendant la guerre de 1870-1871, prit part aussi à la campagne contre l'insurrection de la Commune, chevalier de la Légion-d'Honneur, marié, le 21 avril 1863, à Berthe Bontus (d'Argeville en Brie), née le 25 décembre 1845, à Paris, dont il a un fils : François-Suzanne-Robert de Lesterpt de Beauvais, né le 19 février 1864.

Notes isolées.

Claude de Lester, Sr de Feiste, 1703. (Extrait des registres paroissiaux du Dorat.)

François Joachim de Lesterpt (fils de Jean-Baptiste de Lesterpt), chevalier de l'ordre royal et militaire de Saint-Louis et capitaine retraité lorsqu'il épousa, en 1828, Elisabeth Aubugeois de la Borde.

Sources : Registres paroissiaux de Magnac-Laval et du Dorat ; — Papiers de famille ; — Actes notariés signés Michellet, Yernaud Pitton, notaires royaux à Magnac-Laval, et autres de cette ville ; Jousseaulme, Duthouvy de Champagne, etc., notaires royaux au Dorat ; — Etats de service ; — Brevets ; — Diplômes ; — *Histoire du collége de Magnac-Laval*, par Normand. Limoges, Barbou frères.

LESTOILE (p. 821).

Jean de Lestoile, Sr de la Croix, échevin de la ville d'Angoulême, et Clément de Lestoile, Sr d'Aulaigue, son fils, habitaient Angoulême en 1669. (Rôle de modération des taxes en 1669.)

N... Lestoile, écuyer, 1733.

DE LESTRANGE (p. 83), barons de Magnac et de Montvert, marquis de Lestrange en Limousin, vicomtes de Cheylane, S^{grs} de Saint-Privat, de Durat, Leyris et Chapdes en Auvergne. Illustre et ancienne maison de chevalerie du Limousin, laquelle a pris son nom d'une terre située dans cette dernière province, et que Marie de Lestrange porta, avec Cheylane, à René de Hautefort, S^{gr} du Teil, par contrat du 22 février 1579. Elle établit sa filiation depuis Faucon ou Falcon de Lestrange, S^{gr} du lieu, en 1350, lequel fut père de Raoul Lestrange, qui continua la postérité, et de Guillaume de Lestrange, archevêque de Rouen, et nonce du pape Grégoire XI auprès du roi de France Charles V. Ce monarque le députa vers l'empereur Charles de Luxembourg, lorsqu'il vint trouver le roi à Saint-Denis, en 1377. Il fut fait conseiller d'Etat en 1381, et fonda la Chartreuse de Rouen, où il est inhumé. Hélie de Lestrange, neveu du précédent, fut évêque du Puy, fonda le couvent des Cordeliers de la même ville, et il assista au concile de Constance (1414-1417).

Louis de Lestrange, vicomte de Lestrange, avait épousé, avant 1535, Blonde de Langeac, vicomtesse de Cheylane, dont la succession passa, par suite d'alliances, dans les maisons de Hautefort, de Saint-Nectaire, de Crussol et de Maupeou. Ces diverses mutations se sont opérées dans l'ordre chronologique suivant : 1579, 1639, 1669, 1688.

Annet-Marie de Lestrange, baron de Magnac, rendit des services importants dans la province de la Marche pendant la minorité de Louis XIV; Louis, Jean, et autre Louis de Lestrange rendirent hommage au roi, à cause de la seigneurie de Leyris ou Leyrit en Combrailles, en 1669, 1684, 1724, 1733; Joseph de Lestrange, baron de Magnac, colonel d'infanterie, remplit la même formalité en 1717, et vivait encore en 1734; Alexis de Lestrange était grand-maître de l'ordre de Malte en 1788, et Marie-Henriette de Lestrange fut abbesse du chapitre noble de Laveine, de 1782 à 1790.

Cette famille, convoquée à l'assemblée des nobles de la sénéchaussée de Riom en 1689, et qui subsiste encore aujourd'hui, compte des alliances avec les maisons de Bonneval, de Belvezer-Jonchères, d'Estaing, de Langeac, de Chabannes, d'Apchier, de Hautefort, de la Mothe-Maslaurent, de Corteix, de Rochedragon, de la Saigne-Saint-George, de Soudeilles, de Blair-Chapdes, de Montagnac, d'Arfeuilles et autres.

Armes : *de gueules, au léopard d'argent et deux lions adossés d'or, mal ordonnés.*

Sources : D. Coll. — Chabrol. — Noms féodaux. — Saint-Allais, T. VII. — Courcelles, etc., *apud Nobiliaire d'Auvergne.*

Louis de Lestrange, écuyer, S^{gr} de Beaume, en partie, fils de Gui de Lestrange, écuyer, et de Françoise de Fricon, son épouse. Terre et seigneurie de Leyrit, paroisse de Banille, au diocèse de Clermont, élection d'Evaux : Riom, 1669. (De Bett.)

Jean de Lestrange, chevalier, leur fils, 1684 (*idem*).

Louis de Lestrange, chevalier, capitaine de cavalerie, résidant en son château du Leyrit (*idem*), et du chef de sa femme, Marguerite-Aimée de

Beauverger-Montgon, fille de feu Louis de Beauverger-Montgon, chevalier, possédait le château, terre, dîme et seigneurie de Matroux, paroisse de Dontreix, 1724, 1733. (DE BETT.)

Joseph de Lestrange, chevalier, possédait la terre et seigneurie de Magnac, paroisse du même nom : Guéret, 1717. (DE BETT.)

Gui de Lestrange, écuyer, S^{gr} des Hoteys et de la Buxière, 1635, arrière-ban de la Marche. (*Bull. Soc. Creuse*, T. II, p. 144.)

Annet-Marie de Lestrange, écuyer, Sr de Magnac, 20 août 1636 (*idem*).

Gui de Lestrange, écuyer, S^r des Hoteix, 20 août 1636.

Annet Lestrange, écuyer, Sr de Saint-Antoine, 20 août 1636.

N... de Lestrange, S^{gr} de Magnac, 30 août 1674 (*idem*).

Joseph, marquis de Lestrange, Etats généraux de 1789. (LA ROQUE et BARTH, Marche, p. 14.)

Audoin de Lestrange, 1248. Ce seigneur languedocien, porté dans un titre d'emprunt, avait pour armes : *de gueules, au lion léopardé d'argent en chef, et à deux lions adossés d'or en pointe.* (*Ann. de la noblesse*, 1844 ; — *Description des salles des croisades*, p. 401.) P. DE CESSAC.

Vie de dom Augustin de Lestrange, abbé de la Trappe, par un religieux de son ordre. Paris, Rusand, 1829, in-12 (par dom GUERBES).

Vie du vénérable abbé dom Augustin de Lestrange, par un religieux de son ordre, 2e édition, augmentée d'une conférence sur la réforme de la Trappe. Aix, Poutier, 1834, in-12.

Notice historique sur dom Augustin de Lestrange. Paris, Brumeau, 1842, in-8º, par M. l'abbé BABICHE. (Congrès archéologique de Guéret, 1865, p. 279.)

LEVAL.

Nauel de Leval, écuyer, Sr de Boisjolly, était au ban de l'Angoumois de 1635. Boisjolly est peut-être celui qui est dans la commune de Saint-Laurent de Cognac, canton et arrondissement de Cognac (Charente). (Ban et arrière-ban de l'Angoumois, 1635.)

LEVESQUE (p. 86).

Jean Levesque, chevalier de St-Jean de Jérusalem, le 4 septembre 1528, de la Marche, porte : *d'argent, à un lion rampant de gueules.* (VERTOT, *Histoire des chevaliers de Malte.*)

LEVEQUOT (p. 85).

1637.
Cet hospital de Saint-Rhoc
a esté basti par le so-
in de Helie Leveqvot,
escvyer, sievr dv Bre-
vil et des Dovcet, con-
seiller dv au sieg-
e présidial, maitre et capitaine de la ville Demg-
ovlesme et des dernier-
s legvees par Jehan Guer-

in, escvyer, sievr dv Pvy
de Nevville et da-
moiselle Lovise Ler-
iget, son épouse.
(*Bull. Soc. Arch. de la Charente*, V. 116.)

N... Levesquot, S^r de l'Ausmonerie, juge de Vars, y demeurant, élection de Saint-Jean-d'Angély, descendu de feu Helies Levesquot, Sr de Coursac, qui fut échevin.

N... Levesquot, S^r des Charniers, demeurant audit Vars, élection de Saint-Jean-d'Angély, aussi descendu de feu Helies Levesquot, Sr de Coursac, qui fut échevin.

N... Levesquot, Sr de Pestouret, aussi descendu dudit Helies Levesquot, Sr de Coursac, qui fut échevin, demeurant audit Vars, élection de Saint-Jean-d'Angély.

Pierre Levesquot, S^r des Nobles, aussi descendu dudit feu Helies Levesquot, Sr de Coursac, qui fut échevin, demeurant audit Vars, élection de Saint-Jean-d'Angély. (Rôle de modération des taxes, 1669.)

DU LEYRIS (p. 76).

En 1198, Guillaume de Leyris et Rigaud, son fils, donnèrent des rentes à l'abbaye de Dalon. En 1323, Pierre vendait des rentes au prévôt de Chambaret. Pierre, IIe du nom, S^{gr} de la Chalin, etc., vivait en 1409. Il donna sa fille en mariage au seigneur Aimeric de Crozille, et se maria, en 1410, à Valérie de Bernard, fille et héritière de Jean de Bernard, S^{gr} du Mas, dont la famille avait possédé la châtellenie de Châlus en 1341. Il en eut : (extrait de Gaignières, titres du Limousin) Guy de Leyris, S^{gr} dudit lieu, de la Chalin, etc., qui épousa demoiselle Génie de Cours, dont la fille, Comptor de Leyris, épousa, le 3 juillet 1452, Jean de Lubersac, Ier du nom, tige de la branche du Verdin en Limousin. Ce fut par elle que les seigneuries de Leyris, etc., rentrèrent dans la maison de Lubersac. (Généalogie Lubersac.)

LEZAY (p. 87).

La généalogie et descendance de MM. de Lezay des Marais, S^{grs} de la Côte-au-Chapt (paroisse de Darnac, canton du Dorat, Haute-Vienne) en Basse-Marche, se trouve dans les Manuscrits de MM. Robert, T. XLV, p. 341 et 383.

LEZES.

Une vicairie fut fondée à Bersac par les seigneurs de l'Age-Ponnet, et augmentée, en 1519, par Anne des Lezes, veuve de Baile, notaire.

Par transaction de 1451, Pannet-Sauterii, damoiseau, S^{gr} des Lezes et de Thouron, est nommé à cette vicairie.

Guillaume des Lezes, prêtre, vendant, en 1499, à Jean de Pompadour, S^{gr} de Laurière, la moitié du fief de l'Age-Ponnet, se réserva le droit de patronage.

Jean des Lezes, écuyer, Sr de Plex, 1551-1588, prieur-curé de Bersac, 1556-1602. (*Pouillé* de NADAUD, art. *Bersac*.)

LIGNAUD (p. 88), marquis de Lussac, vicomtes de Comblizy, barons de la Boutelaye et du Riz-Chauveron, Sgrs de Buxeuil (relevant de la Haye), des Courtils, paroisse de Barrou, de la Brosse, de Mareuil, de Flez, de Coulonges, des Forges, de Champerou, de Brigueil, etc., famille noble et d'origine chevaleresque, sortie de cette portion du Berri qui avoisine la Marche, et où l'on voit encore, près d'Aigurande, un village qui porte ce nom. Elle a fourni un maréchal de camp, grand'croix de l'ordre de Saint-Louis, commandant de l'Hôtel des invalides, deux chevaliers de l'ordre du roi, gentilshommes ordinaires de Henri III et de Louis XIII, un chevalier de Malte, un lieutenant des maréchaux de France, et un auditeur du conseil d'Etat, gentilhomme honoraire de la chambre du roi, membre du conseil général d'Indre-et-Loire. Elle a été maintenue dans sa noblesse le 18 septembre 1669 et le 31 décembre 1714, et a été admise, le 16 février 1788, aux honneurs de la cour, d'après ses preuves faites devant Chérin, généalogiste des ordres du roi.

En 1588, elle a comparu à l'assemblée de la noblesse du bailliage du Dorat, et, en 1789, à l'assemblée électorale de la noblesse du Poitou. Par lettres d'avril 1785, Jean-Louis de Lignaud, marquis de Lussac, obtint l'incorporation de la châtellenie de Brigueil à ses marquisat et châtellenie de Lussac-les-Eglises, pour ne faire et composer à l'avenir qu'une seule et même justice.

Les documents qui nous ont servi à la rédaction de notre notice sont : 1° une généalogie dressée par Chérin en 1788 ; 2° le travail de MM. Robert (du Dorat), qui ont consacré à cette famille, dont ils font remonter l'ancienneté avant l'an 1200, un long mémoire dans leurs travaux sur la Marche ; 3° et enfin une généalogie dressée par M. Lainé dans les Archives de la noblesse de France. Nous avons puisé à ces trois sources, et nous avons, autant que possible, rectifié les erreurs dans lesquelles nous avons pu croire que nos devanciers étaient tombés.

Notes isolées.

Guyard Lignaud vivait en 1190, disent MM. Robert du Dorat. Il eut pour fils, disent-ils :

Janot Lignaud, qui vivait encore en 1260, et dont le fils :

Guy Lignaud, qui vivait en 1240, fut père de :

Pierre Lignaud, Sgr de l'Age-Bernard et de Lussac-les-Eglises, vivant en 1280, fut père de :

Pierre ou Perrot Lignaud, Sgr desdites seigneuries, vivant en 1320, eut pour fils :

Pierre Lignaud, Sgr des mêmes terres, qui fut père de Jean, 1er degré de la filiation reconnue par Chérin. Nous n'avons pas suivi ce système de filiation, car aucune preuve ne l'accompagnait.

Louis Lignaud, écuyer, Sr de la Morinière, épousa Marguerite Joubert, fille de Gauvain, écuyer, et de Catherine de la Chaussée, et était mort en 1475. De ce mariage naquit :

Louis Lignaud, écuyer, Sgr de la Morinière, épousa, le 13 mai 1513,

Marie Poute, fille de Mondot, S^{gr} du château de Dompierre, et de Souveraine de Boisse.

Léon Lignaud, écuyer, S^{gr} de la Barre, épousa Nicolle Joubert, fille de Jean, écuyer, S^{gr} du Puy-Marigny, etc., et de Jeanne de Villeneuve, qui vivaient en 1520 et 1537.

Filiation suivie.

I. — Jean Lignaud fit une vente le 3 juin 1397, rendit aveu au duc de Berri, comte de Poitou, de la huitième partie de la dîme qu'il levait paroisse de Mouterre, près Lussac, le 13 mars 1403, et le 2 avril 1405, au tuteur des enfants de Guy de la Trémouille, pour la moitié d'une dîme, etc., qu'il possédait du chef de Catherine, sa femme, dont le nom de famille n'est pas connu, et dont il eut :

II. — Pierre Lignaud, S^{gr} de l'Age-Bernard, la Buxière, etc., qualifié damoiseau dans un acte du 3 avril 1437, obtint, en qualité d'héritier de Jean, son père, une sentence des assises de Lussac, le 8 mai 1444. Nous ne savons de quelles autorités M. Lainé s'autorise pour le faire mourir avant 1449, et lui donner pour successeur un fils du même nom que lui ; et, comme il n'apporte dans son travail aucun titre pour le prouver, et que cette opinion est en tous points contraire à celle de Chérin, nous suivrons ce dernier auteur. Il rendit, le 3 avril 1449, avant Pâques, hommage de la terre de Buxière à la seigneurie de Château-Guillaume. Il mourut avant le 14 août 1481, laissant de sa femme, que M. Lainé désigne sous le nom de Marie Joubert, et qu'il avait épousée, dit-il, vers 1445 : 1° Perrot, écuyer, qui, le 8 septembre 1469, rendait à Louis de la Trémouille son aveu pour ses terres de Lignaud, de Lussac, l'Age-Bernard, etc., et mourut sans enfants ; 2° Guillaume, qui suit ; 3° Vincent, écuyer, qui, fondé de la procuration de Guillaume, transigea, le 8 octobre 1476, avec le prieur et les religieux de la Maison-Dieu de Montmorillon.

III. — Guillaume Lignaud, écuyer, S^{gr} de l'Age-Bernard, la Buxière, etc., succéda à son frère aîné en 1473 ; le 15 mars de cette année, il rendit au seigneur de Lussac-les-Eglises aveu de sa terre de Lignaud, etc. D'après un registre du 5 juin 1478, l'on voit qu'il servait à cette époque dans la compagnie de Louis Ier, S^{gr} de la Trémouille. En 1501 (le 28 avril), il acquit une rente sur les nobles du fief de Lussac. Il était mort le 24 septembre 1510, laissant de Guyonne de Pressac : 1° François, qui suit ; 2° Antoine, religieux, prieur de Saint-Exupery, de Lésignac-sur-Goyre, diocèse de Limoges ; 3° N..., épouse d'Antoine de l'Age-Hélye, écuyer.

IV. — François Lignaud, écuyer, S^{gr} de l'Age-Bernard, l'Epine, etc., épousa, le 8 janvier 1505, Jeanne Couraud, fille de Louis, écuyer, S^{gr} de Saint-Martin ; le 6 mai 1510, il rendit hommage de son fief de l'Epine et de celui qu'il tenait de la mouvance de la châtellenie de Lussac ; le 8 janvier 1522, il obtint du roi François Ier des lettres-patentes pour faire le terrier de sa terre de l'Age-Bernard. Il était mort avant le 7 février 1540, laissant de son épouse : 1° Guillaume, qui suit ; 2° Ysabeau, mariée, le 4 avril 1549, à Pierre des Bastides, écuyer ; elle faisait son testament le 9 mars 1571.

V. — **Guillaume Lignaud**, écuyer, Sgr de l'Age-Bernard, la Brosse, la Buxière, etc., fit les guerres d'Italie comme homme d'armes dans la compagnie de M. le duc de Guise, et se trouva avec elle à la bataille de Saint-Quentin, où il fut tué (10 août 1557). Marié, le 10 août 1540, à Marguerite de Couhé de Lusignan, fille de François, chevalier, Sgr de la Roche-à-Guet, et de Renée, dame de Betz, dont :

VI. — **Antoine Lignaud**, chevalier de l'Age-Bernard, puis baron du Riz-Chauveron, etc., servit d'abord en qualité d'archer, puis d'homme d'armes dans la compagnie de Léonor Chabot, comte de Charny, depuis le 3 juin 1567 jusqu'au 10 juin 1574 ; fut nommé, avant 1582, chevalier de l'ordre du roi ; puis Henri IV, voulant reconnaître les services qu'il lui avait rendus en diverses négociations, le nomma gentilhomme ordinaire de sa chambre, le 11 août 1585. Il avait épousé, le 4 mars 1576, Marie Maucler, dame du Riz-Chauveron, veuve de feu Jacques de Saint-Savin, chevalier, dont il eut : 1° René, qui suit ; 2° Jeanne, mariée, le 24 mai 1620, avec François Estourneau, écuyer, Sgr du Cros.

VII. — **René Lignaud**, chevalier, Sgr de l'Age-Bernard, Lussac-les-Eglises, baron du Riz-Chauveron, naquit vers 1580, rendit hommage de son fief de Lussac-les-Eglises le 4 avril 1606, obtint de Henri IV des lettres-patentes données, à Paris, en février 1609, par lesquelles ce prince rétablissait, en tant que le besoin était, les foires et marchés dans le bourg de Lussac-les-Eglises, et les portait au nombre de six. René servit avec distinction dans les guerres qui suivirent l'avènement de Louis XIII au trône : il fut nommé, le 2 avril 1612, gentilhomme ordinaire de la chambre, et peu après chevalier de l'ordre du roi. Guidon de la compagnie de cent hommes d'armes du duc de Sully dès 1615, il en fut nommé lieutenant en 1620, durant le siége de Montauban. Ce fut lui qui fut chargé par le roi de voir le duc de Rohan, chef des calvinistes, pour le ramener à l'obéissance, et le roi lui écrivit du camp de Saint-Jean-d'Angély, le 27 juin 1622, pour lui annoncer la satisfaction qu'il avait de ses services. « Le seigneur de St-Germain-Beaupré (lui dit ce prince) m'a fait entendre l'affection que vous avez pour le bien de mon service, dont je vous sais bon gré, et aurois à plaisir que vous me veniez trouver pour vous le témoigner, vous assurant que vous serez toujours le bienvenu. » Dans l'acte de baptême de Georges, l'un de ses enfants, René est qualifié de capitaine de cent hommes d'armes des ordonnances du roi. Le 1er septembre 1605, il épousa Esther de Rabaines, fille de Jean, Sgr d'Usson et chevalier de l'ordre du roi, et de Louise de Pons, dont il eut : 1° Maximilien, qui suit ; 2° Georges, né en 1619, mort sans alliance ; 3° Olivier, Sgr d'Orville, capitaine d'une compagnie de gens de pied, mort le 6 septembre 1652 ; 4° Jeanne, qui prit l'habit, le 4 avril 1628, dans l'abbaye de la Règle, à Limoges ; 5° Esther, mariée à François Estourneau, chevalier, Sgr du Riz, etc., qui transigea avec ses beaux-frères, le 20 février 1630, pour les droits de sa femme.

VIII. — **Maximilien Lignaud** dit le marquis de Lussac, baron du Riz, Sgr de Tilly, Coulonges, Saint-Martin-le-Mault, Champeron, etc., partagea avec ses frères, le 25 février 1636. Le 28 octobre de cette année, le duc d'Angoulême lui donna un congé, daté du camp de Maury, constatant qu'il avait servi comme volontaire avec armes et chevaux à l'armée de Picardie. Il servait encore en 1638, et, pour ce, le roi lui accorda, le 14 avril, des lettres de sauvegarde et exemption de logement de gens de guerre. Le 12 décembre 1665, il rendit aveu de sa terre et seigneurie de Lussac, à la Tour de Maubergeon de Poitiers, et fut confirmé dans sa noblesse par M. Tubeuf, intendant de la généralité de Bourges, le 18 septembre 1669. Le 14 février 1635, il avait épousé Anne de Barbançois, fille de Léon, chevalier, Sgr de Sarzay, premier maître d'hôtel du roi, etc., et de Françoise du Rieux, dont : 1º Robert, qui suit ; 2º Antoine-François ; 3º Marie, épouse de N... Chauvet, Sgr de la Villatte ; 4º Louise, mariée à Antoine de la Couture-Renon, chevalier, Sgr de la Couture ; 5º Marie-Esther, femme de François de Gain, chevalier, Sgr d'Availles, etc.

IX. — Robert Lignaud, appelé aussi marquis de Lussac, Sgr de l'Age-Bernard, Saint-Martin, Tilly, Coulonges, Paulmet, des Forges, etc., né le 19 juin 1639, sert d'abord à l'armée de Picardie (certificat du marquis d'Hocquincourt, gouverneur de Péronne, du 5 septembre 1667), puis se rendit, comme volontaire, à l'armée de Flandre. Il se distingua au combat de Senef, comme le prouve un certificat du prince de Condé du 11 septembre 1674 ; il fut nommé, le 26 février 1680, lieutenant des maréchaux de France en Poitou et Basse-Marche. Le 21 août de cette année, il épousa Françoise Le Roux, fille de Claude, chevalier, baron d'Aquigny, et de Madeleine de Tournebu. De ce mariage sont issus : 1º Etienne, qui suit ; 2º Louis-Léon, né le 17 janvier 1686, reçu de minorité chevalier de Malte, le 24 septembre de la même année ; 3º Antoine, né en 1688, vicomte de Comblezy en Champagne, prieur-curé de Gremouville, au diocèse de Rouen ; 4º Claude, cornette au régiment de Saint-Germain-Beaupré en 1712, puis lieutenant en 1714, et ensuite capitaine réformé au même corps, mort sans postérité ; 5º Robert, mort sans enfants ; 6º Madeleine ; 7º Françoise, religieuse à la Puye ; 8º Marie, religieuse à Blessac, diocèse de Limoges ; 9º Geneviève, épouse de N... du Breuil, Sgr de Lourdoueix.

X. — Etienne Lignaud, également appelé marquis de Lussac, Sgr de l'Age-Bernard, Coulonges, Tilly, Saint-Martin, le Paulmet, etc., fut baptisé le 23 septembre 1683, servit sur les galères de Malte ; il fut confirmé dans sa noblesse, le 31 décembre 1714, par M. Foullé de Montangis, intendant de Bourges ; il épousa, le 5 juillet 1716, Anne de Villelume, fille de Charles, chevalier, Sgr du Bâtiment, et de Sylvine de Montmorency, qui lui donna, outre plusieurs enfants morts au berceau : 1º Jean-Louis, qui suit ; 2º Catherine, morte sans alliance, et retirée au couvent de l'Union-Chrétienne, à Poitiers, le 13 ventôse an XII ; 3º Henriette, prieure des hospitalières, à Magnac-Laval.

XI. — Jean-Louis Lignaud, chevalier, marquis de Lussac, baron de la Boutelaye, vicomte de Comblezy, Sgr de l'Age-Bernard, etc., etc, naquit le 27 août 1723, fut nommé successivement gentilhomme à drapeau aux gardes françaises (25 avril 1737), cornette de la 3e compagnie au régiment Colonel-général-cavalerie ; fit avec ce corps les campagnes de

Bohême, d'Allemagne et de Flandre ; il acquit, le 16 mai 1761, de Louis-Henri, marquis de Pons-d'Hostun, les seigneuries de Flex, Mareuil et Brigueil-le-Chantre, qui, par lettres-patentes du 3 juillet de la même année, furent réunies au marquisat de Lussac-les-Eglises. Le 26 mars, il avait épousé Anne-Nicole Fumée, fille de Jean Henri, chevalier, S^{gr} d'Alogny, et d'Anne-Nicole de Saint-Martin, du quel mariage sont nés : 1° Antoine, qui suit ; 2° Maximilien, qui servit d'abord dans les chevau-légers, et mourut, à vingt-deux ans, lieutenant au régiment Royal-Champagne-cavalerie ; 3° Sylvie, mariée, le 19 décembre 1773, à Joseph-Louis des Marais, S^{gr} du Chambon, mourut le 9 avril 1783 ; 4° Marie-Anne-Rosalie, épouse de Joseph, comte de Montbel, S^{gr} de la Tâche ; 5° Barbe-Louise, chanoinesse du chapitre noble de Périlangy, au diocèse de Langres, mariée à Joseph, comte de Vérines, chevalier, S^{gr} de Combourg, mourut le 29 août 1800 ; 6° Anne, épouse de Jean-René Aimery, comte de la Bourdonnaye.

XII. — Antoine Lignaud, marquis de Lussac, S^{gr} de Tilly, Coulonges, Saint-Martin, Flex, Mareuil, etc., naquit le 7 mars 1755, entra, en 1771, dans les chevau-légers de la garde du roi, puis passa capitaine au régiment Royal-Champagne-cavalerie en 1778, et fut chargé, en 1787 et 1788, du commandement des écoles de cavalerie de Béthune et de Hesdin ; fit les preuves nécessaires, en 1788 (16 février), pour monter dans les carosses du roi, par-devant Chérin. Nommé, en 1789, major en second du régiment Colonel-général-cavalerie, il passa, en 1791, chef de brigade aux chevau-légers de la garde du roi, corps de la réformation duquel il avait été chargé. Emigré, il servit à l'armée des princes, en 1792, en qualité d'officier supérieur des compagnies nobles d'ordonnance ; concourut à la défense de Maëstricht en 1793 ; fit les campagnes de Liége (1794) et de Quiberon (1795), et rentra en France chargé des pouvoirs de Monsieur. Lors de la réorganisation de la maison militaire de nos rois, il fut nommé, le 5 juillet 1814, chef d'escadrons des chevau-légers, et maréchal de camp le 3 août 1814 ; suivit le roi à Gand, et fut nommé commandeur de l'ordre de Saint-Louis en novembre 1814, et, le 9 novembre de cette même année, commandant en chef de la succursale des invalides d'Avignon. En 1816, il fut nommé chevalier de la Légion-d'Honneur ; fut gouverneur par intérim de l'Hôtel royal des invalides de Paris, du 19 mai 1821 au 1er janvier 1822 ; fut nommé grand'croix de l'ordre de Saint-Louis le 20 août 1823, et, le 19 octobre 1824, officier de la Légion-d'Honneur. Mis à la retraite, en 1830, il mourut à Orléans, le 20 août 1832. Le 25 mai 1777, il avait épousé : 1° Adélaïde-Jeanne-Charlotte de Carvoisin, fille de Charles-Louis, comte de Carvoisin, maréchal de camp, et de Renée-Jeanne-Charlotte de la Hette-d'Artaguette ; 2° Constance-Joséphine-Hyacinthe-Thérèse Duparc, fille de N..., comte Duparc, colonel commandant la succursale des invalides d'Avignon, et de N... le Rouge de Kerdavid. Du premier lit sont issus : 1° Alexandre-Louis, qui suit ; 2° Pauline, mariée, le 11 avril 1804, à Louis-Alexandre de Gibot ; 3° Aline-Angadrême, mariée, le 3 juillet 1805, à Pierre-Antoine Barthon de Montbas ; 4° Louise-Catherine-Adèle, morte célibataire. Du second lit est venue :

5° Victorine-Marie, née à Paris, le 3 février 1824, a épousé, en 1847, Emmanuel Leschassier, marquis de Mery de Montferrand.

XIII. — Alexandre-Louis Lignaud, marquis de Lussac, né le 1er juillet 1780, se réunit aux Vendéens, commandés par le général d'Autichamp, en 1799, et servait dans la division du général Tranquille (au Maine), en 1813, avec le grade de capitaine de cavalerie. Il fut nommé maréchal-des-logis (brevet de chef d'escadrons) dans les chevau-légers de la garde, le 24 août 1814, et, le même jour, chevalier de la Légion-d'Honneur; suivit le roi à Gand; fut nommé, le 12 janvier 1816, sous-lieutenant des gardes de Monsieur, puis gentilhomme ordinaire de la chambre, le 11 avril 1828. Le 27 février 1807, il épousa, à la Flèche, Aglaé-Marie-Félicité du Bois des Cours de Saint-Cosme, fille du comte Jacques-Marie-Etienne et d'Angélique-Marie-Louise-Félicité-Perrine Belin de Langlotière, dont il eut : 1° Maximilien-Louis-Charles, qui suit ; 2° Aglaé-Marie-Antoinette, née à la Flèche, le 9 octobre 1807, mariée, le 22 juin 1829, à François-Henri-Antoine, marquis de Bridieu.

XIV. — Maximilien-Louis-Charles Lignaud, né à la Flèche, le 6 février 1819, marié, le 7 janvier 1845, à Marie-Amable-Antonie de Saint-Ouen de Bermonville, veuve en premières noces du comte Charles Lepelletier d'Aunay. De ce mariage sont issus : 1° Antonin-Marie-Maximilien-Auguste-Alexandre, né le 9 octobre 1847 ; 2° Adrien-Marie-Henri-Joseph, né le 4 mars 1851, mort jeune ; 3° Louis-Marie-Maximilien-Angadrème, né le 20 juillet 1853, décédé.

Armes : *d'argent, à trois merlettes de sable.* Couronne de marquis. Supports : *deux lions.* Devise : *Vaincre et surmonter.*

SOURCES : *Dict. des anciennes familles du Poitou.* — *Armorial de la Touraine.*

DE LIGONDÈS, *alias* DU LIGONDÈS (page 89), marquis du Ligondès, barons de Crocq, seigneurs de Châteaubodeau, de Fortunier, de Nouzerines, du Puy-Saint-Bonnet, du Claux, du Chezaud, du Vialard, de la Garde, de la Mothe du Breuil, de Farges, de Saint-Sauveur, de Rochefort, de Saint-Avit, de Grenouillet, de Saint-Domet, de Chanon, etc.

Cette maison, l'une des plus anciennes et des plus considérables de la Marche, s'est divisée en plusieurs branches, répandues en Bourbonnais, en Berry et en Auvergne. Le château de Ligondès, qu'elle a fait construire dans le courant du XIIIe siècle, est situé commune de Chambouchard, près Evaux (Creuse). Une tradition rapporte que les Ligondès sont originaires d'Italie, et que Guy de Ligondès s'établit en France à l'époque de la croisade entreprise par Saint-Louis. Ce qu'il y a de certain, c'est que ce chevalier fut positivement en Terre-Sainte, en 1248, avec Louis IX, ainsi que l'atteste une charte mentionnée dans le « Livre d'or de la Noblesse européenne ». Son nom et ses armes devraient figurer au musée des croisades, à Versailles.

I. — Perrin de Ligondès, écuyer, Sgr de Ligondès, rendit des services à la monarchie dans les divers emplois militaires qui lui furent confiés par le roi de France. Il épousa, en 1350, Isabeau du Château, fille de messire Guillaume, Sgr de Chazeron en Bourbonnais. Dans son contrat de mariage il est qualifié chevalier. Il eut : 1° Jean ; 2° Ligier, qui suit ; 3° Marie, qui épousa, en 1393, Pierre du Peyroux, Sgr du Peyroux.

II. — Ligier de Ligondès, Sgr de Ligondès et du Claux, appelé du Claux, suivit la même carrière que son père. Il épousa, en 1380, Catherine de Bouteiller, fille de messire Louis et de dame Isabelle de la Graulière. Il eut :

III. — Aubert de Ligondès, écuyer, Sgr de Ligondès et du Claux, lequel servit son pays avec distinction sous Charles VI ; il fit preuve d'une grande valeur au siége de Pontoise. Il épousa, en 1405, Marguerite de Freschard, fille de Gilbert, écuyer, Sgr du Fressineau en Bourbonnais, et de dame Isabelle du Puy. Cette première, veuve en 1412, obtint, en 1413 et 1416, des lettres de sauvegarde de Jean, duc de Bourbon, pour elle et ses deux fils : Franconin et Eustache de Ligondès.

IV. — Franconin de Ligondès, écuyer, Sgr de Ligondès, rendit foi et hommage, le 1er août 1412, à Jean, duc de Bourbon, Sgr du pays de Combrailles, pour le fief de Ligondès. Il fut du nombre des gentilshommes qui forcèrent les Anglais à lever le siége d'Orléans en 1429. Il était homme d'armes des ordonnances du roi en 1434 ; commandait la cavalerie lorsque Charles VII reprit Paris en 1436 ; obtint, le 13 août 1443, de Monseigneur le comte de Montpensier, dauphin d'Auvergne, Sgr du pays de Combrailles, la permission de fortifier son château de Ligondès, après avoir prouvé qu'il était « noble homme, ayant bonne chevance au pays de mondit seigneur », et qu'il était « suffisant pour tenir houstel fort et défensable ». Il avait épousé Marguerite de Léron, fille d'Elie, écuyer, et de dame de Beaufort. Charles VII lui accorda le droit de porter héréditairement les armes actuelles des Ligondès par ses lettres du 17 juin 1447. Les enfants de Franconin furent : 1° Jacques, qui suit ; 2° Jean, mort sans enfants ; 3° Philippe, religieuse à Saint-Genès-les-Monges, près d'Herment, en 1454 ; prieure d'Yssat en 1478-1484.

V. — Jacques de Ligondès, écuyer, Sgr de Ligondès, rendit foi et hommage à Charles, duc de Bourbon, les 22 septembre et 16 octobre 1452. Par sentence du bailli de Combrailles, datée du 20 mai 1462, il fut déclaré héritier de Louis, bâtard de Ligondès. Il épousa, par contrat du 20 juin 1467, Catherine de Montjournal, fille de Gaspard, chevalier ; fut capitaine de cavalerie en 1469. Le roi le décora de la croix de l'ordre de Saint-Michel. Ses enfants furent : 1° François, qui suit ; 2° Philippe, Sgr de Chanon, auteur de la branche établie en Berry.

VI. — François de Ligondès, écuyer, Sgr de Ligondès, épousa, en 1500, puissante demoiselle Anne de Breschard. Il obtint, le 15 septembre 1534, un brevet de guidon de cent hommes d'armes sous les ordres de Jean, duc d'Albanie. Un titre du 25 janvier 1535 le qualifie lieutenant de cinquante hommes d'armes. Il fut père du suivant.

VII. — François de Ligondès, écuyer, Sgr de Ligondès, lieutenant pour le roi et gouverneur de la ville de Carignan en Piémont, épousa, le 11 mai 1523, Jeanne de Châteaubodeau, fille de Gilbert, chevalier, Sgr dudit lieu, et de Malleret, baron de Chaux, porte-enseigne de cent hommes d'armes, et de dame Catherine de Malleret. Le roi François Ier lui donna des marques de sa confiance en l'honorant de la charge d'écuyer de Monseigneur le Dauphin. Ses provisions portent cette suscription : « Du 14 mai 1543, lettres accordées de par Monseigneur le dauphin de Bretagne, en faveur de la personne de son cher et bien-aimé François de Ligondès, de l'état d'écuyer de son écurie ». En 1546, il fut gentilhomme ordinaire de la chambre du roi et commandant d'une compagnie de cent hommes d'armes. Le 11 décembre 1558, le roi Henri II lui donna la charge d'écuyer ordinaire de son écurie, et celle de capitaine de ses gardes et de ceux de son très-cher et très-aimé fils, dauphin de France (plus tard le roi François II). Le 20 janvier 1559, ce souverain accorda des lettres royales au sceau de ses armes, en faveur de son bien-aimé François de Ligondès, Sgr dudit lieu, lieutenant de cinquante hommes d'armes des ordonnances du roi. François de Ligondès laissa : 1º Sébastien, qui suit ; 2º Jean, dont le procès-verbal d'admission dans l'ordre de Saint-Jean de Jérusalem est daté du 20 avril 1545 ; il fut reçu le 9 septembre 1549 ; 3º Jeanne, mariée, en premières noces, à Gaspard de Passat, écuyer, Sgr de Vieillevigne (3 mai 1546), et, en secondes noces, le 3 juillet 1561, à Philippe de la Chapelle, Sgr de la Chapelle en Combrailles ; 4º Jacquette, mariée à Antoine de Chaussecourte, écuyer, Sgr de Montfeloux ; 5º Bérald, aumônier du roi, prieur de la Chapelaude, près Montluçon, en 1555.

VIII. — Sébastien de Ligondès, chevalier, Sgr de Ligondès, épousa, le 20 avril 1570, Gabrielle de Jonat, fille de Jacques, écuyer, Sgr en partie de Châteaubodeau, de Bisseret, de Charon, des Chaussades, etc., et de dame Gilberte de Rochedragon. Il était, en 1580, guidon en la compagnie des hommes d'armes de M. de Villaret, reçut du roi plusieurs gratifications ; fut fait chevalier de l'ordre du Saint-Esprit en 1578. Il eut : 1º Jacques, qui suit ; 2º Marguerite, épouse d'Annet de Saunade, écuyer, Sgr de la Chaze.

IX. — Jacques de Ligondès, chevalier, Sgr de Ligondès, de Châteaubodeau, du Chezeaud, de la Garde, de Fortunier et de la Chapelaude, épousa, le 11 juin 1593, Anne de Rochefort-d'Ailly, veuve du seigneur de Saint-Julien de Saint-Mars, fille de Pierre, Sgr d'Ailly et d'Orcet, chevalier des ordres du roi, et de dame Gilberte de la Queuille. En 1590, Jacques se distingua, en qualité d'officier supérieur de cavalerie, à la bataille d'Ivry en Normandie, et au siége de Paris ; en 1595, à Fontaine-Française, où Henri IV gagna une bataille sur le duc de Mayenne, il paya de sa personne. Ce gentilhomme avait l'estime particulière du roi Henri IV. Louis XIII lui donna une pension de 3,000 livres, le 4 juin 1614. Il l'honora, en 1627, de la charge de gentilhomme ordinaire de sa chambre. Les enfants de Jacques partagèrent le 4 octobre 1631. Ce sont : 1º Antoine, qui suit ; 2º Jean, auteur de la branche de Rochefort ; 3º Jacques, auteur des seigneurs de Fortunier, du Chezaux et de Nouzerines.

X. — Antoine de Ligondès, chevalier, Sgr de Châteaubodeau et de la Garde, épousa, le 7 janvier 1633, Anne-Françoise de la Mer de Matha, issue de la maison de Pierre Bayard, le célèbre chevalier sans peur et sans reproche, et fille de Maximilien, Sgr de Saint-Quentin, et de Marie de Beaufort-Montboissier-Canillac. Antoine de Ligondès a servi en qualité de capitaine d'une compagnie de gens de guerre à cheval, composée de quatre-vingt-dix hommes, armés et montés à la légère. Son brevet, daté de Compiègne, est du 28 avril 1635. Il se retira avec le grade de colonel de cavalerie, ayant eu une jambe emportée au siége de Turin, en 1645. La rare valeur qu'il montra à ce siége lui valut une pension. Il laissa : 1° Gaspard, qui suit ; 2° Louis, reçu chevalier de Malte, le 17 juin 1652 ; 3° Anne, épouse de messire Alexandre de Châteaubodeau, S^{gr} de Saint-Fargheol.

XI. — Gaspard, marquis de Ligondès, écuyer, S^{gr} de Châteaubodeau, de la Garde, baron de Crocq, page du roi, épousa, le 27 octobre 1654, Antoinette de Saint-Julien, fille de François, écuyer, S^{gr} des Farges, de Peyrudette, lieutenant-colonel du régiment de Bellenove, et de dame Gabrielle du Maine. Gaspard résidait en son château de Châteaubodeau, paroisse de Rougnat, élection d'Evaux, en 1666, lorsqu'il fut maintenu dans sa noblesse d'extraction par M. Fortia, intendant d'Auvergne. Il servit longtemps en qualité de capitaine, puis de major, et fut, par brevet du 12 novembre 1690, colonel du régiment de cavalerie de son nom. Gaspard fut aussi brigadier des armées du roi. Sa Majesté le gratifia de plusieurs pensions. Il fut honoré de la croix de Saint-Louis, en 1693, et de la charge de lieutenant général des provinces de Saintonge et d'Angoumois, le 13 mars 1691. (Ces dernières provisions le qualifient de marquis.) Le 28 décembre 1694, il obtint un renouvellement de commission de lieutenant général des provinces de Saintonge et d'Angoumois. Il était brigadier de la cavalerie du roi en 1697. Le 14 juin 1717, par lettres en forme de bref, délivrées par le pape Clément II, Gaspard, marquis de Ligondès, fut nommé chevalier de la milice dorée. (Les insignes de cet ordre consistaient en un collier d'or, l'épée et les éperons dorés.) Gaspard se trouva dans Mayenne, en 1689, lorsque le prince Charles de Lorraine l'investit avec une armée formidable. Commandant toute la cavalerie, il donna des preuves éclatantes de sa valeur et de ses talents militaires ; il obligea le prince à lever le siége. C'est après cette campagne que Louis XIV lui donna la lieutenance générale du gouvernement de Saintonge, d'Angoumois et du pays d'Aunis. En 1706, après avoir reçu deux balles au siége de Turin, le roi lui adressa des éloges, et le présenta à l'armée comme étant celui à qui il devait la réussite de cette journée, par ses moyens d'attaque et de défense. Il était alors grand'croix de l'ordre de Saint-Louis. Louis XIV le nomma chevalier de ses ordres (*cordon bleu*), ce qui excluait le port de toutes les autres décorations. Gaspard dit au roi qu'il aimait mieux renoncer à cette nouvelle marque de sa faveur que de quitter une décoration qui était le prix de ses services. Le monarque lui permit de porter les deux ordres. Gaspard mourut, en 1729, à la suite d'une longue et cruelle maladie, fruit de ses nombreuses campagnes. On raconte de lui une anecdote assez originale : Il dit un jour à Louis XIV que son régiment était mieux monté que ses gardes, ce qui était exact ; le roi lui frappa sur l'épaule en lui répliquant : *Holà ! holà ! Ligondès*. Les habitants de la ville d'Auzance (Creuse) se sont transmis d'âge en âge les qualités de l'illustre seigneur de Châteaubodeau, qui venait passer ses semestres, avec son régiment, dans cette localité peu distante d'Auzance. Ce régiment, si bien discipliné, et dont l'ancienneté des officiers était proverbiale, faisait l'admiration de toute la contrée. Ce brave colonel était la providence des malheureux. Gaspard, que Louis XIV qualifiait de *son Vieux la Guerre*, laissa cinq enfants : 1° Léonard, page du roi à douze ans, mousquetaire à seize ans, capitaine de cavalerie dans le régiment de son père à dix-sept ans, puis major du même régiment. Jamais major ne fut plus équitable : il était beau, bien fait, et avait un air noble comme son père; mais celui-ci lui préféra Michel, son frère cadet, et refusa de lui accorder son régiment, malgré les instances de la cour. Léonard reçut cette injustice avec soumission, se retira à Clermont-Ferrand, où il était visité par toute la noblesse d'Auvergne et par l'illustre évêque Massillon. Louis XIV, en récompense de ses services, lui avait accordé une pension de 3,000 livres, qu'il refusa; 2° Michel, reçu chevalier de Malte, le 22 juillet 1689. Voici ses états de service : cornette de la mestre-de-camp en 1690, lieutenant en 1691, capitaine en 1692, major du régiment de Ligondès en 1701, mestre-de-camp dudit régiment en 1703. Il fut pourvu du brevet de colonel de son père, le 10 mai 1704, après avoir fait plusieurs actions éclatantes ; fut fait prisonnier à la bataille d'Hochstedt, où il avait sous ses ordres toute la cavalerie ; il fit des prodiges de valeur qui furent infructueux, vu le nombre des ennemis. Conduit en Angleterre, il épousa la veuve de milord Huntington (Françoise de Leveson Fowler), dont il eut : *A* — Jean ; *B* — Marie-Antoinette, mariée, en 1723, à Claude du Ligondès de Rochefort, son cousin ; 3° Jacques, qui suit ; 4° Jean, marié, le 30 août 1710, à Marie Chamborand, fille de Pierre, écuyer, et d'Anne Lefort ; il servit longtemps en qualité de capitaine de cavalerie, et mourut sans enfants ; 5° Marie, mariée, le 31 août 1710, à Michel de Chamborand, Sgr du Fuseau, colonel de cavalerie du régiment de hussards de son nom.

XII. — Jacques de Ligondès, chevalier, marquis de Châteaubodeau, épousa, le 12 février 1730, Anne du Pouget de Nadaillac, fille aînée d'Antoine, chevalier, baron de Saint-Pardoux, et de dame Marie de Saint-Julien. Il était lieutenant-colonel de cavalerie du régiment de Noailles, lorsqu'il reçut une lettre du roi, le 21 janvier 1735, pour prendre le commandement de la compagnie de Dampierre. Le 11 mai 1743, il fut nommé enseigne des gardes-du-corps. Jacques, marquis de Ligondès, chevalier de St-Louis, brigadier de cavalerie, reçut le brevet de maréchal de camp, le 10 mai 1748. Il fut gentilhomme ordinaire de la chambre du roi, se trouva à la fameuse bataille de Fontenoy, en 1745, s'y distingua tellement que Louis XV le nomma *cordon rouge*. Voici ses états de service : cornette en 1702; lieutenant de la mestre-de-camp, le 2 septembre 1703 ; capitaine, le 9 novembre 1704; capitaine réformé en 1714 ; capitaine en pied, le 30 mai 1728 ; major, le 5 décembre 1732; lieutenant-colonel, le 21 janvier 1735; enseigne des gardes-du-corps en 1743; brigadier, le 1er mai 1745; maréchal de camp, le 10 mai 1748. Il assista au siège de Landau, à la bataille d'Hochstedt; se retira à Riom (Puy-de-Dôme), avec une pension de 4,000 livres : il mourut en novembre 1749, et fut enterré dans l'église de Rougnat (Creuse). Il eut : 1° François, qui suit ; 2° Antoinette-Gabrielle, mariée à Henri, marquis de Lestrange, chevalier, Sgr du Leyrit, de Matroux, etc., lieutenant-colonel de cavalerie et chevalier de Saint-Louis, dont : *A* — Gaspard, né le

30 septembre 1759 ; *B* — Marie, mariée, en 1786, au comte d'Autier de Barmontet, auquel elle apporta la terre de Peyrudette.

XIII. — François de Ligondès, marquis de Châteaubodeau, gouverneur de Crocq, page du roi, exempt des gardes-du-corps, né à Rougnat (Creuse), le 31 mai 1732, épousa, à Riom, le 16 septembre 1760, Odette de Massol de Surville, fille de Georges, marquis de Massol, lieutenant-colonel de cavalerie, chevalier de Saint-Louis, et de Françoise de Miremont. Ses états de service sont les suivants : garde-du-corps du roi de 1748 à 1756 ; exempt des gardes-du-corps, le 25 février 1756 ; capitaine de cavalerie, le 25 février 1756 ; mestre-de-camp, le 16 janvier 1775. Il se retira chevalier de Saint-Louis avec une pension de 3,000 livres. Il eut Georges, qui suit.

XIV. — Georges de Ligondès, chevalier, marquis de Châteaubodeau, S^{gr} de Vialard, naquit, le 18 novembre 1762, à Saint-Martin des Plains. Il fut page du roi, officier de cavalerie et chevalier de Saint-Louis. Voici ses états de service : page du roi en sa grande écurie, le 13 avril 1777 ; lieutenant de cavalerie au régiment de Royal-Roussillon, le 25 décembre 1778 ; réformé le 1er mai 1788. Il émigra en 1792, joignit l'armée des princes, et fut incorporé dans les chasseurs nobles de l'armée de Condé, où il fit plusieurs campagnes avec distinction ; plus tard, il entra en qualité d'officier dans le régiment des hussards de Braschy, où il resta jusqu'au départ de l'armée de Condé pour la Pologne ; il fut ensuite promu capitaine dans la cavalerie noble de la même armée. A la dissolution définitive de ce corps, il obtint sa radiation de la liste des émigrés, et vint se fixer à Châteaubodeau, où il se livra à l'éducation de l'espèce chevaline. En 1814, Louis XVIII lui fit une pension sur sa cassette ; en 1824, il eut aussi une pension sur la caisse des chevaliers de Saint-Louis et du mérite militaire. Il est mort à la Vilatte, commune de Motte, canton de Crocq (Creuse), le 1er août 1826. Depuis longtemps, il était perclus, fruit de ses honorables campagnes. Il avait épousé, le 14 mai 1782., Charlotte d'Oradour, fille de Jean, chevalier, S^{gr} de Saint-Diéry, et de dame Marie. de Bosredon. De ce mariage : 1° Julien, qui suit ; 2° Claude-Félix, admis de minorité dans l'ordre de Malte, le 20 août 1785 ; chevalier de Saint-Louis et de la Légion-d'Honneur ; chef d'escadrons dans le régiment d'artillerie à cheval de la garde royale ; retiré, en 1830, lieutenant-colonel, avec une pension de 2,000 fr. Il est mort célibataire en 1849 ; 3° Anastasie, mariée à M. de Paneverre de Viginet.

XV. — Julien, marquis de Ligondès, page du roi en sa grande écurie, émigra en 1792 ; servit dans l'armée des princes ; rentra en France au licenciement de l'armée en 1801 ; reprit du service en 1814, et fut admis dans les gardes-du-corps du roi, compagnie de Noailles, en qualité de maréchal-des-logis, et nommé chevalier de Saint-Louis et officier de la Légion-d'Honneur ; il servit jusqu'en 1830 ; fit la guerre d'Espagne, sous les ordres du duc d'Angoulême, en qualité de sous-lieutenant des gardes-du-corps. La bravoure qu'il montra à la prise du Trocadéro lui valut la décoration de Charles V, roi d'Espagne. En 1830, le marquis Julien accompagna Charles X jusqu'à Cherbourg. Il se retira ensuite à Clermont-Ferrand, où il fut mis à la retraite de colonel en 1841. Il est mort en 1862. Il avait épousé Mlle Emilie Chassaing, de Riom, dont : 1º Amable, qui suit ; 2º Odette, épouse de M. le chevalier Fé de Boisrambaud, capitaine-adjudant-major au 16e régiment d'infanterie légère, admis à la retraite en 1850 ; 3º Sophie, mariée à M. Lespine.

XVI. — Amable, marquis de Ligondès, servit dans la même compagnie des gardes-du-corps que son père jusqu'en 1830. Il épousa, le 1er juillet 1839, Athénaïs de la Salle, fille du marquis de la Salle, ancien officier supérieur, ancien préfet, chevalier de Saint-Louis et de la Légion-d'Honneur, commandant de l'Aigle-Rouge de Prusse. De ce mariage : Eugène, comte de Ligondès, né le 10 septembre 1840.

Branche du Ligondès de Rochefort (existante).

X. — Jean du Ligondès, fils puîné de Jacques et de Jeanne de Rochefort d'Ailly, fut seigneur du Ligondès, baron de Rochefort et du Puy-Saint-Bonnet. Il épousa, le 20 janvier 1632, Jeanne Charetier de Rouvignac, baronne de Rochefort, fille de Pierre, S^{gr} de Rouvignac, baron de Rochefort. De ce mariage : 1º Louis, qui suit ; 2º Marie, mariée, en 1654, à Claude d'Alègre, marquis de Beauvoir, sénéchal d'Auvergne.

XI. — Louis du Ligondès, chevalier, S^{gr} du Ligondès, baron de Rochefort et du Puy-Saint-Bonnet, capitaine-lieutenant de la compagnie d'ordonnance des chevau-légers du prince de Joinville, en 1654 ; maintenu dans sa noblesse d'extraction en 1666, épousa Madeleine de la Rouère de Guédon, le 19 mars 1657. Il eut huit garçons, donc cinq morts au service du roi ; les autres furent : 1º François, qui suit ; 2º Claude, S^{gr} du Ligondès et d'Avrilly, capitaine de frégate légère, chevalier de Saint-Louis, lieutenant de vaisseau et gouverneur de la ville d'Evaux, marié à Catherine de Sibuel de Saint-Ferréol, dont : *A* — Claude-Hilaire, élève-page du comte de Toulouse, garde de la marine en 1713 ; *B* — François, chevalier de Malte, page du grand-maître en 1713 ; *C* — Gabriel ; *D* — Claude ; 3º Jean, enseigne de vaisseau.

XII. — François du Ligondès, baron de Rochefort, capitaine d'infanterie, épousa, en 1691, Françoise de Rivière, dont : 1º Claude, qui suit ; 2º N..., mort en Bavière au régiment de Picardie (infanterie).

XIII. — Claude du Ligondès, baron de Rochefort, fut commissaire-général de cavalerie en 1712 ; capitaine au régiment de Sassenage (cavalerie) en 1736 ; lieutenant-colonel du régiment de Mongiron (cavalerie) en 1745 ; propriétaire d'une compagnie de son régiment, qu'il vendit 30,000 livres en se retirant du service, en 1750 ; chevalier de Saint-Louis. Il avait épousé, en 1723, Antoinette de Ligondès, fille de Michel et de Françoise de Leveson Fowller, dont : 1º N..., tué en Bavière, dans le régiment d'infanterie de Picardie ; 2º Gaspard, qui suit ; 3º Hercule, chevalier de Malte, le 11 décembre 1754, commandeur de Courtesserre en 1788, chevalier de Saint-Louis, capitaine de vaisseau ; il fit plusieurs campagnes sur mer, et reçut cinq blessures ; 4º Amable, chevalier de Malte, le 10 août 1762 ; 5º Antoine, chevalier de Malte, le 10 mai 1765, commandeur de Maisonnisse en 1787 ; 6º N..., religieuse à Saint-Cyr ; 7º N..., religieuse à Cusset ; 8º Antoinette, chanoinesse-comtesse de N.-D. de Coyse en l'Argentière, puis coadjutrice du couvent de Laveine ; 9º Marguerite ; 10º Jeanne-Charlotte, épouse de Philippe de Marcellange, chevalier ; 11º N..., appelée Mlle de Rochefort ; 12º N..., épouse de M. de Lestrange ; 13º Anne-Constance, mariée, le 12 novembre 1760, à Johne de la Poer Beresford, marquis de Waterford, oncle du maréchal.

XIV. — Gaspard, comte du Ligondès, fut nommé garde de la marine, le 6 juillet 1750, enseigne de vaisseau en 1755, lieutenant d'artillerie en 1762, lieutenant de vaisseau en 1764, puis capitaine, le 4 avril 1777, chevalier de Saint-Louis, le 1er janvier 1773. Il commandait le vaisseau *le Triton*, de 64 canons, au combat livré à la hauteur de Lisbonne, le 20 octobre 1778, contre le vaisseau anglais *le Jupiter* et la frégate anglaise *la Médée*, qu'il aurait pris s'ils n'avaient profité de la faveur de la nuit ; il fut blessé dans cette rencontre d'un coup de feu au bras droit, et mourut, à Brest, des suites de ses blessures, le 26 janvier 1779. Louis XVI accorda une pension de 1,200 livres à sa veuve, une de 300 livres à chacun de ses enfants, et commanda un tableau, représentant le combat ci-dessus, pour être déposé aux archives de la marine. En 1841, Louis-Philippe en a fait faire une copie pour le musée de Versailles. Gaspard avait épousé, en 1761, Elisabeth de Reclesne, dont : 1º Hercule, qui suit ; 2º Frédérick, chevalier de Malte, garde de la marine ; il émigra, rentra en France, fut pris, jugé et fusillé, à Lyon, par les Terroristes ; 3º Clotilde, mariée à M. Anagonès d'Orcet.

XV. — Hercule-Marie-François-Xavier, comte du Ligondès, né le 10 juillet 1768, garde de la marine en 1784, puis enseigne de vaisseau, émigra, fit la campagne dans l'armée des princes en 1792, comme volontaire au régiment de hussards de Berchigny, assista au désastre de Quiberon, lieutenant dans le régiment d'infanterie d'Hervilly, rentra en France en 1802, reprit du service en 1814, fut nommé chevalier de Saint-Louis, et se retira capitaine de frégate en 1818. Il mourut le 19 novembre 1837. Il avait épousé, le 10 juillet 1803, Marie-Elisabeth de Montsaulnin. De ce mariage : 1º Alphonse, comte du Ligondès, qui suit; 2º Ferdinand, vicomte du Ligondès, né le 7 septembre 1806. Il a pris part aux expéditions d'Afrique de 1832 à 1833, dans le 55e de ligne, capitaine au 21e léger en 1834, a quitté le service en 1839, et s'est marié, le 27 décembre 1842, à Mlle Jeanne-Octavie-Geneviève Picard du Chambon. Il est mort, à Paris, le 29 octobre 1851, laissant deux enfants: *A* — Marie-Raoul, né le 11 mars 1847 ; *B* — Antoinette-Marie-Isabelle, née le 12 juin 1851 ; 3º Henriette, épouse du comte Anatole de Reilhac, dont : *A* — Albert.

XVI. — Alphonse-François, comte du Ligondès, né le 19 juin 1804, sortit en 1824 de l'école Polytechnique, fut nommé colonel d'artillerie en 1858. Blessé à l'assaut de Sébastopol, il est mort à Marseille, le 15 février 1856, officier de la Légion-d'Honneur, en rentrant en France. Sa veuve possède deux tableaux, présents des rois Louis XIV et Louis XVI. L'un est le portrait de Louis XIV, donné par lui-même à Louis du Ligondès, gentilhomme de sa chambre ; le second représente le combat naval du vaisseau *le Triton*, commandé par le comte Gaspard du Ligondès de Rochefort, contre deux vaisseaux anglais ; il fut donné, en 1791, par le roi Louis XVI au comte du Ligondès. M. le comte du Ligondès a eu sept enfants de Mlle de Maistre, son épouse : 1° Robert, comte du Ligondès, né le 17 juillet 1844 ; 2° Marie, née le 19 février 1846 ; 3° Henriette, sœur jumelle de la précédente ; 4° Marguerite, décédée en bas-âge ; 5° Antoinette, née le 16 mars 1849 ; 6° Jeanne, née le 12 novembre 1851 ; 7° Françoise, née le 30 septembre 1853.

Branche de Ligondès de Nouzerines (existante).

X. — Jacques de Ligondès, chevalier, S^{gr} du Chezaud, de Fortunier, etc., troisième enfant de Jacques et de Jeanne de Rochefort d'Ailly, épousa, le 5 février 1645, Marguerite de Bridiers, dame de Nouzerines, de l'antique maison de ce nom, connue dans la marche dès le XIe siècle. Il fut maintenu dans sa noblesse d'extraction, en 1666, par M. de Fortia, intendant d'Auvergne ; il résidait au château du Chezaux (Marche), près de Montluçon (Allier), et laissa : 1° Michel, qui suit ; 2° Jacques, capitaine de dragons, puis exempt des gardes-du-corps du roi Louis XIV, tué à la bataille de Ramillies en 1706. Il avait épousé N... Bolacre.

XI. — Michel de Ligondès, chevalier, S^{gr} du Chezaux, de Villevergne, de Nouzerines, de Fortunier, chevalier de Saint-Louis, servit dans le régiment du marquis de Ligondès, son cousin. Il épousa, le 10 février 1694, Ester-Henriette Aubert de Courserac, fille de Léonor, chef de cadre des armées navales, dont : 1° Louis, S^{gr} du Chezaud, officier d'infanterie, marié, le 15 octobre 1725, à Marguerite de Peyrat, veuve du seigneur de Beaufort, dont : *A* — Françoise ; *B* — Marguerite, épouse d'Henri de la Celle Boiry ; 2° Henri, qui suit ; 3° Gabrielle-Henriette, mariée, le 27 avril 1738, à Joseph de Bosredon, chevalier, S^{gr} des Aymards, de Villevaleix, etc.

XII. — Henri de Ligondès, chevalier, S^{gr} de Nouzerines, des Combes, etc., fut capitaine de cavalerie ; il mourut en 1757. Il avait épousé, le 20 novembre 1746, Catherine-Marie-Angélique du Sain de Betoulat, dame de Prevert et de Ranchon, dont : 1° Henri-François, qui suit ; 2° Pierre, né le 29 mars 1756, reçu chevalier de Malte ; 3° Marie-Angélique.

XIII. — Henri-François de Ligondès, titré marquis de Ligondès, chevalier, S^{gr} de Nouzerines, des Combes, des Réaux, de Patinges, de la châtellenie de Périgord, baron de Gouzon, chevalier de Saint-Louis, capitaine, puis lieutenant-colonel de cavalerie, acheta la baronnie de Gouzon à M. de Fénis, obtint la permission de porter la croix de Malte. Il fut lieutenant des maréchaux de France, à Moulins, avant 1789. Il avait épousé, le 9 août 1778, Adelaïde de Gascoing de Berthun, morte, à Montluçon, le 21 février 1786, fille de Jean-Marie de Gascoing, ancien capitaine au régiment de Hainaut, chevalier de Saint-Louis, gouverneur de Pouilly, lieutenant des maréchaux de France, et de dame Marie des Bertain. De cette union : 1° Hercule, comte de Ligondès, né le 21 mars 1784 ; il eut pour parrain Hercule de Ligondès de Rochefort, capitaine de vaisseau, et pour marraine Marie-Madeleine-Louise-Jaqueline d Tulles de Villefranche ; il obtint la décoration du lys en 1814, et mourut le 11 septembre 1825 ; 2° François, qui suit ; 3° Catherine-Angélique, née le 11 décembre 1779, mariée à M. de Pont.

XIV. — François de Ligondès, comte, puis marquis de Ligondès, après la mort de son frère, naquit le 30 novembre 1785. Il fut autorisé à porter la croix de Malte. Son épouse, Catherine-Delphine de Chamerlat des Guérins, fille de M. de Chamerlat des Guérins, ancien gendarme de la garde du roi, chevalier de Saint-Louis, propriétaire du château du Leyrit, canton de Crocq (Creuse), et de dame N... Auboux de Theveny des Vergnes, l'a rendu père de : 1° Jean-Louis-Stanislas, qui suit ; 2° Elise, morte demoiselle.

XV. — Jean-Louis-Stanislas, marquis de Ligondès, né le 22 décembre 1815, mort en 1849, a épousé Louise de Bonnafos de Bellinay, dont : 1° Arthur, marquis de Ligondès, né le 16 juillet 1841 ; 2° Marie, née en mars 1843 ; 3° Henri, né en 1845 ; 4° Constantin, né en 1848.

Branche de Ligondès de Saint-Domet en Berry (éteinte).

VI. — Philippe de Ligondès, écuyer, fils de Jacques et de Catherine de Montjournal, partagea avec son frère François, le 19 octobre 1501. Sa femme n'est point connue, mais il eut :

VII. — François de Ligondès, Sgr du Chanon, marié, le 23 décembre 1531, à Jeanne de la Marche, dont :

VIII. — Léonard de Ligondès, Sgr du Chanon et de Saint-Domet, marié, le 28 juin 1557, à Marguerite de Saint-Domet, dame de Saint-Domet. Il eut :

IX. — Jean de Ligondès, Sgr de Saint-Domet, marié, le 1er mai 1598, à Gabrielle Anjoing, dont :

X. — Léon de Ligondès, Sgr de Chanon et de Saint-Domet, marié, le 16 juin 1622, à Françoise de Bois-Bertrand, dame de Connives. De ce mariage : 1° Charles, qui suit ; 2° Claude, reçu chevalier de Malte en 1641.

XI. — Charles de Ligondès, Sgr de Saint-Domet, épousa, en premières noces, le 16 novembre 1651, Marguerite de la Marche, et, en secondes noces, Sylvine de Boueix. Du premier lit : 1° François, Sgr de Connives, qui suit ; 2° François, reçu chevalier de Malte en 1679 ; du second lit : 3° Robert ; 4° Jean ; 5° Claude, chevalier de Malte, commandeur de Montbrison.

XII. — François de Ligondès, Sgr de Connives et du Plessis, épousa Marie-Anne de Lesperonnière. Il eut : 1° N... de Ligondès, ancêtre de Claude-Mathurin, marquis de Ligondès, époux de Marie-Anne Garat de Saint-Priest, dont le fils, Charles de Ligondès de Connives, sous-lieutenant au 5e régiment de hussards en 1821, puis lieutenant au 9e régiment de dragons, a épousé, en 1827, Sara Godeau d'Ablon ; il est mort sans postérité, le 19 août 1828. Le marquis de Ligondès, son père, décédé en 1834, a, par un testament du 20 juillet 1831, légué la terre de Connives à Hercule du Ligondès de Rochefort ; 2° Marie-Anne-Thérèse, mariée, le 22 janvier 1715, à Robert du Bouex, Sgr de Villemort, et de Fontmorand, colonel du régiment de Villemort, brigadier des armées du roi, chevalier de Saint-Louis.

Armes : *d'azur, au lion grimpant d'or, lampassé, armé de gueules ; l'écu semé de molettes d'éperon d'or.* Couronne : *de marquis.* Supports : *deux lions.*

Les seigneurs de Saint-Domet et de Connives en Berry brisaient, comme cadets, de *trois étoiles d'or 2 et 1, accompagnant le lion et remplaçant le semé de molettes d'or.*

SOURCES : LA CHESNAYE DES BOIS, *Dictionnaire de la noblesse.* — *Armorial du Bourbonnais.* — VERTOT. — Documents originaux communiqués par la famille. — Noms féodaux. — AUDIGIER. — Preuves de 1666.
(A. TARDIEU, *Histoire généalog. de la maison de Bosredon,* p. 312.)

LIGOURE (p. 89). — Le château de Ligoure et le fief de Luret se trouvent l'un et l'autre sur la rive gauche de la Ligoure : le premier dans la commune du Vigen, le second dans celle de Saint-Jean-Ligoure, arrondissement de Limoges (Haute-Vienne).

Marie de Ligoure épousa, le 1er novembre 1631, Luc Vigier, Sr de la Coste, fille de Jacques et de Gasparde de Coignac. (NADAUD, *Nobiliaire manuscrit*, article *Vigier*.)

Une famille du nom de Ligoure existait aussi à Marval, canton de Saint-Mathieu (Haute-Vienne). Nous trouvons dans les Registres paroissiaux :

Pierre Ligoure, Sr de Puy-Pacaud, paroisse de Marval, avait épousé Anne Jalade ; ils étaient morts l'un et l'autre en 1732. De ce mariage vinrent : 1° Isabeau, née le 5, et baptisée, à Marval, le 6 mars 1700 ; elle épousa, le 11 février 1721, Pierre Soury, de la paroisse de Saint-Pierre de Vayres, et porta la propriété de Puy-Pacaud ; 2° Marie, baptisée le 27 mai 1701 ; elle épousa Léonard Courrivaud, Sr de la Vergne ; était veuve en 1755, et mourut, le 10 décembre 1784, à l'âge de quatre-vingt-sept ans, dit son acte mortuaire ; 3° Pierre, né le 14 août 1702 ; il épousa Jeanne Dupuy. De ce mariage vint François Ligoure, qui se maria, le 7 février 1780, avec Léonarde Giry. Jeanne Dupuy épousa, en secondes noces, le 7 juin 1780, Elie Laris ; 4° Denise, qui se maria, le 20 janvier 1732, avec Aubin de la Couchie, Sr dudit lieu, paroisse de Miallet ; 5° Léonard, qui épousa N... de Villechalanne, et mourut au village de Loubeyrat, paroisse de Marval, à l'âge de quarante ans ; il fut enterré dans l'église, le 21 mars 1744 ; 6° François, époux de Marie Ducourtieux, fut aussi enterré dans l'église de Marval, le 27 février 1742 ; 7° Marguerite Ligoure, qui épousa Jean des Ages ; elle mourut à l'âge de soixante-dix ans environ, et fut enterrée, à Marval, le 19 janvier 1786.

Elisabeth Ligoure était épouse de Jean Dupuy, en 1740.

LIMOGES. — Les armes de la ville de Limoges sont : *de gueules, au buste de saint Martial de carnation, vêtu et diadémé d'or, accosté des lettres S et M, à l'antique du même ; au chef cousu d'azur, chargé de trois fleurs de lis d'or.* Devise : *Spes mea Deus.*

Le chapitre de Limoges porte : *d'azur, à cinq fleurs de lis d'or, 3 et 2.* (*Bull. Soc. Arch. du Limousin*, T. XXI, p. 133.)

Le chapitre de Saint-Martial : *d'azur, au buste de saint Martial de carnation, vêtu et diadémé d'or, accompagné de trois fleurs de lis du même, 2 en chef et 1 en pointe.* (D'HOZIER, *Armorial général.*)

L'abbaye de Saint-Martin-des-Feuillants, à Limoges : *de gueules, à une croix d'or, cantonnée aux 1er et 4e d'une couronne fermée, aux 2e et 3e d'une coupe couverte de même, et au chef cousu d'azur, semé de fleurs de lis d'or.* (Idem.)

L'abbaye de Saint-Augustin, à Limoges : *d'azur, au cœur d'or, percé de deux flèches d'argent et enflammé de gueules à dextre de la lettre* S, *et senestré de la lettre* A *de même.* (Idem.) Nous possédons le sceau de cette abbaye : il représente saint Augustin tenant de la main droite un cœur enflammé, et de la gauche une crosse accostée des lettres S. A. On lit autour : † *Sigil. conventi Lemoviscensis.*

La communauté des prêtres de l'Oratoire, à Limoges : *A ces deux mots écrits en lettres d'or : Jesus, Maria, l'un sur l'autre, et enfermés dans une couronne d'épines de sable.* (D'Hozier, *Armorial général.*)

Les Jésuites du collége de Limoges : *d'azur, au nom de Jésus d'or, entouré de rayons du même, en forme de bordure en orle.* (Idem.)

La communauté des prêtres de la Mission, à Limoges : *d'azur, à un buste de saint Charles-Borromée posé de profil, la tête de carnation, entouré d'un cercle rayonnant d'or, le camail de gueules et une bordure de sable, chargée de ces mots en caractères d'or : Sigillum seminarii mission. Lemovic.* (Idem.)

Le couvent de la Visitation, à Limoges : *d'or, à un cœur de gueules, percé de deux flèches d'or, empennées d'argent passées en sautoir, le cœur chargé du nom de Jésus d'or, et une croix de sable fichée dans l'oreille du cœur, le tout enfermé dans une couronne d'épines de sinople, ensanglantée de gueules.* (Idem.)

Le couvent des Carmélites, à Limoges : *de sable, chappé d'argent, la pointe de sable terminée en croix pattée en chef, accompagnée de trois étoiles à huit rais, 2 en chef et 1 en pointe, de l'un ou l'autre.* (Idem.)

Les religieuses de Sainte-Ursule, à Limoges : *d'argent, à une sainte Ursule de carnation, vêtue de sable, tenant sur sa main dextre un cœur de gueules percé d'une flèche en barre d'or, et de sa senestre une palme du même, sur une terrasse de sinople ; et autour de la sainte est écrit, en caractères de sable : Sancta Ursula.* (Idem.)

Le petit couvent de Sainte-Claire, à Limoges : *d'azur, à une sainte Claire d'or, tenant de sa droite le Saint-Sacrement, et de sa gauche une crosse du même.* (Idem.)

Le grand couvent de Sainte-Claire, à Limoges : *d'azur, à une sainte Claire de carnation, vêtue de sable, tenant de sa dextre un soleil ou custode de Saint-Sacrement, et de sa senestre une crosse, le tout d'argent.* (Idem.)

Le couvent de Saint-Joseph de la Providence, à Limoges : *d'azur, à un saint Joseph, tenant un petit Jésus par la main, le tout d'argent.* (Idem.)

Le couvent des religieuses de Notre-Dame, à Limoges : *d'azur, à un Maria d'or, composé d'un* M *et d'un* A *entrelacés, sommé d'une croix haussée et soutenue d'un bouquet de trois fleurs de même.* (Idem.)

Le corps des officiers au présidial de Limoges : *parti, au 1er de France, au 2e de Navarre.* (Idem.)

Le corps des officiers de la justice royale de Limoges : *d'or, à deux pals de sable.* (Armes inventées par d'Hozier, *ibidem.*)

Le corps des officiers de l'élection de Limoges : *d'azur, à trois fleurs de lis d'or, l'écu couronné à la royale.* (D'Hozier, *Armorial général.*)

Le corps des présidents, trésoriers de France, généraux de finances, chevaliers, conseillers du roi, juges et directeurs du domaine, au bureau de la généralité de Limoges : *parti de France et de Navarre.* (Idem.)

La communauté des procureurs, à Limoges : *d'azur, à un saint Nicolas d'or, accompagné en chef de deux sacs d'argent.* (Armes inventées par d'Hozier, *ibidem.*)

La communauté des notaires de Limoges : *de sinople, à deux signes affrontés d'argent, soutenus d'une foi de carnation, parée d'or et mouvante des flancs.* (Idem, ibidem.)

La communauté des avocats de Limoges : *d'azur, à un saint Yves, vêtu d'une soutane et d'une robe longue, la tête couverte d'un bonnet carré, tenant de sa main dextre une plume à écrire, et de sa senestre un sac pendant, le tout d'or, sur une terrasse de même.* (Idem, ibidem.)

La communauté des marchands de Limoges : *d'or, au pal de sable.* (Idem, ibidem.)

La communauté des chirurgiens et perruquiers, à Limoges : *d'or, à une fasce de gueules.* (Idem, ibidem.)

La communauté des tailleurs, tapissiers, fripiers et chaussetiers de Limoges : *de sinople, à un pal d'or.* (Idem, ibidem.)

La communauté des libraires, imprimeurs, selliers, bastiers, peintres et éperonniers de Limoges : *d'azur, à un pal d'or.* (Idem, ibidem.)

La communauté des cordonniers et savetiers, à Limoges : *de sinople, au pal d'argent.* (Idem, ibidem.)

La communauté des ceinturiers, fourbisseurs, gantiers, pelletiers et potiers d'étain, à Limoges : *de gueules, à un pal de sable.* (Idem, ibidem.)

La communauté des serruriers, armuriers, couteliers, taillandiers et maréchaux ferrants, à Limoges : *de gueules, à un pal d'or.* (Idem, ibid.)

La communauté des boulangers, à Limoges : *d'or, à une fasce d'azur.* (Idem, ibidem.)

La communauté des tanneurs, à Limoges : *d'or, à une fasce de sinople.* (Idem, ibidem.)

COMTES ET VICOMTES DE LIMOGES (p. 89).

D'après l'*Etude sur les comtes et vicomtes de Limoges antérieurs à l'an 1000*, publiée, en 1874, par M. Robert de Lasteyrie, nous pouvons considérer comme certains les faits suivants :

1º Jucondus, père de saint Yrieix, mort en 541, n'était pas comte de Limoges ;

2º Domnolenus, saint Domnolet, mort en 577 : il est douteux qu'il ait été comte de Limoges ;

3º Nonnichius, comte de Limoges, mort en 582 ;

4º Terentiolus, comte de Limoges, mort en 586 ;

5º Didier, qui conquit, en 576, le Limousin pour Chilpéric, n'en fut pas comte ;

6º Gararic, qui fut envoyé à Limoges par Gontran, lorsque le jeune Clotaire fut mis sur le trône, n'en était pas comte ;

7° Astroval semble avoir été duc de Toulouse, mais non comte de Limoges ;

8° Barontius, comte de Limoges (630-632) ;

9° Lantarius, comte de Limoges, fondateur de l'abbaye de Guéret (732) ;

10° Aldegarius, en 794, n'est pas comte de Limoges ;

11° Roger, comte de Limoges, fondateur du monastère de Charroux, fut envoyé à Limoges, par Charlemagne, en 778 ;

12° Gregorius, en 817 : il est douteux qu'il fût comte de Limoges ;

13° Foulque, 841 : rien ne dit qu'il ait été comte de Limoges ;

14° Ratier, 839, était comte de Limoges ;

15° Raymond, 855, fils de Foucaud et de Senegonde, était comte de Limoges : il remplaça son frère Fredelon, comte de Toulouse, en 852, et mourut en 864 ;

16° Gerard est comte de Bourges et non de Limoges ;

17° Bernard, fils de Raymon, est comte de Toulouse et de Limoges, 864-875 ;

18° Eudes est comte de Toulouse et de Limoges, 875-918.

Pour les vicomtes de Limoges, nous trouvons :

1° Aldebert, 876, créé vicomte de Limoges par Eudes, comte de Toulouse et de Limoges ;

2° Hildegaire, fils du précédent (884-943 environ) ;

3° Foucher ;

4° Ademar ;

5° Geraud ;

6° Guy I, 988-1025.

VICOMTES DE LIMOGES. — Il y a eu quatre races des vicomtes de Limoges :

1° Ceux de la maison de Ségur, qui ont gouverné depuis l'an 887 jusqu'en 1130, et auxquels les vicomtes de Rochechouart remontent leur origine ;

2° Ceux de la maison de Comborn, qui ont subsisté jusqu'en 1263, et dont l'héritière, Marie, fille du vicomte Gui VI, épousa, en 1275, Arthur, comte de Richemont, fils de Jean II, duc de Bretagne ;

3° Arthur fut la souche de la troisième race, dite de Bretagne ;

4° La quatrième, dite de Blois, commença à gouverner en 1341, en la personne de Jean de Blois, époux de Jeanne, comtesse de Penthièvre, fille unique de Gui de Bretagne, frère du duc Jean III. Françoise de Blois, dernier rejeton de ces vicomtes de Limoges, épousa, en 1470, Alain, sire d'Albret. Son successeur et petit-fils, Henri d'Albret, roi de Navarre, mort en 1555, n'eut qu'une fille, Jeanne d'Albret, mariée, en 1548, avec Antoine de Bourbon. Henri IV, né de ce mariage, réunit la vicomté de Limoges à la couronne en 1589.

Les anciens vicomtes de Limoges portaient pour armes : *colicé d'or et de gueules de dix pièces*. Outre ce sceau, les vicomtes de la maison de Comborn en avaient un portant *trois lions*. Les vicomtes de la maison de Bretagne et de Blois portaient : *d'hermine, à la bordure de gueules*.

On peut consulter, sur les vicomtes de Limoges, l'*Art de vérifier les dates*, édit. in-8°, T. X, p. 242. (LAINÉ, *Nobiliaire du Limousin*.)

I. — **Fulcherius.** — L'*Art de vérifier les dates* (T. III, p. 129) s'exprime ainsi : « Il y a tout lieu de croire que Foucher prit part à la victoire que Rodolphe de Bourgogne (qui était accouru à Limoges) remporta sur les Normands venus jusqu'en Limousin ; mais, ayant été rencontrés par ce roi dans un lieu nommé Destrice, ils lui livrèrent bataille et furent taillés en pièces, ce qui fit perdre à ceux qui avaient le bonheur de s'échapper l'envie de revenir en Aquitaine ».

On ignore combien de temps Foucher posséda la vicomté de Limoges. Baluze dit (*Hist. Tutel.*, p. 127) que, dans quelques actes, il prend aussi la qualité de vicomte de Ségur, parce qu'il était également seigneur de cet endroit, et qu'il y résidait souvent, « car la dignité de vicomte, ajoute-il, était alors attachée à la personne et non au lieu ».

II. — **Adalbert** succéda à Foucher dans la vicomté de Limoges, que Baluze dit avoir été son père ; opinion généralement partagée par tous ceux qui se sont occupés de sérieuses recherches à cet égard. Castelnau, qui paraît avoir approfondi cette question, tout aride qu'elle soit, dit : « Geoffroy, prieur de Vigeois, donne pour successeur à Foucher le vicomte Géraud ; mais l'ordre des temps et la nature s'y opposent, outre que nous trouvons par titres que ce fut Edelbert, que je n'estime pas sans raison avoir été son fils, puisque nous verrons que le nom de Fulcherius (Foucher) a été affecté, en mémoire de lui, dans la famille de Limoges ». (Addition aux Mémoires de Castelnau.)

Edelbert eut un démêlé avec l'abbaye de Noaillé, près de Poitiers, au sujet de la forêt de Bouresse, qu'il lui avait enlevée. L'affaire ayant été portée au tribunal d'Eudes, duc d'Aquitaine, l'abbaye fut maintenue dans la possession de ce fond par un jugement « dont nous avons l'original sous les yeux (*Art de vérifier les dates*, T. III, p. 189) ». Le duc y déclare qu'il l'a rendu avec les grands de sa cour : *cum optimabus nostris*, suivant la loi romaine. La date est des ides de mai, sixième année du règne de Charles III dit le Simple, dont la sixième année, à compter de 898, qui est l'époque la plus communément adoptée, tomba en 904. (Baluze.)

Edelbert avait épousé Adeltrude, dont il eut un fils nommé Hildegaire, qui lui succéda. Geoffroy, prieur du Vigeois, ne fait mention ni du père, ni du fils, dans la revue qu'il passe des vicomtes de Limoges ; mais il ne l'ont pas moins été l'un et l'autre.

III. — **Hildegaire** avait succédé à son père dès l'an 914. On en a la preuve dans une charte du 1er mai de la seizième année du règne de Charles le Simple.

Le nom de la femme d'Hildegaire est inconnu : on suppose que Renaud était son fils ; on est certain seulement du nom de sa fille, qui s'appelait Adeltrude, comme son aïeule ; elle fut mariée à Ebles, comte de Thouars. (MARTÈNE, *Ampliss. Collect.*, T. III, col. 1148.)

IV. — **Renaud** (*Renaldus*), successeur d'Hildegaire, peut et doit être considéré comme son fils ; un titre justifie cette assertion : c'est la charte par laquelle Ditric fonda une église collégiale dans son alleu de la Tour en Limousin, du consentement et en présence de ses seigneurs le vicomte Renaud et le marquis Bozon (*in conspectu et presentia seniorum meorum Renaldi, vicecomitis, et marchionis Bozoni. — Gall. chron. nov.*,

T. II, col. 168 et 169). L'acte est daté du 6 des ides d'août, la cinquième année du règne de Lothaire (3 août 959), Lothaire ayant été nommé roi le 12 novembre 954. On y parle aussi du père de Renaud comme vicomte de Limoges Le marquis n'est autre que Bozon, comte de Périgord et de la Marche, dans le marquisat duquel était comprise partie du Limousin. (*Art de vérifier les dates*, T. III.)

V. — Géraud (*Geraldus*), descendant du vicomte Foucher, et, selon Baluze, fils d'Hildegaire (BALUZE, p. 159). Il fut le successeur de Renaud, qui, dans cette hypothèse, était son frère. Ceux qui placent ici Adhémar parent de Géraud sont dans l'erreur, comme le prouve le même auteur (BALUZE, *Hist. Tutel.*, p. 59 et 69, et dans l'*Appendice*, p. 851). Adhémar était en effet vicomte, mais ce fut de Ségur; si dans quelques chartes on le qualifie de vicomte de Limoges, c'est parce que Ségur est situé en Limousin. (*Hist. de la maison de Rochechouart*, p. 13.)

VI. — Gui Ier (1) succéda à son père dans les vicomtés de Limoges et de Ségur. Profitant de l'absence de Bozon, son beau-frère, il fit construire, vis-à-vis de l'abbaye de Brantôme en Périgord, un château-fort, à l'aide duquel il comptait s'emparer aussi de l'abbaye, fondée, dit-on, par Charlemagne (2). Bozon II, à son retour de Rome, défit son ennemi dans un combat, et fit détruire la forteresse.

Guillaume le Grand, jaloux de la puissance du vicomte de Limoges, forma contre lui une confédération dans laquelle entrèrent Arnaud, comte d'Angoulême, Hélie II, comte de Périgord, Bozon II de la Marche, tous intéressés à arrêter ses entreprises, parce que leurs possessions touchaient à celles de la vicomté. Tous voulaient lui enlever le château de Brosse, qui pouvait menacer le Poitou et la Marche.

A la nouvelle que ce château était assiégé par les confédérés, Gui Ier, accompagné d'Adémar, son fils, courut à la défense de la place, attaqua ses ennemis à l'improviste, et les mit en fuite après avoir tué un grand nombre des leurs. (D. BOUQUET, T. X, p. 146.)

Gui avait déjà, du vivant de son père, tenté de soumettre à son autorité l'abbaye de Brantôme. Désespérant d'y réussir par la force, il sollicita Grimoald, évêque de Périgueux, de lui en faire présent; mais, ne pouvant l'obtenir, il se saisit de sa personne et l'enferma dans la tour de Limoges. Cet outrage souleva l'indignation du peuple. Les fidèles, attristés, venaient tous les jours dans les églises prier pour le prisonnier, demandant à Dieu sa délivrance. Des murmures on allait passer à la révolte, lorsque Gui Ier, effrayé, consentit à rendre le prélat à la liberté, après lui avoir arraché quelques promesses. L'affaire fut ensuite portée à Rome, où le vicomte fut condamné, mais ne subit aucune peine, s'étant réconcilié avec Grimoald.

Adémar, fils aîné du vicomte de Limoges, seconda courageusement son père dans toutes les guerres entreprises pour augmenter la fortune de sa famille. Il s'était emparé du château de Brosse, dont une partie

---

(1) Pour combler la lacune qui existe dans le texte de Nadaud, p. 93, nous empruntons, en l'abrégeant, le récit de M. Maryaud : *Histoire des vicomtes et de la vicomté de Limoges*.

(2) Il ne reste de cette abbaye qu'une partie de l'église abbatiale, récemment restaurée, et un magnifique clocher dans le style gothique.

appartenait à Hugues de Gargilesse. Il envahit par surprise l'abbaye de Saint-Benoit-du-Sault en l'absence du prévôt Othier, sous la garde duquel étaient le monastère et la ville. Ce dernier vint l'assiéger dans le prieuré de Saint-Benoit, avec l'aide de Hugues de Gargilesse. Il fut obligé de se rendre. Hugues le conduisit alors devant le château de Brosse, et, le montrant à Gérard, qui était chargé de défendre la place, lui annonça qu'on allait lui abbattre la tête si les portes ne lui étaient pas ouvertes sur-le-champ. Gérard, pour sauver son maître, livra à Hugues la tour et le château.

Geoffroi de Vigeois raconte qu'Emma de Ségur, femme de Gui Ier, étant partie par dévotion pour un pèlerinage à Saint-Michel-en-l'Herm, fut enlevée par des pirates normands, qui la conduisirent en Norwége, où elle demeura captive près de trois ans. On mettait sa rançon à un prix si élevé, que, manquant de ressources légitimes pour y pourvoir, son mari força le clergé de Limoges à lui livrer une statue d'or de saint Martial et les ornements les plus précieux du trésor de l'abbaye. Mais, quand il eut envoyé la somme demandée, les Normands, après l'avoir reçue, refusèrent néanmoins de rendre la liberté à la vicomtesse. Il eut alors recours à Archambaud, vicomte de Turenne, qui, par le crédit de Richard II, son beau-père, duc de Normandie, obtint la liberté. Celle-ci revint à Limoges, accompagnée des plus illustres chevaliers de Normandie. En témoignage de sa délivrance, elle fit, avec son mari, de riches présents à l'abbaye d'Uzerche, et lui donna entre autres l'église de Saint-Pardoux. (*Chron. Gaufredi Vosiensis, apud* LABB., T. II, p. 147.)

Quelques membres de la famille de Gui Ier furent en possession des premières dignités de l'Eglise. Gérard, son neveu, trésorier de Saint-Hilaire de Poitiers, fut appelé, après Hilduin, au siége épiscopal de Limoges. (Voir T. II, p. 320 et 528.) Le nouvel évêque, conduit à Limoges par les prélats qui l'avaient sacré, y fit son entrée solennelle. Il obtint, peu de temps après, d'Hélie de Chalais, en faveur de l'abbaye de Saint-Martial, la donation de l'abbaye de Puypéroux en Angoumois, et celle de la ville de la Souterraine, consentie par Gérard de Crozant. Ces donations eurent pour témoins le duc d'Aquitaine et les principaux seigneurs du Limousin. Il partit peu de temps après pour Saint-Jean-d'Angély, avec l'abbé de Saint-Martial et son clergé, pour assister à l'invention du chef de saint Jean-Baptiste, récemment découvert. On y porta solennellement, pour cette cérémonie, les reliques de l'Apôtre d'Aquitaine. Le vicomte de Limoges tint à honneur d'assister à cette fête. Geoffroi, abbé de Saint-Martial, accompagnait aussi son évêque. A la mort de Gérard, le duc d'Aquitaine, malgré les intrigues de Gui Ier pour assurer l'évêché à son fils, réunit le clergé à Saint-Junien, et fit élire Jourdain de Laron. L'élu, sacré par Islo, évêque de Saintes, au grand mécontentement de l'archevêque de Bourges, qui réclamait ce privilége, fut ramené en triomphe à Limoges, et intronisé dans l'église de Saint-Pierre-du-Queyroix.

Gui Ier étant déjà vieux, et, ayant beaucoup d'erreurs à se faire pardonner, eut le courage d'entreprendre un pèlerinage en Terre-Sainte. Atteint, en route, d'une maladie de langueur, on le ramena dans son château de Limoges, où il mourut en demandant pardon à Dieu d'avoir usurpé les biens des abbayes (27 octobre 1025), et fut inhumé dans l'église de Saint-Martial. Par une donation de la même année, dans laquelle il est fait mention de Gérard son père, de Rothilde sa mère, il avait renoncé, en faveur de l'abbaye d'Uzerche, au monastère de Tourtoirac (1). Emma, sa femme, qui lui avait apporté en dot la vicomté de Ségur, et qui était sa parente, mourut peu de temps après lui. De ce mariage naquirent plusieurs enfants : 1º Adémar, qui lui succéda ; 2º et 3º Pierre et Adalric, mentionnés dans la vie manuscrite de l'illustre Gauzlin, abbé de Fleuri, qui jouissaient d'une grande réputation dans la vicomté de Limoges : *Duo germani fratres Lemovicæ urbis comitatu insignes*. (*Bibl. Reginæ Sueciæ*.)

VII. — **Adémar ou Aymar I**^{er}. Sa participation aux entreprises de son père, Gui Ier, lui avait créé de si nombreux ennemis parmi les grands vassaux du Limousin, qu'il n'entra que difficilement en possession de la vicomté. Guillaume, comte de Poitiers, craignant les suites de son humeur guerrière, chercha à l'empêcher de prendre possession de son héritage, et refusa d'abord de lui donner l'investiture. Les grands feudataires du duché d'Aquitaine s'indignèrent de ce refus, qui menaçait leurs droits héréditaires. Ils s'opposèrent à la suprématie féodale de Poitiers sur Limoges. Par des supplications d'abord, puis par des menaces, le comte d'Angoulême, un des plus intéressés par l'importance de ses possessions, obtint que le duc d'Aquitaine renonçât à ses prétentions. Le comte de la Marche fut encore plus hardi : il osa braver son suzerain, qui, aidé des troupes du roi de France, vint attaquer, mais en vain, son vassal révolté dans le château de Bellac. Adémar Ier conserva cependant la vicomté de Limoges. Dès la première année de son avènement, il renouvela, en faveur de l'abbé d'Uzerche, la donation du monastère de Tourtoirac, à condition que celui-ci conserverait libres de tout hommage les églises de Saint-Hilaire et de Saint-Trojan. De son temps, Robert, chanoine de Saint-Etienne de Limoges, s'était retiré depuis quelque temps, avec la permission de l'évêque Jourdain de Laron, dans un lieu solitaire nommé *Secondelas*, pour y vivre comme les anciens anachorètes du désert. Quelques pèlerins, revenant de Terre-Sainte, lui donnèrent des reliques de saint Barthélemy. Encouragé par Adémar Ier, il fonda, dans ce même lieu, une abbaye de l'ordre de Saint-Augustin, qu'il nomma *Beneventum* Bénévent (1028). Le concile de Limoges eut lieu en 1031 : on s'y occupa de la discipline religieuse et de la question de l'Apostolat de saint Martial.

Adémar Ier mourut, au plus tard, en 1036, pendant un pèlerinage en Terre sainte. De Senegonde, sa femme, il laissa cinq enfants : 1º Gui, qui suit ; 2º Adémar ; 3º Geoffroi ; 4º Bertrand ; 5º Mélisende, ainsi nommée à cause de la douceur de son caractère. (*Art de vérifier les dates*.)

VIII. — **Gui II**, fils aîné d'Adémar Ier, lui succéda dans la vicomté de Limoges. L'année même de son avènement, 1036, par une charte, à laquelle signa son frère Geoffroi, il donna à l'abbaye d'Uzerche l'église

---

(1) Abbaye de l'ordre de Saint-Benoît, située sur les bords de la Haute-Vézère, dans une étroite vallée, entourée de hautes collines.

et le village de la Faye. Guillaume V, comte de Poitiers et duc d'Aquitaine, comptant sur ses dispositions pacifiques, voulut profiter de sa faiblesse pour reprendre sur la vicomté l'influence qu'y avaient eue ses ancêtres. A son retour d'un pèlerinage à Rome, il se déclara le partisan des habitants de Limoges, qui, opprimés par les derniers vicomtes, redemandaient leurs franchises municipales. En vertu de son titre de suzerain, il confirma leurs anciennes coutumes, et rétablit le consulat qui avait cessé d'exister.

Pendant les dernières années de son père, Gui II avait principalement séjourné à Ségur, se livrant à la chasse et à des pratiques de piété; il eut encore la même prédilection pour ce berceau de ses ancêtres. Il y signa une charte, par laquelle il fait de nouveaux dons à l'abbaye d'Uzerche, en présence des abbés Geoffroy de Peyrusse et Bernard de Saint-Yrieix. Ses trois frères et sa femme, nommée Blanche, qu'on croit fille d'un vicomte de Rochechouart, furent mentionnés dans cet acte. Il était à la consécration de l'église de Charroux, en 1047. L'année suivante, le vicomte de Limoges, accompagné de tous ses vassaux, fut témoin, à Uzerche, d'une semblable cérémonie, présidée par Jourdain, évêque de Limoges. Cet illustre prélat, dont toute la vie avait été consacrée à l'édification des fidèles et à celle du clergé, mourut trois ans après. Gui II ne lui survécut que d'une année, et mourut sans laisser d'enfants de son mariage avec Hedwige, surnommée Blanche (1052). Sa faiblesse et son dégoût des choses du monde lui firent négliger les priviléges de sa maison : ses arrière-vassaux étaient presque tous devenus indépendants; les terres de la vicomté s'étaient en grande partie affranchies des redevances que leur avaient imposées Gui Ier et Adémar Ier.

IX. — Adémar II succéda à son frère. Un des premiers actes de ce vicomte fut de travailler à l'élection de l'évêque de Limoges. Il usa, en effet, de toute son influence sur le clergé et le peuple pour faire élire Ithier Chabot. Par un sentiment d'humilité toute chrétienne, celui-ci déclina l'honneur d'occuper le siége de Saint-Martial, mais enfin il céda aux prières de la foule. (BERNARD GUIDON., *Gesta Lemovic. pontific.* — *Gall. christ.*, T. II, col. 516. — *Chron. Gauf. Vosiens.*, col. 14.) Quelques jours après, il eut la douleur de voir la basilique de Saint-Sauveur détruite par un incendie (1053). Les plus précieux ornements furent brûlés; trois religieux périrent sur le sépulcre de saint Martial, qu'ils voulurent sauver. Adémar II usa de son autorité au détriment de plusieurs abbayes situées dans la vicomté. Celle de Solignac fut forcée de lui payer une charretée de vin, *unam caratam de vino*, qu'il exigeait rigoureusement le jour de la Chaire de saint Pierre, et un droit de gîte, *unum receptum*, à la grande fête du Saint. (*Cartul. de Solignac.*) Les religieux virent ainsi consommer plusieurs fois leurs provisions. Ceux de Saint-Etienne de Limoges parvinrent à inspirer le repentir à l'ambitieux vicomte, qui, pour racheter ses fautes, vint un jour déposer sur l'autel une charte par laquelle il leur donnait la terre de Vignoles et tous ses droits sur celle de Torion, voulant ainsi, disait-il, racheter son âme des peines de l'autre monde.

L'ambition d'Adémar lui suscita de puissants ennemis. Les plus acharnés furent Gaucelm de Pierrebuffière, et Gui de Lastours, le fondateur de l'église d'Arnac. Ils ravagèrent ses terres, brûlèrent les chaumières, et dispersèrent les habitants. Malgré sa valeur et son audace, ne pouvant plus résister à ses ennemis, il fut réduit à leur demander la paix, qu'il eut bien de la peine à obtenir. En 1062, il introduisit, par violence, les religieux de l'ordre de Cluny dans l'abbaye de Saint-Martial, à Limoges. Adémar se livra encore à plusieurs actes coupables après la mort d'Itier Chabot, qui l'avait dominé quelque temps par l'ascendant de sa piété et de ses talents; car on a de lui une charte qui commence ainsi : « Moi, Adémar, vicomte de Limoges, avec le consentement de ma femme Humberge et de mes enfants Elie et Adémar, donne à Dieu, au bienheureux martyr saint Etienne et à ses chanoines, à perpétuité, un tènement de mon alleu, appelé Massiac, dans la paroisse de l'église de Vignolles : me reconnaissant accablé sous le poids de mes crimes, pour avoir brûlé la ville et siége épiscopal, poursuivi les prêtres et les habitants de la cité, les ayant privés de leurs biens, en ayant tué un grand nombre et profané les lieux saints; touché de repentir, voulant faire pénitence et obtenir de Dieu le pardon de mes péchés, je suis venu, les pieds nus et en habits de pénitent, à l'église du bienheureux martyr saint Etienne, comme au port de salut : prosterné humblement devant le saint autel, j'ai demandé pardon à Dieu et aux saints, etc. »

Poitiers et Toulouse se disputèrent la souveraineté du Midi. Les barons du Limousin se déclarèrent pour Guillaume IV, comte de Toulouse. Adémar II en fit autant, parce que, depuis plusieurs années, sa famille avait eu à se plaindre des prétentions des comtes de Poitiers. Fier de voir sa suzeraineté nominalement reconnue dans le Limousin, le comte de Toulouse était venu à Limoges faire parade de tout l'éclat d'une cour fastueuse, escorté de brillants cavaliers, accompagné de sa femme, Almodis de la Marche. Peu après, le comte de Poitiers voulut punir Adémar II de son alliance avec le comte de Toulouse : il envahit le Limousin, s'empara de Limoges, et brûla, dit-on, toutes les églises placées en dehors des murailles. (*Chron. mss de Limoges.*) Selon d'autres, on n'eut à regretter que la destruction de celle de Saint-Gérard. (*Chron. Gauf. Vosiens.*, c. xix.) Quoi qu'il en soit, sa conduite souleva une indignation générale. Le peuple prit les armes, et se défendit à outrance. Guillaume Taillefer, comte d'Angoulême, prit le parti du vicomte contre le comte de Poitiers. Il s'enferma, avec ses troupes, dans la ville, la défendit ainsi que le château de Saint-Martial, contre toutes les attaques de l'ennemi. Le comte, forcé de lever le siége, alla investir le château d'Aix. Guillaume Taillefer et Adémar II, avec les barons du pays, l'y poursuivirent, et repoussèrent encore les Poitevins, qui, en se retirant, brûlaient les maisons et ravageaient les champs. (CORLIEU, *Recueil en forme d'histoire.*)

Adémar II mourut en 1090. Il avait épousé Humberge, fille de Geoffroi Taillefer, comte d'Angoulême, de laquelle il eut : 1º Elie; 2º Pierre; 3º Adémar, qui suit; 4º Marie, mariée à Ebles, vicomte de Ventadour.

X. — Adémar III succéda à son père, qui avait administré la vicomté de Limoges durant près d'un demi siècle. Dès qu'il fut en possession de cette vicomté, nous voyons le concile de Clermont, à la voix du pape

Urbain II et de Pierre l'Hermite, décider le grand mouvement religieux qui entraîna les peuples et les rois à la délivrance du Saint-Sépulcre. Le Limousin eut une grande part dans cette héroïque et sainte résolution, dont les résultats devaient changer l'état politique du vieux monde. Urbain II, après avoir visité les principales provinces de France, honora de sa présence l'abbaye d'Uzerche, où il se reposa de ses fatigues, le jour de la fête de saint Thomas. Partout, sur son passage, les églises sortaient de leur trésor les plus magnifiques ornements; les populations accouraient au-devant de lui, demandant, avec un élan impossible à décrire, d'avoir, dans cette héroïque et sainte entreprise, leur part de dangers et de gloire. En quittant Uzerche, l'héritier des Apôtres se dirigea vers Limoges, salué sur sa route par les acclamations de la foule. Reçu par tous les vassaux de la vicomté, à la tête desquels se trouvaient sans doute le vicomte Adémar, il entra comme en triomphe dans la ville, vint à l'église de la Règle, où il célébra la messe de minuit en actions de grâces de son heureux voyage. Le lendemain il pontifia dans celle de Saint-Martial. Le troisième jour, ayant toujours pour cortége la noblesse, et précédé de tous les grands dignitaires de l'Eglise, venus des provinces voisines, il fit la dédicace de l'église cathédrale consacrée à saint Étienne. Le jour suivant eut lieu la même cérémonie pour la basilique royale de Saint-Sauveur, dont il confirma tous les anciens priviléges. A ces dédicaces assistèrent plusieurs archevêques et évêques : Hugues de Lyon, Audebert de Bourges, Amatus de Bordeaux, Robert de Pise, et Granger de Reims, qui portait les insignes de primat des Gaules; venaient ensuite les évêques Bruno de Signi, Pierre de Poitiers, Arnauld (selon d'autres Romnulf) de Saintes, Renaud de Périgueux, Raymond de Rhodez, et Humbold de Limoges. Après avoir consacré les autels de Saint-Étienne et de Saint-Sauveur, Urbain II célébra la messe dans la cathédrale, puis il sortit pour bénir la foule qui se tenait à l'extérieur. Les assistants étaient en si grand nombre, que tout autour de la ville, à un mille de distance, on n'apercevait que des têtes d'hommes agenouillés. (BESLY : ext. du *Cartul. de Limoges*, p. 409.)

Ce fut dans l'église de l'abbaye de Saint-Martial, qu'Urbain II, racontant les douleurs du christianisme, les profanations des musulmans au tombeau du Christ, excita la foule à s'armer pour la guerre sainte. Le cri de guerre, *Dieu le veut!* retentit aussi fort, aussi unanime qu'au concile de Clermont. Après cette cérémonie, on ne voyait dans les rues de la ville que des ducs, des comtes, des barons, portant sur leurs vêtements le signe de la rédemption, et à leur suite leurs vassaux qui demandaient à les suivre, des vieillards heureux de promettre leurs derniers jours à cette expédition, des enfants empressés d'essayer la vie par de saints dévouements, des mères, des épouses implorant, comme une faveur, leur part de dévouement dans ce rêve sublime de la foi chrétienne.

Le vicomte de Limoges, d'accord avec Adémar, abbé de Saint-Martial, dénonça l'élection de l'évêque Humbold comme entachée de fraude. Urbain II reconnut, en effet, que la bulle d'intronisation avait été falsifiée. Humbold, solennellement déposé en présence de tout le clergé réuni à Saint-Martial, et remplacé par Guillaume d'Uriel, se retira auprès de son frère, dans le château de Sainte-Sévère, en Berry.

Les préparatifs de départ, pour la première croisade, avaient eu lieu avec le plus grand empressement. Guillaume X, comte de Poitiers et duc d'Aquitaine, le plus puissant vassal de la couronne de France, prince aimable et spirituel, quitta une cour qu'il égayait par ses causeries, et appela sous sa bannière tous les grands vassaux du Limousin. (*Chron. Vosietts.* T. XXVIII). Tous, excepté le vicomte de Limoges, se réunirent à lui dans l'abbaye du Chalard; ils y entendirent avec docilité les pieuses exhortations du prieur Geoffroi de Silo. Trente mille hommes, sans compter les pèlerins sans armes, se mirent bientôt en route pour Jérusalem, après avoir pris la croix dans l'église Saint-Maurice de Limoges. Parmi les croisés du Limousin, se faisaient remarquer Guillaume de Salran; Raymond I, vicomte de Turenne, le premier dans l'ordre féodal d'Aquitaine; Hélie de Malemort, neveu du vicomte de Limoges, qualifié du titre de prince, sans doute à cause de sa puissance et de son rang dans l'ordre féodal, et qui, avant de partir, fit d'importantes donations à l'abbaye d'Uzerche. (*Collect.* GAIGNIÈRES); Aymeric IV, vicomte de Rochechouart (P. ANSELME : T. IV, p. 650); Pierre de Noailles, simple écuyer; Raymond de Curemonte, qui venait de donner, à l'abbaye de Tulle, l'église de Branceil (*de Branceleis*); Étienne et Pierre de Salviac, de la famille de Vieil-Castel; Guillaume de la Roche Canilhac; Gouffiers de Lastour, qu'accompagnait son jeune parent, Georges Béchade, chevalier et troubadour, etc.

Quelques barons de la vicomté, qui n'avaient pu partir avec les premiers croisés, se rendirent à Jérusalem, après la prise de la ville, plutôt en pèlerins qu'en guerriers. Parmi eux, Bernard de Bré, qui n'en revint pas, et Gui de Bré, qui mourut à Laodicée, en 1103.

Adémar III guerroya non-seulement contre les moines dont il fit plus d'une fois piller et brûler les églises et les propriétés, mais encore contre tous ses voisins. Sur le refus d'Hélie Rudel, comte de Périgueux, de lui livrer une partie du Périgord qu'il réclamait par droit de consanguinité, il envahit ce comté à la tête de deux cents chevaliers, suivis de leurs hommes d'armes, et ravagea toute la partie voisine du Limousin (1104). Les populations effrayées vinrent se réfugier dans la ville de Périgueux, où elles ne pouvaient vivre que d'aumônes; aussi les bourgeois de la partie de cette ville appelée le Puy-Saint-Front, appauvris par ces étrangers, attribuèrent-ils tous ces malheurs à leur comte, et se révoltèrent contre lui.

Cette guerre, après plusieurs années de durée, fut suivie d'une autre plus acharnée et plus sanglante entre le vicomte Adémar III et le Sgr de Pierrebuffière, nommé Gaucelme. Celui-ci faisait sortir chaque jour de son château fort, situé sur une éminence au bas de laquelle coule la Briance, ses hommes d'armes qui venaient piller les terres et brûler les maisons jusque sous les murs de Limoges. Gaucelme montrait d'autant plus d'ardeur à combattre son ennemi, qu'il avait à se venger des odieux traitements exercés contre son père. En effet, un jour que Pierre, Sgr de Pierrebuffière, revenait d'un pèlerinage à Charroux, les partisans du vicomte de Limoges l'ayant surpris, le maltraitèrent tellement, qu'il en mourut peu après dans l'abbaye de Solignac. Gaucelme et Adémar furent également cruels dans cette guerre. On ne voyait que campagnes ravagées et chaumières incendiées; il n'y avait de sécurité pour personne. Enfin, les gens du vicomte de Limoges, à la faveur d'une embuscade, s'emparèrent de Gaucelme, près d'un village nommé *Las-Lebras*, à peu de distance du château de Pierrebuffière. Ils le conduisirent à Ségur, où il resta renfermé un an, pendant que ses partisans continuaient la guerre. Enfin, par l'influence d'Eustorge, évêque de Limoges et d'Amblard, abbé de Saint-Martial, cette guerre cruelle cessa. Gaucelme recouvra la liberté, et eut avec le vicomte de Limoges une entrevue, où l'un et l'autre, promettant d'oublier le passé, jurèrent de vivre en paix.

Quoique Gaucelme de Pierrebuffière fut sorti de sa prison de Ségur à d'honorables conditions, Ebles, vicomte de Ventadour, son oncle, n'en forma pas moins le projet de se venger du vicomte de Limoges. Instruit qu'en revenant d'un pèlerinage à Notre-Dame-du-Puy, en Velay, Adémar traverserait les montagnes de l'Auvergne et les collines proches du château de Ventadour ; il plaça des hommes d'armes en embuscade dans les principaux passages, pour se saisir de sa personne. Il fut, en effet, surpris et conduit prisonnier au château de Ventadour, où il resta deux ans Ebles exigea, pour sa rançon, douze mille sous d'or, dont il ne voulut rien rabattre. A son retour à Limoges, il fut reçu avec un grand enthousiasme ; mais ce n'était plus le guerrier d'autrefois, la vieillesse était venue avant l'âge. Durant toute sa captivité, sa famille avait habité le château de Ségur ou celui de Comborn. Gui III, son fils, avait administré la vicomté, il était aimé des habitants qui fondaient sur lui les plus grandes espérances.

Mais Marie de Carris ou des Cars, seconde femme d'Adémar III, faisait tout pour que le pouvoir passa à son propre fils Hélie, au détriment de Gui III, fils aîné d'Adémar. Ne pouvant rien obtenir par la ruse, elle eut recours au crime et l'empoisonna. Amblard, abbé de Saint-Martial, donna à la victime un contre-poison utile qui lui sauva la vie. Mais étant mort le 23 août 1124, Gui III le suivit dans le tombeau trois mois après. Cette marâtre ne profita pas de son crime, car peu de temps après elle vit mourir Hélie, son propre fils.

La vieillesse d'Adémar III, se passa dans les larmes, humilié de sa longue captivité à Ventadour, dégoûté de la vie après la mort de Gui, cet homme qu'on avait vu si implacable contre ses ennemis, n'osa pas punir le crime de sa femme. Ses autres enfants mâles moururent peu après, et il ne conserva que deux filles : l'une, Brunissande, avait épousé Archambaud de Comborn, dont elle avait plusieurs enfants ; l'autre, Emma, avait d'abord été mariée à Bardon de Cognac, dont elle n'eut point d'enfants, étant veuve et encore jeune, elle épousa, en 1136, Guillaume X, duc d'Aquitaine, qui lui promettait plus d'éclat et d'honneur que Guillaume Taillefer, fils de Walgrin Taillefer, comte d'Angoulême, dont elle était passionnément aimée. Guillaume Taillefer, égaré par sa passion, furieux d'avoir été supplanté par le duc d'Aquitaine, encouragé par les seigneurs du Limousin qui redoutaient la domination du poitevin, dissimula son ressentiment et vint souvent au château de Clain-en-Boivre, prendre part aux fêtes de son suzerain Un jour que celui-ci était absent, il lui ravit son épouse. Guillaume, indigné, résolut de se venger, et appela à lui ses vassaux et ses hommes d'armes. Ceux du Limousin se rangèrent du côté du comte d'Anjou, craignant que si la vicomté de Limoges devenait la dot d'Emma, elle ne les fît passer sous la domination immédiate de Poitiers. Des cris de haine et de vengeance retentissaient en Angoumois, en Limousin et en Poitou ; partout on s'apprêtait à combattre, tandis que le vieux vicomte de Limoges, retiré dans son château de Ségur, maudissait sa fille, qui l'empêchait de mourir en paix. Au moment où la guerre allait faire de nouvelles ruines, on apprit que le comte de Poitiers, qui s'était promis de détruire Limoges, venait de mourir dans un pèlerinage à Saint-Jean-de-Compostelle, léguant son duché d'Aquitaine à sa fille aînée Aliénor, qu'il destinait pour épouse, selon le bon plaisir de ses barons, à Louis, fils aîné de Louis-le-Gros, roi de France (mai 1137). Les deux partis posèrent les armes à la grande joie du peuple qui, à la vue de ces préparatifs, avait tremblé pour ses récoltes et ses chaumières.

Louis VI avait saisi avec empressement cette occasion de réunir au royaume de France cette belle Aquitaine, qui depuis si longtemps conservait son indépendance et son autonomie ; il s'était rendu à Limoges où l'attendaient quantité de seigneurs accourus de la veille, pour assister aux cérémonies religieuses de la fête de saint Martial. Le jeune Louis VII arriva quelques jours après accompagné de cinq cents chevaliers, brillant cortége auquel se mêlèrent quelques grands vassaux du Midi. Il ne se fit pas payer le droit de bienvenue par le vicomte Adémar III, comme l'autorisait la loi des fiefs, et ne logea point dans le palais vicomtal. Les moines de Saint-Martial mirent à sa disposition leurs plus beaux appartements. Le lendemain, après une procession solennelle, accompagné de Rodulphe de Pernelle, comte de Vermandois; de Thibaut, comte de Champagne et de Brie; du vieux vicomte de Limoges, et de tout le clergé, dans les rangs duquel on distinguait Pierre, abbé de Cluny, Suger, de Saint Denis, qui avait tant contribué à la gloire du dernier règne, il sortit de la ville avec toute son escorte et alla camper de l'autre côté de la Vienne, d'où il partit pour Bordeaux.

Adémar III, choisit pour lui succéder les enfants de sa fille Brunissande, mariée au vicomte de Comborn : Gui et Adémar, à l'exclusion de tous ses autres parents, ordonnant que, si l'un venait à mourir, l'autre gardât la vicomté tout entière. Cette disposition fut le dernier acte politique de sa vie si longue, si mêlée de plaisirs et de peines. Dès lors, n'attendant plus rien du monde, dégoûté de pouvoir, courbé par l'âge, abattu par les douleurs, il se retira dans l'abbaye de Cluny, pour laquelle il avait eu toujours tant de dévouement et de respect. Sa vie de pénitence et de pratiques pieuses n'y fut pas longue. Peu de temps après, on vit revenir son cercueil porté par quelques hommes d'armes, accompagné de quelques moines, qui lui ouvrirent une tombe parmi ses ancêtres dans le cloître de Saint-Martial.

SECONDE RACE DES VICOMTES DE LIMOGES.

XI. — **Adémar IV et Gui IV.** — La première dynastie des vicomtes de Limoges, commencée par Fulchérius, Sʳ de Ségur, finit avec Adémar III dit le Barbu. Durant près de trois siècles, elle se trouva mêlée à tous les événements qui eurent pour résultat d'accroître la puissance féodale au détriment de la royauté, plusieurs de ses membres, vicomtes ou possesseurs de grands fiefs, purent résister, autant par leur courage que par une habile politique, aux prétentions de leurs suzerains immédiats, et surtout aux ducs d'Aquitaine, dont le dernier ne légua à la royauté capétienne que des droits contestés par tous les grands vassaux du Midi. Après la mort d'Adémar III, ses petits-fils Adémar IV et Gui IV, nés du mariage de Brunissande, sa fille, avec Archambaud-le-Barbu, vicomte de

Comborn, lui succédèrent dans la vicomté comme il l'avait demandé (1139) (1). Mais ce ne fut pas sans une vive opposition de leurs parents du côté maternel, qui prétendaient que la vicomté était un fief masculin. Le roi Louis-le-Jeune, en 1141, étant venu à Limoges, où il demeura quelques jours, gagné par eux, trompé par leurs intrigues, adopta cette opinion et rejeta les prétentions des deux frères à cette partie de l'héritage de leur aïeul. Bientôt après, mieux instruit, fléchi par leurs prières, comptant sur leur assistance contre le comte de Toulouse, espérant aussi s'attacher la noblesse du Limousin, qui préférait la dynastie nouvelle à l'ancienne, il reconnut les deux jeunes vicomtes, leur donna l'investiture en sa qualité de duc d'Aquitaine, moyennant le payement de deux cents marcs d'argent, dont il avait besoin pour continuer son expédition contre le comte de Toulouse. (*Chron. Adem., l'osiens*, ch. IV.)

Les deux frères administrèrent ensemble la vicomté avec un accord bien rare à cette époque parmi les membres des grandes familles, le plus souvent divisées par la haine et l'ambition. Gui IV, encore bien jeune, épousa Marquise, fille de Roger II de Montgommeri, comte de Lancastre et d'Almodis de la Marche (2.; Adémar IV, Marguerite de Turenne, fille de Raymond Ier, un des héros de la première croisade. Les ressources que leur promettaient ces alliances les mettaient à l'abri des attaques de leurs ennemis. Ils en eurent bientôt besoin pour résister à Gui Flamenc, leur neveu, qui, au nom de sa mère, revendiquait une partie de l'héritage d'Archambaud de Comborn, son aïeul.

En 1142, eut lieu la fondation de l'abbaye d'Obasine, par St Etienne d'Obasine.

Gui IV, l'aîné des deux vicomtes de Limoges, partit en 1147 à la suite de Louis VII, suivi d'une grande partie de la noblesse du Limousin, dans les rangs de laquelle se montraient les deux S^{grs} de Lastours, qui se rappelaient avec orgueil les exploits de leur aïeul dans la première croisade. On sait les tristes résultats de cette expédition. Geoffroy de Rancon, un des plus hauts barons de la vicomté, par une téméraire imprudence, causa la perte d'une partie de l'armée dans les défilés de Phrygie. (MICHAUD, *Histoire des Croisades*.)

Un autre se montra plus habile et plus héroïque : Odon de Saint-Chamans, maréchal, puis bouteiller du royaume de Jérusalem, entré plus tard dans l'ordre du Temple, avait été choisi pour grand-maître, quand Philippe de Naplouse se fut démis de cette dignité; étant tombé dans les mains des infidèles au combat du Gué-de-Jacob, Saladin lui proposa de l'échanger contre un des émirs retenus dans les prisons de l'ordre. Saint-Chamans fit cette héroïque réponse : « Je ne veux pas autoriser, par mon exemple, la lâcheté de ceux de mes religieux qui se laisseraient prendre en vue d'être rachetés. Un templier doit vaincre ou mourir, et ne peut donner pour sa rançon que son

---

(1) Marie de Limoges dite aussi de Comborn, sœur de Gui IV et d'Adémar IV, entra en religion. Nous la trouvons abbesse de Notre-Dame de la Règle en 1165 (*Généal. de Geoffroy de Breuil*, chap. XLI.) — Les premiers vicomtes de Limoges portaient : *d'or à trois lions d'azur, armés et lampassés de gueules.* Ceux de la dynastie de Comborn : *d'argent au lion de gueules, couronné d'azur, lampassé et armé de sable.*

(2) Roger II, chassé d'Angleterre par Henri Ier, se retira dans le comté de la Marche, dot d'Almodis, sa femme. Il se fixa au château de Charroux, d'où il fut surnommé le Poitevin.

poignard ou sa ceinture. » Il mourut dans les fers après quelques mois de captivité. Le vicomte de Limoges n'eut pas le bonheur de voir Jérusalem ni de revenir dans la terre de ses ancêtres. Après avoir laissé les cadavres de plusieurs des siens dans les plaines de l'Asie-Mineure, il mourut à Antioche. Ses compagnons ne rapportèrent pas son corps pour le déposer dans le cloître de Saint-Martial; ils ne remirent à son frère, selon ses ordres, qu'un anneau d'un grand prix, pieuse relique apportée autrefois de Jérusalem par Gouffier de Lastours. (*Chron. Adem., Vosiens.*)

Gui IV, comme on l'a vu, avait épousé Marquise de la Marche, qui ne lui laissa point d'enfants, et après celle-ci, la fille du puissant Sgr Thibaut de Blazon. Cette dernière, après quelque temps de mariage, craignant de ne pas avoir d'enfants, de perdre l'amitié de son mari et même d'être répudiée, feignit une grossesse. Le vicomte, son mari, la soupçonnant d'adultère, la maltraita et la fit enfermer dans une prison; quelque temps après, la supercherie fut découverte. La vicomtesse rendue à la liberté retrouva ses bonnes grâces; mais elle mourut peu de temps après. (D. BOUQUET, T. XII, p. 454. *Extrait de la Chronique de Saint-Martin de Limoges*, par PIERRE CORAL, abbé de Saint-Martin de Limoges et de Saint-Martin de Tulle.)

Adémar IV, qui était resté dans la vicomté, pendant que son frère conduisait les vassaux en Palestine, mourut à Limoges la même année que lui, vers 1148; on l'inhuma en grande pompe dans l'église de Saint-Martial. Il laissa de Marguerite de Turenne, sa femme : 1° un fils qui lui succéda; 2° une fille, nommée Marie de Limoges, mariée de bonne heure à Ébles, vicomte de Ventadour. Marguerite, encore jeune à la mort de son mari, épousa Ebles II de Ventadour, surnommé Cantador, le Chanteur. Mais deux ans après, honteusement répudiée, sous prétexte de parenté, elle se retira à Limoges.

XII. — Adémar V était encore très jeune lorsqu'il succéda à son père, 1148. Sa famille le nommait Bozon, du nom de son aïeul maternel, auquel on espérait qu'il succéderait dans la vicomté de Turenne. Bozon n'avait, en effet, qu'un fils, nommé Raymond, dont la mauvaise santé faisait prévoir une fin prochaine. Mais, quand celui-ci put promettre aux siens une longue carrière, le jeune vicomte de Limoges reprit le nom illustre de ses ancêtres. Privé des soins de sa mère, sa tutelle fut confiée à Gérard, évêque de Limoges, puis à Bernard, son oncle, doyen du monastère de Saint-Yrieix, qui, l'un et l'autre, protégèrent quelque temps son enfance et sa fortune contre sa propre famille. Mais Archambaud, frère de Bernard, parvint à les éloigner, s'empara de force de la régence de la vicomté de Limoges et l'administra pendant quelque temps comme s'il eût dû la garder toujours. Le jeune vicomte, retenu par son oncle, ne paraissait presque jamais en public, et la terreur qu'inspirait la cruauté trop connue de l'usurpateur empêchait toute manifestation en faveur de l'orphelin. Un seul pouvoir put faire respecter ses droits au tuteur infidèle, qui fut forcé de venir, en présence de tout le chapitre, se reconnaître l'homme-lige de l'abbaye de Saint-Martial.

Pendant qu'Archambaud de Comborn abusait ainsi de la jeunesse de son neveu, Louis VII, revenu de la Palestine, voulut visiter une seconde fois les belles contrées du Midi que lui avait apportées la fille du dernier duc d'Aquitaine (1151). A l'arrivée du roi à Limoges, Albert, abbé de Saint-Martial, et Philippe, abbé de Saint-Martin, accompagnés des archevêques de

Bourges et de Bordeaux, le reçurent à la porte des Lions, le conduisirent à l'église de Saint-Martial, où il reçut l'hommage de l'encens. Il ne s'informa point entre les mains de qui était la régence du jeune Adémar V ; aussi Archambaud continua-t-il, après son départ, d'administrer comme seul maître la vicomté de Limoges.

Louis VII ayant répudié sa femme, celle-ci devint l'épouse d'Henri Plantagenet, comte d'Anjou (1152). Le Limousin ne vit pas avec plaisir le nouveau suzerain que lui imposait le caprice d'une femme. Lorsque le Plantagenet, tout fier de sa nouvelle autorité, vint l'année suivante à Limoges, il y fut froidement accueilli, et la cérémonie de son couronnement comme duc d'Aquitaine, cérémonie autrefois si brillante, ne fut entourée que d'un silence peu sympathique. Quand il fit dire à l'abbé de Saint-Martial de le défrayer dans la ville, où logeait sa suite, celui-ci répondit fièrement qu'il n'était tenu à ce devoir que dans l'enceinte du château, où s'exerçait sa juridiction. Le nouveau duc ne se trouvant pas sans doute assez fort pour imposer ses volontés, remit sa vengeance à un autre temps.

Les habitants de Limoges n'avaient pas vu sans se croire humiliés les Normands et les Poitevins parcourir fièrement leurs rues, camper, comme des conquérants, sur leurs places publiques. Alors eut lieu une rixe, dans laquelle les étrangers eurent le dessous : quelques-uns y périrent. Outré d'indignation, Henri fit détruire de fond en comble les murs du château. Le duc partit, laissant derrière lui les traces de sa colère. Mais quand il eut hérité du trône d'Angleterre (1154), plus fort et plus puissant, il se hâta de revenir à Limoges pour punir les bourgeois qui avaient tué ses hommes d'armes et insulté ses chevaliers. S'il ne put leur imposer le respect pour sa personne, il les effraya par ses menaces et leur fit payer de fortes amendes. Malgré ses priviléges, l'abbé de Saint-Martial fut obligé de payer sept sous à titre d'hommage, et de lui fournir un certain nombre de mules pour porter ses bagages. Il enleva l'administration de la vicomté à Archambaud de Comborn, et la donna jusqu'à la majorité d'Adémar V, à Geoffroy de Neubourg, frère de Rotrou III, comte du Perche, et à Guillaume Pendoff, ses partisans. Pendant trois ans, l'administration de la vicomté fut entre les mains de ses deux tuteurs ; puis ayant fait hommage au roi d'Angleterre, qui se trouvait alors à Bordeaux, il s'en occupa lui-même. Henri II, pour l'attacher plus étroitement à sa cause, lui fit épouser Sara, sa propre cousine, fille de Renaud, comte de Cornouailles.

Après la célébration de ce mariage, qui eut lieu à Bordeaux, les bourgeois de Limoges refusèrent d'obéir à Adémar V. Henri II revint alors à Limoges pour châtier les révoltés (1156), et logea dans la cité avec toute sa cour. Les mécontents lui résistèrent, mais après un siége de quelques jours, ils furent forcés de se soumettre et de reconnaître l'autorité du jeune vicomte, qui fit hommage à l'abbé de Saint-Martial. Henri et Aliénor, pour se prémunir contre de nouvelles tentatives de révolte, firent abattre les portes de la ville et combler les fossés. En partant, ils recommandèrent à leurs officiers de protéger Adémar, de le maintenir envers et contre tous dans ses droits et priviléges. Mais à peine eurent-ils quitté la ville, que les habitants, revenus de leur frayeur, coururent aux armes et chassèrent les Angevins. Henri II revint à la hâte, assiéga la ville une seconde fois, et y entra malgré la résistance qu'on lui opposa. Au lieu de punir les révoltés, il chercha à se les attacher par la douceur avec laquelle il traita les consuls.

Adémar V commença sa carrière militaire contre Bernard, son oncle, aidé d'Hélie, son frère, à propos du château d'Excideuil. Après avoir fait la paix, les hommes d'armes du vicomte arrêtèrent Bernard et Hélie au château de Ségur, où Adémar les avait invités. De là de grands préparatifs de guerre, qu'Adalbert, comte de la Marche, réussit à faire suspendre, puis à faire signer la paix qui ne fut guère mieux observée que les autres.

En 1170, Richard, fils d'Henri II et d'Aliénor, obtint de son père, le duché d'Aquitaine, Alors Adémar V jura fidélité et fit hommage au nouveau duc. (1).

LIMOUSIN (p. 114). — Le 6 février 1735, fut baptisée, à Saint-Pierre-du-Queyroix de Limoges, Marie Limousin, née le même jour, fille de Léonard Limousin de Neuvic, trésorier de France, et d'Anne Blondeau de Neuvic. Le parrain fut Martial Limousin et la marraine Marie Blondeau. (Acte original.)

V. aussi T. II, p. 203 et 273.

LIMOUSIN. — Les armes de la province du Limousin sont : *d'argent, parti de gueules, chapé de l'un à l'autre.* (*Dict. héraldique*, par Ch. GRAND-MAISON.) Nous les trouvons ailleurs : *d'hermine à la bordure de gueules*, qui semblent être un souvenir de la maison de Bretagne qui posséda la vicomté de Limoges.

LINARDS (p. 115). — A l'article Gain de Linards, ajoutez aux enfants de Pierre de Gain de Linards et d'Antoinette de Bonneval (p. 10, degré X°). 3° Foucaud de Gain, S^{gr} de Linards. (*Journal de Pierre Jarriges*, 1569.)

Noble Jacques Périer, écuyer, était Sr de la Motte de Gain lorsque son fils Pierre fut tonsuré en 1630. (NADAUD, *Nobil.* msc., art. Périer.)

Marc-Antoine Petiot était S^{gr} de la Motte de Gain avant 1688. (*Idem*, art. Petiot.)

DE LINIÈRES. — La seigneurie de Linières, située dans la commune de Charensat en Combraille, non loin d'Auzance, a donné son nom à une famille distinguée. Audigier l'a rattache, nous ne savons sur quel fondement, aux puissants barons de Linières, en Berry. Il la fait descendre de Godemar, baron de Linières, S^{gr} de Rezoy, de Thévé, de Brecq, de Merville, d'Achères et de Réculat, fils de Jean III, S^{gr} baron des mêmes terres, et de dame Florie de Jarèse, dame héritière de Jarèse, de Rochetaillée et autres lieux en Forez (2). Suivant le même auteur, ce Godemar de Linières

---

(1) C'est à peu près à cette date que continue le texte de Nadaud, page 93.

(2) D'après les généalogies données par La Thaumassière et le père Anselme, généalogies appuyées de documents certains, la postérité de Godemar, baron de Linières, en Berry, s'éteignit vers 1432, dans la maison de Beaujeu-d'Amplepluis, laquelle finit, à son tour, en la personne de Philibert de Beaujeu, baron de Linières, mort vers 1540, sans laisser d'enfant de Catherine d'Amboise; dont la famille recueillit la baronnie de Linières, et la transmit, aussi par alliance, à la Maison de La Rochefoucauld. (*V.* le père Anselme, T. VI et VIII. — Noms féodaux, p. 81, 532, 533, 577, 578. — Le comte de Waroquier, T, VII, p. 291, etc., etc.)

laissa Guillaume de Linières, tué à la journée de Poitiers, en 1356, lequel fut père de Jean et aïeul d'autre Jean de Linières, qui vivait en 1520 Celui-ci eut pour successeur Bertrand de Linières, père d'Antoine qui suit.

Antoine de Linières fut un homme de marque, capitaine de cinquante hommes d'armes, chevalier de l'ordre du roi, gouverneur de Chartres et du pays chartrain sous Charles IX, qui l'honora d'un brevet pour la première charge de maréchal de France qui viendrait à vaquer. Il épousa, en 1566, Françoise de Courtenay, issue de sang royal, fille de François de Courtenay-Bleneau, S^{gr} de la Grange-Bleneau, en Brie, et de Marguerite de la Barre, vicomtesse de Bridiers. De ce mariage naquirent trois filles :

1° Claude de Linières, mariée en premières noces à Raymond-Roger de Bernets, gouverneur de Boulogne, dont la fille, Diane de Bernets, porta la seigneurie de Linières dans la maison de Montagnac, qui la possédait encore en 1780. Claude de Linières, veuve de Raymond-Roger de Bernets, se remaria, avant 1599, avec Abdenago de la Roche-Andry, S^{gr} de Clan ;

2° Rose de Linières, épouse de Pierre de Rochefort, S^{gr} de Salvert, gentilhomme de la chambre du roi et enseigne de la compagnie du duc de Montpensier ;

3° Jacqueline de Linières, dame de la Grange-Bleneau, en Brie, alliée par contrat du 3 mai 1595, à Georges d'Aubusson, comte de la Feuillade, capitaine de cinquante hommes d'armes, conseiller du Roi en tous ses conseils et sénéchal de la Haute-Marche, aïeul et bisaïeul de deux maréchaux de France.

Sources : Le père Anselme, T. I, p. 495, T. V, p. 346. — Audigier, T. VI, p. 113. — Chabrol, T. IV, p. 791. — Noms féodaux, p. 658, *apud Nobiliaire d'Auvergne.*

DE LINIERS, chevalier, S^{grs} de Liniers, d'Azay-sur-Indre (1370), de Neuilly-le-Noble, Bergeresse, Marmande, la Mausselière, d'Etableaux, de la Bretinière, du Bridoré, de la Nivardière, de la Ronde (xve et xvie siècles).

Cette famille, originaire du Poitou, fait remonter sa filiation à 1090. Elle a été maintenue dans sa noblesse le 11 mars 1665, le 22 janvier 1667, le 23 mars 1699, le 26 janvier 1715, etc.

Parmi ses alliances, on remarque les maisons d'Argenton, de Chausseroye, Taveau de Morthemer, de Maraffin, d'Appelvoisin, d'Elbène, de Mondion, de Béchillon, d'Aux, de Montendre, Lange de Ferrière, Fontaine de Mervé, Jarno de Pontjarno, Marsant de Parsay, de Vandel, Jou de Chantigné, Viault du Breuillac, Garnier de Boisgrollier, Hugueteau de Chaillé, etc.

Une branche s'est fixée en Touraine au xve siècle.

N.... de Liniers fut du nombre des chevaliers qui passèrent en Afrique, en 1370, pour combattre les infidèles.

Plusieurs membres de cette famille comparurent, en 1789, à l'Assemblée électorale de la noblesse de la Saintonge et à celle du Poitou.

Armes : *d'argent a une fasce de gueules, à la bordure de sable, chargée de huit besants d'or. (Armorial de la Touraine.)*

Marie Jean-Germain de Liniers, chef d'escadron à l'école impériale de Saumur, épousa Blanche-Aimée-Alice-Félicie de la Porte de Lissac; ils vivaient en 1869. Ils font saisir des domaines au village de Lagude, commune de Saint-Junien-les-Combes, au préjudice de Charles-Louis Laporte, marquis de Lissac, et de Louise de Maussac, son épouse, demeurant au château de Lissac, canton de Larche, arrondissement de Brive, Corrèze. (*Journal de Bellac*, 29 août 1869.)

LIVENNE (p. 115). — Jean de Livenne, II° du nom, S^{gr} de Laumont (paroisse de Bignac), de la Toucherolle, des Rivières, de Mérignac, etc., qui servait au ban de l'Angoumois, en 1635, avait épousé, en 1639, Charlotte de Brémond, fille de Josias de Brémond, baron d'Ars, et de Marie de La Rochefoucauld. Il était fils d'autre Jean de Livenne, Ier du nom, S^{gr} de Laumond, et en partie de Saint-Genis et de Marie de la Faye de Toucherolle. Son fils, Henri de Livenne, chevalier, était S^{gr} de Laumond, Clainville, les Rivières, les Brousses, Le Breuil-Bastard, Beaupreau, etc. Cette famille, sur le point de s'éteindre, n'est plus représenté que par Mme la baronne de La Porte-aux-Loups, habitant Angoulême.

Jean de Livenne, Ier du nom, et Marie de la Faye, eurent, outre Jean et Marie, indiqués page 116; 3° Elisabeth de Livenne, qui épousa, par contrat du 26 juin 1620, François de Lescours, chevalier, S^{gr} de Puy-Gaillard, d'Oradour, le Repaire, qui fit la branche des Lescours d'Oradour. (*Généalogie Lescours.*)

Jacquette de Livenne, dame de Saint-Genis, était épouse, en 1635, de Pierre de La Porte, S^{gr} de Chatillon, gentilhomme de la chambre du roi Henri IV.

Jeanne de Livenne, vers 1600, était épouse de Robert de Montalembert, S^{gr} de Vaux, Villandry, Chantemerle, Saint-Simon et Plaissac. Leur fils Jean, écuyer, forma la branche des Srs de Cers.

Marie de Livenne, vers 1600, était épouse de Louis d'Aloué, S^{gr} d'Abjot, en Angoumois. (Procès-verbal de l'Assemblée du ban et arrière ban de l'Angoumois, 1635.)

LIVRON (p. 117), bourg en Dauphiné, sur la rive droite de la Drôme, élection de Valence, à une demi-lieue de Loriol, a donné son nom à une maison d'ancienne chevalerie des plus nobles et des plus illustres de ce pays, d'après La Chenaye des Bois, qui s'est successivement établie en Quercy et Béarn au XIIe siècle, en Limousin au commencement du XIIIe et en Champagne vers le commencement du XVIe. (LAINÉ, *Extrait des Archives généalogiques et historiques de la noblesse de France*, et DE COURCELLES, *Dictionnaire universel de la noblesse*.) Il existe une autre famille du nom de Livron-Savigny ; elle est originaire de la Savoie et porte de *gueules à la bande d'argent, accostée de deux cottices de même*. Elle a donné trois chevaliers de Malte. (V. abbé DE VERTOT, *Histoire des Chevaliers*.)

« Monsieur d'Hozier, en la généalogie des Livron, marquis de Bour-
» bonne, originaires du Dauphiné, dit que cette famille a plus d'ancienneté
» que ne luy en donnent les témoignages qui en restent, parce que le pre-
» mier de ce nom qui s'establit en Limosin au commencement du XIIIe siè-
» cle, avoit pour ancestres des S^{rs} qui possédoient la terre de Livron,
» située près de Valence en Dauphiné, dès que les fiefs commencèrent à
» devenir héréditaires aux grandes familles du Royaume. On trouve parmi
» les sénéchaux du Limosin, vers l'an 1236, Bernard de Livron, et pour
» avoir mérité une si noble dignité que celle de sénéchal, il falloit que sa

» vertu et sa noblesse fut bien connüe, et que sa famille eût déjà poussé
» des branches glorieuses en ce païs. Cela supposé, suivons la généalogie
» que cet autheur a tracé, pour ne laisser passer cette maison naturalisée
» en Limosin, sans son éloge et le tissu des personnes qui la composent. »
(Père BONAVENTURE DE SAINT-AMABLE.)

Cette famille a donné un grand sénéchal, un croisé et un chevalier de Malte, des chevaliers de l'ordre du roi, des capitaines de cent et cinquante hommes d'armes des ordonnances, des gouverneurs de places de guerre, des gentilshommes ordinaires de la chambre du roi, des conseillers d'État, un grand chambellan, grand-maître et chef des finances, un premier gentilhomme de la chambre d'Henry, duc de Lorraine, un écuyer du roi Louis XI, un grand écuyer et général réformateur des eaux et forêts de France, plusieurs généraux, dont l'un chevalier du Saint-Esprit, grand-officier de la couronne.

Parmi les alliances on trouve les noms de : Comborn, Saint-Exupéry, Pompadour, Noailles, Brémond d'Ars, Bauffremont, Choiseuil baron de Clermont, du Chastelet, Bassompierre, Rochefort, Savigny d'Anglure, des Cars, Nettancourt, d'Authon, Corlieu, Vigier, Tison d'Argence, de Lacroix des Ombrais, de Mainvieille, du Lau, Nexon, Galard de Béarn, Villelume.

§ Ier.

I. — **Bernard de Livron**, noble et puissant Sgr, sénéchal du roi de France en Limousin, après la conquête de cette province par Philippe-Auguste (1). Il est probable que c'est en échange de ses services que le roi fit don à Bernard de Livron du fief et terre noble de Wart, avec ses droits de justice.

II. — **Raoul de Livron**, Sgr de Wart, eut trois enfants :

1º Arnaud, qui suit; 2º Pierre, qui transigea, en 1278, avec son frère Arnaud, sur les droits qu'il prétendait à la succession de leur père; 3º Jaubert, Sr pour la quatrième partie du bourg de Wart, lequel eut quatre fils : Géraud, Hélie, Raoul et Jaubert, lesquels, en 1312, vendirent leurs droits sur la seigneurie de Wart à leur cousin Jaubert.

III. — **Arnaud de Livron**, Sgr de Wart, allié à Marie, sœur d'Aymar de Ferragut, testa, en 1296. Il en eut quatre enfants : 1º Jaubert, qui suit; 2º Arnaud, auteur de la *Branche de Puyvidal*, en Angoumois, rapportée § II. (DE COURCELLES, *Dictionnaire universel de la noblesse.*) Il vivait encore en 1341; 3º Guy-Hymberge, femme de Mathieu, Sr de la Barre, en 1305; 4º Almodie-Marguerite, femme de Bertrand, Sgr de Vassignac en Quercy, morte l'an 1308.

IV. — **Jaubert de Livron**, Sgr de Wart l'an 1312 et marié avec Almodie de Vassignac, veuve l'an 1334, fille de Bertrand, Sgr de Vassignac, chevalier, et sœur de Bertrand de Vassignac, qui avait épousé Almodie de Livron. Il laissa, de cette alliance : 1º Goultier, Sgr de Wart, maître d'hôtel du pape

---

(1) Après lui, on trouve parmi les sénéchaux pour le roi de France, Pierre de Raymond de Rabasteins, Aymar de Mortemar, Poton de Sentrailles, Gabriel d'Albret, Germain de Bonneval, Galiot de Lastours, François de Pontbriant, le comte des Cars, Mr d'Epernon, Anne de Levi, duc d'Anvile, le maréchal de Turenne et son neveu le duc de Bouillon. (Père BONAVENTURE DE SAINT-AMABLE.)

Innocent VI, l'an 1361, et mort sans enfants; il avait épousé Agnès, fille de Pierre, Sgr d'Agen; 2° Hélie, Sgr d'Aubiac, qui suit; 3° Gérard, mentionné sous l'an 1341; 4° Jaubert, abbé de Montagut, en 1360; 5° Assalide, dite Marguerite de Livron, mariée à Gautier de Maubernard de Comborn, damoiseau, l'an 1363, et arrière-neveu de Guy de Comborn, évêque de Limoges en 1236, et que la tradition rapporte avoir vécu 140 ans.

Jaubert de Livron, qui est dit ici abbé de Montagut, est probablement le même que Jaubert de Livron, Limousin, qui fut abbé de Mont-Majour, au diocèse d'Arles, de 1353 à 1361. (*Nobiliaire*, T. I., p. 289. — *Sem. Relig. de Limoges*, T. VI., p 214.)

V. — Hélie de Livron, damoiseau, Sgr d'Aubiac, en 1362, épousa Marie de Saint-Exupéry, fille d'Hélie de Saint-Exupéry, chevalier, Sgr de Miramont, et de Raymonde de Vayrat; il eut Jacques, qui suit.

VI. — Jacques de Livron, damoiseau, Sgr d'Aubiac et de Wart, l'an 1397, épousa Marie, fille d'Aymar Hélie de Pompadour, damoiseau, et de Hélys, dame de Gibriac, dont il eut : 1° Antoine, qui suit; 2° Jean, moine et prévôt de Saint-Ibard, vivant l'an 1413; 3° Jacques, mort abbé de Morimond, célèbre abbaye dont dépendaient les cinq ordres de chevalerie d'Espagne; 4° Elisabeth, mariée à Bertrand Jaubert, Sgr de la Queüe, le septième janvier 1435; 5° Souveraine, religieuse de Sainte-Croix de Poitiers.

VII. — Antoine de Livron, chevalier, Sgr de Wart, allié l'an 1413, à Marguerite, fille de Jean, Sgr de Noailles, laissa de ce mariage : 1° Jacques de Livron, Sgr de Wart, l'an 1458, et mort sans enfants d'Agnès, fille de Jean, chevalier, Sgr de Nozières; 2° Bertrand de Livron, Sgr de la Rivière, qui suit; 3° Françoise, religieuse à Sainte-Croix de Poitiers.

VIII. — Bertrand de Livron, chevalier, Sgr de Wart et de la Rivière, par la mort de son frère aîné, qui testa, l'an 1490. Ecuyer d'écurie du roi Louis XI et capitaine de Coiffy, en Champagne, il épousa, l'an 1477, Françoise de Bauffremont, dame de Bourbonne, fille de Pierre de Bauffremont, sire de Soye et de Courchaton, chevalier de la Toison d'or, et d'Agnès de Bauffremont, dame de Bourbonne. Il eut de cette alliance : 1° Nicolas, Sgr de Bourbonne, qui suit; 2° Barbe, mariée le septième juillet 1499, à Emery, baron de Gimel; 3° Catherine, alliée le vingt-troisième avril 1502 (*alias* 1506), à Jean de Soilhat (de Souilhac), IIIe du nom, Sgr de Montmeige et d'Azerac, chevalier de l'ordre du roi, fils de Jean, IIe du nom, et de Marguerite de Roffignac; 4° Magdeleine, mariée à François de Choiseuil, baron de Clermont, en 1517.

IX. — Nicolas de Livron, Sgr de Wart, baron de Bourbonne, chevalier de l'ordre du roi, grand gruyer et général réformateur des eaux et forêts du royaume en 1538. Capitaine de cinquante hommes d'armes des ordonnances, et gouvernement de Coiffy et de Montigny-le-Roi. Il épousa, en premières noces, en 1505, Claude de Roy, dame de Torcenay, fille de François de Roy, Sgr de Seneux, et de Claude de Hangest, dame de Torcenay; et, en deuxième noces, 1529, Odette l'Huillier, veuve de Louis, Sgr de Stainville, sénéchal de Barrois. Du premier lit sortirent : 1° Claude de Livron, marié à Gabrielle, fille dudit Louis de Stainville, et mort sans enfants, en 1529; 2° François de Livron, qui suit; 3° Anne, femme de François Peyruse des Cars, Sgr de Saint-Bonnet, l'an 1538.

X. — François de Livron, Sgr de Torcenay, baron de Bourbonne, marié l'an 1541 à Bonne du Chastelet, dame de Colombes, fille d'Erard du Chastelet chevalier, Sgr de Mougealle, souverain de Vauvillars, et de Nicole de Lenoncour, dame de Colombes. Il eut de cette alliance : 1° Nicolas tué enseigne de la compagnie d'ordonnances du duc de Mayenne-Montcontour. Il n'eut pas d'enfants de Claude d'Eguilly, qu'il avait épousée le 25 mai 1566, fille d'Henry d'Eguilly, chevalier, Sgr de Rouvres, lieutenant de cent gentilshommes de la maison du roi, et de Renée de Saint-Julien; 2° Erard, qui suit; 3° Nicole, femme de François de Montpézat, Sgr de Laugnac et baron de Thoüars, en Agenais, qu'elle épousa le 24 octobre 1564; 4° Françoise, femme de Joachim de Rochefort, Sgr de Pleuvant, chevalier de l'ordre du roi, gentilhomme ordinaire de sa chambre, et lieutenant de la compagnie d'ordonnances du comte de Beyne, l'an 1573.

XI. — Erard de Livron, baron de Bourbonne, souverain de Vauxvillards, gentilhomme ordinaire de la chambre des rois Charles IX et Henry III, chevalier de l'ordre, conseiller d'Etat, capitaine de cent hommes d'armes des ordonnances, gouverneur de Coiffy, grand chambellan, grand maître, chef des finances, et premier gentilhomme de la chambre d'Henry, duc de Lorraine, l'an 1602. Il épousa Gabrielle de Bassompierre, dame de Ville-sur-Ilon, fille de Claude-Etienne de Bassompierre, bailly de l'évêché de Metz et de Barbe du Chastelet, dame de Ville. De ce mariage : 1° François, abbé de la Chalade, prieur de Relange, de Frauville et de Bouchecourt, pourvu par le roi de l'abbaye d'Ambronay en Bresse, l'an 1634; 2° Charles, qui suit; 3° Bonne, mariée à Gabriel Ferdinand, baron de Madruce, comte d'Ave, l'an 1604; 4° Iolande, femme de Jacques, comte des Cars, chevalier de l'ordre du roi et capitaine de cinquante hommes d'armes de ses ordonnances; 5° Gabrielle, abbesse de Juvigny; 6° Catherine, abbesse d'Epinal; 7° N....., dame de Remiremont; 8° Charles-Henry, marquis de Ville, gouverneur de Saverne, conseiller d'Etat, et premier gentilhomme de la chambre du duc de Lorraine, son ambassadeur vers l'empereur, les rois d'Espagne, de France et d'Angleterre, colonel général de bataille, et mort général de ses armées, après avoir épousé Anne de Haraucourt, fille de Nicolas, Sgr de Haudon Villers, sénéchal de Lorraine, et de Anne de Genicourt, dont il eut : A— Charles, marquis de Ville, premier gentilhomme de la chambre de M. de Lorraine, et tué colonel de cavelerie au service de ce prince; B— Françoise, abbesse de Vergaville; C— Anne, dame de Ville, alliée, en premières noces, à Jean, baron de Berne, au pays de Juiliers, général de bataille et gouverneur de Montmédy pour le service du roi d'Espagne; et, en deuxièmes noces, avec Henry, marquis de Haraucourt et de Fauguemont, maréchal de Lorraine et Barrois, gouverneur et grand bailly d'Allemagne, mort gouverneur de Marsal et général de bataille.

XII. — Charles de Livron, marquis de Bourbonne, successivement grand guidon, puis enseigne des gendarmes de la reine Marie de Médicis, commandant un régiment d'infanterie au siége de Verves, capitaine de cinquante hommes d'armes des ordonnances et gouvernement de Coiffy, l'an 1623, chevalier des ordres du roi de la promotion de 1633, gouverneur des villes et comtés de Montbeilliard et de Potantu, la même année, maréchal des camps et armées de Sa Majesté et l'un de ses lieutenants généraux au gouvernement de Champagne. Il eut, de son mariage avec Anne de Savigny d'Anglure, fille de Charles Caladin de Savigny d'Anglure, vicomte d'Estoges, baron de Rosne, comte de Tancarville, sénéchal de Lorraine, et de Marie Babon, dame de la Bourdezières et comtesse de Sagonne : 1° François, mort abbé d'Ambronay, après l'an 1658; 2° Erard-Chrétien, mort jeune; 3° Henry-Charles, mort chevalier de Malte, commandeur de Robecourt; 4° Charles, Sgr de Torcenay, puis marquis de Bourbonne, qui suit; 5° Henry, mort à l'académie; 6° Nicolas, marquis de Bourbonne, lieutenant au gouvernement de Champagne et enseigne de la compagnie des gens d'armes anglais; tué au combat de Sénef 1674, laissa, de Marie-Anne Galand, fille de Jean Galand, baron d'Hervillon en Champagne, secrétaire du conseil, et de Marie-Anne Camus, une fille unique, Marie-Anne de Livron, religieuse; 7° Catherine-Marie, abbesse de Juvigny.

XIII. — Charles de Livron, Sgr de Torcenay et marquis de Bourbonne à la mort de son frère Nicolas, épousa, en 1630, Claude de Sallenove, dame de Cuisle et du Bricot, fille et héritière de Claude de Sallenove, Sgr de Cuisle, du Bricot et de Ville-en-Tardenois, et de Pérette de Goujon de Thuisy, laquelle était morte en 1663; il se mit dans l'état ecclésiastique, fut pourvu de l'Abbaye d'Ambronay après François, son frère aîné, et mourut en 1691, laissant de son mariage : 1° Joseph-Henry ou Remy, qui suit; 2° Louise-Gabrielle, abbesse de Juvigny, après sa tante, morte en 1711; 3° Jean-Baptiste-Erard, qui suit après son frère; 4° Marie-Françoise-Almodie, mariée en 1705 à Marc-Antoine-Constantin Valon, Sgr de Montmain, morte en 1713.

XIV. — Joseph-Henry ou Remy de Livron, Sgr de Cuisle dit le marquis de Livron, né en 1653, page de la grande écurie, colonel d'un régiment de cavalerie, mourut en 1687. Il avait épousé, en 1683, Françoise-Bénigne de Belloy, dame de Villemaux, fille d'Hercules, comte de Belloy, Sgr de Villemaux, marquis de Montaigrillon, et de Marie de Villemontet, morte en 1694. Ils n'eurent pas d'enfants; mais Françoise Bénigne de Belloy, épousa en deuxièmes noces François-Robert Ledieu-de-Villiers, dont elle eut deux filles.

XIV bis. — Jean-Baptiste-Erard, marquis de Livron, bachelier en théologie, quitta l'état ecclésiastique après la mort de son frère, Joseph-Henry. Il épousa, en 1714, Louise-Magdeleine-Henriette-Charlotte de Nettancourt, fille d'Henry de Nettancourt, baron d'Eschelle et de Fontaine-Denys, et de Marie-Charlotte de Forges. Il mourut à Paris, le 13 mars 1728, laissant une fille unique, Henriette-Charlotte-Anne-Almodie de Livron. Avec lui s'éteignit la branche aînée de la maison de Livron. Il laissa pour continuer son nom, titre et armes, Jacques de Livron, Sgr de Puyvidal, Saint-Constant-le-Roule, etc., en Angoumois.

§ II. — *Branche de Puyvidal.*

IV bis. — Foucault de Livron, petit-fils d'Arnaud de Livron, Sgr de Wart, épousa Robine de Sonneville. Il se croisa et fit la guerre en 1400 contre Venceslas, empereur d'Allemagne et roi des Romains (1). Il en rapporta un

---

(1) Il fit cette guerre avec son beau-frère, le chevalier d'Authon, qui appartenait à l'ancienne maison des seigneurs de la baronnie d'Authon, en Saintonge, race féodale éteinte aujourd'hui et qui a donné plusieurs célébrités, entre autres, le chevalier d'Authon dit Barberousse II, lieutenant-général des armées de mer de l'empire Ottoman, gouverneur de la régence d'Alger, etc., etc. Saquin d'Authon, baron d'Oléron, conseiller du roi en ses conseils d'État et privé, sénéchal de Saintonge, 1606.

morceaux de l'arbre de la vraie croix et plusieurs autres reliques qu'il donna au chapitre de La Rochefoucault. Pour ce bienfait, lesdits chanoines ont promis, par acte, de dire trois messes annuellement et perpétuellement pour le repos dudit seigneur et des siens. (Acte de 1411.) Ces priviléges furent supprimés en 1793. Sur la demande de Monseigneur Cousseau, évêque d'Angoulême, la famille ayant pu produire les preuves authentiques de ces mêmes reliques, le conseil de fabrique de La Rochefoucault, par une délibération spéciale, les a rétablis en 1865. (*Bulletin de la Société archéologique de la Charente.*) Il eut deux enfants de son mariage avec Robine de Sonneville : 1° N. de Livron, qui suit; 2° Jeanne de Livron, mariée à Pierre de Brémond, S^{gr} d'Ars et de Puyvidal.

V. — N. de Livron, écuyer, S^{gr} de Sonneville, n'eut qu'un fils, Jacques de Livron, qui suit.

VI. — Jacques de Livron, écuyer, S^{gr} de Puyvidal, marié avant 1456, avec Agnès de Brémond d'Ars, sa cousine, fille de Pierre de Brémond d'Ars, S^{gr} de Puyvidal, et d'Ars, chevalier de l'ordre du Camail, écuyer de Charles, duc d'Orléans, comte d'Angoulême et de Jeanne de Livron. Agnès porta cette terre noble de Puyvidal, qu'elle tenait de son aïeul, Pierre Chaffrais, à son mari dont elle était veuve en 1504. (*Bulletin de la Société archéologique de la Charente.*) Jugement par le lieutenant général d'Angoumois, du 24 novembre 1487, qui déclare être et appartenir à Jacques de Livron et Agnès de Brémond d'Ars, son épouse, dame de Puyvidal, les fiefs, terres et seigneuries de Puyvidal, le Mas-du-Breuil et autres objets). Il eut deux enfants : 1° Foucauld, qui suit; 2° Marie, mariée à Jean Trigot, S^{gr} de la Barre, par contrat du 5 février 1480.

VII. — Foucauld de Livron, S^{gr} de Puyvidal, marié à Robine Brocarde ou Broucharde, est qualifié d'écuyer, S^{gr} de Sonneville, dans son contrat de mariage, où sa femme est dite Renouard. Le 11 juillet et le 16 août 1497, il fit hommage à la comtesse d'Angoumois, de son fief et terre noble de Puyvidal, comme l'avait fait, en 1267, Guiot de David, à Hugues de Lusignan, comte de la Marche et d'Angoulême, pour sa seigneurie de Puyvidal et le bourg de Saint-Constant, feudat dudit lieu. — Le 1er juin 1504, il fit le partage des biens immeubles et de la succession de messire Jean de la Trémouille, S^{gr} de Roufliac, avec Jean de Brémond d'Ars, son beau frère. Foucauld de Livron eut deux enfants de son mariage avec Robine Brocarde : 1° François, qui suit; 2° Charles, écuyer, S^{gr} de Beaumont, qui fut l'auteur de la branche du *Maine-Gruyer*.

Ce dernier épousa Catherine Chaperon, fille de messire Louis Chaperon, chevalier S^{gr} de la Roche et d'Antoinette des Ages, dont : *A* — Adrien de Livron, écuyer, S^{gr} de Beaumont, marié le 9 mai 1556, à Charlotte Hervé, fille de Jean Hervé, écuyer, S^{gr} du Maine-Gruyer, dont : *AA* — Adrien de Livron, écuyer, S^{gr} de Beaumont, et *BB* — Josias de Livron, écuyer, S^{gr} du Maine-Gruyer, marié le 1er août 1594, à Esther Pastoureau, fille de Jean Pastoureau, écuyer, S^{gr} d'Ordiaires et de Jeanne Travers, dont : Isaac de Livron, écuyer, S^{gr} du Maine-Gruyer, capitaine d'infanterie du régiment d'Aubeterre, par commission du 8 mai 1643. Il se maria le 11 octobre 1630, à Esther Fort. Il fut maintenu dans sa noblesse par ordonnance de d'Aguesseau, le 29 janvier 1667. Il eut quatre enfants, savoir : *A* — François de

Livron, écuyer, capitaine au régiment de Tourrésis. B — autre François, écuyer, Sgr de Vandeuil. C — Péronne, femme de Jacques Sougneux, Sgr de la Touche. D — Simon, capitaine dans le régiment de Beauvoisis et qui fit un accord, le 1er février 1698, avec ses frères et sœur, au sujet des différends qu'ils avaient pour le partage des biens de leur père et mère. Il se maria dans la paroisse de Chadurie, diocèse et élection d'Angoulême, avec Jeanne Sarrazin, fille de François Sarrazin et de Jeanne de Laplanche. Il mourut en 1712, ne laissant qu'une fille, Marie de Livron, né le 3 janvier 1707, et reçue à Saint-Cyr, le 25 janvier 1716. (D'HOZIER.)

VIII. — François de Livron, Sgr de Puyvidal, marié, par contrat du 17 octobre, avec Pérette des Prez (reçu Balland, not. royal) eut un fils, qui suit.

IX. — Geoffroy de Livron, chevalier Sgr de Puyvidal, épousa Marie Vigier de la Pile, par contrat du 18 septembre 1529. (Signé : COLARDEAU.) Il stipula pour François, son père, dans le partage de famille. Il eut cinq enfants : 1° Jean, qui suit ; 2° Foulques, marié en 1561, à Charlotte Giraud des Combes, fille de Pierre Giraud, chevalier, Sgr des Combes et de Robine d'Insigny, dont une fille unique, morte sans enfants ; 3° Marguerite, mariée à Raphaël de Corlieu, Sgr et baron de la Fenestre, 13 mars 1571 ; 4° Jean, Seigneur du Maine ; 5° Hausanne, mariée le 29 mai 1587, à Pierre Hervé, écuyer, Sgr de Barrillan, demeurant à Salles, seigneurie de Villebois.

X. — Jean de Livron, chevalier, Sgr de Puyvidal, marié par contrat du 6 janvier 1578 (reçu Charruau), avec Antoinette d'Authon, sœur de Seguin d'Authon, baron d'Oléron, conseiller du roi en ses conseils d'État et privé, sénéchal de Saintonge. Antoinette d'Authon, testa, le 26 décembre 1595. Elle était fille de Pierre, baron d'Authon et de Anne d'Amaury, et veuve d'Antoine Renouard, Sgr de Rochebertier, en Montbron. Il eut un fils, qui suit.

XI. — Pierre de Livron, chevalier, Sgr de Puyvidal, marié par contrat du 20 octobre 1625 (reçu Préverean not. royal), avec Anne de Leymarie, fille de Samuel de Leymarie, Sgr du Breuil, et de Marguerite de Chergé, demeurant à ladite seigneurie du Breuil, paroisse de Touvre, en Angoumois. Ladite de Leymarie, fut veuve dès 1641 et tutrice de ses enfants dont elle justifia la noblesse cette même année. Ils laissèrent deux enfants : 1° Jean, qui suit ; 2° Luce, dotée à 50,000 fr.

XII. — Jean de Livron, chevalier, Sgr de Puyvidal, servit avec éclat sous le comte de Jonzac, le 11 juillet 1674. Il fut institué héritier universel de sa mère, par son contrat de mariage, avec Marguerite de Lacroix, fille de messire Gabriel, baron de la Fenestre et des Ombrais, et de Isabeau de Berthomé, le 14 février 1653 (reçu Toyon et Broussard). Il fut maintenu dans sa noblesse, par jugement de d'Aguesseau, le 1er septembre 1666. Il eut cinq enfants : 1° Jacques, qui suit ; 2° Marie, épouse du Sgr de la Croix ; 3° Pierre, Sgr de Saint-Constant ; 4° François, écuyer, Sgr du Breuil : il épousa, dans l'église d'Étagnac, Désirée de Roziers, veuve du Sgr du Mas du Puy. Elle mourut âgée de 65 ans, le 12 septembre 1710 et fut enterrée dans l'église d'Étagnac. Elle eut une fille, Scholastique-Gabrielle, abbesse de Juvigny, 1712 ; 5° autre François, marié à Marie de Montcourier, fille de feu Luc de Montcourier, écuyer, Sgr de Bruges et de Anne d'Esmard, demeurant à Saint-Dizier, en Saintonge (reçu Gorry, not. royal, le 13 août 1684). Il pourrait être l'aïeul de deux généraux, dont l'un, Pierre Gaston, marquis de Livron (1), fut chargé de différentes missions près de Mehemet-Aly, alors pacha d'Egypte, et qui fut, de 1808 à 1815, au service de Naples, où ses dernières fonctions étaient celles de lieutenant-général, capitaine-général des gardes du roi. Il devait avoir pour sœur, mademoiselle de Livron, né en 1750 et morte en 1833, dont parle AMBROISE TARDIEU, dans sa *Généalogie de la maison de Boiredon*. Elle avait épousé Auguste de Veyny d'Arbouse, marquis de Villemont, baron de Gannat, prince de Cantaloupe, duc de Celci, officier supérieur des gardes de Monsieur, comte d'Artois, officier de Saint-Louis. Cette branche s'est éteinte vers 1852.

XIII. — Jacques de Livron, chevalier, S^{gr} de Puyvidal, le Breuil, le Roule, Salmaze, etc., marié par contrat du 9 novembre 1683, avec Marie de Mainvieille, fille de Jean, S^{gr} de l'Escurat, en Saintonge, et de Marie de Roullain (reçu Moreau, not. royal). Il fut convoqué par Louis XIV, à servir au ban d'Angoumois sous les ordres du maréchal d'Estrées, 1694. Par contrat de mariage, il fut institué, par son père, héritier universel, à la charge par lui de payer, en fonds ou deniers, à ses frères et sœur, une somme de 2,500 livres. Par la mort de Jean-Baptiste Erard, marquis de Livron, il devint le chef de cette maison.

Il eut trois enfants : 1° François, qui suit ; 2° Jean qui continuera plus tard la branche de Puyvidal ; 3° autre Jean, demeurant à Keilhac, curateur de son neveu Jean de Livron. Il épousa Jeanne du Mas, morte en 1764.

XIV. — François de Livron, S^{gr} de Puyvidal, épousa Andrée Fé de Boisragon, fille de Jean Fé, Sr de Boisragon et de Magdeleine de l'Étoile. (Reçu Audouin, not. royal.) Il eut un fils, qui suit.

XV. — Jean de Livron, S^{gr} de Puyvidal, épousa Françoise de Gandobert, fille de Etienne de Gandobert, S^{gr} de Chenaud et de Marie Fé Magnan, son épouse, demeurant à la seigneurie de Chenaud, paroisse de Garat, en Angoumois. (Reçu David, not. royal, le 18 février 1743.) Il eut six enfants : 1° Jean, qui suit ; 2° Jeanne, femme Gracieux ; 3° N..... de Livron, mariée à M. de James de Saint-Vincent ; 4° N..... de Livron dite de Saint-Constant ; 5° N..... de Livron dite de Chisay ; 6° Louise de Livron, religieuse de Sainte-Ursule d'Angoulême.

XVI. — Jean de Livron, S^{gr} de Puyvidal, marié en 1788 à Agathe-Joséphine Warel de Beauvoir. Il fut nommé, à l'unanimité, pour faire partie des quatre membres chargés de la vérification des titres et qualités à l'assemblée de la noblesse en 1789. (De Chancel, secrétaire de cette même assemblée.) Jean de Livron ne laissa qu'une fille, Amélie de Livron, mariée en 1808, à Etienne Prosper-Nicolas du Rousseau, de Magnac.

XIV bis. — Jean de Livron, Sr du Roule, Salmaze, la Maison-Blanche, les Gouttes, fils de Jacques de Livron, S^{gr} de Puyvidal. Il épousa, le 14 avril 1720, Marie de la Chaslonie. Il est mort le 21 février 1735, a été inhumé le lendemain, le chapitre et les pères Carmes convoqués. (Archives de la mairie de Larochefoucault. — *Acte de partage de* 1772, ALBERT, notaire).

XV. — Jean de Livron, S^{gr} du Roule, Salmaze, etc., épousa, en 1748, Marie-Anne-Esther Préveraud de Sonneville, fille de messire Jean Préveraud, chevalier, S^{gr} de Sonneville, capitaine au régiment de Périgord, et de

---

(1) A la Restauration, n'ayant pas de descendants directs, le général marquis de Livron écrivit à M. de Livron de La Rochefoucault, pour se rattacher à sa maison.

Marie-Louise de La Quille. Il fit partie, comme représentant de la noblesse, des dix-huit membres nommés par le roi aux assemblées provinciales (1) du Limousin, 1787 (*Lettre du roi au marquis de Livron, en Angoumois*, communiquée par M. Maurice Ardant, archiviste). De son mariage avec Mlle de Sonneville, Jean de Livron eut treize enfants : 1° Elisabeth, mariée en 1770 au baron de Roffray; elle fut dame d'honneur à la cour, attachée à la personne de Mgr le Dauphin; 2° Jean, né en 1749, mort en 1756; 3° Marie, née en 1751 ; 4° Catherine, née en 1752; 5° Anne, née en 1753; 6° Jacques, né en 1755, mort enfant; 7° Pierre, né en 1757, mort en 1766 et inhumé dans l'église de Rancogne; 8° Marguerite, née en 1758; 9° Françoise, née en 1760; 10° J.-J.-Abraham, né en 1766, mort enfant; 11° Eulalie, carmélite; 12° Angélique, carmélite; 13° Jean-Jacques, qui suit.

XVI. — Jean-Jacques de Livron, S^gr du Roule, Salmoze, la Maison-Blanche, etc., né en 1769, chevalier de Saint-Louis, servit dans les gardes du roi et plus tard dans l'armée de Condé. Il demanda et obtint l'insigne honneur de monter dans les carosses du roi (2). (Borel d'Hauterive.) Marié, en 1803, à Jeanne-Henriette-Joséphine du Lau (3), fille de Louis, comte du Lau, S^gr de Lagebaston et de Françoise Garnier de la Boissière, il en eut huit enfants : 1° Françoise-Anne Pauline, née le 2 fructidor an XII, morte enfant; 2° Marie-Adèle, née le 3 fructidor an XIII, mariée à M. de Fleury; 3° Jean-Léon, qui suit; 4° Julien-René-Edouard, né le 8 août 1808, mort archiviste de la Charente en 1857; 5° Philippe, né le 21 septembre 1810, mort enfant; 6° Françoise-Jeanne-Hélène, née le 8 novembre 1812, mariée à M. de la Laurencie, officier supérieur d'infanterie; 7° Anne-Aline, née le 30 mars 1814, mariée au baron de Roffray, petit-fils d'Elisabeth de Livron; 8° Marguerite-Clara-Estelle, née le 7 août 1819, morte enfant.

XVII. — Jean-Léon de Livron, né le 24 août 1807, sorti de Saint-Cyr et entré aux gardes du corps, compagnie Grammont, en 1827. En 1830, il accompagna Charles X à Cherbourg et rentra dans ses foyers. Marié, en 1834, à Marie-Hortense-Félicie de Gay de Nexon, fille de François-Alexis, baron de Gay de Nexon, et de Marie-Hortense-Amable de Cromières, il en a eut quatre enfants : 1° Jean-Amable, qui suit; 2° Léonide, née le 9 juillet 1836, morte le 25 avril 1852; 3° Anne-Marie-Céline, née le 2 mars 1837, mariée au baron Arsène de Villelume, nommé sous-lieutenant aux zouaves pontificaux au combat de Castelfidardo; 4° Paul-Marie-Gustave, né le 21 septembre 1845.

XVIII. — Jean-Amable de Livron, né le 15 août 1835, sortit de Saint-Cyr en 1857 au 10° régiment de dragons, marié le 20 novembre 1860, à Marie-Julie-Louise de Gabard de Béarn, fille de Ferdinand-Thibaud, comte de Gabard de Béarn, et de Marie-Julie-Sophie de Jean de Jovelle. Dont : 1°

---

(1) Parmi les dix-huit membres nommés par le roi se trouvaient, pour le clergé, Mgr d'Argentré, évêque de Limoges, Mgr de Castelanau, évêque d'Angoulême, Mgr de Saint-Sauveur, évêque de Tulle; pour la noblesse et comme président de l'assemblée, le duc d'Agen, fils du maréchal de Noailles; et pour le tiers état, M. de Roulhac, maire de Limoges, lieutenant général de la sénéchaussée, depuis député aux états généraux.

(2) Cette faveur n'était accordée qu'aux familles titrées et prouvant au moins quatorze degrés de noblesse.

(3) Cousine de l'archevêque d'Arles.

Henri-Marie-Jean, né le 20 septembre 1861 ; 2° Marie-Henriette-Blanche, née le 2 juin 1865; 3° Pierre-Henri-Marie-Joseph, né le 20 décembre 1873.

Armes Livron porte : *d'argent à trois fasces de gueules, au franc canton d'argent, chargé d'un roc d'échiquiers de gueules.*

Supports : *un homme et une femme sauvages au naturel.*
Cimier : *Une teste de licorne d'argent.*
Couronne : *de marquis.*

Notes isolées.

Louise de Livron épousa, le 9 janvier 1553, Christophe de Plessis, Sr de Chaufour et de la Merlière, fils de Jean et d'Anne Bigut. (NADAUD, *Nobiliaire manuscrit.*)

Marguerite *alias* Catherine de Livron, était abbesse de Bonnesaigne en 1555. (*Bull. soc. arch.*, T, XI, p. 81.)

Charles de Livron est compté parmi les abbés de Beaulieu vers 1560. (*Beaulieu*, ROY-DE-PIERREFITTE, p. 24.)

LOMÉNIE (p. 119). — M. de Loménie du Château fut convoqué à l'Assemblée des nobles de la sénéchaussée de Riom, et signa l'acte de coalition du même corps en 1791. Il appartenait, selon toute apparence, à une maison originaire du Limousin, et illustrée par des personnages célèbres. Elle est d'ancienne bourgeoisie, de la ville de Limoges, et la branche aînée s'est anoblie par les charges de secrétaire du roi, au milieu du XVIe siècle. La branche des Forges fut anoblie par lettres patentes du mois de décembre 1638. Cette maison a possédé, entre autres terres titrées, le comté de Brienne et celui de Montbron. Elle a donné un secrétaire d'État en 1606 ; un ministre des affaires étrangères de 1643 à 1665 ; un maréchal de camp ministre de la guerre en 1787 ; un évêque de Coutances, mort en 1720 ; un autre prélat évêque de Condom eu 1760, archevêque de Toulouse en 1763, archevêque de Sens, cardinal et premier ministre de Louis XVI en 1787. Celui-ci mort en 1794.

Armes : *d'or, à l'arbre de sinople; au chef d'azur chargé de trois losanges d'argent.* (*Nobiliaire d'Auvergne.*)

I. — Martial de Loménie (dont il est parlé page 120) fut père d'Antoine, qui suit.

II. — Antoine de Loménie fut nommé ambassadeur extraordinaire en Angleterre en 1595, secrétaire d'État en 1606, fut employé dans diverses négociations importantes dont il s'acquitta avec succès. En 1611, le Limousin Pierre de Besse, docteur en théologie et prédicateur ordinaire du roi, lui dédia le second volume de ses *Conceptions théologiques.* Il fut le père de Henri-Auguste, qui suit.

III. — Henri-Auguste obtint, après divers emplois, la survivance de la charge de son père en 1615. Louis XIII le fit capitaine du château des Tuileries en 1622, et l'envoya en Angleterre, deux ans après, pour régler les articles du mariage d'Henriette de France avec le prince de Galles. Il suivit ensuite le roi au siège de La Rochelle. Dans le commencement du règne de Louis XIV, il eut le département des affaires étrangères. Il se conduisit avec beaucoup de prudence durant les troubles de la minorité, et mourut, en 1666, à soixante-onze ans. Il laissa des *Mémoires* manuscrits depuis le commencement du règne de Louis XIII jusqu'à la mort du cardinal Mazarin. On en a pris les morceaux les plus intéressants pour composer l'ouvrage connu sous le titre de *Mémoires de Loménie*, imprimés à Amsterdam en 1719, en 3 vol. in-12. L'éditeur les a poussés jusqu'en 1681. On voit que l'auteur avait une politique sage et de bonnes vues pour l'administration. Il fut père de : 1° Henri-Louis, qui suit ; 2° N..... de Loménie, qui épousa M. de Gamache père.

IV. — Henri-Louis de Loménie fut pourvu en 1661, dès l'âge de seize ans, de la survivance de la charge de secrétaire d'État, qu'avait son père. Comme la plus importante partie de l'exercice de cet emploi regardait les étrangers, il parcourut l'Allemagne, la Hollande, le Danemark, la Suède, la Laponie, la Pologne, l'Autriche, la Bavière et l'Italie. Il voyagea en ministre qui voulait s'instruire, observer les mœurs, les caractères et les intérêts politiques de ces différents peuples. Ses connaissances, qui surpassaient son âge, lui ayant fait beaucoup de réputation dans ses courses, Louis XIV lui permit d'exercer sa charge, quoiqu'il n'eût alors que vingt-trois ans. Il se conduisit d'abord en ministre ; mais l'affliction que lui causa la mort de sa femme influa sur son esprit, et Louis XIV fut obligé de lui demander sa démission. Le ministre disgracié se retira chez les Pères de l'Oratoire, après avoir vainement tenté d'entrer chez les Chartreux. Il reçut même les ordres. Il voyagea encore un peu en Allemagne ; mais il vint mourir dans l'abbaye de Saint-Séverin de Château-Landon.

Ses principaux ouvrages sont : 1° les *Mémoires de sa vie*, en 3 volumes in-folio ; 2° des *Satyres* et des *Odes* ; 3° un poëme burlesque ; 4° *le Roman du jansénisme* (ces ouvrages sont manuscrits) ; 5° l'*Histoire de ses voyages*, in-8°, écrite en latin avec assez d'élégance et de netteté ; 6° la traduction des *Institutions de Thaulère*, 1663, in-8° ; 7° *Recueil de poésies chrétiennes et diverses*, 1671, 3 vol. in-12 ; 8° *les Règles de la poésie française*, qu'on trouve à la suite de *la Méthode de Port-Royal*. C'est un canevas qui a servi à tous ceux qui ont écrit sur la même matière. (*Nouveau Dict. historique*.) SAINT-SIMON (*Mémoires*, T. III, p. 160) l'appelle « l'homme de la plus grande espérance de son temps en sagesse, le plus savant, et qui possédait à fond toutes les langues savantes et celles de l'Europe ». Il avait été père de : 1° Henri-Louis, qui suit ; 2° N....... de Loménie, qui épousa M. de Gamaches fils ; 3° N....... de Loménie, qui épousa M. de Poigny-d'Angennes.

V. — Henri-Louis de Loménie (dont il est parlé page 120), qui, selon Saint-Simon, fut le dernier de cette branche.

Charles de Loménie de Brienne, évêque de Coutances, établit la fête du Sacré-Cœur de Jésus, dans son diocèse, en 1688. (*Vie de la bienheureuse Marie-Marguerite*.)

Étienne-Charles de Loménie de Brienne, cardinal archevêque de Sens, abbé de Saint-Vandrille, de Corbie, de Moissac, de Moreilles, de Saint-Ouen et de Basse-Fontaine, naquit à Paris en 1727 et mourut en 1794.

Le comté de Brienne, en Loannais, appartenait en 990 à une famille du nom de Brienne, en 1430 à la maison de Ligny, et en 1623 à celle de Loménie.

La baronnie de Boussac, en Berry (département de la Creuse), fut possédée par la maison de Déols en 1240 ; de Brosse en 1356 ; de Luxembourg ;

de Lorraine; la reine Louise; la maison de Lorraine; de Vendôme; de Loménie en 1640; M. de Loménie, secrétaire d'État, la vendit en 1649 à Jean de Rillac, Sʳ de Saint-Paul, capitaine au régiment des gardes françaises, et à Catherine-Madeleine de Grillet de Brissac, son épouse; elle passa ensuite à la famille Desgrellets; Françoise-Armande de Rillac, par son mariage du 14 novembre 1730, la porta à Jean de Carbonnières; de La Roche-Aymon en 1780. (*Dict. des fiefs et Généal. Rillac.*)

Monsieur de Loménie de Brienne acheta de la maison de Montmorency la baronnie de Montbron (*Mons Berulphi*), qui passait pour la plus ancienne de l'Angoumois. Le roi l'érigea en comté l'an 1624 en faveur d'Henri-Auguste de Loménie, secrétaire d'État. En 1699, Etienne Cheyrade, maire et lieutenant d'Angoulême, en était devenu possesseur. (*Hist. d'Aquit.*, VERNEILH DE PUYRAZEAU, I, 314.) La même famille le possédait encore en 1788. (*Dict. des fiefs*.)

Martial de Loménie, Sᵍʳ de Versailles, etc. (*Voyez* NADAUD, *Mém. ms*. *Lim.*, T. IV, p. 108. — *Hist. des grands officiers.* — LE BEUF, *Hist. de Paris*, T. VII, p. 313. — *Mém. de Villegomblain*, 1ʳᵉ part., p. 314.)

François de Loménie, natif de Limoges, touché extraordinairement des sermons du P. Laugier, dominicain à Bordeaux, lui demanda l'habit de son ordre. Celui-ci le conduisit à Toulouse, et il y fut vêtu par le célèbre réformateur le P. Michaëlis, et y fit profession. Depuis, il fut licencié en théologie et abbé de Sainte-Marie de Josaphat, près Chartres, après s'être fait énédictin (ROBERT, *Gall. christ.*, p. 408). Nicolas Cœffetau, son confrère, nommé à l'évêché de Marseille, le lui céda, et il en fut sacré évêque l'an 1624 (ROBERT, *ibid.* — RUFFIMET. 1625), dans l'église des dominicains de Saint-Jacques, à Paris, par l'archevêque de Rouen, assisté des évêques de Bayonne et de Causerans. Il prêta le serment de fidélité (*Preuv. des libert. gall.*, chap. XVII, n° 12), le 1ᵉʳ ou le 21 septembre suivant, à Saint Germain-en-Laye, devant le cardinal de La Rochefoucault, grand aumônier de France. L'année suivante, il fit son entrée solennelle dans sa ville, et assista à l'assemblée du clergé de France, tenue à Paris, le 1ᵉʳ septembre. Se trouvant à Limoges, où il était venu voir ses parents, il y fut pris de sa dernière maladie. Il mourut le 27 février 1639, assisté des religieux ses confrères. Son corps, vêtu de l'habit religieux, fut porté, comme il l'avait demandé, dans l'église des frères Prêcheurs, où il demeura une nuit. Après qu'on eut fait honorablement ses obsèques, le chapitre de la cathédrale vint le chercher pour l'enterrer dans son église. Le clergé et les religieux accompagnèrent la cérémonie, faite par Mᵍʳ de La Fayette, évêque de Limoges. Le P. Basile Vivin qui paraissait alors avec éclat dans cette ville, prononça l'oraison funèbre. On l'inhuma, suivant sa volonté, dans les tombeaux de ses ancêtres, devant la porte de la sacristie, et on mit dans la muraille du chœur une lame de cuivre portant l'inscription suivante :

† Jesus, Maria. — Illustrissimi viri de Lomenie, Massiliæ episcopi, et abbatis de Josaphat tumulus. — Asta, viator, et incertas mortalium vices dole. — Dominus de Lomenie, patria lemovix, professione religiosus, dignitate Massiliæ episcopus, à finibus terræ, terram hic positurus advenit. — Doctrina paucos habuit pares, nullum pietate superiorem. Non tam illi mitra honori quam ipse mitræ ornamento fuit. Generalibus ecclesiæ gallicanæ comitiis non semel ad fuit, semper profuit. Parentibus, qui jam tertio regi ab

sanctionum commentariis fuere, non inferior; in pauperes semper beneficus, sed moriendo magnificus; nec enim potuit morti cedere ejus charitas, fortis ut mors, linima et morte fortior ipsa, quinquageno ætatis anno sublatu est, immatura quidem illi ad mortem ætas; sed matura virtus illi ad immortalitatem fuit. Ità vixit, ut non possit. Ita moritur, ut vitam sibi mors pariat priore vita beatiorem. — Apud ædes D. Stephano sacros, et decano, ac novem canonicis ex suis decoratas, speliri voluit. Ut ità illum jam coronam justitiæ jam percepisse intelligeremus; illum voluisset suis visceribus Massiliæ complecti; sed heu! quæ spes solatii superfuisset luctui lemovicensium! si, quem illis vuvum Massilia eripvit, etiam mortuum retinaisset. O inanes hominum spes! O fortunæ infida conditio! Quæ tot annorum expectationem, momento temporis eludit. Ora, plora et vade. — De more majorum, in singulas hebdomadas instituto sacro; obiit XXVII februarii, anno a partu Virginis millesimo sexcentesimo trigesimo primo. — J. Montegut fecit.

Les armes qui accompagnent cette inscription sont *d'or au chêne terrassé de sinople; au chef d'azur chargé de trois losanges d'argent.*

Il donna 1,500 fr. à la cathédrale. Il fit héritière sa sœur, Simone de Loménie, femme de Guillaume de Loménie, Sr de Faye, avocat au parlement de Bordeaux. (Legros, *Dict. des hommes illustres*, p. 194).

Nous avons vu plusieurs fois les armoiries ci-dessus indiquées ayant de plus *un tourteau de sable en pointe.* C'est ainsi que les portait, en 1611, Antoine de Loménie, et que les donne l'*Armorial universel* de Jouffroy d'Eschavannes.

En 1525, François de Loménie et François de Loménie *junior*, étaient chanoines de la cathédrale de Limoges. Ils vivaient encore en 1536. (*Registres consulaires*, I, 139, 287, 288.)

Jean de Loménie était doyen de la cathédrale de Limoges en 1561. (Nadaud. — *Chronologie des évêques de Limoges.*)

N..... de Loménie était conseiller au siège présidial de Limoges en 1570. (*La Discussion.* — 3 janvier 1872.)

N..... de Loménie était vicaire à Dournazac en 1723. (*Registres paroissiaux*).

Jean-Joseph de Loménie, Sgr de Monteau, épousa, en 1709, Marie-Aimée de David, fille de Florent-François de David, Sr de Vanteaux, marquis de Lastours, et de Renée du Bouschaud. (*Nobiliaire*: II, 9, 39, 45.)

Madeleine de Loménie mourut le 4 janvier 1740 et fut enterrée à Neuvic, canton de Châteauneuf. Elle avait épousé François Esmoingt, écuyer, Sr de La Grelière, qui mourut en 1749. (*Nobiliaire*, II, p. 92.)

Michel de Loménie, Sgr de Proximart, lieutenant particulier en la sénéchaussée et siége présidial de Limoges, avait épousé N..... Vidaud, fille de Jean Vidaud, écuyer, Sgr du Loignon, de Bosviger et du Carier, aussi lieutenant particulier. Il succéda à son beau-père; ses provisions sont du 16 septembre 1712, et sa réception au parlement du 10 février 1713. Il mourut le 4 novembre 1721. Ses héritiers vendirent sa charge à Antoine Noailhié, Sgr des Bailles. (*Calendrier de 1785.*)

Léonard de Loménie, né à Saint-Auvent ou à Flavignac, le 13 janvier 1746, fut prêtre et curé de La Mazière-Basse. Pendant la Révolution, il fut déporté à l'étranger. En 1802, il résidait à Saint-Auvent. Nommé de nouveau à son ancienne cure de La Mazière-Basse, il refusa et se retira à La

Faye, paroisse de Flavignac. (LEGROS, *Catalogue manuscrit.*) Il mourut en décembre 1832, à l'âge de quatre-vingt-sept ans. Il est dit ancien curé de Flavignac (*Ordo de* 1834.)

N..... de Loménie, né à Saint-Yrieix, le 25 mars 1818, fut élu membre de l'Académie française le 30 décembre 1871. Il était professeur au collège de France et à l'École polytechnique; fut nommé chevalier de la Légion d'honneur en mars 1874. On sait quel succès obtint, sous Louis-Philippe sa *Galerie des contemporains illustres* qu'il publia sous le pseudonime d'*un Homme de rien*. On a lu aussi, avec le plus grand intérêt, l'étude si remarquable et si complète qu'il publia en 1855, dans la *Revue des deux mondes*, sur Beaumarchais. (*La Discussion*, 3 janvier 1872. — *Annuaire de l'Institut*, 1875.)

LONDEIX (p. 121). — Jean Londays, de Limoges, sieur de Puytignon, acheta la terre de Veyrac, près Limoges, par acte du 30 juin 1626, à Olivier de Saint-Georges, chevalier, seigneur de Veyrac, Couhé, Boissa, etc., etc., fils de Joachim de Saint-Georges et de Louise du Fou. (*Nobiliaire*, T. II, p. 310.)

Jean Londeyx, avocat au siége présidial de Limoges, 1647. (*Sem. Relig. Limoges*, T. VII, p. 468.)

Léonarde Vidaude, veuve de M. de Londeys, de la ville de Limoges, 1662. (J. GRANGE, *Etudes sur le P. Lejeune*, p. 177.)

Madeleine de Londeis épousa noble Gabriel Roux, écuyer, S^r de La Salle, paroisse de Saint-Front-la-Rivière, et La Forest, paroisse de Saint-Gervais; il mourut le 30 avril 1716. (NADAUD, *Généalogie Roux*.)

Marie Londeix, de la ville de Paris, épousa, en 1766, Léonard de Martin, écuyer, Sr de Villechenoux, paroisse de Nantiat, arrondissement de Bellac (Haute-Vienne.) (*Nobiliaire*, T. III, p. 192.)

Marie-Anne Londeix de Puytignon, paroisse de Saint-Martin-le-Vieux, épousa, en 1768, Jacques-Joseph Marchandon, écuier, Sr de Naujac, veuf de N........ Baubreuil. (*Nobiliaire*, T. III, p. 152.) Elle vivait encore et était veuve en 1827.

Bernard Londeix, né à Limoges, frère aîné de Pierre qui suit, était vicaire de Saint-Michel-des-Lions, à Limoges, à l'époque de la révolution. Il se réfugia en Espagne, pendant que son frère, qui devait y aller plus tard, fut déporté sur mer. Sa mère, N...... Nouhaud, était veuve lorsqu'elle eut la douleur de voir, le 9 ventôse an III, les autorités révolutionnaires de la Haute-Vienne faire saisir et vendre les meubles et la bibliothèque qu'il possédait dans son domicile, rue du Clocher. (*Archives de la Haute-Vienne*, liasse 240.) Il eut cependant le bonheur de revenir en France. C'est alors qu'il fut nommé curé de Panazol. Mgr du Bourg lui offrit même la cure de Saint-Michel-des-Lions, à Limoges, qu'il refusa, demandant avec instance de le laisser mourir à Panazol. Monseigneur accéda à son désir, et jusqu'à sa mort il fut pour cette paroisse un modèle de toutes les vertus. On y parle encore de sa charité pour les pauvres. Ce fut au mois d'octobre 1818 qu'il rendit son âme à Dieu, à l'âge de soixante-trois ans. Plus tard, lorsqu'on fit un nouveau cimetière pour cette paroisse, sa famille alla assister aux cérémonies qui eurent lieu pour la translation de ses restes. L'éloge funèbre qui fut prononcé sur sa tombe fut reproduit par les journaux de l'époque, et une tradition qui date de ce moment, mais qui nous semble insuffisamment établie, veut que son corps ait été trouvé intact. (*Lettre de sa nièce, du 13 septembre 1870.*)

Pierre-Dominique Londeix, prêtre du diocèse de Limoges, bénéficier et maître de musique de la collégiale de Saint-Martial dans la ville épiscopale où il était né, refusa le serment de la Constitution civile du clergé. Nous le voyons, le 19 juillet 1792, obtenir à Limoges un passeport pour se rendre à Paris. Il y est désigné sous le nom de « Pierre Londeix jeune, pourvu d'une patente en qualité de musicien ». Son refus de serment et sa conduite très catholique lui attirèrent quelques persécutions qui l'ébranlèrent : lorsque, au milieu des massacres de septembre 1792, on exigea le serment de liberté-égalité, il le prêta ; mais sa conscience en eut enfin des remords, et il alla courageusement le rétracter devant la municipalité de Limoges, en septembre 1793. M. Hervy, autre exilé en Espagne, écrivant de Miranda, le 31 octobre 1792, s'exprime ainsi : « Dites à M. Londeix que son fils est bien placé. » Nous ne saurions dire s'il s'agit ici de Pierre Dominique ou de son frère, car le premier ne semble avoir été en Espagne qu'après sa déportation sur mer. Toutefois, après la rétractation de son serment, la fureur de l'impiété ne tarda pas à éclater contre lui. Il fut aussitôt mis en réclusion. Dès qu'il fut enfermé à la Règle, on se hâta aussi d'envoyer dans la maison qu'il habitait, rue du Clocher, pour faire l'inventaire de ses meubles et les vendre au profit de la nation ; mais les employés qui accomplirent cette mission y trouvèrent fort peu de chose. (*Archives de la Haute-Vienne*, liasse 270.) Il fut ensuite traîné à Rochefort, avec trente-neuf autres prêtres fidèles, pour être sacrifié, comme eux, dans une déportation maritime. Londeix fut embarqué sur le navire *les Deux-Associés*, où il supporta, plus heureusement que la plupart de ses confrères, les maux qui leur arrachaient la vie. Il respirait encore en février 1795, lorsqu'on débarqua le petit nombre de ceux qui leur survivaient. Les deux mois de captivité qu'il subit ensuite avec eux devinrent, pour son tempérament, une nouvelle épreuve, à laquelle il résista cependant. La liberté lui fut rendue, comme aux autres, au mois d'avril suivant. Mais une nouvelle persécution s'étant élevée, en novembre 1795, après la loi du 3 brumaire, il fut obligé de se cacher. La catastrophe du 18 fructidor (4 septembre 1797) excitant de nouvelles fureurs contre les prêtres, Pierre-Dominique alla se réfugier en Espagne au mois d'octobre 1797. Là, grâce à son talent, il trouva une bonne place : il fut organiste et maître de musique dans un couvent. Il se remit un peu ; mais son tempérament, brisé par les souffrances de l'exil et de la prison, ne put résister à la fièvre jaune, qui l'emporta au mois de septembre 1799, à l'âge d'environ quarante-deux ans. Ses confrères de déportation se plaisaient à dire que « Londeix était un excellent prêtre ». (*Les Martyrs de la foi pendant la Révolution française*, T. III, p. 586.)

Louise et Marie Londeix étaient religieuses Ursulines à Limoges, lorsque la révolution les chassa de leur communauté. Le 23 janvier 1793 elles pétitionnaient pour obtenir leur lit, leurs meubles et linges. Mais les autorités de la Haute-Vienne repoussèrent leur demande. (*Archives de la Haute-Vienne*, liasse 308.)

Marie-Radegonde Londeix, épouse de M. Durand de La Seigne, était marraine de la grosse cloche d'Aixe en 1813. (*Inscription de cette cloche.*)

LOBARTÉS ou LAUBARTÉS ('p. 122). — Il paraît que cette famille portait originairement le nom du Cher (dol Cher, dal Chier, del Cher). Hugues dal Cher ou Dalcher, chevalier, Sgr de Montcellés ou Moncelez, est nommé dans le testament de Robert Ier, comte de Clermont, daté de la veille de Pâques 1262; Pierre del Chier, aussi chevalier, fut légataire et témoin des dernières volontés de Bernard VIII, Sgr de La Tour, en 1317, et Jaubert dal Cher, Sgr de Montcellés, vivait en 1323 et 1337. On trouve ensuite Louis dal Cher, Sgr de Loubartés, et Raymond de Loubartés, inscrits à l'armorial de 1450. Dans le même temps vivait Jean de Leubertés, chanoine, comte de Brioude en 1453, autre Jean de Leubertes ou Lubertes, Sgr de Lascoux, paroisse de Saint-Julien-le-Lièvre, près Meymac, en Limousin, lequel laissa, de Geneviève de Champiers : 1° Jean de Lubertés, qui suit ; 2° Philippie de Lubertés, mariée avant 1478, à Jean d'Anglars, coseigneur d'Ussel et de Saint-Victour, au même pays.

Jean de Lubertés, *alias* Liberteix, épousa Gilberte de La Roche-Aymon, fille de Louis de La Roche-Aymon, deuxième du nom, et de dame Claude de Tinières, elle était veuve avant le 15 mars 1516, et ne vivait plus elle-même le 17 mai 152', n'ayant laissé qu'une fille unique, Anne de Lubertés, *alias* Liberteix, qui fut d'abord religieuse à Bonnesaigne et à Brive, et qui, ayant ensuite quitté le voile, se maria, en premières noces, à François de la Saunière, et en secondes noces, à François du Périer, Sgr de Champtercier, en Provence.

Armes : *d'argent, au lion d'azur; au filet ou cotice de même mis en bande.*

Sources : *Généal. de La Roche-Aymon*, p. 97. — *D. Coll.* aux noms d'Alcher et de Loubarteis. — Baluze, T. II, p. 269, 571, 572. — Chabrol, T. IV, p. 360. *Apud Nobiliaire d'Auvergne.*

DE LONGUEVAL DE SAINT-CHAMANS (p. 121). Sgrs de Saint-Chamans, de Lugarde et de Mouquant, paroisse d'Antissac, 1473.

Ecartelé aux 1er et 4e d'azur, à trois roses d'or, qui est de Longueval ; *aux 2e et 3e d'argent à trois fasces de sinople*, qui est de Saint-Chamans. Cette famille a porté pendant plusieurs générations le seul nom de Saint-Chamans. (Lainé. — *Nobiliaire du Limousin*).

DE LOSTANGES (p. 122). La terre de Lostanges, située à cinq lieues de Brive, en Bas-Limousin, a eu, pour premiers possesseurs, les auteurs d'une ancienne famille du nom d'Adémar ou Aymar. Marthe Adémar de Lostanges ayant épousé, en 1335, Bertrand de la Brande (1), damoiseau, coseigneur de Beyssac, et étant devenue héritière de sa famille, leurs enfants en recueillirent les biens vers 1350, à la charge pour eux de porter le nom et les

---

(1) Bertrand de la Brande avait pour trisaïeul Aimeri de la Brande, chevalier, vivant en 1243.

armes d'Adémar de Lostanges. Les descendants de ceux-ci ont porté ces deux noms jusqu'en 1448. A cette époque ils passèrent en Périgord, dans la seigneurie de Saint-Alvère, et n'ont plus été connus, depuis lors, que sous le nom de Lostanges, Sgrs, puis marquis de Saint-Alvère. Il y a eu de nombreuses branches de cette famille très distinguée.

D'argent, au lion de gueules, lampassé, armé et couronné d'azur, accompagné de cinq étoiles de gueules en orle. (LAINÉ. — *Nobiliaire du Limousin.*)

LOUBENS (p. 125). — De Loubens de Verdalle, Sgrs de Louroux, du Puy-Barmont, de la Chaussade, du Châtain, de Remorant, de Fayolles, de Toury et autres lieux, en Combraille, dans la Marche et le Bourbonnais. L'illustration de cette famille, dont la généalogie a été publiée dans le T. VIII du *Nobiliaire de Saint-Allais*, remonte à Guillaume de Loubens, chevalier du Languedoc, qui se croisa avec Raymond de Saint-Gilles, comte de Toulouse, en 1096. Il fut l'un des quatorze chevaliers détachés vers Tripoli pour procurer des vivres à l'armée chrétienne, et qui vainquirent soixante maures auxquels ils enlevèrent un convoi de prisonniers, et cinq cents têtes de bétail. Le savant historien du Languedoc qui rapporte ce fait, mentionne plusieurs autres Sgrs de la même maison, comme étant des principaux de la province en 1141, 1259, 1302, 1310, 1317. Arnauld de Loubens de Verdalle, évêque de Maguelonne en 1339, avait fondé, le 5 décembre 1337, un collège de son nom, à Toulouse, pour douze écoliers pauvres, dont la nomination devait appartenir à sa famille. Hugues de Loubens de Verdalle, grand commandeur de l'ordre de Malte, en fut élu grand maître le 12 janvier 1582; créé cardinal par le pape Grégoire XII, en 1587, il mourut à Rome en 1595. Jacques de Loubens de Verdalle, son frère, capitaine de cinquante hommes d'armes des ordonnances, et conseiller d'État, fut créé chevalier de l'ordre du Saint-Esprit à la promotion du 31 décembre 1585. Sa postérité, qui s'est perpétuée en Languedoc, était représentée, en 1819, par M. Frédéric de Loubens de Verdalle, chef d'escadron aux lanciers de la garde royale.

La branche établie en Auvergne et dans la Marche, a eu pour chef, suivant la même généalogie, Jehannot de Loubens, second fils de Samson de Loubens, baron de Verdalle, aïeul du grand maître de Malte. Jacques Louis de Loubens de Verdalle, arrière-petit fils de Jehannot, épousa, le 26 avril 1633, Marie de Bonneval, fille du Sgr de Châtain, en Combraille, et fut, à son tour, la tige de plusieurs rameaux répandus en Auvergne, dans la Marche et en Bourbonnais, lesquels ont fourni de nombreux officiers à l'armée et se sont alliés avec les maisons de Latrange, de Bar, de Sartiges, de Chauvigny, de Fontanges, le Groing de la Romagère, de Montagnac, du Peyroux, de la Celle-Château-Clos, de Salvert-Montrognon, etc., etc. Le comte de Loubens de Verdalle, d'abord capitaine de dragons, puis chanoine de Limoges, est décédé au château de Châtain, près Auzance, le 11 novembre 1841, à l'âge de quatre-vingt-seize ans.

Armes : *de gueules, au loup ravissant d'or.* Saint-Allais avait dit *d'azur*, mais il s'est rectifié au T. XII, p. 303.

SOURCES : SAINT-ALLAIS, T. VIII, p. 303, T. XVI, p. 475. — CHABROL, T. IV, p. 160, *apud Nobiliaire d'Auvergne.*

Verdalle, marquisat en Rouergue, possédé en 1690 par de Loubens. (*Dict. des fiefs.*)

Pierre de Chamborand, fils de Guyot et de Françoise de Salaignac, épousa, vers 1530, Philippe Loubens. (*Nobiliaire*, T. I, p. 416.)

Hugues de Loubens de Verdalle, grand maître de l'ordre de Malte, fut choisi, le 12 janvier 1582, pour succéder à Jean L'Evêque de La Cassière, et mourut le 4 mai 1595. (JOULLIETTON, *Hist. de la Marche*, T. II, p. 25.)

Louis Loubens de Verdalle épousa Marie de Bonneval, dont : Jean-Louis de Loubens de Verdalle, qui épousa, le 2 septembre 1681, Catherine de Sartiges, veuve de Gabriel de Massé, S^{gr} de la Maison-Rouge, fille de Jean-Gabriel de Sartiges, S^{gr} de La Vaudès, et de Françoise d'Anglars. (*Généal. de Sartiges.*)

Jean-Baptiste-Louis Loubens de Verdalle mourut au bourg du Châtain, commune d'Arfeuille-Châtain, canton d'Évaux, arrondissement d'Aubusson (Creuse), le 16 mai 1804. Il avait épousé dame Marie-Anne Le Groing. De ce mariage naquirent : 1° Joseph-Louis-Claire, qui suit ; 2° Antoinette-Clotilde Loubens de Verdalle, mariée le 18 octobre 1803 avec Silvain de La Celle, veuf de dame Marie-Louise de La Marche, demeurant au lieu du Bouchaud, paroisse de Bussière-Dunoise, avec lequel elle était parente au 3e degré de consanguinité et du 3e ou 4e d'affinité ; 3° Annet-Joseph ; 4° Vincent ; 5° Pierre-Joseph-Louis.

Joseph-Louis-Claire Loubens de Verdalle, capitaine de dragons au service de Sa Majesté catholique, chevalier de l'ordre royal et distingué de Charles III. Il avait terminé ses études en 1782, sous les Oratoriens de l'Ecole militaire d'Effiat, où il s'était distingué par ses succès. A l'exemple d'un grand nombre de gentilshommes français, il entra au service de l'Espagne, où, en 1786, il fut nommé capitaine à l'âge de vingt ans. Il épousa dame Françoise-Marie Lucerne (?), et fut père de : 1° Geneviève-Françoise-Claire Loubens de Verdalle ; 2° Marie-Louise-Maximine Loubens de Verdalle, morte à Chataing, à l'âge d'environ trois ans, le 1er décembre 1804 ; 3° Marie-Vincent-Louis Loubens de Verdalle, né le 14 août 1804, qui eut pour parrain Vincent Le Groing de la Romagère, son oncle paternel, et pour marraine dame Marie-Chrétienne Adélaïde Grandpré, épouse de M. Anne-Charles Modeix-Mony, sa tante maternelle. (*Registres paroissiaux de Châtain-Arfeuille.*)

Joseph-Louis-Claire, étant devenu veuf, entra dans l'état ecclésiastique. Il fut diacre le 29 octobre 1829, et prêtre le 6 mars 1830. En 1833, il fut chanoine honoraire de Limoges et de Saint-Brieuc. Il mourut en son château du Châtain, le 3 novembre 1841, âgé d'environ soixante-dix ans. M. Geoffroy de Montreuil prononça son éloge, qui a été imprimé, in-8° de 18 pages, à Montluçon, en 1811.

LE LOUP. — La terre de Mérinchal, canton de Crocq, arrondissement d'Aubusson (Creuse), appartenait originairement partie à la maison Le Loup, partie à celle de Tinières.

Blaise Le Loup, sénéchal d'Auvergne, s'en qualifie seigneur en 1427. Louis Le Loup, qui épousa Antoinette de La Fayette, et Christophe Le Loup, son fils, S^{gr} de Montfan, Pierre-Brune, Menetou-sur-Cher et Aigurande, le furent aussi de Mérinchal. Jacques de Tinières, S^{gr}, en partie, de Mérinchal en 1473, eut, entre autres enfants, deux filles, Claude et Louise, mariées, la première, le 9 décembre 1473, avec Louis II, S^{gr} de La Roche-Aymond et de Mainsat; et l'autre, avec Pierre de Rochefort, Sr de Châteauvert, qui ont été propriétaires, l'un et l'autre, de la partie de Mérinchal. Jeanne de Postel, veuve de Guillaume de Rochefort, en a fait une déclaration au roi en 1540; M. Desaix acquit la portion de Christophe Le Loup en 1592, et en fit vente à M. de Plantadis, qui avait acquis la portion de Tinières en 1572. Jacqueline Plantadis, fille de Jean, mariée avec François de Montgon, apporta dans cette maison la portion dont Jean, son père, était propriétaire; mais Antoine, son oncle, en avait une autre qui fut vendue à M. de Bosredon, S^{gr} de Saint-Avit, et qui a été réunie à cette terre. La portion de Jacqueline de Plantadis fut vendue par Alexandre de Beauverger-Montgon, en 1720, au comte de Montmorin, qui la revendit, peu après, à N..... Pamier d'Argeville, maître des requêtes. M. de Vissaguet, premier président au bureau des finances de Riom, l'a acquise de ses créanciers. (JOULLIETTON, *Hist. de la Marche*, T. II, p. 198.) Le *Nobiliaire d'Auvergne* a un article sur la famille Le Loup, qui porte *d'azur, au loup passant d'or*.

SAINT LOUP, 17e évêque de Limoges. — Après la mort d'Adelphius, ou plutôt d'Asclépiodorus, autrement Asclépius, évêque de Limoges, arrivée le 23 décembre de l'an 613, le clergé et le peuple s'assemblèrent pour lui donner un successeur. Ne pouvant convenir entre eux, ils prièrent longtemps au sépulcre de saint Martial, et se déterminèrent enfin à envoyer au roi Clotaire Ier deux prêtres distingués par leurs mérites, leurs vertus, et presque égaux en sainteté, pour choisir celui qu'il voudrait. Un d'eux s'appelait Loup, et avait la plupart des suffrages; le temps a effacé le nom de son compétiteur. Robert (*Gall. christ.*, p. 345) et MM. de Sainte-Marthe pensent avec raison qu'il s'agit ici de Clotaire II, qui régna depuis l'an 584 jusqu'en 628.

Loup était, suivant un ancien auteur (*Acta S. S.*, T. V, *Junii*, p. 554), marguillier et gardien du sépulcre de saint Martial. Par la première fonction, il était chargé de la matricule ou rôle des clercs, des veuves et des pauvres qu'il fallait nourrir des biens de l'Église. On comprend assez à quoi l'obligeait l'autre fonction. C'est tout ce qu'on nous a laissé des commencements et du détail de sa vie. Quoi qu'il en soit, Loup, extrêmement éloigné de toute autre ambition, refusa longtemps d'aller à la cour; il ne céda qu'aux importunités les plus pressantes. Mais il n'y parut avec aucun extérieur qui pût lui attirer la plus petite attention; son équipage ne fut composé que d'un ânon (*Ibidem*, p. 555), et ses habits se ressentaient de la même simplicité. Il n'eut donc accès à la cour qu'avec beaucoup de difficultés; ce ne fut qu'après d'inutiles démarches et lorsqu'il se fut adressé au ciel, en implorant la protection de saint Martial, et voici dans quelles circonstances :

Dieu permit que le fils du roi fût alors saisi d'une fièvre violente, qui, par son opiniâtreté, rendait inutiles tous les remèdes des médecins. On désespérait entièrement du jeune prince, lorsque la reine eut recours au jeûne et à la prière. Après trois jours, elle vit en songe un prêtre qui célébrait la sainte messe auprès du malade et lui donnait la sainte communion. Ce qui rendit la santé au jeune prince. Dès qu'elle fut réveillée elle fit chercher ce prêtre, en indiquant son portrait qu'elle en avait vu en songe. On le trouva; il offrit le saint sacrifice, et à peine eut-il communié le prince malade — on communiait alors les enfants (THIERS. *Traité des superstitions*), — que celui-ci fut guéri, et alla, dit-on, sur-le-champ, avec la reine, présenter Loup au roi. Il est assez difficile de dire quel était ce prince, mais il n'était pas unique, quoique l'un de nos légendaires (*Propre du Bréviaire, 1674*) l'ait avancé. Clotaire eut deux fils : Dagobert et Charibert ou Aribert. Le P. Le Cointe conjecture qu'il s'agit de ce dernier, qui, selon lui, mourut en 618, ce qui ne s'accorde guère avec la chronologie du P. Papelbroch. Ce savant (*Acta S. S.*, T. V, *Junii*, p. 557) assure que la reine, femme de Clotaire, s'appelait Haldetrude. On ne sait, ajoute-t-il, si Bertrude, dont il eut Dagobert Ier, était sa femme ou sa concubine. Elle mourut l'an 36 du règne du prince, c'est-à-dire en 640. Après elle il eut Sichilde, mère de Charibert, roi de Toulouse. A ce compte, Charibert ne pourrait être le jeune prince que saint Loup guérit en 614.

Quoi qu'il en soit des circonstances de ce miracle, le roi le choisit pour évêque, et, à son audience de congé, il lui donna plusieurs présents, entre autres un calice d'or, rempli d'espèces de même métal, sur lequel on grava (*Acta S. S.*, T. V, *Junii*, p. 557) le nom de saint Martial et celui du roi (*Petrus Scholast.*, L. IX). On le gardait encore en 855. Clotaire y ajouta aussi un cheval, avec une selle couverte de lames d'or, dont l'art surpassait la matière.

Loup ne consentit qu'avec bien de la peine au choix que le roi avait fait. Il fut cependant sacré le 12 mai (*Martyr. Gallic., Supplem.*), dimanche dans l'octave de l'Ascension; ce qui ne peut guère convenir qu'à l'an 614 : car Clotaire fut seul roi des Francs en 613. Il donna l'Australie, avec le titre de roi, à Dagobert, son fils, en 622. Or, dans tout cet intervalle, le 12 mai ne fut un dimanche qu'en 614. Loup gouverna l'Église de Limoges avec beaucoup de vigilance, de religion et d'amour pour la piété. C'est tout ce qu'on nous apprend de son épiscopat.

Le seul acte qu'on sache de saint Loup, c'est d'avoir signé la charte de fondation du monastère de Solignac, le 22 novembre 631. Il ne paraît pas qu'il ait beaucoup vécu après l'année 632, car il eut pour successeur Simplicius, et celui-ci Félix (*Vita S. Elgii*, L. II, n° 28), qui fut fait évêque du temps que saint Éloi était laïque, c'est-à-dire avant l'an 640. Saint Loup mourut le 22 mai, jour auquel sa mémoire est marquée dans plusieurs martyrologes. C'est par erreur que quelques Bréviaires ont mis sa fête au 29 mai; ils ont copié en cela une faute d'impression.

On ensevelit le corps de saint Loup, avec beaucoup de pompe, dans l'église de Saint-Martial de Limoges. Les Bréviaires diocésains de 1555, 1587, 1626, 1674 et 1689, après le P. Bonaventure (T. III, p. 235), assurent, il est vrai, qu'il fut enterré dans l'église de Saint-Michel-des-Lions. Cependant Geoffroy du Vigeois dit qu'on leva de terre son corps parce qu'on faisait relever les murs de l'église de Saint-Martial, ce qui suppose que ce saint avait été inhumé dans cette dernière. Aussi on a corrigé cette erreur des anciens Bréviaires dans celui de 1736. On voit encore, écrivait Nadaud, dans l'église de Saint-Michel, près la porte de la sacristie, le sarcophage où on l'avait mis. Mais, ajoute l'abbé Legros, depuis les dernières réparations qu'on a faites ces derniers temps à cette église, en bâtissant la nouvelle sacristie, on ne retrouve plus ce sarcophage. L'évêque Gérald (*Gaufred.*, p. 308) leva ce corps de terre, pour l'exposer à la vénération des fidèles, l'an 1158. Le Propre du Bréviaire diocésain de 1710 met cette cérémonie sous l'épiscopat de Gérald Ier, ce qui est une erreur. C'est sous Gérald II, qui ne commença à siéger qu'en 1138. Le P. Labbe (*Biblioth. nov.*, p. 267) et les Bollandistes (*Acta S. S.. T. V, Maii, ibid.*), qui l'ont copié, ont fait un écart plus considérable. Le premier, voulant corriger le texte défectueux, a cru qu'il fallait y substituer 538 ou quelque année approchante. Il faut s'en tenir au manuscrit bien plus exact de Bernard Guidonis, qui fixe cette cérémonie à l'an 1158. Geoffroi du Vigeois la met vers 1134. Il s'assembla alors dans la ville de Limoges une grande foule de peuple, à cause de la quantité de prodiges que ce saint opéra dans le temps qu'on ne s'y attendait point. Ces miracles avaient éclaté en grand nombre peu auparavant, c'est-à-dire au commencement de Henri, roi d'Angleterre, fils de Gaufredus, comte d'Anjou, qui monta sur le trône en 1155. Gérald mit le corps du saint dans l'église paroissiale de Saint-Michel-des-Lions, de la même ville, dans une châsse de cuivre doré, où il est encore vénéré. (*Mémoires pour l'histoire des évêques de Limoges*, par l'abbé Legros, p. 97.)

LOUVART de Pont-Levoy porte : *trois têtes de nègres de sable, tortillées d'argent.* Support : *deux hermines.* Cimier : *une hermine.* Devise : *Fortis fortiori cedat.*

Cette famille a été maintenue dans sa noblesse par l'intendant de Limoges. Cette maintenue a dû être obtenue par Pierre-Louis Louvart, qui, né en Bretagne et longtemps mousquetaire, se fixa en Poitou, par suite du mariage qu'il contracta, le 17 juin 1709, avec demoiselle Marie-Madeleine de Lauson, veuve de Charles Bellivier de Prin. Il possédait, du chef de sa femme, la terre de la Forêt de Tessé, qui faisait partie de l'élection de Ruffec, dépendant de l'intendance de Limoges. (Note séparée du *Nobiliaire du Limousin.*)

LUBERSAC (p. 126). — Ce nom a beaucoup varié dans les XIe et XIIe siècles. On écrivait en latin *de Luperciaco*, puis *de Loberciaco*, et *Luberciaco*; en français, de Loupbersat ou Loupersat, de Loubressac, de Libersat, de Lubersac. Une ancienne légende se perpétue encore en Limousin sur l'origine du nom et des armes de cette famille. Elle est ainsi rapportée par M. d'Aguesseau, intendant de la généralité de Limoges, chargé en 1666 de la vérification des titres de noblesse de ladite province :

« L'ancienneté du nom de Lubersac est prouvée par l'histoire chronologique de Limoges et du Limousin. Elle rapporte qu'un loup désolait le pays et avait mangé quantité d'hommes, femmes et enfants; qu'on s'était réuni plusieurs fois pour le tuer, sans réussir. Qu'enfin un chevalier entreprit de le combattre, et que, l'ayant vu monter sur un rocher, il l'y perça d'une flèche. Mais il était encore si furieux, qu'il aurait été vainqueur, si ledit chevalier n'eût eu l'adresse de lui donner un coup d'épée dans la gueule. Comme à cette époque reculée il n'y avait point de nom fixe, il prit celui de Loupersa, et pour armes *un loup d'or sur un champ de gueules.* — *Insequens miles quidam lupum furiosum gladio cum percussit, inde locus dictus est de Lupo percusso, postea de Lupersaco.* »

Le rocher sur lequel fut tué ce loup était sur la place de Lubersac, contre la halle, et avait été conservé, comme souvenir de ce fait, jusqu'en 1816, époque à laquelle la halle fut changée de place et le rocher enlevé. Suivant une note de la généalogie de M. d'Aguesseau, ce rocher était près du château du Verdier, « et tous les seigneurs du Verdier, y est-il dit, ont eu beaucoup d'affaires pour conserver ce monument glorieux pour leur nom, et empêcher que les habitants du bourg de Lupersac n'emportassent les pierres et cartelages pour bâtir ».

Lubersac est situé entre Uzerche et Pompadour, à trois lieues de la Chartreuse de Glandiers. C'était, suivant l'auteur de l'*Histoire du Bas-Limousin* (MARVAUD, T. I, p. 169), une position militaire créée par la conquête franque. Elle fut toujours possédée par la maison du même nom, qui conserve encore une partie de cette seigneurie. C'était le chef-lieu d'une viguerie ou vicairie qui relevait directement des vicomtes de Limoges. Cette viguerie a toujours passé pour une des plus anciennes du Limousin, et son origine remonte à la création même des comtes et des vicomtes. En 920, le bourg de Lubersac était déjà considérable, puisque sa viguerie s'étendait jusque dans le fond d'Issandon ou Exandon, qui en est à cinq lieues. Il se divisait en deux bourgs et en deux paroisses, comme on le voit par les chartes des xii°, xiii° et xiv° siècles : le bourg et la paroisse de Saint-Étienne, le bourg et la paroisse de Saint-Hilaire. Elles n'en forment plus qu'une aujourd'hui, située dans l'arrondissement de Brive, et renfermant 4,000 habitants.

Le bénédictin dom Col, qui a écrit sur l'histoire du Limousin, sa patrie, prétend que la maison de Lubersac tire son origine d'une branche cadette des anciens ducs de Gascogne, et que son premier berceau fut la ville d'Eauze, sur la Gelise, en Armagnac. Sans doute il fondait son opinion sur la ressemblance qui existe entre Lupus, nom que portaient quelques ducs de Gascogne, et Lupercianus, en français Loupbersac ou Loupersat, nom primitif de la maison de Lubersac.

« La production des titres de ladite maison m'a paru suffisante, dit M. d'Aguesseau (*Sentence du 21 décembre* 1666) pour prouver la longue filiation établie en sa généalogie, dont la noblesse date de temps immémorial. » En 1634 avait été rendue une sentence de la généralité de Limoges, prouvant que cette maison de Lubersac était noble d'origine, et jouissait, depuis l'an 1100 de priviléges attachés à cette qualité, suivant les preuves faites également en 1517 devant M. de Marillac, commissaire vérificateur. Sur son certificat du 21 janvier 1766, M. d'Hozier la met au rang des plus anciennes du royaume, de même que M. Cherin, pour les preuves de la cour.

La maison de Lubersac possédait aussi, outre la seigneurie de Lubersac plusieurs autres terres en Limousin, en Périgord, en Angoumois, en Quercy, etc. Successivement, elle devint propriétaire des terres et seigneuries de Saint-Pardoux, de Condat, de Chabrignac, de Saint Julien, de Lavaud, de Livron, de la baronnie du Ris-Chauveron, de la châtellenie de Moruscles, de Savignac, de Saint-Genis, etc.; des seigneuries d'Azerac, de Saint-Germain, de Cinsac, de Montizon ; des terres et seigneuries de Fayolle, de la Chandellerie, de Bacherat, de la Foucaudie en Angoumois, Périgord et Limousin.

Cette maison forma neuf branches :

1° Celle des Sgrs de Lubersac et du Verdier, d'où proviennent les suivantes :

2° Celle connue sous le nom de Joubert Pompadour ;

3° Celle des Sgrs de Fayolle et de la Chandellerie ;

4° Celle des Sgrs de Bacherat et de la Foucaudie ;

5° Celles des Sgrs de Savignac ;

6° Celle des Sgrs de Saint-Germain ;

7° Celle des Sgrs de Montizon ;

8° Celle des Sgrs de Chabrignac et de Saint-Julien ;

9° Et celle des Sgrs de Livron.

De ces neuf branches, une seule subsiste aujourd'hui : celle de Chabrignac Saint-Julien. Toutes les autres s'éteignirent successivement vers le milieu du siècle dernier.

Hugues de Lubersac (*Hugo de Luperciaco*) ayant échappé à mille périls auxquels il avait été exposé dans les guerres contre ses ennemis, plein de reconnaissance envers Dieu et de douleur de la mort de sa fille, fait don, à l'église de Saint-Gervais et de Saint-Protais de Lubersac, bâtie par ses ancêtres (*ab antecessoribus meis fundata*), située près du château et desservie par des moines de Cluny, des terres et fiefs qu'il tenait de Dieu et de ses saints, et non d'aucun mortel (*quos ab ipso Deo, vel sanctis ejus et non a mortalibus dominis tenebam*). Il se retira ensuite dans le monastère de Cluny où il termina ses jours.

Cette donation est faite du consentement de ses chevaliers et d'Adélaïs, sa femme, qui la confirme et abandonne, conjointement avec lui, tous les droits, toutes les coutumes qu'ils possédaient sur le bourg appelé Vieux-Lubersac, contigu à ladite église, sauf ceux acquis par plusieurs chevaliers qui en disposeront à leur vie ou à leur mort, comme bon leur semblera. Hugues recule les limites du bourg pour en faciliter l'accroissement, il délivre de toute charge et servitude les biens faisant partie de cette donation, accorde aux habitants des droits d'usage dans ses eaux et forêts, et conserve le château de Lubersac avec ses dépendances. Fait au Vieux-Lubersac, l'an 1093, la deuxième année du règne de Philippe, roi de France. (*Dom Mariane. Thes, Anedot.*, T. I, p. 262.)

Le bourg était divisé en deux paroisse, celle de Saint-Gervais et Saint-Protais aujourd'hui Saint-Étienne, appelée Vieux-Lubersac, et celle de Saint-Hilaire ou Nouveau-Lubersac. La première de ces églises était desservie par les moines de Cluny. Pons, abbé de Cluny, vint les visiter en 1116 (*Gesta Francorum*, T, XIV, p. 190.) Huit ans plus tard (1124), Aimeric, évêque de Limoges et ses clercs ; Pierre, abbé de Cluny et ses moines, se réunirent à Lubersac (*apud Luperciacum*) en présence d'Adémar, vicomte de Limoges, et Gérald, prieur d'Uzerche, pour mettre fin à des différents, ce qui eut lieu après avoir entendu les évêques d'Agen, de Limoges et de Périgueux, les abbés de Saint-Martial et de Saint-Pardoux. (*Archives du Puy-de-Dôme*).

Aucun document ne fait connaître la filiation avant Hugues de Lubersac, mais elle devait remonter à une haute antiquité, si on considère l'étendue des droits dont il jouissait à cette époque. Étant mort sans enfants, Lubersac passa à Gervais, sans doute d'une branche colatérale.

§ I.

I. — Gervais de Lubersac est le premier depuis lequel la descendance est prouvée par titres authentiques. Il donna à l'église de Saint-Gervais de Lubersac plusieurs biens qui suscitèrent des contestations entre Hugues, son petit-fils, et ladite église. Ces détails nous sont transmis par une charte de 1167, où l'on voit que Geoffroi, frère de Hugues, mit fin aux prétentions réciproques des deux parties sur les tènements donnés à Saint-Gervais par leur grand-père, le S^{gr} Gervais de Lubersac. (*Ex dono eleemosinâ avi m:i domini Gervasii de Lubersiaco*). Il eut pour fils :

N..... de Lubersac, qui suit.

On le croit également père de : 1° Gérald Adhémar de Lubersac (1) (*Geraldus Ademarus de Loberzaco*) qui, avec Audebert, abbé d'Uzerche, assista à une transaction passée en 1120, entre Aimar, abbé du Vigeois, Guy de Las Tours et ses frères, en présence d'Eustorge, évêque de Limoges;

2° Golfier de Lubersac, chevalier (*Golferius de Luberciaco miles*) qui, réuni à Guillaume d'Aimeric, à Pierre de Foucault, à Gérald et à Guy de Las Tours, assista à une donation faite par Etienne de Coux à l'abbaye d'Uzerche en 1124.

II. — N..... de Lubersac, dont on ignore le nom de baptême, suivant le titre de 1167, avait épousé une dame nommée Béatrix, qui le rendit père de :

1° Geoffroi de Lubersac, qui suit;

2° Hugues de Lubersac qui eut une contestation avec l'église de Saint-Gervais en 1167, au sujet de plusieurs biens et droits qu'il prétendait lui appartenir.

On trouve, dans le même temps, plusieurs membres de la maison de Lubersac dont il pouvait être père, ou qui descendaient de branches collatérales :

A. — Étienne-Gérald de Lubersac (*Stephanus-Geraldus de Loberciaco*), fut témoin, en 1146, de la donation que Pierre et Guillaume de Bré firent à l'abbaye de Vigeois, et, en 1155, à celle que Gautier de la Rivière fit à la même abbaye. Ce fut lui sans doute qui, sous le nom de Gérald de Lubersac, assista à deux donations faites en 1210 et 1215, à l'abbaye de Bonlieu.

B. — Guillaume Adémar de Lubersac.

C. — Etienne-Gérald de Lubersac.

D. — Pierre Gérald de Lubersac.

Tous trois signèrent une donation faite à l'abbaye de Bonlieu, en 1146. Adémar et Pierre firent une donation à l'abbaye de Cadouin, en 1166.

III. — Geoffroi de Lubersac, premier du nom, S^{gr} dudit lieu, termina, en 1167, les contestations qui s'étaient élevées entre Hugues, son frère, et l'église de Saint-Gervais de Lubersac. « Au nom de la Sainte-Trinité, dit-il,

---

(1) Il est très rare, à cette époque, de porter deux noms de baptême; peut-être le second était-il celui de la mère qu'on ajoutait quelquefois à celui du père pour remplir les clauses d'une substitution ou pour tout autre motif.

moi, Geoffroy de Lubersac (*ego Gofridus de Lubersiaco*), fait savoir à tous ceux que ces présentes verront, que Hugues, mon frère, suscita des querelles à l'église de Saint-Gervais, au sujet de plusieurs ténements dont ladite église prétendait avoir joui paisiblement bien avant la naissance dudit Hugues, comme provenant de don et aumône de mon grand-père, le Sʳ Gervais. Mais, grâce à Dieu, ces différends sont pacifiés, et moi, Geoffroi, j'en approuve la conclusion que je scelle de mon sceau. Béatrix, notre mère, et Jeanne, ma femme, l'approuvent de même sous la minorité de mes enfants. *Témoins* : Théobald ; Galtier et Geoffroy, frères convers ; Alard, prêtre de Lubersac ; Raynald, prêtre ; Radulphe, chapelain ; Gérard, chevalier. »

Geoffroy de Lubersac avait, comme on vient de le voir, épousé une dame nommée Jeanne, dont il eut plusieurs enfants, entre autres :

Pierre de Lubersac, qui suit.

On le croit également père de Astasius de Lubersac qui donna, en 1188, à l'abbaye de Bonlieu, quatre deniers de cens à lui dus par ladite abbaye, sur le Mas de Fauri. Il assista à la donation que Guillaume de Lopehac fit à la même abbaye, en 1207, et lui donna, en 1208, conjointement avec Hugues, son fils, tous leurs droits sur le Mas de la Faye, paroisse de Champagnac.

IV. — **Pierre de Lubersac**, premier du nom, Sgʳ de Lubersac, chevalier (*Dominus Petrus de Lubersiaco miles*), reçoit quittance, le 5 des calendes de juin 1184, d'Hélie de Pérusse des Cars, Sgʳ de Ségur, son gendre (*Helias de Perussa miles dominus de Securio*), pour toute la dot qu'il avait promise à sa femme défunte, fille dudit Pierre.

Il ne vivait plus en 1186, année où Alazis, dame de Laurière, sa veuve, fait don, à l'église de Saint-Junien, de cent sous de rente pour le repos de son âme. « Moi, Alazis, dame de Laurière (*Ego Alazia domina de Aureria*), sachant que l'aumône met en grande faveur auprès de Dieu, ai donné à perpétuité, à l'église de Saint-Junien, pour l'âme de Pierre de Lubersac, mon mari, de bonne mémoire, pour la mienne, et celle de mes ancêtres et héritiers, cent sous de rente sur mes revenus de Faltu, mais on n'en touchera que quarante, ma vie durant. Tous les jours, et à perpétuité, un cierge brûlera devant l'autel, pendant la grand'messe et la messe des morts. On célèbrera l'anniversaire de mon mari le jour même de sa mort, mais après mon décès on recevra les cent sous de rente intégralement, et nos deux anniversaires se feront le même jour. Cette donation est faite du consentement de mes enfants, Bernard, Geoffroy et Guillaume de Lubersac, et pour lui donner plus d'authenticité, je l'ai scellée de mon sceau, an du Sgʳ, 1186. » Le sceau en cire brune représente un *loup passant*.

Pierre de Lubersac avait épousé demoiselle Alazis de Laurière. Alazis de Laurière portait : *d'azur à trois tours d'argent couronnées de sable, et en chef un lion léopardé d'or, lampassé et armé de gueules*. Il eut de ce mariage :

1º Geoffroy de Lubersac, qui suit ;

2º Bernard de Lubersac, chevalier, mentionné dans la charte de 1186 ; il donna à l'abbaye de Bonlieu, en 1190, tout ce qu'il pouvait prétendre sur les dîmes de la ville de Prade, conjointement avec Aymond de La Roche et Gérald de La Rivière. En 1233, il fut témoin de la donation de B..... de La

Roche à l'abbaye de Chancelade, entre les mains de Pierre de Cluzel, qui en était alors abbé;

3° Guillaume de Lubersac, chevalier, dont la branche sera ci-après rapportée à la fin de ce degré;

4° N.... de Lubersac, mariée à Hélie de Perusse des Cars, chevalier, S.r de Ségur. Elle était morte le cinq des calendes de juin 1181, jour où son mari donna quittance de sa dot à son beau-père;

5° N..... de Lubersac, mariée à Raymond de Lubersac, issu, sans doute, d'une branche collatérale et dont il est question dans la transaction de 1233, entre Geoffroi de Lubersac, son frère, et le chapelain de Lubersac. Peut-être était-ce la même branche qui était établie dans le pays de Combraille. Elle était veuve en 1236 et elle était mère de Guillaume de Lubersac, dont on ignore la descendance;

6° N..... de Lubersac, mariée au Sgr Pierre de la Jarosse, avant l'an 1236.

Guillaume de Lubersac, fils de Pierre et d'Alazis de Laurière, confirma la donation de sa mère à l'abbaye de Saint-Junien, en 1186. Uni à Geoffroi de Lubersac, son frère, chevalier ainsi que lui-même, à Guillaume de Lubersac, son neveu, à Pierre de la Jarosse, son beau frère, il transigea le jour des ides d'octobre 1236, avec le chapelain de l'église Saint-Étienne de Lubersac. On croit que c'est de lui que descend :

Guillaume-Radulphe ou Raoul de Lubersac, damoiseau. Il était mort en 1272, laissant trois enfants mineurs, qui sont :

1° Guillaume Radulphe, deuxième du nom, qui suit;

2° Radulphe de Lubersac, clerc, faisant partie des prêtres de la communauté de Lubersac, en faveur de qui sa sœur abandonna une portion de ses droits héréditaires en 1272;

3° Marguerite de Lubersac, fille de feu Guillaume Radulphe, damoiseau, assistée, à cause de sa minorité, d'Étienne de Lubersac, clerc, son cognat et curateur, et du consentement de sa mère, abandonna à ses frères, Guillaume Radulphe, damoiseau, et à Radulphe, clerc, le 14 des calendes de février 1272, tous ses droits sur les successions paternelle et maternelle, moyennant 110 livres de Limoges et cent sous de rente que ses frères s'obligent à lui payer.

Guillaume-Radulphe de Lubersac, deuxième du nom, était mineur en 1262, année où Étienne de Lubersac, clerc, son curateur, stipula pour lui, son frère et sa sœur, dans l'acte de vente de Mayzac. Il comparait l'année suivante dans le bail à fief du Mas de Bastizo, le 8 des ides de juillet 1267, toujours sous la tutelle d'Étienne de Lubersac; lui, ses frères et sa sœur, firent l'acquisition, de concert avec Pierre de Lubersac, damoiseau du Mas de La Rivière, appartenant à Pierre de La Rivière, Sgr en partie de Pompadour. Il a le titre de chevalier dans la reconnaissance de 1310, que lui fit, ainsi qu'à Étienne de Lubersac, damoiseau, Gérald de Brun, du domaine de Segalar qui, de tout temps, relevait desdits Sgrs. Il s'investit, comme Sgr foncier, de rentes sur certains biens dont il fit l'acquisition avec Étienne de Lubersac, damoiseau, le vendredi après la Toussaint (1318). Enfin, dans le mois de mars 1320, jour de saint Blaise, il épousa demoiselle Comptor de Jaubert, fille de Golfier de Jaubert, Sgr en partie de Pompadour et de Galienne. Elle portait : *d'azur à la fasce d'or accompagnée de six fleurs de lis d'or, trois au-dessus et trois au-dessous rangées en fasce.* Comme garants de son contrat de mariage, s'engagèrent Guy de Saint-Michel, Étienne du Repaire, Penot d'Ayen, qui apposent leurs sceaux en présence de Pierre d'Escoraille et de Seguin d'Hélie (Pompadour), chevaliers.

Radulphe de Lubersac. Il était, en 1343, sous la tutelle de sa mère, Comptor de Jaubert, femme de feu S^{gr} Guillaume Radulphe et tutrice de Radulphe de Lubersac, leur fils ; c'est en cette qualité qu'elle assensa à Pierre de Seilhac, une terre, près la route de Bré à Pressac, le dimanche, jour de Saint-Clément (1343). L'année suivante (fête de Sainte-Lucie), il reconnaît devoir à Guillaume Cotel, chevalier de Ségur, cinq sols de rente sur le Mas de la Bastizo. Il est intitulé dans un acte : *Radulphus de Loberciaco filius condam domini Guillelmi Radulphi militis*. On croit qu'il fut père de :

Pierre de Lubersac, surnommé Pareiller, qui fit son testament en 1390, par lequel il institue ses héritiers Pierre de Lubersac, son frère, et Galienne de Malaval, leur mère, suivant une note qui se trouve au volume 186, de GAIGNIÈRE, à la Bibliothèque royale. On ne connaît pas sa descendance.

V. — Geoffroy de Lubersac, deuxième du nom, chevalier S^{gr} de Lubersac, de Saint-Pardoux, de Condat, assista à la donation d'Alazis de Laurière, sa mère, l'an 1186. Il prit part à la quatrième croisade, sous Philippe-Auguste, qui commença en 1204. Étant de retour en 1211, il donna quittance au vicomte d'Aubusson, à qui il avait confié ses terres, du reliquat de leurs revenus.

« Moi, Geoffroi, dit-il, S^{gr} de Lubersac, chevalier (*Ego Gofridus dominus de Lubersaco miles*), fais savoir aux présents et à venir que j'ai reçu de très noble S^{gr} Regnault, vicomte d'Aubusson, 1047 livres tournois, argent comptant, provenant des terres de Lubersac, Saint-Pardoux, de Condat et leurs dépendances, que j'avais confiées audit S^{gr} quand je pris la croix et qu'il conserva pendant mon voyage d'outre-mer. Témoins : Pierre de La Chapelle (Bézon), Jean de Lostanges. En foi de quoi j'ai scellé les présentes de mon sceau, le mercredi après la fête de Saint Pierre et Saint Paul, l'an 1211. » Ce sceau représente un chevalier, armé de toutes pièces, sur un cheval lancé au galop et tenant un bouclier sur lequel est un loup passant. Légende : *Gaufridus de Lubersaco miles* + + +.

Son nom est inscrit au musée de Versailles.

La croisade ayant commencé en 1204 et Geoffroi n'étant de retour qu'en 1211, son absence aurait donc durée sept ans, pendant lesquels il combattit les infidèles et le vicomte d'Aubusson administra ses terres.

Trois ans plus tard, au mois de février 1204, il vendit à l'église de Limoges, ainsi que dame Isabelle de La Garde, sa femme, quatre pièces de terre au terroir de Saint-Germain, moyennant cinq livres tournois dont ils donnent quittance. Cette vente est ratifiée par le S^{gr} Gérald de La Garde, chevalier, frère d'Isabelle.

De nouvelles contestations s'étant élevées, entre lui et l'église de Saint-Étienne, ci-devant Saint-Gervais et Saint-Protais, sur les droits de possession de ladite église, Durand, archidiacre de Limoges, fut choisi par les deux parties pour régler le différend. En conséquence, Geoffroi et Guillaume de Lubersac, frères, chevaliers, Guillaume, leur neveu, fils de défunt Raymond de Lubersac, leur beau-frère, Pierre de la Jarosse, aussi leur beau-frère, transigèrent le jour des ides d'octobre 1236, avec Guillaume Geoffroi, chapelain de Saint-Étienne de Lubersac. Ils convinrent que ladite église percevrait toute la dixme sur les mances ou tènements énoncés dans cet acte, lesquels sont au nombre de dix-sept. Ils constatèrent que la place qui se trouvait entre l'église et le château de Geoffroi, avait déjà été divisée et qu'on y avait planté des bornes, afin de bien déterminer la partie qui appartiendrait au S^{gr} de Lubersac, et celle qui resterait à l'église. Il fut aussi convenu, que l'un desdits chevaliers ferait reconnaissance, à l'avenir, audit chapelain, pour ce qu'il conservait de ses anciens droits, en conséquence d'un nouveau partage qu'ils avaient fait entre eux.

Geoffroi avait épousé, suivant le titre précité de 1214, dame Isabelle de La Garde, sœur du chevalier Gérald. La Garde porte : *D'azur à une épée d'argent en bande, la pointe en bas.* De ce mariage naquirent :

1° Pierre de Lubersac, deuxième du nom, qui suit;

2° Bernard de Lubersac, faisant partie comme clerc, des prêtres de la communauté de Lubersac, et nommé avec ses frères dans des actes de 1262, 1263 et 1267;

3° Étienne de Lubersac, clerc, faisant également partie de ladite communauté, mentionné dans les mêmes actes que Bernard, son frère. Il était tuteur et curateur des enfants mineurs de Guillaume-Radulphe de Lubersac, premier du nom. C'est en cette qualité qu'il fit, en 1267, l'acquisition du Mas de La Rivière, qu'en 1272, il assista Marguerite, fille de Guillaume-Radulphe, lors de la cession qu'elle fit à ses frères de ses droits sur les successions paternelle et maternelle. Il était également tuteur de ses neveux, fils mineurs de Pierre de Lubersac, chevalier, son frère. C'est en prenant cette qualité, qu'il assence, en 1275 à Jean Faucher, la terre de Planchat, de six seterées. Cet acte passé sans l'intervention d'aucune personne publique, était scellé de son sceau qui était le même, dit-il, que celui de ses pupilles. En novembre 1278, il assista, à Lubersac, comme arbitre, à l'accord qui y fut conclu par suite du différend qui s'était élevé entre les Chartreux du Glandiers et Pierre de Saint-Julien, S^r dudit château et préposé de Château-Chervix. Il avait fait trois acquisitions de rentes en 1265, de Pierre et de Géraud de la Jarosse, frères. Enfin, en 1275, il fit établir un répertoire de cens et rentes dus à Étienne de Lubersac, damoiseau, son neveu, et à lui même, sur le bourg et la paroisse de Lubersac. Il le termina en léguant des cens et rentes considérables aux prêtres de Saint-Étienne, pour le repos de l'âme de Pierre de Lubersac, son frère et de ses ancêtres; de plus, pour celle de Guillaume Geoffroi, autrefois recteur des églises de Lubersac, le même avec lequel fut passée la transaction de 1236. Suivent divers autres legs aux clercs et aux pauvres de Lubersac, puis à l'église de Saint-Étienne pour son luminaire. Il demande ensuite aux prêtres, diacres et clercs formant la communauté de Lubersac, de ne pas l'oublier après sa mort. Le dimanche après son décès, ils se réuniront dans Saint-Étienne, le chapelain leur fera connaître les rentes qu'il leur lègue ; ils se les partageront et trois setiers de seigle sur ceux légués aux pauvres leur seront distribués ce jour là même. Cette donation est faite en espérance des prières qu'il leur demande d'adresser au ciel pour son âme et celle de ses ancêtres.

VI. — Pierre de Lubersac, deuxième du nom, chevalier, S^{gr} dudit lieu, vendit, au mois d'avril 1250, une rente à Saint-Étienne de Lubersac. « Sachent tous présents et à venir, dit-il, que moi, Pierre de Lubersac, chevalier, ai vendu à l'église de Saint-Étienne de Lubersac, moyennant 24 sous tournois, reçus comptant, une émine d'avoine de rente, payable par moi ou mes héritiers, sur un acre de terre situé au terroir de Lubersac, entre la terre de Geoffroi et celle de Guillaume Bertrand. Toutes les fois que besoin sera, ladite église exercera sa justice sur ledit acre pour percevoir ladite rente, sans aucune opposition de moi ou de mes héritiers. En foi de quoi j'ai scellé la présente charte de mon sceau. » Il fit, en 1260, deux acquisitions de Bernard et de Pierre Chaulet. En 1262 et 1263, il assista aux donations de Guillaume de Luzac et de Gaubert et de Gintraud de Montliart à l'abbaye de Bonlieu. Le 4 des ides de mai 1263, il acheta, conjointement avec Bernard et Étienne de Lubersac, clerc, ses frères, et les enfants mineurs de feu Guillaume-Radulphe, damoiseau, la moitié des revenus du Mas de Mayzac, avec ses dépendances, prés, bois, pâturages, et de plus celle des maisons et possessions que Nicolas de Mayzac avait dans le bourg et la paroisse de Lubersac.

Un an plus tard, le 3 des nones d'octobre, Pierre de Lubersac stipule, dans le même acte, pour lui-même et les sus-nommés dans le bail à fief du Mas de Bastizo, près celui de la Valenie, qui leur appartient, et qu'il accepte de Bernard de Bouchard, sergent d'armes de Coussac.

Il acquit, le 8 des ides de juillet 1267, conjointement avec Étienne, clerc, tuteur des enfants mineurs de feu Guillaume-Radulphe de Lubersac, au prix de 70 livres de Limoges, le Mas de La Rivière, paroisse de Lubersac, appartenant à Pierre de La Rivière, S^{gr} en partie de Pompadour.

Il n'existait plus, le vendredi dans l'octave de la Nativité de la Vierge (1275), jour où Étienne de Lubersac, clerc, son frère, tuteur de ses enfants mineurs, asseuça la terre de Planchat à Jean Faucher. Acte scellé de son sceau, qui est le même que celui de ses pupilles.

La même année, Étienne légua des rentes et cens considérables, sur plusieurs tènements de la paroisse, aux prêtres de Saint-Étienne, pour le repos de l'âme du S^{gr} Pierre de Lubersac, chevalier, son frère, et de ses ancêtres.

Pierre de Lubersac avait épousé demoiselle Almois de Lamonerie, fille de Guillaume de Lamonerie, damoiseau, de la paroisse de Salon, en Limousin, et sœur du chevalier Guy. Cette maison portait : *d'azur au chevron d'or surmonté d'une croix de même, accostée de deux palmiers confrontés d'argent, et accompagnée en pointe d'une tour de même maçonnée de sable.* Il en eut plusieurs enfants, dont Étienne de Lubersac était tuteur. On ne connaît que le nom d'Étienne de Lubersac, qui suit.

VII. — **Étienne de Lubersac**, chevalier, S^{gr} dudit lieu, fut d'abord sous la tutelle d'Étienne de Lubersac, son oncle. C'est en cette qualité que ce dernier fit dresser, en 1275, un répertoire de cens et rentes dus à lui et à son neveu et pupille par les vassaux et censitaires de la ville et paroisse de Lubersac. On y voit que ces droits consistent en hommages, tailles aux quatre cas et même à la volonté desdits seigneurs, en questes sur questes, rentes en argent et en grains, payables à la mesure de Lubersac et avec toute justice.

Il était majeur et contractait seul aux nones d'avril après Pâques (1290), suivant l'acte d'acquisition qu'il fit ce jour-là d'une rente sur le Mas de Peyrat-Porcher, dont il s'investit de sa propre autorité.

Cette même année il reçut quantité d'hommages, entre autres de plusieurs habitants de Lubersac, qui reconnurent être ses hommes francs, et que la dixme du blé propre à faire le pain était perçue par lui dans toute la paroisse de Lubersac et ses dépendances, qui étaient et mouvaient de lui.

Même hommage, en 1290, de Pierre de Cossac de Laborie, qui reconnaît être son homme franc, taillable, questable et exp'etable; de Pierre Sobra et de Guillaume Arago; de J. de Rossou, par lequel il se déclare homme franc comme ses ancêtres, taillable aux quatre cas, à la volonté dudit seigneur, et devant trois sous de rente, un denier d'accapt et une geline pour chacune de ses maisons de Lubersac, si on y tient feu vif. Le 11 des calendes de septembre 1293, il reçut celui de Bernard, fils naturel d'Étienne et de feue Mathilde Brie (de Brenno), qui reconnaît être son homme franc et lui devoir le service de la taille aux quatre cas, qui sont la nouvelle chevalerie, le mariage de ses filles, le voyage d'outre mer, sa rançon s'il est fait prisonnier. Il s'oblige, dans chacun de ses cas, de lui payer, ou à ses ayants-cause, six sols monnaie courante. En considération de quoi Étienne de Lubersac ratifie la donation qui lui fut faite par Etienne de Lubersac, clerc; Guillaume Radulphe, chevalier; Radulphe de Lubersac, clerc; et, en cas d'éviction de ses biens, il s'engage à le dédommager, ainsi qu'il serait décidé par Radulphe de Lubersac, clerc, et par Aimeri de Lubersac, Sr de Saint-Geraud, en Limousin. Même hommage fut rendu par Bernard à Étienne de Lubersac le 3 des nones de juillet 1301. Il s'oblige à payer dix sous, au lieu de six, pour les quatre cas sus-énoncés, et reconnaît que le Mas de la Bastizo, une maison et un pré lui ont été donnés par son père, oncle dudit damoiseau, qu'ils relèvent de lui, et qu'en cas de forfaiture de sa part, ou s'il meurt sans héritier, lesdits biens lui reviendront en totalité.

En 1293, il assistait comme témoin aux donations de Gintraud de Saint-Furgol et de Guitburge de Telet, à l'abbaye de Bonlieu.

Cette même année il intenta un procès au vicomte de Limoges, se plaignant d'être troublé dans l'exercice de ses droits de viguerie sur le lieu de La Chapelle-Antie, qui dépendait de la paroisse de Lubersac. Dix-neuf témoins déposèrent que de tous temps les ancêtres dudit Étienne avaient joui non-seulement sur le bourg, mais sur toute la paroisse, des droits de viguerie par droit de seigneurie (*jure domnii*), du droit d'examiner les poids et mesures et de condamner à l'amende ceux qui en auraient de faux ou non revêtus du sceau dudit seigneur; qu'enfin La Chapelle-Antie dépendait de la paroisse de Lubersac. Bernard de La Vergne, âgé de 80 ans, ajoute de plus qu'il vit Bertrand de Vassinhac, sénéchal du vicomte, saisir les mesures de vin de La Chapelle-Antie, ainsi que d'autres localités; mais que bientôt après elles furent rendues à Étienne de Lubersac, oncle paternel dudit seigneur, dont il était le tuteur. C'est ce qui a eu lieu également, et la cour de Ségur, qui était celle du vicomte, confirma tous les droits d'Etienne de Lubersac.

Dans une acquisition qu'il fit, le 3 des calendes de novembre 1295, des frères Lafarge, il est dit : *Stephanus de Loberciaco domicellus filiusque quondam Petri de Loberciaco militis*. Il fit quantité d'acquisitions en 1300, 1301, 1302, 1316, 1318, 1319 et 1321.

En 1324, il promet d'assigner, dans trois ans, 20 setiers de froment, 20 setiers de seigle et d'avoine, en rentes perpétuelles au chapitre de Saint-Yrieix pour le récompenser de la prébende canonicale de cette église qu'il avait accordée à Guillaume de Lubersac, chanoine de Saint-Yrieix, son fils.

Le vendredi après l'octave de la Nativité de Notre-Seigneur (1337), il reçut la donation d'Adhémar Lafarge prêtre, qui lui offre la totalité de ses biens présents et à venir, en quelque lieu qu'ils se trouvent, en reconnaissance des bienfaits, services, honneurs qui lui ont été rendus, et le prie de s'investir de cette donation de sa propre autorité. Nous ne rapportons pas toutes les reconnaissances féodales qu'il reçut, et qui sont parvenues jusqu'à nous, étant trop nombreuses.

Jusqu'à présent Etienne de Lubersac ne prend que le titre de damoiseau; mais, à partir de 1344, il prend celui de chevalier; ce qui prouve qu'il servait dans les guerres que le roi Philippe de Valois eut à soutenir contre l'Angleterre. C'est ainsi qu'il est qualifié, le vendredi après la fête du Saint-Sacrement (1344), jour où il établit la confrérie du Saint-Sacrement à Lubersac et en fait dresser les statuts sous sa protection (*Domino Stephano de Loberciaco milite*). Parmi ceux qui en font partie et jurent de les observer, on remarque Bernard de Lubersac, damoiseau, fils d'Étienne, Bernard d'Helie (Pompadour), Guillaume de Pérusse (des Cars), Pierre de Roffignac, Bernard de Chabannes, etc.

Il fit don, la même année, conjointement avec Bernard, son fils, de 60 setiers de grains en dixmes ou rentes au chapitre de Saint-Yrieix, afin d'y fonder une prébende canonicale.

Une contestation s'étant élevée entre lui et les tenanciers du domaine de La Bazate, qui relevaient de lui, comme ils avaient relevé de tous temps de ses ancêtres, fut terminée par l'intervention d'amis, qui décidèrent que lesdits tenanciers payeraient toutes les rentes, sauf les droits de mutation. Il ne vivait plus en 1349.

Il avait épousé demoiselle Jeanne du Luc, fille de messire Guy du Luc, S^r en partie d'Hautefort. Du Luc porte : *de gueules au château à trois tours d'argent au chef cousu d'azur, chargé de trois croissants d'or bien ordonnés.*

De ce mariage naquirent :

1° Bernard de Lubersac, chevalier, qui suit.

2° Guillaume de Lubersac fut d'abord chapelain de Sale, en Saintonge (*capellanus de Salis*), suivant l'acte de vente que fit Bertrand de Bonneval à Etienne de Lubersac, le vendredi avant la Toussaint (1316), et où Gui, son fils, comparut comme témoin. Il devint ensuite chanoine de Saint-Yrieix, suivant l'acte de 1334, par lequel Étienne de Lubersac promet d'assigner, dans trois ans, 20 setiers de froment, pareille quantité de seigle et avoine de rente perpétuelle audit chapitre, pour le récompenser d'une prébende canonicale de cette église qu'il avait accordée à Guillaume, son fils.

3° Almois de Lubersac mariée au chevalier Gaucelin de Chateigner. Elle fit son testament le 12 février 1370, par lequel elle légua à Agnès, sa nièce, fille de défunt Geraud de Roffignac, une somme d'argent qu'Étienne de Lubersac, son père, lui avait donnée en dot.

On trouve dans le même temps :

Jean de Lubersac, écuyer, capitaine de la forteresse de Saint-Cyr, en Limousin, dont on connaît cinq quittances originales, qu'il donna en 1351 et

1352 à Jacques l'Empereur, trésorier des guerres, en prêts sur ses appointements et sur ceux de dix écuyers, dix sergents à cheval et vingt sergents à pied de sa compagnie, desservis et à desservir (y est-il dit), en ces présentes guerres, en la garde dudit lieu, sous le gouvernement de Mgr Arnoul d'Odenchan, maréchal de France, lieutenant du roi en Poitou et en Saintonge. Les trois premières, datées de Niort, sont de 225 livres tournois, les deux dernières, datées de Limoges, le 15 août 1352.

Pierre de Lubersac, religieux de l'ordre des frères prêcheurs ou dominicains, lecteur en théologie au couvent de Saint-Junien, suivant l'acte du chapitre tenu à Agen le jour de la fête de saint Augustin, 1322. Il était, en 1373, chanoine de la cathédrale de Limoges, alors ruinée par les Anglais. Il n'y avait plus, disent les *Annales* de cette ville, page 664, que quatre chanoines résidant dans la Cité et y vivant très pauvrement : Pierre de Lubersac, Mathieu de Felletin, Helie Lamy et Pierre de Superbosco. Le doyen et les autres chanoines, étant absents, se tenaient au loin, et ceux qui résidaient n'avaient pas même de quoi payer pension aux vicaires.

VIII. — Bernard de Lubersac, chevalier, Sgr dudit lieu, est connu par une multitude d'actes depuis 1344. Il faisait partie en 1344 des membres de la confrérie du Saint-Sacrement que son père établit cette année à Lubersac. L'an 1348 il assista, ainsi que Helie de Neuville, à l'obligation en dommages-intérêts consentie par Guy de Brun, chevalier, et Jean, son fils, lesquels ayant assiégé et pillé le château de Jean de Lobestor, mineur, sis à Montbrun, et avaient retenu ledit Jean prisonnier.

Le jour de la lune après Pâques (1349), il reçoit connaissance de la terre de Planchat, au bourg de Saint-Hilaire de Lubersac, comme étant fils d'Étienne. Le jour du sabbat, après l'Epiphanie (1350), il vend à Adhémar de La Rivière, damoiseau de Saint-Bonnet, une rente sur le domaine de Trefolieyras, au prix de 48 florins de Florence. Il est intitulé dans cet acte : *Bernardus nobilis domicellus filius condam domini Stephani de Luberciaco militis.*

En 1355, la trêve avec l'Angleterre allait expirer, les États décidèrent qu'on lui opposerait une armée de 30,000 hommes d'armes. Bientôt, à la tête de ses troupes, Édouard, roi d'Angleterre, avait débarqué à Calais, et il ravageait le Boulonnais, l'Artois et s'avançait jusqu'aux portes d'Amiens, quand les succès des Écossais, avec lesquels il était en guerre, le rappelèrent dans son île. Bernard de Lubersac était à Amiens cette même année et servait dans les troupes limousines commandées par Bernard, comte de Ventadour, pour combattre les Anglais. C'est pourquoi ce dernier donna quittance à Barthelemi de Drack, trésorier des guerres du roi, de la somme de 67 livres 10 sous tournois en prêt pour un mois sur les appointements de messire Bernard de Lubersac, chevalier, avec Pierre de Lassagne, chevalier, et deux écuyers servant dans sa compagnie.

Le prince de Galles, fils d'Édouard, ayant débarqué à Bordeaux, le comte de Ventadour et Bernard de Lubersac retournèrent dans le Midi. Bientôt eut lieu la malheureuse bataille de Poitiers ; tous deux furent faits prisonniers et conduits à Bordeaux. Bernard de Ventadour fut taxé à une rançon si considérable que, n'ayant pu la réunir, on l'emmena en Angleterre. Bernard de Lubersac paya la plus grande partie de la sienne à Guillaume de Castillon, Sgr de Montendre, qui l'avait fait prisonnier : « Sachant tous que

Guillaume de Montendre, chevalier, compagnon de Mr de Montferrand, confesse avoir eu et reçu de messire Bernard de Lubersac, chevalier, mon prisonnier, toute la finance qu'il me pouvait devoir pour cause de sa rançon, excepté 4 florins de Florence..... *Item*, quitte, ledit messire Bernard, lui et tous ceux à qui quittance en peut et doit appartenir, et l'en promet à garantie vers tous et contre tous. En témoing de ce, j'ai scellé les présentes lettres qui furent faites et écrites à Bordeaux le cinquième jour de mars, sous le scel de Mr de Montferraud, en l'absence du mien, l'an 1356. »

En 1366, Etienne Virola, habitant de la terre de Laborie, paroisse de Lubersac, refusant de payer à Bernard de Lubersac tout ce qu'un serf et vassal doit à son seigneur, fut cité devant la cour de Bré ; dix-sept témoins, au nombre desquels comparaissent les Sgrs de Pérusse, de Vassinhac, témoignent en faveur de Bernard, dont tous les droits sont confirmés sur ledit Etienne Virola.

Le vendredi après *Invocavit me* (1369), il reçut l'hommage de Pierre Papet, habitant Laborie, se reconnaissant, lui et les siens, serfs dudit seigneur, et, comme tels, sujets aux tailles, questes, etc., à sa volonté.

L'an 1372, le jour de l'octave de la fête du corps de Notre-Seigneur Jésus-Christ, Bernard de Pérusse, chevalier, reconnut tenir de Sgr Bernard de Lubersac, chevalier, les biens qu'il possédait au bourg de Saint-Étienne de Lubersac, près le cimetière, au devoir de deux deniers de rente qu'il s'engage à payer tous les ans, suivant l'antique usage, et autant d'accapt. Il reconnut, de plus, que lui et les siens, à cause desdits biens, ne relevaient que du seigneur de Lubersac, et termine en faisant don à Bernard d'une rente à percevoir sur le domaine de Prade.

Voici les termes dont il se servait dans les investitures des biens qu'il passait : « *Universis presentes litteras imperturis Bernardus de Loberciaco miles dominus rerum infrascriptarum salutem* », fais savoir que devant nous s'est présenté Gérard Bascle, habitant de Lubersac, lequel nous avons investi, etc., etc.; en foi de quoi nous avons scellé les présentes de notre propre sceau, comme nous avons coutume d'agir en semblable circonstance. « *Sigillum proprium litteris presentibus duximus apponendum ut more solito in talibus facere consuevimus.* » Donné le dimanche après la Saint-Michel, l'an 1374.

Il fit son testament en 1377 : « Au nom de la Sainte Trinité. *Amen.* Moi, Bernard de Lubersac, couché sur mon lit de douleur, mais sain d'esprit et de mémoire..... veux être enseveli dans le chœur de Saint-Etienne de Lubersac..... La première nuit de ma mort, on me veillera dans le monastère dudit Saint-Etienne de Lubersac, avec un luminaire composé de trente livres de cire..... » Suivent des legs qu'il fait aux prêtres et aux clercs de la communauté de Lubersac, aux pauvres dudit lieu, aux frères mineurs et aux prédicateurs de Limoges, à Saint-Etienne de Limoges, pour contribuer à sa construction, aux frères de Donzenac. Il laisse une somme pour faire trois chandeliers qui seront offerts : l'un à l'église de Troche, le second à celle de Saint-Pardoux, le troisième à celle de Saint-Julien. Il n'a que deux enfants, Golfier et Agnès. A Golfier il lègue son héritage universel. Dans le cas où il mourait sans enfants mâles, il lui substitue Beraud et Guillaume du Luc, fils d'Adhémar, à la condition de porter son nom et ses armes. A leur défaut, Guillaume de la Reynie, fils du chevalier Radulphe. Enfin il institue exécuteurs de ses dernières volontés Adhémar-Helie (Pompadour), Adhémar du Luc, Radulphe et Guillaume de la Reynie. Jour de la lune après la Nativité de Notre-Seigneur, 1377. — En 1379, il donna une quittance de vente sur un jardin à Lubersac, et ne vivait plus en 1385.

Il avait épousé, le mardi avant la fête de sainte Catherine (1344), demoiselle Galienne de Saint-Julien, fille d'Aimeric de Saint-Julien, S^{gr} de la châtellenie de Puy-Merle (*dominus castri de Podio Merulo*). Il était frère puîné d'Helie, baron de Saint-Julien, dans la Marche. De Saint-Julien porte : *de sable semé de billettes au lion d'or armé et lampassé de gueules*. Il fut arrêté, entre autres conditions, par le S^{gr} Guy de Murols, chargé de la confiance des deux familles, que si Bernard a des fils de Galienne, il les instituera ses héritiers universels: que si Galienne meurt ne laissant que des filles, et que Bernard se remarie et ait des fils, il pourra les nommer ses héritiers universels, mais avec l'obligation de marier les filles du premier lit d'une manière convenable ; que s'il n'a pas de fils du second mariage, alors les filles nées du premier lit seront ses héritières universelles. Si Bernard meurt avant Galienne, laissant d'elle postérité, il lui constitue pour douaire, outre vingt livres de rente formant partie de sa dot, vingt autres livres à prendre sur ses propres biens. Fait à Belhac, en présence de Pierre de Belhac, de Bernard de Pérusse, de Bernard de Vigier, de Bernard de Navarre.

Il se remaria en secondes noces avec demoiselle Comptor de la Reynie, fille du S^{gr} Guillaume, chevalier, suivant l'abandon que Radulphe, père de Comptor, fit, en 1354, de diverses rentes dans la paroisse de Lubersac, pour s'acquitter de partie de la dot de sa sœur envers Bernard, qui s'en investit de sa propre autorité, comme seigneur foncier. Il laissa de son premier mariage :

1° Golfier de Lubersac, qui suit ;

2° Agnès de Lubersac, mariée, par contrat du jeudi avant la fête de saint Georges, 1335, avec Aimeric de Corn. Cette famille portait : *d'azur, à deux cors de chasse enguichés et virolés de gueules et contreposés, au chef bandé d'argent et de gueules*. Elle donna quittance, en 1400, à Golfier de Lubersac, son père, de la somme de 300 livres d'or qui lui avaient été constituées en dot.

IX. — Golfier de Lubersac, damoiseau, coseigneur dudit lieu, servait, en 1403, dans la compagnie de Chabanais, mais il ne paraît pas qu'il soit parvenu au grade de chevalier. Il fut institué héritier universel par testament de Bernard, son père, de l'an 1377. Il dota Agnès, sa sœur, en 1385. Le 29 janvier 1396, il assensa une terre au Puy-Bré. A partir de cette année jusqu'en 1445, on a de lui une quantité d'actes qui sont aveux, échanges, investitures, reconnaissances féodales, poules de fouage à lui dues sur le bourg et la paroisse de Lubersac, selon l'antique usage, etc Il reçut, le 22 avril 1422, de noble et puissant Golfier Helie de Pompadour, S^{gr} de Vilhac, donation de maisons situées au bourg de Saint-Hilaire de Lubersac, en considération de son affection, des honneurs et services gratuits qu'il lui avait rendus, curatelle dont il s'était chargé.

Le 1er février 1429, il donna les prés clauds aux prêtres de la communauté de Lubersac, à la condition de dire à perpétuité trois messes anniversaires avec vigile et absoute, la première pour le chevalier Bernard de

Lubersac, son père ; la seconde pour le Sgr Etienne de Lubersac ; la troisième pour dame Comptor de Lubersac.

Le 31 juillet 1438, on voit pour la première fois paraître le titre de seigneur du Verdier (*dominus deu Verdier*), dans l'acte d'arrentement qu'il fit d'une maison, rue de la Boyriaudie, à Lubersac. En 1440, il fit dresser un répertoire de cens et rentes à lui dus sur vingt-et-un tènements de la paroisse de Lubersac, avec rente et banalité de four et moulin. Enfin, il fit son testament, par lequel il légua vingt écus d'or à Golfier, son troisième fils, et institua Jean, son second fils, son héritier universel. Il vivait encore le 8 avril 1441, jour où il fit l'assensement d'une maison au bourg de Saint-Etienne de Lubersac.

Il avait épousé, par contrat du 2 juillet 1397, demoiselle Jehanne de Lafon (de Saint-Projet), fille de noble Pierre de Lafon et de dame Marguerite de Pérusse (des Cars), étant alors en la ville de Villedieu. Lafon porte : *d'argent à la bande de gueules.*

Golfier eut de ce mariage au moins sept enfants, qui sont :

1° Bardin de Lubersac, auteur d'une branche établie en Angoumois et connue sous le nom de Fayolle, rapportée ci-après, § II ;

2° Jean de Lubersac, premier du nom, tige de marquis de Lubersac, qui sont devenus les aînés par suite de l'extinction de la branche de Fayolle. Leur postérité sera rapportée ci-après, § IV ;

3° Golfier de Lubersac, damoiseau de Grignols, Sgr de l'hospice de la Méchinie, dans la paroisse de Saint-Astier, auquel il donna le nom du Verdier ; il passa un second accord avec son frère Jean, Sgr du Verdier, le 14 juin 1457, par lequel celui-ci lui promet, outre les 140 écus d'or que son père lui abandonne dans son testament, une nouvelle somme de 60 écus d'or pour compenser ses droits sur les liens paternels et maternels. Sur cette dernière somme dont une partie est acquittée, restent dues 125 livres qui seront perçues sur le Mas-de-Tréfollieyras, de Segular et le moulin de La Roche. Fait en présence de Guy de Royère, Sgr de La Guyonnie. Il assensa le 22 juillet 1465, comme fondé de pouvoir de Guillaume de Vigier, Sgr de Corlesse, des bois situés paroisse de Saint-Astier, relevant de l'hospice de La Méchinie ; enfin, il comparaît dans la transaction de 1474, avec ses frères et beaux-frères. Il avait épousé, avant l'an 1457, demoiselle Sibille aux Martres, veuve de Guillaume de Vigier, Sgr de La Méchinie, dont il n'eût pas d'enfants ;

4° Jean de Lubersac, prieur d'Olonne, mentionné dans la transaction de 1474, et dans la quittance de Hugues de Bayly, du 2 septembre 1475 ;

5° Pierre de Lubersac, prieur de Saint-Georges du Loyron, en 1475, rappelé dans la quittance précitée ;

6° Marie de Lubersac, mariée à noble Bos-Guy de Royère, Sgr de La Guyonnie, citée comme témoin dans la transaction de Golfier, son beau-frère, avec Jean de Lubersac, du 14 juin 1467. Elle en était veuve en 1471, suivant quittance qu'elle donna à Jean, son frère, de toute la dot que Golfier, son père, lui avait donnée. En considération de quoi elle renonce à tout ce qu'elle aurait pu prétendre sur les biens de son dit père, en un mot, sur ceux de la maison de Lubersac ;

7° Marguerite de Lubersac, mariée en 1437, à noble Godefroy Bertin, damoiseau d'Ayen, fils de Jean, Sgr de Corlesse et de La Reymondie. Il comparait dans la transaction de 1474, comme mari de Marguerite. Sa sœur épousa en 1438 Jean de Foucault, Sgr de Lardimalie, et sa seconde sœur nommé souveraine, Helie de Hautefort, Sgr de Vaudre. Foucault portée : *écartelé, aux 1er et 4e d'azur au lion d'or, adextré d'une épée de même, la pointe en bas; aux 2e et 3e de sable, au laurier fleuri, au naturel surmonté de trois étoiles.*

§ II. — *Seigneurs de Fayolle en Angoumois (éteints).*

X. — Bardin de Lubersac, damoiseau, fils aîné de Golfier de Lubersac et de Jehanne de Lafon, s'établit en Angoumois, où il donna naissance à une branche connue sous le nom de Fayolle, qui a formé plusieurs degrés et qui est éteinte aujourd'hui. Il passa l'assensement du Mas-de-La-Rivière, paroisse de Lubersac, de concert avec son père, le 21 avril 1440. La même année il paya, à un marchand de Limoges, neuf livres, reliquat d'une plus grande somme, pour la garantie de laquelle Golfier, son père, avait engagé une croix d'or de la valeur de douze réaux d'or, laquelle lui fut restituée. Il mourut avant son père, ce qui fut cause que ce dernier institua pour son héritier, Jean, son fils puîné.

Il avait épousé demoiselle Catherine de Monceu, fille de noble Guillaume de Monceu ou Molceu (*de Molceo, de Monceo.*) qui porte : *d'or à trois fasces de gueules,* Monceu ou Moncey, d'après le *Bull. soc. arch. de la Charente,* portait : *d'azur au chevron d'argent, accompagné de trois étoiles de même.* Elle donna quittance, le 5 juin 1470, étant veuve de Bardin de Lubersac, à Fiacre de Monceau, fils du Sgr Lionet de Monceau, chevalier, chargé de la procuration de Jean de Lubersac, Sgr du Verdier, de la somme de 150 réaux d'or, restant due, sur 200 constitués en dot au dit Bardin, moyennant quoi, Catherine renonce à toutes ses prétentions sur les biens de la maison de Lubersac et sur la succession de Golfier, père de Bardin. Il eut de ce mariage :

1° Lionnet de Lubersac, qui suit;

2° Marguerite de Lubersac, mariée en 1451 à Hugues de Baily, chevalier, chambellan de Louis XI, lieutenant-général du sénéchal du Périgord. A l'occasion de ce mariage, Jean de Bretagne, vicomte de Limoges, lui fit don, le 25 décembre 1451, de la châtellenie de Razat, en Périgord, avec toute justice, à cause des services qu'il lui rendit dès son jeune âge et aussi en faveur du mariage traité et parlé, y est-il dit, entre le dit messire Hugues et noble demoiselle Marguerite de Lubersac. Il donna quittance, le 2 septembre 1455, à Golfier de Lubersac, damoiseau de Grignols, son oncle, fondé de pouvoirs de Jean de Lubersac, Sgr du Verdier, de Pierre, prieur de Saint-Georges-du-Loyron, de Jean, prieur d'Olonne, tous frères du dit Golfier, de la somme de cent écus d'or qu'ils lui remettent en supplément de dot. Il portait : *d'azur à deux fasces de sinople, accompagnées de trois allérions de sable, posés aussi en fasce au milieu de l'écu.* Il mourut en 1492, laissant Marguerite usufruitière de tous ses biens. Elle décéda en 1510;

3° Jeanne de Lubersac, mariée par contrat passé au château du Verdier, le 19 juin 1462, à noble Antoine du Authier, Sgr de La Bastide de Corlesse, du moulin Authier. Elle vivait encore quand son mari fit son testament, le 28 janvier 1495. Bardin de Lubersac, prend la qualité de Sgr de Lubersac dans ce contrat de mariage, et Jean celle de S^{gr} du Verdier, comme étant fils puîné. En présence de Guy de Coux-Damaison, de Bernard de Bonneval, S^{gr} du dit lieu et de Blanchefort. Cette maison porte : *de gueules à la bande d'argent, accompagnée en chef d'un lion d'or en pointe de trois vanets de même.*

XI. — Lionnet de Lubersac, damoiseau, S^{gr} de La Chandellerie, dont il fit l'acquisition dans la châtellenie de La Rochefoucauld. Il en fit le dénombrement, le 13 septembre 1473. Il avait pour armes, comme ses ancêtres : *un lion passant en champ de gueules*, et pour devise : *inprœliis promptus*, prompt dans les combats. Il passa une transaction au château du Verdier, le 9 mars 1474, avec Jean de Lubersac, son oncle, au sujet de leurs prétentions réciproques à l'hérédité de Golfier de Lubersac, père de Jean et grand-père de Lionnet, laquelle est entièrement rapportée à l'article dudit Jean de Lubersac.

Il fit son testament le 15 décembre 1505, dans lequel il se qualifie écuyer, S^{gr} de La Chandellerie en la paroisse de Saint-Amand-de-Bonnieure, diocèse d'Angoulême. Il institua Foulques, son fils, son héritier universel, lui substitua Jeanne et Jacquette, ses filles, et donna l'administration de ses biens et la tutelle de ses enfants à sa femme.

Il avait épousé par contrat du 14 juin 1470, passé sous-seings privés, demoiselle Antoinette de Guillebeaud, héritière de Sainte-Colombe, dans la châtellenie de La Rochefoucauld. De ce mariage sont provenus :

1° Foulques de Lubersac, qui suit ;

2° Jeanne de Lubersac, mariée du vivant de ses père et mère, le 17 décembre 1504, à Helie de Masson, S^{gr} de La Rivière, près La Rochefoucauld ;

3° Jacquette de Lubersac, mariée à noble Nicolas de Manoury, écuyer, S^{gr} de La Vigerie, de Cellefroin et de Puyguyon. Manoury porte : *d'argent à trois mouchetures d'hermine de sable*, comme souvenir de la part que cette famille a prise en Bretagne, à la lutte des maisons de Blois et de Montfort.

Le 7 septembre 1523, il donna quittance à Foulques de Lubersac, son beau-père et à Antoinette de Guillebaud, sa belle-mère, de la somme de 100 livres tournois en déduction de la dot de Jacquette de Lubersac, sa femme.

XII. — Foulques de Lubersac, S^{gr} de Fayolle, de La Chandellerie, de Sainte-Colombe, fut institué héritier universel par testament de son père, de 15 décembre 1509. Le 16 avril 1520, il fit, en qualité de fils de feu Lionet Lubersac, S^{gr} de La Chandellerie, dénombrement du dit houstel et biens en dépendant au S^{gr} de La Rochefoucauld ; il prend le titre de S^{gr} de Fayolle et de La Chandellerie dans l'acte de rachat d'une rente à lui due sur le moulin de Bacherat, en date du 17 octobre 1552. En 1553, le chapitre d'Angoulême lui envoya une requête pour exiger de lui et de son fils le paiement d'une dette qui lui était due. Ils sont intitulés, dans cet acte, Foulques de Lubersac, S^{gr} de La Candellerie, et Antoine, son fils, S^{gr} de Fayolle. Néanmoins, il reprend la qualité de sire de Fayolle dans l'assensement d'un moulin et de ses dépendances en la châtellenie de Montignac, du 20 février 1554.

Il avait épousé, vers 1500, demoiselle Madeleine Tizon (d'Argence), fille aînée de noble Olivier Tizon (d'Argence), écuyer, S^{gr} de Fayolle. Ce fut par sa femme que Foulques de Lubersac devint S^gr de Fayolle, comme il se justifie par le contrat de partage de cette terre, du 2 février 1535.

Les enfants issus de ce mariage sont :

1° Antoine de Lubersac, qui suit ;

2° Pierre de Lubersac, connu sous le nom de capitaine Fayolle, qui faisait partie de la compagnie des chevau-légers, commandés par M. des Cars, pour combattre l'empereur Charles-Quint, suivant montre du 20 octobre 1543. Il fut tué au siége de Metz en 1551, lorsque Charles-Quint vint assiéger cette ville défendue par le duc de Guise ; plusieurs S^grs se jetèrent dans la place pour la secourir. Ces gentilshommes qui désiraient servir utilement leur roi résolurent, pour le faire plus efficacement, de former une compagnie, afin qu'il y eût de la subordination, et cela sans conséquence pour l'avenir. Le commandement fut décerné au S^gr de Randan (La Rochefoucauld), et l'étendard fut confié au capitaine Fayolle. Pendant ce siége, un Espagnol voulant se mesurer avec un Français, demanda au duc de Guise l'autorisation de combattre à cheval quelque seigneur. Le duc y consentit et choisit Pierre de Lubersac, comme étant un des plus dignes par sa bravoure. ses prévisions se justifièrent. Il s'acquitta de sa mission avec tant de bonheur et de courage, qu'à la vue du camp et de la ville qui avaient fait trêve, il renversa l'espagnol d'un coup de lance. Il se distingua aussi dans plusieurs autres sorties, mais il y en eut une où il fut peu de temps après tué par un boulet. Jean de Péruse, son cousin, composa une élégie en sa faveur (1).

> .... O l'honneur d'Angoumois (2),
> Vraiment tu cognus bien l'inconstance du sort,
> Fayolle, cher cousin, quand atteint de la mort,
> En avril de ton âge, ayant pourtant laissé,
> Déjà par.tes hauts faits, claire la renommée,
>   De toi et de ton nom.....
> Las, hélas ! ce fut lors que Charles enragé
> Du bonheur des Français, tenait Metz assiégé ;
> Lorsque maint espagnol cognut à son dommage,
> Quels étaient tes efforts, lorsque d'un haut courage,
> Jamais recreu de peur, jour, nuit, soir et matin ;
> Hardi tu terrassas, maint bourguignon mutin ;
> Lorsque choisi sur tous par ce grand duc de Guise
> Tu mis heureusement à fin mainte entreprise.
> Lorsque les Allemens cogneurent à leur dam,
> L'enseigne valeureux du S^gr de Randan.

3° Anne de Lubersac se maria trois fois : 1° par contrat passé à Fayolle, le 24 mai 1542, avec Jean du Bois, S^gr de Bridoire, fils de Pierre du Bois, S^gr de Bridoire et de Catherine de Marillac, dont une fille unique mariée à messire Bertrand de Pardaillon, S^gr de la Motte-Gondrin, chevalier de l'or-

---

(1) Extrait des poésies de Jean de Pérusse, petit volume in-18°, Lyon, Biblioth. royal., coté 7, n° 4554, réservé.

(2) La terre de Fayolles est d'Angoumois. Il y a aussi celle de Fayolle en Périgord, qui a donné son nom à la maison de Fayolles. Pierre de Lubersac était seigneur de Fayolles en Angoumois, par sa mère, et cette terre fut vendue en 1570, à Jean de Boismenier et à Benoît de Lage, premier président au Parlement de Bordeaux, par Lionnet de Lubersac.

dre du roi ; 2° avec messire Bertrand de Chassaigne, dont deux filles mariées, l'une à Raimond de Pontac, conseiller du roi et président aux enquêtes du Parlement de Bordeaux, et l'autre à messire Charles de Gastebois ; 3° avec Antoine de Belcier, chevalier, conseiller du roi, et troisième président en la cour du Parlement de Bordeaux, dont elle eut deux garçons et deux filles ; l'aînée épousa le Sgr de Doysit. Elle fit son testament le 20 mai 1572, et mourut peu de temps après dans un âge très avancé.

XIII. — Antoine de Lubersac, Sgr de Fayolle, de La Chandellerie, maréchal de camp des armées du roi Henri II, etc., fut pourvu par le roi, le 12 mars 1553, d'une commission pour ordonner le logis et garnison d'une compagnie de cent chevau-légers dans la ville d'Etampes, sous la charge du comte de Clermont, gentilhomme ordinaire de la chambre du roi. Cette commission, dans laquelle il est qualifié maréchal de camp des armées du roi Henri II, est datée de Saint-Germain-en-Laye, le 9 mars 1553 ; il reçut, conjointement avec son père, une requête du chapitre d'Angoulême pour le payement d'une dette, dans laquelle il est intitulé Antoine, Sgr de Fayolle, fils de Foulques. La terre de Fayolle fut saisie sur lui le 12 février 1555, à la requête d'Antoine de Belcier, conseiller au Parlement de Bordeaux, comme mari en troisièmes noces d'Anne de Lubersac, sœur d'Antoine. Il passa une transaction, le 26 octobre 1556, avec les doyen, chanoines et chapitre de l'église cathédrale d'Angoulême, par laquelle il s'engagea à leur payer 75 livres tournois de rente. Il n'existait plus le 23 décembre 1564.

Il se maria deux fois : 1° par contrat du 15 avril 1536, avec Jeanne de La Place, fille de Pierre de La Place, écuyer, Sgr de Sallebœuf et de la Tour-Garnier, élu par le roi à l'élection d'Angoulême ; 2° par contrat passé au château de la Bridoire, le 8 décembre 1541, avec demoiselle Françoise du Bois, fille de Pierre du Bois, Sgr de la baronnie de Bridoire, et de dame Catherine de Marillac, sœur de Jean du Bois, mari d'Anne de Lubersac, dont la fille épousa Bertrand de Pardaillan. De ce second mariage sont nés :

1° Lionne de Lubersac, deuxième du nom, qui suit ;

2° Anne de Lubersac, mariée au Sgr de la Cormenerie, suivant quittance de 500 livres tournois, du 12 novembre 1574, qu'elle donna à Lionnet de Lubersac, son frère, comme supplément de dot qu'il lui fit après la mort de Marie de Lubersac, leur sœur ;

3° Jeanne de Lubersac, mariée au Sgr Jean de Vigier. Elle avait renoncé, par contrat de mariage, aux successions paternelle et maternelle ; mais Marie, sa sœur, étant morte sans enfants, par transaction du 6 avril 1573, Lionnet, son frère, lui laissa le tiers des seigneuries de La Chandellerie et de Fayolle, si le procès pendant sur cette dernière terre était gagné ;

4° Marie de Lubersac, morte sans alliance avant l'an 1572.

XIV. — Lionnet de Lubersac, deuxième du nom, Sgr de Fayolle et de La Chandellerie. Il fut condamné, le 3 décembre 1564, par sentence rendue au siège présidial de la ville d'Angoulême, à payer aux doyen, chanoines et chapitre de l'église cathédrale de cette ville, la somme de 37 livres 10 sols de rente, restant due sur celle de 75 livres de rente, à laquelle s'était engagé feu Antoine, son père, le 26 octobre 1556. Il reçut, le 8 juin de la même année, fixation des dépens causés par ce procès. Dans ces deux actes il est intitulé Lionnet de Lubersac, Sgr de Fayolle, fils de feu Antoine de Lubersac, S^gr dudit Fayolle. Il passa une transaction en forme de partage, le 3 avril 1572, avec Anne de Lubersac, sa sœur, à la suite des lettres royales qu'elle avait obtenues. Jeanne, sa seconde sœur, avait renoncé, par contrat de mariage, aux successions d'Antoine de Lubersac, S^gr de Fayolle et de La Chandellerie, de Jeanne du Bois de Bidoire, de Foulques de Lubersac, ses père, mère et grand-père, moyennant une constitution dotale à prendre sur les deniers dus par Jean du Bois-Menier et par Benoist de Lage-Baton, premier président du Parlement de Bordeaux, lesquels avaient acheté de Lionnet de Lubersac les terres et seigneuries de Fayolle; mais Marie, sœur de Jeanne, étant morte sans enfants en lui laissant le tiers de sa fortune; de plus, n'ayant pas touché la somme engagée sur la terre de Fayolle, à cause du procès existant entre les acquéreurs et Lionnet, qui voulait faire casser ladite vente, ce dernier consent par ces présentes, en date du 6 avril 1573, à relever sa sœur Jeanne de ladite renonciation, et lui abandonne le tiers des seigneuries de La Chandellerie et de Fayolle, si le procès est gagné, se réservant pour lui-même les deux autres tiers. Il passa une transaction en la maison noble de La Chandellerie, le 5 juin 1586, avec la veuve de Roland d'Auberjon, sur un procès mu entre eux touchant la somme de 174 écus dus par le seigneur de Fayolle, père de Lionnet, au seigneur d'Auberjon pour un cheval et des armes, par obligation faite entre eux. Il vivait encore en 1589, année où il fit plusieurs acquisitions.

Il avait épousé : 1° par contrat du 23 avril 1564, demoiselle Jeanne de Saint-Amand, fille de Jean de Saint-Amand, écuyer, S^gr de Chatelars, Saint-Front, etc., et de dame Jeanne de Livenne, dont il n'eut pas d'enfants. Aussi, le 7 avril 1573, il restitua à Jeanne de Livenne, sa belle-mère, la somme de 800 livres tournois à-compte sur celle formant la dot de sa femme, décédée; 2° il contracta une seconde alliance, le 3 février 1573, avec demoiselle Anne Paulte, fille de Pierre Paulte, S^gr de La Brosse. Claude Paulte, S^gr de Chanterac, son frère, étant mort, elle reçut plus tard, outre sa dot, la somme de 1033 écus d'or. Il en eut sept enfants :

1° François de Lubersac, qui suit ;

2° François de Lubersac, S^gr de Bacherat et de La Foucaudie, dont la branche est rapportée ci-après, § III ;

3° Philippe de Lubersac ;

4° Jeanne de Lubersac ;

5° Marie de Lubersac ;

6° Françoise de Lubersac, morte sans alliance avant 1624 ;

7° Suzanne de Lubersac, morte aussi sans alliance avant 1624.

XV. — **François de Lubersac**, S^gr de La Chandellerie, etc., mourut en 1625 et fut inhumé dans le chœur de l'église de Sainte-Colombe, qu'il avait fait rebâtir, et dans le même tombeau que Lionnet, son père. Il s'était marié deux fois : 1° la première, le 9 octobre 1600, à demoiselle Esther de Jaubert, fille de François de Jaubert, écuyer, S^gr de Chalobinac ; 2° la deuxième, par contrat du 6 mai 1621, à demoiselle Suzanne de la Guionnie, fille de noble Gillet de la Guionnie, S^gr de Sainte-Colombe, du Grand-Cluseau, de Saint-Germain-de-Chaix, etc., et de défunte Catherine de Sainte-Maure. Ladite Suzanne doit à François 4,378 livres qu'elle assigne sur ses propres biens comme appartenant à son mari et aux enfants de sondit mari du premier lit.

Il est intitulé, dans le contrat : François, fils de Lionnet, S^gr de Fayolle. Il eut de son premier mariage :

Jean de Lubersac, qui suit, et quatre filles.

Du second :

Anne de Lubersac, mariée à Henri de Raymond, seigneur d'Angle.

XVI. — Jean de Lubersac, S^gr de la Brosse, etc., s'est marié avec Agnès de la Motte-le-Roux, dont il n'eut qu'une fille, nommée :

Jeanne-Marie de Lubersac, mariée en 1630 au marquis de l'angalerie, S^gr de la Motte-Charente, de Tonnay-Boutonne, lieutenant général et commandant pour le roi en Provence.

§ III. — *Seigneurs de Bacherat et de La Foucaudie (éteints en 1720).*

XV. — François de Lubersac, écuyer, S^gr de Bacherat, etc., second fils de Lionnet de Lubersac, est l'auteur de la branche de Bacherat, connue depuis sous le nom de La Foucaudie. Il partagea, le 11 septembre 1624, avec ses frères et sœurs, la succession de son père et celle de Françoise et de Suzanne de Lubersac, ses sœurs; il vendit les métairies du Moulin-Neuf, le 2 septembre 1631, au prix de 5,032 livres tournois, dont 4,000 devront être employées à l'achat de biens fonds au profit d'Étienne, son fils, comme dépendant de la succession de Suzanne de Saint-Laurent, sa mère; il demeurait, d'après cet acte, au château de La Foucaudie, paroisse de Nersac, en Angoumois. Il se maria trois fois :

1° Le 15 septembre 1610, avec demoiselle Suzanne de Saint-Laurent, veuve de Olivier des Roziers, S^gr de Laurière, et fille d'Étienne de Saint-Laurent, S^gr de la Coste, et de demoiselle Louise de Vigiers. Il demeurait, d'après ce contrat, au château de La Brosse, paroisse de Chassenoux, vicomté de Rochechouart;

2° Le 22 mai 1619, avec demoiselle Françoise de Corlieu.

3° Le 10 janvier 1633, avec Jeanne de Lastré, fille de Jean de Lastré, S^gr de Boucheron, et de demoiselle Louise de Saint-Amand. Ledit contrat de mariage fut passé simultanément avec celui de son fils Étienne. Il laissa de sa première femme un fils unique, qui suit.

XVI. — Étienne de Lubersac, S^gr de La Foucaudie, de Lercé, etc., obtint, en 1635, un certificat de service rendu au ban et arrière-ban, commandé par Charles de Lubersac, S^gr de Chabrignac, le 6 février 1640. Il reçut le brevet de capitaine d'une compagnie de cent hommes de guerre, de nouvelle levée, sous la charge du comte de La Feuillade. Il demeurait, en 1655, au lieu noble de Lercé, paroisse de Pressignac, dans la châtellenie de Beauzac, en Angoumois, suivant un arrentement qu'il fit, le dernier août de cette même année, à Raymond d'Abzac, S^gr de la Valade et de Lacombe.

Il avait épousé, le 10 janvier 1638, en présence de François de Lubersac, S^gr de La Chandélerie, de Jacques et de Louis Delastre, de Raymond et d'Hélie d'Abzac, cousins de la future, demoiselle Marie Chevalier, fille de feu messire Pierre Chevalier, S^gr de Mesle, et de Jeanne de Lastré, laquelle épousa, le même jour, François de Lubersac, père d'Étienne. Marie Chevalier, sœur de Pierre, avait épousé Hélie d'Abzac. De ce mariage sont provenus :

1° Pierre de Lubersac, mort à Calais, âgé de vingt-un ans, enseigne de la mestre de camp du régiment du marquis de Montausier, gouverneur d'Angoumois et de Saintonge ;

2° Jean-Louis de Lubersac ;

3° Henri-François de Lubersac, prieur du prieuré de Sainte-Marie ; étant d'un revenu considérable, suivant ce qui est dit dans le contrat de mariage de Jean-Louis, son frère, avec demoiselle de Bréhut, il ne sera donné audit François qu'une pension de 150 livres tournois ;

Et plusieurs filles, dont des religieuses à Saint-Ausone d'Angoulême.

XVII. — Jean-Louis de Lubersac, chevalier, S^{gr} de La Foucaudie, de Lérée et de Pélisson, reçut commission de Louis XIV, le 20 juin 1690, de lever une compagnie de cinquante hommes de guerre, devant entrer dans la composition du régiment d'infanterie de Vignolles et dont il le nomme capitaine : « Nous avons estimé, dit le roi, que nous ne pourrions faire pour cette fin un meilleur choix, que de vous pour les témoignages qui nous ont été rendus de votre valeur, courage et expérience de la guerre, etc. »

Il avait épousé, par contrat du 30 décembre 1669, demoiselle Catherine de Bréhut ou de Brébut, fille de Charles de Brébut, S^{gr} de la Tour-Blanche et de Pélisson, chevalier de l'un des ordres du roi, capitaine de chevau-légers et de dame Marie de Cléry. Le futur a pour dot la seigneurie de Lérée et est institué héritier universel de ses père et mère. De son côté, Catherine a pour dot 10,000 livres et la nue-propriété de la Tour-Blanche et de Pélisson, dont ses parents conservent l'usufruit. Ses enfants furent :

1° François de Lubersac, qui suit ;

2° Françoise de Lubersac, légataire dans le testament de Marie de Cléry, son aïeule maternelle du 8 janvier 1688.

XVIII. — François de Lubersac, S^{gr} de La Foucaudie, de Lérée et de Pélisson, demeurant en ce dernier lieu, paroisse de Saint-Sulpice, en Angoumois, fut nommé cornette, le 24 février 1697, dans le régiment de cavalerie de Bourgogne, compagnie de Saint-Farjus ; il servait en la même qualité l'année suivante dans le régiment de Langalerie, comme il appert par son contrat de mariage.

Il épousa, le 9 novembre 1698, étant mineur, demoiselle Suzanne Normand, fille de messire Jean Normand, S^{gr} de La Tranchade et de Marguerite de Lage, laquelle reçut en dot une somme de 24,000 livres tournois. Les armes de la famille Le Normand sont : *d'azur à la bande d'or, accompagnée en chef d'une croix de Malte d'argent et en pointe, de trois glands d'or rangés en orle*. François de Lubersac est institué héritier universel de ses père et mère, à la charge de payer 14,000 livres à Françoise de Lubersac, sa sœur, pour lui servir de dot quand elle se mariera. Le tout en présence des Srs de Cornille, de Villars, de Fargues, de Lavedan, du Souchet, de Barrière, de Tizon, d'Argence, de Villoutreix. François de Lubersac étant mort sans postérité, cette branche s'est éteinte.

§ IV. — *Seigneurs de Lubersac et du Verdier en Limousin.*

X. — Jean de Lubersac, premier du nom, fils de Golfier de Lubersac, S^{gr} dudit lieu, prit plus habituellement le titre de S^{gr} du Verdier. Il habita la terre de ses pères, suivant accord passé avec Bardin son frère aîné, qui commença par prendre la qualité de S^{gr} de Lubersac, comme on le voit, dans le contrat de mariage d'Antoine du Authier avec Jeanne de Lubersac, du 10 juin 1462, mais Jean reprit cette qualité bientôt après. Il fut institué héritier universel par le testament de son père, et est nommé héritier de feu Golfier de Lubersac, dans une reconnaissance du 27 juin 1445, que lui fit Pierre de Cheyrols du domaine de Gathoulie, avec rente et banalité de four et moulin. Audouin de Pérusse, S^{gr} de Saint-Bonnet, lui fit don, l'année suivante (21 juin), de tous ses droits sur un pré au terroir de Jarosse. Guillaume de Chastenet, tenancier de Jean de Royère, S^{gr} de La Maurenie, reconnut le 20 janvier 1450, lui devoir une poule de fouage pour un feu vif au lieu de La Maurenie, paroisse de Lubersac, avec obligation d'en livrer à Noël autant qu'il y aura de feu vif au dit lieu, suivant l'usage de Lubersac. Il passa, en 1457, avec Golfier, son frère, l'accord porté à l'article dudit Golfier. Le 3 août 1462, il fit l'investiture d'une maison et d'un jardin sur la place publique de Lubersac. Cet acte est passé sous son sceau qui représente un loup, ayant pour supports un sauvage et une sirène. En 1470 il faisait partie, ainsi que les S^{grs} des Cars, de Pompadour, de Pierrebuffière, de Bonneval, etc., de la montre des gentilshommes du Haut-Limousin, commandés par le S^{gr} de Brachet, chambellan du roi.

Il signa, au château du Verdier, le 9 mars 1474, une transaction avec Lionnet de Lubersac, S^{gr} de La Chandellerie, au sujet de leurs prétentions réciproques à l'hérédité de Golfier, père de Jean et grand-père de Lionnet. Jean disait que Golfier en mariant Bardin, son fils aîné, avec Catherine de Monceu, avait institué ledit Bardin, son légataire universel, mais que celui-ci étant décédé avant son père, cette disposition était caduque, d'autant plus que Golfier l'avait institué, lui Jean, son héritier universel à la place de Bardin, et n'avait laissé à Lionnet et à ses frères et sœurs que certaines sommes d'argent en dédommagement de la succession sur laquelle ils comptaient.

De son côté, Lionnet demandait à Jean la restitution des biens de Golfier, son grand-père, qu'il prétendait devoir lui revenir en vertu de la clause portée au contrat de mariage de Bardin, son père.

Jean avouait une partie de ces faits, mais ajoutait pour sa défense, que quand Golfier fit son testament, son héritage était dans un état de ruine complète, qu'il avait laissé beaucoup de dettes dont il avait payé une partie, qu'en outre il avait avancé de grandes sommes d'argent, tant pour les affaires de la maison que pour marier Marguerite, sœur de Lionnet et ses propres frères et sœurs.

Sur cet exposé, ils transigèrent ensemble, et Jean de Lubersac, de l'avis d'autre Jean, prieur d'Olonne, son frère, de Golfier, aussi son frère, donna à Lionnet, pour ses droits tant sur les biens de Golfier et de Bardin, aïeul et père dudit Lionnet que sur l'hérédité de Jean de Lubersac, religieux, la somme de huit vingt écus d'or outre celles qu'il avait déjà reçues. Ils conviennent, de plus, qu'ils pourront tous deux porter les armes de Lubersac pleines et entières.

Il reçut reconnaissance, le 1er février 1484, d'une terre près l'hospice de Malavie, relevant de sa seigneurie. Le 22 du même mois, pareille reconnaissance du Moulin-Neuf qui, outre les ventes, doit un setier de seigle en pain cuit pour donner en aumône tous les ans, le jour de la Pentecôte, en l'église Saint-Étienne de Lubersac. Le 9 mars, même année, reconnaissance d'une maison sur la place publique de Lubersac et de son jardin où est le colombier du seigneur.

Les prêtres de la communauté de Lubersac, au nombre de vingt et les clercs au nombre de huit, formant la plus grande partie de ladite communauté, déclarent devant lui, le 28 mars 1485, que Golfier, son père, lui-même et Bardin de Lubersac, firent don, le 1er février 1429, à la communauté de Lubersac, des prés clauds, à la condition de dire, à perpétuité, trois messes anniversaires aux vigiles et absoute, une pour le chevalier Bernard de Lubersac, la deuxième pour le Sgr Étienne, la troisième pour la dame Comptor, ses ancêtres. En conséquence, ils supplient ledit Sgr de leur donner l'investiture, s'obligeant de lui payer six deniers d'accapt.

Il fait bail pour quatre ans, le 26 mars 1486, moyennant la moitié des bénéfices, de fours banaux, situés à Lubersac, entre la rue de l'église Saint-Hilaire et celle de Saint-Étienne, et la rue de la place à la fontaine Dauphine.

Jean de Lubersac (*scutifer*), avait droit de percevoir, à cause de sa seigneurie de Lubersac, autant de poules de fouage qu'il se tenait de feux vifs dans chaque maison du bourg et de la paroisse, sauf sur certains fonds qui relevaient de l'église de Lubersac et sur lesquels l'archiprêtre les levait (sans doute par suite de don des anciens seigneurs). Ces droits que tenait de ses ancêtres Jean de Lubersac, étaient si anciens, qu'il n'était pas de mémoire d'homme qu'il en ait été jamais autrement. Sur ces considérations, Philippe de Paulhac reconnaît devoir à Jean de Lubersac, le 31 décembre 1489, autant de poules de fouage qu'il tient de feux vifs au village de Paulhac. C'est ainsi que pareille reconnaissance lui avait été faite en 1489, sur une maison rue de Baclaudie, selon la louable et approuvée coutume de Lubersac; de même en 1485, sur une maison relevant du Sgr de Bré; sur une autre mouvant de Jean de Pérusse, Sgr de Saint-Bonnet. Même reconnaissance en 1490 de Pierre de Roffignac, pour sa maison de Roffignac, du Sr de Brachet, gendre du Sgr de la Faucherie, pour un feu audit Mas et de beaucoup d'autres qui sont conservées dans les archives de Lubersac.

Il afferma, le 17 mars 1494, comme Sgr vigier du bourg et de la paroisse (*dominus vigerius burgi et parrochiæ*) les mesures par lui revêtues de ses armures. Il avait fait l'afferme des mesures pour le sel et le blé, le 2 septembre 1488.

Il passa l'investiture d'une maison au bourg de Saint-Étienne de Lubersac, le 13 mai 1494, dans la cour du château du Verdier, avec rente et obligation comme dans les précédentes, de faire moudre les grains à ses moulins et faire cuire le pain au four banal. Jean de Laborie, lui donnera un bouclier pour droit d'entrée en jouissance d'une maison près de celle du Sgr de Royère. Il ne vivait plus le 22 février 1497, jour où son fils contractait seul et comme étant son héritier.

Il avait épousé, le 3 juillet 1452, demoiselle Comptor de Leyris, âgée seulement de seize ans, fille de noble Jean de Leyris, seigneur dudit lieu, de La Châlin paroisse de Chambaret, héritière des dites terres et de dame Génie de Cours (1). De Leyris porte : *d'or à trois rochers de gueules, deux en*

---

(1) De Cours (de Corso — de Croso — de Corsonio), maison issue, dit-on, des comtes de Toulouse (COURCELLES, tome IV, page 3, art. de Comborn). Cette maison portait : *écartelé aux 1er et 4e d'azur, au lion d'or; aux 2e et 3e de gueules, à une meule de moulin d'argent.*

chef et au en pointe, au chef d'azur chargé de trois étoiles d'or. De ce mariage naquirent :

1° Jean de Lubersac, qui suit ;

2° Gervais de Lubersac, prieur de Sainte-Croix d'Olonne, élu tuteur des enfants de Jean, son frère, avec Marguerite de Saint-Chamans, leur mère, le 10 mai 1510 ;

3° Guy de Lubersac, recteur de Saint-Avit, également tuteur des enfants de son frère.

XI. — Jean de Lubersac, deuxième du nom, Sgr dudit lieu, du Verdier, etc., reçut reconnaissance le 22 février 1497, de la maison de l'archiprêtre de Lubersac, comme héritier de Jean, son père.

Jean de Pompadour avait acheté, en 1490, la terre et baronnie de Bré, que Philippe, roi de France, avait donnée en 1317, à Henri de Sully, son grand bouteiller. Depuis cette époque, il n'y eut pas d'exaction dont il n'usa envers des seigneurs, ses voisins, et entre autres, envers ceux de Lubersac. Le 17 août 1498, il prétendit avoir droit de percevoir sur le lieu de Lubersac, appartenant à Jean de Lubersac, Sgr du Verdier, une rente de 30 sous en argent, et de vingt setiers de blé, en vertu de lettres obtenues par lui, en 1494 et 1496. Si on avait négligé de les percevoir, disait-il, c'était seulement à cause de son affection pour ledit de Lubersac.

Pour résister à ses prétentions, Jean de Lubersac en avait appelé au roi et à son chancelier. Il en obtint sentence au mois d'octobre 1497, déclarant ladite seigneurie, avoir été, de tout temps, possédée par le Sr de Lubersac, libre de toute redevance.

Là dessus, nouveaux procès intentés par ledit baron, devant le sénéchal de Limoges, qui rejette des lettres de 1496, et admet celles de 1497, présentées par Jean de Lubersac. Quant à celles de 1494, ledit baron devra en prouver l'authenticité. Jean de Lubersac, déclara alors s'inscrire en faux contre ces dernières lettres fabriquées par le Sr Maulcor, serviteur de Jean de Pompadour, demeurant avec lui et nullement notaire public comme il en prend la qualité. Il ajoutait que, sachant très bien qu'elles étaient fausses, Jean de Pompadour, quand il en fit faire l'extrait pour répondre à ses contredits, au lieu de l'assigner (afin de constater la fidélité de l'extrait sur l'original) à Limoges ou en tout autre lieu sûr, où il se serait rendu, l'avait assigné à Pompadour, où il savait bien qu'il n'irait pas, car de jour en jour il menaçait de le tuer ou de le faire tuer. Dès lors, il avait pu faire del extrait que bon lui semblait, qu'au surplus, puisqu'il prétendait lui avoir vendu ces rentes moyennant 97 écus d'or, il ne pouvait plus les réclamer. Il déclare également fausse une autre lettre de 1482, faite par ledit Sr Maulcor, et extraite de ses prétendus papiers en 1500. La mauvaise foi du Sgr de Pompadour, ayant été reconnue, la vente ne fut pas payée. Non content de vouloir s'approprier des rentes qui ne lui appartenaient pas, il voulut contraindre à l'hommage, comme baron de Bré, les gentilshommes tenant noblement dans les environs de ladite baronnie.

Le château de Bré était une des principales forteresse des vicomtes de Limoges, où les Sgrs voisins, entre autres ceux de Lubersac, leur rendaient hommage. Cette baronnie étant devenue du domaine royal, ils rendirent hommage au roi. En 1317, Philippe-le-Long la donna à Henri de Sully, alors les Sgrs susdits lui refusèrent leurs hommages. Les choses en restèrent là, jusqu'en 1490, année où Jean de Pompadour acheta cette baronnie. Il présenta alors un mémoire au Parlement de Bordeaux en 1500, disant que Philippe-le-Long, en donnant cette baronnie à Henri de Sully, lui accorda également les hommages des S^{grs} qui relevaient de lui, et que c'est pour cela que les S^{grs} suivants : Aimeric de Mauso, chevalier ; Faucher de Saint-Hylaire, chevalier ; Guillaume de Radulphe, chevalier ; Othon de Bré, damoiseau ; Gérald de Jougnac, damoiseau ; Etienne de Vars, damoiseau ; Audoin et Bernard de Pérusse, Jean de Vigier, Jean de Bonneval, Denise de Leymarie, Jeanne et Guy d'Ademar, etc., firent hommage à Henri de Sully, en qualité de baron de Bré, et furent ainsi quittes de l'hommage dû au roi de France.

Mais si cet hommage les tint quittes de celui qu'ils devaient au roi, répondirent les adversaires, c'est une preuve de plus que l'hommage était dû au roi et que ce n'est que comme à son représentant que les S^{grs} susdits ont rendu hommage à Henri de Sully.

En 1411, offres d'hommages avaient été faites aux assises de Bré, par noble Pierre Cotel, Jacques de Livron, Golfier et Helie pour lui et ses frères, Golfier de Lubersac, Guy de La Faurie, comme procureur du S^{gr} des Cars, Jean de Coux, Guy de Corbier, etc., mais elles n'avaient pas été admises, sans doute parce qu'elles contenaient cette restriction que c'était comme représentant du roi qu'on rendait hommage au baron.

Jean d'Helie de la maison de Pompadour, S^{gr} de Colonges, refusa l'hommage. Ses biens furent saisis. Les choses en étaient à tel point que le roi de Navarre, vicomte de Limoges, crut devoir intervenir, disant que Bré relevait de la vicomté de Limoges et s'opposant formellement à ce que les gentilshommes, habitants en cette châtellenie, rendissent hommages à d'autres qu'à lui-même, comme relevant directement de la vicomté de Limoges.

Malgré ces protestations et l'intervention directe du roi de Navarre, le Parlement de Bordeaux prononça un arrêt, le 19 mars 1504, par lequel « considérant que les S^{grs} voisins de Bré, rendaient hommage au vicomte de Limoges dans ce château, que plus tard appartenant au roi, ils y rendirent hommage au roi, qu'ainsi Bré retint leurs hommages, qu'en conséquence les hommages devaient être rendus à Bré, quel qu'en fut le S^{gr}. » Par ses considération « condamne les S^{grs} de Bonneval, de Cotel, de La Tour de Livron, de Jougnac, de Lubersac, de Breuil, de Pérusse des Cars, etc., à rendre hommage au baron de Bré, pour raison des fiefs, cens, et rentes, repaires et autres choses qu'ils tenaient en ladite baronnie, et dans les paroisse de Beynac et de Saint-Sornin. »

L'année suivante, Jean de Lubersac offrit de faire hommage audit baron « avec protestation et sans préjudice de l'erreur qu'entend proposer le roi de Navarre, vicomte de Limoges, à laquelle erreur ledit de Lubersac dit entendre, soi adjoindre et adhérer à icelle. » Ces offres furent admises le 19 février, et Jean de Lubersac assisté de noble et puissant Léonard de Saint-Chamans, son futur beau-père, de Pierre de La Porcherie, S^{gr} dudit lieu, de Jean de Faucher, S^{gr} de Marcillac, rendit hommage audit baron avec cette qualification : « S^{gr} du lieu et la paroisse de Lubersac. *Dominus loci et parrochiæ de Luberciaco.* »

Voulant en quelque sorte protester contre cette décision, François, fils de Jean, rendit hommage au roi de France, vicomte de Limoges en 1541.

Non content de tous ces procès et vexations, les barons de Bré voulurent s'emparer de la viguerie de Lubersac (1500). C'est alors que trente-huit témoins attestèrent, devant le sénéchal de Limoges, que Jean de Lubersac et ses ancêtres avaient toujours joui du droit de viguerie sur le bourg et la paroisse de Lubersac, celui de percevoir quatre deniers sur chaque charge de blé se vendant à Lubersac, un droit sur le sel, sur l'huile, etc., celui d'avoir la tête et les quatre pieds de bœuf se tuant à Lubersac pendant l'Avent, le droit d'imposer une amende à ceux qui se servaient de faux poids ou de fausses mesures, sans le concours des officiers de la baronnie de Bré. Pour réfuter ces témoignages, le baron de Bré commençait par entrer dans les détails de la vie privée de chaque témoin et finissait par ce dilemme : « Les déposants qui sont de Lubersac, et parconséquent sous l'influence de Jean de Lubersac, ne disent pas la vérité, ceux qui sont des localités étrangères ne peuvent la savoir, tous font donc un faux témoignage. » La sénéchaussée de Limoges maintient tous les droit de Jean de Lubersac, mais harcelé de nouveau par les barons de Bré, dont la puissance augmentait tous les jours de même que les possessions territoriales, il passa amiablement avec eux ; sept ans plus tard. (30 mars 1507), une transaction par laquelle il est maintenu dans ses droits de viguerie sur le bourg et sur la paroisse de Lubersac ; mais ne pourra faire plus ample forteresse que celle qui existe déjà en son château du Verdier.

C'est ainsi que la maison de Lubersac perdit une partie de ses prérogatives, après avoir perdue une grande partie de sa fortune lors de la bataille de Poitiers.

Jean de Lubersac mourut *ab intestat* dans les premiers jours de janvier 1510 ; quatre ans avant, il avait épousé (0 août 1506) demoiselle Marguerite de Saint-Chamans, fille de noble et puissant Léonard de Saint-Chamans, Sgr dudit lieu et de Marchais, au diocèse de Tulle, et Sgr de Montmège, du diocèse de Soulat et de dame Jeanne de Royère. De Saint-Chamans porte : *de sinople à trois fasces d'argent au chef engrelé de même*. Le contrat de mariage est suivi de la quittance de Marguerite de Saint-Chamans et de Jean Lubersac, son mari, à leur père et beau-père de la somme de 450 livres d'or tournois, en déduction de celle promise par ledit contrat de mariage, Jean est qualifié, dans cet acte, Sgr de Lubersac et du Verdier. Il eut de ce mariage :

1° François de Lubersac, premier du nom, qui suit ;

2° Souveraine de Lubersac, mise à l'âge de deux ans sous la tutelle de sa mère, le 13 mai 1510 ;

3° Françoise de Lubersac, qui était âgée de quatre mois quand elle fut mise sous la tutelle de sa mère et de ses oncles, en 1510. Elle épousa le 19 octobre 1533, noble et puissant Léonard de Jougnac, Sgr de Forsac, en Limousin, dont elle eut deux filles ; l'une qui épousa Léonard de Pérusse des Cars, Sgr de Saint-Bonnet, l'autre, messire de la Baume, connu depuis sous le nom de Forsac, Sgr de Saint-Germain, en Périgord. Ainsi s'éteignit l'ancienne maison de Jougnac de Forsac, qui possédait en 1292, une partie de la seigneurie de Pierrebuffière. Catherine de Jougnac, dame des Cars, de Saint-Bonnet, fille de Françoise de Lubersac, dame de Forsac, acquit en 1597, divers droits seigneuriaux de la dame de Pompadour, pour éteindre une dette contractée par Geoffroi de Pompadour, en 1567, envers ladite dame Françoise.

XII. — François de Lubersac, premier du nom, Sgr de Lubersac, du Verdier, du Leyris, de la Reynie, etc., n'avait que trois ans quand son père mourut, le 13 mai 1510. Le conseil de famille se réunit au château du Verdier, et sur la demande de noble et puissant Léonard de Saint-Chamans, son grand-père, de Jean de Royère, Sgr de Lom et de plusieurs autres parents, Marguerite de Saint-Chamans, sa mère, fut nommée sa tutrice, ainsi que de ses deux filles Souveraine et Françoise, conjointement avec Gervais de Lubersac, prieur de Sainte-Croix d'Olonne, et Guy de Lubersac, recteur de Saint-Avit, ses beaux-frères, ladite dame de Saint-Chamans, interpellée si elle voulait prendre la charge et administration des personnes et biens desdits mineurs, a répondu : « Oui, volontiers, attendu l'amour que j'avais pour mon feu mari, et celui que j'ai pour mes enfants. »

Depuis ce moment, nombre d'actes sont passés à Lubersac, par Guy et Gervais de Lubersac, et Marguerite de Saint-Chamans, leurs tuteurs. Ils arrentent, le 13 mai 1514, une terre au Malacoux, avec rentes portables au Verdier (*ad castrum sive reparium nobile deu Verdier.*) Ils concèdent, moyennant 100 livres tournois, à Antoine Noalhas, la permission de construire un four dans sa maison, rue de Guindrauderie, pour cuire ses pâtes seulement, avec défense d'y cuire celles d'aucun autre habitant de Lubersac (17 juillet 1517.)

L'an 1522 (14 avril), François de Lubersac, n'étant âgé que de seize ans, était sur le point de partir pour le service du roi, sous la conduite de noble et puissant Robert de Montal, baron de Roquebrou, seigneur de Carbonnières. Comme il avait plusieurs procès, tant à Bordeaux qu'en d'autres Parlements, et pardevant divers juges subalternes, il demanda à la cour de Mauriac, où il se trouvait alors, de lui nommer pour curateur Guy de Lubersac, son oncle et tuteur, ce qui lui fut accordé.

Le 12 octobre 1527, il assistait aux promesses de mariage de François de Pompadour, fils d'Antoine, avec demoiselle de Longepierre, en Bourgogne, de même qu'au mariage de Marguerite de Comborn avec Jean de Tersac. Guy, son tuteur et curateur, accordait à Jean Dubois, notaire à Lubersac (18 novembre 1529), à cause de sa seigneurie de Lubersac, et ayant droit de tenir un seul moulin et four banaret audit bourg, la même autorisation que celle concédée en 1517 à Antoine Noalhas. Au nom de François, son neveu, Guy affermait en 1531 partie des droits de viguerie, que François donnait lui-même à bail en 1537 et les années suivantes. Enfin il rendit hommage au roi, vicomte de Limoges, en 1541.

Les titres seigneuriaux de Lubersac ayant été perdus, « durant les guerres, divisions, mortalités et autres inconvénients qui ont eu cours au royaume et mêmement au pays et duché de Guyenne », plusieurs personnes, tant nobles que roturières, refusaient de rendre foi et hommage, de se faire inscrire sur les terriers, de faire connaître les cens et rentes et devoirs auxquels elles étaient tenues; plusieurs même s'étaient emparé de la propriété des fiefs et héritages, qu'ils refusaient de restituer, alléguant la prescription. Sur cet exposé de François de Lubersac, le Parlement de Bordeaux rend une ordonnance, le 5 février 1544, par laquelle il est enjoint au sénéchal du Limousin de nommer un notaire, où chaque tenancier devra, sans délai, se faire inscrire sur les terriers, déclarer les charges de ses héritages, les acquitter, quand même depuis trente ans ils s'en seraient exemptés; enfin, de rendre foi et hommage, le tout à peine de la saisie et vente de ses biens.

Il reçut une grande quantité de reconnaissances, parmi lesquelles on remarque celles des Messieurs des Cars de Saint-Bonnet et de Royère de Lom, en 1553, pour leurs maisons rue de Lauteyrie, celle pour la maison de l'archiprêtre, en 1561, etc. François de Lubersac fit son testament au château du Verdier le 25 janvier 1571. Il déclara vouloir être enterré en l'église de Saint-Étienne de Lubersac, aux tombeaux de ses ancêtres, et dit avoir eu de Françoise de Rastignac, sa femme, Guy, Jacques, François, Léonard, Suzanne, Marguerite et Catherine de Lubersac. Il nomme Guy, l'aîné, son héritier universel, fait des legs particuliers à ses autres enfants; veut que la pension de Suzanne, religieuse à l'abbaye de la Dorade, soit augmentée; confirme la donation faite à sa femme, et lui laisse, en outre, les métairies de la Rivière et de la Reynie, paroisse de Lubersac, et les vignes, paroisse de Chabrignac. A Charlotte, bâtarde, il abandonne une somme d'argent, payable quand elle sera en âge d'être mariée; à Germain, bâtard, il veut qu'on lui paye ce qui lui est dû. Il termine en nommant exécuteurs testamentaires les seigneurs de Rastignac et de Saint-Vaussille. Il mourut cette même année, âgé de soixante-cinq ans. A partir de ce moment, sa femme s'occupa de la gestion des biens de ses enfants, et passa en cette qualité nombre d'actes jusqu'en l'année 1575.

Il avait épousé, l'an 1532, demoiselle Françoise de Chapt de Rastignac, fille de noble et puissant Jean de Chapt de Rastignac, troisième du nom, S^{gr} de Rastignac, du Pouget, de Jalhes, de Saint-Rabier, etc., coseigneur de Sivrac, et de dame Marguerite de Serval, dame dudit lieu de Ciourac, en Périgord. Chapt de Rastignac porte : *d'azur au lion d'argent urmé, lampassé et couronné d'or*. Françoise fit son testament à Lubersac, en la maison de Saint-Avit, le 20 juillet 1582. Elle y ordonne que son corps soit inhumé au tombeau de feu François de Lubersac, son mari, à Saint-Étienne de Lubersac; fait des legs à Guy, à Marguerite, demoiselle de Mavaleix, et à Catherine de Lubersac, mariée au S^{gr} de Bertas, et nomme ses héritiers par égale portion : François de Lubersac, S^{gr} de Saint-Julien, et Léonard de Lubersac, dit le chevalier de Montizon, ses enfants; mais elle fit un second testament, le 12 février 1588, par lequel, au lieu de nommer ces deux derniers ses héritiers universels, elle donne cette qualité à Guy, son fils aîné. De ce mariage sont nés :

1° Guy de Lubersac, qui suit ;

2° Jacques de Lubersac, S^{gr} de Noujan, qui fut légataire d'une somme d'argent par le testament de son père du 25 janvier 1571. Il habitait au château du Verdier ; il fit deux acquisitions, l'une le 26 juin 1571, l'autre le 7 octobre 1574. Il n'existait plus le 8 novembre 1578 ;

3° François de Lubersac, auteur de la branche des S^{grs} de Chabrignac et de Saint-Julien, rapportée ci-après, § VIII ;

4° Léonard de Lubersac dit le chevalier de Montizon, qui a fait un rameau qui sera rapporté ci-après, § VII ;

5° Suzanne de Lubersac, religieuse à la Dorade, à Toulouse, mentionnée dans le testament de son père ;

6° Marguerite de Lubersac, mariée, le 31 août 1575, à Jean de Garebœuf, écuyer, S^{gr} de Masvaleix, en Périgord ;

7° Catherine de Lubersac, qui épousa le S^gr de Bertas. Elle est rappelée dans le testament de sa mère.

Et Germain de Lubersac, bâtard, archer dans la compagnie de Lavauguyon en 1544;

Charlotte de Lubersac, bâtarde.

Ces deux derniers sont mentionnés dans le testament de leur père.

XIII. — Guy de Lubersac, seigneur dudit lieu, du Verdier, de la Reynie, du Leyris, capitaine de cent hommes d'armes et ami d'Henri IV, naquit l'année 1539. Il servait, suivant montre du 2 juin 1566, dans la compagnie de M. de Lavauguyon, en qualité d'homme d'armes, et recevait, comme lui, une somme de 400 livres tournois par an.

En 1569, le parti huguenot se renforçait tous les jours. Le duc des Deux-Ponts vint en Limousin rejoindre l'amiral de Coligny. L'armée du roi, au contraire, diminuait considérablement. C'est alors que Catherine de Médicis arriva à Limoges. Elle y donna plus de belles paroles que d'argent aux officiers et aux troupes; mais sa présence ne servit pas peu à les tenir dans le devoir, leur promettant que bientôt elles seraient payées et renforcées par de grands secours qui leur arriveraient d'Allemagne, d'Italie et de Flandre.

C'est dans ces circonstances qu'elle écrivit de Limoges, le 21 juin 1569, au cardinal de Guise, la lettre suivante, dont elle chargea Guy de Lubersac, afin de hâter l'arrivée des troupes de secours, et de demander, pour lui, au roi son fils, un grade distingué dans cette armée :

« Mon cousin, je vous envois par ce présent porteur un discours des particularités de nos affaires. J'espère que cette depesche vous trouvera encore assez tost pour pouvoir haster la venue des quatre mille arquebusiers, que Monsieur, mon fils, le roi catholique, vous a fait enfouir (conduire), par le jeune Villeclerc. L'état des forces du duc des Deux-Ponts, qui s'est joint avec l'amiral, nous fait grand et pressant besoin de ces services, comme bien le devez voir. Mon cousin, je vous veux encore faire recommandation pour ce gentilhomme, présent porteur, nommé Guy de Lubersac, gentilhomme et bien né, et de bonne maison, pouvant mériter la grâce que je vous prie pour lui, demander au roi catholique, qui est de nous le vouloir renvoyer dans ces troupes de secours, avec grade honorable, que pour estre fidèle et toute sa maison, au service du roi, mon fils et de moy. Je désire infiniment lui soit auctroyé, et m'assurant que n'épargnerez peine pour l'amour de moi, je prieray Dieu qu'il vous conserve.

« De Limoges, le 21ᵉ jour de juin 1569.

» Votre bonne cousine,
» CATHERINE. »

Quatre jours après (25 juin), la bataille de La Roche-l'Abeille fut donnée et perdue, les troupes n'étant pas arrivées à temps. Les protestants se dispersèrent alors en Limousin, où ils restèrent trois mois, après lesquels d'autres dangers les appelèrent ailleurs. Mais vaincus après la bataille de Montcontour, ils reparurent en Limousin et occupèrent les châteaux de Lubersac, de Juillac et les lieux voisins les mieux fortifiés. La guerre civile était une rage, comme un feu qui brûlait et embrasait toute la France. Sans doute le château de Lubersac fut occupé par les protestants en l'absence de Guy, qui servait dans le parti catholique, auquel lui et toute sa maison étaient dévoués.

En 1571, il assistait au siége de Saint-Jean d'Angely.

Le Limousin était toujours déchiré par les guerres de religion. « Guy de Lubersac avait toute sa vie porté les armes pour le service du roi, comme faisait de présent (5 juillet 1586), étant en l'armée du maréchal de Montignon. » Néanmoins, tous ses biens furent saisis par le procureur du roi de Limoges, qui y établit des commissaires, sous prétexte qu'il n'avait pas fait profession de foi catholique, apostolique et romaine. A la requête et protestation de Gabrielle d'Helie Pompadour, sa femme, le lieutenant du sénéchal de Limoges reconnaît que lui et les siens sont dans la religion catholique, lève le sequestre mis sur ses biens, et ajourne à trois mois sa profession de foi.

L'année suivante, à la tête de sa compagnie, il forma le projet d'enlever une place de la province. Il fut blessé dans l'action. A cette nouvelle Henri IV lui écrivit à Lubersac, où il faisait panser sa blessure, vers le 10 avril 1587 :

« Monsieur de Lubersac, j'ai entendu par Boisse, des nouvelles de votre blessure, qui m'est un extrême deuil. Dans ces nécessités un bras comme le vôtre n'est de trop dans la balance du bon droit, haster donc, de l'y venir mettre et de m'envoyer le plus de vos bons parents que vous pourrez. D'Ambrugeac m'est venu joindre avec tous les siens, château en crouppe s'il eût pu. Je m'assure que vous ne serez des derniers à vous mettre de la partie, il n'y manquera pas d'honneur à acquérir et je sais votre façon de besogner en telle affaire.

» Adieu donc, et ne tardez, voici l'heure de faire merveilles.

» Votre plus assuré ami,
» HENRY. »

Quel est le baume comparable à une lettre comme celle-là. Le lendemain la blessure de M. de Lubersac était guérie.

« J'ai été très ayse d'entendre par le Sr de Lubersac, écrit le mois suivant Henri IV à M. de Chanaleilles, la bonne assistance que vous lui avez faite dans son entreprise, etc., etc. » Le Sr Chanalielles était capitaine d'une compagnie de cent hommes de pied, ce qui lui avait permis de donner à M. de Lubersac, l'assistance dont le roi de Navarre le remercie. On ne peut préciser l'entreprise de Guy de Lubersac, mais étant alors en Limousin, il s'agit de la prise d'une place forte de cette province.

Catherine de Navarre, sœur d'Henri IV, qui savait quelle confiance et quelle affection son frère avait pour Guy de Lubersac, lui écrivait afin d'obtenir par son entremise, ce qu'elle pouvait désirer pour le gouvernement du Béarn et de la Navarre, qu'Henri IV lui avait remis pendant son absence.

« Monsieur de Lubersac, je vous envoye le pouvoir que le roi, Monsieur mon frère, avait signé lorsqu'il était ici, afin que vous me fassiez le plaisir de lui faire voir et que par votre moyen, je sache qu'elle est sa volonté, et comme il lui plaist, que soulz son bon plaisir, j'agisse en conséquence, de quoy je vous prie, l'assurer en le lui faisant voir, et vous déclare qu'en ce que je pourrai vous témoigner la bonne volonté que je vous porte, vous me trouverez toujours pour votre amye qui prie Dieu, Monsieur de Lubersac, qu'il vous tienne en sa sainte garde.

» De Pau, le VIe jour de décembre 1587.

» Votre meilleure amye,
» CATHERINE DE NAVARRE. »

Cette lettre, comme on le voit, avait pour but d'obtenir d'Henri IV une rectification dans la procuration ou le pouvoir qu'il avait donné à sa sœur, pour gouverner le Béarn et la Navarre.

Trois ans plus tard (26 février 1590), il arrivait avec sa compagnie sur les murs de Chartres, que Henri IV assiégeait, ainsi que le mentionne la lettre ci-après :

« Monsieur de Briquemont, quatre jours après votre départ et le lendemain que nous venions d'investir Chartres, M. de Grammon, y arriva avec une compagnie de chevau-légers, arquebusiers à cheval, ce qui a un peu rassuré ceux de la ville et les fait chanter plus haut. Mais nous avons de quoi chanter plus haut qu'eux, c'est de quoi tirer près de trois mille coups de canon, que M. de Lubersac a ramené de Normandie sous l'escorte de sa compagnie, non sans s'alléger du grand poids en route. Ce ne sera besoin de toute cette musique pour leur ouvrir l'oreille, d'autant qu'il n'y a point d'indice de secours possible. Mais comme il vaut mieux prévoir en tous cas, je vous prierai, faire en sorte, en notre quartier, que chacun soit prêt à marcher au premier ordre. Ne manquer pas, en ce, de diligence, vous ferez chose agréable à votre affectionné maître et amy,
» Henry. »

» Du camp devant Chartres, le 26 février. »

Il était à Lubersac le 2 avril 1595, jour où il fit son testament au château du Verdier. Il nomme Gabrielle Helie de Pompadour, sa femme, dame maîtresse de tous ses biens et lui en laisse l'usufruit, tant qu'elle ne se remariera pas, à la charge de nourrir et entretenir leurs enfants. Il lui constitue pour douaire le repaire noble de La Reynie, le bois de Las Papetias, deux vignes dans le Bas-Limousin, dans le cas où elle n'accepterait pas la charge précitée. Il règle les constitutions dotales faites à Françoise, Judith, Anne et Suzanne de Lubersac, ses filles. Enfin, il nomme Jean son héritier universel, et veut, que s'il décède sans enfant mâle, un des fils de ses filles, en commençant par celui de l'aînée, porte le nom et les armes de Lubersac, et à leur défaut, il nomme son héritier universel, le fils aîné de François de Lubersac, Sgr de Chabrignac, et ce dernier, tuteur de ses enfants avec sa femme et son beau-frère, Charles Helie de Pompadour.

Le 26 avril 1597, Henri IV lui écrit à Lubersac, comme étant un des principaux membres de sa noblesse du Limousin, afin de reconnaître le duc d'Epernon, pour gouverneur de cette province et l'assister de tout son pouvoir.

« Monsieur de Lubersac, ayant donné le pouvoir du commandement de mon pays du Limousin, à mon cousin le duc d'Épernon, et le faisant présentement partir d'auprès de moi pour en aller prendre possession, j'ai pensé de faire une dépesche aux plus apparents de ma noblesse dudit pays, pour leur recommander de le recevoir et de le reconnaître en ladite charge, et vous tenant de ce nombre, je n'ai pas voulu oublier de vous écrire particulièrement, et vous prier de l'assister de tout votre pouvoir, tant au fait de son établissement audit gouvernement, qu'en toutes les autres occasions qui s'offriront par delà pour mon service, vous assurant que je vous en saurai très bon gré et le tiendray pour une des meilleures preuves, que vous me scauriez rendre de votre dévotion à mon service. Sur ce, je prie Dieu, Monsieur de Lubersac, vous avoir en sa sainte garde.

» Écrit à Paris, le 25e jour d'avril 1597.
» Henry. »

L'année suivante (15 mai 1598), Guy de Lubersac ajoutait un codicille à son testament de 1595, par lequel il augmentait les avantages faits à sa femme, en lui abandonnant de plus la maison de Saint-Avit, les rentes et revenus du Leyris, paroisse de Chambaret, le pré Mazelle, la vigne de Saint-Solve, etc., à Pierre Boisse (1), son serviteur, il lègue 12 livres et sa nourriture dans le château, sa vie durant. Il prie sa femme de rémunérer les gens de leur maison suivant leurs services, confirme le choix des tuteurs faits en son testament de 1595, et lègue 12 écus pour la réparation de Saint-Étienne de Lubersac et de la chapelle des tombeaux de ses ancêtres (où il fut enterré). Il ne put signer étant trop malade. En effet, il mourut trois jours après, le 18 mai 1598, âgé seulement de cinquante-neuf ans, mais vieux avant l'âge par ses blessures et fatigues de guerre.

On a de lui une quantité d'actes passés à Lubersac, où il revenait dans les moments de tranquillité qui lui permettaient de quitter l'armée. Il obtint, le 20 décembre 1574, une sentence de la sénéchaussée de Limoges, maintenant le droit de four-banal sur les habitants de Lubersac. Il racheta de Louis de Pompadour, en 1575, par puissance de fief, les rentes de La Rivière, vendues par ses ancêtres. Plein de respect et d'affection pour sa mère, Françoise de Rastignac, il passa avec elle une transaction à l'amiable par laquelle, interprétant le contrat de mariage de ladite dame et le testament de François de Lubersac, son mari, ils se firent l'abandon réciproque des immeubles y énoncés, pour en jouir de la manière portée auxdits actes. Le 17 novembre 1582, lui et Gabrielle, sa femme, d'une part, Charles Helie de Pompadour, leur frère et beau-frère, d'autre part, signèrent un accord mutuel mettant fin à leurs différends sur la constitution dotale promise à ladite Gabrielle par feu Poncet Helie de Pompadour, son père, et dame Philippe Pellegrue, sa mère. Ledit Charles promet de payer aux Sgr et dame de Lubersac, une somme moyennant laquelle ils renoncent, en sa faveur, à leurs prétentions sur la terre et seigneurie de Chabrignac, et de son côté, Charles leur abandonne, en plus, les terres et seigneuries de Teijac et d'Estuard.

Il afferma pour quatorze ans les fours banarets de Lubersac, le 7 mars 1591.

Nous avons vu qu'en 1544, la plupart des titres de propriété de Lubersac avaient été perdus dans les guerres de Guyenne, que les nobles et roturiers tenant fiefs et héritages de François de Lubersac, refusaient les droits qui en dépendaient, et que le Parlement de Bordeaux avait alors rendu une ordonnance pour les y contraindre.

Plusieurs vassaux ayant également refusé lesdits droits à Guy, son fils, des lettres de la chancellerie de Bordeaux furent rendues en sa faveur, le 9 juin 1591, pour ordonner aux huissiers à ce requis, de veiller à ce que tous les tenanciers du Sr de Lubersac lui acquittassent les cens et devoirs seigneuriaux, si non, de procéder à la vente de leurs meubles et immeubles, et à l'emprisonnement de leurs personnes.

En 1593, il assistait comme parent, ainsi que François de Lubersac, son frère, Sgr de Chabrignac, avec Charles de Carbonnières, Sgr de La Chapelle-Biron, Jean et Antoine du Saillant, Sgr de Vergy, au contrat de mariage de

---

(1) Sans doute le même dont il est question dans la lettre d'Henry IV de 1587.

Jeanne de Pompadour avec Jean de Souillac, S^{gr} de Montmege, etc. L'année suivante, il obtint du roi, l'établissement de quatre foires à Lubersac.

Il avait épousé, le 12 janvier 1564, demoiselle Gabrielle Helie de Pompadour, fille de haut et puissant S^{gr} Poncet Helie de Pompadour, S^{gr} de Colonges, du Bourdeix, de Puyagut, Teyjac, Sommenac et Chabrignac, et de dame Philippe de Pellegrue. Helie de Pompadour porte : *d'azur à trois tours d'argent posées 2 et 1*. Elle fut chargée d'administrer les biens de ses enfants avec François de Lubersac, S^{gr} de Chabrignac, leur oncle, après la mort de son mari arrivée en 1598. On a d'elle nombre d'actes depuis cette époque, jusqu'au 6 septembre 1617, où elle fit une donation à Jean et à Philibert de Lubersac, ses petits-fils. Au premier, qui est son filleul, elle donne tous ses droits sur la maison du Bourdeix, résultant des testaments de ses père et mère; au second, 4,500 livres tournois, qui lui seront payées par Jean sur le dit fief, quand il aura atteint l'âge de vingt-cinq ans. Elle fit son testament, le 8 avril 1619, par lequel elle déclare vouloir être ensevelie au tombeau de son mari, en l'église de Saint-Étienne de Lubersac. Elle dit avoir marié ses trois filles : Françoise avec le S^{gr} de Prade, Judith avec le S^{gr} de Boscombes et de Peyrissac, Suzanne avec le S^{gr} de Rilhac, et nomme Jean, son fils, son héritier universel. Les enfants nés dudit mariage sont :

1° Jean de Lubersac, troisième du nom, qui suit;

2° Françoise de Lubersac, mariée à messire Arnaud de Laplace, S^{gr} de Prade, en Périgord, mentionnée dans les testaments de ses père et mère. Cette maison porte : *d'argent à trois glands de sinople*. Elle était veuve en 1595, et vivait encore en 1619;

3° Judith de Lubersac, alliée à messire Antoine de Monroux, S^{gr} de Boscombes et de Peyrissac, nommé dans lesdits testaments. Elle vivait encore en 1619;

4° Anne de Lubersac, nommée dans le testament de son père, mariée, le 30 décembre 1595, au marquis de Vaux, fils de messire François de Vaux, S^{gr} de Tranchard, en Périgord, et de dame Antoinette de La Croix, morte sans enfants;

5° Suzanne de Lubersac, alliée le 3 décembre 1617, à messire Guillaume de Joussineau, Sr de Rilhac, fils de Roland de Joussineau, S^{sr} de Fayat, de Tourdonnet et d'Isabeau de La Foucaudie-Sanzillon. Joussineau porte : *de gueules au chef d'or*. Anne de Lubersac étant morte sans enfants, Suzanne obtint un arrêt du présidial de Limoges, le 11 avril 1631, augmentant ses droits de légitime. En vertu de cet arrêt, une estimation des biens composant l'héritage de Guy de Lubersac fût faite, le 14 août 1670, suivant leur valeur en 1598, date de sa mort, et déduction faite des sommes payées par ledit Guy, s'élevant à 55,233 livres. On trouva que l'actif en 1598 devait être de 63,997 livres tournois, sur lequel Marie de Joussineau, fille de Suzanne de Lubersac, mariée à Henri de Saint-Martial, baron de Couros, reçoit un supplément de légitime.

XIV. — Jean de Lubersac, troisième du nom, S^{gr} dudit lieu, du Verdier, du Leyris, de La Moneric et capitaine de cent hommes d'armes, taxa, le 5 novembre 1613, comme cela avait lieu tous les mois, par l'entremise de Charles Doneve, son procureur, les denrées qui se vendaient à Lubersac, et porta plainte en 1618, contre certains hôteliers qui vendaient le pain et le vin au-dessus de la taxe qu'il avait fixée. Il afferma la même année les droits de viguerie sur les mesures de blé et autres grains qui se vendaient à Lubersac, plus les fours banarets, rue Guindraudie, pour dix ans (1626). Le présidial de Limoges rendit en sa faveur, contre les bouchers de Lubersac, une sentence confirmant les droits de viguerie appartenant à ladite maison.

Jean de Lubersac avait reçu, le 8 février 1619, une commission de capitaine de cent hommes d'armes de nouvelle levée, sous la charge du vicomte de Pompadour, maître de camp et premier capitaine d'un régiment de dix compagnies de gens de guerre à pied.

Il fit son testament, le 11 août 1628, au château de La Monerie, par lequel il déclare vouloir être enseveli en l'église de Saint-Étienne de Lubersac, au tombeau de ses ancêtres. Il lègue 100 livres à chacun de ses enfants, Philibert, Rolland, Isabeau et Suzanne de Lubersac, 600 livres à leur précepteur, M. Gérald, enfin à Jean, son fils aîné, la totalité de ses biens. Il nomme Charlotte Chantois, sa femme, tutrice de ses enfants et le S^{gr} de Fayat, son beau-père (Jean Joussineau de Tourdonnet), et le S^{gr} de Peyrissac, son neveu, ses exécuteurs testamentaires. L'ouverture de son testament fut faite, le 21 mai 1631, époque à laquelle il mourut, âgé d'environ soixante-un ans.

Il aurait épousé au château de La Monerie, le 25 juillet 1617, demoiselle Charlotte de Chantois, fille de noble Jean de Chantois, S^{gr} de La Monerie, de Cieux et de Regnefort, et de dame Marguerite de La Foucaudie-Sanzillon. Chantois porte : *d'argent au chevron de gueules, accompagné de trois tourteaux de même, deux en chef et un en pointe.* Marguerite Chantois, sa sœur cadette, épousa en 1618, Jacques de Joussineau, S^{gr} de Fayat, de Tourdonnet, etc. La future reçut en dot la terre de La Monerie et ses dépendances. Jean, outre l'hérédité de son père, reçut de Gabrielle Helie, sa mère, une somme de 3,000 livres, plus la moitié de tout ce qu'elle pourrait prétendre à la succession de haut et puissant Charles Helie, son frère, S^{gr} de Colonges, de Nontron, etc.; à la condition que son fils ne pourra la rechercher, pas plus que François de Lubersac, S^{gr} de Chabrignac, dans l'administration de leur tutelle.

En 1631, le 10 juillet, la généralité de Limoges rendit une sentence sur la recherche de la noblesse du Limousin, prouvant que la maison de Lubersac était noble d'origine et jouissait depuis l'an 1100 des privilèges attachés à cette qualité, suivant les preuves faites également en 1599, devant M. Marillac, par Jean de Lubersac, père de Philibert.

Charlotte de Chantois, administrant les biens de ses enfants, convint avec les prêtres formant la communauté de Lubersac (7 septembre 1639), qu'ils célébreraient à perpétuité au grand autel de Saint-Étienne de Lubersac, trois services par an pour le salut des seigneurs et dame de Lubersac; les 3 mars, 4 juillet et 5 novembre, suivant donation des prés clauds qui leur avait été faite, le 1er février 1429, par Golfier de Lubersac. Elle permit à Jean Bourboulon, régent à Lubersac (1641), d'ouvrir des fenêtres sur la nougerade de la dame de Lubersac jusqu'à prohibition de sa part.

Enfin elle fit son testament, le 30 mai 1654, au château du Verdier. Elle y demande à être ensevelie au tombeau de Jean, son mari, dont elle a eu six enfants : Suzanne et Isabeau de Lubersac, religieuses au monastère de

Sainte-Claire de Limoges, auxquelles elle a donné leur légitime, et quatre fils : Rolland, Pierre, Jean, religieux au couvent des Récollets de Limoges, et Philibert qu'elle nomme son héritier universel. Elle lègue aux deux premiers une somme de 6,000 livres tournois et nomme Charles de Lubersac, S^{gr} de Chabrignac, son exécuteur testamentaire.

Suit l'ouverture dudit testament, le 7 novembre 1654, au château de La Monerie, où elle mourut, faite par le juge de la dite seigneurie, en présence de Philibert, de Luce de Réal, sa femme, des S^{grs} de Puyraveau, du Leyris, de La Foucaudie et de Chabrignac.

Jean de Lubersac eut de ce mariage :

1° Jean de Lubersac, quatrième du nom, institué héritier universel par le testament de son père, du 11 août 1628. Il embrassa depuis l'état religieux, et est qualifié religieux profès d'abord au couvent de Notre-Dame des Anges à Toulouse, puis au couvent des Récollets à Limoges, sous le titre de père Séraphin, dans le testament de sa mère et dans le sien, du 29 avril 1631. Il y donne 6,000 livres pour construire un couvent de l'ordre des Récollets à Montauban, 1,800 livres pour un couvent du même ordre à Verdun, 1,200 livres au couvent du même ordre à Toulouse, 1,000 livres à M. Gérald, son précepteur, enfin il nomme Charlotte de Chantois, sa mère, son héritière universelle, avec substitution graduelle en faveur de ses frères Philibert, Rolland et Pierre;

2° Philibert de Lubersac, qui suit;

3° Rolland de Lubersac, S^{gr} de Puyravaud, qui reçut de Philibert, le 24 février 1656, une augmentation de légitime de 9,000 livres. Il avait épousé Charlotte de La Chétardie, dont il n'eût pas d'enfants;

4° Pierre de Lubersac, troisième du nom, qui a formé la branche des S^{grs} de Savignac, laquelle a continué la descendance des marquis de Lubersac rapportée ci-après, § V;

5° Isabeau de Lubersac, religieuse professe au monastère de Sainte-Claire de Limoges, sous le nom de Sœur-de-Saint-Paul;

6° Suzanne de Lubersac, religieuse professe au même monastère de Sainte-Claire de Limoges, sous le nom de Sœur-des-Anges.

XV. — Philibert de Lubersac, S^{gr} du dit lieu, du Verdier, de La Monerie, etc., reçut, le 6 septembre 1617, une donation qui lui fût faite par Gabrielle Hélie de Pompadour, son aïeule maternelle. En 1635, Etienne de l'Étang le remplaçait au ban et arrière-ban du Limousin, recommandé par Charles de Lubersac, S^{gr} de Chabrignac. Sa vie fut presqu'exclusivement consacré à reconstituer les droits de la terre de Lubersac.

En 1643 (6 octobre), fut rendue une sentence sur sa plainte, ordonnant que tous les faux poids et fausses mesures qui s'étaient introduits dans le commerce par la négligence du fermier de la terre seraient représentés, que les nouveaux seraient comparés aux anciens, et que les sceaux et armes du seigneur y seraient apposés, ainsi que sur les poids et aulnages. Mêmes ordonnances furent rendues en 1651, 1655, etc. La sénéchaussée de Limoges condamna (10 octobre 1648) François Bigorie, notaire à Lubersac, à démolir le four qu'il avait construit en sa maison, avec défense de cuire ailleurs que dans le four du seigneur, et à payer les droits accoutumés à peine de cent livres d'amende. Ledit François et le Sr Labonne, syndic de partie des habitants de Lubersac, en appelèrent au Parlement de Bordeaux, qui rendit un jugement, le 16 février 1660, déclarant le droit de four banal appartenir au Sr de Lubersac, et en conséquence, l'autorise à contraindre les habitants dudit bourg, tant ses tenanciers que ceux mouvants de la directité d'autres seigneurs, à cuire leurs pâtes à ses fours et de payer les droits accoutumés, à peine de 500 livres d'amende, à l'exception toutefois de ceux énoncés audit acte, qui ont prescrit cette obligation, ou ont obtenu le privilége de cuire chez eux, par suite des concessions faites par ledit de Lubersac et par ses ancêtres.

Ce jugement fut confirmé par arrêt du 14 avril de l'année 1660, et tous les habitants déclarèrent s'y soumettre le 25 juin de la même année. Il y avait trois fours banarets à Lubersac. Philibert avait affermé ceux de la rue du Peyrat en 1634, qui, outre la redevance, devaient cinq livres de sucre ; ceux de la rue de Guindraudie (1655) en devaient trois livres avec lesdites redevances.

Il avait droit, comme ses ancêtres, de percevoir une poule de fouage par chaque feu du bourg et de la paroisse. La Cour de Limoges condamna, en 1634, plusieurs habitants de Las Fargas qui avaient refusé ce droit. Même sentence contre les habitants de Charaneuve, du 25 mai 1655 ; contre ceux du village de Leyssene, du 19 février 1657, etc.

La Cour sénéchale condamna également (31 mai 1654) Louis Chapoulon, hoste de Lubersac, à payer à Philibert deux pintes de vin, suivant la taxe fixée sur chaque hoste dudit bourg, et Jeanne Moureau, hostesse de Lubersac, fut condamnée à 50 livres d'amende (9 août 1663) pour avoir mis son vin au-dessus de la précédente appréciation, ladite amende applicable moitié au seigneur, moitié aux réparations de l'église.

Le 12 août 1655, il passa bail des droits de viguerie sur la mesure du blé, du sel, de l'huile, sur la vaisselle de terre et de bois, les aulnages de drap, de toile, etc..., sans y comprendre les autres droits. Il reçut reconnaissance, le 8 février 1659, d'une pinte d'huile, comme tous les autres marchands la devaient par an. Trois hostelleries de Lubersac furent condamnées par la Cour de Limoges, en 1659, pour refus dudit droit. En conséquence, trois marchands oliviers de Lubersac reconnurent devoir à Philibert de Lubersac, l'année suivante (2 février), les arrérages de cinq années d'une pinte d'huile par an, et ledit seigneur consentit à ce qu'ils continuassent à vendre l'huile sous la halle, à la charge par eux de lui payer ledit droit, moitié le premier mercredi de l'Avent, et moitié le premier mercredi de Carême.

Il donna quittance d'une somme de 10,000 livres (29 septembre 1648) à Philibert Helie de Pompadour, S^gr de Laurière, du Bourdeix, etc., qui lui devait 36,000 livres, comme complément d'hérédité de sa grand'mère, Gabrielle Helie de Pompadour. Par le même acte, il compte ladite somme à Rolland de Lubersac, son frère, pour l'acquit d'un legs testamentaire de leur père.

Enfin, il fit son testament le 9 septembre 1659 : « Indisposé de longues années », dit-il, il demande à être enseveli dans le chœur de Saint-Etienne, aux tombeaux de ses ancêtres; donne à la communauté de Lubersac, outre les bienfaits qu'elle a reçus de ses pères, la métairie de Lachaud, paroisse de Troche, à la condition de faire trois services par an pour le repos de son âme, de dire une messe par semaine, et d'entretenir d'huile la lampe devant le Saint-Sacrement ; aux Carmes déchaussés de Limoges, 300 livres ;

à l'hôpital de Saint-Gérald de Limoges, même somme; à Gautier, prêtre de Ségur, 40 livres de rente viagère. Il dit avoir eu de dame Luce de Réal, sa femme, cinq enfants, qui sont : François, Pierre, Charlotte, Marie et autre Charlotte, morte jeune. Il nomme François, l'aîné, son héritier universel, avec substitution en faveur de Pierre, son second fils, à qui il donne 24,000 livres. A défaut d'hoirs mâles, il veut que ses biens passent à Charlotte, dame de Chasseneuil, qui, dans ce cas, donnera 6,000 livres aux Carmes déchaussés de Tulle, pour construire l'église et le monastère dont il sera déclaré fondateur, et ses armes seront mises dans l'église et dans le cloître. Plus, même somme de 6,000 livres à l'hôpital général de Limoges. Il donne l'administration de ses biens à sa femme, et nomme pour exécuteurs testamentaires les S^{rs} de La Prade et de Fayat, ses cousins. Scellé de ses armes. Il mourut en 1665, âgé d'environ cinquante-trois ans.

Il avait épousé, par contrat du 31 juillet 1641, passé à Angoulême, et dans lequel il est qualifié « haut et puissant seigneur », demoiselle Luce de Réal (1), fille de défunt haut et puissant César de Réal, S^{gr} de Champagnac, en Périgord, d'Anjac, en Saintonge, baron de Mornac, et de dame Louise Beaudouin de Fleurac (2). Ses oncles et curateurs, haut et puissant S^{gr} Charles de Chenel, S^{gr} de Château-Chenel; Léon Beaudouin de Fleurac, S^{gr} dudit lieu, lui constituèrent en dot une somme de 60,000 livres qui serait employée à l'acquisition d'une terre en Angoumois. Son douaire est fixé à 2,000 livres de rente. La seigneurie du Verdier et le quart de celle de La Monerie forment la dot de Philibert de Lubersac. Le 20 avril 1684, Jean-Louis, baron de Mornac, fut condamné à payer à Pierre de Lubersac, son cousin germain, une somme de 23,700 livres, restant due sur ladite constitution dotale, avec intérêts.

Luce de Réal, après la mort de son mari, fut nommée curatrice de François de Lubersac, âgé de dix-sept ans, et de ses autres enfants (8 juillet 1665). Depuis cette époque jusqu'en décembre 1679, où elle mourut, on a d'elle une grande quantité d'actes.

Henri d'Aguesseau, chargé par le roi de la vérification des titres de noblesse dans la généralité de Limoges, lui donna assignation, le 14 décembre 1666, pour les preuves de noblesse de la maison de Lubersac, dans laquelle elle est maintenue par ordonnance dudit d'Aguesseau du 22 du même mois. La généalogie faite devant lui commence ainsi :

« L'ancienneté du nom de Lubersac est prouvée par l'histoire chronologique de Limoges. Elle rapporte qu'un loup désolait le pays et mangeait quantité d'hommes, femmes et enfants; que plusieurs fois on avait tenté de

---

(1) La maison de Réal, dont le nom patronimique est de Boscal, est originaire du Languedoc et possédait les seigneuries de Champagnac, en Périgord, d'Aujac, en Saintonge, et la baronnie de Mornac, audit pays. Elle est alliée aux maisons les plus distinguées du Périgord et du Limousin, et porte *de gueules au chêne d'argent, surmonté d'une fleur de lys d'or*. (V. *Nobil. de La Rochelle*, T. XI, de Laisné, et *Nobil. du Poitou*, T. I, p. 398.)

(2) L'an 1581, Alain Baudouin, S^{gr} de Fleurac, de Pellegrain, gentilhomme ordinaire de la chambre du roi Henri IV, fils de François Beaudouin, seigneur desdites terres, et de Catherine Tizon d'Argence, épousa Françoise de La Rochefoucault (COURCELLES, T. VIII, LA ROCHEFOUCAULT, p. 105. — Un extrait de la généalogie de cette maison est au tome 1 du *Nobiliaire du Poitou*). Elle porte *d'argent au chevron brisé de gueules, accompagné de trois hures de sanglier arrachées de sable mirées et allumées du premier*.

le tuer, sans pouvoir y parvenir; qu'enfin un damoiseau entreprit de le combattre Il le guetta, et, l'ayant vu monter sur un rocher, il le suivit, le combattit et le perça d'une flèche. Il était encore si furieux qu'il aurait été vainqueur, si ledit damoiseau n'eût eu l'adresse de lui donner un coup d'épée dans la gueule qui lui perça le gosier. Comme il n'y avait pas alors de nom fixe, il prit celui de *Loupperça*, et pour armes, *un loup d'or percé d'une flèche au champ de gueules.* »

Jean de Pompadour remboursa à Luce de Réal, en 1668, 4,000 livres qu'il lui devait. Elle obtint, le 17 septembre 1669, un arrêt contre Pierre Valeu, curateur aux successions de feu François et Charles de Lubersac, Sgr de Chabrignac, d'où naquirent ses différends avec la dame de Chabrignac, rapportés à la branche desdits Sgrs. Le 12 février 1672, la Cour de Limoges rendit une sentence enjoignant à quarante-six habitants des villages de La Chaud, de La Bordas, de La Morenie, de La Faucherie, de lui payer le droit de poule de fouage par chaque feu vif.

Le 30 juin 1673, elle afferma, en qualité de tutrice de ses enfants, les droits de viguerie, dans le bourg de Lubersac, sur les merciers qui tiennent bancs tant sous la halle que dans d'autres lieux publics, sur les oliviers qui vendent l'huile audit bourg, sur les sabotiers, marchands de drap, de toile, etc., plus la nougerade de ladite dame, sans y comprendre les droits sur les bouchers. Elle remit à Pierre de Lubersac, son second fils, François l'aîné étant mort (8 février 1675), tous les biens composant l'hérédité de son père, avec réserves stipulées dans son contrat de mariage. Elle passa une transaction, le 10 avril 1679, comme tutrice de Pierre de Lubersac, son fils, avec Léonarde Leyssene, veuve de Jean Daudaleix, boucher à Lubersac, par laquelle cette dernière s'engage à payer une certaine somme à ladite dame chaque mardi-gras qu'elle tuera bétail sous la halle de Lubersac, sans préjudice des autres devoirs, qui sont la tête et les langues du bétail bovin que les bouchers tuent à Lubersac pendant le mois de décembre. Enfin elle donna procuration à Philibert de Joussineau, marquis de Fayat et de Tourdonnet, pour conclure le mariage de son fils avec Jeanne d'Estourneau, se réservant son habitation dans le château du Verdier, 12,000 tournois de rente pendant cinq ans, et 20,000 livres ensuite, abandonnant tous ses droits à son fils, tant sur ses biens que sur ceux de son mari. Elle fit son testament olographe le 4 octobre 1687, donnant 200 livres pour dire des messes pour le repos de son âme, pareille somme à sa fille, religieuse, et veut qu'une somme de 2,600 livres, ainsi que le tiers de ses biens, reviennent à Charlotte, dame de Chasseneuil. Elle la relève, de plus, de l'engagement pris dans son contrat de mariage, de n'hériter d'aucune succession collatérale.

Philibert de Lubersac eut de son mariage avec Luce de Réal :

1° François de Lubersac, âgé de dix-sept ans en 1665, mort peu après;

2° Pierre de Lubersac, qui suit;

3° Charlotte de Lubersac, mariée, le 23 mai 1656, à haut et puissant Sgr François de Devezeau, marquis de Chasseneuil, baron de Pins, Sgr de Mestrie, fils de feu Regnault de Devezeau et de dame Benigne Thibaut de La Carte; Charlotte a pour dot une somme de 30,000 livres, que François est autorisé à recevoir, quoique mineur, n'ayant pas encore vingt-un ans, mais assisté de sa mère (29 juin 1656). Il donna quittance du final payement de ladite dot à ses beaux-parents le 22 mai 1662. Charlotte devint, en 1722, héritière universelle de son frère, mort sans postérité. Son fils reçut, en 1625, reconnaissance du S^{gr} de La Faucherie de la dîme des biens de La Fragne ;

4° Marie de Lubersac, mentionnée dans le testament de son père ;

5° Autre Charlotte de Lubersac, rappelée dans ledit testament. Toutes deux mortes jeunes.

XVI. — **Pierre de Lubersac**, troisième du nom, S^{gr} dudit lieu, du Verdier, de La Monerie, baron du Ris-Chauveron, marquis de La Peyrière, titré marquis de Lubersac, capitaine d'une compagnie de carabiniers du roi (1), fut le premier membre de la maison de Lubersac qui quitta le Limousin pour aller s'établir plus habituellement à Paris, où il commandait sa compagnie, dépensant de grosses sommes, dit sa femme, pour se maintenir en la dignité de son emploi, et s'occupant d'autant moins de ses affaires qu'il n'avait pas d'enfant. Il avait donné la gestion de ses biens à sa femme, qui, en son absence, habitait tantôt leurs terres de Lubersac ou de La Monerie, en Limousin, tantôt celles du Ris-Chauveron ou de La Peyrière, en Marche. Elle eut à y soutenir de longs et dispendieux procès contre les d'Abzac et les Senneterre, qui avaient épousé ses tantes. Elle raconte, dans un mémoire écrit de sa main, comment elle vint à Paris en litière, accompagnée d'une fille de suite, d'un laquais et de deux muletiers, d'un homme de cheval, d'un muletier chargé de transporter ses hardes ; les exactions qu'elle eut à subir de la part des procureurs ; la maladie dans laquelle elle tomba à peine arrivée à Paris ; l'obligation où elle fut de prendre carrosse, à cause de son rang dans le monde, etc. Tous ces procès s'éteignirent enfin par transaction du 28 janvier 1695, et ce moyennant une somme de 44,000 livres, et après avoir mangé, dit-elle dans une de ses lettres de 1718, à Mme de Senneterre, plus de 100,000 écus. La baronnie de Ris-Chauveron, les terres de La Peyrière, de La Monerie, les rentes de Cieux et de Régnefort avaient été vendues successivement.

Nous avons vu qu'en 1666, Pierre de Lubersac avait été mis sous la tutelle de sa mère, qui lui remit, en 1675, tous les biens composant l'héritage de son père, après la mort de son frère aîné. Il avait alors seize ans (1666) et était page du roi. Le 11 juin 1672, Jacques de Sauzillon, son fondé de pouvoirs, rendit hommage pour lui à Bré. Il vendit à Jean de Pompadour, en juillet 1678, le domaine de Trefolhieras et des rentes paroisse de Troche, en l'acquit d'une somme de 6,573 livres qu'il lui devait. Il remboursa en 1679 le sieur de Douhet, avocat, d'une somme de 5,670 livres, en lui abandonnant pareille somme à lui due par le sieur de Richebourg sur l'acquisition des rentes de Cieux.

Il se sépara d'habitation, en 1680, avec sa belle-mère, Jeanne de Montbas, veuve du marquis d'Estourneau, S^{gr} de La Motte-Tersannes, et convinrent d'une somme de 2,500 livres comptant, en compensation de la nourriture accordée aux nouveaux époux et à leurs gens, pendant cinq ans, en

---

(1) Le régiment du comte de Montbas, son oncle, se composait, suivant la lettre du roi du 15 janvier 1684, conservée aux archives de Montbas, de douze compagnies de chevau-légers, au nombre desquelles se trouvaient celles de Biron de Thermes, de Réal, du Verdier (Pierre de Lubersac).

la terre du Ris. Il vendit, en août 1688, la seigneurie de La Monerie moyennant 75,000 livres, sur lesquelles il prélève 58,000 livres pour l'acquit de ses dettes.

Le 10 décembre 1688, en qualité de mari de Jeanne et de beau-frère de Denise d'Estourneau, dame de Chabrignac, il passa une convention avec Radegonde d'Estourneau, demoiselle d'Usson, par laquelle ses droits héréditaires furent fixés à 30,000 livres. Il est intitulé, dans cet acte, capitaine de cavalerie au régiment de Molac. Étant sur le point de partir pour le service du roi, le 22 juillet 1689, il institue Jeanne d'Estourneau, sa femme, son héritière universelle. Elle était à Lubersac le 4 janvier 1690, jour où Françoise de Pompadour, marquise d'Hautefort, vicomtesse de Rochechouart, lui écrivit pour l'engager à rester au château du Verdier jusqu'au carême, afin de passer les Rois et le carnaval chez elle, à Pompadour. Voici cette lettre :

« Les premiers souhaits que j'ai formés, Madame, ont été pour vous au commencement de la nouvelle année, et mon intention était de vous envoyer lettre demain. Je suis persuadée que je serai heureuse plus que vous ne le souhaitez. Rien n'y peut tant contribuer que si vous me promettez de rester au Verdier jusqu'au commencement du carême, que nous comptons nous en aller à Paris. La santé de M. le marquis (Pierre de Lubersac) est en meilleure route ; nous espérons, Madame, que vous nous resterez, et que vous viendrez passer les Rois et le carnaval chez nous. Vous y verrez notre belle foire des Rois. Comme nous ne verrons pas de monde, nous ne serons pas beaucoup en peine de nous divertir. Nous comptons que nos amis voudront bien nous venir, afin de n'être pas tout à fait perdus. Nous espérons aussi que M. de Pompadour (son père) se justifiera. Je le souhaite beaucoup. Nous désirons l'arrivée de M. du Verdier (Pierre de Lubersac) en bonne santé. Faites-moi la justice de croire que personne dans le monde ne vous est plus attaché que moi. Ce sera les sentiments que je conserverai toute ma vie. Je vous demande pour mes étrennes la continuation de votre amitié.

» Je suis pour toujours votre très humble et très obéissante servante.

» POMPADOUR. »

« M. d'Hautefort (son mari) me charge de mille compliments pour vous et M. de Pompadour (son père). »

Étant au service du roi, le 10 juin de la même année, Pierre obtint de Sa Majesté des lettres de surséance pour ses affaires avec Marie de Joussineau, marquise de Couros. Il demeurait alors hôtel Mony, à Paris, rue Dauphine. Sa femme restait à Lubersac, où elle établissait la taxe des denrées alimentaires (30 août 1692) et donnait sommation à tous les marchands de Lubersac de représenter leurs mesures pour les confronter avec celles du seigneur et les sceller de son sceau. Le 8 mars 1694, Pierre de Lubersac se trouvait à Lubersac. Étant, dit-il, sur le point de partir, dans la campagne prochaine, en qualité de capitaine d'une compagnie de carabiniers, je donne à Jeanne d'Estourneau, ma femme, procuration pour gérer mes affaires en mon absence. Puis il fit son testament, le 22 du même mois, par lequel il nomme, n'ayant pas d'enfants, sa femme son héritière universelle, fait un legs de 2,000 livres à sa sœur, veuve du marquis de Chasseneuil, et nomme son oncle, Pierre de Lubersac, Sgr du Leyris, son exécuteur testamentaire. Suit l'état de ses dettes, écrit de sa main, montant à 66,575 livres, dont 4,300 livres payées ; reste dû 62,275. Enfin, quatre jours plus tard, il adresse au Palais une requête afin d'obtenir l'avancement de 12,000 livres, somme proportionnée à ses besoins et à sa qualité, ayant perdu dans la dernière campagne dix cavaliers et dix-huit chevaux, ladite somme à percevoir sur les revenus des terres du Ris et de La Peyrière, alors saisies par suite de la négligence de la dame de Montbas, sa belle-mère, à acquitter des dettes de la succession du marquis du Ris, son mari. Il obtint sa demande le 29 juin. Ne pouvant, à cause de sa charge, s'occuper de ses affaires, des lettres de répit pendant six mois lui furent accordées le 20 mai de la même année. Il était au camp de Brucestein, à Menin, en Flandre, le 26 septembre. Il reçut exploit par huissier du roi, le 29 janvier 1697, afin de représenter ses titres de propriété et tarif des droits qu'il percevait sur les foires et marchés à Lubersac, et sa taxe fut fixée à 18 livres dues au roi. Il allait partir pour le camp de Compiègne le 22 juin 1698, jour où il passa un contrat avec François de Lubersac, S^{gr} de Chabrignac. « Le marquis de Lubersac vient d'arriver à Paris pour ses affaires, écrit à la marquise le sieur Richard, son homme d'affaires (17 mai 1698), mais repart demain, 18, en poste pour Arras, à cause de la réforme générale qui sera faite avant la fin du mois, après quoi il reviendra. Il compte ne pas donner sa démission, n'ayant que deux mois à servir, pour raison duquel service le roi donne 500 écus, et ce poste donne du crédit et de l'autorité. Il aurait voulu aller en Limousin, ce qu'il ne pourra faire probablement qu'après avoir campé, etc... »

« Le marquis est de retour à Paris, lui écrivait le même, un mois plus tard (14 juin), il se propose de partir en poste pour l'aller rejoindre. Il est aujourd'hui à Versailles afin d'obtenir un congé, car il lui serait bien dur de s'en aller pour revenir à la fin du mois prochain, afin d'être au camp qui aura lieu en août, etc..... »

Pendant son absence la marquise restait le plus habituellement à Lubersac.

« Nous allions vous demander de vos chères nouvelles, Madame ma très chère cousine, lui écrit la marquise de Salignac-Fénelon, par le messager de ce lieu, quand nous avons reçu votre lettre qui nous a donné bien de la joie, par les marques d'honneur de votre cher souvenir. Nous osons dire, ma très chère cousine, que nous le méritons par notre attachement pour votre chère personne, que nous honorons casi-mêmement. Faites-nous la grâce de ne nous oublier pas dans votre éloignement. Nous partons samedi pour..... et de là, pour le lieu dont je vous parlai à notre dernière vue. C'est avec douleur que je ne vous embrasse pas avant. Nous sommes très fâchés du mal de Madame votre sœur (1). Je prie Dieu qu'il la conserve et vous, ma très chère cousine, à qui je suis tout à fait dévouée et parfaitement votre très humble et obéissante servante,

» FÉNELON.

» 8 juin 1698. »

François de Lubersac, son beau-frère, S^{gr} de Chabrignac, lui écrit, le 13 mai 1717, « qu'il a appris avec grand plaisir que sa santé est meilleure, qu'elle devrait quitter le Ris pour arriver au Verdier, où l'air lui ferait grand bien, que Madame d'Hautefort (Pompadour), désire infiniment la voir,

---

(1) Denise d'Estourneau, dame de Lubersac, de Chabrignac.

que l'avant-veille, couchant à Pompadour, elle a parié qu'elle et son mari n'y viendraient pas, qu'il faut les faire perdre, etc..... ».

Le 20 janvier 1719, elle fit un codicille ne changeant en rien ses testaments précédents, mais ayant reçu depuis la succession de demoiselle d'Usson, sa tante, et de François de Senneterre, son cousin, elle fait plusieurs legs, entre autres, 100 livres à l'hôpital de Lubersac, 300 livres à l'archiprêtre dudit lieu pour secourir les pauvres malades de la paroisse, 10,000 livres à ses neveux de Chabrighac, dont jouira, sa vie durant, son beau-frère de Lubersac, de Chabrignac. Elle veut être enterrée à Saint-Étienne de Lubersac, aux tombeaux de ladite maison, si elle meurt à Lubersac; si elle meurt dans la Marche aux tombeaux des barons du Ris, ses prédécesseurs.

Le 20 août de la même année, elle et son mari se firent un testament mutuel, par lequel il se donnèrent réciproquement tous leurs biens pour en jouir par celui qui survivrait à l'autre. Jeanne décéda le 23 mai 1721, à Lubersac, âgée de soixante-cinq ans, et fut enterrée à Saint-Étienne. « Venez au plus tôt, écrivait le même jour son homme d'affaires, à François de Lubersac, S^{gr} de Savignac, votre cousin est au plus mal, et a grand besoin de consolations. » En effet, il ne survécut que deux mois à sa femme (il avait soixante-onze ans), et fut enterré comme elle à Saint-Étienne. Ayant recueilli sa succession, il eut encore le temps de faire un testament, où il donne 300 livres aux pauvres de Lubersac, remet 1,000 livres de rente aux pauvres de ses terres de la Marche. Il décharge la maison de l'archiprêtre du droit féodal, lègue à Pierre, fils de François, S^{gr} de Chabrignac et de Denise d'Estourneau, tout ce qui peut lui revenir de sa femme en vertu de leur testament mutuel, à la charge d'acquitter les dettes de sa femme, suivant l'état qu'elle en a remis à l'archiprêtre. Il donne à François de Lubersac, S^{gr} de Savignac, 10,000 livres; à Françoise, sœur dudit S^{gr}, une maison à Vignoles, fait divers legs à la communauté des prêtres de Lubersac, laisse sa litière à la marquise de Chasseneuil, sa sœur; à son intendant Gautier, 300 livres; à son valet de chambre, 300 livres; à Pierre, un de ses domestiques, 100 livres; à Marthe, fille pauvre, demeurant au château, 300 livres; à ses deux laquais, 60 livres chacun; à la femme de chambre de sa femme, 100 livres; à Marie Latour, seconde femme de chambre, 60 livres; à son palefrenier, 36 livres; à son muletier, 30 livres; enfin il nomme son héritière universelle, Charlotte de Lubersac, dame de Chasseneuil, sa sœur.

Il avait épousé, le 26 septembre 1679, en vertu d'une procuration que dame Luce de Réal, sa mère avait donnée à Philibert de Joussineau, marquis de Fayat et de Tourdonnet, demoiselle Jeanne d'Estourneau, fille de feu messire François d'Estourneau, baron du Ris-Chauveron, marquis de La Peyrière, S^{gr} de la Mothe-Tersanne et de dame Françoise de Barthon de Montbas. Estourneau porte : *d'argent à trois chevrons de gueules surmontés de trois merlettes de sable en chef.* Elle était petite fille de haut et puissant François d'Estourneau, chevalier de l'ordre du roi, gentilhomme ordinaire de sa chambre, premier chambellan de Monsieur, frère unique du roi. Jeanne eut en dot une somme de 50,000 livres, avec toute réserve sur les biens maternels, et Françoise de Montbas, sa mère, prit l'engagement de nourrir pendant cinq ans, les nouveaux époux et leur suite au château du Ris. De son côté, Luce de Réal leur abandonna la moitié de ses biens et ses droits sur la succession de son mari, moyennant une rente de 2,000 livres tournois.

Pierre de Lubersac, n'ayant point eu d'enfants, Charlotte, sa sœur, devint son héritière, et porta les biens de la maison de Lubersac dans celle de Chasseneuil. Le marquis de Chasseneuil, son petit-fils, capitaine dans le régiment du roi, cavalerie, vendit la terre de Lubersac, le 5 février 1728, à Jean-Martial de Fénis, Sgr de La Combe, Saint-Victour, etc., gouverneur pour le roi de la ville de Tulle, qui la revendit au marquis de Lubersac, le 26 septembre 1756. Ainsi cette terre n'a été que vingt-huit ans hors des mains de ses anciens propriétaires.

§ V. — *Seigneurs de Savignac.*

XV *bis* — Pierre de Lubersac, quatrième du nom, Sgr du Leyris, de Savignac, et troisième fils de Jean de Lubersac et de Charlotte Chantois, continua la descendance. Il fut capitaine au régiment de Touraine et prenait le titre de baron du Leyris. Il est mentionné dans le testament de son père en 1628, de sa mère en 1654, dans les transactions de 1715 avec ses cohéritiers, etc., etc. Il donna quittance à Philibert, son frère, le 26 octobre 1654, d'une somme de 10,000 livres. Il fut maintenu dans sa noblesse par ordonnance de M. d'Aguesseau, intendant de la généralité de Limoges, le 22 décembre 1666.

Il déclara le dernier mai 1690, devant le procureur du roi de la sénéchaussée de Limoges, être exempt de la contribution du ban et arrière-ban, le Sr de Savignac, son fils aîné, servant en qualité de cornette dans la compagnie du Sr de Thoury, au régiment de dragon de M. de Gaubert, et son fils puîné, servant en qualité de cadet dans la citadelle de Cambrai.

Il fit un testament olographe, le 26 avril 1711, par lequel il déclare vouloir être enseveli dans la chapelle du château de Savignac, dit que de son mariage avec Françoise de Savignac, sont nés trois filles et deux garçons, dont il nomme François, l'aîné, son héritier universel. Il mourut, le 7 décembre 1715, âgé d'environ quatre-vingt-quinze ans, ayant épousé, le 28 février 1656, Françoise de Pasquet de Savignac(1) fille aînée de messire Antoine de Pasquet de Savignac, Sgr dudit lieu, de Genis, de la châtellenie de Moruscles, de Saint-Mesmy, de l'Abbaye, etc., etc., et de dame Marguerite de Bonneval. Il en eut :

1° François de Lubersac, qui suit ;

2° Pierre de Lubersac, auteur de la branche des Sgrs de Saint-Germain, qui sera rapportée plus loin, § VI ;

3° Marguerite de Lubersac, née le 7 juillet 1657, qui eût pour parrain Philibert de Lubersac, représenté par Philibert de Joussineau, Sgr de Fayat

---

(1) La maison de Pasquet de Savignac, surnommée *Plumet-Blanc* par Henri IV, qui avait remarqué leur plumet dans toutes les actions, était d'ancienne chevalerie, alliée aux Lafaye, des Cars, de Gontaut, Saint-Genis, etc. Elle portait : *d'azur au cerf d'or, nageant dans une rivière d'argent mouvante de la pointe de l'écu.*

Antoine Pasquet, Sgr de Savignac, fils de Léonarde des Cars, épousa demoiselle Marguerite de Bonneval, dont il eut Françoise, mariée en 1656 à Pierre de Lubersac, Sgr du Leyris, à qui elle apporta les terres de Savignac, de Genis, de Saint-Mesmy, de l'Abbaye, la Châtellenie de Moruscles, etc.

et pour marraine, Françoise de Bonneval, sa grand'mère. Elle fut inhumée à Payzac, le 19 août 1671 ;

4° Luce de Lubersac, née le 2 octobre 1666, au château de Savignac, qui épousa messire Antoine de Beyle, S^{gr} de Faye, gentilhomme ordinaire du roi, dont elle était veuve, le 10 juin 1713, jour où elle acquit 25 livres de rente, dont elle donna 20 livres à perpétuité à la cure de Savignac, cinq livres à celle de Saint-Cyr-les-Champagnes. Elle fit don à Antoinette de Lubersac, fille de Pierre S^{gr} de Saint-Germain et d'Isabeau de Garebœuf, d'une somme de 2,500 livres, laquelle était sur le point d'entrer comme religieuse au couvent de Sainte-Claire-d'Excideuil (9 juin 1726) ;

5° Charlotte de Lubersac, demoiselle de Savignac, née le 8 juillet 1677, tenue sous les fonts par M. de Salignac de La Motte-Fénelon et par Charlotte de Lubersac, marquise de Chasseneuil. Elle fit son testament, le 19 avril 1735, où elle demande à être enterrée dans l'église de Genis, fait plusieurs legs à ses neveux, à François, fils du S^{gr} de Saint-Germain et nomme le fils aîné de son frère, son héritier universel ;

6° Françoise de Lubersac, demoiselle du Breuil.

Ces deux dernières sont mentionnées dans le testament de leur père, 26 avril 1711.

XVI. — François de Lubersac, deuxième du nom, S^{gr} de Savignac, de Saint-Genis, de Saint-Mesmy, de Croix-de-Bert, de l'abbaye de Plaigne, etc., titré comte de Lubersac, né le 4 octobre 1671, fut nommé cornette de la compagnie de Thoury, dans le régiment de dragons de Gaubert, par brevet du 24 juillet 1690. Il est mentionné dans des actes de 1690 à 1724 et mourut, le 13 avril 1731, âgé de 60 ans, il fut inhumé le lendemain dans la chapelle du château de Savignac.

Il avait épousé, au château de la Maison-Neuve, le 17 septembre 1696, demoiselle Marianne de La Ramière, fille de défunt noble et puissant Jacques de La Ramière, S^{gr} de la Maison-Neuve, de Puycharneau, de Croix-de-Bert, conseiller du roi, maître ordinaire de son hostel, etc., et de dame Jeanne d'Estourneau du Ris-Chauveron. De La Ramière porte : *d'azur au sautoir d'or cantonné de quatre étoiles d'argent.* De ce mariage provinrent :

1° Pierre de Lubersac, qui suit ;

2° Antoine de Lubersac, appelé le chevalier de Croix-de-Bert. Il fut page de la duchesse de Berry et eut une lieutenance de dragons. Il est mort sans postérité ;

3° François de Lubersac, nommé chevalier de Savignac, fut page du comte de Toulouse, capitaine de grenadiers dans le régiment de Poitou. Il a été blessé plusieurs fois, s'est retiré avec une pension et est mort sans postérité ;

4° Lucie de Lubersac, mariée à N..... de Roux de Lusson ;

5° Thérèse de Lubersac ;

6° Une autre fille, dont on ignore le nom de baptême.

XVII. — Pierre de Lubersac, cinquième du nom, S^{gr} de Savignac, de Saint-Mesmy, de la châtellenie de Moruscles, de l'Abbaye de Plaigne aux Bons-Hommes, de Saint-Cyr, de Croix-de-Bert, etc.; titré marquis de Lubersac, naquit le 26 juillet 1699. Il fut capitaine de dragons dans le régiment de Lenoncourt, et fut blessé au menton par un éclat de grenade, au siége de Fontarabie. Il obtint du roi, le 20 avril 1742, une commission de capitaine d'une compagnie dans le régiment de cavalerie de Bretagne, vacante par la démission du comte d'Hautefort, son beau-père. Il est nommé dans des actes de 1726 à 1753 et mourut en 1769, âgé de soixante-dix ans.

Il avait épousé, le 20 novembre 1724, demoiselle Jeanne d'Hautefort (1), fille de feu haut et puissant Sgr Antoine, comte d'Hautefort, Sgr de Vandre, de Gabillon, de la Marche, etc., etc., et de dame Jeanne d'Hautefort-Marquessac. Il reçoit la moitié de tous les biens paternels, avec promesse d'être nourri et entretenu, ainsi que la future, au château de Savignac, et, en cas d'incompatibilité avec les beaux parents, ils auront la jouissance de la terre de Croix-de-Bert, en Saintonge, plus la terre de Genis, suivant donation qu'il en avait eue de Luce de Lubersac, dame de Faye, sa tante. De ce mariage sont nés :

1° Antoine de Lubersac, né le 4 décembre 1728, mort jeune ;

2° Jean-Louis de Lubersac, qui suit ;

3° Jeanne-Baptiste de Lubersac, née le 1er novembre 1726, baptisée le 4, ayant pour parrain François, comte de Lubersac de Savignac, et pour marraine Jeanne, comtesse d'Hautefort de Vandres. Elle fut abbesse de l'abbaye de Ligneux, puis ensuite de l'abbaye royale de Notre-Dame du Val d'Arcisses, dans le Perche, près Nogent-le-Rotrou ;

4° Marianne-Jeanne-Louise de Lubersac, née le 23 novembre 1727, baptisée le même jour. Son parrain fut le comte d'Hautefort, et sa marraine la comtesse de Lubersac de Savignac. Elle fut religieuse dans la même abbaye que sa sœur, et mourut en 1763.

XVIII. — **Jean-Louis de Lubersac**, marquis dudit lieu, Sgr de Savignac, de Saint-Meymy, de Genis, de La Chassaigne, grand-croix de l'ordre de Saint-Louis, lieutenant général des armées du roi, etc., etc., naquit le 8 avril 1730,

---

(1) La terre d'Hautefort fut possédée par plusieurs seigneurs :
1° Par ceux de Las Tours ;
2° Par ceux de Laron, substitués aux Lastours ;
3° Par ceux de Born, substitués aux Laron ;
4° Par ceux de La Faye de Thenon, substitués aux de Born ;
5° Par ceux de Gontaut-Badefol, qui, depuis environ quatre cents ans, portent le nom d'Hautefort.

Guy de Laron de Las Tours, troisième fils de Golfier dit le Grand, Sgr d'Hautefort, et d'Agnès d'Aubusson, fut la tige des Sgrs d'Hautefort de Vandre. Il est probable qu'il fut le premier de sa race qui prit le nom d'Hautefort, qu'il transmit à sa postérité. Il se croisa avec le roi Louis-le-Jeune et mourut à Jérusalem.

Entre lui et Antoine d'Hautefort, Sgr de Vandre, etc., on compte quatorze degrés en ligne directe. Il épousa, en 1693, Jeanne d'Hautefort de Bruzac, fille de Charles d'Hautefort-Gontaut, Sgr de Marquessac. Il en eut :

1° Jean-Louis d'Hautefort, qui suit ;
2° Jeanne-Marie d'Hautefort, mariée, en 1724, à Pierre, marquis de Lubersac, Sgr de Savignac ;
3° Marie-Anne d'Hautefort, mariée à Louis, comte de La Roque, Sgr de La Roque et de Mons.

Jean-Louis d'Hautefort épousa, en 1733, Marie-Anne de La Beaume-Farsac, dont il eut :
1° Jean-Louis, qui suit ;
2° Marie, qui épousa le vicomte d'Aubusson de La Feuillade ;
3° Bertrande, mariée au comte de Rastignac ;
4° Jeanne, mariée au comte d'Hautefort, son cousin.

Jean-Louis eut pour fils le comte Gustave d'Hautefort, marié à Adélaïde de Maillé, don sœur Cécile épousa, en 1802, Jean Louis, marquis de Lubersac, petit-fils de Pierre, mar Jeanne d'Hautefort. (V. SAINT-ALLAIS, *Grands-officiers de la couronne*, T. XIV, p. 160

et fut tenu sous les fonts par Jean-Louis d'Hautefort, comte de Marquessac, et par demoiselle Thérèse de Lubersac.

Le 22 mars 1742, il entra dans le régiment des gardes françaises, en qualité de gentilhomme à drapeaux. En 1745, il fut fait enseigne de grenadiers et se trouva la même année au siège de Tournay, où il fut enterré dans la tranchée par deux bombes, et fut blessé à l'œil. A la fin de la campagne, il fut nommé sous-lieutenant, et le 8 mai 1756 chevalier de Saint-Louis.

En 1762, il devint lieutenant aux gardes françaises, par la mort de M. de Termon, arrivée dans le cantonnement de Glabac, en Wesphalie.

En mai 1769, il eut le brevet de colonel, de lieutenant de grenadiers en 1771 et de capitaine de grenadiers en 1774. Il redevint capitaine en second de grenadiers en 1777, le 31 août, capitaine de fusiliers, brigadier d'infanterie le 16 avril 1780, capitaine de grenadiers le 5 décembre 1781 et maréchal des camps et armées du roi le 9 mars 1788. Il est devenu chef de bataillon la première année et est passé à une compagnie de fusiliers.

Il a fait les campagnes de Flandre et d'Allemagne, toujours aux chasseurs et aux grenadiers, les campagnes de Saint-Omer et de Dunkerque, a campé dans les dunes entre le fort Mardiek et Dunkerque. Il en sortit pour aller à Tours et de là, se rendre à la Rochelle.

Il a fait la campagne de 1760, sous les ordres du maréchal de Broglie et s'est trouvé à toutes les actions de cette campagne.

Il a fait celle de 1761, sous le prince de Soubise et s'est trouvé aux différentes actions, jusqu'au moment où les grenadiers et les chasseurs se sont séparés de leur corps, pour former une armée qu'on appelait colonne infernale, destinée à faire le siège de la place Meppen, dans la Haute-Frise, sous le prince de Condé. L'ouverture de la tranchée fut faite par les grenadiers et chasseurs du régiment des gardes françaises comme premier régiment de l'armée, et le prince de Condé posa la première fascine dans la tranchée. Après la reddition de la place, les différents détachements se rendirent à leurs corps respectifs qui étaient à la grande armée du prince de Soubise. Ils y ont continué leurs services et se sont trouvés à toutes les actions qui eurent lieu pendant le reste de la campagne.

A la troisième campagne, en 1763, le régiment des gardes se trouva directement de l'armée du prince de Condé qui devait agir sur le Bas-Rhin, mais diverses circonstances l'ayant obligé de se porter sur le Haut-Rhin, il s'y livra deux batailles, les 25 et 30 août, qui furent gagnées par le prince.

Le marquis de Lubersac émigra en 1791 ; il a fait la campagne de l'armée des princes français comme maréchal de camp, commandant les compagnies des gentilshommes du Périgord et du Languedoc, avec ses trois fils.

Enfin, le 23 août 1815, il fut élevé au grade de lieutenant général des armées du roi et grand-croix de l'ordre de Saint-Louis.

Il avait racheté, le 26 septembre 1756, la terre de Lubersac, vendue en 1728 au S^{gr} de La Combe de Saint-Victour, gouverneur pour le roi, de la ville de Tulle, par Charlotte de Lubersac, marquise de Chasseneuil : « J'ai remis à l'intendant de Lubersac, écrit M. de La Combe, le 5 mai 1759, toutes les pièces qui règlent les droits de la maison de Lubersac dans l'église, celles de la Viguerie, etc. » Le marquis était, le 26 mai de la même année, à Chasseneuil, où se trouvaient les titres de Lubersac pour les réclamer. On ne les lui avait pas encore envoyés en 1776, vingt ans après la réintégration, année où le bénédictin Dom Col, qui s'occupait de l'histoire du pays, écrit : J'espère que le marquis sera à Lubersac cet été et que nous pourrons faire un voyage ensemble à Chasseneuil, afin de visiter les titres de famille. » On y remarque l'hommage de l'archiprêtre pour les prés clauds donnés en 1429, par Golfier de Lubersac, reconnaissance de la maison dudit archiprêtre de l'hôpital, rue de Lanteyrie, par les administrateurs qui devront recevoir homme vivant ou mourant, moudre les grains au moulin du seigneur, cuire les pâtes à ses fours, etc. Cette même année le marquis s'opposa à ce que les fours bannerets soient changés de la place qu'ils occupaient depuis plus de cinq cents ans, sans avoir jamais causé d'incendie.

En 1763, il y eut de grandes difficultés entre le marquis de Lubersac et son père. Le premier voulait le droit exclusif d'habitation dans le château de Savignac. Son père, se fondant sur son contrat de mariage, lui refusait ce droit d'autant plus inutile pour lui qu'il possédait le château de Genis, avait vendu celui de Croix-de-Bert, en Saintonge, pour racheter celui de Lubersac, très considérable, capable, au besoin, de loger les Etats d'une province et peu éloigné du marquisat d'Azerac appartenant à son beau-père. Ces discussions furent terminées par l'intervention de ses parents d'Hautefort, de Laubanie et de Lubersac de Chabrignac.

Il fallait alors, suivant un compte de cette année, quatorze jours pour aller de Lubersac à Paris. A cette époque il habitait souvent Lubersac, où l'on était sans cesse en fête, et où l'on se réunissait pour jouer des comédies.

Par défaut d'hommage dû au roi, ses officiers saisirent sur le marquis, ses terres de Savignac, de Genis, de Saint-Mesmin, le 23 juillet 1771, mais elles lui furent restituées peu de temps après.

La Révolution arrivait à grands pas ; après le licenciement des gardes françaises, il se retira à Lubersac où il jouit de la tranquillité la plus parfaite jusqu'en mai 1791, époque à laquelle il partit pour l'émigration avec ses fils, il y commanda la compagnie des gentilshommes du Périgord et du Languedoc, après quoi il se retira à Londres, où il était dans le dénûment le plus complet. (Voir l'article du comte Pierre de Lubersac de Chabrignac.) Pendant ce temps, la marquise et sa fille étaient réfugiées à Paris, rue de Tournon, où elles étaient également dans la gêne la plus grande, aussi ses parents et ses amis implorèrent-ils de la République, le 15 septembre 1792, l'autorisation pour elle de toucher ses revenus en considération de sa malheureuse position, et elle-même consentait, par suite de l'absence de ses enfants (2 août 1796), à partager ses biens avec la République. Tous ceux provenant du chef du marquis, son mari, tels que les terres de Savignac, de Saint-Mesmy, de Genis, de Lubersac, sauf le château et les prairies faisant partie d'une donation du marquis à sa femme, furent vendus nationalement, et toutes les terres de la marquise, telles que celles d'Azerac, de Laubanie, etc. furent conservées en grande partie.

Le château de Lubersac, après la vente des biens de cette terre, fut pris à ferme de la Nation en 1799, par le fidèle Masnion, régisseur, qui envoyait une pétition le 9 octobre de la même année au département de la Corrèze, afin que la marquise puisse jouir des deux tiers des revenus des terres lui appartenant en propre. Le cinquième seulement lui fut accordé le

18 juin 1801, et mainlevée du sequestre le 31 mai 1802, avec radiation de la liste des émigrés de son mari et de son fils Jean-Louis-Marie, représentant ses deux frères décédés. C'est alors que la marquise, sans tenir compte des conseils qu'on lui donnait, sans vouloir adhérer à une transaction qu'on lui proposait, s'engagea, à son âge, sans expérience des affaires, dans des procès sans fin avec les Sainte-Marie, les Costa, etc., au sujet de la succession de Viel-Maison. Elle les perdit successivement, et avec eux les sommes énormes qu'elle devait recueillir, étant héritière pour un tiers de cette succession considérable.

Le marquis de Lubersac est mort à Paris en 1820, âgé de 90 ans, il avait épousé, le 30 septembre 1753, demoiselle Jeanne-Elisabeth de Masgontier de Laubanie, fille unique et seule héritière de haut et puissant Jean de Masgontier de Laubanie, marquis d'Azerac, et de dame Élisabeth Jacquier de Viel-Maison (1). De Laubanie porte *d'azur au levrier d'argent armé et lampassé de gueules et posé en pal.* Il reçut en dot tous les biens paternels pour une rente viagère et de plus son habitation au château de Savignac. La future apporte en dot l'hérédité maternelle se composant de la terre de Viel-Maison. Elle mourut elle-même l'année suivant le décès de son mari (23 novembre 1821), âgée de 86 ans. Les enfants issus de ce mariage sont :

1° Jean-Louis-Marie, comte de Lubersac, qui suit ;

2° Jean-Philippe de Lubersac, né en août 1765, au château de Belle-Assise, en Brie ; son parrain fut Philippe Jacquier de Viel-Maison, et sa marraine demoiselle d'Hautefort. Il fut reçu chevalier de Malte en minorité, le 24 novembre 1766, et mourut l'année suivante ;

3° Jean-Adrien-Elisabeth, baron de Lubersac, né le 5 mars 1763, fut page de la petite écurie depuis 1777 jusqu'en 1780, et grand sénéchal de Tulle en 1787. Il eut rang de sous-lieutenant dans les troupes de cavalerie et eut ordre de se rendre au régiment de cavalerie d'Artois par lettres de Versailles, du 1er janvier 1781. Il monta dans les carosses du roi, le même jour que le comte de Lubersac son frère (20 avril 1785). Il reçut une lettre du maréchal de Ségur, en date du 16 février 1786, lui mandant que le roi a bien voulu lui accorder la réforme de capitaine vacante dans le régiment de Royal-Normandie cavalerie, par le remboursement du sieur La Marseille, lieutenant-colonel, et qu'il sera nommé à son tour à une place de capitaine en remplacement dans ce régiment. A la Révolution, il fut créé, par les princes français, officier supérieur de la gendarmerie, et mourut le 18 février 1792 à Saint-Pierre-de-Vaise, département du Rhône ;

4° Antoine-Henri de Lubersac, né le 30 avril 1770, fut chevalier de Malte en 1790. Il entra comme lieutenant dans le corps de Nobles de Rohan en 1792. Il se trouva à la malheureuse affaire de Quiberon, où ayant été blessé de deux coups de fusil, il se jeta à la mer et fut recueilli par un bâtiment. Il mourut à Lyon des suites de ses blessures, le 15 août 1799 ;

5° Anne-Marguerite de Lubersac, mariée le 9 mai 1804 à Claude-René César, comte de Courtarvel Pezé, seigneur de Lierville, colonel de cavalerie. Elle est décédée en mars 1827 sans laisser de postérité.

(1) Elle était petite-fille de François de Masgontier, Sgr de Laubanie, d'Azerac, et d'Isabeau de l'Hermite de Lenty.

XIX. — Jean-Louis-Marie, marquis de Lubersac, est entré dans le régiment des gardes-françaises en 1777, a toujours servi dans ce corps, a émigré en 1791 pour faire la campagne de 1792 avec son père. Il a eu le brevet de lieutenant-colonel en 1788, comme lieutenant en second du régiment des gardes. Il a été fait chevalier de Saint-Louis en 1796 et colonel en 1798.

Ayant fait ses preuves devant Cherin, il monta dans les carosses du roi et suivit Sa Majesté à la chasse le 20 avril 1785. Il est mort à Paris le 25 septembre 1834, sans enfants, laissant par ses testaments du 2 mars 1830 et du 8 juin 1832, Jean-Baptiste-Ernest, comte de Lubersac, son légataire universel. Mais, comme il a été dit plus haut, la fortune considérable de cette branche n'existait plus par suite de la Révolution de 93, des pertes de procès de sa mère, de ses propres prodigalités, de celles des gens qu'il employait pour ses affaires. Ainsi, les dettes ayant absorbé l'actif, le comte de Lubersac fut obligé de racheter les restes de la terre de Lubersac.

Le marquis de Lubersac avait épousé, le 25 mai 1802, demoiselle Jeanne-Cécile de Maillé, fille de Charles-Henri-François, marquis de Maillé de La Tour-Landry, maréchal des camps et armées du roi, et de dame Jeanne Sheridan. (Maillé porte d'*or à trois fasces nébulées de gueules.*) Elle était aussi aimable par son esprit, comme le prouvent ses lettres, que par les charmes de sa personne. Elle mourut regrettée de ses nombreux amis en septembre 1820, laissant sa terre d'Etiau à son mari, sa vie durant, à la charge de la rendre à sa sœur, la comtesse d'Hautefort. Elle ne laissait point d'enfants, ainsi cette branche est éteinte.

§ VI. — *Seigneurs de Saint-Germain en Périgord (éteints).*

XVI *bis.* — Pierre de Lubersac, cinquième du nom, S^{gr} de Saint-Germain, capitaine dans le régiment de Guienne et chevalier de Saint-Louis, était second fils de Pierre de Lubersac, quatrième du nom, et de Françoise de Pasquet de Savignac; il naquit le 13 mai 1673 et a formé la branche connue sous le nom de Saint-Germain. Il était un des cadets gentilshommes servant sous le nom de sieur de Savignac dans la citadelle de Cambrai, suivant certificat du capitaine et lieutenant de cette compagnie, du 20 avril 1690.

Il est fait mention de lui dans des actes de 1690, 1711, 1735, etc. Il mourut au lieu de Pontfermier, le 26 septembre 1751, âgé de plus de 80 ans, et fut inhumé dans l'église de Saint-Paul de La Roche, le 27 du même mois.

Il avait épousé, par contrat passé au château de Mavalcix, paroisse de Chaleix en Périgord, le 22 mars 1710, demoiselle Isabeau de Garabœuf, fille de noble Jean-François de Garabœuf, S^{gr} de Chaleix, et de dame Antoinette de Mallet. De ce mariage sont provenus :

1° François de Lubersac, capitaine dans le régiment de Poitou, chevalier de Saint-Louis, mort au service du roi sans alliance ;

2° Charles de Lubersac qui suit ;

3° Charles-François, abbé de Lubersac, grand-vicaire de Gap, aumônier ordinaire de Mme Victoire de France, fille de Louis XV, tué d'une balle aux Carmes de la rue de Vaugirard en septembre 1792, au moment où il franchissait le mur d'enceinte pour échapper au massacre (1);

4° Antoinette de Lubersac, sur le point d'entrer religieuse au couvent de Sainte-Claire d'Exideuil, reçut une somme de 2,500 livres, le 9 juin 1726, de sa tante Luce de Lubersac.

XVII. — Charles de Lubersac, seigneur de St-Germain, etc., épousa par contrat passé au bourg de Saint-Saut, en Périgord, le 20 juillet 1760, demoiselle Marguerite Fauchiron, fille de noble Pierre Fauchiron, S^{gr} de la Veyrière, et de dame Marie Pabot. Il en eût :

1° Adrien de Lubersac qui suit ;
2° Jean de Lubersac, mort non marié.

XVIII. — Adrien de Lubersac, S^{gr} de Saint-Germain, etc., né le 29 avril 1775, fut baptisé le lendemain dans l'église paroissiale de Saint-Paul de La Roche, au diocèse de Périgueux.

Il obtint, le 20 mai 1785, un certificat de M. d'Hozier de Serigny, pour être admis à l'école militaire. Il a épousé Mlle Jeanne de la Boissière d'Ans, dont il n'a pas eu d'enfants. Il est décédé le 1er avril 1865.

§ VII. — *Seigneurs de Montizon en Angoumois (éteints).*

XIII. — Léonard de Lubersac, dit le chevalier de Montizon, quatrième fils de François de Lubersac, S^{gr} dudit lieu, et de Françoise Chapt de Rastignac, fut légataire d'une somme d'argent par les testaments de ses père et mère, en 1571 et 1588. Il faisait sa résidence au château de Montizon, paroisse de Roussines en Angoumois, suivant un acte du 3 mars 1600. Il assista au siége de Mayenne, sous les ordres du prince de Conty.

Il épousa demoiselle Suzanne de Chevreuse, laquelle agissant sous l'autorité de son mari, transigea le 8 mars 1618, avec Jean de Pompadour, baron de Laurière, stipulant pour lui et pour dame Charlotte de Fumel, sa femme, et comme père de Charles-Helie de Pompadour. Il laissa :

XIV. — Charles de Lubersac, écuyer, S^{gr} de Frandi, mentionné dans la transaction précédente du 8 mars 1618. Il est aussi nommé S^{gr} de Frandi dans un compromis qu'il signa au château de Montizon, le 25 juin 1617, avec les seigneurs de Lubersac de Chabrignac, de Lubersac de Montizon, son père, de Lubersac de Saint-Julien de Mialet, de la Chétardie, avec Suzanne de Chevreuse, sa mère, avec demoiselle de Montizon sa sœur. Ils y jurèrent sur l'honneur de s'entreaider dans leurs affaires avec la maison Helie de Pompadour du Bourdeix, et de ne rien faire ni décider les uns sans les autres. Il mourut sans postérité.

§ VIII. — *Seigneurs de Chabrignac et de Saint-Julien.*

XIII. — François de Lubersac, deuxième du nom, S^{gr} de Saint-Julien, de Chabrignac, etc., capitaine de cinquante hommes d'armes, qualifié noble et puissant seigneur, était frère puiné de Guy de Lubersac, S^{gr} dudit lieu,

---

(1) Voyez *Généalogie de Lubersac*, par SAINT-ALLAIS. — *Almanach de la Cour*, de cette époque. — *Biographie*, par MICHAUD, tome XXV.

et fils de François de Lubersac, premier du nom, et de Françoise Chapt de Rastignac. Il donna quittance, le 8 novembre 1578, à Guy de Lubersac son frère, d'une somme de 1,000 écus au soleil, à lui rendue par François de Lubersac, leur père commun, et de celle de 233 écus, un tiers à lui laissée par Jacques de Lubersac, son frère, S^{gr} de Noujan. Henri, roi de Navarre, lui fit don, le 20 décembre 1580, d'un droit de prélation et de retrait féodal à cause de sa vicomté de Limoges. Il transigea le 20 décembre 1582, tant en son nom qu'en celui de Jeanne d'Helie Pompadour sa femme, avec Charles d'Helie Pompadour son beau-frère. François de Lubersac réclamait le paiement de la somme de 6,000 écus au soleil et des intérêts, léguée à sa femme, 4,000 livres par feu Poncet d'Helie et 2,000 livres par dame Philippe de Pelegrue, ses beau-père et belle-mère. Il demandait en outre 1,000 écus légués par le même Poncet et pareille somme par Germain d'Helie, frère défunt de Jeanne, plus 1,273 écus que ledit Charles lui devait par obligation. Pour s'acquitter de ces sommes, Charles d'Helie lui céda à perpétuité la terre et seigneurie de Chabrignac, avec haute, moyenne et basse justice. Il rendit hommage au roi le 25 février 1583, et fit dresser le terrier de Chabrignac l'année suivante. On y voit qu'il fit de nombreuses acquisitions dans les années 1582, 1588 et 1596.

Le duc de Bouillon qui voulait se faire déclarer chef du parti huguenot, avait envoyé des émissaires en Limousin qui cabalaient parmi la noblesse, prenaient le serment de ceux qui lui promettaient service, etc. Henri IV jugeant qu'il fallait couper le mal dans sa racine, résolut d'y aller en personne et envoya devant lui le duc d'Epernon. C'est alors que connaissant la fidélité de François de Lubersac, il lui écrivit au moment de partir de Fontainebleau, le 15 septembre 1605 :

« Monsieur de Chabrignac, sur les avis que j'ai eus des mauvais desseins et intentions de quelques-uns qui se sont naguère découverts par là, je me suis résolu d'y aller en personne pour y donner l'ordre qui y sera requis et y faisant présentement acheminer devant mon cousin le duc d'Epernon avec quelques forces pour y préparer toutes choses attendant mon arrivée, qui sera dans peu de jours après lui. J'ai bien voulu cependant vous faire celle-ci, afin qu'au premier mandement que vous fera mon dit cousin, vous ayez à le venir trouver et entendre de lui ce qu'il vous proposera pour mon service, dont vous le croirez et l'assisterez de tout votre pouvoir. A quoi m'assurant que vous ne voudrez manquer, je ne vous ferai celle-ci plus longue, que pour prier Dieu, Monsieur de Chabrignac, vous avoir en sa sainte garde.

» HENRI. »

François alla s'adjoindre au duc d'Epernon. Le roi vint à Limoges, et aussitôt cette conspiration s'évanouit, les uns vinrent se jeter aux pieds du monarque, les autres s'enfuirent hors du royaume, cinq ou six furent décapités, entre autres la Chapelle-Biron. Il obtint du parlement de Bordeaux un arrêt du 17 août 1618, condamnant Jean de Pompadour, baron de Laurière, et Charlotte de Fumel, sa femme, à lui payer une somme de 1,700 livres tournois, reliquat de celle de 3,800 livres, que Charles d'Helie de Pompadour, S^{gr} de Colonges, son beau-frère restait lui devoir. Le dernier acte où il est fait mention de lui est un échange du 13 décembre 1619. Son testament fut annulé par arrêt du parlement de Bordeaux, du 10 février

1624, se fondant sur ce qu'il chargeait Charles, son fils aîné, du payement de ses dettes et legs, contrairement à une clause de son mariage avec Jeanne d'Helie Pompadour, par laquelle ils cédaient à leur fils aîné à naître la moitié de tous leurs biens. Par cet arrêt, il ne se trouve obligé qu'à légitimer ses frères et sœurs suivant la valeur des biens, déduction faite des dettes.

Il avait épousé par contrat passé au château de Piégut en Périgord, le 21 avril 1579, demoiselle Jeanne d'Helie Pompadour, fille de Poncet Helie de Colonges, Sgr de Colonges, des chatellenies du Bourdeix, de Puyagut, de Teijac et de Sommensac, et de dame Philippe de Pellegrue. Elle reçoit en dot 4,000 écus d'or, deux tiers sur la succession paternelle, et sur celles de Suzanne et de Marguerite et de Germain, ses frère et sœurs décédés sans enfants. Jeanne était sœur de Gabrielle, mariée en 1564 à Guy de Lubersac, Sgr dudit lieu. Elle fit son testament au château de Chabrignac, le 19 janvier 1594. Elle déclara vouloir être ensevelie dans l'église dudit lieu, aux tombeaux de ses prédécesseurs, avec les honneurs dus à son état et à la grandeur de sa maison. Elle fait des legs à ses quatre enfants, Charles, François, Jacques et Françoise de Lubersac, et laisse à son mari le choix de l'héritier universel de ses biens parmi ses trois fils. Elle dut mourir avant 1619, époque de la mort de François de Lubersac. Helie de Pompadour porte : *d'azur à trois tours d'argent posées 2 et 1*.

De ce mariage naquirent :

1° Charles de Lubersac, qui suit ;

2° Françoise de Lubersac. « Le 23e du mois de mars, écrit son père, sur le terrier de Chabrignac, naquit Françoise, un vendredi, au château de Puyagut, en Périgord. » Elle épousa, le 5 janvier 1599, au château de Chabrignac, Pierre de Montfrebœuf, fils de Jean, Sgr de Lage, de la Chambroulie, de la Marche, etc., et de dame Jacquette de La Vauguyon. Cette maison porte : *d'azur au lion rampant d'or, armé, lampassé, couronné de même*;

3° François de Lubersac, Sgr de la Boulessie. « L'an 1583, écrit François, au terrier déjà cité, naquit François un lundi au soir, dernier de février, au château de Bourdeix, en Périgord. » Il épousa le 13 octobre 1611 demoiselle Isabeau de Jousselin, fille de noble Pierre de Jousselin, Sgr de la Boulessie, et fut émancipé par son père, le 18 novembre 1613, devant le juge ordinaire de la juridiction de Chabrignac, « s'étant ledit sieur mis à genoux, les deux mains jointes, pour requérir l'émancipation de son père, ledit sieur l'a fait lever, lui a ouvert les mains, et l'a émancipé ». Cette maison porte : *d'azur à trois fasces d'or*;

4° Jacques de Lubersac, Sgr de Mialet, de Cinsac. « L'an 1586, dit son père, naquit Jacques, un samedi au soir, dernier jour d'août, au château de Chabrignac, Bas-Limousin ». Il épousa le 20 mars 1619, au château de Cinsac, demoiselle Frontonne de Jaubert, fille de feu noble Antoine de Jaubert, Sgr de La Fourest. Elle lui apporta en dot partie de la terre et seigneurie de Cinsac, en Périgord, avec château, haute, moyenne et basse justice. Pour la portion qui appartenait à ses beaux-frères, Jean d'Hautefort et Pierre de Texières, il les désintéressa en rachetant leurs parts avec partie de sa légitime. Il en eut trois filles : Marie, Françoise et Hély. Il leur fait des legs dans son testament du 21 juillet 1641, et demande à être enterré dans le tombeau de ses prédécesseurs en l'église de Nantiac.

XIV. — Charles de Lubersac, premier du nom, S^{gr} de Chabrignac, de St-Julien, etc., qualifié haut et puissant seigneur, naquit en 1581. On lit sur le terrier de Chabrignac, écrit de la main de son père : « L'an 1581, le 19 juin, un lundi soir, naquit Charles, un jour de Saint-Gervais, au château de Puyagut, en Périgord. » Naturellement bon et affable, il cherchait à rendre service à tous ceux qui l'entouraient, soit par les conseils qu'il leur donnait, ou par l'argent qu'il leur prêtait. C'est par ces considérations que Martial Lajugie lui abandonne ses biens en 1614, que Jerosme Roy lui laisse une partie des siens en 1638, Catherine Cathaly, la totalité en 1639.

« Monsieur mon cousin, lui écrivait la marquise de Saint-Aulaire, en 1629, à qui il avait prêté une somme considérable, je me suis rencontré céans quand vous avez écrit à..... Elle n'a pas à présent assez de santé pour vous faire réponse. Elle et moi vous pouvons assurer que nous avons un grand déplaisir de ne pouvoir satisfaire à l'argent vous demandez à mon fils, lequel n'a pas été dans le pays il y a six mois. Il nous est arrivé à lui et à moi une si grand perte, que cela nous a obligés de faire de grandes dépenses qui nous ont ôté le moyen pour le présent de vous satisfaire, ce que nous ferons le plus tôt qu'il nous sera possible; que l'attente que vous en ferez ne nous fasse perdre l'honneur de vos bonnes grâces que je vous demande et que vous me croyez, Monsieur mon cousin, votre très humble servante,
» Saint Aulaire. »

Charles de Lubersac transigea le 1er octobre 1630 avec le S^{gr} de Rochechouart qui, moyennant une somme de 18,600 livres tournois, acquit dudit Charles tous les droits et actions qu'il avait sur la succession de d^{lle} des Cars, de Saint-Mesgrin, dame de La Vauguyon, pour arriver au payement de quatre obligations au nom de François de Lubersac, son père, sur feu Jean des Cars, comte de La Vauguyon. Il fut chargé de plusieurs commissions importantes dont il s'acquitta toujours avec distinction.

En 1635, le duc de Lorraine ayant trouvé le moyen de rentrer dans ses états, le maréchal de La Force écrivit qu'il n'avait pas assez de troupes pour l'en chasser. On convoqua alors le ban et l'arrière-ban, et toute la noblesse eut ordre de monter à cheval. Le roi résolut d'aller en Lorraine, et partit de Monceau le 10 septembre. Huit jours avant (2 septembre 1635), il adressa à Charles de Lubersac la lettre suivante, pour lui ordonner de venir le rejoindre à la tête de la noblesse du Limousin :

« Monsieur de Chabrignac Saint-Julien, ayant trouvé bon que mon cousin le duc de Ventadour demeure dans ma province de Limousin, pour y donner ordre à ce qui s'y peut offrir pour mon service, j'ai estimé nécessaire de choisir une personne de la qualité et expérience convenable pour la conduite de la noblesse de ladite province; c'est pourquoi j'ai jeté les yeux sur vous pour cet emploi, dans lequel, comme je me promets que vous me donnerez toutes les preuves que je puis attendre de votre fidélité et affection de mon service; ainsi vous devez croire que je serais bien aise de vous en reconnaître, aux occasions qui se pourront offrir pour l'avantage de vous et des vôtres. Vous aurez donc à vous acheminer au plus tôt avec ladite noblesse, en ma province de Champagne, au lieu où vous saurez en arrivant que je serai, suivant les ordres que j'ai ci-devant envoyés à mon dit cousin le duc de Ventadour, pour le logement et la conduite de ladite noblesse, e me remettant à lui de vous les donner. Je prie Dieu, Monsieur de Chabrignac Saint-Julien, vous avoir en sa sainte garde. — Monceaux, 2 septembre 1635.

» Louis. »

La noblesse, présidée par le duc de Ventadour, parmi laquelle se trouvaient MM. de Pompadour-Laurière, des Cars, de Cosnac, de Saint-Viance, de Ferrières-Sauveboeuf, du Saillant, du Luc, etc., etc., reconnut ledit Charles pour son capitaine et, le même jour, le duc de Ventadour lui remit commission de la conduire à Châlons, en Champagne, avec l'itinéraire à suivre. Étant alors obligé d'augmenter son train et sa suite pour soutenir la dignité de cet emploi, Charles demanda au duc de Ventadour 4,000 livres tournois d'indemnité, sur lesquelles 500 livres lui furent allouées immédiatement sur les premiers deniers provenant des taxes. Il régla ensuite toutes ses affaires et fit écrire son testament par le juge de sa juridiction de Chabrignac, ce testament commence ainsi :

« Au nom de Dieu, amen. Sachent tous qu'il appartiendra que ce jourd'huy, 13 septembre 1635, au lieu de Chabrignac (Bas-Limousin), et dans mon château, je, Charles de Lubersac, écuyer, seigneur dudit Chabrignac et de Saint-Julien, soussigné, étant dans la chambre dudit château où j'ai de coutume de coucher, environ l'heure de huit heures du matin, étant sur le point et prest de faire voyage à Châlons, en Champagne, sur le départ du ban et arrière-ban de la noblesse du Limousin, suivant les commandements et ordonnances du roi, mon prince, ayant été à ces fins choisi et élu par ladicte noblesse conducteur et capitaine dudit ban et arrière-ban, et considérant la nature humaine et que toutes choses doivent un jour prendre fin, la mort étant certaine et commune à chacun, bien que l'heure d'icelle en soit incertaine et ne voulant décéder ab intestat, sans disposer des biens qu'il a plu à mon créateur me donner et mis ordre par dernière disposition en ma famille, afin que paix et concorde y soient à l'avenir. A ces causes, j'ai appelé avec moi Me Gouyon, avocat en la cour de Parlement, juge de ma juridiction, auquel je me fie et lequel j'ai prié escrire mon testament solennel en la forme qui s'ensuit, et premièrement, ayant fait le signe de la croix, j'ai recommandé mon âme à Dieu, le père tout-puissant, mon créateur, le suppliant d'avoir pitié d'icelle, et à la glorieuse Vierge Marie et à tous les saints du paradis, et à mon bon ange gardien, les suppliant aussi d'être mes intercesseurs, voulant et ordonnant que, si je viens à décéder dans le pays, qu'on me fasse ensevelir dans les tombeaux de mes prédécesseurs et dans l'église du présent lieu de Chabrignac, et, quant à mes obsèques et frais funéraires, quarantaine et bout de l'an, assemblée de gens d'église, je m'en resfie à la volonté et discrétion de mon héritier bas-nommé, donnant et léguant à l'église du présent lieu, aux fins de prier Dieu pour le salut de mon âme, et dire toutes les semaines et à perpétuité, et au jour que serai décédé, une messe à haute voix, et ce pour la somme de cent livres en argent ou en héritage..... Item, je dis et déclare être marié avec ma très chère et bien-aimée épouse Jeanne du Saillant, dame dudit Chabrignac, et ce depuis le 28 octobre 1613, de laquelle j'ai reçu et reçois toute sorte d'amitié, de respect, de contentement et d'honneur, et à laquelle pour ces causes, non-seulement mon bien et ma personne sont obligés, mais aussi à cause de nos enfants que nous avons engendrés et qu'il a plu à Dieu nous donner, qui sont : Philibert, Charles, Antoine, Jean-Gabriel, Isabeau, Jeanne-Françoise et Marie, nos enfants légitimes et naturels, lesquels je recommande à ma dite chère épouse, et l'en conjure d'en avoir le soin et les élever à la vertu et ce suivant leur condition, auxquels mesdits enfants je recommande expressément, et par exprès, d'être obéissants et porter tout le respect et honneur à ma dite chère épouse, leur mère, qu'un bon et obéissant fils lui doit faire. »

Puis il confirme les avantages faits à sa femme par contrat de mariage, fait des legs à ses enfants et nomme Philibert, l'aîné, héritier universel.

Peu de jours après, il partit, et, en arrivant en Bourgogne, Henri de Bourbon, gouverneur de cette province, lui remit un mandement, le 1er octobre 1635, enjoignant à tous ceux dudit pays de loger et de fournir des vivres à la noblesse du Limousin. Le duc de Lorraine n'ayant pu résister aux troupes du roi, il licencia le corps de la noblesse du Limousin, et Charles de Damas, seigneur de Thianges, lieutenant-général au pays de Bresse, et de Charolais, donna à Liverdun, le 14 novembre 1635, un certificat à Charles de Lubersac du service que ladite noblesse avait fait sous ses ordres. Le roi voulant, par son ordonnance du 14 mai 1639, que deux gentilshommes, des plus expérimentés aux armes, soient chargés de faire la revue des gens de pied dans chaque sénéchaussée ; le duc de Ventadour, gouverneur du Limousin, nomma un mois plus tard à cet emploi Charles de Lubersac et le Sgr de la Chapelle-Biron, qui firent ladite revue dans l'étendue des siéges de Limoges, Brive, Tulle et Uzerches. Il mourut à Chabrignac, le 29 septembre 1643, âgé de 64 ans, et l'ouverture de son testament de 1635 fut faite audit château le 23 décembre de la même année, par Me Gouyon, juge dudit lieu, et par le procureur de ladite juridiction, en présence de Jeanne de Lasteyrie du Saillant, sa veuve, et de ses enfants, sauf Antoine, Sgr de Mialet, alors absent au service du roi, hors de France. Philibert de Lubersac, l'aîné, étant mort, Charles, son second fils, devint l'héritier universel des biens paternels. Jeanne du Saillant, sa mère, lui fit don, le 20 décembre 1646, de ses propres biens, même de sa dot de 21,000 livres tournois, ne se réservant qu'une somme et quelques biens. De son côté, Charles s'engagea à loger et à entretenir sa mère dans le château de Chabrignac suivant sa condition, à lui restituer le quart de la donation s'ils ne pouvaient vivre ensemble. Il s'engagea aussi à payer à chacun de ses frères et sœurs leur légitime, et à les nourrir et les entretenir jusqu'au jour du payement intégral. Le 16 mars 1647, Jeanne du Saillant, étant en danger de mort, répartissait entre ses enfants la somme qu'elle s'était réservée, sauf 100 livres aux prêtres de Chabrignac qui prieront pour elle. Le 1er juillet de la même année, on faisait l'ouverture de son testament à la requête de Jean-Gabriel de Lubersac, Sgr du Chassain, son fils.

Charles de Lubersac avait épousé au château du Saillant, le 28 octobre 1613, demoiselle Jehanne de Lasteyric du Saillant, fille de Jean de Lasteyrie, Sgr du Saillant, baron de Vergy, d'Ussac, etc., etc., chevalier des ordres du roi, gentilhomme ordinaire de sa chambre et de puissante dame Marie de Prohet d'Ardène, en présence de Jean et de François du Saillant, des Sgrs des Cars, de Razac, de Tersac, de Vielbans, de Vérac, etc., etc. La totalité de la dot de 21,000 livres tournois n'ayant pas été entièrement payée, le 2 novembre 1643, ainsi que celle de Catherine du Saillant, veuve de Claude de Beynac, Raymond du Saillant, leur frère, leur abandonna sur la réclamation des deux sœurs, une somme de 9,000 livres tournois. De ce mariage provinrent :

1° Philibert de Lubersac, mort jeune et sans alliance ;

2° Charles de Lubersac, deuxième du nom, qui suit;

3° Antoine de Lubersac, écuyer, Sgr de Miallet, lieutenant dans la compagnie du vicomte de Lage. Il était absent, au service du roi, hors de France, le 23 décembre 1645, jour où l'on fit l'ouverture du testament de son père. Il fit le sien, le 25 juillet 1647, « étant, dit-il, sur le point de partir pour l'armée du roi, lieutenant dans ladite compagnie ». Il y institue Charles, son frère aîné, son héritier universel, et fait plusieurs legs au curé de Chabrignac et à ses frères et sœurs. Avant de partir, il avait reçu du sieur Pascareil de Voutezac, à la date du 10 janvier 1647, une lettre lui donnant l'assurance qu'il serait au lieu désigné par lui, afin d'y recevoir l'honneur de son commandement;

4° Jean-Gabriel de Lubersac, écuyer, seigneur de Chassain, mentionné dans le testament de ses père et mère, requit l'ouverture de celui de sa mère, le 1er juillet 1647. Charles, son frère aîné et lui, passèrent un accord, le 26 janvier 1648, par lequel Charles augmente sa légitime et sa pension, lui donne un cheval et s'engage à le nourrir ainsi que ses deux chevaux au château, à condition qu'il n'épousera pas la fille de Barthélémy Géraud de Juillac, ce que promet Jean-Gabriel. Enfin, le 12 décembre de la même année, Charles lui donne une délégation sur ses fermiers de Chabrignac, jusqu'à concurrence de 7,000 livres sur sa légitime. L'année suivante (24 février), Jean-Gabriel représente son dit frère à l'Assemblée d'Uzerches, pour l'élection d'un député de la noblesse aux États généraux;

5° Isabeau de Lubersac qu'épousa par contrat du 16 avril 1640, noble et puissant Jean Phelip de Saint-Viance, Sgr de Puymege, paroisse de Saint-Sernin de Brive, fils de François Phelip de Saint-Viance et de Catherine d'Aubusson. Charles de Lubersac, son beau-frère, lui emprunta, le 20 juillet 1657, 2,150 livres tournois, dans lesquels se trouvent compris 300 livres léguées par Jeanne du Saillant, dame de Chabrignac à Catherine de Saint-Viance, sa petite-fille, mariée au Sgr de La Peyrouse;

6° Jeanne-Françoise de Lubersac, religieuse au couvent de Saint-Genis;

7° Marie de Lubersac, non mariée en 1646.

XV. — Charles de Lubersac, deuxième du nom, chevalier, Sgr de Chabrignac, de Lavaud, de Livron, etc., prenait d'abord la qualité de Sgr de Lasserre, comme on le voit dans les actes de 1621 et 1628. Philibert, son frère aîné étant mort, il devint héritier universel des biens paternels et maternels que Jeanne de Lasteyrie du Saillant, sa mère, lui abandonna par acte du 20 décembre 1646. Son frère Antoine, au moment de partir pour l'armée, en 1647, l'institua également son héritier universel. Charles, son père, avait laissé par testament, 100 livres tournois aux prêtres et clerc de Chabrignac, afin de dire à haute voix, le mercredi de chaque semaine, une messe pour le repos de son âme. Jeanne, sa veuve, avait dit verbalement au moment de mourir au curé de Chabrignac et aux autres prêtres présents, qu'elle léguait pareille somme, afin de solenniser le lendemain des quatre grandes fêtes de l'année, une messe à haut chant et dite par trois prêtres pour le salut de son âme. Pour exécuter ces dernières dispositions, Charles abandonna, le 12 avril 1648, à la dite cure, la vigne de Tessoniéras, celle de Puypouret et la terre de Pradeau, se réservant la justice et les droits féodaux. De son côté, le sieur curé s'oblige à solenniser les messes aux jours désignés.

Il reçut, le 18 février 1649, des lettres de convocation pour se rendre à l'Assemblée d'Uzerches, où devaient être élus les députés des États généraux d'Orléans, et s'y fit représenter par Jean-Gabriel, son frère. De cette année à 1652, eut lieu un procès important entre les Pompadour de Laurière, afin d'obtenir un supplément de légitime, auquel avait droit la succession de Jeanne d'Helie Pompadour, sa grand'mère. Le procès avait déjà pris naissance depuis bien longtemps. Poncet d'Helie Pompadour, Sgr de Colonges et dame Philippe de Pellegrue, sa femme, avaient de très grands biens. Jeanne leur fille, en épousant François de Lubersac en 1579, renonça, moyennant une constitution dotale de 12,000 livres tournois, à ses droits sur les biens paternels et maternels en faveur de son frère; mais elle était mineure. Procès entre François de Lubersac et Charles d'Helie, son beau-frère, qui augmente la légitime de sa sœur de 4,000 livres et lui restitue pareille somme qu'il lui avait prêtée, total avec la dote : 20,000 livres, pour laquelle il lui abandonne la seigneurie de Chabrignac, moyennant quoi Jeanne devait renoncer à plus amples réclamations. Mais elle meurt, et Charles, son fils, obtint des lettres cassant cette disposition. Procès entre François uni à Charles, son fils, d'une part, et Jean de Pompadour, baron de Laurière d'autre part, représentant Charles d'Helie Pompadour, pour supplément de légitime de Jeanne, dame de Chabrignac. François et Charles avaient gagné sur un point, perdu sur un autre, quand étant morts tous deux, Charles, deuxième du nom, leur fils et petits-fils, reprend le procès qu'il gagne par arrêt du Parlement de Paris, du 9 décembre 1651; ainsi, commencée en 1582 et finie en 1651, cette affaire dura soixante-neuf ans.

Charles de Lubersac, de concert avec Jean de Pompadour, marquis du dit lieu, acheta, en 1654, la seigneurie de La Rivière près Pompadour, qu'ils se divisèrent entre eux en 1657. Charles eut en partage les fiefs de Molac, de Baune, de Livron, de Cros et de la Sudrie, et Jean ce qui dépendait de sa justice. Il afferma au sieur Lavialle, notaire à Juillac, le 8 novembre 1656, les rentes de Chabrignac et des Trois-Moulins pour 1,000 livres. Même ferme en 1663.

Il aimait considérablement la chasse, et nous trouvons une enquête que fit faire contre lui le Sgr d'Hautefort en 1664, se plaignant de ce qu'il chassait sur sa terre de Juillac avec épagneuls, levriers et oiseaux, et accompagné de diverses personnes, suivi de ses fauconniers, et qu'il n'y laissait aucune espèce de gibier. Jean Las Graviéras, clerc, premier témoin, dit : « La veille de Saint-Fabien dernier, étant dans les vignes proches du château de Juillac, arriva le sieur de Jumelon sur un cheval, puis le fauconnier du Sr de Chabrignac ayant un oiseau sur le poing, divers épagneuls, quatre lévriers et levrettes, plus un sien laquais, lesquels chassaient dans les vignes. Le jour de la conversion de Saint-Paul, étant dans le château, j'entendis des chasseurs crier dans la garenne..... m'y étant acheminé, j'y rencontrais les dits fauconniers et laquais qui criaient à leur chiens : Clause! Clause! pour faire repartir une perdrix, je vis comme l'oiseau la suivit, mais ne sais s'il la prit. » — « Pierre Géraud vit, il y a trois semaines, venir à lui le Sgr de Chabrignac et le sieur Donève de Jumelon, tous deux à cheval, suivis du fauconnier et du nommé Lestrade, laquais, avec chiens, levriers et faucons sur le poingt, lesquels tous ensemble chassaient, sifflaient, et avertissaient leurs chiens pour mieux chasser. Mardi dernier, ils firent partir une perdrix et le fauconnier ayant lâché son oiseau, l'alla prendre dans le pré du S^{gr} d'Hautefort. Le fauconnier vint chercher l'oiseau et emporta la perdrix. » — « Gabriel Boireau vit, plusieurs fois, le dit seigneur avec ses valets et laquais, chasser et rechasser dans les vignes de Juillac et rapporte le même fait que le témoin précédent. Il vit, de plus, que le même jour, le fauconnier lâcha son oiseau sur d'autres perdrix qu'il alla prendre dans le pré proche le château. » — « Léonard Souly, receveur du S^{gr} d'Hautefort, allant à Juillac, rencontra en son chemin le fauconnier dudit seigneur qui avait un oiseau sur le poingt et chassait dans les vignes avec deux ou trois autres personnes. Arrivé à Juillac, il vit un des laquais qu'il reconnut à la livrée, venant de chercher de la viande chez un boucher pour reprendre son oiseau, comme il le lui dit. Quelques jours après, il rencontra le même fauconnier équipé de chasse comme il est dit ci-dessus. Ses chiens firent partir un lièvre, mais ne sait s'il fut pris. S'étant approché de celui-ci et d'autres de sa compagnie, il remontra que ce n'était pas bien de chasser ainsi dans les vignes de Juillac ; qu'il aurait des plaintes du procédé, nonobstant quoi, ils continuèrent leur chasse. » MM. Donève, père et fils, sieurs de Jumelon, furent entendus, le 19 juillet de la même année, en l'absence de Charles de Lubersac alors à Bordeaux. « Pierre Donève répondit connaître les S^{grs} d'Hautefort et de Chabrignac, pour les avoir souventes fois vus et parlé de diverses affaires entre eux ; dit qu'il a été obligé, en qualité de vassal du S^{gr} de Chabrignac et demeurant proche de son château, de monter à cheval quand il lui a commandé, même une ou deux fois, pour aller à la chasse dans sa terre de Chabrignac, mais non pas en celle de Juillac où il n'a jamais pris aucun gibier, et dit que si les témoins ont déposé autrement, c'est faussement. » Léonard Donève, son fils, fit la même déposition. On pense que l'affaire en resta là. Toutes les pièces s'arrêtent à ce dernier témoignage.

Il fut maintenu dans sa noblesse, le 21 décembre 1666, pardevant M. d'Aguesseau intendant de la généralité de Limoges. « La production de ses titres ayant paru suffisante pour établir la longue filiation articulée en sa généalogie, dont la noblesse date de temps immémorial. »

Charles de Lubersac fit son testament le 29 mars 1685. Il déclara vouloir être enterré en l'église de Chabrignac, au tombeau de ses ancêtres. Il fait des legs à la dite église, aux prédicateurs de Brive, aux religieux de Saint-François et au curé de Saint-Julien en Vendemois. Il tâche de distraire la fortune de sa femme de la sienne pour prévenir les contestations, et déclare avoir six enfants : François, lieutenant de cavalerie au régiment de Larmaria ; Joseph, le chevalier ; Charles et autre Joseph, Marie et Isabeau de Lubersac. Il nomme sa femme son héritière universelle, à la charge de transmettre cette qualité à François, leur fils aîné, et choisit pour son exécuteur testamentaire son cousin germain Antoine, marquis du Saillant, vicomte de Comborn, baron de Vergy, grand sénéchal du Limousin.

Il avait épousé, par contrat du 29 mai 1648, demoiselle Jeanne d'Arlavois, fille unique de messire Antoine d'Arlavois, S^{gr} de Lavaud, de Livron et héritière desdites terres ; d'Arlavois porte : *d'azur à trois étoiles d'or posées* 2 *et* 1.

Après la mort de son mari elle fit les comptes avec Pierre Leclerc, procureur de la juridiction de Chabrignac (21 mai 1687), d'où il résulte que lui redevant une somme, elle lui abandonna une maison sise à Chabrignac. Mais on découvrit bientôt qu'il était indigne de la confiance de la maison de Lubersac, qu'il lui avait concédé son habitation au château et qui, par des recommandations, l'avait fait nommer notaire du S^{gr} des Cars, à Saint-Bonnet, de Madame de Pompadour-Hautefort à Pompadour. Il enleva du château de Chabrignac, des meubles et quantités de titres qui furent retrouvés dans sa maison de Chabrignac, le 30 mars 1694. Convaincu de concussion et de malversation, il fut condamné l'année suivante au bannissement de la sénéchaussée et à 150 livres d'amende.

De 1679 à 1705 existent encore nombre de pièces ayant rapport aux procès et difficultés que suscita Jeanne d'Arlavois dans la famille. Femme haineuse envers tout le monde, mais spécialement envers son mari et ses enfants; elle leur fit une suite de procès qui empoisonnèrent leur existence, d'autant plus que leur caractère ne ressemblait en rien au sien. « Jeunes gens fort aimables, écrit le père Vitrac de Brive, en priant Dieu pour la paix de la maison. » (Lettre du père Vitrac au lieutenant de la juridiction de Lascoux, du 13 avril 1694.)

En 1680, elle obtint la séparation de ses biens de ceux de son mari. A peine était-il mort, en 1685, que sous prétexte qu'elle ne pouvait vivre avec François, l'aîné, elle quitta le château de Chabrignac, qu'elle fit mettre sous le sequestre, pour se retirer dans celui de Saint-Bonnet, appartenant au S^{gr} des Cars. De là, elle formula ses prétentions et ses réclamations, au nombre desquelles fut sa demande en revendication de Lavaud et de Livron comme lui appartenant en propre, bien que son mari en eût porté le titre et joui des redevances, sa vie durant. Là-dessus, procès sur procès, qui aboutissent à un arrangement passé le 11 mai 1694, par l'entremise de deux parents et amis, Antoine de Castrie, S^{gr} de Terzac et H. du Mas, S^{gr} de Paysac. Par cet acte, les reprises de la dite dame sont réglées à 50,000 livres, et réduites à 34,000, déduction faite des sommes dues à François, son fils. Pour l'acquit de cette somme, ce dernier lui abandonne des biens dépendant de Chabrignac. Mais, sur le refus qu'elle fait de recevoir parmi ces biens le domaine de Chavagnac, le moulin du Peyron, des dixmes et rentes, nouvelles difficultés qui enfantent de nouveaux procès. Ils sont enfin apaisés par diverses sentences de la sénéchaussée d'Uzerche, et elle meurt en 1706, âgée de plus de quatre-vingts ans. On fit l'ouverture de son testament le 1er juin 1706, la dite dame demeurant ordinairement, y est-il dit, au château de Saint-Bonnet, et en présence de Joseph de Lubersac, S^{gr} de Livron ; de Charles, S^{gr} du Maine ; d'Isabeau, mariée à François d'Escorailles, S^{gr} de Roussille, François, son fils aîné étant absent. Elle déclare dans ce testament fait le 30 mai 1696, à Bordeaux, qu'elle a eu plusieurs enfants de son mari, dont quatre subsistent, François, Joseph, Charles et Isabeau. Elle nomme Joseph, le second, son héritier universel, et se contente de faire des legs particuliers à l'aîné, et aux deux autres enfants.

Les enfants issus de ce mariage sont :

1° François de Lubersac, troisième du nom, qui suit;

2° Joseph de Lubersac, qui forme la branche des S^{grs} de Livron, rapportée ci-après. § IX;

3° Charles de Lubersac, S^{gr} du Maine, rappelé dans le testament de ses père et mère, et dans une reddition de compte avec François, son père, en 1701, qui lui laissa par son testament du 22 avril 1726, le droit d'habitation et de nourriture gratis, en son château de Chabrignac;

4° Joseph de Lubersac. Il n'existait plus quand sa mère fit son testament, en 1696;

5° Marie de Lubersac. Elle fit son testament le 4 décembre 1691, au monastère de Saint-Céré d'Argentat, où elle était pensionnaire ;

6° Isabeau de Lubersac, mariée à François d'Escorailles, S^{gr} de Roussille et de La Dommenchie, paroisse de Donzenac et de Saint-Robert. Elle est mentionnée ainsi que son mari dans le testament de sa mère. François était fils d'Estienne d'Escorailles, S^{gr} de la Roussille et de Dommenchie, et d'Anne de Lascaux. Cette maison porte : *d'azur à trois chevrons d'or.*

XVI. — **François de Lubersac**, troisième du nom, S^{gr} de Chabrignac, de Lavaud, de Livron, de Lasserre, etc., etc. « Un peu après minuit, le 14 mars 1631, écrit son père au terrier de Chabrignac, naquit François, mon fils aîné, dans la chambre basse du château dudit lieu. » Il servit pendant quatre mois, en qualité de garde du corps du roi, en la compagnie écossaise, dans la brigade du comte de Saint-Viance, qui lui en délivra un certificat le 22 février 1684. Le 2 octobre de la même année, il en reçut un nouveau du marquis de Locmaria, daté du camp de Gœure, attestant qu'il avait servi en qualité de cornette dans sa compagnie, et dix-neuf jours plus tard, il recevait le brevet de lieutenant de cavalerie au dit régiment. Son père le mentionne, en cette qualité, dans son testament du 29 mars 1685. Il servit pendant quatre mois en qualité de cornette dans la compagnie des 75 hommes nommés pour la campagne de 1689, au ban du Limousin, suivant certificat du 19 septembre, que lui donna son cousin, le marquis du Saillant, vicomte de Comborn, sénéchal du Limousin, commandant le ban de cette province. Le 4 mai 1691, il recevait le brevet de lieutenant de la compagnie de l'Hôpital, au régiment de cavalerie de Vaillac. Le 17 décembre de l'année suivante, il obtint du roi, des lettres de répit pour six mois, étant alors au service, ce qui l'empêchait de pouvoir vaquer à ses affaires. Il comparut à l'assemblée et revue de gentilshommes, nommés pour aller au ban du Limousin, le 30 mai 1695, et le 14 mai 1697, à celle de la Basse-Marche, comme étant copartageant de la baronnie du Riz, suivant certificat du comte de Farges, du 19 juin. Il était, le 12 du même mois, à Saint-Jean d'Angely, suivant la lettre de Joseph, son frère, à sa mère, du 14 juillet même année.

Il eut à soutenir, de concert avec les Lubersac du Verdier, de grands procès contre les Senneterre, comme on peut le voir à l'article de Pierre de Lubersac, troisième du nom. Ils furent tous deux subrogés à M. de Senneterre sur la terre de Mirambeau, vendue 175,000 livres (6 juillet 1706), transigèrent ensemble le 2 avril 1713, tant sur la succession de François d'Estourneau, marquis du Riz et sur celle de Françoise de Barthon de Montbas, leurs beau-père et belle-mère, que sur celle de François et Antoine d'Estourneau, leurs beaux-frères. Ils firent une autre transaction huit jours plus tard, touchant leurs droits sur MM. de Senneterre et d'Abzac. Ils se partagèrent partie des successions du comte de Senneterre Saint-

Victour et de demoiselle Radegonde d'Estourneau d'Usson (9 septembre 1715). Jeanne d'Estourneau, sa belle-sœur, n'ayant pas d'héritiers, lui abandonna, par son testament, 10,000 livres reversibles, sur ses enfants. Ses droits sur la baronnie du Riz furent fixés à 50,000 livres.

Il eut le malheur de perdre sa femme le 5 janvier 1701, au bout de huit ans de mariage, âgée de trente-deux ans. Le 14 août 1712, on avait fait à Chabrignac l'ouverture des chasses de saint Martial et de sainte Cérène. Ces reliques avaient été apportées de Rome cette année, par le père Cyprien de Villemontes, carme déchaussé. Cette fête eut lieu au milieu d'une affluence considérable de population des villages voisins, qui formèrent huit processions, et allèrent s'adjoindre à celle de Chabrignac. L'église était trop petite pour contenir tout le monde. Le discours fut prononcé au pied du grand ormeau du château, par l'abbé de Segonzac, prieur de Turenne. L'année suivante (1713), l'évêque de Limoges autorisa la confrérie des saints Martyrs, et le pape accorda un autel privilégié, où des indulgences furent attachées. En tête de la procession marchaient le roi et la reine, suivis de leur cour, dont voici la composition en 1713, le jour de la fête : Reine, Louise de Lubersac mariée au S^{gr} de Bijéardel. Dauphine, Henriette de Bauchiat de Bijéardel, mariée à François de La Rochefoucauld, comte de Cousages. Mignonne de la Dauphine, Jeanne de La Rochefoucauld, demoiselle de Chavagnac. Mignonne de la Reine, Jeanne de Lubersac, demoiselle de Chabrignac. Princesse, Marthe de Lubersac, demoiselle de Livron. Lieutenant de la reine, mademoiselle de Martineau. Roi, François de Lubersac, S^{gr} de Chabrignac. Dauphin, Pierre, comte de Lubersac de Savignac. Mignon du roi, Jean de Bouchiat, S^{gr} de Bijéardel. Mignon de la reine, François de La Rochefoucauld, comte de Cousages. Mignon du Dauphin, le chevalier de Chabrignac. Prince, M. de Rouveix. Mignon du prince, M. de Saint-Mesmy (Archives de la paroisse de Chabrignac).

François de Lubersac fit son testament le 22 avril 1726, âgé de soixante-quinze ans, et l'on en fit l'ouverture le 30 du même mois, en présence de ses trois enfants, Pierre, Louis et Louise. Il veut être enterré dans l'église de Chabrignac, devant l'autel de Notre-Dame. Il fait des legs à sa fille, à son second fils, et remet les arrérages de leurs rentes aux plus pauvres de la paroisse. Il veut que son frère Charles, S^{gr} du Maine, ait son habitation et sa nourriture gratis dans le château. Il fait des legs à son valet de chambre, à ses autres valets et servantes, et institue Pierre, son fils aîné, son héritier universel, et nomme pour exécuteur testamentaire, le marquis du Saillant, son cousin, grand sénéchal du Limousin.

Les conventions de son mariage avaient été arrêtées au château du Verdier, le 15 mars 1693, et il avait épousé, l'année suivante, 23 avril, en l'église de Saint-Etienne de Lubersac, demoiselle Denise d'Estourneau, fille de feu François d'Estourneau, baron du Riz-Chauveron, marquis de La Peyrière, et de dame Françoise Barthon de Montbas. Elle était petite-fille de François d'Estourneau, S^{gr} de Tersannes, chambellan de Monsieur, frère unique du roi, et sœur de Jeanne d'Estourneau, mariée en 1679 à Pierre, marquis de Lubersac. Estourneau porte : *d'argent à trois chevrons de gueules surmontés de trois merlettes de sable en chef.* Elle était déjà malade en 1698, année où la marquise de Fénelon, écrivant à sa sœur de Lubersac, lui dit : « Nous sommes bien fâchés du mal de votre sœur. » Elle mourut le 5 janvier 1701 et fut enterrée dans l'église de Chabrignac. Elle avait eu pour enfants :

1° Pierre de Lubersac, quatrième du nom, qui suit ;

2° Louis de Lubersac, dit le chevalier, mentionné dans le testament de son père, mort sans alliance ;

3° Louise de Lubersac, née le 25 novembre 1695, qui eut pour parrain Antoine de Lasteyrie, marquis du Saillant, vicomte de Comborn, et pour marraine Jeanne d'Estourneau, marquise de Lubersac. Elle épousa Jean-Baptiste Plaisant de Bouchiat, fils de Jean de Bouchiat, Sgr de Bijéardel, et de dame Souveraine de Saint-Viance. Cette maison porte : *d'azur au chevron d'or surmonté d'une croix encrée* (?) *du même, accompagnée de trois coquilles de saint Jacques, d'argent deux et un ; celle de la pointe soutenue par un croissant d'or*. Il transigea avec Pierre de Lubersac, son beau-frère, le 11 juin 1727, sur les biens dépendants des successions de Jeanne d'Estourneau, dame de Lubersac et de défunte Jeanne de Lubersac, sa belle-sœur, et lui donna procuration le 9 juillet de la même année, pour recevoir ce qui lui revenait dans la succession de dame Barthon de Montbas, aïeule de sa femme. Enfin elle passa un contrat à l'amiable avec son jeune frère, sur la dite succession, le 9 février 1667 ;

4° Jeanne de Lubersac, née à Chabrignac en 1696, fut reçue à la maison royale de Saint-Cyr par brevet du 31 octobre 1705. Elle écrivait, en 1707, à sa tante de Livron pour l'engager à venir à Chabrignac, où venaient d'arriver M. de Lubersac du Verdier et les abbés d'Uzerche et d'Aubusson. Elle mourut au commencement de 1727 à l'âge de trente-et-un ans.

XVII. — Pierre de Lubersac, quatrième de nom, Sgr de Chabrignac, de Corbeil-Cerf, de Lormaison, de Lardière, de Fournet, etc., titré marquis de Lubersac, naquit le 3 février 1698, il fut présenté sous les fonts baptismaux par le marquis de Lubersac et la marquise du Saillant. Il était héritier universel de son père, par son testament du 22 avril 1726. Il fut chargé, en 1731, par François de Lubersac, Sgr de Savignac, et par les autres cohéritiers dont il faisait partie lui-même, de poursuivre la restitution de la succession de Madeleine d'Estourneau, femme de François d'Abzac. Le 1er juillet de cette même année, il acheta de Charles de Machat de Pompadour la justice de Lascaux. En 1739, il lui restait dû, par le comte du Dognon, pour l'acquisition que ce dernier fit de la baronnie du Riz et de la forêt de Belle-Perche, une somme de 40,000 livres. Il affermait, le 20 mai même année, le greffe de la châtellenie de Chabrignac, et donnait des lettres de nomination du premier notaire de ladite châtellenie à Noël Chassagnac, de second notaire au sieur Lajugie de la Perche et de procureur de ladite juridiction au sieur Chambon de Juillac (10 septembre 1750).

On le choisit pour arbitre dans le différend du marquis de Lubersac et de son fils, rapporté à l'article du premier, et dont il rend compte lors de l'entrevue à Chabrignac, dans ses lettres des 11 février et 17 avril 1760. Il donne procuration à son fils, l'abbé de Lubersac, de présent à Paris, au collège de Navarre (18 février 1766), afin de prendre possession des terres de Corbeil-Cerf et de Lormaison, dépendant de la succession de Jeanne de Montbas, marquise du Chileau, sa cousine ; cette succession donna naissance aux différends qui survinrent entre lui et son frère le chevalier, d'accord avec sa sœur dame de Bijéardel, qui se terminèrent le 9 février 1766 par l'intervention d'amis. L'année suivante, de nouvelles difficultés survinrent entre lui et le comte de Montbas ; elles furent apaisées par une transaction du 4 août 1768.

Pierre de Lubersac fit son testament le 1er octobre 1767 ; il veut être enseveli dans l'église de Chabrignac ; il fait des legs au curé pour les réparations de l'église, aux Récollets de Saint-Yrieix, donne 600 livres aux pauvres de Chabrignac. Il institue Jean-Baptiste vicomte de Lubersac, son fils aîné, son héritier universel, et Joseph, vicaire-général d'Arles ; Louise, mariée au Sgr de Razac, ancien capitaine des grenadiers d'Aquitaine ; Marie, épouse du Sgr de la Maze, gouverneur pour le roi de la ville d'Uzerche, ses légataires particuliers. Il fit un codicille, le 4 mai 1775, par lequel, outre les legs faits par son testament de 1767, il donne 300 livres pour décorer les autels de Chabrignac ; nomme Jeanne de Jumilhac, sa femme, usufruitière de tous les biens, même de 40,000 livres qu'il s'était réservé dans le contrat de mariage de son fils, à condition d'être remis, après la mort de ladite dame, à Pierre de Lubersac, son petit-fils. Enfin, il fit un dernier testament le 18 décembre 1776 par lequel ayant recueilli la succession de la marquise du Chilleau, il augmente la légitime de ses deux sœurs et de Jean-Baptiste-Joseph, évêque de Treguier, aumônier de Mme Sophie de France ; à Jean-Baptiste, vicomte de Lubersac, officier supérieur de la gendarmerie de France, il lègue son héritage universel. Jeanne de Jumilhac, sa femme, aura, sa vie durant, la jouissance de la terre de Chabrignac, et il confirme son codicille du 4 mai 1775 pour la somme de 40,000 livres. Il mourut à Chabrignac, en 1779, âgé de quatre-vingt-un ans.

Il avait épousé, le 4 février 1729, demoiselle Jeanne-Julie de Jumilhac, fille de Jean-Baptiste Chapelle de Jumilhac, comte de Saint-Jean-Ligoure, Sgr de Poumaret, de La Serre, de Lezignac et de Fournet, lieutenant des maréchaux de France en Limousin et de feue Jeanne-Guillemette de La Bachellerie. Cette famille, qui de nos jours a recueilli, par substitution, les biens, noms et armes du duc de Richelieu (LAINÉ, *Nobil. lim.*, t. VIII.) porte : *d'azur à la chapelle d'or*. Jeanne-Julie était sœur de Joseph de Jumilhac, archevêque d'Arles, commandeur de l'ordre du Saint-Esprit, sur la succession duquel elle perçut, le 31 décembre 1776, une somme de 74,512 livres.

Le comte de Lubersac de Livron, maréchal des camps et armées du roi, et son premier écuyer, lui écrivait, le 10 janvier 1765, pour la remercier de la douce vie qu'il avait goûtée au château de Chabrignac, comparativement à celle qu'il menait à Versailles, entouré du brillant étalage de ceux qui l'excédaient depuis trente ans.

Elle fit un premier testament le 21 octobre 1762, où elle demande à être enterrée au tombeau de son mari, lègue 60 livres au curé de Chabrignac, autant pour les réparations de l'église, 600 livres aux pauvres, et nomme son fils aîné son héritier universel, ses autres enfants ses légataires particuliers. Peu après la mort de son mari (26 mai 1776), elle en fit un second confirmant le premier et donna, en 1785, une rente de 160 livres aux pauvres dudit lieu, au capital de 4,000 livres à elle appartenant sur le clergé de France. Elle mourut audit château, le 10 juin 1785, âgée de quatre-vingt-trois ans, regrettée et vénérée de tous ceux qui la connaissaient et surtout par les pauvres dont elle était la mère. Elle les consolait dans leurs peines et les soulageait dans leurs souffrances, pansant elle-même leurs plaies et leurs blessures, et leur donnant les médicaments dont ils pouvaient avoir besoin. Sa mémoire est encore en grande vénération dans le pays. Les enfants issus de ce mariage sont :

1° Jean-Baptiste-Joseph de Lubersac, né le 10 janvier 1737, il servait dans la marine royale, était, le 15 octobre 1757, à La Rochelle, jour où le marquis de Lubersac du Verdier écrit à sa femme : « Le marquis de Goutte, capitaine du *Prudent* de 70 canons, nous a fait voir son vaisseau, c'est le protecteur du petit Lubersac, qu'il aime d'autant plus qu'il est fort gentil. Il va se mettre en mer avec lui le 25 de ce mois. » Et dans une autre lettre du 23 août 1758 : « Louisbourg a été pris par les ennemis. Il y avait beaucoup de vaisseaux, entre autres le *Prudent* qui a été brûlé dans le port et où était le petit Lubersac. » — « Tu ne pourras pas aller à Chabrignac, écrit le comte de Lubersac à son fils, le 10 janvier 1760, le fils de notre cousin ayant la petite vérole. » Il en mourut à la fin du même mois âgé de vingt-trois ans;

2° Jean-Baptiste, vicomte de Lubersac, qui suit :

3° Jean-Baptiste-Joseph de Lubersac, évêque de Chartres, né le 10 avril 1740, fut tenu le même jour sous les fonts-baptismaux par Joseph de Jumilhac, archevêque d'Arles, son oncle, et par Françoise d'Escorailles, sa cousine. Il fit les preuves de noblesse de la maison de Navarre en 1766, fut premier aumônier de Mme Sophie de France, et nommé aumônier du roi le 1er novembre 1767, ladite charge vacante par la retraite de l'abbé de Chabannes. Il devint abbé commendataire de l'abbaye de Notre-Dame de la Grenetière en 1773, archidiacre et vicaire-général de son oncle, l'archevêque d'Arles, fut sacré évêque de Treguier, le 6 août 1775, dans la chapelle du château de Versailles. Il se confia d'abord à des hommes qui plus tard ne devaient pas sympathiser avec lui. L'un d'eux, très célèbre depuis, fut l'abbé Sieyes, qu'il fit chanoine de sa cathédrale. Moins heureux que M. de Sarra, son prédécesseur, il n'obtint pas d'abord l'affection générale de ses diocésains. Ils savaient que l'évêché de Treguier n'était depuis longtemps qu'un marchepied, à l'aide duquel on montait sur des sièges plus importants, et que leur évêque n'était pour eux qu'un pasteur provisoire. De son côté, M. de Lubersac, que sa naissance, ses goûts, ses habitudes appelaient à la cour, ne pouvaient dissimuler l'ennui et l'antipathie qu'il éprouvait en Basse-Bretagne ; il lui tardait de voir arriver le moment où finirait l'espèce d'exil dont il se trouvait frappé. Aussi ne fut-on pas surpris quand il fut transféré à l'évêché de Chartres en 1780. Cette mutation qui le plaçait à la tête de quatre-vingts chanoines et d'un conseil de seize vicaires généraux, le rapprochait de Paris et lui offrait ainsi le moyen de faire plus commodément son double service d'aumônier du roi Louis XVI et de premier aumônier de Mme Sophie, tante du roi. Son premier soin, après avoir pris possession de son nouveau siège, fut de faire sentir la nécessité de la résidence à beaucoup de curés de son diocèse, que le voisinage de Paris excitait à faire de trop longs et fréquents séjours dans cette ville. Il s'occupa aussi avec ardeur de l'administration de son diocèse, qu'il gouverna avec tant de piété, de zèle et d'édification qu'il se concilia bientôt le respect et la confiance de ses diocésains. Il améliora la liturgie de son église en publiant, en 1783, un nouveau bréviaire, suivi bientôt d'un nouveau missel. Membre des assemblées du clergé, en 1785 et en 1788, il présida en 1789 celle du clergé de son diocèse qui le nomma député aux états généraux. Il fit partie de ceux des membres de son ordre qui proposèrent d'adhérer à la proposition qui leur était faite par Target, orateur du Tiers-Etat : « Au nom du Dieu de paix dont ils étaient les ministres, et au nom de la nation, de se réunir aux députés du Tiers, dans la salle de l'assemblée générale, afin de chercher ensemble les moyens d'établir la paix et la concorde. »

Par suite de son adhésion à l'invitation de Target, des applaudissements accueillirent son nom lorsqu'on fit l'appel, le 22 juin 1789, des cent-quarante-neuf membres du clergé qui avaient signé la déclaration du 19 du même mois. Ce fut lui qui présida la députation du clergé, chargée d'annoncer que la majorité de cet ordre demandait à se réunir à l'assemblée pour procéder à la vérification commune. La part qu'il prit à cette réunion l'ayant rendu populaire et influent, il fut nommé, le mois suivant, membre d'une députation que l'assemblée nationale envoya à Poissy et à Saint-Germain, pour y arrêter des désordres graves. Des forcenés s'étaient emparés de M. Thomassin, homme probe de l'une de ces deux villes, mais proscrit à cause de sa fortune, sous prétexte qu'il avait accaparé des grains. Lors de l'arrivée des députés, la populace, résolue à pendre M. Thomassin, préparait déjà l'instrument de son supplice. Vainement M. de Lubersac et ses collègues, à genoux d'un côté, le malheureux Thomassin de l'autre, essayèrent-ils d'obtenir d'elle que les lois suivissent leur cours régulier. M. de Lubersac la harangua seul, mais sans plus de succès. Thomassin fut conduit au pied d'un mur où étaient scellés des anneaux auxquels on attachait les bêtes de somme. Pendant qu'on l'y attachait lui-même, quelques insurgés s'éloignèrent pour aller chercher une potence et un confesseur, cet incident le sauva. Les habitants de Poissy, cédant aux remords de la conscience, ne veulent pas qu'un crime souille leur ville. Thomassin profite de cette scission qui s'établit entre eux et ceux de Saint-Germain, pour se réfugier en prison. On obtint qu'il partirait avec les députés à la condition qu'ils le livreraient eux-mêmes à la justice. Thomassin monte dans la voiture de M. de Lubersac au courage de qui il doit la vie. Ce ne fut qu'en suivant des chemins détournés que le prélat put échapper aux attaques préméditées auxquelles il fut personnellement en lutte, et regagner Versailles où il remit Thomassin entre les mains de l'autorité judiciaire. L'assemblée nationale vota, à l'unanimité, des remerciements à M. de Lubersac pour sa belle conduite dans cette déplorable circonstance.

Sa popularité diminua un peu lorsqu'il fit observer, le 4 août, « qu'il y avait un écueil à éviter dans la déclaration des droits, celui d'éveiller l'égoïsme et l'orgueil ; que le terme de devoirs était corrélatif de celui de droits ; qu'il convenait de placer à la tête de cet ouvrage quelques idées religieuses noblement exprimées, pour témoigner que si la religion ne doit pas dominer la politique, elle ne saurait pourtant y être étrangère (1). » Ces observations, vivement applaudies par les députés du clergé, furent froidement accueillies par le reste de l'assemblée. M. de Lubersac répara cet échec dans la nuit qui suivit la séance de ce jour. Il proposa l'abolition du

---

(1) Plusieurs de ses discours sont rapportés au *Moniteur* de l'époque. Il parlait avec une grande facilité.

droit exclusif de chasse et déclara en faire personnellement l'abandon. Cette motion, adoptée avec enthousiasme, électrisa tellement l'assemblée que la délibération resta suspendue pendant quelques instants. M. de Lubersac ne se fit plus entendre que pour demander, le 7 octobre 1789, que le renouvellement annuel de l'impôt fût voté à chaque législature, afin que les assemblées dirigeant l'emploi de l'impôt pussent assurer la liberté publique. S'il crut devoir proposer ou appuyer quelques-unes des innovations que réclamait l'ordre public, il n'en fut pas de même de celles qui furent décrétées en matière de religion. Sa conscience repoussait la constitution civile du clergé, il souscrivit la déclaration du 13 avril 1790, ainsi que quelques autres propositions du côté droit. Il fut ainsi l'un des signataires de l'exposition des principes sur la constitution civile du clergé et adhéra à l'instruction de M. de La Luzerne, du 15 mars 1791. A la fin de la cession, entraîné par l'exemple de ses confrères, il quitta la France. On peut juger de la considération dont il jouissait à Chartres et du regret que causa sa retraite par la démarche que les habitants firent auprès de lui au moment où il se disposait à émigrer. Une députation composée de jeunes gens les plus distingués de la ville, alla le trouver à Paris pour l'engager à ne pas quitter son diocèse, en l'assurant, en lui promettant de ne jamais l'abandonner, et de veiller continuellement à sa sûreté, à sa tranquillité. Il est probable que ce dévouement aurait cédé dans la suite aux circonstances impérieuses, aux événements qui amenèrent le bouleversement de la France, mais il n'en est pas moins vrai que cette démarche fait honneur au prélat et aux habitants.

Il se retira donc en Angleterre et de là en Belgique et en Allemagne. Il habita différentes villes de ce dernier pays, notamment Hildesheim, où, au moyen d'aumônes envoyées de Chartres, il secourut les prêtres de son diocèse, émigrés comme lui. On trouva son nom à la fin de l'instruction sur les atteintes portées à la religion, publiée le 15 août 1798 par les évêques français retirés dans les pays étrangers. Ayant donné sa démission en 1801, à la demande de Pie VII, il revint en France où il ne fut pas toujours à l'abri du besoin. Sur son refus d'accepter un nouveau siége, le gouvernement consulaire le nomma membre évêque du chapitre de Saint-Denis, dont il était le doyen quand il mourut. On voulut, lors du concordat de 1817, le faire remonter sur son siége, mais son âge avancé ne lui permit pas de reprendre les fonctions épiscopales. Depuis sa rentrée en France jusqu'à sa mort qui eut lieu le 30 août 1822, il vécut dans la retraite, ne voyant que sa famille et quelques amis, et partageant son temps entre les exercices de piété et des lectures instructives. Tous les jours il célébrait les saints mystères à l'église de l'Assomption, où sa grande simplicité et sa fervente piété édifiaient les assistants. Par son testament il avait demandé à être inhumé dans le caveau destiné aux évêques dans la cathédrale de Chartres. Ce caveau ayant été détruit dans la révolution, on plaça sa dépouille mortelle dans l'ancienne église de Saint-Lubin qui, après avoir été celle des capucins est aujourd'hui celle de l'hospice des vieillards (1) ;

4° Jean-Baptiste-Joseph de Lubersac, né le 27 février 1741, mort jeune ;

---

(1) MICHAUD, *Biographie*, supplément de 1843, t. LXXII°. — CHENARD, *Histoire de Chartres*, II, p. 547.

5° Louise de Lubersac, née le 27 mai 1730, qui épousa Jacques-Joseph de Montfrebœuf, S^{gr} de Razac, des Piquets, de Chervy, la Bouille, et capitaine des grenadiers d'Aquitaine. Elle mourut au mois de mars 1807, à l'âge de soixante-dix-sept ans ;

6° Marie de Lubersac, née le 2 août 1742, fut reçue à Saint-Cyr le 1er août 1750. Elle fut mariée à Jean de Pradel, S^{gr} de La Maze, de Montberne, de Roffignac, et S^{gr} de la ville d'Alassac, gouverneur pour le roi de celle d'Uzerches. Elle en devint veuve en 1805 et mourut elle-même vers 1813.

XVIII. — Jean-Baptiste, vicomte de Lubersac, S^{gr} de Chabrignac, de Saint-Maurice, de Corbeil-Cerf, de Lormaison, etc., etc., maréchal des camps et armées du roi, naquit le 13 septembre 1737. Il fut d'abord page du roi à la petite écurie pendant trois ans, suivant certificat de M. de Beringhen, du 20 juillet 1788. Il reçut, le 21 janvier 1766, certificat de M. d'Hozier, juge d'armes de France, mettant la maison de Lubersac au nombre des plus anciennes du royaume et commençant son rapport sur ladite maison par la Charte de 1093, où Hugues donne une grande partie de ses biens à l'abbaye de Cluny. Il fut ensuite reçu mousquetaire du roi dans la première compagnie ; capitaine de cavalerie par brevet du 5 juillet 1767, guidon dans la compagnie des gendarmes anglais, puis lieutenant-colonel de cavalerie par brevet du 3 janvier 1770. Il obtint, le 22 février suivant, du comte de Lachèze, capitaine-lieutenant de la première compagnie des mousquetaires à cheval, un congé absolu de sa place de mousquetaire ayant servi dans ladite compagnie depuis le 13 mai 1758, et ayant obtenu l'agrément de guidon dans la gendarmerie.

Il fut fait chevalier de Saint-Louis le 16 septembre 1771, nommé sous-lieutenant dans la compagnie des gendarmes du Dauphin le 17 mai 1773, premier lieutenant dans la compagnie des gendarmes Bourguignons le 25 avril 1776, puis mestre de camp de cavalerie le 28 avril 1778 ; il fut appelé à remplir les fonctions d'officier supérieur de la garnison de Nancy et l'année suivante de celle de Metz, enfin il fut élevé au grade de maréchal des camps et armées du roi en 1789. Il avait fait en 1786 l'acquisition de la terre et de la seigneurie de Saint-Maurice, près Arpajon, moyennant 350,000 livres, et celle de Lascaux, près Chabrignac, en 1788, au prix de 71,000 livres, et le roi lui accorda, le 26 septembre de cette année, un droit de prélation sur cette terre. Ses droits dans la liquidation de son beau-père, du 23 avril 1789, de même que ceux du marquis de Beaumont d'Antichamp, son beau-frère, furent fixés, pour chacun d'eux, à la somme de 435,000 livres, et il eut dans sa part la terre et seigneurie du Bourget, près Paris, qu'il vendit, le 1er juin 1791, 140,000 livres. La plupart de ces sommes, placées sur l'état, furent perdues pendant la révolution.

Après la mort de son beau-père, le vicomte de Lubersac et sa femme allèrent à Chabrignac. Le 1er octobre 1789, il y fut nommé maire et s'y occupa de défrichements considérables. Le 25 mai 1791, il vint à sa terre de Saint-Maurice. Pierre de Lubersac, son fils, âgé de vingt ans, était en Limousin avec lui et partit en août de cette année pour Londres. Jean-Baptiste, ci-devant vicomte, demande aux représentants du peuple, par pétition du mois de mai 1793, de ne pas le considérer comme émigré, étant à Londres pour y terminer son éducation. La demande est rejetée le 15 juin par le comité de salut public, les scellés sont apposés en son hôtel (rue Gaillon, n° 29), à Paris. Les citoyens Antoine Millet et Plistal sont nommés gardiens desdits scellés à son compte, moyennant 16 livres par jour, avec ordre de veiller sur ses actions et d'apporter ses lettres au comité (13 décembre 1793). Il demande en janvier 1794 qu'on retire lesdits garnisaires de chez lui, attendu l'impossibilité où il est d'acquitter la somme de 14,509 livres pour le premier emprunt forcé, plus celle de 1,450 livres pour la taxe de guerre, tous ses biens étant sous le séquestre. Le 16 février de la même année, on vérifiait tous ses papiers, dans lesquels rien ne fut trouvé de suspect, dès lors décharge des gardiens des scellés qui conservent néanmoins la garde des citoyen et citoyenne de Lubersac. Le 15 mars 1794, trois commissaires le conduisirent à sa terre de Saint-Maurice pour y assister à la levée des scellés. Il n'y eut pas d'injures, de mauvais traitements qu'ils ne lui firent subir; à minuit, il rentrait dans Paris, à son hôtel, et le 14 mai de cette année il est enfermé, ainsi que sa femme, dans la maison d'arrêt de la rue de la Loi. Sur l'assurance qu'on leur donne qu'ils en doivent bientôt sortir, ils reprennent courage. Mais seize jours se passent sans que cette promesse reçoive son exécution. On leur refusait les vêtements les plus nécessaires, le vin qui aurait contribué à soutenir leurs forces abattues. « Tu n'en as pas besoin, lui répond le citoyen Cornet, dans peu tu sortiras. » On venait de conduire à l'échafaud MM. de Talaru et de Boutin. C'est alors qu'ils virent toute l'horreur de leur position. Le 8 octobre, le geôlier de cette prison leur donnait un certificat attestant que depuis cinq mois qu'ils y étaient enfermés, ils s'étaient acquis l'estime générale. Le 20 de ce mois, ils demandaient par une pétition leur liberté et la levée des scellés sur les objets de première nécessité dont ils étaient privés depuis plus de cinq mois, étant tous deux malades et infirmes, lui âgé de soixante ans et sa femme de cinquante-deux, et, depuis trois jours, ayant été transféré à la prison de Saint-Lazare. Mais enfin arriva la mort de Robespierre et avec elle leur délivrance. Le 17 novembre 1794 parut l'ordonnance de leur mise en liberté, de la levée des scellés sur leurs papiers et effets avec permis de séjourner à Paris pendant six décades. Ils en profitèrent pour se faire transporter de suite dans une maison de santé, rue Notre-Dame-des-Champs, afin de réparer leur santé délabrée, leurs forces anéanties.

Le 5 juillet de l'année suivante, ils sollicitaient de nouveau la radiation de leurs noms comme émigrés, et celui de leur fils, enfin la levée du sequestre qui, depuis trois ans, pesait sur leurs biens. On lui accorde, le 5 juillet 1796, la radiation de son propre nom, mais le sequestre est maintenu à cause de l'absence de son fils, et ce ne fut que le 4 mars 1799 que mainlevée dudit sequestre fut ordonnée sur les terres de Chabrignac, de Saint-Maurice, de Corbeil-Cerf, de Lormaison, etc., et que son fils fut radié de la liste des émigrés, moyennant 157,000 livres adjugées provisoirement à la République. Ils perdirent, de plus, toutes leurs rentes et 400,000 livres environ mis sur les fonds publics, mais sauvèrent le reste de leur fortune.

A partir de cette époque, le vicomte et la vicomtesse de Lubersac se retirèrent dans la terre de Saint-Maurice. Le vicomte y fit son testament, en 1813, par lequel il demande à être enterré à Saint-Maurice, laisse à sa femme l'usufruit de la moitié de tous ses biens, à Pierre de Lubersac, son fils aîné, la quotité disponible par préciput et hors part, 300 livres aux pauvres de Saint-Maurice, pareille somme à ceux de Chabrignac, plus un legs pour réparer l'église dudit lieu. Il mourut en novembre 1819, âgé de quatre-vingt-deux ans. Il était aimé et estimé de tous ceux qui le connaissaient, véritable type du loyal gentilhomme et brave militaire.

Il avait épousé, par contrat du 5 mai 1770, où il est intitulé « très haut et très puissant seigneur » et assisté de l'archevêque d'Arles, son oncle, chargé de la procuration de son père, en présence de Jean-Baptiste de Lubersac, aumônier du roi, son frère ; du marquis de Jumilhac, lieutenant-général, oncle maternel d'Elisabeth de Besenval, marquise de Broglie ; du comte de Jumilhac, maréchal de camp, et de Françoise d'Estrabonne, sa femme ; du marquis de Lubersac, lieutenant aux gardes-françaises ; du comte de Lubersac, mestre de camp de cavalerie ; des marquis de Fumel, de Tourdonnet, de Saint-Chamans ; du duc et du baron de Noailles, ses cousins, etc.; demoiselle Claire-Opportune Riché de Beaupré, fille de Pierre-Adrien Riché de Beaupré, ancien capitaine d'infanterie, pourvoyeur honoraire de Sa Majesté, et de dame Claire-Françoise de Ziénaste. Elle avait pour sœur Marguerite de Beaupré, mariée au comte Abraham de Beaumont d'Antichamp. La maison de Beaupré porte : *d'azur à la fasce d'or, surmontée d'un soleil de même, au mont d'or en pointe*. Après la mort du vicomte de Lubersac, la terre de Saint-Maurice fut vendue, et sa femme se retira à Saint-Germain-en-Laye, où elle fit son testament le 25 janvier 1823. Elle y lègue la quotité disponible à son fils Pierre de Lubersac, et veut être enterrée à Saint-Maurice, près de son mari. Elle décéda le 2 août 1831, âgée de quatre-vingt-un ans.

De ce mariage sont provenus :

1º Pierre de Lubersac, cinquième du nom, qui suit ;

2º Jean-Baptiste-Joseph de Lubersac, né le 18 mai 1774, marié à mademoiselle de Beauvoir, morte sans enfants.

XIX. — Pierre de Lubersac, cinquième du nom, comte, puis marquis de Lubersac, à la mort de Jean-Louis, marquis de Lubersac, naquit à Chabrignac le 25 janvier 1771. Ayant plusieurs biens en propre, entre autres une somme de 40,000 livres, léguée par son grand-père, le conseil de famille, composé de son aïeul maternel, du marquis de Beaumont d'Antichamp, son oncle ; du marquis de Lubersac, brigadier des armées du roi ; du comte de Lubersac de Livron, mestre de camp de cavalerie ; du comte de Saint-Chamans, maréchal de camp des armées du roi ; du vicomte de Jumilhac, mestre de camp de cavalerie, ses cousins, nomma son père le 27 avril 1783, pour régir et gouverner sa personne et ses biens.

Il recevait le brevet de sous-lieutenant dans le régiment de Beauce, le 20 janvier 1787, âgé de seize ans. La tourmente révolutionnaire se faisant de plus en plus sentir, ses parents exigèrent son départ de France, et il quitta Paris en août 1791, avec le comte de Broves, se dirigeant en Suisse, vers Saint-Amant, de là vers Tournoy, Bruxelles, Aix-la-Chapelle, Coblentz et Andemach, où il entra dans les mousquetaires, en cantonnement dans cette place. Ce corps ayant été licencié, le duc de Broglie lui donna certificat du service qu'il y avait fait (17 novembre 1792). Il se rendit alors à Londres, où il arriva le 7 janvier 1793. Privé de tous moyens d'existence, ses père et mère étant en prison, tous leurs biens sequestrés et se trouvan dans l'impossibilité de lui faire parvenir le moindre secours, il prit le parti de se livrer à la peinture en miniature. Il commença par copier des portraits chez un peintre, mais bientôt passé maître lui-même et connu autant par son infortune que par son talent, il eut plus de portraits qu'il n'en put faire, et parvint ainsi, non-seulement à subvenir à ses besoins, mais encore à ceux du marquis de Lubersac, qui, ayant prêté 42,000 livres aux princes, manquait de tout, ainsi que ses deux fils (19 janvier et 9 août 1793 et 19 juillet 1794), de l'abbé de Lubersac de Livron, réduit à la dernière extrémité, dînant à peine à douze sous par jour, avec le comte d'Adhémar, cordon rouge et de tant d'autres qui mouraient de faim.

Au commencement de 1795, il se rendit à Southampton, pour servir sous les ordres de Monsieur et de lord Moira, afin de rentrer en France, par les côtes de Bretagne; mais après la malheureuse affaire de Quiberon, le général de Béhague l'ayant engagé de reprendre ses pinceaux, il retourna à Londres le 12 mars 1796. Il y resta jusqu'au 27 octobre 1798, époque où il se rendit à Hambourg, à la sollicitation de ses parents. Enfin il reçut son certificat d'amnistie le 9 juillet 1801, et était déjà à Paris le 9 janvier de cette année. Ses lettres de cette époque expriment tout son bonheur de revoir ses père et mère, après dix ans d'absence et de malheur. Enfin, ils avaient échappé à l'échafaud par la mort de Robespierre. Une partie de leurs biens était conservée et leurs santés rétablies.

La restauration étant arrivée, il fut nommé chevalier de Saint-Louis le 5 octobre 1814, et capitaine d'infanterie en 1817, mais ses père et mère étant âgés, infirmes, il donna sa démission pour s'occuper de leur biens abandonnés, après de grands bouleversements. Son père étant mort en 1819, la terre de Saint-Maurice fut vendue ainsi que celle de Chabrignac en 1828.

Charles X qui l'avait connu, aimé et apprécié pendant son émigration à Londres, n'avait pas oublié son dévouement sans bornes. Aussi, au moment du danger, le 6 juin 1830, il lui adressa la lettre suivante :

« Monsieur de Lubersac, nous avons jugé convenable de convoquer dans la ville de Paris, pour le 3 juillet, le collége électoral de la Seine, à la présidence duquel nous vous avons nommé. Vous prêterez par écrit, et vous adresserez à notre ministre secrétaire d'Etat de l'intérieur, avant d'entrer en exercice, le serment dont la formule vous a été remise par nos ordres. En conséquence, nous vous mandons par cette lettre, que vous ayez à exécuter les dispositions de la Charte constitutionnelle des lois et des ordonnances relatives à la dite convocation, à vous conformer à tout ce qu'elles prescrivent, et à faire procéder en ce qui vous concerne aux opérations dont le collége électoral doit s'occuper.

» Notre secrétaire d'Etat, ministre de la guerre a fait connaître au général commandant de la première division militaire, que vous ayez seul la police de la section que vous présidez, que nulle force armée ne doit être placée près du lieu de ses séances, ni pénétrer dans son enceinte sans votre réquisition, et qu'il doit ordonner aux commandants de la gendarmerie de déférer à vos demandes et de vous prêter assistance si le cas l'exige.

» Nous vous donnons une marque de confiance en vous chargeant d'aussi importantes fonctions. Nous comptons que vous vous en montrerez digne par votre zèle, votre sagesse et votre fidélité à vos devoirs.

» Cette lettre n'ayant pas d'autre objet, nous prions Dieu, Monsieur de Lubersac, qu'il vous ait en sa sainte garde.

» Fait à notre château de Saint-Cloud, le 6 juin de l'an de grâce 1830, et de notre règne le sixième.

» CHARLES. »

Le comte de Lubersac n'épargna aucune démarche pour raviver le zèle des électeurs, allant chez chacun d'eux, les faisant conduire en voiture à l'Hôtel-de-Ville; mais, moins heureux que Guy et François de Lubersac, sous Henri IV, il ne put rien pour la légitimité, qui n'existait déjà plus le 30 juillet 1830.

Depuis cette époque, jusqu'au moment de sa mort, il ne cessa de protester contre l'usurpation de la branche d'Orléans, soit dans les réunions royalistes, soit par ses lettres dans les journaux. Se rappelant les malheurs de l'émigration, il venait au secours des victimes des révolutions, en France ou en Espagne. Aussi Cabrera, général des espagnols exilés, lui écrivait le 10 janvier 1842 pour lui témoigner toute sa reconnaissance et celle de ses compagnons d'infortune.

Le comte de Chambord, par sa lettre du 19 juillet 1841, au comte de Lubersac, son fils, s'exprimait ainsi en parlant de lui : « Faites mes compliments affectueux à Monsieur votre père, et dites-lui que je connais tous ses sentiments si pleins de loyauté et de dévouement, et que je suis reconnaissant de tout son zèle pour notre cause. »

Il mourut au château de Corbeil-Cerf le 18 octobre 1843, âgé de soixante-douze ans, et enterré à Saint-Maurice, dans le tombeau de son père et de sa mère, suivant son désir.

Il avait épousé, le 25 août 1810, en présence de Jean-Louis, marquis de Lubersac, officier général; de Charlotte d'Escorailles, comtesse de Laubespin; du comte de Jumilhac; du comte d'Allement, ancien officier général, ses cousins; demoiselle Marie-Louise-Virginie Leschellier de Chézelles, fille de Pierre-Alexandre Leschellier, vicomte de Chézelles, et de dame Antoinette-Sophie Moreau. Cette maison porte : *d'or à l'aigle d'azur becqué et membré de gueules.*

La vicomtesse de Chézelles étant morte le 28 novembre 1846, on fit l'ouverture de son testament, admirable par les sentiments qu'elle y exprime. Elle mourut comme elle avait vécu, avec cette foi et cette confiance sans bornes à la Providence. Elle fut enterrée dans la chapelle attenant à la maison des sœurs de Faverolles, près Mancreux.

De ce mariage sont nés :

1° Jean-Baptiste-Antoine-Ernest de Lubersac, qui suit;

2° Pierre-Raoul Albéric, comte de Lubersac, né en 1817, épousa le 28 juin 1845, demoiselle Winefred O'connor, fille de feu sir Hugt O'connor (Irlandais) et de dame Winefred Mostyn, laquelle reçut en dot une somme de 1,200,000 francs. Il mourut en trois jours de souffrances de la petite vérole, le 1er janvier 1847, âgée de trente ans, sans laisser de postérité.

XX. — Jean-Baptiste-Antoine-Ernest, marquis de Lubersac, né à Paris, le 8 février 1812, fut nommé légataire universel par le testament de son cousin, le marquis de Lubersac, décédé en 1832. Ces testaments où il réunissait la double qualité de légataire universel et particulier, d'un corps certain, qui était les restes de la terre de Lubersac, donnèrent matière à divers procès qui durèrent pendant cinq ans, de concert avec M. Adrien de Lubersac de Saint-Germain et le comte de Maillé. Il les gagna successivement, mais l'actif de cette grande fortune qui monta, en 1816, à plus de 200,000 francs de rente, ayant été absorbé par les procès de la marquise de Lubersac, née de Laubanie, par l'existence désordonnée de son fils, après la mort de Cécile de Maillé, sa femme, par leurs hommes d'affaires, etc., il ne resta plus, une fois les legs acquittés, qu'une somme insignifiante avec obligation de faire vendre les restes de la terre de Lubersac. Elle fut rachetée par le marquis, Pierre de Lubersac, le 12 août 1837, et donnée à son fils par contrat de mariage, du 15 mai 1838. Elle n'est plus composée aujourd'hui que du château et de quatre-vingts hectares qui l'entourent. Tout le reste a été vendu nationalement, sauf cette portion faisant partie d'une donation que Jean-Louis, marquis de Lubersac fit à sa femme, en partant pour l'émigration, et qui fut conservée par cette dernière qui n'a pas émigré.

Etant à Rome, il fut nommé chevalier de Malte avec son beau-frère, de Clermont-Tonnerre, le 15 février 1839. Il épousa, par contrat du 15 mai 1838, demoiselle Gabrielle de Clermont-Tonnerre, fille de Gaspard, duc de Clermont-Tonnerre et de dame Charlotte de Carvoisin. Clermont-Tonnerre porte : *de gueules à deux clefs d'argent passées en sautoir.* Peu après son mariage, la marquise ressentit les premières atteintes du mal qui devait l'emporter. Elle partit dans les premiers jours de novembre, avec son mari, pour Rome. La maladie faisant de rapides progrès, elle quitta cette dernière ville pour aller à Naples, où elle mourut le 8 juin 1839, sans laisser de postérité.

Le marquis de Lubersac se remaria le 5 février 1842 à demoiselle Marie de Chastellux, fille de Henri-Louis de Chastellux, duc de Rauzan et de dame Claire de Durfort de Duras. Chastellux porte : *d'azur à la bande d'or accompagnée de sept billettes, quatre en haut et trois en bas de même.*

De ce mariage sont nés :

1° Henri-Pierre-Raoul de Lubersac, né le 29 novembre 1842. Il eut pour parrain le marquis de Lubersac et pour marraine la duchesse de Rauzan;

2° Louis-Antoine-Guy-Albert de Lubersac, né le 14 novembre 1844, décédé à Paris le 12 octobre 1846, eut pour parrain le duc de Rauzan et pour marraine la vicomtesse de Chézelles;

3° Marie-Charlotte-Félicie de Lubersac, née le 18 juillet 1847, eut pour parrain le vicomte de Chézelles et pour marraine la comtesse de La Rochejaquelein ;

4° Louis-César-Guy de Lubersac, né le 7 mai 1849, eut pour parrain le comte de Chastellux et pour marraine, la marquise de Lubersac. Il a épousé, le 30 août 1876, mademoiselle Odette-Marie-Stéphanie-Félicie de Chaumont-Quitry, fille de M. Odon, marquis de Chaumont-Quitry et de dame Emilie de Baleroy.

§ IX. — *Seigneurs de Livron (éteints).*

XVI. — Joseph de Lubersac, chevalier, S^{gr} de Livron, second fils de Charles de Lubersac, deuxième du nom, S^{gr} de Chabrignac, etc., fut préféré par sa mère à François, son fils aîné, et nommé son héritier universel par son testament du 30 mai 1696. Étant au camp de Lesnie, commandé par

M. de Schomberg (armée de Flandre), il écrit à sa mère le 26 juin 1684, pour lui dire qu'on parle de paix, ce qui le désole d'autant plus que M. Dubordage lui avait assuré la première cornette vacante dans son régiment. M. de Lavergne ne veut plus que Lasserre (son frère aîné, S^{gr} de Lasserre,) soit dans sa compagnie, pour lui (23 août 1692), il lui conseille une lieutenance d'infanterie, en cour. On parle du voyage du roi en Flandre. Il envoie à mesdames de Chambaret, les emplettes qu'il leur a faites; il a fait son jubilé, embrasse ses frères, ses sœurs et le Maine (Charles de Lubersac, S^{gr} du Maine). Le vin manque, et ils sont loin d'en boire d'aussi bon qu'en Limousin. Suit la liste des officiers généraux de l'armée de Flandre, de celle de la Moselle, de Normandie, d'Italie et de Catalogne.

Fatigué de tous les procès et difficultés qu'il eut avec François, son frère aîné, il signa, ainsi que lui, le 30 novembre 1715, un compromis par lequel ils remirent à l'arbitrage de deux de leurs parents, MM. de Puymège et de La Peyrouse, la solution de tous leurs différends. Il rendit hommage au roi des fiefs de Lavaud, Livron dans la paroisse de Lascaux, le 18 mai 1716.

Il avait épousé, le 30 novembre 1708, demoiselle Claire de Bonnie, fille de François de Bonnie, S^{gr} de Chastaing, conseiller au siége présidial de Brive et de dame Marthe du Roi. Le 18 juin 1782, elle fit son testament, n'ayant plus, dit-elle, que trois enfants, Catherine, Charles, abbé de Noirlac, et François-Charles, mestre de camp de cavalerie, qu'elle institue son héritier universel. Elle mourut peu de temps après. Nous lisons dans la *Feuille hebdomadaire de la généralité de Limoges*, du 9 octobre 1782 :

« La comtesse, douairière de Lubersac de Livron, est la noble et vertueuse dame dont je veux aujourd'hui entretenir nos lecteurs. Elle a été citée dans le canton de Brive pendant tout ce siècle, comme un modèle de grande dame, de courage et de bienfaisance. Puisse son éloge qui est un tribut de justice et de reconnaissance, ranimer l'amour de ces grandes vertus qu'elle savait si bien persuader, par ses discours, et surtout par la pratique qu'elle en faisait. J'aurai servi tout à la fois, mon cœur et les généreuses intentions de la femme rare qui emporte nos regrets.

» Le goût des plaisirs et l'ambition se réduisant pour les belles et jeunes personnes et qui étouffent chez les grands et souvent chez les bourgeois, trop occupés à les copier, la jouissance de voir multiplier leur famille, n'eurent aucune prise sur l'âme de madame de Lubersac. Elle mit au monde dix-sept enfants, persuadée que plus la lignée d'une maison s'étend, plus son illustration augmente. Son dix-septième enfant ne venait que de naître quand elle eut le malheur de perdre son mari. Sa mort jeta dans son âme une vive et profonde douleur. Mais le besoin de veiller à sa jeune et nombreuse famille dont elle restait seule chargée, ranima son courage. Elle présida avec le plus grand soin, aux premières instructions de ses enfants, puis les envoya successivement aux pages, chez le roi et aux écoles, à Paris.

» Ses devoirs de mère ne nuisaient en rien à l'administration de ses biens, et son économie fut si sagement entendue, que, malgré toutes les dépenses qu'exigeait une si nombreuse famille, elle soutint avec éclat les aînés, aux campagnes d'Italie, à celles d'Allemagne, et leur acheta ensuite des emplois honorables dans la maison militaire du roi.

» Le comte de Lubersac, son fils aîné, répondit d'une manière digne de son nom, aux tendres sollicitudes de sa mère. Etant sous-lieutenant de chevau-légers de la garde du roi, il forma à Versailles une école militaire, où la plus grande partie de la jeunesse de la Cour et des gentilshommes des provinces firent leurs premiers services sous les yeux du roi, qui protégeait d'une manière toute particulière ce bel établissement. Mais ce loyal militaire ne jouit pas longtemps de son ouvrage, devenu maréchal des camps et armées du roi, il mourut (1767), emportant les éloges et les regrets de son souverain. Sa mort qui affligea tous ceux qui l'avaient connu, renouvela dans le cœur de sa mère, toute l'amertume du trépas de son mari.

» Ces plaies se sont réouvertes, chaque fois qu'un de ses autres enfants a payé tribut à la nature; car, des dix-sept que cette mère respectable avait donnés à l'État, trois seulement lui ont survécu; l'un, mestre de camp de cavalerie, blessé aux batailles de Fontenay, Lanfed et Rancoux, une fille qui a hérité des vertus de sa mère et qui la remplace près des pauvres, et Monsieur le prieur de Brive, connu dans le monde et dans les lettres, par son talent et son patriotisme.

» Je vous ai éloigné de mon but : l'éloge funèbre de madame de Lubersac, mais n'est-ce pas compter les vertus d'une mère que d'énumérer celles de ses enfants? Néanmoins, je ne m'étendrai pas davantage sur les grandes vertus de ces derniers. Leur mère avait une gloire à elle : il suffit de montrer comment elle la méritait, pour fixer sur sa mémoire ce sentiment d'admiration que ses hautes vertus inspirèrent pendant sa vie.

» La trempe de l'âme de madame de Lubersac était vraiment énergique, son esprit pénétrant, vif et agréable, son cœur généreux, son caractère égal, ferme et inflexible contre les passions. Amie dévoué et d'un sens droit et réfléchi, elle était le conseil des gens malheureux ou sans expérience. Une noblesse de sentiments innée en elle la mettait au-dessus de son sexe. Une austérité de mœurs qui jamais ne se démentit, la rendait le fléau du vice. D'une régularité exemplaire dans l'exercice de ses devoirs religieux, elle assistait aux offices de l'église, avec une ponctualité rigoureuse, se livrait dans sa maison à des méditations, à de fréquentes oraisons et ne terminait jamais sa journée sans faire la prière en commun, avec sa famille et tout le personnel de la maison réuni.

» Tant d'attachement à ses devoirs de mère et de veuve chrétienne ne l'empêchait pas d'être dans la société une femme d'une amabilité remarquable. Contente d'elle-même, étrangère aux remords, elle portait sur son visage et dans toute sa personne, une sérénité, une aisance, une gaîté, une douceur insinuante que donne d'ordinaire une conscience satisfaite. Elle était grande aumônière et fortement laborieuse. Tous les jours, depuis plus de cinquante ans, elle donnait les loisirs que lui laissaient ses affaires domestiques à la prière et au travail d'ouvrages en laine, qu'elle distribuait aux paysans de ses terres, aux pauvres et aux prisonniers. Le nécessiteux n'éprouva jamais de refus de sa part, et elle fut toujours attentive à faire distribuer à sa porte des aumônes publiques, qu'elle chargea ses enfants de continuer pendant leur vivant. Elle veillait surtout à secourir les pauvres honteux, à ménager leur amour-propre et leur secret.

» A ce tableau vrai et fidèle de madame de Lubersac, j'ajouterai qu'elle savait être grande avec modestie, en sorte qu'elle paraissait toujours à sa place avec les grands, comme avec ses inférieurs. Sa conversation était agréable, variée et instructive, tant par son inépuisable gaîté, que par une heureuse mémoire, et par un acquit surprenant, sur tous les objets qui pouvaient caractériser une femme aimable.

» Pour mieux la peindre, je rapporterai les expressions dont elle se servait lors de l'allégresse nationale causée par la naissance de monseigneur le dauphin. C'est au prieur de Brive, son fils, qu'elle s'adresse : « Mon fils,
» j'ai vu dans une grande jeunesse, Louis XIV dans toute sa grandeur, envi-
» ronné de ses enfants et petits-enfants, j'ai vu, par conséquent, monsei-
» gneur le grand dauphin et monseigneur le duc de Bourgogne, père de
» feu Louis XV. Je contemplais dans son berceau, ce dernier et seul enfant
» de la France. Je l'ai vu sur son trône, lorsqu'à peine il avait six ans, je
» l'ai vu aimé de la cour et de ses peuples, et il méritait de l'être. Monsei-
» gneur le dauphin, son fils, était alors au printemps de son âge. Cinq
» aimables princesses, ses augustes sœurs, faisaient l'ornement de la cour,

» et toutes dès leur enfance, furent animées des vertus de leux sexe.....
» monseigneur le dauphin promettait d'être le Germanicus de la France. Feu
» votre frère, mon fils aîné, était attaché à leurs augustes personnes. Il sut
» mériter l'honneur de leur estime, et j'eus la douce satisfaction d'être cent
» fois témoin des marques de bonté que Sa Majesté et monseigneur le
» dauphin lui donnaient journellement..... Monseigneur le dauphin fût à
» peine environné d'une nombreuse et naissante postérité, qu'il disparut;
» mais cette génération, favorisée du ciel, s'est propagée pour le bonheur de
» la France. Aujourd'hui Louis XVI, plein de force et de grandeur, paraît
» déjà environné d'une suite de princes de Bourbon, qui composent la cour
» la plus auguste, la plus nombreuse et la plus brillante de l'univers..... Nos
» vœux viennent enfin d'être exaucés, mon fils, et le ciel donne à la France
» un rejeton sacré, et telle est la récompense qu'il accorde toujours aux
» souverains qui, ainsi que ce jeune monarque, gouvernent leur peuple
» avec sagesse et douceur..... Croyez, mon fils, que les sentiments religieux
» qu'un des plus vertueux prélats de notre église diocésaine de Limoges a
» su lui inspirer, ont puissamment contribué à lui mériter déjà de ses peu-
» ples, le beau titre de Bienfaisant. Faites au moins, qu'avant de me séparer
» de vous et de ma patrie, je puisse avoir la consolation de contempler les
» traits de notre jeune monarque, de notre souverain, de monseigneur le
» dauphin nouveau-né et de madame royale de France, et fasse le ciel, mon
» fils, que les années de ce nouveau règne, soient encore plus multipliées
» qu'elles ne le furent aux deux qui l'ont précédé. »

» Les désirs de Mme de Lubersac furent satisfaits. M. l'abbé de Lubersac disposa une fête superbe. Les détails en ont été donnés dans la *Feuille* du 12 décembre 1781. Mme de Lubersac partagea la joie publique que des illuminations brillantes et bien ordonnées semblaient animer. Mais elle survécut peu à cette fête et, le 6 septembre 1782, après avoir satisfait publiquement aux devoirs d'une chrétienne, elle est morte âgée d'environ quatre-vingt-quinze ans.

» Pour vous rendre les regrets que cette mort a causés dans votre canton, je me bornerai à vous dire que tous les corps religieux et civils, tous les habitants de la ville accompagnaient Mme de Lubersac dans sa dernière demeure, avec cette douleur qui fait son plus bel éloge. »

Du mariage précédent provinrent :

1° François-Louis, comte de Lubersac de Livron, fit ses preuves de noblesse, le 21 avril 1731, devant M. d'Hozier, pour être page du roi dans sa grande écurie. Ayant été nommé son premier écuyer, il adressa une lettre, le 14 janvier 1736, à Pierre de Lubersac, S^{gr} de Chabrignac, pour lui demander un prêt de 10,000 livres, afin de payer ladite charge. Il obtint une compagnie au régiment de cavalerie de Bretagne, par commission du 20 avril 1742. Il commanda, à l'armée de Westphalie, jusqu'au mois d'août qu'il passa avec cette armée sur les frontières de la Bohême, où il se trouva au secours de Braunau, au ravitaillement d'Egra, à l'expédition de Schmidmill, à la défense de plusieurs postes de la Bavière, à la défense des bords du Rhin en 1743. Il se démit de sa compagnie au mois de mars 1744, pour être premier écuyer du roi qu'il suivit dans toutes ses campagnes. Il fut fait quatrième cornette de la compagnie des chevau-légers de la garde du roi, par brevet du 19 mars 1747, avec rang de mestre de camp de cavalerie, par commission du même jour. Il accompagna le roi en Flandres et se trouva à la bataille de Laufeld le 2 juillet. Il devint troisième cornette le 1er janvier 1748, deuxième sous-lieutenant le 10 mai suivant, et fit la campagne des Pays-Bas en qualité d'aide maréchal-des-logis de l'armée. Le marquis de Lubersac écrivait, le 9 juillet 1756, à sa femme : « Le comte de

Lubersac de Livron est parti avec le maréchal de Belle-Isle. Le roi lui a donné 10,000 livres pour son voyage », et le 17 avril de l'année suivante : « J'ai trouvé, lui dit-il, mon cousin de Lubersac à Versailles qui m'a témoigné toute son amitié et me dit : Nous avons bien perdu par l'exil de M. d'Argenson, avant peu vous vous seriez aperçu de ce qu'il pouvait pour vous et pour moi. » Puis, le 13 janvier 1758 : « Le maréchal de Belle-Isle voudrait voir toute la maison du roi perdue et reformer les mousquetaires. Mon cousin de Lubersac de Livron est mal avec lui et avec la marquise de Pompadour. J'en sais beaucoup là-dessus, que je ne puis vous dire par lettre..... » — « Il s'est brouillé avec elle, c'est le sieur Colin qui en est cause (26 janvier 1758). »

Le comte de Lubersac devint premier sous-lieutenant le 7 mai 1758. Le 4 juin de cette année, le marquis écrivait à sa femme : « Le comte a obtenu 30,000 livres pour son école de cavalerie. M. d'Escorailles étant mort, le voilà le premier. » Il fut créé brigadier des armées du roi par brevet du 20 février 1761. Et il a servi en cette qualité pendant la campagne d'Allemagne. « Je n'ai pas pu encore aller à Versailles pour voir le comte de Lubersac, écrit le marquis à sa femme (1762). On dit qu'il sera nommé un des quatre inspecteurs de la cavalerie, ce qui lui donnera beaucoup de crédit. »

Il fut déclaré maréchal des camps et armées du roi au mois de mars 1763, avec rang du 25 juillet 1762, jour de la date de son brevet. Il écrivait, le 10 janvier 1765, à sa cousine de Lubersac (Jeanne de Jumilhac), pour la remercier de la douce vie qu'il avait menée au château de Chabrignac, comparativement à celle de Versailles, où il était entouré du brillant étalage de ceux qui l'excédaient depuis trente ans. Il la complimente ensuite sur l'arrivée près d'elle de son frère l'archevêque d'Arles et sur les succès de son fils, l'abbé de Lubersac.

C'était l'homme, de son temps, qui montait le mieux à cheval, il créa l'école de cavalerie de Versailles et la compagnie des chevau-légers dans laquelle, pour entrer, il exigeait un certificat de M. de Beaujon. On trouve des détails sur cette école de Versailles dans un livre intitulé : *Paris, Versailles et les Provinces au XVIIIᵉ siècle*, t. I, p. 365-368.

Il mourut à Paris, le 1ᵉʳ octobre 1767, à peine âgé de cinquante ans, regretté du roi et de toute la cour, et sans laisser de postérité. Sa succession fut partagée par acte du 3 octobre 1773, entre sa mère, Charles-François, comte de Lubersac, mestre de camp de cavalerie, son frère Charles abbé de Noirlac, son autre frère et Catherine sa sœur, non mariée.

Il composa plusieurs ouvrages, entre autres : *Vues politiques et patriotiques sur l'administration des finances en France*, publié après sa mort par l'abbé de Lubersac, son frère. — Paris, 1787, un vol. in-4º. — *Essai sur la cavalerie ancienne et moderne*, qu'on croit de lui, in-4º, 1746, chez Antoine Jambert;

2º Charles-François, comte de Lubersac, qui prenait d'abord le titre de chevalier de Lubersac, était capitaine de cavalerie dans le régiment de Royal-Cravates, quand, le 14 juillet 1747, le Sᵉʳ de Bonnie écrit à sa sœur, dame de Lubersac de Livron, pour lui dire toutes ses angoisses à l'arrivée du courrier, annonçant la blessure reçue par le chevalier à la sanglante bataille de..... qui eut lieu le dimanche 6 juillet 1747 : « On me donna d'abord la liste des morts, la troisième personne était le colonel de Royal-Cravates. Je ne pus en voir davantage. On me remit ensuite une lettre de son frère le comte, avec cachet noir, aux armes de M. d'Argenson (ministre de la guerre). Saisi d'effroi, je l'ouvre et je reconnais la signature du chevalier. Il va aussi bien que possible, ainsi que son frère le comte. Sans doute, j'ai ouvert une lettre qui vous était adressée, chère sœur, mais comment résister dans de pareils moments au désir de savoir des nouvelles de ceux qu'on aime? »

Le 31 juillet, le docteur de l'armée écrivait à la pauvre mère qu'il avait visité son fils de la part du duc d'Ayen et que sa blessure allait parfaitement bien.

Elle reçut une lettre de lui le 22 juillet 1752, exprimant toutes ses inquiétudes au sujet de la petite vérole de sa sœur, et donnant des renseignements pour un jeune homme qui voulait entrer dans les chevau-légers commandés par son frère aîné. Il avait besoin d'hommes de cinq pieds cinq pouces pour son régiment, et demande au marquis de Lubersac par sa lettre du 12 décembre 1756, s'il peut lui en procurer en Limousin. Mais l'année suivante il en avait plus qu'il ne lui en fallait. Il recevait en prêt du marquis, le 10 du même mois, une somme de 30 louis. Il était mestre de camp de cavalerie le 3 octobre 1773, époque où il recueillit la succession de son frère aîné, concurremment avec sa mère, Catherine, sa sœur, et son frère l'abbé. Sa mère le nomme son héritier universel par son testament du 18 juin 1782, et Catherine, sa sœur, lui donna la même qualité dans celui qu'elle fit le 8 septembre 1786. Il mourut pendant la révolution sans avoir été marié ;

3° Charles, abbé de Lubersac de Livron, naquit en 1730. Il fut vicaire-général de Narbonne, prieur de Brive, et fut nommé abbé commendataire de l'abbaye de Noirlac, en Berri, en 1759. Il s'est fait une sorte de réputation par son goût pour les arts et les antiquités. « J'ai voyagé, dit-il, pour juger par mes propres yeux des monuments dont j'avais lu les descriptions. J'ai engagé des gens qui voyageaient en Italie, en Espagne, etc., pour leur instruction, à s'occuper de cet objet si intéressant, et j'ai entretenu avec eux des correspondances très coûteuses que j'ai étendues jusque dans l'Asie et l'Amérique. »

L'abbé de Lubersac fit imprimer, en 1775, la description d'un monument qu'il proposait d'élever à la gloire de Louis XVI, sur une des principales places de Paris. Ce projet, accueilli avec enthousiasme, est resté sans exécution. L'auteur publia aussi différents plans de finances. Effrayé des premiers résultats de la révolution, il refusa d'adhérer aux décrets de l'assemblée constituante et se réfugia à Londres en août 1792. On a de lui :

1° *Oraison funèbre du maréchal de Noailles (Adrien-Maurice)*, prononcée à Brive, le 30 mai 1767. — In-f°, 1768 ;

2° *Monuments érigés en France à la gloire de Louis XVI.* — 1772, in-f° ;

3° *Discours sur les monuments publics de tous les âges et de tous les peuples.* — Paris, 1775. A la suite duquel on trouve la description du monument projeté à la gloire de Louis XVI ;

4° *Discours sur l'utilité des voyages des princes.* — Paris, Guillot, 1782, in-4° ;

5° *Vue politique et patriotique sur l'administration des finances en France*

Paris, Guillot, 1787, in-4°. — Nota. Le comte de Lubersac, son frère, maréchal des camps et armées du roi, commandant de l'école de la compagnie des chevau-légers de la garde du roi, a eu part à ce dernier ouvrage ainsi qu'au suivant ;

6° *Le Citoyen conciliateur.* — Paris, Guillot, 1788, in-4°;

7° *Hommage religieux, politique et funèbre à la mémoire de Léopold II et de Gustave III.* — Coblentz, 1792, in-8°. — Nota. Le produit de cet ouvrage était destiné au soulagement des prêtres insermentés et expatriés comme lui;

8° *Journal historique et religieux de l'émigration du clergé de France en Angleterre.* — Londres, 1800, in-8°.

Il était réduit à la dernière détresse pendant le temps de son émigration à Londres, dînant à peine à douze sous par jour avec le comte d'Adhémar. Il reçut, en 1794, une lettre du comte d'Artois le félicitant de l'éloge funèbre qu'il avait fait de Mme Elisabeth de France. Il remerciait le vicomte de Lubersac, le 14 décembre 1801, d'un prêt de 25 louis, ne songeant plus à rentrer en France, où tous ses biens avaient été pillés ou vendus. Il mourut à Londres le 13 septembre 1804, nommant pour son héritier le vicomte de Lubersac de Chabrignac, ne laissant que quelques objets de peu de valeur. Mais, par suite des indemnités accordées aux émigrés, le marquis, fils du comte de Lubersac, recueillit, en 1835, une somme de 40,000 francs ;

4° Marthe-Françoise de Lubersac, née le 7 juin 1711, reçue à Saint-Cyr en 1721, morte sans avoir été mariée.

5° Et treize autres enfants qui moururent jeunes, sans avoir été mariés.

La maison de Lubersac avait formé, dans des temps reculés, plusieurs autres branches ou rameaux, mais le manque presque absolu de titres et de documents qui les concernent ne nous permet pas d'entrer dans des détails à leur égard.

Une des plus anciennes et des plus considérables de ces branches avait formé, il y a déjà plusieurs siècles, des établissements dans le pays de Combrailles et possédait dans la Marche, entre Aubusson et Mainsat, un château appelé de son nom, Lubersac ou Lupersac. Il en est fait mention dans une charte tirée du cartulaire de l'abbaye de Bonlieu, datée du 13 des calendes de février 1194. Bertrand de Lubersac était chef de cette branche vers le milieu du XIIIe siècle, suivant le titre de partage fait le jeudi avant la fête des apôtres Saint-Philippe et Saint-Jacques (1249) entre Guy de Dampierre, sire de Saint-Just, et Beraud, sire de Mercœur, comme lieutenant d'Archambaud IX, sire de Bourbon, et Robert, comte d'Auvergne. Il y fut stipulé, entre autres choses, que Bertrand de Lubersac serait à l'avenir un des vassaux immédiats du sire de Bourbon pour ce qu'il possédait dans le pays de Combrailles.

Sources : Généalogie publiée avec les documents authentiques par la maison de Lubersac en 1868. — Bibliothèque du grand Séminaire de Limoges.

LUC (page 130). — On trouve dans l'extrait des titres du Limousin, par Gaignères (manusc., vol. in-f°, n° 668, p. 200), à la bibl. roy., le sceau de Guy de Luc, S^{gr} de Hautefort en 1292, représentant *un château à trois tours surmonté d'un croissant*, avec cette inscription : « *Sigillum Guidonis de Luco domicelli, domini castri de Altoforti* », die sabbati post festum beati Hilarii, anno 1292.

La maison du Luc, dans le XII° et XIII° siècles, possédait, comme on le voit, une partie de la seigneurie d'Hautefort. Gaignères rapporte aussi qu'en 1353, Jean du Luc, ainsi que plusieurs autres seigneurs abandonnèrent le parti de l'Angleterre pour se réunir au roi de France. Une alliance avec la maison de Lubersac est connue par des notes communiquées par M. le marquis de Lambertic et par M. Nadaud, curé de Teyjac, auteur du *Nobiliaire du Limousin*. Demoiselle Jeanne du Luc, fille de messire Guy du Luc, S^gr en partie d'Hautefort, épousa Etienne de Lubersac, fils de Pierre et d'Almois Lamonerie. Il était mort en 1349. Bertrand et Bernard du Luc que Bernard de Lubersac substitua à ses enfants, en cas de mort, dans son testament de 1377, à la charge pour eux de porter son nom et ses armes, devaient être ses cousins germains, et Adhémar du Luc, qu'il nomme son exécuteur testamentaire, devait être son oncle. (*Généalogie de Lubersac.*)

DE LUR (page 131). — Il existait, dans la paroisse de Masseret, à trois lieues d'Uzerche, un château fort dont une seule tour en ruine, appelée la tour de Lur, se voyait encore en 1570. Ce château était le patrimoine de la maison de Lur dès le commencement du XI° siècle, temps auquel vivaient Fruin et Gui de Lur. Les descendants de Fruin se sont établis successivement en Périgord, en Bordelais et en Auvergne.

Cette maison porte : *de gueules à trois croissants d'argent, au chef d'or.* (LAINÉ. — *Nobiliaire du Limousin*).

On trouve à la bibliothèque des manuscrits du grand séminaire de Limoges (Mél. msc., p. 493, 503), une copie du testament de noble Bertrand de Lur, chevalier, S^gr de Fressinet, en Limousin, etc., fait le 4 juin 1483.

DE LUR-SALUCES, barons de Drugeac, près de Mauriac. — Cette maison, originaire du Limousin, et répandue successivement en Périgord, en Bordelais et en Auvergne, paraît avoir pris son nom d'un ancien château situé près de Masseret, à peu de distance de la route de Limoges à Tulle, entre Pierrebuffière et Uzerche, et dont il reste à peine quelques vestiges. L'ancienneté de cette maison remonte au XI° siècle ; elle ne s'est pas moins distinguée par l'éclat de ses alliances que par les nombreux services rendus à l'Etat, les emplois et les dignités dont plusieurs de ses membres ont été revêtus. Depuis l'alliance qu'elle contracta, en 1586, avec l'héritière du marquis de Saluces, en Piémont, elle a ajouté au nom de Lur, celui de l'illustre maison de Saluces, autrefois souveraine, et l'une des plus puissantes d'Italie.

Claude-Honoré de Lur-Saluces, marquis de la Graulière, comte d'Uza, vicomte d'Aureilhan, petit-fils de Jean de Lur, deuxième du nom, épousa, par contrat dressé le 1er juin et notarié le 17 juillet 1666, Claude-Françoise de Saint-Martial, fille de haut et puissant S^gr Hercule de Saint-Martial, baron de Drugeac, et de dame Judith de La Tour-Gouvernet, sa seconde femme. De ce mariage naquirent deux fils et deux filles ; les fils furent : 1° Hercule-Joseph, tige du rameau de Drugeac, ci-après rapporté ; 2° Europe-Alexandre de Lur-Saluces, qui continua la branche des comtes d'Uza, vicomte d'Aureilhan, laquelle a compté, de nos jours, un colonel de cavalerie et un officier-supérieur des gardes du corps, tous députés du département de la Gironde, sous la restauration, et un aide-de-camp du duc d'Angoulême, en la personne d'Antoine-Marie-Henri-Amédée, marquis de Lur-Saluces, décédé à Madrid, lors de la campagne d'Espagne, en 1823, laissant trois fils, nés à Bordeaux, en 1808, 1810 et 1815.

Hercule-Joseph de Lur-Saluces, fils aîné de Claude-Honoré et de dame Claude-Françoise de Saint-Martial, fut baron de Drugeac, capitaine, puis mestre de camp de cavalerie. Il épousa d'abord secrètement, et ensuite publiquement, par contrat du 22 novembre 1729, Marie Collin de Verneuil, fille de Jacques-Joseph Collin de Verneuil, écuyer, et de dame Marie Augey. Il eut pour fils et successeur :

Jean-Baptiste-Etienne de Lur-Saluces, baron de Drugeac, né en 1710, d'abord gentilhomme à drapeau aux gardes françaises, puis deuxième enseigne, par brevet du 20 juillet 1734. Il s'allia, le 15 juin 1735, à Louise-Honorée-Reine de Chaunac-Lanzac-Montlozy, de laquelle vint :

Eutrope-Alexandre-Hyacinthe de Lur-Saluces, baron de Drugeac, né le 6 mars 1736. Il servit dans la maison militaire du roi, et obtint ensuite le titre de gouverneur la ville de Salers, où il se retira pendant les troubles de la révolution, et y épousa, vers 1810, mademoiselle Lespinasse. Il mourut quelques années après, âgé de près de quatre-vingts ans, sans laisser de postérité. Sa veuve, qu'il avait faite son héritière, se remaria, en 1817, avec le baron Locard, chevalier de la Légion d'honneur, alors préfet du Cantal, puis successivement préfet du Cher, de la Vienne, de l'Indre et du Haut-Rhin. Madame Locard mourut à Bourges, de suites de couches, au mois de février 1819, et son second mari est mort à Saint-Germain-en-Laye, au mois de juin 1833, laissant une fille, Sophie Locard, héritière de Drugeac, mariée avant 1847, à Louis-Marie comte de Quinemont, domicilié en Touraine.

Les armes de la maison de Lur-Saluces, sont : *écartelée : aux premier et quatrième de gueules, à trois croissants d'argent et au chef d'or*, qui est de Lur; *aux deuxième et troisième d'or au chef d'azur*, qui est de Saluces. (*Nobiliaire d'Auvergne*).

Louis de Lur, vicomte d'Uza, testa, le 20 février 1572, *alias* 1573. Il fut établi par le roi, chevalier et capitaine-général des navires et de l'armée navale, pour le siége de La Rochelle. Il avait épousé le 12 février 1542, Marie Montferrand de Cancon, dont il eut Jean, qui suit.

Jean de Lur, vicomte d'Uza, S^{gr} de Fargues, chevalier de l'ordre de la chambre du roi, vivait en 1595. Il avait épousé, le 17 mai 1586, Catherine de Saluces, fille d'Auguste de Saluces et de Marie Bouette. De ce mariage vint Honoré qui suit.

Honoré de Lur, vicomte d'Uza, épousa Isabelle de Saint-Maure, fille de Guy de Saint-Maure, S^{gr} de Frugère et de Louise de Jussac, dont Honoré-Claude, qui suit.

Honoré-Claude de Lur, vicomte d'Uza, épousa Françoise de Saint-Martial, dame de Drugeac, fille de Hercule de Saint-Martial, S^{gr} de Drugeac et de Judith de La Tour-Gouvernet. De ce mariage naquit Louise-Honorée de Lur-Saluces, présentée pour être reçue chanoinesse à Mons, en Hainaut, au mois de juillet 1696. (Preuves faites par Louise-Honorée de Lur-Saluces, en 1696.).

N. B. — Le supplément aux lettres M, N, O, P est renvoyé au tome IV.

LISTE

Des Gentilshommes de la généralité de Limoges qui ont fait preuve de noblesse en 1666.

.Les noms de ceux qui ont fait leurs preuves devant un autre intendant que d'Aguesseau sont suivis du nom de cet intendant (1).

LABBADIE, sieur d'Aulnay, paroisse de Lignères, élection de Cognac.
LACOUTURE-RENON, sieur dudit lieu, paroisse de Cieux, élection de Limoges.
LACROIX, sieur de Jouvelle, paroisse de Cercleix, élection d'Angoulême.
LACROIX, sieur d'Anglard, paroisse de Sainte-Marie, élection de Tulle.
LACROIX, sieur des Ombrais, paroisse de Saint-Sornin, élection d'Angoulême.
DE LAGE, sieur de La Grange, paroisse de Brossat, élection de Saintes.
DE LAGE, sieur des Allars, paroisse de Paisainondoin, élection d'Angoulême.
DE LAGE, sieur d'Asnières, paroisse de Boys, élection de Saintes.
LAJEARD, sieur de La Grange, paroisse de Gurat, élection d'Angoulême.
LAJOUMOND, sieur de Combres, paroisse de Saint-Denis-les-Murs, élection de Limoges.
LAISNÉ, sieur de La Barde, élection d'Angoulême.
LAMBERT (Hercules), sieur de Saint-Maurice-les-Brousses, paroisse de Saint-Maurice-les-Brousses, élection de Limoges.
LAMBERT, demeurant à Angoulême.
LAMBERTERIE, sieur de La Chapelle-Montmoreau, élection d'Angoulême.
LAMBERTIE, sieur du Bouchet, paroisse de La Chapelle-Montbrandeix, élection de Limoges.
LAMBERTIE, sieur du Ménet, paroisse de Montberon, élection d'Angoulême.
LAMY (Jean), sieur de La Croix-de-Verd, paroisse de Saint-Giers, élection de Saintes.
LA LANDE, sieur de Lagecantaud, paroisse d'Oradour-Saint-Genest, élection de Limoges.
LA LANDE, sieur de Saint-Estienne, paroisse de Bussière-Poitevine, élection de Limoges.
LANTHONIE, sieur dudit lieu, paroisse de Sainte-Fortunade, élection de Tulle.
DE LA PLACE, sieur de Babaud, etc., paroisses de Saint-Jean-Ligoure et de La Porcherie, élection de Limoges.

---

(1) Dans son manuscrit, Nadaud ayant noté, d'après des Coutures, par deux signes dont celui-ci donne l'explication, les gentilshommes dont les preuves furent trouvées suffisantes ou non en 1598, dans ma copie j'ai traduit ces signes. Nadaud marque aussi très exactement par l'emploi d'encre rouge ce qu'il a copié de des Coutures, et par conséquent il indique ainsi les familles qui ont fait preuve de noblesse en 1666. Il était important de distinguer aussi ces familles ; *c'est même justice* pour celles d'entre elles dont il a été dit que, en 1598, leurs preuves n'avaient pas paru suffisantes. La présente liste réparera mon oubli, et donnera satisfaction aux justes susceptibilités qu'il aurait pu éveiller.

De La Place, sieur de La Brousse, paroisse de Saint-Jean-Ligoure, élection de Limoges.
Lastic, sieur de Saint-Jal, paroisse de Saint-Jal, élection de Brive.
Lastre, sieur du Bouchereau, paroisse de Macqueville, élection de Saint-Jean-d'Angély.
Saint-Laurent, sieur de La Salle, paroisse de Rivierres, élection d'Angoulême.
La Laurencie, sieur de Charras, paroisse de Charras, élection d'Angoulême.
Du Laux, sieur de Boües, paroisse de Boües, élection d'Angoulême.
Saint-Léger, sieur de Beauregard, paroisse de Chailliers, élection de Saintes.
Lemousin, sieur de La Michelière, paroisse de Nieul, élection de Saintes.
Du Léris, sieur de Peyramont, paroisse de Condat, près Uzerche, élection de Limoges.
Lescours, sieur de Nieul, paroisse de Nieul, élection de Limoges.
Lesmerie, sieur de La Grave, paroisse de Sellette, élection de Cognac.
Lespinatz, sieur dudit lieu, paroisse de Treignac, élection de Tulle.
Lestang, sieur dudit lieu, paroisse de Nabinaux, élection d'Angoulême.
Lestang, sieur du Vivier, paroisse de Longré, élection d'Angoulême.
Lestang, sieur de Rullès, paroisse de Cigoigne, élection de Cognac.
De Lestoille, sénéchal de Blanzac, demeurant à Angoulême.
Levequot, sieur des Nobles, paroisse de Vars, élection d'Angoulême.
Lezay, sieur de Vanneau, paroisse de Vanneau, élection de Saint-Jean-d'Angély.
Ligourre, sieur de Luret, paroisse de Tonnay-Charente, élection de Saint-Jean-d'Angély.
De Lisle, sieur de La Renaudierre, paroisse de Chenat, élection de Saintes.
Livenne, sieur de Grosbosc, paroisse de Saint-Genis, élection de Cognac.
Livenne, sieur de Laumont, paroisse de Saint-Ouen, élection de Saint-Jean-d'Angély.
Livenne, sieur de La Motte, paroisse de Saint-Genis, élection de Cognac.
Livron, sieur de Puyvidal, paroisse de Saint-Constant, élection d'Angoulême.
Livron, sieur du Maine-Gruyet, paroisse de Dirat, élection de Cognac.
Longueval Saint-Chamand, sieur de Sugarde, paroisse de d'Altillat, élection de Brive.
Lovaud, sieur des Vergnes, paroisse de Saint-Barban, élection de Limoges.
Loubert, sieur de Marchis, paroisse de Saint-Georges d'Oléron, élection de Saintes.
La Loubierre, sieur du Claud, paroisse de Bonsenat, élection d'Angoulême.
Loubrairie, sieur de Gombes, paroisse de Saint-Remy, élection de Tulle.
La Loue, sieur du Masgilier, paroisse de Salagnac, élection de Limoges.
La Loue, sieur de La Lande, paroisse de Marennes, élection de Saintes.
Lubersac, sieur du Verdier, paroisse de Lubersat, élection de Limoges.
Lubersac, sieur de La Foucaudie, paroisse de Nersat, élection d'Angoulême.
Luchet, sieur de La Motte, paroisse de Médiel, élection de Saintes.
Macé, sieur de Montaigut, paroisse de Sarrou, élection de Tulle.
Mailleret (Reynaud de), sieur de Montaumard, paroisse de Saint-Hilaire-le-Château, élection de Bourganeuf, maintenu par M. d'Herbigny.

MAJORIE (Léonard de La), sieur de Soursac, paroisse de Soursac, élection de Tulle, maintenu par M. Fortia.

MAJORIE (François de La), sieur de Pebeyre, paroisse de Saint-Pardoux, élection de Tulle.

MARTINEAU, sieur des Barrières, demeurant à Angoulême.

MARTRET, sieur de Betut, paroisse de Chavailles, élection de Brive.

DU MAS, sieur de Neufville, demeurant à Brive.

DU MAS, sieur de Puidebruz, paroisse de Ligné, élection d'Angoulême.

DU MAS, sieur de Peyzat, paroisse de Peyzat, élection de Limoges.

MASCHAT, sieur de La Méchaussée, élection de Brive.

MASCUREAU, sieur de Lapleau, paroisse de Lapleau, élection d'Angoulême.

MASSACRÉ, sieur de Labregement, élection d'Angoulême.

MASSOUGNES, sieur de Charenton, paroisse de Roulhac, élection de Cognac.

MASVAILLEZ, sieur de La Valade, paroisse de Chamberet, élection de Tulle.

MASVAILLER, sieur du Châtenet, paroisse de Peyrilhac, élection de Limoges.

MATHIEU DE JAGOUNAS, sieur de Beaulieu, paroisse de Tours, élection de Saintes.

SAINT-MATHIEU, sieur de Birat, paroisse de Gua, élection de Saintes.

SAINT-MATHIEU, sieur des Touches, paroisse de......, élection de Saintes.

MAUMONT, sieur du Chadeau, paroisse de Grassat, élection d'Angoulême.

MEAUMONT, sieur du Chalard, paroisse de Bujaleuf, élection de Limoges.

MEAUMONT, sieur de Saint-Vic, paroisse de Saint-Vic, élection de Limoges.

MAYNARD, sieur de Chaussenejoux, paroisse de......, élection de Brive.

MAYNARD, sieur de La Tacherie, paroisse de Mons, élection de Cognac.

DE MEAUX, sieur de Rudefontaine, paroisse d'Arvert, élection de Saintes.

MEILLARS, sieur du dit lieu, paroisse de Meillars, élection de Limoges.

MÉCHÉE, sieur de La Ferrierre, paroisse de Vibrac, élection de Cognac.

MORAS, sieur de Lavaud de Blanzac, paroisse de Blanzac, élection de Limoges.

MANCEAU, demeurant à Saint-Jean-d'Angély.

MACEDE, sieur de Roqueville, paroisse de Tonnay-Charente, élection de Saint-Jean-d'Angély.

MAIGNAT, sieur de Mazerolles, paroisse de Mazerolles, élection d'Angoulême.

MAIGRET, sieur de Villebon, paroisse d'Espénede, élection d'Angoulême.

MAILLEVAUD, *alias* de Bar (Jean de), élection de Tulle.

MARBŒUF, sieur de Masmeau, paroisse d'Arnac, élection de Limoges.

MARCOSSAINES, sieur de Puyromaires, paroisse de Cibardeau, élection de Cognac.

MARETS (Côme des), paroisse d'Arignoles, élection de Saintes.

MAREUIL, sieur de Segonzac, paroisse de Saint-Georges, élection de Saintes.

SAINTE-MARIE, sieur du Bort, paroisse de Châteauneuf, élection de Limoges.

MARIN, sieur de Saint-Palays-sur-la-Mer, paroisse de Saint-Palays-sur-la-Mer, élection de Saintes.

MARON (Jacques), sieur de La Croix, paroisse de Segonzac, élection de Cognac.

MARON (Nicolas), sieur de La Chapelle, paroisse de Chamillon, élection de Cognac, maintenu par M. Pellot.

SAINT-MARSAUD, sieur de Chalais, paroisse de Condat, près Uzerche, élection de Limoges.

Marsanges, sieur de Berneuil, paroisse de Berneuil, élection de Limoges.
Saint-Martin, sieur de Baignac, paroisse de Saint-Bonnet-la-Marche, élection de Limoges.
Saint-Martin, sieur de La Minoterie, paroisse de La Chapelle, élection de Saintes.
Martin (Pierre), sieur de La Voute, paroisse d'Ambleville, élection de Cognac.
Martin, sieur de Châteauroy, paroisse d'Orinaux, élection d'Angoulême.
Martin (Guy), sieur du Breuil, paroisse de Roufignac, élection de Saintes.
Saint-Martin, sieur du Parc, paroisse de Gay, élection de Saintes.
Saint-Martin, sieur de La Garde, paroisse de Rainville, élection de Saintes.
Saint-Martin, sieur de La Pile, paroisse de Valence, élection d'Angoulême.
Martin de Saint-Martial (Jean), sieur de Peret, paroisse de Peret, élection de Tulle, maintenu par M. Fortia.
Mat (Jean de), sieur du Breuil, paroisse de Saint-Julien, élection de Tulle, maintenu par M. Fortia.
Des Maisons, sieur de Bonnefons, paroisse de Saint-Just, élection de Limoges.
Maubec (Madeleine de), veuve de Gaspard-Dexmier, élection de Saintes.
Mechée (Gédéon), sieur de Lestang, élection de Saintes.
Merlier d'Autefaye, sieur de Jouvelle, paroisse de Chantillac, élection de Saintes.
Le Merlier, sieur de La Barde, paroisse de Saint-Amand, élection d'Angoulême.
Du Mergey, sieur du Chastelard, paroisse de La Rochefoucauld, élection d'Angoulême.
Mesneige, sieur de Cagoüille, demeurant à Cognac.
Mesneau, sieur de La Motte, demeurant à Angoulême.
Meschain, sieur du Bugnon, demeurant à Saint-Jean-d'Angély.
Meschinet, demeurant à Saint-Jean-d'Angély.
Le Meusnier, sieur de Moulidar, élection d'Angoulême.
Meynierre, sieur de Portereau, paroisse de Saint-Nicolas d'Uzerche, élection de Tulle.
Mingaud, sieur de Châteaurenaud, paroisse de Chassenon, élection d'Angoulême.
Minville, sieur d'Escuras, paroisse de Saint-Disant du Gua, élection de Saintes.
Mirambel, sieur de Champagnac, paroisse de Champagnac, élection de Tulle.
Miramond, paroisse de Saint-Germain, élection de Brive.
Montalembert, sieur de Vaux, paroisse de Vaux, élection de Cognac.
Montagne (Annet de), paroisse de Saint-Germain de Seudre, élection de Saintes.
Montargis, sieur de Lajasson, demeurant à Angoulême.
Montels (René et Charles des), élection de Saintes.
Montermy (Jean de), sieur de La Garde, paroisse de Saint-André-de-Lidou, élection de Saintes.
Montgaillard (Antoine, Jean, Joseph et Simon de), paroisses de Villars, Tesson, Mensac et Dallat, dans l'Ile d'Oléron, élection de Saintes.
Montrocher (Joachim de), sieur de Monsat, paroisse de Cieux, élection de Limoges.

La Motte, sieur de Saint-Pardoux, élection de Limoges.
La Motte-Criteuil, sieur dudit lieu, paroisse de Criteuil, élection de Cognac.
La Motte-Fouquet, sieur de Saint-Surin, paroisse de Tonnay-Charente, élection de Saint-Jean-d'Angély.
Montault (Jean de) dit le capitaine Castelnaud, élection de Saintes.
Montbron (Jean de), sieur de Beauregard, paroisse de Dasson, élection de Saint-Jean-d'Angély, maintenu par M. Colbert.
Montfermy, sieur de La Barre, paroisse de Saint-André-de-Lidou, élection de Saintes.
Montfrebœuf, sieur de Razat, paroisse d'Ayen, élection de Brive.
Montfrebœuf, sieur de La Chabroulie, paroisse d'Ayen, élection de Brive.
Montgibaud, sieur du Vieux-Châtenet, paroisse de Salon, élection de Limoges.
Montgrand, sieur de Montfovaud, paroisse de Condeons, élection de Saintes.
Montferrand, sieur de Lussand, paroisse de Champagne, élection d'Angoulême.
Montroux, sieur de Rignat, paroisse de Grandsaigne, élection de Tulle.
Montroux de la Villate, sieur de Peyrissat, paroisse de Peyrissat, élection de Tulle.
Moreau, sieur de Pauloy, paroisse de Saint-Sornin, élection de Saintes.
Moreau, sieur de Tibauderie, paroisse de Magnac, élection de Limoges.
Morel, sieur de La Palurie, paroisse de Palluau, élection d'Angoulême.
Morel, sieur de Lamaud, paroisse de Saint-Aisne, élection de Saintes.
Morilet, demeurant à Angoulême.
Mosnard, sieur de Villefavard, paroisse de Châteauponsat, élection de Limoges.
Mosnereau, sieur de Champaigne, paroisse de Voulgézac, élection de Cognac.
Moulin, sieur des Mérigots, demeurant à Angoulême.
Du Moulin, sieur des Coustenceries, paroisse de Darnac, élection de Limoges.
Mourogne, sieur de Grapille, paroisse de Soyaux, élection d'Angoulême.
Murans (Rodolphe des), paroisse de Gransaigne, élection de Tulle.
Nauche, sieur de Pommiers, paroisse d'Olonzat, élection de Tulle.
Nesmond, sieur de La Grange, paroisse de Chassenon, élection d'Angoulême.
Nicolas (Pierre), sieur de La Cigoigne, paroisse de Sandreville, élection de Saintes.
Nogerée, sieur de La Filière, paroisse de Hiersat, élection d'Angoulême.
Nollet, sieur de Lespeau, paroisse de Blond, élection de Limoges.
Normand, sieur des Bournis, demeurant à Angoulême.
Nourigier, sieur de Jousseran, paroisse de Guillonjard, élection de Saintes.
Nourigier, sieur de Sainte-Aulaye, paroisse de Sainte-Aulaye, élection de Saintes.
De Nouveau, demeurant à Saintes.
Odet, sieur du Fouilloux, paroisse de Grisparentier, élection d'Angoulême.
Saint-Orens, sieur dudit lieu, paroisse de Marpeins, élection de Cognac.
Pallet, sieur des Rousseaux, paroisse du Pin, élection de Saint-Jean-d'Angély.
Pancaire (Jean et autre Jean de), sieur de Colonges et de Saint-Sever, paroisse de Saint-Valbert, élection de Saintes.
Pandin, sieur de Beauregard, paroisse de Bernat, élection d'Angoulême.
Paradis, sieur de Paulhac, paroisse de Saint-Barbant, élection de Limoges.

PAREIL-DESPERUC, sieur de Lavaud, paroisse de Donzenac, élection de Brive.
PARIS, sieur de Lespineul, demeurant à Angoulême.
PASQUET (Gaspard), sieur de La Jarrige, paroisse de Vignol, élection de Brive, maintenu par M. Pellot.
PASQUET, sieur de Piégut, demeurant à Angoulême.
PASQUET, sieur de Lage-Baston, demeurant à Angoulême.
PASQUET, sieur de Savignac, paroisse de Savignac, élection de Brive.
PASTUREAU, sieur de La Bucherie, paroisse de Saint-Laurent-de-la-Barrière, élection de Saint-Jean-d'Angély.
PAUTHE, sieur des Riffaux, demeurant à Angoulême.
PEPIN (Pierre), sieur de Fredonville, paroisse Despaigné, élection de Saintes.
PERE, sieur du Liboureix, paroisse de Blanzac, élection de Limoges.
DU PÉRIER, sieur de La Tillade, paroisse de Saint-Simon, élection de Saintes.
PERRY, sieur de La Chauffie, paroisse de Pressignat, élection d'Angoulême.
PÉRUSE (Claude de), sieur de La Cose, élection d'Angoulême.
PESNEAU (Jean), sieur de La Tour, paroisse de Niel, élection de Saintes.
PESTELS (Jacques de), sieur du Vialard, paroisse d'Auriat, élection de Tulle, fut maintenu par M. Fortia.
PESTELS (Claude de), sieur de Tournemire, élection de Tulle, y demeurant, fut maintenu par M. Fortia.
PHELIP, sieur de Saint-Viance, demeurant à Brive.
PICHAT, demeurant à Angoulême.
PICHARD, sieur de l'Eglise-au-Bois, paroisse de Saint-Pierre-Château, élection de Limoges.
PICON, sieur de Chasseneuil, paroisse de Nantiat, élection de Limoges.
DU PIN, sieur de Saint-Barbant, paroisse de Saint-Barbant, élection de Limoges.
PINDRAY, sieur des Croix, paroisse de Condeons, élection de Saintes.
PLAISANT DE BOUCHIAT, sieur de Puymaillot, demeurant à Brive.
PLANES (Jean de), sieur du Plessis, paroisse de Champaigné, élection d'Angoulême.
LA PLASSE, sieur de Torsat, paroisse de Torsat, élection d'Angoulême.
DU PLESSIS, sieur de Chauffour, paroisse de Verteuil, élection d'Angoulême.
POCQUAIRE, sieur de Jouchaud, paroisse de Fléac, élection de Saintes.
POCQUAIRE, sieur de La Tasnierre, paroisse de Saint-Sever, élection de Saintes.
POLIGNAC, sieur des Fontaines, paroisse des Fontaines, élection de Saintes.
POMARET, sieur de La Valade, demeurant à Angoulême.
LA POMÉLIE, sieur de La Joubert, paroisse d'Eymoutiers, élection de Limoges.
PONS, sieur de Grois, paroisse de Macqueville, élection de Cognac.
PONS, sieur de Courberencière, paroisse de Vieux-Ruffec, élection d'Angoulême.
PONTBRIAND, sieur du Pignon, paroisse d'Yèche, élection d'Angoulême.
PONTENIER, sieur du Mayne-Audebert, paroisse de Belon, élection d'Angoulême.
PONTHIEU, sieur de Chives, paroisse de Londigué, élection d'Angoulême.
PONTHON (François), élection de Saintes.
PONTLEVAIN, sieur de Saint-André, demeurant à Cognac.
LA PORTE (Samuel de), châtellenie de Barbezieux, élection de Saintes.

La Porte, sieur de Lignierres, paroisse de Rouillac, élection d'Angoulême.
La Porte, sieur de Puyferrat, paroisse de Médiel, élection de Saintes.
Portier, sieur de Chalais, paroisse de Maulé, élection de Cognac.
Poussard, sieur d'Anguytard, paroisse de Saint-Simon, élection de Saintes.
Des Pousses, sieur de Longpré, paroisse de Janaillac, élection de Limoges.
Des Pousses, sieur de Viallefolle, paroisse de Saint-Maurice-les-Brousses.
Pouthe, sieur de Château-Dompierre, paroisse de Dompierre, élection de Limoges.
Pragelier, sieur de Roumejouze, paroisse de Lussat, élection d'Angoulême.
Pratlat (Louise de), veuve de Henri de Jugeals, paroisse de Jugeals, élection de Tulle, maintenue par M. Fortia.
Pralat (Guy de), sieur de Palestrat, élection de Tulle, maintenue par M. Fortia.
Préaux (Julien de), sieur de Saint-Hippolyte, élection de Saintes.
Pressat, sieur de Lisle, paroisse de Chenaud, élection d'Angoulême.
Pressat, sieur de La Grélierre, paroisse de Veyrières, élection de Cognac.
Pressat (Michel de), sieur de La Chèze, paroisse de La Chèze, élection de Saintes.
Préveraud, sieur des Ménardières, demeurant à Angoulême.
Préveraud, sieur de La Piterne, demeurant à Angoulême.
Prévost, sieur de l'Isleau, paroisse de Sainte-Gemme, élection de Saintes.
Prévost, sieur de La Chaume, paroisse de Vieux-Ruffec, élection d'Angoulême.
Prinsaud, sieur de Pleau, paroisse de Saugon, élection d'Angoulême.
Prinsaud, sieur de Pursy, paroisse de Darnac, élection de Limoges.
De Prouhet (Jean de), sieur de Saint-Clément, élection de Tulle.
Du Puy, sieur de Mirambel, demeurant à Tulle.
Du Puy de Bresmond (Annet), sieur de Pommiers, paroisse de Pommiers, élection de Saintes.

Nota. — Voir à la fin de l'ouvrage la liste des gentilshommes qui ont voté aux états généraux de 1789.

FIN DU TOME TROISIÈME.

ERRATA ET ADDITIONS

Page 5, ligne 29, *lisez* : « Gaufreteau ».

Page 15. — LA COUTURE-RENOM, sʳ dudit lieu, paroisse de Blond, porte pour armes : *Lozangé d'or et de gueules*, ou mieux *fretté d'or et de gueules*. Supports : deux sauvages armés de massues. Couronne de comte.

I. — Jean de La Couture, sʳ dudit lieu, damoiseau, épousa demoiselle Jacquette de Genouillé. Il testa le 13 juin 1383, en faveur de son fils Louis.

II. — Louis de La Couture, sʳ dudit lieu, écuyer, épousa demoiselle Andrine de Laudonnie, d'où :

III. — Joseph de La Couture, écuyer, sʳ dudit lieu, épousa, par contrat du 1ᵉʳ juin 1522, reçu par *Massoulard* et *Faveaud*, Jehanne de Clairé, fille de Jehan de Clairé, écuyer, sieur dudit lieu et de Louise Dangia, d'où :

IV. — François de La Couture-Renom, écuyer, sʳ dudit lieu. Il avait épousé, par contrat reçu par Chavaing, le 1ᵉʳ avril 1555, demoiselle Marie du Queyroix, fille de noble Jehan du Queyroix, d'où : 1° François, qui suit ; 2° Baptiste, tonsuré en 1574, chanoine au Dorat en 1575.

V. — François de La Couture-Renom, écuyer, sʳ dudit lieu de Richemont et des Roches. Testa, le 13 décembre 1593, en faveur de son fils aîné, Gaspard. Le 12 juin 1599, sa veuve et ses enfants furent maintenus dans leur noblesse. Il avait épousé, par contrat du 1ᵉʳ mars 1581, Christine Menesteau, fille de feu Jean Menesteau, conseiller du roi en sa Cour de Parlement de Paris, d'où : 1° Gaspard, qui suit ; 2° Christophe, auteur de la Branche des sʳˢ de Beireix ; 3° François, auteur de la Branche des sʳˢ de Monsac.

VI. — Gaspard de La Couture-Renom, écuyer, sʳ dudit lieu de Richemont et des Roches, épousa, par contrat du 22 novembre (ou 30 octobre), reçu par Laurent et Bastier, Marguerite Chauvet, dont : 1° Charles, qui suit, 2° Anne ou Jeanne.

VII. — Charles de La Couture-Renom, chevalier, sʳ dudit lieu de Richemont, épousa Élisabeth Tidac. Tidac, d'après une généalogie, conservée à Beireix, Nadaud dit Élisabeth Vidard de Sainte-Claire, le 2 décembre 1654, d'où :

VIII. — Antoine de La Couture-Renom, écuyer, sʳ dudit lieu de Richemont.

IX. — Jean de La Couture-Renom, chevalier, sʳ dudit lieu de Richemont, Blond, Bellac, etc., épousa Anne-Renée de Martel, d'où : une fille unique, Anne-Renée de La Couture-Renom, qui épousa, le 4 mai 1744, Jean-Pierre, marquis d'Orfeuille, chevalier, sʳ de Foucaud, Anglier, Saint-Lar et Trion.

La postérité d'Antoine de La Couture-Renom s'est éteinte dans la maison d'Orfeuille. Vu les dates, nous supposons que Jean, père d'Anne-Renée, est fils d'Antoine, mais nous ne savons s'il est son fils ou son petit-fils.

2° Branche. — Srs de Beireix.

VI. — **Christophe de La Couture-Renom**, s^r de la Touche, deuxième fils de François de La Couture-Renom et de Christine Menesteau, épousa Philippe du Mosnard, d'où : 1° Jean, qui suit ; 2° François de La Couture-Renom, s^r de Bérisset. (Nous ignorons sa postérité.)

VII. — **Jean de La Couture-Renom**, écuyer, s^r de Beireix, épousa, le 21 mars 1655, par contrat signé Millard et Ladégaillerie, Claude de La Barde, fille d'honorable Pierre de La Barde, s^r de La Borderie, et de Françoise de Nollet, d'où : 1° Charles, qui suit ; 2° et 3° deux filles.

VIII. — **Charles de La Couture-Renom**, écuyer, s^r de Beireix, épousa, le 27 novembre 1684, par contrat signé Papaud et Faure, demoiselle Catherine Caron, fille de Pierre Caron, s^r de Maschinet, et de Antoinette Coupelavoine, dont :

IX. — **Antoine de La Couture-Renom**, écuyer, s^r de Beireix, épousa, 1° le 5 juillet 1712, par contrat signé Vauzelle et Mathieu, Madeleine Mondot, fille de Jean Mondot, écuyer, s^r de la Leuf, et de demoiselle Anne Laisné ; 2° le 22 septembre 1747, dame Marie Rousseau, veuve de maître Mathieu du Chiron, écuyer, s^r de Lage. Du premier mariage il eut : 1° Jean, mort sans hoirs ; 2° Antoine, qui suit ; 3° Jean, mort jeune ; 4° Jean, qui se maria, eut des enfants, mais nous ignorons ce qu'ils sont devenus ; 5° Françoise, religieuse au Dorat ; 6° Anne de La Couture-Renom, qui épousa, 1° en 1750, Pierre Rayet, s^r du Mas ; 2° le s^r de Lavergne, et ne laissa pas d'enfants ; 7° Marie de La Couture-Renom, mariée à N... Dupin, s^r de Majonbert ; 8° Marie de La Couture-Renom, qui épousa Jacques de Chamborand, s^r de Bélair, fils de Jacques de Chamborand, s^r de Belair, Maillat et de Madeleine du Pin de La Gazonnie, le 13 mai 1748.

X. — **Antoine de La Couture-Renom**, chevalier, s^r de Beireix, épousa, le 14 mai 1753, par contrat reçu par Vaslet, demoiselle Marie Pasquet, fille de Jean Pasquet, écuyer, s^r de Luge et de Anne Barbarin, dont :

XI. — **Jean-Antoine de La Couture-Renom**, chevalier, s^r de Beireix, épousa, le 28 novembre 1774, par contrat reçu par Rivaud, demoiselle Marie de Saint-Martin de Bagnac, fille de messire Louis de Saint-Martin de Bagnac, chevalier, et de Marie-Anne Blondeau, dont : 1° Jean, qui suit ; 2° Agathe, morte fille.

XII. — **Jean de La Couture-Renom de Beireix**, propriétaire à Beireix, épousa Suzanne-Joséphine Durrieux de Villepreaux, dont :

XIII. — **Alexandre-Joseph-Sylvain de La Couture-Renom de Beireix**, résidant à Beireix, dont il a fait rebâtir le château, marié 1° avec Gédéonie de Roffignac ; 2° avec Louise-Caroline Benoit de Lostende. Du second mariage, il a : 1° Georges de La Couture-Renom de Beireix, ancien zouave pontifical, décoré de la médaille de Mentana, ancien lieutenant au régiment des mobiles de la Haute-Vienne, et qui, comme tel, a fait la campagne de 1870-1871 ; 2° Marie de La Couture-Renom de Beireix, mariée en 1867, à

Conrad de La Salignière ; 3° René de La Couture-Renom de Beireix, engagé volontaire dans un régiment de ligne, à Toulouse.

3ᵐᵉ Branche. — Sʳˢ de Monsac.

VI. — François de La Couture, troisième fils de François de La Couture-Renom et de Christine Menesteau, épousa, en 1622, Jacquette de Monsac, d'où : 1° Guy de La Couture, qui suit ; 2° Léonard de La Couture-Renom, qui épousa Marie de Nollet. (Nous ignorons sa postérité.)

VII. — Guy de La Couture-Renom, sʳ de Monsac, épousa Marie Richard, d'où : François de La Couture-Renom, né le 11 février 1671 (1).

Notes isolées.

N... de La Couture-Renom épousa, vers 1704, Clément de La Charbonie.

Christophe de Villedou épousa Anne de La Couture-Renom, qui fait hommage de cette terre au château de Montmorillon, comme tutrice de leurs enfants mineurs, le 30 janvier 1686. (Généal. Villedon.)

François de La Couture-Renom, écuyer, sʳ de Frises (?), épousa Anne Igonin, fille de Jean Igonin, sʳ de Montaurand, paroisse de Nantiat, et de Marguerite Moreau, née en 1649, dont Marguerite de La Couture-Renom, baptisée à Nantiat le 27 mars 1662, ayant pour parrain Guy de La Couture-Renom, de la paroisse de Cieux, et pour marraine demoiselle Marguerite Moreau. (Registres de Nantiat.)

Page 20, ligne 22, lisez : « Garde, t. II, p. 204, 265, 266. »

Page 26, ligne 3, lisez : « Joumont, t. II, p. 456, 571. »

Page 27. — LA LANDE. — Armand de La Lande, paroisse de Saint-Étienne de Limoges, sʳ de Lavaud, paroisse de Bussière-Poitevine et de Neuvillards, paroisse de Saint-Bonnet-la-Rivière, épousa, vers 1740, Madeleine Blondeau, fille de Gabriel Blondeau, trésorier au bureau des finances à Limoges, et de Madeleine Moulinier (t. I, p. 217).

Marc-Antoine-Marie de La Lande, propriétaire à Saint-Bonnet-la-Rivière. (Jury de 1876.)

Page 34. — *Lanthonie*, dans le texte de Nadaud, est le même que *Lauthonie*, dans le texte de Legros, page 55.

Page 36, ligne 5, lisez : « à huit rais pommettés. »

Page 38, ligne 17, lisez : « Gabrielle d'Héral. »

Page 55, ligne 32, lisez : « Filoulie. »

Page 55. — DU LAU. — Guillaume du Lau, Sᵍʳ des Coussades, épousa, vers 1399, Barrave de Jehan, fille de Guillaume de Jehan, chevalier, baron de Saint-Projet, Sᵍʳ de La Bastide-Margnac et de Valrufier, et de sa seconde femme Irlande de la Poype. (Généal. de Jehan.)

Louis du Lau (page 56) eut pour troisième enfant Jeanne-Henriette-Joséphine du Lau, dont il est parlé page 594. Elle était cousine de Mgr du Lau, le vénérable archevêque d'Arles, né à Biras (Dordogne), qui a été massacré aux Carmes le 2 septembre 1792.

Page 75. — LÉPINE. — Marguerite de Lépine, demeurant à Montfrebœuf,

---

(1) Nous devons cette généalogie aux recherches de M. le comte des Monstiers.

paroisse de Marval, épousa, le 7 juillet 1727, Denis de Saint-Fraud, demeurant à La Nadalie, même paroisse. Le mariage fut célébré à La Chapelle-Montbrandeix, et l'acte est signé de Jean de Lépine, Léonard de Lépine, Jean Verneuil et Léonard Royère. (Registres paroissiaux de La Chapelle-Montbrandeix.)

Martial de Lépine est mort en 1795. Il a écrit sur la numismatique et l'histoire du Limousin, ainsi que les procès-verbaux de la Société d'agriculture de 1759 à 1786. (Du Boys.)

Ses armes, que nous trouvons sur le cachet de ces lettres, conservées aux archives de la Haute-Vienne, sont : *Ecartelées, aux 1re et 4e de....., au cœur de....., entouré de.....; au chef de gueules à trois anels ; aux 2e et 3e d'azur à cinq anels de..... posés 2-2-1.*

Ces mêmes armes se trouvent sur des plaques de fer pour cheminée, au château de la Morinie, paroisse de Saint-Barthélemy (Dordogne), et chez M. Fleurat-Lessard, à la Chapelle-Montbrandeix (Haute-Vienne).

Page 86. — Noble Agnet de Leyrisse, écuyer, Sgr de Lascoux, paroisse de Sainte-Terre, dans la vicomté de Rochechouart, épousa, par contrat du 1er avril 1542, Marguerite de Lambertie, fille de François et de Marguerite de Maumont. (Généal. Lambertie.)

Page 97, ligne 24, *lisez* : « 1269 ».

Page 121, ligne 14, *lisez* : « Sugarde et de Monquant ».

Page 141, ligne 36, *lisez* : « Soursac ».

— ligne 37, *lisez* : « Fortia ».

Page 191, ligne 24, *lisez* : « MARTELLI ».

Page 198, ligne 19, *lisez* : « 11 novembre 1544 ».

— ligne 30, *lisez* : « La Serre et de La Roche (reçu par Faneau) ».

Page 248, ligne 17, *lisez* : « T. II., p. 216 ».

Page 265, ligne 13, *lisez* : « Coutanceries, paroisse de Darnac ».

Page 319, lignes 15 et 25, *lisez* : « Fortia ».

Page 339, ligne 34, *lisez* : « Du 1er mariage vint : »

Page 353, ligne 10, *lisez* : « Celle-Frouin ».

Page 356, ligne 38, *lisez* : « DU POIRIER ».

Page 389, ligne 6, *lisez* : « Touchimberg ».

Page 402. — Etienne Labiche était, en 1661, le 97e président du tribunal de commerce de Limoges. En 1662, il est dit auditeur des comptes à Limoges.

Joseph Labiche, du Meynieux, en 1747, est le 183e président du tribunal de commerce de Limoges.

Philippe de La Biche (page 405) eut pour second fils Charles de La Biche, dont la fille Louise de La Biche a épousé, le 14 juillet 1875, M. Charles Aubespin, archiviste du Cantal.

Page 405. — François de La Broue, baron de La Broue-d'Aubigny, épousa Marguerite-Céleste Maron, dont : Charlotte-Céleste-Françoise-Julie de La Broue de Vareilles, mariée, le 26 août 1776, à Isaac-Charles de Lestang, chevalier, Sgr de Ringère, Chambon, du Fresne, Quincay, etc., fils de Paul-Théodore, Sgr de Furigny, et d'Éléonore-Marguerite de Chantreau.

Julie-Hélène de La Broue de Vareilles, fille d'Achille-Camille-Marie, et de N..... du Coudret, comtesse du Saint-Empire romain, épousa Jean-Théodore de Lestang (né le 27 juillet 1811) fils de Jean et de Marthe-Marie Frottier. (Généal. Lestang.)

DE LA BROUE. — Durand de Brou figure dans le traité intervenu entre Durand de Montal, Sgr de Roquebrou, et ses vassaux en 1281. — Nous trouvons ensuite dans le t. VIII du *Dictionnaire* de La Chenaye-des-Bois, 2e édition, ainsi que dans le *Dictionnaire des Familles du Poitou*, la généalogie d'une famille de La Broue, originaire d'Auvergne, à laquelle appartenait Guillaume de La Broue, évêque de Béziers en 1246; autre Guillaume de La Broue, évêque de Cahors en 1316; Pierre de La Broue, né à Toulouse en 1613, évêque de Mirepoix de 1676 à 1720, et autres personnages distingués.

La filiation a été prouvée par titres originaux, depuis noble Jean de La Broue, habitant de la ville d'Aurillac, diocèse de Saint-Flour, en 1420. Celui-ci laissa deux fils : 1° François de La Broue, qui va suivre ; 2° Amoury de La Broue, demeurant à Aurillac, et qui vivait encore lorsqu'il fut compris au rôle des gentilshommes de la Haute-Auvergne en 1503 (1).

François de La Broue (peut-être le même que M. de Rilier du Châtelet appelle François de La Broha, Sgr de La Tour-de-Leybros, paroisse de Saint-Bonnet, en 1458) épousa à Gourdon, en Quercy, le 22 octobre 1458, demoiselle Alongueste de Velzergues, et c'est de lui que sont issues les trois branches qui subsistent en Quercy, en Languedoc et en Poitou.

La première de ces branches a produit Martin de La Broue, lieutenant-général en la sénéchaussée de Gourdon en 1549, plusieurs conseillers au Parlement de Toulouse, dont le dernier fut Paul de La Broue, reçu le 9 septembre 1775.

La seconde branche, fixée en Languedoc, a produit Pierre de La Broue, évêque de Mirepoix, déjà cité, des capitouls de Toulouse et autres magistrats de la même ville.

La troisième branche, qui est celle des marquis de Vareilles et de Sommières, en Poitou, a eu pour auteur Salvy de La Broue, frère de Martin de La Broue, lieutenant du sénéchal de Gourdon en 1549. Elle compte aussi des conseillers au Parlement de Toulouse au XVIe siècle ; un écuyer de l'écurie du roi Henri IV, un mestre-de-camp de cavalerie avant 1677, plusieurs officiers supérieurs aux gardes du corps et dans le régiment des gardes françaises, cinq chevaliers de Malte, de 1650 à 1783, et enfin un vénérable prélat, en la personne de François-Henri de La Broue de Vareilles, évêque, comte de Gap, sacré le 25 juillet 1784, retiré depuis la révolution à Poitiers, où il est décédé après 1830 (2).

Jean de La Broue, vivant en 1420, portait : *d'argent, à trois merlettes de sable*.

François de La Broue, son fils, en s'établissant en Quercy, adopta les armes suivantes, qui sont celle de la branche de Vareilles : *d'azur, au chevron d'or, accompagné en chef de deux coquilles d'argent et d'une main (ou gantelet) de même en pointe, mise en pal.* (J.-B. BOUILLET, *Nobiliaire d'Auvergne*, I, 342).

N..... de Labroue eut pour enfants : 1° Jean-François, qui suit; 2° Jean-Marie, qui vient ensuite; 3° François, rapporté après ses frères; 4° Louise-

---

(1) La généalogie précitée ne fait pas connaître sa descendance; mais il ne serait peut-être pas impossible de la découvrir sous le nom de La Bro, La Broha, Labro ou Labroha.

(2) *Dictionnaire de la Noblesse*, par La Chenaye-des-Bois, t. VIII. — *Calendrier des Princes* pour 1769. — *Dictionnaire des Familles du Poitou*, t. I, p. 496.

Antonine, née le 18 novembre 1712, appelée Mme de Vareilles, religieuse et secrétaire de l'Ordre de Fontevrault ; 5° Charlotte, née le 21 octobre 1713, mariée le 3 janvier 1731 à Joseph de Villedon, chevalier, S^gr de La Chevrelière et Gouray, etc.

Jean-François de Labroue, appelé le baron de Vareilles, S^gr baron de Vareilles-Sommières, Saint-Romain, Bernay, Assais, etc., né le 12 octobre 1706, marié le 26 août 1730 à Anne-Henriette Dubois, dont : 1° Auguste-Jean-François-Antoine, né le 1er août 1733, appelé le baron de Vareilles-Sommières, officier au corps royal de l'artillerie ; 2° François-Henri, né le 4 septembre 1734, appelé l'abbé de Vareilles, grand vicaire du diocèse de Metz ; 3° Marie-Anne-Françoise, née le 29 novembre 1739, appelée Mme de Labroue, religieuse à Fontevrault ; 4° Marie-Marguerite, née le 10 novembre 1740, appelée Mme de Vareilles-Sommières ; 5° Henriette, née le 30 mars 1742, appelée Mme de Saint-Romain ; 6° Joseph, né le 19 septembre 1744, appelé le chevalier de Vareilles-Sommières, officier au régiment des grenadiers royaux d'Ally.

Jean-Marie de Labroue, né le 7 août 1708, appelé le comte de Vareilles, maréchal des camps et armées du roi, chef d'une brigade de ses gardes, S^gr de Vareilles, de la Motte-d'Autefa, Moye, etc., marié le 9 novembre 1731 à Radegonde de Marcillac, dont : 1° Nicolas-Marie, né le 21 avril 1733, appelé le marquis de Vareilles, capitaine de cavalerie, et mousquetaire dans la seconde compagnie des mousquetaires de la garde du roi, marié en 1759 ; 2° Anne-Marie-Jeanne, née le 6 septembre 1734, mariée le 21 juin 1756 à N..... de Crémoux, vicomte de Boulois ; 3° Thibault, né le 6 janvier 1742, appelé le chevalier de Vareilles, capitaine au régiment de cavalerie de la reine.

François de Labroue, né le 15 octobre 1714, appelé le baron de Labroue, ancien lieutenant des maréchaux de France dans la province de Poitou, S^gr baron d'Aubigny et Faye, marié le 21 septembre 1743 à Marguerite-Céleste-Félicité Maron, dont : 1° N....., née le 13 avril 1745, appelée Mme de Labroue ; 2° N....., née le 14 mars 1746, appelée Mme d'Exireuil ; 3° N....., née en avril 1747, appelée Mme d'Aubigny ; 4° N....., née en août 1748, appelée Mme de Faye ; 5° N....., née en 1749, appelée Mme de La Clergerie. (*Calendrier des princes et de la noblesse.* 1763, p. 171.)

M. de Labroue de Laborderie est nommé sous-lieutenant au 14e régiment de ligne, par décision ministérielle du 7 septembre 1877.

Thibault de Labroue, chevalier, vicomte de Vareilles, mestre de camp de cavalerie, chevalier de Saint-Louis, S^gr de Vareilles, la Motte d'Autera et autres lieux, faisait partie de l'assemblée générale de la noblesse dans la Basse-Marche en 1789. (Procès-verbal de l'Assemblée.)

Page 413. — Gabriel de La Croix dont il est parlé page 425. Marie de La Croix, et Georges de La Croix, page 426.

Page 414. — Messire Joseph de La Loue, S^gr de Puyléger, de Geix, demeurait aux Chazeaux en 1729. Il épousa : 1° Françoise Blanchard dont : 1° Valéric, né le 29 mai 1728, baptisé le 6 juin, ayant pour parrain Valéric Blanchard, sieur de La Paqué et pour marraine demoiselle Anne Blanchard ; 2° Jean, né le 13 octobre 1729 et tenu sur les fonts-baptismaux le 14, par messire Jean Landon, prêtre vicaire de Saint-Sulpice-le-Dunois, et demoiselle Anne-Brillant. Il épousa : 2° Marguerite du Tillier, dont : 3° Joseph

Guillon, né le 13 février 1733, et enterré dans l'église de Saint-Sulpice-le-Dunois le 25 du même mois; 4° Jeanne-Françoise, née le 23 octobre 1735, présentée au baptême par messire François du Breuil de Souvolle et Marie du Pouget; 5° Mathieu-Alexis, né le 3 août 1737, porté sur les fonts-baptismaux, le 11 du même mois, par Mathieu-Alexis de La Loue et Marguerite Thillier. (Registres paroissiaux de Saint-Sulpice-le-Dunois.)

Page 414. — LAMAZE. — Madame N... de Lamaze avait épousé M. de Seilhac. Son frère, l'abbé de Seilhac, né vers 1756, fut nommé chanoine du diocèse de Périgueux en 1823 par Mgr de Lostanges, son parent. (VERNEILH-PUYRAZEAU. — *Souvenirs de soixante-quinze ans*, p. 276.)

Page 417, ligne 40 : Le titre de baron de Montbrun doit être rapporté au degré suivant.

Page 418, ligne 15 : Cette vente doit être rapportée au dix-huitième degré.

Page 419, ligne 30, *lisez* : « 1634 ».

— ligne 42, *lisez* : « Châtaignier-du-Lindois, de Campniac ».

Page 420, ligne 4, *lisez* : « de Cons-la-Grandville, de Rioncourt, de la Tour-en-Woivre ».

Page 420, ligne 10, *lisez* : « Stenay, Jametz ».

— ligne 38, *lisez* : « d'Abzac-de-la-Douze ».

Page 421, ligne 3, *lisez* : « Fiquelmont ».

— ligne 20, *lisez* : « 7 février 1693 ».

— ligne 26, *lisez* : « Christophorine ».

— ligne 27, *lisez* : « Copin ».

— ligne 34, *lisez* : « S^{gr} d'Araix, d'Inville-Aujard, d'Euvillez ».

— ligne 43, *lisez* : « Tumejus ».

Page 422, ligne 12, *lisez* : « de Cones, Flabeville, Cutry ».

— ligne 18, *lisez* : « seigneurie de Cutry ».

— ligne 23, *lisez* : « abbé commendataire de Bousonville ».

— ligne 41, *lisez* : « marquis de La Farre ».

— ligne 44, *lisez* : « seigneur de Villerupt ».

Page 423, ligne 40, *lisez* : « Sanzillon ».

— ligne 44, *lisez* : 2 mars 1625.

Page 425, ligne 17, *lisez* : « La Mothe-Saint-Claude ».

— ligne 45, *lisez* : « seigneur de Jouvinchie ».

Page 426, ligne 13, *lisez* : « Germanas ».

— ligne 17, *lisez* : « seigneur de La Martinie ».

— ligne 30, *lisez* : « Angélique de Massacré ».

Page 428, ligne 33, *lisez* : « Léonarde de La Rodrie ».

Page 429, ligne 25, *lisez* : « Saint-Laurent-de-Céris ».

Page 430, ligne 3, *lisez* : « 6 décembre 1709 ».

Page 461, ligne 24, *lisez* : « *à six rais pommettés* ».

Page 478. — Annet-Joseph de Lastic, comte de Lastic-Vigouroux, marié en 1807, a eu trois fils : 1° Annet-Antoine-François (Tony) de Lastic, marié en 1836, à Mlle Antoinette-Amélie Humblot, dont un fils, François-Alphonse de Lastic ; 2° Annet-François-Melchior-Harold de Lastic, marié en 1848 à Mlle Eugénie Besnier, et père d'un fils et d'une fille, savoir : Jean-Annet-Edmond de Lastic et Anne-Françoise-Marie de Lastic ; 3° Annet-François-Octave de Lastic, marié en 1836, à Mlle Lothier de Maizeroy, de laquelle il a un fils, Annet-François-Edouard de Lastic, et une fille, Marie-Françoise-Edith de Lastic. (*Nobil.* d'Auverg., VII, 495).

Page 491. — LAVAUD. — Sentence de l'officialité de Limoges qui déboute et condamne aux dépends noble demoiselle Catherine de Roffignac de Sannat, fille de noble et puissant S⁓ M⁓ Guyot de Roffignac, chevalier, demeurant de son vivant en la paroisse de Lassac, diocèse de Limoges, de l'opposition mise par elle sous prétexte de promesse de mariage à celui de noble Martial de Lavaux, écuyer, S⁓ de Drouille et de Rochelidoux, fils de feu noble et honorable homme maitre Guilhaume de Lavaux, conseiller du roi notre sir en la suprême cour du Parlement de Bordeaux, demeurant dans la ville de Blaque (Bellac), accordé avec noble demoiselle Françoise de Chamborant, ladite sentence en date du 13 juin 1532, signé de Proges.

Françoise de Chamborant, femme, par contrat du 20 septembre 1529, de noble messire Martial de Lavau, écuyer, sieur de Drouille, Rochelidoux, Châteauneuf et de Leschoisier, fils de noble homme et honorable maitre Guilhaume de Lavaux, conseiller du roi notre sir en la suprême cour de Bordeaux, et de demoiselle Léonarde de Jovion, escuyer, S⁓ et dame des mêmes terres.

On voit que leur mariage n'a été célébré qu'après 1530, ayant été traversé d'opposition par la cousine issue de germain de la future noble demoiselle Catherine de Sannat, fille de haut et puissant S⁓ M⁓ Guyot de Roffignac, laquelle opposante prétendant que le S⁓ de Lavau lui avait promis mariage. Les juges la déboutèrent de son opposition et demande, et fut condamnée aux dépens par l'officialité de Limoges du 13 juin 1532.

Le 11 mai 1534, Martial de Lavaud assista au mariage de demoiselle Marie de Lavau, sa sœur, avec messire Pierre Des Montiers, fils de noble messire André des Montiers, écuyer, S⁓ de Fraisse. C'est elle qui a porté dans la maison des Montiers la terre de Rochelidoux, paroisse de Nonic, en Poitou.

La maison de Lavau a donné ou tiré son nom, dès les temps les plus reculés dont l'époque est impénétrable, de la terre de Lavau sise au ressort de la Basse-Marche sur les bords de la Gartempe. Cette maison, dont on ne connait pas la descendance dans le pays, en a été, tant qu'elle a subsisté une des plus considérables et biens alliés. (Généalogie de Chamborand. 1787.)

Page 491. — LAVAUR. — Hugues, S⁓ de Lavaur, en Limousin, épousa vers 1525, Louise de Scorailles, fille du marquis de Scorailles et d'Hélène de Salagnac. (Généal. Scorailles).

Gabrielle de Lavaur de Sainte-Fortunade, épousa, le 8 février 1711, Pierre de Pestels, S⁓ de La Chapelle, de Chadirac et des Bordes, fils de Jacques de Pestels et de Charlotte de Hautefort. (Généal. de Pestels.)

Henri de Lavaur de Sainte-Fortunade, attaché d'ambassade d'abord dans l'Amérique du Sud, puis à Madrid (1876), a été nommé, après un brillant concours, secrétaire d'ambassade, et attaché, en cette qualité, en 1877, à l'ambassade de Pékin.

Page 535. — XIV. — François de Lescours eut pour enfants : 1° Michel-Landry, qui suit ; 2° Marie-Anne de Lescours.

XV. — Michel-Landry de Lescours, chevalier de l'ordre royal et militaire de Saint-Louis, capitaine de cavalerie, eut pour fils : 1° Jean-Amable, officier de cavalerie; 2° Jean-Baptiste-Junien, dont il est parlé page 536 ; 3° Marie-Thérèse de Lescours.

Page 545. — Armes : *d'or à la souche de sinople terrassée de même*. Nous croyons que ces armes se rapportent également à la ville de Lesterps dont le nom latin *Stirpis* signifie en effet souche. Nous avons trouvé sur la cloche d'Oradour-Saint-Genest, fondue en 1740, les armes de Jean de Lesterps de la Doulce, abbé du Dorat ; elles nous semblent être *d'azur à une souche* (peut-être *une yerbe*) *d'or*, timbrées de la mitre et de la crosse d'abbé.

I. — Jean de Lesterps, écuyer, S^{gr} de Bernaize et autres lieux, habitait la paroisse de Magnac-Laval. Il épousa Philippe de Marvaud, dont :

II. — Pierre de Lesterps, écuyer. S^{gr} de Bernaize, des Chauds et autres fiefs, épousa en 1533 Jehanne du Brac, dont :

III. — Joseph de Lesterps, faisant profession d'armes en 1577, etc. p. 545.

Page 551. — Léonard du Léris, né à Eymoutiers, se fit récollet, et fut quelque temps gardien du couvent de Saint-Amand, près Saint-Junien. Ce fut à son retour d'un voyage au Canada qu'il composa ses divers ouvrages sur la marine, et entre autres : *la Théorie et la pratique des longitudes*. Il est mort à La Rochelle en 1656, après cinquante-trois ans de profession religieuse. (*Bull. Soc. arch. Lim.*, XIV, 159.)

André du Léris de Peyramont, membre de la Chambre des députés, substitut à la Cour royale de Limoges, conseiller à la Cour de cassation, sénateur, 1876.

Marie-Gabrielle du Léris de Peyramont a épousé Genès-Charles Tallon, député, conseiller général du Puy-de-Dôme, avocat au barreau de Paris, 1877.

Jean-Georges du Léris de Peyramont, ancien sous-préfet à Sceaux, 1877.

Page 567. — Jean Ligoure et Marguerite Jalade étaient morts lorsque leur fils Jean Ligoure épousa, à La Chapelle-Montbrandeix, le 20 février 1730, Françoise Héraud, fille de feu Guillaume Héraud, sieur de La Faurie, paroisse de Marval, et de défunte Marguerite Lalays (Registres paroissiaux de La Chapelle-Montbrandeix.)

Page 570. — 19° Guillaume-le-Pieux, duc d'Aquitaine de 893 à 927, ainsi que les autres comtes d'Auvergne n'ont pas été comtes de Limoges ;

20° Ebles, comte de Poitiers, était comte de Limoges peu après 918. Il mourut en 935 ;

21° Guillaume Tête-d'Etoupes fut comte de Poitiers et de Limoges.

L'histoire des comtes de Limoges n'a plus, à partir de cette époque, qu'un intérêt secondaire ; elle disparaît dans le cadre plus large de l'histoire des ducs d'Aquitaine. D'ailleurs, un nouveau pouvoir est venu supplanter en grande partie le leur, c'est celui des vicomtes de Limoges.

Page 598. — N..... de Loménie était maire de Limoges en 1745.

TABLE.

L

Labadie	1, 401
Labesse	2
Labeyda	2
Labiche	2, 401, 698
Laboissière	2
Laboleriis	2
Labonnetie	2
Laborde	3
Laboreix, ou Laboureix	3, 532
Labourg	532
Labreuille	3
Labriderie	4
Labrosse	4
Labroue	4, 405, 698
Labrousse	4, 406
Labussière	7
La Causse	7
La Celle	406
La Chambre	7
La Chapelle Saint-Geraud	7
La Chapelle	7
La Chapelle-Taillefer	8, 408
Lacharlonie	8
Lachassagne	9
Lachastanède	11
La Chatre	11, 410
La Chaufie	11
La Chetardie	11
Lachezotte	11
La Colie	11
La Combe	12
Lacoste	12
Lacour	12, 411
Lacourt	13
Lacouré	15
Lacourtaudie	15
La Couture-Renom	15, 16, 695
La Couture-Rignoux	16
Lacroix-d'Anglars	16, 411
Lacroix	17, 18
Lacroix de Fayolles	19, 412
Lacroisille	19
Ladenz	19
Ladignac	19
Lafarge	20
Lafaurie	20
Lafaux	20
La Faye	20
Lafenestre	20
Lafeuillade	20
Lafillolie	20
Lafleur	413
Lafolha	20
Lafon	413
Laforestie	20
Lafoucaudie	20
Lagallemache	20
Lagane	20
Lagard ou Lageard	20
Lagarde	20
Lagarigue	20
Lagaune	20
Lage	20, 21, 22
Lage-au-Chat	21
Lagebaston	21
Lagebertrand	22
Lage-au-Mont	22
Lagelie	22

	Pages.		Pages.
Lagorce	23	Langlade	34
Lagange	23	Langon	34
Lagrange	23	Lanouaille	34
Lagrange de Tarnac	413	Lans	460
Lagrange de la Ville	413	Lansade	34
Lagrelière	23	Lanteilh	34, 72
Lagrenerie	23	Lanthonie	34, 55, 487
Lagrèze	23	Lantilhac	35
Lagroslière	23	Lapalisse	35
Laguerche	23	Lapenchenarie	35
Laguignardière	23	Lapersonne	35
Laguyonie	23	Lapisse	35
Laigle	23	Laplace	35
Laillo	23	Lasplanchas	35
Laisné	23	Lapommélie	35
Lajante	25	Laporcherie	35
Lajarrosse	25	Laporte	35
Lajeard	26	Laqueille	35
Lajonchère	26	Laquintaine	35
Lajoumont	26	Laramière	35
Lajousse	26	Laraterie	35
Lajudie	26	Larche	35
Lajugie	26	Larebeyrie	35
Lalande	26, 27, 413, 697	Larebouffie	35
La Laurencie	27, 481	Lareynia	36
Laleu	29	Larfeuillère	460
Lalier	29	Large	460
Laloubière	29	Larie	36, 464
Laloue	30, 414, 700	Laroche	36
Lamajorie	31	Laron	36, 461
Lamarche	31	Larosse	36
La Maurélie	31	Laroussie	37
Lamaze	414, 700	Laroute	37
Lambert	31, 414	Lary	36, 464
Lamberterie	33, 415	Lasaigne	37
Lambertie	32, 415	Lasalle	37
Lamonerie	433	Lascaris de Tende	464
Lamorelie	33	Lascaris d'Urfé	465
Lamotte	33	Lascors	37
Lamounoie	33	Lascots	37
Lamourinie	33	Lascoux	37
Lamy	33, 433	Lasescha	37
Landarot	34	Lasnier	37
Landos	456	Lasoumaigne	37
Landriève	457	Lasplanchas	37
Landrodie	457	Lassat	468
Lanet	34, 457	Lasterie	37
Langeac	457	Lastic	37, 469, 701

	Pages.		Pages.
Lastours	40, 479	Lechaslard	69
Lastre	49	Leclerc	69
Laterie	50	Lecocq	69, 70
Lathoue	50	Lecoudray	70
Latour	50	Lecouslet	70
Latouche	50	Lecousset	70
Latrémoille	50	Lecros	70
Latuille	50	Ledeffens	70
Lau, Laux	50, 55, 697	Lefevre	492
Laubanie	50, 480	Leffe	71, 492
Laubartes	601	Leforestier	71
Laubespine	480	Legarey-des-Bœufs	492
Laugon	50	Léger (Saint-)	71
Laurencie	27, 50, 481	Léger-la-Montagne (Saint-)	71
Laurens	50, 482	Legrand	71
Laurens de la Besge	50, 482	Lehardi	71
Laurent	50	Lelieutrec	71
Laurent du Biard	482	Lemaistre	71
Laurent (Saint-)	50	Lemas	71
Laurière	55	Lemercier	71
Lauthonie	34, 55, 487	Lemeunier	71
Lauzanne	487	Lemousin	71
Laval	60, 490	Lemusnier	72
Lavalade	60	Lenoble	72
Lavalette	61	Lenteulh	34, 72
Lavaud	61, 62, 491, 701	Lentilhac	72, 493
Lavaupot	62	Léobardie	528
Lavauguyon	62	Léonard	74, 75
Lavaur	491, 701	Lépaud	75, 537
Laveaux	62	Lépinas	530
Lavedan	63	Lépine	75, 697
Lavergne	63, 66	Lepuy-Chevalier	75
Lavergnolle	67	Lepuy-du-Fons	76
Laveyrine	67	Lerepaire	76
Lavicla	67	Lériget	530
Lavignac	67	Leris	76, 551, 702
Lavillotte	67	Leriz	78
Layerd	67	Leron	78
Lebetz	68	Leroy	78
Lebourdeix	68	Lesartiges	78
Lebret	68	Lesboulière	78, 530
Lebreton	68	Lescours	78, 532, 702
Lebrieudet	69	Lesmerie	79, 536
Lebrouillet	69	Lespaut	75, 537
Lechada	69	Lesperuc	79
Lechambeau	69	Lespicier	79
Lechambon	69	Lespinats	79
Lechatelard	69	Lestang	80, 223, 537

708 TABLE.

	Pages.
Lestende	82
Lesterpt	545, 702
Lestohle	82, 548
Lestrade	83
Lestrange	83, 549
Letemple	85
Leval	550
Levéquot	85, 550
Levesque	86, 550
Levi	86
Levigean	86
Leviste	86
Levivier	86
Levoyer	86
Leychoisier	86
Leymarie	86
Leyraud	86
Leyris	76, 554
Leyrisse	86, 698
Lezay	87, 551
Lezes	551
Lhermite	88
Libersac	88
Libert	88
Lieutrec	88
Lignac	88
Lignareis	88
Lignerac	88
Lignaud	88, 552
Ligonac	88
Ligondès	89, 557
Ligoure	89, 567, 702
Limoges	89, 567
Limoges (comtes de)	569, 702
Limoges (vicomtes de)	89, 569, 570, 702
Limosin, Limousin	114, 584
Linards	115, 584
Lindois	115
Linières	584
Liniers	585
Lisle	115
Livenne	115, 586
Livron	117, 586
Loberton	119
Loboez	119
Lodiis	119
Loin	119
Loménie	119, 595, 702

	Pages.
Londeix	121, 599
Londret	121
Longbost	121
Longueval-Saint-Chamand	121, 601
Lons	122
Lopbarteis	122, 601
Lostanges	122, 601
Louaud	124
Loubens	125, 602
Loubère	125
Loubert	125
Loubière	126
Loubrarie	126
Loudeix	126
Loue	126
Le Loup	603
Loup (Saint-)	604
Lourdoué	126
Louvart	606
Lubersac	126, 606
Luc	130, 684
Luchat	130
Luchet	131
Lur	131, 685
Lur-Saluces	685
Lurat	132
Lussac	132, 133
Lussas	133
Lusson	133
Luzignan	133
Luzot	133
Lyaige	133
Lyouron	133

M

Macede	133
Macé	134
Machat	134
Madich	134
Madot	134
Magnac	134
Magnet	135
Mai	135
Maignac	135
Maigret	135
Maillard	136
Maillé	136
Mailler	137

TABLE.

	Pages.
Mailleret	137
Maillon	137
Maillot	137
Mainard	137
Maine	137
Maingaignard	138
Mainville	138
Maisonneix	138
Maisonneuve	139
Maisons (des)	139
Maistre (le)	141
Majorie (la)	141
Malafayda	142
Malause	142
Malaval	142
Malbernati	142
Malcap	142
Maleden	142
Malefayde	142
Malefaye	142
Malemort	143
Malevergne	145
Malhiac	145
Mallafert	146
Malleret	146
Mallessec	146
Mallet	147
Mallevaux	148
Malonie	148
Malval	148
Manceau	149
Mandat	149
Manent	149
Mannet	149
Mansac	150
Manzat	150
Manzerii	150
Marais	150
Marans	151
Marbœuf	151
Marc (Saint-)	151
Marcel	152
Marchand	152
Marchandon	152
Marche (la)	152
Marche (comte de la)	153
Marches	185
Marcillac	185, 186
Marcossaines	186
Marcoti	186
Mardaloux	186
Marendat	186
Marets	187
Mareuil	187
Margeride	187
Marie (Sainte-)	187
Marillac	189
Marin	189
Marlaurent	189
Marneil	189
Maroix	189
Maron	189
Marougne	190
Marre	190
Mars	190
Marsanges	190
Marsat	191
Marsaut	191
Marsillat	191
Martelli	191
Marteaux	191
Marthon	191
Martial (Saint-)	191
Martin	192, 193, 194
Martin de La Bastide	192
Martin de Biecourt	192
Martin de Chateauroy	192
Martin de La Gouite-Bernard	193
Martin de La Pile	193
Martin de Saint-Martial	194
Martin de Puyvinaud	194
Martin du Tirac	194
Martin des Tirons	194
Martin (Saint-)	195
Martineau	196
Marton	196
Martonie (la)	196
Martret	196
Maruc ou Marut	197
Mas (le)	197
Mas (du)	197, 200
Mas-de-Puydebruz (du)	197
Maschat	202
Maschereaux	203
Mascureau	203
Masfranc	203

Masgontier	208	Melhac	230
Masgoubaud	203	Melle	230
Masléon	203	Mercier d'Antefaye	230
Maslussen	203	Mercy	231
Masnadaub	203	Mergey	231
Massac	203	Mergontier	232
Massacré	204	Mérignac	232
Massebeuf	204	Mérigot	232
Masseré	204	Mérinville	232
Masses-d'Age	205	Merle	232
Massiot	205	Meschain	232
Massougues	205	Meschinet	232
Masson	205	Mesclajeu	233
Masvallier	205	Mesnages	233
Masvaleix	206	Mesnard	233
Matas	207	Mesneau	233
Mathieu de Jagonnas	207	Mesrie	233
Mathieu (Saint-)	207, 208	Meusnier (le)	234
Matreuil	208	Meynard	234
Mau (le)	208	Meyvières	234
Maubernard	208	Mézières	236
Maufras	208	Michel	236
Maulevrier	208	Michel (Saint-)	236
Maumont	208	Mily	236
Mauple	218	Mingaud	236
Maufrat	219	Minville	236
Maupras	219	Miomandre	237
Maur (Saint-)	219	Mirabeau	237
Maurasaignes	219	Mirabel	237
Maurelie	219	Mirambel	237
Maurice-les-Brousses (Saint-)	220	Miramont	238
Maurogne	220	Miraud	239
Maussac	220	Mixto-Joco	239
Mauzat	220	Mole ou de Molio	239
May	220	Molieras	239
Maynard	221, 222	Monamy	239
Maynard de Lestang	223	Monceau	239
Mayne	223	Mondin	239
Mayres	223	Monestais	240
Maze	224	Moneta	240
Mazeau	224	Mongin	240
Mazet	224	Monisme	240
Mazures	225	Monnac	240
Meaux	225	Monneix	240
Méchée	225	Monnoie	240
Meillars	226	Mont (du)	240
Meisonneix	229	Montaignac	240
Melet	230	Montaigne	241

Montaigu................................	241
Montaigu-sur-Champeix............	241
Montal...................................	242
Montalembert........................	242
Montanibus............................	242
Montant................................	242
Montargis..............................	242
Montaudet............................	243
Montauzier...........................	243
Montbas................................	243
Montbel................................	243
Montbron.............................	244
Montbrun.............................	244
Montchenu...........................	244
Moncheuil............................	244
Montcocu.............................	244
Montegeni...........................	245
Montégut.............................	245
Monteil................................	245
Montermy............................	245
Monterug.............................	245
Montespan...........................	246
Montesigonis.......................	246
Montenten...........................	246
Montfermy...........................	246
Montferrand........................	246
Montfort..............................	247
Montfreboeuf.......................	247
Montgaillard........................	248
Montgibaud.........................	248
Montgrand..........................	250
Montibus.............................	251
Montiers.............................	251
Montignac...........................	251
Montils................................	252
Montjalot............................	252
Montjon..............................	252
Montlebeau.........................	252
Montleux............................	252
Montlouis...........................	253
Montmea............................	253
Montmége..........................	253
Montmeynard.....................	253
Montmoreau.......................	253
Montolion...........................	253
Montroche.........................	253
Montrochier.......................	253
Montroux...........................	254

Monts (des)........................	256
Montvollier........................	256
Moras................................	256
Morcelli.............................	258
Morceu..............................	258
Moreau..............................	258
Moureau..................... 258,	260
Morel......................... 260,	261
Morelie.............................	261
Morenie............................	261
Moricel.............................	261
Morin...............................	261
Morinie.............................	261
Mornais............................	262
Morselli............................	262
Mort.................................	262
Mortemart........................	262
Mosnard...........................	262
Mosnereau........................	263
Mosnerie..........................	263
Mosneron.........................	263
Mosnier..................... 264,	266
Motte (la)........................	264
Motte-Creteuil..................	264
Motte-Fouquet.................	264
Moulin (du).....................	265
Moulinier........................	265
Mounède.........................	266
Mouraud.........................	266
Moureilhe.......................	266
Mourinie.........................	266
Mourinière......................	266
Mouriteau.......................	266
Mourougne......................	266
Mousnier.................. 264,	266
Moussou.........................	266
Mulot.............................	267
Murat.............................	267
Muraut...........................	267
Mure..............................	267
Muret............................	267
Musnier.........................	268
Myly..............................	268

N

Nadaillac........................	268
Nadaud..........................	268
Naillac...........................	268

Naimon	272	Oreille	303
Nantiat	272	Orens (Saint-)	303
Narsac	272	Orson	304
Nauche	272	Oyron	304
Naude	273		
Nebolières	273		
Nectaire (Saint-)	273	**P**	
Nedde	275		
Nesmond	275	Pabot	304
Nespoux	276	Pagnon	304
Neufvillars	276	Paignon	304
Neufville	276	Pailiou	304
Neulhet	277	Palent	305
Neuvic	277	Palet	305
Neuvillars	277	Palisse (la)	305
Nexon	278	Pallet	305
Nicars	278	Pallo	305
Nicolas	278	Panabon	305
Nicolas de Traslaige	278	Pancaire	305
Nicolas (Saint-)	279	Panchene	305
Nicot	279	Pandin	305
Nieuil	279	Paneti	306
Niort	280	Panetier	306
Noailhé-des-Bailes	280	P'anevinon	306
Noaillac	280	Panhac	306
Noailles	280	Panthene	306
Noaille (la)	298	Paquet de Romazières	306
Noblac	298	Paradis	306
Noble	298	Pardoux (Saint-)	306
Noblet	298	Pareil-Desperuc	307
Nogarot	299	Paris	309
Nogent de Braybans	299	Pasquanet	309
Nogeret	299	Pasquet	309
Nollet	299	Pastoureau	311
Nontron	299	Pastureau	311
Normand	300	Pauchene	312
Noualhier	300	Paulte	312
Noulet	300	Payzac	313
Nourigier	300	Pecon	313
Nouveau	301	Peirot	313
Novret	301	Pelegrin	313
Nyert	302	Pelet	314
		Pennavayres	314
O		Penacors	315
		Pepin	315
Odet	302	Pere	315
Oiron	302	Peri	316
Olezon	302	Périer	317
Oradour	303	Périère	317

TABLE.

	Pages.		Pages.
Périgord	317	Piscard	344
Perinat	317	Pisse (la)	345
Perissat	317	Pivardière	345
Permangle	317	Place (la)	345, 347
Perrichou	317	Plaisant de Bouchinc	349
Perron	317	Planchas	352
Personne	318	Planas	352
Peruc (des)	318	Planeaulx	352
Péruge	318	Plantadis	352
Pérusse	318	Plas	352
Pery	318	Plasse	352
Pescher	318	Plateau	352
Peschin	318	Plater	352
Pesneau	318	Plats	352
Pesnel	319	Plessis	353
Pesquieyras	319	Pleychat	353
Pesteler	319	Pleyser	353
Pestel	319	Pleyssat	353
Petiot	319	Plumbin	354
Petity	320	Plument	354
Petragora	320	Pogquaire	356
Peyramont	320	Poirre	356
Perat	320	Poirier	356
Peyraux	320	Polier	357
Peyrigenis	320	Polignac	357
Peyrissat	321	Pomaret	357
Peyroux	321	Pommélie (la)	358
Peyrusse	321	Pommet	360
Peyzac	321	Pommier	361
Peyzat	321	Pompadour	361
Phelip	321	Pons	361
Picard	324	Pont (du)	362
Pichard	324	Pontalier	363
Pichot	325	Pontbriand	363
Picon	325	Pontcharraud	363
Piédieu	326	Pontenier	364
Piégut	326	Ponthieu	364
Pierrebuffièrre	326	Ponthon	365
Pierretaillade	342	Pontlevain	365
Piffe	343	Pontroi	365
Pigne	343	Pontrouge	365
Pigodier	343	Pontville	365
Pille	343	Porcherie	365
Pin (du)	343	Porinnet	366
Pinardière	343	Port (du)	366
Pinet	343	Porte (la)	366, 369
Pindray	343	Pot	369
Pinot	344	Potier	376

Pothier	376	Priest-Ligoure (Saint-)	391
Pouget	377	Priest-Taurion (Saint-)	391
Poulenat	378	Priezac	391
Pouleyo	378	Prinçay	391
Poumet	378	Prinsaud	391
Pourcher	378	Prouhet	392
Poussard	378	Proximar	392
Pousses (des)	378	Prulleyo	392
Pouthe	382	Prunh	393
Prade (la)	383	Puiffe	394
Pradel	383	Puismaut	394
Praderie	384	Puy (du)	394, 396
Pragelier	384	Puy-Chevalier	398
Pralat	385	Puydafou	398
Pranzat	385	Puydeval	398
Prat	386	Puyferra	398
Preax	386	Puyjoubert	398
Prelat	386	Puymalhiot	399
Pressat	386	Puymarest	399
Préveraud	388	Puymaurel	399
Préverand	388	Puymoulinier	399
Prévost	389	Puyrigaud	399
Prez (des)	390	Puységur	399
Prie	390	Puytouraud	399

Limoges, Imp. veuve H. Ducourtieux, rue des Arènes, 5.

IMPRIMERIE — LIBRAIRIE — PAPETERIE

Vᵉ H. DUCOURTIEUX

5, Rue des Arènes, Limoges

OUVRAGES SUR LE LIMOUSIN

Catalogue méthodique de la bibliothèque communale de Limoges, par Émile RUBEN. — Histoire. — Polygraphie, Belles-Lettres. — Sciences et Arts. — Chaque partie en un vol. in-8°. Le volume.................. 3 fr.

De quelques imitations patoises des Fables de la Fontaine, par Emile RUBEN. 1 vol. in-8°...... 2 fr.

Richard, Contes et Chansons en patois limousin, 1 vol. in-18............ 2 fr.

Nouvelà Chansoû, de Jose Mozobrau, de Soulegna, 1 vol. in-18....... 1 fr. 25

La Limousina, deuxième libre de chansoû potoueizà, de Jose Mozobrau, de Soulegna. 1 vol. in-18.......... 1 fr. 25

Loû Refrain dô peisan, troizième libre de chansoû en potouei limousi, de Jose Mozobrau, de Soulegna,1 vol. in-18, 1 fr. 25

Pû d'Einuei, poésies patoises comprenant les principaux traits de la vie de Champalimau, Bounéfan, Burgou, Mouret, etc., par A. JARDRY, 1 vol. in-8°. 2 fr.

Le Mariage de Champalimaud, comédie en un acte et en vers français et patois, par A. JARDRY..... 50 cent.

Chansoû potoueisà, pèr M.-S. » 30 c.

Almanach Limousin (1859-1878), du ressort de la Cour d'appel et du Diocèse de Limoges, contenant, avec l'organisation des Services publics de la Haute-Vienne et l'adresse des Fonctionnaires et des Commerçants de Limoges, UNE SÉRIE D'ARTICLES POUR SERVIR A L'HISTOIRE DU PAYS. Un volume in-18 de 500 pages par année............ 1 fr.

Histoire du Limousin, par A. LEYMARIE, archiviste de la Haute-Vienne. La Bourgeoisie, 2 vol. in-8°...... 12 fr.

Guide du Voyageur en Limousin. Revue archéologique et historique de la Haute-Vienne, par l'abbé ARBELLOT, 2ᵉ édition, avec plan de Limoges. 3 fr.

Limoges et le Limousin, Guide de l'Étranger. Histoire, statistique, archéologie. Un vol. grand in-12....... 3 fr.

Le Limousin, ce qu'il a été, ce qu'il est, ce qu'il doit être: Aperçu sur l'antique province du Limousin au point de vue de son agriculture et de ses ressources commerciales, par Elie ROUDAUD, auteur d'une Etude sur la régénération du Cheval limousin. Un volume in-18................. 1 fr. 50

Chronique sur la Marche, le Limousin et le Berri, par BLANCHET. Un vol. in-18................ 2 fr. 25

Étude sur les comtes et vicomtes de Limoges antérieurs à l'an 1000, par ROBERT DE LASTEYRIE, in-8°. 5 fr.

Histoire des vicomtes et de la vicomté de Limoges, par MARVAUD, 2 vol. in-8° sur papier vergé...... 12 fr.

Registres consulaires de Limoges, publiés par la Société archéologique et historique du Limousin, sous la direction d'Émile RUBEN. L'ouvrage complet formera 4 vol. in-8°. Le premier volume, 1504-1552, et le second, 1552-1581, ont paru. On ne souscrit que pour l'ouvrage entier. Prix par vol............ 6 fr.

Annales de Limoges manuscrites dites Manuscrit de 1638, publiées par Emile RUBEN, Félix ACHARD et Paul DUCOURTIEUX. Un fort vol. in-8°. 6 fr.

Chroniques de Saint Martial, publiées d'après les manuscrits originaux pour la Société de l'Histoire de France, par H. DUPLÈS-AGIER, 1 vol. in-8°. 10 fr.

La Cathédrale de Limoges, par l'abbé ARBELLOT, in-8°.............. 2 fr.

Saint-Pierre-du-Queyroix de Limoges, notice historique et descriptive de cette église, par Maurice ARDANT, in-8°. 1 fr.

Rochechouart. Histoire, légendes, etc., par l'abbé DULERY. Un vol. in-8°. 3 fr.

Saint-Junien (Documents historiques sur la ville de), par l'abbé ARBELLOT, 1 v. in-8°................... 1 fr.

Monographies des cantons de Bessines, Nantiat, Châteauponsac, Châteauneuf-la-Forêt, par l'abbé A. LECLER, chaque Monographie in 8°............

Le Château du Dorat, par l'abbé ROUGERIE, in-8°................ 50 c.

Le Château de Châlucet, par Louis GUIBERT, 2ᵉ édition, avec un plan.. 50 c.

Une page de l'Histoire du Clergé français au XVIIIᵉ siècle. — **Destruction de l'Ordre et de l'Abbaye de Grandmont**, par Louis GUIBERT, 1 vol. in-8 de 1000 pages, avec une carte générale des établissements de l'Ordre de Grandmont...................... 12 fr.

Monastères de Pierrefitte, par M. l'abbé ROY DE PIERREFITTE, 1 volume gr. in-8°...................... 15 fr.

Traité de la dévotion des anciens chrétiens à saint Martial, par Jean BANDEL, publié et augmenté par l'abbé TEXIER. Un vol. in-18........ 2 fr.

Un pèlerinage en Limousin. N.-D. de Sauvagnac, Saint-Étienne de Muret, abbaye de Grandmont, par D... 60.

Vie de Saint-Léonard, solitaire en Limousin, par l'abbé ARBELLOT,1 v. 4 fr.

Vies de Saint Israël et de Saint Théobald, par l'abbé ROUGERIE, 1 vol. in-8°. 2 fr.

Biographie des hommes illustres du Limousin, par AUGUSTE DU BOYS et l'abbé ARBELLOT, 1 vol. in-8°. 4 fr.

Vergniaud, manuscrits, lettres et papiers, pièces pour la plupart inédites, classées et annotées par C. Vatel, 2 vol. in-8°, avec deux portraits originaux, deux gravures et un fac-simile............ 14 fr.

Adhémar de Chabannes, Chroniqueur limousin, par l'abbé ARBELLOT, in-° 2 fr.

Le P. Bonaventure; — Félix de Verneilh; — l'abbé du Mabaret, notices biographiques, par l'abbé ARBELLOT, chaque notice.................. 50 c.

La Garde Mobile de la Haute-Vienne, Rapports de MM. PINELLI et PERRIER. Un vol. in-18........ 1 fr.

Nos Étapes, Journal de l'Ambulance de la Haute Vienne, par E. COSTE, ancien officier comptable du service. 3 fr.

Les Étapes du 71ᵉ Mobile, Impressions et Souvenirs, par Charles BLANCHAUD, ex-capitaine au 71ᵉ régiment provisoire de garde mobile. 1 vol. in-18. 3 fr. 50

Archives révolutionnaires de la Creuse par L. Duval, archiviste, 4 vol. in-8° 10 fr.

Les Cahiers de la Marche et l'assemblée du département de Guéret, par L. Duval, archiviste de la Creuse, un vol. in-8° 5 fr.

Aubusson considéré comme le lieu où campèrent deux légions de César, par THUOT. 1 v. in-8°........ 1 fr. 50

Un Jurisconsulte Républicain Joachim du Chalard, de La Souterraine, par Louis DUVAL, archiviste, 1 v. in-18 1 fr.

Des principaux Champignons comestibles et vénéneux de la flore Limousine, par A. TARRADE, 2ᵉ édition, avec 6 magnifiques planches chromolithographiées................

Répertoire de jurisprudence civile de la Cour d'appel de Limoges, analyse sommaire de tous les arrêts rendus par la Cour, de 1820 à 1872, 52 années, 6,000 décisions, par Ernest Pénicaud, Greffier en chef, 2 vol. in-8°.... 15 fr.

Transcription, Distinction des actes translatifs de propriété d'avec ceux qui sont simplement declaratifs, par E. Berger, Juge de paix de Bourganeuf, 1 v. in-8 10 fr.

Théorie et pratique des Obligations, par M. LAROMBIÈRE, Premier Président de la Cour de Paris. Cinq vol. in-8° de 800 pages................ 40 fr.

www.ingramcontent.com/pod-product-compliance
Lightning Source LLC
Chambersburg PA
CBHW061949300426
44117CB00010B/1271